U0717173

第一册

太平御覽

中華書局影印

圖書在版編目(CIP)數據

太平御覽/(宋)李昉等撰. —北京:中華書局,1960.2(2024.6重印)
ISBN 978-7-101-00749-7

Ⅰ.太… Ⅱ.李… Ⅲ.百科全書-中國-宋代 Ⅳ.Z222

中國版本圖書館 CIP 數據核字(1998)第 09859 號

(本書用上海涵芬樓影印宋本複製重印)

責任印製: 陳麗娜

太 平 御 覽

(全四册)

〔宋〕李 昉 等撰

*

中 華 書 局 出 版 發 行

(北京市豐臺區太平橋西里 38 號 100073)

http://www.zhbc.com.cn

E-mail:zhbc@zhbc.com.cn

三河市中晟雅豪印務有限公司印刷

*

787×1092 毫米 1/16 · 283¾印張 · 4784 千字

1960 年 2 月第 1 版 2024 年 6 月第 17 次印刷

印數:20701-21300 册 定價:980.00 元

ISBN 978-7-101-00749-7

重印太平御覽前言

宋朝從開國到太宗初年，統一工作已接近完成，生產也有一定的發展，因而才有官家大力修書之舉。一千卷的太平御覽，就是在這種形勢下由太宗下詔編纂的。

太平御覽的編纂，據王應麟玉海卷五十四所述，開始於太平興國二年三月十七日，清本完成於太平興國八年十二月十九日（公元九七七年四月十八日至九八四年一月二十四日），共用六年零九個多月的時光。初名「太平總類」，在清本將要完成的前夕，太宗爲了誇示自己的好學，命每天進呈三卷，以備「乙夜之覽」，才詔改爲今名。

參與編纂的，初爲李昉、扈蒙、李穆、湯悅、徐鉉、張洎、李克勤、宋白、徐用賓、陳鄂、吳淑、舒雅、呂文仲和阮思道，後來李克勤、徐用賓和阮思道被調任别項差使，另以趙鄰幾、王克貞和董淳補其缺，前後都是十四個人。其中李昉、扈蒙是領銜的。全書分爲五十五個部門，這是根據周易繫辭說的「凡天地之數五十有五」，以示包羅萬象。各個部門當中又分若干細目，總計不下五千。所引經史圖書，據本書首册附錄的太平御覽經史圖書綱目，共有一千六百九十種（它實際只列舉了一千六百八十九種），這個數字並不包括古律詩、古賦、銘、箴、雜書等等在內。其實「綱目」所列的書名，一書兩見的（如虞溥江表傳之類）很多，三見的（如法輪經之類）也不少，剔去重複，恐怕不過一千多種。范希曾書目答問補正說太平御覽引用的書有二千八百多種，那是把詩、賦、銘、箴之類都算進去了，但其中也不免有重複，所以這個數字並不可靠。在太平御覽成書以前，已經有修文殿御覽、藝文類聚、文思博要等類書。宋會要說太平御覽的編纂以這三部類書爲主，也有直接從其他古籍輯錄的。所以門類繁多，徵引賅博，大大地超過了以前的類書。

太平御覽所引用的古書，十之七八今已失傳。後來從事學術研究的人看不到原書，還可以從它那裏尋找斷篇殘簡。例如讖緯之學，既是兩漢思想史上一件大事，而對後世也有不太小的影響，可是這些緯書隋以後就失傳了，賴有太平御覽引用了一部分，使我們還能知道它們的大概。又如論述農業技術的范子計然和氾勝之書，早於著名的齊民要術好幾百年，原書都早已不見，也賴有太平御覽的引用，我們才得窺見我們祖先在兩千多年前對生產知識的一斑。又如竹書紀年和它同時出土的古文瑣語，對於古史的記載，有些與經過儒家美化的說法大不相同，但它們也早已遺佚，我們從太平御覽還能尋得到它們的一鱗半爪。至如崔鴻十六國春秋（今世傳本乃明人僞撰），是綜述「五胡亂華」時期的重要史籍，據王鳴盛等人的考訂，它在北宋已失傳了，司馬光修資治通鑑都沒有能夠見到原書；可是太平御覽引用了四百八十多條，對於研究十六國事蹟是有很大的幫助的。自然，另外的類書如藝文類聚、北堂書鈔等等，也都保存了好些失傳古籍的零篇殘簡，但太平御覽中所保存的要比其他類書多得多。如馬國翰玉函山房輯佚書中的范子計然下卷，幾乎都是錄自太平御覽的。太平御覽具有這些特點，所以作學術研究工作的常常要參考它，而作輯佚工作的更把它當作寶山。

太平御覽引書，字句往往與流行的原書不同，也有爲今本所無的。南宋洪邁已注意到這一點，他在容齋三筆卷一和四筆卷一，曾分別提到太平御覽引的史記或戰國策「多今本所無」。甚至有時同引一書前後不一致的。如卷三百六十九和卷七百八十八都引錄了竺芝扶南記所述蠶吡國王事，兩條不但文字繁簡不同，即蠶吡王的身長，一條說是一丈二尺，一條說是三丈，差異也相當的大。做校勘古書工作的，遇到疑難往往取太平御覽的引文來作對照，有時也能解決問題；但因爲有上述的那種情形，也得加以分析判斷才成，如果根據了錯誤的引文而妄改原書，那就成問題了。

太平御覽在引書方面還有下列的一些缺點：（一）引用的書名往往前後不一致。如劉澄宋永初山川古今記就有「宋永初山川記」、「永初山川記」、「山川古今記」、「劉澄山川記」等五種不同的名稱；南岳魏夫人內傳有「紫虛南岳夫人傳」、「南岳夫人內傳」、「南岳夫人傳」、「南岳魏夫人傳」、「魏夫人傳」等六種不同的名稱。（二）書名與篇目往往相混。如卷四十二之「滑州白馬山開山圖」，卷四十五之「土地十三州志」，卷四百五十六之「行成坤國語」、「立後王國語」和「君臣望晏子」，卷四百五十七之「諷諫木國語」、「各納木新序」、「諫君木韓子」、「臺甲孔叢子」、「殺諫庚符子」、「諫木顧子」和「宮殿甲漢書楊雄甘泉賦」，卷四百五十八之「望前列」，卷四百七十七之「司蠶桑畢下司馬徽」，以及卷七百七十六之「幰鹵簿令」，乍一看幾乎不知道它是什麽書，這分明是把所據類書的篇目、段節和書名都給混在一起了。（三）標列的書名往往有誤。如卷三百一十六引論語「太公曰，陰謀書，武王伐殷，兵至牧野，晨舉脂燭，推掩不備……」，既不見於論語，也絕對不是論語的佚文，可能是緯書裏的東西。又如卷二百七十一，引了一條劉向新序論用兵的話，接着另有一條「又曰」，說「樂毅以弱燕破彊齊七十餘城者，齊無法故也；……近者曹操以八千破袁紹五萬者，袁無法故也……」。上條引的既然是劉向新序，那麽「又曰」當然是新序的文字了；但新序作於西漢末葉，哪會論及東漢末袁曹攻戰的事呢？當然，這樣一部大類書，成於衆人之手，又經過近千年的傳抄、刻版，缺點和錯誤是難免的。

太平御覽版本有十幾種之多。從宋朝以後，明朝有饒氏活字本，倪炳刻本，清朝有歙縣鮑崇城、昭文張海鵬兩家刻本，廣東又根據鮑本重刻（曾經加工校勘，改了不少字，與鮑本不完全相同）。這幾家都根據抄本輾轉傳刻，没有見到宋本，僅憑己意校改。一九三五年商務印書館影印宋本出版後，因爲它在好些地方勝於鮑刻，就成爲二十多年來最流行的本子。完整無缺的宋刻本現在已經没有了，所以商務印書館的影宋本，其中九百四十五卷根據南宋蜀刊殘本，蜀本所缺的，又取靜嘉堂文庫所藏的别種宋刊殘本和日本活字本分别補足。這個經過，張元濟先生寫的跋裏交代得很清楚，這裏不再細説。

中華書局爲了供應學術研究工作者的需要，決定縮印商務影宋本太平御覽。他們把影宋本的兩頁拼做一頁，每頁兩欄。原來要分訂一百三十六册，現在只要匀裝做四大册就成了，而字體也並不縮得太小。這樣，無論在購買、收藏方面和研究、檢閲方面都增加了不少便利，不能不説是對文化建設事業的一種貢獻。

聶崇岐　一九五九年十二月

祖
宗
聖學其書之大者有二曰太平
御覽曰資治通鑑通鑑載君臣治道之
安危明天人庶證之休咎臧福盛衰之
本規模利害之端無一不備而其書公
傳於天下久矣太平
御覽備天地萬物之理政教法度之原
理亂廢興之由道德性命之奥而獨以
載籍繁夥無復善本惟建寧所刋多磨
滅舛誤漫不可考叔獻每為三嘆焉洪惟
太宗皇帝為
百聖立絶學為萬世開太平為古今集
斯文之大成為天下括事理之至要四
方旣平修文止戈收天下圖書典籍聚
之昭文集賢等四庫太平興國二年三
月戊寅
詔李昉扈蒙等十有四人編集是書以

便乙夜之覽越八年十有二月庚辰書
成分為千卷以太平
御覽目之所以昭我
皇度光闡大猷者也
聖學宏博皆萃此書宜廣其傳以幸惠
天下况吾蜀文籍巨細畢備而獨闕此
書叔獻叨遇
聖恩將漕西蜀因重加校正勒工鏤板
以與斯世君子共之以推見
太宗聖學之所從明我
宋歷聖相承之家法補吾蜀文籍之闕
而公萬世之傳云慶元五年七月 日
朝請大夫成都府路轉運判官兼提舉
學事蒲叔獻謹書

古書逸者多矣遅任之言南陔之
義已弗睹其全託詩書以傳者止
此耳非幸歟太平
御覽一書皆纂輯百氏要言凡可

帙名者一千六百有九十而一篇一章間見特出者弗與皆承平縑素之盛多人間未見之書盼自寶儲出繇中祕書成始得流布世間爰自南渡而來延閣竹帛已費網羅蒐采矣是故君子以爲捨是書則承平之大典百氏之古書亦無以窺梗概而識彷彿

部使者錦屏蒲公被命將輸兼提蜀學簡冊之外澹無他營凡臺中彝常之餽弗可郤者姑外積焉一日大斥之募工鍥木以廣斯文之傳廷允獲與校讎凡金根亥豕皆釐正之字三萬八千有奇其義有弗可猝通而無所援据以爲質者則亦傳疑弗敢臆也書一千卷蓋月琯六易而竣事

蜀大夫士詫曰蓄眼未有猗歟盛哉迪功郎前閬州閬中縣尉雙流李廷允謹跋

謹按
國朝會要曰太平興國二年三月
詔翰林學士李昉扈蒙知制誥李穆太
子詹事湯悅太子率更令徐鉉太子中
允張洎左補闕李克勤左拾遺宋白太
子中舍陳鄂光禄寺丞徐用賓太府寺
丞吳淑國子監丞舒雅少府監丞李文
仲阮思道等同以羣書類集之分門編
爲千卷先是

帝閱前代類書門目紛雜失其倫次遂
詔修此書以前代修文御覽藝文類聚
文思博要及諸書參詳條次分定門目
八年十二月書成
詔曰史館新纂太平總類包羅萬象總
括羣書紀歷代之興亡自我
朝之編纂用垂永世可改名爲太平
御覽
帝每

聽政之暇日讀
御覽三卷有故或闕即追之雖隆冬短
景必及其數大臣請少息
帝曰
朕開卷有得不以爲勞也凡諸故事可
資風教者悉記之及延見近臣必援引
談論以示勸誡焉

此集川蜀元未刊行東南惟
建寧所刊壹本然其間舛誤
甚多非特句讀脫略字畫訛
謬而意義往往有不通貫者
因以別本參考併從經史及
其它傳記校正凡三萬字有
奇雖未能盡革其誤而所改
正十已八九庶便於觀覽焉

太平御覽經史圖書綱目

周易　周易正義
周易文言　京房易傳
京房易說　易乾鑿度
京房易飛候　周易參同契
周易緯　焦贛易林
郭璞易洞林　管氏易林
周易稽覽圖　周易坤靈圖
周易通統圖　周易通卦驗
張璠易注序　周易是謀類
易林變占　周易集林雜占
楊雄易太玄經　尚書
尚書正義　尚書大傳

尚書說　書敘傳
劉向洪範傳　周書時訓
逸書　尚書中候
尚書紀年　韓書外傳
尚書緯　尚書考靈曜
尚書帝命驗　尚書帝驗期
尚書旋璣鈐　禹時鈞命訣
汲冢周書　毛詩
毛詩正義　毛詩義疏
毛詩傳　毛萇詩注
毛詩題綱　韓詩內傳
韓詩外傳　韋曜毛詩問
劉楨毛詩義問　郭璞毛詩拾遺

劉芳詩箋音義證　詩含神霧
詩推度災　陸機詩草木蟲魚疏
詩記曆樞　周禮
大戴禮　禮稽命徵圖
禮稽命曜　禮含文嘉
禮斗威儀　儀禮
禮統　禮記
禮記正義　禮記外傳
小戴禮　五經異義
五經通義　五經要義
三禮義宗　三禮正義
許慎五經異說　楊方五經鈎沉
邯鄲綽五經折疑　邯鄲六經折疑駁

春秋左傳　公羊傳
穀梁傳　春秋正義
春秋傳　春秋說
春秋後傳　春秋後語
潁容春秋釋例　春秋緯
春秋內事　春秋說題辭
春秋考異郵　春秋繁露
春秋感精符　春秋元命包
春秋演孔圖　春秋合誠圖
春秋保乾圖　春秋握成圖
春秋命曆序　春秋潛潭巴
春秋漢含孳　春秋佐助期
春秋文耀鈎　春秋運斗樞

國語 立後土國語
諷諫木國語 論語
論語隱義注 論語撰考讖
逸論語 論語摘輔象
孟子 孝經
孝經注 孝經説
孝經緯 孝經内事
孝經内記 孝經河圖
孝經左契 孝經右契
孝經援神契 孝經鉤命決
孝經威嬉拒 老子
莊子 荀子
楊子 文中子

列子 淮南子
鬼谷子 曾子
墨子 韓子
魯連子 管子
子思子 慎子
抱朴子 胡非子
亢倉子 金樓子
孫綽子 蘇子
魯仲連子 王孫子
尉繚子 公孫尼子
鬻子 周生列子
樓南子 申子
隋巢子 朝子

符子 鶡冠子
燕丹子 劉子
晏子 田休子
商子 幽求子
孔叢子 任子
文子 牟子
尸子 王逸子
唐子 秦子
傅子 魏子
阮子 闞子
鄒子 郭子
尹文子 袁子
眞子 陸子

陳桓子 范子
新子 顧子
鄧子 桓子
董子 夏侯子
梅子 孔子家語
見君大韓子 臺甲孔叢子
殺諫庚符子 陸德明經典釋文
梁昭明太子文選 文選人名録
文心雕龍 徐整三五曆紀
萬歲曆 皇甫謐帝王世紀
何集續帝王世紀 帝王代紀
帝系譜 史系
古史考 史記

謝綽宋拾遺
宋元嘉起居注
宋百官春秋
宋先朝故事
蕭子顯齊書
張大素齊書
沈約齊紀
齊職儀
吳均齊春秋
劉璠梁典
梁後略
梁元帝纂要
何之元梁典
段龜蒙梁典
崔鴻十六國春秋
崔鴻三十國春秋
梁四公記
後魏略
後魏春秋
後魏職令
車頻秦書
范亨燕書
高閭燕志
三石僞事
裴景仁前秦記
後秦記

隋史
隋大業記
唐書
舊唐書
唐新語
唐國史補
唐開元禮
明皇雜録
玄宗實録
唐會要
續會要
開元録
唐雜制
唐職員令
五代史
國朝傳記
李肇國史補畧
虞職員令
十二國史
呂氏春秋
晏子春秋
玄晏春秋
漢春秋
漢晉春秋
魏晉春秋
蕭方等三十六國春秋

司馬彪九州春秋
漢魏故事
春秋後語
春秋外傳
樂資春秋傳
樂資春秋後傳
孔演漢魏春秋
趙曄吳越春秋
春秋齊後語
陶氏職官録
石氏中官占
于寶司徒儀
楊雄太史令箴
魏武集選舉令
傅咸御史中丞箴
王粲荆州文學官志
周遷車服雜事
徐廣車服儀制
官職六典
輿服雜事
周穆王傳
穆天子傳
梁祚魏國統
吳時外國傳
虞溥江表傳
袁希之漢表傳

三齊略記
漢東園祕記
國精符
越絶書
西羌傳
維經
謝承東夷列傳
白虎通
京兆舊事
西河舊事
三輔舊事
三輔故事
山陵故事
東宮舊事
鄴都故事
朱崖故事
渚宮故事
古今善言
三輔黄圖
三輔決録
建康實録
劉彦明燉煌實録
廷尉決事
孫氏瑞應書
孫氏瑞應圖
顧野王瑞應圖

虞翻書　商君書
袁子正書　袁准正書
陳琳書　應璩書
崔浩書　鄧析書
王孫子新書　氾勝之書
潘尼書　皇象書
陶潛集　楊雄集
諸葛亮集　張敞集
諸葛恢集　嵇康集
荀勗集　馮衍集
庾翼集　陳思王集
殷康集　劉毅集
高堂隆集　皇甫謐集

桓範要集　左貴嬪集
陶氏家傳　邵氏家傳
桓氏家傳　郗氏家傳
荀氏家傳　崔氏家傳
江偉家傳　商氏世傳
王昶家戒　李膺家錄
顏氏家訓　虞氏家記
陸賈新語　桓譚新語
裴玄新言　劉歆新議
劉向新序　摯虞新禮
賈誼連語　周昭新撰
賈誼新書　項峻始學篇
王阜老子聖母碑　張華輕薄篇

孝子王冊　謝氏鬼神列傳
寃報記　簫韶太清記
郭氏玄中記　王韶之神境記
王浮神異記　王琰冥祥記
漢武帝洞冥記　郭子橫洞冥記
皇覽冢墓記　蘇州冢墓記
于寶搜神記　續搜神記
王孚安城記　張瑩漢南記
劉謙之晉記　王智深宋記
阮籍秦記　李穆叔趙記
漢末英雄記　王粲英雄記
王羲之蘭亭記　何延之蘭亭記
徐靈期南嶽記　陶潛桃源記

譙周三巴記　崔玄瀨鄉記
顧凱之啓蒙記　束晳發蒙記
竺法眞登羅山記　徐浩古跡記
杜還經行記　孔元舒在窮記
張茂樞響泉記　抱朴子玉策記
唐景龍文館記　楊衒之洛陽伽藍記
梁吳均齊諧記　續齊諧記
東陽無疑齊諧記　王玄謨壽陽記
王子年拾遺記　戴延之西征記
伏滔北征記　孟奧北征記
郭緣生述征記　續述征記
伍輯之從征記　天竺記
法顯記　聖賢記

西河語　戰國策
敘兵通典　兵法七書
兵書　太公六韜
古司馬兵法　黄石公記
黄石公三略　太白陰經
黄石公陰謀秘訣　太公金匱書
玉匱經　太公陰謀書
諸葛亮出軍表　諸葛亮軍令
諸葛亮兵要　范曄二十八將傳論
黄帝玄女戰法　黄帝出軍訣
黄帝占軍器訣　武侯兵法
衛公兵法　兵法秘訣
魏書曹公令　魏武軍令

軍國占候　軍識
吴起教戰法　司馬彪戰略
魏武步戰令　玄女戰經
何晏韓白論　班叔皮王命論
趙氏兵書　魏武兵書節要
魏武帝兵書按要　通典搜才
曹植求自試表　太公覆軍栻法
太公伏符陰謀　太公對敵權變逆順法
趙公王琚教射經　陰符經
杜預秦州軍事　劉巘定軍禮
黄帝素問　黄帝八十一問
黄帝鍼灸經　黄帝岐伯經
神農本草　吴氏本草

吕氏本草　本草拾遺
陶洪景注本草經　千金方
張仲景方序　葛洪肘後方
崔寔太醫令箴　龔慶鬼遺方序
玉匱鍼經　黄帝占書
雜占書　五姓占
河圖令占　乙巳占
天官星占　風角要占
荆州星占　相書占氣雜要
京房别對災異　京房易妖占
吴軓占候風氣秘訣　京房五星占
京房風角要訣　師曠占
風角書　望氣經

解夢書　相印經
相印書　相貝經
黄子發相雨書　樊氏相法
馬援銅馬相法　淮南八公相鶴經
論墓書　赤烏子葬書
遁甲開山圖　五行休王論
唐廣古今五行記　雜五行書
曆忌擇日　遁甲經
四時纂要　續定命録
二十四生圖　東方朔神異經
劉義慶幽明録　廣德神異録
祖台之志怪　孔氏志怪
許氏志怪　荀氏靈鬼志

應劭風俗通　桂林風土記
周處風土記　陳留風俗記
顧野王輿地記　後漢輿地記
陸澄地理記　荆楚歲時記
四夷郡國縣道記　郡國縣道記
張瑩漢南記　道書福地記
晉太康地記　晉元康地記
宋永初古今山川記　江乘地記
劉澄之宋初古今山川記
後魏輿國土地記　後魏輿地圖風土記
大魏諸州記　晉地道記
周地圖記　越地形記
梁武輿駕東行記　段國沙州記

唐齊地記　盧植冀州風土記
伏琛齊地記　丘淵之征齊道記
徐衷南方記　東方朔十洲記
吳郡緣海四縣記　羅含湘中記
江夏風俗記　晉潘岳關中記
華延儁洛陽記　袁山松宜都山川記
紀義宣城記　黄恭十二州記
黄閔武陵記　張曜中山記
顧啓期婁地記　盧氏嵩山記
袁山松勾將山記　華山精舍記
韋述東京雜記　韋述兩京新記
雷次宗豫章記　陸機洛陽記
楊龍驤洛陽記　陸道瞻吳郡記

王僧虔吳地記　董覽吳地記
劉道眞錢塘記　山謙之南徐州記
王歆之南康記　鄧德明南康記
劉澄之江州記　陸翽鄴中記
石虎鄴中記　習鑿齒襄陽記
范汪荆州記　庾仲雍荆州記
盛弘之荆州記　張野廬山記
周景式廬山記　遠法師廬山記
荀伯子臨川記　山謙之丹陽記
黄恭交廣記　解道虎齊記
裴淵廣州記　伍端休江陵記
甄烈湘州記　郭仲産湘州記
庾仲雍湘州記　陽曄徐州記

孔曄會稽記　孔靈符會稽記
夏侯曾先會稽記　徐湛鄱陽記
辛氏三秦記　王韶之始興記
劉禎京口記　劉澄之揚州記
史筌武昌記　劉澄之豫州記
任豫益州記　李膺益州記
段龜龍涼州記　郭仲産南雍州記
鄭緝之永嘉記　荀綽兖州記
蕭子開建安記　鄭緝之東陽記
阮籍宜陽記　竺芝扶南記
歷代記　歷帝記
東京記　兩京記
都城記　江源記

吳興記
交州記
梁州記
并州記
五溪記
上黨記
沅陵記
陽城記
襄沔記
臨海記
兩河記
尋陽記
隴右記
隴西記
河北記
衡山記
泉山記
襄川記
九江記
華山記
蜀地記
漢水記
姑熟記
廬江記
三齊記
方輿記

始安記
洽聞記
林邑記
新安記
宜春記
瀨鄉記
信都記
壽春記
宜都記
江夏記
西河記
雲南記
地道記
泰山記
鄒山記
羅浮山記
嵩高山記
王笥山記
羊頭山記
武當山記
法顯山記
烏嶺山記
名山略記
九州記要
三齊略記
南兗州記

南雍州記
巴南山川記
漢水記
吳郡緣海記
永昌郡傳
外國傳
朱崖傳
虞溥江表傳
肅愼國記
西域圖記
南蠻獠民格
交州雜事
外國圖
徐衷南方草木狀
康泰扶南土俗
支僧載外國事
西域諸國志
續漢書郡國志
晉書州郡志
宋書州郡志
齊州郡志
梁氏十道志
隋區宇圖志
南中八郡志
闞駰十三州志
元和郡國志

元和郡縣志
江微陳留志
沈懷遠南越志
續南越志
顧微廣州志
南兗州志
蕭誠荊南志
釋道安西域志
萬震南州異物志
涼州異物志
臨海異物志
楊孝元交州異物志
曹叔雅異物志
宋膺異物志
陳祁暢異物志
常璩華陽國志
臨海水土志
臨海水物志
輿地志
遊名山志
南方志
豫章舊志
南夷志
十二州志
地理志
土物志

巴蜀志　道書福地志
謝靈運遊名山志　五嶽眞形圖
元和郡縣圖　滑州白馬山開山圖
荆山圖　外國圖
長安圖　金陵圖
洛陽地圖　周地圖
江寧圖　地鏡圖
括地圖　關山圖
茶陵縣圖　淮陰圖經
永嘉圖經　夷陵圖經
懷寧圖經　南康圖經
盱眙圖經　壽春圖經
歷陽圖經　歙縣圖經

衡山圖經　江寧圖經
長沙圖經　宣城圖經
鄴縣圖經　冀州圖經
九江圖經　魏郡圖經
河南圖經　涇陽圖經
閬山圖經　信州圖經
江夏圖經　荆州圖經
隋圖經　地鏡經
海中經　十道録
九江録　南荒録
投荒録　九華山録
嶺表異録　王子年拾遺録
杜寶大業拾遺録　九土文括略

袁彦伯羅山疏　竺法眞登羅山疏
本相經　太平經
涅槃經　智惠經
玄毋八門經　阿含經
盂蘭盆經　大荒西經
高僧傳　續高僧傳
支遁傳　寶林傳
佛圖澄傳　佛圖澄别傳
佛國記　佛骨記
法顯記　佛地論
毗婆沙論　韓愈論佛骨疏
太上三洞寶經　太上黄素經
太上玄一眞人經　太上三五順行經

太上五帝内眞經　太上正法經
太上四明王經　太上飛行羽經
太上四靈經　太上三元經
太上智慧經　太上玄眞經
太上太眞科經　太上倉元經
太上經　上清經
上清變化經　上清紫宸經
上清九眞中經　上清眞文王經
上清八景經　上清洞眞王經
上清隱書龍文經　上清八景飛經
太清眞經　太一帝君經
太一洞眞經　太元眞經
太元上上經　三元品戒經

養生經
玉鈐經
天交上經
天戒經
五厨經
吐納經
王訣經
神農經
紫度炎光經
黄老經
妙眞經
玄示經
崆峒經
玉佩金璫經
傳授經
四極明科經
靈寶眞一自然經
靈寶大戒經
法輪經
東卿司命經
玄母八門經
金眞玉光經
靈飛六甲經
紫書金根經
天地綱紀經
衆篇經

道迹經
内音玉字經
三道順行經
金羽玄章經
靈寶經
金籙簡文經
神洲七轉七變經
神祝經
定志經
玉清經
玉京仙山經
七星移度經
玉晨明鏡經
仙公請問經
眞人傳
道學傳
道安傳
南眞傳
茅君傳
劉向列仙傳
葛洪神仙傳
裴君傳
魏夫人傳
西城眞人傳
金闕聖君傳
東海青童傳

桂陽列仙傳
紫虚南岳夫人傳
文始内傳
南岳夫人内傳
無上眞人内傳
馬明生内傳
清虚眞人王君内傳
眞人周君内傳
太清眞人内傳
太元眞人茅盈内傳
葛仙翁別傳
道典
雜道書
太極金書
太上太霄朗書
上清金闕靈書
靈寶隱書
靈寶赤書
太丹隱書
玉清隱書
定眞玉籙
太上丹簡墨籙
太上紫書籙
上眞元籙
上清元籙
上皇玉籙

玉皇譜籙
皇民譜籙
集仙籙
太上太眞科
明眞科
西極明科
四明科
四極科
玄妙内篇
墨籙上篇
大洞雌一篇
瓊文四紀篇
六紀篇
靈寶眞一訣
登眞隱訣
上清九眞中經内訣
八素奔辰訣
龍飛赤素隱訣
飛龍隱訣
道德經序訣
太洞玉訣
景林眞人訣
陶淵明道誡
玉簡記
洞冥記
十洲記

空洞靈章　仙誌
上清列紀　後聖九玄道君列紀
老氏聖紀　三洞珠囊
太上丹簡　葛玄五千文
天仙品　像天地品
眞誥　太上眞人祕要
元始序　陰君自序
修眞入道秘言　三元玉檢
南眞說　吉伯陽九仙法
養生要術　修眞雜訣
養生要畧　養生要集
三九素語　老子養生要訣
洞眞七聖玄記　玉帝七聖玄記

郭季產集異記　述仙記

右計一千六百九十件外有古律
詩古賦銘箴雜書等類不及具錄

太平御覽總類

太平御覽目錄

第一册

第四七卷　地部一二

（會稽東越諸山）

第一三七卷　皇親部三

第一三八卷　皇親部四

第一三九卷　皇親部五

太平御覽卷第一

翰林學士承旨正奉大夫守尚書右丞知制誥上柱國隴西郡開國侯食邑二千户食實封四百户臣李昉等奉

勅纂

天部一

元氣　太易　太初　太始

太素　太極　天部上

元氣

三五曆紀曰未有天地之時混沌狀如雞子溟涬始牙濛鴻（莫孔切）滋（胡孔切）萌歲在攝提元氣肇始又曰清輕者上爲天濁重者下爲地冲和氣者爲人故天地含精萬物化生

河圖曰元氣闓（音開）陽爲天

又曰元氣無形洶洶蒙蒙偃者爲地伏者爲天也

禮統曰天地者元氣之所生萬物之所自焉

孝經左契曰元氣混沌孝在其中

漢書律曆志曰黃鍾黃者中之色故陽氣施於下泉孳萌萬物爲六氣元也故以黃色名元氣焉

又曰太極運三辰五星於上元氣轉三統五行於下

家語曰夫禮必本之太一太一分爲天地轉爲陰陽變爲四時列爲鬼神（太一謂元氣也）

淮南子曰道始生虛霩虛霩生宇宙宇宙生元氣有涯垠清陽者薄（音博）靡（音摩）而爲天

又曰古未有天地之時唯象無形幽幽冥冥茫茫昧昧幕幕閔閔鴻濛澒洞莫知其門有二神混沌生（高誘注曰二神經天營地之神）經地營天孔（深也）乎莫知其終滔乎莫知其所止息於是乃別爲陰陽離爲八極剛柔相成萬物乃形

遁甲開山圖曰有巨靈者偏得元神之道故與元氣一時生混沌

又曰南溟之山金堂玉室上無元氣寔滋神化

又曰厲山氏分布元氣各生次序產生山谷

帝系譜曰天地初起溟涬濛鴻即生天皇始萬八千歲以木德王

十洲記曰崑陵崑崙山也上有金臺玉闕亦元氣之所合天帝之居治處

六韜曰天之爲天遠矣地之爲地久矣萬物在其間各自利何世莫之有乎夫使世俗皆能順其有是乃溟涬濛鴻之時爲王故莫之能有七十六聖發起其所繫天下而有之豈一日哉

楊泉物理論曰楊雄非渾天而作蓋天圓其蓋左轉日月星辰隨而東西桓譚難之雄不解此蓋天者復難知也元氣皓大則稱皓天皓天元氣也皓然而已無他物焉

楊雄檄靈賦曰自今推古至於元氣始化古不覽今名號迭毀請以詩春秋言之

又解嘲曰太玄五千文支葉扶疏獨說十餘萬言深者入地底高者出蒼天大者含元氣纖者入無倫（倫等也）

班固東都賦曰萬樂備百禮暨皇情浹群臣酣降烟熅調元氣

又漢頌論功歌詩曰后土化育兮四時行脩靈液養兮元氣覆冬同雲兮春霡霂膏澤洽兮殖嘉穀

張衡玄圖曰玄者包含道德構掩乾坤橐籥元氣稟受無原

陳思王魏德論曰元氣否塞玄黃潰溥星辰逆行陰陽舛錯國無完邑陵無掩槨四海鼎沸蕭條沙漠

又七啓曰有形必朽有端必窮茫茫元氣誰知其終

孫楚石人銘曰大象無形元氣爲母杳兮冥兮陶冶衆有

陸機雲賦曰攄神景於八幽合洪化於烟熅充宇宙以播象協元氣而齊動

潘岳西征賦曰古往今來邈矣悠哉寥廓惚怳化一氣而甄三才

太易

老子曰有物混成先天地生

易乾鑿度曰夫有形者生於無形故有太易者未見氣也

帝王世紀曰天地未分謂之太易

列子曰夫有形者生於無形則天地安從生（自然而生）故有太易太初太始太素（此有物之始自微至著變化自相因襲）太易者未見氣也（易者不窮滯之稱凝寂於太虛之域將何見乎即如易繫之太極老氏之混成）太初者氣之始也（陰陽未判下句所謂渾淪）太始者形之始也（陰陽既判品物流形）太素者質之始也（質性也既爲物矣則方圓剛柔靜躁各有其性）氣質具未相離（此直論氣之形質不復說太易爲三者宗本下句別自明之）故曰渾淪渾淪者言萬物相渾淪而未相離（雖渾然一氣不相離散而三才之道實潛兆乎其中淪語助也）視之不見聽之不聞循之不得故曰易也易無形畔（老子曰視之不見名曰希而曰易易簡之別稱也太易之義如此而已故能爲萬物宗性真一而不變也）易變而爲一（所謂易者窈冥忽怳不可變也一氣持之而化變故寄名變也）一變而爲七七變而爲九九變者之究也（究窮也變而爲七九不足以次數者全舉陽數顧其都會也）乃復變而爲一一者形變之始（既涉於有形之域理數既終乃復反而爲一反而爲一歸形變之始也此蓋明變化性復無極）

太初

易乾鑿度曰太初者氣之始也

帝王世紀曰元氣始萌謂之太初

詩推度災曰陽本爲雄陰本爲雌物本爲魂（宋均注曰本即原也變陰陽爲雄雌魂也亦言未有形也皆無兆朕故謂之氣）雄生八月仲節號曰太初行三節（節猶氣也太初者氣之始也必知生八月仲者據此時齊變生以爲驗也陽生物行三節者須雌俱行物乃著）也

廣雅曰太初氣之始也清濁未分

莊子曰太初有無（言太古之初上下未形所有者無）無有無名（既無有形人無有名）一之所起有一而未形（一謂道也）物得以生謂之德

淮南子曰稽古太初人生於無（當太初天地之始人生於無形無形生有形也）成形於有有形而制於物（爲物所制）

楊雄覈靈賦曰太易之始太初之先馮馮沉沉奮搏無端

王阜老子聖母碑曰老子者道也乃生於無形之先起於太初之前行於太素之元浮遊六虛出入幽冥觀混合之未別窺清濁之未分

陳思王魏德論曰在昔太初玄黃混并渾沌蒙鴻兆朕未形

阮籍孔子誄曰養徒三千升堂七十潛神演思因史作書考混元於無形本造化於太初

又大人先生傳曰太初真人惟太之根專氣一志萬物以存

又曰馳鶩乎太初之中休息乎無爲之宮太初何始無後無先

太始

易乾鑿度曰太始者形之始也

又曰雌生戌仲號曰太始雄雌俱行三節（俱行起自戌仲至亥）

帝王世紀曰氣形之初謂之太始

楚辭天問曰遂古之初誰傳道之（王逸注曰初始也太始之元虛廓無形神物未生誰傳此道）上下未形何由考之（言天地未分混沌無垠誰考定而知也）

張衡玄圖曰玄者無形之類自然之根作於太始莫之與先

阮籍大人先生傳曰登乎太始之前覽乎忽漠之初慮周旋於無外志浩蕩而遂舒

太素

易乾鑿度曰太素質之始也

又曰雄含物魂號曰太素（雌雄俱行故能含物魂而生物也獨言雄雌主於陽故也）

帝王世紀曰形變有質謂之太素太素之前幽清寂寞不可爲象惟虛惟無蓋道之根自道既建猶無生有太素質始萌萌而未兆謂之厖洪蓋道之幹既育萬物成體於是剛柔始分清濁始位天成於外而體陽故圓以動蓋道之實

禮斗威儀曰二十九萬一千八百四十歲而反太素冥莖蓋乃道之根也

禮含文嘉曰推之以上元爲始起十一月甲子朔旦夜半冬至日月五星俱起牽牛之初（鄭玄注上元太素已來至所求年）

廣雅曰太素質之始也已有素朴而未散也

樂動聲儀曰作樂制禮時有嗇始於上元戊辰夜半冬至北方子（鄭玄注曰戊辰土位土爲宮宮爲君故作樂尚之以爲始也夜半子亦天時之始禮稽命徵起於太素十一月閼逢之日歲在攝提格之紀是云作樂制禮蓋作樂則有禮通其文耳）

張衡靈憲注曰太素之前幽清玄靜寂寞冥默不可爲象厥中惟靈如是者永久焉斯謂冥莛蓋乃道根既建由無生有太素始萌萌而未兆并體同色坤屯不分（坤屯音渾沌）

陳思王髑髏說曰昔太素氏不仁勞我以體苦我以生今也幸變而之死是反吾眞也

又魏德論曰不能貫道義之清英窮混元於太素亦以明矣

又魏文帝誄曰皓皓太素兩儀始分沖和產物肇有人倫

又大暑賦曰壯皇居之瑰瑋兮步八閎而爲宇節四運之常氣兮踰太素之儀矩

阮籍通老論曰聖人明於天人之理達於自然之分通於治化之體審於大慎之訓故君臣垂拱太素之樸百姓熙怡保性命之和

又詩曰焉得松喬顛神太素逍遙區外登我年祚

又老子讃曰陰陽不測變化無倫飄飄太素歸虛反祚

陸機孫權誄曰皇聖應期有命太素承亂下萌清難天步

又浮雲賦曰集輕浮之衆采厠五色之藻氣貫元虛於太素薄紫微而竦戾

又詩曰太素卜令宅希微啓奧基玄沖纂懿文虛無承先師

又詩曰澄神玄漠流棲心太素域弭節欣高視俟我大夢覺

顧公直荅陸機曰恢恢太素萬物初基在昔哲人觀衆濟時

太極

易繫辭曰易有太極是生兩儀兩儀生四象四象生八卦

漢書律曆志曰太極元氣函三爲一

又曰太極中央元氣故爲黃鍾

又曰元以統始易太極之首也

帝王世紀曰質形已具謂之太極

樂動聲儀曰神守於心遊於目窮於耳往乎萬里而至疾故不得而不速從胷臆之中而徹太極援引無題人神皆感神明之應音聲相和

班固典引曰太極之先兩儀始分烟烟熅熅有沉而奧有浮而清

陳思王七啓曰夫太極之初混沌未分萬物紛紛與道俱運

又畫讚叙曰上形太極混元之前却列將來未萌之事

阮籍通老論曰道者法自然而爲化侯王能守之萬物將自化易謂之太極春秋謂之元老子謂之道

陸機雲賦曰覽太極之初化判玄黃於乾坤考天壤之靈變莫稽美乎慶雲

傅玄風賦曰嘉太極之開元美天地之定位樂雷風之相薄悅山澤之通氣

張華詩曰混沌無形氣奚從生兩儀元一是能分太極焉得離玄爲誰翁子道是誰家兒天行自西迴日月曷東馳

陸士龍荅士衡詩曰伊我世族太極降精昔在上代軒虞篤生

天部上

釋名曰天顯也在上高顯也天坦也坦然高而遠也

易曰天垂象見吉凶聖人則之

又曰觀乎天文以察時變觀乎人文以化成天下

又曰立天之道曰陰與陽

又曰天行健君子以自强不息

又曰本乎天者親上本乎地者親下

又曰天地之道貞觀者也

又曰天道虧盈而益謙

又曰天地設位而易行乎其中

又曰乾爲天

又曰時乘六龍以御天

又曰天尊地卑乾坤定矣

又曰在天成象在地成形

又曰大哉乾元萬物資始乃統天

書曰高明柔克沉潛剛克（高明謂天也）

又曰乃命羲和欽若昊天

又曰皇天無親惟德是輔

又曰皇天震怒命我文考肅將天威

詩曰敬天之威不敢馳驅

又曰天步艱難之子不猶

又曰悠悠蒼天此何人哉

又曰謂天蓋高不敢不跼謂地蓋厚不敢不蹐（跼曲也蹐累足也箋云跼蹐者天高而有雷霆地厚而有陷淪也此民疾苦王政上下皆可畏怖之言）

禮曰天地之道博也厚也高也明也悠也久也今夫天斯昭昭之多及其無窮也日月星辰繫焉萬物覆焉

又曰天則不言而信天無私覆是天道也無爲而物成

又曰天秉陽垂日星也（秉持）

又曰天不愛其道故天降甘露

又曰天有四時春夏秋冬風雨霜露無非教也

又曰著不息者天也聖人作樂以應天

又曰燔柴於泰壇以祭天也

又曰孟冬之月天氣上騰地氣下降

又曰祭天於南郊就陽之義也祭天掃地而祭於其質而已矣

又曰清明象天

傳曰天有六氣降生五味（六氣者陰陽風雨晦明）

又曰叔孫穆子薦天歷已弗勝
又曰公孫歸父會楚子於宋宋人告急於晉晉侯欲殺之伯宗曰不可天方授楚未可與爭雖晉之強能違天乎
又曰晉侯賜畢萬魏卜偃曰畢萬之後必大萬盈數也魏大名也以是始賞天啓之矣
爾雅曰穹蒼天也（天形穹隆其色蒼蒼因以名云）春爲蒼天（萬物蒼蒼生也）夏爲昊天（言氣晧旰）秋爲旻天（旻猶愍也愍萬物凋落也）冬爲上天（言時無事在上臨下而已）
語曰天何言哉四時行焉百物生焉
又曰惟天爲大惟堯則之
又曰夫子之不可及也猶天之不可階而升也
易乾鑿度曰天動而施曰仁地靜而理曰義
又曰輕清者上爲天重濁者下爲地
又曰天有陰陽地有柔剛人有仁義是謂三才

京房易傳曰地動陰有餘天裂陽不足此臣下盛強害君上之變也景帝三年天東北有赤氣廣長十餘丈或曰天裂其後七國兵起
春秋說題辭曰天之爲言顛也居高理下爲人經也（白虎通亦云）羣陽精也合爲太一分爲殊名故立字一大爲天
禮統曰天地者元氣之所生萬物之祖也天之爲言鎮也神也珍也施生爲本運轉精神功効列陳其道可珍重也
尚書考靈耀曰中央鈞天其星角亢東方皡天（呂氏春秋曰蒼天爾雅曰上天）其星房心東北變天其星斗箕北方玄天其星須女西北幽天其星奎婁西方成天（呂氏春秋曰晧天）其星胃昴西南朱天其星參狼南方赤天（呂氏春秋爾雅皆曰炎天）其星輿鬼柳東南陽天其星張翼軫（呂氏春秋曰天有九野東方曰蒼天西方曰晧天南方曰炎天其餘悉同）
周書曰神農之時天雨粟神農耕而種之

尚書中候曰天地開闢甲子冬至日月若懸璧五星若編珠
詩記曆樞曰箕爲天口主出氣
大戴禮曰放勳其仁如天其智如神就之如日望之如雲
春秋感精符曰人主與日月同明四時合信故父天母地兄日姊月（父天於圜丘之禮也母地於方澤之祭也兄日於東郊姊月於西郊也）
春秋繁露曰天有十端天爲一端地爲一端陽爲一端陰爲一端水爲一端土爲一端人爲一端金爲一端木爲一端火爲一端凡十端天亦有喜怒之氣哀樂之心與人相副以類合之天人一也春喜氣故生秋怒氣故殺夏樂氣故養冬哀氣故藏四者天人同有之
春秋內事曰天有十二分次日月之所躔也
春秋元命包曰天不足西北陽極於九故周天九九八十一萬里

孝經援神契曰周天七衡六間者相去萬九千八百三十三里三分里之一合十一萬九千里從內衡以至中衡中衡以至外衡名五萬九千五里
史記曰叔虞母夢天謂武王曰余命汝生子名虞余與之唐及生子有文在手曰虞遂因命之
漢書東方朔荅難曰以管窺天以蠡測海豈能考其文理哉
又曰漢惠帝二年天開北廣十餘丈
後漢書曰和熹鄧皇后嘗夢捫天天體蕩蕩正青滑如磄砯有若鍾乳狀乃仰嗽飲之以訊占夢言堯夢攀天而上湯夢及天而舐之此皆聖王之前占吉不言也
蜀志曰吳使張溫來聘秦宓在諸葛亮座溫問人亮曰

學者溫閒曰天有頭乎宓曰有詩曰乃眷西顧天若無頭何以顧之又曰有耳乎曰有詩云鶴鳴于九皐聲聞于天無耳何以聞之天有足乎曰有詩云天步艱難若無足何以步天有姓乎曰有曰何姓曰姓劉何以知之曰其子姓劉故以知之溫大敬之

晉書曰世祖登祚探策得一羣臣失色吏部郎中裴楷進曰天得一以清王侯得一爲天下貞上大悦

又曰惠帝末天裂爲二無雲有聲如雷

晉中興書徵祥說曰大興二年天鳴東南有聲如水相薄三年又鳴後哀帝廢

後魏書曰聖武田於野見輜軿自天而下至則見美女曰天使我偶君遂寢宿旦乃還期周年復會於此旣而以所生男授帝曰善養之世爲帝王子即始祖也

齊書曰王摛史學博聞永明中天忽黃色照地衆莫能解摛云是榮光世祖大悦用爲永陽郡守

陳書曰高祖夢天開數丈有一人朱衣捧日令帝張口納之及覺猶熱後二百日爲帝

太平御覽卷第一

太平御覽卷第二

天部二

天部下　渾儀　刻漏

天部下

老子曰天得一以清天無以清將恐裂

又曰域中有四大道大天大地大王亦大

莊子曰天之蒼蒼其正色耶以其遠而至極也

文子曰朴至大者無形狀道至大者無度量故天圓不中規地方不中矩

又曰天明日明然後能照四方君明臣明然後能正萬物域中四明故能久

又曰高莫高於天下莫下於澤天高澤下聖人法之

又曰天愛其精地愛其平人愛其情天之精日月星辰雷霆風雨也地之平水火金木土也人之情思慮聰明喜怒也

列子曰杞國有人憂天崩墜身亡所寄廢於寢食又有憂彼憂者因曉之曰天積氣耳若屈伸呼吸終日在天中行止奈何憂崩墜乎其人曰果積氣日月星辰不當墜耶曉者云日月星辰亦積氣之光耀者也長盧子聞而笑曰虹蜺也雲霧也風雨也四時也此積氣之成乎天者也知積氣也何以不壞夫天地空中之細物有中之最巨也難窮終始此固然矣憂其壞者亦爲遠大言不壞者亦爲未是天地不得不壞之則會歸於壞時奚爲不憂哉列子聞而笑曰天地壞亦謬矣言不壞亦謬矣壞與不壞吾所不知也雖然彼一也此一也故生不知死死不知生來不知去去不知來壞與不壞吾何容心哉

又曰湯問夏革曰四海之外奚有乎曰猶齊州也湯曰汝奚以實之革曰朕東行至營人民猶是也問營之東復猶營也西行之豳民人猶是也問豳之西復猶豳也朕以是知四海四荒四極之外不異是也故大小相含無窮極也含萬物者亦如含天地（含天地者亦如含萬物含萬物也）故不窮含天地之表故無極朕亦焉知天地之表不有大天地者乎亦吾所不知也天地亦物物有不足故昔者女媧氏鍊五色之石以補闕斷鼇之足（鼇巨龜也）以立四極其後共工氏與顓頊爭爲帝（淮南子曰與神農爭）怒觸不周之山折天柱絕地維故天傾西北日月星辰就焉地不滿東南故百川水潦歸焉

抱朴子曰宣夜之書亡而郗萌記先師相傳宣夜說云天無質仰而瞻之高遠無極眼瞀精極蒼蒼然也譬旁望遠道黃山而皆青俯察千仞之谷而黝黑夫青冥色黑非有體也日月星象浮生空中行止皆須氣焉故七耀或住或遊逆順伏見無常進退不同由無所根繫故各異也故辰極常居其所北斗不與衆星西沒焉七曜皆東行日日行一度月行十三度遲疾任性若綴附天體不得尔也

又曰良將剛則法天可望而不可干柔則象淵可覲而不可入

淮南子曰四時天之吏日月天之使星辰天之期虹蜺彗星天之忌

又曰天有九野九千九百九十里隅去地五萬里

楊子法言曰惟天爲聰惟天爲明夫能高其目而下其耳者匪天也夫

又曰或問天曰吾於天歟見無爲之爲矣或曰雕刻衆形者匪天歟曰以其不雕刻也如物刻而雕之焉得力而給

諸

又曰天可度則覆物淺矣

申子曰天道無私是以恒正天常正是以清明

管子曰天或維之地或載之莫之維天已墜矣況於人乎

曾子曰單居離問曾子曰天圓而地方誠有之乎曾子曰天之所生上首地之所生下首上首之謂圓下首之謂方始誠天圓而地方則是四角之不揜也參嘗聞之夫子曰天道曰圓地道曰方方曰幽圓曰明明者吐氣是故外景幽者含氣是故內景

墨子曰飄風苦雨溱溱而至此天之所以罰百姓不上同於天也

孔叢子曰魏王問子順曰寡人聞昔者上天神異后稷而爲之下嘉穀周遂以興

呂氏春秋曰天道圓地道方聖人所以立天下天圓謂精氣圓通周復無雜故曰圓地方謂萬物殊形皆有分職不能相爲故曰方主執圓臣處方方圓不易國乃昌

又曰天地車輪（輪轉也）終則復始極則復反

又曰天地大矣生而不子成而不有萬物皆被其澤得其利而莫知其所由始三皇五帝之德也

又曰天有九野何謂九野中央曰鈞天東方曰蒼天（尚書考靈耀曰皋天廣雅曰上天）東北方曰變天北方曰玄天西北方曰幽天西方曰皓天（尚書考靈耀曰廣雅皆曰成天）西南方曰朱天南方曰炎天（尚書考靈曜曰赤天）東南方曰陽天

太玄經曰九天一爲中天二爲羨天三爲順天四爲更天五爲睟天六爲廓天七爲咸天八爲沉天九爲成天

又曰天以不見爲玄地以不形爲玄人以心腹爲玄天奧西北鬱化精也地奧黃泉隱魄也人奧思慮含至精也

說苑曰齊景公問子貢曰仲尼賢乎曰賢又問曰奚若曰不知也公怫之子貢曰今謂天高無少長賢愚皆知若問其高幾何皆曰不知仲尼之賢猶天之高也奚得以知又曰臣事仲尼猶執椀就江海飲莫知淺深也

又曰齊桓公問管仲曰王者何貴對曰貴天桓公仰視天管仲曰所謂天者非謂蒼蒼莽莽之天也居人上者以百姓爲天

蔡邕天文志曰言天體者有三家一曰周髀二曰宣夜三曰渾天宣夜之學絕無師法周髀術數具存驗天狀多所違失故史官不用唯渾天者近得其情今史官所用候臺銅儀則其法也立八尺圓儀之度而具天地之象以正黃道名察發斂以行日月以步五緯精微深妙百世不易之

道

異苑曰陶侃夢飛翔沖天天門九重已入其八餘一門不得進以翼搏天一翅致折驚而墜下左腋腫痛後威果振主欲有闚擬之志每憶折翅之祥抑心而止

徐整三五曆紀曰天地渾沌如雞子盤古生其中萬八千歲天地開闢陽清爲天陰濁爲地盤古在其中一日九變神於天聖於地天日高一丈地日厚一丈盤古日長一丈如此萬八千歲天數極高地數極深盤古極長後乃有三皇數起於一立於三成於五盛於七處於九故天去地九萬里

廣雅曰太初氣之始也清濁未分太始形之始也清者爲精濁者爲形太素質之始也已有素朴而未散也三氣相接剖判分離清濁爲天地

又曰天圓廣南北二億三萬三千五百里七十五步東西短減四步周六億十萬七百里二十五步從地至天一億一萬六千七百八十一里半下地至厚與天高等

又曰南方曰炎天西南方曰朱天西方曰成天西北方曰幽天北方曰玄天東北方曰變天東南方曰陽天中央曰鈞天東方曰上天謂之九天九天之際曰九垠（垠堮也）九天之外曰次九垓（垓階也言其階次九也）

纂要曰天地四方曰六合四方上下謂之宇古往今來謂之宙

白虎通曰男女惣名爲人天地所以無惣名何天圓地方不相類也天左旋地右周猶君臣陰陽相向也

又曰天所以有災變何所以譴告人君覺悟其過欲令悔愼思慮也

黄帝素問曰積陽爲天故曰清陽

河圖挺佐輔曰百世之後地高天下不風不雨不寒不暑民復食土皆知其母不知其父如此千歲之後而天可倚杵洶洶隆隆曽莫知其始終

汲冢紀年書曰懿王元年天再旦於鄭

東方朔神異經曰崑崙有銅柱焉其高入天謂之天柱

皇覽冢墓記曰好道者言黄帝乘龍升雲登朝霞上至列闕倒影天體如車有蓋日月懸著何有可上哉

張衡靈憲曰天有九位自地至天一億萬六千二百五十里懸天之晷薄地之儀皆千里而差一寸

孫氏瑞應圖曰舜時后稷播植天降秬秠故詩曰天降嘉種惟秬惟秠（秬音巨秠音丕）

論衡曰天門在西北又日月五星隨天而西移行遲天耳譬若磑石之上行蟻蟻行遲磑轉疾内雖異行外猶俱轉

又曰天行六十五度凡積十三萬里也其行甚疾無以爲驗儻與陶鈞之運弩矢之流相類似乎

又曰天平與地無異若覆盆之狀

洛書甄耀度曰周天三百六十五度四分度之一夫一度爲千九百三十二里則天地相去十七萬八千五百里

關令内傳曰天地南午北子相去九千萬里東卯西酉亦九千萬里四隅空相去九千萬里天去地四十千萬里

又曰天有五億五萬五千五百五十里地亦如之各以四海爲脉

伏侯古今注曰成帝建始三年七月夜有黄白氣長十餘丈明照地或曰天裂或曰天劒

五經通義曰神之大者昊天上帝（即耀魄寶也）

又曰天皇大帝亦曰太一又曰其佐曰五帝（東方青帝靈威仰南方赤帝赤熛怒西方白帝白招拒北方黑帝汁光紀中央黄帝含樞紐）

又曰天所以有雷霆風雨霜雪霧露何欲以成歲潤萬物因以見災異也

鄒衍大言天事號談天衍。虞昺穹天論曰天形穹隆如笠而冒地之表浮元氣之上譬覆奩以抑水而不没者氣充其中也日遶辰極没西南還東不入地中也　天文録曰古人言天地之形者有三一曰渾天二曰蓋天三曰宣夜宣夜之説未嘗聞也後有虞昺作穹天論姚信作昕天論虞喜作安天論衆形殊象參差其間蓋天之説又有三體一云天如車蓋遊乎八極之中一云天形如笠中央高而四邊下亦云天如欹車蓋南高北下　桓譚新論曰通人揚子雲因衆儒之説天以爲蓋常左旋日月星辰隨而東西乃圖畫形體行度衆以四時曆數昏明晝夜欲爲世人立紀律以垂法後嗣余難之曰春秋晝夜欲等平旦日出於卯正東方暮日入於酉正西方今以天下之占視之此乃人之卯酉非天卯酉當北斗極北斗極天樞樞天軸也猶蓋有保斗矣蓋雖轉而保斗不移天亦轉周匝斗極常在知爲天之中也仰視之又在北不正在人上而春秋分時日出入乃在斗南如蓋轉則北道近南道遠彼晝夜數何從等乎子雲無以解也後與子雲奏事坐白虎殿廊廡下以寒故背日曝背有頃日光去背不復曝焉因以示子雲曰天即蓋轉而日西行其光影當照此廊下而稍東耳無乃是反應渾天家法焉子雲立壞其所作則儒家以天爲左轉是也

楊泉物理論曰天者旋也均也積陽純剛其體迴旋羣生

之所大仰

又曰儒家立渾天以追天形從車輪焉周髀立蓋天言天氣循邊而行從磨石焉斗極天之中也言天者必擬之人故自臍以下人之陰也自極以北天之陰也所以立天地者水也成天地者氣也水土之氣升而爲天天者君也夫地有形而天無體譬如火焉煙在上灰在下也渾天說天言天如車輪而轉日月旦從上過夜從下過故得出卯入酉或以斗極難之故作蓋天言天左轉日月不行皆緣邊爲道就渾天之說則斗極不正若用蓋天則日月出入不定夫天元氣也晧然而已無他物焉　姚信昕天論曰若使天裹地如卵含雞地何所倚立而自安固若有四維柱石則天之運轉將以相害使無四維因水勢以浮則非立性也若天經地行於水中則日月星辰之行將不得其性是以兩地之說下地則上地之根也天行乎兩地之間矣今地形立於下天象運乎上譬人顛移臨胷而頂不覆背近取諸身故知天體南低入地北則高也冬至極低天運近南故日去人遠斗去人近北氣至故冰寒也夏至極起天運近北故斗去人遠日去人近南天氣至故蒸熱也極之高時日所行地中淺故夜短天去地高故晝長極之低時日所行地中深故夜長天去地下故晝短然則天行寒依於渾夏依於蓋也

楚辭天問曰圓則九重孰營度之（言天圓九重誰度知之）惟茲何功孰初作之（言此天九重誰功始之）筦維焉繫天極焉加（筦轉綱也言天夜轉旋寧有維綱繫其際極安所加乎也）八柱何當東南何虧（言天有八山爲柱皆何直東南不足誰虧缺也）

古樂府詩曰天上何所有曆歷種白榆

渾儀

說文曰渾者制儀器也

書曰正月上日受終於文祖在璿璣玉衡以齊七政（范寧注曰璿爲衡璣者轉也衡者平也若今渾天儀王者所以正天文之器）

尚書考靈耀曰觀玉儀之旋昏明主時（以玉爲渾儀故曰玉儀也）

文耀鉤曰高辛受命重黎說天文唐堯即位羲和立渾儀

孝經援神契曰后偷任威折其玉斗失其金椎（后君也偷綱尚自專也玉斗北斗以玉爲之偷渾儀也金椎以偷圖之重寶也）

劉氏曆正閏曰說云顓頊造渾儀黄帝爲蓋天皆以天象蓋也

渾天儀曰天如雞子地如中黄居其天内天大地小表裹有水天地各乘氣而立載水而浮日月星辰繞地下故二十八宿半見隱天轉如車轂之運

王蕃渾天說曰渾天之作由來尚矣考之於天信而有徵

書說天地之體狀似鳥卵天苞地外猶殼之裹黃也周迴如彈丸故曰渾天言其形體渾渾如也周天三百六十五度五百八十九分度之百四十五東西南北展轉周䁠半覆地上半在地下故二十八舍半見半隱以儀准之其見常八十二度有奇是以知其半覆地上半在地下也黃赤二道見與交錯一間相去二十七度以兩儀准之俱三百六十五度有赤道見者常百八十二度半強又南北考之天見者亦一百八十二度半強是知天之體圓如彈丸北出地三十六度是知南極入地亦三十六度而兩相去百八十二度半強也

虞喜安天論曰太史令陳季胄以先賢制木爲儀名曰渾天

又曰言天體者三家渾蓋之術具存而宣夜之法絕滅有意續之而未遑也近見姚元道造昕天論又覩族祖河間立穹天揆鄙意多嫌喜以爲天高無窮地深不測地居卑靜之體則天有常安之象形相覆冒無方圓之義渾蓋之家依易立說云天運無窮或謂渾然苞地或謂渾然而蓋愚謂若必天裹地似卵中黃則地是天中一物聖人何別爲名而配天乎古之遺語日月行於飛谷謂在地中也不聞列星復流於地又飛谷一道何以容此且谷有水體日爲火精冰炭不共器得無傷日之明乎此蓋天所以爲臣難也或難曰周禮有方圓之丘祭天地則知乾坤有方圓體也答曰郊祭大報天而主日配日月形圓圓丘似之非天體也祭方者別之於天尊卑異位何足怪哉周髀之術多是蓋天蓋天雖與渾異而星辰有常數今陳氏見髀上觀周因言周渾周髀宣夜或人姓名猶星家有甘石也蓋

天之體轉四方地卑不動天周其上故云周髀宣明也夜幽之數其術兼之故云宣夜

賀道養渾天記曰昔記天體者有三渾儀莫知其始書以齊七政蓋渾體也二曰宣夜夏殷之法也三曰周髀當周髀之所造非周家術也近世復有四術一曰方天興於王充二曰軒天起於姚信三曰穹天由於虞喜皆以抑斷浮說不足觀也雖渾天之事徵驗不疑

晉陽秋曰吴有葛衡字思真改作渾天使地居中以機轉之天轉而地止（猶古道字）

義熙起居注曰十四年相國表曰閻者平長安獲張衡所作渾儀土圭歷代寶器謹遣奉送歸之天府

梁書曰陶弘景嘗造渾天象高三尺許地居中央天轉而地不動以機動之悉與天相會

又曰虞僧誕會稽餘姚人以左氏教授聽者亦數百人該通義例當世莫及先是儒者論天互執渾蓋二義論蓋不合渾論渾不合蓋崔靈恩立義以渾蓋爲一焉

隋書曰耿詢見其故人高智寶以玄象直太史詢從之受天文筭術詢創意造渾天儀不假人力以水轉之施於閣室中外候天時合如符契

唐書曰將軍李守忠奏三殿上所安置渾天儀銅鼎上漏流（事具兩門）

董卓別傳曰卓冶鑄候望璇璣儀

益部耆舊傳曰漢武帝時落下閎明曉天文於地中轉渾天定時節

風土記曰璿衡即今渾儀云古者以玉爲之轉運者爲機持正者爲衡一說言以良玉爲管中有光蓋取明以助遠

察

張衡渾天儀曰赤道橫帶天之腹去極九十一度十九分之五黄道邪帶其腹出赤道表裏各二十四度故夏至去極六十七度而強冬至去極百一十五度亦強也然則黄道邪截赤道者則秋分之去極也今此春分去極九十度秋分去極九十一度少者就夏歷晷景去極之法以爲率也

王蕃渾天說曰渾天遭周秦之亂師徒斷絶而喪其文唯渾儀常在候臺是以不廢故其楊搉可得而言至於纖微委曲闕而不傳蔡邕以爲精微深妙百世不易之道

楊子法言曰或問渾天曰落下閎營之鮮于望人度之耿中丞象之請問蓋天曰蓋哉蓋哉未幾也（李軌注曰幾近）

桓子新論曰楊子雲好天文問之於黄門作渾天老工曰

我少能作其事但隨尺寸法度殊不曉達其意後稍稍益愈到今七十乃甫適知已又老且死矣今我兒子愛學作之亦當復年如我乃曉知已又且復死焉其言可悲可笑也

顔延之上立渾天銅儀表曰臣昔奉使入關值大軍旋師渾儀在路肆觀奇祕絶代異寶

刻漏

說文曰漏以銅盛水刻節晝夜百刻

周禮夏官挈壺氏掌挈壺以令軍井（謂穿井成挈壺懸其上令軍中士衆皆望見知下有井也壺所以盛飲故以壺表井也）凡軍事懸壺以序聚欜凡喪懸壺以代哭皆以水火守之分以日夜（鄭司農曰懸壺以爲漏也以序聚欜以次更聚擊欜備守也玄謂擊欜兩木相敲行夜時也喪禮未大斂代哭以水守壺者爲沃漏也以火守壺者夜則視刻數也分以日夜者異晝夜漏也）

詩序曰東方未明刺無節也朝廷興居無節號令不時挈壺氏不能掌其職焉（挈壺氏掌刻漏）

漢書曰董賢爲郎傳漏陛下上見悦之

又哀帝紀曰詔大赦天下以建平二年改爲太初元年號曰陳聖劉太平皇帝（韋昭曰數陳聖劉之德也）漏刻以百二十爲度（韋昭曰舊漏晝夜共百刻今增其二十也）

續漢書律曆志曰建武十年詔施行漏刻以日長短爲數率日南北二度四分而增減一刻一氣永元十年太史霍融上言官漏刻率九日增減一等不與天相應不如夏曆

東觀漢記曰樊梵每當直事常晨駐車待漏

漢雜事曰鼓以動衆鉦以止衆夜漏盡鼓鳴則起晝漏盡鉦鳴則息

吳錄曰吳範字文則善占候知風氣關羽將降孫權問範

範期日中權立表下漏以待之及中不至權問其故範曰未正中也頃之有風動帷範曰羽至矣斯須外稱萬歲傳言得羽

齊書曰武帝時宮内深隱不聞端門鼓漏聲置鐘於景陽樓上應五鼓及三鼓宮人聞鐘聲早起粧飾

後魏書曰自魏初大將行兵長孫嵩拒宋武奚斤征河南獨給漏刻

隋書曰耿詢作馬上刻漏世稱其妙煬帝即位進欹器帝善之

東方朔別傳曰武帝常飲酎以八月九月中禾稼方盛熟夜漏下水十刻微行乃出

桓子新論曰漏刻燥濕寒温輒異度晝日參以晷景暮夜參以星宿則得其正

陸機漏賦曰激懸泉以遠射跨飛途而遥集伏陰虫以承波吞絙流其如祂

王廙洛都賦曰挈壷司刻漏樽瀉流仙叟秉尺隨水沉浮

孫綽漏刻銘曰累筒三階積水成淵器滿則盈承虚赴下靈虬吐注陰虫承瀉

太平御覽卷第二

太平御覽卷第三

天部三

日上

說文云日者實也太陽之精不虧字從口一象形也又君象也

易曰離為日

又曰日中則昃

又曰日以烜之

又曰日月運行一寒一暑

又曰陰陽之義配日月

又曰懸象著明莫大乎日月

又曰日月之道貞明者也

又曰日中為市致天下之民聚天下之貨

又曰日往則月來月往則日來日月相推而明生焉

又曰日昃之離不鼓缶而歌則大耋之嗟凶

又曰豐卦曰豐亨王假之勿憂宜日中宜照天下也（以勿憂之德故宜照天下）

又曰日月麗乎天

又曰日月得天而能久照

書曰寅賓出日平秩東作日中星鳥以殷仲春

又曰日永星火以正仲夏日短星昴以正仲冬

又曰寅餞納日平秩西成

詩曰其雨其雨杲杲出日

又曰謂予不信有如皦日

又曰雝雝鳴鴈旭日始旦

又曰日之夕矣羊牛下來

又曰日居月諸胡迭而微

又曰日出東方照臨下土

又曰春日遲遲采蘩祁祁

禮曰二月中氣祀朝日於東郊

又曰玄端而朝日於東門之外

又曰天無二日土無二王

又曰季冬是月也日窮于次月窮于紀（言運行周匝於故處次舍也紀猶會也）

又曰五月中氣是月也日長至十一月日短至　周禮周官曰眡祲掌十煇之法以觀妖祥辨吉凶（妖祥善惡之徵鄭司農云煇謂日光炁也）一曰祲二曰象三曰鑴四曰監五曰闇六曰瞢七曰彌八曰敘九曰隮十曰想（祲陰陽氣相侵也象如赤鳥也鑴謂日旁氣四面反鄉如煇狀監雲氣臨日也闇日月食也瞢瞢無光也彌者白虹彌天也敘者雲有次序如山在日上也隮者升氣也想者燿光者也）

又曰大司徒以土圭之法測土深淺正日景以求地中日南則景短多暑日北則景長多寒

傳曰酆舒問於賈季曰趙衰趙盾孰賢對曰趙衰冬日之日也趙盾夏日之日也注曰冬日可愛夏日可畏　又哀公六年楚有雲如衆赤鳥夾日以飛三日楚子使問周太史曰其當王身若禜之可移於令尹司馬王曰移腹心之疾置之股肱何益王弗禜而死孔子曰昭王其不失國也宜哉

爾雅曰孤竹北戶西王母日下謂之四荒也（郭璞注曰日下在四方昏荒之國也）

又曰岠齊州以南戴日為丹穴（岠去也齊中也）東至日所出為太平西至日所入為太蒙（即蒙汜也）

易坤靈圖曰至德之萌日月若連璧

易糸同契曰日爲流珠青龍之俱（日爲陽陽精爲流珠青龍東方少陽也）
尚書考靈曜曰黑帝亡二日並照
又曰仲春仲秋日出於卯入於酉仲夏日出於寅入於戌
仲冬日出於辰入於申
又曰日光照四十萬六千里
春秋感精符曰群臣恣則日黃無光羣臣爭則日裂人主
排斥則日夜出
春秋元命包曰陽數起於一成於二故日中有三足烏
又曰一歲三百六十五日四分度之一言陽布散立數合一
故立字四合其一
又曰日左行周天二十三萬里
又曰七政度日月明
春秋內事曰日者陽德之母也

禮統曰日者實也形體光實人君之象
禮斗威儀曰政太平則日五色政頌平則日黃中而赤暈
政和平則日黃中而黑暈政象平則日黃中而白暈政外
平則日黃中而青暈
孝經援神契曰天地至貴精不兩明注天精爲日地精爲
月
又曰日中則光溢
又曰日神五色明照四方
又曰黃氣抱日輔臣忠德至於天日抱戴
易傳曰聖王在上則日光明五色而備
又曰日者衆陽之精內明玄黃五色無主以象人君精精
似青翼翼似黑玄玄似赤縞縞似白煌煌似黃光照無主
不可以一色名也劉向洪範傳曰日者照明之大表光景
之大紀群陽之精衆貴之象也故曰日出而天下光明日
入而天下冥晦此其効也故日者天之象君父夫兄之類
中國之應也明王之踐位群賢履職天下和平黎民康寧
則日麗其精明揚其景耀抱珥重光以見吉祥君德慶賀
劉昭幼童傳曰晉明帝諱紹元帝子初元帝爲江東都督
鎮揚州時中原喪亂有人從長安來帝問洛下消息潸然
流涕帝年數歲問泣故具以東渡意告之因問帝汝意謂
長安何如日遠荅曰不聞人從日邊來只聞人從長安來
居然可知帝異之明日集群臣宴會說以此荅明帝又以
爲日近帝勗容問何故異昨日之言荅曰舉頭不見長安
只見日以是知近帝大悅
搜神記曰吳孫堅夫人懷孫策夢日月入懷
解道康齊地記曰齊有不夜城蓋古者有日夜中照於東
境故萊子立此城以不夜爲名

七聖紀曰欝華赤文與日同居結鱗黃文與月同居欝華
日精結鱗月精也
莊子曰陽燧見日則燃爲火（金也摩拭令熱便置日中以艾承之火生）
又曰孔子圍於陳蔡太公弔之曰子其昭昭如揭日月而
行故不免
又曰日出東方入於西極有目有趾者待是而成功
又曰至人神矣乘雲氣騎日月
淮南子曰日出於陽谷浴於咸池拂於扶桑是謂晨明登
於扶桑之上（扶桑東方之野）爰始將行是謂朏（音斐）明（朏明將明也）至于
曲阿（曲阿山名）是謂朝明臨于曾泉（曾重也早食時在東方多水之地故曰曾泉）是
謂早食次于桑野是謂晏食臻于衡陽是謂禺中對于昆
吾（昆吾丘在南方）是謂正中靡于鳥次（鳥次西南方之山）上是謂小遷至于

悲谷悲谷西南方之大壑是謂晡時迴于女紀女紀西方陰地是謂大遷經于陽泉是謂高春頓于連石是謂下春連石西北山名言將欲冥下蒙懸春猶日下春爰止羲和爰息六螭是謂懸車日乘車駕以六龍羲和御之日至此而薄於虞泉羲和至此而迴六螭即六龍也薄於虞泉是謂黃昏淪于蒙谷是謂定昏日入崦音淹嵫音茲崦嵫日落山經細柳細柳西方之野入虞泉之池曙於蒙谷之浦蒙谷蒙汜之水日西垂景在樹端謂之桑榆言其光在桑榆樹上

又曰日中有踆七論切烏踆者趾也謂三足烏

又曰若木在建木西末有十日其華照地

高誘注曰末端也若木端有十日狀如連珠華光照其下地

又曰日者陽之主是以春夏則群獸除角

又曰堯時十日並出草木焦枯堯命羿仰射十日其九烏皆死墮羽翼

又曰日積陽之熱氣生火火氣之精者為日

列子曰宋有田夫曝日於野美之不識廣厦綿纊之屬謂其妻曰吾負日之暄以獻吾君將獲重賞

又曰穆王駕八駿之乘西觀日所入處

又曰日積氣之中有光耀者

又曰孔子晨遊見兩小兒爭辯而鬬孔丘問其故一兒曰我以日始出時去人近日中時去人遠一兒曰我以為日初出時遠而日中時近日爾何以知曰日初出大如車輪及中纔如盤蓋此不為遠者小而近者大乎一兒曰日初出滄滄涼涼及其中如探湯此不為近者熱而遠者涼乎孔子不能決兩兒笑曰立孰謂汝多知乎

文子曰日出於地萬物蕃息

尸子曰日五色至陽之精象君德也五色照耀君乘土而王

又曰少昊金天氏邑於窮桑日五色互照窮桑

又曰聖人以日圜光盈尺光滿天下聖人居室而所燭彌綸六合

又曰火在井中不能燭遠目在足下不可以視近君之於國也猶天之有日居不高則不明視不尊則不遠

又曰聖人身猶日也夫日圜尺光盈天地聖人之身小其所燭遠矣

任子曰日月為天下眼目人不知德山川為天下衣食人不能謝

符子曰盛魄重輪六合俱照非日月能乎

呂氏春秋曰白人之南建木之下日中無影蓋天地中也

賈誼書曰周文王問鬻子曰敢問君子將入其職則於其

民何如對曰君子將入其職則於其民也旭旭然如日之始出也既入其職則於其民暵暵音漢然如日之正中也既去其職於其民也暗暗然如日之已入也故君子將入而旭旭者義先聞也既入而暵暵者民保其福也既去而暗暗者民失其教也文王曰受命矣

又曰學聖王之道譬之如日靜居而獨思譬其若火夫捨學聖主之道而靜居獨思譬其去日之明於庭而就火之光於室也然可以小見不可以大知

山海經曰東海之外甘泉之間有羲和國有女子名羲和為帝俊之妻是生十日常浴日於甘泉郭璞注羲和能生日也故曰為羲和之子堯因是立羲和之官以主四時

又曰日浴溫源谷溫源即湯谷也湯浴上於扶桑扶桑在上一日方至一日方出言交會相代也皆戴於烏日中有三足烏

又曰明星山日月所出

又曰蘇門日月所出

又曰湯谷上有扶木（即扶桑）十日所浴此浴水中有大木九日居上枝（昔堯使羿仰射九日盡墜死汲冢書日本有十日迭次而出運照無窮堯時為妖十日並出故爲射所死）

又曰夸父逐日扶飲河渭不足北飲大澤未至道渴而死棄其杖化爲鄧林

又曰崦山神蓐收居之是山也西望日之所入其氣圓（日形圓故其氣象亦然）神經光之所司也

太玄經曰日動而東天動而西天日錯行陰陽更巡（錯遝也巡行也）

又曰日一南而萬物死日一北而萬物生外北而萬物虛外南而萬物盈外之南也右行而左還外之北也左行而右還或左或右或死或生

纂要云日光曰景（星月之光通謂之景）日影曰晷日氣曰晛（乃見切詩見晛日消日氣晛）日初出曰旭日昕曰晞（大明日昕詩日匪陽不晞晞乾也言日晞乾濕物也）日溫曰煦在午曰亭午在未曰昳日晚曰旰日將落曰薄暮日西落光返照於東謂之反景景在下日倒景日有愛日畏日（愛冬日也畏夏日也春秋左傳日冬日可愛夏日可畏）

白虎通曰日行遲月行疾日行一度月行十三度十九分度之七日月經千里

雜占書曰日冠者如半暈也法當在日上有冠又有兩珥尤吉

廣雅曰日名耀靈一名朱明一名東君一名大明亦名陽烏日御曰羲和

范子計然曰日者寸也月者尺也尺者紀度而成數也寸者制萬物陰陽之短長也

又曰日者火精也火者外景主晝居晝而爲明處照而有光

又曰日者行天日一度終而復始如環無端

說苑曰師曠對晉平公曰少而學者如日出之光壯而學者如日中之光老而學者如秉燭夜行

太平御覽卷第三

太平御覽卷第四

天部四

日下（日蝕晷附）　月（月蝕附）

日下

帝王世紀曰文王夢日月着身

望氣經曰日上有黃氣君喜下有黃氣名永福

又曰漢文帝時日中有王字

徐整長曆曰泉湯之精上合爲日徑千里周圍三千里下於天七千里

談藪曰魏文帝爲王時夢日墜地分爲三已得一分而內懷中

鄧析書曰君者當如冬日之陽夏日之陰萬物歸之莫之使也

王充論衡曰日不入地也譬人把火夜行平地去人十里火光藏矣非滅也

又曰夫日月不圓視之如圓者去人遠也夫日火精也在地火不圓在天火何故獨圓日月在天猶五星五星猶列星不圓何以明之春秋之時星隕宋都視之石也不圓是知日月五星亦不圓也

又曰儒書言魯陽公與韓戰戰酣日暮援戈而麾之日爲之反三舍此言虛也凡人能以精誠感動天者專心一意委務積神通天天爲變動然尚未可謂然魯陽公志在於戰爲日暮一麾安能令日反使聖人麾日日終不反魯陽公何人而使日反

又曰儒言日中有三足烏日者火也烏入火中燋爛安得而立然烏日氣也

又曰日中近出入遠日中小者光明故也出入時大者光闇故也

又曰桀無道兩日並照在東者將起在西者將滅費昌問馮夷曰何者爲殷何者爲夏馮夷曰西夏也東殷也於是費昌徙族歸殷殷果克隆

又曰儒者論日出扶桑暮入細柳扶桑東方之地細柳西方之野

又曰日晝行千里夜行千里騏驥晝日亦千里然則日行舒疾與騏驥步相類

崔豹古今注曰漢明帝爲太子樂人作歌詩四章一曰日重光云天子之德光明如日太子比德焉故云重也

周髀曰日光外照徑八十一萬里

徐幹中論曰文王遇姜公于渭陽若披雲見白日

物理論曰日者太陽之精也夏則陽盛陰衰故晝長夜短冬則陰盛陽衰故晝短夜長氣引之也行陽之道長故出入卯酉之北行陰之道短故出入卯酉之南春秋陰陽等故日行中平晝夜等也

地說書曰日照四十五萬里

皇甫謐季曆曰日者衆陽之宗陽精外發故日以晝明名曰曜靈

龍魚河圖曰陽積精爲日

汲冢書曰胤甲居於河西天有妖孽十日並出又言本有十日迭次而運照無窮

金匱曰三苗之時三月不見日

黃帝占書曰日中三足烏見者其所居分野有白衣會

楚辭曰十日並出流金鑠石

戰國策曰聶政刺韓相荊軻刺秦王並白虹貫日

史記曰漢景帝王夫人娠娠夢日入懷以生武帝

又曰堯其仁如天其知如神就之如日望之如雲

漢書曰李尋上疏曰夫日者宗陽之長暉光所燭萬里同晷人君之表也故日將且清風發暉羣陰退伏

又曰文帝時新垣平上言日再中臣以候知之居頃之際日却復中乃更以十七年爲元年

又曰鄒陽上書説梁孝王曰昔荊軻慕燕丹之義白虹貫日太子畏之

後漢書曰張重字仲篤明帝時舉孝廉帝曰何郡小吏荅曰臣日南吏帝曰日南郡人應向北看日荅曰臣聞鴈門不見壘鴈爲門金城郡不見積金爲郡臣雖居日南未嘗向北看日

應劭漢官儀曰太山東南名曰日觀日觀雞鳴時見日

魏志曰程立夢登太山捧日立以白太祖太祖遂加日於立上因改名昱

晉書曰荀爽曰日下荀鳴鶴

晉陽秋曰建武元年三日並出

三齊略曰秦始皇作石橋於海上欲過海看日出處有神人驅石去不速神人鞭之皆流血今石橋猶赤色

季尤九曲歌曰年歲晚暮日已斜安得壯士翻日車

日蝕

書曰乃季秋月朔辰弗集于房瞽奏鼓嗇夫馳庶人走凡日食天子伐鼓于社責上公也嗇夫主幣之官馳取幣禮天神衆人走供救日食之百役也

禮記昏義曰男教不脩陽事不得謫見於天日爲之蝕是故日蝕則天子素服而脩六官之職蕩天下之陽事

傳曰魯昭公十七年日有蝕之祝史請用幣叔孫昭子曰日有蝕之天子不舉伐鼓於社諸侯用幣於社伐鼓於朝禮也

又莊二十五年曰夏六月辛未朔日有蝕之鼓用牲于社非常也惟正月之朔慝未作日有蝕之於是乎用幣于社伐鼓于朝注曰日蝕厯之常也然食於正陽月則諸侯用幣于社請救于上公伐鼓于朝退而自責以明陰不宜侵陽臣不宜掩君

公羊傳曰六月辛未朔日有蝕之以朱絲縈社或曰脅之或曰爲闇恐犯之故縈之社者土地之主日者土地之精上繫於天而犯日故朱絲縈之助陽抑陰

穀梁傳曰天子救日置五麾陳五兵五鼓諸侯置三麾三兵三鼓大夫擊柝凡有聲皆陽事也以猒陰氣也

論語云日月之蝕人皆見之更也人皆仰之

漢書曰黃琬祖父瓊爲魏郡守時日蝕而京師不見魏郡乃表日食之狀帝問日食多少瓊久而無對琬年六歲在傍謂瓊曰日食之餘如月之初瓊遂用其言荅詔

漢書曰日者德也故日蝕則脩德

又曰劉寵鄭弘徐昉趙喜虞延並爲三事以日蝕免官

淮南子曰騏驎鬬則日月蝕許慎注曰騏驎大角之獸故與日相符

晷

釋名曰晷規也如規晝也

說文曰晷日影也

周禮地官曰大司徒以土圭之法測土深正日景以求地中日南則景短多暑日北則景長多寒日東則景夕多風

日西則景朝多陰日至之景尺有五寸謂之地中天地之所合也四時之所交也風雨之所會也陰陽之所和也土圭所以致四時日月之景也測猶度也不知廣深故曰測鄭司農云測土深謂南北東西之深也日南謂立表處太南近日日北謂立表處太北遠日景夕謂日昳景乃中立表處太東近日景朝謂未中而景中立表處太西遠日玄謂晝漏半而置土圭表陰陽審其南北焉景短於土圭謂之日南是地於日爲近南景長於土圭謂之日北是地於日爲近北東於土圭謂之日東是地於日爲近東東西於土圭謂之日西是地於日爲近西如是則寒暑陰陽風雨偏而不和是未得其所求凡日景於地千里而差一寸

易通卦驗曰冬至晷長丈三尺鄭玄注曰晷者所立八尺表陰也三尺長之極也春分晷長七尺二寸四分夏至晷長尺有四寸八分秋分晷長二寸四分

又曰冬至之日樹八尺之表日中視其晷晷如度者則歲美人民和順晷不如度者則其歲惡人民爲僞言政令不平晷進則水晷退則旱

晉太康記曰河南陽城縣是爲土中夏至之景尺有五寸所以爲候

南越志曰日南五月立表望之日在表北景居南

風土記曰鄭仲師以爲夏至之日立八尺之表景尺有五寸謂之地中一云陽地城一云洛陽

淮南子曰都廣南方山名衆帝所自上下日中無景蓋天地之中日中時日直無晷故曰地中

山海經曰長留之山其神白帝少昊居之是神也主司反景日西入則景反東照言司察之也鄭康成謂移一寸於地千里景尺五寸於南戴日下萬五千里然則千里寸景已課不効交州大推去洛九十餘里蓋水陸曲非論景度徑意也推直考實其五千乎昔交州主簿學士孫悚云已常立表効景景在表南豈古郡以日南爲名者其斯義乎此郡又有北景縣北此二字既相似音又相近加以蠻土舌軟聲淺事在可疑

月月蝕附

釋名曰月闕也言滿則復缺也又曰朔月之名也朔蘇也月死復蘇生也晦盡之名也晦灰也火死爲灰月光盡似之也弦月半之名也其形一旁曲一旁直若張弓弦也望月滿之名也日月遙相望也

說文曰朏月未成明也魄月始生魄然也承大月月生二日謂之魄承小月生三日謂之朏朏音斐

易曰坎爲月

書曰月經於箕則多風離於畢則多雨

又曰哉生明哉始也始生明月三日也

又曰哉生魄魄生明死十五日之後

詩曰月離於畢俾滂沲矣

又曰如月之恒

禮曰大明生於東月生於西此陰陽之分夫婦之位也

又曰天秉陽垂日星秉持也言天持陽氣施生照下土也地秉陰竅於山川播五行於四時和而后月生也是以三五而盈三五而闕竅孔也言地持陰氣出內於山川以舒五行於四時也此氣和乃后月生而上配日若臣功成進爵位一盈也闕屈伸之義也必三五者播五行於四時一曰水二曰火三曰木四曰金五曰土合爲十五之成數也

又曰月者三日而成魄三月而成時是以有三讓建國必立三卿三賓者政教之本禮之大祭也言禮者陰也大數取法於月也

又曰天子與后猶日之與月陽之與陰相須而後成

又曰秋分之日祀夕月於西郊

又曰祭日於壇祭月於坎以別幽明以制上下幽明者謂日照晝月照夜

又曰太陰之精上爲月月者天地之陰金之精也

傳曰楚晉將戰呂錡夢射中月退入於泥占之曰姬姓日也異姓月也必楚王也及戰射恭王傷目呂錡死之

京房易飛候曰正月有偃月必有嘉主

尚書大傳曰晦而月見西方謂之朓朓猶條也條達行疾貌朔而月見東方謂之側匿側匿猶縮行遲貌側匿則侯王其肅肅急也日君象也月臣象也君政急則日行疾月行徐日遲也不進朓則侯王其徐徐緩也君政緩則日行徐月行疾日放恣也

詩推度災曰月三日成魄八日成光蟾蠩體就穴鼻始萌宋均注曰穴決也決鼻兔也

禮斗威儀曰政太平則月多耀政頌平則赤明政和平則黑明政象平則白明政外平則青明

又曰君乘土而王其政平則月圓而多暈

春秋考異郵曰諸侯謀叛則月生爪牙右族專政則日月並照

春秋感精符曰月者陰之精地之理

又曰人主兄日姊月

春秋演孔圖曰蟾蠩月精也

春秋元命苞曰陰精爲月日行十三度常詘任而受受陽精也

又曰月之爲言闕也兩設以蟾蠩與兔者陰陽雙居明陽之制陰陰之倚陽

帝王世紀曰堯時有草夾階而生每月朔日生一莢至月半則生十五莢至十六日後日落一莢至月晦而盡若月小餘一莢王者以是占曆唯盛德之君應和氣而生以爲堯瑞名曰蓂莢一名曆莢一名瑞草

會稽先賢傳曰闞澤年十三夢見名字炳然在月中

搜神記曰孫堅妻懷權夢月入懷告堅曰妾昔懷策夢日入懷今又夢月堅曰子孫興矣

文子曰百星之明不如一月之光

又曰日月欲明浮雲蓋之叢蘭欲秀秋風敗之

淮南子曰水氣之精爲月

又曰月者太陰之精

又曰蛤蟹珠龜與月盛衰月毀則魚腦減

又曰月一名夜光月御曰望舒亦曰纖阿

又曰日月天之使也積陰之寒氣久者爲水水氣之精者爲月

又曰畫隨灰而月暈闕許慎注曰有軍事相圍守則月暈以蘆灰環缺其一面則月暈亦闕於上

又曰方諸見月則津而爲水高誘注曰方諸陰燧大蛤也熟摩拭令熱以向月則水生也許慎注曰諸珠也方石也以銅盤受之下水數升

又曰日不知夜月不知晝日月爲明而不能兼也

又曰月之光可以遠望而不可以細書

抱朴子曰昔帝軒候鳳鳴以調律唐堯觀蓂莢以知月

又曰王生云月不圓望之圓者月初生及既虧之後視之宜加三寸鏡稍稍轉大不當初如破環漸漸滿也

又曰俗士多云今月不及古月之朗

又曰月之精生水是以月盛而潮濤大

又曰金華和丹其光上與日月相連丹金爲盤椀以承日月得神液如方諸

又曰黃帝醫經有蝦蟇圖言月生始二日蝦蟇始生人亦不可鍼灸其處

范子計然曰月水精內影

又曰月行疾二十九日三十日間一與日合取日之度以爲月節

呂氏春秋曰月群陰之本月望則蚌蛤實羣陰盈月晦則蚌蛤虛羣陰虧夫月形乎天而羣陰化于淵

又曰月羣陰之宗月毀則魚腦減

符子曰盛魄重輪六合俱照非日月能乎

張衡靈憲曰羿請不死藥於西王母羿妻姮娥竊以奔月託身於月是爲蟾蠩

又曰月者陰精積而成獸象兔蛤焉其數偶荆州占曰月珥且戴不出百日主有大喜

山海經曰大荒之中有日月山日月所出入

風俗通曰吳牛望見月則喘使之苦於日見月怖喘矣

河圖令占篇曰地淪月散必有立王

龍魚河圖曰帝淫泆則奎有角月有足

又曰月有九行黑道二出黃道北赤道二出黃道南白道二出黃道西青道二出黃道東立春春分月從東青道立秋秋分從西白道立夏夏至從南赤道立冬冬至從北黑道天有四表月有三道聖人知之可以延年益壽

劉義慶世説曰滿奮疾畏風在武帝坐北窻作琉璃屏風實密似疎奮有難色帝笑之奮荅曰臣猶吳牛見月而喘

白虎通曰月所滿缺何歸功於日也三日成魄八日成光二八十六轉如歸功晦朔至旦受符復行也月有小大何天左旋日月右行日行遲月行疾月及日爲一月至二十九日未及七度即須三十日過七度日不可分故乍大乍小明有陰陽也有閏月何周天三百六十五度四分度之一十二月日不匝十二度故三年一閏五年再閏名陰不足陽有餘閏者陽之餘也

軍國占候曰若月三珥者大臣有喜若月冠而後暈者天下有喜

廣雅曰夜光謂之月

五經通義曰月中有兔與蟾蠩何月陰也蟾蠩陽也而與兔並明陰係於陽也

孫氏瑞應書曰君不假臣下之權則月揚光

又曰景星者天精也狀如半月生於晦朔助月爲明王者不私人則見

虞喜安天論曰俗傳月中仙人桂樹今視其初生見仙人之足漸已成形桂樹後生焉

劉向七略曰京房易説云月與星至陰也有形無光日照之乃有光喻如鏡照日即有影見月初光見西方望已後

光見東方皆日所照也

皇甫謐年曆曰月者羣陰之宗月以宵曜名曰夜光

遁甲開山圖榮氏解曰女狄暮汲石紐山下泉水中得月精如雞子愛而含之不覺而吞遂有娠十四月生夏禹

論衡曰月行一日一夜行二萬六千里與鳧飛相類

地説書曰月照四十五萬里

徐整長曆曰月徑千里周圍三千里下於天七千里

楚詞天問曰夜光何德死而又育厥利維何而顧兔在腹言月中兔何所貪利而居月之腹顧望也

運斗樞曰后族擅權月生足芒主勢奪於后族羣妃之黨攅僭則月盈並出小月承大月羣夷在宫主若贅旒大承小近臣起讒人攅陪臣執命三公望氣

崔豹古今注曰漢明帝作太子樂人歌四章以贊太子之

德其一曰日重光二曰月重輪三曰星重曜四曰海重潤

漢書曰月立夏夏至行南方赤道曰南陸立秋秋分行西方白道曰西陸立冬冬至行北方黑道曰北陸分則同道至則相過晦而見西方謂之朓朔而見東方謂之朒亦謂之側匿（朓音他了反朒音女六反朓健行疾皃也朒縮遲皃側匿猶縮縮亦遲皃）

又曰月穆穆以金波蓋光彩皃

又曰元后母夢月入懷而生元后

又曰高帝七年月暈圍參畢七重占曰畢昴間天街也街北胡也街南中國也昴爲匈奴參爲趙畢爲邊兵是歲高祖自將至平城爲冒頓所圍七日迺解

又曰李尋上書曰月者衆陰之長妃后大臣諸侯之象也

晉書曰謝太傅庭中夜坐月色無玷歎以爲佳謝景重率爾曰意謂不如微雲點綴太傅曰卿居心不淨乃欲滓穢太清

又曰徐孺子年九歲月下戲人或曰若令月中無物當極愈明徐曰不爾譬如眼中無瞳子何必不暗

後魏書曰天興五年十月月暈左角太史令晁宗奏角虫將死牛果大疫麋亦多死

楊雄長楊賦曰西壓月窟（窟月所出入也）東震日域

傅玄擬天問曰月中何有白兔擣藥

傅咸詩曰團團三五月皎皎耀清輝

陸機詩曰安寢北堂上明月入我牖照之有餘輝攬之不盈手

宋謝靈運怨曉月賦曰臥洞房兮當何悅滅華燭兮弄曉月昨三五兮既滿今二八兮將缺浮雲褰兮收泛濫明舒照兮殊皎潔揮除兮鏡監廊攏兮澄澈

宋謝莊月賦曰陳王初喪應劉端憂多暇悄焉疚懷弗怡中夜于時斜漢左界北陸南躔白露暖空素月流天沉吟齊章殷勤陳篇抽毫進牘以命仲宣仲宣跪而稱曰臣聞日以陽德月以陰靈擅扶光於東沼嗣若英於西溟引玄兎於帝臺集素娥於后庭若夫氣霽地表雲斂天末洞庭始波木葉微脫列宿掩縟長河韜映柔祇雪凝圓靈水鏡連觀霜縞周除氷淨歌曰美人邁兮音塵闕隔千里兮共明月

宋鮑照翫月詩曰始見西南樓纖纖如玉鉤末映東北墀娟娟似蛾眉蛾眉蔽珠櫳玉鉤隔瑣窻三五二八時千里與君同夜移衡漢落徘徊帷戸中

梁沈約詠月詩曰月華臨靜夜夜靜滅氛埃方暉竟入戸圓影隙中來高樓切思婦西園遊上才臨軒映珠綴應門

照綠苔洞房殊未曉清光信悠哉

周王褒關山月詩曰關山夜月明愁色照孤城半形同漢陣金影逐胡兵天寒光轉白風多暈欲生寄言亭上吏遊客解雞鳴

月蝕

易曰月盈則蝕

詩曰彼月而食則維其常

禮曰婦順不脩陰事不得謫見于天月爲之蝕故月蝕則后素服而修六宮之職蕩天下之陰事

淮南子曰麒麟鬬則日月蝕

又曰月望日奪其光月十五日與日相望東西中絕則月蝕奪光也

劉向說苑曰秦胡亥立日月薄蝕熒惑襲月○朔州占曰月

蝕后自提鼓陼前把搥擊鼓者三中良人諸御者宫人皆擊柝救之月已蝕后乃入齋服縞素三日不從樂以應其祥此先王之所以免天地之誅而解四境之患也

晉書曰永嘉元年月蝕赤如血二月敬則反

太平御覽卷第四

太平御覽卷第五

天部五

星上

釋名曰星散也列位布散也宿宿也星各止宿其所也

說文曰萬物之精上爲列星

三五曆記曰星者元氣之英水之精也

易曰日中見斗幽不明也

又曰在天成象在地成形（象況日月星辰形況山川草木）

書曰堯乃命羲和欽若昊天曆象日月星辰敬授人時

又曰日中星鳥以殷仲春

又曰庶民惟星星有好風星有好雨（星民象故衆民惟若星箕星好風畢星好雨亦民所好也）

又曰月之從星則以風雨（月經於箕則多風離於畢則多雨政教失常以從民欲亦所以亂也）

詩曰睆彼牽牛不以服箱注睆明星貌河鼓謂之牽牛也

又曰維南有箕不可以簸揚維北有斗不可以挹酒漿

又曰東有啓明西有長庚（日旦出謂明星爲啓明日既入謂明星爲長庚庚續也）

又曰嘒彼小星三五在東（三心也五噣也嘒微明皃噣音晝柳也）

又曰子興視夜明星有爛

又曰三星在戶

又曰月離于畢俾滂沲矣

又曰定之方中作于楚宮（定營室星也）

又曰維南有箕載翕其舌維北有斗西柄之揭

又曰昏以爲期明星煌煌

禮曰八月中氣是月也命有司享壽星於南郊

又曰十二月是月也日窮于次月窮于紀星回于天

又曰幽禜祭星也

又曰天秉陽垂日星

又曰宿離不忒無失經紀注二十八宿爲經七曜爲紀

周禮曰保章氏掌天星以志星辰日月之變動以觀天下之遷辨其吉凶以星土辨九州之地所封封域皆有分星以觀祅祥

左傳曰魯莊公七年夏四月辛卯夜恒星不見夜中星隕如雨與雨偕也

又曰魯僖公五年晉侯復假道於虞以伐虢問於卜偃曰吾其濟乎對曰克之童謠云丙子之晨龍尾伏辰（杜預曰龍尾是尾星也）

又曰十六年春隕石于宋五隕星也

又曰魯襄公二十八年春無氷梓愼曰今茲宋鄭其饑乎歲在星紀（星紀在丑）而淫於玄枵（玄枵在子虛危之次星紀斗牛之次）以有時災

陰不堪陽蛇乘龍（龍歲星木也木爲青龍蛇爲玄武歲失次也）龍宋鄭之星也宋鄭必飢玄枵虛中也枵耗名也土虛而民耗不飢何爲

又曰昔高辛氏有二子長曰閼伯季曰實沉居于曠林不相能也日尋干戈以相征討后帝不臧（后帝堯也臧善）遷閼伯于商丘主辰（商丘宋地也主祀辰星辰大火也）商人是因故辰爲商星（商人湯先祖封商丘因閼伯故國祀辰星）遷實沉于大夏主參（大夏今晉陽縣也）唐人是因故參爲晉星

又曰火中寒暑乃退（心以季夏昏中而暑退季冬旦中而寒退）

又曰昭三十二年吳伐越史墨曰不及四十年越其有吳乎越得歲而吳伐之必受其凶

穀梁傳曰列星曰恒星亦曰經星（恒經皆常也）

爾雅曰星紀斗牽牛也玄枵虛也

又曰祭星曰布（布散食於地上）

又曰西陸昴也郭璞曰昴西方之宿別名旄頭
論語曰爲政以德譬如北辰居其所而衆星拱之○易是類
謀曰五星合狼張畫視無日光虹蜺煌煌太山失金雞西
岳亡玉羊太山失金雞者箕星亡也箕者風也風動雞鳴
今箕候亡故雞亦亡也西岳亡玉羊者羊星在未未爲羊
雞失羊亡臣縱恣萬人愁不祥
京房對災異曰人君不行仁恩破胎傷孕春殺無辜則歲
星失度
尚書考靈耀曰歲星木精熒惑火精鎮星土精太白金精
辰星水精也
又曰歲星得度五穀滋熒惑順行甘雨時鎮星得度地無
災太白出入當五穀成熟人民昌
又曰心火星天王也其前星太子後星庶子也

詩紀曆樞曰箕爲天口主出氣尾爲逃臣賢者叛十二諸
侯列於廷(元命苞曰五諸侯此云十二則兼微星爲數也)
禮稽命圖曰作樂制禮得天心則景星見也
禮斗威儀曰鎮星黃時則祥風至
春秋說題辭曰星之爲言精也榮也陽之精也陽精爲日
日分爲星故其字日生爲星
春秋元命苞曰直弧北有一大星爲老人星見則治平主
壽亡則君危主亡常以秋分候之
又曰商紂之時五星聚於房房者蒼神之精周據而興
又曰玉衡北兩星爲玉繩玉之爲言溝刻也瑕而不掩折
而不傷宋均注曰繩能直物故名玉繩溝謂作器
又曰心三星五度有天子明堂布政之宮
又曰尾九星箕四星爲後宮之場列爲南宮其庭太微

又曰蟾蠩陰精流生織女立地侯宋均注曰地侯鎮星別
名也
又曰三台星色齊君臣和不齊大乖
春秋合誠圖曰天文地理各有所主北斗有七星天子有
七政也
又曰軒轅主雷雨之神旁有一星玄戈名曰貴人旁側郎
位主宿衛尚書
春秋運斗樞曰北斗七星第一天樞第二璇第三機第四
權第五玉衡第六開陽第七搖光(廣雅又云樞爲雍州璇爲冀州機爲青兖州權爲徐揚州衡爲荆州開陽爲梁州搖光爲豫州)第一至第四爲魁第五至第七爲
杓合爲斗居陰布陽故稱北
又曰五帝所行同道異[illegible]循斗樞機衡之分遵七政之
紀九星之法

又曰天樞得則景星見衡星得則麒麟生萬人壽
春秋佐助期曰蕭何莫昴星而生
春秋後傳曰魏人唐雎對秦王曰專諸之刺王僚彗星
襲月色
春秋文耀鉤曰老人星見則主安不見則兵起
論語讖曰仲尼曰吾聞堯率舜等遊首山觀河渚有五老
遊河渚一老曰河圖將來告帝期二老曰河圖將來告帝
謀三老曰河圖將來告帝書四老曰河圖將來告帝圖五
老曰河圖將來告帝符龍銜玉苞金泥玉檢封盛書五老
飛爲流星上入昴○孝經援神契曰歲星守心則年穀豐
廣雅曰太白謂之長庚或謂之太囂
又曰熒惑謂之罰星或謂之執法
又曰天宮謂之參旗紫宮參伐謂之大辰太微謂之明堂

史記天官書曰星者金之散氣
又曰漢中四星曰天駟旁一星王良王良策馬車騎滿野
又曰星墜至地則石也河濟之間時有墜星
又曰畢爲罕車爲邊兵主弋獵其大星傍小星爲附耳附耳動有讒臣在側
又曰四鎮星所出四隅若月始出也
又曰咸池曰天五潢五潢五帝車舍
又曰中端門門左右掖門門內六星諸侯其內五星五帝坐
又曰漢武帝以正月上辛祠太一甘泉夜祠到明昏有流星至於祠壇上使童男女七十人俱歌
又曰魁下六星兩兩相比者曰三能蘇林曰能音台
又曰東宮蒼龍房心心爲明堂爲天府
又曰國皇星大而赤狀類南極徐廣注曰南極老人星也
又曰五星皆大其事亦大皆小其事亦小早出爲盈盈者爲客晚出爲縮縮者爲主同舍爲合相陵爲鬬
漢書曰皇甫嵩爲太尉以流星免官
又曰武帝時中星盡搖占曰民勞也後征伐四夷
又曰北斗七星所謂琁璣玉衡以齊七政杓攜龍角孟康曰杓斗杓也龍角東方宿也攜連也
又曰營室爲清廟亦曰離宮
又曰河鼓大星上將其北織女織女天女孫也
又曰高帝七年月暈圍參畢七重占曰畢昴間天街也街北胡也街南中國也後有平成之圍
又曰太微之十二星東相西將
又曰戴主六星曰文昌宮一曰上將二曰次將三曰貴相四曰司命五曰司祿六曰司灾
又曰危東六星兩兩而比曰司寇
又曰古人有言曰天下太平五星循度
又曰革命創制三章是紀應天順人五星同軌
又郊祀志曰漢祖詔御史令天下立靈星祠常歲時祠以牛
又曰天文志曰金木水火土五星天之五佐爲經緯伏見有時歲星東方春於人五常仁也五事貌也仁虧貌失逆春令傷木氣罰見歲星熒惑南方夏禮也視也禮虧視失逆夏令傷火氣罰見熒惑太白西方秋義也言也義虧言失逆秋令傷金氣罰見太白太白經天孟康注曰謂出東入西出西入東也太白陰星出東當伏西過午爲經天晉灼曰星盡見午爲經天天下兵革民更主是謂亂紀人民流亡晝見與日爭明強國弱小國強女主昌辰星北方冬智也聽也智虧聽失逆冬令傷水氣罰見辰星鎮星中央土主季夏信也思心也仁義禮智以信爲主貌言視聽以心爲正四星皆失鎮星乃爲之動
又曰凡五星色皆白爲喪爲兵爲旱青爲憂爲水黑爲疾多死黃吉五星同色天下偃兵百姓安寧歌舞以行不見災疾五穀蕃昌
又曰天星皆有州圖分野角亢氐房心豫州之分尾箕幽州之分牽牛婺女揚州之分虛危青州之分營室東壁并州之分胃徐州之分畢昴冀州之分觜參益州之分東井輿鬼雍州之分柳七星張三河之分翼軫荊州之分析木之津燕之分大火宋之分壽星鄭之分鶉尾楚之分鶉火周之分鶉首秦之分實沈魏之分大梁趙之分降婁魯之

分訾即移反娵子于反下衛之分玄枵齊之分星紀吳之分太史
掌之以觀祅祥
又曰秦地於天官東井輿鬼之分野周地柳七星張之分
野韓地角亢氐之分野趙地昴畢之分野燕地箕尾之分野
齊地虛危之分野魯地奎之分野宋地房心之分野衛地
營室東壁之分野楚地翼軫之分野吳地斗牛之分野
漢武故事曰西王母使者至東方朔死上問使者對曰朔
是木帝精為歲星下遊人中以觀天下非陛下臣也
漢書音義曰瑞星曰景星亦曰德星妖星曰孛星彗星長
星亦曰欃槍絕跡而去曰飛星光跡相連曰流星亦曰奔
星星光曰世
後漢書曰嚴光字子陵與光武為友後光武登阼志之光
怨帝是時太史云天上有客星很帝帝曰豈非朕故人嚴
子陵乎遂命徵之夜與子陵共卧光以脚加帝腹太史奏
客星侵御座子陵縮脚客星尋退竟不仕
又曰李固對詔陛下有尚書猶天之有北斗北斗天之喉
舌尚書陛下之喉舌斟酌元氣運乎四時出納王命所為
制氣之臣也
又曰和帝分遣使者二人各至州郡觀採風謠二人當到
益州投候館吏李郃舍郃問曰二君發京師時知朝廷遣
二使耶問何以知之郃指星云前有二星向益州分野
謝承後漢書曰吳郡周敞師事京房房為石顯所譖繫獄
謂敞曰吾死後四十日客星必入天市即吾無辜之驗也
房死後果如房言
東觀漢書記曰光武破聖公與伯叔書曰交鋒之日神星
晝見太白清明

蜀志曰漢安二十五年劉豹向舉上言於先主曰乃年太
白熒惑鎮從歲漢初興五星聚歲星主義漢位在西義之
上方故漢法常以歲星候人主當有聖主起於此以致中
興頃者熒惑復追歲見在胃昴為天維經曰帝星處之衆
邪消亡於是先主即位
續晉陽秋曰桓玄庶母馬氏本袁真之妓也與同列薛氏
郭氏夏夜同出月下有銅甕水在其側見一流星墮甕中
驚喜共視見星如二寸火珠於水底冏然明淨乃相謂曰
此吉祥也誰當應之於是薛郭更以瓢接取並不得馬最
後取星正入瓢中便飲之既而若有感焉俄而懷玄玄雖
篡位不終而數年之中榮貴極矣

太平御覽卷第五

太平御覽卷第六

天部六

星中

天文録曰格擇星狀如炎火下大上銳色黃白起地而上占曰格擇星見不種而穫不有土功必有大害

又曰歸邪如星非星如雲非雲名曰歸邪司馬遷天官書曰歸邪見必有歸國者

又曰六甲六星主分陰陽而紀節候故在帝旁所以布政教而授民則也

又曰平星論語讖曰平星主法合讖圖曰主建廷平主平天下之獄事若今廷尉之象

又曰魚星主理陰陽事知雲雨之期也故讚曰漢中魚星知雲雨也占曰魚星明大河海水皆出又云魚星明則大

陰陽氣和魚星忽不明而在則魚多魚星亡則少魚

又曰郎位一曰哀烏郎府也注曰郎位周官之元士漢官之光禄中散諫議三署郎中是其職也或曰郎位今尚書也

大象列星圖曰北極五星一名天極一名北極其第一星爲太子第二星最明者爲帝第三星爲庶子餘二後宮屬也並在紫微宮中央故謂之中極其占明大則吉若變動則有憂今觀象之始始於中極者先尊以及卑自中以周外也其一人爲首謂極第二星爲首也

又曰四輔四星在紫微宮中抱之細星也此爲輔臣之位贊於萬機其占以小而明則吉若微闇則官不理

又曰鈎陳六星在紫微宮中華蓋之下大帝所居之宮亦護軍將軍之象占以明則吉

又曰華蓋七星其杠九星合十六星如蓋狀在紫微宮臨鈎陳以蔭帝坐占居正則吉若傾則凶也

又曰女史一星在紫微宮内柱史北此婦人之官掌記宮中之事占以明則爲記史直詞若不明則反是

又曰柱下史一星在紫微宮内近尚書此左右掌記君之過其占以明則爲史直詞若不明則詞不依過無眞實也

又曰尚書五星在紫微宮門内東南之隅此八座大臣之象故讚曰尚書納言夙夜諮謀占以小而明則君臣和

又曰北斗七星近紫微宮南在太微北是爲帝車以主號令運乎中央而臨制四方建四時均五行移節度定諸紀皆繫於北斗其魁四星爲璿璣其杓三星爲玉衡故書云在璿璣玉衡以齊七政又其魁第一星爲樞亦曰正星主陽德天子之象二曰璿亦曰法星主陰刑女主之位三曰璣

亦曰令星主禍四曰權亦曰伐星主天理伐無道五曰衡亦曰殺星主中央助四旁殺有罪六曰開陽亦曰應星又一主天二主地三主火四主水五主土六主木七主金又一主秦二主楚三主梁四主吳五主隋六主燕七主齊

又曰文昌六星在北斗魁前如匡形故史遷曰斗魁戴匡其第六星名曰司禄此天之府計集所會也

又曰官者四星次帝座西南主侍者帝旁閹人也占以不明則吉若明則内臣專權

又曰勢四星在太陽西北主刑餘人而用事者也占以不明爲吉若明則閹官用權

又曰輔一星附北斗杓第六星大臣之象也占欲其小而明則吉若大而明則臣奪君政若小而不明則臣不任職若明大與斗合者則國兵暴起

又曰八穀八星在紫微蕃之外五車之北其八星一主稻二主黍三主大麥四主大豆五主小豆六主小麥七主粟八主麻子占其明則八穀成若暗則不成若一星不見則一穀不登若八星不見則國人有糊口之憂

又曰房四星去氐十五度爲明堂布政之宮占若移徙則國流遊均明則天下大同

又曰傅說一星在尾後河中也蓋後宮女巫也主祝祠神靈祈禱以求子嗣占若大而明則後宮多禱祈

又曰杵三星在箕南主舂杵之用占若其縱則爲豐若其横則爲飢

又曰農丈人一星在南斗南主農正官也占明則爲豐稔若暗則爲飢歉

又曰南斗六星去牽牛二十六度四分之一爲天廟丞相太宰之位主薦賢良授爵禄又主兵機魁南二星爲天梁中央二星爲天相北二星杓曰天廚庭亦爲壽命之期將有天子之事占其斗星盛明則王道和平爵禄行若不然反是也

又曰河鼓三星在牽牛北主軍鼓蓋天子三將軍也中央大將軍也其南左星左將軍也其北右星右將軍也所以備關梁而拒難也昔傳牽牛織女七月七日相見者則此是也故爾雅云河鼓謂之牽牛又古歌曰東飛伯勞西飛鷰黄姑織女時相見其黄姑者即河鼓也爲吴音訛而然今之言者謂是列舍牽牛而會織女故爲此分析令知斷其疑焉

又曰臼四星在人星東南主舂臼占若覆則歲中人飢荒若仰則天下熟

又曰内杵三星在人星旁主軍糧占若正直下對臼口則吉若偏與臼不相當則軍糧絶

又曰漸臺四星屬織女左足主晷刻律吕占若明正則陰陽調而律吕和不然則否也

又曰弧九星在狼東南謂天弓也主備賊盜常屬矢向狼星

又曰天錢十星在北落西北主錢帛所聚占若明則府藏盈若不明則爲虚耗

又曰東壁二星去營室十六度天子圖書之秘府也占若明則圖書集道術行小人退君子入若不然則天子好武臣賤文士稽古忠正之臣隱親黨邪曲之人用也

又曰羽林四十五星三三而聚在壘壁南主天軍占若星聚明則國安寧若星稀而動摇則兵革出

又曰進賢一星在太微宮東華門東平道之西主訪賢薦士也占若明則賢人進若不明則否也

又曰太微宮垣十星在翼軫北主天子之宮庭五帝之座十二諸侯府也其外藩南二星間名曰端門東第一星爲左執法廷尉之象也

又曰軒轅十七星在七星北如龍之體主雷雨之神後宮之象陰陽交感震爲雷激爲電和爲雨怒爲風亂爲霧凝爲霜散爲露聚爲雲氣立爲虹蜺離爲背璚分爲抱珥此十四變皆軒轅主之

又曰天街二星在畢昴間主國界也街南爲華夏之國街北爲戎夷之國

又曰玉井四星在參西主水泉

石氏星經曰卷舌六星在昴北主讒佞言語之吏若移動

多口舌兵起　星繁天下兵亂星亾兵廢

又曰天讒星在卷舌中亦主誹謗

又曰天稟四星在昴南主積聚黍稷供享祀及御膳星明豐暗儉

又曰天苑十六星在昴畢如環狀主天子苑囿五星守犯牛馬死

又曰參旗九星在參畢間　一曰天弓星不欲明明則衰會邊兵動

又曰闕丘二星在南河主天子門闕諸侯之兩觀也

又曰文昌六星如半月形斗魁前爲天府主天下集計事第一星名上將第二名次將第三名貴相第四名司祿第五名司命第六名司法星光潤則天下安

又曰大理四星在斗中亦爲貴人牢又爲執法之宮

又曰庫樓十五星在左角南器府東一名天庫兵車之府星芒角兵起

又曰招搖一星在梗河北主遠狄芒角則兵起

又曰貫索九星在七公前爲賤人牢口一星爲門門欲開開即有赦星揔見獄事繁

豫章列士傳曰周騰字牧達爲御史桓帝欲南郊平明出牧達仰首曰王者象星今宮中宿策馬星不出動帝何出焉四更皇子卒遂止

關令內傳曰北斗一星面百里相去九千里置二十四氣四宿行四時五方立五星主五岳也

黃石公記曰黃石鎮星之精也

王子年拾遺記曰禹鑄九鼎擇雌金爲陰鼎雄金爲陽鼎太白星見九日不沒

莊子曰夫道可傳而不可受可得而不可見傅說得之以相武丁奄有天下乘東維騎箕尾而比於列星

列子曰星積氣之中有光耀者

抱朴子曰辰星水精生玄武歲星木精生青龍

又曰人初受氣皆應列宿之精值聖宿則聖值賢宿則賢也

尸子曰自井中視星所見不過數星自丘上以望則見始出也非明益也勢使然也私井中也公丘上也

淮南子曰太微者太一庭也紫宮者太一之居也軒轅者帝妃之舍也咸池者水魚之囿也天河者羣神之闕也天河星名也闕猶門也

又曰令雨師灑道使風伯掃塵高誘注曰雨師畢星也風伯箕星也

又曰歲星之所居五穀豐昌其對爲衡歲乃殃

又曰四守者所司賞罰許慎注曰四守紫宮軒轅咸池天河也

家語曰巫馬期爲單父令戴星出入以理人

劉向說苑曰玄象著明莫大於日月察變之動莫著於五星也

又曰秦胡亥立日月薄食山林淪亡枉矢光夜熒惑襲月

景帝通紀曰彗星者天地之旂也

國精符曰地爲山川山川之精上爲星各應其州城分野爲國作精神符驗也

五姓占曰君薄德義懦弱不勝任則太白失度經天作變易之象

樂汁圖曰天宮紫微宮也鈎陳後宮也大當正妃也鈎陳大當

末大星也閣道北斗輔天理貴人牢為貴人作牢獄也文昌宮天五曹會府也
玄戈招揺也皆備兵難之星梗河天矛也梗河一名天矛織女連營賤人
牢連營貫索咸池五車五車咸池別名天關參旗伐也觜觿天廟也奎
天豕也天矢婁也胃天倉也狼弧魚陵天船天苑卷舌天
老人皆西方星名也柳主村木柳星主村木也
鄭玄注曰日月遺其珠囊珠謂五星也遺其囊者盈縮失
度也
黄石公陰謀祕訣法曰熒惑者火之精御史之象主禁令
刑罰
蔡邕月令章句曰天官五獸之於五事也左有蒼龍大辰
之負右有白虎大梁之文前有朱雀鶉火之體後有玄武
龜蛇之質中有大角軒轅麒麟之信
風俗通曰月與星並無光日照之乃光耳如以鏡照日則

御覽六　七　王宜

影見壁月初見西方月望後光見東北一照也
又曰東方朔太白星精黄帝時為風后堯時為務成子周
時為老子越為范蠡齊為鴟夷言其變化無常也
祖台之志怪曰吴未亡前常有紫赤氣見牛斗之間星官
及諸善占者咸憂吴方興唯張茂先於天文尤精獨知為
神劒之氣非江南之祥

太平御覽卷第六

太平御覽卷第七

天部七

星下　瑞星　祅星附

星下

河圖曰以德布精上爲衆星

龍魚河圖曰太白之精下爲風伯之神主司非星辰之氣下爲靈星之神主得土

河圖帝欲微篇曰帝淫泆政不平則奎有角

異苑曰陳仲弓從諸子姪造荀季和父家于時德星聚太史奏五百里內有賢人聚

雜兵書曰春斗爲天關軫爲地梁夏角爲天關參爲地梁

又曰四帝星四向守之君有德天下豐熟

古辯異曰仰觀天形如車蓋衆星累累如連珠

張衡靈憲曰星者體生於地精成於天列居錯峙各有攸屬中外之官常名者百有二十可名者三百二十爲星二千五百微星之數蓋一萬一千五百二十庶類蠢蠢咸得係命不然何以惣而理諸

徐整長曆曰大星徑百里中星五十小星三十北斗七星間相去九千里皆在日月下

天文要集曰七公天之相也三公廷尉之象也上星上公也次星中公也星明則七輔強

天官星占曰歲星其國齊其位東方蒼帝之子人主之象也其色明而內實天下安寧夫歲星所居國人主有福不可加以兵歲星一曰攝提一曰重華一曰應星一曰經星一曰脩人歲星動人主怒無光仁道失歲星順行仁德加也歲星農官也主五穀春不勸農則歲星盈縮所在之國不可以罰小則民多病大則喜

又曰熒惑主夏位在南赤帝之子方伯之象也爲天候主歲成敗司察祅孽所往有兵爲亂爲賊爲疾爲喪爲飢爲兵盖天下不理也東西南北無有常出則有兵入則散周旋止息乃爲死喪

又曰鎮星主德女主之象也所居國有德不可以軍加也

又曰辰星北之位黑帝之子宰相之祥也一名安調一名熊星一名鈎星一名伺晨主德常行四仲當出不出天下旱色黃五穀熟色白中謀泄色青大臣憂

又曰太白位在西方白帝之子大將之象也一名天相一名大正一名大臣一名大皓一名明星

又曰紫微者天之帝坐也一名天營一名長垣

又曰北辰者一名天關一名北極極者紫宮太一坐也太

微者天闕也南端門間十星分爲左右掖太微之宮天子之庭五帝之坐也北斗爲帝車運於中央臨制四方北斗魁第一星少微一名處士星明大而黃澤即賢士舉忠臣用招搖者常陽也一名矛盾胡星也

荆州星占曰五星天府一名天法主察姦謀

又曰軒轅主雷雨之神旁側郎位主宿衛

又曰河鼓一名三武一名天鼓

又曰市天子旗幟也大明則糴賤

又曰五車一名庫凡十四星五車中有三柱三星若不見兵盡起

又曰心爲天王其宿三星一名天司空

又曰箕舌一星動則大風至不出三日

又曰箕宿四星第二星一名風后

又曰太白出東北爲觀星出東南爲明星出西方爲太白

楊泉物理論曰星者元氣之英水之精也

又曰日月之精爲星辰星辰生於地

又曰星元氣之英曰精也二十八宿度數有常故謂恒星

監鐵論曰常星猶公卿也衆星猶萬民也列星正則衆星齊常星亂則衆星墜矣

崔豹古今注曰漢明帝爲太子時令樂人作歌詩曰星重輝言太子比德故云重也

庾闡詩曰玄景如映壁繁星如散錦

瑞星

易坤靈圖曰至德之萌五星若貫珠

尚書中候曰帝堯即政景星出翼

尚書考靈曜曰天地開闢元曆名月首甲子冬至日月五

星俱起牽牛初日月若懸壁五星若編珠

史記曰黃帝時景星見形如半月可以夜作

又曰南極老人見則天下安

漢書曰高祖初入關五星聚於東井秦分野

司馬遷天官書曰景星其狀無常常出有道之國

朱宣帝王世紀曰神農氏之末少昊氏娶附寶見大電光繞北斗樞星照郊感附寶孕二十月生黃帝於壽丘

魏志曰桓帝時有黃星見楚宋之分殷馗言後五十歲當有真人起梁沛間其鋒不可當其後五十年曹公破袁紹天下莫敵矣

晉中興書曰元帝渡江歲鎮辰太白等四星聚於牛女間

禹時鈎命决曰星累累若貫珠炳煥如連璧帝命驗曰有人雄起戴玉英履赤矛鄭玄注曰赤矛瑞星名

河圖曰大星如虹下流華渚女節意感生白帝也

孫氏瑞應圖曰景星者大星也狀如半月生於晦　助月爲明王者不私人則見

又曰王者承天則老人星臨其國

天文錄星占甘氏曰五星同色天下偃兵百姓安寧歌舞以行不見疾疹五穀大昌

文子曰精誠內形氣動於天則景星見

列星圖曰流星貫昴脩紀感而生禹

祆星

劉向洪範傳曰彗者去穢布新者也此天所以去無道而建有德也

鄭玄曰彗星主埽除

又曰彗星者君臣失政濁亂三光五星逆錯變氣之所生也

傳曰昭五年冬有星孛于大辰西及漢申須曰彗所以除舊布新也

又曰昭二十六年齊有彗星齊侯使禳之晏子曰無益也祇取誣焉天道不慆不貳其命若之何禳之且天有彗也以除穢也君無穢德又何禳焉詩曰惟此文王小心翼翼昭事上帝聿懷多福厥德不回以受方國君無違德方國將至何患於彗

爾雅曰彗星爲欃槍

春秋考異郵曰鯨魚死而彗星出淮南子亦云

尚書帝命驗曰天鼓動玉弩發天下驚

史記曰蚩尤旗類彗而後曲象旗見則王者征伐四方

又曰齊景公三十二年彗出公坐柏寢歎曰堂乎堂乎誰

有此乎羣臣皆泣晏子笑公怒晏子曰臣笑羣臣諛甚景公曰彗星出東北當齊野寡人以憂晏子曰君高臺深池賦斂如弗得刑罰恐弗勝茀星將出彗星何懼乎公曰可禳乎晏子曰使神可祝而來亦可禳而去也百姓若怨以萬數而君令一人禳之安能勝衆口乎

又天官書曰天狗狀如奔星有聲其下止地類狗望之如火光炎炎衝天其下圜如數頃田處上兑則黄色千里破軍殺將

又曰長庚如一疋布著天見則兵起

漢書曰獻帝初平四年有流星八九丈西北行有聲如雷望如火照地是曰天狗金門之山有赤犬其聲下者有兵也

又曰哀帝建平二年彗出牽牛日月五星所從起曆數之

元三正之始彗而出之改更之象也其後王莽篡國

又曰枉矢類大流星虵行而蒼黒望如有毛

又曰鄒陽上書曰衛先生爲秦畫長平之事太白食昴昭王疑之

漢書天文志曰凡月蝕五星其國皆亡歲以飢熒惑以亂鎮以殺太白強國以戰辰以女亂

又曰始皇之時十五年間彗星四見久者八十日長或竟天後秦并六國外攘四夷死者如亂麻

後漢書曰安帝永初二年正月太白晝見占云爲強臣是時鄧氏方盛此其應也

續漢書曰靈帝光和中國星見東南如炬十餘日其後黄巾張角起袁紹董卓亂

西漢詞圖曰項籍之敗星孛大角

吳志曰孫權時有長星從東南出羣星從之

又曰司馬宣王圖公孫淵夜有大流星長數十丈墜襄平東及淵走當流星處斬之

晉書曰張華爲司空中台星拆少子韙勸華遜位華云天道玄遠須修德以應之

孫氏晉陽秋曰有星赤而芒角自東北往西南没于諸葛亮營俄而亮卒

又曰會稽謝敷字慶緒隱若耶山初月犯少微星少微一名處士星時戴逵名著於敷時人憂之俄而敷死故會稽人士嘲曰吳中高士求死不得死

宋書曰吳孫休永安元年有諸子羣嬉中有異服光芒爚爚外射諸兒問之曰我熒惑也將示爾三公歸于司馬言畢乃聳身而躍仰視之若曳一疋練有頃而没後四年蜀亡六年魏廢二十一年吳平是歸司馬也

又沈懷文傳曰時熒惑守南斗上乃廢西州舊館使西陽王子尚移居東城以厭之懷文曰天道示變宜應之以德今雖空西州恐無益也

唐書曰有星孛于虚危歷于氐百餘日乃滅太宗謂羣臣曰天見彗星是何祅也虞世南曰昔齊景公時有彗星見公問晏嬰對曰公穿池沼畏不深起臺榭畏不高行刑罰畏不重是以天見彗星爲公誡耳景公懼而脩德後十六日而星没臣聞天時不如地利地利不如人和若德義不脩雖獲麟鳳終是無補但政事無闕雖有災何損於時然願陛下勿以功高古人而自矜伐勿以太平漸久而自驕怠愼終如始彗星雖見未足爲憂

又曰元和八年太白犯上相歷執法占者言今之三相皆

不利始輕末重月餘孛絳以足疾免明年十月李吉甫以暴疾卒九年六月武元衡爲盜所害

又曰李晟初屯渭橋時熒惑守歲久之方退賓介或勸曰今熒惑已退皇家之利也可速用兵晟曰天子外次人臣但當死節垂象玄遠吾安知天道耶至是謂叅佐曰前者士大夫勸晟出兵非敢拒也且軍可用之不可使知之常聞五緯盈縮無准晟懼復來守歲則我軍不戰而自潰矣叅佐歎服皆曰非所及也

又曰傅弈相州鄴人也尤曉天文曆數隋開皇中以儀曹事漢王諒舉兵謂弈曰今茲熒惑入井是何祥也弈對曰天上黄道經其中正是熒惑行路所涉不爲恠異若熒惑入地上井是爲灾也

郭子横洞冥記曰武帝嘗見彗星東方朔折指星之木以授帝帝以指彗彗遂沒星出之夜野獸皆鳴或謂爲獸鳴星

吕氏春秋曰宋景公時熒惑在心公召子韋問焉子韋曰禍當君可移於相公曰相所與理國家也曰可移於百姓曰百姓死寡人將誰爲君曰可移於歲公曰歲飢人餓必死爲爲人君而殺其人誰以我爲君乎子韋曰君有至德之言三天必三賞君熒惑必徙三舍後果三徙

晏子春秋曰景公時熒惑守虛朞年去晏子曰虛齊之分野當強爲善公乃去冤聚之獄振孤敬老行之三日而熒惑遷

尉繚子曰昔楚將軍子正與齊戰未合初夜彗星出柄在齊所在勝不可擊子正曰彗何知明日與齊戰大破之

天文録曰積尸大陵之尸也石氏曰積尸明有大喪死人如立丘山也

又曰孛星者彗星之屬也偏指曰彗芒氣四出曰孛孛謂孛孛然也

又曰五星反羽其下之國不可久處反羽者光芒上大下小狀如反羽也

又曰昴者天之耳也主西方故爾雅曰西陸昴也

星讃曰昴主獄事典治囚也又胡星也一曰旄頭旄頭者天執罕畢前驅者之所罰也

河圖稽耀鉤曰辰爲枉矢流射所誅

又曰熒惑散爲蚩尤旗主惑亂

又曰太白散爲天狗主兵

又曰歲星流爲國皇主内難

太平御覽卷第七

太平御覽卷第八

天部八

雲　霄　漢　霞

雲

釋名曰雲猶云云衆盛也

說文曰雲大澤之潤氣也

又曰雲山川氣也從雨云象回轉形也霒於金反雲覆日也霠音沉渰於撿反雲又陰也淒雨雲起也雨雲貌也詩云有渰淒淒興雨祁祁

易曰雲行雨施品物流形

又曰雲從龍風從虎聖人作而萬物覩

又曰召雲者龍

又曰雲上於天需

又曰坎爲雲

又曰密雲不雨自我西郊密靜[illegible]雲靜止不加雨喻紂恩澤不加於民也不雨之灾自其君也西郊亦謂文王也

詩曰薈兮蔚兮南山朝隮注曰薈蔚雲興貌南山曹南山隮升雲也

又曰上天同雲雨雪紛紛

又曰英英白雲露彼菅茅英英白雲皃露亦有雲言天地之氣無微不著無不覆養也

禮曰天降時雨山川出雲

又曰山林川谷丘陵能出雲爲風雨

周禮曰保章氏以五色雲物辨吉凶之祲象

占視曰旁雲氣青爲蟲白爲喪赤爲兵荒黑爲水黃爲豐

傳曰凡分至啓閉必書雲物爲備故也分謂春秋分至謂冬夏至啓立春夏也陽氣用事爲啓閉立秋冬也陰氣用事爲閉雲五雲也風氣日月星辰也分至啓閉天地之大節陰陽之分也故遂登觀臺望氣以審祆祥變禍亂之氣先見於八節書其雲物之形言其所致豫爲之備也

又曰魯哀公五年有雲如衆赤鳥夾日以飛三日楚使問周太史太史曰其當王身乎日爲君祆氣守之雲在楚若上禍不及他國也若禜之可移於令尹司馬也王曰除心腹之疾而寘諸股肱何益終不禜孔子曰楚昭王知天道矣不失國宜哉

又曰黃帝氏以雲紀官故爲雲師而雲名有景雲之瑞

公羊傳曰觸石而出膚寸而合不崇朝而徧雨乎天下者惟泰山雲爾

語曰不義而富且貴於我如浮雲

易通卦驗曰冬至陽雲出箕如樹木之狀小寒合凍蒼陽雲出氐大寒降雪黑陽雲出心立春青陽雲出房如積水雨水黃陽雲出亢驚蟄赤陽雲出翼春分正陽雲出張如積白鵠清明白陽雲出奎穀雨大陽雲出張如車蓋立夏

當陽雲出觜赤如珠小滿上陽雲出七星芒種長陽雲出維夏至少陰雲出如水波小暑雲五色出大暑陰雲出南赤北蒼立秋濁陰雲出如赤繒處暑赤雲出白露黃陰雲出秋分白陰雲出寒露正陰雲出如冠纓霜降大陰雲出上如羊下如磻石立冬陰雲出而黑大雪陰雲出而分冬至日謹候見雲送迎從其鄉來歲美民和

京房易飛候曰凡候雨有黑雲如羣羊奔如飛鳥五日必雨

又曰視四方常有大雲五色其下賢人隱也青雲潤澤蔽日在西北爲舉賢良黃雲如覆車大豐也

又曰凡候雨以晦朔弦望有蒼黑雲細雲如杼軸蔽日月五日必雨

尚書中候曰堯沈璧於河白雲起迴風搖落

又曰周成王舉堯舜禮沉璧于河白雲起而青雲浮至乃有蒼龍負圖臨河也

尚書大傳曰舜爲賓客禹爲主人百工相和而歌卿雲乎時八風循通卿雲叢叢注言和氣應也叢叢或爲族

又曰五岳皆觸石出雲膚寸而合不崇朝而雨

又曰舜時卿雲見於時百工和歌舜歌曰卿雲爛兮糺漫漫或以雲爲出岫迴薄而難以名狀也

禮統曰雲者運氣布恩普博也

禮斗威儀曰人君乘水而王其政和平則景雲見也

又曰景明也言　雲氣光明也

又曰周成王治平觀於河青雲浮於河也

春秋文耀鉤曰楚有蒼雲如霓圍軫七蟠中有荷斧之人向軫而蹲於是楚唐史晝遺灰而雲滅故曰唐史之策上滅蒼雲宋均注曰軫楚分也雲水氣灰火氣晝遺灰故雲滅

春秋元命包曰陰陽聚爲雲

春秋說題辭曰雲之爲言運也觸石而起謂之雲含陽而起以精運也

春秋合誠圖曰帝堯之母曰慶都生而神異常有黃雲覆上

春秋孔演圖曰舜之將興黃雲外於堂

又曰湯將興白雲入房白雲金精入湯房也

孝經援神契曰王者德至山陵則景雲見

又曰天子孝則景雲見

史記曰若煙非煙若雲非雲郁郁紛紛蕭索輪囷是謂卿雲卿雲喜氣也

又曰高祖過沛擊筑自爲歌曰大風起兮雲飛揚威加海內兮歸故鄉安得猛士兮守四方

又曰范曾云高祖之上有雲爲龍虎之形此天子氣也

又曰黃帝與蚩尤戰於涿鹿之野常有五色雲氣金枝玉葉止於帝上有花葩疋加反之象因作華蓋

漢書郊祀志曰武帝封泰山夜有光晝有白雲起於封中

又曰封泰山後雲氣成宮闕

漢書曰相如作大人賦帝覽之飄飄有凌雲之氣

又曰武帝迎汾陰鼎至甘泉宮黃雲蓋其上

又曰宣帝祠甘泉有頃紫雲從西北來散於殿前

范曄後漢書曰樊英隱於壺山之陽曾有暴風從西方起英謂學者曰成都市火甚盛因含水西向漱之時客有從蜀郡來者云是日大火有黑雲卒從東方起須臾大雨火滅

魏志曰文帝生於沛國譙縣上有雲氣青色而圓蓋終日乃解望氣者以爲至貴之證非人臣之氣

蜀志曰劉備爲兒戲於桑樹下上有雲覆童童如車蓋

晉書曰樂廣有風姿衛瓘曰此人若披雲霧而覩青天

又曰阮咸性曠達不拘顏延年五君詠曰仲容青雲器

又曰咸和元年雲鬭聲如暴風雨

宋書曰大明八年宣太后陵前後數有光及五色雲芬香四滿又五采雲在松上如車蓋

又曰孝康建元二年二月乙未日上有雲如錦文光色潤澤

又曰世祖在江州起義建牙軍有紫雲二段落于身上

穆天子傳曰天子觴西王母於瑤池之上王母爲謠曰白雲在天丘陵自出道路悠遠山川間之

東方朔傳曰凡占長東東耕當視天有黃雲來覆車五穀大熟青雲致兵白雲致盜烏雲多水赤雲有火

長沙耆舊傳曰祝良為洛陽令時大旱告誡引罪紫雲沓起

漢武帝內傳曰帝登尋真之臺齋戒到七月七日夜忽見天西南如白雲起直來趣宮須臾聞雲中簫鼓之聲俄半食頃西王母至乘紫雲之輦臨發雲氣勃欝盡為香氣

漢武故事曰上幸梁父祠地主其日山上有白雲又曰呼萬歲聲封禪之上肅然白雲為蓋

東方朔十洲記曰天漢三年月氏（音支）國獻神香使者曰國有常占東風入律百旬不休青雲干呂連月不散意中國將有好道君故搜奇蘊而貢神香也

西京雜記曰瑞雲曰慶雲曰景雲（雲五色曰慶）或曰卿雲雲外赤內青謂之矞雲（雲二色曰矞亦瑞雲也矞以律反）兩雲曰油雲（孟子曰油然作雲霈然下雨）雩雲曰同雲（詩云上天同雲雨雪雰同雲謂雲陰覆天同為一色）雲師曰屏翳（呂氏春秋曰屏翳曰雨師）雲將亦雲之師（司馬彪注莊子云雲將雲之主帥）

劉澄之揚州記曰婁縣有馬鞍山天將雨輒有雲起來映此山山出雲應之乃大雨

抱朴子玉策記曰千歲之龜五色具焉浮於蓮葉之上或在藂著之下其上時有白雲

風土記曰烏程縣峠（音卞）山望氣云有黃氣紫雲大吳故改彝焉

王子年拾遺記曰崐崘山有九層從上來一層有雲氣五色從下望之皆有城闕之象

又曰崑崙者西方曰須彌山九層其第七層有景雲出以映朝日

又曰爛石色紅似肺燒之有香煙聞數百里煙氣昇天則成香雲香雲遍潤則成香雨

搜神記曰蒯子訓至洛見公卿數十處去後皆白雲起

王韶之始興記曰堯山長嶺望之如雲

張野廬山記曰有白雲冠帶峯巖呼為山帶

洞冥記曰吉雲之國俗常以雲占吉凶有吉事則滿室五色照人着草木皆成五色露

莊子曰廣成子謂黃帝曰汝治天下雲氣不待族而雨草木不待黃而落奚足語至道

又曰華封人謂堯曰夫聖人鶉居而鷇飲鳥行而無章（章迹）天下有道與物皆昌千歲厭世去而上仙乘彼白雲至於帝鄉

抱朴子曰俗有見遊雲西馳而謂月之東行

孟子曰油然作雲霈然下雨

又曰湯一征自葛始天下從之人望之若大旱之望雲霓

淮南子曰周雲之蘢（力孔反）蓯（七孔反）奈（力交反）橾（士交反）彭（夜光反）薄而為雨（周雲蘢蓯也奈橾彭薄蓄積之貌）

又曰伯益作井而龍登玄雲（龍在黃泉下恐寧及故去）

又曰山雲蒸柱礎潤

又曰八極之雲是雨天下

呂氏春秋曰山雲草莽水雲魚鱗旱雲煙火雨雲水氣無不比類其所生以示人

又曰至亂之化君相賊其雲狀有若犬馬若白鵠車者遒甲

開山圖曰遼東有襄平山多饒鬼目之菜生而有神虎龍蚳大魚守之雲氣覆之食之令人不飢（蔡氏注曰鬼目葉形似魚守芝草常有氣如龍虎蝕魚之狀）

河圖帝通紀曰雲者天地之本也
河圖始開曰黄泉之埃上爲黄雲青泉之埃上爲青雲赤泉之埃上爲赤雲白泉之埃上爲白雲玄泉之埃上爲玄雲
河圖括地象曰崑崙山出五色雲氣
兵書曰有雲如丹蛇隨星後大戰殺將
又曰韓雲如布趙雲如牛楚雲如日宋雲如車魯雲如馬衛雲如犬周雲如輪秦雲如美人魏雲如鼠齊雲如絳衣越雲如龍頭蜀雲如囷（言蜀處雲似之）
又曰雲如雄雉或如雄雞臨城其城必降
魏武兵書節要曰孫子稱司雲氣非雲非煙非霧形似禽獸客吉主人忌
韋頻秦書曰符堅時有黄雲五色府以爲瑞賜民酺五日

黄子發相雨書曰四方有濯魚雲疾者立雨濯魚雲遲者雨少難至江漢雲疾者即日雨
洛書曰蒼帝起青雲扶日赤帝起赤雲扶日黄帝起黄雲扶日白帝起白雲扶日
軍國占候曰若王子曰有黑雲似一疋布者其國兵起
天文要集曰河有黑雲狀似船若一疋布維河不出十日大雨
又曰北斗者不欲雲覆之有黑雲覆之天大雨
地圖曰壁石氣如浮雲其珠玉之精也
京房風角要訣曰候雨法有黑雲如一疋帛日中即一日大雨二疋爲二日雨三疋爲三日雨
黄帝岐伯經曰岐伯乘絳雲之車駕十二白鹿遊於蓬萊之上
徐幹中論曰文王遇姜公於渭陽灼然如披雲見白日
孫氏瑞應圖曰景雲者太平之應也一曰非氣非煙五色氛氲謂之慶雲
瑞應圖曰喬雲瑞雲也有狀外赤內黄
歸藏曰有白雲自蒼梧入大梁
論衡曰龍無雲雨不能参天
吳範占候風氣秘訣曰有青雲如雉兎臨城營軍敗走
山海經曰符陽之山怪雲所出
陸賈新語曰邪臣之蔽賢猶浮雲之障日月也
宋玉高唐賦叙曰楚襄王與宋玉遊雲夢之臺高唐之觀上有雲氣須臾之間變化無窮問曰此何氣也玉曰朝雲也昔者先王甞遊高唐怠而晝寢夢見婦人曰妾巫山之女也爲高唐之客聞君遊高唐願薦枕席王因幸之去而

辭曰妾在巫山之陽高丘之岨旦爲朝雲暮爲行雨朝朝暮暮陽臺之下旦朝視之如言故爲立廟號曰朝雲
孫卿雲賦曰圓者中規方者中矩
又曰託地而游宇友風而下雨
楚詞曰青雲衣兮白霓裳
又曰冠青雲之崔巍
漢武帝秋風辭曰秋風起兮白雲飛
司馬相如封禪頌曰自我天覆雲之油油雲行皃
魏文帝詩曰西北有浮雲亭亭似車蓋
應瑒詩曰清朝浮四海日暮歸故山
張孟陽詩曰流波戀舊浦行雲思故山
傅玄詩曰浮雲含愁氣悲風坐自歎
又玄歌詩曰青雲徘徊謂我愁

又曰雲爲車兮風爲馬玉在山兮蘭在野雲無期兮風有止思心多端誰能理

陸機雲賦曰塋九纖以遠肆明皇極而永舒蔽陽光於暘谷闇天文於帝居齊濛荒於無極等渾昧於太初

又浮雲賦曰若層臺高觀重樓疊閣或如鍾首之鬱律乍似塞門之寥廓若靈囿之列樹攢寶耀之炳粲金柯分王葉散龍逸蛟起熊厲虎戰鸞翔鳳翥鴻鶴鸑鷟

成公綏雲賦曰舒則弥綸覆四海卷則消液入無形狎獵鱗次參差交錯狀崔巍其不安吁可畏而欲落龍伸蠖屈蜿蟬逶迤連翩鳳飛虎轉相隨或繡文錦章衣繳要妙綿邈凌虛輕翔縹緲

陶潛歸去來曰雲無心而出岫鳥倦飛而知還

霄

關令尹喜內傳曰當喜在胎之始其母夢絳霄流繞其身有長人謂曰汝咽之既覺口盈味屋生雙光若日飛流滿堂良久不知所在

抱朴子曰凌厲九霄

淮南子曰陰陽爲騶乘雲凌霄與造化俱

廣雅曰赤霄常霄氣與造化俱許慎注曰霄其霧

雜字詁訓曰霄摩天赤氣也

楚辭曰若王喬之乘雲載赤雲而陵青霄

楊雄甘泉賦曰騰青霄而軼浮景

孫楚鶴賦曰假使此鳥生自昆侖長於丹穴遊遨玄圃縹霄之際

左思蜀都賦曰干青霄而透出舒丹氣而爲霞

郭璞遊仙詩曰尋仙萬餘日今乃見子喬振髮戴翠霞解褐披絳霄

漢

詩曰倬彼雲漢昭回于天倬明也

又曰倬彼雲漢爲章于天

傳曰昭公四年星孛及漢水祥也賈逵解曰天漢水也或曰天河

爾雅曰析木謂之津箕斗之間漢津也郭璞注曰津漢津也箕龍尾斗南斗天漢之津梁

大戴禮曰夏小正月七日漢案戶漢天河也案戶言直南北也

孝經援神契曰河者水之伯上應天漢

史記天官書曰漢者金之散氣其本曰水漢星多則多水少則旱孟康曰漢河漢也水生於金也

漢書曰項羽封高帝爲漢王帝不悅蕭何諫曰語曰天漢其稱甚美願大王王漢撫其民還定三秦天下可圖也

搜神記曰謝端少喪父母爲鄰人所養年十七未婚後感天漢中白水素女潛爲其炊以備飲食端後怪而潛候之得見言曰天哀忍孤貧恭順使我相爲守舍今既見便去留不可

博物志曰舊說天河與海通近世有居海者年年八月有人浮查來甚大往反不失期此人乃多賫粮乘查去忽忽不覺晝夜奄至一處有城郭居舍望室中多見織婦見一丈夫牽牛渚次飲之驚問此人何由至此此人即問爲何處荅曰君可詣蜀嚴君平此人還問君平君平曰某年某月有客星犯斗牛即此人到天河也

抱朴子曰天河從北極分爲兩頭至于南極其一經南斗中過其一經東井中過河者天之水也隨天而轉入地下過

張衡靈憲曰水精爲天漢

河圖括地象曰河精上爲天漢

三輔黃圖曰始皇都咸陽端門四達以則紫宫渭水貫都以象天河横橋南渡以法牽牛

物理論曰星者元氣之英水之精也氣發而外精華上浮宛轉隨流名之曰天河一曰雲漢衆星出焉

集林曰昔有一人尋河源見婦人浣紗以問之曰此天河也乃與一石而歸問嚴君平云此織女支機石也

古詩曰河漢清且淺相去詎幾許盈盈一水間脉脉不得語

傅玄擬天問曰七月七日牽牛織女時會天河

唐宋之間明河篇曰明河可望不可親願得乘槎一問津更將織女支機石還訪成都賣卜人

霞

漢武内傳曰上元夫人謂西王母曰阿環有六甲之術用之可以遊景雲之宫登流霞之臺

十洲記曰崑崙山之上有瑶華之室紫翠丹房景雲燭日朱霞九光

王子年拾遺曰燕昭王二年海人乘霞舟獻龍膏

又曰崑山第八層有五色霞

抱朴子曰咀六氣於丹霞

楚辭曰漱正陽而含朝霞

河圖曰崙崑山有五色水赤水之氣上蒸爲霞而赫然

論衡曰河東蒲坂項曼都好道學仙去三年而反家問其狀都曰欲飲食仙人輒飲我以流霞每飲一杯數日不飢

楊雄甘泉賦曰吸青雲之流霞兮飲若木之露英

王延壽魯靈光殿賦曰霞駮雲蔚若陰若陽

魏文帝辭曰丹霞蔽日彩虹垂天

曹子建洛神賦曰遠而望之皎若太陽升朝霞

阮籍清思賦曰敷白玉以爲面兮披丹霞以爲裳

左思蜀都賦曰舒丹氣而爲霞

陸機列仙賦曰即絳闕于朝霞

陸機雲賦曰外聚紫霞

郭璞江賦曰撫凌波而鳧躍吸翠霞而夭矯

孫綽天台山賦曰赤城霞起以建標

張孟陽詩曰朝霞迎白日丹氣臨暘谷

郭璞遊仙詩曰朝霞外東山朝日何晃朗

嵇含悅晴詩曰朝霞炙瓊林夕影映靈芝

太平御覽卷第八

太平御覽卷第九

天部九

風　相風

易曰撓萬物者莫疾乎風
又曰風以動之
又曰風行天上小畜君子以懿文德
又曰巽爲風
又曰雲從龍風從虎
又曰風行地上曰觀
尚書金縢曰周公居東二年則罪人斯得于後公乃爲詩以遺王名之曰鴟鴞王亦未敢誚公秋大熟未獲天大雷電以風禾盡偃大木斯拔邦人大恐王與大夫盡弁以啓金縢之書乃得周公請代武王之説王執書以泣曰其勿穆卜昔公勤勞王家惟予冲人弗及知今天動威以彰周公之德朕小子其新逆我國家禮亦宜之王出郊天乃雨反風禾則盡起
又舜典曰納于大麓烈風雷雨弗迷
又洪範曰休徵聖時風若咎徵蒙常風若孔安國曰君能通理則時風順之君行蒙闇則常風順之
詩曰大風有隧貪人敗類
又曰終風且曀終日風爲終風
又曰習習谷風以陰以雨
又曰凱風自南吹彼棘心南風謂之凱風
又曰冬日烈烈飄風發發
禮記月令曰秋行春令則煖風來至
又曰立春之日東風解凍
又曰春行秋令則人有大疫飄風暴雨揔至
又曰夏行春令則蟲蝗爲災暴風來至
又曰前有塵埃則載鳴鳶鳶鳴則風生
又曰饗帝於郊而風雨節寒暑時五帝主五行五行之氣和而庶徵得其序也
左傳曰楚侵鄭甚雨楚師多凍役徒幾盡晉人聞有楚師師曠曰不害吾驟歌北風又歌南風南風不競注曰歌者吹律以詠八風南風音微故曰不競師曠唯歌南北風者聽晉楚之強弱也
又曰僖公十年春六鶂退飛過宋都風也
又昭公四年申豐曰夫氷以風壯而以風出其藏之也周其用之也徧則冬無愆陽夏無伏陰春無凄風秋無苦雨今藏川池之氷棄而不用則風不越而殺
爾雅曰祭風曰磔今俗當大道中磔狗以止風此其象也
又曰南風謂之凱風詩曰凱風自南東風謂之谷風詩曰習習谷風北風謂之涼風詩曰北風其涼西風謂之泰風詩曰泰風有隧焚輪謂之頹暴風從上下也扶搖謂之猋暴風從下上也風與火爲庉庉庉熾盛之貌迴風爲飄旋風日出而風爲暴詩曰終風且暴風而雨土爲霾詩曰終風且霾陰而風爲曀詩曰終風且曀
又曰四氣和爲通正道平暢也謂之景風所以致景風也
論語云曾點曰暮春者春服既成冠者五六人童子六七人浴乎沂風乎舞雩詠而歸
又曰君子之德風小人之德草草上之風必偃
又曰迅雷風烈必變
易稽覽圖曰太平時陰陽和風雨咸同海内不偏地有險易故風有遲疾雖太平之政猶有不能均同也唯平均乃不鳴條
易通卦驗曰冬至廣莫風至誅有罪斷大刑立春條風至

赦小罪出稽留春分明庶風至正封疆修田疇立夏清明
風至出幣帛禮諸侯夏至景風至辯大將封有功立秋涼
風至報土功祀四鄉秋分閶闔風至解懸垂琴瑟不張立
冬不周風至修宮室完邊城八風以時則陰陽變化道成
萬物得以育生王當順八風行八政當八卦也
京房易候曰何以知聖人隱也風清明其來長久不動搖
物此有龍德在下也
易緯曰八節之風謂之八風立春條風至(東北風)春分明庶
風至(東方)立夏清明風至(東南方)夏至景風至(南方)立秋涼
風至(西南方風)秋分閶闔風至(西方)立冬不周風至(西北方風)冬至
廣莫風至(北方風又呂氏春秋說八風東北曰炎風高誘注曰東方曰滔風東南方曰薰風南
方曰巨風西方曰飂風西北曰厲風北方曰寒風)
尚書大傳曰舜將禪禹八風循通

又曰王者德及皇天則祥風起
又曰成王時越裳重譯而來朝曰久矣天之無烈風澍雨
意中國有聖人乎
大戴禮曰正月時有俊風俊者大也大風南風也何大於
南風也曰合冰必於北風解冰必於南風故大之也
禮稽命徵曰出號令合民心則祥風至
禮說曰風萌也養物成功所以八風象八卦也(禮緯同)
禮斗威儀曰人君政頌平則祥風至宋均注曰即景風也
春秋考異郵曰八風殺生以節翱翔距冬至四十五日條
風至條者達生也(距猶起也自冬至後四十五日而立春此風應其方而來生萬物)四十
五日明庶風至明庶迎惠(春分之候言庶衆也陽以施惠之恩德迎衆物而生之)
四十五日清明風至精芒挫收(立夏之候也挫猶止也時菁麥之屬秀出已備故挫
止其鋒芒收之候成實)四十五日景風至景風強也強以成之(夏至之候

也強言萬物強盛也)四十五日涼風至涼風者寒以閉也(立秋之候也陰始閉也)
(言陰寒收成萬物也)四十五日閶闔風至閶闔者當寒天收也(秋分之候
也閶闔盛也時蓋當物蓋藏之閶或爲)四十五日不周風至不周者不交也
陰陽未合化也(立冬候也未合化言消息純坤無陽也月令曰天地不通而閉塞成冬也)四十
五日廣莫風至廣莫者精大滿也(冬至之候也言冬物無見者風精大滿美無偏)
風之爲言萌也其立字虫動於几中者爲風(虫動於几言陽氣無不周
也明且虫之屬得陽乃生遇陰則死故風爲陰中之陽者也)
春秋元命苞曰陰陽怒爲風
春秋繁露曰恩及金石則涼風出王者與臣無禮身不肅
敬則木不曲直而夏多暴風風者木之氣其音角故應
孝經援神契曰德至八方則祥風至
史記曰項王圍漢王三匝於是風從西北起折木發屋楊
沙石楚軍大亂而漢王乃得與數十騎遁去

又曰蚩尤氏能徵風召雨黃帝爭强滅之中冀
又曰庶女者齊之寡婦養姑姑女利母財而殺母以告寡
婦婦不能自解以冤告天而大風襲於齊殿
又曰荊軻入秦燕太子丹送別易水上歌曰風蕭蕭兮易
水寒壯士一去兮不復還
漢書曰燕王都薊大風拔宮中樹七圍已上十六枚壞城
樓後王誅
又曰高祖過沛擊筑自歌曰大風起兮雲飛揚威加海內
兮歸故鄉
魏志管輅傳曰輅過清河倪太守時大旱輅言樹上已有
少女微風樹間又有陰鳥和鳴其雨應至矣果如其言
晉書曰永和元年大風拔柳樹百餘枚若風從八方來者
時王敦害刁協周顗等故風從橫拔樹非一處也

又曰賈謐家數有妖異飄風吹其朝服上數百尺大墜出
被中後果及禍
晉陽秋曰袁宏爲東郡守謝安執宏手授扇宏曰謹當奉
揚仁風慰彼黎庶
宋書曰明帝猜忌肥體憎風夏月常着小皮衣拜左右二
人爲司風令史風起方面輒先啓聞
又曰宗慤字元幹徵士炳兄子也少時問慤所志答曰願
乘長風破萬里浪
前秦錄曰術士蓋欽荷堅召至長安因讌會以其惑衆將
誅之酒酣將執欽欽化爲旋風飛去
前涼錄曰永嘉五年抱罕令嚴羌妻産一龍一鵞鷙鳥尋飛
去龍十五日雷雨迎之大風吹拔張掖郡大樹經宿還立
趙錄曰石勒時忽有旋風下屬地隱隱雷聲良久視之見
大石

神仙傳曰老子將去周而出關以外崑崙關令尹喜占風
逆知當有神人來過乃掃道見老子老子知喜命應得道乃停
關下以長生之事授之
又曰葛玄行過神廟乘車不下須臾有大迴風逐玄埃塵
漲天玄大怒曰小邪敢爾即舉手指風風便止
益部耆舊傳曰蜀楊由善風雲占候文學令豐持雞酒以
奉由時有客不言客去豐起欲取雞酒由止之曰向風吹
削柹當有持雞酒來者度是二人豐曰實在外須客去取
耳
王子年拾遺記曰伏羲坐於方壇之上聽八風之氣乃畫
八卦
又曰崑山有四面風又有祛塵之風若衣服塵汙風至吹
衣則淨
又曰瀛州時有香風泠然而去張袖受之則歷紀不歇着
肌膚必軟滑
十洲記曰南海中有炎洲洲上有風生獸形似狗青色狀
如狸以鐵椎鍛其頭數十下乃死張口向風須臾即起
風土記曰南中六月則有東南長風風六月止俗號黄雀
長風時海魚變爲黄雀因爲名也
庾仲雍湘州記曰零陵山有石鷰遇風雨則飛雨止還化
爲石
交州記曰風山在九眞郡風門在山頂上常長風
又曰風母出九德縣風母似猿見人若慙而屈頸若打殺
之得風還活
南越志曰熙安間多颶音具風颶者具四方之風也一曰懼

風言怖懼也常以六七月興未至時三日雞犬爲之不鳴
大者或至七日小者一二日外國以爲黒風
盛弘之荆州記曰宜都佷山縣山有風穴張口大數尺名
曰風井夏則風出冬則風入風出之時吹拂左右常淨如
掃暑月經之凜然有衣裘想宜都山記曰袁山松以六月至此大便思衣裘
又曰沮楊縣黄竹山常蕭蕭有風名曰風門
西京雜記曰董仲舒曰太平之世風不搖條開甲破萌而
已
老子曰飄風不終朝
莊子曰列子御風而行泠然經旬五日而後返司馬彪注曰列子鄭人列禦寇也御迎也泠然凉貌
又曰北溟有魚其名曰鯤化而爲鳥其名曰鵬摶扶搖而
上者九萬里司馬彪云扶搖上行風也風之積也不厚則其負大翼也無力故九萬里則風在下矣

又曰大塊噫(依界反)氣其名曰風是唯無作作則萬竅怒號而獨不聞之翏翏乎長風之聲

又曰湯之問棘也窮髮之北有冥海者天池也有魚焉其廣數千里其名爲鯤有鳥焉其名爲鵬背若太山翼若垂天之雲摶扶摇羊角而上者九萬里(扶摇羊角風也今旋風上如羖羊角也)

列子曰列子師老商氏友伯高子進二子之道乘風而歸(莊子曰列子御風而行泠然至旬有五日而後反)

管子曰吾不能以春風風人夏雨雨人吾道窮矣

又曰夫兩堯不能相王兩桀不能相亡木雖蠹無疾風不折墻雖隙無大雨不壞

淮南子曰物類之相應玄妙深微論辯不能解故東風至而酒沉溢(東風大風也酒沉清酒也米物下沉木味酸風入酒故酢而沉者沸溢物類相感也)

又曰烏鵲識歲之多風去喬木而巢扶枝(扶傍)

又曰禹沐浴霪雨櫛扶風(扶風疾風)

又曰騰蛇雄鳴上風雌鳴下風而化成形

又曰虎嘯而谷風至高誘注曰虎陽獸也與風同類

又曰人主之精通于天故誅暴則多飄風

抱朴子曰用兵之要唯風爲急扶摇獨鹿之風大起軍中軍中必有反者風高者道遠風下者道近風不鳴葉者十里鳴條摇枝百里大枝五百里仆大木千里折大木五千里三日三夕天下盡風二日二夕天下半風一日一夕萬里風。周生列子曰夫獵葉之風不應八節

呂氏春秋曰何謂八風東北曰炎風(一日融風)東方曰滔風(一日明庶風)東南曰薰風(一日清明淮南子作景風)南方曰巨風(一日凱風)西南曰淒風(淮南子作涼風)西方曰飂風(一日閶闔)西北方曰厲風(一日不周風)

風俗通曰風或清明來久長不摇樹木枝葉離地三二丈者此有龍德在其下風或清明不及二三尺者此君子之風也

又曰猛風曰颲(音列)涼風曰瀏(音劉)微風曰飊(音遙)小風曰颼(音捜)小風從孔來曰颮(呼穴反)

周書時訓曰小暑之日溫風至立秋之日涼風至

又曰小暑之日溫風不至國無寬教

淮南萬畢術曰欲致疾風焚雞羽

帝王世紀曰堯時廚中自生肉脯薄如翣摇則生風使食物寒而不臭名曰翣脯

又曰舜彈五絃琴歌南風曰南風之薰兮可以解吾人之慍兮

括地圖曰鍾山之神名曰燭龍視爲晝瞑爲夜吹爲冬呼爲夏息爲風

又曰奇肱民能爲飛車從風遠行湯時西風吹奇肱車至於豫州湯破其車不以示民十年西風至乃復作車遣歸之去玉門四萬里

黄帝風經曰調長祥和天之喜風也折揚奔厲天之怒風也

山海經曰法嶽之山有獸其名曰山𤟤(音暉)其行如風(音疾)見則天下大風

又曰大荒之中有山名曰鞠陵　有人名曰折丹(神人)處東極以出入風

又曰扶陽之山多怪風

又曰大極山東有溫水湯風不可過也

河圖帝通紀曰風者天地之使

六韜曰人主好田獵罼弋則歲多大風禾穀不實紂時始

此陸機要覽曰列子御風常以立春歸于八荒立秋遊乎風穴是風至草木皆生去則搖落謂之離合風

潛夫論曰排鑿隤風撲沙擁河興欒也

又曰黃帝夢大風吹天下塵王得風后以爲相

漢武帝秋風辭曰秋風起兮白雲飛草木搖落兮鴈南歸汎樓船兮濟汾河橫中流兮揚素波

龍魚河圖曰風者天之使也

弗山圖曰很山縣山下有石床傍生野蓮人往乞者神許則風吹御其分齊隨偃而前羽不得過越

廣雅曰風伯謂之飛廉

法訓曰利物誘人猶飄風之加庶草也雖有直植者然後不回

潛潭巴曰疾風拔木讒臣恣忠臣辱

崔豹古今注曰武王伐紂大風折蓋太公因折蓋之形而制曲蓋

養性經曰治身之道春避青風夏避赤風秋避白風冬避黑風

鹽鐵論曰太平之時風不鳴條雨不破塊

又曰林中多疾風富貴多諛言

樂動聲儀曰風氣者禮樂之使萬物之首也物靡不以風成熟也風順則歲美風暴則歲惡

國語曰海鳥曰爰居止於魯國東門之外臧文仲使國人祭之展禽曰今茲海鳥有災乎夫廣川鳥獸恒知避其災也是歲也海多大風

又曰飄風之末不能舉鴻毛

又曰火見而清風戒寒清風至而脩城郭

物理論曰風者陰陽亂氣激發而起者也猶人之內氣因喜怒哀樂激越而發也故春氣溫其風溫以和喜風也夏氣盛其風熛以怒怒風也秋氣勁其風清以貞清風也冬氣石其風慘以烈固風也此四正之風也又有四維之風東北明庶庶物出幽入明也東南融風其道以長也西南清和百物備成也西北不周方潛藏也此八風者方土異氣徐疾不同和平則順違逆則凶非有使之者也氣積自然怒則飛沙揚礫發屋拔樹喜則不搖枝動草順物布氣天地之性自然之體也

楚宋玉風賦曰楚襄王遊於蘭臺之宮宋玉景差侍有風颯然而至王乃披襟而當之曰快哉此風寡人所與庶人共者耶宋玉對曰此獨大王之風耳庶人安得共之夫風生於地起於青蘋之末浸淫谿谷盛怒於土囊之口緣於太山之阿舞於松柏之下故其清涼雄風則飄忽外降乘凌高城入于深宮徘徊於桂椒之間翱翔於激水之上獵蕙草離秦衡槩新夷披稊楊徜徉中庭北上玉堂躋于羅帷經于洞房故其風也清清泠泠愈病析酲發明耳目寧體便人此謂大王之雄風也夫庶人之風塕然起於窮巷之閭堀堁揚塵勃鬱煩冤動沙堁吹死灰此謂庶人之雌風也

楚辭曰光風轉蕙泛崇蘭

又曰嫋嫋兮秋風洞庭波兮木葉下

相風

崔豹古今注曰司風鳥夏禹所作

王子年拾遺記曰帝與娥皇汎於海上以桂枝爲表結芳茅爲旌刻玉爲鳩置於表端言知四時之候今之相風此

遺像也

晉書曰廢帝初即位有野雉集于相風後爲桓温所廢

沈約宋書輿服志曰案周禮辯載法物莫不詳究然無相風翠旍頭之屬此非古制明矣愚謂戰國並爭師旅數出縣烏之設務察風祲疑是秦制矣

梁書曰長沙王懿孫孝儼字希莊射策甲科除祕書郎太子舍人從幸華林園於坐獻相風烏華光殿景陽山等頌其文甚美帝深賞之

晉令曰車駕出入相風已前侍御史令史

淮南子曰故終身隸於人譬若綄之見風也綄音緩候風者也世所謂五兩

述征記曰長安宮南靈臺上有相風銅烏或云此烏遇千里風乃動

鄭玄相風賦曰昔之造相風者其知自然之極乎其達變通之理乎上稽天道陽精之運表以靈烏物象其類下憑地體安貞之德鎮以金虎玄成其氣風雲之應龍虎是從觀妙之微神明所通夫能立成器以占吉凶之先見者莫精乎此乃構相風因象設形蜿盤虎以爲趾建脩竿之亭亭體正直而無撓度徑挺而不傾棲神烏於竿首候祥風之來征

張華相風賦曰太史候部有相風在西城上而作者弗爲豈以其託處幽閑遠衆特立無羽毛之飾而丹漆不爲之容乎

傅咸相風賦曰相風之賦蓋亦衆矣然辭義大同唯中書張令以太史相風獨無文飾故特賦之太僕寺丞武君賓樹一竹於前庭其上頗有樞機插以雞毛于以占事知來興彼無異斯乃簡易之至有殊太史相風張氏之賦非其至者也翟翟竹竿在武之庭瓌用自然既脩且貞插羽其首丹漆弗營經之營之不日而成

庾闡楊都賦曰雲虎之門雙竿內啓祥烏司颷丹墀竟陛

太平御覽卷第九

太平御覽卷第十

天部十

雨上

釋名曰雨羽也如鳥羽動則散

又曰雨水從雲下也雨者輔也言輔時而生養

說文曰零徐雨也霹音斯小雨裁落也霖一林本反霖雨也南陽名霖雨曰霢霂音霢小雨也霰子廉反微雨也霣音賁雨聲也溟小雨也澍時雨也滑子八反雨下也

易曰密雲不雨自我西郊

又曰匪寇婚媾遇雨則吉

又曰雲行雨施

又曰雨以潤之

書曰若歲大旱用汝作霖雨

又曰洪範休徵曰肅時雨若

又曰納于大麓烈風雷雨弗迷

詩曰有渰淒淒興雨祁祁雨我公田遂及我私渰陰雲貌淒淒雲行之貌祁祁徐徐也

又曰月離于畢俾滂沲矣月離陰星則雨

又曰我來自東零雨其濛鸛鳴於垤婦歎於室鄭玄注曰將陰則穴處者先知之鸛好水將雨長鳴而喜也

又曰習習谷風以陰以雨

禮記月令曰仲春之月始雨水孟春行夏令則雨水不時行秋令則暴雨揔至行冬令則水潦爲敗

又曰季春行夏令則時雨不降行秋令則淫雨早降

又曰時雨將降下水上騰

又曰立夏命有司祀雨師

又曰孟夏行秋令則苦雨數來

又曰六月中氣後五日大雨時行

又曰仲秋行春令則秋雨不降

又曰仲冬行秋令則天時雨汁瓜瓠不成

又曰諸侯朝天子雨霑服失容則止

又曰天降時雨山川出雲

又曰風雨不節則飢

又曰疾風迅雷甚雨則必變

傳曰隱公九年三月癸酉大雨霖以震書始也

又曰宋大水魯莊公弔焉曰天作淫雨以害于粢盛若之何不弔

又曰如百穀之仰膏雨

又曰雨三日以往爲霖

又曰衛旱卜有事於山川不吉甯莊子曰昔周飢克殷而年豐今邢方無道欲使衛討邢焉從之師興而雨

又曰臧文仲如晉雨過御叔在其邑將飲酒御叔魯大夫曰焉用聖人武仲多知時人謂聖人也我將飲酒而已雨行何以聖焉

公羊傳曰觸石而出膚寸而合側手爲膚案指爲寸倍觸石理而出無有膚寸而不合也不崇朝而遍雨天下者惟太山之雲爾

穀梁傳曰春正月不雨者勤雨也欲雨之心勤也夏四月不雨言不雨者閔雨也經一時不雨民之至憂也閔憂六月雨者喜雨也

爾雅曰甘雨時降萬民以嘉謂之醴泉

又曰暴雨謂之涷小雨謂之霢霂久雨謂之霪霪雨謂之霖

易稽覽圖曰降陰爲雨降陰之雨潤而不破塊

京房易飛候曰凡候雨以朔弦望雲漢四塞者皆當雨東

風曰當雨有黑雲氣如覆船於日下當雨有黑雲氣如牛彘當雨暴有異雲如水牛不出三日大雨有黑雲如羣羊奔如飛鳥五日必雨有雲如浮船皆爲雨北斗獨有雲不出五日大雨四望見青白雲名曰天塞之雲雨徵也有蒼黑雲細如杼軸蔽日月五日必雨雲如兩人提鼓持桴皆爲暴雨

又曰太平之時十日一雨凡歲三十六雨此休徵時若之應

尚書說曰淮雨（淮暴雨之名也）

尚書大傳曰五岳皆觸石而出雲不崇朝而雨

又曰成王時有越裳氏來朝曰久矣天之無烈風東西南北來也無澍雨（暴雨也）意中國有聖人乎

禮統曰雨者輔時生養均遍故謂之雨

大戴禮曰天地之氣和即雨

禮斗威儀曰君乘金而王其政象平則嘉雨時至

春秋說題辭曰一歲三十六雨天地之氣宣十日小雨應天文十五日大雨以外運也

又曰陽制陰故水爲雨

春秋元命包曰陰陽和而爲雨

春秋繁露曰木有變則春多雨此徭役衆賦斂重故也

史記曰秦始皇時置酒而天雨陛楯者沾寒優旃見而哀謂之曰汝欲休乎陛楯者曰幸優旃曰我即行呼汝疾應曰諾居有頃殿上上壽呼万歲旃大呼曰陛楯郎曰諾優旃曰汝雖長何益幸雨立我雖短幸休居於是使得半相代

又曰夫子當行命弟子持雨具既而果雨曰昨夜月宿畢故知之

范曄後漢書曰高鳳字文通家貧好學不休其家曝麥令鳳守雞以竿授其手中鳳執竿讀書雨大至鳳讀書不覺執竿如故其妻還麥流甚以爲怒鳳亦不愧

後漢書曰郭林宗嘗於陳梁閒行遇雨巾一角墊時人乃故折角以爲林宗巾其見慕如此

謝承後漢書曰百里嵩字景山爲徐州刺史境旱嵩出巡遽甘雨輒澍東海祝其合鄉等三縣父老訴曰人等是公百姓獨不沾降迴赴雨隨車而下

東觀漢記曰王郎起光武自薊東南馳及至南宮遇大風雨而引車入道傍舍馮異抱薪鄧禹熱火光武對竈燎衣

又曰順帝陽嘉元年立順烈皇后是時自冬至春不雨尊后之日嘉澍沾渥

又曰沛獻王輔善京氏易永平五年京師少雨上御雲臺

自卦以周易林占之其繇曰蟻封穴戶大雨將至上以問輔輔上書曰蹇艮下爲山坎上爲水山雲爲蟻穴居知雨將至故以蟻爲興

漢書名臣奏曰天陰雨人之病爲之先動是陰相應而起也天將陰雨又使人睡臥者陰氣也

魏志曰曹眞伐蜀從子午道南入諸軍或從斜谷道會大霖雨四十餘日棧道斷絕詔眞還

又曰太祖在長安使曹仁討關羽於樊秋大霖雨漢水溢平地水數丈六軍皆沒

晉書曰詔以王雅爲太子少傅將拜遇雨請以繖入王珣不許因冒雨而拜

又曰樊英隱於壺山嘗有暴風從西南起英謂學者曰成都市火甚盛因含水西向潄之乃令記其時日後有從蜀

郡來者云是日大火有雲從東起須臾大雨

神仙傳曰欒巴蜀人徵爲尚書大朝得酒不飲西南噀之詔問巴巴曰臣本縣成都大火臣以酒爲雨救之帝驚驛問咸云是時雨從北來猶有酒氣

襄陽傳曰巫山神女朝爲行雲暮爲行雨

西京雜記曰董仲舒曰太平之時雨不破塊津莖潤葉而已

又曰董仲舒曰陰陽二氣之初蒸也若有若無若實若虛團攢聚合其體稍重乘虛而墜風多則合速故雨大而疎風少則合遲故雨細而密

湘州記曰零陵山有石鷰遇風雨即飛止還爲石

王釆安成記曰萍鄉西津名玉女崗天當雨輒先涌五色氣於石間俗謂玉女披衣

搜神記曰武王伐紂至河上雨甚疾雷晦冥揚波於河衆甚懼武王曰余在天下誰敢干余者風波立濟

述異記曰廬山有康王谷北嶺上有一城號劉城天每有雨輒聞山上有鼓角笳簫之聲村人以爲常候

武昌記曰武昌城東南有金牛崗西有石鼓山上有三石鼓石鼓鳴天必雨

羅浮山記曰山有龜淵淵有神龜龜鼻貫銅鐶若有人纖此淵即注雨

周處風土記曰榆莢雨春雨黃雀風濯梅雨六月之風雨也

又曰六月有大雨名濯枝雨

荆楚歲時記曰六月必有三時雨田家以爲甘澤邑里相賀曰嘉雨

王子年拾遺記曰甘雨濛濛似露委草木則滴瀝雨也

又曰香雲成香雨

帝王世紀曰黃帝遊洛水上見大魚殺五牲以醮天乃甚雨七日七夜魚流始得圖書今河圖是也

家語曰孔子將行遇雨不假蓋於子夏護其短也

又曰齊有一足之鳥集於殿前舒翅而跳齊侯異之使聘魯訪諸孔子孔子曰此鳥名曰商羊昔童兒有屈一脚振訊兩臂而跳且謠曰天將大雨商羊鼓舞今齊有之其應至矣急告趣治溝渠脩隄防將有大雨水爲災果大霖雨水溢泛諸國傷害人民唯齊有備不敗景公曰聖人之言信而有徵矣○老子曰暴雨不終日

莊子曰宋景公時大旱三年卜云以人祀乃雨公下堂頓首曰吾所求雨者爲人今殺人不可將自當之言未卒天大雨方千里

又曰堯讓天下於許由許由曰日月出矣而爝火不息時雨降矣而猶浸灌不亦勞乎

文子曰若與俗處猶走逃雨也無之而不濡

列子曰赤松子神農時雨師也

廣成子曰黃帝時雲不待族而雨

尸子曰神農理天下欲雨則五日爲行雨旬爲谷雨旬五日爲時雨萬物咸利故謂之神雨

孟子曰油然作雲霈然下雨

抱朴子曰軍始發大風甚雨起於後大勝之徵也軍始出雨沾衣者是謂潤兵軍有功雨不足沾衣裳是謂泣軍必敗

又曰無雲而雨是謂雨血將軍當楊兵講武以應之雨軍中尤甚者將軍戰必無功也

管子曰冬作土功發地藏則夏多暴雨秋霖不止
又曰春發五政一曰論幼孤赦有罪二曰賦爵列授祿位
三曰脩溝洫復亡人四曰治封壃正阡陌五曰無殺麑夘
無絶華蕚五政徇時春雨乃來
淮南子曰失火遇雨禍中有福
又曰人莫鑑於沬雨而鑑於止水者以其淨也（沬雨雨潦上沬起覆盂也言其濁擾不見人形也）
又曰朱鼈浮於水上必大雨
又曰天且雨也魚已噞喁（音宜撿反）
又曰黑蠖神虵潜泉而居將雨則躍（蠖音護）
鄒子曰朱買臣孜孜脩學不覺雨之流麥
韓子曰荆人伐陳吳救之軍間三十里雨十日夜左史倚
相謂子期曰雨十日甲輯兵聚吳人必至不如備之乃爲陣
未成而吳人至見荆有戒而反
傳子曰昔者伯牙子遊於泰山之陰逢暴雨止於巖下援
琴而鼓之爲淋雨之音更造崩山之曲每奏鍾期輒窮其
趣曰善哉子之聽也
孔叢子曰子思答縣子曰以子産仁愛譬夫子猶浸水之
與膏雨矣浸所及則生不及則死民皆知焉膏雨之所生
也廣莫大焉民之受賜也普矣莫識其由也
呂氏春秋曰武王伐紂至鮪水使膠鬲候周師問武王曰
西伯何時至曰將以甲子日至膠鬲行矣大雨日夜不休
武王疾行不輟軍吏諫武王曰吾疾行以救膠鬲之死也
楊子法言曰震風凌雨然後知夏屋之帡幪（震雨凌暴也夏大也帡幪幪覆）
廣雅曰雨師謂之屏翳

纂要曰疾雨曰驟雨徐雨曰零雨雨久曰苦雨亦曰秋霖
雨晴曰啓雨水曰潦雨雲曰渰雲亦曰油雲
戰國策曰文侯與虞人期獵是日天雨文侯將出左右諫
止曰吾與虞人期不可失乃往魏於是始強
易林變占曰雷君出裝隱隱西行霖雨不止流爲江河
周易集林雜占曰占天雨否外卦得陰爲雨得陽不雨其
文發變得坎爲雨得离不雨巽化爲巽先雨後風
博物志曰太公爲灌壇令武王夢婦人當道夜哭問之曰
吾是東海神女嫁於西海神童今灌壇令當道廢我行
我行必有大風疾雨大風疾雨是毀君之德也武王覺召
太公問之果有疾雨暴風從太公邑外而過○六韜曰文王
問散宜生卜伐紂吉乎曰不吉鑽龜龜不兆數蓍交加而
折將行之日雨輜車至軫行之日幟折爲三散宜生曰此
卜四不祥不可舉事太公進曰是非子之所知也祖行之
日輜車至軫是洗濯甲兵也
師曠占曰候月知雨多少入月一日二日三日月色赤黄
者其月少雨月色青者其月多雨常以五卯日候西北有
雲如羣羊者即有雨至矣冬戊巳春辰巳日雨蝗蟲食禾
稼立春日雨傷五木立秋日雨害五穀常以戊巳日日入
時出時欲雨日上有冠雲大者即雨小者少雨
天文要集曰北斗之旁有氣往往而黑狀似禽獸大如皮
席不出三日必雨
又曰河有雲重黑狀似船若一疋布維河不出十日大雨
又曰辰口守心有水災一日大雨不可當
又曰北斗者不欲雲覆之黑雲覆之大雨
范子計然曰風爲天氣雨爲地氣風順時而行雨應風而

下命曰天氣下地氣上陰陽交通萬物成矣
劉義慶世說曰謝太傅無嗔喜曾送兄征西葬還日暮雨
駛人皆醉不可處分公乃於車中手取車柱撞馭人聲色
甚怒
劉義慶幽明錄曰河南人趙良與其鄉人諸生之長安至
新安界遇霖雨糧乏相謂曰飢那得羹食那應時羹飯備
具有人聲語云進羹食
黃子發相雨書曰常以戊申日候日欲入時日上有冠雲
不問大小視四方黑者大雨青者小雨候日始出日正中
有雲覆日而四方有雲黑者大雨青者小雨四方有雲如
羊豬雨立至四方北斗中有雲後五日大雨四方北斗中
無雲唯河中有雲三枚相連狀如浴豬豨三日大雨以丙
丁之辰四方無雲唯漢中有者六十日風雨和常以六甲
之日平旦清明東向望日始出時日上有雲大小貫日中
青者以甲乙雨赤者丙丁雨白者庚辛雨黑者壬癸雨黃
者戊己日雨六甲日四方雲皆合者即雨以天方雨時視
雲有五色黑赤並見者即雹黃白雜者風多雨少青黑雜
者雨隨之必滂沛流潦
又曰四方有濯魚雲遊疾者即日雨遊遲者雨少至
說苑管仲曰吾不能以春風風人夏雨雨人吾道窮矣
又曰楚莊王伐陳吳救之雨十日十夜晴左史倚相曰吳
師必夜至甲裂壘壞彼必薄我何不行列鼓出待之吳師
至見楚軍成陣而還
又曰武王伐紂過隧則斬岸過水則折舟示人無反志也
至於有戎之隧大風折旆散宜生諫曰此其妖歟武王曰
非也天落兵也風霽而乘以大雨散宜生又諫曰此非妖

歟王曰非也天洗兵也
風俗通曰雨師爲玄冥
山海經曰羽山其上多雨荊陽之山多怪雨
括地圖曰谷山有蘂雲甘雨

太平御覽卷第十

太平御覽卷第十一

天部十一

雨下　祈雨　霽

雨下

河圖帝道紀曰：雨者天地之施也

遁甲開山圖曰霍山南岳有雲師雨虎榮氏解曰雲師如蠶長六寸有毛似兎雨虎如蠶長七八寸似蛭雲雨之時出在石上肉甘可熟而食

又曰鄭有不毛山上有無爲之君分布雲雨於九州之內榮氏曰不毛山不生樹木古無爲之君常處其上布灑雲雨九州之內平均

河圖秘徵曰君急恚怒無雲而雨

黃帝素問曰清陽爲天濁陰爲地地氣上爲雲天氣下爲雨雨出地氣出天

又曰天氣下而爲雨

太公金匱曰武王師到牧野陣未畢而暴風疾雨雷電幽冥前後不見太公曰善雷電者是吾軍動應天也

太公伏符陰謀曰紂常以六月獵於西土西土之老少相與謀曰君王逆人此其命固不壽也後數日而暴風大雨發屋拔木漂殺人民六畜明年諸侯謀合四海兵起

又曰武王兵入商都前歌後舞甲子進兵乙丑而雨

太公兵法曰將有三禮武王曰敢問三禮太公曰將冬日不服裘夏日不操扇天雨不張幔蓋名將禮

太公對敵權變逆順法曰夫軍出逢天無雲而雨此天泣也軍没不還

魏武帝兵書按要曰大軍將行雨濡衣冠是謂洒兵其師有慶

又曰三軍將行其旗埶然若雨是謂天露三軍失徒將陣雨甚是謂浴屍先陣者敗亡

又曰大將始行雨而薄不濡衣冠是謂天泣其將大凶其卒散亡

雜兵書曰諸雲氣諸變暈日月蝕風散之雲振之雨壓之皆解

又曰大人之兵如虎如狼如風如雨如雷如電振振瞑瞑天下盡驚

又曰軍始營風雨從後來沾衣裳大吉

又曰有大雲雨軍內滂沲甚者軍罷無功

桓寬鹽鐵論曰孔子大聖也嘗居上位相魯三月不令而行不禁而止沛若時雨之灌萬物莫不興起也

王充論衡曰道至天者翔風起甘雨降霽而陰曀者謂之甘雨非謂雨水味甘也

又曰太平之時五日一風十日一雨

又曰周公時雨不破塊風不鳴條旬而一雨雨必以夜丘陵高下皆熟

神異經曰西海上有人焉乘白馬朱鬣白衣素冠從十二童子馳馬西海上如飛名曰河伯使者其所至之國雨水滂沲

樂動聲儀曰焦明至爲雨備焦明水鳥

楚辭曰雷填填兮雨冥冥

潘尼苦雨賦曰瞻中塘之浩汗聽長霤之涔涔

成公綏陰霖賦曰沉竈生鼃中庭運舟

傅咸愁霖詩曰舉足没泥濘市道無行車蘭桂賤朽腐柴粟貴明珠

張孟陽雜詩曰雲根臨八極雨足灑四溟霖瀝過二旬散

湯亞九齡墻下伏泉涌堂上水衣生尺燼重尋桂紅粒貴瑶瓊

又詩曰騰雲似湧烟密雨如散絲

劉楨詩曰和風從東來玄雲起西山夜中發此氣明旦飛甘泉

應璩與韋誕書曰夫以原憲縣磬之居而值皇天無已之雨室宇漸而作漏堂館洽而為泥

祈雨

禮記月令曰孟夏大雩帝命有司禱祀山川古之卿士有益於人者以祈穀實（雩者祭天祈雨之名大雩爲用盛樂也）

漢書曰董仲舒為江都相理國以春秋灾異之變推陰陽所錯行故求雨閉諸陽縱諸陰其止雨反是者（義云祈雨閉南門止雨）

范曄後漢書曰諒輔仕郡為五官掾時夏大旱太守自出禱山川連日而無所降輔乃自暴庭中慷慨呪曰輔為股肱不能進諫納忠和調陰陽至令天地否隔萬物焦枯咎盡在輔今敢自祈請若至日中不雨乞以身塞無狀於是積薪聚茭茅以自環構火將自焚未及中時天雲晦合須臾澍雨

謝承後漢書曰戴封字平仲遷西華令其年大旱禱請無獲乃積薪坐其上以自焚火起而大雨遠邇歎服遷中山相

又曰奚延轉議郎徐州遭旱延使持節到東海請雨豐澤應澍雨與京師同日俱霈還拜五官中郎將

又曰周暢性仁慈為河南尹夏旱久禱無應因收葬洛城傍客死骸骨萬餘人應時澍雨歲乃豐稔

又曰章和元年有詔以鄭弘為太尉時旱朝廷百僚皆暴

請雨夏炎熱小雨群官即還舍弘獨日不旋大雨澍稼穡遂豐

又曰汝南周護善占天文為郡門下掾鮑昱為汝南太守時郡境天旱昱自往問何以致雨護曰急罷三部督郵明府當自北出到四十里亭雨可致也昱從之果得大雨每行縣輒軾其閭

東觀漢記曰曹褒為河內太守時旱春至六月無雨穀貴百姓頗流離褒到省吏職退去貪殘屢得澍雨其秋大熟百姓給足流民皆還

又曰和熹鄧后永初二年三月京師旱至五月朔太后幸雒陽省獄舉寃未還宮澍雨大降

司馬彪續漢書曰永元六年張奮代劉方為司空時歲灾旱祈雨無應乃表即時引見口陳時政之宜明日和帝召太尉司徒幸洛陽獄即大雨三日

蜀本記曰秦王誅蜀侯惲後迎葬咸陽天雨三月不通因葬成都故蜀人求雨祠蜀侯必雨

王隱晉書曰束晳太康中郡大旱苗稼敗晳乃命邑人躬共請雨三日中雨水三尺衆人以其有術數精誠感於神明百姓懽喜為之歌曰束先生通神明請天三日甘雨零我黍以萌我稷以生何以疇之報束先生

高閭燕志曰太平十五年自春不雨至於五月有司奏右部王苟妻産妖傍人莫覺俄而失之乃暴苟妻於社大雨普洽

魚豢典略曰舊制求雨太常禱天地宗廟社稷山川已賽如其常祭牢禮四月立夏旱乃求雨立秋雖旱不禱求雨到七月畢賽之秋冬春三時不求雨

崔鴻春秋前燕錄曰建熙七年五月慕容暐下書曰朕以寡德莅政多違亢陽三時光陰錯緒農植之辰而零雨莫降其令有司徹樂太官以菜食常供祭奠既而澍雨大降

又前涼錄曰張植爲西域校尉與奮威將軍牛霸率騎救張冲六月至于流沙無水士卒渴甚植乃剪髮肉袒徒跣升壇慟泣請雨俄而雲起西北雨水成川植殺所乘馬祭天而去

又前秦錄曰沙公西域沙門也有祕術每旱苻堅常使呪龍龍便下鉢中天輒大雨

後魏書曰孝文太和二年京師旱祈雨天子於北苑親自禮焉減膳避正殿澍雨大洽三年帝祈雨於北苑閉陽門是日澍雨

益部耆舊傳曰趙瑤爲閬中令遭旱請雨於靈星應時大雨

葛仙公傳曰吳主曾與仙公坐樓上望見道間人民請雨土人累時不得仙公曰雨可得耳即書符着社廟中日午大雨尺餘水

長沙耆舊傳曰祝良爲洛陽令時亢旱天子祈雨不得良暴身階庭告誠引罪紫雲沓起甘雨仍降

佛圖澄傳曰石虎時自正月至六月不雨澄詣滏口祠稽首暴露即有二白龍降於祠下於是雨遍數千里

干寶搜神記曰湯既克夏大旱七年洛川竭湯乃以身禱於桑林剪其髮自以爲犧牲祈福於上帝於是大雨𢗅至洽于四海

又曰湘東新平縣有一龍穴穴中有黑土歲旱人則共壅水於此穴穴淹則立大雨

宋永初山川記曰鄱陽長壽山山形似馬白雲出於鞍中不崇朝而雨

盛弘之荆州記曰佷山縣有一山獨立峻絶西北有石穴北行百步許二大石其間相去一丈許俗名其一爲陽石一爲陰石水旱爲災鞭陽石則雨鞭陰石則晴

又曰湘東有雨母山山有祠壇每祈禱無不降澤以是名之

又曰耒陽縣有雨瀨此縣時旱百姓共壅塞之則甘雨普降若一鄉獨壅雨亦偏應隨方所祈信若符刻

顧微廣州記曰鬱林郡山東南有一池池邊有一石牛人祭祀之若旱百姓殺牛祈雨以牛血和泥泥石牛背祀畢則天雨大注

抱朴子曰使者甘宗所奏西域事云方士能神祝者臨泉

禹步吹氣龍即浮出長十數丈更吹龍輒縮至長數寸乃掇取著壺中或有四五龍以少水養之聞有旱處便賫龍往賣一龍直數十斤金發壺出一龍著潭中復禹步吹之長數十丈須臾而雲雨四集

又曰歷陽有彭祖仙室請雨必得

晏子春秋曰齊景公時旱欲祠靈山晏子曰山以石爲身草木爲髮天苟不雨髮燋身熱獨不欲雨乎祠之何益公曰祠河伯可乎曰河伯以水爲國魚鼈爲民父旱國將亡民將滅獨不欲雨乎君避殿曝露其索雨乎公出野曝露天果大雨

淮南子曰土龍致雨許慎注曰湯遭旱作土龍以象雲從龍也

又曰董仲舒請雨秋用桐木魚

山海經曰東荒北隅有山名土丘應龍處南極殺蚩尤與
夸父不得復上故下數旱旱而爲應龍之狀乃得大雨今之
土龍本此也

遁甲開山圖曰絳北有陽石山有神龍池黃帝時遣雲陽
先生養於此帝王歷代養龍之處國有水旱不時即祀池
請雨

爾雅孫炎注曰檽木生江上有寄枝高三四丈生毛一名
楓子天旱以泥塗之即雨

傅咸自敘曰太始九年自春不雨涉夏節聖皇勞慮分使
祈禱余以太子洗馬兼司徒涖事三朝雨大降退作喜雨
賦

霽

說文曰霽雨止也霋妻音雨霽也霩火郭反雨上雲罷貌

魏略五行志曰延康元年大霖雨五十餘日魏有天下乃
霽將受魏祚之應也

晉中興徵祥記曰咸和四年陰霖五十餘日蘇峻滅乃霽

長沙耆舊傳曰文度字仲儒爲郡功曹吏時霖雨廢人業
太守憂悒召度補户曹度奉教齋戒在社三日夜夢白頭
翁謂曰爾來何遲翌旦度具白所夢於太守曰昔禹夢青
繡文衣男子稱蒼水使者禹知水脉當若椽此夢將其比
也明日果大霽

扶南日南傳曰金陳國入四月便雨六月乃止少有晴日
六月不雨常晴歲歲如此

太平御覽卷第十一

太平御覽卷第十二

天部十二

雪　霰　露

雪

釋名曰雪綏也水下遇寒凝綏綏然下也

詩曰北風其涼雨雪其雱

又曰上天同雲雨雪雰雰雰雰雪皃也豐年之冬必有積雪

又曰文王以天子之命命將帥歌采薇以遣之昔我往矣楊柳依依今我來思雨雪霏霏

又曰蜉蝣掘閱麻衣如雪鄭玄注曰喻曹昭公君臣朝夕變易衣服麻衣深衣也

禮曰孟春行冬令則水潦爲敗雪霜大摯

傳曰隱公九年三月庚辰大雪凡平地尺三月今正月也大雪失時也

又曰楚子次于乾谿雨雪王皮冠秦復陶秦所遺羽衣也翠被豹舄執鞭以出

易通卦驗曰乾得坎之蹇則當夏雨雪

詩推度災曰逆天地絶人倫當夏雨雪

大戴禮曰天地積陰溫則爲雨寒則爲雪

春秋元命苞曰陰陽凝而爲雪

史記曰東郭先生久待詔公車貧困飢寒衣弊履不完行雪中履有上無下足盡踐地道中人笑之

漢書曰漢女者居東海養姑姑女讒之於姑姑經太守許而殺之五月下雪

又曰蘇武使於單于單于幽武置大窖中絶不與飲食天雨雪武臥齧雪與旃毛并咽之數日不死匈奴因以爲神

又曰壺廣鞮單于自將領萬騎擊烏孫會天大雪一日深文餘人民畜産凍死

續漢書曰赤眉入安定北地逢大雪坑谷皆滿多凍死

晉書曰王恭衣鶴氅雪中行時人謂之神仙中人

又曰太傅謝安雪驟降公欣然曰白雪紛紛何所似兄子客兒曰撒鹽空中差可擬兄女道韞曰未若柳絮因風起

又曰東瀛公騰公姓司馬名騰伐石勒於常山屯營時天大雪有一處方數丈融液怪而掘之得一玉馬高尺許以爲晉家之瑞

晉朝雜事曰太康七年河陰雨赤雪二頃

宋書曰大明中元日雪花降殿庭右將軍謝莊下殿雪集衣白上以爲嘉瑞羣臣皆作雪花詩

崔鴻北涼録曰先酒泉南有銅駞出大雨雪沮渠蒙遜遣工取之得銅數萬斤

宋齊語曰孫康家貧常映雪讀書

唐書曰郭元振爲安西大都護時西突厥首領烏質勒部落強盛欵塞通和元振就其牙帳計會軍事時天大雪元振立於帳前與烏質勒言議須臾雪深風凍元振未嘗移足烏質勒年老不勝寒苦會罷而死

録異傳曰漢時大雪積地丈餘洛陽令自出案行見民家皆除雪出有乞食者至袁安門無有行路謂安已死令人除雪入戶見安僵臥問何不出安曰大雪人皆餓不宜干人令以爲賢舉爲孝廉

韓詩外傳曰凡草木花多五出雪花獨六出雪花曰霙音英

皇甫謐高士傳曰世莫知焦先所出野火燒其廬先因露寢冬雪大至先袒臥不移人以爲死就視如故

穆天子傳曰日中大雪北風雨雪有凍死人天子作黄竹

詩三章以哀民曰我徂黄竹負閟寒閟閉也音秘
又曰雨雪天子獵于鈃山之西河
漢武内傳曰西王母曰仙之上藥有玄霜絳雪
列士傳曰羊角哀左伯桃相與爲死友聞楚王欲往仕之道遇雨雪計不俱全乃併衣粮與角哀入樹而死
陸機別傳曰機誅日平地尺雪時人以爲寃
曹攄別傳曰攄爲洛陽令于時大雪而宮門夜忽失行馬攄曰此非他竊理可保明必是門士以療寒驗之而具服
王子年拾遺記曰穆王東至大巇之谷西王母來進嵰丘儼反州甜雪嵰州去玉門三十萬里地多寒雪霜露著木石之上皆融而甘可以爲菓也
又曰周靈王起昆明之臺召諸方士有二人乘飛遊之輦上席酣醋天赤旱地裂其一人先唱能爲霜雪王乃請焉

於是引氣一吹則雲起雪飛
又曰廣延之國去燕七萬里[illegible]扶桑東其地寒盛夏之日氷厚至丈常雨青雪　氷霜之色皆如紺碧
沙州記曰自龍涸至大浸川一千九百里晝夜蕭蕭常有風寒七月雨便是雪遥望四山皓然皆白
西京雜記曰董仲舒曰太平之世雪不封條凌弭毒害而已
莊子藐姑射之山有神人居焉肌膚若氷雪綽約若處子
曾子曰陰氣勝則凝爲雪
孟子曰滕文公卒葬有日矣天大雨雪至牛目羣臣請弛期太子不許惠公諫曰昔王季葬渦山之尾欒水齧其墓見棺　文王曰先君欲見羣臣百姓矣乃出爲帳三日而後葬今太子亦冝曰先王欲少留而撫社稷故使雪甚弛期而更爲日此文王義也太子曰善
又曰齊宣王見孟子於雪宮王曰賢者亦有此樂乎孟子曰爲人上而不與民同樂者非也
晏子春秋曰景公時雨雪三日公被狐白之裘見晏子公曰恠哉雨雪三日不寒晏子曰古之賢君飽而知人飢温而知人寒公曰善乃脫裘發粟以與飢寒者
秦子曰今欲馳光日下顯白雪中不可得也
孫子曰昔衛君重裘累茵而坐見路有負薪而哭之者問何故也對曰雪下衣薄是以哭之於是衛君懼見於顔色曰爲君而不知民孰以我爲君於是開府金出倉粟以賑貧
淮南子曰欲滅迹而走雪中
金匱曰武王伐紂都洛邑陰寒雨雪十餘日深丈餘甲子

平旦不知何五大夫乘馬車從兩騎止門外王使太師尚父謝五大夫賓幸臨之失不先門方脩法服太師尚父使人持一器粥出進五車兩騎曰先生大夫在内方對天子寒故進熱粥却寒粥皆畢使者具以告尚父尚父問武王曰客可見矣五車兩騎四海之神與河伯雨師耳王曰不知有名乎曰南海神曰祝融東海曰勾芒北海曰玄冥西海曰蓐收河伯雨師請使謁者於殿下門内引祝融五神皆驚相視而歎
語林曰王子猷居山陰大雪夜開室命酌四望皎然因詠招隱詩忽憶戴安道時在剡乘興棹舟經宿方至既造門而返或問之對曰乘興而來興盡而返何必見戴安道
氾勝之書曰取雪汁漬原蠶屎五六日待釋手挼之和穀種之能御旱故謂雪爲五穀精也

山海經曰由首之山小咸之山空桑之山並冬夏有雪

論衡曰雲霧雨之徵也夏則爲露冬則爲霜溫則爲雨寒則爲霜雨露凍凝者其由地發不從天降

琴操曰曾子耕太山下雨雪不得歸思父母作梁山操

廣志曰雲南郡四五月猶積雪皓代郡以五月山陰猶宿雪八月末復雪

宋玉對問曰客有歌於郢中始曰下俚巴人國中屬而和者數千人其爲陽春白雲國中屬而和者不過數十人是其曲彌高而和彌寡

宋謝惠連雪賦曰歲將暮時既昏寒風積愁雲繁梁王不悅遊於兔園乃置旨酒命賓友召鄒生延枚叟相如末至居客之右俄而微霰零密雪下王乃歌北風於衛詩詠南山於周雅相如於是避席而起逡巡而揖曰臣聞雪宮建

於東國雪山峙於西域岐昌發詠於來思姬滿申歌於黃竹曹風以麻衣比色楚謠以幽蘭儷曲盈尺則呈瑞於豐年袤丈則表沴於陰德其爲狀也散漫交錯氛氳蕭索藹藹浮浮瀌瀌弈弈連翩飛灑徘徊委積始緣甍而冒棟終開簾而入隙既因方而爲圭亦遇圓而成璧眄隰則萬頃同縞瞻山則千巖俱白於是臺如重璧逵如蓮璐庭列瑤階林挺瓊樹皓鶴奪鮮白鷴失素

楚辭九辯曰雪霰紛糅女救反

又曰蒐　來歸兮北方不可止增冰峨峨飛雪千里些蘇個反

又曰霰雪紛其無垠些雲霏霏而承宇些

司馬相如美人賦曰時既西夕玄陰晦冥涼風蕭然素雪飄零

伏系之雪賦序曰結陰凝雪皎如帔素

謝靈運詩曰明月照積雪朔風勁且哀

樂府歌詩曰皓如山上雪皎如雲間月聞君有兩意故來相決絕

庾肅之雪讚曰皓若天漢色踰玉粲

李顒悲四時曰雲黮徒敢反霽𩆓徒對反以時興雪聯翩而驟密枯林皦如瓊幹空岫朗若玉室

王韶之詠雪離合曰霰先集兮雪霏霏散輝素兮被虛庭曲室寒兮朔風厲川陸涸兮百籟鳴

霰

釋名曰霰星也冰雪相摶補各反如星而散

說文曰霰稷雪也從雨散聲

詩曰如彼雨雪先集維霰霰暴雪也箋云雪自上下遇溫氣而摶謂之霰

爾雅曰雨霰爲消雪郭璞注云霰水雪雜下故謂消雪

又曰雨雪相和爲霰

尚書洪範五行傳曰盛陰雨雪凝滯而冰寒陽氣薄之不相入則散而爲霰故沸湯之在閉器而湛於寒泉則爲冰及雪之銷亦冰解而散此驗也

韓詩薛君注曰霰霙也

曾子曰陰之專氣爲霰

露

釋名曰露慮也覆慮物也

許慎說文曰露潤澤也從雨路聲

詩曰厭於艷反浥於接反行露豈不夙夜謂行多露

又曰蒹葭蒼蒼白露爲霜

又曰湛露天子燕諸侯也湛湛露斯匪陽不晞

又曰野有蔓草零露漙兮徒官反
又曰野有蔓草零露瀼瀼如羊反
禮曰立秋後五日白露降
又曰季冬行秋令則白露早降
又曰天不愛其道故天降甘露
又曰春雨露既濡君子履之必有怵惕之心焉如將見之
感時念親也
又曰王所以爲順而弗悖也天降甘露
易通卦驗曰立秋白露下
尚書中候曰堯時甘露降
詩含神霧曰陽氣終白露爲霜宋均曰白露行露也陽終陰用事故曰白露爲霜
也
大戴禮曰露陰陽之氣也夫陰氣勝則凝爲霜雪陽氣勝

則散爲雨露
禮斗威儀曰君治政則軒轅之精散爲甘露
春秋繁露曰恩及於物順於人而甘露降
春秋序曰桀無道露冬下
春秋元命包曰霜以殺木露以潤草
又曰陰陽散爲露
五經通義曰和氣津液凝爲露露從地出
吳越春秋曰子胥諫吳王王怒暮歸舉衣出宮宮中群臣
皆曰天無霖雨宮中無泥露相君舉衣行高何爲 子胥
曰吾以越諫王王心迷不聽吾言宮中生草棘霧露沾吾
衣群臣聞之莫不悲傷
漢書曰宣帝元康元年甘露降未央宮大赦天下
又曰平帝永平十七年自春迄夏多甘露降謁元陵太常
丞上言陵樹葉上有甘露令百官採之
又曰成帝幸河東祠后土甘露降京師
又曰宣帝詔曰迺者鳳凰集太山陳留甘露降未央宮宣
赦天下
後漢書曰桓帝永康元年秋八月魏郡言嘉禾生甘露降
范曄後漢書曰明帝永平十七年甘露降于原陵
謝承後漢書曰吳郡沈豐爲零陵太守至官一年甘露降
膏潤草木
東觀漢記曰光武帝時甘露降四十五里
又曰明帝永平十七年夢見先帝光烈皇后夢中喜覺悲
不能寐明旦上陵其日甘露降於陵樹帝令百官採之帝
伏御床流涕也
魏志曰明帝鑄承露盤莖長一十二丈銅龍繞其根立於

芳林園甘露乃降
又曰明帝與東阿王詔曰昔先帝時甘露屢降於仁壽殿
前靈芝生芳林園中自吾建承露盤已來甘露復降芳林
園仁壽殿前
晉書曰皇甫謐幼時有甘露降其柳樹謐每以食之謂蜜
也
晉中興書曰王者敬養耆老則甘露降於松柏尊賢容衆
則竹葦受之甘露者仁澤也其凝如脂其美如飴
宋書曰文帝元嘉中甘露頻降狀如細雪
隋書曰李德饒趙郡柏人人也性至孝丁父憂單縗徒跣
後甘露降其樹白鳩巢其廬
豫章耆舊傳曰太守陳蕃臨郡二年甘露降
汝南先賢傳曰新蔡鄭敬都尉高懿廳前有槐樹有白露

類甘露讖問椽屬皆言是甘露讖曰明府德政未致甘露
但樹汁耳讖不悅稱疾而去
洞冥記曰勒畢國人長三寸有翼善言語戲笑因名語國
飮丹露爲漿丹露者日初出有露汁如朱也
又曰東方朔遊吉雲之地漢武帝問朔曰何名吉雲曰其
國俗常以雲氣占吉凶若吉樂之事則滿室雲起五色照
著於草樹皆成五色露露味甘帝曰吉雲五色露可得以
嘗不朔乃東走至夕而還得玄黃青露盛之琉璃器以授帝
帝遍賜羣臣得露嘗者老者皆少疾病皆愈
又曰元封二年數過國獻能言龜一頭長一尺二寸東方
朔曰唯承樹露以飮之
王子年拾遺記曰崑崙山有甘露望之色如丹着木石則
皎然如霜雪寶器承之如飴人君聖德則下

周處風土記曰白鶴性警至八月露降流於草上滴滴有
聲則鳴
述仙記曰八月一日作五明囊盛取百草頭露以之洗眼
眼明也
老子曰天地相合以降甘露
莊子曰姑射之山有神人焉不食五穀吸風飮露
鶡冠子曰聖德上及太清下及太寧中及萬靈則膏露下
蘇子曰夫人一代若朝露之託桐葉耳其與幾何
呂氏春秋曰伊尹説湯曰水之美者有三危之露（三危西極山名）
和之美者揭雩之露揭雩之露其色紫
淮南子曰方諸取露於月（高誘曰方諸陰燧也）
東方朔神異經曰西北海有人長二千里兩脚中間相去
千里腹圍一千六百里但日飮天酒五斗（張華云天酒甘露也）

又曰黃父以霧露爲漿
古史考曰太古之初民吮露精食草木實
劉向説苑曰吳欲伐荆王令曰敢有諫者死舍人有少孺
子者欲諫懷彈於後園露霑其衣者三朝王曰子來何苦
露霑衣如是對曰園中有樹其端有蟬蟬高居悲鳴飮風
飮露不知螗蜋在其後曲跗（方無反）欲取其蟬而螗蜋又不
知黃雀居其後延頸欲啄之然黃雀又不知目操彈丸在
其下臣但捕其黃雀不覺露濕衣此者爲窺其利而不思
後患王聞之遂不伐荆
又曰騰虵遊於霧露千里不止
漢武帝故事曰帝作金莖擎玉杯以承雲表之露擬和玉
屑服之以求仙
又曰作銅承露槃上有仙人掌以承露也

蔡邕月令章句曰露者陰液也釋爲露凝爲霜
白虎通曰甘露者美露也降則物無不盛
又曰露者霜之始寒即變爲霜
論衡曰甘露味如飴王者太平之應則降
地鏡圖曰視山川多露無霜其下有美玉
徐整長曆曰北斗當崑崙山氣運注天下春夏爲露
崔豹古今注曰薤露喪歌也言人命如薤上露易晞滅也
其一章曰薤上露何易晞明朝更復落人死何時歸
瑞應圖曰露色濃甘者爲之甘露王者施德惠則甘露降
其甘草木
又曰甘露者美露也神靈之精仁瑞之澤其凝如脂其甘
如飴一名膏露一名天酒
又曰王者德至於天和氣感則甘露降於松柏

山海經曰仙丘降甘露人常飲之

又曰諸沃之野摇山之民甘露是飲不壽者八百歲

列星圖曰天乳一星在氐北主甘露占若明而潤則甘露降不然則否也

楚辭曰朝飲木蘭之墜露夕採秋菊之落英

張衡奏事曰飛塵增山霧露增海

曹植魏德論曰玄德洞幽飛化上蒸甘露以降蜜淳冰凝覩陽弗晞瓊爵是承獻之帝朝以明聖徵

曹植承露盤銘敘曰夫形能見者莫如高物不朽者莫如金氣之清者莫如露盛之安者莫如盤乃詔有司鑄銅建承露盤于芳林園

東晳集曰薄冰凝池非宗廟之寶零露垂林非綴冕之飾

張載羽扇賦曰濯以雲精拂以芝露

太平御覽卷第十二

太平御覽卷第十三

天部十三

雷　霹靂　電

雷

釋名曰雷者如轉物有所硍䃶雷之聲也

說文曰霆雷餘聲鈴鈴所以挺出萬物

易曰雷電皆至豐君子以折獄致刑

又曰震爲雷

又曰動萬物者莫疾乎雷

又曰鼓之以雷霆

又曰洊在見雷震君子以恐懼脩省

又曰震來虩虩許逆反

又曰雷出地奮豫先王以作樂崇德

又曰雷電噬嗑先王以明罰勑法

又曰雲雷屯君子以經綸

又曰雷在地中復先王以至日閉關商旅不行后不省方

又曰天地解而雷雨作雷雨作而百果草木皆甲坼

又曰震驚百里驚遠而懼邇也

又曰雷以動之

又曰雷雨之動滿盈

又曰雷風不相悖

又曰雷風相薄

又曰澤中有雷隨

書曰納于大麓烈風雷雨弗迷

詩曰殷其雷在南山之陽

又曰虺虺其雷

禮曰仲春日夜分雷乃發聲先雷三日奮木鐸以令兆民曰雷將發聲有不戒其容止者生子不備必有凶災主戒婦人有娠者止猶動靜

又曰君子若有疾風迅雷甚雨則必變雖夜必興衣服冠而坐謂敬天之怒

又曰秋分之日雷乃收聲

傳曰藏氷以時則雷出不震棄氷不用則雷不發而震

穀梁傳曰陰陽相薄感而爲雷激而爲霆

爾雅曰疾雷爲霆郭璞注曰疾雷謂雷音急激者

論語曰迅雷風烈必變

京房易傳曰當雷不雷陽德弱也

又曰五星占雷電殺人何雷天拒難折衝之臣也君承用節度即雷以節暴人威福則雷電殺人

易妖占曰天冬雷地必震教令撓則冬雷民飢

書洪範曰雷於天地爲長子以其首長萬物與其出入也雷出地百八十三日而復入入則萬物入入地百八十三日而復出出則萬物亦出此其常經也

又曰秦二世元年天無雲而雷雷陽也雲陰也有雲然後有雷象君臣也故雲雷相託陰陽之合也今二世不恤人人臣叛之故無雲而雷也

又曰凡大風雷雨爲不敬也

又曰春後十日雷乃發聲

又曰正月雷微動而雉雊

又曰夫雷人君象也入能除害出能興利

尚書中候曰秦穆公出狩天震大雷下有火化爲白雀銜丹書集公車

大戴禮夏小正曰雷震雉鳴雊鼓其翼也正月必雷雷不必聞唯雉必聞之

春秋元命包曰陰陽合爲雷

春秋合誠圖曰軒轅星主雷雨之神

論語讖曰雷震百里聲相附宋均注云雷動百里故因以制國也雷聲謂諸侯之政教所至相附也

史記曰高祖母劉媪常息大澤之陂夢與神遇是時雷電晦冥太公往視見蛟龍於其上已而有娠遂產高祖

漢書曰迅雷妖風怪雲變氣此皆陰陽之精本在地而上發於天

續漢書曰桓帝建和三年六月乙卯雷震憲陵寢屋是時梁太后聽兄冀誅李固杜喬

晉書曰晉人王裒母生時畏雷母終後天雷輒還墓曰裒在此裒在此

齊書曰永明八年六月十日晡時雷有黃光照地狀如金色占曰人君有德或謂之榮光

周斐汝南先賢傳曰蔡順母平生畏雷自亡後每有雷震順輒環冢泣曰順在此

韓詩外傳曰東海之上有勇士曰菑丘訢（音忻）以勇游於天下過神淵飲馬沉訢去朝服拔劒而入三日三夜殺二蛟一龍而出雷神隨而擊之十日十夜眇其左目

王歆孝子傳曰竺彌字道綸父生時畏雷每至天陰輒馳至墓伏墳哭有白兎在其左右

搜神記曰義興人周永和出行因日暮路旁小屋中有女子留宿一更後有喚阿香女應諾官喚汝推雷車女遂辭周云有官事須去俄而大雷既明周自異其處返尋唯見一新冢冢只有馬跡

東方朔神異記曰八方之荒有石鼓其徑千里撞之其音即雷也天以此爲喜怒之威

盛弘之荆州記曰朝陽縣樊重母畏雷爲母立石室以避之悉以文石爲階砌至今猶存

孟奥北征記曰凌雲臺南角一百步有白石室名避雷室

又曰臨賀有石方二丈石有磨刀斧迹春夏常明淨其迹甚新秋冬則苔織故爲雷公磨石

莊子曰陰陽交爭爲雷

文子曰夫目察秋毫之末耳不聞雷霆之聲耳調金石之音目不見太山之形小有所志必大有所忘

曾子曰陰陽之氣俱則雷

淮南子曰陰陽相薄感而爲雷

又曰蔭不祥之木爲雷霆所撲

又曰庶女叫天雷電下擊景公臺殞支體傷折海水大出（庶賤之女齊之少寡婦人也無子不嫁事姑謹敬姑無男有女女利母財令母嫁婦婦終不肯女殺母以誣寡婦婦不能自明寃結叫天天爲作雷電下擊景公之臺殞壞之也傷景公支體水爲之溢）

又曰雷霆之聲可以鐘鼓寫也風雨之變可以音律和也

抱朴子曰雷天之鼓也

鶡冠子曰昔者有道之君取政非取於耳目也夫耳之生聰目之生明兩葉蔽目不見太山兩豆塞耳不聞雷霆

孫子曰擊雷無停光疾雷無餘聲

河圖帝通紀曰雷天地之鼓

河圖曰玉虎晨鳴雷聲也

又曰黃帝以雷精起

六韜曰武王伐紂雨甚雷疾武王之乘雷震而死周公曰

天不祐周矣太公曰君秉德而受之不可如何也
伏侯古今注曰成帝建始四年無雲而風天雷如擊連鼓音可四五刻隆隆如車聲
山海經曰羭(音揄)次之山有鳥名橐𩇯服之不畏雷(𩇯音肥𩇯備三音)
又曰飛魚如豚赤文無羽食之辟兵不畏雷
師曠占曰春雷初起其音恪恪霹靂者所謂雄雷旱氣也其鳴依依音不大霹靂者謂之雌雷水氣也
又曰春分有音如雷非雷音在地中其所住者兵起其主無雲而雷名曰天狗行不出三年其國亡
又曰初雷從金門起上旬旱下田熟一曰歲中兵革起也
風俗通曰雷不蓋醬俗說令人腹中雷鳴
世說曰曹爽將誅夢二虎銜雷公若二升椀放着庭中

華陽國志曰曹公從容謂先主曰天下英雄唯使君與操爾本初之徒不足數也先主方食失匕箸會雷大震先主曰聖人言迅雷風烈必變良有以也一震之威乃可致此公亦悔失言
鄭玄對事曰或曰雷震驚百里何以知之玄曰以其數知之夫陽動爲九其數三十六陰靜爲八其數三十二一陽動二陰故曰百里雷
雜兵書曰雷電霹靂破軍中樹木屋舍者從去吉也雷電風所從來不可逆而相代宜慎之也
物理論曰積風成雷
王充論衡曰子路感雷精而生尚剛好勇親涉衛難結纓而死孔子聞而覆醢每聞雷鳴乃中心惻怛亦復如之故後人忌焉以爲常也

又曰盛夏之時雷電疾擊殺人謂之有陰過飲食不潔則天怒殺之隆隆之聲天怒之音也此虛言也道士劉春楚王英使食不潔春死必遇雷也建武四年六月夏雷擊會稽鄞(音巾)縣羊五頭羊有何陰過而雷擊之乎俗以爲天取龍殺人罰陰過與取吉凶不同非實道也
又曰圖畫之工圖雷之狀纍纍如連鼓形
又曰一人若力士之容謂之雷公使之左手引連鼓右手推之世人信之莫不謂然始復原之虛妄之象也

霹靂

釋名曰霹靂析也震戰也所擊輒破若攻戰也
說文曰震霹靂振物也
穀梁傳曰震雷也
爾雅曰疾雷爲霆蜺(郭璞曰雷之急激者爲霹靂)

春秋繁露曰王言下不從則金不從革而秋多霹靂霹靂者金氣其音商故應霹靂
五經通義曰震與霆皆霹靂也
晉安帝紀曰義熙二年六月震太廟鴟尾徹壁柱若有文字
晉朝雜事曰元康七年霹靂破城南高禖石高禖中宮求子象也賈后將誅之應
曹嘉之晉紀曰諸葛誕以氣邁稱常倚柱讀書霹靂震其柱誕自若
列女後傳曰河南李叔卿爲功曹應舉孝廉同時應人害之使婢宣言叔卿滛其寡妹同舉人詣尹以骨肉相姧不合應孝廉叔卿杜門自絕女妹傷被滛之名遂到府門自殺叔卿亦自殺明已無慊也後三年霹靂害叔卿者以其

死屍置故御冢前其家收而葬之秋又雷發其冢

玄中記曰玉門之西有一國國中有山山上有人歲歲出石磿（子林反）數千輸廟中名曰霹靂磿給霹靂用從春雷出磿日減至秋而盡

搜神記曰扶風楊道和於田中霹靂擊之道和以鋤格折其左肱遂落地不得去色如丹目如鏡毛角長三尺狀如六畜似獼猴

續搜神記曰吳興人章苟者五月中於田耕以飯籠置菰裹晚於菰中伺之見一大蛇偷其食苟即以鈹（步悲反）叉之蛇便走去苟乘船逐之至一坂有穴蛇便入穴但聞號哭云人斫傷某甲或云當如何或云付雷公令霹靂殺奴須臾雲雨冥合震電傷苟苟於是跳梁大罵云天公我貧窮展力耕墾蛇來偷食我飯罪在蛇反來霹靂我是無知雷公若來今當以鈹斫汝腹破須臾雲雨輒開乃更霹靂向穴中諸蛇死者數十

莊子曰陰陽錯行天地大駭於是有雷有霆

劉義慶世說曰夏侯玄字太初嘗倚柱讀書時暴雨霹靂破所倚柱衣服焦然玄神色無變讀書如故

異苑曰佛佛虜凶虐暴忍常自言國名佛佛則是佛中之佛尋被震而死既葬而後就冢中霹靂其柩引身出外題背四字表其凶逆之國也

又曰滕放太元初夏枕文石枕臥忽暴雷雨震其枕枕四解傍人莫不怖懾而放徽覺有聲不足為驚

又曰元嘉十九年京口霹靂殺人赤字題臂

世說曰王丞相見郭景純君可試為作一卦卦成郭意惡云公有震厄王問可有消伏理否郭曰公能命駕西出數里得一栢樹截短如公長置寢處哭可消王悉依其語數日中果震栢樹碎門內子弟皆稱慶

桓譚新論曰天下有鶡鳥郡國皆食之三輔俗獨不敢取之或雷霹靂起原夫天不獨左彼而右此殺鳥適與雷遇耳

博物志曰九眞有狸牛出谿上或鬬岸上家牛皆怖或遮捕即霹靂號曰神牛

山海經曰半石之山有草名曰嘉榮服之不畏霆（不畏霹靂）

琴操曰楚高梁子出遊九皐之澤覽漸水之臺張罛罝罟於荆山臨曲池而漁而疾風霄（下數反）雹雷電奄冥天火四起霹靂下臻玄鶴翔其前白虎吟其後乃援琴而歌歎作霹靂引

正論曰里語云州縣符如霹靂得詔書但挂壁

電

釋名曰電殄也乍見則殄滅也

說文曰電陰陽激燿也從雨申聲

易曰離為電

又曰雷電皆至豐君子以折獄致刑

詩曰爗爗震電

禮記月令曰春分之日玄鳥至後五日雷乃發聲後五日始電

傳曰隱九年三月癸酉大雨震電

易稽覽圖曰陰陽和合為電輝輝也其光長

春秋元命包曰陰陽激為電

史記天官書曰電者陰陽之動也

帝王世紀曰黃帝有熊氏母曰附寶有蟜鵲氏之女也見

大電光繞北斗樞星照郊野感附寶而孕

漢書李尋傳曰尋說王根曰竊見往者盛冬雷電潛龍爲孽

晉書曰王戎幼而穎悟神彩秀徹視日不眩裴楷目之曰戎眼爛爛如巖下電

神異傳曰東王公與玉女投壺誤而不接天爲之笑開口流光今電是也

漢武內傳曰西王母曰東方朔爲太山仙官太仙使至方丈助三天司命朔但務山水遊戲擅弄雷電激波揚風風雨失時

西京雜記曰董仲舒曰太平之世電不眴(詩絹反)目宣示光輝而已

莊子曰陰氣伏於黃泉陽氣上通於天陰陽分爭故爲電

文子曰腎爲電主鼻

曾子曰陰陽交則電

抱朴子曰良將如收電可見不可追立如丘山可瞻不可動

淮南子曰電以爲鞭策(電激氣也)

物理論曰風清熱之氣散爲電

楚辭曰凌驚雷軼駭電

楊雄河東賦曰奮電鞭驂雷輜鳴洪鍾建五旗

張衡思玄賦曰凌驚雷之砊(苦浪反)礚(苦大反)兮弄狂電之淫裔

傅玄詩曰童女掣電

夏侯孝若電賦曰擲雲間而飛火絳煙起於雲中

曹毗霖雨詩曰紫電光𣌭飛迅雷終天奔

顧愷之電賦曰天怒行凌雲赤光發

李顒詩曰黮(徒感反)霴(徒對反)重雲陰碎稜震電咤(陟嫁反)

太平御覽卷第十三

太平御覽卷第十四

天部十四

霜　雹　虹蜺

霜

釋名曰霜喪也其氣慘毒物皆喪也

說文曰霚竹入反早霜皚霜雪之白者

易坤卦曰履霜堅氷至象曰履霜堅氷陰始凝也馴致其道至堅氷也

詩曰糾糾葛屨可以履霜鄭玄注曰魏俗至冬猶謂葛屨可用履霜利其賤也

又曰九月肅霜肅縮也霜降而收縮萬物也

又曰蒹葭蒼蒼白露爲霜

禮曰季秋之月霜始降則百工休鄭注曰謂膠漆之作停

又曰孟冬行秋令則雪霜不時

又曰孟春行冬令則雪霜大摯

又曰霜露旣降君子履之必有悽愴之心非其寒之謂也鄭注云感時念親也

又曰天子大社必受霜露以達天地之氣也

京房易傳曰誅不原情有霜附木不下地不教而誅其霜反在草下

又曰興兵妄誅厥災夏霜賢聖遭害其霜附木不下也

大戴禮曰霜是陰陽之氣也陰氣勝則凝而爲霜

春秋元命苞曰陰陽凝爲霜

又曰霜以殺木露以潤草

春秋考異郵曰霜者陰精冬令也四時代謝以霜收殺霜之爲言亡也物以終也

又曰僖公即位隕霜不殺草臣威强也

春秋感精符曰霜殺伐之表季秋霜始降鷹隼擊王者順天行誅以成肅殺之威

孝經援神契曰霜以挫物

五經通義曰寒氣凝以爲霜霜從地外也

五經鉤沉曰天霜樹落葉而鴻鴈南飛

家語曰霜降而婦功成嫁娶者行焉季秋霜降娶者始也詩曰將子無怒秋以爲期

國語曰駟四見而霣于敏反霜霣霜而冬裘具霣達曰駟房星也

漢武内傳曰西王母云仙之上藥玄霜絳雪

王子年拾遺記曰廣延國有霜色紺碧

又曰嵰丘儼反州霜甘

又曰員嶠之山名環丘有氷蠶以霜雪覆之然後作繭其色五采織爲文錦入水不濡以投火經宿不燎唐堯之代海人獻以爲黼黻

莊子曰馬蹄可以踐霜雪毛可以禦風寒

曾子曰陰氣勝則凝爲霜

淮南子曰芝蘭以芳未嘗見霜先霜兆之

又曰聖人行於水無跡衆人行霜有跡

又曰至秋三月青女乃出降以霜雪高誘注曰青女天神青霄玉女主霜雪也

又曰鄒衍事燕惠王盡忠左右譖之王王繫之獄仰天哭夏五月天爲之下霜

地鏡圖曰視屋上瓦獨無霜者其下有寶

山海經曰豐山有九鍾霜降其鍾即鳴

命曆序曰桀無道夏隕霜

師曠占曰春夏一日有霜雪者君治政大嚴刻太殺天以示之宜損威殺重人命

崔豹古今注曰鵪鴿常向日而飛畏霜露夜棲則以樹葉覆其背上

蔡邕月令章句曰露凝爲霜

徐整長曆曰北斗當崑崙山氣運注天下秋冬爲霜雪

唐書曰寧王憲疾時京城寒甚凝霜封樹時學者以爲春秋雨木氷即此是亦名樹介言其象介冑也憲見而歎曰此俗謂樹稼者也諺曰樹稼達官怕必有大臣當之吾其死矣十一月薨

琴操曰履霜者伯奇之所作也伯奇者吉甫之子也吉甫聽其後妻之言疑其孝子伯奇遂逐之伯奇編水荷而衣采楟（音亭山梨木也）花而食之清朝履霜自傷無罪見放逐乃援琴而鼓之

楚辭曰秋既戒之以白露冬又申之以嚴霜

古艷歌辭曰秋霜白露下桑葉鬱爲黃

何瑾悲秋夜曰霜凝條兮瓘瓘露霑葉兮泠泠

雹

釋名曰雹砲（疋巧反又音雹）也其所中物皆摧折如人所蹷砲也

許慎說文曰雹雨氷也從雨包聲

禮曰仲夏行冬令則雹凍傷穀

傳曰昭四年正月大雨雹季武問於申豐曰雹可禦乎對曰聖人在上無雹雖有不爲災古者日在北陸而藏氷西陸朝覿而出之其入也時今藏川池之氷棄而不用風不越而殺雷不發而震雹之災誰能禦之

穀梁傳曰僖公二十九年秋大雨雹（雹者陰脅陽臣侵君之象也）

京房易傳曰飛雹下盡樹木之枝害五穀者君賦斂刻民也

焦貢易林曰陰雨泥寒常氷不温淩人情怠大雹爲災

尚書洪範五行傳曰陰陽相脅而雹霰盛陰而雪凝滯而氷寒陽氣薄之不相入則散而爲霰盛陽雨水温煖而湯熱陰氣脅之不相入則轉而爲雹霰者陽脅陰也雹者陰脅陽也

又曰人君妬賢疾善在下謀上則日蝕而雹殺走獸

春秋感精符曰大臣擅法則雨雹

又曰九月十月日色青則寒有雪雹

春秋考異郵曰陰陽專精凝合成雹雹之言合也

春秋漢含孳曰專一精并氣凝爲雹宋均注曰謂若魯僖公脅於齊以妾爲妻尊重齊勝無迴曲之心感陰水氣乃使結而不解散

史記曰景帝二年秋雨雹大者五寸深二尺

又曰凡雹皆冬之愆陽夏之伏陰也

漢書曰成帝河平二年四月楚國雨雹大如斧飛鳥皆死

又曰宣帝地節四年五月山陽濟陰雨雹如雞子深二尺五寸殺二十人蜚（音飛與飛同）鳥皆死

又漢書五行志曰武帝元封三年雹大如馬頭

范曄後漢書曰有青蛇見於御坐軒前又大風雨雹霹靂拔樹張奐上疏曰臣聞風爲號令動物通氣木生於火相須乃明蛇能屈伸配龍騰蟄順至爲休徵逆來爲殃咎陰氣專用則精凝爲雹故大將軍竇武太傅陳蕃或志寧社稷或方直不回前以讒勝並伏誅戮海内嘿嘿人懷震憤昔周公葬不如禮天乃動威今武蕃忠貞未被明宥妖眚

之來皆爲此也宜急爲政葬從還家屬其從坐禁錮一切蠲除又皇太后雖居南宫而恩禮不接朝臣莫言遠近失望宜思大義顧復之報天子深納其言

又曰時頻有地震隕雹蔡邕上封事曰臣聞天降災異緣象而至霹靂雹數發殆刑誅繁多之所生也

又曰安帝延光元年夏京師及郡國三十雨雹

又曰獻帝初平二年五月雹如扇如斗

東觀漢記曰和帝永元五年六月郡國大雨雹大如鴈子

又曰韓稜字伯師除爲下邳令視事未朞吏民愛慕時隣縣皆雹傷稼穡稜縣界獨不雹

晉書曰太元二十一年四月雨雹時道子專政姦佞競進烈宗不能禁終至大亂

晉中興書曰太興二年海鹽雨雹大如鷄子

崔鴻前趙録曰劉曜光初三年夏四月長安雨雹大如雞子

後魏書曰鮮卑兵投鹿侯從匈奴三年其妻在家有子恠欲殺之妻言常行仰天視而雹入口呑之而生子號檀石槐後遂爲鮮卑大人

郭氏玄中記曰東方有紫都焉在齊國有山山有泉水如井狀深不測至春夏時雹從井中出常敗五穀人常以紫塞之示紫塞則出也故號爲紫都

陳留風俗記曰雍丘縣夏后公祠有神井能興霧雹伏琛

齊地記曰安丘城南三十里有雹都淵其雹或出亦不爲災異

西京雜記曰鮑敞問董仲舒曰雹何物也曰陰氣脅陽也

涼州異物志曰有一大人生于北邊（在丁零北千五百里）偃卧於野其高如山頓脚成谷橫身塞川（長萬餘里頓脚之問乃似大谷）近之有災

銅雹擊之也唯可遥看不可到下則雷電流銅鐵之丸爲雹以擊殺人

曾子曰陽之專氣爲雹雹者氣之化也

淮南子曰北方之極有九澤有積雪雹

孔叢子曰永初二年夏河西縣大雨雹皆如棬杯大者或如斗殺畜生雉兔折樹木於是天子責躬省過

風俗通曰成帝問劉向曰俗説文帝時天下斷獄三人米一斗一錢有此事不對曰不然後元年雨雹如桃李深三尺尋景帝代之不可爲升平

歷代記曰石遵襲位於鄴暴風雨震雷雹如斗其太武殿及兩廂端門光鑑照天金石皆消爲火月餘乃滅

紀年曰夷王七年冬雨雹大如礪

白虎通曰自上而下曰雨雹

風角占曰徵動羽有雹霜

陳陸瓊和張湖孰雹詩曰惟徵動羽惟陰脅陽雨氷作冷凝氣爲祥

虹蜺

釋名曰虹攻也純陽攻陰氣故也陰陽不和昏姻錯亂淫風流行男女相奔隨則此氣盛霓齧也其體絶見於非時此災氣傷害物如有所食齧

説文曰霓屈蜺青赤或白色陰氣者也

河圖稽耀鈎曰鎮星散爲虹霓虹霓主内淫又霓者氣也起在日側其色青赤白黄

周書曰清明後十日虹始見小雪日虹藏不見虹不收藏婦不專一

詩曰蝃蝀在東莫之敢指（蝃蝀虹也夫婦過禮則虹氣盛君子見戒而諱之莫之敢指）

禮曰小雪之日虹藏不見

又曰玉氣如白虹天也

又曰清明後十日虹始見

爾雅曰螮蝀虹也蜺爲挈貳

易通卦驗曰虹不時見女謁亂公虹者陰陽交接之氣陽唱陰和之象今失節不見似君心在房內不修外事廢禮失義夫人淫恣而不敢制故曰女謁亂公

詩含神霧曰瑤光如蜺貫月感女樞生顓頊

尚書考靈曜注曰日傍白者爲虹日旁青赤者爲霓

春秋演孔圖曰霓者斗之亂精也斗失度則投霓見（宋均注曰蝦蟇）

春秋元命苞曰陰陽交爲虹蜺

春秋運斗樞曰樞星散爲虹蜺

蔡邕月令章句曰虹螮蝀也陰陽交接之氣着於形色者也雄曰虹雌曰霓虹常依陰雲晝見於日衝無雲不見大陰亦不見蜺常依蒙濁見日旁白而直曰白虹凡日旁者四時常有之唯雄虹起季春見至孟冬乃藏

史記曰荊軻慕燕丹之義白虹貫日太子畏之如淳注曰虹日象日君象

烈士傳曰荊軻發後太子見虹貫日不徹曰吾事不成矣後聞軻死事不立曰吾知之矣

漢書曰武帝遊東萊臨大海是歲虹氣蒼黃色若飛鳥集城陽宮南

又曰上官桀謀廢昭帝迎立燕王是時天雨虹下屬宮中飲井井水竭

又天文志曰虹霓者陰陽之精光（如淳注曰雄曰虹雌曰霓）

張璠漢紀曰靈帝和光元年虹晝見御座殿庭前色青赤上引蔡邕問之對曰虹霓小女子之祥又名臣蔡邕奏詔曰有黑氣墮溫殿東庭中如車蓋騰起奮迅五色有頭體長十餘丈形似龍占者以虹蜺對虹著於天而降於庭以臣之聞則天所投虹者也

吳志曰諸葛恪圍新城不尅引軍出住東興有虹見其船還拜蔣陵白虹復繞其車（吳録云恪曰虹何爲此哉果爲孫峻所誅）

晉陽秋曰建武元年虹長彌天

晉安帝紀曰義熙二年七月夜彩虹出西方蔽月

前涼録曰張駿六年有衆虹五里隆隆如鐘鼓之聲

沈約宋書曰劉義慶在廣陵有疾而白虹貫城野麕入府心甚惡之因自陳求還

莊子曰陽炙陰爲虹

文子曰天地二氣即成虹人二即生病

淮南子曰昔者馮夷大丙之御也（皆古得道能御陰陽）乘雷車駕雲虹

又曰太古二皇得道之柄立於中央（二皇伏羲神農）神與化遊以撫四方是故虹蜺不出賊星不行（賊星妖星）含德之所致也（含德）

又曰虹蜺者天之忌也

孟子曰湯東面而征西夷怨南面而征北狄怨民之望湯也若大旱之望雲霓

戰國策曰唐雎謂秦王曰聶政刺韓相白虹貫日

搜神記曰孔子修春秋制孝經既備孔子齋戒向北斗星而拜告備于天乃有赤氣如虹自上而下化爲玉璜上有刻文孔子跪而授之

又曰盧陵巴丘民陳濟者作州吏其婦姓秦獨在家忽疾病恍惚發狂後漸差常有一丈夫長大儀貌端正着絳碧袍采色炫燿來從之常相期於一山澗至於寢處不覺有人道感接忽忽如眠耳如是積年春每往期會不復畏難比鄰人覿其所至輒有虹見秦云至水側丈夫金瓶引水共飲後遂有娠生兒如人多肉不覺有手足濟尋假還秦懼見之乃內兒着甕中因見此丈夫以金瓮與之令覆兒濟時醉眠在牖下聞人與秦語語聲至愴濟亦不疑也又丈夫語秦云兒小未可得將去不須作衣我自衣之即以絳囊與裹之令可時出與乳于時風雨晦冥鄰人見虹下其庭秦常能辦佳食肴饌豐美有異於常丈夫復少時將兒去亦風雨晦冥人見二虹出其家從此遂踈

異苑曰古語有之曰古者有夫妻荒年菜食而死俱化成

青虹故俗呼爲美人

又曰晉陵薛願義熙初有虹飲其釜澳吸響便竭願輦酒灌之隨投便竭吐金滿器於是災弊日袪而豐富歲臻

述異記曰有黑虹下樂輯營火日輯病卒

紀年曰晉定公十八年青虹見

瑞應圖曰大虹竟天握登見之意感生帝舜於姚墟

太玄經曰紫霓圍日其疾不割

雜兵書曰日暈有白虹貫內出外者從所止戰勝

華陽國志曰李特生長子盪字仲平少子雄字仲儁初特妻羅氏妊雄夢雙虹自地升天一虹中斷羅曰吾二兒有先亡者有貴者後雄王蜀

黃帝占軍決曰攻城有虹從南方入飲城中者從虹攻之勝白虹繞城不匝從虹所在擊之勝護守其缺賊乃從其地破走

文子曰父無貌子之憂兄無哭弟之哀童子不孤婦人不孀虹蜺不見盜賊不行含德之所致也

楚辭曰青雲衣兮白蜺裳

楚辭天問曰白蜺嬰茀胡爲此堂王逸注曰蜺雲之有色似龍者茀白雲逶迤若蛇者言有此蜺茀氣逶迤相嬰何爲於此堂乎蓋屈原所見祠堂也安得失夫良藥不能固臧臧善也崔文子學仙於王子喬子喬化爲白虹而如嬰茀持藥與崔文子文子驚怪引戈擊蜺中之因墮其藥俯而視之王子喬之尸也故言得藥不善也

揚雄甘泉賦曰曳虹彩之流離

左思吳都賦曰虹蜺迴帶於雲館

潘尼苦雨賦曰收絳霓於漢陰

揚文雲賦曰浮素霓之逶迤

太平御覽卷第十四

太平御覽卷第十五

天部十五

氣　霧　霾　曀

氣

釋名曰氣猶餼也餼然有聲而無形也

易曰天地絪縕萬物化醇

又曰潛龍勿用陽氣潛藏

又曰精氣為物遊魂為變精氣烟熅聚而成物聚極則散而遊魂為變

又曰天地定位山澤通氣

禮曰仲春行秋令則其國大水寒氣揔至

又曰三月之節是月也生氣方盛陽氣發洩句者畢出萌者盡達

又曰三月之節是月也命國儺九門磔攘以畢春氣

又曰季春行冬令則寒氣時發草木皆肅

又曰孟秋行冬令則陰氣大勝行春令則其國乃旱陽氣復還

又曰八月之節是月也天子乃儺以達秋氣

又曰九月之節霜始降則百工休乃命有司曰寒氣揔至人力不堪

又曰季秋行春令則煖風來至人氣懈惰

又曰小雪之日後五日天氣上升地氣下降

又曰孟冬行春令則凍閉不密地氣上洩

又曰地氣且洩是謂發天地之房諸蟄則死

又曰十二月中氣命有司大儺旁磔以送寒氣

又曰社祭土而主陰氣也

又鄉飲酒曰天地嚴凝之氣始於西南而盛於西北此天地溫厚之盛氣也此天地之仁氣也

周禮曰眡祲掌十煇之法以觀妖祥辨吉凶妖祥善惡之徵鄭司農云煇謂日光之氣

又曰視祲之官春分望氣

傳曰節宣其氣

尚書中候曰堯沉璧於河休氣四塞

春秋繁露曰氣之清者為精人之清者為賢治身以積精為道

春秋元命苞曰陰陽聚為雲氣

史記曰海旁蜃氣象樓臺廣野氣成宮闕

又曰項羽本紀曰范增說項羽曰沛公志不在小吾令人望其氣皆為龍虎成五彩此天子氣也亟急擊勿失

又秦紀曰始皇東遊望氣者云五百年後金陵有天子氣

於是始皇東遊以猒之改金陵為秣陵塹之以絕其氣

漢書曰武帝巡狩過河間見紫青氣自地屬天望氣者云下有奇女求之得拳夫人後生昭帝

又曰宣帝幼時號曰曾孫生數月遭巫蠱事雖在襁褓猶繫郡邸獄邴吉為廷尉監治巫蠱獄憐曾孫無辜至後二年武帝疾望氣者云長安獄中有天子氣上遣使者分條中都官詔獄繫者亡輕重皆殺之內者令郭穰夜至郡邸獄吉閉門拒使者不得入曾孫賴吉得全

應劭漢官儀曰世祖封禪夕有青氣上與天屬遙望不見山巔

又曰高祖在沛隱芒碭山每遊上輒不欲令呂后知常在深僻處后亦常知其處高祖問曰何以知之后曰君所居處上有紫氣

又曰孝靈熹平年八月辛未白氣如疋練衝北斗第四星爲大獸狀明年楊州刺史臧旻攻盜賊斬首數千級

東觀漢記曰和帝永和十二年癸酉夜白氣長三丈起國東北指軍市十日是月西域蒙奇疏勒二國歸義

謝承後漢書曰郎顗上書曰去年閏月白氣從天苑入玉井西將有叛戾之患金精之變太尉所掌宜責以災異

漢書五行志曰永興二年光祿勳舍壁下有青氣視之得玉鈎玦

漢光武封禪儀曰元年封禪晝有白氣夜有赤光

又曰建武三十二年二月十九日之山虞此日山上雲氣成宮闕百官皆見之二十一日夕牲時有白氣廣一丈東南極望二十二日禮畢正直壇所有氣與天屬遙望不復見山

楚漢春秋曰亞父謀曰吾望沛公其氣衝天五色相摎或似龍或似蛇或似虎或似雲或似人此非人臣之氣也

王隱晉書曰武帝咸寧元年洛陽太祖廟中有青氣占者云以爲東莞諸王後當有天子後改封琅邪江東之應也

又曰魯勝字叔時以歲日望氣乃長歎知將來多故便稱疾去官中書令張華敬之欲用之遣二子諭意遂不動

又曰張華察牛斗間有紫氣乃豐城之劒氣也

吳志曰朝宮井上旦有五色氣孫堅令浚之得漢傳國璽

又曰孫堅葬富春城東冢有光上屬天下蔓數里皆曰非凡氣也孫氏其興乎

蜀志曰劉豰向舉等上言建安二十二年數有氣必有天子出其方

南中八郡志曰永昌郡有禁水水有惡毒氣中物則有聲中樹木則折名曰鬼彈中人則奄然青爛

宋永初山川記曰寧州瘴氣茵露四時不絕

西升記曰老子西出關關令尹喜占氣知神仙過

荆州記曰夷道縣有望州山山下有泉欲雨泉中有赤氣騰上于天

莊子曰若夫乘天地之正而御六氣之辨以遊無窮者彼惡乎待哉郭象曰御六氣之辯即是遊變化之塗也

又曰人之生氣聚則爲生散則爲死

列子曰太初者氣之始也

又曰天積氣之成者也

孫卿子曰水火有氣而無生草木有生而無知

抱朴子曰軍上氣黑如樓將軍移軍必敗其將勇則氣如火火勢如張弩雲如日月赤氣繞之所見之地大勝不可攻也

又曰或問登陟之道曰或用棗心爲飛車存念則五蛇六龍而乘之上升三十里名爲太清其氣甚剛勝人也師言鳶飛漸高直舒兩翅而自進漸乘剛氣也

淮南子曰土地各以類生人是故山氣多男澤氣多女水氣多瘖於金風氣多聾林氣多癃木氣多傴高誘曰自此上至山氣多男皆生子乃有此疾也下氣多尰岸下下濕尰足日遲石氣多力象石也險阻氣多癭暑氣多殀音夭寒氣多壽谷氣多痺丘氣多狂廣氣多仁下而平者爲廣陵氣多貪象陵積聚也輕土多利利疾也重土多遲清水音小濁水音大湍水人重湍急流悍水也中土多聖人皆應其類也

又曰太清之始世天覆以德地載以樂四時不失其序風雨不降其虐日月淑清而揚光五星循軌而不失其行此

時玄元氣至休氣者也

呂氏春秋曰天圜爲精氣圜通周復無雜故曰圜

魏子曰北夷之氣象群羊南夷之氣類船山海之氣象樓臺宮闕郡邑之氣象林木

家語曰食氣者神明而壽

洛書曰有氣象人青衣無手在日西天子之氣也

遁甲開山圖曰巨靈者偏得元氣之道故以元氣一時生混沌

又曰自老子生周青氣凌遲俗儒道士無所通驗

河圖曰崑崙山有水水氣上蒸爲霞

地鏡圖曰望百姓冢黃氣者藥梔子樹也山有白氣而鬱鬱中有神龍

三輔舊事曰漢作靈臺以四孟月登而觀黃氣爲疾病赤爲兵黑水

荆州圖曰宜都郡望州山（袁山松宜都記曰武陵山）山根有涌泉成溪溪注丹水天陰欲雨輒有赤氣故名丹溪

論衡曰陳留虞延字君人夜生母見其上氣如一疋絹徑上天以問人人曰吉氣與天通後仕至司徒

楚辭曰飡六氣而飲沆瀣兮漱正陽而含朝霞（王逸曰食香日精食元符也陵陽子明經曰春食朝霞朝霞者日始欲出赤氣也秋食淪漢淪漢者日沒後赤黃氣也冬食沆瀣沆瀣者北方夜半氣也夏食正陽正陽者南方日中氣也）

又天問曰伯強安處惠氣安在注曰伯強是大疫鬼也所至恣惡氣傷和氣

霧

釋名曰霧冒也氣蒙冒覆地物也昏暗之時則爲妖灾明王聖主則爲祥端

禮記月令曰仲冬行夏令則其國乃旱氛霧冥冥

爾雅曰地氣發天不應曰霿

尚書中候曰桀無道地吐黃霧

春秋元命包曰霧陰陽之氣也陰陽怒而爲風亂而爲霧

漢書曰爰盎諫文帝勿遷淮南王恐其逢霧露病死

又曰王氏五侯同日俱封其日黃霧四塞

又曰漢高祖至平城匈奴圍上七日天大霧漢使人還往胡不覺後得免平城之難

又曰孝成帝建始元年夏四月黃霧四塞上問楊興等對曰陰盛侵陽之氣也

東觀漢記曰馬援謂官屬曰吾在浪泊西里間下潦上霧毒氣熏蒸仰視烏鳶跕跕（都葉吐業二音）墮水中

謝承後漢書曰河南張楷字公超性好道術能作五里霧

於華陰時關西人裴優亦能作三里霧

魏略曰劉雄鳴每出雲霧中識道不迷惑時人因謂爲雲霧

王隱晉書曰樂廣爲尚書令衛瓘見而奇之令諸子造焉曰此人之水鏡也每見瑩然若開霧覩青天

又曰大寧元年黃霧四塞王敦之應也

宋元嘉起居注曰盱眙民王彭先丁母艱居喪至孝元嘉之始父又喪亡彭兄弟二人土功未就鄉人助彭作塼塼事須水濟值天旱穿井盡力不得水彭號窮無計一旦天霧霧消之後於塼竈前自然水生

沈約宋書曰後漢正月朔天子臨德陽殿受朝賀舍利從南方來戲於殿前激水化成比目跳躍噉水作霧翳日

燕書烈祖後記曰無疆六年蔣幹遣侍中繆高太子詹事

劉猗齎傳國璽詣晉求救猗負引行數百里黃霧四塞迷荒不得進乃還易取行璽始得去

帝王世紀曰凡重霧三日必大雨雨未降霧不可冒行

又曰帝沃丁八年伊尹卒年百有餘歲天霧三日沃丁葬以天子之禮祀以太牢親自臨喪三年以報大德焉

又曰黃帝時天大霧三日帝遊洛水之上見大魚殺五牲以醮之天乃甚雨七日七夜魚流始得圖書今河圖也世傳大霧三日必有甚雨自此始也

漢武內傳曰東方朔乘雲飛去仰望天霧覆之不知所在

劉向列女傳曰陶荅子妻者陶大夫荅子之妻也荅子仕陶三年名譽不興家富三倍其妻數諫曰夫子能薄而官大是謂嬰害無功而家昌是謂積殃昔楚令尹子文之仕家貧而國富福結於子孫名垂於後代今夫子貪富務大

不顧後害妾聞南山有玄豹霧雨七日不下食者何也欲以澤其衣毛而成其文章故藏以遠害今君與此背不無後患乎

葛洪神仙傳曰欒巴爲尚書郎一旦天大霧對坐不相見失巴所在後問其故乃是巴還成都與親故別也

又曰淮南王聞有道術之士必卑辭厚幣以致之於是八公乃往一人能坐致風雨立起雲霧王試之無不効

李先生傳曰先生名廣字祖和本南陽人劉備遣軍欲取先生先生起霧半天備騎自相殺先生因此乃入吳

宜都山川記曰郡西北三十里有丹山天晴山嶺忽有霧起迴轉如煙不過再朝雨必降

王烈之安成記曰縣人有謝廪者行田歸路中忽遇雲霧霧中有一人乘龜而行廪知神人拜請求隨去父曰汝無仙骨不得去也

湘州記曰曲江縣有銀山山常多霧

嵩高山記曰有獵師在山見浮圖奇妙異常有金像比來尋求白霧忽起不知寺處

東方朔十洲記曰漢武帝天漢中西胡國獻猛獸使者曰猛獸之出生崑崙或生玄圃食氣飲霧解人語當其神也立起風雲吐嗽霧露百邪迸走因名猛獸

王粲英雄記曰曹公赤壁敗行至雲夢大澤中遇大霧迷失道路

王子年拾遺記曰平沙千里色如金細如粉風吹起如霧亦曰金霧

西京雜記曰太平之代霧不塞望浸淫被薄而已

又曰東海人黃公立興雲霧坐成山河

段龜龍涼州記曰呂光幸天淵池時天清朗忽然起霧有五色雲在光上

陳留風俗記曰雍丘縣有祠名夏后公祠有神井能致霧雹

博物志曰王爾張衡馬均者昔俱冒霧行一人無恙一人病一人死無恙者飲酒病者食死者空腹

莊子曰騰水上溢故爲霧

抱朴子曰白霧四面圍城不出百日大兵至城下

又曰與善人遊如行霧中雖不濡濕潛自有潤

又曰通天犀角有白理如線自本徹末者以此角大霧重雲之夜置中庭終不沾濡

蘇子曰蜀郡鄧公呼吸成霧

韓子曰飛龍乘雲騰蛇游霧雲罷霧散與螾（與蚓字同）蟻同矣

淮南子曰甚霧之朝可以細書不可以望尋常之外

又曰騰蛇遊霧困於蝍蛆

又曰昔者馮夷大丙之御也皆古得道能御陰陽遊微霧經霜雪而無迹照日光而無影

魏子曰雲霧之盛須臾而訖暴雨之盛不過終日是以人君喜怒不見於容

魚龍河圖曰山冬天霧十日已上不除者山崩之後出水脉也

京房易占曰大霧君迷惑雲霧四起則時多隱士

伏侯古今注曰漢元帝竟寧元年大霧樹皆白

潛潭巴曰大霧三十日群猾起上下相蒙上少下多故群猾起

志林曰黃帝與蚩尤戰於涿鹿之野蚩尤作大霧彌三日

軍人皆惑黃帝乃令風后法斗機作指南車以別四方遂擒蚩尤

望氣經曰十月癸巳霧赤為兵青為殃

又曰六月三日有霧則歲大熟

地鏡圖曰王之千歲者行遊諸國其所居國必三日變為日中之霧

漢武帝故事曰武帝葬茂陵芳香之氣異常積於墳埏之間如大霧

黃帝玄女戰法曰黃帝與蚩尤九戰九不勝黃帝歸於太山三日三夜霧冥有一婦人人首鳥形黃帝稽首再拜伏不敢起婦人曰吾玄女也子欲何問黃帝曰小子欲萬戰萬勝遂得戰法焉

徐幹中論曰文王過姜公於渭陽執竿而釣文王得之灼若披雲而見白日霍若開霧而覩青山

溫嶠與陶侃箋曰霧氣過差則君道幽晦

霾

釋名曰霾晦也如物塵晦之色也

詩曰終風且霾惠然肯來

爾雅曰風而雨土為霾

崔豹古今注曰漢昭帝元鳳三年天雨黃土晝夜昏霾

曀

說文曰曀天陰沉也

詩曰終風且曀惠然肯顧

又曰曀曀其陰

爾雅曰陰而風為曀

太平御覽卷第十五

太平御覽卷第十六

時序部一

律　曆

律

呂氏春秋曰黃帝命伶倫作爲律伶倫自大夏之西乃之阮隃之陰山取竹於嶰谷以生空竅厚均者斷兩節間長三寸九分而吹之以爲十二筩聽鳳鳴以別十二律其雄鳴爲六雌鳴亦六故曰黃鍾之宫律之本也鳳有雌雄故律有陰陽

書曰肆覲東后協時月正日同律度量衡

又曰帝曰夔命汝典樂敎胄子詩言志歌永言聲依永律和聲聲謂五聲宫商角徵羽律謂六律六呂十二月之音氣言當依聲律以和樂八音克諧無相奪倫倫理也八音能諧理不錯奪則神人咸和命夔使勉之

又曰予欲聞六律五聲八音在治忽以出納五言汝聽孔安國曰言欲以六律和聲音察天下治理及忽怠者又以出納仁義禮智信五德之言汝當聽審之也

禮曰孟春之月律中太蔟蔟湊也言萬物始大而湊也

周禮曰大司樂以六律六呂五聲八音六舞六代舞大合樂致鬼神

又注曰律呂相生者上生者三分益一下生者三分減一黃鍾律長九寸下生林鍾六寸律也

左傳曰六律七音八風九歌以相成也清濁大小長短疾徐哀樂遲速高下出入周流以相濟也君子聽之以平其心

爾雅曰律謂之分郭璞注曰律管可以分氣者也

易是類謀曰聖人興起不知姓名當吹律聽聲以別其姓律者六律也

春秋元命包曰律之爲言率也所以率氣令達也率猶導也

春秋孔演圖曰孔子曰丘援律吹命陰得羽之宫

孝經援神契曰聖王吹律有姓

漢書張蒼傳曰蒼乃自秦時爲柱下御史明習天下圖書計籍又善用筭律曆故令蒼以列侯居相府領主郡國上計

又曰張蒼代灌嬰爲丞相漢興二十餘年天下定公卿皆軍吏蒼爲計吏時正緒律曆故漢家言律曆者法張蒼蒼好書無所不通而尤邃律曆邃深

又京房傳曰房字君明東郡頓丘人好鍾律知音聲房本姓李推律自定爲京氏

又曰夫五音生於本姓分爲十二律轉生六十律皆所以紀升氣效物類也天效以影地效以響響即律也陰陽和則影至以律氣應則灰除是故天子常以冬夏至御前殿合八能之士陳八音聽樂均度晷影候鍾律權土灰校陰陽冬至陽氣應則均清景長極黃鍾通土灰輕而衡仰夏至陰氣應則均濁景短極蕤賓通土灰重而衡低進退於先後五日之中八音能各以候狀聞大史合封上效則和否則占候氣之法爲室三重戶閉塗釁必周密布緹縵室中以木爲案每律各一內庳外高從其加律其上以葭莩灰抑其內端案曆而候之氣至者灰去其爲氣所動者其灰散風所動者其灰聚殿中候用玉律十二唯二至乃候靈臺用竹律六十

又曰凡律度量衡用銅銅爲物也精不爲燥濕寒暑變其節不爲風雨暴露改其形介然常似於士君子之行是以用銅也用竹爲引者事之宜也

又曰至治之世天地之氣合以生風天地之風氣定十二律

王隱晉書曰荀勗以魏杜夔所制律呂撿校太樂摠章鼓吹八音與律呂乖錯始知後漢至魏度漸長於古四分餘而夔依爲律呂故致不韻（不和）部佐著作劉恭依周禮制尺所謂古尺也依古尺作新律呂以調聲韻以律量黍以尺度古器皆與本銘尺寸無差又故冢得古玉律鍾聲亦與新律闇合遂班下太常使太樂揔章鼓吹清商施用勗遂典知樂事

晉諸公讚曰世祖時以荀勗所造律班示朝臣散騎侍郎阮咸唱議謂勗所造聲高必由古今尺有長短所致然勗亦依案經典平而制之又求古器得周時玉律比校正同荀勗奏曰中所出御府銅竹律二十五具部太常樂郎正劉秀等校試其三具與杜夔左延年法同其二十二具視其銘題尺寸是笛律也問協律中郎將列和云昔魏明帝時令和承受笛聲以作此律欲使學者別居一坊歌詠講習依此律謂至於都合樂時但識其尺寸之名則絲竹歌皆得均合歌聲濁者用長笛長律歌聲清者用短笛短律凡弦歌調張清濁之制不依笛寸尺名之則不可知也

趙書曰劉曜築建德殿掘土城西南塝內得圓石狀若水碓其銘曰律權石重四鈞同律度量衡有辛氏造議者未之詳或以爲瑞參軍事續咸曰王莽時物

東方朔十洲記曰武帝時有西胡月氏國遣使曰臣國去此三十萬里國有常占東風入律百旬不休青雲干呂連月不散者閭浮國將有好道之君矣

孟子曰師曠之聰不以六律不能正五音

淮南子曰夔合六律調五音通八風

又曰天文曰帝張四維（帝，天帝也）運之以斗（運提）月徙一辰復反其所正月指寅十一月指子一歲而匝終而復始寅則萬物螾螾也（螾，蟲也）律受太蔟蔟者湊而未出也（太蔟，正月律）指卯卯則茂茂然律受夾鍾夾鍾者鍾始夾也（夾鍾，二月律）指辰辰則振振之也律受沽洗沽洗者陳去而新來也（沽洗，三月律）指巳巳則生巳定也律受中呂中呂者中充大也（中呂，四月也）指午午者忤也律受㽔賓㽔賓者安而服也（㽔賓，五月律）指未未者味也律受林鍾林鍾者引而止之也（林鍾，六月律）指申申者呻也律受夷則夷則易其則也德去矣（夷則，七月律也。以去生氣盡也德）指酉酉者飽也律受南呂南呂者任苞大也（南呂，八月律）指戌戌者滅也律受無射無射者人之無猒也（無射，九月律）指亥亥者閡也律受應鍾應鍾者應其鍾也（應鍾，十月律）指子子者茲也律受黃鍾黃鍾者已鍾也（黃鍾，十一月律）指丑丑者紐也律受大呂大呂者旅旅而去也（大呂，十二月律也）

又曰一律而生五音十二律而爲六十音因而六之六六三十六故三百六十音以當一歲之日故律曆之數天地之道

國語曰天王將鑄無射（王，景王也）問律於伶州鳩（伶鍾律也）對曰律所以立均出度也（律謂六呂六律也。均者，均鍾木長七尺有弦繫之，以均鍾者，度鍾大小清濁也。漢大予樂官有之也）紀之以三（三，天地人也）平之以六（平之以六律）成以十二（十二律呂也）天之道也（天之大數不過十二）夫六中之色也故名之曰黃鍾（六者，天地之中。天有六氣，降生五味；天有六甲，地有五子，十一而天地畢矣，而六爲中，故六律六呂而成天道也）所以宣養六氣九德也（宣，徧也。六氣，陰陽風雨晦明也。九德，九功之德，水火金木土穀政德利用厚生之者也）由是第之（由，從也。第，次也。次其日也）二曰太蔟所以金奏贊陽出滯也三曰沽洗所以脩潔百物考神納賓也四曰㽔賓所以安靖神人獻酬交酢也五曰夷則所以詠歌九則平民無二也六曰無射所以宣布哲人之令德示民軌儀也爲之六間以揚沉伏而黜散越也六間六呂在陽律之間沉滯也黜去也越揚也呂陰律所以呂間陽成其功發揚滯伏之氣而去散越者也元間大呂助宣物也二間夾鍾出隙之細也四時之間氣微細三間中呂宣中氣也四間林鍾和展百事俾莫不任肅純恪也五間南呂贊陽季也六間應鍾均利器用俾應復也律呂不易無姦物也

蔡邕月令曰律率也聲之管也中應也太蔟鍾名上古本陰陽別風聲審清濁別風聲不可以文載口傳也故鑄金作鍾以正十二月之聲然後以効升降之氣而鍾不可用乃截竹爲管曰律爲清濁之率也以律長短爲制正月之律與太蔟相中也言出於鍾乃置深室葭莩爲灰以實其端其月氣既至則灰飛管通古以鍾律齊其聲後人不能則數以正其度度正則音亦正矣仲春中夾鍾仲春夾鍾也管長七寸四分強

夾鍾類分也季春中姑洗管長七寸一分強故鮮也言萬物去故就新莫不鮮明也孟夏中仲呂長六寸二分陽氣將極後中藏仲夏中蕤賓長六寸一分小二分陽氣上極陰始起故賓敬之蕤下也季夏中林鍾長六寸九分物成熟鍾類也林鍾衆也孟秋中夷則長五寸六分二分夷傷則法也萬物始傷仲秋中南呂長四寸三分小三分南任也言陽氣尚有任也生薺長也季秋中無射長四寸八分小三分射斁也言万物隨陽終也孟冬中應鍾長四寸八分言万物應陽而動下藏仲冬中黃鍾長九寸律之始言陽於黃泉下動也鍾動也季冬中大呂長八寸呂距也言陽氣欲出陰不許也

京氏律術曰律難以度調故作准以代之准之狀如瑟長丈而十三弦隱間九尺中共一弦下盡分寸均中其弦使應黃鍾之聲然寀分寸以求諸律則稍皆如盡而應矣然則上古有鍾其次有律近古有准皆稍簡易之意其相生也黃鍾下生林鍾林鍾上生太蔟太蔟下生南呂南呂上生沽洗沽洗下生應鍾應鍾上生蕤賓蕤賓下生大呂大呂下生夷則夷則上生夾鍾夾鍾下生無射無射上生中呂中呂上生黃鍾上下相生終六十執始以下四十八律文多不載孟春之月則太蔟爲宮沽洗爲商蕤賓爲角南呂爲徵應鍾爲羽大呂爲變宮夷則爲變徵他月放此也

六韜曰武王問太公曰聽律之音聲何以知三軍之消息勝負之決乎公曰深哉王之問也夫律管十二其要以五宮商角徵羽此其正聲也萬物不易五行之神道之常也可以知敵金木水火各以其勝攻之其法以天清靜無霧雨風雲夜遣輕騎往至敵人之壘九百步偏持律管橫管當耳大呼驚之有聲應管其來甚微角管聲應當以白虎徵管聲應當以朱雀羽管聲應當以勾陳五管盡不應無有應聲當以青龍此五行之符佐勝之徵成敗之機也

白虎通曰十一月律謂之黃鍾何黃中和之氣鍾者動也言陽於黃泉之下動養萬物也十二月律謂之大呂何大者太也呂者距也言陽氣欲出陰不許也正月謂之太蔟何太者大也蔟者湊也言萬物始大湊地而出也二月謂之夾鍾何夾者物孚夾言萬物孚夾種類分也三月謂之沽洗何沽者故也洗者鮮也言萬物去故就新莫不鮮明也四月謂之中呂何言陽氣將極故復中難之也五月謂之蕤賓何蕤者下也賓者敬也言陽氣上極陰氣始起故賓敬之六月謂之林鍾何林者衆也萬物成熟其類衆多也七月謂之夷則何夷傷則法也言萬物始傷被刑法也八月謂之南呂何呂任也言陽氣尚有任生薺長也故陰之也九月謂之無射何射終也言萬物隨陽而終也當復隨陰起無有終也十月謂之應鍾何應者動也言萬物應陽而動下藏也

蔡邕月令章句曰鍾以斤兩尺寸中所容受升之數爲法律亦以寸分大小長短爲法故也黄鍾之管長九寸孔徑三分圍九分其餘皆稍短唯大小圍數無增減以度量者可以文載口傳與衆共知然不如耳决之明也

周官曰太師掌六律六呂文以五聲播以五教以六詩六德爲之本以六律爲之音也

劉向别録曰鄒子在燕燕有黍谷地美而寒不生五穀鄒子居之吹律而温氣至今名黍谷

論衡曰孔子推律自知殷之苗裔

楊泉物理論曰聽清濁五聲之和然後制爲鍾律取弘農宜陽縣金門山竹爲管

夏侯玄辯樂論曰阮生云律呂協則陰陽和音聲適則萬物類天下無樂而欲陰陽和調災害不生亦以難矣此言

律呂音聲非徒化治人物乃可以調和陰陽蕩除災害也夫天地定位剛弱相摩盈虚有時堯遭九年之水憂民阻飢湯遭七年之旱欲遷其社豈律呂不和音聲不通哉此乃天然之數非人道所招也

楊雄太玄經曰調律者度竹爲管蘆莩爲灰列之九閉之中漠然無動寂然無聲微風不起纖塵不形冬至夜半黄鍾以應矣

曆

世本曰容成作曆容成黄帝之臣

易曰君子以治曆明時

書曰乃命羲和欽若昊天曆象日月星辰敬授民時

又曰天之曆數在爾躬

又曰叶用五紀其五曰曆數

易乾鑿度曰堯以甲子天元爲推術注云甲子爲蔀首起十月朔

又曰曆原名握先紀曰甲子握先爲曆始之名始言無前者也七十六歲爲一紀二十紀而一蔀首

易是類謀曰其觸耀而出師曠曆推音筭以度知旦觸耀而出謂師曠得聖人之一體故觸耀而生其人能曆數樞機之事又能推五音知將來之事

漢書律曆志曰曆數之起上矣傳述顓頊命南正重司天火正黎司地其後三苗亂德二官咸廢而閏餘乖次孟陬殄滅攝提失方攝提星名隨斗柄所指建十二月若曆誤春三月當指辰乃指巳是爲失方也堯復育重黎之後使纂其業後以授舜舜亦以命禹至周武王訪箕子箕子言大法九章而五紀明曆法歲月日星辰爲五紀也五伯之末史官喪記疇人子弟分散如淳曰家業世相傳爲疇律年二十三傳之疇官各從父學或在夷狄故其所記有黄帝顓頊夏殷周及魯曆戰國擾攘秦兼天下未遑暇也亦頗推五勝五行相勝秦以周爲火用

水勝之也而自以爲獲水德迺以十月爲正色尚黑漢興方綱紀大基庶事草創襲秦正朔以北平侯張蒼言用顓頊曆比於六曆疏闊中最爲微近然正朔服色未睹其真而朔晦弦望多虧矣至武帝元封七年漢興百二歲矣太中大夫公孫卿壺遂太史令司馬遷等言曆紀壞廢宜改正朔遂詔卿遂遷與侍郎尊大典星射姓等師古曰姓射名姓也議造漢曆迺定東西立晷儀下漏刻以追二十八宿相距於四方舉終以定朔晦分至躔離弦望應劭躔徑也離遠也蘇林曆也日月之臣瓚曆也姓等奏不能爲筭願募治曆者更造密度各自增減以造漢太初曆迺選治曆鄧平及長樂司馬可酒泉侯宜君侍郎尊及與民間治歷者凡二十餘人方士唐都巴郡洛下閎與焉晉灼曰史記曆書云唐都分天部而巴郡洛下閎運筭推歷也都分天部謂分部二十八宿爲距度也而閎運筭轉曆與鄧平所造八十一分律歷律昏明

踈遠者十七家使校歷律昏明官者淳于陵渠復覆太初歷晦朔弦望皆最密日月如合壁五星如連珠（謂太初上元甲子夜半朔旦冬至時七曜皆會聚斗牽牛中如合璧連珠也）陵渠奏狀遂用鄧平歷以平爲太史丞後二十七年元鳳三年太史令張壽王上書言曆者天地之大紀上帝所爲傳黄帝調律歷漢元年以來用之今陰陽不調宜更歷之過也詔下主歷使者鮮于妄人請與治歷大司農中丞麻光等二十餘人雜候日月晦朔弦望八節二十四氣鈞校諸歷用狀奏可詔與丞相御史大將軍右將軍史各一人雜候上林青臺課諸曆踈密凡十一家以元鳳三年十一月朔旦冬至盡五年十二月各有第壽王課踈遠案漢元年不用黄帝調歷壽王非漢歷逆天道非所宜言大不敬有詔勿劾復候盡六年太初歷第一即墨徐萬且長安徐禹治太初歷亦第一壽王及待

詔李信治黄帝調歷課皆踈闊壽王歷迺太史官殷歷也定至孝成世劉向總六歷列是非作五紀論向子歆究其微眇作三統歷及譜

又曰路温舒從祖父受曆數天文以爲漢阨三七之間（張晏曰三七二百一十歲也自漢初至哀帝元年二百一十一歲也）上封事以豫戒成帝時谷永亦言如此

又王莽傳曰莽見盜賊多乃令太史推三萬六千歲曆紀布天下書曰紫閣圖曰太一黄帝皆仙而上天張樂崑崙虔山之上後世聖主得瑞者當張樂秦終南山上（長安南山詩所謂終南南故秦地故言秦）予之不敏奉行未明乃今諭矣

又孝武紀曰夏五月正曆以正月爲歲首（鄭玄曰先是以十月爲歲首）色上黄數用五（張晏曰漢據土德土數五）定官名協音律

又曰曆譜有序四時之位正分至之節以會日月五星之辰以考寒暑殺生之實故聖王必正曆以深知五星日月之會凶阨之患其術皆出焉此聖人知命之術也

續漢律曆志曰自太初元年始用三統曆施行百餘年曆稍後天朔先於曆朔或在晦月或朔見建武八年中太僕朱浮太中大夫許淑等數上書言朔曆不正宜當改更時分度覺差尚微上以天下初定未遑考正至永平五年官曆署七月十六日日蝕待詔楊岑見時月食多先曆即縮用筭因上言月當十五日食官曆不中詔書令岑普候與官曆課起七月盡十一月弦望凡五官曆皆失岑皆中庚寅詔書令岑署弦望月食官復令待詔張盛景防鮑業等六四分法與岑課歲餘盛等所中多岑六事

又曰黄帝造曆元起辛卯而顓頊用乙卯虞用戊午夏用丙寅殷用甲寅周用丁巳魯用庚子漢初用乙卯至武帝

元年以丁丑王莽之際劉歆作三統追太初前世一九得五星會庚戌之歲以爲上元太初曆到章帝元和施復踈闊微能術者課效諸曆定朔稽元追漢四十五年庚辰之歲退朔一日乃與天合以爲四分曆

又曰昔者聖人之作曆觀璿璣之運三光之行道之發斂景之長短斗綱所建青龍所躔參五以變錯綜其數而制術焉日月相推日舒月速當其同所謂之合朔舒速先後近一遠三謂之弦相與爲衡分天之中謂之望以遠及舒光盡體伏謂之晦晦朔合離斗建移辰謂之朔

魏略曰太史上言漢曆不及天時因更推步弦望朔晦爲太和曆帝以高堂隆學問優深於天文又精乃詔使隆與尚書郎楊偉太史待詔駱禄參共推校更相刻奏紛紜數歲禄得日蝕而月晦不盡隆不得日蝕而晦盡詔從太史

隆所爭雖不得而遠近猶知其精微

又曰景初元年山茌音仕緇切縣言黃龍見有司奏以爲魏得地宜以建丑之月爲正乃定曆年改太和曆爲景初曆

吳志曰孫權黃武二年改四分曆用乾象曆

王隱晉書曰張軌弟前烏程令亢依蔡邕注明堂月令中台更綴諸說曆數而爲曆讃祕書監荀崧見讃異之亦信該羅曆義

唐書曰王勃聰警絶衆於推步曆筭尤精嘗作大唐千歲曆言唐德靈長千年合承周漢運曆不合承周隋短祚其論大旨去以土王者五十代而一千年金王者四十九代而九百年水王者二十代而六百年木王者三十代而八百年火王者二十代而七百年此天地之常期符曆之大數也自黃帝至漢並是五運眞主五行之沴土運復歸唐德承之宜矣魏晉至于周隋咸非正統五行之沴氣也故不可承之大率如此

鴻範五行傳曰聖人所以揆天行而紀萬國也孔子作春秋正春正秋所以重曆也五家之曆多疏闊唯顓頊曆爲微近故張蒼用顓頊曆元封中立太初曆測弦望皆審密

益部耆舊傳曰巴郡落下閎漢武帝時改顓頊曆更作太初曆曰後八百歲此曆差一日當有聖人定之

風土記曰自黃帝瑞顓下逮三王治曆十有一家考課損益各有變衰非運之錯考察意異故也

尸子曰造曆者羲和之子也

楊泉物理論曰疇昔神農始治農功正節氣審寒温以爲早晚之期故立曆日

董巴議曰武王作周曆周公作魯曆

蔡邕議曰邕以爲曆數精微去聖人久遠得失更迭術無常是漢承秦正曆用顓頊元用乙卯百有二歲孝武皇帝始改正朔曆用太初元用丁丑行之百八十九歲孝章皇帝用清河李梵之言改從四分元用庚辰今馮光陳晃各以庚申爲非甲寅爲是案曆法黃帝顓頊夏殷周魯凡六家各自有元光晃所據則殷曆元也他元雖不明圖讖各自一家之術皆當有効於當時昔太初始用丁丑之後六家紛錯爭訟是非太史令張壽王挾甲寅元以非漢曆雜候清臺課在下第卒以疏闊連見劾奏太初効驗無所漏失是則非圖讖之元而有効於前者也及用四分以來考之行度密於太初是則新元有効於今者也延光元年中謁者亶誦亦非四分庚申上言當用命曆序甲寅元公卿百寮參議正處竟不施行且三光之行遲速進退不必若

一術家以筭追而求之取合於當時而已故有古今之而行不能上通於古猶古術不能下通於今也由此言之有文於讖無驗於今未必爲是有驗於今無文於讖未必爲非

太平御覽卷第十六

太平御覽卷第十七

時序部二

五行　四時　閏　歲　歲除附

五行

釋名曰：五行者，言五氣於其方各施行者。

尚書洪範曰五行一曰水二曰火三曰木四曰金五曰土（皆其生數）水曰潤下火曰炎上（言其自然之常性也）木曰曲直金曰從革（木可以揉曲直金可以改更者）土曰爰稼穡（種曰稼斂曰穡土可以種可以斂也）潤下作鹹（水鹵所生）炎上作苦（焦氣之味）曲直作酸（木實之性）從革作辛（金之氣味）稼穡作甘（甘味生於百穀五行以下箕子所陳之也）

禮曰五行之動迭相竭也五行四時十二月還相爲本也

又曰五行之秀氣

傳曰秋龍見于絳郊魏獻子問於蔡墨蔡墨對曰古有豢龍氏有御龍氏獻子曰今何故無之對曰五行之官是謂五官實列受氏姓封爲上公祀爲貴臣社稷五祀是尊是奉木正曰勾芒（正官長也取木生勾曲而有芒角）火正曰祝融（融明貌也）金正曰蓐收（初秋摧折而可收也）水正曰玄冥（水出而陰幽冥也）土正曰后土（土爲群物之主故曰后土）獻子曰社稷五祀誰氏之官也對曰少皞氏有四叔曰重曰該曰脩曰熙實能理金木及水使重爲勾芒該爲蓐收脩及熙爲玄冥（二子相代爲水王也）世不失職遂濟窮桑此三祀也（窮桑少昊之號四子能治其官）顓頊氏有子號曰犂爲祝融共工氏有子號曰勾龍爲后土此其二祀也后土爲社稷田正也（掌播殖也）有烈山氏之子曰柱爲稷自夏已上祀之周棄亦爲稷（棄周之始祖能播百穀湯旣勝夏廢柱而以棄代之也）自商以來祀之

漢書曰五行者五常之形氣也

又律曆志曰天以一生水地以二生火天以三生木地以四生金天以五生土

魏略曰詔以漢火行火忌水故去洛水而加佳魏於行次爲土水得土而流土得水而軟故除佳加水變雒爲洛

家語曰季康子問於孔子曰舊聞五帝之名而不知其實請問何謂孔子曰昔丘也聞諸老聃天有五行木金水火土分時化育以成萬物（一歲三百六十日五行行至七十三日化生長育萬物莫不成也）其神謂之五帝（五帝五行之神佐天理物者也而號皆爲之名字亦爲妖怪而妄也）古之王者易代改號取法五行更王終始相生亦象其義也（法五行更王終始相生以木德王天下其次所生之行轉相承）故其生爲明王者死配五行是以太皞配木炎帝配火少皞配金顓頊配水黃帝配土康子曰太皞氏其始之木何也孔子曰五行用事先起於木木東方也萬物之初皆出焉是故王者作而首以木德王天下則以所生之行轉相承也康子曰吾聞勾芒爲木正祝融爲火正蓐收爲金正玄冥爲水正后土爲土正此則五行之主也而不稱何孔子曰凡五正者五行之官名也（言但主五行之官名安得同名爲帝）五行佐成上帝而稱五帝太皞之屬配焉亦云帝從其號音昔少皞氏之子有四叔曰重曰該曰脩曰熙實能理金木水火土使重爲勾芒該爲蓐收脩及熙爲玄冥顓頊氏之子曰黎爲祝融共工氏子曰勾龍爲后土此五者各所以能業其官職生爲上公死爲貴神別稱五祀不得同帝也（五祀上公之神耳故不得稱帝五正不及五帝五帝不及天地也）

遁甲開山圖滎氏解曰五龍受爰皇後君也兄弟四人皆人面龍身長曰角龍木仙也次曰羽龍水仙也父曰宮龍土仙也父子同得仙治在五方今五行之神也

白虎通曰五行者何謂也謂金木水火土言行者欲言爲天行氣之義也地之承天猶婦之事夫臣之事君也其位

畢畢者覲視事故自同於一行尊於天也尚書一曰水二曰火三曰木四曰金五曰土水位在北方者陰氣在黃泉之下任養萬物水之爲言准也陰化沾濡任生木木在東方者陽氣始動萬物始生木之爲言觸也陽氣動躍火在南方陽在上萬物垂枝火之爲言委隨也萬物布施火之爲言化也陽氣用事萬物變化也金在西方者陰始起萬萬物禁止金之爲言禁也土在中央中央者土土主吐萬物土之爲言吐也

樂記曰春生夏長秋收冬藏土所以不名時者地土之別名也比於五行最尊故自居部職也

又曰萬物懷任交易變化始起先有太初然後有太始形兆既成名曰太素渾沌相連視之不見聽之不聞然後剖判清濁既分精耀出布庶物生精者爲三光麤者爲五行五行生情性情性生汙中汙中生神明神明生道德道德生文章

四時

釋名曰四時四方各一時時期也不失期也

書曰乃命羲和敬授民時

禮曰天有四時春秋冬夏無非教也

周禮曰典瑞掌玉器之藏土圭以致四時日月（度其影至不至以知其行失也）

爾雅曰四時和爲玉燭

又曰春爲青陽夏爲朱明秋爲白藏冬爲玄英

論語曰天何言哉四時行焉萬物生焉

周禮曰凡四時成歲歲者春秋冬夏各有孟仲季以名十有二月月中氣以著時應春三中氣雨水春分穀雨夏三中氣小滿夏至大暑秋三中氣處暑秋分霜降冬三中氣小雪冬至大寒閏無中氣斗指兩辰之間萬物春生夏長秋成冬藏天地之正四時之極不易之道

春秋繁露曰四時天之四選春者少陽之選夏者太陽之選秋者少陰之選冬者太陰之選四時之行父子之道也天地之志君臣之義也陰陽之理聖人之法也

廣雅曰四方各一時時期也物之生死各應節期而止也

又曰時司空也（司空主也各主方物之生死）

京房易妖占曰海鸞自來衆鸞隨之穀不登君失春政則蒼鸞見於邑民多流亡失夏政則赤鸞見於邑失秋政則白鸞見於邑失冬政則黑鸞見於邑皆如春占

管子曰歲有四秋而分四時故曰農事既成農夫賦其耜鐵此之謂春之秋大夏且至絲纊之所作此之謂夏之秋秋成五槩之所會此謂秋之秋營室中女事紡績緝縷之所作也此之謂冬之秋（槩穀同音）

又曰東方曰歲星其時曰春其氣曰風風生木南方曰日其時曰夏其氣曰陽陽生火西方曰辰其時曰秋其氣曰陰陰生金北方曰月其時曰冬其氣曰寒寒生水

淮南子曰時則曰六合孟春與孟秋爲合仲春與仲秋爲合季春與季秋爲合孟夏與孟冬爲合仲夏與仲冬爲合季夏與季冬爲合孟春始盈孟秋始縮（盈長也縮短也）仲春始出仲秋始內（出二月蕃殖也內八月收斂也）季春大出季秋大內孟夏始緩孟冬始急（緩四月陽炎也急十月寒肅也）仲夏德畢季冬刑畢（德畢陽[illegible]窮也刑畢陰殺盡也）

又曰陰陽之專精爲四海四時之散精爲萬物四時者天之吏也

又曰以天爲蓋以地爲輿四時爲馬

又曰日迴而月周時不與人游徐整三五

曆記曰北斗當崑崙崑崙氣連注天下春夏爲露秋冬爲霜

晉張華詩曰四氣鱗次寒暑環周

晉陸機詩曰年往迅勁矢時來諒急絃

閏

說文曰餘分之月五歲再閏也告朔之禮天子居宗廟門中故其字從王在門中也

白虎通曰月有閏何周天三百六十五度四分度之一十二月日不匝十二度故三年一閏五歲再閏也明陰不足陽有餘閏者陽之餘也

書堯典曰帝曰咨汝羲暨和朞三百有六旬有六日以閏月定四時成歲（咨嗟暨與也匝四時曰朞一歲十二月月三十日正三百六十日除小月六爲六日是爲一歲有十二日未盈三歲足得一月則置閏焉以定四時之氣節成一歲之曆象）

傳曰閏月不告朔非禮也先王之正時也履端於始舉正於中歸餘於終（杜預注曰步曆之始以爲術之端首也日月之行有遲有速必分十二月舉中氣以正月也餘日則歸於終積爲閏也）履端於始序則不愆舉正於中人則不惑歸餘於終事則不悖

又曰閏月戊寅濟于陰阪注以爲門五日蓋誤以門字與五字合爲閏月也

公羊傳曰閏月不告朔曷爲不告朔天無是月也閏月矣何以謂之天無是月月非常月也（所在無常故無正也）

穀梁傳曰閏月者附月之餘日也（一歲三百六十日餘六日又有小月積五歲得六十日而再閏故曰附月之餘日者也）積分而成於月者也天子不以告朔而喪事不數也

禮玉藻曰聽朔於南門之外（諸侯聽朔於廟天子聽朔於明堂諸侯告朔於祖則天子告朔於文武也）閏月則闔門左扉立乎其中（閏無中氣無時令故不聽於堂也門謂廟門立其中當視朝）

周禮春官曰閏月太史詔王居門終月（門謂路寢門也鄭司農云月令十二月令在青陽明堂總章玄堂左右之位惟閏無居于門故於文王在門謂之閏）

春秋元命包曰三年一閏以起紀（宋均注曰紀法也三年加以一閏以會成歲也）

史記曰黃帝起消息正閏餘

漢書音義曰歲之餘爲閏

文士傳曰陸績字公紀作渾天說曰閏月無中氣斗斜指二辰之間

荆楚歲時記曰周禮云王出居寢門故爲字門中從王也是月也不舉百事以非中氣也

歲

釋名曰歲越也越故限也年進也進而前也祀巳也新氣生故氣已也載載生物也

白虎通曰年者仍也年以紀事據月言年數者載成萬物終始也五帝言載三王言年世本曰后益作占歲

易曰寒往則暑來暑往則寒來寒暑相推而歲成焉

又洪範曰叶用五紀一曰歲（孔安國曰所以紀四時也）

禮曰日窮於次月窮于紀星回于天數將幾終歲且更始（歲者四時一終日一周天之名也言前至孟春之月日復在營室月復建寅昏參中旦尾中故曰更始也矣）

爾雅曰太歲在甲曰閼逢在乙曰旃蒙在丙曰柔兆在丁曰強圉在戊曰著雍（著孫炎音豬略切郭璞音義曰著者或作祝黎是也）在己曰屠維在庚曰上章在辛曰重光在壬曰玄黓（郭璞音翼）在癸曰昭陽太歲在寅曰攝提格在卯曰單閼在辰曰執徐在巳曰大荒落在午曰敦牂（郭璞音子郎反）在未曰協洽在申曰涒灘（郭璞

曰涒（音湯昆反）灘（音湯干反）在酉曰作噩（孫炎音愕）在戌曰閹茂在亥曰大淵獻在子曰困敦在丑曰赤奮若

又曰夏曰歲商曰祀周曰年唐虞曰載（郭璞注曰歲取星行一次祀取四時一終也年取禾一熟也載取物終更始者也）

史記曰天官書臘之明日人衆卒歲一會飲酒發陽氣故曰初歲

魏略曰董遇好學讀書常以三餘冬歲之餘夜與陰雨日之餘

晉書曰博士張亮議曰俗謂臘之明日爲初歲秦漢以來有賀此皆古之遺語也

易乾鑿度曰孔子曰歲三百六十日而天氣周八卦用事各四十五日而備歲事

尚書大傳曰凡六沴之作歲之朝月之朝日之朝右王受

之歲之中月之中日之中則正卿受之歲之夕月之夕日之夕則庶民受之鄭玄曰自正月盡四月爲歲之朝後志曰凡六氣相傷謂之沴

尚書考靈耀曰天地開闢元曆紀名月首甲子冬至日月五緯俱起牽牛初日月若懸璧五星若編珠青龍甲子攝提格孳（青龍歲也歲在寅曰攝提格孳猶生也）

春秋元命包曰義歲之爲言遂也（遂出也出行事於所直辰也）

淮南子曰太陰治春則欲行仁惠溫良（木德仁故柔良）太陰治夏則欲布施宣明（火德陽也故布德脩明）太陰治秋則欲脩備繕兵（金德斷剛故脩兵也）太陰治冬則欲猛毅堅強（水德純陰冰凍閉固故堅強也）三歲而改節六歲而一衰（衰衰衰也）十二歲而一荒（歲不熟爲荒也）

淮南子曰見一葉之落知歲之將暮

呂氏春秋曰天行不信莫能成歲

師曠占曰黃帝問師曠曰吾欲知歲苦樂善惡可知否師曠對曰歲欲豐甘草先生薺也歲欲儉苦草先生葶藶也歲欲惡惡草先生水藻也歲欲旱旱草先生蒺蔾也歲欲溜溜草先生蓬也歲欲病病草先生艾也

廣志曰青龍天一太陰太歲也

索子正書語曰歲在申酉乞漿得酒歲在辰巳嫁妻賣子夫盛衰更代豐荒相半天之常道也

楚辭曰獻歲發春兮（獻進也）

又曰開春發歲兮（承陽施惠養百姓也）

歲除

呂氏春秋注曰前歲一日擊鼓驅疫癘之鬼謂之逐除亦曰儺（論語曰鄉人儺孔子朝服立於阼階張衡東京賦曰卒歲大儺）

荆楚記曰歲暮家家具肴蔌謂宿歲之儲以迎新年相聚

酣飲

又曰歲前又爲藏鉤之戲（辛氏三秦記曰昭帝母鉤弋夫人手拳而國色帝披之得鉤今人學藏鉤亦法此鉤亦作彄）

又曰留宿歲飯至新年十二月則棄之街衢以爲去故納新也

唐太宗文皇帝守歲詩曰暮景斜芳殿年華麗綺宮寒辭去冬雪暖帶入春風階馥舒梅素盤花卷燭紅共歡新故歲迎送一宵中

又曰歲陰窮暮紀獻節啓新芳冬盡今宵促年開明日長冰消出鏡水梅散入風香對此歡經宴傾壺待曙光

又於太原召侍臣賜宴守歲詩曰四時運灰琯一夕變冬春送寒餘雪盡迎歲早梅新

梁庾肩吾歲盡應令詩曰歲序已云殫春心不自安聊開

百菓酒試奠五辛盤金薄圖神鷰朱泥印鬼丸梅花應可

折惜為雪中看

隋薛道衡歳窮應教詩曰故年隨夜盡初春逐晚生方驗

從軍樂歡至入西京

太平御覽卷第十七

太平御覽卷第十八

時序部三

春上

釋名曰春之言蠢也萬物蠢然而生

又曰正月少陽見寅寅者演也律中太蔟律之言率也所以率氣也太者大也蔟者湊也言萬物始大湊地而出也

書曰每歲孟春遒人以木鐸徇于路注云遒人宣令之官木鐸金鈴木舌所以振文教也

又曰分命羲仲宅嵎夷曰暘谷平秩東作日中星鳥以殷仲春

詩曰春日遲遲采蘩祁祁鄭注曰遲遲舒緩也

又曰有女懷春吉士誘之

又曰春日載陽爰求柔桑

又曰嗟嗟保介維莫之春亦又何求如何新畬田二歲曰新三歲曰畬箋云保介車右也

月令曰正月之節日在虛立春爲正月之節謹按春秋傳曰履端於始謂節也舉正於中謂氣也歸餘於終謂閏也既有閏則立春進退不恆在正月朔日故不定爲孟春之月但得立春則是正月之節可以行春令矣昏昴中曉心中凡記昏昴曉心中爲人君南面而聽天下觀時候以授人事也日入後二刻半爲昏日未出前二刻半爲曉也斗建寅位之初地有十二辰斗柄杓常左旋指地位故立春正月之節則斗建寅位之初書云璿璣玉衡七政此之謂矣其日甲乙春秋傳曰天有十日謂甲乙丙丁戊己庚辛壬癸甲乙屬木主春故云其日甲乙也其帝太皥其神勾芒昔太皥氏以木德繼天而王故爲春帝高辛氏有天下置五行之官木正曰勾芒故勾芒爲木神佐太皥於春律中太蔟律者候氣之管以竹爲之中猶應也正月氣至則太蔟之律應應謂吹灰也太蔟者林鍾所生三分益一管長八寸空徑三分圍九分立春之日東風解凍後五日蟄蟲始振後五日魚上冰昔在周公作時訓定二十四氣七十二候每候相去各五日以明天時將驗人事審聖人奉順天時則萬物及節候也命有司祭風師立春之後丑日祭風師於國城東地正月中氣日在危雨水爲正月中氣凡中氣前後去節十五日春秋傳曰舉正於中此之謂也昏畢中曉尾中斗建寅位之中雨水之日獺祭魚後五日鴻鴈來後五日草木萌動天子乃以元日祈穀于上帝元吉也謂上辛祈穀郊祀昊天上帝於圜丘以高祖神堯皇帝配坐以五方帝從祀於壇春秋傳曰啓蟄而郊郊祀而後耕此之謂矣命樂正習舞春夏尚舞故命習之禁止伐木爲盛德所在無麛無卵無傷萌勾之類掩骼埋胔爲死氣逆生氣枯骨曰骼肉腐曰胔

釋名曰二月之夾鍾何夾者孚也言萬物孚甲種類分也

禮曰二月之節日在營室驚蟄爲二月之節昏東井中曉箕中斗建卯位之初律中夾鍾二月氣至則夾鍾之律應夾鍾者夷則之所生三分益一管長七尺四分其日其音其數並同孟春驚蟄之日桃始華後五日倉庚鳴後五日鷹化爲鳩省囹圄去桎梏省減也囹圄所以禁守繫者則今之獄矣木在手曰梏在足曰桎上丁釋奠於國學釋謂置也置牲幣之奠於文宣王上戊釋奠於太廟廟亦用牲幣之奠

又曰二月中氣日在奎春分爲二月中氣昏東井中曉南斗中斗建卯位之中春分之日玄鳥至雷乃發聲祀朝日於東郊春分日祭之獻羔開冰謂立春藏冰在春分方溫故獻羔以祭司寒而後開冰春秋傳曰日在北陸而藏冰西陸朝覿而出之先薦寢廟祠高禖昔高辛氏之代玄鳥遺卵簡狄吞之而生高辛後王以爲禖官嘉祥而立其祠焉祭馬祖謂仲春祭馬祖於大澤用剛日無竭川澤無漉陂池無焚山林順陽養物也蓄水曰陂穿地通水曰池

又曰三月之節日在婁清明爲三月之節也昏柳中曉南斗中斗建辰位之初律中沽洗三月氣至沽洗之律應沽洗者南呂之生也三分益一管長七寸一分其日其音其數並同孟春

又曰清明之日桐始華田鼠化爲鴽後五日虹始見天子居青陽右个是月也天子乃薦鞠衣于先帝鞠衣名蓋黃桑之服薦于先帝者爲進於太廟天子始乘舟薦鮪于寢廟進時美味聘名士禮賢者聘謂問也名士謂有名譽也

又曰三月中氣日在胃（穀雨爲三月中氣）昏張中曉南斗中斗建辰位之中穀雨之日萍始生後五日鳴鳩拂其羽後五日戴勝降于桑命有司無伐桑柘（愛蠶食）乃修蠶器（蠶器謂薄挺鉤筐之類）擇吉日大合樂（大合樂者謂行射禮）

禮曰仲春之月天子乃獻羔開氷先薦寢廟

又曰季春之月蚕事既登分繭稱絲効功以供宗廟之服

又曰季春之月天子乃爲麥祈實鄭玄注曰於含秀求其成也

又曰春生夏長仁也秋斂冬藏義也

又曰天子五年一巡狩（天子以海內爲家時一巡狩省之五年者虞夏之制也周則十二歲一巡狩也）歲二月東巡守至于岱宗柴而望祀山川（柴祭天告至也）覲諸侯（覲見也）問百年者就見之（就見老人）命大師陳詩以觀民風（陳詩謂采其詩而觀之）命市納賈以觀民之所好惡志淫好辟（市典賈者謂知物貴賤厚薄也質則用物貴民則修物貴民之志淫邪則其所好者不正）

周禮曰媒氏掌萬民之判（判半也合成夫婦也）仲春月會男女（成春禮）是時奔者不禁無故而不用令者罰之

又曰仲春詔后率內外命婦始蚕于北郊帥六宮之夫人主種稑之種而獻之于王

又曰羅氏仲春獻鳩以養國老鄭玄注曰春鷹化而爲鳩變舊爲新宜以養老助生氣

又曰司烜氏掌仲春以木鐸脩火禁

又曰籥章掌仲春晝擊鼓歌豳詩以逆之

又曰四時皆有癘疾春時有痟首疾（癘疾氣不和之疾痟酸削也）

傳曰春蒐夏苗秋獮冬狩皆於農隙以講武事也

穀梁傳曰魯桓公十有四年春正月無氷（皆君不明去就政治緩之所致五行傳曰視之不明是謂不哲厥咎舒厥罰常燠）無氷時燠也

又曰四時之田皆爲宗廟之事也春曰田（取獸於田）夏曰苗（因爲苗除害故曰苗）秋曰蒐（蒐擇之舍小取大）冬曰狩（狩圍狩也冬物畢成獲則取之無所擇）

語曰莫春者春服既成冠者五六人童子六七人浴乎沂風乎舞雩詠而歸

爾雅曰春爲青陽一曰發生

又曰春獵爲蒐（搜索取也）

又曰春祭曰祀（薦尚韭卵禮疏曰祀者思也思繼所以設之日祀也）

大戴禮曰三代之禮天子春朝朝日秋暮夕月（祭日東壇祭月西壇）（故以別外內以端其位）所以明有敬也（教天下之臣也）

又曰司徒典春以教民之不時不若不全成長幼老疾孤寡以時通于四疆有闔而不通有煩而不治則民不樂生不利衣食凡民之藏財以及山川之神明加于民者發圖功謀齊戒必敬會時必節日曆巫祝執伎以守官俟命而作祈王年禱民命及畜穀蜚征庶虞草方春三月緩施生育動作百物於時有事享于皇祖皇考朝孫子八人以成春事

又曰二月祭鮪鮪者魚之先至也

又曰三月參則伏不見

又曰古者天子孟春論吏之德行能法者爲有行能理得法者爲有能盛法德者爲有功故論吏而法行事治而功成季冬正法孟春論吏治國之要也（春論班賞冬考量刑則莫不懲勸也）

又曰諸侯相見治卿爲介以其教士畢行使仁者守會朝于天子天子以歲二月爲壇于東郊建五色設五兵具五味陳六律品奏五聲聽明教置離抗大長侯規鵠堅物九卿佐三公三公佐天子天子踐位諸侯各以其屬就位乃外諸侯之教士執弓挾矢揖讓以外履物以射其地以心

端色容正時以㓜孩有慶以地不時有讓以地天下之有道也

開元禮曰仲春上丁釋奠于太學孔宣父爲先聖顏子爲先師上戊釋奠于齊太公以張良配

易通統圖曰日春行東方青道曰東陸

易説曰春有白鶴雲

京房易占曰春當退貪殘進柔良䘏幼孤賑不足求隱士則萬物應節而生隨氣而長所謂春取楡柳之火

尚書大傳曰萬物非天不生非地不載非春不動非夏不長非秋不收非冬不藏故書禋于六宗此之謂也禋祭也宗當爲□馬氏以爲六宗謂日月星辰泰山河海也□曰禋于上帝禋于六宗望秩于山川□于羣神月令孟冬天子祈來年于天宗鄭此則六宗近□天神也以周禮並之則爲星辰司人司命風雨師也

又曰東方者何也動方也物之動也何以謂之春春出也物之出也故謂東方春也

尚書説曰東方春龍房位其規仁好生不賊五靈東方曰蒼龍五均東曰規五性曰仁也其帝青表聖明行□□表德也春好生故曰□

尚書考靈耀曰春佩蒼璧蒼璧玉象德也以乘蒼馬以出遊發令於外春行仁政順天之常以安國也

又曰鳥星爲春候

詩含神霧曰齊地處孟春之位海岱之間土地汙泥流之所歸利之所聚律中太蔟音中宮角陳地處季春之位土地平夷無有山谷律中沽洗音中宮徵

韓詩外傳簡主曰夫春樹桃李夏得蔭其下秋得食其實春樹蒺藜夏不可采其葉秋得其刺焉由此觀之在所樹也今子所樹非其人也故君子擇而後種

又曰天有四時春夏秋冬風雨霜露無非教也

韓詩章句曰溱與洧方渙渙兮謂三月桃花水下時鄭國之俗三月上巳於此水招魂續魄祓除不祥之故也

三禮義宗曰五行之官也木正曰勾芒者物始生皆勾屈而芒角因用爲官名

又曰祭六宗之禮寒暑有往來之期可退則祭禳却之命退應至而不至則祭求之命至故春則送寒而迎暑秋則送暑而迎寒

又曰東岳所以謂之岱者代謝之義陽春用事除故生新萬物更生相代之道故以代爲名也

又曰天子諸侯宮寢之制若春氣三月之中居正寢退息之時常居東北之寢三月之末土王之日則居中寢夏之三月則居東南之寢秋之三月則居西南之寢冬之三月則居西北之寢此三時後土王之日亦各居中寢以從時氣

又曰古之學者干戈之舞得從春夏羽籥之職得入秋冬四事之中有文有武故得分之

太平御覽卷第十八

太平御覽卷第十九

時序部四

春中

史記曰孝惠帝曾春出遊離宮叔孫生曰古者有春嘗果今方櫻桃熟願陛下因取櫻桃獻宗廟上乃許之諸果獻由此興也

又曰正月爲端月(端首也春秋左傳曰履端於始)

又天官書曰明庶風居東方明庶明衆物盡出也二月律中夾鍾夾鍾者言萬物陰陽相夾厠也其於十二子爲卯卯之爲言萬物茂也其於十母爲甲乙甲者萬物剖符甲而出也乙者言萬物生軋軋也南至於氐氐言萬物皆至也

又曰漢世帝以正月上辛祠太一甘泉以昏祠到明而終常有流星經於祠壇上使童子童女七十人俱歌春歌青陽夏歌朱明秋歌西皓(西方少昊)冬歌玄冥

漢書曰孟春之月群居者將散行人振木鐸徇于路以采詩獻之太師比其音聲以聞于天子

又曰王溫舒事張湯爲酷吏及爲河內太守及春溫舒頓足曰嗟呼令冬益展一月足了吾事矣其不愛人如此也

又曰宣帝時魏相奏請明經通知陰陽者四人各主一時時至明言所職以和陰陽如高祖時令謁者趙堯舉春李舜舉夏倪陽舉秋貢禹舉冬之類宣帝從之

東觀漢記曰章帝行幸敕御史司空道橋所過歷樹木方春月無得有所伐輅車可引避也

後漢書曰張奐爲武威太守其俗多妖忌凡二月五月産子及與父母同月者悉殺之奐示以義方嚴加賞罰風俗遂改百姓爲立祠

又曰章帝建初三年正月祀五帝於明堂遂登靈臺望雲物赦天下

又曰元和二年春正月詔曰令人有産子者復無筭三歲諸懷妊者賜月養穀復其夫勿筭一歲著以爲令

又詔三公曰方春生養萬物莩甲宜助萌牙以育時物其令有司罪非殊死且勿案驗

又丙午詔曰畿內七十已上暮春赴京師將行養老之禮

又曰王莽下書曰夫三皇象春五帝象夏三王象秋五伯象冬皇王德運也伯者繼空續乏以成曆數故其道駁

謝承後漢書曰鄭弘爲臨淮太守春行有兩白鹿隨車夾轂而行弘後爲太尉

續漢書曰太守常以春行縣所至縣勸人農桑振救乏絶第五倫爲太守因春行見鄭弘奇之署督郵(鄭弘時爲鄉嗇夫)

又律曆志曰日行東陸謂之春

魏略曰孟康爲弘農守清平領郡吏二百餘人涉春遣休常四分遣一分無宿諾

晉書曰郭黁(奴郭反)西平人也少明於易仕郡主簿張天錫末年苻氏每有西伐之問太守趙凝使黁筮之黁曰若郡內二月十五日失囚者東軍當至凉祚必終凝乃申儆屬縣至十五日鮮卑折掘送馬於凝凝怒其非驗幽之厩內鮮卑懼而夜遁凝以告黁黁曰是也國家將亡弗可復振

春秋繁露曰春喜氣故生

又曰春之猶言偆偆者(音蠢又撫准反)喜樂之貌也

春秋元命包曰春者神明推移精華結紐(神明猶陰陽也紐猶推使物精華結成紐萌漫也)

又曰春含名出位東方動春明達(春之言蠢東之言動合此名以自明自達也)

六合俱生萬物應節（雖於時爲春以其蠢動無節應此時偽也）五行並起各以名利（自六合俱生以通五行各有陰陽交合故能無也）其精青龍龍之言萌也（獸之妙莫若龍故萌青萌以名之）陰中之陽也

老子曰衆人熙熙若享太牢如登春臺

莊子曰夫春氣發而百草生正得秋而萬寶成夫春與秋豈無得而然哉天道已行矣（春秋主生成皆得自然之道故不爲）

又曰春夏先秋冬後四時之序也萬物化則萌區有壯盛衰之殺變化之流也

又曰舜以天下讓善卷善卷曰予立於宇宙之中冬日衣皮毛夏日衣葛絺春耕夏種形足以勞動秋收冬斂身足以休食日出而作日入而息逍遥於天地之間而心意自得吾何以天下爲哉

文子曰政失於春歲星盈縮不居其常春政不失禾黍滋

又曰因春而生因秋而殺所生不德所殺不怨則幾於道矣

尸子曰翔風瑞風也一名景風一名惠風春爲發生夏爲長嬴秋爲收成冬爲安寧（爾雅以爲四時之別名也）

又曰春爲忠也東方爲春春動也是故鳥獸孕榮華生萬物遂忠之志也

鶡冠子曰斗柄指東天下皆春

列子曰荆之南有冥靈者五百歲爲春五百歲爲秋上古有大椿者以八千歲爲春八千歲爲秋

管子曰孟春之朝君自聽朝論爵賞

管子曰隣人謂展禽曰魯聘夫子夫子三黜無憂色何展禽曰春風鼓百草敷蔚吾不知其茂秋霜降百草零落吾不知其枯枯茂非四時之悲欣榮辱非吾心之憂喜

淮南子曰何謂五星東方木也其帝太昊（太昊庖犧氏天下號也死託於東方帝也）其佐勾芒執規而治春（漢書魏相上書太昊乘震執規治春）

又曰日陽之主也是故春則羣獸除（除冬毛毳墮也）

又曰太陰治春則欲行柔惠溫涼（木德人也故柔涼也）

又曰春爲規規之爲度也轉而不復圓而不規（復還也垸轉也）復而不縱廣大以寬感動有理發通有紀優優簡簡百怨不起（優優簡簡寬舒之皃也）規度不失生氣乃理（氣類理達）

又曰六合孟春與孟秋各合孟春始盈孟秋始縮（盈長也縮短也）故正月失政七月涼風不至

又曰仲春始出仲秋始內（出二月播種內八月始收斂）

又曰春肅秋榮冬雷夏霜皆賊氣之所生

又曰四時者春生夏長秋收冬藏取與有節出入有時開闔張歙不失其序（歙讀曰翕）

又曰春女悲秋士哀知物化矣（周禮仲春之月令媒氏會男女女當外成於夫家骨肉相離故女悲秋金氣用事戰士勤兵勝敗若化故士哀也）

又曰孟春之月東宮御女青色衣青采鼓琴瑟（春王東方故處東宮也琴瑟木也春木生故鼓）其兵矛（有鋒鋭以萬物鑽地如生也）其畜羊（羊木土之母故畜之也）二月官倉其樹杏（二月播種故官倉也杏有核在中象陰在內陽在外也故其樹杏也）三月官鄉其樹李（三月析民戶口故言鄉也李亦有核說與杏同）

又曰季春三月豐隆乃出將其雨也（豐隆雷也）至秋三月地氣不藏乃收其殺百虫蟄伏靜居閉戶（教氣安靜）青女乃出以降霜雪（青女天神青天王女主霜雪也）十二時之氣以至于仲春二月之夕乃布收其藏而閉其寒（收斂其所藏而出布之閉其陰塞全不得發泄也）女夷鼓歌以司天和以長百穀禽獸草木（女夷主春夏養長之中也）

蔡邕月令章句曰季春戴勝降於桑

又曰仲春之月天子獻羔開冰

又曰仲春玄鳥至玄鳥燕也

崔寔四人月令曰二月祠太社之日薦韭卵于祖禰

五行志曰於易震在東方爲春爲木者也兌在西方爲秋爲金离在南方爲夏爲火坎在北方爲冬爲水春與秋日夜分寒暑平是以金木之氣易以相變故貌傷則致秋陰常雨言傷則致春陽常旱也至於冬夏日夜相反謂夏日長夜短冬日短夜長寒暑殊絶水火之氣不得相併故視傷常燠聽傷常寒者其氣然也

又曰夾鍾言陰夾助太蔟宣四方之氣而出鍾物也位於卯在二月

東陽記曰山南有春草巖出龍鬚多藥物

西京雜記曰賈佩蘭云在宮時正月上辰出池邊盥濯食蓬餌以去祅邪

荆州記曰陸凱與路曄爲友在江南寄梅花一枝詣長安與曄并贈詩云折花奉秦使寄與隴頭人江南無所有聊寄一枝春

荆楚歲時記曰正月夜多鬼鳥度家家槌床打户捩狗耳滅燈燭以禳之玄中記云此鳥名姑獲一名天帝女一名隱飛鳥一名夜行遊女好取人女子養之有小兒之家即以血點其衣以爲誌故世人名爲鬼鳥荆州彌多斯言信矣

又曰正月末日夜蘆苣火照井厠中百鬼走

博物志曰宋國有田夫常衣䵚黂分袞反緼僅以過冬暨春東作自曝於日不知天下之有廣夏奥室綿纊狐貉顧謂其妻曰背日之暄人莫知者以獻吾君將有賞

臨海異物志曰鶗鴂一名田鵑春三月鳴晝夜不止音聲自呼止俗言取母子塗其口兩邊皆赤上天自言乞恩至當陸子熟鳴乃得止耳

又曰春風甘露生育萬物

呂氏春秋曰天行不信不能成歲地安不信草木不茂春之德風風不信其華不盛則果實不生

又曰仲春之月玄鳥至之日以太牢祠于高禖蔡邕曰高禖神名也

又曰仲春之月先雷三日奮鐸以令于兆民曰雷且發聲有不戒其容止者生子不備必有凶災不戒容止謂以雷電合房室之者生子少有瘖躄癡狂之疾矣耕者少舍皆耕在野少有舍於都邑者也

晏子春秋曰齊景公夏遊獵又起大臺之役晏子諫曰春夏起役游獵奪民農時國家空虚不可景公曰吾聞相賢者國治臣忠者主逸吾年無幾矣言將老欲遂吾所樂卒卽聿反吾所好子其息矣晏子曰文王不敢盤于游田故國昌而民安楚靈不廢乾谿之役起章華之臺而民叛之今君不思將危社稷而爲諸侯笑臣聞忠不避死諫不違罪君不聽臣臣將逝矣景公曰唯唯唯唯從其諫也

楊子法言曰或曰爲政先殺後教歟曰於乎天先秋而後春乎將先春而後秋乎

梁元帝纂要曰春亦曰發生芳春青春陽春三春九春風曰陽風暄風柔風惠風景曰媚景和景韶景時曰良時嘉時辰曰良辰嘉辰芳辰節曰芳節嘉節韶節淑節草曰弱草芳卉木曰華木華樹芳林芳樹林曰茂林鳥曰陽鳥時鳥陽禽候鳥時禽好禽

夏書曰龜人之職凡攻龜用春時各以其物入于龜室龜六各異室也秋取龜及萬物成也攻治也治龜骨以春是時乾解不發傷也上春釁龜祭祀先卜

釁者殺牲以血塗之也鄭司農云祭祀先卜者卜其日與其牲玄謂先始用卜筮者言祭祀尊天地也世本作曰巫咸作筮卜未聞其人也是上春者夏正建寅之月月令孟冬云釁祀龜筴相互矣秦以十月建亥爲歲首則月令秦世之書亦或欲以歲首釁龜耳筮人上春相筮相謂更選擇其蓍龜歲易者歟

周書時訓曰驚蟄二月節桃始花時訓云桃若不花是謂否塞又云庫灾倉鶊鳴時訓云若不鳴即下不從上鷹化爲鳩時訓云若不化即寇賊數起春分二月中玄鳥至時訓云玄鳥不至即婦人不振雷乃發聲時訓云雷不發聲即諸侯失民又云遠人不服始電時訓云電若不見即人無威振

太平御覽卷第十九

太平御覽卷第二十

時序部五

春下　立春　春分

春下

説苑曰管仲曰吾不能以春風風人夏雨雨人吾道窮矣

白虎通曰嫁娶以春何春者天地交通萬物始生陰陽交接之時也

京房占曰春當退貪吏進柔良恤幼孤賑不足求隱士即萬物應節而生隨氣而長所爲春令

司馬法曰春不東征秋不西伐月食班師所以省戰也（謂春不成生秋不代熟夫兵陰象也月食則陰戮故息戰也）

顏氏家訓曰夫學者猶種樹也春翫其華秋取其實講論文章春之華也脩身利行秋之實也

徐子中論曰夫名之繫於實也猶物之繫於時也生物者春也吐華者夏也布葉者秋也收成者冬也斯無爲而自成者若強爲之則傷其性矣

風俗通曰赤春俗説赤春從人假貸家皆自乏之時謹案詩曰春日載陽有鳴鶬鶊月令衣青衣服蒼玉又爾雅春曰青陽凡三春時不得復赤也今里語曰相斥角牛原其所以言不當角牛春從人求索也（斥與赤音相似）

周生烈曰仁如春風惠如冬日

氾勝之書曰三月榆莢雨高地強土可種禾

投荒録曰南方春時晴霽即如夏陰雨即如冬不復有韶光麗景若通四時言之夏多而微有冬春與秋不復辯矣

陸機要覽曰九北樹生南岳雖經雪凝其花必開便落時人謂之應春花

眞誥曰正月庚申上帝殺害日不可請乞百事無益

登眞隱訣曰正月午天地凶門日不可建造穿鑿

又曰正月亥地破日不可開山動土

虞世南史略曰北齊盧士深妻崔林義之女有才學春日以桃花靧兒面（靧荒内切洗面也）呪曰取紅花取白雪與兒洗面作光悅取白雪取紅花與兒洗面作光澤取雪白取花紅與兒洗面作華容

楚辭曰獻歲發春兮汩吾南征

又曰目極千里兮傷春

又曰開春發歲兮承陽施惠養百姓兮

又曰王孫遊兮不歸春草生兮萋萋

又曰青春受謝（謝去也）白日昭（昭明也）

崔駰臨洛觀春賦曰迎夏之首　桃之夭夭揚柳依依

張衡歸田賦曰仲春令月時和氣清原隰鬱茂百草滋榮王雎鼓翼鶬鶊哀鳴交頸頡頏關關嚶嚶於焉逍遥聊以娛情

湛方生恰春賦曰夫榮凋之感人由色象之在鏡事隨化而遷迴心無主而虛映眄秋林而情悲遊春澤而心令孰云知其所以稟天感而叩性

古樂府詩曰青青園中葵朝露待日晞陽春布德澤萬物生光暉

張衡歌曰浩浩陽春發揚柳何依依百鳥自南歸翱翔萃我枝

李充春遊賦曰蓋適性之大暢乎遊而時和莫踰乎春

陸機樂府詩曰遊客芳春林春芳傷客心和風飛清響鮮

雲垂薄陰蕙草饒淑氣時鳥多好音翩翩鳴鳩羽喈喈鶬鶊吟

王廙春可樂曰春可樂兮樂孟月之初陽野暉赫以揮綠山翠蒨以發蒼

立春

禮記月令曰孟春之月是月也立春太史先三日謁於天子曰某日立春盛德在木天子乃齊（太史禮官之屬謁告）立春之日親率公卿諸侯大夫以迎春於東郊（迎春祀青帝靈威仰於東郊之北也）（周禮迎郊五十里也）還乃賞公卿大夫於朝命相布德和令行慶施惠下及兆民

傳曰凡分至啓閉必書雲物爲備故也（立春爲啓立冬爲閉）

又曰郯子對孔子曰少皞摯爲鳥師而鳥名青鳥氏司啓者也（青鳥鶬鶊也以立春鳴立夏止）

開元禮曰立春祀青帝於東郊（以太昊配以勾芒氏歲星三辰七宿從祀）立春後丑日祀風師於國城東北

易通卦驗曰立春條風至宋均注曰條風者條達萬物之風也

孝經鉤命決曰先立春七日勑獄吏決詞訟有罪當入無罪當出立春勑門欄無閉籥以迎春之精下弓戴櫜鼓示音聲動昆蟲也

孝經緯曰周天七衡六間曰立春後十五日斗指寅爲雨水後十五日斗指甲爲驚蟄後十五日斗指乙爲清明後十五日斗指辰爲穀雨

續漢書禮儀志曰立春之日夜漏未盡五刻京都百官皆衣青郡國縣官下至令史皆服青幘立青幡施土牛耕人于門外以示兆民

又曰立春之日下寬大書曰制詔三公方春東作敬始慎微動作順之罪非殊死且勿案驗

漢書曰元始中故事兆五帝郊於洛陽四方壇皆三尺無等立春于東郊祭東帝勾芒（月令章句曰東郊去邑八里木數也）車旗服飾皆青歌青陽八佾舞雲翹之舞返因賜文官太傅司徒以下縑各有差（漢官名秋曰賜司徒司空帛三十匹九卿十五匹古今注曰建武八年立春勑賜公十四卿七匹也）

又曰立春之日皆青幡幘迎春于東郭外令一童男冒青衣先在東郭外野中迎春至自野中則迎者拜之而還弗祭三時不迎

又郎顗上疏曰今立春之後火卦用事當溫而寒違反時節由功賞不至而刑罰必加也宜須立秋順氣行罰臣伏案飛候參察眾政（京房作易飛候）以爲立夏之後當有震裂涌水之害又曰自司徒居位陰陽多謬（時劉壽爲司徒陽嘉二年策免）至久無

虛巳進賢之榮天下興議異人同咨（咨嗟數也）且立春已來金氣再見（謂元年十二月巳丑夜白氣入玉井二年正月巳丑白虹貫日此金氣再見也）金能勝木必有兵氣宜黜司徒以應天意

又郎顗對問曰方春東作報德之始元氣開發養導萬物王者因天視聽奉順時氣務崇溫柔遵行月令（禮記月令孟春天子命相布德和令行慶施惠下及兆人仲春安萌芽養幼少存諸孤省囹圄去桎梏止獄訟）而今立春之後考事不息秋冬之政行乎春故虹春見掩蔽日曜凡邪氣乘陽則虹蜺在日斯皆執事刻急所致殆非朝廷優寬之本此其變常之咎也

又曰孔子作春秋書正月者敬歲之始也（公羊傳曰元年春王正月元年者何君之始年也正月者何歲之始）王者則天之象因時之序宜開發德號爵賢命士流寬大之澤垂仁厚之德（禮祀迎春於東郊還乃賞公卿諸侯大夫於朝命相布和令行慶施惠下及兆人慶賞遂行無有不當）順助元氣含養庶類如此

則天文昭爛星辰顯列五緯循軌四時和睦（五帝五星）否則天陽不光天地溷濁時氣錯逆霾霧蔽日（爾雅曰風而雨土爲霾也）自立春以來累經旬朔未見仁德有所施布但聞罪罰考掠之聲夫天之應人疾於影響而自從入歲常有蒙氣月不舒光日不宣曜日者太陽以象人君政變於下日應於天清濁之占隨政抑揚天之見異事無虛作豈獨陛下倦於萬機帷幄之政有所闕歟

晉書禮志曰太史每歲上年曆先立春讀五時令服各隨方色帝御座尚書以下就席詔賜酒一巵

唐書曰景龍中中宗孝和帝以立春日宴別殿内出剪綵花令學士賦之

又曰景龍四年正月八日立春上令侍臣自芳林門經苑東度入仗至望春宮迎春内出綵花樹人賜一枝

荊楚歲時記曰立春日悉剪綵爲燕以戴之帖宜春之字傳咸燕賦有其言矣（傳咸燕賦云四氣代王敬逆其始彼應運而方臻乃設燕以迎止翬輕翼之岐岐若將飛而未起何夫人之功巧式儀形之有似御青書以贊時著宜春之嘉祉）

周書時訓曰立春之日東風不解凍號令不行蟄蟲不震陰氣姦陽魚不上冰甲冑私藏雨水之日獺不祭魚國多盜賊鴻鴈不來遠人不服草木不萌動果瓜不熟

國語曰農祥晨正唐固注曰農祥房星也晨正謂晨見南方謂立春之日

齊人月令曰凡立春日食生菜不可過多取迎新之意而已及進漿粥以導和氣

四時纂要曰立春貯水謂之水神釀酒不壞

修真入道秘言曰以立春日清朝北望有紫緣白雲者爲三元君三素飛雲也乘八輿之輪上詣天帝（是太素三元君姓眞也天帝是天帝玉清君）天子候見再拜自陳某乞乞得侍給輪轂（以意云云若雖不見輿服之形亦宜拜乞之他放此）三過見元君之輦者白日昇天（按舉場常試立春日望三素雲詩取此事）

眞誥曰立春日勿行威刑（八節同此）

論衡曰立春爲土象人男女各二秉耒鉏（鉏與鋤同）或立土牛象人土牛未必耕也順氣應時示率下也

春分

禮曰春分之日玄鳥至後五日雷乃發聲後五日始電

傳曰玄鳥氏司分者也（春分來秋分去）

易通卦驗曰震東方也主春春分日青氣出直震此正氣也氣出右物半死氣出左蛟龍出震氣不出則歲中少雷萬物不實人民疾熱

孝經説曰春分之日日在中衡

又曰斗指卯爲春分

齊人月令曰春分不殺生不吊疾君子齊戒衣夾衣導引不食生冷

白虎通曰明庶風春分至王者修封疆理田疇

太平御覽卷第二十

太平御覽卷第二十一

時序部六

夏上

爾雅曰夏爲朱明孫炎曰夏氣赤而光明

又曰爲昊天

又曰夏爲長贏

又曰夏祭曰礿礿上帝魚初薄也夏時百穀未登可礿者薄也

釋名曰五月謂之蕤賓蕤者下也賓者敬也言陽氣下陰氣上極陰氣始賓敬之也

書曰夏暑雨小民亦唯曰怨咨

又堯典曰申命羲叔宅南交申重也交言夏與春交平秩南訛訛化也掌夏之官平序南方化育之事日永星火以正仲夏永長也謂夏至之日也蒼龍之中星舉中則七星見可知也厥民因鳥獸稀革因謂老弱因就在田夏時鳥獸毛羽稀少

詩曰四月秀葽不榮而實曰秀葽草也

又曰正月繁霜我心憂傷正月夏之四月建巳之月純陽用事而霜多急恒寒若之異傷害萬物故心爲之憂傷民之訛言亦孔之將

又曰綢繆束楚三星在戶三星五月中直戶也箋云心星在戶謂五月之節六月之中

今夕何夕見此粲者

又曰維此六月既成我服我服既成于三十里

又曰六月食鬱及薁鬱棣屬薁蘡薁也

又曰六月莎雞振羽

又曰四月維夏六月徂暑徂往也六月火星中暑盛而往矣箋云徂猶始也六月乃始盡暑與人爲惡亦有漸非一朝一夕

又曰無冬無夏值其鷺羽

又曰冬之夜夏之日百歲之後歸于其室

傳曰龍見而雩龍角亢星也建巳月昏見東方

禮曰四月之節日在昴立夏爲四月之節昏翼中曉牽牛中斗建巳位之初其日丙丁丙丁屬火主夏故云其日丙丁其帝炎帝其神祝融昔炎帝神農氏以火德繼天而王故爲夏帝火正曰祝融爲火神佐炎帝於夏其蟲羽南方朱鳥羽蟲之長凡有羽之類皆屬於火故曰其蟲羽其音徵三分宮去一以生徵徵數五十四屬火以其徵清事之象也夏氣和則徵聲調樂記曰徵亂則哀其事勤律中仲呂四月氣至則仲呂之律應仲呂者無射之所生三分益一管長六寸六分立夏之日螻蟈鳴後五日蚯蚓出後五日王瓜生盛德在火迎夏於南郊迎夏爲祀赤帝命樂正習盛樂爲將大雩先習盛樂自鞀鞞至祝敔皆作曰盛樂中氣日在畢小滿爲四月中氣昏軫中曉須女中斗建巳位之中小滿之日苦菜秀後五日靡草死後五日小暑至挺重囚出輕繫挺猶寬也重囚之至秋方決輕繫出而捨之無起土功無發大衆無伐大樹爲妨蠶農之事天子初衣暑服論語曰當暑袗絺綌謂暑服無大田獵恐傷生氣以含桃先薦寢廟含桃櫻桃也先薦寢廟後乃食之蠶事既登后妃獻繭后妃獻繭者其成功也天子飲酎用禮樂酎之言醇也春酒至此始成與群臣飲之

又曰五月之節日在參芒種爲五月節也昏角中曉危中斗建午位之初律中蕤賓五月氣至則蕤賓之律應蕤賓者應鍾之所生三分益一管長六寸三分其日其音其數並同孟夏芒種之日螳蜋生後五日鶪始鳴後五日反舌無聲繫騰駒恐相蹄齧班馬政馬政謂掌十二閑養馬之政教聚蓄百藥因草木蕃廡之時則採聚百藥中氣日在東井夏至爲五月中氣昏亢中曉營室中斗建午位之中夏至之日鹿角解後五日蜩始鳴後五日半夏生祀皇地祇於方丘夏至之日祀皇地祇於方丘以高祖神堯皇帝配坐以岳瀆等神從祀日長至陰陽爭死生分夏至之日漏刻長陽氣欲衰陰氣欲興陽日生陰日死至之日相與分君子齊戒以陰陽相爭之時務欲安靜薄滋味無致和謂陰氣始興身尚靜味尚薄節嗜慾定心氣微陰扶精不可散無用火於南方陽氣盛又用火於其方害微陰可以居高明可以遠眺望可以升山陵可以處臺榭是月暑氣方盛可以登高遠望順陽居上

又曰六月之節日在東井小暑爲六月之節昏氐中曉東壁中斗建未位之初律中林鐘六月氣至則林鐘之律應林鐘者黃鐘之所生三分去一管長六寸其日其音其數並同孟夏小暑之日溫風至後五日蟋蟀居壁後五日鷹乃學習中氣日在柳大暑爲六月中氣昏尾中曉奎中斗建未位之中大暑之日腐草爲螢後五日土潤溽暑後五日大雨時行命有司入山行木無有斬伐爲其未堅成也中央土火休而盛總在其日戊巳戊巳屬土故云其日戊巳其帝黃帝其神后土昔黃帝軒轅氏以土德繼天而王故爲黃帝土官之神曰后土其蟲倮無毛羽鱗介之類其音宮聲始於宮宮數八十一屬土以其最大樂爲曰宮亂則荒其君驕律中黃鐘之宮黃鍾主十一月土在林鍾夷則之間各有分主不可假借故引黃鐘之清宮以爲土律其管半黃鐘之管長四寸五分則黃鐘之清宮也故季夏十八日已後土王氣至則黃鐘之宮應之也其祀中霤祭先心中霤猶中室也祭中霤之禮爲祀先進心也

又曰樂正崇四術立四教春夏教以詩書春夏陽也詩書者聲亦陽也

又曰凡學春夏學干戈干盾也戈句子戟也干戈萬舞象武也用動作之時學之

又曰春誦夏絃太師詔之誦謂歌樂也絃謂以絲播詩陽用事則學之以聲

又曰春作夏長仁也

又曰明堂位曰季夏六月以禘禮祀周公於太廟朱干玉戚冕而舞大武皮弁素積裼而舞大夏

周禮曰蕤賓午之氣五月建午而辰在鶉首

又曰山虞以仲夏斬陰木鄭衆曰陰木秋冬生者鄭玄曰陰木生山北者冬斬陽夏斬陰堅濡調也

又曰凌人掌冰凌冰室也夏頒冰暑氣盛王以冰頒賜也

又曰柞氏掌攻草木及林麓夏日至令刊陽木而火之

又曰夏見曰宗宗尊也義取主火大行人云夏宗以陳天下之謨

穀梁傳曰四時之田皆爲宗廟之事也夏田曰苗因爲苗稼除害故曰苗

皇覽逸禮曰夏則乘赤輅駕赤騂載赤旗以迎夏於南郊其祭先黍與雞居明堂正廟啓南戶

尚書大傳曰南方者何也任方也任方者物之方任何以爲之夏夏者假也吁荼萬物養之外者也故曰南方夏也

又曰主夏者火火昏中可以種黍菽上告乎天子而下賦之民

三禮義宗曰夏大也謂萬物長大也夏謂南者南任也

又曰火正曰祝融者祝甚也融明也言夏時物氣甚明也

又曰南岳謂之霍霍者護也言陽氣用事盛夏之日護養萬物故以爲稱

又曰六月小暑爲節者此以相刑爲名刑大暑故謂之小暑六月之初暑氣熱未極故以小爲名大暑爲中者自十一月一陽爻生從地下而出至此之時方始上徹陽氣併出地上大暑旣極故大暑爲中

大戴禮曰夏以教士車甲士執伎論力循四衛强股肱質射御才武聰慧治衆長不可以爲儀綴於國出可以爲率誘於軍旅四方諸侯之遊士國中之賢者閱焉方夏三月養長莠蕃庶物於時有事享于皇考爵士之有慶者七人以成夏事

易通統圖曰夏日月行東南赤道曰南陸

尚書考靈耀曰火星爲夏期專陽相助同精感符

詩含神霧曰曹地處季夏之位土地勁急音中徵其聲清以急

春秋繁露曰夏樂氣故養也

孝經說曰斗指午爲夏

鶡冠子曰斗柄南指天下皆夏

史記曰舉者亦尚堯舜言德行曰夏日葛衣冬日鹿裘

又曰田嬰有子四十餘人其賤妾有子名文以五月生嬰告其母曰勿舉也其母竊舉生之及長因其兄弟而見其子文於田嬰田嬰怒其母曰吾令若去此子敢生之何也文頓首因曰君所不舉五月子者何故嬰曰五月子者長及戶齊將不利其父母文曰人生受命於天君何憂焉必受命於戶則可高其戶耳誰能至戶者嬰曰子休矣

又曰熒惑南方夏火禮也視也禮虧視失逆夏令傷火氣罰見熒惑逆行二舍爲不祥居之三月國有殃五月受兵七月半亡地九月太半亡地

又曰漢武帝始幸雍郊見五帝以孟夏四月答禮焉

又曰賈誼既以謫居長沙長沙卑濕自以爲壽不得長傷悼之乃爲賦以自廣曰單閼之歲兮四月孟夏（歲在卯日單閼）庚子日斜兮鵩集余舍

五行志曰秦始皇九年四月大寒人多凍死時嫪毐及大臣二十餘人車裂以徇而滅宗放遷四千餘家于房陵

漢食貨志曰朝錯曰今農人五口之家其服役者不下二人其能耕者不過百畝百畝之收不過百石春耕夏耘秋穫冬藏采樵治官病給役使春不得避風夏不得避暑熱秋不得避陰雨冬不得避寒凍四時間無休息

漢書魏相上書曰南方之神炎帝乘離執衡司夏（張晏曰火爲禮禮者齊平故爲衡也）

又曰昔魯昭公十七年六月朔日食說曰正月謂周六月夏四月正陽純乾之月也止慝謂陰爻也冬至陽爻起初故曰復至建巳之月爲純乾亡陰爻己生伐陽爲災重故伐鼓用幣責陰之禮劉歆爲六月二日魯分也

又漢元帝永初元年四月日色青白亡景（韋昭曰下無景也景謂惟晉見）耳正中時有景亡光（韋昭曰無光耀也）是夏寒至九月日乃有光

續漢書律歷志曰日行南陸謂之夏

續漢書禮儀志曰五月五日朱索五色桃印爲門戶飾以止惡氣

又曰仲夏之月陰氣萌作恐物不茂其禮以朱索連葷以施門戶

又曰立夏之日夜漏未盡五刻京都百官皆衣赤衣迎夏於南郊

後漢書張純奏議禮三年一祫五年一禘禘祭以夏四月夏者陽氣在上陰氣在下（四月乾卦用事故言陽氣在上）故正尊卑之義也

謝承後漢書曰羊茂字季寶爲東郡守夏處單板榻

又曰宋均爲九江太守五日一視事夏以平旦

晉書曰魏末有孫登字公和汲郡人無家屬時人於汲縣北山上土窟中得之夏則編草爲裳

又曰肅愼國一名挹婁夏則巢居

晉書曰山濤將去選官舉嵇康自代康與濤書告絕且曰性巧而好鍛宅中有一柳樹甚茂乃激水圜之夏月居其下以鍛東平呂安服康高致每一相思千里命駕每鍛而向秀爲佐

又五行志云晉義熙時桓玄既篡位謠曰草生及馬腹烏啄桓玄目及玄敗走至江陵時當五月中被誅

晉陽秋曰車胤字武子家貧讀書不常得油夏月則練囊盛數十螢以夜繼日

沉約宋書云羊欣字敬元父不疑爲烏程縣令欣時年十
二王獻之爲吳興守甚知愛之嘗夏月入縣欣着新練裙
晝寢獻之書數幅而去欣本工書因此彌善
又曰劉敬宣八歲喪母四月八日入寺及下頭上金鏡爲
母灌佛因泣下悲不自勝
北齊書曰僕射魏收字伯起初習武不成改節讀書夏月
坐板牀隨逐樹陰諷讀累年牀爲之鋭遂工辭令也
南史曰梁何遠爲武昌太守武昌俗皆汲江水盛夏遠患
水溫每以錢買人井寒水不受錢者則以水還之其他事
率多此類
陸翽鄴中記石季龍於冰井臺藏冰三伏之月以冰賜大
臣
趙書曰汲桑六月盛暑而垂重裘累茵使十餘人扇之患

不得清涼斬扇者軍中爲之謠曰奴爲將軍何可羞六月
重茵被狐裘不識寒暑斷人頭
三十國春秋燕王慕容熙后符氏嘗季夏思凍魚膾仲冬
須生地黃皆下有司切責之不得加之以辟焉
隋書曰煬帝大業十二年五月上幸玉華宮徵求螢火得
數斛夜出遊於山而放之光遍巖谷
續會要曰貞元六年五月朔御紫宸殿受朝先是上以五
月一陰生臣子道長君父道衰非善月也因創是月朝見
之儀也
國語曰魯宣公夏濫於泗淵(漬罟於泗水之泉以取魚)里革斷其罟而
棄之曰古者大寒降土蟄發(寒氣下謂季冬建丑之月土蟄發謂孟春建寅之月)水
虞於是乎講罛罶取名魚登川禽而嘗之寢廟行諸國人
助宣氣也(水虞漁師也罟魚網罶笱也言陽氣起魚負冰故令國人取之)今魚方別孕不
教魚長又行網罟貪無藝也公曰吾過矣(藝猶極也)
吳越春秋曰越王念吳之復夏則握火○說苑曰趙簡子
謂陽虎曰樹李春夏得休息秋得食樹蒺藜者夏不得息
秋得刺今子種樹蒺藜耳
太公金匱曰紂常以六月獵於西土發民逐禽民諫曰今
六月天務覆施地務長養今盛夏發民逐禽而元元懸於
野君殘一日之苗而民百日不食天子失道後必無福紂
以爲妖言而誅之後數月天暴風雨發屋折木
六韜曰武王伐殷得二大夫而問之曰殷國常雨血雨灰
雨石小者如雞子大者如箕常六月雨雪深丈餘武王曰
大哉妖也其一人曰是非大妖也殷國大妖三十七章雨
血雨灰雨石盛夏雨雪臣不爲妖災武王蹶然而問三十
七章之妖對曰殷君好射人以餧虎喜割人心喜殺孕婦

喜煞人父孤人之子(上數事皆三十七章之事)
又曰夏不操扇冬不服裘天雨不張蓋名曰禮將
又曰冬冰可折夏條可結
傅子曰夏令披裘冬令披褐雖有嚴令終不從者逆也
世說曰郗嘉賓三伏之月詣謝公炎暑方盛雖復當風交
扇猶沾汗流離
又曰周鎮罷臨川還都泊清溪時夏暴雨舡舫狹小而漏
殆無坐處丞相王導曰胡威之清何以過此
又曰劉真長始見王丞相時盛暑之月丞相以腹熨彈棊
局曰何如乃渹(吳人以冷爲渹也音楚敬反)劉既出人問見王公如何
劉曰未見他異唯作吳語耳
又曰胡廣本姓黃五月生父母惡之乃置之甕投於江胡
翁見甕流下聞有小兒啼聲往取因長養之以爲子遂七

登三司流中庸之號廣後不治其本親服云我本親以己爲死人也世以爲深識焉

又曰謝遏按謝朗小名遏夏月常仰臥謝公清晨卒來未服著衣跣出屋外方躡履問訊公曰汝可謂前踞後恭

語林曰何平叔美姿儀而絕白魏文帝疑傅以粉夏月與熱湯餅既啖大汗出隨以朱衣自拭色轉皎然

又曰陸機夏在洛忽思東頭竹篠飲語劉寶曰吾思鄉轉深矣

公孫尼子曰孔子有病哀公使醫視之醫曰子居處飲食何如孔子曰春居葛籠夏居密陽秋不風冬不煬飲食不饋飲酒不勤醫曰是良藥也

太玄經曰蒙南方也夏也物之脩長也皆可得而載也謂長出向上也

括地圖曰天毒國最暑熱夏草木皆乾

白虎通曰六月謂之林鍾林者衆也萬物成熟類衆多也

蔡邕月令章句曰百穀各以其初生爲春熟爲秋故麥以孟夏爲秋

祠令曰季夏土王日祀黃帝於南郊帝軒轅配后土從之

又曰季夏迎氣日祀中霤

太平御覽卷第二十一

太平御覽卷第二十二

時序部七

夏中

莊子曰井魚不可以語海夏虫不可以語冰

文子曰政失於夏熒惑逆行夏政不失則降時雨

列子曰鄭師文學琴於師襄當夏而叩羽絃以召黃鍾霜雪交下川池暴冱

管子曰夏日不煬非愛火也冬日不盥非愛水也爲不適於身不便於體也夫明王不美宮室非喜小也爲傷本也

又曰南方其時曰夏夏氣陽陽生火其德施舍是謂曰德

又曰春不收枯骨檽𦵔伐枯木而去之則夏旱至矣

鄒子曰季夏取桑柘之火

尸子曰夏爲樂南方爲夏夏興也南任也是故萬物莫不任興蕃殖充盈樂之至也

韓子曰季孫相魯令五月掘長溝子路私秩飲之孔子覆其飲曰魯有民焉汝輒擾之何也

淮南子曰明庶風後四十五日清明風至則出幣帛使諸侯立夏長養布恩惠故聘問諸侯賢者之風

抱朴子曰洪從祖仙公每大醉夏輒入源泉底一日許乃出能閉氣胎息故耳

又曰謂夏必長而薺麥枯謂冬必凋而竹栢茂日盛陽宜暑夏天未必無涼日極陰宜寒隆冬未必無暫溫也

又曰世之豪士暑夏之日露首袒身唯在樗蒲彈棊不離綺紈之側也

又曰或問不熱之道荅曰或以立夏日服六壬六癸之符或服玄冰之丸或服飛霜之散

鬻子曰扇翣微動涼風夏生

范子計然曰德取象於春夏刑取象於秋冬

周書時訓曰六月節溫風至溫風不至即時無緩政蟋蟀居壁若不居壁即恒急之暴

又云門戶不通鷹乃學習若不學習即寇戎不備

又曰六月中氣後五日腐草化爲螢若不化螢即穀實鮮落土潤溽暑若不溽暑即急應之罰大雨時行若不時行即恩不及下

又曰夏取棗杏之火

符瑞圖曰麟夏鳴曰養綏

隱訣曰四月戊天地凶門日不可入山建創四月十一日地破日不可開山動土

又曰立夏之日日中五帝會諸仙人於紫微宮見四眞人論求道之功罪

董勛問禮俗曰五月俗稱惡月俗多六齋放生案月令仲夏陰陽交死生分君子齋戒止聲色節嗜慾

素問曰岐伯曰夏三月此謂蕃秀天地氣交萬物華實夜卧蚤起毋厭於日使志毋怒使英華成秀使氣得泄若所愛在外此夏氣之應也養生之道也逆之則傷心秋爲痎瘧冬至重疾夏三月天地陰陽之氣交合者万物華實故言夏生長於万物成實者也夜卧早起是貪於夏氣不厭於日者也是曉卧早起明於陽氣之盛者也人志氣毋怒陽氣成結秀實以成其氣得泄陽者也万物成結於夏受之因此夏陽氣之所應也能合其氣則是養生之道也逆之則傷損於心心者夏王也故言傷心傷則秋必病痎瘧故言夏傷於暑秋病痎瘧者不從其氣則火爲逆也是故傷逆深者損於陽氣故冬至陰盛必重病

大衍星分圖曰五月午日日月會于鶉首

又曰六月日月會于鶉火

嶺表錄異云枹木其輕如通草夏月著之隔卑濕地氣如

杉木今廣州諸郡牧守初到任下櫓皆有油畫抱履

又曰南中夏秋多惡風彼人謂之颶(南越志云風起則人心恐懼或云風來則四面具足二義皆有理也)壞屋折樹不足喻也甚則吹屋瓦如飛蝶或三二年不一風或二年兩三風亦繫廉帥政德之否藏者然發則自午及酉夜半必止此乃飄風不終朝之義也

南荒録曰新州男子婦人皆縝髮如雲每沐以灰投水中遂就水而沐之以彘膏塗其髮五六月秔秫未獲時民飢盡髡取髮鬻於市旣髮即復以彘膏塗之至來年五六月又可鬻矣

投荒録曰嶺南方盛夏率一日十餘陰十餘霽雖大雨傾注頃即赫日已復驟雨大凡嶺表夏之炎熱甚於北土且以時熱多又蒸鬱此爲甚惡自三月至九月皆蒸熱

梁元帝纂要曰夏日朱明(氣赤而光明)亦曰長嬴(以征切)朱夏炎夏三夏九夏天曰昊天(言氣浩汗)風曰炎風節曰炎節草曰茂草雜草木曰蔚林茂林密樹茂樹孟夏亦曰維夏首夏季夏亦曰徂暑(徂往也言暑始往)

四時纂要曰四月也是謂乏月冬穀旣盡宿麥未登宜賑乏絶救飢窮九族不能自活者救之無固蘊蓄而忍人之貧貸貨殖之宜忌種福之利君子弗取也

陸機纂要曰夏樹名連陰夏雨名綿雨

攝生月令曰四月爲乾(生氣卯死氣酉)是月也萬物以成天地化生勿冒極熱勿大汗後當風勿暴露星宿皆成惡病勿食大蒜勿含生薤勿食雞肉勿食蛇鱓是月肝藏以病神氣不行火氣漸臨水力漸衰稍補腎助肺調和元氣無失其時是月八日不遠行宜安心靜念沐浴齋戒必得福慶

齊人月令曰四月八日不宜殺草木始服生衣宜進溫酒服溫藥是月也無壞覆卵無伐大樹是月也宜以夙興如

酉陽雜俎曰俗忌五月上屋言人五月蛻精神如上屋即自見其形魂魄則不安矣

窮神祕苑幽明録曰漢武帝與群臣宴於未央殿方食棗帝見梁上有一老翁長八九寸仰覩屋宇俯視帝脚東方朔曰此水木之精其名藻兼夏乃巢林冬即居河此來訴爾所視殿名未央下視脚者足於此也上乃悉罷諸役

徐整長曆曰北斗當崑崙氣注天下春夏爲露秋冬爲霜

兵書曰夏出兵赤旗在前執前行

地鏡經曰五月中草木葉有專厚而無汁枝下垂者其地有王

師曠占曰春夏一日有霜雪者君父治政大殿(都甸切)大殺天以示之何以言之霜威殺萬草坐大殺也見變如此宜

損威殺重人之命也

焦贛易林曰仲春孟夏和氣所在生我嘉福國無殘賊

又曰六月採芑征伐無道張仲方叔尅勝飲酒

又曰六月種黍歲晚不雨秋不縮酒神失其所

趙自勉造化權輿云潮者陰陽氣所激五月無潮陰氣微也八月最大則陰盛也

陸機要覽曰昔羽山有神人焉逍遥於中岳與左元放共遊子訓所坐欲起子訓應欲留之一日之中三雨今呼五月三時雨亦爲留客雨

桓譚新論曰漢中送王仲都時夏大暑使曝日坐又環以十鑪火不言熱而身不汗出

五行大義論曰未者昧也陰氣已長萬物稍衰其體變昧於未又時物向成皆有氣味也

五行體性論云土在四時之中處季夏之末陽衰陰長居位之中揔於四德（謂金木水火）積塵成實積則有間有間故水火成實所能持也故土以含散持實爲體稼穡爲性

又曰土苞四德故其體能兼虛實也

論衡曰夫虎出有時猶龍見有期也陰物以冬見陽虫以夏出出應其氣氣動其類參伐以冬出心尾以夏見參伐則虎星心尾則龍象星出而物見氣至而類動天地之性也

又曰盛夏之時當風而立隆冬之月嚮日而坐其夏欲得寒冬欲得溫也或當風鼓箑嚮日燃爐然而天終不爲冬夏易氣者寒暑有節不爲人變改也

又曰陽燧取火於五月丙午日中之時消鍊五石鑄以爲器摩勵生光仰以嚮日則火來至此真取火之道也

又曰陽燧取火於天消鍊五石五月盛夏鑄以爲器乃能得火今又但取刀劒銅鉤之屬摩以嚮日亦得火焉

又曰以夏進鑪以冬奏（奏亦進也）扇此無益人君不遇災患幸矣

又曰方今盛夏雷雨時至龍多登雲雲雨與龍相應乘雲雨而行物類相致非有爲也

又曰夏末蜻蛚（蟋蟀也）鳴寒螿啼感陰氣也雷動而雉驚啓蟄而蚓出感陽氣也

又曰世俗之事亦有緣也夫正月歲始五月陽盛子以此月生精盛熾熱烈厭勝父母父母不堪將受其患相倣傚莫謂不然有空諱之言無實凶之效世俗惑之誤非之甚也諱舉正月五月子以爲正月五月子殺父與母不得舉也以舉之父母偶死則信而謂之真矣夫正月五月子何故殺父與母人之含氣在腸腹之內其生十月而産共元氣也正月與二月何殊五月與六月何異而謂之凶世傳此言久矣

又曰實說雷者太陽之微氣也何以明之正月始雷五月陽盛故五月雷迅冬乃雷潛盛夏之時太陽用事陰氣乘之陰陽分爭則相激射爲毒毒中人輒死中木木折中屋屋壞

諸葛亮出軍表曰五月渡瀘深入不毛之地

陶潛集曰潛常言五月六月中北牕下卧凉風暫至自謂羲皇上人

穆天子傳曰季夏丁卯天子北斗外于舂山之上以望四野曰舂山是惟天下之高山也孳木華不畏雪天子乃取孳木華之實持歸種之

又曰天子四月休于濩澤（今平陽濩澤縣是也濩音穫）於是射鳥獵獸

宋躬孝子傳曰何子平事母至孝母喪年六十有孺子之慕夏避清凉

永昌郡傳曰朱提郡有堂狼山山多毒草盛夏之月飛鳥過之不能得去

嵇康高士傳曰被裘公者吴人延陵季子出遊見道中有遺金顧而謂公曰取彼金公投鐮瞋目拂手而言曰何子之高而視之卑五月被裘而負薪豈取金者哉季子大驚既謝而問姓名公曰吾子皮相之士而安足語姓名也

襄陽耆舊傳曰黄穆字伯開博學爲山陽守有德政弟奂字仲開爲武陵太守貪穢無行武陵人謠曰天有冬夏人有二黄（言不同也）

周處風土記曰仲夏雨濯枝盪川注云此節常有大雨名

澀披

又曰梅熟時雨謂之梅雨

又曰仲夏長風扇暑注云此節東南常有風至俗名黄雀長風

盛引之荆州記曰宜都㚑山縣有風穴穴口大數尺名爲風井夏則風出冬則風入樵人有冬過者置笠穴口風吸之經日還涉長陽溪而得其笠

又曰穚洲在郡南四里對南津常看如下及至夏水懷山諸洲皆没穚洲獨在

荆楚歲時記曰四月也有鳥名穫穀其鳴自呼農人候此鳥鳴則去梨根岸爾雅云鳲鳩鵠鵴郭璞云今布穀也江東呼穫穀崔寔正論云夏扈趣耕鋤即竊脂室鳥呼穫穀則其夏意也

又曰俗忌五月曝牀薦席

異苑云新野庾寔嘗以五月曝席忽見一小兒死在席上俄失之其後寔子遂亡或起於此或問董勛曰俗五月不上屋云五月人蛻上屋見影魂便去勛答云蓋秦時王自爲之禁夏不得行漢魏未改案月令仲夏可以居高明可以遠眺望可以升山陵可以處臺榭鄭玄云頓陽在上也今云不得上屋正與禮反敬外云見死小兒而禁曝席何以異此乎俗人月諱何代無之但當矯之歸於正

洞冥記曰東方朔母田氏寡夢太白星臨其上因有娠田氏歎曰無夫而孕人得棄我乃移向代郡之東方里五月生朔仍以所居爲姓

搜神記曰夫金錫之姓一也以五月丙午日中鑄爲陽燧以十一月壬子夜半鑄爲陰燧言丙午日鑄爲陽燧可取火壬子日鑄爲陰燧可取水

又曰吴猛性至孝小兒時在父母邊卧時夏月多蚊虫而不摇扇懼蚊虫去我及父母

王子年拾遺記曰洞庭之山浮於水上其下有金堂數百間帝女居之四時聞金石絲竹之音徹於山頂楚懷王時舉群才賦詩於水湄故云瀟湘洞庭之樂聽者令人難去雖咸池簫韶不能比焉每四仲之節王常繞山以遊宴各舉四仲之氣以爲樂章推仲夏律中夾鍾乃作輕風流水之詩讌於山南時中樊寶乃作皓露秋霜之曲

寒溪

武昌記曰樊山東有小溪盛夏時凛然常有寒氣故謂之寒溪

洽聞記云驪州安遠縣西百六十里有温山其山冬夏常雨山傍有水冬夏常熱水氣醒臭至寒野獸依集水邊取其暖氣

西京雜記曰天子夏設羽扇

宋王玄謨壽陽記曰明義樓南有明義井夏有冷漿甜飲

米飯羅扇羽扇有三浴室上以清王侯宰吏中以涼君子士流下以涼庶類也

楚詞曰滔滔孟夏兮草木莽莽滔滔孟夏四月純陽用事煦然盛熾萬物草木之類葉不莽莽然盛茂傷懷永哀兮汩徂南土汩行貌徂往也

太平御覽卷第二十二

太平御覽卷第二十三

時序部八

夏下　立夏　夏至

夏下

淮南子曰中央土其帝黃帝(黃帝以土德王天下號曰軒轅氏死託祀於中央之帝)其佐后土執繩而制四方止其神爲鎮星其獸黃龍(土色黃也)其音宮其日戊己(音土也戊己土日也)

又曰孟夏之月南宮御女赤色衣赤采吹竽笙(火生南方故爲南宮也竽笙空中象陽故吹)其兵戟(戟有枝幹象陽布散也)四月官田其樹桃(四月勉農事故官田也桃說與杏同)五月官相其樹榆(是月養氣長養故官相佐也榆說閒未也)季夏之月中宮御女黃色衣黃采其兵劍(季夏中央也劍有兩刃喻無所不主也)

又曰貧人則夏被褐帶索含菽飲水支暑熱冬則羊裘蔽體短褐不掩形而煬竈口○又曰鄒衍事燕惠王盡忠左

右諸之繫之仰天而哭夏五月天爲之降霜

又曰陽氣爲火陰氣爲水水勝故夏至濕火勝故冬至燥八尺之表影脩尺有五寸影脩則陰氣勝短則陽氣勝陰氣勝則爲水陽氣勝則爲旱

又曰南方之極自北戶孫之外(北戶孫國名也日在其北皆爲北向戶)貫顓頊之國南至委火炎風之野夏赤

又曰夏赤帝祝融之所司者萬二千里(赤帝炎帝少典之子號爲神農南方火德之帝也祝融顓頊之孫老童之子吳回也名一黎爲高辛氏火正號爲祝融死爲火神也)其令曰爵有功賞有德惠賢良救飢渴舉力農振貧窮惠孤寡憂罷(音疲)疾出大貨起毀宗立無後封建侯立賢輔(應陽施也)

又曰夏行春令則多風(象春木氣多風)

又曰孟夏招搖指巳盛德在火

又曰六月失政十二月草木不脫(不脫葉著樹不零落也)

又景風至則施爵位賞有功(夏至陰氣在下陽盛於上象陽布施故賞有功封建諸侯)

又曰夏治以衡衡者所以平萬物也衡之爲度也緩而不後平而不怨施而不德匝而不責常平民祿以繼不足勅勅揚揚唯得是行養長化育萬物蕃昌以成五穀以實封疆其政不失天地乃明(明理也)

呂氏春秋曰杜厲叔事莒閔公以爲不知去居海上夏食菱芡冬食橡栗

呂氏春秋曰季夏之月令漁師伐蛟外龜(漁師掌漁官蛟有鱗害人難得故言伐龜神可以決吉凶入宗廟尊之故言外蛟則害龜則神也)

傅玄述夏曰四月維夏運臻正陽和風穆而扇物麥含露而飛芒鳳皇昇而王蕢秀(王蕢草名)龍辰中而螢火翔

魏文帝詩曰夏時饒温和避暑就清涼比坐高閣下延賓作名倡嘉餚重疊來珍果在一傍棊局縱橫陳博弈合雙

揚功拙更(平聲)勝負歡美樂人腸從朝至日夕安知夏節長

賈誼鵩鳥賦曰單閼(音遏)之歲兮四月孟夏庚子日斜兮鵩集予舍

立夏

禮記月令曰四月之節日在昴(立夏爲四月節)昏翼中曉牽牛中斗建巳位之初其日丙丁立夏之日螻蟈鳴太史以先立夏三日謁於天子曰某日立夏盛德在火天子乃齋立夏之日天子親率三公九卿大夫迎夏於南郊還乃賞公卿諸侯大夫於朝慶賜遂行無不欣悅命相贊傑俊遂賢良舉長大(贊猶揚也遂猶進也傑俊謂才兼於人者)行爵出祿必當其位(無虛授也)

易說曰立夏清明風至而暑鸛鳴博穀飛電見龍外天(龍心星名)

易通卦驗曰立夏雨螻蛄鳴

三禮義宗曰四月立夏爲節者夏大也至此之時物巳長大故以爲目小滿爲中者物之生長小得並滿故以小滿爲名也

孝經緯曰穀雨後十五日斗指辰東南維爲立夏後十五日斗指巳爲小滿

續漢書禮儀志曰立夏之日夜漏未盡五刻京師百官皆衣赤至季夏衣黄

抱朴子曰或問不熱之道荅曰立夏之日或服玄冰丸或服飛霜散及六壬六癸之符則不熱幼伯子王仲都此二人衣之以重裘曝之於夏日之中周以十爐之火口不稱熱身不流汗蓋用此方者也

淮南子曰春分加四十六日而立夏大風濟（濟止也）音比夾鍾（夾鍾二月也萬物去陰夾陽而生也）加十五日指巳則小滿（滿冒也）音比太蔟（太蔟正月律也蔟之言陰衰陽發萬物蔟地而生）

周書時訓曰立夏之日螻蟈不鳴水潦淫漫蚯蚓不出臣奪后命王瓜不生害于百姓小滿之日苦菜不秀仁人潛伏靡草未死國從盜賊小暑不至是謂陰慝。劉玄之行軍月令曰立夏日得金五穀不成夏旱多風得木夏寒草生得火多妖言兵戈起得土遠臣不朝國無政令得水上下相和順天下安寧

登真隱訣曰立夏之日日中五帝會諸仙人於紫微宮見四真人論求道之功罪（五帝之位諸宮皆有之此五方之帝非三十六天帝限也亦主學道者故詣太極紫微宮奉見四真人論按其功罪之多少）

周易復卦曰雷在地中復先王以至日閉關商旅不行后

夏至

不省方（冬至陰之復也夏至陽之復也）

左傳曰昭二十一年秋七月壬午朔日有食之公問於梓慎曰是何物也禍福何爲（物事也）對曰二至二分（二至冬至夏至二分春分秋分）日有食之不爲災日月之行也分同道也至相過也（二分日夜等故言同道二至長短極故相過）其他月則爲災陽不克也故常爲水（陰侵陽是陽不勝陰）

傳曰少昊氏鳥名官伯趙氏司至者也（伯趙伯勞也以夏至鳴冬至止）

周禮地官曰夏至日影尺有五寸鄭氏云土圭之長也尺有五寸夏至日立八尺表其影適與土圭等謂之地中今潁川陽城地爲然

又春官大司樂曰孤竹之管雲和之琴瑟冬至日於地上圜丘奏之孫竹之管空桑之琴瑟夏至日於澤中方丘奏之陰竹之管龍門之琴瑟於宗廟奏之（雲和空桑龍門皆山名）

又曰宗伯以夏至致地祇物鬽（音魅）以禬國之凶荒民之禮喪（禬除也）

又曰柞氏夏至令刊陽木而火之冬至令剝陰木而水之

又曰薙氏掌殺草夏日至而夷之

易通卦驗曰夏至景風生蟬始鳴螳蜋生鹿角解木槿榮

又曰夏至小暑蝦蟇無聲

又曰鹿者獸中陰也貴臣之象鹿應陰解角也夏至大陽始屈陰氣始昇陰陽相向君之象也今失節不解臣不承君之象故爲貴臣作姦也

又曰離南方也夏夏日中赤氣出直離此正氣也氣出右萬物半死氣出左赤地千里

又曰夏至之日清明風至

易稽覽圖曰夏至後三十日極温

易稽覽圖曰夏至景風至蟬始鳴螗蜋生京房占易曰夏
至离王去聲景風用事人君當爵有德封有功
春秋感精符曰冬日至成天文夏日至成地理
春秋考異郵曰夏至井水躍
五經通義曰夏至陰始動而未達故寢兵鼓不設政事所
以助微氣之養也
三禮義宗曰五月芒種爲節者言時可以種有芒之穀故
以芒種爲名夏至爲中者至有三義一以明陽氣之至極
二以明陰氣之始至三以見日行之北至故謂之至
又曰夏至之時祭崑崙之神於澤之中配以后土
孝經說曰夏至之日在內衡
又曰斗指午爲夏至
續漢書禮儀志曰夏至日浚井改水冬至鑽燧改火可去
溫病也

又曰夏至陰氣萌作恐物不成以朱索連以桃印文以施
門户代世所以尚爲飾也故漢以五月五日朱索五色印
爲門户飾以止惡氣
宋書元嘉四年斷夏至日五絲縷之屬。南史曰沈林子
父穆夫爲沈預所陷死林子與兄田子還東報讎五月夏
至節日至預家正大集會子弟盈堂林子兄弟挺身直入
斬預首男女無論老幼悉屠之以預首祭祖父墓
周處風土記曰夏至之日雨名曰黃梅雨
荆楚歲時記曰夏至日取菊爲灰以止小麥蚕蠹按干寶
變化論乃云稻成蛩麥爲蛺蝶其驗乎
輿地志曰郭孔常夏至於射的釣魚供毋將餌聞笳角聲
魚躍而去

管子曰夏而麥熟天子祈天宗其盛以麥盛粢盛也麥者穀之
始
抱朴子曰魏武收左元放左慈字元放桎梏之而自解蓋或用
夏至日霹靂檝檝楫也
又曰見潮來去或有早晚輙言有參差非也水從天邊來
一月之中天再東再西故潮再大再小也夏至天高故夏
潮大也冬時天卑故潮水小也
范子曰周髀云冬至三光微夏至三光盛
淮南子曰夏至則斗南中繩陽氣極陰氣萌故曰夏至爲
刑刑始殺也
又曰夏至則火從之故五月火正而水漏火正火王也故漏水二說火星
正中地漏溼也陽氣爲火陰氣爲水水勝故夏至濕
又曰夏至而流黃澤石精氣流黃土之精也陰氣作於下故流澤而出也石精五色之

精也蟬始鳴半夏生蚊蝱不食駒犢鷙鳥不搏黃口五月微陰在不
未成駒犢黃口脆弱未成故鷙鳥應陰不食不搏也
又曰毛羽者飛行之類也故屬於陽故曰夏至日鹿角解
又曰夏至加十五日指丁斗杓指丁則小暑音比大呂加十五
日指未則大暑音比太蔟加十五日指庚背陽之維則夏節
盡。風俗通曰夏至著五綵辟兵題曰游光厲鬼知其名
者無溫疾五綵辟五兵也按人取新斷織繫户亦此類也
謹案織取始斷二三寸帛綴着衣衿以已織縰告成於諸
姑也後世弥以易以五綵又永建中京師大疫云厲鬼
字野重游光亦但流言無指見之者其後歲歲有病人情
愁怖復增題之與以脫禍今家人織縑新皆取着後縑絹
二寸許繫户上此其驗也
抱朴子曰子祖𨛬爲汲令以夏至日請主簿杜宣賜酒北

壁上有懸赤弩照於盃中形如蛇宣惡之及飲得疾後郴知之使宣於舊處設酒盃中猶有蛇因謂宣曰此弩影耳宣遂意解

古今曆術曰夏至之日晝六十五刻夜三十五刻

酈道元注水經曰丹水出丹魚先夏至前十夜伺之魚浮水側赤光上照如火

神異經曰北方荒中有石湖方千里無凸徒結切凹挍交反平滿無高下岸深五丈餘御名冰維夏至左右五六十日解耳

曆疏曰芒種謂穀芽始出故曰芒種夏至其日日之行天至於艮維東北角言日行極於北故曰夏至

竺法真羅山疏曰荔枝以冬青夏至日子始赤六七日可食

雜說曰百舌鳥一名反舌春則轉夏至則止唯食蚯蚓正月以後凍開則來蚯蚓出故也十月巳後則藏蚯蚓蟄故

世易之相感不知所由

酉陽雜俎曰貓目睛旦暮圓及午竪斂如綖其鼻端常冷唯夏至一日暖

蔡邕獨斷曰夏至陰氣始起麋角解故寢兵鼓身欲寧志欲靜不聽事送迎五日

又曰夏至陰氣起君道衰故不賀

又曰夏至之日离卦用事日中時南方有赤雲如馬者离氣至也宜黍离氣不至日月無光五穀不成人病目疼冬中無冰應在十一月內夏至之日風從离來爲順其年大熟夏至前一日夏至後十日十六日爲窮日○月令占候圖曰夏至朔日夏至并二日三日至六日夏至五穀熟二十二日二十四日夏至五穀不熟二十五日三十日夏至時價平和晦日夏至五穀貴

天文錄曰大寒在冬至後二氣積寒而未溫也大暑在夏至後二氣積暑而未歇也寒暑和乃在春秋分後二氣寒暑即未平也譬如火始入室未甚溫弗事加新久而愈熾既遷之猶有餘熱也冬至之日日出辰入申晝行地上百四十六度強夜行地下二百一十九度少弱故晝短夜長也夏至之日日出寅入戌晝行地上二百一十九度少弱夜行地下一百四十六度強故晝長夜短春秋之日日出卯入酉晝行地上夜行地下皆一百八十二度半強晝夜長短同也

太平御覽卷第二十三

太平御覽卷第二十四

時序部九

秋上

釋名曰秋者緧（音秋）也緧迫萬物使得時成也

又曰七月謂之夷則何夷者傷也則者法也言萬物始傷被刑法也

又曰八月謂之南吕何南者任也言陽氣尚有任生薺麥也

説文曰天地反物爲秋字從禾𪏰省聲。易曰兑正秋也萬物之所説也（王弼注曰秋萬物成所以悦也）

書曰分命和仲宅西曰眛谷寅餞納日平秩西成宵中星虚以殷仲秋厥民夷鳥獸毛毨（毨理毛更生整理也）

詩曰秋日凄凄百卉具腓（腓病也凉風用事而衆草皆病興也貪殘之政行而万民困病）

又曰七月流火（流下也火星中而寒暑退）

又曰彼采蕭兮一日不見如三秋兮

禮曰七月之節日在張（立秋爲七月之節）昏尾中曉婁中斗建申位之初其日庚辛（庚辛爲金主秋故云其日庚辛）其帝少皞其神蓐收（昔少皞氏以金德繼天而王故爲秋帝金正曰蓐收故蓐收爲金神佐少皞於秋）其蟲毛（西方白虎毛蟲之長九有毛之類皆屬於金故曰其蟲毛）其音商（三分徵一益以生商商數七十二屬金以其濁次宮臣之象也秋氣和則商聲調樂記曰商亂則陂其官壞）律中夷則（七月氣至則夷則之律應夷則者大呂之所生三分去一管長五寸六分）其數九（金生數四成數九位言九者舉其成數）其性義其事言（洪範五行傳曰西方金其性義其事言言曰乂從作者王者言從義和則神龜至）其味辛其臭腥（九臭味辛腥者皆屬於金）其祀門祭先肝（秋陰氣出祀之於門外陰也祭先肝者秋爲陰中於藏值肝九祀門爲俎先進肝）立秋之日涼風至後五日白露降後五日寒蟬鳴天子居總章左个乘白輅駕白駱載白旂衣白衣服白玉食稻與魚其器廉以深（總章左个當中上之室乘白輅衣白衣從秋色也食稻與魚秋味之至也其器廉以深象金傷害物入藏）太史以先立秋三日謁於天子曰某日立秋盛德在金天子乃齋立秋之日天子親率諸侯大夫以迎秋於西郊（迎秋爲祖白帝白招拒於西郊以少皞配坐以蓐收太白三辰七宿從祀）還乃賞軍帥武人於朝乃命將帥選士厲兵簡練傑俊專任有功以征不義詰誅暴慢以明好惡順彼遠方（詰謂問其罪順猶服）也

又曰七月中氣日在張（處暑爲七月中氣）昏箕中曉卯中斗建申位之中處暑之日鷹乃祭鳥後五日天地始肅後五日禾乃登修宮室坏垣墻（爲經夏雨損立秋後修補）

又曰八月之節日在翼（白露爲八月之節）昏南斗中曉畢中斗建酉位之初律中南吕（八月氣至則南吕之律應南吕者大蔟之所生三分去一管長五寸三分）（其日其音其數並同孟秋）白露之日鴻鴈來後五日玄鳥歸後五日羣鳥養羞是月也養衰老授几杖行麋粥飲食（行猶賜也）天子乃

儺以達秋氣（此儺儺陽氣恐陽暑至此不衰害亦將及人故儺以通秋氣方欲助秋故不磔犬）命樂正習吹（春夏尚舞秋冬尚吹習之爲將釋奠）

又曰八月中氣日在軫（秋分爲八月中氣）昏南斗中曉東井中斗建酉位之中秋分之日雷乃收聲後五日蟄蟲坯户後五日水始涸是月也祀夕月於西郊（秋分日祭之）命有司享壽星於南郊（秋分日祭壽星於南郊壽星南極老人星）日夜分則同度量平權衡（因秋分晝夜平則正之）祭馬社（謂仲秋祭馬社於大澤用剛日）

又曰九月之節日在角（寒露爲九月之節）昏牽牛中曉東井中斗建戌位之初律中無射（九月氣至則無射之律應無射者夾鍾之所生三分去一管長四寸九分其日其音其數並同孟秋）寒露之日鴻鴈來賓後五日雀入大水化爲蛤後五日菊有黄花是月也命有司伐蛟取鼉登龜取黿（四者甲類秋乃堅成故是月登取）

又曰九月中氣日在氐（霜降爲九月中氣）昏須女中曉柳中斗建

戌位之中霜降之日豺乃祭獸後五日草木黄落後五日蟄蟲咸俯是月也霜始降則百工休（謂膠漆之作）天子嘗稻先薦寢廟（稻始熟）初藏帝籍於神倉祗敬必飭（重祭祀之盛）是月也乃伐薪爲炭（伐必因殺氣）

又曰秋斂冬藏義也

又曰西方者秋秋之爲言愁也

周禮曰大司馬之職仲秋教理兵掌建邦國之九法以佐王平邦國

又曰司裘掌爲大裘以供王祀天之服仲秋獻良裘季秋獻功裘

又曰籥章氏掌仲秋擊土鼓吹豳詩以迎寒氣（鄭玄注曰迎寒以夜）（來諸侯也）

又曰司矢仲秋獻矢箙（弓弩成於秋矢箙成於堅箙盛矢器也以獸皮爲之箙音服）

又曰南呂酉之氣八月建焉而辰在壽星

又曰秋見曰覲（覲之言勤也其勤王之事大行人云秋覲以比天下功也）

又曰秋獻龜魚

又曰司爟（音貫）掌行火之政令季秋内火（九月黄昏心星伏在戌上使民内）

傳曰歲云秋矣我落其實而取其材

爾雅曰秋爲白藏

又曰秋曰收成

又曰秋爲旻天（李巡曰秋万物成熟皆有文章郭璞云旻愍也万物凋可愍）

又曰秋獵曰獮（獮殺也順秋氣）

漢書曰太白西方秋金義也言也義虧言失逆秋令傷金氣罰見太白

又曰秋𪍿（如淳曰𪍿音樵也）物𪍿斂乃成熟也

漢書曰八月賜大臣羊酒以助衰氣

後漢書曰范式字巨卿與汝南張元伯爲友二人春別京師以暮秋爲期元伯以九月十五日殺雞以待巨卿母曰相去千里故何信之也言未卒而巨卿至相隨上堂再拜毋極歡悅

續漢書曰仲秋祀老人星于國南郊

孟康漢書義律曰春曰朝秋曰請如古諸侯朝聘也師古曰請音才性反（吴王濞不朝使人爲秋請是也）

晉書曰袁宏孤貧運租自業謝尚時鎮牛渚秋夜乘月泛江會宏在舫中諷詠遣問即其詠史之作尚迎昇舟與談申旦不寐自此名譽日茂

梁書曰朱异除中書郎時秋日始拜有飛蟬正集异武冠上時咸謂蟬珥之兆

焦贛易林曰秋風生哀花落悲心

易通統圖曰日行西方白道曰西陸

尚書太傳曰萬物非秋不收

又曰寅餞入日辯秩西成傳曰天子以秋命三公將率選士厲兵以征不義决獄訟斷刑罰趣收斂以順天道以佐秋殺

又曰西方者何也鮮方也鮮訊也訊者始入之貌始入者何以謂之秋秋者愁也愁者物方愁而入也故曰西方者秋也（秋收斂貌）

尚書中候曰周文王爲西伯季秋之月甲子赤雀嘀丹書入豐鄗止于昌户乃拜稽首受取曰姬昌蒼帝子亡殷者紂也

尚書考靈曜曰政失於秋太白出入不常

尚書考靈曜曰虚星爲秋候昴星爲冬期陰氣相佐德乃

弗邪子助毋毋會亭符（虛星北方宿也昴星西方宿也陰辭毋也）
毛詩傳曰壯士悲秋感陰氣也
詩含神霧曰秦地處仲秋之位男懦弱女高膫（膫明也落瀟切）白色身音中商其言舌舉而仰聲清而揚
三禮義宗曰九月大享帝於明堂之中
孝經云宗祀文王於明堂是也
三禮義宗曰秋曰庚辛者庚更也辛新也言物皆改更而新也
又曰周祫以秋者萬物新成可以奉薦宗廟故合先祖之神而祭之故祫宜在秋也
又曰九月寒露爲節者九月之時露氣轉冷故謂之寒露節霜降爲中露變爲霜故以霜降爲中
春秋繁露曰秋之爲言猶湫湫者憂悲之狀又曰秋怒氣

散
春秋元命包曰堯爲天子季秋下旬夢白帝遺吾鳥喙子其母桼扶始外高丘白帝上有雲如虎感巳生皐陶索扶始問之如堯言（又淮南子云皐陶鳥喙）
春秋感精符曰霜殺伐之表季秋霜始降鷹隼擊王者順天行誅以成肅殺之威
穆天子傳曰仲秋甲戌天子東遊次雀梁（一宿爲舍再宿爲信過信爲次）蠹書于羽陵（謂暴書蠹蠹因曰蠹書也）
聖賢記曰馮夷弘農潼鄉隄首里人服八石得道爲水仙河伯又一說華陰人八月上庚日渡河溺死天帝署爲河伯
荆楚歲時記曰八月十日四民並以朱點小兒頭名爲天炙以厭疾也

又曰以綿綵爲眼明囊赤松子以八月囊承栢樹露爲宜服後世以金薄爲之遞相餉遺
西京雜記曰賈佩蘭云在宮時八月四日出彫房北户竹林下圍棊勝者終年有福負者終年疾病
又曰漢宗廟八月飲酎用九十牢
王子年拾遺記曰漢武嘗以季秋之月泛靈鷁之舟於淋池之上窮夜達晝以晝達夜於桂臺之下以香金爲鉤縮紉絲爲綸以丹鯉爲餌不踰旬釣一白蛟長三四丈若大蚍無鱗甲帝曰非龍也於是付太官爲鮓而肉紫骨清香美無倫詔賜臣下時以上爲神感所獲後更不得
續齊諧記曰弘農鄧紹八月朝入華山見一童子以五色囊承取栢葉下露露皆如珠子亦云赤松先生取以明目今八月朝作眼明囊像此也

鄧明德南康記曰平固縣有湖中有石鴈浮在湖中每至秋石鴈飛鳴如候時也
莊子曰舜以天下讓善卷曰余立於宇宙之中冬日衣皮毛夏日衣葛絺春耕種足以勞秋收之足以休日出而作日入而息逍遥於天地之間何以天下爲哉入深山莫知其處
又曰荆之南有冥靈者以五百歲爲春五百歲爲秋上古有大椿者以八千歲爲春以八千歲爲秋
管子曰東方曰歲星其時曰春其氣曰風風生木南方曰日其時曰夏其氣曰陽陽生火西方曰辰其時曰秋其氣曰陰陰生金北方曰月其時曰冬其氣曰寒寒生水
管子曰秋三月以庚辛之日發五政一政曰禁博賽二政曰無見五兵之刃三政曰愼旅農趨聚收四政曰補缺坼

修垣墻謹門閭五政曰徇時五穀之皆入也

又曰歲有四秋　春農事既成農夫賦耜鐵此春之秋夏至蠶績之所作此夏之秋秋成五穀之所會此謂大秋冬營室中女事紡績之所作此謂冬之秋

文子曰日月欲明浮雲蓋之藂蘭欲茂秋風敗之

又曰政失於秋大白出入無常

文子曰因春而生因秋而殺所生不德所殺不怨即幾於道矣春秋無心生殺有時人主無爲當罰必當遠盡其理近合其道

又曰唯神化爲貴精至爲神精之所動若春氣之生秋氣之殺其生也暄然如春物得其生死也肅然如秋物終於死故生不淅報死無歸怨生之死之以其無心也

幽求子曰秋風晨厲則慘然多懷

抱朴子曰南海之中蕭丘之上有自生火火常以秋起而秋滅

鄒子曰秋取柞楢之火

淮南子曰春氣發而百草生正得秋而萬物成實

又曰春女怨秋士悲感物化矣

又曰至秋三月青女乃出降霜雪青女乃天神青霄玉女主霜雪

又曰一葉落而知天下秋

又曰太陰治秋則欲脩備繕兵金德斷割故脩兵也

又曰孟秋之月西宮御女白色白采撞白鐘其兵鉞其畜狗八月官尉其樹柘九月官候其樹槐

又曰秋爲矩者所以方物也

又曰九月失政三月春風不濟濟止也

又曰時則曰六合孟春與孟秋爲合仲春與仲秋爲合季春與季秋爲合孟夏與孟冬爲合仲夏與仲冬爲合季夏與季冬爲合孟春始盈孟秋始縮仲春始出仲秋始內二出月攝植也內入月收斂也季春大出季秋大內孟夏始緩孟冬始急月陽炎急十月寒肅仲夏至脩仲冬至短夏至北極冬至南極季夏德畢季冬刑畢德畢陽施窮也刑畢陰殺盡也

又曰西方金也其帝少昊其佐蓐收執矩而治秋其神爲太白

又曰西方之極自崑崙絕流沙沉羽西至三危之國流沙在崑崙西南也石城金室飲氣之民不死之野少昊蓐收之所司者萬二千里其令曰審用法誅必辜備寇賊禁姦邪飭羣牧謹著聚脩城郭補決竇塞蹊徑遏溝瀆擁谿谷守門閭陳兵甲選百官誅不法應金斷也

鶡冠子曰斗柄西指天下皆秋

尸子曰秋爲禮西方爲秋秋肅也萬物莫不肅敬禮之至也

商子曰螟螣春生秋死出而民失食令一民耕而百人食焉螟螣大矣

呂氏春秋曰秋早寒冬必暖春多雨夏必旱

太玄經曰酉西方也秋也物皆成象而就也有形則復於無形故曰冥也謂物終藏

太平御覽卷第二十四

太平御覽卷第二十五
時序部十
秋下
秋下　立秋　秋分
蔡邕月令章句曰仲秋白露節盲風至秦人謂蓼風為盲
風
崔寔政論曰秋風厲而賞武臣
顏氏家訓曰或問何故名治獄參軍為長流乎荅曰帝王
代紀云帝少昊崩其神降于長流之山事出山海經於祀主秋
按周禮秋官司寇主刑罰長流之職也漢魏捕賊掾耳晉
宋已來始為參軍上屬司寇故取秋帝所居為嘉名焉
夏小正曰八月丹鳥羞白鳥羞進也白鳥蚊蚋辰則伏辰房星鴽為
鼠也九月內火

漢舊儀曰八月飲酎車駕夕牲以繡衣之皇帝暮視牲以
陰燧取水於月以陽燧取火於日為明水火左袒以水沃
牛右肩手執鸞刀以切牛毛血薦之而即更衣
李彤四部曰弔鳥山俗傳曰鳳死其上每至七月九日晦
望群鳥常來集其上鳴呼也
應劭風俗通曰周秦常以八月輶軒使采異俗方言藏之
秘府
劉歆鍾律書曰春宮秋律百卉必凋秋宮春律萬物必榮
魏丁儀刑禮論曰上天垂象聖人則之歲先春而後秋宮
之為理先禮而後刑
論衡曰秋氣繫殺穀草　不任凋傷而死此言失實夫
物以春生夏榮秋而熟老適自枯死陰氣適盛與之會遇
何以驗之物有秋不死者生性未極也

陸機要覽曰秋樹名成秋雨名愁
地鏡經曰八月中草木獨有㮚枝下垂者必有美玉又云
八月後草木死者亦有玉
梁元帝纂要曰秋曰白藏氣白而收藏萬物亦曰收成萬物成而收斂亦
曰三秋九秋素秋素商高商天曰旻天旻愍也愍萬物之彫零風曰
商風素風凄風高風涼風激風悲風景曰朗景澄景清景
時曰淒辰霜辰霜辰可施九月節曰素節商節草曰衰草木曰疎
木衰林霜柯霜條七月孟秋亦曰初秋首秋上秋肇秋蘭
秋八月仲秋亦曰仲商九月季秋亦曰暮秋末暮商季商
抄秋亦曰授衣此時婦功畢始授衣亦曰玄月
盧公範儀曰九八月旦上承露盤赤松子栢上露為
囊以膏面皮古人用點灸枝以梨枝為之又銀盞中有朱
砂銀枝子也盧公範者盧懷慎之家

臨海異物志曰黃雀常以八月入海化為魚
博物志曰舊說天河與海通近世有人居海渚者年年至
八月浮查來至甚大往返不失期其人乃至查上賫糧食
乘查而去至天河
世說曰張季鷹辟齊王東曹掾在洛見秋風起因思吳中
蓴菜羹鱸魚鱠曰人生貴適志耳何能從官數千里以要
名爵遂命駕便歸俄而齊王敗人皆謂見機而作
又曰王子敬云從山陰道上行山川自相映發使人應接
不暇若值秋冬之時尤難為懷
陰陽五行曆曰一時皆三月一月為一秋三月為三秋又
以十月為一秋故三月有九秋之名也
明堂之制曰秋治以矩矩之為度也肅而不勃剛而不匱
取而無怨內而無害威厲而不懾令行而不廢殺伐既得

仇敵乃克矩正不失百誅乃服
乙巳占曰太白主秋人君當秋之時順太白以施政則吉
逆則凶秋時行冬令則辰星之氣干於大白色黑而有芒
角陰氣大勝戎兵乃來風災數起國多盜賊邊境不寧土
地震坼而國有大喪重獄秋時行春令則歲星之氣干於太
白色青躰小則國旱君有大憂陽氣陵遲五穀不實秋雨
不降草木生榮非時矣以秋時行夏令則熒惑之氣干於
大白色赤而怒國多火寒熱不御人多瘧疾蟄虫不藏矣
大衍星分圖曰八月酉日月會于壽星
天文録曰胃昴趙之分野自胃七度止畢十二度於辰在
酉大梁之疆也八月之時白露始降萬物堅成而疆大故
曰大梁
漢李陵與蘇武書曰窮秋九月塞外草衰夜不能寐側耳

遠聽胡笳牙動牧馬悲鳴吟嘯成群邊聲四起晨坐聽之
不覺流淚
楚詞曰嫋嫋兮秋風洞庭兮木葉下（言秋風疾則草木搖湖水波而樹葉落矣）
又曰悲哉秋之爲氣也蕭瑟兮草木搖落而變衰憭慄兮
若在遠行登山臨水兮送將歸泬寥兮天高而氣清寂寥兮
收潦而水清憯悽增欷兮薄寒之中人愴怳懭悢兮去故
而就新坎壈兮貧士失職而志不平廓落兮羈旅而無友
生惆悵兮而私自憐鷰翩翩其辭歸蟬寂寞而無聲鴈嗈
嗈而南遊鵾雞啁哳（上張流下陟轄切鳥鳴聲也）而悲鳴獨申旦而不
寐哀蟋蟀之宵征
又曰皇天平分四時兮竊獨悲此凜秋白露既下降百草
兮奄離披梧楸去白日之昭昭兮襲長夜之悠悠
魏曹植秋思賦曰四節更王兮秋氣悲遥思惝怳兮若有

遺雲高氣靜露凝衣野草變色莖葉稀鳴蜩抱木鴈南飛
西風悽悷（郎計切）朝夕臻扇蓬屏弃絺綌指
晉潘岳秋興賦曰嗟秋月之可哀良無愁而不盡野有歸
鷰鴈有翔隼遊氣朝興槁葉夕殞於時乃屏輕箑釋纖絺
藉莞蒻御袷衣庭樹槭（所責切）（殞落皃）以灑落勁風戾而吹帷蟬
嘒嘒以寒吟鴈嗈嗈而南飛天晃朗而弥高日游暘而浸
微何微陽之短晷覺涼夜之方永月曈曨以含光露淒清
以凝冷熠燿（熠燿螢也）粲於階闥蟋蟀鳴乎軒屏聽離鴻之晨
吟望流火之餘景
王僧期懷秋賦曰哀時來之慘悽悼秋氣之可悲
古樂府歌詩曰秋風蕭蕭愁殺人出亦愁入亦愁胡地多
飈風樹木何蕭蕭離家日趨遠衣帶日趨緩心思不能言
腸中車輪轉

魏應璩雜詩曰秋日苦促短遥夜邈緜緜貧士感此時慷
慨不能眠
晉陸機爲顧彦先作詩曰肅肅素秋節湛湛濃露凝太陽
夙夜降少陰忽巳外
又悼亡詩曰皦皦牕中月照我室南端清商應秋至溽暑
隨節闌凜凜涼氣外始覺夏衾單
晉張載詩曰靈象運天機日月如激電秋風兼夜式微霜
淒舊院嘉木殞蘭圃芳草悴芒䖟嚶嚶南翔鴈翩翩辭歸
鷰王肌隨爪素噓氣應口見斂襟思輕衣出入忘華扇覩
物識時移顧巳知節變
晉孫綽詩曰蕭瑟仲秋月飂戾風雲高山居感時變遠詠
興長謡疎林積涼氣虛岫結凝霄寒露灑庭林密葉辭榮
條撫菌悲先落攀松羨後凋

宋劉鑠詩曰旻天清且高秋氣發初涼白露下微津明月流素光凝煙泛城闕淒風入軒房朱華先零落綠草就芸黃纖羅還笥篋輕紈改衣裳

宋江逌詩曰祝融解炎轡蓐收起涼駕長林悲素秋茂草思朱夏鳴鴈薄雲嶺蟋蟀吟深樹寒蟬向夕號驚飇激中夜感物增人懷悽然無析暇

宋謝惠連懷秋詩曰平生懷苦心矧復值秋晏皎皎天月明弈弈河宿爛蕭瑟含風蟬嘹唳度雲鴈寒商動清閨孤燈曖幽幔

又曰擣衣詩曰衡紀無淹度晷運倏如催白露滋園菊秋風落庭槐肅肅莎雞羽烈烈寒螿啼夕陰結空幕霄月皓中閨美人式常服端飾相招攜簪玉出北房鳴金步南階簷高砧響發楹長杵聲哀

宋湯惠休白紵舞歌詩曰秋風嫋嫋入曲房羅帳含月思心傷蟋蟀夜鳴斷人腸長夜思君心飛揚它人相思君相忘錦衾瑤席爲誰芳

又古歌八變曰北風初秋至吹我章華臺浮雲多暮色似從崦嵫來

宋鮑昭荅湯惠休曰枯桑葉易零疲客心易驚今茲亦何早已聞絡緯鳴回風滅且起卷蓬息復征愴愴簟上寒淒淒帳裏清物色延暮思霜露逼朝榮百物方蕭瑟長歎從此生

又和王護軍秋夕詩曰散漫秋雲遠蕭蕭霜月寒驚風西北起孤鴈夜往還金氣方勁殺陽微且殫泉涸甘井竭節徂芳草殘

何瑾悲秋夜曰欣莫壯兮春日悲莫悲兮秋夜

立秋

易說曰坤西南也主立秋

京房易占曰立秋坤王主涼風用事

易通卦驗曰立秋日涼風至白露下

春秋考異郵曰立秋趣（音促）織鳴女功急趣之

春秋元命苞曰瑤光（星也）散爲鷹立秋之日鷹鸇擊

三禮義宗曰七月立秋秋之言揫（音揪聚也）縮之意陰氣出地始殺万物故以秋爲節名

五經要義曰鼜立秋之樂也

白虎通曰鼜者夷則之氣象万物之成。月令占候圖曰立秋坤卦用事其神攝提二宮荆州分也晡時申西南涼風至黃雲如群羊宜粟穀若晴朗風雲不至万物不成望西南坤上有黃雲氣是正氣立秋應節万物皆榮豆穀熟赤氣出其右万物半死豆穀半收地動人民不安坤氣萬物不成地頻動牛馬多病應在十二月坤氣見於河水江湖（作坼）坤氣退則地裂泉涌申時西南有赤黃氣或白潤厚白澤者粟大熟

又曰立秋日午時竪八尺竿影得四尺五寸二分半五穀熟立秋後四十五日內王去氣在坤不得修造動土及遠行出軍事凶

漢書曰孫寶爲京兆尹請侯文爲掾進見如賓禮數月以立秋日署文東部郵且曰今日鷹隼始擊當順天氣取姦惡以成嚴霜之誅掾部詎有其人乎文曰無其人不敢受職寶曰誰也文曰霸陵杜穉季寶問其次文曰豺狼橫道不宜復問狐狸

後漢書曰申屠建等與御史大夫隗囂合欲以立秋日貙

膢時共𦘕更始前書音義曰貙獸以其立秋日祭獸王者亦此日出獵用祭宗廟冀州北八月朝作飲食爲膢其俗謂曰膢獵社伏貙音丑于反膢音婁

續漢書曰立秋之日夜漏未盡五刻京都百官皆衣白施皁領緣中衣迎氣於西郊

又曰立秋之日西郊畢始有司斬牲於部東門以薦陵廟其儀乘輿御戎輅白馬朱鬣躬執弩射牲牲以鹿麛太宰令謁者令一人獲馳駟送陵廟還宮遣使者賫束帛以賜武官肄兵習戰陣之儀斬牲之禮名曰貙劉如淳曰膢漢儀注立秋貙膢許慎曰俗以二月祭飲食冀州北部或以八月作飲食爲膢也

祠令曰立秋祀白帝於西郊帝少昊配蓐收從祀

又曰立秋後辰祀靈星於國城東南

登眞隱訣曰立秋之日日中五岳諸眞人諸黄老君於黄房靈虛山會仙宮於日中定天下神圖靈藥

符瑞圖曰立秋西方閶闔風至名風

白虎通曰涼風立秋至王者報地德禮西郊

周書時訓曰立秋之日涼風至又五日白露降又五日寒蟬鳴涼風不至國無嚴政白露不降民多欬病寒蟬不鳴人皆力爭白露之日鴻鴈來又五日玄鳥歸又五日群鳥養羞鴻鴈不來遠人背叛玄鳥不歸室家離散群鳥不羞臣下驕慢秋分之日雷始收聲又五日蟄虫附户又五日水始涸雷不收聲諸侯淫泆蟄虫不附民靡有賴水不始涸介虫爲害

五行休王論曰立秋坤王兌相乾胎坎没艮死震囚巽廢离休

陸機要覽曰列子遇風常以立春歸乎八荒立秋遊乎風穴是風至草木皆生去則搖落謂之離合風

秋分

說文曰龍春分而登天秋分而入淵

易說曰秋分閶闔風至雷始收聲鷙鳥擊玄鳥歸

又曰兌西方也主秋分

孝經說曰斗指酉爲秋分又曰秋分日在內衡

文子曰陰陽調日夜分故万物春分而生秋分而成生與成必得和之精故積陰不生積陽不化陰陽交接乃能成和此天地之氣和平故万物得以生成故也

京房易候曰虹八月出西方粟貴

又京房易占曰秋分而人君釋鐘鼓之懸

孔安國尚書注曰虚玄武之中星皆以秋分日見以正三秋

天文録曰仲秋秋分暮出角亢氐房東四舍爲漢中

周書時訓曰秋分八月中雷乃收聲不收聲即人民不安又云諸侯驕逸放蕩於上蟄虫坯户不坯户即邊方不寧又云人靡有賴水始涸水不涸即人多𤻲疾。曆日疏曰秋分八月之中氣也秋分之時日出於卯入於酉分天之中陰陽氣等晝五十刻夜五十刻一晝一夜二氣中分故謂之秋分也

太平御覽卷第二十五

太平御覽卷第二十六

時序部十一

冬上

釋名曰：冬，曰上天其氣上騰，與地絶也。故月令曰：天氣上騰，地氣下降。

又曰：冬，終也，物終成也。

説文曰：冬，終也，盡也。字從夂（古字㚇）從仌（古冰字）。

書曰：申命和叔宅朔方，曰幽都，平在朔易。（北稱朔亦稱方，則三方見矣。稱幽則南方稱明，從可知也。都謂所聚也。易謂歲改易於此也。平均在察其政，以從天常。上總言羲和敬順昊天，此分別仲叔各有所掌也。）日短星昴，以正仲冬。（日短冬至之日也，昴白虎中星，以七星並見，正冬之三節。）厥民奧，鳥獸氄毛。（奧，室也。民改歲入此室處以避風寒，鳥獸皆生耎毛細毛以自溫之。）

又曰：冬祁寒，小民亦惟曰怨咨。

詩曰：我有旨蓄，亦以禦冬。

又曰：豐年之冬，必有積雪。

又曰：十月納禾稼，黍稷種稑（上音童，下音陸），禾麻菽麥。

又曰：二之日鑿冰沖沖（冰盛水腹堅，命取冰於山林中。沖沖，鑿冰之音。二之日，夏之十二月也）。

又曰：冬日烈烈，飄風發發。（箋云：烈烈猶栗烈也。發發，疾貌。言王爲酷虐慘毒之政，如冬之日烈烈矣。）

又曰：坎其擊鼓，宛丘之下，無冬無夏，值其鷺羽（值，持也。鷺鳥之羽，可以爲翳。翳舞者所持以指麾）。坎其擊缶，宛丘之道，無冬無夏，值其鷺翿（翿亦翳也）。

禮月令曰：十月之節，日在房（立冬爲十月節），昏虛中，曉張中，斗建亥位之初。其日壬癸（壬癸屬水主冬），其帝顓頊，其神玄冥（昔顓頊氏以水德繼天而王，故爲冬帝。水正曰玄冥，故玄冥爲水神，佐顓頊於冬）。其蟲介（北方玄武介蟲之長，亢有甲之類，皆屬於水，故曰其蟲介。介，甲也）。其音羽（三分商去一以生羽，羽數四十八，屬水，以爲最清，物之象也。冬氣和則羽聲調。樂記曰：羽亂則危，其財匱）。律中應鍾（十月氣至則應鍾之律應。應鍾者，姑洗之所生，三分去一，管長四寸七分）。其味鹹，其臭朽（凡臭味鹹朽者，皆屬於水）。其祀行，祭先腎（冬陰氣盛寒於外，祀之於行，從辟除之類。行謂道也。祭先腎者，陰位在下，腎亦在下。凡祀行，俎先進腎）。立冬之日，水始冰。後五日地始凍。後五日野雞入大水爲蜃。食黍與鴈（冬味之宜）。其器閎以掩。太史以先立冬三日謁于天子曰：某日立冬，盛德在水。天子乃迎冬於北郊（迎冬爲祀黑帝汁光紀於北郊，以顓頊配坐，以玄冥祠星三辰七宿從祀）。可以築城郭，造宮室，穿竇窖，修囷倉（謂修築城郭，創造宮室，修囷倉以備積貯）。天子始裘（謂初衣裘）。

又曰：十月中氣日在尾（小雪爲十月中氣），昏危中，曉翼中，斗建亥位之中。小雪之中，虹藏不見。後五日天氣上騰，地氣下降。後五日閉塞而成冬。謹關梁，塞蹊徑（蹊徑謂山澤禽獸道）。

又曰：十一月之節，日在箕（大雪爲十一月之節），昏營室中，曉軫中，斗建子位之初。律中黃鍾（十一月氣至則黃鍾之律應。黃鍾者，律之始也，管長九寸。其日其音其數並同孟冬）。大雪之日，鶡鳥不鳴。後五日虎始交。後五日荔挺出。十一月中氣日在南斗（冬至爲十一月中氣），昏東壁中，曉角中，斗建子位之中。冬至之日，蚯蚓結。後五日麋角解。後五日水泉動。是月也，祀昊天上帝於圜丘（謂冬至日祀昊天上帝於圜丘，以高祖神堯皇帝配坐，以五方帝及日月星辰及內外星官等從祀於壇）。命有司祭馬步（謂仲冬祭馬步於大澤，用剛日）。伐木取竹箭（此時堅成，可伐取）。

又曰：十二月之節，日在南斗（小寒爲十二月之節），昏奎中，曉亢中，斗建丑位之中。律中大呂（十二月氣至則大呂之律應。大呂者，蕤賓之生，三分益一，管長八寸四分。其日其音其數並同孟冬）。小寒之日，鴈北鄉。後五日鵲始巢。後五日野雉始雊。天子乃命將帥講武，習射角力（講武角力，校武士材力，所以備畋獵之禮）。天子乃厲飾，執弓挾矢以獵（厲飾謂戎服，尚威武以獵）。修祭禽之禮（謂所獵得禽獸以供蜡祭）。

又曰：十二月中氣日在須女（大寒爲十二月中氣），昏婁中，曉氐中，斗建丑位之中大寒之日雞始乳後五日鷙鳥厲病後五日水澤腹堅天子親往嘗魚時魚潔美冰方盛取而藏之春秋傳日月在北陸而藏冰計耦耕修耒耜寒氣過農事將興出土牛以示農耕之早晚若立春在十二月望則策牛人近前示其農早也立春在十二月晦及正月朔則策牛人當中示其農平也立春近正月望則策牛人近後示其農晚也天子乃與公卿大夫共飭國典論時令以待來歲之宜周官建寅之月懸法於象魏以示人四時之令皆以此為準故以建丑之月與公卿先飭之命有司大儺旁磔以送寒氣大儺為歲終逐除陰疫以送寒氣故周官命方相氏率百隸索室驅疫以逐之旁謂磔犬於門春磔九門冬禮大故徧磔於十二門所以扶陽抑陰之義犬屬金冬盡春興春為木故殺金以助木氣

禮曰季冬之月命告人出五種命農計耦耕修耒耜具田器。又曰是月也日窮于次月窮于紀星迴于天數將幾終歲且更始專其農人無有所使

又曰孟冬之月天子乃祈來年于天宗注云天宗日月星辰也

又曰孟冬命有司循行積聚坏城郭戒門閭

又曰夫為人子之禮冬溫夏清

又曰冬之為言中也中者藏也

又曰國子冬夏教以詩書秋冬學羽籥

又曰儒有居處齊莊其坐起恭敬言必誠信行必篤敬道途不爭險易之利冬夏不爭陰陽之和

又曰昔者先王未有宮室冬則居營窟夏則居曾巢

大戴禮曰季冬聽獄論刑者所以正法

又曰方冬三月草木落庶虞藏五穀必入于倉於時有事蒸于皇祖考息國老六人以成冬事

又曰司空司冬以制度制地事准揆山林規表衍沃畜水行表灌浸以節四時之事理地遠近以任民力以節民食

又曰古者天子常以季冬考德以觀治亂德盛者治也德不盛者亂也德盛者得之也德不盛者失之也

周禮曰小司寇孟冬祀司民獻民數於王王拜受之以圖國用而進退之司民星謂軒轅角也

又曰凌人掌冰正歲十有二月斬冰三其凌正歲季冬火星中大寒冰方盛之時春秋傳曰火星中而寒暑退凌冰室也三之者為消釋度也三其凌三倍其冰

又曰占夢職季冬聘王夢獻吉夢于王王拜而受之聘問也夢者事之祥吉凶之占在日月星辰季冬日窮于紀星迴于天數將幾終於是發幣而問焉若休慶之云爾獻群臣之吉夢於王歸美焉詩云牧人乃夢衆維魚矣旐維旟矣此所獻吉凶

又曰天府掌季冬陳王以貞來歲之美惡鄭玄注曰問事之正曰貞問歲美惡謂問於龜

又曰大呂丑之氣十二月建丑而辰在玄枵

又曰冬官其屬六十掌邦事

又曰以玉作六器以禮天地四方以玄璜禮北方注曰禮北方謂黑精之帝顓頊玄冥配食焉半璧曰璜象冬閉藏地上無物唯天半見

又曰冬見曰遇遇者偶也義取不期而偶至大行人云冬遇以協諸侯之慮

傳曰公叔定叔出奔衛三年而復之曰不可使共叔無後使以十月入曰良月也就盈數焉

傳曰鄭舒問於賈季曰趙衰趙盾孰賢對曰趙衰冬日之日趙盾夏日之日冬日可愛夏日可畏

爾雅曰冬為上天言時無事在上臨下孫炎曰冬天藏物物伏于下天清于上

又曰冬為玄英氣黑而清英

又曰冬為安寧四時之別名尸子以為太平祥風名

又曰冬獵為狩狩守也冬物畢成圍守取無簡擇

易通卦驗曰大雪魚負冰鄭玄曰魚冰上近冰也

易通統圖曰日冬行北方黑道曰北陸

京房易曰冬至坎王廣莫風用事人君決大刑斷獄訟繕宮殿

尚書大傳曰殷以季冬爲正月

又曰周以仲冬爲正

又曰北方者何也伏方也伏方也者萬物之方伏物之方伏則何以爲之冬冬者中也中也者物方藏於中也故曰北方冬也陽盛則吁荼萬物而養之外也陰盛則呼吸萬物而藏之内也（吁荼氣出而温呼吸氣入則寒温則生寒則殺也）故曰呼吸者也陰陽之交接萬物之終始

尚書大傳曰冬者昴昬中可以收斂蓋藏田獵斷伐當告乎天子而天子賦之民故天子南面而視四星之中知民之緩急急則不賦籍不舉力役（籍公家之常徭）故曰敬授民時此之謂也

又曰辯在朔易曰短朔始也

傳曰天子以冬命三公謹蓋藏閉門閭固封境入山澤曰臘以順天道以佐冬固藏也

詩含神霧曰魏地處季冬之位土地平夷

又曰唐地處孟冬之位得常山太岳之風音中羽其地磽确（上苦交切下苦角切）而收故其民儉而好畜此唐堯之所起

三禮義宗曰冬日壬癸者壬任也癸揆也言萬物更任生於黃泉皆有法度也

又曰十二月小寒爲節者亦刑於大寒故爲之小言時寒氣猶未是極也大寒爲中者上形於小故謂之大自十一月一陽爻初起至此始徹陰氣出地方盡寒氣併在上寒氣之逆極故謂大寒也

逸禮曰冬則衣黑衣佩玄玉乘玄輅駕鐵驪載玄旗以迎冬于北郊其祭先彘居明堂後廟啓北户

春秋繁露曰冬氣哀故藏

又曰木有變春凋冬榮此徭役衆賦斂重也

春秋考異郵曰冬風曰廣莫風

春秋感精符曰天統（十一月建子天始施之端也謂之天紀者周以爲正漢書記律黃鍾爲天統）

史記曰漢高祖既定天下叔孫通定朝儀群臣朝十月儀於長樂宮執戟尊卑次序諸侯王巳下莫不震恐帝曰吾迺今日知爲皇帝之貴也

前漢書曰魏相上書曰北方之神顓頊乘坎執權司冬（張晏曰水爲智智者謀謀者重故爲權）

又曰東方朔上書云臣朔年十三讀三冬文史足用

又曰冬民既入婦人同巷相從夜績女工一月四十五日

必相從者所以省費燎火同巧拙而合習俗也

又曰龔遂爲渤海太守勸民冬益收果實菱芡民皆賴之

續漢書曰嚴延年字次卿爲河内太守冬月傳屬縣囚會府下流血數里河南號爲屠伯

又曰宋均爲九江守五日一聽事冬以日中夏以平旦

後漢律曆志曰日行北陸謂之冬

又曰季冬之月星迴歲終陰陽以交勞農大臘先臘一日大儺謂之逐疫（漢舊儀曰顓頊有三子而去爲疫鬼一居江水是爲瘧鬼一居若水爲罔兩蜮鬼一居人宮室區隅善驚小兒月令章句曰日行北方之宿北方大陰恐爲所抑故命有司大儺所以扶陽抑陰也盧植注禮記曰所以逐衰而迎新也）

又曰是月也立土牛六頭於國都郡縣城外丑地送大寒（月令章句曰是月之會建丑丑牛寒將極是故出其物類形象以示送達之且以外陽者也）

後漢書曰鍾離意辟大司徒侯霸掾詔曰部送徒詣河内

時冬寒徒病不能行路過弘農輒移屬縣使作徒衣縣不得已與之上書言狀意亦具以聞光武得奏以見霸曰君所使掾何乃仁於用心誠良吏也

又曰汝南舊俗十月饗會百里内縣皆賫牛酒到府讌飲

又曰叚熲對桓帝討先零東羌術略曰三冬兩夏足以破之

又曰黄香父兄爲郡五官貧無奴僕香身執勤苦冬無袴而親極滋味

魏略曰顔斐字文林爲京兆尹課民當輸租時車各因便致薪兩束爲冬寒冰炙筆硯風化大行

又曰賈逵世爲著姓少孤貧冬常無袴

又曰吉茂字叔暢從少至長冬則披裘夏則短褐日役妻子室如懸磬

又白邴原就師學一冬講孝經論語自在鄉黨有異及長金玉其行

又曰董遇好學人從學遇不肯教曰當先讀書百遍義自見從者云苦難得暇日遇曰當以三餘冬歲之餘夜陰日之餘

吴志曰左臺御史孟宗有孝道母性嗜筍及母亡冬節至宗入林哀泣而筍生得以供祭祀

晉書曰王敦素憚周顗每見輒面熱雖復冬月扇面不得休

又曰吴隱之冬月無被常澣衣乃披絮勤苦同於貧庶隱之時爲歙守

又曰公孫鳳字子鸞隱昌黎之九城冬夜草布寢處山林彈琴吟詠陶然自得

又曰劉殷母王氏盛冬思堇而不言食不飽者一旬矣殷怪而問之母言其故殷時年九歲乃於澤中慟哭聲不絶者半日於是忽若有人云止聲殷收淚視地便有堇生焉因得斛餘而歸

宋書曰朱百年與孔凱友善百年家室素貧母以冬月亡衣並無絮自此不衣綿帛嘗寒時就凱宿衣悉裌布飲酒眠凱以卧具覆之百年不覺也既覺引卧具去體謂凱曰綿定奇温因流涕悲慟凱亦爲之傷感也

齊書曰沈瑀爲揚州從事湖熟縣方山埭高峻冬月公私行旅以爲艱明帝使瑀循行乃開四港斷行客就作三日便辦

又齊孝子王虚之庭中楊梅樹隆冬三實又每夜所居白光如燭墓左樹橪一冬再實時人咸以爲孝感所致

梁安城王蕭秀爲郢州刺史務行德義每冬月常作袴襦以賜貧凍者

又任昉素清貧卒後其子西華冬月著葛帔練裙道逢平原劉孝標泫然矜之謂曰我當爲卿作計乃著廣絶交論以譏其舊交也

吴越春秋曰越王念復吴讎非一旦也苦身勞心夜以接日卧則切之以蓼足漬之以水冬則抱冰

韓詩外傳曰冬不浴非惡水清有餘也

穆天子傳曰季冬甲戌天子東遊飲于留祁射于靁虎讀書于䵺丘君䵺尖書也䵺音犁獻酒于天子奏廣樂天子遺其靈鼓乃化爲黄蛇周禮曰靈鼓四面洪範所謂鼓妖

嵇康高士傳曰善卷古之賢人也舜以天下讓之善卷曰予立宇宙之中冬則衣皮毛夏則衣絺葛何以天下爲哉

汝南先賢傳曰周舉爲并州刺史太原一郡舊俗以介子推焚骨有龍忌之禁至其亡月咸言神靈不樂舉火由是土人每至冬中輒一月寒食莫敢煙爨老少不堪歲多死者舉旣到乃作弔書以置子推之廟言盛冬止火殘損人命非賢者之意以宣示愚民使還温食於是衆惑稍解風俗頗革

列士傳曰孟嘗君食客三千人齊市有乞食馮㜷經冬無袴面有飢色

皇甫謐高士傳曰焦先字孝然冬夏不着衣卧不設席

祢衡別傳曰十月朝黄祖於艨衝舟上會設黍臛衡年少在坐黍臛至先自飽食畢搏弄戲擲其輕慢如此

列仙傳曰丁次都不知何許人爲遼東丁氏作人丁氏甞置葵問曰冬何有葵去從月南買來

神仙傳曰王仲都漢中人少修道術元帝時常以隆冬單衣載駟馬車於上林昆明池環水而馳御者狐裘猶寒振欲死而都無變色背上蒸氣休休然休休氣盛皃

師覺孝子傳曰王祥少有德行早失母後母憎而譖之祥孝弥謹盛寒河水堅冰網罟不施母欲得生魚祥解褐扣冰求之忽冰小開有雙魚出游祥垂綸而獲之時人謂之至孝所致也

宗躬孝子傳曰何子平事母至孝母喪年六十有孺子之慕夏避清涼冬不衣絮

盛弘之荆州記曰宜都銀山有風穴大數尺名風井夏則風出冬則風入樵人有冬過者置笠穴口風吸之經日還長陽溪而得笠

太平御覽卷第二十六

太平御覽卷第二十七

時序部十二

冬下

呂氏春秋曰冬之德寒寒不信其地不成剛地不成剛則凍閉不開天地之大四時之化而猶不能以不信成物又況人乎

周書時訓曰小寒十二月節鴈北鄉鴈不北鄉即民不懷忠鵲始巢鵲不巢即邊方不寧（又云一國不寧）野雞始雊野雞不雊即國乃大水（又云不雊來年雷乃收聲）

又曰大寒十二月中雞始乳雞不乳即婬婦亂男鷙鳥厲疾鷙鳥不厲疾即國不除人水澤腹堅不腹堅即言無所從

梁元帝纂要曰冬曰玄英亦曰安寧亦曰玄冬三冬九冬天曰上天風曰寒風勁風嚴風厲風哀風陰風景曰冬景寒景時曰寒辰節曰嚴節鳥曰寒鳥寒禽草曰寒卉黄草木曰寒木寒柯素木寒條

又曰十月孟冬亦曰上冬亦曰陽月（此時純陰用事嫌其無陽故曰陽月）十二月季冬亦曰暮冬杪冬餘月暮節暮歲

風俗通曰夏宮冬律雨雹必降冬宮夏律雷必發聲夫音樂至重所感者大故曰知禮樂之情者能作識禮樂之文者能述

又曰趙仲讓爲梁冀從事中郎冬月坐庭中向日解衣捕虱

又曰十月之應鍾何應者應也鍾者動也言萬物應陽而動不藏也（論衡曰陰氣動於下而陰氣應之也）

又曰十二月律謂之大呂何大者太也呂拒也言陽氣欲出其陰不許也呂之言拒也依即拒難之也。太玄經曰罔北方也冬也未有形也（罔無也未有形故爲罔也言冬萬物深藏黄泉）

莊子曰魯遽弟子曰我得夫子之道吾能冬爨鼎而夏造冰矣魯遽曰是直以陽召陽以陰召陰非吾所謂道也

又曰古者民不知衣服夏多積薪冬則煬之故命之曰知生之民

又曰宋人有善爲不龜手之藥者世世以洴澼絖爲事吴人有百金買不龜手之藥以說吴王越有難吴王使之將令與越人水戰大敗越人裂地而封能不龜手一也或以封或不免於洴澼絖則所用之異也（按絖古纊字絮也洴澼流漂砌絮於水中也洴扶經切澼普歷切）

太公金匱曰夏桀之時有芩山之水桀常以十月發民鑿山穿陵通於河民諫曰孟冬鑿山穿陵是泄天氣發地之藏天子失道後必有敗桀殺之朞年芩山崩爲大澤湯率諸侯伐之

文子曰冬冰可折夏條可結

又曰國有飢者食不重味民有寒者冬不被裘與民同苦樂即天下無哀民

列子曰瓠巴學琴於師襄當冬而叩徵絃以激蕤賓陽光熾烈堅冰立散

孟子曰子產聽治國之政以其乘輿濟人於溱洧孟子曰子產惠而不知爲政歲十一月徒杠（江音）成十二月輿梁成民未病涉也（徒杠獨木小橋可通徒行輿梁通車之橋十一月夏九月十二月夏十月）

鶡冠子曰斗柄北指天下皆冬

鄧析子曰爲君自當若冬日之陽夏日之陰萬物自歸莫之使也恬卧而功自成優游而政自治豈在振目搤腕手操鞭朴而後爲治歟

管子曰冬作土功發地藏則夏多暴雨秋霖不止
鄒子曰冬取槐檀之火
尸子曰冬爲信北方爲冬冬終也北方伏方也是萬物冬皆伏貴賤若一美惡不伐信之至也
傅子曰夏令披裘冬令披褐雖有嚴令然不肯從者逆時也
韓子曰帝堯之王天下冬月鹿裘
又曰管仲隰朋從桓公而伐孤竹春往冬返迷惑失道管仲曰老馬可用也乃放老馬而隨之遂得道行山中無水隰朋曰蟻冬居山之陽夏居山之陰蟻壤一寸而仞有水乃掘地遂得水
荀卿子曰天不爲人之惡寒而輟其冬
淮南子曰以冬鑠膠以夏造冰天道無私就也無私去也能者有餘拙者不足（言以非時鑠膠造冰難也喻天道無私就無私去能行道者有餘不能者不足）
又曰貧人冬則羊裘蔽體短褐不掩形而煬竈口冬日之陽夏日之陰萬物歸之而莫使之然（冬日仁物歸陽夏日猛物歸陰非使之然自如是之也）
又曰椶辟土墾草以爲百姓力農然不能使禾冬生豈其人事不至哉其勢不可也
又曰孟冬之月招摇指亥爨松燧火（故火也）
又曰冬爲權權者所以權萬物也
又曰閶闔風四十五日不周風至四十五日廣莫風至（坎卦之風）不周風至則修宮室繕邊城（立冬節土功其始故治宮室繕修邊城備冠難也）廣莫風至則閉關梁斷罰刑（象冬閉藏不通關梁也罰刑之疑者於是順時而決之）
又曰古之君人者其憯怛於民也國有飢者食不重味民有寒者而冬不被裘（與同飢寒）冬伐薪蒸（大者曰薪小者曰蒸）以爲民資（資用）
又曰北方水也其帝顓頊（顓頊黃帝之孫以水德王天下號曰高陽氏死託祀北方也）其佐玄冥執權而治冬
又曰冬行春令泄（象春氣布散發泄也）行夏令旱（旱象陽炎）行秋令霧（秋氣陰故亂霧）
又曰太陰理秋則欲修備繕兵（金德斷剛故修兵也）太陰理冬則欲猛毅剛強（純陽閉固水澤冰故剛強）
又曰北方之極自九澤窮夏晦之極北至令正之谷（九澤北方之澤夏大晦暝也）有凍寒積冰雪雹霜霰漂潤群水之野顓頊玄冥之所司者萬二千里（顓頊黃帝之孫也以水德王天下號爲高陽氏死爲北方水德之帝其神玄冥者金天氏有適子曰昧爲玄冥師死祀爲主水之神也）
月令曰申群禁固閉藏修障塞繕關梁禁外徙斷罰刑守門閭大搜客止交遊禁夜樂早閉晏開以索姦人已得報之必固天節已幾刑殺無赦雖有盛尊之親斷以法度毋發藏毋釋罪（感陰殺也）
又曰十月失政四月草木不實（實長也）
語林曰羊雅舒冬日釀酒令人抱甕須臾復易人速成而味好
說苑曰衛靈公天寒鑿池宛春諫曰天寒起役恐怠民也公曰寒乎春曰公衣狐裘坐熊席是以不寒民寒甚矣公乃罷役
世說曰石崇爲客冬天設萍虀王愷乃密賄崇帳下都督及御車人問所以對曰萍虀是擣韭根雜以麥苗耳
殷芸小說曰晉孝武帝即位時年十三四冬天晝日不着復衣但着單綃裙衫五六重夜則累茵褥謝公云體宜令

有常陛下晝過吟夜過熱非攝養之術帝曰夜靜故也謝公數曰上理不減先帝

崔鴻前趙録曰王延九歲事母母冬月思生魚杖延流血延尋汾河扣凌而哭得魚而饋母

山海經曰鍾山之神名曰燭陰（燭龍也是燭九陰因名云）視爲晝瞑爲夜吹爲冬呼爲夏不飲不食不息息則爲風（息氣息也）身長千里

地鏡經曰十二月中草木獨有枝葉垂者下有美玉

蔡邕月令章句曰冬終也萬物於是終也

崔寔四人月令曰十月農事畢五穀既登家備儲畜乃順時令也

祠令曰季冬藏冰仲春開冰並用黑牡秬黍祭司寒之神於冰室其開冰加以桃弧棘矢設於神座

又曰七祀祀行以冬

漢桓譚新論曰太原民以隆冬不火食五月雖有疾病急緩猶不敢犯爲介之推故也

漢崔寔政論曰僕前爲五原太守土地不知緝績冬積草伏臥其中若見吏以草纏身令人酸鼻吾乃賣儲峙得二十餘萬詣鴈門廣武迎織師使巧手作機乃紡以教民織

漢書于定國飲酒至數石不亂冬月治獄請讞飲酒益精明

後漢書虞詡祖父經爲郡縣獄吏案法平正務存寬恕每冬月上狀恒流涕隨之嘗稱曰東海于公高爲里門而其子定國卒至丞相吾決獄六十年矣雖不及于公其庶乎子孫何必不爲九卿耶故字詡昇卿

晉皇甫謐玄晏春秋曰余家貧晝則愍於作勞夜則甘於寢寐以三時之務卷帙生塵篋不解緘唯季冬末纔得一旬學尒

晉嵇康集序曰孫登於汲郡北山土窟中住夏則編草爲裳冬則被髮自覆

論衡曰夫雲出於丘山降散則爲雨矣人見從上則謂之天雨水冬日天寒則雨凝爲雪皆由雲氣發於丘山不從天降集於地明矣

瑞應圖曰芝草常以六月生春夏紫秋白冬黑

曆義疏曰小寒月之初氣也小極故曰小寒大寒月之中氣也言十二月已半陰氣大極故曰大寒

三輔決録曰孫辰字允公家貧不仕居杜城中織箕爲業明詩書爲郡公曹冬月無被有蒿一束暮卧其中旦收之

會稽典録曰盛吉爲廷尉每至冬月罪囚當斷其妻執燭

吉持丹筆相向垂泣

齊民要術曰孟冬之月天氣上騰地氣下降天地不通閉塞而成冬勞農以休息之（黨正屬民飲酒正齒位次序也）

荆楚歲時記曰十二月八日沐浴轉除罪障

于寶搜神記曰漢代十月十五日以豚酒入靈女廟擊筑奏曰上絃之曲連臂蹋地歌赤鳳來乃巫俗也

皇覽冢墓記曰蚩尤冢在東郡壽張縣闞城中人常以十月說云每有氣如匹絳自上屬下號曰蚩尤旗

獨異志曰晉武帝哭羊祜冬月涕泗交下凝鬚爲冰

博物志曰宋國有田夫常衣黂緼僅以過冬暨春每自曝於日不知天下之有廣厦奧室綿纊狐狢顧謂其妻曰負日之暄人莫知者以獻吾君將有重賞

乙巳占曰人君當以冬時候辰星之政則辰星見伏以時

天子當以冬時賞死事卹孤獨祭阿黨謹蓋藏修積聚坯城郭戒門閭修鍵閉愼管籥固封疆備邊境防要害謹關梁塞蹊徑飾喪紀不爲淫泆命伏藏之處講武習射御角力戰事省婦事則辰星順行失人君淫泆非道縱恣不禁近習不卹刑獄起衆發徵開泄藏氣則辰星失行伏見不常而有芒角則民多疾疫隨之以喪亡國不昌也人君以冬時行春令則歲星之氣干之色青而君憂刑獄變動生死不當地踈不窬人乃流亡虫蝗爲災水泉咸竭民多疥癘胎夭多傷國多固疾斷獄官凶以冬行夏令則熒惑之氣干之色赤而小眛刑禍並起兵旱荐臻國多暴風方冬不雪不寒氛霧冥昧雷迺發聲以冬行秋令則太白之氣干之色白而少有野戰並作獄訟軍旅同時而興霜雪不時小兵時起土地侵削四鄙入堡

輦下歲時記曰此月戶部奏大閱天下貢物於都堂其日放朝宰相與百官皆赴戶部宴饌一時特盛開元中曾以大閱一日貢物賜李林甫九州任土盡歸人臣之家國史書其事也

晉陸機感時賦曰悲夫冬之爲氣亦何憯懔以蕭索天悠悠而弥高霧鬱鬱而漠漠夜綿邈其難終日晼晚而易落敷曾雲之萋萋墜零露之揮霍寒冽冽而浸興風謖謖而屢作謖起也所六切

陸雲歲暮賦曰淪重陽於潛戶徵積陰於司寒

袁宏北征賦曰于時天高地涸木落水凝繁霜夜灑勁風晨興日曖曖其已頹月亭亭而虛昇

鮑昭舞鶴賦曰窮陰殺節急景凋年涼沙振野箕風動天嚴嚴苦霧皎皎悲泉冰塞長河雪滿群山旣而昏歛夜歇景物澄廓星翻漢迴曉月將落感寒雞之早晨憐霜鴈之違漠臨驚風之蕭條對流光之照灼

傅玄詩曰季冬時慘烈猛寒不可勝嚴風截人耳素雪墜地凝林上飛霜起波中自生冰未夕結重衾祟朝不敢興

鮑昭登峴山詩曰孟冬十月交殺盛陰欲終風冽無勁草寒甚有凋松軍井冰晝結士馬氈夜重晨登峴山首霜霧凝未通

王褒歲暮詩曰歲晚悲窮律他鄉念索居寂寞灰心盡摧殘生意餘產空交道絕財殫密戚踈空悲趙一賦還著虞卿書

太平御覽卷第二十七

太平御覽卷第二十八

時序部十三

立冬　冬至

立冬

禮記月令曰孟冬之月是月也以立冬先三日太史謁於天子曰某日立冬盛德在水天子乃齊立冬之日親率公卿大夫以迎冬於北郊還反賞死事恤孤寡

左傳曰仲尼問郯子曰丹鳥氏司閉者也以立秋來立冬去

易說曰乾西北也主立冬

易通卦驗曰立冬不周風至水始冰薺麥生鷰雀入水爲蛤

京房易占曰立冬乾王不周風用事人君當興邊兵治城郭行刑決罪

三禮義宗曰十月立冬爲節者冬終也立冬之時萬物終成爲節名小雪爲中者氣敘轉寒雨變成雪故以小雪爲節

後漢書續禮儀志曰立冬之日夜漏未盡五刻京都百官皆衣皁迎氣於北郊

家語曰魚游於水鳥游於雲故立冬則鷰雀入於海化爲蛤

符瑞圖曰八風循通八方之風應時而至也立冬北方廣莫風至一名寒風

周書時訓曰立冬十月節水始冰水若不冰即陰之有負地始凍地若不凍即災咎之徵野雞化蜃若不爲蜃即時多婬婦

五行休王論云立冬乾王坎相艮胎震沒巽死离囚坤廢兌休

冬至

周易曰先王以至日閉關商旅不行后不省方謂夏至冬至日也

尚書曰日短星昴以正仲冬孔安國注曰日短冬至日也昴白武星亦以七星並見以正冬之三節也

禮記曰仲冬之月日短至陰陽爭諸生蕩爭者陰方盛陽欲起也君子齋戒處必掩身身欲寧去聲色禁嗜慾安形性事欲靜以待陰陽之所定

周禮曰冬至日在牽牛景長一丈三尺夏至日在東井景長尺有五寸

又曰薙氏去草冬日至而夷之秋繩而芟之冬日至而耜之若欲其化也則以水火變之謂以火燒其所芟薙之草已而水之則其土亦和美月令季夏乃燒薙行水利以殺草如以熱湯是其一時著之

又曰司徒職曰日至之景尺有五寸謂之地中天地之所合也四時之所交也風雨之所會也陰陽之所和也然則百物阜安乃建王國焉制其畿方千里而封樹也景尺有五寸者南戴日下萬五千里地與星辰四遊升降於三萬里之中是以半之得地之中也畿方千里取象於日一寸爲正樹木溝上所以表助阻固也鄭司農云土圭之長尺有五寸以夏至之日立八尺之表其景適與土圭等謂之地中今潁川陽城地爲然

春秋左傳曰僖五年春王正月辛亥朔日南至周正今十一月冬至之日日南極公既視朔遂登觀臺以望而書禮也視朔親告朔也觀臺臺上構屋可以遠觀者也朔旦冬至曆數之所始治曆者因之則可以明其術數審別陰陽敘事訓民魯君不能常然此禮故善公之得禮凡分至啓閉必書雲物分春秋分也至冬夏至也啓立春立夏閉立秋立冬雲物氣色災變也傳重申周典不言公者日官掌其職爲備故也素察妖祥逆爲之備

易通卦驗曰冬至之日見雲送迎從下鄉來歲美人民和

不疾疫無雲送迎德薄歲惡故其雲赤者旱黑者水白者爲兵黄者有土功諸從日氣送迎其徵也

又曰冬至始人主致八能之士或調黄鍾或調六律或調五行或調律曆或調陰陽或調正德鄭玄注曰致八能之士者言選於人衆之中取習曉者使之調爲諧調和之也

又曰冬至始人主與羣臣左右從樂五日天下之衆亦家家從樂五日以迎日至之禮鄭玄注曰從者就也冬至君臣俱就大司樂之宫臨其肄樂祭天圜丘之樂以爲祭事莫大於此

又曰冬至成天文鄭玄注云天文謂之三光運照行天下冬至而數訖於是時也祭而成之所以報也

又曰冬至之日立八神樹八尺表日中視其晷如度者則歲美人和順晷不如度者歲惡晷入則水晷退則旱進二寸則月食進尺則日食進謂長於度也

京房易妖占曰冬至繕宫殿封倉庫

易說曰坎北方也主冬至

尚書考靈曜曰冬至日則五星俱起牽牛日月若懸璧五星若編珠

孝經説曰斗指子爲冬至至有三義一者陰極之至二者陽氣始至三者日行南至故謂爲至

孝經援神契曰冬至陽氣動

又曰冬至日在外衡

三禮義宗曰十一月大雪爲節者刑於小雪爲大雪時雪轉甚故以大雪名節冬至中者亦有三義一者陰極之至二者陽氣始至三者日行南至故謂之冬至也

又曰冬至日祭天於圜丘玉用其蒼璧牲同玉色樂用夾

御覽二十八 三 趙祖

鍾爲宫樂作六變

五經通義曰冬至寢兵鼓商旅不行君不聽政事曰冬至陽氣萌陰陽交精始成萬物氣微在下不可動泄王者承天理故率天下静而不擾也

史記曰冬至短極縣土炭孟康曰先冬至三日懸土炭於衡兩端輕重適均冬至日陽氣至則炭重夏至日陰氣至則土重晉灼曰蔡邕律曆記候鍾律權土炭冬至陽氣應黄鍾通土炭輕而衡仰夏至陰氣應蕤賓通土炭重而衡低進退先後五日之中炭動麋解角蘭根出泉水踊略以知日至要訣晷景

又曰九候歲美惡候謂歲始或冬至日産氣始萌臘明日人衆卒歲壹會飲食發陽氣故曰初歲

又曰黄帝得寶鼎宛朐問於鬼臾區對曰帝得寶鼎神策是歲巳酉朔旦冬至得天子紀終而復始於是黄帝迎日推筴後率世歲復朔旦冬至

漢書曰官者淳于陵渠覆太初曆晦朔望最密五星如連珠應劭注云謂太初上元甲子夜半朔朝冬至七曜皆會牽牛

又曰冬至陽氣起君道長故賀夏至陰氣起君道消故不賀

司馬彪續漢書曰天子常以冬夏至日御前殿合八能之士陳八音聽樂均度晷景候鍾律權土炭效陰陽也

續漢書禮儀志曰冬至前後君子安身静體百官絶事不聽政擇吉辰而後省事絶之日夜漏未盡五刻京都百官衣皁聽事之日百官皆衣絳

後漢書曰傅賢字仲舒遷廷尉每冬至斷獄遲廻流涕

魏文帝黄初元年冬至日黄雀集于文昌殿前見曹植表左思魏都賦云翩翩黄雀銜書來詳蔡毋氏云黄鳥銜書具吾臺

御覽二十八 四 趙祖

後魏崔浩女儀曰近古婦人常以冬至日上履襪於舅姑踐長至之義也

晉書曰周嵩母李氏常冬至致酒舉觴賜三子曰吾本渡江託足無所不謂爾等並貴列吾目前吾復何憂嵩起曰恐不如尊旨伯仁志大而才短名重而識闇好乘人之弊此非自全之道嵩性抗直亦不容於世唯阿奴碌碌當在阿母目下耳阿奴謨小字也後果如其言

沈約宋書曰魏晉冬至日受萬國及百寮稱賀因小會其儀亞於歲朝也

又曰冬至朝賀享祀皆如元日之儀又進履襪崔駰襪銘有建子之月助養元氣之事後魏崔浩女儀云近古婦人常以冬至日進履襪於舅姑皆其事也襪亦作韈並亡伐反作赤豆粥荆楚記云共工氏有不才子以冬至日死爲人厲畏赤豆故作粥禳之

南史曰梁傳岐爲始新令有囚當死會冬至岐乃放其還家獄曹掾固爭曰古者有此今不可行岐曰其若負信縣令當坐竟如期而反太守深相歎異遽以狀聞

梁書曰庾闡出爲東陽太守在郡有能名冬至悉放獄中四依期而至

齊書曰庫狄伏連冬至之日親表稱賀其妻爲設豆餅伏連問此豆何因而得妻對曰於馬豆中分減伏連大怒

唐玄宗實錄曰上御含元殿受朝太史奏曰朔日至曆數之元嘉辰之會按樂計圖徵玄朔日冬至聖主厚祚又按春秋精符玄冬至陰雲祁寒有雲迎日者來歲大美此並聖德光被上感天心請付有司以彰嘉瑞從之

荆楚歲時記曰十一月冬至日作赤豆粥

洽聞記曰赤土國直崖州南渡海經雞籠島冬至之日影在北夏至之日影在南開戶皆向北

西域諸國志曰天竺國以十一月六日爲冬至冬至則麥秀

管子曰以冬至之日始數四十六冬盡春始教民鑽燧諱竈泄所以壽人也

淮南子曰冬至之日北宮御女黑色衣黑采擊磬石水王北方故處北宮其兵鎩其畜彘鎩者即內象彘彘水畜

又曰陽氣爲火陰氣爲水水勝故夏至濕火勝故冬至慘慘故炭重日冬至井水盛盆水溢鵲始巢八尺之脩日中而景丈三尺

又曰天文曰冬至日數來歲正月朔日滿五十者民食足不滿五十者減一升餘日日益一升其爲歲伺也伺候也

呂氏春秋曰冬至後五旬七日菖蒲百草之先生也於是始耕高誘注曰菖蒲水草也

又曰冬至日行遠道周四極命之曰玄明天

又曰仲冬命之曰暢月陽氣在上人民空閒無所事作故曰暢月

太玄經曰冬至及夜半以後者近玄之象也進而未極往而未至虛而未滿故謂之近玄也玄以子午爲晝夜分冬至夜半以前癸亥之日也玄道好謙夜半以後大道始萌雖進未極雖往未至雖在沖虛而未盈滿也是爲近玄則休也釋文曰冬至斗指子夜半時加午者也

又曰調律者度竹爲管蘆莩爲灰列之九閒之中漠然無動寂然無聲微風不起纖塵不形冬至夜半黃鍾以應

白虎通曰廣莫風冬至斷其大辟行刑獄也

又曰冬至前後君子安身靜體百官絕事不聽政擇吉辰而後省事

又曰冬至陽始起反大寒何也陰氣推而上故大寒

玉燭寶典云十一月建子周之正月冬至日極南影極長

陰陽日月萬物之始律當黃鍾其管最長故有履長之賀
神農書曰冬至陰陽合精天地交讓天爲尸濕地爲不凍
君爲不朝百官爲不親事不可出遊必有憂悔
符瑞圖曰冬至東北方融風至一名條風
崔寔四人月令曰冬至之日薦黍羔先薦玄冥以及祖禰
其進酒尊老及謁賀君師耆老如正日
又曰先後冬至各五日買白犬養之以供祖禰
周書時訓曰大雪之日鶡鳥猶鳴者國有訛言虎不交將
帥不和挺不出御士專權冬至之日蚯蚓不結君政不行
麋角不解兵不藏水泉不動陰不承陽
曆義疏曰大雪十一月節月之初氣也言太陰之氣以大
水凝爲雪故曰大雪冬至十一月之中氣也言冬至者極
也太陰之氣上干於陽太陽之氣下極於地寒氣已極故

曰冬至氣當易之是以王者閉門閭商旅不行以其陽氣
乘踊長君壽益長是以冬賀也亦以日之行天至於巽維
東南角極之於此故曰冬至
顏師古匡謬正俗曰鄭氏箋云鵲之作巢冬至加功至春
乃成此言始起冬至加功力爲巢蓋直言耳而劉昌宗周
讀等音加爲架名從以構架爲義則不應云架功也
黃帝針灸經云冬至日風從南來者名爲虛賊傷人也
周角書曰候赦法冬至後盡丁巳之日有風從巳上來滿
三日以上必有大赦
養生要集曰南陽張平子云冬至陽氣歸內腹中熱物入
胃易消化
又曰通曆數家筭法推考其紀從上古天元來訖十一月
甲子夜半朔冬至日月若連璧

魏武帝明罰令曰聞太原上黨西河鴈門冬至後百有五
日皆絕火寒食云爲介子推。晉潘尼長至詩曰渾儀賦
四氣王衡運招搖靈晷備期夕日南始令朝
宋鮑照冬至詩曰景移風度改日至晷遷換眇眇負霜鶴
皎皎帶雲鴈長河夜闌干層冰如玉岸哀哀故老容慘慘
愁歲暮
陳新塗妻李氏冬至詩曰靈象尋數迴四氣遞時散陰律
鼓微陽大明將啓旦感與時來多心隨逝花難式宴集中
堂嘉賓盈朝館
魏曹植冬至獻襪頌表曰伏見舊儀國家冬至獻履貢襪
所以迎福踐長先臣或爲之頌臣既玩其嘉藻願述朝慶
千載昌期一陽嘉節四方交泰万彙昭蘇亞歲迎祥履長
納慶不勝感節情繫帷幄拜表奉賀并獻紋履七量襪若

干副上獻以聞謹獻

太平御覽卷第二十八

太平御覽卷第二十九

時序部十四

元日

書曰正月上日受終于文祖（上日朔日也終謂堯終帝位之事文祖者堯文德之祖廟）

又曰正月元日受格于文祖（月正正月元日上日也舜服堯喪三年畢將即政故復至文祖廟告）

又曰正月朔旦受命于神宗（受舜終事之命神宗文祖之宗廟言神尊之也）率百官若帝之初（順舜初攝帝位故事奉行之）

漢書曰正月朔歲首立春四時之首

又曰哀帝時鮑宣以正旦日蝕地震宣上書曰陛下父事天毋事地子養庶人今父虧明毋震動子訞言三朝始小民正月朔日俗忌器破尚惡之况日之虧缺乎（三朝日月歲也）

東觀漢記曰戴憑字次仲爲侍中正旦朝賀百僚畢會帝令群臣能說經更相難詰義有不通輙奪其席以益通者憑遂重坐五十餘席

後漢書陳翔拜侍御史時正旦朝賀大將軍梁冀威儀不整翔奏冀恃貴不敬請收治罪時人奇之

續漢書曰永平四年詔曰比來水旱飢饉加有軍旅正旦無陳朝賀之儀

又曰歲正日爲大射朝受賀其儀夜漏未盡七刻鍾鳴受賀及贄公侯璧中二千石羔千六百石鴈四百石巳下雉百官賀正日二千石巳上上殿稱萬歲舉觴御食司空奉羹大司農奉飯奏食舉之樂百官奏畢宴飲作樂

魏書曰建安中劉邵爲計吏詣許太史言正旦當日蝕邵時在荀彧所坐者數十人或云當廢或云宜却會邵曰梓愼裨竈古之良史猶占水火錯失天時然則聖人垂制不爲變豫廢朝禮者或災消異伏或推術謬誤也彧善其言勑朝會如故日亦不食

臧榮緒晉書曰熊遠議曰履端元日正始之初有識之士於是觀禮樂榮耳目之觀崇玩弄之好

又曰晉元會設白獸樽於殿上樽蓋上施白獸若有能獻直言者則發此樽飲酒案禮白獸樽乃杜舉之遺式也爲白獸蓋後代所爲示不忌諱也

晉載記曰南燕慕容超末年正會群臣於正殿方奏樂超歎曲終不巳其年爲宋高祖所擒

沈約宋書曰舊時歲朔常設葦茭桃梗磔雞於宫及百寺之門以禳惡氣

又曰孝武帝大明五年正月旦雪江夏王義恭以衣承雪作六出花進以爲瑞帝大悅

又曰元嘉三十年正月旦上朝萬國平旦東南有青黑雲

氣非常廣數丈過北覆映宫上

北齊書神武既平并州尒朱兆北保秀容神武揚聲討兆既出而止者數四兆意怠神武揣其歲首當宴會遣竇泰以精騎襲之一日一夜行三百里神武繼至兆軍人因宴饗休息驚走遂破之兆自殺

又曰張華原爲兖州刺史獄有繫囚時謂之曰三元之始念卿幽閉今給假五日足得展謁覲期盡當還也囚果應期而至

梁書曰天監四十年正月朔旦帝臨軒冠太子於太極殿舊制太子著遠遊冠金蟬翠緌纓至是別加昭明太子冠金博山冠以太子美姿容善舉止故也

唐書曰貞元六年正月戊戌朔先是有司奏元日太陽虧

遂羅朝會至時不食百僚稱賀

又曰天后朝王方慶議告朔儀曰今每歲首元日通天宫受朝讀時令布政事京官九品以上諸州朝集使等咸列於庭此聽朔之禮畢

又曰新羅俗以元日拜日月神

易通卦驗曰正月五更人整衣冠於家庭中爆竹帖畫雞子或鏤五色土於户上厭不祥也

尚書大傳曰正月上日受終于文祖在璇璣玉衡以齊七政璇璣者何也傳曰旋者還也機者幾也微也其變幾微而所動者大謂之璇璣是故璇璣謂之北極受謂舜也上日元日

又曰夏以孟春爲正殷以季冬爲正周以仲冬爲正夏以平旦爲朔殷以雞鳴爲朔周以夜半爲朔不以二三月後爲正者萬物不齊莫適所立故必以三微月之三正之相承若連環也

又曰周以至動殷以萌夏以牙（謂三王之正也至動冬至日物動也）物有三變故正色有三天有三生三死（異時生者物異時死）是故周以日至爲正殷以日至三十日爲正夏以日至六十日爲正天有三統土有三正（統本也）統者所以序生也三正者所以統天也是故三統三正也若循連環周則又始窮則反本也夏以孟春爲正者貴形也

春秋感精符曰人統月建寅物生之端謂之人統夏以爲正（漢書云於律太蔟爲人統也）

白虎通曰正朔三何夫天有三微之月也三微者何言陽氣始施黄泉而未上也十一月陽氣始養黄泉之下万物皆赫赫然感陽之氣也故周爲天正色尚赤十二月之時萬物時牙而白故殷爲地正色尚白正月之時萬物始達孚甲而出皆黒人得加力故夏爲人正色尚黒也後之人不以二三月爲正者以其萬物不齊莫有所立故必以三微月也

漢官儀曰正月旦天子御德陽殿臨軒公卿大夫百官各陪位朝賀蠻貊胡羗朝貢必見屬郡計吏皆陛覲

又曰元日朝賀三公拜璧殿上獻壽觴

又曰正月朔賀三公奉璧上殿嚮御西北太常賛曰皇帝爲王公興三公伏皇帝坐乃前進璧古語曰御坐則起此之謂也

魏略曰正始元年南風大起數十日發屋折樹動太極殿東閣正旦大會又甚傾杯案曾休將誅之徵也

典略曰魏明帝使博士馬均作司南車水轉百戲正月朝造巨獸魚龍蔓延弄馬倒騎備如漢西京故事

晉起居注曰太始元年詔曰朕遭憫凶奉承洪業追慕罔極正日雖當受朝其伎樂一切勿有所設又殿前反宇及武帳織成帷之屬皆不湏施

又曰太始四年正月上臨軒朝群臣於太極殿前詔安平王載輿車昇殿上迎拜於阼階王坐上親奉觴上壽皆如家人之禮王拜上皆跪而止之

又曰永和元年正月辛未朔雨不會甲戌皇太后登太極前殿施紗幃鄣與上臨嚮群臣

又曰咸康四年尚書倉部奏下揚州調胡米一升至五年正旦進御詔停

又曰十二月丙子正旦會百僚增賜緑醽酒人二升

又曰咸康七年十二月尚書樂謨奏八年正會儀注唯作

鼓鍾其餘伎樂盡不作詔曰若元日大饗萬國朝宗庭燎鍾鼓之奏朕聞起居之節朝無磬折之音賓無蹈履之度其於事儀不亦闕乎卿諸人當准量輕重以制事中則情典並隨國無滯儀矣

又曰永和中廷尉王彪之與揚州刺史殷浩書曰太史上元日合朔談者或有疑應却會與否昔建元元年亦元日合朔庾車騎寫劉孔才所論爲不得禮苟令從之是勝人之一失何者禮云諸侯旅見天子入門不得終禮而廢者四太廟火日蝕后之喪雨沾服失容尋此四事之指自謂諸侯雖已入門而卒暴有之則不得終禮非爲先存其事而僥倖史官推術錯謬故不豫廢朝禮也夫三辰有災莫大日蝕史官告譴而無懼容不修豫防之禮而廢消救之術方大饗華夷君臣相慶豈復是將處天災罪已之謂且檢之事實合朔之儀至尊静躬殿堂不聽政事冕服御坐門闥之制與元會禮異自不得兼行當權其事宜合朔之禮不輕於元會元會有可却之禮唯合朔無可廢之義謂應依建元故事却元會浩從之竟却會

又曰咸和二年正月饗萬國有鵰鳥五集殿明年蘇峻反

三齊略曰滎陽有免井漢沛公避項羽追逃於井中有雙鳩集其上人云沛公逃入井羽曰井中有人鳩不集其上遂下道沛公遂免難後漢世元日放鳩蓋爲此也

列子曰邯鄲之民以正月之旦獻鳩於簡子簡子大悦厚賞之客問其故簡子曰正旦放生示有恩也客曰民知君欲放之故竟而捕之死者衆矣君而欲生之不若禁民勿捕捕而放之恩不過不相補矣簡子曰善

孔叢子曰邯鄲民以正月旦獻雀於趙王而綴以五綵王

大悦申叔告子順子順曰王何以爲也對曰正旦放之示有生也子順曰此委巷之鄙事非先王之法且又不順夫雀者取其名則宜受之於上不宜取之於下一國之王受民雀將何悦焉

淮南子曰以日冬至數至來歲正月朔日五十日者民食足不滿五十日日減一升有餘日日益一斗四時纂要曰此占最有驗也

世說曰元帝正會引王丞相登御牀王公固辭中宗引之弥苦文獻曰文獻王導謚太陽與萬物同輝臣下何以瞻仰乃止

又曰陶公作荊州時勑船官使錄木屑不限多少悉藏之時咸不解此意後正會值積雪晦日始晴廳事前除雪地甚潤濕於是悉用木屑覆之都無所妨

桂陽列仙傳曰成武丁正旦大會以酒沃庭中有司問其故對曰臨武縣失火以酒救之遣驗果然

又曰永寧元年西南夷獻樂及幻人能吐火自支解易牛馬頭時元會作之於庭安帝與群臣觀大奇之唯陳禪獨離席曰帝王之庭不宜作夷狄伎

荊楚歲時記曰元日庭前爆竹以辟山臊惡鬼也山臊按神異經在西方深山中長尺餘犯人則病畏爆竹聲又俗爆竹燃草起於庭燎

又曰元日至于月晦民並酺食之名又似之矣出錢爲醵出食爲酺竟分明擲摴名爲摴射藝經爲擲摴

又曰元日鏤懸葦炭桃捧戶上却癘疫也

又曰元日服桃湯桃者五行之精厭伏邪氣制百鬼今人進屠蘇酒膠牙餳蓋其遺事也

又曰正月一日三元之日也（元始也）雞鳴而起案周書緯通卦云雞陽鳥也以爲人候四時人得以翹首結帶正衣常也（注云案禮内則云子事父母婦事舅姑雞初鳴咸盥漱櫛縰笄則推其常非獨此日但元正之朝存士庶之官有朝賀私有祭享慶恭宜早後位於餘辰所以標而異焉）先於庭前爆竹帖畫雞或斵鏤五綵及土雞於户上

莊周云有挂雞於户懸葦炭於其上樹桃其旁而鬼畏之

括地圖曰桃都山有大桃樹盤屈三千里上有金雞日照此則鳴下有二神一名鬱一名壘並執葦索以伺不祥之鬼得則殺之

又曰崔氏月令云過臘一日是謂小歲拜賀君親進椒酒從小起按成子安椒花銘曰肇惟歲首月正元日厥味惟新蠲除百疾是知小歲用之

周處風土記曰元日造五辛盤正元日五熏鍊形注曰五辛所以發五藏氣

莊子曰春月飲酒茹葱以通五藏

又曰乃有雞子五熏練形（正旦當生吞雞子一枚謂之練形又嚴食五辛菜以助發五藏氣）

又玄中記曰今人正朝作兩桃人立門旁以雄雞毛置索中蓋遺勇也

應劭風俗通曰有桃人葦茭畫虎鬱壘以此鬼食虎今或畫虎於門此並其事猛獸之聲有如爆竹。神異經云西方深山中有人焉其長尺餘性不畏人犯之令人寒熱名曰山臊以竹著火挂（畢音必火扑也）而山臊驚憚玄黃經云謂此鬼是也俗人以爆竹起於庭燎不應濫於王者（魏時人問議郎董勛云今正臘月門前作烟火桃人絞索松柏殺雞著門户逐疫禮也勛荅云禮十二月索室逐疫釁門户磔雞漢火行故作火助行氣桃鬼所惡畫作人首可以有所收縛不死之祥勛又云正月一日爲雞二日爲狗三日爲羊四日爲猪五日爲牛六日爲馬七日爲人正旦畫雞於門七日帖人於帳當爲此日今一日不殺雞二日不殺狗三日不殺羊四日不殺猪五日不殺牛六日不殺馬七日不行刑亦此義但古乃磔雞令畏鬼今則不殺未知孰是其間人於此日向辰至門前呼牛馬雞畜令來乃置粟豆於灰撒之宅内云以招牛馬未知所出也）於是長幼悉正衣冠以次拜賀進椒酒飲桃湯及柏故以桃湯柏葉爲酒（董勛云俗以歲首用椒酒椒性芬香人中爲藥呪而飲之亦一時之禮故於此日採椒花以貢尊者晉海西令又問董勛曰俗人正日飲酒先飲小者何也勛云俗人小者得歲先酒賀之老者失歲故後與酒然則從小起義在於斯乎其敷子散出葛洪鍊化篇方用柏子人麻人細辛乾薑附子等分爲散井花水服之又方江夏劉次卿受彈鬼九方武都雄黃丹沙二兩五物合擣洋五兩蠟和令調如彈九正月旦令男左女右帶之又云敷子散出胡洽方）於是下五辛菜膠牙糖各進一雞子梁有天下不食葷荆自此不復食雞子以從常則（周處風土記云正旦當生吞雞子一枚謂之練形又嚴咲五辛菜以助發五藏氣則行之久矣膠牙若者蓋以使其牢固不動今北人亦如之熟麻子大豆糖撒之案鍊化篇云正月旦吞雞子赤豆各七枚辟溫氣又肘後方云旦及七日吞麻子小豆各二七枚消疾疫張仲景方云歲有惡氣中人不幸便死取大豆二七枚雞子白麻并酒香之然麻豆之設當起於此今則熟之未知所據也）又以錢貫繫牀腳迴以投糞掃上云令如願

録異記云有商人區明者過彭澤湖有車馬自稱青洪君要明過厚禮之問何所須有人教之但乞如願及問以此言荅之青洪君甚惜如願不得以許之乃其婢也既而送出自尔商人或有所求如願並爲即得後至正旦如願起晚乃打如願如願走入糞中商人以杖打糞掃喚如願竟不還也如此願遺事（今北人正月十五日夜立於糞掃邊令人執杖打糞堆上云以治腰痛意者亦爲如願故事耳）

鄧德明南康記曰昔有盧躭仕州爲治中少學仙術身能奮飛每夕輒凌虛歸家曉則還州嘗赴元會至曉不及預朝列化爲白鵠至閤前迴翔欲下威儀以簾擲之得一隻履躭乃驚還就列内外左右莫不駭異時步騭爲廣州刺史意甚惡之便以狀聞遂至誅滅

王子年拾遺記曰堯在位七年有鸞鳳而來集麒麟遊於藪澤鴟梟逃於絕漠有秖支之國獻重明之鳥一名重精雙睛在目狀如雞鳴似鳳時解落毛羽以肉翮而飛能搏逐猛虎使妖惡不能為害食以瓊膏或一歲數來或數歲不至國人莫不掃灑門戶以望重精之集其來至之時國人或刻鑄金寶為此鳥之狀置於戶牖之間則魑魅醜類自然退伏今人每歲元日刻畫為雞於戶牖之上者蓋重精之遺像也

西京雜記曰漢置宗廟飲酎用九十大牢皇帝侍祠以正月旦作酒八月成名曰酎一曰醞

鄴中記曰石虎正會虎於正殿南面臨軒施流蘇帳皆竊擬禮制整法服冠通天珮玉璽玄衣纁裳畫日月火龍黼黻華虫粉米尋改車服著遠遊冠前安金博山蟬翼丹紗裹服太學行禮公執珪卿執羔大夫執鴈士執雉一如舊

禮充庭車馬金銀玉路輦輅數千

董勛荅問曰歲首祝椒酒而飲之以椒性芬香又堪為藥又折松枝男七女二七亦同此義

又雜修養書曰正月一日取五木煮作湯以浴令人至老鬚髮黑（案道家謂青木香為五木香亦云五木道家多以此浴是其義也）

雜五行書曰常以正月旦及正月半以麻子赤豆二七顆置井中辟溫病甚効

萬歲曆曰漢成帝詔除正旦殺雞與雀可謂仁於用心（非謂正旦則禁殺）

崔寔四人月令曰元日進椒柏酒椒是玉衡星精服之令人身輕能耆老柏是仙藥又云進酒次第當從小起以年少者為先

又曰正月之朔是謂正月躬率妻孥絜祀祖禰及祀日進酒降神畢乃室家尊卑無大無小以次列于先祖之前子婦曾孫各上椒酒於家長稱觴舉壽欣欣如也

王燭寶典曰正月為端（春秋傳曰履端於始也）其一日為元日（元者善之長也先王體元以居正又元者元也始也一也首也）亦云上日亦云正朝亦云三元（歲之元時之元日之元）亦云三朔（尚書大傳曰夏以平明為朔殷以雞鳴為朔周以夜半為朔）

又曰元日造桃板著戶謂之仙木像鬱壘山桃樹百鬼畏之

王羲之月儀書曰日往月來元正首祚大簇告辰微陽始布罄無不宜和神養素

李膺家錄曰膺坐黨事與杜密荀翊同繫新汲縣獄時歲日翊引杯曰正朝從小起膺謂翊云死者人情所惡今子無恡色者何翊曰求仁得仁又誰恨也膺乃歎曰漢其亡矣漢其亡矣善人天地之紀而多害之何以存國

裴玄新言曰正旦縣官殺羊懸其頭於門又磔雞以覆之俗說厭癘氣今以問河南伏君伏君曰是日也土氣上昇草木萌動羊齧百草雞啄五穀故殺之助生氣

古史考曰元日太史乃占氣象以知水旱吉凶隨分野書之

王渾集曰詔問明正旦會四方計吏入見臨朝當何所宜渾奏舊正會前計吏軒下侍中讀詔書計吏跪奏曰以詔常文相承陛下留心訪問之意可令中書恒詔問方土所有士人賢才隱伏未達風俗好尚禮教之宜勸農務本以盡懇殖之利刑獄清理無枉濫之失郡守長吏勤心治政為民興利除害訓化之續授以紙筆盡意陳聞以明聖旨垂心四遠

劉臻妻正旦獻椒花頌曰旻穹周迴三朝肇建青陽散暉澄景載煥美此靈葩爰採爰獻聖容映之永壽於萬

後漢張衡東京賦曰於是孟春元日羣后旁戾百寮師師于斯胥洎孟春元日正旦也旁四方也戾至也蕃國奉聘要荒來賀音致時惟帝巳獻琛執贄當覲于殿下者蓋數萬以計尔乃九賓重謂朝公至侯卿二千石以上六百石以下及郎吏匈奴侍子九九等臚人列之鴻臚所主差胡之入皆雖列也崇牙張鏞鼓設郎將司階虎戟交鎩虎賁中郎將主大階而立虎賁武執戟鍛相對立也

晉傅玄元日朝會賦曰前三朝之夜中夜燎晃以舒光華燈若乎火樹熾百枝之煌煌六鍾隱其駭奮鼓吹作乎雲中

晉庾闡楊都賦曰歲惟元辰陰陽代紀履端歸餘三朝告始皇帝迺坐露寢御組帷冠黈纊冕戴翠蕤襲日月佩王

續懷六璽紱文龜

魏曹植正會詩曰初歲元祚吉日惟良乃爲嘉會讌此高堂尊卑列叙典而有章衣裳鮮潔黼黻玄黄清酤盈爵中坐騰光珍膳雜遝充溢圓方笙磬既設箏瑟俱張悲歌厲響咀嚼清商俯視文軒仰瞻華梁願保兹善千載爲常歡笑盡娛樂哉未央家室榮貴壽若東王

太平御覽卷第二十九

太平御覽卷第三十

時序部十五

人日 正月十五日 晦日 中和節

社 寒食 三月三日

人日

荊楚歲時記曰正月七日爲人日董勛問禮俗曰正月一日爲雞二日爲狗三日爲猪四日爲羊五日爲牛六日爲馬七日爲人以七種菜爲羹剪綵爲人或鏤金薄爲人以貼屏風亦戴之頭鬢董勛問禮俗云人入新年形容改從新又造華勝相遺起於晉代見賈充李夫人典戒云像瑞圖金勝之形又取像西王母戴勝也舊以正月七日爲人故名爲人日今北人此日亦有諱食菜者與楚食正反剪綵鏤金薄爲人皆符人日之意與正旦鏤雞於戶同共人亦有至人日諱食故歲菜唯食新菜者又餘日不刻牛羊狗猪馬之像而二日獨施人雞此則未聞郭緣生述征記云壽張縣安民山東平王鑿山頂爲會望處刻銘於壁文字猶在所載銘辭即此處老子云衆人熙熙如登春臺如享大牢楚詞云目極千里傷春心則春日登臨自古爲適但不知七日竟起何代晉代桓溫參軍張望亦有正月七日登高詩近代已來南北同耳北人此日食煎餅於庭中作之云薰大未知所出也

雜五行書曰正月七日男吞赤豆七顆女吞二七顆竟年無病

又曰宋武帝女壽陽公主人日臥於含章殿簷下梅花落公主額上成五出花拂之不去皇后留之看得幾時經三日洗之乃落宮女奇其異競效之今梅花粧是也

談藪曰北齊高祖七日升高宴羣臣問曰何故名人日魏收對以董勛正月一日爲雞七日爲人按一說云天地初闢以一日作雞七日作人也

劉臻妻陳氏進見儀曰正月七日上人勝於人

魏東平王是日登壽張安仁山銘曰正月七日厥日惟人策我良駟陟彼安仁

隋陽休之正月七日登高侍宴詩曰廣殿麗年輝上林起春色風生拂雕輦雲迴浮綺翼

隋薛道衡人日思歸詩曰入春纔七日離家已二年人歸落鴈後思發在花前

晉李充正月七日登剡西寺詩曰命駕升西山寓目眺原疇

正月十五日

史記樂書曰漢家祀太一以昬時祠到明今人正月望日夜遊觀燈是其遺事

荊楚歲時記曰正月十五日作豆糜加油膏其上以祠門戶

齊諧記曰正月半有[illegible]陳氏之宅云是蠶室若能見祭當令蠶桑百倍疑非[illegible]祭門備之七祠今州里風俗望日祠門其法先以楊枝插門而祭之齊諧記曰吳縣張成見一婦人立宅東南角謂成曰此地是君蠶室我即地神突正月半日可作白粥泛膏於上以祭之當令君家蠶桑百倍言訖而去絶失所在或爲作膏粥已後年年大得蠶世人正月半作粥禱之加以肉覆其上登屋食之咒云登高糜挾鼠腦欲來不來待我三蠶老則以爲蠶禳鼠與齊諧記相符又覆肉亦是覆膏之理石虎鄴中記正月十五日有登高之會則登高又非今世而然者也其夕則迎紫姑以卜劉敬叔異苑云紫姑本人家妾爲大婦所妬正月十五日感激而死故世人作其形迎之云子壻不在云是其壻曹夫人已行云是其姑紫姑可出異苑又云於廁間或猪欄邊迎之捉之覺重是神來也平昌孟氏嘗以此日迎之遂穿室而自亦正著以敗衣蓋爲此也洞覽云帝嚳女將死云生平好樂至正月可以見迎又其事也俗云溷廁之間必須淨然後能致紫姑

異苑曰世人以十五日迎紫姑捉者覺重便是神來奠設酒果亦覺皃輝輝有色即跳躁不住能占衆事卜將來蠶桑又善射鉤好即大舞惡則仰眠平昌孟氏恒不信躬試

往捉便自躍穿頂求失所在也

唐兩京新記云正月十五日夜勑金吾弛禁前後各一日以看燈光若晝日

世説正月十五日祢衡嘗被魏武謫爲鼓吏於此日試鼓漁陽摻作魚陽參淵淵有金石聲（後漢書注文士傳曰衡擊鼓爲漁陽參撾蹋地來躡足改腳容態不常鼓節甚悲易衣畢復擊鼓參撾而去至今有漁陽撾自衡始也參音七甘切）

陳太子舍人徐德言之妻叔寳之妹封樂昌公主才色冠絶時陳政方亂德言知不相保謂其妻曰以君之容國亡必入權豪之家儻情縁未断猶冀相見宜有以信之乃破一鏡人執其半約曰他日必以正月望日賣於都市我當在即以是日訪之及陳亡其妻果入楊素之家德言逐以正月望日訪於都市有蒼頭賣半鏡者大高其價人皆笑之德言直引至其居出半鏡以合之仍題詩曰鏡與人俱去鏡歸人不歸無復姮娥影空餘明月輝陳氏得詩涕泣不食素知之還其妻仍厚遺之與德言歸江南竟以終老

玉燭寳典曰正月十五日作膏粥以祠門戸

西域記曰摩竭陁國正月十五日僧徒俗衆雲集觀佛舍利放光雨花

唐蘇味道正月十五日夜詩曰火樹銀花合星橋鐵鏁開暗塵隨馬去明月逐人來游騎皆穠李行歌盡落梅金吾不惜夜玉漏莫相催

又崔液正月望夜游詩曰玉漏銅壺且莫催鐵關金鏁徹明開誰家見月能閑坐何處聞燈不看來

又曰神燈佛火百輪張刻像圖形七寳裝影裏如聞金口説空中似散玉毫光

又曰金勒銀鞍控紫騮玉輪朱幰駕青牛驂驔始散東城曲倏忽還逢南陌頭

晦日

荆楚歳時記曰元日至于月晦並爲酺聚飲食（每月皆有弦望晦朔以正月初年時俗重以爲節）士女泛舟或臨水宴樂（玉燭寳典曰元日至月晦人並爲酺食渡水士女悉湔裳酹酒於水湄以爲度厄今世人唯晦日臨河解除婦人或湔裙）

後魏盧元明晦日泛舟應詔詩曰輕灰吹上管落蓂飄下蒂遲遲春色華晼晼年光麗

北齊魏收晦日泛舟應詔詩曰裊裊春枝弱關關新鳥呼棹唱忽逶迤菱歌詩顧慕睿賞方月色宴言忘日暮猶豫慰人心照臨康國步○唐太宗月晦詩晦魄移中律凝暄起麗城罩雲朝蓋上穿露曉珠呈笑樹花分色啼枝鳥合聲披襟歡眺望極目暢春情

中和節

唐書云貞元五年正月十一日詔曰四序嘉辰歴代增置漢宗上巳晉紀重陽或説禳除雖因舊俗與衆宴樂誠洽當時朕以春方發生候維仲月勾萌畢達天地同和俾其昭蘇宜均暢茂自今已後以二月一日爲中和節内外官司並休假一日先勑百寮以三令節集會今宜以中和節代晦日（中和之節自兹始也）

又曰其月二十八日中書侍郎李泌奏伏以仲春初吉節嘉節以徵之更晦日於往月之終揆明辰於來月之始請令文武百辟以是日進農書司農獻穜稑之種三公戚里上春服士庶以刀尺相遺村社作中和酒祭勾芒神聚會宴樂名爲饗勾芒祈年穀仍望各下州府所在頒行從之

又云貞元六年上以中和節宴百寮於曲江上賦詩以賜之百官皆和焉是歳戴叔倫爲容州刺史素有詩名上乃

令錄其詩以賜之

社

孝經緯曰社土地之主也土地闊不可盡祭故封土爲社以報功也

禮記月令曰二月之節是月也擇元日命人社（爲祀社稷也春事興故祭之以祈農祥元日謂近春分前後戊日元吉也）

又曰王爲群姓立社曰太社王自立社曰皇社諸侯爲百姓立社曰國社自立社曰侯社大夫已下立社曰置社

尚書曰用命則賞于祖不用命則戮于社（社主陰陰主殺）

論語曰魯哀公問社於宰我對曰夏后氏以松殷人以栢周人以栗曰使民戰

史記曰共工氏之子爲后土能平水土故祀以爲社故天子曰大社必受霜露風雨以達天地之氣也社所以親地也地載万物天垂象取法於天所以尊天而親地也社共粢盛所以報本反始也

漢書曰陳平爲里中社宰分肉甚均父老善之平曰使平得宰天下亦如此肉

又曰高祖天下定詔御史令治榆社春用羊彘祠之

魏志曰王脩年七歲喪母母以社日亡來年隣里社脩感念母悲哀其隣里聞爲之罷社

晉書曰阮脩字宣子伐社樹或止之籍曰或社爲樹伐樹則社移樹而爲社伐樹則社亡也

荆楚歲時記曰社日四隣並結綜會社牲醪爲屋於樹下先祭神然後饗其胙

鄭氏云百家共一社今百家所社綜即共立之社也

寒食

荆楚歲時記曰去冬節一百五日即有疾風甚雨謂之寒食（據曆合在清明前二日亦有去冬至一百六日）

陸翽鄴中記曰寒食三日作醴酪又煮粳米及麦爲酪擣杏仁煑作粥案玉燭寶典今日悉爲大麦粥研杏仁爲酪別餳沃之

又孫楚祭子推文云黍飯一盤醴酪二盂是其事也

又曰并州俗冬至一百五日爲介子推斷火冷食三日作乾粥是今之糗也

范曄後漢書曰周舉遷并州刺史太原一郡舊俗以介子推焚骸有龍忌之禁至其月咸言神靈不樂舉火舉移書於子推廟云春中寒食一月老小不堪今則三日而已

魏武帝明罰令曰聞太原上黨西河鴈門冬至後百有五日皆冱寒之地老少羸弱將有不堪之患令人不得寒食若犯者家長半歲刑主吏百日刑令長奪一月俸

周斐汝南先賢傳曰太原舊俗以介子推焚骸一月寒食莫敢煙爨

劉向別錄曰寒食蹹蹴黄帝所造本兵勢也或云起於戰國案鞠與毬同古人蹹蹴以爲戲

古今藝術圖云寒食鞦韆本北方山戎之戲以習輕趫者也

又按周舉移書及魏武明罰令陸翽鄴中記並云寒食斷火起於子推琴操所云子綏即推也

又云五月五日與今有異皆因流俗所傳據左傳及史記並無介子推被焚之事案周禮司烜氏仲春以木鐸脩火禁于國中注云爲季春將出火也今寒食准節氣是仲春之末清明是三月之初然即禁火蓋周之舊制

玉燭寶典曰寒食此節城市尤多鬬雞卵之戲左傳有季

郈闞雞其來遠矣

周書時訓曰清明之日桐不華歲有大寒曰鼠不化國多貪殘虹不見婦人亂色戴勝不降桑政教不平

唐李崇嗣寒食詩曰普天皆滅焰匝地盡藏煙不知何處火來就客心然

又宋之問途中寒食詩曰馬上逢寒食途中屬暮春可憐江浦望不見洛橋人

又沈佺期嶺表逢寒食詩曰嶺外逢寒食春來不見餳洛陽新甲子何日是清明

三月三日

漢書曰武帝即位數年無子平陽公主求良家女十餘人飾置於家帝祓灞上而過焉還平陽主主見所待美人帝不悅既飲謳者進帝獨悅衛子夫（應劭云祓齋也今月上巳祓禊是也）

又漢書禮儀志曰三月上巳日官人並禊飲於東流水

又曰太后春幸蠶館率皇后列侯夫人桑遵灞水而祓除

又曰三月上巳官民皆絜於東流水上自洗濯祓除去宿垢爲大絜絜者言陽氣布暢萬物訖出始絜之也

續漢志曰上巳大會賓從於薄落津

後漢書曰梁商上巳日會賓客於洛水酒酣繼以薤露坐者聞之皆爲掩泣曰此所謂哀樂失時非其所也殃將及乎商至秋果薨

魏志曰袁紹三月上巳大會賓從於薄落津聞魏郡兵反黑山賊于毒等數萬人共覆鄴城殺守坐中客家在鄴者皆憂怖失色或起而立紹容皃自若不改常度

又晉中興書曰王導謂從兄敦曰王仁德未著而名位猶輕兄名已振宜有以共相匡輔會三月三日中宗出禊乘肩轝敦導並騎從紀瞻使人覘之既聞敦導騎從乃大驚自出拜於道左中宗從容謂導曰卿吾之蕭何也

宋書曰武帝三月三日登八公山劉安故臺望日城郭如疋帛之繞蕃花也

崔鴻十六國春秋曰李暠三日讌于曲水命羣僚賦詩暠爲之序

韓詩曰溱與洧方洹洹兮（洹洹盛皃也謂三月桃花水下之時至盛也）惟士與女方秉蕑兮（秉執也蕑蘭也當此盛流之時衆士與衆女方執蘭拂除邪惡鄭國之俗三月上巳之辰此兩水之上招魂續魄拂除不祥故詩人願與所悅者俱往觀之）

荊楚歲時記曰三月三日四人並出江渚池沼間爲流杯曲水宴

續齊諧記曰晉武帝問尚書郎摯虞曰三日曲水其義何指荅曰漢章帝時平原徐肇以三月初生三女至三日而

俱亡一村以爲怪乃相携之水濱盥洗因水以泛觴曲水之義起於此也帝曰若如所談便非好事尚書郎束皙曰摯虞小生不足以知之臣請說其始昔周公城洛邑因流水以泛酒故逸詩云羽觴隨波又秦昭王三日置酒河曲見有金人出捧水心劍曰令君制有西夏及秦霸諸侯乃因此處立爲曲水二漢相緣皆爲盛集帝曰善賜金五十斤左遷摯虞爲陽城令

夏仲御別傳曰夏仲御詣洛到三月三日洛中公王以下莫不方軌連軫並南浮橋邊禊男則朱服耀路女則錦綺粲爛仲御時在舡中曝所市藥雖見此輩穩坐不搖賈充望見深奇其節顧相與語此人有心膽有似奧鉠走往問舡中安坐者爲誰仲御不應重問徐乃荅曰會稽北海間民夏仲御（夏統字仲御）

風土記曰漢末有郭虞者有三女一女以三月上辰一以上巳二日而三女產乳並亡迄今時俗以爲大忌故到是月是日婦女忌諱不復止家皆適東流水上就通遠地祈祓自潔濯也

丘淵之征齊道里記曰城北十五里有柳泉符朗常以爲解禊處

鄴中記曰石虎三月三日臨水會公主妃主名家婦女無不畢出臨水施張幔車服粲爛走馬步射飲宴終日

陸翽鄴中記曰華林園中千金堤上作兩銅龍相向吐水以注天泉池通御溝中三月三日石季龍及皇后百官臨池會賞

續搜神記曰盧充獵見麞便射中之隨逐不覺遠忽見一黑門如府舍問鈴下鈴下對曰崔少府宅也進見少府語

充云尊府君爲索小女婚故相迎耳三日畢車送充至家母問之具以狀對與崔別正四年而三月三日臨水戲遥見傍水有犢車充往開車户見崔女與三男共載情意如初抱兒還充又與金鋺乃別

戴延之西征記曰天泉之南有東西溝承御溝水水之北有積石壇云三月三日御坐流杯之處

雜五行書曰欲知蚕善惡常三月三日天陰而無日不雨蚕大善

風俗通曰謹案周禮女巫掌歲時以祓除疾病禊者潔也故於水上盥潔之也巳者祉也邪疾巳去祈介祉也

竹林七賢論曰王濟嘗解禊浴水明日或問王曰昨日遊有何語議答曰張華善說史漢裴逸民叙前言往行衮衮可聽

晉羲之三月三日蘭亭序曰永和九年歲在癸丑暮春之初會于會稽山陰之蘭亭修禊事也群賢畢至少長咸集此地有崇山峻嶺茂林脩竹又有清流激湍映帶左右引以爲流觴曲水列坐其次雖無絲竹管絃之盛一觴一咏亦足以暢叙幽情是日也天朗氣清惠風和暢仰觀宇宙之大俯察品類之盛所以遊目騁懷足以極視聽之娛信可樂也

宋顔延之三日曲水詩序曰日纏胃維月軌青陸皇祗發生之始后土布和之辰思對上靈之心以答庶萌之願有詔掌故爰命司曆獻洛飲之禮具上巳之儀南除輦道北清禁林略亭皋跨芝田苑太液懷曾山山居峻垙葱翠幽烟於是離宮衛設別殿周徼然後昇秘駕引緹騎摇玉鸞發流吹天動神移淵亭雲委以降于行所禮也

梁沈約三日率尒成篇曰麗日屬元巳年芳具在斯開花已匝樹流鸎復滿枝洛陽繁華子長安輕薄兒東出千金堰西臨鴈鶩陂遊絲映空轉高柳拂地垂綠萍文照曜紫鶩光陸離清晨戲伊水薄暮宿蘭池象筵排寶瑟金瓶泛羽卮寧憶春蠶起日暮桑欲萎

梁簡文帝三月曲水詩序曰竊以周成洛邑自流水以禊除晉集華林同文軌而高宴莫不禮具義舉省矩重規照動神明雍熙鍾石是節也上巳屬辰餘萌達壤倉庚應律女夷司候尒乃分階樹羽疎泉泛爵羽觴沿泝蕙肴沓來賓儀式序盛德有容舞艷七盤歌浮六變遊雲駐彩仙鶴來儀都人野老雲集霧會結軫方衢飛軒照日。晉張華三月三日後園會詩曰暮春元日陽氣清明祁祁甘雨膏澤流盈習習祥風啓滯導生禽鳥逸豫桑麻滋榮纖條被

綠翠華含英於我皇后欽若昊乾順時省物言觀中園讌
及群辟乃命初筵合樂華池洎濯清川汎彼龍舟泝游洪
源
又張華上巳篇曰仁風導和氣勾芒御昊春姑洗應時月
元巳啓良辰明從自遠至童冠八九人伶人理新樂膳工
獻時珎春醴踰九醞冬青過十旬
晉閭丘冲三月三日應詔詩曰暮春之月春服既成外陽
潤土冰渙川盈餘萌達壤嘉木敷榮后皇宣遊既讌且寧
光光華輦侁侁從臣上蔭丹幄下藉文茵臨池柂盥濯故
絜新俯鏡清流仰睇天津藹藹華林巖巖景陽業業峻宇
弈弈飛梁垂蔭倒景若翶若翔浩浩白水汎汎龍舟皇在
靈沼百辟周遊激櫂清歌鼓枻行謳聞樂咸和具醉斯柔
在昔帝虞德被遐荒干鹹在庭苗人來王今我哲后古聖
齊芳惠此中國以綏四方元首既明股肱惟良樂只君子
今日惟康
又潘尼上巳日帝會天淵池詩曰青春暮月六氣和理律
應姑洗日惟元巳谷風散凝微陽戒始春服既成明靈降
祉
又陸機櫂歌行曰遲遲暮春日天氣柔且嘉元吉隆初巳
濯穢遊黃河龍舟浮鷁首羽旗垂藻葩乘風宣飛景逍遥
戲中波
隋盧思道上巳禊飲詩曰山泉好風日城市厭囂塵聊持
一罇酒共尋千里春餘光下幽桂夕吹舞青蘋何時出關
後重有入林人
唐沈佺期三月三日梨園亭侍宴詩曰九門馳道出三巳
禊堂開畫鷁中川動青龍上苑來野花飄御座河柳拂天

杯日晚迎祥處笙鏞下帝臺
後漢張衡南都賦曰於是暮春之禊元巳之辰方軌齊軫
祓于陽濱朱帷連網曜野映雲男女姣服駱驛何繽紛
晉成公綏洛禊賦曰考吉日簡良辰祓除鮮禊同會洛濱
妖童媛女嬉遊河曲或渙纖手或濯素足臨清流坐沙場
列罍樽飛羽觴
又張協禊賦曰夫何三春之令月嘉天氣之絪縕流水清
泠以汪濊原隰葱翠以龍鱗於是搢紳先生嘯儔命友攜
黨童冠者八九主希孔墨賓慕顏柳若夫權戚之家豪侈
之族乘騎齊鑣華輪方轂青蓋雲浮參差相屬集于長洲
之浦曜乎泠川之曲遂乃停輿蕙渚息駕蘭田朱幔虹舒
翠幕蜺連浮素卵以蔽水洒玄醪於中河水禽爲之駭踴
陽侯爲之動波
又阮瞻上巳會賦曰臨清川而嘉讌聊暇日以遊娛蔭朝
雲而爲蓋託茂樹以爲廬
又王廙洛都賦曰若乃暮春嘉禊三巳之辰貴賤同遊方
驤齊輪儷服靚粧祓乎洛濱流芳塞路炫日映雲
又褚爽禊賦曰伊暮春之令月將解禊於通川川迴瀾以
澄映嶺峭嶸以霏烟輕霞舒於翠崖白雲映於青天風透
林而自清氣扶嶺而載鮮

太平御覽卷第三十

太平御覽卷第三十一

時序部十六

五月五日　伏　七月七日

五月五日

大戴禮曰五月五日蓄蘭爲沐

謝承後漢書曰陳臨爲蒼梧太守推誠而理導人以孝悌臨徵去後本郡以五月五日祠臨東城門上令小童潔服舞之

又禮儀志曰五月五日朱索五色桃印爲門户飾以止惡氣也

沈約宋書曰元徽五年五月五日皇太后賜帝玉柄毛扇帝嫌其毛柄不華因此欲加酖害。宋略曰王鎮惡以五月五日生家人欲弃之其祖猛曰昔孟嘗君以此日生卒得相齊此兒必興吾宗以鎮惡爲名

唐書曰崔信明以五月五日正中時生有異雀數頭身形甚小五色皆備集于庭樹鼓翼齊鳴其聲清亮隋太史良使至青州遇而占之曰五月爲火火爲離離爲文采日正中文之盛也又有雀五色奮翼而鳴此兒必文藻煥爛聲名播於天下雀形既小禄位殆不高矣及長博聞強記下筆成章鄉人高孝基有知人鑒每謂人曰崔信明才學富贍雖名冠一時但恨其位不達耳

孝子傳曰紀邁五月五日生其母弃之村人紀淳妻養之年六歲本父母云汝是我兒邁涕泣慵所得輙上母

續齊諧記曰屈原五月五日投汨羅而死楚人哀之每至此日竹筒貯米投水祭之漢建武年長沙歐回見人自稱三閭大夫謂回曰嘗見祭甚善但常年所患蛟龍所竊今若有惠可以楝樹葉塞其上以五綵絲約之此二物蛟龍所憚也回依言後乃復見感之今人五日作糉子帶五色絲及楝葉皆是汨羅之遺風也

西京雜記曰王鳳以五月五日生其父欲不舉其叔曰昔田嬰勑其母勿舉由文文後爲孟嘗君以古事推之非不祥遂舉之

鄴中記曰并州俗以介子推五月五日燒死世人爲其忌故不舉食餉非也北方五月五日自作飲食餉神及作五色縷五色辛盤相問遺不爲介子推也

荆楚歲時記曰五月五日西人並蹋百草今人又有鬬百草之戲

又曰五月五日競渡俗爲屈原投汨羅日傷其死所並命舟檝以拯之舸舟取其輕利謂之飛鳧一自以爲水軍一自以爲水馬州將及士人悉臨水而觀之

又曰是月俗忌蓋屋及曝薦席（風俗通云五月蓋屋令人頭禿又異苑云新野庾寔家嘗以五月曝席忽有一小兒於席下俄失所在其後寔世子遂亡相傳弥以忌爲此條通五月之事今附於此）

又曰五月五日荆楚人並蹋百草將艾以爲人懸門户上以禳毒氣故師曠占曰歲病則艾草先生也

風土記曰仲夏端五端初也俗重五日與夏至同先節一日又以菰葉裹粘米以粟棗灰汁煑令熟節日噉煑肥龜令極熟去骨加鹽豉秫蓼名曰葅龜黏米一名糉一曰角黍蓋取陰陽尚包裹未之象也龜表肉裏陽內陰外之形所以贊時也

抱朴子曰或問辟五兵之道荅以五月五日作赤靈符着心前

又曰蟾蜍萬歲者頭上有角頷下丹書八字再重五月五

日中時取之陰乾百日以其足畫地即爲流水

風俗通曰五月五日以五彩絲繫臂者辟兵及鬼令人不病溫

又曰亦因屈原一名長命縷一名續命縷一名辟兵繒一名五色絲一名朱索又有條達等織組雜物以相贈遺（孝經援神契云仲夏始出婦人染練咸有作務玉燭寶典云此節備擬甚多其尚矣又曰日月星辰鳥獸之狀文繡金縷帖畫貢獻所尊古詩云繞臂雙條達是也）

又曰五月五日集五色繒辟兵余問服君服君曰青赤白黑以爲四方黃爲中央襞方綴於胷前以示婦人蠶功也織麥麪懸於門以示農工成傳聲以襞爲辟兵耳（按麪音消麥莖也）

養生要集曰木味苦小溫生漢中南鄭山谷五月五日採之

琴操曰介子綏（國語曰介子推）割腓股以啖重耳重耳復國子綏獨無所得綏甚怨恨乃作龍蛇之歌以感之終不肯出文公令燔山求之子綏遂抱木而燒死文公令民五月五日不得發火

玉燭寶典曰五月五日採艾懸於戶上以禳毒氣按荊楚歲時記云宗則字文度常以五月五日未鷄時採艾見似人處攬而取之用炙有驗是日競渡採雜藥

夏小正曰此月蓄藥以蠲除毒氣也

異苑曰五月五日剪鴝鵒舌以能學人語

又曰田文母嬖五月五日生文父勅令勿舉之後母私舉文長成童以實告之文遂啓父曰不舉五月子何父云生及戶損父文曰壽命於天豈壽命於戶若壽命於戶何不高其戶誰能至其戶耶父知賢爲嗣齊封爲孟嘗君

世說曰胡廣本姓黃五月五日生父母惡之置瓮中投於江胡翁聞瓮中有兒啼往取之養爲子遂七登三司

會稽典錄曰女子曹娥者會稽上虞人父能絃歌爲巫漢安二年五月五日於縣江泝濤迎波沉溺死不得尸娥年十四沿江號哭晝夜不絕聲七日遂投江而死

晉鬱藍與褚常侍書曰想往日與足下及江州五月五日共澡浴戲處追尋宿眷髣髴王儀心實悲矣

國史補曰揚州舊貢江心鏡五月五日揚子江中所鑄也或言中有百鍊者六七十鍊則已易破難成往往有自鳴者

酈元注水經曰如深水有異魚按正光元年五月五日天氣清爽聞池中鎗鎗若鉦鼓聲池水驚而沸湏臾雷電晦冥有五色蚍自池上屬於天乂之乃滅波上水定唯見一魚在其一變爲龍

伏日

曆忌釋曰伏者何也金氣伏藏之日也四時代謝皆以相生立春木代水水生木立夏火代木木生火立冬水代金金生水至於立秋以金代火金畏火故至庚日必伏庚者金也（陰陽書曰從夏至後第三庚爲初伏第四庚爲中伏立秋後初庚爲後伏謂之三伏曹植謂之三旬也）

史記曰張子房始見下邳圯上老父與一編書曰讀是爲王者師後十三年濟北穀城山下黃石即我也良後從高帝過濟北果見穀城下黃石良取實而祠之留侯死并黃石葬之每上塚伏臘祠黃石

又曰秦穆公始爲伏祠

漢書曰東方朔爲郎伏日詔賜諸郎肉朔獨拔劍割肉謂

其同官曰當早歸請受賜即懷肉而去上問朔曰賜肉不待詔而去何也上令自責朔曰受賜不待詔何無禮也拔劒割肉一何壯也割之不多又何廉也歸遺細君又何仁也上笑曰令生自責而反自譽復賜酒一卮肉百斤遺細君

又曰楊惲報孫會宗書曰田家作苦歲時伏臘烹羊炰羔斗酒自勞去聲

漢官儀曰伏日萬鬼所行故謹漢魏日有食之會故漢書楊惲閑居曰養羊沽酪供伏臘之費○典略曰大駕都許使光祿大夫劉松北鎮袁紹軍與紹子弟日共宴飲常以三伏之際晝夜酣飲極醉至於無知云以避一時之暑故河朔有避暑飲

王翽鄴中記曰石季龍於氷井臺藏冰三伏之月以冰賜大臣

荆楚歲時記曰六月伏日並作湯餅名爲辟惡

宋玉玄謨壽陽記曰明義井三伏之日炎暑赫曦男女行來其氣短急望見義井則喜不可言未至而憂既至而樂號爲歡樂井

世說曰郗嘉賓三伏之日詣謝公炎暑熏赫復當風交扇猶沾汗流離謝著故絹衣食熱白粥晏然無異郗謂謝公曰非君幾不堪此

崔寔四民月令曰初伏薦麥瓜於祖禰也

風俗通曰漢中巴蜀自擇伏日俗說漢中巴蜀廣漢土地溫暑草木蚤生晚枯氣異中國夷狄畜之故令自擇伏日也謹案漢書高帝分四都之衆用良平之策還定三秦席卷天下蓋君子所因者本也論功定封加以金帛重復寵異令自擇伏日不同於風俗也

晉書儀曰六月三日伏日昔賈誼在湘南六月三庚日有鵩鳥來時以南方毒惡以助太陽銷爍萬物故損人因避之

稽含因熱賦序曰三伏之節始奏商秋之辰未期余下俚貧生居室卑陋狹巷不來清風短廡不足增蔭歎彼夏屋之士體逸高廊並天而寒暑殊同世而憂樂異矣

程曉詩曰平生三伏時道路無行車閉門避暑臥出入不相過今世能襶子觸熱到人家主人聞客來嚬蹙奈此何搖扇臂中疼流汗正滂沲傳戒諸高明熱行宜見呵

晉潘岳懷縣詩曰南陸迎脩景朱明送末垂初伏啓新節隆暑亦赫曦

七月七日

漢武帝故事曰景帝嘗夢高祖謂已曰王美人生子可名爲彘以乙酉年七月七日旦生武帝於猗蘭殿謹按同寘記漢武帝

未生之時景帝夢一赤彘從雲中直下崇芳閣帝覺而坐於閣果見赤氣從雲中直下如林木盡户牖望閣上有丹霞蓊鬱既而乃改崇芳閣爲猗蘭殿後王夫人生武帝也

又曰七月七日上於承華殿齋其日忽有鳥從西方來集殿前上問東方朔朔曰此西王母欲來也有頃王母至有二青鳥如烏夾侍王母旁之

又曰王母遣謂帝曰七月七日我當暫來帝至日掃宮內燃九華之燈

又曰漢武帝內傳曰帝登壽眞之臺齋至七月七日夜忽見天西南如白雲起鬱鬱直來趨宮有頃西王母至乘紫雲之輦

又曰七月七日乃掃除宮掖之內張雲錦之帷燃九光微燈夜二唱後西王母駕九色之班龍上殿

又曰七月七日西王母降武帝戴太眞晨纓之冠履玄瓊

鳳文之舄

宋卜子楊園苑䟽曰太液池西有武帝曝衣閣常至七月七日宮女出后登樓曝衣

晉書曰魏武帝辟高祖以漢祚將終不欲屈節於曹氏辭以風痺不能起居魏武遣親信令史微服於高祖門下樹蔭下息時七月七日高祖方曝書令史竊知還具以告乃重遣辟之勑行者曰若復不動便可收之高祖懼而應命

後魏書曰太祖道武皇帝韓珪七月七日生於叅合陂

又曰任城王澄爲雍州功縗在身故以七月七日集文武馬射張普惠字洪賑爲録事參軍奏記請停

列仙傳曰陶安公者六安鑄冶師也一朝火散上紫色衝天安公伏冶下求哀須臾朱雀止冶上曰安公冶與天通七月七日迎汝以赤龍至日龍來安公騎之東南而去邑中數萬人預共送之皆與辭訣

又曰王子喬周靈王太子晉也好吹笙作鳳鳴遊伊洛之間浮丘公接以上嵩高山三十餘年後於山中謂桓良曰告我家七月七日待我緱氏山頭是日果乘白鶴駐山嶺望之不得到舉手謝時人數日而去

又曰吳蔡經去家時巳老及還更少壯頭鬢皆黑語家中言七月七日王君當來可作數百斛飲擬之至期日王方平果來乘羽車駕五龍閒金鼓簫管人馬之聲

荆楚歲時記曰七夕婦人結綵縷穿七孔針或以金銀鍮石爲針(宋孝武七夕詩曰迎風披綵縷向月貫玄針)陳瓜果於中庭以乞巧有喜子網於瓜上以爲符應

周處風土記云七月初七日重此日其夜灑掃中庭然則中庭乞願其舊俗乎

又曰魏時人或問董勛云七月七日爲良日飲食不同於古何也勛云七月黍熟七日爲陽數故以糜爲珎今北人唯設湯餅無復有糜矣

又曰陸雲與兄平原書曰(機爲平原相)一日按行曹公器物書刀五枚瑠璃筆一枚景初二年七月七日劉婕好云見此使人悵然案魏武帝於漢爲相不得有婕好又景初是魏明帝年如此則文帝物也與曹公器玩同處故致舛雜矣

日緯書曰牽牛星荆州呼爲河鼓主關梁織女星主瓜果嘗見道書云牽牛娶織女取天帝錢二萬備禮久而不還被驅在營室是也言雖不經有是爲怪也

西京雜記曰戚夫人侍兒賈佩蘭云在宮時見戚夫人侍高祖至七月七日於臨百子池作于闐樂畢以五色縷相羈謂爲連愛

又曰漢彩女常以七月七日穿針於開襟樓俱以習俗也

輿地志曰齊武帝起層城觀七月七日宮人多登之穿針世謂之穿針樓

淮南子曰七月七日午時取生瓜葉七枚直入北堂中向南立以拭面靨即當滅矣

又萬畢術曰七月七日採守宮陰(去聲)乾之合以井華水和塗女身有文章即以丹塗之不去者不淫去者有姦

晉周處風土記曰七月初七日其夜灑掃於庭露施几筵設酒脯時果散香粉於筵上以祈河鼓(爾雅曰河鼓謂之牽牛)織女言此二星辰當會守夜者咸懷私願咸云見天漢中有奕奕白氣有光耀五色以此爲徵應見者便拜而願乞富乞壽無子乞子唯得乞一不得兼求三年乃得言之頗有受其祚者

梁吳均齊諧記曰桂陽成武丁有仙道忽謂其弟曰七月七日織女何事渡河答曰暫詣牽牛世人至今云織女嫁牽牛也

韋氏月錄曰龍魚河圖云七月七日取赤小豆男呑一七女呑二七令人畢歲無病

又曰七月七日曬曝革裘無虫

又曰合烏雞藥是七月七日取烏雞血和三月三日桃花末塗面及遍身三二日肌白如玉此是太平公主法曾試有効

世說曰郝隆七月七日見鄰人皆曝曬衣物隆乃仰出腹臥云曬書

崔寔四民月令曰七月七日作麴合藍丸及蜀漆丸暴經書及衣裳習俗然也

世傳竇后少小頭禿不爲家人所齒遇七夕人皆看織女獨不許后出乃有神光照室爲后之瑞

竹林七賢論曰阮咸字仲容籍兄子也諸阮前世儒學善屋室内足於財唯籍一巷尚道業好酒而貧舊俗七月七日法當曝衣諸阮庭中爛然莫非絺錦咸時總角乃竪長竿摽大布犢鼻褌於庭中曰未能免俗聊復共爾

酉陽雜俎曰魏僕射收臨代七月登舜山徘徊顧眺謂主簿崔撫曰吾所經多矣於山川沃壤襟帶形勝天下名州不能過此唯未審東陽何如撫對曰青得古名齊得舊號二處山川形勢相似曾聽所論不能踰越公遂命筆爲詩

雜異書曰時有女子尚幼七夕見家人出庭望候天門開獨在室中不出曰若合當見者雖暗室中亦應見之至夜深忽見天上門開雲物赫弈因求富及長嫁而富既寡棄累鉅萬有賈客貸其絹百匹去而舩覆溺資貨皆沒其女子偶開後房見絹在其中但濕耳後賈客歸而自首女子曰絹歸矣驗之而信亦出夷堅錄亦是開元已後事

國史補曰興元元年七月七日斬僞官喬琳將臨刑嘆曰琳以七月七日生亦以此日死豈非命也夫

古詩曰迢迢牽牛星皎皎河漢女纖纖擢素手軋軋弄機杼終日不成章泣涕零如雨河漢清且淺相去復幾許盈盈一水閒脉脉不得語

晉潘尼七月七日侍皇太子宴玄圃園詩曰商風初授辰火微流朱明送夏少昊迎秋嘉木茂園芳草被疇於時我后以豫以游○宋孝武七夕詩曰開庭鏡天路餘光不可臨沿風披弱縷迎暉貫玄鍼薄藝誡無取時務聊可尋

宋謝惠連詠牛女詩曰落日隱櫩楹升月照簾櫳團團滿

葉露淅淅振條風蹀足　年闕相從遐川阻昵愛脩渚曠清容弄杼不成藻聳轡騖前蹤昔離秋已兩今聚夕無雙傾河易迴斡款情難久悰沃若靈駕旋寂寥雲幄空留情顧華寢遥心逐奔龍

宋顏延之織女贈牽牛詩曰婺女麗經星姮娥棲飛月慙無一媛靈託身侍天闕閶闔殊未央銀河豈沬髮漢陰不夕帳長河爲誰越有促讌歸期萬頃涼風發非怨杼柚勞但念芳菲歇

宋謝莊七夕詠牛女應詔詩曰轂機起春暮停箱動秋衿璩車照漢右芝駕肅河陰珠殿釭未暗瑤庭露已深夜清豈淹抑弦徽無久臨

蘇彥七月七日詠織女詩曰火流涼風至少昊協素藏纖女思北征牽牛歎南陽時來嘉慶集整駕巾玉箱瓊佩

垂藻粧霧裙結雲裳金翠耀華輜軿軒散流芳釋轡紫微庭解襟碧琳堂忻燕未及究晨暉照扶桑仙童唱道情盤螭起騰驤悵悵一霄促遲遲別日長

梁簡文帝七夕穿針歌疑詩曰憐從帳裏出想見夜窗開針歌疑月暗縷散恨風來

梁劉孝儀詠織女詩曰金鈿已照耀白日未蹉跎欲待黃昏至含嬌渡淺河

梁庾肩吾七夕詩曰玉匣卷懸衣針縷開夜扉姮娥隨月落織女逐星移離前看促夜別後對空機寄語雕陵鵲塡河未可飛

隋庾信七夕賦曰兔月先上羊燈次安覩牛星之曜景視織女之闌干於是秦娥麗妾趙艷佳人窈窕名燕逶迤姓秦娥麗裝而半故憐晚飾之全新此時併捨旁機共往庭

中縷條緊而貫中針鼻細而穿空

隋王眘七夕詩曰天河橫欲曉鳳駕儼應飛落日移粧鏡浮雲動別衣權逐今霄盡愁隨還路歸猶將宿昔淚更上去年機

張文恭七夕詩曰鳳律驚秋氣龍梭靜夜機星橋百枝動雲路七香飛映月迴雕扇凌霜曳綺衣含情向華幄流態入重闈歡餘夕漏盡怨結曉驂歸誰念分河漢還憙兩心違

太平御覽卷第三十一

太平御覽卷第三十二

時序部十七

七月十五日

荆楚歲時記曰七月十五日僧尼道俗悉營盆供諸寺按盂蘭盆經云有七葉功德並幡花歌鼓果食送之蓋由此也

又盂蘭盆經曰目連見其亡母生餓鬼中即鉢盛飯往餉其母食未入口化成火炭遂不得食目連大叫馳還白佛佛言汝母罪重非汝一人柰何當須十方衆僧威神之力至七月十五日當爲七代父母戹難中者具百味五果以著盆中供養十方大德佛勑衆僧皆爲施主呪願七代父母行禪定意然後受食是時目連白佛未來世佛弟子行孝順者亦應奉盂蘭盆供養佛言大善故後代人因此廣爲華飾乃至刻木割竹飴蠟綵鏤繒摸花葉之形極工妙之巧

道經七月十五日中元之節地官校閲搜選衆人分別善惡諸天聖衆普詣宫中簡定劫數人鬼簿錄餓鬼囚徒一時俱集以其日作玄都大齋獻於玉京及採諸花果世間所有奇異之物玩弄服飾幡幢寶蓋莊嚴供養之具清膳飲食百味芬芳獻諸衆聖及與道士於其日夜講誦是經十方大聖高詠靈篇囚徒餓鬼當時解脫一俱飽滿免於衆苦得還人中若非如斯難可拔贖

唐書曰代宗七月望日於内道場造盂蘭盆飾以金翠所費百萬又設高祖已下七聖神座備幡節龍傘衣裳之制各書尊號于幡上以識之舁出内庭陳於寺觀是日排儀

仗百寮序立於光順門以俟之幡花鼓舞迎呼道路歲以爲常而識者嗤其不典

唐楊盈川盂蘭盆賦曰渾元告秋羲和奏曉太陰望兮圓魄皎閶闔開兮凉風嫋四海澄兮百川皛陰陽肅兮天地窅掃離宫清重閣設一皇邸張翠幕鸞飛鳳翔睒睗儵爍雲舒霞布翕赩習霍陳法供飾盂蘭壯神功之妙物何造化之多端青蓮吐而非夏頳果摇而不寒銅鐵鉛錫璆琳琅玕映以甘泉之玉樹冠以承露之金盤憲章三極儀形萬類上寥廓兮法天下安貞兮象地殫怪力窮神異少君王子掣曳兮若來玉女瑶姬翩僊兮不至鳴鸛鶴與鸑鷟舞鶤鷄與翡翠毒龍怒兮赫然狂象奔兮沉醉怖魍魎潛魑魅离婁明目不足見其精微匠石洗心不足徵其奧祕繽繽紛紛氤氤氳氳五色成文若榮光休氣發彩於重雲倩倩粲粲焕焕爛爛三觀壯麗若合璧連珠耿曜於長漢夫其遠也天台嵘起繞之以赤霞夫其近也削城孤峙覆之以蓮晃兮瑶臺之帝室赩兮金闕之仙家其高也上諸天於大梵其廣也遍法界於常沙上可以薦元符於七廟下可以納群動於三車

九月九日

續齊諧記曰汝南桓景隨費長房遊學累年長房謂之曰九月九日汝家當有灾厄宜急去令家人各作絳囊盛茱萸以繫臂登高飲菊花酒此禍消景如言舉家登山夕還見鷄犬牛羊一時暴死長房聞之曰此可以代矣今世人每至九月九日登高飲酒婦人帶茱萸囊因此也

晉書曰孟嘉爲桓溫參軍既和而正溫甚重之九月九日溫遊龍山僚屬畢集風吹嘉帽落不覺如厠孫盛時在坐溫授

紙筆命朝之着嘉坐處嘉歸見之笑而請紙即荅了不容
思言速成
續晉陽秋曰陶潛九月九日無酒宅邊東籬下菊叢中摘
盈把坐其側未幾望見白衣人至乃王弘送酒也即便就
醉而後歸
又曰寧康三年九月九日上嘗講孝經謝安侍坐陸納并
卞耽執讀謝石袁宏並執經車胤王溫摘句
南齊書曰高祖以九月九日登高飈舘在孫陵寺崗世呼
爲九日臺在縣北三里一百步當孫陵崗曲街也
又曰南齊以九月九日馬射或說秋金氣講習武事象漢
立秋之禮
又曰宋武帝爲宋公在彭城九月九日出項羽戲馬臺至
今相承以爲故事

荊楚歲時記曰九月九日四民並籍野飲讌杜公瞻云九月九日宴會未知起於何代然自漢世來未改今北人亦重此節近代多宴設於臺榭
風土記曰九月九日律中無射而數九俗於此日以茱萸
氣烈成熟尚此日折茱萸房以插頭言辟惡氣而禦初寒
西京雜記曰漢武帝宮人賈佩蘭九月九日佩茱萸食餌
飲菊花酒云令人長壽蓋相一傳自古莫知其由
豫章記曰龍沙在郡北帶江沙甚潔白高峻而陂有龍形
俗爲九日登高處
又曰郡北龍沙九月九日所遊宴處其俗皆然也案南陽
酈縣有菊水民居其側者壽並百二三十歲漢時劉寬袁
隗嘗臨此郡月致三十斛水以自供
續搜神記曰有一書生居吳自稱胡博士以經傳教授假
借諸書經傳年載忽不復見後九日人相與登山遊觀但聞
講誦聲尋覓有一空塚入數步群狸羅坐見人迸走唯有
一狸獨不能去是常假書者
集異記曰明皇天寶十三年重陽日獵於沙苑雲間有孤
鶴徊翔焉上親御弧矢一發而中其鶴則帶箭徐墜將及
地丈許欻然矯翰西南而遊萬衆極目良久乃滅益州城
距郭十五里有明月觀焉依山臨水松桂深寂道流非修
習精慤者莫得而居觀之東廊第一院尤爲幽絶每有自
稱青城道士徐佐卿者風局清古一歲率三四而至觀之
耆舊因虛其院之正堂以俟其來而佐卿至則栖焉或三
五日或旬朔言歸青城甚爲道流之所傾仰一日忽自外
至神爽不怡謂院中人曰吾行山中偶爲飛矢所加尋已
無恙矣然此箭非人間所有吾留之於壁上後年箭主到
此即宜付之愼無墜失仍援毫記壁云留箭之時則十三

載九月九日也玄宗避狄幸蜀暇日命駕行遊偶至斯觀
樂其佳境因遍幸道室既入此堂忽覩挂箭則命侍臣取
而翫之蓋御箭也上深異之因詢觀之道士皆以實對即
是佐卿所題乃前歲沙苑縱畋之日也佐卿蓋中箭孤鶴
耳究其題處沙苑翻飛日集于斯歟上大奇之因收其箭
而寶焉自後蜀人亦無有逢佐卿者
襄陽記曰望楚山有三名一名馬鞍山一名災山宋元嘉
中武陵王駿爲刺史屢登之鄙其舊名望郢山因改爲望
楚山後遂龍飛是孝武所望之處時人號爲鳳嶺高處有
三登即劉弘山簡九日宴賞之所也
姑熟記曰縣南十里有九井山即殷仲文九日從桓公九
井賦詩即此山是也
臨海記曰郡北四十里有湖山形平正可容數百人坐民

俗極重九日每菊酒之辰讌會於此山者常至三四百人
登之見邑屋悉委江海分明
壽陽記曰州有義門社有數百人每至九日於明義樓街
作樂以受施以供冬
齊人月令曰重陽之日必以餻酒登高眺迥爲時讌之遊
賞以暢秋志酒必采茱萸甘菊以泛之既醉而還
太清諸草木方曰九月九日採菊花與茯苓松栢脂丸服
之令人不老
盧公範曰九重陽日上五色餻菊花枝茱萸樹飲菊花酒
佩茱萸囊令人長壽也
魏文帝九日與鍾繇書曰歲往月來忽復九月爲陽數而
日月並應俗嘉其名以爲宜於長久故以享宴高會是月
律中無射言群木庶草有射地而生於芳菊紛然獨秀非

夫含乾坤之純和體芬芳之淑氣孰能如此故屈平悲冉
冉之將老思餐秋菊之落英輔體延年莫斯之貴謹奉一
束以助彭祖之術
宋謝瞻九月從宋公戲馬臺詩曰風至授寒服霜降休百
工巢幕無留鷰遵渚有歸鴻輕霞冠秋日迅適薄清穹聖
心眷嘉節鳴鑾戾行宮四延霑芳體中堂起絲桐扶光迫
西氾餘歡宴有窮
又謝靈運九日從宋公戲馬臺送孔令詩曰季秋邊朔苦
旅鴈違霜雪淒淒陽卉腓皎皎寒潭絜良辰感聖心雲旗
興暮節鳴笳戾朱宮蘭巵獻時哲歸客遂海隅脫冠謝朝
列東流有急瀾浮驂無緩轍○梁庾肩吾九日侍宴詩曰
轍跡光周頌巡遊盛夏功鈞陳萬騎轉閶闔九門通秋暉
逐行漏朔氣遶相風獻壽重陽節迴鑾上苑中疏山開輦
道開樹出離宫玉醴吹花菊銀牀落井桐飲羽山西射浮
雲冀北聰塵非金埒滿葉破柳條空
又劉苞九日侍宴樂遊苑詩曰上郡良家子幽并遊俠兒
立乘爭飲羽側騎競紛馳明珂飾華眊金袍映玉羈勝耆
殫海陸和齊眡秋宜雲飛雅琴奏風起洞簫吹曲終高宴
罷景落樹陰移微薄承嘉惠飲德良不貲取効績無紀感
恩心自知
後周王褒九日從駕詩曰黄山獵地廣青門官路長律改
三秋節氣應九鍾霜射馬垂雙帶豊貂佩兩璜苑寒梨樹
紫山秋菊葉黄華露霏霏冷輕飈颯颯傷終慙屬車對空
假侍中郎
隋江總衡州九日詩曰秋日正淒淒茅茨復蕭瑟姬人薦
秋醖幼子問殘疾園菊抱黄華庭榴剖珠實聊以著書情
暫遣他鄉日

又九日至微山亭詩曰心逐南雲逝形隨北鴈來故鄉籬
下菊今日幾花開

太平御覽卷第三十二

時序部十八

臘　小歲　膢　附

臘

許慎說文曰：臘，冬至後壬戌臘，祭百神也。

禮記月令曰：孟冬是月也，天子乃祈來年于天宗，大割牲祠于公社及門閭，臘先祖五祀。此周禮所謂蜡祭也。天宗，日月星辰也。大割，羣牲割之也。臘謂以畋獵所得禽祭也。五祀，門、戶、霤、井、竈也。或曰祈年，或曰大割，或曰臘，互其文也。勞農休息之，黨正屬民飲酒正齒位也。天子乃命將帥講武習射御角力。講武角力技武士耕力所以備田獵之禮。

又曰：郊特牲：天子大蜡八，伊耆氏始為蜡。伊耆氏，古天子號也。蜡也者，索也，謂求索也。歲十二月，合聚萬物而索饗之也。歲十二月，周之正數，謂建亥之月。饗者，祭其神也。萬物有功民者，神使為之也，祭之以報焉。蜡之祭也，主先嗇也。先嗇若神農者，司嗇后稷神也。

又曰：昔者仲尼與於蜡賓，蜡者，索也。歲十二月，索合聚萬物而索饗之，亦祭宗廟。孔子仕魯，在助祭之中。事畢，出遊於觀之上，喟然而嘆。觀，闕也。子見魯君於祭禮有不備，於此文覩象魏舊章之處，感而嘆之。仲尼之嘆，蓋嘆魯也。

又曰：子貢觀於蜡，蜡，索也。歲十二月，索羣神而祀之，臘也。孔子曰：賜也，樂乎？對曰：一國之人皆若狂，賜未知其為樂也。孔子曰：百日之勞，一日之澤，非爾所知。言民皆勤稼穡，百日之勞，喻久也。今一日使之飲酒宴樂，是君之恩澤也。

周禮曰：國祭蜡，則吹豳頌，擊土鼓，以息老。鄭玄曰：十二月，礼謂建亥之月也。索萬物而祭之者，萬物天成歲事，至此為其老而勞，其禮而息之也。豳頌，七月又有獲稻作酒，躋觥萬壽無疆之事，是亦歌其類也。謂之頌也，以其言歲終又功成也。周以今之十一月為正月，以今十月為臘月也。

傳曰：晉侯復假道於虞以伐虢，宮之奇諫，弗聽，以其族行，曰：虞不臘矣。臘，祭名也。日月會於龍尾，百物備合，國於是祭羣神也。

史記曰：秦惠文王十二年，初臘。始皇三十一年十二月，更名臘曰嘉平。太原真人茅君內記曰：始皇三十一年九月庚子，君曾祖父濛乃於華山之中乘雲駕龍，白日昇天。先是其邑歌謠曰：神仙得者茅初成，駕龍上昇入太清，時下玄虛戲山赤城，繼世而往在我嬴，帝若學之臘嘉平。始皇聞謠歌而問其故，父老具對此仙人之謠，勸帝求長生之志也。於是始皇欣然，乃有尋仙之志，因改臘曰嘉平之。

又曰：張良見老父出一編書，曰：讀是書為王者師。後十三年，濟北穀城山下黃石即我也。良後得黃石，取寶而祠之。及死，葬黃石，每上冢伏臘，祠黃石焉。

漢書曰：高祖十年春，有司奏令縣道常以春二月及臘祠社稷以羊豕。

又曰：嚴延年為河南太守。初，延年母從東海來，從延年臘，到洛陽，適見報囚，報，行決也。母大驚，便止都亭，不肯入府。延年出至都亭謁母，母閉閤不見。延年免冠頓首閤下，良久乃見之，因數責延年曰：幸得備郡守，專治千里，不聞人愛，多刑殺人，欲以立威，豈為民父母意哉！延年重謝，自為母御歸府舍。母畢正臘已，謂延年曰：天道神明，人不可獨殺。我不自意當老見壯子被刑戮也！行矣，汝南東歸，掃除墓地耳。後延年遂敗。

司馬彪續漢書曰：季冬之月，星迴歲終，陰陽已交，勞農夫享臘，已送故焉。

又禮儀志：先臘一日大儺，謂之逐疫。

又舊儀曰：臘者，報諸鬼，即古聖賢有功於民者，皆享之。

袁山松後漢書：韓卓字子助，陳留人。臘日，奴竊食祭其母，卓義其心，即日免之。免從良也。

謝承後漢書曰：第五倫母老不能之官，至臘日常悲戀垂涕。

又曰沛國陳咸爲廷尉監至官王莽篡位還家杜門不出莽改易漢法令及臘日咸常言我先祖何知王氏之臘乎

又東夷列傳曰三韓俗以臘日家家祭祀俗云臘鼓鳴春草生也

東觀漢記曰甄宇字長文北海人建武中自青州從事徵拜博士每臘詔書賜博士所在京師因以號之

高堂隆魏臺訪議曰詔問何以用未祖丑臘臣隆對曰按月令孟冬十月臘先祖五祀謂薦田臘所得禽獸謂之臘左傳曰虞不臘矣唯見此二者而皆不書曰聞先師說曰王者各以其行之盛祖以其終臘水始生於申盛於子終於辰故水行之君以子祖辰臘火始生於寅盛於午終於戌故火行之君以午祖戌臘木始生於亥盛於卯終於未故木行之君以卯祖未臘金始生於巳盛於酉終於丑故

金行之君以酉祖丑臘土始生於未盛於戌終於辰故土行之君以戌祖辰臘今魏據土德宜以戌祖辰臘也

又曰華歆常以臘日宴子弟王朗慕之蓋其家法由來漸矣杜公瞻云蜡者息民之祭故孔子云百日之勞一日之懌其所祭八神者皆報其成功則於十月農隙是也後世臘有新故交接之義遂移於夏正月十二月晉博士張亮議蜡則聚饗臘者祭廟初云蜡則黄服蜡臘不同遂非也臘宜在新故交接二祭月同而名異祭但而服殊令推諸經傳無正說蜡臘之文月令云蜡臘此則同日祭但異名耳據田臘取獸之名爲臘因索饗百神號之曰蜡其曰上祭先祖旁饗百神下息萬民無別祭也即鄭玄云既蜡臘先祖五祀於是勞農者也近日蜡臘兼設蜡在十月臘在歲終隋開皇四年始停建元之蜡直爲建丑之臘依五行火衰於戌而用戌日故也

晉書范喬字伯孫喬邑人臘夕盜斫其樹有告者喬佯不聞邑人愧而還喬曰節日取柴欲與父母相歡耳何以愧乎遂不取

又曰陳歡問方士戴洋曰江南有貴人顧彦先周宣珮是否洋曰顧不及臘周不及明年八月其年十二月十九日顧卒明日臘宣珮以明年七月晦亡

又晉起居注曰安帝安隆四年十二月辛丑臘祠作樂

又博士張亮議曰臘接也晉宜在新故交接也俗謂之臘之明日爲初歲秦漢以來有賀此古之遺語

晉宋舊事曰魏帝遜位祖以酉日臘以丑日魏名臣奏曰大司農董遇議曰土行之君故宜以未祖以丑臘爲得盛終之節不可以戌祖辰臘

梁書曰何胤爲建安太守物不敢忤伏臘每放囚還家依期而返

唐會要曰貞元九年十一月上比日來京兆府每年及臘日府縣捕養狐兔以充進獻自今已後宜停

又曰貞元十一年十二月臘日畋於苑中止多殺行三驅

之禮軍士無不知感

鄭玄列傳曰玄年十二隨母還家正臘讌會同列十餘人皆美服盛飾語言閑適君獨漠然如不及母私督數乃曰此非我志不在此願

列女傳曰魯之母師者魯九子之寡母也臘日休家作悉召諸子謂曰婦人之義非有大故不出夫家然吾父母家初歲時祀不理吾從汝謁謁告諸子欲往往監之慎房戸之守吾夕而反於是天陰還失早至閭外而止待夕而入魯大夫從臺上見而怪之使人問對妾歸視私家諸女孺子期夕而反妾恐其醵歡醉飽人情公有也妾反早故止閭外盡期而入大夫美之言於穆公公賜母尊號曰母師

搜神記曰宣帝時陰子方者當臘日晨炊而竈神形見子方再拜受慶家有黄羊因以祠之自是以後暴至巨富故後

常以臘日祠竈

風土記曰醇以告蜡竭恭敬於明祀乃有藏彄（盖因婦人所作金鐶以錯指而纏者彄音鉤）臘日之後叟嫗（叟嫗皆男子婦人之老稱）各隨其儕為藏彄分二曹以效勝負

荊楚歲時記曰又為藏彄之戲辛氏以為鉤弋夫人所起周處成公綏並作彄字藝經庾闡則作鉤字其事同也俗云戲令人生離有禁忌之家廢不脩也（辛氏三秦記曰漢昭帝母鉤弋夫人手拳有國色世人藏鉤因此安漢鉤弋夫人姓趙為武帝婕妤生昭帝漢武故事云上廵狩河間見青氣自地屬天望氣云下有貴子上求之莫舒上自披即舒號拳夫人善素女術大有寵即鉤弋夫人也周處風土記云啐為行彄盖婦人所用鈿作環以錯指而縫者臘日祭後叟嫗兒意皆藏彄戲分為二曹以效勝負為一籌為一都負者起拜謝勝者）

又曰孔子所以預於蜡賓一歲之中盛於此節

又曰俗又以此月為臘月案史記陳勝傳有臘月之言是謂此也諺云臘鼓鳴春草生村人並擊細腰鼓戴明頭及作金剛力士以逐大疫

華陽國志曰王長文字德儁元康初守江源令縣收得盜馬賊及發冢賊長文引見誘慰時適臘晦皆遣歸家獄先有繫囚亦遣之謂曰教化不厚使汝等如此長吏之過也蜡節慶祚肆汝就上下善相歡樂過節來還當為汝思他理群吏惶怖爭請不許尋有赦無不感恩

三十國春秋曰江州刺史胤自武昌以一疾被徵為右將軍而王舒未至猶在盆口後將軍郭默旋而過胤胤不禮之臘日遺默酒五斗牝一頭默大怒投之於江遂與故將張丑宋侯孟純等矯詔入城門莫有禦者胤獨與其妾寢默至斬于床下及其司馬張滿叅荀楷李纂傲默故也

王肅議禮曰季冬大儺旁磔鷄出土牛以送寒氣節令之

臘除逐疫磔鷄葦絞桃梗之屬

風俗通曰夏曰清祀殷曰嘉平周曰大蜡漢曰臘臘者獵也因獵取獸以祭先祖或曰臘接也新故交接狎臘大祭以報功也漢火行衰於戌故以戌為臘也

又曰兔顱俗說臘正旦食得兔顱者名也曰幸賞以寒酒幸者善祥令人吉利也（顱獸忍切顙膝蓋）

又曰上古之時有神荼與鬱壘昆弟二人性能伏鬼度朔山桃樹下簡閱百鬼鬼無道理妄為人禍者神荼與鬱壘縛以葦索執以食虎於是縣官常以臘除文飾桃人垂葦終絞畫於門皆追效前事冀以禦凶也

會稽典錄曰陳脩字奉遷烏陽人家貧為吏常步擔上下恒食乾餚（餚音備乾餅也）每至正臘僵臥不起同僚以飲食請不往其志操如此

世說曰王朗中年以識度推伏華歆歆蜡日嘗乃集子姪宴飲王亦學之有人向張茂先稱此事張曰王之學華皆是形骸之外去之所以更遠

玉燭寶典曰臘者祭先祖蜡者報百神同日異祭也

蔡邕獨斷曰臘者歲終大祭縱吏民宴飲非迎氣故但送不迎也

崔寔四民月令曰十月上辛命典饋清麴釀冬酒以供臘祀

又曰臘明日謂小歲進酒尊長修刺賀君師

又曰十二月臘時祠祝炙蓬樹爪田四角去甘虫（爪中虫謂之甘虫）

蔡邕王喬錄曰漢永和元年十二月臘夜王喬墓上哭聲王伯聞但往視之天大雪見大鳥跡并祭祀處樵薪者尹

禿見人冠衣曰我王喬也汝莫取吾墓樹忽不見

徐爰家儀曰蜡本施祭故不賀其明日爲小歲賀稱初歲福始豐無不宜正旦賀稱元正首慶百物惟新小歲之賀既非大慶禮止門內

西域諸國志曰天竺國以十二月十六日爲臘臘則麥熟

盧公家範曰九臘日上澡豆倂及頭膏面脂口脂

淮南萬畢術曰歲暮臘埋圓石於宅隅雜以桃弧七枚則無鬼疫

養生要術云臘夜持椒卧井旁勿與人言投于井中除溫疫

盛翁子藏鈎賦敘曰以臘之後因祭祀餘胙要命中外以行鈎爲戲

鼓含蜡賦序曰大蜡之夕雖天地同有至弊金蘭以齊聲利得意以遺榮勢孰尚我

裴秀大蜡詩曰有肉如丘有酒如淵有肴如林有貨如山

小歲

說文曰膢楚十二月祭飲食也一曰嘗新馨食新曰貙膢貙膢俱切

漢書曰武帝太初二年令天下酺五日膢五日祠門戶比臘如淳曰膢者漢儀注立秋貙膢許慎曰俗以十二月祭飲食冀州北部或以八月朝作飲爲膢其俗語曰膢臘社伏蔡邕曰貙獸常以立秋日還食其母猛虎搏鷙時王者亦以此臘還以祭廟膢劉劉殺也言擊殺之時者也

續漢書禮儀志曰立秋之日郊禮畢始揚威武斬牲於郊東門以薦陵廟其儀乘輿御戎輅白馬朱鬣躬執弩射牲薦廟太宰令謁者各一人載獲車馳駟送廟還宮遣使者齎束帛以賜武官肆兵習戰陣之儀斬牲之禮名曰貙劉

風俗通曰謹案韓子書曰山居谷汲者膢臘寡水楚俗常以十二月祭飲也

又曰嘗新始殺也食新曰貙膢也

又曰謹案自郊貙膢春秋饗射天子射麑搏雉獻諸宗廟扶陽發滯養老致敬化之至也

太平御覽卷第三十三

太平御覽卷第三十四

時序部十九

熱　寒

熱

釋名曰熱爇也如火之燒爇也或曰暑煑也如煑物也

說文曰溽濕暑也

易曰暑往則寒來

書曰哲時燠若

又曰豫恒燠若（君行逸豫常煖順之）

詩曰誰能執熱逝不以濯

禮曰季夏之月土潤溽暑（鄭玄注曰潤溽謂塗濕）

又曰仲春行夏令則國乃大旱煖氣早來

又曰仲秋行夏令則其國火災寒熱不節

漢書曰罽賓國武帝時剽殺漢使成帝時復遣使奉獻謝罪杜欽說大將軍王鳳不令使（上聲使[illegible]聲）向罽賓國曰此國道經大小頭痛之山赤土身熱之坂令人頭痛歐吐

唐書曰代宗時有迎涼草鳳首木迎涼草幹如竹葉細於杉乾枯而未嘗凋落盛暑而刺之窻戶間則涼風自至

易稽覽圖曰夏至之後三十日極温

京房易飛候曰有雲大如車蓋十餘此陽水之氣必暑有暍者（暍音謁）

禮斗威儀曰君喜怒無常時則常熱

五經通義曰冬至陽動於下推陰而上之故大寒於上夏至陰動於下推陽上之故大熱於上故易太日月運行一寒一暑日在牽牛則寒在東井則暑牽牛外宿遠人故寒東井內宿近人故温也

白虎通曰夏至陰始起反大熱何陰起陽氣推而上故大熱也

又曰至人神矣入大澤不濡焚而不能熱也

又曰暍者反凍於冷風

管子曰善爲國者使農寒耕而熱耘

淮南子曰熱焦沙寒凝水

抱朴子曰洪從祖仙公每大醉及夏天盛熱輒入深淵之底一日許乃出以能閉氣胎息故耳

又曰或問不熱之道或服玄冰丸或服飛雪散幼子伯王仲都用此方也

桓子新論曰元帝被病廣求方士漢中送道人王仲都者詔問所能對曰但能忍寒暑耳因爲待詔至夏大暑日使暴坐又環以十鑪鑄火不言熱而身不汗出

益州記曰瀘水即武侯渡處水有熱氣暑不敢行

廣志曰南方炎洲炎氣薰數萬里爲寒瘴

又曰南方地暑熱交阯麥不成秀秣不生蕪菁無根

括地圖曰天毒國最大暑熱夏草木皆乾死民善没水以避時暑常入寒泉之水

語林曰劉眞長見王丞相時盛夏王公以腹熨彈碁局曰何乃渹（吳人以冷爲渹　渹音楚敬切）劉既出人問見王公如何對曰未見他異唯作吳語耳

山海經曰壽林之國爰有大暑不可以往

世說曰荀奉倩與婦至篤冬月婦病熱倩乃出庭中自取冷還以身熨之

黃帝素問曰黃帝問岐伯曰人傷於寒而轉爲熱何也曰夫寒盛則生於熱也

楚招䰟辭曰東方不可託些(些語助蘇賀切)十日代出流金鑠石些(鑠銷也言東方有扶桑之木十日並在其上其熱酷烈金石堅剛皆爲銷鑠也)彼皆集之䰟往必釋些(釋解也䰟往必解爛)

宋鮑昭苦熱行曰赤坂横西阻火山熾南威身熱頭且痛鳥墮䰟未歸湯泉發雲澤焦烟起石沂日月有恒昏雨霧未嘗晞丹虵踰百尺玄蜂盈十圍含沙射流影吹蠱病行暉瘴氣晝熏體茵露夜沾衣飢猿莫暇食晨禽不敢飛毒谿尚多死渡瀘寧具腓(腓病也)生軀蹈死地昌志登禍機

魏王粲大暑賦曰或赫熾以瘅炎或鬱術而燠蒸獸狼望以倚喘鳥垂翼而弗翔根生苑而焦炙豈含血而能當仰庭槐而嘯風風既生其如湯氣呼吸以祛短汗雨下而沾裳就清泉以自沃猶淟涊而不凉體煩茹以於悒心憤悶而窘惶

又曹植大暑賦曰大暑赫其遂熱元服華而尚黄虵拒鱗於靈窟龍解角於皓蒼遂乃温風赫熾草木垂幹山拆海沸沙融礫爛飛魚躍渚潛黿浮岸鳥張翼以遠栖獸交逝而雲散

晉傅咸感凉賦曰踐朱明之中月暑鬱隆以犛與赫融融以彌熾乃沸海而焦陵

稽含困熱賦序曰夫閏於夏則崇暑在冬則增寒永熙元年閏在仲夏三伏之節始奏商秋之辰未期余以下里貧生居室卑陋小巷不來清風短廡不足增蔭外困流汗内懷煩懊歎彼夏屋之士口饜珍味體逸高廊並天而寒暑殊同世而憂樂異

卞伯玉大暑賦曰體沸灼乎如燎汗流瀾兮珠連

程曉詩曰平生三伏時道路無行車閉門避暑卧出入不相過今世能𢵧(能音柰𢵧音戴)子䌹熱到人家主人聞客來嚬就(子六切)柰此何謂當行起去安坐止𨁡跨(𨁡音盤跨音誇)所説了無急喈吟一何多疲倦向之以甫問居極那搖扇臂中疼流汗正滂沲莫謂此小事亦是人一瑕傳戒諸高明熱行宜見呵

晉傅玄詩曰朱明運將極溽暑晝夜興裁動四支廢舉身若山陵珠汗洽玉體呼吸氣鬱蒸塵垢自成泥素粉隨手疑

魏曹植九詠曰温風翕兮煎沙石(翕熱皃也)鳥閉竄兮獸無蹠(蹠之石切足履踐也言天燬石焦地熱鳥無所進獸無所蹈履也)

寒

釋名曰寒捍也捍格也

説文曰⿱雨執寒也從雨執聲凓清寒也(⿱雨執丁念切)

書曰休徵謀時寒若咎徵急恒寒若(孔安國曰君能謀則時寒順之君行急則常寒順之)

又曰冬祁寒小民亦惟曰怨咨

詩曰一之日觱發(風寒也)二之日栗列(寒氣也)

又曰北風刺虐也衛國並爲威虐百姓不親莫不相携持而去焉北風其凉雨雪其滂(北風寒凉之風也滂盛皃也箋云寒凉之風病害萬物諭君政教酷暴使民散亂而去)

禮記曰天地嚴凝之氣始於西南而盛於西北此天地之義氣也

又月令曰仲春行秋令則寒氣惣至

又曰季冬之月命有司大儺旁磔以送寒氣(鄭玄曰丑爲牛牛言歲正者也送猶畢也)

又曰九月中氣是月也霜始降則百工休(謂膠漆作停)乃命有

司曰寒氣揔至人力不堪其皆入室（霜降後清風戒寒所以令人入室）

又曰孟冬行夏令則國多暴風（巽爲風立夏巽用事故行夏令則多暴風）方冬不寒（夏氣干時方冬而溫）蟄虫復出（虫以寒蟄溫而復出）

又曰大寒之日雞始乳鴈北嚮

又曰是月也乃命有司曰寒氣總至民力不堪其皆入室

又曰季春行冬令則寒氣時發草木皆肅

又曰孟冬行夏令則國多暴風方冬不寒蟄虫復出

傳曰楚莊王圍蕭申公巫臣曰師人多寒王巡三軍拊而勉之三軍之士皆如挾纊

史記曰須賈見范睢曰今叔何事范睢曰臣爲人傭賃須賈意哀之留與坐飲食曰范叔寒如此哉乃取一綈袍以賜之

漢書曰上聞韓王信降匈奴上將擊之連戰乘勝逐北至樓煩會大寒士卒墮指者十二三

又曰邴吉爲廷尉時有老人年八十餘無子妻死娶後妻生一子而翁老死其子年數歲有前妻女曰非我父之徹遂上聞吉曰吾聞老人之子而不耐寒日中無影遂令驗之皆如其言

又曰晁錯上書曰夫胡貉之地積陰之處也木皮三寸（文穎曰土地寒故也）冰厚六尺食肉而飲酪其人密理鳥獸毳毛其性能（音耐）寒

又曰王莽天鳳四年八月莽親之南郊鑄作威斗鑄日大寒百官人馬有凍死者

又曰雲南郡有熊倉山特寒四月五月中猶積雪皓然

謝承後漢書曰盛夏多寒韋彪上疏諫曰臣聞治政之本必順陰陽伏見立夏以來當暑而寒迨刑罰刻急郡國不時令之所致也

東觀漢記曰王郎起兵上自東南馳夜至無蔞亭時天寒烈衆皆飢疲馮異上豆粥明旦上謂諸將曰昨得公孫（馮異字公孫）豆粥飢寒俱解

續漢書五行志曰獻帝初平四年六月寒風如冬時

又曰和光六年冬大寒北海東萊瑯邪井中冰厚尺餘大有年

又窮谷之地固陰冱寒

趙書曰汲桑六月盛暑重裘累茵使人扇之患無清凉斬扇者軍中謂之謠曰奴爲將軍何可著六月累茵披貂裘不識寒暑斬人頭

易稽覽圖曰冬至之後三十日極寒

京房易妖占曰春夏寒政教急

又京房傳曰有德遭險茲謂逆命厥異春寒秋運斗樞曰行失則雖當燠反寒

春秋考異郵曰繆公即位仲夏大寒冰錯亂甚也

老子曰躁勝寒靜勝熱

文子曰婦人當年不織天下有受其寒者

尸子曰雨雪楚莊王被裘當户曰我猶寒彼百姓賓客甚矣乃使巡國中求百姓賓客之無居宿絶糧者賑之國人大悅

又曰朔方之寒冰厚六尺木皮三寸北極左右有不釋之冰

晏子曰景公時雪三日公被狐白裘晏子入公曰怪哉雨雪三日不寒晏子曰古之賢君飽而知人飢暖而知人寒公曰善出裘發粟以與飢寒者

又曰景公起火臺歲寒役人凍餒者有焉

管子曰大寒大暑大風大雨其至不時此謂四刑

淮南子曰北方有北極之山曰寒門積寒所在故曰寒門

又曰夏蟲不可與語寒蟬不知寒雪

又曰青女天神青女玉女仲春二月之夕乃閉其寒

呂氏春秋曰衛靈公天寒鑿池宛春曰天寒恐傷民公曰寒哉春曰君衣狐裘坐熊席取火是故不寒民衣弊不葺君則不寒民則寒矣公曰善命罷役左右曰是德必歸於春不可公曰春而有之善乃寡人之善也衛人悅當時謂公得君道矣

又曰冬之德寒

又曰見瓶水之冰而知天下之寒淮南子又載也

國語曰火見而清風戒寒火心星青風寒風也清風至而脩城郭

戰國策曰田單爲齊相過淄水有老人涉淄而寒不能行單乃解裘衣與之襄王曰單之厚施欲取我國乎有貫珠者聞之曰不知因以爲巳下令曰寡人憂民之寒單解裘衣與之稱寡人意於是閭里相與語曰單之愛人乃王之教也

周書時訓曰小寒之日鴈不北鄉民不懷主鵲不始巢國家不寧雉不始雊國乃大水大寒之日雞不乳淫女亂男鷙鳥不厲國不除兵水澤不堅言乃不從

說苑曰國有五寒而水凍不與焉一曰政外二曰女廣三曰謀泄四曰不敬卿士而國敗五曰不能治內而務外此五者一見惟禍無福

桓譚新論曰元帝時漢中送道人王仲都能忍寒乃於盛寒日令袒衣載以駟馬於昆明池上環水而走御者厚衣狐裘甚寒而仲都獨無變色此耐寒也○方言曰袒寒也

論衡曰說寒溫者曰人君喜則溫怒則寒

又曰河東項曼都好道學仙去家三年而反曰去時有數仙人將上天離月數里而上月之旁其寒淒淒

穆天子傳曰天子遊黃室之丘日中大寒雨雪有凍死人天子作黃竹詩以愍之

葛仙公別傳曰公與客談語時天大寒仙公謂客曰居貧不能人人得鑪火作請一大火共致暖者仙公因吐氣火赫然從口出須臾火滿屋客皆熱脫衣

孝子傳曰閔子騫事後母絮騫衣以蘆花御車寒失紖父怒笞之後撫背之衣單父乃去其妻騫啓父曰母在一子寒母去三子單

石虎別傳曰十三年春二月虎率三公九卿躬耕籍田后率二夫人命婦先蠶近郊是歲八月雨雪大寒行旅凍死

鍾離意別傳曰嚴遵昔與光武俱爲諸生暮夜宿息二人寒不得寢卧更相謂曰後日豪貴憶此勿相忘別後數年光武有天下徵遵不至也

西京雜記曰淮南王好方士士皆以術見噓吸爲寒暑

劉向別録曰燕地寒谷不生五穀鄒衍吹律以暖之乃生禾黍因名黍谷

廣志曰挹樓國城寒人多穴居也

又曰北方寒冰厚三尺地凍入一丈氣出口爲凌馬首常鄣

洪範五行傳曰秦始皇九年四月寒凍民有死者

又曰聽不聰事不謀厥罰恒寒

晉朝雜事曰永寧二年十二月大寒凌破河橋

又曰大興四年大寒傷民冰厚時王敦肆亂殺戮忠良

神異經曰北方有增冰萬里厚百丈下有䶂鼠在冰下土中其形如鼠食冰草肉重萬斤作脯食之已熱其毛長八尺可以爲褥卧之可以却寒

又曰東南方海中烜（興遠切）洲上有湖其中唯有鯽魚長八尺食之宜暑而辟風寒（尋陽有林湖鯽魚大二尺餘食之肥美可以已寒）

黄帝素問曰地氣上爲寒

太公金匱曰武王伐紂紂駐洛邑天陰寒雨雪十餘日

漢張奐與延篤書曰太陰之地冰厚三尺木皮三寸風寒冽肌傷骨但以非老憊者所堪而復加之以師旅因之以飢饉衆艱鎜集不可一二而言也

後漢張衡思玄賦曰逼區中之隘陋兮將北度而宣遊（宣遍也）行積冰之磑磑兮清泉沍而不流（沍凍也）寒風淒其永至兮拂穹崕之騷騷玄武縮於殼中兮螣蛇蜿而自糾（龜與虵交曰玄武也）魚矜鱗而并凌兮鳥登木而失條（凌冰也）

晉潘岳寡婦賦曰夜漫漫以悠悠兮寒淒淒以凛凛

魏應璩新詩曰嵐山寒折骨面目盡生瘡（嵐山羌中山名）

傅玄詩曰季冬時慘烈猛寒不可勝嚴風截人耳素雪隨地凝牀上飛霜起波中自生冰未夕結重衾崇朝不敢興

又陸機樂府苦寒行曰北遊幽朔城凉野多嶮難俯入穹谷底仰陟高山盤凝冰結重澗積雪被長巒陰雲興巖側悲風鳴樹端不覩白日景但聞寒鳥喧猛虎憑林嘯玄猿臨岸歎（呼）夕宿喬木下慘愴恒鮮歡渴飲堅冰漿飢噉零露食

又連珠曰沉寒凝海不能結風

琴操曰曾子嘗耕於泰山之下遭天雨雪寒凍旬日不得歸乃作憂思歌也

宋袁淑七言詠寒雪曰渚幽寒兮石烟聚白華收兮山氣深邊亭哀兮夜燧滅孫松振兮空岫吟魚戢鱗兮鳥矜翰虹蟄火兮龍藏金

太平御覽卷第三十四

太平御覽卷第三十五

時序部二十

豐稔　凶荒　旱

豐稔

時序曰華黍時和歲豐宜黍稷也

又曰我黍與與我稷翼翼我箱既盈我庾維億（露積爲庾十萬曰億）

又曰彼有不穫穉此有不斂穧彼有遺秉此有滯穗伊寡婦之利（秉把也鄭箋云成王之時言百穀既多種同齊熟收刈促遽力皆不足而有不穫不斂遺秉滯穗寡婦取之以利也）

又曰豐年秋冬報也（報者謂嘗也烝也）豐年多黍多稌亦有高廩萬億及秭（數萬至萬曰億數億至萬曰秭豐年大有年也萬億及秭言穀多也）爲酒爲醴烝畀祖妣以洽百禮降福孔偕（偕遍也箋云烝進也畀與也）

穀梁傳曰宣公十六年冬大有年五穀大熟

漢書曰宣帝即位用吏多選百姓安土歲數豐穰穀每石數錢○漢記曰鮑得脩志節有名績累官爲南陽太守歲荒災唯南陽豐稔吏民愛悅号爲神父

又曰建武二年秋天下野穀旅生麻菽尤盛或生苽菜果實野蠶成璽被山民收其絮採穫穀菓以爲畜積

京房易逆刺曰天雨穀歲大熟

尚書考靈耀曰春政不失五穀孳初夏政不失甘雨時季夏政不失地無菑（菑謂土不稼穡）秋政不失人民昌冬政不失少疾衰五政不失百穀稚熟日月光明（晚熟曰稚詩曰稙稚菽麥）

禮稽命徵曰天子祭天地宗廟六宗五岳得其宜則五穀豐雷雨時至四夷貢物

禮斗威儀曰君乗木而王則草木豐茂嘉穀並生

春秋元命苞曰咸池主五穀其星五者各以有職以精委爲穀也（宋均曰穀有五故五星主之）咸池之爲言皆多也言穀生於子水含秀懷實至秋精垂故一名五車以載歸之爲言扶而化之

孝經援神契曰歲星守心年穀豐

晏子春秋景公伐魯得東門無澤公問魯年穀對曰陰冰厥陽冰厚五寸公問晏子晏子曰君問年穀答以冰禮也陰冰厥陽冰厚五寸者寒溫節寒溫節則政平政平則上下和上下和則年穀熟百恐疲兵而無成君盍（盍何不也）禮魯以息吾怨遂不伐魯

汝南先賢傳曰袁安爲楚相會楚王坐事平相牽引拘繫者千餘人安受命即奔赴而行先決獄應時理遣一旬之中延千人之命其時甘雨滂沛歲大豐稔

南越志曰高興縣野多客雞其形如雞而五彩至則年穰

臨海異物志曰獨春鳥聲有似春鳴聲多者五穀傷鳴聲少者五穀熟

袁子正書曰語曰歲在辛酉乞漿得酒

梅陶書曰古人就食於安里今三州米流出門無如今年豐也若以古人用之則累年之儲也

廣雅曰年稔秋穀熟也

桓子新論曰世俗咸曰漢文帝躬儉約脩道德以先天下天下化之故致充實殷富澤加黎庶穀至石數十錢上下饒羨

物理論曰正月朝四面黄氣其歲大豐此黄帝用事土氣均和四方並熟

鹽鐵論曰周公時天下太平丘陵高下皆熟

山海經曰鯥魚見天下大穰

古歌詞曰長安城西雙員闕上有一雙銅雀宿一鳴五穀生再鳴五穀熟

凶荒

禮曰歲凶年穀不登君膳不祭肺馬不食穀馳道不除祭事不懸大夫不食粱士飲酒不樂（皆爲自損憂民禮殺生則祭先有虞氏以首夏后氏以心殷人以肝周人以肺不祭肺則不殺生也天子食日少牢朔日大牢諸侯食日特牲朔日少牢除治道爲防民取蔬食懸樂器鐘磬之屬也梁嘉食也不樂去琴瑟也）

又曰凶年則乘駑馬祀以下牲（自貶損亦取易供也駑馬六種最下也下牲少牢若特豕特豚也）

傳曰五年春無冰梓愼曰今茲宋鄭其饑乎歲在星紀而淫於玄枵以有時災陰不堪陽（時災無冰也陰盛用事而溫無冰是陰不勝陽地氣發泄也）蛇乘龍（蛇玄武之宿虛危之星龍歲星歲星木也爲青龍星失次爲蛇所乘）龍宋鄭之星宋鄭必饑

又曰晉荐饑（麥禾皆不熟也）使乞糴于秦秦伯謂百里奚與諸乎對曰天災流行國家代有救災恤鄰道也行道有福丕鄭之子豹在秦請伐晉秦伯曰其君是惡其民何罪秦於是乎輸粟于晉自雍及絳相繼命之曰汎舟之役後秦饑晉閉之糴

又曰宋公子鮑禮於國人宋饑竭其粟以貸之年自七十已上無不饋飴也

穀梁傳曰一穀不熟謂之歉（歉食不足）二穀不熟謂之饑三穀不熟謂之饉

爾雅曰穀不熟爲饑蔬不熟爲饉菓不熟爲荒仍饑爲荐

漢書曰高祖二年關中大饑米斛萬錢

又曰漢興接秦之弊諸侯並起民失作業而大饑饉米石五千人相食死者過半高祖乃命民得賣子就食蜀漢

又曰歲饑民貧卒食半菽（或曰半五升器名也臣瓚案士卒食蔬菜以菽雜半之）

又曰元帝二年齊地饑米石三千餘

又曰王莽時雒陽以東米石二千莽遣三公將軍開東諸倉賑貸窮乏又分遣大夫謁者教民煑木爲酪（服虔曰煑木實爲酪）酪不可食重爲煩擾流民入關者數十萬人置養贍官以廩之盜發其廩民餓死者十七八

東觀漢記曰王莽末南方枯旱民多饑餓郡人野澤掘鳬茈（水草實也）而食

又曰赤眉還入長安鄧禹與戰敗走至高陵軍士饑餓皆食藻菜帝乃徵禹還勅曰赤眉無穀自當來降吾折（之舌反）捶笞之非諸將憂也

謝承後漢書曰趙典兄子溫遭歲大饑散家粮以賑窮餓所活萬餘人

王隱晉書曰永嘉五年洛中大饑五月摯虞餓死

又曰劉琨與丞相牋曰夏則桑椹冬則瑩（音替）豆視此哀歎使人氣盡

晉中興書曰中原亂中宗初鎮江左假郗鑒龍驤將軍兗州刺史鎮鄒山又徐龕石勒左右交侵百姓饑饉野無生草時或掘野鼠蟄鷰而食之

又曰太興元年詔曰亢旱穀貴百姓嗷嗷有資者貴糴貧羸之民益困漢世穀貴官賤糴使價不超越謂之平准今雖無此可出邸閣米萬斛使三分減一以平其價令貧困者悉得足以至秋也

吳志曰駱公緒年八歲與親客歸會稽事嫡母甚謹時饑荒多有困乏公緒爲之飢飲食衰少其姊仁愛有行寡婦無子公緒見甚哀之姊問（其故公緒）曰士大夫糟糠不足我亦

何必獨飽姊誠知如是何不告我而自苦若此乃自以私粟與公緒又以告毋毋亦賢之遂使分施由是顯名

周書曰天有四殃水旱飢荒其至無時非積畜何以備之

夏歸藏曰士無兼年之食遇天飢妻子非其妻子也大夫無兼年之食遇天飢輿馬臣妾非其有也國無兼年之食遇天飢百姓非所有也戒之哉

國語曰越大夫種謀曰今吴既罷音疲罷勞也而大荒荐飢市無赤米米之惡也而囷箆空虚圓者爲囷方者爲箆其民必移就蒲嬴於東海之濵蒲蠃蚌蛤之屬也濵海涯

又曰魯饑臧文仲以玉磬如齊告糴宋崩鑿鳴球也

典略曰從興平元年至建安二年其間四歲中咸陽蕭條後賊李堪等始將部曲入長安居阜故塢中拔取酸棗藜藋藋徒吊切以給食發塜取衣蓋形

御覽三十五　五　王同

崔鴻三十國春秋曰諸州自建武元年十一月不雨雪至十二年八月穀價踴貴金斤直米二斗民流散死者十有五六百姓嗷然人無生類

又曰建元元年襄國大飢穀二斗直銀一斤肉一斤直銀一兩

韓子曰秦大飢應侯請發五苑菓棗栗以活民王曰秦法賞有功誅有罪今發五苑是有功無功俱賞也

墨子曰百穀不收謂之旱三穀不收謂之凶四穀不收謂之餽餽音匱五穀不收謂之飢

淮南子曰畜者欲歲之荒飢謂將取厚利

袁子正書曰滑釐也今當凶年有欲與子隨侯之珠者又有欲與子一鍾之粟者子將何擇釐曰吾取粟可以救窮

河圖曰日月兩重暈者飢之祥也

魏名臣奏曰太尉司馬懿奏去秋湧傷五穀又無菜蔬比一方民已有食桑皮者

英雄記曰李傕等相次戰長安中盜賊不禁白日虜掠是時穀一斛五十萬豆麥二萬人相食啖白骨委積皃穢滿路

又曰幽州歲歲不登人相食有蝗旱之災民人始知採稆以棗椹爲糧穀一石十萬錢公孫伯圭開置屯田稍稍得自供給稆音呂

又曰建安七年鄴中大飢芋一畝二萬錢

博物志曰荒年暫辟穀法但食蝎半斤輙支十日不飢

濮應享應立豫讚序曰王莽居攝以病告歸後赤眉賊攻其所居城粒盡以私穀數十萬斛賑城中于時賑粟十數萬莫不稱其仁

三百九六　覽三十五　六　王同

晉王洽集曰洽臨吴郡上表曰編户僵尸葬埋無主或闔門餓餒烟火不舉

旱

春秋考異郵曰旱之言悍也陽驕蹇所致也

詩曰旱既太甚悠悠山川

又曰旱魃爲虐如惔如焚我心憚暑憚病也憂心如熏熏灼也

又曰旱既大甚蘊隆蟲蟲蘊隆而雷蟲蟲而非雨

書說命曰若歲大旱用汝作霖雨

又曰僭恒暘若君行僭差則常陽順之

禮曰繆公召孫子問曰天久不雨吾欲暴尫而奚若對曰天則不雨而暴人之疾子虐無乃不可乎暴巫而奚若對曰天則不雨而望之愚婦人於以求之無乃已疎乎

周禮曰司巫掌羣巫之政令若國大旱則帥巫而舞雩

又曰女巫旱暵則舞雩

傳曰衛大旱甯莊子曰昔周飢克殷而年豐今邢方無道天其或者欲使衛討邢乎從之師興而雨

又曰魯僖公三年自十月不雨至于五月不曰旱不爲災

又曰衛大旱卜有事於山川不吉

又曰僖公二十一年夏大旱公欲焚巫尫臧文仲曰非旱備也修城郭貶食省用務嗇（儉也）勸分無有相濟此其務也巫尫何爲天欲殺之則如勿生若能爲旱焚之滋甚公從之是歲飢而不害

又曰魯文十年正月不雨至于七月（周正月今之十一月周七月今之五月）

又曰魯宣公九年葬我小君敬嬴旱無麻始用葛茀（茀所以引柩也）

又曰魯昭公十六年秋鄭大旱使屠擊有事於桑山（祭山也）斬其木不雨子產曰有事於山蓺山林也（養護令繁植也）而斬其木其罪大矣奪之官邑

漢書曰百里嵩字景山爲徐州刺史時旱嵩行部傳車所經甘雨輒澍東海祝其合鄉二縣在山間嵩不往二縣獨不得雨父老請之入界即雨澍

又曰和帝永元六年秋旱時洛陽有寃囚帝錄囚理寃未還宮雨澍（音太右字同）

續漢書曰郡國旱公卿行雩禮求雨閉諸陽門衣皂衣興土龍立土人舞童二佾七日一變

又曰郡國旱各掃除社稷公卿官長以次行雩禮求雨也

魏志曰衛玠見黥面者其妻子沒爲官僮玠曰使天下不雨者蓋由此也太祖乃怒玠

晉書曰督運令史淳于伯刑於建康市百姓諠譁咸曰伯寃於是大旱三年

京氏易曰人君無惠澤於下則小旱

管子曰春不收枯骨朽脊伐枯木而去之則夏旱至矣

尸子曰湯之救旱也乘素車白馬着布衣身嬰白茅爲牲禱於桑林之野此時絃歌鼓舞者禁之

孟子曰七月八月之間旱則苗槁（槁乾也）

晏子春秋曰齊景公時旱欲祀靈山及河伯晏子曰夫山以石爲身以草木爲毛髮今久不雨毛髮將焦身且熱豈山不欲雨乎祀之何益君宜避殿暴露其憂雨也公從之出野果大雨

世說曰湯時大旱七年雒川竭煎沙爛石乃使持三鼎祝山川教祀曰政不節邪使人疾邪賄賂行邪讒夫昌邪宮

室榮（華也）邪女謁成邪何不雨之甚

洪範五行傳曰魯宣十年秋大旱時公與師而與齊伐萊失代國亢陽蓋師旅百姓所不欲也應是而大旱

益都耆舊傳曰趙瑤爲閬中令大旱瑤請雨於靈星應時降雨

搜神記曰周暢爲河南尹元初二年大旱暢乃葬路旁露骸爲立義冢應時注雨

又曰諒輔字洪儒新都人爲郡五官掾時大旱太守自暴中庭而雨不降輔自誓曰日中雨不降請以身塞無狀（無狀謂祈雨不得）乃積薪柴自焚至日中時大雨一郡沾潤

神農求雨書曰春甲乙不雨東爲青龍又爲大龍東方老人舞之壬癸黑

又曰比不雨命巫祝而曝之不雨禱山神積薪其擊鼓而

焚之

瑞應圖曰：遇旱責躬引咎，理察寃枉，退去貪殘，側修惠政，則降以零雨。如其有道術禱祝山川，致龍轉石，開陽從陰之類，誠非瑞應。是以魯侯有暴尫之消，齊景以祠山見譏。

董仲舒曰：春旱求雨，令縣邑以水日令民禱社，家人祠戶，無伐名木，無斬山林，曝巫聚尫八日。於邑東門外爲四通之壇，方八尺，植蒼繒八，其神共工，祭以魚八。夏求雨，亦以水日家人祠竈，無舉土功，浚井，曝釜甑杵臼于衢七日。爲四通壇於邑南門外，方七尺，植赤繒七，其神蚩尤，祭以赤雄雞七丸。求雨之大禮，丈夫欲藏匿，女子欲和而樂。

師曠占旱曰：歲欲旱，旱草先生。旱草者，蒺藜是也。

山海經曰：太華之山，削成四方，有蛇名肥遺，六足四翼，見則天下大旱。（湯時也）東荒之北隅有山名凶犁，應龍處南極，殺蚩尤與夸父，不得復上，故下數旱，旱而作應龍之狀，乃得大雨。（上飄作雨者故也令云土龍大也）

又曰：係昆之山有人，衣青衣，名曰黃帝女妭。（音魃）蚩尤伐黃帝，請風伯雨師，帝乃下天女曰妭，雨止，遂殺蚩尤。妭不得復上，所居不雨。

又曰：鱄魚，雞山黒水多焉，其尾音如豚，出則天下大旱。東荒之北隅有焉。（有子德元中牟平秋人也治夫）

太平御覽卷第三十五

覽三十五　九　覃桂一

太平御覽卷第三十六

地部一

地上

釋名曰：地，底也，言其底下載萬物也。亦言諦也，五土所生莫不審諦也。亦謂之坤，坤順乾也。

說文曰：元氣初分，重濁為地，萬物所陳列也。

易曰：坤元亨，利牝馬之貞。〔馬在下而居若也，而尖柔者，順之至也。至順而後乃亨。〕

又曰：至哉坤元，萬物資始，乃順承天。坤厚載物，德合無疆。含弘光大，品物咸亨。牝馬地類，行地無疆。象曰：地勢坤，〔地形不順，其勢順也。〕君子以厚德載物。文言曰：坤至柔而動也剛，至靜而德方，後得主而有常，含萬物而化光。坤道其順乎，承天而時行。又云：陰雖有美，含之以從王事，弗敢成也。地道也，妻道也，臣道也。地道無成而代有終也。

又曰：夫玄黃者，天地之雜色也。天玄而地黃。

又曰：立地之道曰柔與剛。

又曰：坤，地也，故稱乎母。〔陸績注曰：取含養也。〕

又曰：本乎地者親下。

又曰：在地成形。〔鄭玄注：形謂草木鳥獸。王廙注：形謂山川等。〕

禮記曰：人道敏政，地道敏樹。鄭玄注云：樹謂植草木。

又曰：今夫地一撮土之多，及其廣厚，載華岳而不重，振河海而不泄，萬物載焉。〔此言地之博厚本由撮土，山之廣大本由拳石，水之不測皆由一勺，皆合以成多，自少致大，至誠者亦如此乎。〕

又曰：地載物，天垂象，取財於地，取法於天，是以尊天而親地。

又曰：博厚所以載物也，高明所以覆物也。博厚配地，高明配天。

又曰：成子高謂慶遺曰：生益於人，死不害於人，我死則擇不食之地而葬我焉。

又曰：燔柴於泰壇，祭天也；瘞埋於泰折，祭地也。

又曰：天地不合，萬物不生。

又曰：子夏曰：三王之德參於天地，敢問如何斯可謂參天地矣？孔子曰：奉三無私以勞天下。子夏曰：敢問何謂三無私？孔子曰：天無私覆，地無私載，日月無私照。

又曰：九四海之內，斷長補短，方三千里，為田八十萬億一萬億畝。〔九州之大計。〕方百里者，為田九十億畝。山陵林麓川澤溝瀆城郭宮室塗巷三分去一，其餘六十億畝。

周禮曰：土訓掌道地圖，以詔地事。〔道，說也。說地圖九州形勢山川所宜，告王以施其事也。〕

又曰：以天產作陰德，以中禮防之；以地產作陽德，以和樂防之。以禮樂合天地之化、百物之產。

又曰：大司徒掌天下土地之圖，周知九州之地域廣輪之數，〔東西為廣，南北為輪。〕辯五地之生物：一曰山林，其動物宜毛，其植物宜皁；二曰川澤，動物宜鱗，植物宜膏；三曰丘陵，動物宜羽，植物宜覈；四曰墳衍，動物宜介，植物宜莢；五曰原隰，動物宜羸，植物宜藂。

爾雅曰：東至泰遠，西至邠國，南至濮鈆，北至祝栗，謂之四極。觚竹、北戶、西王母、日下，謂之四荒。九夷、八狄、七戎、六蠻，謂之四海。距齊州以南戴日為丹穴，北戴斗極為空桐，東至日所出為太平，西至日所入為太蒙。〔郭璞注曰：極，四方極遠國也。觚竹在北，北戶在南，西王母在西，日下在東，皆四方昏荒之地，次四極者。九夷在東，八狄在北，七戎在北，六蠻在南，次四荒者。距，去也。齊，中也。中州猶為。舍人注曰：晦冥無識，不可教晦，故曰四海。自中州以南，日光所照，故曰丹穴。〕

尚書考靈異曰：地有四游，冬至地上北而西三萬里，夏至

地下南而東復三萬里春秋分則其中矣地恒動不止人不知譬如人在大舟中閉牖而坐舟行不覺也

詩含神霧曰天地相去億里

春秋感精符曰冬至成天文夏至成地理

春秋元命苞曰神農世怪義生白阜推義白阜之母名也圖地形脉道白阜為神農圖畫地形通水道之脉使不擁塞也

又曰土無位而道在故太一不興化人主不任部地出雲起雨以合從天下勤勞出於地功名歸於主土以謙自正以卑自歛終不自伐生養之苦乃興雲雨不以為功一歸於天中

又曰地所以右轉者氣濁精少含陰而起遲故轉迎天佐其道地生於離既而不敢當陽動退居火陰則亦宜右行而迎陽者受其施育而成陽故曰佐其道也

又曰地不足東南陰右動終而入靈門地不足東故言立子午以相明之子午者陰陽之衆所見處也故以二辰迎轉所不同以為門地右動動而東也靈門巳也陰藏於以也

又曰地者易也言養物懷任交易變化含吐應節故其立字土力於一者為地地加土以力又加一者言奉大一也

春秋說題辭曰地之為言媲也承天行其義也居下以山為位道之經也山陵之大非地不制含功以牧生故其立字土力於一者為地力勤也即天也

春秋內事曰地有十三分王侯之所居也

孝經援神契曰地順受澤謙虛開張開張九竅受流灢瀾是其謙虛也

又曰計校九州之別土壤山陵之大川澤所注萊沛所生鳥獸所聚九九百一十萬八千二十四頃磽埆不懇者千五百萬二千頃

家語曰子夏曰商聞山書曰地東西為緯南北為經山為積德川為積刑高者為生下者為死丘陵為牡川谷為牝蚌蛤龜珠與月盈虛是故堅土之人剛弱土之人肥虛土之人妙實土之人細息土之人美磽土之人醜

史記曰顓頊養材以任地載時以象天

漢書曰天道貴信地道貴貞不信不貞萬物不生

又曰秦地於天官東井輿鬼之分野周地柳七星張之分野韓地角亢氐之分野趙地昴畢之分野燕地尾箕之分野齊地虛危之分野魯地奎婁之分野宋地房心之分野衛地營室東壁之分野楚地翼軫之分野吳地斗牛之分野

晉書曰裴秀禹貢九州地域圖論曰圖書之設由來尚矣自古垂象立制而賴其用三代置其官國史掌其職暨漢祖屠咸陽丞相蕭何盡收秦之圖籍今秘書既無古之地圖又無蕭何所得秦之圖籍唯有漢氏輿地及括地諸雜圖各不設分率又不考正准望亦不備載名山大川其所

載列雖有麤形皆不精審不可依據或稱外荒迂誕之言不合事實於義無取今制地圖之體有六一曰分率所以辯廣輪之度也二曰准望所以正彼此之體也三曰道里所以定所由之數也四曰高下五曰方邪六曰迂直此三者各因地而制以校夷險之數也有圖象而無分率則無以審遠近之差有分率而無准望雖得之於一隅必失之於佗方有准望而無道里則施於山海絕隔之地不能以相通有道里而無高下方邪迂直之校則徑路之數必與遠近之實相違失准望之正矣故必以此六者參而考之然後遠近之實定於高下方邪迂直之筭故雖有峻山巨海之隔絕域殊方之迴登降詭曲之回皆可得舉而定者准望之法既正則曲直遠近無所隱其形也

抱朴子云太極初構清濁始分故天先成而地後定

河圖括地象曰八極之廣東西二億三萬三千里南北二億三萬一千五百里夏禹所治四海內地東西二萬八千里南北二萬六千里

又曰天有五行地有五岳天有七星地有七表天有四維地有四瀆天有八氣地有八風天有九道地有九州

又曰崑崙山爲柱氣上通天崑崙者地之中也下有八柱柱廣十萬里有三千六百軸互相牽制名山大川孔穴相通

又曰地廣東西二萬八千南北二萬六千有君長之州有九阻中土之文德及而不治

河圖挺佐輔曰百世之後地高天下不風不雨不寒不暑民復食土皆知其母不知其父知此千歲之後而天可倚杵匈匈隆隆莫知始終

河圖曰元氣無形匈匈蒙蒙偃者爲地伏者爲天

黃帝素問曰積陰爲地故地者濁陰也

洪範五行傳曰地者成萬物者也

周髀筭經曰天不可階而升地不可尺寸而度

楚辭曰地方九則何以墳之王逸注曰墳分也謂九州之地九九品爲何以能分別之也康迴馮怒地何以東南傾康迴共工也昔共工與顓頊爭爲帝怒而觸不周山天維絕折地維故傾也見淮南天道篇也

鹽鐵論曰古者制地足以養民民以承其上千乘之國百里之地公侯伯子男各充其欲秦兼萬國之地有四海之富而意不贍者嗜欲多而下不堪其求也

太玄經曰天以不見爲玄地以不形爲玄人以心腹爲玄天奧西北鬱化精也地奧黃泉隱魄榮也人奧思慮含至精也

又曰九地一爲汳泥二澤浼三征崖四下田五中田六上田七下山八中山九上山

蔡邕月令章句曰總丘陵原隰阪險曰地范子計然曰夫地有五土之宜各有高下

鄭玄注孝經曰分別五土視其高下若高田宜黍稷下田宜稻麥丘陵坂險宜種棗栗

楊泉物理論曰凡居地有大利而無小害者上地也

山海經曰帝令豎亥步自東極至于西極五億十選郭璞注曰豎亥健行人選萬物也九千八百八十步豎亥左手把筭右手指青丘北

又曰天地之東西二萬八千里南北二萬六千里出水者八千里受水者八千里

物理論曰地者底也底之言著也陰體下著也其神曰祇

祇成也育生萬物備成也其卦爲坤其德曰母地形有高下氣有剛柔物有巨細味有甘苦鎮之以五岳積之以丘陵播之以四瀆流之以四川盖氣自然之體也地發黃泉周伏迴轉以生萬物地天之根本也形西北高而東南下東西長南北短其盡四海者也

又曰地者其卦曰坤其德曰母其神曰祇亦曰媼大而名之曰黃地祇小而名之曰神州亦名后土黃地祇舉八極之內地神州王畿方千里內地神也后土祇也社地主也所在皆得言之

詩推度灾曰上清下濁號曰天地

博物志曰地氏之位起形於崑崙從廣萬里高萬一千里神物之所生聖人仙人之所集崑崙之東北地轉下三千六百里有八玄幽都方二十餘萬里下有四柱柱廣十萬里地有三千六百軸互相牽制也

又曰地以名山爲之輔佐石爲之骨川爲之脉草木爲其毛土爲其肉三尺以上爲糞三尺以下爲地重陰之性也

又曰中國之域左濵海右通流沙方而言之萬五千里面二千五百里東至蓬萊山西至隴右後跨荆北前及衡岳若計共四隅有三億之餘降朝鮮岷山東治可西也隴川以南及北海之國此是堯舜土及萬里湯時七千里此後亦無常隨德優劣也

論衡曰地戶在東南

人曰地之最下者有楊兗二州洪水之時此二土最被水害

又曰山川陵谷爲之地里

又曰地性生草山性生水

白虎通曰地者元氣所生萬物之祖也地之言施也諦也應施變化審諦不誤敬始重終故謂之地也

老子曰地得一以寧地無以寧將恐發

莊子曰天地非不廣且大也人所容足耳

又曰海水三歲一周流波相薄故地動

列子曰共工與顓頊爭爲帝怒而觸不周之山天柱折地維絕地不滿東南故百川歸焉

又曰地積塊耳充塞四虛無處無塊

文子曰地承天故定寧地定寧萬物形地廣厚萬物聚定寧無不載廣厚無不容

又曰地方而無涯故莫能闚其門

管子曰地或維之地莫之維地亡必矣

又曰地者政之本也是地可以正地不均平和調則政不可正也

桓公問管子曰地數可得聞乎曰東西二萬六千里出水者八千里受水者八千里出銅山四百六十七出鐵山三千六百九處封禪之王七十二家

墨子曰禽子問天與地孰仁墨子曰翟以地爲仁民衣焉食焉死焉冢焉地終不責德焉故翟以地爲仁

淮南子曰禹使大章步自東極至于西極二億三萬三千五百七十里使豎亥步自北極至于南極二億三萬三千五百七十里

又曰重濁者凝滯而爲地

又曰天有九部八紀地有九州八柱九州之外有八埏東方曰沙海東南方曰沅澤南方曰浩澤西南方曰丹澤西方曰泉澤西北方曰海澤北方曰寒澤東北方曰無通澤

又曰扶桑之上衆帝所自上下日中無景呼而無響蓋天

地之中也弱水在東建木在西末有十日其華照地九州之大純（純緣邊也）方千里九州之外乃有八寅（一日不溫曰寅澤）亦方千里自東北方曰大澤（無瀨茄曰澤也）曰無通東方曰大渚曰少海東南方曰其區曰厄澤南方曰大夢曰浩澤西南方曰渚資曰丹澤西方曰九甌曰泉澤西北方曰大夏曰海澤北方曰大冥曰寒澤九八寅八澤之雲是雨九州八寅之外乃有八紘（紘維紘也）亦方千里自東北方曰和丘曰荒土東方曰棘林曰桑野東南方曰大窮曰衆女（民少男多女也）南方曰都廣曰反戶（在日之南爲北嚮戶）西南方曰焦僥曰炎土（焦僥人長三尺衣冠帶飾）西方曰金丘曰沃野（金丘金所出也）西北方曰一目曰少所（其人一目）北方曰積冰曰委羽（積冰至寒也委羽山名委羽之北蓋不見日也）凡八紘之氣是出寒暑以合八正必以風雨八紘之外乃有八極自東北方曰方土之山曰蒼門東方曰東極之山曰開明之門

東南方曰波海之山曰陽門南方曰南極之山曰暑門西南方曰南極編駒之山曰白門西方曰西極之山曰閶闔之門西北方曰不周之山曰幽都之門北方曰北極之山曰寒門凡八極之雲是雨天下八門之風是節寒暑八紘之雲以雨九州而和中土東方之美者有醫無閭之珣玗琪焉醫無閭東夷之山也珣玗琪玉名也東方之美者有會稽之竹箭焉南方之美者有梁山之犀象焉西南之美者有華山之金石焉西方之美者有霍山之珠玉焉西北方之美者有崑崙虛之璆琳琅玕焉璆琳琅玕珠名也北方之美者有幽都之觔角焉東北方之美者有徒格山之文皮焉文皮虎豹之皮也

太平御覽卷第三十六

太平御覽卷第三十七

地部二

地下　土　壤

塊　塵

地下

淮南子曰：東方之極，自碣石（碣石山在東北海中）過朝鮮（朝鮮東夷）貫大人之國（東方有大人之國也），東至日出之次，扶木之池，青土樹木之野（皆日所出之地），太皞、勾芒所司者萬二千里。其令曰：挺群禁，開閉闔，通窮窒，達障塞，行優游，棄怨惡，解赦罪，免憂患，休罰刑，開關梁，宣出財，和外怨，撫四方，行柔惠，止剛強。南方之極，自北户鳥孫之界（北户日在其北嚮以爲户），貫顓頊之國（南方有顓頊之國也），南至委火炎風之野，赤帝祝融之所司者萬二千里（帝赤著明）（審諟也祝屬也融工也萬物盛長屬續而工也）。其令曰：爵有德，賞有功，惠賢良，救飢渴，舉力農，振貧窮，惠孤寡，罷老疾，出大祿，行大賞，起毀宗，立無後，封建侯，立賢輔。中央之極，自崑崙東絕恒山（崑崙在西方恒山北岳也），日月之所道（謂二十八宿舍在地之分野），江漢之所出，人民之野，五穀之宜，龍門河濟相貫，以息壤堙鴻水之州（禹以息土堙洪水以爲中國九洲洲水中可居也），東至於碣石，黃帝后土之所司者萬二千里（黃中色帝道諟地道識物故稱后也）。其令曰：平而不阿，明而不苛，包裹覆露，無不囊懷，普大無私，正靜以和，行糜粥，養衰弔死，問疾以送萬物之歸。西方之極，自崑崙絕流沙沉羽（沉羽弱水也其弱至沉毛羽也），西至三危之國，石城金室，飲氣之民，不死之野，少皞蓐收之所司者萬二千里（少皞白帝之號少皞陰用事物浩成也蓐茂也万物茂可收用之）。其令曰：審用法，誅必辜，備盜賊，禁姦邪，勑群牧，謹貯聚，脩城郭，補決竇，塞蹊徑，隄溝瀆，止流水，壅谿谷，守門閭，陳兵甲，百官誅不法。北方之極，自九澤（九澤北方之澤也）窮夏海之極（夏海大海也），北至令止之俗（令止丁令北海胡地），有凍寒積冰雪雹霜霰漂潤群水之野，顓頊玄冥所司者萬二千里（顓頊黑帝之號顓頊大言大陰用事振翕而寒也陰閉不見故神爲玄冥也）。其令曰：申群禁，固閉藏，脩塞障，繕關梁，禁外徒，斷罰刑，殺當罪，閉關閭，大搜客，止交游，禁夜樂，早閉晏開，以索姦人，姦人已得，執之必固，節已幾（幾終也），刑殺毋赦，雖有盛尊之親，斷以法度，毋行水，毋發藏，毋釋刑罪。

又曰：任一人之能，不足以治三畝之宅也，循道理之數，因天地之自然，則六合不足均也（均平也）。

又曰：盧敖游乎北海（盧敖燕人秦始皇帝召以爲博士使求神僊士而不返也），經乎太陰，入乎玄闕（太陰北方玄也），至於蒙轂之上，見一士焉，深目而玄鬢，淚注而鳶肩，豐上而殺下，軒軒然迎風而舞，顧見盧敖，慢然下臂，遯逃乎碑。盧敖就而視之，方倦龜殼而食合梨（合梨海蚌）。盧敖與之語曰：唯敖爲背群離黨，窮觀於六合之外者，非敖而已乎？敖幼而好遊，至長不渝解，周行四極，唯北陰之不闚，今卒睹夫子於是，子殆可與敖爲友乎？若士者齤（音拳）然嘆曰：嘻！子中州民，寧肯而遠至此。此猶光日月（言太陰之地尚見日月）而載列星，陰陽之所行，四時之所生，此其比夫不名之地，猶突奧（言我所游不可名之地以盧敖游行之則如突奧中也）。若我南游乎罔罠之野，北息乎沉墨之鄉，西窮冥冥之黨，東開鴻濛之光，此其下無地而上無天，聽焉無眴，此其外猶有狀沐之汜（狀沐四海與天之際流聲也汜崖也），其餘一舉而千萬里（千萬里狀沐之外也），吾猶未能之在（吾尚未至此地）。今子游始此，乃於語窮觀，豈不亦遠哉？然子處矣哉（吾與若汗）漫期於九垓之上（汗漫不可知之垠九垓九天也），吾不可以久居。士舉臂而竦身，遂入雲中。盧敖仰而視之，弗見，乃止駕焉（止其所駕而居）。

尸子曰八極之內有君長者東西二萬八千里南北二萬六千里故曰天左舒而起牽牛地右闢而起畢昴

孟子曰天子之地方千里不方千里不足以待諸侯諸侯之地方百里不方百里不足以守宗廟

呂氏春秋曰凡四極之內東西五億有九萬七千里南北五億有九萬七千里

又曰長盧子曰山海岳河水金石火木此積形成乎地也

又曰冬之德寒寒不信其地不成剛地不成剛則凍閉不開天地之大四時之化而猶不能以不信成物又況於人

關令內傳曰地厚萬里其下得大空大空四角下有自然金柱輒方圓五千里

土

釋名曰土吐也吐生物也徐州貢土五色色有黃青白赤黑也土赤者鼠肝色也土色黑曰盧盧然解散也土黃而細密白埴埴職也如脂之膱也土色青黎似黎草也土色白曰漂漂輕散也

尚書禹貢曰冀州土白壤（孔安國曰無塊曰壤）兗州土黑墳（孔安國曰色黑而墳起）青州土白墳（徐廣曰黎土也）揚州土塗泥（馬融曰漸洳也）荊州土塗泥豫州土白墳下墳壚（孔安國曰壚疏也馬融曰豫州地有三等下者墳壚也）雍州土黃壤徐州土赤埴墳（謝沈注曰埴音志）梁州土青驪（孔安國曰色青黑）

又洪範曰五行其五曰土土爰稼穡稼穡作甘（孔安國曰土可以種可以斂甘味生百穀）

尚書帝命驗曰土者金之父也

周書作雒曰周公建太社於國中其壝東青土南赤土西白土北驪土中央以黃土將遣諸侯鑿其方一面土苴以白茅以土封之故曰裂土

詩曰溥天之下莫非王土

又曰孔樂韓土川澤訏訏

周禮地官上曰大司徒辨十二土名以相民宅知其利害以任土事

禮記曰范金合土以爲臺榭

又曰土弊則草木不長

又曰地一撮土之多及其廣厚載華岳而不重

又曰衆生必死死必歸土此之謂鬼骨肉斃于下陰爲野土（陰讀爲蔭）

蔡邕月令章句曰色別曰土（言五方土色各異也）

崔寔四民月令曰正月雨水中地氣上騰土長冒橛陳根可拔

春秋元命苞曰土爲言吐也言子成父道吐也氣精以輔也陽立於三故成生其立字十夾一爲土

春秋繁露曰天有十端其土爲之一端

春秋考異郵曰后族專則土踊（宋均注曰踊陰盛也）

論語里仁曰君子懷德小人懷土

家語曰孔子曰堯以土德王而尚黃黃土之色也

又曰食土者無心而不息

又曰宰我問於孔子曰聞鬼神之名而不知其所謂敢問孔子曰人生有魂氣有魄氣氣也者神之盛也衆生必死死必歸土此之謂鬼魂氣歸天此之謂神

戰國策曰孟嘗君將入秦蘇秦曰臣來過於淄上有土偶人與桃梗相與語桃梗語人曰子岸上土也八月降雨淄水至則汝殘則復爲岸矣今子淄水至則水漂何所之也

漢書張釋之傳曰文帝拜釋之爲廷尉人有盜高廟坐前

王環文帝怒下廷尉治奏當棄市上大怒釋之頓首謝曰假令愚民盜長陵一抔土陛下復何以加其法乎

後漢書曰朱浮與彭寵書曰亦猶河濱之人捧土以塞孟津

謝承後漢書曰東郡趙咨病自置小素棺使人取乾黃土二十石細擣篩之遺令亡後置土棺底厚一尺內屍於中以土壅上

又曰范訓毋亡以布囊盛土負以成壙

魏志曰魏明帝起芳林園建昭陽殿公卿以下至於學生莫不展力帝乃躬自握土以率之

後魏書曰高昴父次同語人曰吾四子皆五服我死後豈有人與我一鍬土邪及次同死昴大起冢對之曰此老公子平生畏無一鍬土今日被壓竟知之否

唐書天寶十三載冊楊國忠爲司空其日雨土

江表傳曰孫權討袁術舉兵攻皖城術閉門自守粮食乏盡士女或丸土而呑之

晉安帝紀曰劉敬宣在鮮卑夢丸土而服之既而占焉或荅曰此服土呑丸也既覺而喜曰丸者桓也桓既呑矣我復本土也旬日中聞桓玄敗得來歸

世本曰廩君名務相姓巴與樊氏暉氏相氏鄭氏凡五姓俱出皆爭神以土爲舡雕文畫之而浮水中其舡浮因立爲君他舡不能浮獨廩君舡浮因立爲君

蜀王本紀曰蜀王獵於褒谷見秦王以金一笥遺蜀王蜀王報以禮物盡化爲土秦王大怒臣下拜賀曰土地也今秦當得蜀矣

崔鴻十六國春秋後趙録曰建武十二年沙門吴進言於帝曰胡運將衰晉當復興當苦役晉人以厭其氣帝於是使尚書張郡發近郡男女十六萬車十萬乘運土築華林園及長墟一作墻于鄴北廣長五里

白虎通曰土在中央中央者主吐含萬物

聖證論曰孔鼂云能吐生百穀謂之土

河圖挺佐輔曰自此百世之後地高天下山陵消去不風不雨不寒不暑民復食土皆知其母不知其父

雷煥別傳曰煥與張華見異氣起牛斗之間煥曰此寶劒也拜煥豐城令到縣掘屋基入四十餘尺得一石函中有雙劒琢錯文采黯而未明君初經南昌遣人取西山北巖下土二升黃白色拭劒光豔照耀莫不驚愕張公得劒喜置坐側曰此土南昌西山北巖土也不如華陰山赤土封一斤與君荅書云詳觀劒體眞干將也君更用赤土磨拭逾

益精明

晉書苻堅傳初秦之末亂也關中土無火而煙氣火起數十里月餘不滅

宋躬孝子傳曰宗承字世林父貧喪葬舊塋負土作墳不役僮僕一夕間土壤高五尺松竹生焉

荊州先德傳曰羅獻守巴東吳遣盛曼説獻令從之計詣獻求借城門獻遣衆軍楊宗讓曰城中土一撮不可得何言城門乎

三輔舊事曰成帝作延陵及起廟實將軍有青竹田在廟南恐犯蹈之言作陵不便乃徙作昌陵取土十餘里土與粟同價

關中記曰未央宮蕭何所造周廻二十三里疏龍首山土爲殿基殿基出長安城上也

宣城記曰江𢓷吴時爲廬江太守以清稱徵還舡輕皆載土時歲暮逐除者就乞所獲甚少江乃語之逐除人見而去

盛弘之荆州記曰武當縣有一谿岸土色鮮黄乃可噉

義興記曰陽羡縣塘西潜壤中有黄土色如精金

法顯記曰阿育王昔在小兒時當道戲遇迦葉佛乞食小兒欣喜即以一掬土施佛佛持還泥經行地因此果報作鐵輪王。晋太康地記城陽姑募縣有五色土

吴郡記曰吴縣餘杭山出白土光潤如玉。墨子曰商王紂不德兼夜十日雨土於亳。孫卿子曰子貢問於孔子賜未知爲人下者其猶土也深掘之而得甘泉樹之而五穀蕃草木植焉禽獸育焉生則立焉死則入焉多其功而不得爲人下者猶土也韓詩外傳說苑並載也

中子曰四海之内六合之間曰奚貴曰貴土土食之本也

淮南子曰伊尹曰與土功也脩脛者使之蹠鏵强脊者使之負土

淮南萬畢術曰東行馬蹄中土令人卧不起取東行白馬蹄下土三家井中泥合土和之置卧人臍上即不能起

又曰竈之土不思故鄉取竈前三寸方半寸取中土持之遠出令人不思故鄉

裴玄新言曰俗間有土公之神云土不可動玄有五歲女孫卒得病諸市卜云犯土玄即依方治之病即愈然後知天下有土神矣

物理論曰游濁爲土土氣合和而庶類自生

抱朴子曰土飯瓦胾不療於飢

壤

説文曰壤敭土也

尚書康誥曰賔奉珪兼執壤奠孔安國注曰賔諸侯執壤地所出而奠貢

尚書孔安國注曰土無塊曰壤

周禮地官上司徒職曰大司徒辨十二壤之物而名其種教稼穡樹蓺

史記曰李斯上書曰太山不讓土壤故能成其高河海不擇細流故能就其深

王隱晋書曰解結問别駕治中曰河北白壤高良何故少人士每以三品爲中正

山海經曰洪水滔天鯀竊帝息壤以堙洪水不待帝命祝融殺鯀于羽郊郭璞注曰息壤者言土自長息無限故可以塞洪水也漢元帝時臨淮徐縣地踊長六里高二丈即息壤類

帝王世紀曰禹葬會稽下不及泉上不通臭既葬收餘壤爲壠

蕭廣濟孝子傳曰巴郡文讓母死墳土未足耕一畝地爲壤群鳥數千銜所作壤以着墳上

關中記曰長安地皆黑壤城今赤如火堅如石

韓子曰蟻冬居山之陽夏居山之陰蟻壤寸而有水乃掘遂得水

塊

禮記檀弓上曰寢苫枕塊

左傳曰晋文公過衛出五鹿乞食於野野人予之塊公怒咎犯曰天賜也稽首受而載之

國語曰楚靈王於乾溪彷徨於山林枕疇人之股疇人枕王以塊而去之賈逵曰塊堛也

徐整長曆曰黄帝時風不鳴條雨不破塊也

淮南子曰土勝水者非一塊塞江也許慎注曰塊堛也

塵

詩曰無將大車維塵冥冥

禮記曰前有埃塵則載鳴鳶（鄭玄注曰鳴則將風）

又曰爲長者糞之禮必加帚於箕上以袂拘而退其塵不及長者

左傳曰晉楚戰狐毛設二旆而退之欒枝使輿柴而僞遁（輿柴起塵詐言衆走）

又曰潘黨望其塵使騁而告曰晉師至矣楚人懼遂出陳

史記曰鉤弋夫人死雲陽暴風揚塵

漢書酷吏傳曰長安中姦猾　多受財報仇相與探丸得赤丸者斫武吏黑者斫文吏城中薄暮塵起死傷橫道枹鼓不息

謝承後漢書曰范冉爲萊蕪長閭里歌之曰甑中生塵范史雲

魏志曰歲朝西北大雲風塵埃蔽天十餘日間何晏乃誅

晉書王導傳庾亮以望重地逼出鎮於外南蠻校尉陶稱閒說亮當舉兵勸導密爲之防導曰吾與元規休戚是同悠悠之談宜絶智者之口元規若來吾便角巾還第復何懼哉時亮執朝廷之權趨向者多歸之導內不能平常遇西風塵起舉扇自蔽徐曰元規塵汙人

家語曰顏回拾甑中塵

博物志曰徐州人謂塵土爲蓬塊吳人謂塵土爲坋坱

崔鴻十六國春秋前秦録曰慕容冲叛苻堅遣平原公暉討之冲乃令婦人各將一囊盛塵皆令騎牛服文采衣執持長槊於陳後冲晨攻暉兵刃交接昌言班隊何在於是奔競而進皆毀囊揚塵埃霧連天莫測多少暉衆大潰

晏子春秋曰余家素貧晝則苦於作勞夜則甘於疲寢三時之際書皆生塵

山海經曰黑水之南有玄蚍食塵

又曰大人國有青蚍頭方食塵

帝王世紀曰黃帝夢大風吹天下塵垢皆去又夢人執千鈞之弩驅羊數萬群帝寤曰風爲號令垢去土后在也豈有姓風名后者哉千鈞之弩異力能遠驅羊數萬群牧民爲善豈有姓力名牧者得風后於海隅得力牧於大澤

神仙傳王方平曰聖人言海中復揚塵

老子曰和其光同其塵

莊子曰野馬也塵埃

淮南子曰地不滿東南故水潦塵埃歸焉

又曰蒙塵而欲無眯涉水而欲無濡不可得也

語林曰劉道真年十五六在門前弄塵垂鼻涕至胷

葛洪肘後方曰治暍死方取道中熱塵土以積暍人心下即活

楚辭曰安能以皓皓之白蒙世俗之塵埃也

宋謝莊月賦曰陳王初喪應劉端憂多暇綠苔生閤芳塵凝榭

曹子建洛神賦曰羅襪生塵

古詩云君爲淸路塵妾爲濁水泥

又曰京洛多風塵素衣化爲緇

世說虞公善歌發聲動梁塵

李康遊仙序曰人生天地之間若流電之過戶牖輕塵之棲弱草

兵書曰名將望塵知馬步之多少也

晉書曰潘岳諂事賈謐望塵而拜

又曰簡文帝性沖澹所居凝塵滿席湛如也

太平御覽卷第三十七

覽三十七　　十一　　張富

太平御覽卷第三十八

地部三

敘山　崑崙山　鍾山　玉山
蓬萊山　方丈山　瀛洲山　終南山

敘山

釋名曰山頂曰冢亦曰巔亦曰椒山脊曰岡山大而高曰
嵩（嵩高稱也今中岳嵩山蓋依此亦作崧）小而高曰岑銳而高曰嶠卑而大
曰扈小而衆曰巋上大下小曰巘山有草木曰岵（音户）無草
木曰垓（古來切）石載土曰岨土載石曰崔嵬（此因形而名之）山東曰
朝陽山西曰夕陽（隨日照而名之）山足曰麓山穴曰岫山邊曰崖
崖之高曰巖上秀曰峯陬隅高者曰岳山坡曰坂山三襲
曰陟山再成曰英一成曰坯山中絶曰陘未及上曰翠微
（一說山氣青縹色曰翠微）山屬曰嶧（言駱驛相連今魯國有嶧山純石相積構連屬成山蓋謂此也）山
狹而高曰巒小曰嶞（它果反謂山形長狹者荊州人謂之嶞詩云嶞山喬岳）土山曰
阜（阜厚也言其高厚）曲阜曰阿大阜曰陵小陵曰丘山精曰夔亦
曰跂亦曰雲陽祭山曰展懸（角戮反自山頂曰冢已下並出說文釋名爾雅）
易曰兼山艮
又曰地中有山謙
又說卦曰山澤通氣
又曰艮爲山
詩曰如南山之壽不騫不崩
又曰節彼南山
楊乂易卦序論云險而止山也險而動泉也動静皆蒙險
故曰山
書禹貢曰道汧及岐至于荊山踰于河（孔安國注曰此謂梁山龍門也）壺
口雷首至于太岳（三山在冀州南河之地也）大行恒山至于碣石入于

海（此二山者連延東北接碣石而入滄海百川經此衆山禹皆治之也不可勝名故以繪海山川言之也）西
傾朱圉鳥鼠（西傾朱圉在積石以東鳥鼠渭所出在隴西三者雍州之南）至于太華（相首
尾而東也）熊耳外方桐柏至于陪尾（四山相東南在豫州洛經熊耳經方外淮南桐柏經陪尾）
（凡此皆先舉所施功之山於上而後條列所治水于下以相備也）導嶓冢至于荊山（漾出嶓冢在梁
州經荊山荊山在荊州也）內方至于大別（內方大別二山名在荊州漢所經）岷山之陽
至于衡山（岷山江所出在梁州衡山江所經在荊州）
春秋曰山有木工則度之
禮記曰今夫山一卷石之多及其廣大草木生之禽獸居
之寶藏興焉
又曰天子祭名山大川五岳視三公（視視其牲器之數）
又曰天不愛其道地不愛其寶人不愛其情故山出器車
又曰居山不以魚鼈爲禮
爾雅曰土高有石曰山○釋名云山産也言産萬物

說文曰山宣也宣氣散生萬物有石而高
春秋元命苞曰山者氣之苞所以含精藏雲故觸石而出
春秋說題辭曰山之爲言宣也含澤布氣調五神也
韓詩外傳曰夫山萬人之所觀仰材用生焉寶藏植焉飛
禽萃焉走獸伏焉育物群而不倦有似夫仁人志士是仁
者所以樂山也
尚書大傳曰孔子曰夫山者嵬嵬然草木生焉鳥獸蕃焉
財用殖焉四方皆無私與焉出雲雨以通乎天地之間陰
陽和合雨露之澤萬物以成百姓以饗此仁者之樂于山
也
國語曰禹封九山山者土之聚也
河圖曰嶓冢山上爲狼星武關山爲地門上爲天高星主
囹圄荊山爲地雌上爲軒轅星大别爲地理以天合地以

通三危山在鳥獸之西南上爲天苑星岐山在崑崙東南
爲地乳上爲天麋星汶山之地爲井絡帝以會昌神以建
福上爲天井桐栢山爲地穴鳥鼠同穴山之幹也上爲掩
畢星熊耳山地門也精上爲畢附耳星
莊子曰函車之獸分而離山不免網罟之患
又曰山積畢而成髙
管子曰九天下名山五千三百七十出鐵之山三千六百
有九上有丹砂者下有黄金上有磁石者下有銅金上有
緑石者下有鉛錫上有赭下有鐵
淮南子曰牛蹄之涔無徑尺之鯉魁父之山無文林營宇
狹小而不能容巨大也
孫卿子曰不登髙山不知天之髙不臨深谿不知地之厚
不聞先王之道不知學問之爲大

呂氏春秋曰何謂九山會稽泰山會稽今會稽也泰山今泰山郡是爲東岳也
王屋首山泰華岐山太行羊腸孟門岐山在右扶風美陽縣西北周家所邑也
太行在河内野王縣北羊腸其山盤紆如羊腸狀在太行晉陽北孟門太行是
說苑曰土積成山則豫章生焉
又曰五嶽者何謂也泰山東嶽也霍山南嶽也華山西嶽
也恒山北嶽也嵩髙山中嶽也五嶽何以視三公能大布
雲雨焉能大歛雲雨焉觸石而出膚寸而合不崇朝而雨
天下施得博大故視三公也
白虎通曰東岱山岱者言萬物相代於東方南衡山者上
承景宿銓德均物故曰衡也西華山華者獲也萬物熟成
乃有獲也北恒山恒常也言萬物伏藏於北方有常度也
中嵩山嵩者髙也言峻大矣處中以領四方
地鏡曰入名山必齋五十日牽白犬抱白雞以白盬一外

山神大喜芝草異藥寳玉爲出未到山百步呼曰林兵此
山主者名知之却百邪
關令尹喜内傳曰五百歲天下名山一開開時金玉之精
涌出
晏子春秋曰齊大旱景公召群臣問曰天下不雨矣民且
有飢色吾卜旅在高山廣澤寡人欲祠靈山可乎晏子曰
夫靈山以石爲身以草木爲毛髮天不雨髮毛將焦身將熱
獨不欲雨乎祠之何益
山海經曰周穆王周歷四荒名山大川靡不登蹐東昇天
夫之堂西宴王母之廬
列子傳曰共工與顓頊爭天下怒而觸不周山
魏志曰明帝起景陽山於芳林園
晉書顧凱之好遊會稽人問山川之美對曰千巖競秀萬

壑爭流
宋書曰謝靈運好登山常着木屐上山則去前齒下山則
去後齒
漢書曰李廣利刺山而泉涌
楚詞曰山中兮不可以久留
古詩曰上山採蘼蕪下山逢故夫

崑崙山

爾雅曰西北之美者有崑崙之璆琳琅玕焉
史記曰禹本紀言河出崑崙其上有澧泉華池
漢書曰張安世房中歌詩云天馬來兮開遠門竦余身兮
遊崑崙
博物志曰崑崙從廣萬一千里神物集也出五色雲氣五
色流水其白水東南流入中國名爲河也

河圖括地象曰崑崙之山爲地首上爲握契蒲爲四瀆橫爲地軸上爲天鎭立爲八柱河圖始闓圖曰崑崙之墟有五城十二樓河水出四維多玉龍魚河圖曰崑崙山天中柱也

紀年曰周穆王十七年西征至崑崙丘見西王母

穆天子傳曰天子昇於崑崙之丘以觀黄帝之宫增封於崑崙山上

又曰天子遂宿于崑崙之阿赤水之陽

山海經曰周穆王至崑崙之丘遊軒轅之宫眺鍾山之嶺勒石西王母之山紀迹玄圃之上

又曰槐江之山實惟帝之平圃南望崑崙其光熊熊有木焉其狀如棠而黄華赤實其味如李而無核名曰沙棠食之令人不溺（草之美者沙棠之實）

又曰崑崙之墟方八百里高萬仞上有木木長五尋大五圍面有井以玉爲檻（檻欄）面有五門門有開明獸守之百神所在

又曰崑崙之丘有神人面虎身文尾其下有弱水泉

徐整長曆曰北斗當崑崙上

眞人關尹内傳曰萬億萬歲有一大水崑崙飛浮是時飛仙迎取天王及善民安之山上也

葛仙公傳曰崑崙山一曰玄圃臺一曰積石瑤房一曰閬風臺一曰華蓋一曰天柱皆仙人所居

列仙傳赤松子者神農時雨師也服水石以教神農能入火不燒至崑崙山止常上西王母石室中隨風雨上下炎帝少女追之亦得仙俱去至高辛時復爲雨師今之雨師是也

又曰西王母者神人也人面蓬頭髮虎爪豹尾善嘯空居名西王母在崑崙山下

神仙傳曰東郭延者山陽人也服雲飛散能夜書有數十人乘虎豹來迎比隣盡見之與親友辭別而去云詣崑崙山

神異經曰崑崙有銅柱焉其高入天所謂天柱也圍三千里員周如削銅柱下有屋壁方百丈

搜神記曰崑崙之山是惟帝之下都環以炎火山

十洲記曰昆陵崑崙山也上有金臺玉闕亦元氣之所合天帝君治處

玄元記曰崑崙西南山周迴三萬里巨蛇繞之得三周蛇長九萬里

尸子曰赤縣州者寔爲崑崙之墟玉紅之草生焉食其一

實而醉卧三百歲而後寤

呂氏春秋曰菜之美者有崑崙之蘋也

淮南子曰崑崙山上有層城九重上有木禾其脩五尋珠樹玉琁樹不死樹在其西沙棠琅玕在其東絳樹在其南瑶樹在其北

又曰崑崙之玉瑱而塵垢不能污也

抱朴子曰蔡誕者自去被謫至崑崙初誕還人問去崑崙似何荅曰天不問其高幾里要於仰視之去天過十數里也

崔鴻十六國春秋前趙録曰東平王劉約癸亥卒一指猶暖遂不殯殮至於甲戌乃蘇言見劉淵於不周山經五日遂復從至崑崙山三日而復返於不周見諸王公卿將死者悉在焉

又曰酒泉太守馬岌上言酒泉南山卽崑崙之體也周穆王見西王母樂而忘歸卽在此山山有石室王母堂珠璣鏤飾煥若神宮

鍾山

穆天子傳曰自密山以至鍾山四百六十里其閒盡澤多怪獸奇魚

又曰天子北昇于舂山之上望四野（郭璞注曰舂音鍾也）曰是惟天下之高山

山海經曰黄帝取密山之玉榮投之鍾山之陰（以爲玉種）

又曰鍾山其子曰鼓（此亦神名名之爲鍾山之子耳其類皆見歸藏啓筮也）其狀人面而龍身帝乃戮之鍾山之東也

又曰鍾山之神名曰燭陰（燭龍也是燭九陰也）視爲晝瞑爲夜吹爲冬呼爲夏

魯女生列傳曰鍾山之棗其大如餅

十洲記曰北海外有鍾山自生千芝及神草此洲受太玄生符錄仙家數十萬耕田種芝草課計頃畝種稻

玄中記曰北方有鍾山焉山上有石首如人首左目爲日右目爲月開左目爲晝開右目爲夜開口爲春夏閉口爲秋冬

淮南子曰鍾山之玉灼之以鑪炭三日三夜其色不變

論衡曰鍾山之上以玉抵鵲彭蠡之濱以魚食犬

玉山

穆天子傳曰天子西征來還乃循黑水至于群玉之山天子於是取玉板玉器服物載玉萬僟（雙玉爲珏羊璧爲僟見左傳）

山海經曰玉山是西王母所居（此山多玉石因以爲名）

帝王世紀曰崑崙之北玉山之神人身虎首豹尾蓬頭

外國圖曰西王母國前弱水中有玉山白兎闕瞯

十洲記曰赤水西有白玉山山有西王母堂室

蓬萊山

漢書王莽傳曰有奇士大十圍自言巨無霸出於蓬萊山軺車不能載三馬不能勝

又武記曰太初元年十二月祀后土東臨渤海望祀蓬萊

十洲記曰蓬萊山外別有員海謂之溟海無風而洪波百丈有九氣丈人九天眞君宮

玄中記曰東南之大者有巨鼇焉以背負蓬萊山

列子曰渤海之東有大海其中有山一曰岱輿二曰員嶠三曰方壺四曰瀛州五曰蓬萊其上臺觀皆金玉禽獸皆純縞珠玕之樹皆聚生實皆有滋味食之不老不死人皆仙聖一日一夕飛翔來往

山海經曰蓬萊山海中之神山非有道者不至

列仙傳曰安期生琅琊阜鄉人時人皆言千歲秦始皇與語賜金璧數千萬出阜鄉亭皆置去留以赤玉舄一量爲報曰後千歲求我蓬萊山下

又曰負局先生語似燕代閒人吳市中磨鏡一錢因磨之輒問主人得無有疾苦輒出紫赤藥與之莫不時愈後上吳山懸藥下與萬姓欲去時語下人曰吾欲還蓬萊山

神仙傳麻姑謂王方平曰自接侍已來三見海水變爲桑田蓬萊之清淺也

方丈山

漢書曰太液池有方丈瀛洲象海中神山焉。仙傳曰服閭者不知何許人常止莒往來海邊諸祠中有三仙人於祠中博賭瓜使服閭檐黄瓜十枚令瞑目乃止方丈山在蓬萊

山南時往甚取珎寳賣之

瀛洲山

史記封禪書曰齊宣王燕昭王使人求蓬萊方丈瀛洲此三神山傳在海中去人不遠望之如雲中及至則三山返在水下欲至則風引舡而去莫能至者仙人不死藥皆在焉黄金白銀爲宫闕

終南山

書曰終南惇物至於鳥鼠（謂終南惇物二山西出至于鳥鼠山）

詩曰終南何有有條有枚

漢書曰太一山又爲終南山五經要義太一山在扶風武功縣則終南太一不得爲一山明矣蓋終南南山之惣名太一山之別號

唐書曰盧藏用初隱終南山後出仕道士司馬子微歸天台山群公祖道藏用指終南山曰此中甚有佳處何必天台子微曰以吾觀之此乃仕宦之捷徑尒藏用有慙色

又曰文宗開成二年詔曰每聞京師舊說以爲終南山興雲祈必有雨若晴霽雖密雲至他竟不霑濡況茲山北面闕庭日當息觀脩其望祀寵數宜及今聞都無祠宇終南山未備禮秩命有司卽時建立

關中記曰終南山一名中南言在天中居都之南也

又曰終南太一左右三十里內名福地

皇甫謐高士傳曰四皓共入商洛隱地肺山以待天下定漢高祖徵之不至乃深自匿終南山

辛氏三秦記曰太一在驪山西去長安二百里山之秀者也中有石室常有一道士不食五穀自言太一之精齋潔乃得見之其狀似仙人山一名地肺可避洪水俗去上有

神人乘船行追之不可及

方輿記曰東方朔謂天之大阻其終南多金銀鐵玉石樟檀異類之物此百工取給萬姓所仰足也

風土記曰王莽以皇后有子通子午道從杜陵直抵終南

太平御覽卷第三十八

太平御覽卷第三十九

地部四

嵩山　華山　泰山

恒山　衡山　霍山

嵩山

釋名曰嵩字或爲崧山大而高曰嵩

詩曰嵩高維嶽峻極于天維嶽降神生甫及申

國語曰夏之興也祝融降于崇山

韋昭注曰崇嵩字古通用夏都陽城嵩山在焉

白虎通曰中央之嶽獨加嵩高字者何中央居四方之中高故曰嵩高山

續漢書曰武帝禮祭中嶽聞有呼萬歲聲三於是以三百户封。奉祠命曰崇高爲嵩高也

孫嚴宋書曰高祖表曰沙門釋法義於嵩高廟所石壇下得玉璧三十二枚黄金一餅符彩潤絜河南太守毛脩之以靈岳降瑞送諸神府

列仙傳曰王喬周靈王太子晉也好吹笙作鳳鳴遊伊洛之間浮丘公接以上嵩高山三十餘年後於山上見桓良曰告我家七月七日待我緱氏山頭果乘白鶴駐山巔望之不得到舉手謝時人數日而去

漢武内傳曰漢武帝夜夢與少君俱上嵩高山半道有繡衣使者乘龍持節從雲中下言太一請少君覺告近臣曰如朕夢少君將捨朕去矣

劉義慶世説曰嵩高山北有大穴晉時有人誤墮穴中見二人圍碁下有一杯白飲與墮者飲氣力十倍碁者曰汝欲停此否墮者曰不願停碁者曰從此西行有大井其中蛟龍但投身入井自當出若餓取井中物食之墮者如言可半年乃出蜀中因入洛問張華華曰此仙館也所飲者玉漿耳所食者龍肉石髓

崔鴻十六國春秋前秦録曰王猛至深山見一老父據胡牀皤鬢皓然猛進拜老父曰王公何因拜也遣人送猛出山顧視乃嵩高山也

山海經曰太室之山（即中岳嵩山今在陽城縣西也）其上有木焉葉狀如梨赤理服者不妬有草焉其狀如禾服者不昧上多美石（次玉者也）

嵩高山記曰漢有道士從外國將貝多子來於嵩岳西脚下種之并立浮圖今有四樹與衆木有異一年三花花白色其香甚佳嵩山最是栖神靈藪也東出一里有自然五穀神芝仙藥東脚下有衆果樹云是漢果園後有小山名

牛山多耆樹昔有婦女姙身三十月生子五歲便入嵩高學道通神明爲母立祠號開母祠又有三臺山漢武東巡過此山見三學仙女遂以爲名又一石室有自然經書飲食室前石柱似承露盤有石暗滴下食之一合與天地相畢中頂南下二百步亦有岳廟盡爲神像有玉人高五寸玉色光潤相傳曰明公山人或失之經旬乃見

山海經曰少室之山有木焉名曰帝休葉狀如楊枝五衢黄華黑實服者不怒其上多玉其下多鐵其中多鯑魚得其食者無蠱疾可以禦惡服之不怒郭氏注云陽城西谷名季室亦曰少室山顛有白玉膏服之仙山有周昭王陵

又戴延之西征記曰少室山中多神藥漢武帝築登仙臺在其峯

郡國志云少室山一名季室山負黍城在南故因山以名

城也

又云少室有金像人往視則有白露起迷人

雜道書曰少室之陽高于平地八百六十丈方十里可避兵水之災

華山

禮記曰地之廣厚戴華岳而不重

范曄後漢書曰張楷字公超隱居弘農山學者隨之所居成市能爲五里霧後華山南遂有公超霧市

唐書曰李適之代牛仙客爲右相累封清和縣公與李林甫爭權不叶適之性疎爲其陰中林甫常謂適之曰華山有金鑛採之可以富國上未知適之心善其言他日從容奏之玄宗大悅顧問林甫對曰臣知之久矣然華山陛下本命王氣所在不可穿鑿臣不敢上言帝以爲愛己薄適之言疎之

白虎通曰西方爲華山者何少陰用事萬物生華故曰華山

武帝傳曰魯女長樂人初餌麻及水絶穀八十餘年日更少壯色如桃花一旦與故人別云入華山去後五十年先相識者逢女華山廟前乘白鹿從玉女三十人并謝其鄉里親戚故人

崔鴻十六國春秋前燕録曰石虎使人採藥于華山得玉板

山海經曰華山塚也(塚者神鬼之所舍也)其祀之以太華

又曰泰華之山削成而四方其高千仞其廣千里(郭璞注曰山上明星玉女主持玉漿得服之即神仙之道喻無不通也)有蛇曰肥遺六足四翼見則天下旱

列仙傳曰馬明生從安期先生受金液神丹方乃入華陰山中合金神丹昇天也

又曰脩羊公者蜀人也止華陰山石室中中有懸石榻卧其上石盡穿陷

又曰毛女者在華陰山中獵師世世見之體生毛自言秦始皇宮人也

又曰呼子先者漢中關下卜師也壽百餘歲臨去呼酒家嫗曰急裝當與嫗共應中陵王今夜有仙人持二茅狗來先持一與酒家嫗得俱騎乃龍上華陰山也

周禮曰豫州其鎮山曰華山

華山記云山頂有池生千葉蓮花服之羽化因曰華山

又曰山有三峯(謂蓮花毛女松檜也)

辛氏三秦記曰華山在長安東三百里不知幾千仞如半天之雲

晏子春秋曰君子若華山松栢既多望之自不知厭

薛綜注西京賦曰華山對河東首陽山黄河流於二山之間古語云本一山當河河水過之而曲行河神巨靈以手擘開其上以足蹈離其下中分爲兩以通河流今覩手跡於華嶽上足迹在首陽山下俱存焉

韓子曰秦昭王使工人施鈎梯上華山以松栢之心爲博箭長八尺棊長八寸勒之曰昭王嘗與天神博於此

周易是謀類曰西岳亡玉羊鄭玄注云玉羊華山之精

山海經曰小華山(即少華也)其木多荆杞鳥多赤鷩可以禦火

泰山

詩曰泰山巖巖魯邦是瞻

傳曰鄭伯請釋泰山之祀而祀周公以泰山之祊易許田

公羊傳曰山川有能潤于百里者天子秩而祭之觸石而出膚寸而合不崇朝而遍雨天下者唯泰山乎

論語曰季氏旅於泰山子謂冉有曰汝不能救歟旅祭名也禮諸侯祭山川在其封內者今陪臣祭泰山非禮也冉有孔子時仕季氏救猶止也對曰不能子曰嗚呼曾謂泰山不如林放乎孔子意云泰山之神知禮過於林放之賢遠也

白虎通曰王者功成封禪必於泰山者何萬物之始交代之處也

史記曰漢武帝封泰山白雲起封中

漢書曰武帝封泰山禪石閭應劭注曰石閭在泰山下南方士人言仙人閭

應劭漢官儀曰泰山東南名日觀者雞一鳴時見日始欲出長三丈所觀者望見長安其高如視浮雲其峻如無道徑望人如玉外或以爲小白石或以爲氷雪視巖石松樹鬱鬱蒼若蒼如雲中

晉書曰張忠隱于泰山教授弟子教以形不以言苻堅徵之及至堅賜以衣冠辭曰年朽髮落不堪衣冠請以野服入覲從之後乞還堅以安車送之行達華山歎曰我東岳道士歿于西岳命也及關而死

道書福地記曰泰山多芝草五石下有洞天周迴三千里鬼神之府

泰山松後漢書曰光武封泰山雲氣成宮闕

風俗通曰古封泰山禪梁甫舊說岱宗上有金篋玉策能知人年壽脩短漢武帝探策得十八因倒讀曰八十其後果壽長八十

博物志曰泰山一曰天孫言爲天帝孫也主召人魂東方萬物始成故知人生命之長短

五經通義云一曰岱宗言王者受命易姓報功告成必於岱宗也東方萬物始交代之處宗長也言於群嶽之長

白虎通曰王者受命必封禪封者廣厚也禪除也爲壇字本爲墠以其祭神故從示皆刻石紀號著己之功績以自効也天以高爲尊地以厚爲德故增泰山之高以報天禪梁甫之阯以報地也史記曰無懷氏封泰山禪云云伏犧封泰山禪云云神農封泰山禪云云炎帝封泰山禪云云黃帝封泰山禪云云顓頊封泰山禪云云帝嚳封泰山禪云云堯封泰山禪云云禹封泰山禪會稽周成王禪梁甫蕭然及萬里石閭後又九五備封泰山

後漢書曰光武封泰山禪梁甫凡云云亭亭蕭然蒿里社首梁甫皆泰山下小山也石閭在西巖下

漢官儀及泰山記曰泰山盤道屈曲而上凡五十餘盤經小天門大天門仰視天門如從穴中視天窻矣自下至古封禪處凡四十里山頂西巖爲仙人石閭東巖爲介丘東南巖名日觀日觀者雞一鳴時見日始欲出長三丈許又東南名秦觀秦觀者望見長安吳觀者望見會稽周觀者望見齊黃河去泰山二百餘里於祠所瞻黃河如帶若在山阯山南有廟悉種栢千株大者十五六圍相傳云漢武所種小天門有秦時五大夫松見在茅君內傳云仙家凡有三十六洞天岱宗之洞周迴三千里名曰三宮空洞之天

列仙傳曰稷丘君者泰山道士也武帝時以道術受賜後上東巡泰山稷丘君乃冠章甫衣黃衣擁琴來拜武帝曰陛下勿上也必傷足上必欲上及上數里左右足指果折乃止

列仙眞人傳曰馬明盛者齊國臨淄人也本姓和字君賢爲縣吏捕賊爲所傷當時殆死良父忽於道間見一女以肘後筲中一丸藥大如小豆與明服之於是即愈血絕瘡

合隨神女還岱宗石室中上下懸絕重巖深隱去地千餘丈其中金牀玉机乃人跡所不能至

神仙傳曰劉馮者沛人學道於稷王子服石桂英及中岳石流黃年三百餘歲而有少容後入泰山中

又曰泰山下老父者失其姓名漢孝武皇帝廵狩見老父鋤於道間頭上白光高數丈將問之父對曰臣年八十五時衰老垂死頭白齒落有道者教臣絕穀但服餌水并作神枕枕中有三十二物其二十四物以當二十四氣其八物當八風臣行之轉少日行三百里今年九十矣帝受其方賜縑帛去父入岱宗山十年五年時還鄉里三百餘年乃不復還也

上黨記曰太行坂東頭即泰山也避世者區種而食或射熊於巖間

泰山記曰泰山廟在山南悉種栢樹千株大者十五十六圍長老傳云漢武所種廟及東西房三十餘間并高樓三處春秋饗祀泰山君常在此壇

周易是謀類曰泰山失金鷄鄭玄注曰金鷄泰山之精

丘淵之齊記曰泰山東岳也瀛博二縣共界漢武封禪割此縣以供祀泰山故曰奉高三十里有延陵見塚

伍輯之從征記曰泰山於所經諸山非最高而岑嶇軒舉凌跨衆阜雲霞草木蔚然靈異苑囿神奇故無螫虫猛獸

孟子曰孔子登東山而小魯登泰山而小天下

尸子曰泰山之中有神房阿閣帝王錄

淮南子曰清之爲明杯水而見眸子濁之爲闇河水不見泰山

新序曰挾泰山以超北海

恒山（亦名常山）

史記曰趙簡子謂諸子曰吾藏寶符於常山往得者立焉諸子竟往無所得無恤曰常山臨岱可取也簡子曰是知符矣遂立之

白虎通曰北方爲常山者何陰終陽始其道常久故曰常

後魏書曰道武立廟於上置侍祀九十九人歲時禱水旱至文成帝東巡親禮其神焉

春秋元命苞曰昴畢散爲冀州分爲趙國立爲常山

崔鴻前燕錄曰慕容儁壽光三年常山寺大樹根下得璧七十二圭七十光色精奇有異常玉

孫子兵法曰常山之蛇名曰率然一身而兩頭擊其一頭則一頭至擊其中則兩頭俱至

神農本草曰常山有草名神農置之門上每夜叱人

常山圖經曰北嶽恒山在縣西北一百四十里

尚書禹貢太行恒山至于碣石有恒水出焉其下有祠

晏天王按山記曰高三千九百丈上方三十里周迴三千里上有泰玄之泉神草十九種道者服之成仙

又太史公云北岳者有五名一名蘭臺府二名列女宮三名華陽臺四名紫微宮五名太一宮或云太茂山山北四百餘里號飛狐之口有率然蛇孫吳諭兵勢

管子曰其山北臨代南俯趙東接河海之間早生而晚殺五穀之所蕃熟四種五穫焉

陽固北都賦曰茂丘茂山也蓋恒岳之別名泒水從西來甚大至茂山之西沉伏于地過山而復出其大如初世言避恒岳之靈

衡山

周官曰荆州其山鎮曰衡山
徐靈期南岳記曰衡山者五嶽之南嶽也其來尚矣至于軒轅乃以灊(音潛)霍之山爲副焉故爾雅云霍山爲南嶽盖因其副焉(或云衡山一名霍山)至漢武南巡又以衡山遼遠道隔江漢於是乃徙南嶽之祭于廬江灊山亦承軒轅副義也(干寶搜神記曰漢武徙南嶽之祭著廬江灊縣之霍山郭璞爾雅注云霍山在廬江郡潛縣別名天柱山漢武以衡山遼遠讖緯以霍山爲岳故祭之也)

晉書曰劉驎之嘗採藥至衡山深入忘返見有一澗水南有二石囷一開一閉水深廣不得過欲還失道遇伐弓人問逕僅得還家或說囷中皆仙靈方藥驎之欲更尋終不復知處

羅含湘中記曰衡山九疑皆有舜廟太守至常遣戶曹致祀則如絃歌之聲也

吳越春秋曰禹傷父功不成登衡山血白馬以祭之忽然而卧夢赤繡文衣男子稱玄夷蒼水使者謂禹曰欲得我山書者齋於黃帝之嶽禹乃退齋三日登宛委發石得金簡玉字之書得治水之要也

盛弘之荆州記曰衡山有三峯其一名紫蓋每見有雙白鶴徊翔其上一峯名石囷下有石室尋山徑聞室中有諷誦聲一曰芙蓉上有泉水飛流如舒一幅白練

山海經曰衡山一名岣嶁山其上多青雘鳥多鸜鵒(岣音矩嶁音縷)

湘中記曰衡山九疑皆有舜廟遥望衡山如陣雲沿湘千里九向九背乃不復見有玉牒焉(禹按其文以治水也)

劉敬叔異苑曰湘東姚祖太元中爲郡吏經衡山望巖下數少年並執筆作書祖行旅休息乃過之未至百步少年相與飛颺遺一紙書其字皆鳥跡○郡國志衡山南嶽也南嶽記云當翼軫度機衡謂之衡山山有錦石斐然成文

霍山

白虎通曰南方爲霍山者何太陽用事護養萬物故爲霍山

爾雅曰大山宫小山霍(郭璞注曰宫謂圍繞也禮記曰君爲廬宫是也)

漢書武帝以衡山負遠讖記皆以霍山爲南嶽故祭其神於此

宋書曰霍山數年來常有鐘聲潛發重壤山崩聞六鍾自出制度合古式聲中律吕

山海經曰霍山有獸焉其狀如狸白尾有鬣名曰朏朏可以忘憂(音怫謂畜之也)

黃庭内景經曰霍山下有洞臺方二百里司命君之府也

白虎通曰小山繞大山爲霍

太平御覽卷第三十九

太平御覽卷第四十

地部五

王屋山　太行山　霍太山　首陽山
龍門山　岥山　梁山　太白山
峨眉山　岷山　嶓冢山　鳥鼠山
積石山

王屋山

列子曰太行王屋二山方七里高萬仞北山愚公者年且九十面山而居懲山北之塞出入之迂也聚室而謀曰吾與汝畢力平險可乎雜然相許雜猶僉也其妻曰以君之力曾不能損魁父之丘如太行王屋何且焉置土石雜曰投諸渤海之尾隱土之北遂率子孫荷擔者三夫叩石墾壤運於渤海之尾隣人京城之孀妻有遺男始齓往助之寒暑易節始一反焉河曲智叟笑而止之曰甚矣汝之不慧以殘年餘力曾不能毀山之一毛其如土石何北山愚公長息曰汝之心曾不若孀妻弱子雖我之死有子存焉子又生孫孫又生子子子孫孫無窮匱也而山不加增何苦而不可乎河曲智叟無以應操蛇之神聞之懼其不已告之於帝帝感其誠命夸蛾氏二子負二山一厝朔東一厝雍南

神仙傳曰甘始太原人善行氣不食服天門冬治病不用針灸在人間三百歲乃入王屋山

茅君內傳曰王屋山之洞周迴萬里名曰小有清虛之天

太素真人王君內傳曰王屋山有小天號曰小有天周迴一萬里三十六洞天之第一焉

太行山

史記曰酈生說漢高祖曰願足下急復進兵收取滎陽據敖倉之粟塞成皐之險杜太行之道距飛狐之口守白馬之津以示諸侯

神仙傳曰王烈邯鄲人服黃菁鉛華老而更少嵇叔夜甚愛之與共入山遊戲烈後獨入太行山忽聞山東北如雷聲往視山上破數百丈石中有一孔徑尺中有青泥出烈取摶之隨手堅凝氣味如粳米飯也烈自食數九因摳歸以與叔夜即皆成青石打之作銅聲案神山五百歲一開其中有石髓得而服之壽與天地相畢

述征記曰登滑臺城西南望太行山白鹿岩王莽嶺冠于衆山之表

墨子曰墨子怒耕柱子耕柱子曰我無愈於子墨子曰將上太行駕驥與羊子將誰驅曰將驅驥以驥足責也墨子曰我亦以子爲足責

尸子曰龍門魚之難也太行牛之難也以德報怨人之難也

水經注曰仲尼傷道不行欲北從趙鞅聞殺鳴犢遂旋車而反其後晉人思之於太行嶺南爲之立廟蓋往時迴轅處也余案諸子書及史籍之文並言仲尼臨河而歎曰丘之不濟命也夫如是非太行迴轅之言也

博物志曰按太行山而北去亦不知山所限極處亦如東海不知所窮

霍太山

史記曰智伯攻趙襄子襄子懼乃奔保晉陽原過後至於王澤見三人自帶以上可見自帶以下不可見與原過竹二節莫通曰爲我以是遺趙無恤原過既至以告襄子襄

子齋三日親自剖竹有朱書曰趙無卹余霍太山徐廣曰在河東永安山陽侯天使也三月丙戌余將使汝反滅智氏亦立我百邑余將賜汝林胡之地滅智使原過主霍太山祠祀
又曰飛廉先爲紂作石槨徐廣曰作槨於此方石還無所報乃爲壇於霍太山而報得石棺銘曰帝令處父不與殷亂賜汝石棺

水經注曰霍太山上有飛廉冢山上有岳廟廟甚靈烏雀不棲其林猛虎常守其庭此則禹貢嶽陽也

唐書曰義旗初建高祖自太原起兵西赴關中途經霍邑時隨將宋老生陳兵拒險義師不得進乃屯於賈胡堡會霖雨積旬餽運不給高祖患之忽有白衣老人詣軍門請見余霍山神也遣語大唐皇帝若向霍山東南傍山取路八日雨止我當助爾破之高祖初哂之遣人東南視果有

微道高祖笑曰此神不欺趙襄子豈當負吾邪及八月巳卯雨果霽高祖大悅以太牢祭其山

首陽山

詩曰采苓采苓首陽之巔采苦采苦首陽之下采葑采葑首陽之東

史記曰伯夷叔齊孤竹君之子讓國而逃聞西伯善養老往歸焉及至西伯卒武王載木主東伐紂伯夷叔齊扣馬諫左右欲兵之太公曰此義人也而伯夷叔齊恥之義不食周粟隱於首陽山采薇而食之乃至餓死

鑠語曰晉平公與齊景公乘至于澮見人乘白驂八駟以來平公之前公問師曠曰有犬狸身而狐尾者乎師曠有頃而荅曰有之其名曰　首陽之神飲酒霍太山而歸其居於澮乎見之甚善君有喜焉

戴延之西征記曰洛東北去首陽山二十里山上有伯夷叔齊祠或云餓死此山今河東蒲坂南又謂首陽亦有夷齊祠未詳餓死所在

山海經曰和山上無草木而多瑤碧實惟河之九都是山也五曲九水出焉合流而北注于河其中多蒼玉吉神泰逢司之是神好居於萯山之陽出入有光

呂氏春秋曰夏后氏孔甲田于東陽萯山遇大風雨

皇甫謐帝王世紀以爲即東首陽山也蓋是山之殊目矣

龍門山

書禹貢曰浮于積石至于龍門西河孔安國曰龍門在河東之西界也

周禮曰大司樂以陰竹之管龍門之琴瑟陰竹生北也於宗廟奏之九變則人鬼可得而禮

孝經援神契曰禹鑿龍門闢伊闕決江開岷導四瀆鑿龍門以通河鑿岷山以開江導淮於桐栢導濟於王屋嶽言導四瀆

漢書地理志龍門山在馮翊夏陽縣北續漢書同

辛氏三秦記曰河津一名龍門巨靈迹猶在去長安九百里江海大魚洎集門下數千不得上上則爲龍故云曝鰓龍門

尸子曰古者龍門未鑿呂梁未闢河出於孟門上

愼子曰河之下龍門其流駛如竹箭駟馬追弗能及

淮南子曰龍門未闢呂梁未鑿河出孟門之上大溢逆流無有丘陵高阜名曰洪水大禹通之孟門

水經注云風山四十里河水南出孟門與龍門相對即龍門之上口也實爲河之巨阸兼孟門津之名也又有黃河自風山西四十里南出孟門山此經禹鑿廣岸崇深傾崖及桿巨石臨危若墜復倚焉

岐山

易曰王用亨于岐山吉无咎

詩曰古公亶父來朝走馬率西水滸至于岐下

又曰居岐之陽在渭之將萬邦之方下民之王

孟子曰大王居邠狄人侵之事之以皮幣不得免焉事之以珠玉不得免焉乃屬其耆老而告之曰狄人之所欲者吾土地也君子不以其所養人者害人二三子何患乎无君我將去之去邠踰梁邑於岐山而下居焉

圖經曰岐山亦名天柱山禹貢曰導岍及岐

河圖括地象云岐山在崑崙山東南爲地乳上多白金周之興也鸑鷟鳴於岐山時人亦謂岐山爲鳳皇堆

酈元注水經云天柱山上有鳳皇祠或云其峯高峻逈出諸山狀若柱因爲名焉

梁山

書曰壺口治梁及岐壺口在冀州梁在雍州循山治水在西

詩曰弈弈梁山維禹甸之弈弈大皃甸治也禹治梁山除水災也

傳曰梁山崩晉侯召伯宗伯宗伯宗辟重重人曰待我不如捷之速也問其所曰絳人也問絳事曰梁山崩將召伯宗謀之問將若之何曰山有朽壤而崩可若何國主山川山崩川竭國君爲之不舉降服乘縵徹樂出次祝幣史辭以禮焉其如此而已雖伯宗若之何

穀梁傳曰梁山崩壅河三日不流晉君召伯宗而問之伯宗來遇輦者輦者不避使車右下而鞭之輦者曰所以鞭我者其取道遠矣伯宗下車而問焉曰子有聞乎對曰梁山崩壅遏河三日不流伯宗曰君爲此召我也爲之柰何輦者曰天有山天崩之天有河天壅之雖召伯宗如之何

爾雅曰梁山晉望也郭璞注曰晉國所望祭者也今在馮翊夏陽西北臨河上也

漢志注曰梁山有夏陽西北即尚書禹貢治梁及岐

詩韓弈篇曰弈弈梁山晉國所望大梁別小梁之號俱在韓城縣界大梁山在今縣西又按三秦記梁山宮城又石名織錦城

太白山

辛氏三秦記曰太白山在武功縣南去長安三百里不知高幾許俗云武功太白去天三百尺山下軍行不得鳴鼓角鳴鼓角則疾風暴雨兼至也

周地圖記曰太白山甚高上恒積雪無草木半山有横雲如瀑布則澍雨人常以爲候驗之如離畢焉故語曰南山瀑布非朝即暮

魏略曰吉茂蘇則值亂隱於扶風南太白山中以經籍自

娱

峨眉山

列仙傳曰陸通楚狂接輿也好養性在蜀峨眉山世世見之數百年

華陽國志曰犍爲南安縣南有娥眉山去縣八十里地圖云有仙藥漢武求不能得

益州記曰峨眉山在南安縣界當縣南八十里兩山首相望如娥眉

岷山

易乾鑿度曰岷山上爲井絡

書曰岷山導江東別爲沱江東南流沱東行也

書琁璣鈐曰禹導積水決岷山流九貢九貢九州之貢

家語曰江始出岷山其源可以濫觴及至于江津不方舟

則不可以涉

漢書曰成帝時岷山崩壅江水江水逆流

山海經曰岷山江水出焉（今在汶山郡廣陽縣西大江所出也）其上多金玉其下多梅多棠其獸多犀象多夔牛

嶓冢山

書曰嶓冢導漾東流爲漢

華陽國志曰西岷嶓地稱天府

河圖括地象曰嶓冢山上爲狼星山上有異草花名骨容食之無子

鳥鼠山

河圖括地象曰鳥鼠同穴山地之幹也上爲掩畢星渭水出其中

漢武内傳曰封君達隴西人也初服黄蓮五十餘年入鳥鼠山於山中服水百餘年還鄉里年如三十常乘青牛號青牛道士也

山海經曰鳥鼠同穴山今在隴西首陽縣西南山有鳥鼠同穴鳥名鵌鼠名鼵鼵如家鼠而短尾鵌如鵽而黄穿地入數尺鼠在内鳥在外而共處孔安國傳鳥鼠共爲雌雄

沙州記曰鳥鼠同穴山鳥如家雀色小白鼠小黄而無尾凡同穴地皆肥汝壤盡軟熟如人耕多生黄花紫草

積石山

書曰浮于積石至于龍門西河

穆天子傳曰西濟于河用申八駿之乘以飲于枝詩之中積石之南河（水岐成曰詩詩諸也）

山海經曰積石山其下有石門河水冒以西（冒覆也積石在金地河關縣西南羌中河行塞外東入塞也）是山也萬物無不有

莊子曰鳳之所居也積石千里河水出下鳳鳥居止

太平御覽卷第四十

太平御覽卷第四十一

地部六

會稽山　天台山　茅山
廬山　羅浮山　蔣山
九疑山　玉笥山

會稽山

吳越春秋曰禹巡天下歸還越會稽脩國之道以會計名山

又曰禹巡行天下歸還大越登茅山以朝四方群臣觀中州諸侯防風後至斬以徇衆示天下悉以臣屬也乃大會計治國之道更名茅山曰會稽越絕書亦載

傳曰勾踐以甲楯五千保於會稽

史記曰始皇本紀曰三十七年上會稽祭大禹望于南海而立石刻頌秦德

九土文括略曰禹禪此山有一石穴委曲黃帝藏書於此禹得之

孔靈符會稽記曰會稽山在縣東南其上石狀似覆釜禹夢玄夷倉水使者却倚覆釜之上是也今禹廟在下秦始皇甞配食此廟

又曰山有石室云是仙人射堂東高巖有射的石遠望的的如射帿形圓視之如鏡土人常以占穀食貴賤射的明則米賤暗則米貴諺曰射的白斛一百射的玄斛一千

夏侯曾先志曰此山有石帆壁立臨川溯石亘山遙望帆有似張帆也下有懸巖名爲射堂傳云仙人常射於此使白鶴取箭此是會稽東峯

郡國志曰山上有草莖赤葉青人死覆之便活

山海經曰會稽之山四方上多金玉下多䃋砆上有禹冢及井

天台山

臨海記曰天台山超然秀出山有八重視之如一帆高一萬八千丈周迴八百里又有飛泉懸流千丈似布故登眞隱訣云此山有桐柏後四明東南三百里

啓蒙記注曰天台山去人不遠路經福溪溪水梁險清冷前有石橋路逕不盈尺長數十丈下臨絕冥之澗唯忘其身然後能濟濟者梯巖壁捫蘿葛之莖度得平路見天台山蔚然綺秀列雙嶺於青霄上有瓊樓玉闕天堂碧林醴泉仙物畢具晉隱士白道猷得過之獲醴泉紫芝靈藥

神異經曰餘姚人虞洪入山採茗遇一道士牽三青羊引洪至天台瀑泉曰吾丹丘子也聞子善具飲常思見惠山

中有大茗可以相給祈子他日有甌犧之餘不相遺也因立奠祀後常與家人往山獲大茗焉

晉書曰許邁與王羲之書云自山陰至臨海多有金庭玉堂仙人芝草

異苑曰會稽天台山遐遠自非忽生忘形不能躋也赤城阻其逕瀑布激其衝石有莓苔之嶮淵有不測之深

幽明録曰漢明帝永平五年剡縣劉晨阮肇共入天台山取穀皮迷不得返經十餘日糧食乏盡飢餒殆死遙望山上有一桃樹大有子實而絕巖邃澗了無登路攀葛乃得至噉數枚而飢止體充復下山持杯取水欲盥漱見蕪菁葉從山腹流出甚鮮新復一杯流出有胡麻糝相謂曰此必去人徑不遠度山出一大溪溪邊有二女子姿質妙絕見二女人持盃出便笑曰劉阮二郎捉向所失流杯來晨

肇既不識之二女便呼其姓如似有舊相見忻喜問來何晚耶因要還家家筒瓦屋南壁及東壁下各有一大牀皆施絳羅帳角懸鈴上金銀交錯牀頭各十侍婢便勑云劉阮二郎經涉山阻向雖得瓊實猶尚虛弊可速作食有胡麻飯山羊脯甚美食畢行酒有群女來各持三五桃子笑而言賀汝壻來酒酣作樂劉阮忻怖交并至暮令各就一帳宿女往就之言聲清婉令人忘憂至十日後欲求還去女云君已來是宿福所牽何復欲還耶遂留半年氣候草木是春時百鳥鳴呼更懷土求歸甚苦女曰當如何遂呼前來女子有三四十人集會奏樂共送劉阮指示還路既出親舊零落邑屋全異無復相識問得七世孫傳聞上世入山迷不得歸

孔靈符會稽記曰赤城山土色皆赤岩岫連沓狀似雲霞懸霤千仞謂之瀑布飛流灑散冬夏不竭山谷絶澗峥嶸無底長松蔓藟幽藹其上

又曰赤城山内則有天台靈嶽玉室璿臺

又曰天台山舊居五縣之餘地五縣者餘姚鄞句章剡始寧也

孫綽天台山賦曰濟楢谿而直進落五界而迅征

啓蒙記曰天台山石橋路徑不盈尺長數十步至滑下臨絶溟之澗

續搜神記曰會稽剡縣民袁柏根碩二人獵經深山重嶺甚多見一群山羊六七頭逐經一石橋橋甚狹而峻羊去根等亦隨渡向絶崖崖正赤壁立名曰赤城上有水流下廣狹如疋布剡人謂之瀑布羊徑有山穴如門豁然而過既入内甚平敞草木皆香有一小屋二女子住中年皆十五六容色甚美著青衣一名瑩珠見二人至忻然云早望汝來遂爲室家忽二女出行云復有得壻者往慶之曳履於絶巖上行琅琅然二人思歸潛去歸路二女已知追還乃謂曰自可去乃以一腕囊與根語曰愼勿開也於是得歸後出行家人開其囊囊如蓮花一重去復一重至五盡中有小青鳥飛去根還知此悵然而已後根於田中耕家依常餉之見在田中不動就視但有皮殼如蟬蛻也

茅山

茅君内傳曰句曲山秦時名爲華陽之天三茅君居之因而爲名外有金山因壇爲號矣周時名其源澤爲句曲之穴案山形曲折後人名爲句曲之山山間有金陵之地四十七八頃是金壇之地肺也居其地必得度世

許邁别傳曰延陵之茅山是洞庭西門潛通五岳茅山記

曰大茅山獨高處玄帝命東海神埋大銅鼎於山頂深八尺上有盤石鎭之（顓頊水德故號玄帝）

又曰秦始皇三十七年遊會稽還於此山北埋白璧一雙深七尺李斯刻篆璧文云始皇聖德平章山河巡狩蒼川勒名素璧

又曰王莽地皇三年七月遣使者章邑陳獻銅鍾五口黄金百鎰贈之於三茅君

又曰中茅山其山獨處司命君埋玉門丹砂六千斤鎭於此山深二丈上有盤石鎭之其山左右泉流下皆小赤色飲之延年益壽左眞人就司命乞得一十二斤以合九華丹山頂石壇石按香爐今存（今三陽百姓聞多有長壽者盡太陽北陽朱陽三村耳）

又曰小茅山漢光武帝以建武元年三月遣使吳倫賫金

五十斤陳獻三茅君今山頂有埋金處存焉上有聚石

又曰開成中高修女真侯仙姑絕穀六十餘年壽逾百歲常棲息此山入洞府獲覩徵祥

又曰咸通中東海蓬萊觀龔真道者初入此山斷穀茹芝十餘年後因正月朔旦焚香洞門恍惚之間得入洞中經由一十三日備見洞府巖壁山川星辰日月靈異難詳

又曰昔仙人捧一大石臨嶮峻是謂神設一人推之若欲崩墜百人推之亦復如故真誥曰中茅前一長嶺直抵大茅山後古多積金寶故因此著名貞白依東流水合神丹遺壇竈存疊玉峯大茅山東南三山積疊亦有洞穴俗多呼疊石石與玉猶爲同類山作三角又呼三角山殊無影響今去葛仙翁壇相近

廬山

廬山記曰山高二千三百六十丈周廻二千五十里東南三十二里張僧鑒尋陽記云匡俗周武王時人屢逃徵聘結廬此山後登仙空廬尚在弟子等呼爲廬山又名匡山蓋稱其姓又按豫章匡俗字君孝父共鄱陽令吴芮佐漢定天下封俗鄡陽盧君兄弟七人皆好道術遂寓精爽於洞庭之山故世謂廬山漢武帝南廵親見神靈封俗爲文明公一云匡俗漢人一云周武時人未知誰是

遠法師廬山記曰山海經曰廬江　天子都有匡俗先生者出自殷周之際隱遁避世潛居其下或云俗受道於仙人而共遊其嶺遂託室巖岫即巖成館故時人謂其所止爲神仙之廬西南有石門似雙闕壁立千餘仞而瀑布流焉

述異記曰廬山上有三石梁長數十丈廣不盈尺俯眄杳然無底咸康中江州剌史庾亮迎吴猛將弟子登山遊觀因過此梁見一老公坐桂樹下以玉杯承甘露與猛猛遍與弟子又進至一處見崇臺廣廈玉宇金房琳瑯焜燿煇彩眩目多珎寶玉器不可識見數人與猛共言若舊相識

周景式廬山記曰登廬山望九江以觀禹之跡其茲峯乎東南隱諸嶺不得騁矚自廬山人迹所暨迴望無後出此者每雨其下成潦而上猶皎日

遠法師遊山記曰自託此山二十三載九再詣石門四遊南嶺東望香爐秀絕衆形北眺九流神覽視四巖之內猶觀之掌焉傳聞有石井方湖足所未踐

張野廬山記曰廬山天將雨則有白雲或冠峯巖或亘中嶺俗謂之山帶不出三日必雨

尋陽記曰廬山頂上有一池水池中有三石鴈霜落則飛

山北有五老峯於廬山最爲峻極横隱蒼穹積石巖巉迥壁彭蠡其形勢如河中虞鄉縣前五老之形故名之

又曰上霄峯在山東南秦皇登之與霄漢相接因名之高處有刻名之字大如掌背隱起焉僅百餘言

又曰王敦誅術士吴猛附舡日行千里追者但見龍附其舡猛令舡人閉目人聞曳撥林木之聲懼而開目龍知人見遂委舟山頂今艑底在紫霄峯上

又曰陶潛栗里今有平石如砥縱廣丈餘相傳靖節先生醉卧其上在廬山南

神仙傳曰董奉字君異候官人少有道術居此山多救人疾苦種杏於此山十數年杏有十數萬株結實奉乃多倉廩宣言人買杏多少不須來報但一器穀一器杏多者則爲猛獸所害人懼無敢欺者得穀悉賑貧之

羅浮山

南越志曰此山本名蓬萊山一峯在海中與羅山合因名焉山有洞通句曲又有濬房瑶室七十二所

裴淵廣州記曰羅浮二山隱天唯石樓一路是可登矣

晉中興書曰葛洪上羅浮山中鍊丹在山積年忽與廣州刺史鄧岱書云當欲遠行岱岀得書狼狽而洪已亡顏色如平生體輕弱如空衣時咸以爲神仙

茅君内傳曰羅浮山之洞周五百里名朱明燿眞之天

羅浮山記曰羅羅山也浮浮山也二山合體謂之羅浮在曾城博羅二縣之境有羅水南流注于海舊說羅浮高三千丈長八百里有七十二石室七十二長溪神湖神禽玉樹朱草相傳云浮山從會稽來今浮山上猶有東方草木

又曰鮑靜字子玄上黨人博究仙道爲南海太守晝臨民政夜來羅浮山騰空往還

裴淵廣州記曰羅山隱天唯石樓一路時有閑遊者必得至山際大樹合抱極目視之如薺菜在地山之陽有一小嶺云蓬萊邊山浮來著此因合號羅浮山

名山略記曰羅浮山有何首王塔三十二所雜道書

南海郡傳曰羅山諸仙人所遊之山也惡人不得妄上惡人上此山有獸即擊之投於巖下

蔣山

輿地志曰蔣山舊名金陵山因此山立名金陵徐爰釋問曰諸葛亮以爲鍾山龍蟠即蔣山也

金陵圖曰後漢末蔣子文爲秣陵尉逐盜鍾山北爲賊傷額而死常謂青骨死當爲神至吳大帝下都子文乘白馬慘搖頭執白羽見形故令吏白吳王爲立廟不尒當百姓大疫大帝猶未信又翊日見於路當令飛蟲入人耳後如其言帝乃立廟鍾山封子文爲蔣侯改爲蔣山即此是也

沈約宋書云蕭思話領左衛常從太祖登鍾山北嶺石上彈琴因賜以銀鍾酒謂曰相賞有松石間意焉

梁書曰武帝時旱甚詔於蔣山神求雨十旬不降帝怒命載荻焚廟并其神影白日開朗將起火當神上忽有雲如繖蓋須臾驟雨臺中宫殿皆自震動帝詔使停

山謙之丹陽記曰京師南北並有連嶺而蔣山獨崔嵬峻異其形象龍實揚都之鎮也孫權葬山南因爲名號曰孫陵

又曰出建陽門望鍾山之與覆舟似上東門首陽之與北邙也

金陵地記曰秦始皇時望氣者云金陵有天子氣乃東巡

埋金玉雜寶於鍾山仍斷其地更名曰秣陵

又曰蔣山本少林木東晉令刺史罷還都種松百株郡守五十株

又曰周顒字彥倫隱居蔣山出爲臨海令還罷都欲遊舊居孔稚珪作北山移文以譏之曰鍾山之英草堂之靈馳煙驛霧勒移山庭

九疑山

山海經曰九疑山舜所葬爲永陵在長沙零陵界秦始皇三十七年十一月行至雲夢望祀虞舜於九疑山

漢書曰武帝元封五年南巡狩至於盛唐望祀虞舜於九疑山

山海經曰南山蒼梧之丘蒼梧之淵其中有九淵焉舜之所葬在長沙零陵界

湘中記曰九疑山在營道縣九山相似行者疑惑因名九疑

盛弘之荊州記曰九疑山盤基數郡之界連峯接岫競遠爭高含霞卷霧分天隔日

郡國志曰九疑山有九峯一曰丹朱峯二曰石城峯三曰樓溪峯形如樓四曰娥皇峯峯下有舜池池傍春月百鳥生卵人取之則迷路致本處可得還五曰舜源峯此峯最高上多紫蘭六曰女英峯舜墓於此峯下七曰簫韶峯峯下即象耕鳥耘之處八曰紀峯馬明生遇安期生授金液神丹之處九曰紀林峯周義山字秀通開石函得李山經讀之得仙也有九水七則流歸嶺北二則翻注廣南

淮南子曰九疑之南陸事寡而水事多

王歆之神境記曰九疑是舜之葬處也有青澗中有黃色

黃蓮花芳氣竟谷此山之表復有二峯望之乃似人形映出雲端如玉積高於諸山頂有飛泉如帶舜廟在山之陽

福地記曰此山土地肥美宜穀辟兵又天監起居注云盧陵太守王希聃於此山龍淵獲劍二口

王笥山

大眞白龜山經曰本名群玉山胚渾初分此山積五色氣而成形覩若群玉之狀皆虛無之貌浮焉至包犧氏之時山乃堅實委地變爲五色遂號爲群玉山至夏禹之世人多採其玉百靈虞損其山形遂化爲五色土石而生叢木今溪澗之中五色碧赤之石皆古玉變也

王笥山記曰漢武好仙察衆山之跡知此山爲靈感之司遂於山頂致降眞壇日夕祈禱天乃降白玉笥置壇上武帝遣使取至其壇側飄風大振卷玉笥而去因封爲玉笥山又漢武時邑民伐材於山爲麻館闕殿中梁一條邑民相謂曰欲精仙館在其梁棟未可以凡木爲之經數旬未獲忽一夜震雷風烈天降白玉梁一條光彩瑩目至今下有玉梁觀至魏武時遣人取之至其山門亭午之際雷霆大震化爲白龍擘煙霧而去晉永嘉中有人見在都木巖下梁黃門侍郎蕭子雲肇來棲上兼撰立館碑經五載忽有一人來謂之曰館之東北有洞曰都木坑水自東注可以久居矣子雲遂徙家居之後全家隱洞中不知所之大曆初有道士謝修通者宜春人也此山不出九四十年如野人後遇一人引入溪源於溪中得一碑長三尺乃蕭侍郎清虛之館碑更行半里見宅基古塼瓦石皆異遂結菴居之長慶初入都木坑偶見一宅重扉須臾有一青衣童子招修通入見一人紫綬峩冠珮劍立堂之左一人碧

綬素簡立堂之右童子曰左者蕭君右者梅君即梅福也通乃叩頭再拜求住修通好食小麻二君子曰子乃葷腥之人安能住此賜修通嘉禾五穗松葉半斤令頓服之服之中半二君乃令歸精神似不足眼目睢盱門人相謂曰師修行不出凡七十年爲邪氣所亂大道何昧乎通至寶曆初夢人告曰造一精舍待君既寤曰旦日我當死矣七日而卒門人求備棺櫬空見衣冠而已年九十八

太平御覽卷第四十一

太平御覽卷第四十二

地部七

河南宋鄭齊魯諸山

砥柱山　邙山　熊耳山　鼓鍾山
陸渾山　崤山　青要山　鈌門山
三塗山　女几山　白馬山　太陰山
金門山　轘轅山　闕塞山　牧牛山
九山　大嵬山　桑山　半石山
天心山　小徑山　蘭巖山　碭山
歷山　南城山　奚公山　嵇山
曹南山　嶧山　金鄉山　琅琊山
龜山　徂徠山　危山　報山
尼丘山　羽山　華不注山　長白山
釁山　陶山　巫山　魚山
穀城山　勞山　蒙山　謝祿山
夾山　桃山　吠狗山

砥柱山

水經注曰砥柱山名也禹治洪水山陵當水者鑿之故破山以通河河水分流包山而過山見水中若柱然故曰砥柱

搜神記曰齊景公渡于江沅之河黿銜左驂沒之衆皆驚惕古冶子於是拔劒從之邪行五里逆之三里至于砥柱之下乃殺黿頭右手挾左驂鸞躍鵠踴而出仰天大呼水爲逆流三百步觀者皆以爲河伯也

說文曰鳳鳥出東方君子之國過崐崘飲砥柱濯羽弱水暮宿風穴

邙山

說文曰邙洛陽北土上邑也

十道志曰邙山在洛陽縣四十里

元和郡國志曰北邙山是隴山之尾一名平逢山亦名郟山

楊佺期洛城記曰北山連嶺脩亘四百餘里實古今東洛九原之地也

又戴延之西征記云邙山西匡東垣亘阜相屬其下有張母祠即永嘉中此母有神術能愈病故元帝渡江時延聖火於丹陽即此母也今祠存焉

續漢書五行志曰靈帝時童謠曰侯非侯王非王千乘萬騎上北邙至中平六年獻帝爲中常侍段珪等數人所執公卿百官隨其後到河上乃得還此非侯非王上北邙也

魏略曰魏文帝獵北邙上時盛夏炎暑行者或中暍鮑勛切諫遂因此伏法

魏志曰明帝即位欲平北邙令登臺以觀見孟津廷尉辛毗諫曰天地之性高高下下今而反之既非其理加以損費人功民不堪役帝乃止

熊耳山

河圖括地象曰熊耳山地門也其精上爲畢附耳星

史記齊桓公曰寡人南伐至邵陵登熊耳山以望江漢

東觀漢記曰赤眉初降輦輸鎧甲兵弩積與熊耳山等

盛弘之荆州記曰南縣脩縣北有熊耳山山東西各一峯傍竦南北望之若熊耳山多漆下多櫻浮豪之水出焉西流注于洛又案仙書謂此山上有青丹之樹得而服之成仙

西京雜記曰葉似江蘺而紅綠是又有丹青樹葉一青一赤望之如繡長安謂之丹青樹是也

鼓鍾山

山海經曰鼓鍾之山帝臺之所以觴百神者也有草焉方莖而黄華圓葉而三成其名曰烏酸可以為毒也今名鍾山在陸渾縣西南三十里

陸渾山

水經曰陸渾山伊水出焉今亦號方山漢末隱士潁川胡昭隱居山中有石城遠望之有金壇玉匱晶然間出尤好竹木泉石時有野人居之長生不死春秋時遷陸渾之戎意其遺類

崤山

元和郡縣志曰二崤山在今澠池縣西北一名嶔岑左傳謂秦將襲鄭蹇叔哭送謂収子骨所後漢末建安中曹公西討巴漢惡其險而更開北山道路多從之便又有石銘云晉太康三年弘農太守梁柳脩復舊道

西征記曰崤山上不得鳴鼓角鳴則風雨揔至自東崤至西崤三十里東崤長坂數里峻阜絶澗車不得方軌西崤全是石坂十二里險絶不異東崤○傳曰杞子自鄭使告于秦曰鄭人使我掌其北門之管若潜師以來國可得也穆公召孟明西乞白乙使出師於東門之外蹇叔之子與師哭而送之曰晉人禦師必於崤崤有二陵焉其南陵夏后皐之墓也北陵文王之所避風雨也必死是間余収尔骨焉

漢書曰景帝三年吴楚反以周亞夫為太尉擊吴楚亞夫發至灞上趙涉遮説亞夫曰吴王素宿懷輯死士久矣此知將軍且行必置間人於崤澠阨陋之間將軍何不從此右去趨藍田出武關抵雒陽間不過差一二日直入武庫擊金鳴鼓諸侯聞之以為將軍從天而下也太尉如其計至雒陽使吏搜崤澠間果得吴伏兵

三輔舊事曰鄧禹敗於潼關後大破赤眉於崤

青要山

山海經曰青要山實惟帝之密都畛水出焉有草黄華赤實服之美人色注水經云強山東阜即魏山有美棗焉

十道志曰青要山又名強山

缺門山

注水經曰缺門山山阜之不相接者一里故得名二壁争高升聳相亂是也

三塗山

地理志曰三塗山在陸渾縣南左傳謂四嶽三塗九州之險或曰三塗者伊闕大谷轘轅三道是也

女几山

元和郡縣志曰女几山在福昌縣西南三十四里

山海經曰女几山上多玉下多金其獸即豹麐麋麝禽多鷮翟鴆

白馬山

十道志曰白馬山注水經云溪水出宜陽白馬山山上有大石厥狀似馬故溪間以物色受名焉

滑州白馬山開山圖云白馬群行山上悲鳴則河决馳走則山崩謂此山也

西征記云山有神白馬故名焉

太陰山

十道志曰太陰山左傳謂晉梁丙陰趯率戎伐潁

又云蠻子赤奔晉之陰地且自鄃以東至陸渾謂此山也

金門山

阮籍宜陽記曰金山之竹堪爲笙管

楊泉物理論云宜陽金山竹爲律管河內葭莩爲灰可以調氣

又注水經曰金門溪出金門山也

又戴氏西征記云宜陽縣地名金門塢

轘轅山

十道志曰轘轅山在緱氏東南

左傳曰欒盈過周王使候出諸轘轅是也按轘轅道十三曲今置關焉

又按薛綜注東京賦云轘轅坂十二曲道將去復還故曰轘轅

闕塞山

洛陽記曰闕塞山在河南縣左傳晉趙鞅納王使汝寬守闕塞伏虔謂南山伊闕是也杜預云洛西南闕口也俗名龍門是也

牧牛山

陽城記曰牧牛山在陽城東八十里下有九十六泉即滄河之上源也父老云昔有一神駿身自山而降下飲泉竭故以爲名

九山

陽城記曰九山在縣南三十五里注水經云相澗水經九山東仲長子云昔有上者身遊九山之上施心不拘之鄉即此山也山陰有九山廟碑晉永康二年立文曰九山府君者太華元子之稱也

大嵬山

陽城記曰大嵬山在密縣東南五十里即具茨之山黃帝登具茨之山升於供隄之上受神芝圖於黃蓋童子即此也又名具茨山也又有方山一名浮戲山汜水出焉又有洧水出密縣西南馬嶺山

桑山

春秋曰鄭大旱使屠擊有事於桑山斬其木不雨子產曰有事於山蓺山林也（蓺養護也）而斬其木有罪大矣奪之官邑

半石山

山海經曰半石山其上有草生而秀高大葉與花皆赤而不實其名嘉榮服者不遷喜怒在緱氏南十五里

天心山

道書福地志曰天心之山方圓百里形如城四面有門上有石牆長十餘丈山高谷深多生微蘅其草有風不偃無風獨搖天心山又名錫義山在豐利縣東六十五里

小徑山

山海經曰小徑山器難之水出焉舊傳器難之水即索水也小徑山一曰嵩諸山俗名周山在滎陽縣三十五里

蘭巖山

神境記曰滎陽縣有蘭巖山峭拔千丈常有雙鵠不絕來往傳曰昔有夫婦隱此山數百年化爲此鵠忽一旦一鵠爲人所害其一鵠歲常哀鳴至今響動岩谷莫年歲

碭山

水經注曰碭縣分水北有碭山碭芒二縣之間山澤深固

多懷神智有仙者涓子柱主並隱碭山得道漢高隱之占后望氣知之即於是處也

歷山

水經注曰雷澤西南十許里有一小山孤立峻上停停嶙峙詩謂之歷山山北有小阜南屬迤澤之東北有陶墟緣生言舜耕陶所在墟阜聯屬濱帶瓠河也鄭玄云歷山河東今有舜井皇甫謐曰或言今濟陰歷山是也與雷澤相比余謂鄭玄之言爲然故揚雄河東賦曰登歷觀而遥望兮聊浮游濟河之巖今雷首歷觀歷山西枕大河校之圖緯於事爲安

南城山

後漢書曰鄭玄漢末遭黃巾之難客於徐州今孝經序鄭氏所作其序云僕避于南城之山棲遲岩石之下念昔先人餘暇述夫子之志而注孝經蓋康成胤孫所作也今西上可二里所有石室焉周迴五丈俗云是康成注孝經處也

奚公山

楊曄徐州記曰奚公山奚仲造車之所山上軌轍猶存

嵇山

水經曰嵇山嵇氏故居也嵇康本姓奚會稽人也先人自會稽遷于譙之銍縣故爲嵇氏取稽字之上以爲姓蓋志本也

曹南山

十道志曰曹南山曹風詩所謂薈兮蔚兮南山朝隮是也有汜水出焉即漢書云高祖即位於汜水之陽今壇存焉汜音汎

嶧山

書禹貢曰嶧陽孤桐泗濱浮磬鄭玄注曰嶧山今在下邳西葛嶧山也

詩曰奄有凫嶧遂荒徐宅凫嶧二山

爾雅曰魯國鄒縣有嶧山純石相積構連屬而成山

史記始皇本紀曰二十八年始皇行郡縣上鄒嶧山立石與諸博士議刻石頌秦德

三代地理書曰秦始皇乘羊車登嶧山

鄒山記曰鄒山古之嶧山也孤桐之所植邾文公之所卜山下是鄒縣本是邾國魯穆公改鄒山從邑變故謂鄒山嶧陽猶多桐樹地理志嶧山在鄒縣北繹邑之所依名也山東西二十里南北一十三里高秀獨出積石相臨殆無壤石間多孔穴洞達相通往往有如數間居處其俗謂之嶧孔遭亂輙將居人入嶧外寇雖衆無所施害永嘉中太尉郗鑒將鄉曲逃此山胡賊攻守不能得今山南有大嶧名曰郗公嶧山北有絶巖秦始皇觀禮於魯登於嶧山之上命丞相李斯以大篆勒銘山嶺名曰晝門詩所謂保有蒲嶧者也

金鄉山

戴延之西征記曰焦氏山北數山有漢司隸校尉魯恭穿山得白蚰白兔不葬更葬山南鑿而得金故曰金鄉山山形峻峭冢前有石祠石廟廟四壁皆青石隱起自書契以來忠臣孝子貞婦及孔子弟子七十二人形像像邊皆刻石記之文字分明又有石牀長八尺磨瑩鮮明叩之聲聞甚遠時太尉從事中郎傅珍之諮議參軍周安穆析敗石牀各取之爲魯氏之後所訟三人並免官

琅琊山

樂之因留三月是也

郡國縣道記云琅琊臺在故城東南十里州東南一百七十里臺上有始皇碑碑上有六百字可識餘多剝落臺側有四時祠即齊地八祠之一又云臺上有神泉人或汙之即立竭

龜山

水經注曰龜山在博縣一十五里昔夫子傷政道之陵遲故望山而懷操故琴操有齊龜山操焉山北即龜陰之田也春秋定公十年齊人來歸龜陰之田是也

徂徠山

又經注曰鄒山記云徂徠山在梁甫奉高博三縣界猶有美松亦曰尤崍之山

危山

漢書五行志曰哀帝時無鹽危山土自起覆草如馳道狀

報山

又報山石轉立晉灼曰漢注作報山山脅石一枚轉側起立高九尺六寸旁行一丈廣四尺東平王雲及后謁自之石所祭治石象報山立石束倍草并祠之三年息夫躬告之王自殺后謁棄市國除

尼丘山

水經注曰沂水出魯城東南尼丘山西北山即顏母所祈而生孔丘也山東一十里有顏母廟防山南數里孔子父葬處禮所謂防墓崩者也

羽山

十道志曰羽潭一名羽池潭東有羽山

又郡國志云鍾離沫城有羽泉殛鯀處其水恒清牛羊不飲

書曰殛鯀于羽山

又曰蒙羽其藝

左傳昭公二年鄭子產聘于晉平公有疾韓宣子逆客私焉曰寡君寢疾于今三月矣並走群望有加而無瘳今夢黃熊入于寢門其何厲鬼也對曰以君之明子爲大政其昔堯殛鯀于羽山其神化爲黃熊入于羽淵實爲夏郊三代祀之也韓子祀夏郊平公乃間

華不注山

傳曰齊師與晉戰於鞌齊師敗績晉逐之三周華不注山

水經曰華不注虎牙桀立孤峯特起青崖發翠同點黛焉

長白山

郡國志曰長白山陳仲子夫妻隱起

郭氏述征記云長白山能興雲雨山西南有大湖山二山並有石室敗赤漆船上有記皆謂之堯時物

蕢山

三齊略記曰鄭玄刊注詩善棲蕢今山有古井不竭猶生細草葉形似韮俗稱鄭公書帶

陶山

齊地記曰范蠡浮海出齊變姓名自號鴟夷子閒行止於陶山因號陶朱公焉後改曰鴟夷山在今平陰縣東

巫山

又曰巫山一名孝堂山

左傳曰齊侯登巫山以望晉師即此山也山上有石室俗傳

云郭巨葬母之所因名孝堂山焉在平陰縣

魚山

郭延生述征記曰魚山一名五山瓠子歌所謂也魏熹平中有神女成公智瓊降弦超室後復遇此山陌上

又西征記曰魚山臨河神女智瓊與弦超會所魏陳思王曹植嘗登此山有終焉之志遂葬其西亦其所封國也魚山在東阿縣東北

穀城山

漢書曰謂穀城山昔張良受黃石公素書云山下黃石即吾也穀城山一名黃石山在東阿縣東北

勞山

伏琛齊記曰不其城南二十里有大勞山小勞山在海側

晏謨齊記曰俗云太山自言高不如東海勞即此也

蒙山

高士傳云老萊子隱於蒙山之陽以葭爲蓋蓬爲室岐木爲牀蓍艾爲薦衣縕飲水墾山播植楚王親至其門方織畚至去有間其妻戴畚萊挾薪而至問車馬跡之多荅曰楚王妻曰可食以酒肉者可加以鞭捶可受以官祿者可隨以鈇鉞先生受人官祿爲人所制妾不能爲人所制者妻乃畚萊而去也

東蒙山在蒙山之東故曰東蒙論語云昔者先王以爲東蒙主是社稷之臣何以伐爲

謝祿山

郡國志曰東海郡有謝祿山按漢書王莽時東海徐宣謝祿等擊王莽將田況大破之留屯兵於此因名謝祿山在縣西一里

夾山

地理志曰懷仁縣有夾山

左傳齊魯會于夾谷即此也在縣西四十里

桃山

地理志曰桃山即華萊山也一名義珠山山上有井不可窺窺者不盈歲輒死

又云山上井有鳥巢於井中此鳥金喙黑色見則大水

吠狗山

人地理志曰吠狗山宋武北伐南燕之時至此山夜聞犬吠明日視之唯見石狗

太平御覽卷第四十二

太平御覽卷第四十三

地部八

商洛襄鄧淮蔡諸山

白於山

水經曰白於山今名女郎山上多松栢下多櫟檀其獸多㸲音昨牛羬羊鳥多白鴞洛水出于其陽東注于渭也

又云洛水源出縣北白於山

又曰漢水女郎山山上有女郎冢遠望山墳崔嵬狀高及即其所栽有墳形山上直路下出不生草木世人謂之女郎道下有女郎廟及擣衣石言張魯女也

商山

盛弘之荊州記曰上洛有商山班孟堅西都賦所謂商洛緣其隅高士傳謂地肺即此也

晉書曰董景道少好學千里追畧不與人交通永平中知天下將亂隱商洛山衣木皮葉食樹果彈琴歌嘯以自娛至劉曜時徵拜常辭以壽終

玄扈山

春秋合成圖曰黄帝遊玄扈上洛與大司馬容光左右輔周昌等百二十人臨之有鳳銜圖以置帝前洛縣北一百里

望楚山

襄陽記曰望楚山有三名一名馬鞍山一名災山宋元嘉中武陵王駿爲刺史屢登之鄙其舊名望鄣山因改爲望楚山後遂龍飛是孝武登之處時人號爲鳳嶺高處有三墱即劉弘山簡九日宴賞之所也

石梁山

襄陽記曰襄州石梁山山起白雲則雨黄雲則風黑雲則蠻多病

薤山

襄陽記曰襄陽縣薤山山上有竹三年生一笋笋成竹死代謝如春秋焉

峴山

十道志曰羊祜常與從事鄒潤甫共登峴山垂泣曰自有宇宙便有此山由來賢達勝士登此遠望如我與卿者多矣皆湮滅無聞不可得知念此使人悲傷我百年後魂魄猶當此山也潤甫對曰公德冠四海道嗣前哲令聞令望當與此山俱傳若湛輩乃當如公語耳後以州人思慕遂立羊公廟并碑於此山

白馬塞山

盛弘之荊州記曰孟達爲新城太守登白馬塞山而歎曰劉封申耽據金城千里而不能守豈丈夫也爲上渚吟方土今猶傳此聲韻憤激其哀思之音乎遊者云重山疊鄣事亦信然也

高車山

高士傳曰高車山上有四皓碑及祠皆漢惠帝所立也漢高后使張良詣南山迎四皓之處因名高車山也

桐栢山

河圖括地象曰桐栢山爲地穴上爲維星

荆州圖副曰桐栢山禹貢所謂導淮自桐栢者也其山則雲峯秀峙林椎猗栢潛潤吐霤伏流數里

武當山

山記曰武當山區域周廻四五百里中央有一峯名曰參嶺高二十餘里望之秀絶出於雲表清朗之日然後見峯一月之間不見四五輕霄蓋于上白雲帶其前旦必西行夕而東返常謂之朝山蓋以衆山朝揖之主也

又南雍州記曰武當山有石門石室相承云尹喜所棲之地又陰君内傳云君字長生入武當山昇仙是也

又郭仲產南雍州記曰武當山廣三四百里山高巄峻若博山香炉苕亭峻極干霄出霧學道者常百數相繼不絶若有於此山學者心有隆替輒爲百獸所逐

山海經曰祭水源伏流三百餘里漢武帝遺殿上將軍戴生之此山採仙藥遂得道不返

甄異傳曰歷陽謝允字道通年十五爲蘇峻賊軍王免所掠賣屬東陽蔣鳳家嘗行山中見虎檻中徇竊念狗餓以飯飴之人檻方見虎攀木仰看允謂虎曰此檻木爲汝施而我幾死其中汝不殺我我放汝乃開檻出虎賊平之後允詣縣別良善爲程令張球不爲申理桎梏拷楚允夢見人曰此中易入難出汝有慈心當救拯迴見一少年通身黄衣遥在冊小時進獄中與允言語獄吏知是異人由此其粮資隨到襄陽見道士説吾師戴先生孟盛子非世間人也勑若有西上欲見我者可將來得無是君允因隨去入武當山齋戒三日進見先生乃是昔日所夢人也問允復見黄童不因賜以神藥三丸服之便不飢渴無所思欲先生亦無常處時有祥雲紫氣蔭其上或聞芳香之氣徹於山谷

太狐山

水經注曰大胡山在泚陽北如東三十餘里廣圓五六十里

張衡賦曰都所謂天封大胡者也胡一作狐南陽圖注曰山有大石如狐

石魚山

水經注曰石魚山本名立石山高八十餘丈廣十里石色黑而理若雲母開發一重輒有魚形鱗鰭首尾有若刻畫長數寸魚形備足燒之作魚膏腥因以名之

苦菜山

郡國志曰苦菜山即黄城山也自葉至泚陽南北相毗連亘百里亦曰長城山即長沮桀溺耦耕處下有東流水即子路問津之所尸子云楚狂接輿耕於方城即此山也春秋曰方城以爲城是也

大洪山

水經注曰蔡陽縣東南大洪山山在隋郡之西南竟陵之東北盤基所跨廣圓一百餘里峯曰懸鈎處衆阜之中爲諸嶺之秀山下有石門俠鄣層峻岩高皆數百許仞入石門又得運孔穴[illegible]

于其隕陰初流淺狹遠乃寛廣可以浮舟栰矣時人以隕水所導故亦謂之爲隕山

赤岸山

南兖州記曰瓜步山東五里江有赤岸山南臨江中羅君章云赤岸若朝霞即此類也濤水自海入江衝激六七百里至此岸側其勢始衰郭景純江賦云鼓洪濤於赤岸

莫耶山

壽春圖經曰莫耶山長老傳云古者於此山鑄莫耶劒因爲山名。史記賈誼弔屈原篇云莫耶爲鈍兮鉛刀爲銛注云莫耶吳大夫姓也。王僧虔吳郡地理志云吳人造劒二陽曰干將陰曰莫耶莫耶其妻名也。又淮南記云濛水合流千金塘源出縣西莫耶山是也

雲母山

壽春圖經曰雲母山一名濠上山在州東南四十里按神仙傳云彭祖服食雲母時人共傳採於此山今或有道者採取不已

濠塘山

壽春圖經曰濠塘山在縣南六十里有濠水出焉古老所傳緣山泉灌濠成塘故以爲名山穴多出鍾乳并有蝙蝠白艾色於穴中倒懸微帶紫色居人或有九月巳後二月巳前採取服之頗益壽

九鬭山

壽春圖經曰九鬭山一謂陰陵山

江表傳云項羽敗烏江取此山過漢遣灌嬰兵追羽至此一日九戰因名九鬭山今石猶有磨刀礪鏃之跡

應劭漢地理志曰禹娶塗山塗山有禹墟

太康地記曰塗山古當塗國夏禹所娶也山西南又有禹村盖禹會諸侯於塗山在禹貢楊州之域今九江當塗縣有禹娶之地今邑界有當塗故城存焉即漢爲縣後廢

郡國志曰平阿縣有當塗山淮水出于荆山之左當塗之右奔流二山之間而揚濤北注也

春秋左氏傳曰哀公七年諸大夫對孟孫曰禹合諸侯於塗山執玉帛者萬國杜預注曰塗山在壽春東北非也余案家語曰吳伐越至會稽獲骨焉其節專車吳子使使問孔子孔子曰丘聞之昔禹致群臣於會稽之山防風氏後至禹殺之其骨專車此爲大也盖丘明親承聖旨録爲實證矣又案劉向説苑辯物王肅之叙孔子世孫孔鼂所出先人書家語並出此事故塗山有會稽之名考校群書及方土之目疑非此矣盖周穆之所會矣

八公山

水經注曰壽春縣八公山山無樹木唯重阜耳山上有淮南王劉安廟劉安是漢高帝之孫厲王長之長子也折節下士篤好儒學養方術之徒數千人多神仙秘法鴻寶之道忽有八公皆鬚眉皓素詣門希見門者曰吾王好長生今先生無住衰之術未敢聞八公咸變成童王甚敬之八士並能錬金化丹從有入無乃與安登山埋金於地白日昇天餘藥在器雞犬舐之者俱得上昇其所昇之處践石皆陥入焉故山即以八公爲目

蔡山

懷寧圖經曰蔡山出大龜尚書云九江納錫大龜即謂蔡

山也

玉鏡山

懷寧圖曰玉鏡山在縣北萬歲鄉界貞元二年從皖山東面忽然爆裂皎然如玉行路遠見如鏡懸焉其年刺史呂謂聞奏因山改萬歲爲玉鏡鄉其山西隅連皖山東面

皖山

漢書地理志曰皖山在灊山天柱峯相連其山三峯鼎峙疊嶂重巒拒雲縣日登涉無由山經云皖山東面有激水冬夏懸流狀如瀑布下有九井井有一石床可容百人其井莫知深淺若天時亢旱則殺一犬投其中即降雷雨犬亦流出

雞籠山

歷陽圖經曰雞籠山在縣西北淮南子云麻湖初陷之時有一老母提雞籠以登此山因化爲石今山有石狀如雞籠因爲名也

梁山

歷陽圖經曰梁山在縣南俯臨江水南之博望山○宋書云孝武帝大明七年登梁山大閱水軍于中江是日有雀二集于華蓋有司奏請改元爲神雀元年帝不許因立雙闕於梁山

都梁山

盱眙圖經曰都梁山周廻三十里在縣南按廣志云都梁山生淮蘭草一名梁香草故以爲名在楚州西南二百九里

又阮昇之記云都梁山通鍾離郡層峯甚遠出桔梗芫花

又曰隋大業元年煬帝立宮在都梁東隣鬱西枕長淮南望岧峯北瞰城郭其中宮殿三重長廊周廻院之西又有七眼泉涌合爲一流於東泉上作流盃又於宮西南淮側造釣魚臺臨淮高峯別造四望殿其側又有曲河以安龍舟大舸枕倚淮湄縈帶宮殿至十年爲孟讓賊於此置營遂廢

斗山

盱眙圖經曰斗山周廻二十里在縣西南與都梁山相連枕淮水險峻名曰斗山

臺子山

盱眙圖經曰臺子山周廻一十里在縣東一里案宋書云元嘉二十七年宋將臧質引兵下造弩臺以射城中因以爲名按臺子山在楚州西南是

長圍山

盱眙圖經曰長圍山周廻四里在縣北七里上置軍營將士一千人守捉至德二年節度使高適置按宋書云元嘉二十七年宋文帝遣臧質拒魏太武帝遂於梁山築長圍城造浮橋絕水路即此山又改爲長圍山當在楚州西南一百八十里

地部九

關中蜀漢諸山

吳山

周禮雍州其山鎮曰吳嶽孫炎曰雍州鎮有吳嶽山也郭璞曰吳嶽别名開山

漢書地理志云吳山在汧縣西國語謂之西吳秦都咸陽以爲西嶽○酈元水經注云流水水發南山西側俗以此山爲吳山其山三峯𡋯之恒有落勢山下有石穴廣四尺高七赤水溢石穴懸波傾注涌瀾奔盪發源成川北流注于汧是也

驪山

三輔故事曰始皇葬驪山起陵高五十丈下錮三泉周廻七百步以明珠爲日月魚膏爲脂燭金銀爲鳧鴈金蠶三十箱四門施徼奢侈太過六年之間爲項籍所發牧羊兒墮羊塚中燃火求羊燒其椁藏

述征記曰長安東則驪山西則白[illegible]之形而恒若在雲霧之中孟康曰昔周幽王悦褒姒姒不笑王乃擊鼓舉烽以徵諸侯至而無寇褒姒乃笑王甚悦之及犬戎至王舉烽以徵諸侯不至王遂敗身死于驪山之北

龍首山

辛氏三秦記云龍首山長六十里頭入渭水尾連樊川頭高二十丈尾漸下高五六丈土赤不毛昔有黑龍從山出飲水其行道成土山今長安城即疏山爲臺殿基址不假築其含元殿即龍首山之東麓高敞爲京城之最階高於平地三十餘尺南去丹鳳門四百餘步中無間隔左右寛平東西廣百步兩都賦云漢之西都寔曰長安左據函谷二崤之岨右界褒斜龍首之險表以太華終南之山帶以洪河涇渭之川即此山之形勢也

九嵕山

四夷郡國縣道記曰九嵕山東連仲山西當涇水出焉九嵕高六百五十丈周十五里在咸陽

巀嶭山

四夷郡國縣道記曰巀嶭山在雲陽縣東北十里一名慈峨山俗嵯峨山頂有雲起即雨里人以爲候昔黄帝鑄鼎於此山

鷄頭山

崔鴻十六國春秋云石生不能守長安欲西上隴士卒散盡遂入鷄頭山爲追兵所害山在鄠縣東

牛首山

山海經曰牛首山勞水出焉而注于潏水是多飛魚狀似

鮒可療痔疾

又云牛首山有鬼草赤莖葉如葵莠如禾服之使人不憂

藍田山

後魏風土記云藍田山巔方二里仙聖遊集之所劉雄鳴學道於山下有祠甚嚴亦灞水之源此西又有尊盧氏陵次北又有媧氏谷則知此地是三皇舊居於是

笄頭山

史記云黃帝西至于崆峒笄頭山

圖經云笄頭山在涇陽西禹貢涇水所出

淮南子云薄落山一名笄頭山

注水經云大隴之山異名耳莊子謂廣成子學道於崆峒之山亦黃帝問道於廣成子蓋在此山按今肅州又有崆峒山未詳孰是今此見有栢堂在山頂上不知何代所置

也後漢隗囂使王孟塞雞頭道謂此山也

賀蘭山

涇陽圖經曰賀蘭山在縣西九十三里山上多有白草遥望青白如駮北人呼駮馬爲賀蘭鮮卑等類多依山谷爲氏族今賀蘭姓者皆因此山名

太白山

辛氏三秦記曰太白山南有陳倉山山有石鼡山雞不別趙高燒山雞飛去晨鳴山頭聲聞三十里或謂是王雞

録異傳云秦文公時雍南山有大梓樹文公伐之輒有大風雨樹生合不斷有一人病夜往山中聞有鬼語樹神秦若使人被髮以朱絲繞伐樹汝得不憂否文公如其言伐樹樹斷中有一青牛出走入澧水中復出使騎擊之不勝騎墮地復上髮解牛乃畏之入水不出故置髦頭騎也

五將山

崔鴻十六國春秋云苻堅爲慕容沖所逼長安城中有書曰帝出五將久長得免是又謠曰堅入五將長得堅大信之率騎數百出五將宣告州郡期以孟冬救長安堅至五將山姚萇遣將軍吴忠圍堅衆奔散忠執堅以歸新平即此山也

仇池山

辛氏三秦記云仇池山上有百頃地平如砥其南北有山路東西絶壁百仞上有數萬家一人守道萬夫莫向山勢自然有樓櫓却敵之狀東西二門盤道可七里上有岡阜泉源史記謂秦得百二之固也西晉末爲氐陽茂搜所據於山上立宫室囷倉皆爲板屋乃氐之所理於此今謂之洛谷道是也

秦州記曰仇池山本名仇維山形似覆壺上廣百頃下周數十里高二十餘里壁立千仞自然樓櫓却敵分置均調竦起數丈有如人力也

青城山

福地記曰青城山高三千六百丈周匝五千里有甘露芝草天池醴泉

玉匱經云黃帝封爲五岳丈人乃岳瀆之上司眞仙之崇秩一月之内群岳再朝六時灑泉以代晷漏一名赤城一名青城都一名天谷山亦爲第五大洞寶仙九室之天對郡之西北在岷山之南群峯掩映乎相連接靈仙所宅祥異則多。益州記云崗巒連嶺千里上有仙都

地理志云西徼之外江水所出天彭青城連峯不絶。李膺

布水澗二百步有二石梯有一石笋高三丈過二石門絕崖數百丈下起常道觀高峯下有氷六時灑落東北有二石室名龍宮可容百餘人從龍宮過石室至石梯名龍橋又有一石梯洞穴深邃莫知所極西北有石室宛然見存又有黃帝壇石法天地上圓下方闊一丈二尺有十二角觀東有石日月各闊五尺厚一尺二寸相對柱上烏兎煇鑠方圓磅礴可觀

五岳真形圖云洞天所在之處其下別有日月分精以照其中龍橋處二山相去百餘步其峯危竦相對橋在峯首其橋中半漸漸促小可六七寸長一丈五尺兩邊懸崖俯臨不測山傍有誓石天師張道陵與鬼兵爲誓朱筆書山青崖中絕今驗斷處石並丹色闊二十丈深六七丈望之絕然

卭崍山

山海經曰崍山江水出焉今在漢嚴道縣南中江所出有九折坂出貘似熊其陽多黃金其陰多麋其木多檀柘也

華陽國志曰嚴道縣有卭崍山山上凝氷夏結廻曲九折王陽去官之所

岷山

山海經曰岷山江水出焉而東海注于大江其中多恠蛇有鳥焉其狀如鴞而赤身白首其名曰竊脂可以禦火

石鏡山

華陽國志曰疊州合川縣石鏡山在縣西北四十五里其山有石瑩皎絜照之莫不備見形體故謂之石鏡山山下又有銅窟隋初於此置監鼓鑄錢刀焉

綏山

列仙傳曰葛由者蜀之羌人周成王時刻木爲羊賣之一旦乘木羊入蜀蜀中王侯貴之上綏山山在安固縣東三十里隨之人皆得仙術

覆舡山

十道錄曰覆舡山堯遭洪水維舟樹下舡因覆焉

又益州記云覆舡山中十五里有七里坂一名羊腹坂屈曲有壁立難昇之路

牛頭山

九州記云牛頭山昔日葛仙翁多遊於此今立爲寺與白獸山相連昔秦時有白獸爲害夷人射因刻白石於此山今遺像尚存

董政山

十道記曰董政山隋開皇中縣令董叔封高雅之士去官之後民咸思其德因指此山爲董政山

彭亡山

十道記曰彭亡山後漢將軍岑彭征公孫述於此山戰死故號曰彭亡山

鼎鼻山

十道記曰鼎鼻山周道衰微九鼎淪一於此山之下其水清澄今民猶或見其鼎耳

靈臺山

十道記曰靈臺山在縣北一名天柱山高四百丈即漢張道陵昇眞之所

郡國志曰靈臺山天柱崖下有一桃樹高五尺皮是桃心肉似栢張道陵與王良趙昇試法於此四百餘年桃迄今不朽小碑記之

黃厥山

郡國志曰黃厥山有鍾乳穴十九又西岸有自然石塞其下流水上有一懸石似鼙鼓之有聲可聽

靈山

郡國志曰靈山昔有神女於此擣衣因號擣衣山山南絶巖有方石明瑩謂之玉女擣練砧又有盤龍山以山形如盤龍也

猿門山

益州記云猿門山在涪縣之北二十五里上多猿其山二峯礫堅如門故曰猿門

金山

益州記曰金山在涪縣東五十歩東臨潤水光照映川又李膺記云金山長七八里每夏潦雨有崩處即金粟散出是也

五婦山

蜀記云梓潼縣有五婦山一名五婦臺秦王遺蜀王美女五人蜀王遣五丁迎女至梓潼五丁蹋地大呼驚五女並化爲石蜀王築臺登而望之因名爲五婦候臺焉

玉女山

梁州記云肥城東南有玉女山山有一石穴中若房宇有玉女入穴不出穴前有脩竹下有石壇風微動竹拂壇如篲

祁山

關山圖曰漢陽西南有祁山九州之名阻天下之奇峻

蜀志云建興六年諸葛亮率師攻祁山不拔即謂此也

又按九州志云祁山上有高樓武陟二神祠每歲郡邑祀之

又周地圖地記云其城即漢時守將所築

閬山

閬山圖經曰閬山四合於郡故曰閬中按名山志云閬山多仙聖遊集焉

盤龍山

李膺益州記云閬中盤龍山南有一石長四十丈高五尺當中有户及扇若人之掩閉古老以爲玉女房

銅梁山

左太冲蜀都賦云外負銅梁宕渠張孟注云銅梁山名也按其山有桃枝竹西連亘二十餘里山嶺之上平整遠望諸山而此獨秀也

高梁山（山在州南九里）

江源記云南浦郡高梁山尾東跨江西首劒閣東西數千里山嶺長峻其峯崔嵬於蜀市望之若長雲垂天一日行之乃極其頂俯視衆山泯若平原劒閣銘可謂岩梁山積石峨峨即述此也

青石山

益州記云昔巴蜀爭界久而不決漢高帝八年一朝密霧石爲之裂今猶如之自上及下破處直若引繩焉於是州界始判山上有古神祠甚靈今名青石山

雲南山

九州要記云雲南郡山山有祠處石室稱黃石公祀之必用紙一百張筆一雙墨一丸室内有啓必知吉凶但不見其形

禹同山

九州要記曰禺同山有金馬碧雞之祠

弔烏山

九州要記曰弔烏山在葉榆縣葉榆則雲南郡廢邑也山上有烏千百群飛啁啾一歲必一度大集即鳳皇死也

太平御覽卷第四十四

太平御覽卷第四十五

地部十

河北諸山

大伾山　枉人山　鮒鰅山　天門山
蘇門山　萬谷根山　郡山　嬰山
牢山　介山　靜巖山　風山
管涔山　五臺山　謁泉山　懸甕山
五指山　紘眞山　元姬山　白登山
火山　三山　稷山　霍山
平山　發鳩山　抱犢山　房山
韓信山　湯山　干山言山　黑山
雷公山　鼓山　隆慮山　鮮卑山
大碣石山　白狼山　鳴雞山　歷山
川喬山　大翮山小翮山　飛龍山
無終山　燕山　龍山
孔山

大伾山

隋圖經曰大伾山按書云至于大伾又名青檀山今名黎陽東山

劉澄山川記云黎國也詩云黎侯寓于衛衛以中露泥中二邑處之以國名也

又張揖云成臯山是大伾山即謬矣

枉人山

隋圖經曰枉人山俗名上陽三山或云紂殺比干於此山因得名古九伯國之地也

鮒鰅山

山海經曰鮒鰅山顓頊葬其陽九嬪葬其陰四虵衛之鮒鰅山者盖今廣陽山之別名也

郡國志曰顓頊所葬俗名青冢山焉

天門山

水經注曰天門注曰謂之百家巖下可容百家故以爲名山有石穴狀如門纔得通人自平地東南入便至天井

蘇門山

十道志曰蘇門山一曰蘇嶺俗又名五巖山魏氏春秋云即阮籍見孫登長嘯有鳳皇集登隱之處故號登爲蘇門先生

萬谷根山

郡國志曰晉陽萬谷根山即羊腸坂也

皇甫謐云羊腸塞在龍山西即晉陽西北古西河上郡關於此隋煬帝大業四年經此幸汾陽改名深谷嶺

十二州志云晉陽有羊腸蟠曲在其西北九十里也

又隋國經曰失山去萬谷根山二十里頭上有石墟魏太武避暑之所羊腸坂在焉

郡山

後魏輿國土地記曰太原郡山有石室方丈四尺四壁有篆字人莫之識

嬰山

隋圖經曰嬰山爲并州之主

牢山

又曰牢山在太原縣東北

後魏書劉聰遣子粲襲據晉陽猗盧救之遂獵于受陽年山陽闕皮肉山爲之赤也

介山

并州記曰介山一名攢嶺

左傳僖二十四年晉侯賞從亡者介之推不及祿遂與母偕隱而死晉侯求不獲以綿上田封之以志吾過且旌人

杜注曰西河介休縣南有地名綿上也

靜巖山

郡國志曰靈石縣有靜巖山在東北二十里即太岳也下有五龍泉即文公封推綿上之田是也

風山

水經注曰河水南經北屈縣故城西十里有風山上有穴如輪風氣蕭瑟習常不止當其衝飄也而略無生草蓋常不定泉風之門故也

管涔山

水經注曰管涔山汾水所出土人亦云箕管山見多管草或以爲名又爲管字

前趙録云劉元海族子曜嘗隱避於管涔之山夜忽有二童子入跪曰管涔王使小臣奉謁趙皇帝獻劍一口置前再拜而去以燭視之劍長二尺光輝非常背有名云神劍服御除衆毒曜遂服之隋時變爲五色也又有三城堆故縣城於此置也又有汾陽宫隋大業四年置隋末廢也又有汾水出山陽

山海經云管涔之山汾水出焉西流至于河

十二州記云汾水出周武縣之燕京山蓋管涔之異名也

五臺山

水經注曰五臺山其山五巒巍然故曰五臺

晉永嘉三年鴈門郡人五百餘家避亂入此山見山中人爲先驅因而不返遂寧巖野往還之士稀有望見其村居者至詣尋訪莫知所在故俗人以爲仙者之都矣中臺之山山頂方三里西北陬有一泉水不流謂之太華泉蓋五臺之層秀仙經云此山名爲紫府仙人居之其北臺之山冬夏常氷雪不可居即文殊師利常鎮毒龍之所今多佛寺四方僧徒善信之士多往禮焉

謁泉山

隋圖經曰西河謁泉山一名隱泉山有石室子夏退居之所

水經注曰謁泉山俗云陽雨愆時謁禱是應故得其名

懸甕山

郡國志曰懸甕山一名龍山亦名結絀山多鯊魚食之不驕晉水出焉又有象山前録云劉聰征劉琨不克略晉陽踰象山而歸也又汾水自陽曲縣界流入南過晉陽縣晉水從縣南流注之又有洞過水西入于汾晉水下口也

又有晉祠水經注曰倨西山枕水有唐叔虞祠水側有凉堂晉川之中最爲勝處

姚最序行記云高洋天保年中大修樓觀

五指山

李穆叔趙記曰轑陽東北有五指山巖石孤聳上有一手一足之迹厥大如箕指數俱全

又郡國志云北齊宣王遣人量之長七尺

又十六國春秋云石勒當生之時此山上草木皆爲鐵騎之形

紇真山

冀州圖經曰紇真山在城東北登之望桑乾代郡數百里

内寃然

又郡國志云壁之數百里內夏恒積雪故彼人語曰紇真山頭凉死雀何不飛去生處樂

又有神泉人歌曰紇真山頭有神井入地千尺絕骨冷是山北十里有白登山

元姬山

冀州圖經曰元姬山在馬邑後魏書云道武侍人姓李善謳歌死葬此山魏主思之樂府爲之曲其曲存焉

白登山

冀州圖經曰白登山在定襄縣東北漢高所困之處上有臺因山爲名

火山

冀州圖經曰火山在定襄縣西五里

〔四十五　五〕

水經注曰西溪水源出火山山有火井南北七十步深不見底炎熱上升常若雷之發響以草爨之則煙騰火發其山一名熒臺井東五六尺有陽井廣輪與火井相狀熱勢亦同東有火井祠歲時祀之井北百步有東西谷廣十許步南岸下有風穴厥大容人其深不測而穴中肅肅常有微風雖三伏亦凛列

三山

隋圖經曰河東都三山即舜所耕歷山也禹貢所謂壺口雷首至于太岳壺口山在慈州太岳在晉州雷首在河東界此山有九名謂歷山首山薄山襄山甘棗山渠猪山獨頭山陑山等之名又湯伐桀升自陑之所

稷山

隋圖經曰稷山在絳郡后稷播百穀於此山亦左氏傳謂晉侯治兵於稷以略狄土是此也

後魏曰高凉山隋已後又爲稷山

霍山

隋圖經曰霍山在洪洞縣東北霍水出焉

水經注云發源成潭潭闊七十步而不測其深

爾雅云霍山之珠玉焉

又有聖人崖崖有七穴相通

又水經云霍山北有雀鼠谷中道險左右柱結成偏梁閣道累石成路俗謂之魯班橋也

平山

隋圖經曰平山在平陽一名壺口山尚書謂壺口治梁及岐即此地也今名姑射山在縣西平水出其下

又山海經云憲山之南三百里有姑射山

〔四十五　六〕

冀州圖經云西入文成郡以山爲界

又莊子云堯見姑射神人杳然喪其天下即是此山也

發鳩山

山海經曰上黨發鳩山多柘木有鳥狀如烏而文首白喙赤足名曰精衛其鳴自相呼云炎帝女東遊溺海化鳥今猶銜石以塡之

抱犢山

道書福地記曰抱犢山在上黨東南高七丈有石城高十丈方一里東南角有草名玉照下枝冬生花高五六尺味頗甘取其末服之方寸匕日三不飢宜五穀多食物無惡毒寇賊不至。玉匱云抱犢山東北去恒山之南數百里云南有穴行三百里出美陽縣西七十里名洞口

又隋圖經日畢山畢音蔽今名抱犢山四面危絕山頂有

二泉後魏葛榮亂百姓抱犢上山因以名之也

房山

隋圖經曰房山嶺上有王母祠甚靈俗號爲王母山

後漢書曰章帝元和三年幸趙祠房山即謂此山也在縣西北十里濊水出焉亦謂石臼水又謂之鹿水出行唐東入博陵謂之木刀溝一謂袰淡水又從此過石童山南流入滹沱河

前燕慕容儁時房山王母祠前大樹自拔根下得玉圭璧八十三顆光色精奇儁以爲岳神之命以太牢祭之每祀有一虎來往祠側性頗馴狎而不害於物

韓信山

隋圖經曰韓信山圖峻俗呼爲韓信臺又乎爲土門口西入井陘即向太原路是此也又有韓信城信破趙駐軍於此

湯山

山海經曰湯山湯水出焉此湯能愈疾爲天下最

又按隋圖經云湯後側巖上有石室一户無塵穢俗號曰聖人室下經銅鳥廟有碑題云漳河神壇是也

干山言山

李公緒記曰栢仁縣有干山言山衛詩云出宿于干飲餞于言是此也

黑山

九州要記曰墨子昔居汲郡黑山採茯苓餌五百歲或老或少

又魏志漢獻帝初平二年黑山賊爲毒自繞眭固等十万餘衆以掠魏郡也又云一名青山

列仙傳曰犢子鄴人在黑山常牽一黄犢來過鄴城沽酒陽都女見悅之遂留相奉都女生死連眉即此者也

土地十三州志云黑山險爲逋逃幽藪

隋區宇圖志云周太祖諱黑因改黑山爲青山也

雷公山

隋圖經曰雷公山耆老傳曰魏時黑山群盜張燕等不立君長直以名號爲稱多驍者謂之瓶公大聲者謂之雷公時雷公賊保此山因以爲名

鼓山

隋圖經曰鼓山亦名釜山

宋永初古今山川記云鼓山如石鼓形二所南北相當二鼓相去十里

冀州圖經云鄴城西有石鼓鼓自鳥即有兵魏都賦云神誕召遰於高巒是也高齊末此鼓鳴未幾去鄴城有兵而齊滅隋文季年又鳴聞數百里也

隆慮山

隋圖經曰隆慮山一名林慮盖隋縣西二十里山有三峯南第一峯名仙人樓高五十丈下有黄花谷北巖出瀑布水注成池黄花谷西北有洞穴去地十餘仞下有小山孤竦謂之王女臺高九百丈其山北一峯名舉峯其北有偏橋即抱犢因也南接大行北連恒岳

又按顔脩内傳曰橋順字仲産有二子曰璋曰琮師事仙人盧子基於隆慮山栖霞谷教二子清虚之術服飛龍藥一九千年不飢

魏文帝詩曰西山有雙童不飲亦不食謂此也

鮮卑山

隋圖經曰鮮卑山在栁城縣東南

崔鴻十六國春秋慕容廆先代君遼左號曰東胡其後雄昌與匈奴爭衡秦漢之際爲匈奴所敗分保鮮卑山因復以山爲號也棘城之東塞外又有鮮卑山在遼西之西北一百里與此異山而同號

大碣石山

地理志曰大碣石山在右北平驪城縣西南王莽改曰碣石也漢武帝亦嘗登之以望巨海而勒其石今於此枕海有石如埇道數十里當山頂有大石如柱形往往而見立於海之中潮水大至及潮波退不動不没不知深浅世名之天橋柱也狀若人造亦非人力所就韋昭亦指此以爲碣石也

白狼山

郡國志曰白狼山一曰鹿首山魏武於此逢師子處事具獸部

鳴鷄山

隋圖經曰鳴鷄山在懷戎縣東北本名磨笄山昔趙襄子殺代王其夫人曰代已亡矣吾將何歸遂磨笄於山而自殺代人憐之爲立祠焉因名其山爲磨笄山每夜有野鷄群鳴於祠屋上故亦謂爲鳴鷄山

歷山

後魏輿地圖風土記曰潘城西北三里有歷山形似覆釜故以名之其下有舜祠瞽叟祠存焉

川喬山

山海經曰川橋山有黃帝祠大荒內有軒轅臺射者不敢西向畏軒轅故也

梁湘東王臨終詩云寂寥千載後誰畏軒轅臺

大翮山小翮山

山海經曰大翮山小翮山有王仲廟仲字次仲年小入學而遠常先到其師怪之謂不歸使人候焉實在家笋葦常見次仲挺一小棘木長三尺餘至著屋間欲取輒不見及年弱冠變蒼頡舊文爲今隷書秦始皇時官務繁多次仲爲文簡略赴急用之大嘉使徵不至始皇大怒詔檻車送之次仲吟詠化爲大鳥出車外翮然高飛徘徊長引至于西門山落二翮因名之也

飛龍山

隋圖經曰飛龍山又名封龍山

十六國春秋前趙録云王俊遣祁弘率鮮卑討石勒戰於飛龍山下勒師大敗

鄭元水經注云汶水東經飛龍山北

又趙記云每歲有疾風雹雨東南而行俗傳此山神女爲東海而三石人猶存衣冠全具其北即張耳故墟耳

無終山

隋圖經曰無終山一名步陰山又名翁同山

神仙傳云仙人白仲理者遼東人也隱居無終山中合神丹又於山中作金五千斤以救百姓即此山也

又水經云翁伯周末避亂適無終山山前有泉水甚清夏嘗渠浴得玉藻架一雙於泉側

又搜神記云無終山又有陽翁玉田昔雍伯雒陽人父母終葬於無終山山高八十里上無水雍伯置飲有人就飲與石一升令種之後玉生得白璧五雙娉北平徐氏遂家焉

燕山

隋圖經曰燕山在易縣東南七十里巖側有石鼓去地百餘丈望之若數百石囷左右累貫之鼓東南有石人援桴之狀同擊勢云燕山石鼓鳴則有兵

龍山

隋圖經曰龍山在易縣西南三十里有龍山石上往往有仙人及龍跡西麓谷有一坭大如車輪春則風出東夏出南秋出西冬出北有沙門法猛以夏日入其東穴見石堂石人欲窮諸穴便有一人厲聲云法師有滯三穴皆如東者不宜仍來見𢇍猛仍意不息不覺忽在穴外也

孔山

水經注曰易水東經孔山北

又隋圖經云孔山有孔表裏通徹故名尔

太平御覽卷第四十五

太平御覽卷第四十六

地部十一

江東諸山

敬亭山　蓋山　九華山　幘山
牛渚山　慈母山　蕪湖山　望夫山
博望山　陵陽山　白紵山　中山
三鶴山　黟山　靈山　巖山
三山　横山　鐵峴山　九井山
石城山　攝山　黄鶴山　覆舡山
北固山　虎丘山　女山　秦履山
馬鞍山　中州山　三白山　馬蹄山
秫山　會稽山　石姥山　大辟山
花山　虞山　陽城山　姑蘇山

硯石山　香山　華山
包山　石鼓山　栗山
定山　封山　岑嶠山
孺子山　響山　晚山
百丈流裏二山　印渚山
天目山　卞山

敬亭山

郡國志及宋永初山川記曰宛陵北有敬亭山山有神祠即謝朓賽雨賦詩之所其神云梓華府君頗有靈驗

蓋山

紀義宣城記曰登蓋山一百許步有泉俗傳云昔有舒氏女未適人其父析薪於此女忽坐泉處牽挽不動父遽告家比來唯見清泉湛然其女性好音樂乃作絃歌即泉涌浪廻復有赤鯉一雙躍出今作樂嬉遊泉猶故沸涌

九華山

九華山録曰此山奇秀高出雲表峯巒異狀其數有九故號九子山焉李白因遊江漢覩其山秀異遂更號曰九華

又曰山之上有池塘數畝水田千石其池有魚長者半尋頳首赬尾朱鬐丹腹人欲觀之叩木魚即躍以可食之物散於池中食訖而藏焉其水流洩爲龍池溢爲瀑泉入龍潭溪有白墡窟其土如麪不堪歉歲人多食之

顧野王輿地記曰九華山山高一千丈

劉禹錫序曰余嘗愛終南太華以爲此外無奇愛女几荆門以爲此外無秀及見九華始悼前言之容易也

幘山

宣城圖經曰幘山北面迤邐連九華山其山層峯巃嵷還

聯狀如冠幘因號爲幘山

牛渚山

宣城圖經曰牛渚山突出江中謂爲牛渚圻古津渡處也

江表傳云司馬徽論運命曆數云黄旗紫蓋見於東南終有天下者荆楊君子

又壽春童謡言天子當西上孫皓大喜即載妻子及後宮數千從牛渚陸道西上云青蓋入洛陽適遇大雪寒凍殆死

輿地志云牛渚山首有人潛行云此處連洞庭傍達無底見有金牛狀異乃驚怪而出牛渚山北謂之採石按今對採石渡口上有謝將軍祠又按江源記云商侶於此取石至都輸造石渚因名採石吳初以周瑜屯牛渚鎮西將軍謝尚亦鎮此城

慈母山

宣城圖經曰慈母山在當塗縣北臨江丹陽記云山生簫管竹王褒洞簫賦云原夫簫管之所生于江南之丘墟即此處也其竹圓緻異於衆處自伶倫採竹嶰谷已後唯此簳見珎歷代常給樂府而俗呼爲鼓吹山山有慈母祠也

蕪湖山

宣城圖經曰蕪湖山在縣西南山因湖以名之漢末於湖側置蕪湖縣以其地卑畜水非深而生蕪藻故因以名縣焉晉爲重鎭謝尚王敦皆鎭於此陳平縣廢以其地入當塗縣

望夫山

宣城圖經曰望夫山昔人往楚累歲不還其妻登此山望夫乃化爲石其山臨江周迴五十里高一百丈

博望山

宣城圖經曰博望山有二山夾大江東曰博望西曰天門按郡國志云天門山亦曰峨嵋山楚獲吴艅艎於此按其山相對時人呼爲東梁西梁山據縣圖爲天門山

輿地志云博望梁山東西隔江相對如門相去數里謂之天門

宋孝武詔曰梁山天表象魏以蕃國形仍以二山爲立闕故曰天門

陵陽山

宣城圖經曰陵陽山在涇縣西南一百三十里

列仙傳云陵陽子明釣得白龍放之後五年龍來迎子明上丹陽陵陽山一百餘年乃得仙山高一千餘丈又有子安仙人也來就子明二十年一旦忽死因葬山下常有黄鵠栖其處樹上鳴云子安子安也

白紵山

宣城圖經曰宣州白紵山在縣東五里本名楚山桓温領妓遊此山奏樂好爲白紵歌因改爲白紵山

中山

宣城圖經曰宣州中山又名獨山有溧水縣東南一十里不與群山連接古老相傳云中山有白兎世稱爲筆最精山前有水源號爲獨水按輿地記云宣州溧水縣有獨山下有獨水流演不息即此山也

三鶴山

宣城圖經曰三鶴山在溧水縣東南六十里昔有潘氏兄弟三人於此山求仙後道成化爲三白鶴於此冲天

黟山 黟音伊

歙縣圖經曰北黟山在縣西北一百六十八里高一千一百七十丈豊樂水出焉舊名黄山天寶六年勑改爲黟江南諸山之大者有天台天目而天目近連浙江天台俯瞰滄海江海者實以地下爲百川所歸然歙州則江之上游而海上濫觴也今計歙川之平地已合與二山齊矣況其山又有摩天戛日之高此則浙江東西宣歙池饒江等州山並是此山之支脉明矣其諸峯悉是積石有如削成煙嵐無際雷雨在下其霞城洞室符寶瀑泉則無峯不有若林㵎之下巖峦之上奇蹤異狀不可撲寫信靈仙之窟宅也山中峯有溪丘公仙壇彩霞靈禽棲止其上是浮丘公與容成子遊之處所昔有人到壇所忽見樓臺煥然樓前有蓮池左右有鹽積米積遂歸引村人上取了不知其處

所山下人往往聞峯上有仙樂之声

霊山

郡國志曰歙縣有霊山天欲雨先聞鼓角声此山上有圓石如車蓋縣以鼓鳴爲候一鳴令遷不鳴令不去山一名三姑山三年一野火燒數未蒲人燒之即雨

新安記曰霊村有山生香草名曰霊香又有黄精山上有霊壇道士祈請不燒香自然芳馥村人常射獵經踐此土祀山神終無所獲

巖山

又輿地志云霊山高峻有圓石高數丈上有石蓋也

山謙之丹陽記曰秣陵縣南三十里有巖山山西有石室山東大道左有方石長一丈刻勒銘題賛吴功德孫皓所建也

三山

山謙之丹陽記曰江寧縣北十二里濵江有三山相接即名三山舊時津濟道也

横山

山謙之丹陽記曰丹陽縣東十八里有横山連亘數十里或云楚子重至于横山是也

鐵峴山

山謙之丹陽記曰永世記云縣南百餘里鐵峴山廣輪二百許里山出鐵揚州今鼓鑄之

九井山

姑熟記曰縣南十里有九井山即殷仲文九日從桓公遊九井賦詩處也

石城山

江乘地記曰石城山嶺亘千里相重似若一遊歷者以爲吴之石城猶楚之九疑也多生箭竹又有枲樹山上有城因以名焉

攝山

江乘地記曰邑村有攝山山多藥草可以攝生因名之方四面各起重嶺遊者名繖山形似繖也山頂舊有周江乘廟傳云吴時人未詳名字

黄鶴山

京口記曰有黄鶴山在縣界昔王恭爲刺史改創西南樓名萬歲西北名芙蓉樓至今存焉

又輿地志云俗傳此樓飛向江外以鐵鎖縻之方已

覆舡山

梁武輿駕東行記曰有覆舡山酒罍山南次高驪山傳云昔高驪國女來東海神乘舡致酒礼娉之女不肯海神撥舡覆酒流入曲阿故曲阿酒美也

北固山

南徐州記曰城西北有別嶺入江三面臨水號云北固劉楨京口記云廻嶺入江懸水峻壁舊北固作固字梁高祖云作鎮作固誠有其語然北望海口實爲壯觀以理而推宜改爲顧望之顧

輿地志云天景清明登之望見廣陵城如在青霄中

虎丘山

顧凱之虎丘山序曰吴城西北有虎丘山

越絶書曰闔閭冢名虎丘銅槨三重

女山

山謙之南徐州記曰丹徒縣西九里臨江有女山山東許貢客刺孫策所也

秦履山

山謙之南徐州記曰暨陽縣西南可三十五里有秦履山傳云秦皇登之以望江海

馬鞍山

山謙之南州記曰暨陽縣北九里馬鞍山東有黃山郭璞葬所

中州山

山謙之南徐州記曰南沙縣北百里有中州山昔在海中去岸七十里義熙以來沙漲遂與岸連

三白山

山謙之南徐州記曰剡縣有三白出鐵常供戎器山東頭南面有石穴高丈餘容十數人恒津液流潤天將雨輒有雲群行從南來映山山亦出雲應之與同比就虞山即大雨矣

馬蹄山

劉損京口記曰石峴東連馬蹄山山上石有馬蹄跡因以爲名

秣山

劉損京口記曰秣山無峯嶺臨江魏文帝南望致歎

會骸山

吳郡緣海四縣記曰帶海有會骸山傳云山有金牛昔有兄弟三人共鑿求之坎崩同死因以爲名

石姥山

劉道真錢唐記曰石姥山有一石甑厥狀殊似居絶嶺之顛大數十圍下有三石足支之

大辟山

郡國志曰餘杭大辟山本名餘杭山一名由拳高峻爲最旁有由拳村出藤紙

晉書曰郭文字文舉隱於餘杭大辟山山中曾有猛獸殺一麞於菴側文舉因以語人人取賣之分錢以奉文舉白我若須此自當賣之所以相語不須故也

花山

陸道瞻吳郡記曰吳縣有花山太康中生千葉蓮花於上故曰花山

虞山

陸道瞻吳郡記曰海虞縣西六里有虞山上有仲雍冢

陽城山

董監吳地記曰富春有陽城山縣氏所葬漢末上有光雲氣天屬

姑蘇山

董監吳地記曰姑蘇山一名姑胥連橫山之北

越絶書云吳地胥門外有九曲路闔閭造以遊姑胥之臺望湖中闚百姑淮南子亦謂之姑餘

硯石山

董監吳地記曰硯石山在縣西門外亦名石鼓山又有琴臺在其上

越絶書云吳人於硯石置館娃宮

劉逵注吳都賦引揚雄方言云吳有館娃宮吳人呼美女爲娃故三都賦云幸乎館娃之宮張女樂而娛群臣今吳縣有館娃鄉

香山

薑監吳地記曰香山吳王遣美人採香於山因以爲名故有採香徑

華山

華山精舍記曰老子枕中記云吳西界有華山可以度難父老云山頂北有池上生千葉蓮花服之羽化因曰華山長林森大荒楚藪曰

輿地志云山上有石鼓晉隆安中鳴乃有孫恩之亂 山在縣西六十三里

包山

吳地記曰包山在縣西一百三十里中有洞庭深遠世莫能測吳王使靈威丈人入洞穴十七日不能盡因得玉葉上刻靈寶經二卷使示孔子云禹之書也

又郡國志云洞庭山有宮五門東通林屋西達峩嵋南接羅浮北達岱岳

又按玄中記云吳國西有具區澤中包山有洞庭寶室入地下潛行通琅耶東武

淮南子云斷脩虵於洞庭

左傳云哀公元年夫差敗越於夫椒今太湖中別有夫椒山下有大洞天宮潛涌五岳包山上舊無三班謂虵虎雉侯景亂後乃有虎虵爲人之害

石鼓山

郡國志曰吳王離宮在石鼓山越王獻西施於此山山有石馬望之如人騎南有石鼓鼓鳴即兵起

粟山

吳地記曰粟山一名蘄石頭山上有城下有飛泉石杵有吳先王刻題處石杵西有舍古老言古於此採金

劉道眞記云縣西有姥山絶嶺之上有石甑一人摇輒動與千人不異

定山

吳地志曰定山突出浙江中波濤所衝行侶爲阻

謝靈運詩曰朝發漁浦南暮宿富春郭定山杳雲霧赤亭無淹泊此山是也

封山

吳興記曰風渚在武康縣東十八里古防風國有風公廟水曰風渚山即封山也

岝崿山

吳興記曰於潛縣西二里有岝崿山有絶壁高三十許丈謝安嘗登之臨壁垂足曰伯昏無人何以過是當時稱以爲難一云本在太湖中禹治水移於此

孺子山

吳興記曰東遷縣有孺子山徐孺子入吳哭友人嘗登之因以爲名

響山

吳興記曰晚山北十八里有響山人於山下語無大小響則應聲曲折應之

晚山

吳興記曰於潛縣西六十里有晚山悉是松木眞墨所出也

百丈流襄二山

吳興記曰山墟村有山名曰百丈流襄二山堯遭洪水此山不沒但餘百丈因以名山水流襄山嶺因名流襄

印渚山

吳興記曰印渚山上承浮溪水從渚以上至縣悉石瀨惡道不可行船以下水道無險故行旅集焉晉王胡之爲吳興太守至印中歎曰非唯使人心情開滌亦覺日月清朗傳云渚次石文似印因以爲名

天目山

郡國志曰天目山上有數百年樹名曰翔鳳樹

輿地志云上有兩湖謂左右目故名天目也山極高峻上多美石泉木名荼

雜道書曰天目山左高於地七千五百丈右高於地七千丈從廣三千里上有淵中有魚可食無毒虫

水經注曰吳興郡於潛縣北有天目山山極高峻崖嶺竦疊西臨後澗山上有霜木皆是數百年樹謂之翔鳳林東面有瀑布下注數畝深沼名曰蛟龍池水南流經縣西爲縣之西溪

卞山

郡國志曰卞山卞和採玉處山東足有一名贊高數尺晉太康中人開之風雨晦冥遂止歷代莫知所封

又宋書云蕭惠明爲吳興太守郡界有卞山山下有項羽神廟相承云羽多居郡聽事前後七人太守不敢上廳惠明謂綱紀曰孔季恭曾爲此郡未聞有災遂盛設筵榻接賓數日未幾惠明忽見一人長丈餘張弓挾矢向之旣而不見因發背旬日而殞

太平御覽卷第四十六

太平御覽卷第四十七

地部十二

會稽東越諸山

稷山

越絶書曰稷山者勾踐齋戒臺也

麻山

越絶書曰麻山者勾踐欲伐吳種麻以爲弓弦

雞冢山

越絶書曰雞豕山者越將伐吳養雞豕於此山以食死士

獨女山

吳越春秋曰獨女山者諸寡婦女淫泆犯過皆輸此山上越王將伐吳其士有憂思者令遊山上以喜其意

龜山

吳越春秋曰怪山者琅邪東武海中山也一夕自來百姓怪之故曰怪山形似龜體故謂龜山

孔曄會稽記曰城西門外百餘步有怪山越時起靈臺於山上又作三層樓以望雲

會稽志曰龜山之下有東武里即琅邪東武縣山一夕移於此東武人因從此故里不動

秦望山

水經注曰會稽秦望山在州城正南爲衆峯之傑涉境便見史記云秦始皇登之以望南海自平地取山頂七里懸嶝孤危峭路險絶記云攀蘿捫葛然後能昇山上無甚高木當由地迥多風所致山南有嶕峴中有大城越王無餘之舊都也故吳越春秋云勾踐語范蠡曰先君無餘國在南山之陽社稷宗廟在湖之南又有會稽之山古防山也亦謂之茅山也又曰揀山越絶云揀猶鎮也蓋周禮所謂楊州之鎮山矣山形四方多金玉下多玞石山海經曰夕水出焉南流注于湖吳越春秋稱山覆釜之中有金簡玉字之書黃帝之遺讖也山下有禹廟廟有聖姑像禮樂緯云禹治水天賜神女聖姑即其像也山上有禹冢昔大禹即位十年東巡狩崩于會稽因而葬之言鳥爲之耘春銜拔草根秋啄其穢是以縣官禁民不得妄害此鳥犯則有刑無赦山東有陘去廟七里深不見底謂之禹井云東游者多探其穴也秦始皇登稽山刻石紀功尚存山側孫暢之述書云承相李斯所篆也又有石山上有金簡玉字之書言夏禹發之得百川之理也又有射的山遠望山的狀若射侯故謂射的射的之西有石室之爲射堂年登否

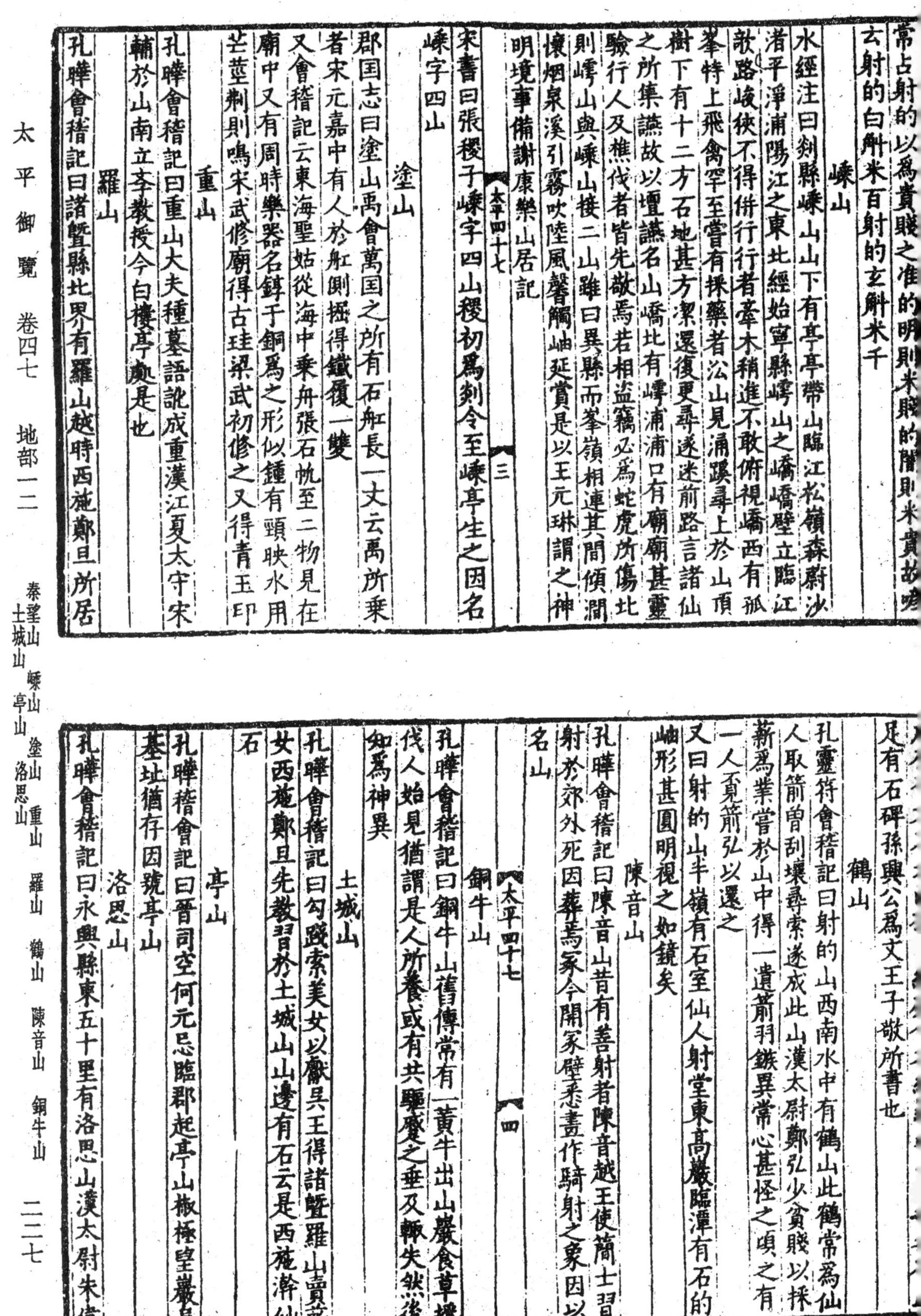

常占射的以爲貴賤之准的明則米賤的闇則米貴故諺
玄射的白斛米百射的玄斛米千

嵊山

水經注曰剡縣嵊山山下有亭亭帶山臨江松嶺森蔚沙渚平淨浦陽江之東北經始寧縣嶀山之嶠嶠壁立臨江欹路峻狹不得併行行者牽木稍進不敢俯視嶠西有孤峯特上飛禽罕至嘗有採藥者沿山見涌溪尋上於山頂樹下有十二方石地甚方潔還復更尋遂迷前路言諸仙之所集讌故以壇讌名山嶠北有嶀浦浦口有廟廟甚靈驗行人及樵伐者皆先敬焉若相盜竊必爲蛇虎所傷北則嶀山與嵊山接二山雖曰異縣而峯嶺相連其間傾澗懷煙泉溪引霧吹陸風馨觸岫延賞是以王元琳謂之神明境事備謝康樂山居記

宋書曰張稷子嵊字四山稷初爲剡令至嵊亭生之因名嵊字四山

塗山

郡国志曰塗山禹會萬国之所有石舡長一丈云禹所乘者宋元嘉中有人於舡側掘得鐵屐一雙

又會稽記云東海聖姑從海中乘舟張石帆至二物見在廟中又有周時樂器名錞于銅爲之形似鍾有頭映水用芒莖刜則鳴宋武修廟得古珪梁武初修之又得青玉印

重山

孔曄會稽記曰重山大夫種墓語訛成重漢江夏太守宋輔於山南立李教授今白樓亭處是也

羅山

孔曄會稽記曰諸暨縣北界有羅山越時西施鄭旦所居

足有石碑孫興公爲文王子敬所書也

鶴山

孔靈符會稽記曰射的山西南水中有鶴山此鶴常爲仙人取箭曾刮壞尋索遂成此山漢太尉鄭弘少貧賤以採薪爲業嘗於山中得一遺箭羽鏃異常心甚怪之頃之有一人覓箭弘以還之

又曰射的山半嶺有石室仙人射堂東高巖臨潭有石的岫形甚圓明視之如鏡矣

陳音山

孔曄會稽記曰陳音山昔有善射者陳音越王使簡士習射於郊外死因葬焉冢今開冢壁悉畫作騎射之象因以名山

銅牛山

孔曄會稽記曰銅牛山舊傳常有一黄牛出山巖食草採伐人始見猶謂是人所養或有共驅處之垂及輒失然後知爲神異

土城山

孔曄會稽記曰勾踐索美女以獻吳王得諸暨羅山賣薪女西施鄭旦先教習於土城山山邊有石云是西施滌紗石

亭山

孔曄稽會記曰晉司空何元忌臨郡起亭山椒極望巖阜基址猶存因號亭山

洛思山

孔曄會稽記曰永興縣東五十里有洛思山漢太尉朱偉

爲光禄大夫時遭母哀欲卜墓此山將洛下冢師歸登山相地冢師去鄉既遠歸思常深忽極目千里北望京洛遂縈咽而死葬山頂故以爲名

烏帶山

孔靈符會稽記曰諸暨縣西北有烏帶山其山上多紫石世人莫知之居士謝敷少時經始諸山往往遷易功費千計生業將盡後遊此境夜夢山神語之曰當以五十萬相助覺甚怪之且見主人床下有異色甚明澈試取瑩拭乃紫石因問所從來云出此山遂往掘果得其利不訾

龍頭山

孔靈符會稽記曰上虞縣有龍頭山上有蘭峯峯頂盤石廣丈餘葛洪學坐其上

壇讌山

孔曄會稽記曰始寧縣有壇讌山相傳云仙靈所讌集處山頂有十二方石石悉如坐席許大皆作行列

白石山

孔曄會稽記曰剡縣西七十里有白石山上有瀑布水懸下三十丈巖際有蠶房採蠶者以葛藤連結然後得至

小白山

名山略記曰小白山在會稽陽城趙廣信以魏末入小白山受李氏服氣法又師左元放受守中之道後鍊九華丹丹成服之太一遣迎今在東華宫爲真人

縉雲山

郡國志曰括州州即處括蒼縣縉雲山黄帝遊仙之處有孤石特起高二百丈峯數十或如羊角或似蓮花謂之三天

桃都山

郡國志曰台州桃都山上有大桃樹上有天雞日初出桃樹天雞即鳴雞下聞之而鳴樹下有兩鬼持葦索取不祥之鬼食之

椒山

郡國志曰越州椒山吴王遣木客入山求大木不得工人憂思作木客吟一旦神木自生合抱長二十丈伐造姑蘇臺

覆釜山

郡國志曰台州覆釜山云夏帝登此得龍符處有巨跡云是夸父逐日之所踐

石簣山

賀循記曰石簣山其形似簣在宛委山上吴越春秋云九山東南曰天柱山號宛委承以文玉覆以盤石其書金簡青玉爲字編以白銀禹乃東巡登衡山殺四馬以祭之見赤繡文衣男子自稱玄夷倉水使者謂禹曰欲得我簡書知導水之方者齋於黄帝之岳禹乃齋登石簣山果得其文乃知四瀆之眼百川之理鑿龍門通伊闕遂周行天下使伯益記之名爲山海經

開山圖曰禹開宛委山得赤珪如日碧珪如月長一尺二寸也

括蒼山

五岳圖序曰括蒼山東岳之佐命

登真隱訣注及吴録云括蒼山登之俯視雷雨也

天姥山

高不可識者有枯者闇籟鼓笳吹之聲卑王元嘉中遣名
畫寫狀於圓扇即此山也

消山

郡國志曰消山下有夫人祠山北湖陰又有消御史廟孤
石聳出似婦人豔粧而坐

白鶴山

郡國志曰白鶴山者昔有白鶴飛入會稽雷門鼓中擊之
聲震洛陽

臨海記曰郡西有白鶴山山上有池泉水懸瀏遠望如倒
掛白鶴因名掛鶴泉

又郡國志云漢末有徐公於白鶴山成道控鶴騰虛而去
又有鶴掛嶺猶有翱翔之勢

仙石山

臨海記曰仙石山有館士人謂之黃公客堂兩邊有石步

廊觸石雲起崇朝必兩有四竿篛竹風吹自垂空微拂石
皆淨即王方平遊處也

石新婦山

臨海記曰新婦山亦名似人山土石悉紺色列石參差似
人形遠望如鳥之俯仰宋文帝遣畫工模寫山狀時一國
盛圖於白團扇焉

靈石山

臨海記曰靈石山者山有寺當孫恩作叛毀材木以為船
舸山石即於空中自然而落賊每有所傷故曰靈山石

臨海山

臨海記曰臨海山山有二水合成溪曰臨海一水是始豐
溪一水是東女溪至州北兩溪相合即名臨海溪山因溪

崛門山

郡國志曰崛門山在海中腹有孔上達于頂有聲即大風
不風即水涌出必見大兵吳將平孔內有聲遠聞千里

石公山

東陽記曰石公山孤石望如石人坐其傍又有石如人狀
似新婦看花覆焉或名新婦巖

石城山

吳録曰永康有石城山

海內南經云三天子都在閩西海北郭璞注云在新安歙
縣東又引張氏土地記云東陽永康縣南四里有石城山
上有小石城云黃帝曾遊此山即三天子都也

金勝山

郡國志曰金勝山昔有人於此拾得金勝因以名之山有

趙炳祠炳善方術廟至今無蚊虫

異苑曰孫權時永康人入山還得大龜烹之不爛即此山
也

長山

郡國志曰長山相連亘三百里一名金華山即皇初平初
起遇道士教以仙方處

吳録地理志曰常山仙人採藥處謂之長山山南有春草
巖折竹巖巖間不生蔓草盡出龍鬚云赤松羽化處又有
似龍鬚而麄大者名為虎鬚不中為席但以其莖為燈炷
又抱朴子云左元放言金華山可以合神丹免五兵洪水
之患又按輿地志云金華山連亘三百餘里

畢嶺

輿地志曰東陽畢嶺之下有錢嶺往往人於嶺下獲大錢今俗謂之錢嶺

銅山

東陽記曰銅山下有泉水色鮮白號爲銅泉

又按異苑曰吴時有軍士五百人破洞得一銅釜將欲破之水從中暴發遂成湖以溺人皆死於此

崑山

東陽記曰崑山頂上有一孤石高可三十丈其形如甑人謂之石甑

騎石山

郡國志曰騎石山如人騎馬而無頭昔有神巫以印指馬馬頭即落則此山也

江郎山

郡國志曰江郎山有三峯峯上各有一巨石高數十丈歲漸長昔有江家在山下居兄弟三人神化於此故有三石峯在焉又有湛滿者亦居山下其子仕晉遭永嘉之亂不得歸滿乃使祝宗言於三石之靈能致其子靡愛斯牲旬日中湛子出洛水邊見三少年使閉眼入車欄中箏閑去如疾風俄頃間從空墮悦然不知所以良久乃覺是家園中也

石室山

郡國志曰石室山一名石橋山一名空石山晉中朝時有王質者嘗入山伐木至石室有童子數四彈琴而歌質因放斧柯而聽之童子以一物與質狀如棗核含之不復飢遂復小停亦謂俄頃童子語曰汝來已久何不速去質應聲而起柯已爛盡

天階山

建安記曰天階山在將樂縣南二十里山下有寶華洞即赤松子採藥之所洞中有石鷲石蝙蝠石室石柱井石臼石井俗云其井南通沙縣溪復有乳泉自上而滴人以服之登山頂者若昇碧霄故有天階之號

大湖山

建安記曰大湖山在浦城縣西南一百里一名聖湖山湖在山頂昔有採藥者止此湖畔見蒲湖芙蓉涉水採之乃石也亦有禽鳥遠望如飛近視則石

孤山

建安記曰孤山在環璋之間其地坦平悉是溝塍阡陌以以此山挺然孤立因以名之

梁江淹爲吴興令云此地有碧水丹山珍木靈草昔爲淹

之勝境

泉山

泉山記曰山頂有泉分爲兩派一入處州一入建溪即漢書朱買臣所謂東越王居保泉山一人守險千人不得上即此山也

梨嶺

泉山記曰梨嶺因梨以名之記云南嶺下道東有鍾離古亭跡存焉

武夷山

蕭子開建安記曰武夷山高五百仞巖石悉紅紫二色望之若朝霞有石壁峭拔數百仞於煙嵐之中其石間有木碓礱簸箕籮箸什器等物靡不有之顧野王謂之地仙之宅半巖有懸棺數千

傳云昔有神人武夷君居此故因名之又坤元錄云建陽縣上百餘里有仙人葬山亦神仙所居之地

郡國志云漢武好祀天下岳瀆此山預祭故曰漢祀山

闌干山

建安記曰闌干山南與武夷山相對半巖有石室可容六千人巖口有木欄干飛閣棧道遠望石室中隱隱有床帳按几之屬巖石間悉生古栢懸棺仙葬多類武夷

雞巖

建安記曰雞巖隔澗西與武夷山相對半巖有雞窠四枚石峭上不可登履時有群雞數百飛翔雄者類鶡鴠魏王泰坤元錄云武夷山澗東一巖上有鷄栖即此是也

烏嶺山

烏嶺山記曰烏嶺峻極不通牛馬以其烏居山連接因以為名

魏王泰坤元錄云邵武北有庸嶺一名烏嶺北隰中有大虵爲將樂令李誕女所殺者

金泉山

建安記曰金泉山南枕溪有細泉出沙彼人以夏中水小披沙掏之得金山之西有金泉祠

演仙山

建安記曰演仙山古老相傳云演氏鍊丹於此山竈之餘基近猶存焉此山東面亦略通人逕山中出橘其味甘人有食者即可携之出山即迷道又有演仙水出此山當郡城北爲大河莫知其深淺兼下有暗竇入城流出於劒潭居人資之常流不絕

太平御覽卷第四十七

太平御覽卷第四十八

楚諸山

鷲磯山　黃鶴山　烽火山
闔閭山　印山　朔山
望夫山　翠屏山　九宮山　角山
鍾臺山　武昌山　樊山　西塞山
白雉山　鳳栖山　神人山　南昌山
松門山　馬當山　釣磯山　雞籠山
五女山　射的山　石印山　龍虎山
羊山　羅霄山　鍾山　望鳳山
昌山　石室山　黃唐山　儲潭山
赤石山　螺亭石山　上洛山　空山

金雞山　峽山　椑潭山　柴侯峽
官山　君山　盤固山　歸美山
莫巨山　五章山　麻山　鄧公山
明府山　鶴嶺山　石虹山
洪崖山

靜山

江夏圖經曰靜山在縣東南一百一十里其山迴聳無連接曲澗清流茂林高峻可以息諸仁智栖遊羽客故名靜山

鷲磯山

江夏圖經曰在縣東九十里其山無連接西南俯臨大江下有石磯波濤迅急商旅驚駭故以爲名

黃鶴山

江夏圖經曰在縣東九里其山斷絕無連接舊傳云昔有仙人控黃鶴於此山因以爲名故梁湘東王晉安寺碑云黃鶴從天之夜響是

烽火山

江夏圖經曰烽火山在縣東北四十里

梁典云梁武征齊頓軍於此舉烽火相應故名烽火山

雞翅山

江夏圖經曰雞翅山在縣南八十里昔有金雞飛集此故名雞翅山

舊記云金水有金雞從雞翅山向南飛産金於此水故名金水

闔閭山

武昌記曰昔闔閭與伍子胥屯衆於此山爲城故曰闔閭

山

史記曰闔閭九年子胥伐楚

又春秋云子胥將兵破楚掘平王之墓皆屯軍於此山

印山

武昌記曰奉新縣有諸石臨水高三十丈上有字髣髴似印故曰印山

輿地志云縣西有石臨水高三十丈有書字爲印山此即是也

朔山

武昌記曰朔山有竹長一十餘丈圍數尺常有聲天將雨此竹鳴焉今無此竹

望夫山

輿地記曰望夫山上有望夫石石上曾生薔薇遂以名山

上有石高三丈形如女人謂之望夫石

又記曰武昌郡奉新縣北山上有望夫石狀若人立者今古傳云昔有貞婦其夫從役遠赴國難攜弱子餞送於此山旣而立望其夫乃化爲石因以爲名焉

翠屏山

輿地志曰江水入富池一百八十里得奉新上流三百里有城山三面壁立一面峻極水是奉新大源本名石城山天寶五載改爲翠屏山

九宮山

武昌記曰九宮山西北陸路去州五百八十里其山晉安王兄弟九人造九宮殿於此山遂以爲名

角山

武昌記曰天欲雨其山有聲如吹角以此爲名

鍾臺山

武昌記曰鍾臺山在縣東南一百里上有桃花洞洞側有李邕讀書之所荒基遺址石室花木猶在上有一石室臺上有一名鍾或時鳴響遠近皆聞故名鍾臺山

武昌山

續搜神記曰晉武世宣城人秦精常入武昌山採茗遇一毛人長丈餘引精至山曲示以藂茗而後去俄而復還乃探懷中橘遺精怖負茗而歸

樊山

江夏圖經曰樊山西陸路去州一百七十三里出紫石英山東數十步有岡岡上甚平敞青松綠竹常自蔚然其下有水溪凛凛然常有寒氣故謂之寒溪有磓龍石謝玄暉詩云樊山開廣宴是也

又干寶搜神記云樊山若天旱以火燒山即致大雨今往往有驗

武昌記曰樊山孫權常獵於下見一姥問獵得何物荅曰只獵得一豹曰何不豎其尾言訖忽然不見權於後立廟祀之

西塞山

江夏風俗記曰西塞山高一百六十丈周迴三十七里峻崿撗江危峯斷岸長波所以東注高浪爲之西激

袁宏東征賦云沿西塞之峻崿是也

又江表傳云劉勳敗於彭澤走之入楚江聞晥已沒遂投西塞

白雉山

江夏圖經曰白雉山其山上有芙蓉峯前有師子嶺後有

金雞石西金南出銅鉚自晉宋梁陳已來常置立爐治烹煉

鳳栖山

江夏圖經曰鳳栖山西北陸路去州二百二十五里吳建興年中鳳皇降此山因以爲名山有石鼓鼓鳴則雨降

神人山

曆帝記曰神人山吳建衡二年有神人乘白鹿從此山出因爲名神人山

南昌山

豫章圖經曰南昌山者昔吳王濞鑄錢之山時有夜光遥望如火以爲銅之精光

梁氏十道志云以豫章有銅山山中有洪井飛流懸注其深無底是也山有洪崖先生鍊藥之井亦號洪崖山有石

曰存焉

松門山

豫章圖經曰松門山者以其山多松遂以爲名北臨大江及彭蠡湖山上有石境光明照人謝靈運入彭蠡湖口詩云攀崖照石境牽葉入松門是也

馬當山

九江記曰馬當山高八十丈周廻四里在古彭澤縣北一百二十里其山横枕大江山象馬形廻風急擊波浪涌沸舟舡上下多懷憂恐山際立馬當山廟以祠之

釣磯山

異苑曰釣磯山者陶侃嘗釣於此山下水中得織梭一枚還挂壁上後化成赤龍從室而去其山石上猶有侃迹存焉

雞籠山

郡國志曰江州雞籠山山上有石雞冠距如生有道士李鎮住此山下常賞翫之雞一旦自毀鎮曰雞既如此吾其終乎果卒

五女山

郡國志曰江州五女山始皇死五女葬此山天昏每聞箏笛之聲

射的山

郡國志曰射的山者古老相傳云上有王在石壁内南面遥望似有白處曾有胡人來取上山後遇風雨不果得今遠望頗似射侯故名射的焉

石印山

吳志曰天璽元年鄱陽郡言歷陵山石有文理成字其言石印神有三郎皓遣使以大牢祭并印綬拜三郎爲王

又按江氏記云歷陵有石印山臨水高百丈有七穿駢羅穿中色黄赤相續因謂之石印山

龍虎山

信州圖經曰龍虎山在貴谿縣二山相對谿流其間乃張天師得道之山

羊山

宋永初山川記曰商安縣西有羊山山有燃石黄白而理麄以水灌之便熱若石炭以鼎置之其煑可熟

羅霄山

王孚安成記曰萍鄉羅霄山澤水所出水傍出石乳天旱吏人禱之因以大木長三四丈投井中即雨水懸湊井溢輙令木涌出而雨止蓋潜龍之穴也以陽居陰神精上通故扣之而必有玄感則蜀都賦云應鳴鼓而興雨者也

鍾山

裴子野宋略曰永嘉元年鍾山因洪水有鍾從山流出時人得之送上驗銘云是秦時樂器因以爲名

又按成記云鍾山臨水阻峽春夏則湍洑涌沸濆上白沙如米兩岸石上各九十餘里以之候歲若一岸偏饒則其方豐穰民以爲準

望鳳山

宜春圖經曰望鳳山在州西北七十里上有一峯遠觀似鳳以此爲名

昌山

宜春圖經曰昌山在州東六十里舊名傷山周廻連延一十八里袁江流合其澗[illegible]

昌山

石室山

宜春記曰郡有石室山山有數石室相連高十餘丈皆相似素壁若雪萬像森羅於其所因以為名

黃唐山

輿地志曰贑縣黃唐山有石室如數千間屋上通天窻下有方榻者二石人巾幘而坐傍有小石室七所相通悉有石人室前時有車馬跡春夏草不生無諸毒蟲林木繁茂水石幽絶蓋靈仙窟宅也山下居每丙日輒聞山室有笳鼓簫樂之音

鄧德明記云有石子如彈丸聚在山角至丙日不復見他日復有其山獨立高一千三百丈相傳以石室呼為黃唐廟因以名焉

儲潭山

南康記曰儲潭山俯臨清潭有儲君廟因以名焉

輿地志云咸和二年剌史朱偉所立常有漁者釣於此潭得金瑣縈引舟中向數百丈忽一物隨瑣而來其形如水牛眼赤角白及見人驚駭拽走而漁者以刀斷得數尺不知其所由然也

赤石山

南康記曰赤石山大石連聳粲若舒霞山角多赤石有玉房瓊室耆舊相傳云宋元嘉年中有人自稱安道士者不知何許人披服巾褐栖於此山中數十年忽失所在其後有人時復見者天寶六年勑改為玉房山

螺亭石山

宿於亭採螺忽夜中見衆螺張口亂噉其肉貧女乃死其伴因殯水傍其冢化為巨石螺殼無數號曰螺亭石山

上洛山

輿地志曰虔州上洛山多木客乃鬼類也形似人語亦如人遥見分明近則藏隱能斫杉枋聚於高峻之上與人交市以木易人刀斧交關者前置物枋下却走避之木客尋來取物下枋與人隨物多少甚信直而不欺有死者亦哭泣殯葬嘗有山行人遇其葬日出酒食以設人山中有石墨可書

空山

南康圖經云空山晉咸康五年太守庾恪於山西麓中建立神廟歷代祈雨最有靈應

按郡國志云空山在郡南山多林木果實食物一郡皆資此山雖名空山其出物百倍於他山

金雞山

南康記曰金雞山臨貢水石色如霞其傍有穴廣四尺一石正當穴口如彈丸嘗有金雞出入此穴晉義熙中再三出見有人挾彈放丸於穴口化為石其雞至今不見因號曰金雞穴宋永初中又見棲翔於此

峽山

南康記曰峽山上時有夜光飛焰遥見若火焰燎于原從峽泝流數十里有石臨水名曰蛟窟天寶六載勑改名夜光山

梓潭山

南康記曰梓潭山有大梓樹吳王令都尉蕭武伐為龍舟

槽斫成而牽引不動占云須童男女數十人爲歌樂乃當得遂依其言以童男女牽挽槽没于潭中男女皆溺其後天晴朗淨髣髴若見人舡焉夜宿潭邊或聞歌唱之聲因號梓潭焉

柴侯峽

南康記曰柴侯峽山漢靈帝時有劉叔喬避地於茲死葬村側自云柴侯墓晉末喪亂有發其塚者忽有大風雨棺及松栢悉飛渡水移上此峯其棺乃化爲石因是而名之

官山

南康記曰官山者天寶六年改名珠玉山其山高峻有善鳥香草嘗有人於此山見大珠玉相傳謂之官山

君山

南康記曰君山翠巖鮮明遥若臺榭名曰嫣宮亦曰女姥石山去盤固山五十里上有玉臺方廣數十丈上有自然石室形風雨之後景氣明靜頗聞山有鼓吹之聲

盤固山

南康記曰盤固山有石井井側有大銅人常守之按此石井五百年水一湧起高數丈銅人以手掩之其水即止其山盤紆峻嶒因號爲盤固山焉

歸美山

南康記曰歸美山高數百丈遠望巃嵸靈關騰空故老謂之神關其山有水出焉西面嶮峻自然有石城高數十丈周迴三百步又有石峽左右高五六十丈勢若雙關其狀入雲復有古石室色如黄金號爲金室有鸐鳥形色鮮絜自愛毛羽其隻者或鑒水向影悲鳴自絶方知孤鸞對鏡爲不虛矣山頂有杉枋數百片高危懸絶非人力所及焉

莫巨山

荀伯子臨川記曰巖內有石人坐盤石上體有塵穢則興風雨洗訖晴日遍體絜朗如玉瑩淨民以爲準焉

五章山

荀伯子臨川記曰五章山絶巖嶮峭有客蜂依之爲房其形如笠採者皆懸磴數十丈然後獲之

麻山

荀伯子臨川記曰麻山或有登之者望廬岳彭蠡皆在其下有菁蓮厚朴恒生焉又有楓樹及數千年者如人形眼鼻口全而無臂脚入山往往見之或斫之者皆出血人以藍冠其頭明日看輒失藍俗名楓子鬼其山竹木稠密如麻因名麻山天寶六年職方奏改名豊材山焉

鄧公山

信州圖經曰鄧公山在縣北本名銀山因鄧遠爲鄧公場儀鳳二年發山山頹陷焉

按開山記云揔章二年邑人鄧遠經刺史豆盧公陳開山之便尋爲山陷後人立鄧公廟焉

明府山

信州圖經曰明府山在縣東其山久晴不雨山或自鳴必有大雨久雨不晴欲晴自有煙霧蓋其頭古老相傳祈請有驗

鶴嶺山

信州圖經曰鶴嶺山自貴溪縣界崗阜鱗次北入縣境嶺上多松樹有鶴窠因得名爲鶴嶺山

石虹山

鄱陽記曰石虹山有石室中有[illegible]

人旁列石郭如弈風篆書爲八十三字有横石跨水而渡文彩青赤若虹蜺因名爲石虹山

洪崖山

豫章記曰按書經云古老相傳昔有洪崖先生者居此山上故以爲名

又列仙傳云洪崖山者山之陽有洪唐寺山中有洪崖壇每亢旱禱於此

太平御覽卷第四十八

太平御覽卷第四十九

地部十四

西楚南越諸山

景山　荆山　荆門山　勾將山
虎牙山　孤山　高筐山　佷山
宜陽山　丹山　小酉山　芋山
嵩梁山　崇山　武山　盧頭山
天門山　黄聞山　風門山　石帆山
虎齒山　移山　淳于山　武陵山
平都山　陽岐山　高都山　君山
小廬山　静福山　方臺山　攸縣雲陽山
烏龍白騎山　文斤山　石鷰山
萬歳山　黄箱山　麓山　昭山

五溪山　錢石山　釆玉山　玉山
臨賀山　馬嶺山　彈丸山　百丈山
瀨山　隱山　獨秀山　南溪山
龍蟠山　堯山　雲母山　馬鞍山
慮山　火山　浮石山

景山

盛弘之荆州記曰景山在上洛縣西南二百里東與荆山連接有沮水源出焉其山一名鴈浮山荆山之首曰景山鴈南翔北歸徧經其上土人由兹改名爲鴈山又爲鴈塞山

荆山

山海經曰荆山首曰景山金玉是出此即卞和抱璞之處南連青山北接鴈塞通林交麓峭峙相望雖群峯競起而荆山獨秀卞和得玉於此山獻厲王王使玉人相之曰石也刖其左足厲王薨獻之武王玉人相之又曰石也刖其右足和抱其璞哭荆山之下

河圖括地象曰荆山爲地雌上爲軒星

荆門山

袁山松宜都山川記曰南崖有山名荆門北對崖有山名虎牙二山相對其荆門山在南上合而下空徹山南有像門也

勾將山

袁山松勾將山記曰登勾將山南望見宜都江陵近在目前沮漳沔漢諸山嵎嵎時見遠眺雲夢之澤皛然與天際四顧拋視衆山數千仞者森然羅列於足下千仞以還者嵓嵬如丘浪勢焉今在上洛縣西北

虎牙山

袁山松宜都山川記曰虎牙山有石壁其文黄赤色有牙齒形

孤山

郡國志曰安遠有陸抗城故城之南有孤山袁山松爲郡嘗登此山以四望見大江如縈帶舟舡如鳧鴈焉

高筐山

袁山松勾將山記曰登勾將北見高筐山巍然半天荆州圖副云昔堯時大水此山不没如筐因名焉

佷山

宜都記曰佷山山谷之内有石穴穴出清泉水有神魚大者二尺小者一尺釣者先請多少拜而請之數滿便止水側有異花似橘如魚請又有異木名千歳葉似棗冬夏青

青復有蒼茫溪相近

宜陽山

宜都記曰宜陽山有風井穴大如甕夏出冬入有樵人置笠穴口風飄之後於長楊溪口得笠則知潜通也

丹山

宜都記曰丹山時有赤氣籠井如丹故有此名

小酉山

盛弘之荊州記曰小酉山上石穴中有書千卷相傳秦人於此而學因留之故梁湘東王云訪酉陽之逸典是

芋山

盛弘之荊州記曰芋山有蹲鴟如兩斛大食之終身能不飢令民取食之

嵩梁山

盛弘之荊州記曰嵩梁山在澧水之陽望之如香炉之狀今名石門吳永安六年自然洞開玄朗如門三百丈門角上各生一竹倒垂下拂謂之天帚孫休以為嘉祥置縣因山為名隨文帝改曰石門山也

崇山

盛弘之荊州記曰崇山書云放驩兜于崇山崇山在澧陽縣南七十五里

武山

武陵記云武山高可萬仞山半有盤瓠石窟中有一石狗形云是盤瓠之遺像又有班蛇四眼身大十圍山有水出謂之武溪是也在縣之西

壺頭山

武陵記曰壺頭山在縣東馬援所穿室也室內有蛇如百斛船云是援之餘靈

天門山

武陵記曰天門山上有葱如人所種畦壟成行人欲取之先禱山神乃取氣味甚美不然者不可得巖中有書數千卷人見而不可取

黃聞山

武陵記曰昔有臨沅黃道眞在黃聞山側釣魚因入桃花源陶潜有桃花源記今山下有潭立名黃聞此蓋聞道眞所說遂為其名也

風門山

武陵記曰風門山有石門去地百餘丈每將欲風起此門先有黑氣若煙隱隱而上斯須風起竟人

石帆山

武陵記曰石帆山石危起若數百幅帆形

虎齒山

武陵記曰虎齒山形如虎齒民嘗六月祭之不然即轉有虎害

移山

武陵記曰移山在沅陽界本在江北岸因風雨之勢一夕移淩江南岸後以此名之

淳于山

武陵記曰淳于山與白雉山相近在辰州武陵二郡界絕壑之半有一白雉遠望首尾可二丈申足翔翼若虛中翻飛即上視之乃有一石雉舒翅綴着石上山下有石室數畝望室裏雖闇猶見銅鍾高丈餘數十枚其色甚光明

武陵山

武陵記曰武陵山中有秦避世人居之尋水號曰桃花源故陶潛有桃花源記

又云山上有神母祠

平都山

神仙傳云後漢延光元年陰長生於馬明生邊求仙法乃將長生入青天山中黄土爲金以示之立壇歃血取太清神丹經授之乃别去長生後於平都山白日昇天即此山是也（山在南賓縣北二里）

陽岐山

荆南記云石首縣陽岐山山無所出不足可書本蜀南平界。范玄平記云故老相承云胡伯始以本縣境無山此山上計偕簿

高都山

江源記云楚辭所謂至山之陽高丘之阻高丘蓋高都山也

君山

博物志云君山洞庭之山是也帝之二女居之曰湘夫人帝女遺精衛至王母取西山之玉印印東海北山

庾穆之湘州記云昔秦皇欲入湘觀衡山而遇風浪溺敗至此山而免因號爲君山又荆州圖副云湘君所遊故曰君山有神祈之則利涉山下有道與吳包山潜通上有美酒數斗得飲者不死

漢武帝故事云帝齋七日遣欒賓將男女數十人至君山得酒欲飲之東方朔曰臣識此酒請視之因即便飲帝欲殺之朔曰殺朔若死此爲不驗如其有驗殺亦不死帝赦之

小廬山

衡山圖經曰小廬山一名浮丘山在縣西一百八里高六里三十步東西二十里南北四十里言其山似九江廬山故曰小廬山

又古老相傳謂浮丘公上昇之所兼有道觀存焉

靜福山

衡山圖經曰靜福山在縣北五十里有梁廖沖者守清虚爲本郡主簿西曹祭酒湘東王國常侍大同三年家於此山先天二年飛昇於此山後刺史蔣防欽慕高風刻石爲碑

方臺山

蕭誠荆南志曰華容方臺山山出雲母土人採之先候雲所出之處於下掘取無不大獲往往有長五尺者可以爲屛風當掘之時忌有聲響則所得麤惡

攸縣雲陽山

遁甲經云沙土之地雲陽之墟可以避時可以隱居雲陽氏古之仙人姓氏因號雲陽山在攸縣仙方記云南嶽山有福地有松膏實甘鮮可餌相傳云服食練行之人多來採此松膏而服之不苦澀與餘處松有别

烏龍白騎山

湘川記云汝城縣東有烏龍白騎山遠望似城有黑石如龍白石如馬羅列號曰烏龍白騎山

文斤山

湘川記云耒陽文斤山上有石床方高一丈四面緑竹扶踈常隨風委拂此床天旱則禱雨時應

石鷰山

勁烈湘州記云石形似鷰大小如一山明雲淨即翩翩飛翔○羅含湘中記云石鷰在零陵縣雷風則羣飛翩翩然其土人未有見者今合藥或用

萬歲山

盛弘之荆州記曰桂陽萬歲山出靈壽草仙方服之不死又有語石山石有聲如人共話

黄箱山

盛弘之荆州記曰黄箱山一名黄岑山在東南三十里其山郴水所出即是五嶺之一從東第二騎田嶺是也又有浪井井三日一涌

麓山

盛弘之荆州記曰長沙西岸有麓山其下有精舍左右林嶺環廻泉澗精舍傍有磐石每至嚴冬其不上停霜雪

宗淵麓山記云山足曰麓蓋衡山之足也

昭山

宋永初山川記云昭山下有旋潭深無底是湘水最深之處昔有人舟覆於此潭其槽幷甑有名題號後於洞庭尋得即知暗通也

五溪山

長沙圖經云五溪山在縣西北五十八里高二里北入朗州界昔吴黄龍三年潘濬將兵五萬討武陵五溪蠻在此山下立營截除徒黨因以爲名按溪水自郡州武剛縣東北流至岳州沅江縣合益水益陽城記云在益水之陽水出縣北流入資口在縣門橋下皆五溪之下口也又按關羽屯軍資水北岸即一名茱萸江也吴甘寧拒之云聞吾咳唾羽即不敢過江是此處今號爲關羽瀨

錢石山

湘川記云曲江縣東有錢石山其狀四方有若臺其石三面壁立其上碎石如錢故謂之錢石山

采玉山

湘川記曰曲江縣有採玉山卉木滋茂泉石澄澈相傳云古採玉於此得名

玉山

湘川記曰玉山下有廟曾有人得玉璞於此有銀山白石山越王山又浮山其地蹋一處則百餘步地動

臨賀山

盛弘之荆州記曰臨賀山東山中有二竹大數十圍有盤石徑四五丈極方正青如彈棊局兩竹屈垂拂掃石上絶無塵穢未至數十里聞風吹簫管之音

馬嶺山

郡國志郴州馬嶺山本名牛脾山山上有仙人蘇躭壇即郴人也爲兒童時與衆童牧更直守牛每躭守牛牛不敢散嘗與衆兒獵即乘鹿人笑之曰龍也去郡百二十里母臨食睌往買鮓須臾即還一旦有衆賓來躭啓母曰受性當仙仙人合召躭去今年疾疫甚飲家中井水即無恙又種藥於園梅樹下可治百病賣此水及藥過於供養便去母遠視之衆賓皆白鶴也以躭常乘白馬故號馬嶺山

彈丸山

水經注曰臨桂彈丸山有湧泉奔流迅激東注于灕水山龕及溪中有石如彈丸因以石名焉驗其山有石竇下深數丈洞穴深遠莫究其極

百丈山

桂林風土記曰百丈山在郡城東北七十五里一名把杖山疊障深重連延西南數百里四接郡界莫窮遠近自府北驛路徑穿其中俗以崎嶇險阻故以百丈名之又以林巒深邃行人皆持兵仗以防猛獸因亦名把杖山

灘山

桂林風土記曰灘山在城南二里灘水之陽因以名焉一名沉水山其山孤拔下有澄潭上高三百餘尺傍有洞穴其穴廣數丈南北直透上有怪石欹危藤蘿縈茂世亂民保以避寇旱或禱祀頗靈

隱山

桂林風土記曰隱山在州之西郭先是榛莽翳薈古莫知者寶歷初李渤出鎮遂尋其源見石門乎開有水淵澈乃夷薙蕪穢疏通巖穴石林磴道若天造靈府不可根本因號隱山

獨秀山

桂林風土記曰獨秀山在城西北一百步直聳五百餘尺周迴一里平地孤拔秀異下有洞穴凝垂乳竇路通山北傍迴百餘丈豁然明朗宋光禄卿顔延年牧此郡常於北石室中讀書遺跡猶存嘗賦詩云未若獨秀者峩峩郢邑開是也

南溪山

桂林風土記曰南溪山在縣之南十里餘其山聳拔千尺煙翠凝空古今所遺其溪東注與桂江合

龍蟠山

桂林風土記曰龍蟠山本名盤龍山有石洞深致洞中天然石室石床石盆洞門數重人秉燭游常見龍跡大如椀洞有水水中有魚四足有角如龍形人殺即風雨晦冥立至也前使李渤給事改為隱山連其所也

堯山

郡國志云廣州堯山高四千丈自番禺交阯見之有颶風風發屋折樹翻湖焉

雲母山

續南越志云天后朝曾城縣有何氏女服雲母粉得道於羅浮山山因所出以名之

馬鞍山

南越志云始皇朝望氣者云南海有五色氣遂發卒千人鑿之以斷山之岡阜謂之鑿龍今所鑿之處形如馬鞍故名焉

盧山

裴淵廣州記云東官縣有盧山其側有楊梅山桃只得於山中飽食不得取下如下則輒迷路

火山

嶺表録云梧州對岸西火山山下水澄潭水深無極其火每三五夜一見于山頂每至一更初火起匝其頂如野花之甚者廣十丈餘食頃而息或言其下水中有寶珠光照于上如火上有荔枝四月先熟以其地熱故謂火山也

浮石山

交州記云海中有浮石山而峙高數十丈去永平營百餘里浮在水上昔李遜征朱崖欲審其實否牽長索於山底洞過

太平御覽卷第五十

地部十五

隴塞及海外諸山

隴山　小隴山　朱圉山　契吳山
可藍山　石門山　燕然山　天山
祁連山　焉支山　勿居山　臨松山
三危山　羊鶻山　西王母樓蒲山
九隴山　鴻鷺山　沙角山　葱嶺山
巠咸山　懸度山　頭痛山　鐵山
青山　石崖山　蹄蜀山　俞山
蛇山　東口山　流波山　鉤吾山
天臺山　鵲山　小大山　長古山
基山　猥翼山　察山　亶爰山
耆闍窟山　靈烏山

隴山

說文隴山天水大坂也辛氏三秦記引俗歌云隴頭流水鳴聲幽咽遥望秦川肝腸斷絶

又云震關遥望秦川如帶大

酈元水經注云縣西山謂之小隴巖嶂高嶮不通軌轍故張衡四愁詩云我所思兮在漢陽欲往從之隴坂長是也

周地圖記云其山高處可三四里登山東望秦州可五百里目極泯然墟宇桑梓與雲霞一色其上有懸溜吐于山中爲澄潭名曰萬石潭流溢散下皆注於渭東人西役升此而顧莫不悲思其歌云隴頭泉水流離西下念我行役飄然曠野登高遠望涕零雙墮是此山也

小隴西

三秦記曰小隴山一名隴坻又名分水嶺

漢書楊雄解嘲云響若坻頹應劭曰天水有大坂名隴山其旁有崩落者聲聞數百里故曰坻頹

又曰其坂九廻上者七日乃越上有清水四注下有縣縣因此水而名

朱圉山

漢書地理志曰天水冀縣有朱圉山一名曰巖山在縣南梧中聚土地

十三州志云朱圉有石鼓不擊自鳴則兵起

契吳山

涼州記曰契吳山在縣北七十里赫連勃勃北遊契吳而歎曰美哉斯阜臨廣澤而帶清海吾行地多矣自嶺已北大河已南未有若斯之壯麗矣

可藍山

涼州記曰可藍山一名都盧山皆涇水源與笄頭山連亘赫連定勝光二年畋于涼州登可藍山望統萬城泣曰先帝若以朕承大業豈有今日在平涼縣接百泉界

又云定據平涼登此山有群狐遶之而鳴射之竟不得一定乃歎曰咄咄此亦怪事也

石門山

酈元水經注曰離水又東經石門口山高險絶對岸若門故以得名疑即皐蘭山門也漢武元狩三年驃騎將軍霍去病出隴西至皐蘭謂是山之關塞矣

燕然山

漢書曰貳師引兵還至燕然山單于知漢軍勞倦自將五

萬騎遮擊貳師軍大亂敗貳師降單于

范曄後漢書曰竇憲與單于戰於稽落山大破之降者前後二十餘萬人憲遂登燕然山去塞三千餘里刻石勒碑令班固作名

天山

漢書曰漢使貳師將軍將三萬騎出酒泉擊右賢王於天山得首虜萬級而還

又曰且西彌國王治天山東大谷去長安八千六百七十里

續漢書曰竇固出塞至天山斬首千餘級

水經注曰陰山故郎候應言於漢曰陰山東西一千餘里單于之苑囿也自武帝出師攘之於北漠匈奴過之未嘗不哭謂此山也

西河舊事曰天山高冬夏長雪故曰白山山中有好木鐵匈奴謂之天山過之皆下馬拜在蒲海東一百里即漢貳師擊右賢王之處也

山海經曰天山多金玉有雄黃英水出焉而西流注于湯谷有神鳥狀如黃囊赤如丹火六足四翼渾沌無面目是識歌舞實惟帝江（天山今名折羅漫山在縣北一百里）

九州要記曰涼州古武威郡有天山黃帝受金液神丹於此山山近崆峒山山頂有魏太祖馬埒焉

祁連山

漢書曰霍去病擊匈奴至祁連山濟居延水遂臻小月氏

西河舊事曰祁連山在張掖酒泉二界焉支山在刪丹故縣東西百餘里南北二十里亦宜畜匈奴失二山乃歌曰亡我祁連山使我六畜不蕃息失我焉支山使我婦女無顔色

涼州記曰祁連山張掖酒泉二界之上東西二百里南北百餘里山中冬溫夏涼宜牧牛乳酪濃好夏寫酪不用器物刈草著其上不散酥特好酪一斛得升餘酥又有仙人樹行人山中飢渴者輒食之飽不得持去平居不可見

焉支山

漢書曰霍去病將萬騎出隴西涉狐奴水過焉支山千有餘里執渾邪王收休屠祭天金人

涼州記曰焉支山在西郡界東西百餘里南北二十里有松柏五木其水草茂美宜畜牧與祁連同一刪丹山

勿居山

後魏書曰張袞從太祖破賀訥登勿居山聚石爲峯以紀功德命袞爲文

臨松山

十六國春秋曰晉元嘉元年張掖臨松山有石如張掖字掖漸滅張字分明又有文曰初天下四方安萬年後魏太和中置臨松郡故城在此山下臨松山一名青松山一名馬蹄山又云丹松嶺

三危山

河圖括地象曰三危山在鳥鼠之西南與汶山相接上爲天苑星黑水出其南

西河舊事曰三危山有三峯故曰三危俗亦爲昇雨山在縣南二十里

尚書禹貢謂竄三苗于三危

又云導黑水至于南海水即自北而南經三危過梁州入

西山經曰三危之山青鳥居之三青鳥主西王母取食者別自棲息於此山也

羊鶻山

段國沙州記曰羊鶻山多巖石少樹木甚似魯國南鄒山傍山北行三十里遠眺傾瞻百里但見山嶺巉巖無尺木把草

西王母樗蒲山

崔鴻十六國春秋曰甘松山東北有西王母樗蒲山大有神驗江水出焉

段國沙州記曰羊鶻嶺東北二百里有大山遥望甚似東岳岱山極高大嶮峻嵯峨崔嵬頗有靈驗羌胡父老傳云是西王母樗蒲山

九隴山

周地圖記曰昔有神人坐張掖西方山上西射酒泉郡西金山之白神射得九籌畫此山上遂成九隴因以爲名九隴山

鴻鷺山

穆天子傳曰天子循黑水至于璧王之山謂此也今名爲鴻鷺山以山多鴻鷺所棲得名也

沙角山

三秦記曰河西沙角山峯崿危峻逾於石山其沙粒麁有如乾糒又山之陽有一泉云是沙井綿歷今古沙不塡之人欲登峯必步下入穴即有鼓角之音震動人足

又西河舊事云沙州天氣晴朗即沙鳴聞於城内

又云人遊沙山結侶少或曾遊即生怖懼莫敢前其沙或陷人足自頭下經宿去自還山上名鳴沙山

葱嶺山

漢書曰西域三十六國西限葱嶺其河兩源一河出葱嶺山一出于窴國于窴國在南山下其河北流與葱嶺河合

廣志曰葱嶺其山嶺生葱茂於常葱

西域諸國志曰葱嶺高行十二日可至頂

巫咸山

西域志曰巫咸山一曰覆莫山

注水經云塩水西北經巫咸山北

山海經云巫咸之神以右手操青虵左手操赤虵在葆登群巫所從上下也

又大荒西經云大荒之中有靈洲巫咸即巫朌巫彭巫姑巫真巫抵巫謝巫羅十里巫從此昇降百藥爰在

郭璞云群巫上下靈山採藥往來也蓋神巫所遊故山得名

懸度山

漢書曰烏秅國有懸度者石山也谷磢不通以繩索相引而度又大頭痛山度則頭痛嘔吐驢畜皆然

頭痛山

漢書曰杜欽說大將軍王鳳曰罽賓國自知絕遠兵不可至道又歷大頭痛山小頭痛山赤土身熱之阪道使者尺六寸長往三十里

漢書曰罽賓國歷大頭痛山有三池盤石坂道狹者尺六七寸繩索相引乃度

廣志曰大頭痛山小頭痛山皆在罽賓東

鐵山

漢書曰莎車國有鐵山出青玉穆天子傳曰天子西征至剞（居蟻切）閭氏乃命剞閭氏供養六師之人于鐵山之下天子祭鐵山

青山

水經注曰北地富平縣西河則有兩山相對水出其間即上河峽也世謂之青山河水歷峽北注枝分東出

石崖山

水經注曰塞外歷城有石崖山西去北城五百里山石上自然有文盡獸馬之狀粲然成著類似圖焉故亦謂之畫石山

踈屬山

山海經曰貳負之臣曰危與貳負殺窫窳帝乃梏之踈屬之山（梏猶繫縛也）桎其右足（桎械）反縛兩手與髮（并髮合縛之也）繫之山上磐石之下在開題西北（漢宣帝時使人鑿上郡發磐石石室中得一人徒裸被髮反縛械一足時人不識乃載之於長安帝以問群臣群臣莫能知劉子政案此言之宣帝大驚於是時人爭學山海經矣論者多以為是其尸象非真體也意者以為靈恠化論難以理測物稟異氣出於不然不可以常理推之可以近較之矣魏時有人發故周靈王冢得殉葬女子不死以至數日捋而有氣數月而能語狀如二十許人送詣京師郭太后愛養之恒不離左右十餘年太后崩哀思哭泣一年餘而死即此類也）

命山（音論）

山海經曰命山者其山上有金玉下多青雘有木狀如穀而赤理其汁如漆其味如飴食者不飢可以釋勞其名曰白若（或非皋蘇皋蘇一名白若見廣雅）可以血玉（血謂可用染玉作光彩也）

蛇山

山海經曰北海之内有蚍山者蚍水出焉東入于海有五采之鳥飛蔽一鄉（漢宣帝元康元年五色鳥以萬數飛屬縣即此鳥）五采之鳥名曰翳鳥鳳屬也離騷曰駟

東口山

山海經曰東口之山有君子之國其人衣冠帶劍（假使虎豹好謙讓）有司幽之民帝俊生晏龍晏龍生司幽思士不妻思女不夫（言其人直思而氣通魂合而生子此莊子所謂白鶴相視眸子不運而風化之類也）食黍食獸是使四鳥

流波山

山海經曰東海中有流波山入海七千里其上有獸狀如牛蒼身而無角一足入水則必風雨其光如日月其音如雷名曰夔黃帝得之以其皮作鼓橛以雷獸之骨（雷獸即雷神也龍身鼓其腹者橛猶擊也）聲聞五百里以威天下

鈎吾山

山海經曰鈎吾之山其上多金其下多銅有獸焉羊身人面而目在腋下虎齒人爪其音如嬰兒名曰狍鴞食人（為物貪婪食人未盡還害其身像在夏鼎左傳所謂饕餮是也）

天臺山

山海經曰大荒之中有山名曰天臺海水入焉

鵲山

山海經曰鵲山其首曰招搖臨于西海之上（在南山之西頭濱西海也）多桂（桂葉似杜杷長尺餘味辛白花叢生山間無雜木呂氏春秋曰招搖之桂是也）多金玉有草焉其狀如韭而青花其名曰祝餘（或作桂茶）食之不飢有木焉其狀如穀而黑理（穀楮也皮作紙）其華四照（言有光炎也若木華赤光照下見亦此類也見離騷）其名曰迷穀佩之不迷

小次山

山海經曰小次山山上多白玉下多銅有獸如猨白首赤足名曰朱厭見則大兵

長古山

山海經曰長古之山無草多水有獸焉狀如鳥而四耳名長古（以山出此獸因以名之）音如吟（如人呻吟聲）見則郡縣大水

基山

山海經曰基山其陽多玉其陰多金多怪木有獸焉其狀如羊九尾四耳其目在背其名曰猼訑（博他二音）有鳥焉其狀如雞而三首六目六足三翼其名曰鶺鴒（敞鵂二音急性）食之無卧

很翼山

山海經曰很翼之山其中多怪獸水多怪魚（凡言怪者皆爲贄獸獨猗不常也尸子云徐偃王好怪沒水而得怪魚入山得怪獸者多列於庭）

嶅山

山海經曰嶅山山上多丹木員葉赤莖黃花赤實味如飴食之不飢丹水出焉西注于稷澤（后稷神所憑山名之）其中多白玉

膏其源沸沸湯湯（玉膏涌出之貌也河圖玉版云少室山有白玉膏服即仙矣此類也音拂也）黃帝是食是饗（所以得登龍於鼎湖而靈化也）是生玄玉（言玉膏中又出黑玉也）玉膏所出以灌丹木丹木五歲五色乃清（言鮮光也）五味乃馨（言滋香也）黃帝取嶅山之玉榮（謂玉華也）而投之鍾山之陰（以爲玉種）瑾瑜之玉爲良（言善玉也）堅粟精密（禮記鎮玉以粟或作栗玉有粟文所謂粟璧）濁澤有光（濁謂潤澤也）五色發作以知柔剛天地鬼神是食是饗（玉所以祈祭者言能動天地感鬼神也）君子服之以御不祥（今徼外出金剛石石似金有光采可以刻玉外國人帶之云辟惡氣也）

亶爰山

山海經曰亶爰之山（亶音蟬）多水無草木不可以上（言崇峭也）有獸焉其狀如狸而有髮其名曰類（類或作獅）自爲牝牡食者不妬（莊子亦曰類自爲雌雄而化今貆猪亦自雌雄也）

耆闍崛山

法顯記曰耆闍崛山未至頂三里有石窟佛本於此坐禪天魔波旬化作鵰鷲住窟前以恐阿難佛以神力隔石舒手摩阿難頂怖即得止鳥跡手孔今悉在故名雕鷲窟山窟前有四佛坐處

靈鳥山

支曇諦靈鳥山銘序曰昔如來遊王舍城態靈鳥山舊云其山峰似鳥而威靈故以爲名焉衆美咸歸壯麗畢備

太平御覽卷第五十

太平御覽卷第五十一

地部十六

石上

釋名曰山體曰石石硌硌也硌音落堅捍硌也山多大石曰礐學確切礐學也大石之形學學然山多小石曰磝五交切磝磽也每石磽磽獨處而出也礫小石也磊雷罪切衆石也碣杜浪切文石也琅玕石似珠也出尚書注碔砆石似玉也出廣雅

易曰困于石據于蒺蔾石在水中所以爲陷難

又說卦曰艮爲小石

書曰青州厥貢鉛松怪石孔安國曰怪異好石似玉

又曰泗濱浮磬孔安國注云泗水濱涯也水中見石可以爲磬者也

詩曰我心匪石不可轉也

又曰漸漸之石維其高矣

又曰它山之石可以攻玉

禮曰昔者夫子居於宋見桓司馬自爲石槨三年而不成桓司馬宋向戌孫也名魋夫子曰若是其靡也死不如速朽之愈也

又曰今夫山一拳石之多及其廣大草木生之禽獸居之寶藏興焉

周禮曰王行洗乘石乘石王所登上居之石也

又曰石有時而泐音勒石解散也

又曰大司寇以嘉石平罷民有罪者坐諸嘉石以肺石達窮民凡煢獨老幼欲復於上而未達者立於肺石注曰嘉石文石也肺石赤石也

傳曰隕石于宋五隕星也注曰但直言星則嫌星使石隕故重言隕星

又曰齊高固入于晉師磔石以投人

又曰昭八年石言於晉魏榆晉侯問於師曠曰石何故言對曰石不能言或馮焉不然民聽濫也抑臣又聞之曰作事不時怨讟動於民則有非言之物而言今宫室崇侈民力彫盡怨讟並作莫保其性石言不亦宜乎

春秋説題辭曰周易艮爲山爲小石石陰中之陽陽中之陰陰精輔陽故山含石石之爲言託立法也

史記始皇三十年星墜于東郡至地爲石或刻其文曰始皇死而地分始皇盡誅石旁人燔銷其石

又按説苑云石隕東郡是也

又曰王翦代李信擊荆州兵數挑戰終不出久之翦使人問軍中戲乎對曰方投石超距翦曰士卒可用矣

又曰張良見老人出一篇書讀是則爲王者師後十三年見我濟北穀城山下黄石即我也良後果得黄石寶而祠之及死并葬黄石伏臘祠之

又曰李廣出獵見草中石以爲虎而射之中石没鏃視之石也因復更射之終不能復入石矣

後漢書曰梁鴻妻孟光有力能舉石臼

又趙歧曰吾死後置一圓石墓前刻曰漢有逸人姓趙名歧有志無時命也柰何

謝承後漢書曰呉郡嬀皓父爲南郡太守坐事繫獄皓懷小石至公卿門輙出石叩頭流血覆面父遂得免

東觀漢記曰涿郡太守張豐舉兵反初豐好方術有道士言豐當爲天子以五綵囊盛石繫豐肘云石中有玉璽豐信之遂以反既當斬猶曰肘有玉璽椎破之豐乃知被詐仰天歎曰當死無所恨

魏略曰梁州柳谷有石無故自崩石有文如牽馬之狀後司馬氏得天下之應

又曰太秦國石爲城郭山出九色玉石
魏志曰魏明帝增崇宫殿雕鏤觀閣鑿太行之石英採穀城之文石起景陽山於芳林園建昭陽殿於太極之北
又曰辰韓在馬韓之東兒生便以石押頭欲其扁今辰韓人頭皆扁
又曰公孫度爲遼東太守時生大石長丈餘下有三小石爲足
魏武帝末年鄴中雨五色石
王隱晉書曰永康元年襄陽郡上言得鳴石鍾聞七八里
又石勒傳曰初勒鄉里所居原上地中石生日長類鐵之象
又曰陳總遷殿中侍御史詔遣詣終南山請石總先除小石祠惟存大石一所而祀之上文曰義義大石佐岳通理

合滋吐潤惠我四海
又曰孫子荆謂王武子曰當枕流漱石曰石非可漱流非可枕孫曰所以枕流洗其耳漱石礪其齒
晉陽秋曰董威輦遁去莫知所之於其寢所得一石及竹子并詩二首
齊書曰虞愿爲晉平太守海邊有越王石常隱雲霧相傳云清廉太守乃得見愿往觀視清澈無隱蔽
南史曰到溉山池有奇礓石長一丈六尺梁武覩之輸焉即迎置華林宴居殿前移石之日都下傾城縱觀所謂到公石
趙書曰劉耀築建德殿取土城西得圓石狀若水碓其銘曰律權石重四鈞同律度量衡有辛氏造議者未之詳或以爲瑞条軍續咸曰王莽時物

後周書曰高琳母嘗祓禊泗濱遇見一石光彩朗潤遂持以歸是夜夢見一人衣冠有若仙者謂其母曰夫人向所將來之石是浮磬之精能寶持必生令子其母驚寤便舉體流汗俄而有娠及生子因名琳字季珉也
隋書曰帝令江都郡丞王世充發淮南兵擊劉元進有大流星墜於江都未及地而南逝磨拂竹木皆有聲至吴郡而落于地元進惡之令掘地入二丈得一石徑丈餘後數日失石所在
唐書曰車騎將軍劉山濤上言祖龍潛時數往來落郊之莊舍嘗蹊于石靴迹見於石中至今猶在高祖令鑿之深寸餘其迹逾明乃止
又曰則天時有人於洛水中得白石數點赤詣闕輒進諸宰相詰之對曰此石赤心所以來進李昭德叱曰此石赤

心洛水中餘石豈能盡反耶左右皆笑
又曰薛元超道衡孫也爲中書舍人省有盤石初道衡爲内史侍郎嘗踞而草制元超每見此石未嘗不泫然流涕
又曰甘露事敗王璠舉家無少長皆死初璠在浙西繕城壕役人掘得方石上有十二字云山有石石有玉玉有瑕即休璠視莫知其旨京口老人講之曰此石非尚書之吉兆也尚書祖名崟崟生礎是山有石也礎生尚書是石有玉也尚書之子名遐休休絶也庸非吉徵果赤族
老子曰落落如石
列子曰昔者女媧練五色之石以補天淮南子又載
又曰趙襄子率徒十萬狩於山中藉芿燔林煽赫百里有一人從石壁中出隨烟燼上下衆謂鬼物察之人也

孫卿子曰以桀詐桀猶有巧拙以桀詐堯若卵投石

又曰負石而走赴河行之難爲者也而申徒狄能之

闕子曰宋之愚人得燕石於梧臺之東歸西藏之以爲大寶周客聞而觀焉主人端冕玄服以發寶華匱十重緹巾十襲客見之盧胡而笑曰此燕石也與瓦甓不異主人大怒藏之愈固

符子曰水生石未有居山而溺者火生木未有抱樹而焦者

呂氏春秋曰石可破也而不可奪其堅

淮南子曰禹娶塗山化爲石在嵩山下方生啓曰歸我子石破北方而生啓

又畢萬術曰埋石四隅家無鬼（取蒼石四枚及桃七枚以桃弧射之乃取併埋弓矢四隅故無鬼疫）

抱朴子曰白石似玉姦佞似賢

又曰磁石引針

又曰浮磬息音未別於衆石

又曰燒泥爲瓦燔木爲炭蜂窠爲蠟水沫爲浮石

隋巢子曰禹産於碮石啓生於石（王韶之云啓生即母化爲石）

六韜曰武王伐殷得二大夫而問之曰殷國將亡亦有妖乎其一人對曰殷國常雨血雨灰雨石小者如雞子大者如箕武王曰大哉妖也

樂資春秋傳曰秦始皇使鄭容將入函關見華山上有素車白馬疑之鬼神熟視稍近問鄭容曰安之荅曰之咸陽素車上人曰吾華山使願託一牘書致鎬池君所子之咸陽道過鎬池見一大梓樹有文石以款樹當有應者即以書與之鄭容如其言以石款梓樹果有人來取書

吳越春秋曰禹案黃帝中經見聖人所記曰在乎九疑上東南號曰宛委承以文玉覆以盤石其書金簡玉字禹乃退齋三日發石取書

荆楚歳時記曰張騫尋河源得一石示東方朔朔曰此石是天上織女支機石何至於此

神仙傳曰壺公內費長房於石室中頭上有大石方數丈以茅繩懸之諸蛇競齧且斷長房不移公撫之曰子可教矣

又曰介象字元則會稽人入山求神仙見谷有石子皆紫色大如雞子象取二枚見一美女被服五采象叩頭乞長生女曰急送汝手中物還着故處象送石還女投以還丹方一首

列異傳曰豫寧女子戴氏久疾出見小石曰尒有神能差我疾者當事汝夜夢人告之吾將祐汝後漸差遂爲立祠名石侯祠

益部耆舊傳曰公孫述時蜀武擔山石折任文公曰西州智士死我將死矣後三月果卒

韓詩外傳曰楚熊渠子夜行見寢石以爲伏虎彎弓而射之沒金飲羽下視知其石也因復射之矢摧無迹（漢書載李廣亦如之）

文士傳曰魏文帝之在東宮也宴諸文學酒酣命甄后拜坐者坐者咸伏惟劉楨平仰觀之太祖以爲不敬送徒隸簿後太祖乘步牽車乘城降閱簿作諸徒咸敬而楨坐磨石不動太祖曰此非劉楨也石如何性楨曰石出荆山玄巖之下外炳五色之章內秉堅貞之志彫之不增文磨之不加瑩氣質貞正稟性自然太祖曰名豈虛哉

神仙傳曰白生者常煮白石爲糧

穆天子傳曰天子升于采石之山　是取采石鑄以成器于黑水之山

三齊略記曰始皇作石塘欲過海看日出處時有神人驅石下海石去不速神輒鞭之皆流血至今石悉赤陽城山盡起立嶷嶷東傾狀如相隨行神事具部

盛弘之荆州記曰興安縣水邊有平石其上有石櫛石履各一具俗云越王渡溪脫履墮櫛於此

郭緣生述征記曰秦梁𡊮名也或云秦始皇東巡弗行舊道過此水率百官已下人提一石以填之俄而梁成今覩所累石無造之處也

搜神記曰常山張顥爲梁相天新雨後有鳥如山鵲飛翔入市人擲之墮地人爭取化爲圓石顥椎得一金印文曰忠孝侯印

太平御覽卷第五十一

太平御覽卷第五十二

地部十七

石下

西京雜記曰竇太后在家嘗有白鷰銜石大如指墮后績筐中后取石剖爲二其中有文曰母天地后乃合之遂不復開後爲皇后常并置璽中爲天璽

又曰五鹿充宗受學於弥成子成子少時常有人過已授以文石大如鷄卵成子吞之遂大明悟爲天下通儒成子後病吐出此石授充宗充宗復吞又爲明學

又曰漢武昆明池養魚往往飛去後刻石爲鯨魚致水中乃不飛去每至當雨魚當鳴吼

顧凱之啓蒙記曰零陵郡有石鷰得風雨則飛如眞鷰

潯陽記曰石鏡山東一圓石懸崖明淨照人毫細必察

幽明録曰宫亭湖邊傍石間有石數枚形圓若鏡明可鑑人謂之石鏡後人過以火燎一枚今不復明其人眼遂失明

庾仲雍湘州記云應陽縣蔡子池南有石臼云是蔡倫紙臼

王歆之南康記曰歸美山山石紅丹赫若采繪峩峩秀上切霄隣景名曰女媧石大風雨後天澄氣静聞絃管聲

拾遺記曰員嶠山東有雲石廣五百里駁落如錦扣之片片翁然雲起

又曰魏明帝時太山下有連理文石高十二丈狀如枯樹其文色彩發以人雕鏤自下及上皆合百餘步及魏明帝之始稍覺相近如雙闕也土石陰類魏爲土德斯爲靈

交州記曰有浮石山在海中虚輕可以磨脚煑飲之止渴

洞冥記元鼎中條支國貢馬石以和九轉丹有髮白者以此石拭之應手而黑

顧野王瑞應圖曰石華者石生華也

劉澄之江州記曰興平縣蔡子池南有石穴深二百許丈石青色堪爲書硯

蜀中記云隗叔通犍人也性至孝母每食必須江水通每汲江中石爲之出今江中有石號孝子石

十洲記曰流洲在西海中上多積石名爲昆吾石治其石成鐵作劒光明照洞如水精狀割玉物如切泥土焉

益州記龍盤山有一石長四十丈高五丈當中有户及扉若人掩閉古老相傳爲王女房

石虎鄴中記曰孟津河東去鄴城五百里有濟北郡穀城縣有穀城山是黄石公所葬處有人登此山見崩土中有文石石文鮮明虎使採取以治宫殿又免穀城令不奏聞故也

尋陽記曰落星石在宫亭湖中周廻百餘歩高五丈上生竹木

武昌記曰陶太尉廟東有盤龍石舊傳云龍盤於此石

梁州記沔陽城浙漢上十五里有諸葛武侯所鎮在漢水南背山向水門前累石以爲障

荆州圖曰宜都有穴穴有二大石相去一丈俗云其一爲陽石一爲陰石水旱爲災鞭陽石則雨鞭陰石則晴即廪君石是也但鞭者不壽人頗畏之不肯治也

丹陽記曰石頭城西有唐頹石王敦害周伯仁之所

又曰湖熟縣晉惠帝永寧二年湖中有大石去渚二百歩

浮來登岸百姓驚觀咸曰石來明年果有石氷入於州

裴淵廣州記曰甘泉縣平野中孤石挺起峯秀入雲連石相接無異棟宇

安城記曰石室中有素石數斛狀如雀頭甘潤虛脆殆可噉

曹叔雅異物志曰豫章有石黃白色而理疎以水灌之便熱以鼎加其上炊足以熟冷則灌之雷煥以問張華華曰然石也

漢官儀曰馬伯第登泰山見石二枚一是武帝時石用五車載不能上因置山中爲屋號五車石一是刻號記功德立壇上

王韶之始興記曰勞口北有逃石一名靈石晉永和中有二飛仙衣冠自來憩此石旬日乃去之

盛弘之荆州記曰臨賀郡有青石上有磨刀斧迹春夏明淨秋冬蕪穢云是雷磨石

又曰桊陽粉水口有一石下不測出地尺餘圍可三尺色極青其上如斫明可以鑒人相傳以爲殞星縣西有孤石挺出其下臨潭曠有見根者如竹根

又曰樊重母畏雷爲石室避之悉以石爲階砌今猶存

又曰臨賀馮乘縣東五里有故縣廟相傳漢淮南王安被誅其子奔迸來至一夜忽化爲石人當縣門而立百姓怪而觀之其追察者手足無不瘡爛

述異記曰鏡湖俗傳軒轅氏鑄鏡於湖邊今有軒轅磨鏡石石上常潔不生蔓草

輿地志曰會稽秦望山始皇刻石前有石廣數丈云是始皇坐之石兩邊有方坐八所云是丞相已下坐石故今有丞按石之名

玄中記曰天下之強者東海之沃燋石焉方三萬里海水灌之隨盡故水東流而不盈

又曰玉門之西南有一國國中有山山上有廟國人歲歲出石磱切數千枚名爲霹靂磱從春雷而磱減至秋磱盡

鄱陽記曰錢倉石在饒州西一百里石形如倉囷昔漁人夜宿石下忽見石開竅其石中有錢取之盈艇而去因爲名

郡國志云乞子石在馬湖南岸東石腹中出一小石西石腹中懷一小石故僰人乞子於此有驗因號乞子石

又曰思州金雞石每有雞金色鳴於石上

又曰仙人石曾有仙人飛下此石一曰仙人牀

又曰巂州弄棟縣蜻蛉水下有石猪峯有石猪母子數十頭云夷人昔牧於此猪化爲石今夷人不敢於此牧

又曰儋州昌化湖明山山有二石如人形云有兄弟二人向海捕魚因化爲石號曰兄弟石也

又曰桂州興安縣有卧石一枚其形似人而舉體青黃隱起而謂之石人可以祈雨小舉則雨小大舉則雨大

又曰貴州有洞池周十數丈下有石牛時出池間歲旱民殺牛祈雨以血和泥塗牛即雨盡即晴以爲恒

馬嶺山嶠多虺蛇毒殺人有羚石可以解之屑着瘡内即活

又曰梁州女郎山張魯女浣衣石上女便懷孕魯謂邪淫乃放之後生二龍及女死將殯柩車忽騰躍昇此山遂葬焉其水旁浣衣石猶在謂之女郎山

又曰郴州城北七十里有話石山孤石特竦仙人於此處談話

輿地志曰南陵縣有女觀山俗傳云昔有婦人夫官於蜀屢愆秋期憂思感傷登此騁望因化爲石如人之形所牽狗亦爲石今狗形猶存

博物志曰鸛水鳥也伏卵時數入水卵冷取礜周圍繞卵以助暖氣

華陽國志汶山有鹹石煎之得鹽

異苑曰勝滕孜太元初枕文石枕卧忽暴雨震其所枕傍人莫不慴而孜微覺有聲

又曰永康王曠井上有一洗石時見赤氣後有二胡人寄宿忽求買之曠惟所以未及度錢子婦孫氏覩二黃鳥鬪於石上疾往掩取變成黃金胡人不知索市逾急既得橦破内止有二鳥處

劉敬叔異苑曰晉武帝時吳郡臨平岸崩出一石鼓打之無聲以問張華華曰可取蜀中桐材刻作魚形扣之則鳴於是如言之聲聞數十里

異物志曰夷州土無銅鐵磨礪青石以作弓矢此石砮楛矢之類

物理論曰土精爲石石氣之核也氣之生石猶人筋絡之生爪牙也

博物志曰桃林在弘農湖縣休牛之山有石焉曰帝臺之棊也五色而文狀鶉卵焉

遊名山志曰芙蓉渚有聳石頭如初生芙蓉色皆青白

山海經曰燕山多嬰石言似玉有釆嬰帶所謂燕石也

又曰錢來之山多洗石若澡洗可以磢去垢也

水經注曰象林郡功曹姓區有子名連攻縣殺令自號爲王值世亂離林邑遂立後乃襲代傳位子孫三國鼎爭未有所附吳有交土與之隣接進侵壽泠以爲疆界自區連以後國無文史先其纂代世數難詳宗嗣滅絶無復種裔外孫范熊代立人情樂推後熊死子逸立有范文日南西捲縣夷帥稚夷奴也文爲奴時山邊牧羊於澗水中得兩鯉魚隱藏持歸規欲私食郎知檢其魚大慙懼詐云將礪石還非爲魚也郎至魚所見是兩石信之而去文始異之石有鐵文入山中就石冶鐵鍛作兩刀舉刀向鄣因咒曰鯉魚變化冶石成刀斫石鄣破者是有靈神文當治此爲國君王斫不入者是無神靈進斫石鄣如龍淵干將之斬蘆藁由是人情漸附今斫石尚在魚刀猶傳子孫

又曰澧水出武陵充縣東逕臨澧零陽二縣故界水之南岸白石雙立厥狀類人高各三十丈周四十丈古老相傳言昔充縣尉與零陽尉共論封境因相傷害化而爲石

劉義慶幽明録曰陽羨縣小吏吳龕有主人在溪南嘗以一日掘頭舡過水溪内見一五色浮石取内牀頭至夜化成一女子也

又曰宜都建平二郡之界有五六峯參差玄出上有倚石如二人像攘袂相對俗謂二郡督郵爭界於此

楊雄蜀本紀曰秦王獻五美女於蜀王蜀王遣五丁迎五女見大蛇入山空中五丁引蛇山崩五女上山化爲石

又曰武都丈夫化爲女子顔色美好蓋山之精也蜀王娶以爲妻無幾物故於成都郭中葬之以石鏡一枚徑一丈高五尺

鄧析書曰誥循承弱而濇之以石激火而投之以薪

世說曰武昌陽新縣北山上有望夫石狀若人立者傳云昔有貞婦其夫從役遠赴國難攜弱子餞送此山立望而化爲石

兵書曰軍中地生石將可以久居

史記曰以石投水莫之逆也

雜五行書曰婦姑鬭諍取石重六十斤埋門外即罷

荀伯子臨川記云石原狀似倉廩其內可容千斛廩口開則歲儉閉則年豐

又曰石龍山有巖其下有石形隱起似龍頭尾長一丈二尺

地理記云有鱗甲因號爲石龍

又曰石鼓在宜黃水邊狀如鼓形闊九尺長一丈四尺四寸

又云圓淨如鼓因以鼓爲名焉

又曰破石高五尺在宜黃水邊

又云有女人水次浣濯爲蛟所牽入石中經數日雷擊石破見死蛟及女人屍浮出因號爲破石

又曰浮石其石居汝水中心或水汎漲高岸皆沒此石居然不沒因以爲名之

又曰落峭石去飛猿館一百一十五里在飛猿水魏峩嵌空數里可望即謝靈運詩云朝發悲猿嶠暮宿落峭石是其處也

始興記云營口東岸有石四方而可高百仞其狀若臺故名臺石又林水出焉其臺旁有石室室前盤石上行列十甕皆蓋以青瓮悉是銀製有人過者但得開觀而不可取之則悶絕若死封丘之奴竊二枚爲大虵所害即不知其自

永嘉元云永嘉南岸有帖石乃堯之神人以破石推將入懸溪道次置之溪側遥望有似張帆今俗號爲張帆溪與天台山相接

又郡國志曰東海信郎神破石爲帆今陳海有信郎祠即是

太平御覽卷第五十二

太平御覽卷第五十三

地部十八

丘　陵　阪

陘　峽　岡

丘

說文曰丘土之高非人所爲丘字從一一地也人居在丘南從北中拜之居在崑崙一曰四方高中央下象形也

詩曰送子涉淇至于頓丘

又曰子之蕩兮苑丘之上兮

又曰崇丘萬物得極其高大也

又曰楊園之道猗于畝丘

又曰綿蠻黃鳥止于丘隅

又曰丘中有麻彼留子嗟

禮曰太公封於營丘比及五世皆反葬於周君子曰樂樂其所自生禮不忘其本古之人有言曰狐死正丘首仁也（正丘首正首丘也作恩也）

又曰公叔文子升於瑕丘蘧伯玉從（二子衛大夫）文子曰樂哉斯丘也死則我欲葬焉蘧伯玉曰吾子欲之則瑗請前（刺其欲害人良田也瑗伯玉名也）

周禮曰丘陵其動物宜羽物其植物宜覆物其民專而長

又曰爲高必因丘陵爲下必因川澤

傳曰車脫其輹火焚其旗不利行師敗于宗丘○春秋元命包曰堯爲天子季秋下旬夢曰帝遺吾馬喙子其母爲扶始昇高丘睹白帝上有雲虎之狀感巳生皐陶

春秋說題辭曰丘者墓也○又曰丘谷輔氣元士扶化

銳上爲融丘三成爲崑崙丘（崑崙山三重形如累三盂）如乘者乘丘（形似車乘）如渚者渚丘（水中小洲爲渚）水潦所止泥丘（頂上洿下）方丘胡丘（形四方）絶高爲之京（人力所作）非人爲之曰丘（地自然生）水潦所還曰埒丘（官音謂丘邊有界埒水繞環之）上正章丘（頂平）澤中有丘都丘（在水澤內）當塗梧丘（塗道）塗出其右而還之畫丘（言爲道所規畫）途出其前戴丘（道出丘南）途出其後昌丘（道出丘北）水出其前渻丘水出其後沮丘水出其右正丘水出其左營丘（今齊之營丘淄水過其南及東）如覆敦者敦丘邐迤沙丘左高咸丘右高臨丘前高旄丘後高陵丘偏高阿丘丘背有丘爲負丘（中央隆峻狀如負一丘於背上）右澤定丘右陵泰丘（宋有泰丘見史記）如畝畝丘（丘有壟界如田）如陵陵丘丘上有丘爲宛丘陳有宛丘（今在陳郡陳縣）晉有潛丘（今在太原晉陽縣）淮南有州黎丘（今在壽春）天下有名丘五其三在河南二在河北（說者多以州黎宛營爲河南者潛敦爲河北者案北方稱天下之名丘恐此諸丘碌碌未足用當之殆別有魁梧桀大者五但未詳其名號所在耳）

廣雅曰小陵曰丘

又曰丘上有木爲柲丘

家語曰丘陵爲牡谿谷爲牝

方言曰冢大者謂之丘

穆天子傳曰天子昇于崑崙之丘以觀黃帝之宮（郭璞注曰黃帝巡狩四海登崑崙山起宮室於其上）

又曰爲盛姬謚曰哀淑人之丘天子名之（爲丘作名）是曰淑人之丘乙丑天子東征舍乎五鹿叔㛗（七和切）且哭（思盛姬也㛗穆王女）也是曰女㛗之丘（因以名五鹿也）丁卯

山海經曰崑崙之丘實惟帝之下都

莊子曰衛靈公死卜葬於故墓不吉卜葬於沙丘而吉掘

淮南子曰堯時有大風爲民害乃繳大風於青丘之野許慎注曰大風大鷙鳥也

文子曰川竭而谷虛丘夷而泉塞

越絕書曰闔閭冢在吳縣閶門外名曰虎丘下廣平六十步水深丈五尺銅槨三重玉鳧之流扁諸之劒在焉卒十万人治之取土臨湖葬三日白虎居上故號曰虎丘

東方朔十洲記曰長洲一名青丘在南辰巳地地五千里去岸二十五萬里上饒山川又多大樹樹有二千圍者一洲之上專是林木故一名青丘仙草靈藥甘液玉英靡所不有

齊地記曰營丘在臨淄小城內古以爲齊室也丘下周三百餘步高九丈北廂下隆丈五造井水深七丈餘井與地平

伏滔北征記曰博望城內有成湯伊尹箕子冢今皆爲丘

述異記曰南海中有軒轅丘鸞鳥自歌鳳自舞古云天之樂也

郡國志曰濮陽縣本顓頊之城今謂之帝丘夏后之代昆吾居之春秋衛遷于帝丘夢人登昆吾之墟是也

又曰濮州初徙陶於乘丘故縣搖得漆盃二底內有朱書曰乘丘既見風日糜然爛碎矣陶今定陶

外國圖曰員丘之上有不死樹食之乃壽有赤泉飲之不老薰丘多大風無人民群犬居之青丘之民食穀衣野絲去琅瑘萬三千里神丘有火穴其光照千里去琅瑘三萬里

陳留風俗傳曰雍丘縣有五陵之丘以故名縣

故王仲宣之賦登樓云西接昭丘是也

又曰隋縣有斷虵丘隋侯出見大虵中斷因舉而藥之故謂之斷虵丘

又曰鞏縣北有山臨河謂之岺原丘下有穴謂之鞏穴言山潛通淮濟北達于河直穴有渚謂之鮪渚

十道志云岺原丘在縣西北三十三里

陵

釋名曰陵隆也體隆高也

易曰天險不可升地險山川丘陵

又曰躋於高陵三歲不覿

詩曰鴥彼飛隼率彼中陵

又曰高岸爲谷深谷爲陵

禮曰五月可以居高明可以遠眺望可以升臺榭

傳曰蹇叔送其子曰殽有二陵其南陵夏后皐之墓其北陵文王之所避風雨也

春秋說題辭曰陵之爲言稜也輔山成其廣厚稜扶推益厥長也

孝經援神契曰德至山川丘陵則景雲出宋均注曰景雲應氣潤澤不偏也

爾雅曰大阜曰陵

又曰東陵阠所陳切南陵息愼西陵威夷中陵朱滕北陵西隃鴈門是也音戍陵莫大於加陵梁莫大於溴梁墳莫大於河墳謂之八陵

穆天子傳曰天子東遊次于雀梁暴蠹書于羽陵

莊子曰盜跖死於東陵之上

又曰步仞之丘陵巨獸無所隱其軀而孼狐天子東征鈞

于隰水祭淑人是日祭丘爲之降
吕氏春秋曰九葬必於高陵之上以避狐狸之患水泉之
濕此則善矣
楊子法言曰百川學海而至於海丘陵學山而不至山是
故惡夫住者住止
魏子曰堯入百仞之溪則不照三里非矇闇位卑勢下故
也桀紂昇百丈之陵能見四海非照明位高勢尊故也
十洲記曰崑崙陵即崑崙山也西海之戌地北海之亥地
去中國十萬里有弱水周匝繞山
吴録曰張紘言於孫權曰秣陵楚武王所置名爲金陵秦
始皇時望氣故掘斷連崗改名秣陵
物理論曰地者鎮之以五岳積之以丘陵

阪

詩曰阪有漆隰有栗
爾雅曰坡者曰阪郭璞注曰阪地不平也
史記曰漢文帝嘗從霸陵西馳下峻坂袁盎攬轡上曰將
軍怯也盎曰臣聞千金之子坐不垂堂百金之子立不倚
衡今聖主乘危馳不測之淵如馬驚車敗柰高廟何上乃
止
漢書地理志曰河東蒲坂縣故曰蒲泰更名應劭曰秦始皇東巡見有長坂孟康曰本屬晉文公以賂秦秦人還蒲魏人喜曰蒲反矣
漢書曰王陽爲益州至邛郲蒲北切坂九折歎曰柰何以先
人之遺體乘此險乎遂以病去及王尊爲刺史至此坂問
吏曰此非王陽所畏道耶叱其馭駈之曰王陽爲孝子王
尊爲忠臣應劭注曰坂在嚴道縣界

色頭痛嘔吐
續漢書地理志曰河東大陽縣有顛軨坂
蜀志曰先主至當陽之長坂爲曹公所追敗
王隱晉書曰孫登楊駿逼迎之與語不荅賜布袍登借刀
截斷棄門中大呼云剌斫剌斫卒病死後人見在貴馬坂
穆天子傳曰天子南還昇于長松之坂郭璞注曰坂有長松
酈善長注水經曰洛水東逕九曲其地千里有九坂之曲
穆天子傳所謂天子西征升九阿是也
又曰河水東逕旋門坂北今城皋西大坂是也昇陟此坂
而東趣成皋城
列女後傳曰吕榮者吴郡許昇之妻也昇爲賊所害榮貞
固自守黄巾賊陳寶欲干穢之榮執節不聽寶遂殺榮是
日疾風暴雨雷電晦冥寶恐懼叩頭謝葬之而去稟府君

聞榮高行遣主簿祭之又出錢助縣爲冢於嘉興郭里墟
北名曰義婦坂
華陽國志曰有牛叩頭坂馬搏頰坂其嶮如此
晉太康地記曰常山曲陽縣有恒山坂號飛狐口上壺關
縣有羊腸坂
地理志曰函谷東坂謂之八特坂
述征記曰黄巻坂者傍絶澗以昇潼關長坂十餘里九坂
皆迤邐長坂東京賦曰所謂西阻九阿者也
戴延之西京賦曰黄坂去終南六十里少華山西
任豫益州記曰汶江水源出王輪坂下今屬汶江郡在郡
東北三十里
古今地名曰冥軨坂在鹽池東吴城之北今之吴坂

趙簡子曰人臣[illegible]聞人君而侮其臣乎則智者不爲謀辯者不爲鬪則其國危乎簡子曰善以宗會爲上客

郡國志曰雍州咸陽縣北十五里長平坂漢武帝幸甘泉馳道有蟲覆地赤如生肝問東方朔朔曰秦獄地寃氣也臣聞酒能銷愁以酒澆之果銷矣

陘

爾雅曰山絶曰陘郭璞注曰連山中斷者也

漢書曰趙王成安君陳餘聞漢且襲之聚兵井陘口號稱二十萬

穆天子傳曰天子北征乃絶漳水至于鈃山之下郭璞注曰即井鈃山今在常山石邑縣

述征記曰燕趙間凡厥山路名之曰陘井陘在常山

峽

水經注曰丹山在丹陽屬巴丹山西即巫山者也帝女居焉宋玉所謂我帝之季女名曰瑤姬未行而亡封于巫山之陽高唐之岨旦爲雲暮爲雨朝朝暮暮陽臺之下旦朝視之果如其言故爲立廟號朝雲焉其間首尾一百六十里謂之巫峽盖因山爲名也

盛弘之荆州記曰舊云自二峽取蜀數千里中恒是一山此盖好大之言也唯三峽七百里中兩岸連山略無闕處重巖疊嶂隱天蔽日自非停午夜分不見日月至於夏水襄陵沿泝阻絶或王命急宣有時云朝發白帝暮至江陵其間一千二百里雖乘奔御風不爲疾也春冬之時則素湍淥潭迴清到影絶巘多生檉栢懸泉瀑布飛其間清榮峻茂良多雅趣每晴初霜旦林寒澗肅常有高猿長嘯屬長猿鳴三聲淚沾裳

又曰南崖有重嶺疊起最大高崖間有石色如人負刀牽牛人黑牛黃成就分明此崖既大加以江湍紆迴途經宿猶望見之行者歌曰朝發黃牛暮宿黃牛三日三夜黃牛如故

庾仲雍荆州記曰巴陵楚之世有三峽明月峽廣德峽東突峽即今之巫峽秭歸峽歸鄉峽

袁山松宜都記曰巴陵楚之世有三峽高山重鄣非日中半夜不見日月猿鳴至清諸山谷傳其響冷冷不絶也

王韶之始興記曰宿縣有觀峽橫巒交枕絶崖岸壁護水口有貞女峽峽西岸水際有石如人形高可七尺狀似女子是曰貞女父老相傳秦世有女數人取螺於此遇風雨晝昏而一女化爲此石

鄧德明南康記曰雩都峽其水常自激通奔如轉輪

郡國志曰南鄉峽峽西八十里有巴鄉村善釀酒故俗稱巴鄉酒也村傍有溪溪中多靈壽木焉

水經注曰湞陽觀峽下有廟世人以爲河伯晉時縣人有使至洛者使訖將還忽有一人寄其書云吾家在觀前石間石間懸藤即其處也但扣藤自當有人取之使者依其言果有二人出外取書并延入水府衣不霑濡

又曰續漢書云虞詡爲武都太守下辯東三十餘里有峽峽中白水生大石鄣塞水流春夏輒濆溢敗壞城郭詡使人燒石以醋灌之石皆淬裂因鐫去焉遂無泛溺之害

又曰涇水東南逕都盧山山路之中常有如彈箏之聲行者鼓舞樂而後去即絃歌之山也故謂此山峽爲彈箏峽

隴西記曰褱武有錦鏡峽即黑水所經其峽四望花木明媚照影於其中因以稱之也

峽程記曰瀘合遂蜀四郡皆峽之郡自巒江桔栢沲導等江至此二百八十江會于峽前次荆門都四百五十灘即有清水重峯胡灘漢灘忽雷閃電咤灘瀨灘狼尾使君主簿皆使君主簿沉舟之所遂爲名其他不悉記之三峽者即明月峽仙山峽廣澤峽其有瞿塘灎澦鷰子屏風之類皆不預三峽之數

李膺益州記曰廣陽州東七里水南有遰要二塠石石東二里至明月峽峽前南岸壁高四十丈其壁有圓孔形如滿月因以爲名

岡

釋名曰岡亢也在上言之

詩曰陟彼高岡我馬玄黃

又曰如山如阜如岡如陵

又曰謂山蓋高爲岡爲陵

又曰陟彼崗矣瞻望兄矣

尚書曰火炎崑岡玉石俱焚

爾雅曰山脊曰岡

山謙之丹陽記曰句容縣東三十五里有龍岡岡頂有沸潭周迴十三丈聞人聲水便沸動不聞不涌也

王韶之始興記曰郡西南有芙蓉岡高若玉山隣枕郊郭周迴連亘四十餘里

又曰含洭縣白鹿城南有白鹿岡晉咸和中郡民張鮑作令著惠有白鹿遊此岡因以爲名

懸乘也

顧微廣州記曰四會有金岡行人往往見金於岡側

裴淵廣州記曰城西北五里連續大岡直上百尋名爲越王冢吳朝掘冢尉他墓竟無所見於天井岡得六玉璽一小車州城北有馬鞍岡秦時瞻氣者言南方有天子氣始皇發民鑿破此岡地中出血今鑿處猶在增城縣有雲母岡日出照之晃曜

武昌記曰城北有岡高數丈名曰鳳闕其處顯敞昇闕以望州澤多所遠瞻吳黃龍元年有鳳皇集此岡故謂之鳳闕鳳闕南十里有金牛岡古老相傳云有金牛出此岡岡今半崩坑深數丈金牛躍出踐岡邊遺跡猶存

王孚安成記曰萍鄉西津南五里山名女岡天氣將雨水輙先涌出石門而有五色玄黃百姓謂之玉女披衣

鄧德明南康記曰陳蕃墓在青龍岡土人傳云昔見一物龍形而通身絕青數出岡頂及山邊故言名青龍也

又曰贑縣馬脊岡在縣西其形馬脊故以爲名也

任端休江陵記曰州城北五十四里有楚平王冢枝江班竹岡又云平王冢周迴數百步未知孰是

荆州記曰零陵郡東南有黃溪黃溪西有磐石岡

衡山記曰衡山有曾青岡出曾青可合仙藥有靈壽岡有靈壽木周迴數十里芝草岡有神芝靈草

郡國志曰久留岡昔太守衛諷罷郡還京故老送別久留此岡

又曰顯朝岡在欝平縣陸續制渾儀處

隋圖經曰歷陵縣西十里有石子岡實山也而高大有冢

得炭深一丈得連木板厚高八尺次得流泉水水色清冷非常以牛皮爲囊作絞車以汲之一月而水無極乃止築城繞之氣成樓閣

酈元注水經注曰蔡水出襄國石井崗崗上有井大如輪隋區宇圖志云此井光武營軍所鑿傍有聚荆棘生皆蟠縈如人手結云是光武繫馬處

又石勒時天旱沙門佛圖澄於此崗掘得一死龍長尺餘濟之以水良久乃蘇尋奈之龍騰空而上天雨即降因名龍崗

鄱陽記曰大雷崗在縣東北後漢雷義字仲公所居又有小雷崗側

又曰雷煥所居之處

太平御覽卷第五十三

太平御覽卷第五十四

地部十九

巖　穴　谷　嶺

巖

說文曰巖者崖也山邊謂之崖

書曰高宗夢得說使百工營求諸野得諸傅巖孔安國注曰使百官以所夢之形象經營求之外野得之於傅巖之溪

晉書曰許詢移居皐屯之巖常與沙門支遁及謝安石王羲之等同遊往來今皐屯呼爲許度巖

齊書曰徐伯珍宅南九里有高山班固謂之九巖山後漢龍丘萇隱處也山多龍鬚檉栢望之五采世呼爲婦人巖

盛弘之荆州記曰平樂縣有山臨水巖間有兩目如人眼極大瞳子白黑分明名爲目巖

又曰始興機山東有兩巖迴向鴟尾石室數十所行過者皆聞有金石絲竹之聲

南康記曰陽道士菲巖室臨終語弟子等可送吾尸置彼石室中中褐香炉此外無所須也葬數年尸猶儼然今舟行者過其山渚長聞香氣咸歎異焉

水經注曰疊山石室中有積書卷矣而世士罕有達者因謂之積書巖

鄱陽記曰香巖在貴溪縣東五里舊名腥腥巖昔術者許旌陽斬蛟於此巖下因此名焉又以板塞巖口尋蛟潛遁洪州横泉井每至天景澄霽見水底板木存焉後人惡其名遂改焉

又曰弋陽嶺上多蠢巖元嘉中有人見其巖內有三鐵鑊

穴

說文曰穴者室也

易曰上古穴居而野處後世聖人易之以宮室

詩曰穀則異室死則同穴

禮記月令曰季秋之月蟄虫在穴內皆墐其戶墐謂塗閉之也避殺氣也

史記曰司馬遷登會稽山探禹穴

范曄後漢書曰光武郭皇后父昌生后及生子況況遷大鴻臚賞賜金錢縑帛豊盛莫比京師號況家爲金穴

山海經曰熊山有穴曰熊穴恒出神人夏啓而冬閉是穴若冬啓夏閉乃必有兵郭璞曰今鄴西有鼓山上有石鼓象懸著山旁鳴則有軍事与此穴殊象而同應

莊子曰越人三世殺其君王子搜患之逃於丹穴越人無君從之丹穴王子搜不肯出越人燻之以艾承以玉輿

淮南子曰治鼠穴而壞里閭

水經注曰昔巴蠻有五姓未有君長倶事鬼神乃共擲劍於石穴約能中者衆奉以爲君巴氏子務相乃中之又各令乘土船約浮者當以爲君唯務相獨浮因共立之是爲廩君

又曰江陵有鴐部口宋文帝車駕發江陵至此黒龍躍出負帝乗舟左右失色上謂長史王曇首曰此乃夏禹所以受天命矣我何德以堪之故穴爲龍穴焉

又曰夏平縣有重山即烈山也山下有一穴父老相傳是神農所生處也

又曰大洪山巖嶂皆數百許刃入石明又尋鍾乳穴穴上

風土記曰太湖中山有洞穴傍行地中無所不通謂之洞庭

續搜神記曰長沙醴陵縣有小水有二人乘舡取樵見岸下土穴中水流出有新斫木片逐水流上有深山有人迹異之相謂曰可試入水中看何由尒一人便以笠自鄣入穴穴纔容人行數十步便開明朗然不異世上

外國圖曰風山之首高三百里風穴方三十里春風自此出也

又曰神丘有火穴其光照千里去琅琊三万里

荊州圖記曰盧縣有馬穴山傍有地道漢時常有百疋馬出其中形皆小似滇池馬今遂名其處曰馬穴

又曰縣北九十里有趙蠻山傍有石臺高十五丈廣三丈有穴深一里內甚平整虛寂謂之仙穴

錢塘記曰靈隱山有石穴傍入行十數步有水廣丈餘昔有人採鍾乳見龍跡聞穴裏㩳㩳有聲出

宜都記曰佷山縣有文石穴平居無水有渴者至請乞輒得水戲乞則不得

又曰自西陵北行三十里有石穴名馬穴嘗有白馬出食人逐之入穴潛行出漢中漢中人失馬亦嘗出此穴相去數里

武昌記曰蕪菁山有龍穴其水深闇少得入者人採鍾乳乘火而入下有水深數尺多有蝙蝠來撲火

江乘地記曰西南二十里木蘆山有鍾乳穴

鄭緝之東陽記曰北山西崖有石床流水澆灌其側又有石田如稻田云堂裏有洞穴有人常於此採鍾乳入十餘

王韶之神境記曰滎陽郡有孤山直長百餘丈東北有二穴寥寥然杳杳然便是雲霞中館矣

又曰滎陽郡北三十里有何家巖傍有一穴始入幽峽而甚闇昔有採鍾乳者至此見有書三卷竹一枝

潯陽記曰赤山下有石穴有人取鍾乳者經宿不知所窮水恒流出深處浮乃得過得數里輒見有光明聞裏有聲若霹靂此人遽出竟無以測遠近有仙鼠常撲火

鄧德明南康記曰西南有通天穴四壁石色似書丈六像下有石床有石子彈丸聚有一角

又曰平固縣西覆笥下有洞穴穴口可廣五六尺高五尺餘昔有人採鍾乳深入爲瞑不得出遂留住宿忽聞頭上有篙舡之聲

北征記曰姑孰有井山有九穴與江通

吳郡臨海記曰虞縣有穿山下有洞穴昔有在海中行者牽帆從穴中過

盛弘之荊州記曰宜都佷山縣有山山有風穴口大數尺名爲風井夏則風出冬則風入樵人有冬過者置笠穴口風吸之經月還涉長陽溪而得其笠則知溪穴潛通

玄中記曰蜀郡有青城山有洞穴分爲三孔西北通崑崙

婁地記曰太湖東小山名洞庭純石巉巖木唯松栢山有三穴東頭北面一穴不容人西頭南面一穴亦然並有青泉流出西北一穴傴僂纔得入穴外石盤礴形勢驚人穴裏如一間堂屋上高丈餘恒津潤四壁石色青白南壁開處側宥得入潛行二道北通琅琊東通武縣西通長沙巴陵湖吳大帝使人行三十餘里而反云上聞有浪聲有大

蝙蝠如烏拂殺人火穴中高處火照不見穴有鸞管鍾乳氷寒可得入春夏不可入

郡國志曰虔州歸義山夢水出焉有石室金色號爲金穴室内常有金鼠出入

又曰瓜州常樂縣縣有風穴恒以大石梭之若開暴風起連日

又曰循州有龍穴潛通于海傍于洞庭

吳都賦云目龍川而帶坰是此也

又曰虢州楊震宅西有龍壁原南崖有太尉公藏書穴太元初人入穴見古書二十餘卷焉

會稽記曰郡有禹穴案漢書司馬遷傳云上會稽探禹穴又有禹井

楊都云入洞穴出蒼梧注云在零陵言人從禹穴入至蒼梧出也

周地圖記曰順政郡丙穴以其口向因以爲名沮水經穴間而過或謂之大丙水每春三月上旬復有魚長八九寸或二三日聯綿從穴出躍相傳名爲嘉魚即左太冲蜀都賦所謂嘉魚出於丙穴是也

武陵記云鹿山有穴昔宋元嘉初武陵溪蠻入射鹿逐入一石穴穴才可容人蠻人入穴見有梯在其傍因上梯豁然開朗桑果靄然行人翱翔不似戎境此蠻乃批樹記之其後尋之莫知所處

谷

說文曰泉通川曰谷

易曰入于幽谷三歲不覿凶

又曰惴惴小心如臨于谷

又曰伐木丁丁鳥鳴嚶嚶出於幽谷遷于喬木

又曰皎皎白駒在彼空谷

左傳曰莫敖縊于荒谷（盛弘之荊州記曰今竹林是也）

爾雅曰水注溪曰谷

蜀志曰谷口今之斜谷是也

唐書曰王龜字大年性簡淡蕭灑不樂仕進少以詩酒琴書自適不從科試京城光福里起第兄弟同居斯爲宏敞龜意在人外倦接朋游乃於永達里園林深僻處創書齋吟嘯其間目爲半隱亭及從父起在河中於條山谷中起草堂與山人道士游朔望一還府第後人目爲郎君谷

老子曰谷得一以盈谷無以盈將恐竭

又曰江海能爲百谷王者以其善下之也故能爲百谷王

又曰知其辱爲天下谷

桓子曰昔齊桓公入谷問父老曰此何谷荅曰謂臣愚名爲愚公谷

風俗通曰南陽酈縣有甘泉谷水甘美云其山上有菊花水從山中流下得其滋液谷中三十餘家不復穿井仰飲此水上壽者一百二十中者百餘歲

漢武故事曰上微行至栢谷宿於逆旅

劉向別錄曰方士傳言鄒衍在燕有谷地美而寒不生五穀鄒子居之吹律而溫氣至而生黍穀今名黍谷

博物志曰夏桀之時爲長宮於深谷之中三旬不出大風揚沙一夕填此宫谷也

虞喜安天論曰日月行於飛谷謂地中也不聞列星復流

水經注曰今居縣西北塞外瓦街谷水丈成龍試攪破之尋手成龍畜生將飲皆畏而走又燉煌西有馬跡谷漢武帝聞大宛有天馬遣李廣利伐而得之甚以爲奇故賦天馬之歌

秦州記曰古有神婦負土欲塞谷繩絶墜負押木因成二樹其大數圍

尋陽記曰廬山西南有康王谷又北嶺有劉成谷天欲雨輒聞鼓角簫笳之聲

戴延之西京記曰梓澤去洛城二十里澤在金谷之中朝賢所集賦詩是石崇所居

郡國志曰武都沮水之西有角弩谷即蜀將姜維勳五部溪羌之所

又曰玉喬谷俗謂太公即王喬所隱處谷有喬堂歲常祀之

雲陽記曰龍谷水出雲陽宮東南

又有鄭泉云漢時鄭朴字子眞隱於谷口不屈其志耕於巖石之下名震京師時人亦因子眞所居以爲名也

又有冶谷封禪書所謂谷口是也去雲陽宮八十里出鐵冶鑄之所因以爲名入谷便流潦沸騰飛泉激雨岸峭壁孤竪盤横挑谷口凜然凝冴常如八九月中朱明盛暑當晝暫暄凉秋晱候緼袍不暖所謂寒門也

又云入冶谷二十里有百里槐樹樹北有泉名曰金泉按此樹猶存金泉西南百步谷中今有毛原監也

十道志曰大谷在鞏縣東五里

張衡東京賦曰盂津達其後大谷通其前

潘岳閑居賦曰張公大谷之梨皆謂此也

嶺

廣州記曰有五嶺大庾始安臨賀桂陽揭陽是也

南康記曰秦始皇略定楊越謫戍五方南守五嶺第一塞上嶺即南康大庾嶺是第二騎田嶺今桂陽郡臘嶺是第三都龐嶺今江華郡永明嶺是第四甿渚嶺亦江華郡白芒嶺是第五越城嶺即零陵郡南臨源嶺是也

談藪曰光州西北有一嶺高峻北臨滄江齊尚書郎崔挺遷光州於嶺上欲立觀宇故老云北嶺秋夏之際常有暴風迅雨巖石盡落相傳云是龍道不可乂立挺曰人神相去何遠之有虬龍倏忽豈惟一路乎遂營之數年果無風雨之患挺還歸尋爲雷風所毀後不能立

吳地志云南野縣有大庾嶺通廣州

晉太康地志嶺峻阻螺轉上踰九磴二里至頂下七里平行十里至亭一名横亭一名寨上嶺

建安記曰建安縣有禱嶺與泉州分界言嶺高禱而方過

又有飛猿嶺喬木造天猿猱之所飛走故曰飛猿嶺

歙州圖經曰海寧有容嶺有木石糖出樹空石罅中百姓每採之

又曰黟縣有墨嶺上有石如墨色歙賦士人取以爲墨

又曰婺源有甘子嶺此地本無甘樹唯此忽有一株因以爲名

與地志曰東陽畢嶺之下有錢嶺往往人於此嶺下獲大錢俗謂之錢嶺

又曰贊皇縣有孔子嶺上有石堂寬博其石相拒若檻柱

有石人衆執卷之狀

雷次宗豫章記曰西山中峯最高頂名鶴嶺即子喬控鶴經過之所壇在鶴嶺之側雲景鮮美草木秀潤異於它山山側有土名控鶴鄉

太平御覽卷第五十四

窟　野　郊

窟

禮記曰古未有宮室冬居營窟夏居橧巢也

左傳曰鄭伯有嗜酒爲窟室而夜飲擊鍾焉朝至未已朝者曰公焉在曰吾公在壑谷（壑谷窟室也）

史記曰吴公子光之謀王僚也專諸謂曰王僚可殺也公子光乃伏士於窟室中而具酒請王僚使專諸置匕首魚炙之中專諸擘魚因以刺王僚王僚立死

戰國策曰馮煖謂孟嘗君曰兎有三窟僅得免死君始一窟未得高枕而卧也請爲君復鑿二窟乃西遊於梁謂梁惠王曰齊於其臣孟嘗君諸侯先迎者國富兵強梁王乃聘以爲相齊王聞之懼乃請反國馮煖使請先致祭器立宗廟於薛三窟已就煖之力也

晉書曰王衍用弟澄爲荆州從弟敦爲青州曰荆有漢江之固青有負海之險吾留於此足爲三窟

王隱晉書曰魏末有孫登字公和汲郡共人也無家屬時人於汲縣北山土窟中得之

崔鴻十六國春秋前秦録曰張忠字巨和中山人也永嘉之亂隱於泰山端拱若尸無琴書之適不脩經典勸教但以至道虚無爲宗其居也依崇巖幽谷鑿地爲窟室弟子亦窟居去忠六十餘歩五日一朝其教也以形不以言弟子受業觀形而退

淮南子曰鳥飛反鄉兎走歸窟

典略曰蘇秦與張儀始俱東學於齊鬼谷先生皆通經藝下在窟中説使泣者則能分人主之地矣秦下詔之鬼谷泣下沾衿秦與儀記一體也

又曰董卓雖親愛呂布然時醉則罵以刀劍擊之不中而後止布恐終被害乃私與司徒王允及尚書令士孫端謀養死士於窟室三年四月天子疾瘳卓詣宮賀布先置死士以邀之卓嚴駕出馬躓不肯行心怪之欲還布勸使行到宮門入掖門死士交戟刺卓墮車顧布所在布下馬曰有詔遂殺之

列仙傳曰歷陽有彭祖仙窟請雨輙得也

神仙傳曰李意其蜀人於成都角作一土窟居之冬夏單衣髮長翦去之皆使長五寸或百日二百日三百日不出窟

郡國志曰相州隆慮山有一洞去地千仞俗謂聖人窟下有小山孤竦謂之玉女樓仙人臺亦曰香爐峯也

又曰馬邑白道齊坂有土穴出泉即琴操謂飲馬長城窟也

秦州記曰河崖傍有二窟一曰唐術窟深四十餘丈高四十餘丈中有三佛寺流泉浴池鑿石作丈六像三百餘區其西二里則曰時亮窟高百丈廣二十丈深三十丈亦有泉水藏古書五卷（唐術時亮皆古之孝行士也）

又曰州圖經曰唐術窟在郡西龍支谷彼人亦罕有至者其窟内有物若似今書卷因謂之精巖巖内時見神人往還蓋古仙所居耳羌胡懼而莫敢近又謂鬼爲唐術故指此爲唐術窟

豫章記曰豐城縣有雷孔章掘神劍窟方廣七八丈

王部之南康記曰神源下流百里有峽兩岸皆高山峽下

數十里有蛟龍窟時時有霧氣耆宿云此通南康縣去此穴由百餘里耆宿有其口者夜遇暴雨水器物乃流出彼此如其然

野

說文曰野郊外也

周易曰龍戰于野其血玄黄

又曰同人于野亨利涉大川乾行也王弼曰所以乃能同人于野亨利涉大川非二之所能也是乾之所行也

又曰上古穴居而野處後世聖人易之以宫室

書曰啓與有扈戰于甘之野作甘誓

又曰大野既豬東原厎平

又曰伊尹相湯伐桀升自陑遂與桀戰于鳴條之野孔安國曰地在安邑之西

又曰高宗夢得說審厥象俾求于天下說築傅巖之野惟肖

又曰王曰來說台小子舊學于甘盤既乃遯于荒野入宅于河既學而中廢業遯居田野河洲也

又曰歸馬于華山之陽放牛于桃林之野示天下弗復用

又曰武王伐紂至于牧野乃誓

毛詩曰野有死麕惡無禮也林有樸樕野有死鹿白茅純束

又曰燕燕于飛差池其羽之子于歸遠送于野

又曰野有蔓草零露團兮

又曰葛生蒙楚蘞蔓于野予美亡此誰與獨處毛萇曰喻婦人外成於他家謂其君子從軍未還未知死生

東野有餓勞苦者

詩曰鴻鴈于飛肅肅其羽之子于征劬勞于野

又曰鶴鳴于九皐聲聞于野

又曰我行其野蔽芾其樗婚姻之故言就爾居

又曰我征徂西至于艽野

又曰殷商之旅其會如林矢于牧野維予侯興

又曰京師之野于時處處于時廬旅于時言言于時語語鄭玄曰京地衆民所居之野舍其賓旅言其所當語語也

又曰駉駉牧馬在坰之野

韓詩外傳曰孔子出遊少原之野有婦人哭甚哀問之婦人曰向刈薪亡吾蓍簪是以哀也非傷亡簪蓋不忘故也

禮記曰季春之月命司空曰時雨將降下水上騰循行國邑周視原野脩利堤防

又曰舜勤衆事而野死鯀鄣洪水而殛死

周禮曰大司徒之職掌建邦之土地之圖而辨其邦國都鄙之數制其畿疆而溝封之設其社稷之壝而樹之田主各以其野之所宜木遂以名其社與其野壝壇與堳埒也

又曰惟王建國辨方正位體國經野

又曰以九伐之法正邦國野荒民散則削之

又曰甸師掌其野果蓏之薦

又曰遂人掌邦之野凡事致野役而師田作野民帥而至掌其政治禁令凡國祭祀共野牲野職凡賓客令脩野道而委積委積於薑畜材經田野造縣鄙形體之法皆有地域溝樹之入野職野賦于王府

又曰野廬氏掌達國道路至于四畿比國郊野之道路宿

治也功農功力勤力

又曰縣士掌野合掌其縣之民數糺其戒令而聽其獄訟

左傳曰辛有適伊川見被髮祭於野者曰不及百年此其戎乎其禮先亡矣

又曰鄭伯享趙孟于垂隴伯有賦鶉之賁賁趙孟曰牀第之言不踰閾況在野乎非使人之所得聞

又曰崔氏之亂申鮮虞僕賃於野以喪莊公楚人召之遂如楚爲右尹

又曰子產之從政也擇能而使之裨諶能謀謀於野則獲謀於邑則否鄭國將有諸侯之事子產乃令裨諶乘以適野使謀可否而告馮簡子使斷之

又曰鸜鵒之羽公在外野往饋之焉

又曰齊悼公使朱毛遷安孺子於駘不至殺諸野幕之下

爾雅曰邑外謂之牧牧外謂之野

春秋合成圖曰堯母慶都盖大帝之女生於斗維之野常三河東南天大雷電有血流潤大石之中生慶都

管子曰萬乘之國兵不可以無主地博大野不可以無吏野無吏則無蓄積野無田夫則人墮本業故無蓄積

又曰行其田野視其耕耘計其農事而飢飽之國可知也其耕之不深耘之不謹地宜不任草田多穢耕者不必肥荒者不必墝其野草田多而闢田少者雖不水旱飢國之野

淮南子曰孔子行於東野馬食農夫之稼野人怒取其馬而繫之使子貢往說之畢辭而弗能得乃使馬圉往說之野人大喜解馬而與之

又曰……

國語曰臼季使舍於冀野賈逵曰臼季晉臣冀野晉地冀缺釋其耨饁之敬相待如賓從而問之曰冀芮之子也與之歸

恨邪無形之貌也胥讀縛納麗讀若翟氏之翟也

家語曰叔孫氏之車士曰鉏商車士將車者子姓也鉏商名也採薪於大野獲麟焉折前左足載歸叔孫以爲不祥棄郭外告孔子曰麕而角者何也孔子往觀曰麟也孰爲來哉孰爲來哉

呂氏春秋曰禹東至摶木之地青羌之野高誘曰青羌東方之野也

帝王世紀曰黃帝與神農氏戰於阪泉之野

又曰炎帝殺蚩尤於中冀名其地曰絶轡之野

又曰湯時大旱殷吏卜曰當以人禱湯曰吾所爲請自當遂齋戒剪髮斷爪已爲牲禱於桑林之野告於上天已而雨大至

又曰棄恤民勤稼盖封地方百里巡教天下死於黑水之間瀆渚之野

又曰秦自非子受封至昭王滅周之歲在大梁前後七遷皆在禹貢雍州之域荆山終南敦物之野東井輿鬼之分鶉火之次也

焦贛易林曰舜升大禹石夷之野徵詣王庭拜治水土

又曰多載重負捐棄於野徒勞但苦頓無誰子

水經注曰自朝歌以南壍清水土地平衍據皐跨澤悉坶野矣

郊

說文曰距國百里曰郊

爾雅曰邑外曰郊

易曰密雲不雨自我西郊

又曰同人于郊無悔

詩曰孑孑干旄在浚之郊

又曰逝將去汝適彼樂郊

禮記月令曰立春之日天子親率公卿諸侯大夫以迎春於東郊

又曰天子親耕於南郊以共粢盛王后蠶於北郊以共純服諸侯耕於東郊亦以共粢盛夫人蠶於北郊以共冕服

又曰因吉土以饗帝于郊

周禮曰閭師掌國中及四郊之民六畜之數以任其力以待其政令以時徵其賦

又曰正歲帥其屬而憲禁令于國及郊野（去國百里爲郊郊外曰野）

又小宗伯之職掌建國之神位若大甸則帥有司而饁獸

于郊（有司大司馬之屬饁饋也以禽饋四方之神於郊）

漢書曰王莽天鳳四年八月莽親之南郊鑄作威斗其日大寒百官人馬有凍死者

老子曰天下無道戎馬生於郊

太平御覽卷第五十五

陸　京　阿　峴

隴　堆　墟　培塿

陸

釋名曰高平曰陸陸漉也川流漉而去也

說文曰陸高平地也

周易曰鴻漸于陸夫征不復婦孕不育凶利禦寇（王弼曰陸高之頂也進而之陸與四相得不能復反者也）

又曰莧陸夬夬中行無咎

易坤靈圖曰聖人受命瑞應先於河瑞應之至聖人殺龍龍不可殺皆感氣也君子得衆人之助瑞應先見於陸瑞應之至君子殺蛇蛇不如龍陸不如河

焦贛易林曰山没丘浮陸爲水魚燕雀無巢民無室廬

又曰晁池水廉高陸爲海江河橫流魚鱉成市

尚書曰恒衛既從大陸既作（孔安國曰二水已治從其故道大陸之地已可耕作也）

毛詩曰考盤在陸碩人之軸

又曰鴻飛遵陸公歸不復於女信宿（毛萇曰陸非鴻所宜與也）

周禮曰作車以行陸作舟以行水此皆聖人之作

樂動聲儀曰土肥饒原陸陸狹斯生奢侈之俗也

漢書曰禹陸行載車

又曰秦地有鄠杜竹林號曰陸海

又曰鄒陽奏書吴王曰高皇帝水攻則章邯以亡其城陸擊則荆王以失其地

魏名臣奏曰執金吾龐延奏其山居林澤有火耕畬種而平地平陸雖有往古耒耜區種之法就其收者適可踈食

關令內傳曰關令尹喜生時其家堂陸地自生蓮華光色鮮盛

文子曰却走馬以糞車軌不接於遠方之外是謂坐馳陸沉

老子曰蓋聞善攝生者（河上公曰攝養也）陸行不遇兕虎（自然遠避害不干也）入軍不被甲兵

莊子曰泉涸魚相與處陸相呴以濕相濡以沫不若相忘于江湖

王充論衡曰夫知古不知今謂之陸沉然則儒生所謂陸沉者也

應劭風俗通曰荆鱉令死亡隨水上荆人求之不得也鱉令至岷山下邑起見蜀望帝使鱉令鑿巫山然後蜀得陸處望帝自以德不如以國禪與鱉令爲蜀王號曰開明

傅子曰堯遭洪水而貴陸湯大旱而重水

又曰陸田命懸於天人力雖修苟水旱不時則一年之功棄矣

六韜曰天下之人陸沉於欲久矣

傅咸扇賦曰水不策驥陸不乘舟世無爲而俎豆設時有虞而干戈脩

夏侯湛春可樂曰春可樂兮樂崇陸之可娛登夷岡以迴眺兮超矯駕乎山嵎

又秋可哀曰秋可哀兮哀南畝之菜荒既採蘭於大陸兮又刈蘭乎崇岡

又梁田賦曰嬉于夷寧之廣陸步于大野之長京察田疇之疆畔兮觀游雉之逸形

京

説文曰京人所爲絶高丘也

毛詩曰升彼墟矣以望楚矣望楚與堂景山與京（毛萇曰京高丘也）

又曰曾孫之稼如茨如梁曾孫之庾如坻如京

又曰依其在京侵自阮疆陟彼高岡無矢我陵

爾雅曰丘之高絶者曰京

張揖廣雅曰四起曰京

應劭風俗通曰京謂非人力所能成天地性自然也京師義亦取此

阿

説文曰大陵曰阿一曰阿曲阜也

毛詩曰無矢我陵我陵我阿無飲我泉我泉我池（鄭玄曰文王侵阮國阮之兵無敢當其陵及阿又無敢飲於泉及池者也）

又曰有卷者阿飄風自南（毛萇曰惡人被化而消猶飄風之入曲阿也）豈悌君子來游來歌以矢其音

又曰誰謂爾無羊三百維群誰謂爾無牛九十其犉或降于阿或飲于池

又曰陟彼中阿言採其蝱

又曰考盤在阿碩人之薖

又曰菁菁者莪在彼中阿

又曰綿蠻黄鳥止于丘阿

張揖廣雅曰曲陵曰阿

史記曰黄帝披山通道而邑于涿鹿之阿

帝王世紀曰蚩尤氏強與榆罔爭王於涿鹿之阿

嵇康聖賢高士傳讃曰許由養神宅于箕阿德眞體全擇日登遐

樂資春秋後傳曰阿房宮未成成更欲擇令名名之作宮阿房故天下謂之阿房宮

漢武内傳曰西王母命侍女歌云仰上升絳庭下遊日窟阿顧眄入落外遠指九空遐

董覽吳地志曰曲阿秦時名雲陽太史云東南有天子氣在雲陽之間故鑿北岡令曲而阿因名曲阿

桓寬鹽鐵論曰晉有河華九阿而奪於六卿齊有泰山巨海而脅於田常

孫楚王驃騎誄曰逍遥芒阿闔門下帷研精六藝採賾鉤微

湛方生詩曰發軫踏平陸秣馬青山阿洒酒炙枯魚鼎食何必過

袁宏採菊詩曰息足廻阿圓坐長林披榛即澗藉草依陰

酈炎詩曰靈芝生河洲動摇困洪波秋蘭榮何晚嚴霜瘁其柯哀哉二芳草不殖太山阿

摯虞遷宅誥曰惟大始三年九月上旬涉自洛川周于原阿乃卜昌水東黄米西背山面隰惟此良

陸機逸民賦曰相荒土而卜居芳廋山阿而考室

又緩齊歌行曰遨仙聚靈族高讌曾城阿長風萬里舉慶雲鬱嵯峨

峴

從征記曰青峴沙峴一名小峴木多櫨杏

續述征記曰[illegible]

山峽遠而峽今名牛頭峽

白淵之齊道記曰黃丘北十里有鸑鷟峴下帶長澗東北流經牛山山去此水八十餘里今號曰牛頭水是齊景公所登而歎處

劉楨京口記曰去城九里有白在峴

江乘地記曰城東四十五里竹里山王途所經途甚傾嶮行者號爲翻車峴也

武昌記曰城東南有金牛崗崗西有石鼓峴上有三石鼓鼓鳴天必雨

隴

方言曰秦晉之間冢謂之隴

說文曰隴天水天坂也

【四九年】【太平五十六 五】

廣志曰沭沙在玉門關外東西數百里有三斷名曰三隴也

三秦記曰隴西關其坂九廻不知高幾里欲上者七日乃越高處可容百餘家下處數十萬户上有清水四注俗歌曰隴頭流水鳴聲幽咽遥望秦川心肝斷絶去長安千里望秦川如帶又關中人上隴者還望故鄉悲思而歌則有絶死者

秦州記曰隴西郡東一百六十里得隴山南北亘棲不知遠近東西廣百八十里其高處可三四里登此嶺東望秦川四五百里極目泛然墟宇桒梓與雲霞一色東人西役升此而顧瞻者無不悲思其上懸巖吐溜於嶺中淵停名曰萬石淵溢流散下皆注於渭故北人升此而歌

始興記曰盧水合武水甚險名曰新隴有太守周昕廟即

堆

爾雅郭璞注曰江東呼地高堆者爲敦

說文曰阜小阜也

又曰巴蜀山岸脅之堆傍欲落者曰坻坻崩聲聞數百里

漢書曰楊雄上書曰往者圖西域豈爲康居烏孫踰白堆而寇西邊哉乃以制匈奴也（堆形如土龍無頭尾高者二三丈）

水經注曰緱氏山仙者昇焉言王子晉控鶴斯阜靈王望而不得近舉手謝而去其處得遺屣焉俗謂爲父堆

又曰函關直北陽河有層阜巍然獨秀孤峙河陽世謂之風陵戴延之所謂風堆者也

又曰瞿堆南絶壁峭峙孤嶮雲高望之形若覆唾壺高二十餘里羊腸蟠道三十六廻開山圖謂之仇夷所謂積石

【四卄】【太平五十六 六】

嵯峨欽岑隱阿者也上有平田百頃煑土成鹽因以百頃爲號山上豐水泉所謂清泉涌沸潤氣上流者也漢武帝元狩六年開以爲武都郡天池大澤在西故以都爲目矣

長安圖曰高望堆在延興門南八里

潘岳西征賦曰憑高望之陽隈

梁州記曰南鄭城沔漢上五十里水邊有漢武堆漢武嘗遊此以爲鈎臺後人覩其崇基謂之漢武堆

述異記曰當陽縣南有龍川鳳川云漢帝時八龍五鳳常遊於此亦呼爲五鳳堆

安定圖經曰振履堆者故老云夸父逐日振履於此故名之

墟

說文曰墟大丘也崐崘謂之墟

史記曰成王伐管蔡以殷餘人封康叔爲衛君居故商墟

漢書曰元城郭東有五鹿之墟即沙麓之地也

越絶書曰千里墟者闔廬以鑄干將劒處

又曰吳門外雞陂墟故吳王所畜雞處也

新序曰齊桓公出見遺墟問諸野人野人曰是虢之墟公曰虢氏何爲亡對曰善不能行惡不能去所以爲墟矣

風俗通曰謹案尚書舜生姚墟

又曰姚墟在濟陰城陽縣帝顓頊之墟閼伯之墟是也

培塿

說文曰附婁小土山也

左傳曰培塿無松柏

方言曰冢秦晉之間謂之培塿

墨子曰培塿之沉則生松栢民衣焉食焉家焉死焉地終不責德故以爲仁

風俗通曰培塿者即阜之類也今齊魯之間田中小高者名之爲培塿矣

太平御覽卷第五十六

地部二十二

林 麓 原 隰

林

說文曰平土有叢木曰林

釋名曰林森也森森然也

爾雅曰野外謂之林

易曰即鹿無虞惟入于林中

焦贛易林曰山林麓藪非人所處鳥獸無禮使我心苦

詩曰肅肅兎罝施于中林赳赳武夫公侯腹心

又曰林有樸樕野有死鹿白茅純束

又曰爰居爰處爰喪其馬于以求之于林之下

又曰鴥彼晨風鬱彼北林毛萇曰北林名也招賢人往從之使疾如晨風之飛入北林

又曰有鶖在梁有鶴在林鄭玄曰鶖之性貪惡而今在梁鶴絜白而反在林也

又曰厥初生民時惟姜嫄載生載育時維后稷誕寘之隘巷羊牛腓字之毛萇曰寘置也腓辟也字愛也鄭玄曰姜嫄置后稷羊牛之徑亦以爲異也誕寘之平林會伐平林置人平林又爲人所收取也

又曰瞻彼中林甡甡其鹿毛萇曰視彼林中其鹿相輩偶甡甡衆多今朝廷羣臣皆相欺皆言其鹿之不知也

又曰翩彼飛鴞集于泮林食我桑椹懷我好音鄭玄曰鴞惡鳴之鳥止於泮水之木食桑椹改其鳴歸就我善音喻人感於恩則化之

禮曰草木零落然後入山林

又曰林藪川澤有能取蔬食野虞教導之

又曰林麓川澤以時入而不禁

蔡邕月令章句曰叢木曰林受衆流注曰海

周禮曰凡邦工入山林而掄材不禁

罰之鄭玄曰平其守者平其地民守林麓之部分

又曰柞氏掌攻草木及林麓夏日至令刊陽木而火之冬日至令剝陰木而水之鄭玄曰刊剝也生山南爲陽木生山北爲陰木火之水之則使其肄

不

又鄭注曰竹木曰林

大戴禮曰高山多林虎豹蕃孕焉深泉大川魚龍交焉

左傳曰楚蔿掩爲司馬書土田度山林鳩藪澤收隰皐

楊方五經鉤深曰夫鳥遊曠澤之地而北鄙者万群虎居

繁林之藪而接豪者千數

又曰夫霜樹落葉而鴻鴈南飛桃林披華而玄鳥入宇

家語曰芝蘭生於深林不以無人而不芳君子脩道立德

不爲困窮而改節

史記曰殷紂厚賦稅實鹿臺錢盈鉅橋粟廣沙丘苑臺大

戲沙丘以酒爲池懸肉爲林爲長夜之飲

又曰稷母姜嫄見巨人迹心忻踐之而身動如孕胎居期

生子棄之隘巷馬牛不踐徙之林中會山林多人遷之渠

中水上鳥以翼覆薦之

又曰單于秋馬肥大會蹛林課校人畜

又曰神龜在江南嘉林中嘉林者無鳥獸無毒蟲火所不

及斧所不至

帝王世紀曰桀爲肉山脯林以酒爲池使可運舟

漢書曰草木未落斧不入於山林豺獺未祭罝網不布於

壄澤

又曰山林之士往而不能返朝廷之士入而不能出

後漢書曰法雄爲南郡太守移書屬縣曰凡虎狼之在山

林猶人民之居城市

張瑩漢南記樊重家素富田至三百頃竹木成林六畜放牧衆漆魚池閉門成市

魏志曰曹植上疏曰東有覆敗之軍西有殪沒之將至使蜂蛤浮翔於淮泗鼲鼬讙譁於林木

臧榮緒晉書曰郤詵爲雍州刺史帝於東堂餞之問詵曰御自以爲何如詵對曰臣舉賢良對策爲天下第一猶桂林之一枝昆山之片玉世祖笑侍中奏免詵詔曰吾與之戲耳

又曰華譚移前松滋令袁甫曰枯澤非應龍之泉平林非鸞鳳之窠

又曰王戎少阮籍二十餘年相得如時輩遂爲竹林之遊

晉書曰劉靈與阮籍嵇康相遇忻然神解便攜手入林

四·六十　太平五十七　三

又曰嵇康以高契難期每思郢質所與神交者唯阮籍山濤遂爲竹林之遊預其流者向秀劉靈阮咸王戎

干寶晉紀曰初管輅過毋丘氏墓下倚樹哀吟精神不樂林木雖茂無形可久碑誄雖美無後可守

後魏書曰魏之先居幽都也鑿石爲祖宗之廟於烏洛侯國西北自後南遷其地隔遠眞君中書侍郎李敞詣石室告祭天地以皇祖先妣配敞等既祭斬樺木立之以置牲體而還後所立樺木生長成林其民益神之咸謂魏國感靈祇之應也

又曰太祖道武帝以建國三十四年七月七日生於參合陂北明年有榆生於埋胞之坎後遂成林

又曰葬昭成皇帝於金陵營梓宮木柹盡生成林

三百里或方百里皆生海中浮土上樹根隨浪鼓動

山海經曰桃林方三百里在崑崙南夸父山北

又曰夸父逐日走渴飲河不足道渴死其杖化爲鄧林

山謙之吳興記曰於潛縣北有天目山山上衆木甚美非常因名翔鳳林

盛弘之荆州記曰宅上山頂有玉女冢塋墳甚圓上有喬木叢生名爲女貞林常有白猿栖遊哀鳴清絕

又曰江陵縣東一百里有綠林山茂林蓊鬱襄陽大路經由其西所謂當陽之綠林也

五端休江陵記曰城西北六十里有大林春秋曾文公六年楚飢戎侵其西至于阜山師于大林即此地也

又曰州城東北十二里有曹公林相傳云建安十三年曹操擊劉備於當陽長坂迴師頓此林因謂之曹公林

四·五十　太平五十七　四

任豫益州記曰廣平有石紐林禹生處也地方百許里今人猶不敢居止

外國圖曰桂林地多林木無平土衆猴居之無人民去九疑四萬里羆林地險無平土衆羆居之

應劭風俗通曰配林在太山西南五六里金樹木蓋不足言

劉義慶世說曰魏武行役失汲道三軍皆渴乃曰前有大梅林饒子甘酸可以解渴士卒聞之口皆水出乘此得及前源

莊子曰孔子遊乎緇帷之林坐杏壇之上弟子讀書孔子絃歌鼓琴曲未半漁父下船而來

國語曰康叔射兕于徒林殪以爲大甲

說文曰林屬於山曰麓一曰麓者守山林吏也

左傳僖公十四年沙麓崩

書鴻範五行傳曰沙麓者山名也

詩文王篇旱麓章曰瞻彼旱麓（山足曰麓）

禮記曰林麓川澤以時入而不禁

漢書曰王翁孺徙魏郡元城元城建公曰昔春秋時沙麓崩晉史卜之曰陰爲雌陽爲雄土火相乘後六百四十五年宜有聖女興今王翁孺徙其地日月當之翁孺生禁禁生元后

漢書應劭曰麓林之大者

風俗通曰尚書云堯禪舜納于大麓麓林屬於山者也

三·九五

原

釋名曰原元也如元氣廣大也

書曰既修太原至于岳陽（孔安國曰高平曰原太原今以爲郡）

又曰大野既豬東原底平（孔安國曰東原致功而平言可耕也）

又曰若火之燎于原弗可嚮邇其猶可撲滅

詩曰度其鮮原居岐之陽在渭之將萬邦之方下民之王（鄭玄曰文王自知德盛謀居善言岐山之南渭水側爲萬國所向作民之君）

又曰篤公劉于胥斯原既庶既繁既順迺宣而無永嘆（鄭玄曰公劉之相此原以居民而無長嘆者也）

又曰鶺鴒在原兄弟急難

又曰原隰膴膴堇荼如飴

又曰皇皇者華于彼原隰

又曰漆沮之從天子之所瞻彼中原其祁孔有

又曰中原有菽庶民採之

周禮曰原師辯原隰之名

又曰大司徒之職辯五地之物生五曰原隰其動物宜贏物其植物宜叢物其民豐肉而庳

禮曰孟夏之月天子始命野虞出行田原爲勸民也

又曰聖王所以順山者不使居川不使渚者居中原而弗敝也

傳曰晉侯蒐于清原作五軍以禦狄也

又曰晉魏絳曰昔辛甲之爲太史命百官官箴王闕於虞人之箴曰在帝夷羿冒于原獸用不恢于夏家獸臣司原敢告僕夫

又曰晉侯宋公齊國歸父秦小子憖次于城濮楚師背酅而舍晉侯患之聽輿人之誦曰原田每每舍其舊而新是

四·九五

謀公疑焉子犯曰戰也戰而捷必得志於諸侯若其不捷表裏山河必無害也

春秋說題辭曰原端也平而有度也（宋均曰度法則也）

公羊傳曰上平曰原

穀梁傳曰中國曰太原夷狄曰大鹵

國語曰溫之會晉人執衛成公歸之于周使醫鴆之不死醫亦不誅臧文仲言於僖公曰刑大者陳之原野小者致之朝市五刑三利是無隱也今晉人鴆衛侯不死亦不誅其使者諱而惡之有諸侯之諸必免之

爾雅曰廣平曰原

又曰可食者曰原（郭璞曰可食謂種穀給食也樊爲舍人曰廣平謂土寬博而平）

史記封禪書曰秦文公作鄜畤靈公作吳陽上畤宣公又作密下畤蓋三畤在此原故號三畤原

臧榮緒晉書曰宣帝鎮關中諸葛亮攻郿據渭水南五丈原帝禦之對壘相持百餘日俄而亮卒

唐書高祖校獵於華池之萬壽原白鹿見高祖親御弧矢射而獲之

郡國志曰韓馮翊有原按詩曰有倬其道韓侯受命是此原也

又古今地名云韓武子食菜於韓原亦秦晉戰於此地即獲杜回又秦獲晉惠侯以歸之處

裴景仁符書曰符健始皇五年鳳皇降渭濱杜陵南原三日而去

崔鴻前秦錄曰丞相符雄與桓溫戰白鹿原晉師敗績

又曰符健攻張琚于宜秋還登石安原而歎曰美哉斯原也悵然有終焉之意

又曰晉梁州剌史司馬勳率步騎三萬自漢中入秦川符健拒之五丈原勳敗還

潘岳關中記曰周文王葬於畢長安東南有原名畢原

又曰驪山有白鹿原周平王時白鹿出此原故名之

又曰宣帝少依許氏長於杜縣樂之後葬於南原立廟於曲池之北亭曰樂遊原

辛氏三秦記曰長安城北有平原數百里無山川湖水民井汲巢居井深五十丈有伯夷墓人食薇可常食或云夷叔食之三年顏色如故

戴延之西征記曰河東鹽池東吳坂登七山原每登一原輒峭起五六里原上平廣不知巨極

周處風土記曰陽羨邑者蓋吳郡之名境原則平坦高阜

隰

釋名曰隰蟄也蟄隰意也

說文曰隰坂下濕也

春秋說題辭曰下濕曰隰隰者濕也下而澤也

尚書大傳曰下而平者謂之隰隰之言猶濕也

詩曰淇則有岸隰則有泮（毛萇曰泮陂也）

又曰山有扶蘇隰有荷華

又曰山有漆隰有栗

又曰山有榛隰有苓（毛萇曰苓大苦也）

又曰山有苞櫟隰有六駁（鄭玄曰山之有櫟隰之有六駁皆其所宜）

又曰隰桑有阿其葉有難（鄭玄曰隰中之桑茂盛喻君子不用而野處也）

禮曰孟春之月天子祈穀于上帝善相丘陵阪險原隰土地所宜五穀所殖以教導民必躬親之

又季夏行秋令則丘隰水潦禾稼不熟

傳曰晉曲沃武公伐翼逐翼侯于汾隰驂絓而止夜獲之及欒共叔

又曰楚蒍掩爲司馬書土田度山林鳩藪澤收隰皋

太平御覽卷第五十七

地部二十三

水

釋名曰水準也平準物也(廣雅同)天下大水四謂之四瀆江河淮濟瀆獨也各獨出其所而入海也

易曰坎爲水潤萬物者莫潤乎水

又曰水洊至習坎

又曰水流濕

書曰水曰潤下潤下作鹹

又曰若涉大水其無津涯

尚書大傳曰非水無以准萬里之平非人無以通遠道重任也

詩曰相彼泉水載清載濁

又曰沔彼流水朝宗于海

又曰濟有深涉(渡也)深則厲淺則揭有弥濟盈濟盈不濡軌(盈宜濡不宜觽溢亂犯禮者也)

又曰就其深矣方之舟之(方泭也)就其淺矣泳之游之

又曰毖彼泉水亦流于淇

又曰瀏其清矣(深貌)河水洋洋北流活活溱與洧方渙渙兮(春水盛)

又曰揚之水不流束薪不流束楚不流束蒲

又曰泌之洋洋可以療飢(言療道也)

禮曰夫水一勺之多及其不測黿鼉蛟龍魚鼈生焉貨財殖焉

又曰水之於人親而不尊

又曰水無當於五色五色不得不彰

又曰水煩則魚鼈不大

又曰小人溺於水君子溺於口夫水近於人而易以溺人

同禮曰水有時以凝

傳曰共工氏以水紀故爲水師而水名

又曰潢汙行潦之水可薦於鬼神可羞於王公

又曰鄭子產謂子太叔曰唯有德者能以寬服民其次莫如猛火烈人望而畏之故鮮死焉水懦弱民狎而翫之則多死焉故寬爲難也

春秋元命苞曰水之爲言演也陰化淖濡流施潛行也故其立字兩人交一以中出者爲水一者數之始兩人譬男女言陰陽交物以一起也

論語曰智者樂水

又曰子在川上曰逝者如斯夫不舍晝夜

爾雅曰水別流曰派風吹水涌曰波大波曰濤小波曰淪平波曰瀾直波曰徑水朝夕而至曰潮風行水成文曰漣水波如錦文曰漪水行曰涉逆流而上曰泝洄順流而下曰泝游亦曰沿流絶流而渡曰亂以衣涉水曰厲由膝以下爲揭由膝以上爲涉渡水處曰津濟潛行水下爲泳

漢書曰成帝建始三年秋京師民無故相驚言大水至天子親御前殿召公卿議大將軍鳳以爲太后與上及後宮可御舟船令吏上長安城以避水群臣皆從鳳議左將軍王商獨曰上古無道之國水猶不冒城郭今聖政和平世無變革上下相安何因當有大水一日暴至此必訛言也不宜令民上城重驚百姓上乃止有頃長安中稍定問之

果訛言上於是𦾔商之固守數稱其議而鳳大慙自恨失
言
後漢書東陽人趙炳字公河能越方禁與閩中徐登遇於
烏傷溪水上禁小溪水不流
又曰竇太后臨政竇憲兄弟各擅威權丁鴻上封事曰夫
壞崖破巖之水源由涓涓干雲蔽日之木起於葱青
魏略曰漢火行忌水故去洛水而加佳魏爲土土水之母
水得土而流土得水而柔故除佳加水
晉書曰陸雲先是常着衰絰上船於水顧見其影因大笑
落水人救獲免
又曰佛圖澄傳襄国城壍水源在城西五里其水源暴竭
勒問澄何以致水澄曰今當勑龍取水乃與弟子法首等
數人至故泉源上坐繩牀燒安悉香呪願數百言如此三
日水微流有一小龍長五寸許隨水來出諸道士競往視之

有頃水大至隍壍皆滿
又曰鄧攸爲太平中燕子吳郡闕守人多欲之帝以授攸
攸載米之郡俸禄無所受唯飲吳水而已
又曰孫登性無恚怒人或沒諸水中欲觀其怒既出便大
笑
齊書曰陸慧時爲征虜功曹與府軍沛國劉瓛同從述
職行至吳璡謂人曰吳聞張融與陸慧並宅其間有水此
水必有異味遂往酌而飲之
唐書曰新豐鸚鵡谷水清代傳云此水清天下平開皇之
初暫清尋濁至是而復清
又曰乾元中嵐州上言合河關黃河水四十里間清如井
水經[illegible]

又曰楊朝晟爲邠州刺史奏方渠合木波皆賊路請城其
地以備之軍次方渠无水師徒囂然遽有青蛇乘高而下
視其跡水隨而流朝晟令築防環之遂爲渟泉軍人仰飲
以足
又曰孔若思迁庫部郎中若思常謂人仕至郎中足矣至
是持一石止水滿於座右以示有止足之意
老子曰上善若水水善利万物而不爭處衆人之所惡故
幾於道
列子曰禹治水土迷之一國无風雨霧露不生鳥獸名曰
終北有山名壷領頂有口若圓環名曰滋穴有水涌出名
曰神瀵臭過蘭椒味過醪醴
又曰白公問於孔子曰人可与微言乎孔子不應白公曰
若以石投水何如孔子曰吳之善没者能取之曰若以水

投水何如孔子曰淄澠之合易牙嘗而知之白公曰人故
不可与微言耶
又曰人有濱河而居者習於水勇於泅操舟鬻渡利供百
口裹粮就斈者成徒而溺死者幾半本斈泅不斈溺而利
害如此○莊子曰君子之交淡如水
又曰秋水之至百川灌河流之大也兩崖涘之間不辯牛
馬言其廣於是河伯欣然自喜以天下之美尽在己矣
又曰水之性不雜則清莫動則平
又曰孔子觀於呂梁懸水三十仞流沫三十里黿鼉魚鼈
不能游見一丈夫游之數百步而去
又曰水之守土地審无意則止於分所以爲審
又曰水靜則明燭鬚眉大匠取法焉水靜猶明而況聖人

又曰水之積也不厚其負大舟也無力

文子曰水之性欲清沙石穢之水之為道也廣不可極莫知其言深不可測長極无窮遠淪无涯息耗減益過於不訾涌出曰息煎乾曰耗出川枝流曰減九野注之曰益過於不訾者此過尾閭入大壑入无底谷

又曰水濁者魚噞喁

又曰混混之水濁可以濯吾足青青之水清可以濯吾纓

又曰水之道也大不可極深不可測上天為雨露下地為潤澤

又曰猶鑿渠而止水抱薪而救火

墨子曰古語君子不鏡於水而鏡於人鏡於水見面之容鏡於人則知吉凶

管子曰水者地之血氣筋脉之流者故曰水之材也夫水淖溺以清好仁視之黑而白精也量之至滿至止正也流

則至平義也人皆赴高已獨趍下卑也卑也者道之室王者之器也淮也者五量之宗素也者五色之質也淡也者五味之中也故水藏万物產金石故曰水神凡有五害水一也旱二也風霧雹霜三也厲四也蟲五也五害之屬水最為大水有大小有遠近水出山而流入海命曰經水別於他水入於大水及海者命曰枝水山之溝流於大水及海者命曰川水水出於地而不流者命曰淵水

淮南子曰天下之物莫柔弱於水上天則為雨露下地則為潤澤万物弗得不生百事不得不成大苞群生而无所私澤及跂蹺跂蹺行也蹺微小之蟲也而不求報富贍天下而不既贍足也既盡也德施百姓而不費德澤加於百姓不以為己財費也行不可得而窮極也流膏不止微而不可得把握也擊之无創躬之不傷斬之不斷焚之不燃水之性也淖溺流遁錯繆相紛遁逾也錯繆相紛紛波相糾也而不可靡散利貫金石強濟天下水流鉄石是其利也舟所載无有重是其強濟通也動溶无形之域而翱翔忽區之上忽怳之區上也言其飛為雲雨无所不止邅迴川谷之間邅迴猶委曲也而滔騰大荒之野有餘不足與天地取與授万物而無所前後前後皆与之是故無所私而无所公公私一也靡濫振蕩与天地同鴻鴻大同通无所左而所右蟠委錯紾音軫與万物始終流轉是謂至德言水之為德最大故曰至德也夫水所以能成其至德於天下者以其淖溺潤滑也故老聃之言曰天下至柔馳騁於天下之至堅出於无有入於无間是水也吾是以知无為之有益有益於生夫无形者物之大祖也无音者聲之大宗也无形生有形故為物大祖也无音生有音故為声大宗皆大也其子為光其孫為水皆生于无形乎光無形道所貴也觀之故子為光也水形而不可毀差之故孫為形也夫光可見而不可握水可循而不可毀故有像之類莫尊於水出生入死自无蹠有自有蹠无而以

衰賤矣出生出生道謂去清淨也入死入死道謂情欲也蹠適也自无形適有形離其本也自有形適无形不能復得道家所以衰賤也是故清淨者德之至也而柔弱者道之要也要約虛而恬愉者万物之用也万物由之得為人用肅然應感殷然反本則淪於无形矣所謂无形者一之謂也一者道之本也所謂一者无疋合於天下者也卓然獨立塊然獨處上通九天下貫九野九天八方中央也九野亦如之員不中規方不中矩大渾而為一弃无根言微妙也懷囊天地為道關門關道之門穆忞隱閔純德獨存穆忞隱閔皆无形之類也純不雜糅也布施而不既用之而不勤既盡也勤勞也

又曰夫水之性若拙其所流而深之茨其所决而高也茨積土填滿之也使得循勢而行乘衰而流衰下雖有腐髊流漸弗能汙腐髊骨漸水也其性性非異也通之與不通也風俗猶此也誠决其善志防其邪心啓其善道塞其奸路与同出一道則民性可善而風俗迁矣

又曰河水赤水遼水黑水江水淮水是謂六水白水宜玉黑水宜砥青水宜碧赤水宜丹黄水宜金清水宜龜汾水宜麻洛水輕利宜禾渭水多力宜黍漢水重安宜竹箭

又曰土地各以類生人是故清水音小濁水音大湍水人輕遲水人重

又曰白水出崑崙之原飲之不死

又曰方諸見月則津而爲水

又萬畢術曰方諸取水（方諸形若杯无耳以五石合冶以十二月壬子夜半作之以承水即来）

抱朴子曰火出於陽燧陽燧負而火不負也水出於方諸方諸方而水不方

又曰黄帝曰天在地外水在天外浮天而載地者水也

又曰左慈以氣禁水水爲逆流一二丈禁水着中庭露之

大寒不氷

尸子曰凡水其方折者有玉其圓折者有珠清水有黄金龍淵有玉英

顔子曰類子與子華游東池子華曰水有四德沐浴群生深流万世是仁也揚清激濁蕩去滓穢是義也柔而難犯弱而難勝是勇也道江疏河惡盈流謙是智也

孟子曰數罟不入汚池魚鼈不可勝食也（數罟密網也）

又曰民之歸仁也猶水之就下也

又曰仲尼亟稱於水曰水哉水哉何取於水也

又曰原泉混混不舍晝夜盈科而後進放乎四海有本者如是也苟爲无本七八月之間雨集溝會皆盈其涸也可立而待也故聲聞過情君子耻之

又曰性猶湍水也決諸東方則東流決諸西方則西流人性之无分於善不善也猶水之无分於東西也人无有不善水无有不下也

又曰仁之勝不仁也猶水之勝火也今之爲仁者猶以一盃水救一車薪之火也

又曰觀於海者難爲水遊於聖人之門者難爲言觀水有術必觀其瀾（瀾水中大波也）○孫卿子曰孔子觀於東流之水子貢問於孔子所以見大水必觀焉何也孔子曰夫水柔也而无爲也似德其浩浩乎不屈似有道其赴百仞之谷不懼似勇主量必平似法盈不求概似正發源必東似志是以君子見大水必觀焉（大戴禮孔子家語並有）

太平御覽卷第五十八

水下　水災　救水災

水下

晏子曰景公問廉政何如對曰其行水也美哉水乎其濁无不塗其清无不掃。揚子法言曰或問進曰水或曰爲其不舍晝夜與曰有是哉滿而後漸者其水乎[李軌注曰水滿坎而後進人博學而後仕]

瑞應圖曰共工氏受水瑞百官師長以水爲号蒙水瑞水也君乘土而王其政太平則蒙水出於山焉

韓詩外傳曰夫水者緣理而行不遺大小似有智者重而之下似有礼者蹈深不疑似有勇者障防而清似知命者歷險致遠似有德者天地以成群物以生国家以寧万事以平此智者所以樂於水也

又曰冬不數浴非愛水也

又吳越春秋曰伍子胥奔吳至溧陽溧陽女子擊縹瀨水之上子胥過跪而乞食女子簞飯壺漿而食之子胥食而去謂女子曰掩子壺漿勿令其露女子曰行矣子胥行五步還顧女子已自投瀨中後子胥伐楚師還過溧陽瀨上欲報以百金不知其家乃投金瀨水而去後有嫗行哭而來曰吾女年三十不嫁擊縹於此遇窮人飯之恐事泄投水而死乃取金歸

物理論曰所以立天地者水也夫水地之本也吐元氣發日月經星辰皆由水而興

又曰九州之外皆水也余在昔會稽仰看南山見雲如瀑練方數十丈其声硠礚須臾山下居民驚駭洪水大至

列仙傳曰負局先生上吳山語下人吾欲還蓬萊山爲汝

曾下神水崖頭一旦有水白色從石間下服之多愈疾

楚詞曰滄浪之水清可以濯吾纓滄浪之水濁可以濯吾足。玄中記曰天下之多者水焉浮天載地高下無不至萬物無不潤

山海經曰剡山有獸焉名曰合窳見則天下大水高前之山其上有水焉甚寒而清帝臺之漿水也[郭璞注曰河東解縣檀道山有水潜出山上俗名曰鹽澤即此類也]大荒之隅有山而不合名曰不周有寒暑之水

又曰譙明之山譙水出焉而西流注于河其中多河羅之魚一首而十身

又曰少陽山酸水出焉東而流注于汾水其中多美赭[管子曰上有赭下有鐵]

水經注曰豚水即夜郎豚水也漢武帝時有竹王興於豚水有一女子浣於水濱有三節大竹流入女子間足推之不去聞有聲持破之得一男兒遂雄夷濮氏竹爲姓所捐破竹於野成林王祠竹林是也王嘗從人止大石上命作羹從者白無水王以劒擊石出水今竹王水是也

又曰趙人有琴高者以善鼓琴爲康王舍人行彭涓之術浮游碭郡間二百餘年後入碭水取龍子與弟子期期日皆潔齋待於水傍果乘赤鯉出入碭中有萬人觀之留月餘復入水也

又曰姜水按世本炎帝姜姓帝王世紀曰炎帝神農氏姜母曰妊姒游華陽感神而生炎帝長於姜水

又曰昔沫水自蒙山至南安而溷崖水脉漂疾破害舟舡歷代爲患蜀郡太守李冰發卒鑿平溷崖河神贔怒冰乃

操刀入水與神鬬遂平涸崖通水路開勢即水所穿也

又曰黃水出零陽縣西北連巫山溪出雄黃頗有神異採之常以冬月祭祀鑿石深數丈方得佳黃故溪水取名焉

又曰沁水南歷猗氏關又南與驫驫水合水出東北巨峻山乘高瀉浪觸石流響世人因聲以稱之

又曰巴郡魚復縣夷水即佷山清江也水色清照十丈蜀人見其澄清因名清池也

又曰溱水出浮石嶺北青衣山亦謂之青衣水也

又曰廬山之北有石門水水出嶺端有雙石高竦其狀若門因有石門之目焉水導雙石之中懸流飛瀑近三百許步下散漫十許步上望之連天若曳飛練於霄中矣

又曰永昌郡有蘭倉水出西南博南縣漢明帝永平十二年置博南山名也縣以山名之其水東北流出博南山漢武帝時通博南山道渡蘭倉津土地絕遠行者苦之歌曰漢德廣開不賓渡博南越倉津一渡蘭倉爲他人山高四十里蘭倉水有金沙越人收以爲黃金又有光珠穴穴出光珠又有琥珀珊瑚黃白青珠也

荊州記曰夏首東二十里有涌口二水之間謂之夏洲首尾七百里華容監利二縣在其中

楚詞曰過夏首而西浮郭仲產云此水冬斷夏通因名夏水

述異記曰濉渙二水波文皆若五色其人多文章故名繢水

又曰漢沔會流處岸上有石銘云下至水府三十一里皆傳李斯刻石於此

龍魚河圖曰玄洲在北海中地方三十里去南岸十万里上有芝著玄澗澗水如蜜味服之長生淮南子又載也

萬震南州異物志曰交州有恬水一號新陶水水特甘香下有真鹽也

廣志曰臨川郡有粉水得其水汰粉益潔

盛弘之荊州記曰陽縣西有粉水源出房陵縣取其水爲粉鮮潔異於餘水故因粉爲名也巴郡臨江縣有此水舊常獻之也

韓詩外傳曰溱與洧三月桃花水下之時衆士女執蘭拂除鄭國之俗三月上巳之日此兩水上招魂拂除不祥也

秦州記曰成紀縣有湖曰中水深數尺水旱無增減故名其地爲天水郡

搜神記曰漢末零陵太守有女悅門下書佐使婢取盥手水飲之而有娠而生子至能行太守抱兒使求其父兒直上書佐膝書佐推之兒仆地爲水

三齊略記曰康浪水在齊城西南十五里康衢則寧戚扣牛角歌於此也

述征記曰臨猫牛山下有女水齊人諺曰世治則女水流世亂則女水竭慕容超時乾涸弥載及宋武北征而激洪流

續述征記曰梁鄒城西有籠水云齊孝婦誠感神明湧泉發於室內潛以績籠覆之由是無瓮汲之勞家人疑之時其出而搜其室試發此籠而泉遂涌流漂居宇故名曰籠水

始興記曰林水源中有石室室前磐石上行羅千瓮中悉是餅銀採伐遇之不得取取必迷悶

名山略記曰僧權道人居晉安霍山晨出澗忽見白水異常飲之甘如體水過甚迅器取得少許以餉陶晉安不復

中歆權壽百三十歲不知其終

盛弘之荊州記曰桂陽郡有圓水水一邊冷一邊暖冷處清且綠暖處白且濁

隴右記曰武都紫水有泥其色亦紫而粘貢之用封璽書故詔誥有紫泥之美

方輿記韶州曲江縣修仁水西南注連水北有三楓亭五渡水齊范雲爲始興太守至修仁水酌而飲之賦詩曰三楓何習習五渡何悠悠且飲修仁水不挹偕邪流

異錄地理志曰天門零陵縣有漢水山獸從數十里往飲之越他水則不飲

廣志曰弱水夫餘北其水不勝毛羽世無見者

博物志曰水有濁有清河淮濁江濟清南陽有清冷之水丹水泉水汝南有黃水華山南有黑水天下之水皆類五色今載其名也

汙水不流

郡國志曰隆州析五縣置果州閬中有陰水其民鋭氣而善舞也

又曰盜水昔有人此處洗銅盆水暴漲失盆乃投水取盆見一龍銜盆奪之而去故曰盜水

又曰庭州灞水滴滴若以金銀銅鐵器盛之皆漏唯瓠葉則不漏人掌中亦漏服之必毳毛落得仙

論衡曰燧之取火於日方諸取露於月天地之間巧曆所不能與其數乎然以掌握之中引類於太極之上而水火可立致者陰陽固相動也

異苑曰孫權赤烏八年遣校尉陳勳濬句容中道鑿破堽摇得一黑物無有首尾形如數百斛舡長數十丈蠢蠢而動有頃悉融液成汁時人莫能識得此之後獲泉源咸謂是水脉每至大旱餘瀆皆竭唯此巨流通焉

水災

書曰上天降災下昬民墊

又曰湯湯洪水方割湯湯流皃洪大割害也蕩蕩懷山襄陵浩浩滔天

傳曰凡平原出水爲大水

史記曰秦武王三年渭水赤三日昭王三十四年謂水大赤三日洪範五行傳曰赤者火色也水盡赤者以火沴水也渭水秦大川者陰陽色乱秦用嚴刑敗乱之象也

漢書五行志曰高后三年漢中南郡河陽大水流數萬家是時女主獨治諸呂相王

續漢書五行志曰桓帝永興三年彭城泗水逆流永壽元年洛水溢至津城門漂流人物是時梁冀爭政嫉害忠直後遂誅滅

獻帝建安二年漢水溢害人物是時天下大亂

古今注曰安帝延平六年河東水化爲血元初二年潁川襄城臨水化爲血不流

京房易曰君湎於酒淫於色賢人潛國家危厥異流水赤

救水災

史記曰堯命鯀治水九載績用不成

謝承後漢書曰沛國陳宣字子輿建武十年雒水出造津城門欲築塞之宣諫曰昔王尊正身金堤水退況聖主耶言未絶而水去

范曄後漢書曰公沙穆鋭思河洛推步之術永壽元年雨大水三輔以東無不漂没穆明曉占候乃預告令百姓徙居高地故弘農人獨得免災

又曰任文公巴郡人也爲治中從事時天大旱白刺史曰五月一日當有大水其變以至不可防救宜令民吏預爲其備刺史不聽文公獨儲大舡百姓或有信文公頗有防者到其日旱烈文公急命從載白刺史刺史不信至日中雲起須臾雨至晡時湔水涌起十餘丈突壞廬舍所害數千人

淮南子曰古者水爲民害禹鑿龍門辟伊闕平治水土使民得陸處百姓不親五品不順契敎以君臣之義父子之親夫婦之別長幼之序田野不脩民食不足后稷乃敎之辟地墾草糞土種穀令百姓家給人足故三后之後無不王者（謂夏殷周）有陰德也周衰禮義廢孔子以三代之道敎導於世其後繼嗣至今不絕者有隱行也

又曰往古之時四極廢九州裂水浩漾而不息於是女媧

積蘆灰以止淫水

太平御覽卷第五十九

太平御覽卷第六十

地部二十五

海

海　江

釋名曰海晦也注引穢濁其水黑而晦也廣雅同

說文曰海天池也

書曰江漢朝宗于海

禮記曰三王之祭川也皆先河而後海

又曰洗之在阼其水在洗東祖天地之左海也

禮斗威儀曰君乘土而王則海夷宋均注曰海夷不揚波

論語曰子曰道不行乘桴浮于海

公羊傳曰河海潤千里河海出雲及千里

春秋感神符曰后妃恣則澤爲海

春秋考異郵曰黃星騁海水躍宋均曰黃星土精土安靜躍則失常

史記曰天不足西北星辰西北移地不足東南以海爲池

漢書曰霍去病擊匈奴封狼居胥山登臨瀚海如淳注曰北海也

謝承後漢書曰汝南陳茂嘗爲交阯別駕舊刺史行部不渡漲海刺史周敞涉海遇風船欲覆沒茂拔劒訶罵水神風即止息

晉書鮑靚爲南海守嘗行部入海遇風飢甚聚白石煑食之以濟

又曰李消遼東人祖敏漢河內太守去還鄉遼東太守公孫度欲强用之敏乘輕舟浮海莫知所終

王隱晉書曰慕容晃上言曰臣躬征平郭遼假陛下天地之威將士竭命精誠感靈海爲結氷淩行海中三百餘里臣自立國及諸故老初無海水氷凍之歲

韓詩成王時越裳氏重三譯而朝曰天下不逆風疾雨海之不波溢三年矣中國必有聖人

老子曰江海所以能爲百谷王者以其善下也

列子曰渤海之東不知幾萬億里有大壑無底之谷名曰歸墟張湛注曰莊子云尾閭也

莊子曰東海之鼈謂坎井之鼃曰夫海千里之遠不足以舉其大千仞之高不足以極其深禹之時九年十潦而水弗加益湯之時八年七旱而涯不加損夫不爲頃久推移不以多少進退者此亦東海之樂也

又曰南海之帝爲儵北海之帝爲忽中央之帝爲渾沌儵與忽時相與遇於渾沌之地渾沌待之甚厚儵與忽謀報渾沌之德曰人皆存七竅以視聽食息此獨無有嘗試鑿之一日鑿一竅七日而渾沌死

又曰肩吾曰其於治天下也猶涉海鑿河使蚊負山也

又海水三歲一周流波相薄故地動

又曰周顧視車轍有鮒魚焉曰我東海之波神也君豈有斗升之水活我哉

又曰北溟有魚其名曰鯤化爲鳥其名曰鵬將徙於南溟擊水三千里

又曰秋水時至百川灌河諸涯之間不辯牛馬河伯欣然自喜以天下之美爲盡在已順流東行至於北海東面而視不見水端向若而歎北海若曰井蛙不可以語於海者拘於墟也夏虫不可以語於氷者篤於時也曲士不可以語於道者束於教也天下之水莫大於海萬川歸之不知

何時止而不盈尾閭泄之不知何時已而不虛春秋不變
水旱不加此過江河之流不可爲量數司馬彪曰尾閭水之從海外出者也
丈子曰古之善爲君者法海以象其大注下以成其廣
淮南子曰彗星墜而渤海決
又曰海不讓水積小以成其大
又曰庶女告天庶女少寡無子養姑者也姑無男有女女利母財而殺母以誣告寡婦婦不能自解故告天也雷霆下擊景公臺隕景公齊景公也雷擊景公臺隕壞之也枝體傷折
景公爲雷霆所傷折海水大出
又曰舟在江海不爲莫乘而不浮君子行義不爲莫知而
止休
孟子曰觀於海者難爲水遊於聖人之門者難爲言
抱朴子曰大厦既燔而運水於滄海此無及也
說苑曰齊景公遊於海上而樂之六月不歸告左右曰敢

有先言歸有致死不赦顏燭進諫曰君樂治海不樂治國
彼若有治國者君安得樂此海乎遂歸中道聞國人謀不
內之
法言曰百川學海而至于海丘陵學山而不至于山
山海經曰大荒中有山名曰天臺海水入焉
又曰桂林八樹在賁海東八樹而成林言其大也賁隅今番隅也
又曰發鳩之山有鳥名曰精衛炎帝之女遊于東海溺而
不返是故精衛常取西山之木石以堙東海
固景式孝子傳曰管寧避地遼東遇風船人危懼皆叩頭
悔過寧息惟思念嘗如厠不冠而已向天叩頭風亦尋
靜
神仙傳曰麻姑謂王方平曰自接侍以來見東海三爲桑
田向到蓬萊水乃淺於往者略半也豈復將爲陵陸乎

皇甫謐高士傳曰姜肱字伯淮十辟公府九舉有道皆不
就靈帝時曹節白帝徵肱隱身遯命浮桴入海名蓋天下
幽明錄曰海中有金臺山高百丈結構巧麗窮盡神工撗
光巖渚竦權星門臺內有金机彫文備制
十洲記曰扶桑在碧海之中北面一万里有大帝宮太真
東王公所治處山外別有員海繞山員海水色正黑謂之
溟海無風而洪波百丈唯飛仙能到其處
玄中記曰天下之強者東海之沃焦焉水灌而不已沃焦
者山名也在海東三萬里
博物志曰舊說天河與海通近世有居海渚年年八月有
浮查去來往反不失期此人乃立屋於查上賚粮乘查去
忽不覺晝夜奄至一處有城廓屋舍望見室中多織婦見
一丈夫牽牛渚次飲之驚問此人何由至此此人即問此

爲何處答曰君可詣蜀問嚴君平此人還問君平曰某月
有客星犯斗牛即此人到天河也
崔鴻十六國春秋前燕錄曰慕容晃將乘海討其弟仁襲
其不意群臣以凌道危阻宜從陸路晃曰舊海水陵自仁
反巳來三凍皆成昔光武合滹沱之冰以濟大業天其或
者欲乘此而尅之乎吾計决矣沮謀者斬二月晃親率三
軍擒仁賜死
東方朔十洲記曰祖洲東海中地方五百里上有不死草
生瓊田中草似菰苗人已死者以草覆之皆活
又曰扶桑在碧海中樹長數千尺一千餘圍兩兩同根更
相依倚是以名扶桑
關令內傳曰天有五億五万五千五百五十里地亦如之
各以四海爲脉

江

釋名曰江公也小水流入其中所公共也

說文曰江水出蜀湔氐徼外崏山

又曰江至會稽郡爲浙江

尚書曰岷山導江東別爲沱

毛詩曰江有沱江有氾

又曰滔滔江漢南國之紀

春秋元命苞曰牛女爲江湖江湖者所以開神潤化故其氣遊急

家語曰楚昭王渡江江有物大如斗圓而赤直觸王舟舟人取之王大怪使之聘問孔子孔子曰此萍實也可剖而食之吉祥唯霸者能獲之使返王遂食之甚美

謝承後漢書曰吳郡沈豐爲郡主簿太守第五倫毋老不能之官倫每至臘節常感戀垂泣遣豐迎毋廣陵毋見大江畏水不敢渡豐祭神令子孫對毋飲酒因醉臥便渡

又曰吳郡王閎渡錢塘江遭風舡欲覆閎拔劒斫水罵伍子胥風息得濟

續漢書曰張禹拜楊州刺史當過江行部中土人皆以江有子胥之神難於濟涉禹厲聲言曰子胥如其有靈知吾志在理察枉訟豈危我哉遂鼓而過

魏志文帝伐吳至長江而嘆曰天固以限南北也

晉書祖逖北渡江中流誓曰逖不靜中原而復濟者有如大江

又曰吳猛年四十邑人丁義始授神方因還豫章江波甚急猛不假舟檝以白羽扇畫水而渡

又曰王濬有奇略武帝謀伐吳詔濬造舡於蜀其木柿蔽江而下

又曰陶侃語人曰大禹聖人乃惜寸陰至於衆人當惜分陰衆佐以戲廢事者乃取其蒱博之具悉投于江

莊子曰魚相忘於江湖

孫卿子曰子路盛服見孔子孔子曰由是襜襜者何也昔者江出於汶山其始由源可以濫觴及其至江之津也不方舟不避風不可涉非唯下流大耶今汝衣服既盛顏色充盈天下且孰肯諫汝乎

三十國春秋曰劉裕次山陽聞何無忌敗績卷甲兼行將濟江而風急衆咸難之裕曰若有天命風當自息如其天不助舟覆溺何足可怪即命登舟舟移而風止

董覽吳地記曰夫差立子胥以忠諫見亡遂賜死浮尸于江夫差悔焉與群臣於江設祭

列仙傳曰江妃二女遊於江濱逢鄭交甫遂解佩與交甫受珮而去去數十步懷中無佩女亦不見

列女傳曰楚昭王貞姜者昭王夫人齊女也昭王出遊留夫人漸臺江水大至遣使者迎夫人忘持符夫人曰王與宮人約召必以符今使者不持符妾不敢行於是使者返取符未還臺已壞流水而死

又曰廣漢姜詩妻事姑至孝姑好飲江水水去家七里妻常鷄鳴泝流而汲值風雪不時得水詩責遣之妻寄隣家紡績以市珍味使隣毋遺姑詩聞追還舍側忽有涌泉出味如江水華陽國志又載

論衡曰儒書言伍子胥恨吳王驅水爲濤而溺殺今會稽錢塘丹徒江皆立子胥祠欲止其濤也

袁山松宜都記曰對西陵南岸有山其峯孤秀人自山南

上至頂俯臨大江如縈帶視舟舡如鳧鴈

又曰大江清濁分流其水十丈見底視魚游如乘空淺處多五色石

新序曰禹南濟于江黃龍負舟舟中之人失色禹仰視天而歎曰吾受命於天死生命也龍弭耳而逃

吳録曰步騭表言北降人說北多作而囊欲以盛沙塞大江吳主曰此曹必不敢來若不如孤言當以牛千頭爲君作主人後見呂岱説騭言北欲以囊塞江輒失笑曰此江自開闢以來寧可以囊塞乎

水經注曰昔吳郡太守張公直自九江守徵還道由廬山子女觀祠女戲廟像其妻夜夢神人致娉覺言於夫至明恐怖遽發舟引中流而不行妻曰愛一女而合門受禍也公直不忍遂令妻下女於江其妻布席水上以其亡兄女代之而舟得進尋公直知兄女怒妻曰吾何面於當世也復下已女於水中將渡遥見二女於岸側傍有一吏立曰吾廬君主簿敬君之義悉還二女

風俗通曰江貢也所出珎物可貢献也

荆州記云江出泯山其源若甕口可以濫觴在益州建寧湔江縣潛行地底數里至楚都遂廣十里

傅子曰江海所以能爲百谷王者以其不逆之苟有所逆衆流不至多矣

太平御覽卷第六十

河 祥瑞 沉祭

決塞 淮 濟

河 祥瑞 沉祭 決塞並附

釋名曰河下也隨地下處而通流也

山海經曰崑崙山縱廣萬里高萬一千里去嵩山五萬里有青河白河赤河黑河環其墟其白水出其東北陬屈向東南流爲中國河河百里一小曲千里一大曲發源及中國大率常然東流潛行地下至規期山北流分爲兩源一出葱嶺一出于闐其河復合東注蒲昌海復潛行地下南出積石山西南流又東迴入塞過燉煌酒泉張掖郡南與洮河合過安定北地郡北流過朔方郡西又南流過五原郡南又東流過雲中西河郡東又南流過上都河東郡西

而出龍門汾水從東於此入河東即龍門所在○呂氏春秋曰龍門未開河出孟門東大溢是謂洪水禹鑿龍門始南流至華陰潼關與渭水合又東迴過砥柱砥柱山名河水分流包山而過山見水中若柱然今陝州東河北陝縣三縣界及洛陽孟津所在至鞏縣與洛水合成皐與濟水合濟水出河北至王屋山而南截河渡正對成皐又東北流過武德與沁水合至黎陽信都信都今冀州絳水所在絳水亦曰潰水一曰漳水鉅鹿之北遂分爲九河鉅鹿今邢州大陸所在大陸澤名九河一曰徒駭二太史三馬頰四覆釜五胡蘇六簡七絜八鉤盤九鬲津又合爲一河而入海齊桓公塞九河以廣田居故館陶貝丘廣川信都東光河間以東城池九河舊跡猶存漢伐河決金堤南北多罹其害議者常欲求九河故迹而穿之未知其所是以班固

出[illegible]尚書稱導河積石至于龍門[illegible]至于華陰北至于砥柱東至于孟津在洛北都道所湊古今以爲津東過洛汭至于大伾洛汭今鞏縣在河洛合流之所也大伾山今汜水縣即故成皐也山再成曰伾北過絳水至于大陸其絳水今冀州信都大陸澤名今邢州鉅鹿又北播爲九河同爲逆河入海是也同合出九河又合爲一名爲逆河逆迎也言海口有潮夕潮以迎河水

書曰九河既道孔安國注曰河水分爲九道

詩曰關關雎鳩在河之洲

又曰新臺有泚河水瀰瀰

又曰河水洋洋北流活活

又曰誰謂河廣一葦航之誰謂送遠跂予望之

又曰不敢暴虎不敢馮河

大戴禮曰聖人有國則河不滿溢

禮斗威儀曰君乘土而王其政太平則河濂宋均注曰河不災溢也

傳曰周詩有之曰俟河之清人壽幾何逸詩也言人壽促而河清遲喻晉之不可待也

又曰楚昭王有疾卜河爲祟大夫請祭王曰江漢沮漳楚之望也河非所獲罪

春秋考異郵曰河者水之氣四瀆之精所以流化故曰河潤千里

孝經援神契曰河者水之伯上應天漢

史記曰秦滅六國自以爲獲水德之瑞更名河曰德水

漢書曰河有兩源一出葱嶺山一出于闐于闐在南山下其北流與葱嶺河合東注蒲昌海一名鹽澤

又曰長水校尉高竝言河決率常於平原東郡左右其地形下而土疏惡也聞禹理河本空此地以爲水猥近察秦漢河決曹衛之域不過百八十里可空此地勿以爲官亭民室

張璠漢紀曰郭伋爲潁川太守光武詔曰賢能太守去帝城不遠河潤九里冀京師并蒙其福

魏志曰袁紹渡河沮授臨舟歎曰上盈其志下務其功悠悠黃河吾其濟乎

說苑曰甘茂使齊渡河船人曰河水猶澗耳君不能渡何王之能說乎甘茂曰持檝隨流臣不若子說萬乘之君子不如我

桓譚新語曰大司馬張仲議曰河水濁一石水六斗泥而民競決河溉田令河不通利至三月桃花水至則決以其噎不泄也可禁民勿復引河

韓詩外傳曰申徒狄非世將自投於河崔嘉聞而止之曰聖人民之父母也今爲濡足之故不救溺人可乎申徒狄曰昔桀殺龍逢紂殺比干而亡天下吳殺子胥陳殺泄冶而滅其國非無聖知不用故也遂負石而沉於河

河圖始開圖曰黃帝問風后曰余欲知河之始開風后曰河凡有五皆始開乎崑崙之墟

愼子曰西河下龍門其流駃竹箭

抱朴子曰撮壤不能塡決河升水不能冷原火

又曰寸膠不能理黃河之濁尺水不能却蕭丘之火

淮南子曰武王伐紂至孟津陽侯之波逆流而擊疾風晦冥人馬不相見於是武王左操黃鉞右執白旄瞋目而麾曰余在天下誰敢害余意者於是風濟波罷

又曰河以委蛇（委蛇音逶迤）故能遠山以陵遲故能高道以優游故能化

又曰水九折注海而流不絕者有崑崙之輸也

風俗通曰河播也播爲九州也

物理論曰河色黃衆川之流蓋濁之也百里一小曲千里一曲一直

山海經曰從極之淵深三百仞唯冰夷恒都焉（冰夷馮夷也淮南子曰馮夷得道以潛大川）馮夷人面乘兩龍（乘雲車駕二龍）

水經注曰禹理洪水觀於河見白面長人魚身出曰吾河精也授禹河圖而還於淵

又曰昔澹臺子羽齎千金之璧渡河陽侯波起兩蛟挾舟子羽曰吾可以義求不可以威刼操劒斬蛟蛟死波休乃

投璧於河三投而輒躍出乃毀璧而去示無悋意

又曰崑崙在北去嵩高五萬里地之中也高萬一千里河水出其東北

蕭廣濟孝子傳曰三洲人者各一州人皆孤單煢獨三人閒會樹下息因相訪問老者曰寧可合爲斷金之業邪二人曰諾即相約爲父子因命二人於大澤中作舍且欲成父曰此不如河邊二人曰諾河邊舍幾成父曰又不如河中二人復塡河二旬不立有一書生過之爲縛兩土肫投河中會父往呼止之曰嘗見河可塡耶觀汝行耳相將而去明日俱至河邊望見河中土高丈餘

祥瑞（河附）

禮記曰河出馬圖言龍馬負圖也

河圖曰黃帝云余夢見兩龍授圖乃齋往河洛而求有[illegible]

折溜而止魚沉日圖跪而受之
運斗樞曰舜與諸侯觀河洛有黃龍負圖出置帝前鼉入水而前去（鼉之遊反又音帶鼉去也）
拾遺記曰黃河千年一清聖王之大瑞也
易乾鑿度曰帝王將起河水先清清變白白變赤赤變黑黑變黃各三日
中候曰榮光出河休氣四塞榮光即五色
論語曰河不出圖吾已矣夫

沉祭 河附

穆天子傳曰天子西狩獵獲白狐玄貉以祭于河
禮記曰三王之祭川也皆先河後海此所謂務本言海之本源自河也
史記曰元光中河決於瓠子於是天子臨決河沉白馬玉璧於河令羣臣從官自將軍已下皆負薪塡決河而取淇園之竹以爲堰天子既臨河決悼功之不成乃作瓠子之歌

決塞 河附

穀梁傳曰梁山崩壅河三日不流晉君召伯尊伯尊遇輦者問焉輦者曰君親素縞帥羣臣哭之既而祠焉伯尊至君問之伯尊如其言而河流矣（左傳曰伯宗）
漢書曰成帝時河決潰金隄九灌四郡河隄使者王延世塞以竹落長四丈大九圍盛以小石兩船夾載而下之三十六日河隄成改元爲河平
又曰賈讓奏言治河有上中下三策若徙其當水衝之人以避之放河使北入海泛濫期月自定不勞人力此功一立河定人安千載無患謂之上策若多穿漕渠使人得以

[illegible]
水門但用木以土耳旱則開東方水門以溉田水則開西方高門以分河此誠富國安人興利除害謂之中策苟繕完故堤增卑陪原勞費無已數逢此害謂之下策也
又曰武帝元光中河水從頓丘發卒十萬救決河起龍淵宮（武廟也自作之故謂宮）
呂氏春秋曰故龍門未開呂梁未發河水孟門大溢逆流名曰洪水禹乃決江疏河爲彭蠡之鄣所治者千八百國此禹之功
文子曰江河之大溢不過三日
水經注曰漢平帝之世河汴決壞未及得修汴渠東侵日月彌廣門閭故處皆水中也
漢明帝永平十二年議治汴渠上乃引樂浪人王景問水形便景陳利害應對敏捷帝甚善之乃賜山海經渠書禹貢圖及以錢帛發卒數十萬詔景與將作謁者王吳治渠防築隄修堨起自滎陽東至千乘海口千有餘里景乃商度地勢鑿山開澗防遏衝要疏決壅積十里一門水更相迴注無復潰漏之患明年渠成帝親隨巡行詔濱河郡國置河堤員吏如西京舊制由是顯名王吳及諸從事者皆增秩一等順帝陽嘉中又自汴河口以東緣河積石爲堰通淮曰金堤靈帝建寧中又增修石門以遏渠口水盛則通注津耗則輟流

淮

春秋說題辭曰淮出桐栢淮者均也均其務
釋名曰淮圍也圍遶揚州北界東至海（廣雅同）
說文曰淮出南陽平氏桐栢大復山東南水經注及山海

經云淮水出南陽平氏縣桐栢山其源初則涌出復潛流三十里然後長騖東北經大復山從義陽郡北東過江夏平春縣北又東過新息縣南期思縣北至原鹿縣南與汝水合又東過廬江安豐縣與決水合東北至九江壽春縣東與潁水合壽春縣北與淝水合又東至當塗縣北與渦水合東北至下邳淮陰縣與泗水合東至廣陵淮浦縣而入海也近海數百里通朝夕潮尚書稱導淮自桐栢東會于泗沂入于海是也

書曰淮沂其乂

又曰泗濱浮磬淮夷蠙珠

周禮曰橘踰淮而北爲枳此地氣然也

詩曰率彼淮浦省此徐土

孟子曰禹排淮泗而注諸江

焦貢易林曰江河淮海天之奧府衆利所聚可以饒有

劉向說苑曰莊周貧往貸於魏文侯文侯曰待吾邑粟之來而奉之周曰乃今者周之來見道牛蹄中有鮒魚焉太息謂周曰我尚可活也周曰須我爲汝向南詣楚王決江淮以溉汝鮒魚曰今命在盆甕之中耳乃爲我見楚王決江淮以溉我汝即索我於枯魚之肆矣

晉陽秋曰秦始皇東遊望氣者云五百年後金陵有天子氣於是始皇改曰秣陵塹北山以絶其勢今建康即秣陵西北界所塹即建康南淮也今謂之秦淮

淮南子曰夫醉者超江津以爲尋常之溝也

濟

釋名云濟濟也言源出河北濟河而南也

風俗通云濟水出常山房子縣贊皇山此又則是一水耳應氏以爲流入濟者非也東出温縣西北始名濟水

孔安國注尚書泉源爲沇流去爲濟在温西北平地又東南流當鞏縣之北而南入河與河並流過成皋成皋今汜水縣

晉書地道志曰濟自大伾入河與河水鬬大伾成皐古成皐兼包鞏縣之界溢出爲滎水東流過陽武及封丘縣又東過寃朐縣南至定陶縣南又東北流與荷水會東至乘氏縣西分而爲二其一東北流入鉅野澤過壽張西與汶水合又北過穀城縣西又東北過盧縣北經齊郡東萊郡而入海也尚書稱導沇水東流爲濟河水所在也又東北會于汶又東北入于海是也

淮南子曰濟水通和宜麥

風俗通曰濟出常山房子贊皇山廟在東郡臨邑縣濟者齊也齊其度量也

戴延之西征記曰濟水自大岯入河與河水鬬而東流

劉向說苑曰四瀆江河淮濟何以視諸侯能蕩滌垢濁焉能通百川於海焉能出雲雨焉爲德甚美故視諸侯

周禮冬官曰鸜鵒不踰濟地氣然也

左傳曰鄭伯之車僨于濟

韓子曰清濟濁河足以爲限長城巨防足以爲塞齊五戰之國也

太平御覽卷第六十一

太平御覽卷第六十二　地部二十七

涇　渭　霸　滻　豐
鎬　澇　潏　伊　洛
澠　澗　穀　漢　汚

涇

書禹貢曰涇屬渭汭（屬逮也水北曰汭言治涇水注入渭）

詩曰涇以渭濁湜湜其沚

傳曰諸侯之大夫從晉侯伐秦以報櫟之役濟涇而次秦人毒涇上流師人多死（以毒藥投涇水之上流晉師飲之多死）

國語曰恭王遊於涇水上密康公從三女奔之其母曰必致之於王夫獸三爲羣女三爲粲粲美之物汝何德以堪之康公弗許一年恭王滅密

史記曰韓聞秦之好興事乃使水工鄭國間說秦令鑿涇水自中山西抵瓠口爲渠以溉田

又曰秦二世夢白虎嚙左驂殺之卜涇爲祟二世乃齋望夷宮而欲祀之

漢書曰涇雖不在大川之祀以近咸陽得比大川之祀

又曰太始二年趙中大夫白公（鄭德曰白姓公爵時人多相謂爲公）復奏穿渠因名白渠民得其饒歌之曰田于何所池陽谷口鄭國在前白公起後舉鍤爲雲決渠爲雨涇水一石其泥數斗且溉且糞（如淳曰水停淤可以當糞）長我禾黍衣食京師億萬之口

益部耆舊傳漢武祀甘泉至涇橋有女子浴於涇水乳長七尺怪遺問之女曰帝後第七車知我時侍中張寬在第七車對曰天星主祭祀齋戒不潔則女人見

水經注曰涇水導源安定朝那縣西笄頭山秦始皇巡北地西出笄頭山即是山也蓋大隴之異名

渭

詩曰我送舅氏于渭之陽

史記曰秦武王三年渭水赤三日昭王十四年又赤三日

洪範五行傳曰赤者火色盖亦以火沴水也渭水秦大川也陰陽亂秦用嚴刑敗亂之象

史記曰西伯獵遇太公渭之陽與語大悅

漢書曰武帝元光六年春穿漕渠通渭

山海經曰渭水出鳥鼠同穴山東注河入華陰北（鳥鼠同穴山今在隴西首陽縣渭水出其東經南安天水略陽扶風始平京兆至弘農華陰縣入河也）

三輔黄圖曰始皇兼天下都咸陽渭水貫都以象天漢

水經注曰渭水中舊有忖留神象此神甞與魯班語班令其人出忖留曰我貌醜卿善圖物容我不能出班於是拱手與言曰出頭見我忖留乃出首班於是以脚畫地忖留覺之便還没水故置其象於水中唯背以上立水上

三輔決録曰項中山飲馬渭水日與三錢以償之

列子曰夸父逐日渴飲渭水不足乃渴死

淮南子曰渭水多力宜黍

霸

水經注曰霸者水上地名也水東合滻水過白鹿原至秦虎圈北入渭

漢書地理志曰霸水出藍田谷古曰滋水秦穆公更名霸水以彰霸功

漢書曰漢王元年十月至霸上秦王子嬰降

滻

水經注曰滻水出京兆藍田谷北入于霸

地理志曰滻水出南陵縣之藍田谷西北流與一水合水

出西南莽谷東北流注滻水水又北歷藍田川北流注于霸水又云滻水北至霸陵入霸水也

兩京記曰西京東市平準署東隅有放生池分滻水渠自道政坊東城西流注之俗號海地

又曰滻水西岸有阪舊名滻阪隋文帝惡阪之名改名長樂坡

豐

漢書地理志曰漆沮既從豐水逌同顏師古注曰豐水出鄠之南山言沮水既從入渭豐水亦同來也

水經注曰渭水東與豐水會短陰山無他高山異巒唯原阜石墩而已水上舊有便門橋

毛詩文王有聲曰豐水有芑武王豈不仕詒厥孫謀以燕翼子

文子曰老子云豐水之深十仞而不受塵垢金鐵在中形見於外

鎬

水經注曰鎬水上承鎬池於昆明池北周武王之所都也故詩云考卜維王宅是鎬京維龜正之武王承之鎬水又北流與滮池合又北經清泠臺西逕慈石門注于渭鄭玄曰豐鎬之間水北流也

澇

説文曰澇水出扶風鄠北入渭

山海經曰牛首之山澇水出焉西注於潏水多飛魚

潏

字林曰潏水出杜陵縣

水經注曰潏水上承皇子陂水逕漸臺東入渭亦名沈水又名高都水漢王氏五侯大治池宅引高都水入長安城故百姓歌之曰五侯初起曲陽最怒決壞高都竟連五杜土山漸臺象西白虎是也

伊

水經曰伊水出南陽縣西蔓渠山

左傳僖中曰初平王東遷也辛有適伊川（杜預注曰辛有周大夫也）見被髮而祭於野者曰不及百年此其戎乎

山海經曰獨蘇之山伊水出焉東流注於洛（今伊水出上洛盧氏縣熊耳山東北至河南洛陽縣入洛）

戴延之西征記曰伊水上源經新城陸渾二縣男女無少長皆病癭俗云水土所致伊水不可飲也

呂氏春秋曰有莘氏女子採桑得嬰兒桑中其母居伊水上故命之曰伊尹（伊尹母化爲空桑）

洛

水經注曰洛水出京兆上洛縣讙舉山

地理志洛水出冢嶺山

易上繫曰河出圖洛出書聖人則之

易乾鑿度曰王者盛德之應洛水先溫九日乃寒五日變爲五色

又曰帝王將起河洛龍見察其首黑者人正白者地正赤者天

尚書禹貢曰導洛自熊耳（在宜陽之西也）東北會于澗瀍（會于河南城南）又東會于伊（合于洛陽之南）又東北入于河（合于鞏之東也）

尚書中候曰武王沈璧于河禮畢退至日昳榮光幕河青雲浮洛

毛詩曰瞻彼洛矣維水泱泱

春秋說題辭曰洛出熊耳山雒之爲言繹也繹其燿也（宋均注曰水光燿也）

國語曰靈王二十二年穀洛鬭將毀宮室王欲壅之太子晉曰夫山土之聚也藪物之歸也川氣之導也澤水之鍾也夫水聚於高歸於下今吾執政無乃實有所僻而滑夫二川之神王卒壅之王室大亂

又曰伊洛竭而夏亡河竭而商亡

漢書曰武帝穿渠引洛水岸遂崩乃鑿井深四十餘丈往往爲井井下相通行水

謝承後漢書曰沛國陳宣建武十年雒水出造津城門或欲築塞之宣諫曰昔王尊正身金堤水退況聖主耶言未絕而水去

水經注曰昔黃帝之時天大霧三日帝遊洛水之上見大魚殺五牲以醮之天乃甚雨七日七夜魚流始得圖書

魏略曰漢火行忌水故洛去水而加隹

山海經云秦冒貫之山洛水出焉東注於河其中有藻玉

述征記曰洛水底有礬石故上無冰

瀍

水經曰瀍水出河南穀城縣北出東與千金渠合又東過偃師入于洛

澗

水經曰澗水出新安縣南白石山東南入于洛

又曰三輔決錄注云馬氏兄弟五人共居澗穀二水之交作五門客舍因舍以爲名今在河南西四十里以山海經推校里數不殊仲治所記水會尚有故居處斯則澗水也即周書所謂我乃卜澗水東言是水也

穀

水經曰穀水出弘農澠池縣南墦冢林穀陽谷也

山海經曰傅山之西有林焉曰墦冢穀水出焉東流注于洛其中多珚玉今穀水出于崤東馬頭山穀陽谷東北流歷澠池川

韋昭國語注曰洛水在城南穀水在王城北東入于瀍靈王時穀水盛出於王城西而南流合於洛兩水相格有似于鬭而毀王城西南也

漢沔

尚書禹貢曰江漢朝宗于海也

詩曰漢廣德廣所及也文王之化被于南國美化行乎江漢之域○又曰滔滔江漢南國之紀

又曰南有喬木不可休息漢有游女不可求思

左傳曰蔡昭侯爲兩珮與兩裘以如楚獻一珮一裘於昭王子常欲之不與三年止之蔡侯歸及漢執玉而沉曰余所濟漢而南者有若大川

又曰楚國方城以爲城漢水以爲池

又曰吳師伐郢楚子常濟漢而陣自小別至于大別

蜀志少府王謀等上言前襄陽男子張嘉王休獻玉璽璽潛漢水於深淵暉景燭曜靈光徹天

孫嚴宋書曰漢中城固縣漢水岸際有異聲如雷俄頃岸崩有銅鐘十二出自潛壤體制既精扣之清響

韓詩曰鄭交甫過漢皋遇二女妖服珮兩珠交甫與之言曰願請子之珮二女解珮與交甫而懷之去十步探之則亡矣迴顧二女亦即亡矣

水經注及山海經注云漢水出隴坻道縣墦冢山初名漾

水東流至武都沮縣始為漢水東南至葭萌與羌水合至江夏安陸縣名沔水故有漢沔水之名即周昭王溺於此處又東至竟陵合滄浪之水即屈原遇漁父處又東過三澨水觸大別山南而入江也庾仲雍漢水記曰漢水出廣漢漾水出隴西東流至武都而與漢水合沔水出武都沮縣尒與漢水相合又東為滄浪之水過三澨至于大別南入于江東匯澤為彭蠡東為北江入于海是也匯迴也音胡賄反言漢水合大江迴流入彭蠡澤東北至南徐州名為北江而入海

又曰沔水東經萬山北山下有潭中有杜元凱碑元凱好尚後名作兩碑並述已功一碑立峴山一碑沉此潭中曰千載之後何知不深谷為陵也

又曰漢東經西城縣故城為鱣湍洪波淼盪湍浪雲頹古者舊言有鱣魚奮鬐望濤直上至此曝鰓因以名鱣湍焉

又曰漢水經西城縣故城南又東為龍泉泉上有胡鼻山

石類胡人鼻故也下臨龍井渚泉深數丈

盛弘之荆州記曰沔水隈潭極深先有蛟為害鄧遐為襄陽太守拔劒入水蛟繞其足遐自揮劒截蛟數段流血丹水勇冠當時於後遂無蛟患

又曰荆藴玉以潤其區漢含珠而清其域。梁州記曰漢水發源隴西氐道縣之嶓冢山東至于夏口合江綿帶四州之城經塗五千餘里謂之沔水

水經曰沔水出武都沮縣東狼谷中注曰一名沮水以其初出沮洳然也

淮南子曰漢水重安而宜竹箭

太平御覽卷第六十二

太平御覽卷第六十三

地部二十八

河南諸水

孝水　橐水　涑水　菊花源
滍水　澧水　汝水　潁水
丹水　白水　灌水　漕水
洧水　京水　索水　濮水
隤石水　呂梁水　豪水　汳水
睢水　泗水　洙水　沂水
濰水　汶水　沭水　淄水
澠水

孝水

山海經曰平逢山西十里廆山其陽多㻬琈之玉俞隨之水出于其陰北流注于穀世謂之孝水也

潘岳西征賦曰澡孝水以濯纓嘉美名之在兹

橐水

陝縣圖經曰橐水即魯水也西北入城百姓賴之呼爲利人渠是也又按唐史云武德元年陝東道行臺金部郎中長孫操自郡東又引水入城以代井汲百姓賴之與上渠俱利於民

涑水

十道志曰涑水亦名襄水荊楚之地水駕山而上者皆呼爲襄上也今土人呼爲涑水上流亦呼爲襄名即無定故陸澄地理記曰襄陽無襄水也又按襄沔記云中廬有涑水注于沔此水中有物如三四歲小兒臏頭如虎掌爪常沒水中出臏頭示人小兒不知者欲弄之輒便咬人或人有生得者摘其鼻可小小使之名曰水虎

菊花源

荊州記曰菊花源傍悉生芳菊被徑浸潭流其滋液水極芳馨谷中有三十餘家不穿井仰飲此水上壽二三百中壽百餘其七八十者猶不爲壽夫菊能輕身益氣令人久壽於此有徵矣又後漢胡廣字伯始爲侍中久患風羸南歸飲此水遂瘳焉

滍水

傳曰晉陽處父侵蔡楚子上救之與晉夾滍而軍○水經曰滍水出南陽魯陽縣西之堯山○張衡南都賦曰其川瀆則滍澧瀷濜發源巖穴布濩漫汗漭漾洋溢總激急趣箭馳風疾○又曰滍水又東南逕昆陽縣故城昔漢光武與王尋王邑戰于昆陽敗之走者相騰踐奔殪百餘里會

大雨如注滍川盈溢虎豹皆股戰士卒爭赴溺死者以萬數水爲不流王邑嚴尤陳茂輕騎皆乘尸而渡

澧水

說文曰澧水出南陽雉衡山東入汝

山海經曰葛山澧水出焉（音礼）東流于余澤其中多六足魚

漢書地理志曰充縣歷山澧水出焉又離騷云沅有芷兮澧有蘭也又有澹水

王仲宣贈孫文始詩云悠悠澹澧是也（澹水澧水）

汝水

說文曰汝出弘農盧氏還歸山東入淮○春秋說題辭曰汝出猛山汝之爲言女也○宋均注曰女取其生孕也

詩曰汝墳道化行也文王之化行乎汝墳之國

水經曰汝出河南梁縣勉鄉西天息山注曰地理志云出

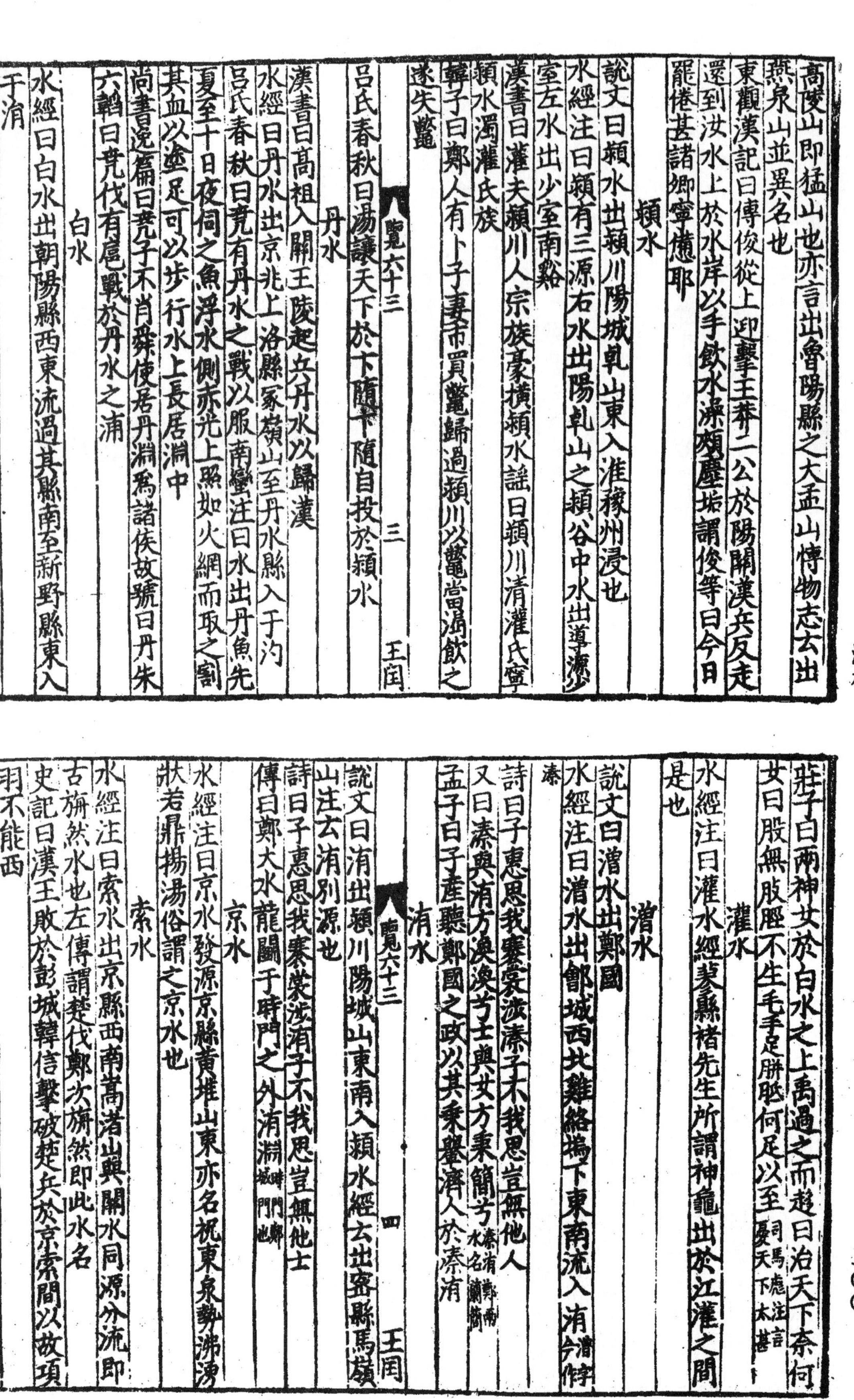

高陵山即猛山也亦言出魯陽縣之大盂山博物志云出燕泉山並異名也

東觀漢記曰傅俊從上迎擊王莽二公於陽關漢兵反走還到汝水上於水岸以手飲水澡頰塵垢謂俊等曰今日罷倦甚諸卿寧憊耶

潁水

說文曰潁水出潁川陽城乾山東入淮豫州浸也

水經注曰潁有三源右水出陽乾山之潁谷中水出導源少室左水出少室南谿

漢書曰灌夫潁川人宗族豪橫潁水謠曰潁川清灌氏寧潁水濁灌氏族

韓子曰鄭人有卜子妻市買鼈歸過潁川以鼈當渴飲之遂失鼈

呂氏春秋曰湯讓天下於卞隨卞隨自投於潁水

丹水

漢書曰高祖入關王陵起兵丹水以歸漢

水經曰丹水出京兆上洛縣冢嶺山至丹水縣入于汋

呂氏春秋曰堯有丹水之戰以服南蠻注曰水出丹魚先夏至十日夜伺之魚浮水側赤光上照如火網而取之割其血以塗足可以步行水上長居淵中

尚書逸篇曰堯子不肖舜使居丹淵為諸侯故號曰丹朱

六韜曰堯伐有扈戰於丹水之浦

白水

水經曰白水出朝陽縣西東流過其縣南至新野縣東入于淯

莊子曰兩神女於白水之上禹過之而趨曰治天下奈何女曰股無胈脛不生毛手足胼胝何足以至（司馬彪注言憂天下太甚）

灌水

水經注曰灌水經蓼縣褚先生所謂神龜出於江灌之間是也

潧水

說文曰潧水出鄭國

水經注曰潧水出鄶城西北雞絡塢下東南流入洧（潧字今作溱）

詩曰子惠思我褰裳涉溱子不我思豈無他人

又曰溱與洧方渙渙兮士與女方秉蕑兮（溱洧鄭兩水名蕑蘭）

孟子曰子產聽鄭國之政以其乘輿濟人於溱洧

洧水

說文曰洧出潁川陽城山東南入潁水經云出密縣馬嶺山注云洧別源也

詩曰子惠思我褰裳涉洧子不我思豈無他士

傳曰鄭大水龍鬬于時門之外洧淵（時門鄭城門也）

京水

水經注曰京水發源京縣黃堆山東亦名祝東泉勢沸湧狀若鼎揚湯俗謂之京水也

索水

水經注曰索水出京縣西南嵩渚山與關水同源分流即古旃然水也左傳謂楚伐鄭次旃然即此水名

史記曰漢王敗於彭城韓信擊破楚兵於京索間以故項羽不能西

説文曰濮水出東郡濮陽南入鉅野
水經曰瓠子河東北過廩丘縣爲濮水
史記曰晉平公令師涓鼓琴未終師曠止之曰亡國之音也平公曰是何道出荅曰此師延所作也與紂爲靡靡之樂武王伐紂師延東走自投濮水之中故聞此聲必於濮水之上先聞此聲者國削問果於濮上得之
莊子曰釣於濮水楚王使大夫二人先焉曰願以境内爲累莊子持竿不顧也

隕石水

水經注曰睢陽有隕石水一名滌溝左傳云隕石於宋五隕星也故老云此水有時竭涸五石存焉故名隕水石壁處爲澤

呂梁水

述征記曰彭城呂縣有呂梁水則莊子所稱丈夫也
列子曰孔子觀呂梁懸水三十仞流沫三十里黿鼉魚鼈不能游之數百步而出被髮行歌莊子亦載

豪水

水經注曰豪水出陰陵縣之陽亭北小屈石穴北注于淮
莊子曰莊子與惠子遊於壕梁水上

汳水皮万切

水經曰汳水出陰溝至浚儀縣北入睢水注云陰溝即浪蕩渠也亦言汳受旃然水字今作汴又云丹沁亂流於武德絶河南入陽合故汳兼丹水之稱河泲水斷汳承旃然而東自王賁灌大梁水出縣南而不逕其北夏水洪泛則是瀆溝通故渠即陰溝也於大梁北又曰浚水矣故陳留風俗傳云浚水逕其北者也

睢水

漢書曰項羽與漢王戰于靈壁東漢軍大敗睢水爲之不流
又地理志曰睢水首受陳留縣浪蕩渠
水經曰睢水東逕睢陽縣又東過相縣南流當蕭縣南入淮
又曰睢水又東經睢陽縣故城南積而爲逢洪澤也
又九州要記云睢陽水在宋城西
又云渙水經新城南又東南合明溝水
又曰傳云睢渙之間出文章天子郊廟御服出焉尚書所謂厥篚織文者也

泗水

説文曰泗受泲水東入淮

禮曰曾子謂子夏曰吾與汝事夫子於洙泗之間退而老於西河之上
漢書地理志曰洙泗之水其民涉度幼者扶老及魯道衰洙泗之間斷斷如也
論衡曰儒書言孔子葬四水泗水爲之却流此虚也泗水無知天神使之却流孔子生時何不使之尊敬乎
水經注曰地理志曰泗出濟陰乘氏縣又云出卞縣北經言北山皆爲非矣
山海經泗水出魯東北余昔因公事沿歷徐沇路經洙泗因令尋其源流水出卞縣故城東南桃墟西北春秋昭公七年謝息納季孫之言以孟氏成邑與晉而遷于桃杜預曰魯國卞縣東南有桃墟世謂之曰陶墟舜所處也井曰舜井皆爲非也墟有漏澤方一十五里澤西際阜俗謂之

嬀亭山蓋有陶墟舜井之言因復有嬀亭之名矣阜側有三石穴廣圓三四尺穴有通否水有盈漏漏則數夕之中傾陂竭澤矣左右居民識其將漏豫以木鄣穴口魚鼈暴鱗不可勝載矣自此連岡通阜西北四十許里岡之西際便得泗水之源也

博物志曰泗水陪尾蓋斯阜矣石穴吐水五泉俱導泉穴各徑尺餘水源南側有一廟栝柏成林時人謂之原泉祠非所究也

又曰漢景帝三年有白頸烏與黑烏羣鬬於呂縣白頸烏不勝墮泗水中死者數千

洙水

水經曰洙水出泰山蓋縣臨樂山西南至卞縣入于泗注云洙水西南流盜泉水注之泉出卞城東北卞山之陰

論語考讖曰水名盜泉仲尼不漱

又注曰夫子教於洙泗之間今於城北二水之中即夫子領徒之所也

從征記曰洙泗二水交於魯城東北十七里闕里有洙泗牆南北一百二十步東西六十步四門各有石閫北門去洙水百餘步

沂水

說文曰沂水出東海費東入泗一曰出泰山蓋青州浸也

水經曰沂水出泰山蓋縣艾山注曰鄭玄云出沂山或云臨山水有二源南源所導世謂之柞泉山北水所發俗謂之魚窮泉俱東南流合成一川

論語曰暮春之月春服既成冠者五六人童子六七人浴乎沂風乎舞雩詠而歸

西京雜記曰魯人秋胡娶妻三日而遊宦三年休還其婦採桑于郊胡至不識而悅之乃遺金一鎰妻曰妾夫遊宦未返于茲三年未有被辱如今日也不顧胡慙而退至家問妻何在毋曰採桑于郊乃是向來挑者也夫妻俱慙遂赴沂水而死

尸子曰韓雉見申羊於魯有龍飲於沂韓雉曰吾聞之出見虎搏之見龍射之今弗射是不行吾聞也遂射之

郡國志云小沂水今號爲長利圯上有橋即張良爲黄石公取履所

濰水

水經注曰濰水導源濰山許慎呂忱云濰水出箕屋山

淮南子曰濰出覆舟山蓋廣異名也

史記韓信與楚將龍且夾濰水而陳於此信夜令爲萬餘囊盛沙以遏濰水引軍擊且僞退且追北信決水水大至且軍半不得渡遂斬龍且

汶水

說文曰汶水出琅邪泰山朱虛東入濰又云出泰山萊蕪西南入濟

從征記曰汶水出萊蕪縣西南流又言自入萊蕪谷夾路連山數百里水黑多行石澗中出藥藥饒松栢林灌綿濛崖壁相望或傾岑阻徑或迴巖絶谷清風鳴條山壑俱響陵高谷深兼惴慄之懼危溪險徑有懸東之艱未出谷十餘里有別谷在孤山下谷有清泉泉上數丈有石穴二口容人平行入穴丈餘高九尺餘廣四五丈言是昔人居山之處薪爨烟黔猶存谷中林木緻密行人鮮有能至矣又有許山田引灌之蹤尚存出谷有平丘面山傍水土人

悉以種麥云此丘不宜殖稷黍而宜麥齊人相承以殖之

詩曰汶水湯湯行人彭彭

周禮考工記曰貉踰汶則死地氣然也

論語雍也曰季氏使閔子騫爲費宰子騫曰善爲我辭焉如有復我者則吾必在汶上矣

傳曰齊人歸我汶陽之田

沐水

水經云沐水出琅邪東莞縣西北山東南經東海厚丘縣梁天監二年三月土人張高等五百餘人相率開鑿此溪引水漑田二百餘頃俗名爲紅花水東流入泗州漣水界

淄水

水經曰淄水出泰山萊蕪縣原山注云世謂之原泉

淮南子曰淄澠之水合易牙嘗而知之（淄澠齊二水也）

新序曰齊有田巴先生者行脩於內智明於外齊君聞其賢聘而問政焉田巴對曰政在正身正身之本在於群臣大王召臣臣改制前飾將造公門問於臣妾曰奚若妾愛臣將出門問從者從者畏臣據臨淄水而觀影然後自知醜惡也今齊之臣妾諫王者非特二人王如臨淄水見己之惡過而能改斯齊國治矣

澠水

水經注曰澠水出營丘城東世謂之漢溱水入于時水

傳曰有酒如澠

太平御覽卷第六十三

太平御覽卷第六十四

地部二十九

河北諸水

淇水　黄花水　洹水　清水

滏水　漳水　易水　汾水

文水　澮水　晋水　嬀水

沁水　鶱漿水　石臼河　滹沱

衡水　白溝水　屯氏河　鳴犢河

瀑發水　窮魚水　漏水　桑乾河

巨馬河　五渠水　金河

淇水

說文曰淇水出河内共北山東入海

詩曰毖彼泉水亦流于淇

又曰要我乎上宫送我乎淇之上矣

又曰瞻彼淇澳菉竹猗猗

又曰籊籊竹竿以釣于淇淇水悠悠檜檝松舟

韓子曰昔紂爲甲卒百萬左飲馬於淇右飲馬於洹洹水竭淇水不流武王甲卒三千破之

隋圖經曰清淇西自魏郡朝歌縣界入分爲二泒一在郡東一在郡西俱南流入河業鄴道元注水經云淇水南與清水合而入白溝石會宿胥皆瀆之名淇又一名王莽河王莽時所穿也

冀州圖經云河水西從河内郡界入至黎陽而東北至臨河西至王莽河出焉又東經澶淵東入武陽河南即東郡界是

水經曰淇水出河内隆慮縣西大號山

山海經曰淇水出沮如山水出其側頹波瀾注衝激横山山上合下開可減六七十步巨石磥砢交積隍澗傾瀾涍溢勢同雷轉激水散氣曖若霧合

又曰詩云瞻彼淇澳菉竹猗猗毛云菉王芻也竹褊竹也漢武帝塞決河斬淇園之竹木以爲用寇恂爲河内伐竹淇川治矢百餘萬以輸軍資今通望淇川無復此物唯王芻編草不異

黄花水

隋圖經曰黄花水出隆慮縣西北崖上高十七里去地七里懸水東南注壑崖下狀若雞翅俗謂之雞翅蓋天台赤城之流也至谷潛入地下十里復出名曰柳水若是黄花水重源發也其谷號爲黄花谷内有仙毋塚谷西有洞穴謂之聖人窟

洹水

隋圖經曰洹水出隆慮縣西北俗謂安陽河即聲伯夢涉之所源出林慮山東平地

清水

水經曰清水出河内脩武縣之北黒山黒山在縣北白鹿山東清水所出也上承諸陂散泉以成川南流西南屈曲瀑布垂巖懸河注壑二十餘丈聲震山谷左右石壁層深獸跡不交隍中散水霧合視不見底其水歷澗流飛清冷洞觀謂之清水矣

滏水

水經注曰滏水發源出石鼓山南巖下泉奮湧若滏水之湯矣其水冬温夏冷崖上有魏世所立銘水上有祠能興雲雨滏水又東流注于漳文謂之合河

浮圖澄別傳曰石虎時自正月不雨澄詣滏口祠稽首曝露即日二白龍降於祠下於是雨遍千里也

山海經曰神國之山滏水出焉東流注于歐水郭璞注曰今滏水在臨水縣西滏口山經鄴西北至列人縣入于漳其水熱

漳水

說文曰濁漳水出上黨長子鹿谷山東入清漳清漳出沾山大要谷北入河

呂氏春秋曰史起引漳水灌鄴田民初大怨後轉獲利相與歌曰鄴有聖令曰史公決漳水灌鄴旁終古斥鹵生稻粱

風土記云南易水本名漳水源出三門山案趙地記云六國時此水名易水埒蒼及水經云洺水之目不知誰改俗謂山之下地名洺水因經之故曰洺水案燕趙記云其分有三易漳為南易水

鄴縣圖經曰濁漳水在縣西水東北津有求樂浦浦西五里俗謂為紫陌河北處即俗巫為河伯娶婦處也

水經注曰清漳水東經沙縣故有沙河之稱

又曰濁漳水出上黨長子縣西發鳩山。又云漳水出鹿谷山與發鳩連麓而在南淮南子曰謂之發苞山故異名乎見也左則陽泉水注之右則散蓋水入焉三源同出一山但以南北為別耳

又曰尚書所謂覃懷厎績至于衡漳也

孔安國曰衡橫也言漳水橫流也

易水

水經曰易水出涿郡故安縣閻鄉西山

燕太子丹曰荆軻入秦不擇日發太子送之於易水之上荆軻起為壽歌曰風蕭蕭兮易水寒壯士一去兮不復還故安圖經曰易水又名安國河亦名北易水

汾水

說文云汾水出太原晉陽山西南入河

山海經曰管涔之山其山無木而下多草其下多玉汾水出焉而流注于河

十三州志曰出武周燕之燕京山亦管涔之異名也其山重阜脩曆有草木無泉源導於南麓之下

說文曰汾水出太原晉陽山西南入河

莊子曰堯治天下之民平海內之政往見四子於姑射之山汾水之陽窅然喪其天下焉

說苑曰智伯圍趙襄子於晉陽決晉水以灌之晉陽之城不沒者三版智伯曰吾始知水之可以士人國汾水可以灌安邑絳水可以灌平陽

淮南子曰汾水濛濁而宜麻

水經曰汾水南過冠爵津汾名也在介休縣之西南俗謂之雀鼠谷數十里間道隘水左右悉結編梁閣道累石就路縈帶巖側或去水一丈或高五六丈上戴山阜下臨絕澗俗謂之為魯般橋蓋通古之津隘又亦在今之地嶮

文水

水經曰文水出大陵縣西山文谷東北入于汾注云縣西南山下武氏穿井給養井至幽深後一朝水溢平流東南注文水

又曰文水又南逕縣右會隱泉水口水出謁泉山之上頂俗陽雨愆時　謁是禱故山得其名非所詳也其山石岸

絶險壁立崖半有一石室去地可五十餘丈爰有層松飾巖列栢綺望唯西側一處得歷級外陟頂上平地一十許頃沙門釋僧光表建二剎泉發於兩寺之門東流瀝石沿注上下又東津渠隱没而不恒流故有隱泉之名矣雨澤豐澍則通入文水又南經玆氏縣故城東爲文湖東西一十五里南北三十里世謂之西河在縣直東一十里湖之西側臨湖

澮水

水經曰澮水出河東絳縣東澮交東高山注云一名詳髙山亦曰河南山西南逕翼城北合諸水謂之澮交左傳晉悼公謀去故絳欲居郇瑕魏獻子曰不如新田有汾澮以流其惡遂居新田又謂之絳盖在絳澮之陽又西南過虎祁宮南入于汾

晉水

水經注曰山海經曰懸甕之山晉水出焉今在縣之西南昔智伯之遏晉水以灌晉陽其川上源後人踵其遺跡蓄以爲沼沼西際山枕水有唐叔虞祠水側有凉堂結飛梁於水上左右雜樹交陰希見曦景晉川之中最爲勝處

嬀水

地記曰河東郡首山之東北山中有二泉水南流者曰嬀水北流曰汭水二水西經歷山下異流同歸渾流而注入于河

水經注曰尚書所謂釐降二女于嬀汭孔安國曰舜居嬀水之汭王肅曰嬀汭虞地名皇甫謐曰納二女於嬀水之汭馬季長曰水所入曰汭然則汭似非水名則今見有二水異源同歸渾流西注而入于河

沁水

水經曰沁水出上黨涅縣謁戾山注云沁即涓水也

水經注曰沁水南逕石門石門是晉安平獻王司馬孚之爲魏野王典農中郎將之所造也案其表云臣孚言臣被明詔與河内水利臣既到檢行沁水源出銅堤山屈曲周迴水道九百自太行以西王屋以東層巖高峻天時霖雨衆谷走水小石漂迸木門朽敗稻田汎濫歲功不成臣輙案行去堰五里以外方石可得數萬餘枚臣以爲累方石爲門若天旱增堰進水若天霖雨陂澤充溢則閉方斷水空渠衍涝足以成河雲雨由人經國之謀暫勞永逸聖王所許願陛下特出臣表勑大司農府給人工勿使稽延詔書聽許於是夾岸累石結以爲門用代木門矣

鶩掇水

山海經曰解縣南有壇道山山下有水潛出停而不流俗爲鶩掇水發于上而潛于下厥頂方平有良藥

石臼河

水經注曰漢永平中治呼沲石臼河案司馬彪後漢郡國志常山南行唐縣有石臼谷蓋資承呼沲之水轉山東之漕自都盧至羊腸倉將憑汾水以漕太原用實秦晉苦役連年轉運所經九三百八十九隘死者無筭拜鄧訓爲謁者監護水功訓隱括知其難立言肅宗從之全活數千人和喜鄧后之立也訓后叔父以爲訓積善所致也

滹沲

禮曰晉人將有事於河必先有事於滹沲

隋圖經曰滹沲在深澤縣界光武爲赤眉所追至滹沲河欲渡導吏還乃言水深無船左右懼上使王霸前瞻水霸

恐驚衆乃言氷堅可渡比至氷合囊裏沙布氷上乃渡未畢數車氷陷今名其處爲危渡口是也魏收曰清寧河此水常有蛟入五月恒暴遂變爲人於岸上與人並行至懸岸處推之與人俱下

衡水

信都記曰衡水亦曰長蘆水即濁漳之下流也水有袁譚渡歷下博城北而逶迤東北注謂之九爭曲水味鹹苦俗稱苦河亦謂之黄漳河是也

白溝水

信都記曰白溝水地接館陶界隋煬帝導爲永濟渠亦名御河南自相州洹水縣界流入又北難河出焉蓋魏時河難所以導以利行故瀆故此瀆有難之稱矣

屯氏河

注水經曰大河故瀆北爲屯氏河

漢書溝洫志曰自塞宣坊河復北決於館陶分爲屯河氏廣深與大河等

鳴犢河

漢書地理志曰河水自靈縣別出爲鳴犢河

溝洫志元帝永光五年河決清河鳴犢口而屯氏河絶滅

澤發水

隋圖經曰澤發水今俗亦名妬女泉大如車輪水色青碧百姓祀之婦人不得艶裝衣新彩臨之必興雨雹故去妬女介子推妹也

窮魚水

竹書紀年曰晉荀瑶伐中山取窮魚之丘

水經云水出魚山山石若巨魚水發其下

漏水

漏水曰一名澧水一名鴛鴦水俗謂之百泉源出龍岡縣東南平地以道其源納惣衆泉合成一川故也亦謂之鴛鴦水魏都賦所云鴛鴦交谷是也

桑乾河

水經曰桑乾河水潜承太原汾陽縣北燕京山天池也天池一名大池俗謂之衣連沟在靜樂縣北百四十里注水經云桑乾河水潜承燕京之池池在山東之上周廻里餘其水澄渟鏡淨潭而不流若安定朝郁之湫池也池内曽無片草及其風籜有淪輒有小鳥翠色投池銜水出會稽之耘鳥矣

巨馬河

注水經曰巨馬河即淶水也東北經郎山西望衆崖競舉若鳥翼立石嶄巖似劍戟之狀又南流經刀山層巖直上

于霄望崖側若積刀環

五渠水

邢子勵記曰後魏延興初文安縣人孫頗捕魚於五渠水中有群魚從西來共以柴塞之忽有人謂頗曰須臾當大得魚若頗多求宜勿殺也後頗下網果得大魚其狀如鯉而大頗以爲異物遂殺食之俄然風雨晝昏唯聞鳥飛聲比風息雨霽有人乘船至昏去前見群魚無數飛入於海頗遂不復漁矣因呼入海之處爲飛魚口也

金河

郡國志曰雲中郡有紫河鎮界内有金河水其泥色紫故曰金河

太平御覽卷第六十四

太平御覽卷第六十五　地部三十

關中諸水　戲水　漆水　湫水　魚龍水
隴蜀諸水　廉水　脣山水　巴字水　緜江水
粉水　瀘水　弱水　黑水　大柳谷水
洮水　馬池水　湟水
江南諸水　坦水　漳水　雷水　鄱陽源水
葛溪水　溢浦水　甘泉水　秦淮水　浙江水
三江水　穀江水　若下水　雲水　紫溪水
公山江水　不竭泉　臨水　蘄江　資水
枉水　沅水　滄浪水　湘水　汨水
五美水　灘水　脩仁水　慈廉水

戲水

水經注曰戲水出驪山鴻谷北歷戲亭即周幽王死處西征賦所謂兵敗戲水之上身死驪山之北是也

漆水

山海經曰榆次之山漆水出焉北流注于渭。水經注曰漆水出扶風杜陽縣俞山東北入于渭周大王去邠度漆踰梁山止岐下故詩云自土沮漆又曰率西水滸至于岐下

湫水

史記曰朝那有湫泉即華西名川也蘇林曰泉方四十里湛然不流冬夏不增不減不生草木能興雲致雨民旱禱之周地記曰楊瑒爲姚萇將居黃稞谷其西有小谷由來無水夜忽有人聲去湫神移徙借車牛如有影響至西谷中忽有水方二百步其水深淺不測冬夏湛然每水旱百姓祈福屢應也

魚龍水

水經注曰有一水出縣西山人謂曰小隴山其水東北流歷澗注以成潭出五色魚俗以爲龍而莫敢捕採謂是水爲魚龍水

隴蜀諸水

廉水

宋書曰范栢年梓潼人宋明帝問卿鄉土有貪泉否栢年曰臣梁益之地有廉水讓水不聞有貪泉帝嘉之即拜蜀郡太守一云此水飲之使人廉讓故以名之

脣山水

華陽國志曰涪縣有脣山水其源出金銀礦民得採之又郡國志云漢有金山縣縣東二里有一水瀨有金碎珠隨波東注傍水居人採以爲業

巴字水

三巴記曰閬白二水合流自漢中至始寧城下入武陵曲折三曲有如巴字亦曰巴江經峻峽中謂之巴峽即此水也

緜江

遊蜀記曰左縣郡有小江三川所尚縣州左縣郡有汙江所染緋紅於此水濯後益鮮故人之所重

粉水

注水經曰越嶲粉水導源東流經上粉縣取此水以淘粉則皓曜鮮絜有異衆流故縣人因此取名

瀘水

十道記曰瀘水出蕃中入黔府歷郡界出柘州至此有瀘津關關上有石峯高三千丈四時多瘴氣三四月間發人衝之立死非此時中則人多悶吐唯五月上伏即無害故

諸葛武侯征越巂上疏云五月渡瀘深入不毛之地又按地記云今昆明道渡所見有武侯道在又按十道記云水浚急而多巉石土人以牛皮爲船方涉津涘

弱水

說文曰弱水自張掖刪丹西至酒泉合黎餘波入于流沙

玄中記曰天下之弱者昆崙之弱水鳥鴻毛不能起

黑水

張掖記曰黑水出縣界雞山亦名玄圃昔娀氏女簡狄浴於玄丘之水即黑水也

大柳谷水

魏氏春秋曰明帝青龍三年張掖郡刪丹縣金山大柳谷有玄川溢涌寶石出焉有石馬即魏爲晉代之符也

洮水

漢書地理志曰洮水出西羌中北至枹罕東入河又沙州記云洮水與墊江水俱出嵹臺山山南爲墊江源山東即洮水源也

馬池水

關山圖曰隴西神馬山有泉池龍馬所出

水經注云馬池水出上邽西南六十里謂之龍泉亦言神馬出水事同徐吾是此今有馬池之號也源出嶓冢山

湟水

漢書地理志曰臨羌縣西北至塞外有西王母石室西海鹽池北則湟水所出東至允吾入河渭湟河亦名樂都水也縣有土樓山無石而高在縣南又有養女嶺被羌多禱而祈女又有牛心堆皆湟水源山名

江南諸水

沮水

水經曰沮水出漢中房陵縣淮山東南過臨沮縣至枝江縣入于江注云沮陽縣西北景山即荆山之首也

山海經曰金玉是出亦沮水之所導也

漳水

山海經曰漳水出臨沮縣東荆山東南過蓼亭又南過章鄉南至枝江縣北入于沮傳曰江漢沮漳楚之望也

王仲宣登樓賦曰夾清漳之通浦倚曲沮之長江

雷水

水經曰南經大雷戍西注大江謂之大雷口一派東流入江謂之小雷口也宋鮑明遠登大雷岸與妹書乃此地

又孝子傳云孟宗爲雷池監作鮓一器以遺母母不納

豫章圖經曰蜀水在豐城縣北按漢書地理志曰蜀水源出縣內小界山東山東流入南昌縣漳水合者耆老傳云仙人許遜爲蜀旌陽縣令有奇術晉末人皆疾癘多往蜀詣遜請救遜與一器水投於上流疾者飲之無不愈也邑人敬其神異故以蜀水爲名

鄱陽源水

鄱陽記曰鄱陽源是吴芮所居處鄉人祭之爲立祠堂東有石澗深三尺鄉人將牲牢告啓擊鼓三通其水衝出大流隨用並足

葛溪水

鄱陽記葛溪水源出上饒縣靈山西昔歐冶子居其溪側以此水淬劍傳之於此後又有葛玄家焉因曰葛水

溢浦水

郡國志曰溢浦水有人此處洗銅盆忽水暴漲乃失盆遂

投水取之即見一龍銜盆遂奮而出故曰盆水也

蕭子顯齊書曰世祖治湓城得尺五刀十一口永明享曆之數也

甘泉水

九江圖經曰甘泉水在縣南甘泉驛之南其水味甘飲訖猶有餘香因以名焉其山即曰甘泉山按州圖經云昔山頂有船桅從頂沿流而下土人亦名爲桅下溪栢伊爲江州刺史常遣左右賫粮尋山之奥奥覩非常乃至一處見有大湖湖側有敗船當時聞有桅流下甚疑惑後聞有船方驗

秦淮水

江寧圖經曰淮水北去縣一里源從宣州東南溧水縣烏刹橋西入百五十里

輿地志云秦始皇巡會稽鑿斷山阜此淮即所鑿也亦名秦淮孫盛晉春秋亦云是秦所鑿王導令郭璞筮即此淮也又稱未至方山有直瀆行三十許里以地形論之淮發源詰屈不類人功則始皇所掘宜此瀆也

丹陽記云建康有淮源出華山入江

徐爰釋問云淮水西北貫都。輿地志云淮水發源於華山在丹陽湖姑熟之界西北流經建康秣陵二縣之間縈紆京邑之内至于石頭入江懸流三百許里

浙江

山海經曰浙江出三天子都在蠻東西北入海餘暨南郭璞注云按地理浙江出黟縣南蠻中東入海今之浙江是也率即歙耳餘暨縣名

虞喜志林注曰今錢塘江口折山正居江中潮水投山下折而曲一云江有反濤水勢折歸故云浙江史記云江水至會稽山陰爲浙江是也

三江

郡國志曰禹貢三江吴郡南松江錢塘江是也禹貢曰三江既入震澤底定韋昭曰三江謂吴郡南松江錢塘江浦陽江

虞氏志林云江於彭蠡分爲三是即韋説爲謬按江自太湖出于海屈曲七百里出鱸魚即吴王玆以爲王鱠者

穀江

輿地志曰穀江其水波瀾交錯狀似羅縠之文因以爲名

若下水

輿地志曰南岸曰上若北岸曰下若乃村名也村人取若下水以釀酒醇美勝於雲陽

吴録曰長城若下酒張協七命云荆南烏程即此酒也

霅水

輿地志曰霅水亦若水之異名也水深不可測俗謂之洺水

又山海經云浮玉之山苕水出其陰中多鮆魚今亦謂之霅烏水是也

紫溪

吴興記曰邑有文山水東南流爲紫溪輿地志云以爲水紫色也又云紫溪中央水有赤色盤石長百餘丈望之如霞名曰赤瀨水

公山江水

郡國志曰公山江水有橘自然泛來行人噉之恣飽則可

將去則病

不竭泉

永嘉地記曰山北有泉衆泉旱竭此泉不乾故以名山東有瀑布長數十丈遊者去山頂有大湖中有孤岩獨立皆號孤房

臨水

湘州記曰臨水經臨賀縣東又南至郡左以合賀水故有臨賀之稱焉

靳江

湘州記曰靳江在新東縣西八里水出衡山縣界紫嘉山東流入湘江二百八十里昔楚大夫靳向所封之地因以名之

資水

湘州記曰資水一名茱萸江

又水經云資水東北過益陽應劭曰縣在益水之陽今無益水誠資水之殊目

郡國志云資水岸有石頭城即吳將周瑜築也

枉水

湘州記曰枉山在郡東十七里有枉水出焉山西溪溪口有小灣謂之枉渚山上有楚祠存焉

沅水

水經曰沅水出牂牁且蘭縣爲旁溝水東北至鐔城縣爲沅水

又曰沅水之北有奇山山有秀峯上拔綠蘿濛幕頹巖臨水實釣渚漁詠之勝也其幽響若鍾音信神仙之所居

滄浪水

永初山川記曰漢水古爲滄浪即漁父所云滄浪之水清今滄浪水合流出鍾城北界山此盖後人名之非古滄浪也

湘水

說文曰湘水出零陵陽海山北入江

湘中記曰湘水至清雖深五六丈見底了了然石子如摴蒲矣五色鮮明白沙如雪赤岸如朝霞綠竹生焉上葉甚密下疎遼常如有風氣

淮南子曰所謂樂者豈必躬釣瀟湘。水經注曰湘水又經南津城西對橘洲諺曰昭潭無底橘洲浮

又按郡國志云湘水邊有水魚山本名立石山高八十丈闊十里石色黑而重疊每發一重則有自然魚形女人多刻畫爲戲長數寸燒之魚膏腥

汨水

水經注曰汨水西經玉笥山又西爲屈潭即羅潭也屈原懷沙自沉於此故潭以屈爲名賈誼史遷皆嘗經此弭檝訟波投弔於潭

五美水

湘中記曰五美水在長沙縣東二十五里光武時有五美女居於此溪之側後因爲名

灕水

臨桂圖經曰灕水出縣南二十里柘山之陰西北流至縣西南合零渠五里始分爲二水昔秦命御史監史祿自零陵鑿渠出零陵下灕水是也

郡國志稱後漢伏波將軍馬援開湘水爲渠六十里穿度城今城南流者是因秦舊瀆耳至寶曆初渠道崩壞舟檝

不通觀察使李渤遂疊石造堤分二水每水置石斗門一使制之在人開閉開灘水則全入於桂江擁桂江則盡歸於湘水

修仁水

始興記曰修仁水西南注連水此有三楓亭五渡水齊范雲爲始興太守至修仁水酌而飲之賦詩曰三楓何習習五渡何悠悠且飲修仁水不挹階邪流

慈廉江

交州記曰慈廉江者昔有李祖仁居此兄弟十人並慈孝廉讓因此名江

太平御覽卷第六十五

湖

湖　潭

湖

廣雅曰湖池也　○說文曰湖大陂也

史記曰三苗氏左洞庭右彭蠡德義不修舜滅之此在德不在險

晉書曰陳訓少學天文孫皓以爲奉禁都尉知皓必敗時錢塘湖開或言天下當太平青蓋入洛皓以問訓對曰臣能望氣不達湖開塞退告友曰青蓋入洛將有舁櫬銜璧之事非吉祥也

宋書曰會稽太守孟顗事佛精懇而爲謝靈運所輕嘗謂顗曰得道應須慧業文人生天當在靈運前成佛必在靈運後顗深恨之會稽東郭有迴踵湖靈運求决以爲田顗堅執不與又求始寧岯崲湖爲田顗又固執靈運謂顗非存利民正慮决湖多害生命言論毀傷與顗遂構讐隙

唐書曰褚無量字弘度杭州鹽官人也幼孤貧厲志好學家近臨平湖時湖中有龍鬭傾里閈就觀之無量時年十二讀書晏然不動

風俗通曰湖都曰流瀆四面所隈都也周官楊州其浸五湖案張勃吳録五湖者太湖之別名以其周行五百餘里故以五湖爲名（虞翻又云太湖有五道別謂之五湖）或說以太湖射貴湖上湖洮湖（洮湖一名長塘湖在義烏）滆（户伯切）湖爲五湖案國語吳越戰於五湖直在笠澤一湖中戰耳則知或說非也

隋大業記曰五月夏至前三五日吳郡太湖中白魚向湖側淺水菰蒲之上產子民得採之隋時貢於洛

楊州記曰太湖一名震澤一名笠澤一名洞庭（史記三苗之國左洞庭右彭蠡裴駰注云今湖中苞山有石穴其深洞無知其底者名洞庭洞庭對曰彭蠡則知因此穴之名遂呼洞庭彭蠡即宮亭湖名也越絶書云太湖周三萬六千里在吳興也）

荊州記曰宮亭即彭蠡澤也謂之彭澤湖一名匯（孩切）賄澤（在豫章郡）青草湖一名洞庭湖（洞庭湖亦謂之太湖在巴陵縣）雲夢澤一名巴丘湖九此並昭昭尤著又廣大也

干寶搜神記曰由權縣秦時長水縣始皇時童謠曰城門有血城當陷没爲湖有嫗聞之朝往窺門將欲縛之嫗言其故後門侍以犬血塗門嫗見血走去忽有大水欲没縣主簿令幹入白令令曰可忽作魚幹曰明府亦作魚遂淪爲湖

鄭緝之永嘉記曰懷北縣有蔣公湖父老云先代有祭祀祈請者湖輙下大魚與之

秦州記曰武都郡前有湖義熙初有白龍於湖升天

盛弘之荊州記曰宮亭湖廟神甚有靈驗途旅經過無不祈禱能使湖中分風而帆南北

又曰巴陵南有青草湖周迴數百里日月出没其中湖南有青草山故因以爲名

劉澄之荊州記曰華容縣東南有雲夢澤一名巴丘湖荊州之藪也

劉澄之豫州記曰陳縣地有芍陂湖魏將王陵與吳將張休交戰處也

黃閔武陵記曰有湖名爲丹陂周迴數百頃清波澄映洲嶼相望

武昌記曰武昌長湖通江夏有水冬則涸于時靡所產植陶太尉立塘以遏水於此常自不竭因取鄉瑯琊郡隔湖魚

菱以著湖內菱甚甘美異於他故所產鮒魚乃長三尺

劉道眞錢塘記曰明聖湖在縣南去縣三里父老相傳有金牛時見神化莫測故以明聖垂名

西京雜記曰顧翺少失父事母好食雕胡飯常帥子女躬自採擷還家導水鑿川供養每有盈儲家近太湖湖中乃生雕胡無復雜草蟲鳥不敢至焉遂得以爲養郡縣表其閭舍

江乘地記曰滿湖中有嘉魚美蓴

劉欣期交州記曰有一湖去合浦四十里每陰雨日百姓見有銅船出水上又有一牛在湖中以雞酒爲祭便大獲魚若此禮不設唯得牛糞而已

述征記曰相冲爲江州刺史遣人周行廬山異觀靈異旣陟崇巘有一湖匝生桑樹有白鵠湖中有赤鱗魚使者渴極欲往飲水有赤鱗魚張鬐向之使者不敢飲

南康記曰空山上有平湖湖中有艑(音便)底浮在湖中動搖便起風雨

鄭緝之東陽記曰北山去郡三十餘里有赤松廟故老相傳云其下有居民曰徐公者嘗登嶺至此處見湖水二人共博於湖間自稱赤松子安期先生有一壺酌酒以飲徐公公醉而寐其側比醒不復見

劉澄之豫州記曰城父縣有巢湖湖周五里湖中有三山湖南有四鼎山

戰國策曰秦與荆戰大破之取洞庭五渚

吳地記曰吳王葬女取土成湖又郡國志云三女墳在郭西云闔閭食蒸魚羹留半賜三女三女怨自殺王痛之葬於郭西文石爲槨金印玉牒銀樽朱盤悉以送葬又云盤郢之劒或曰湛鑪之劒夜飛適楚以水繞墳因名女墳湖又云葬女時有白鶴舞吳市因入羨門悉化爲犬

錢塘記曰去邑十里有詔息湖古老相傳昔秦始皇巡狩經塗暫憩因詔以息爲名

周景式廬山記曰山頂有一窮湖湖足頳尾鯉鱗皆傷剝而又有一故艑槽崇山峻遠非舟檝所游豈深谷爲陵而此物不與丘壑同遷乎

顧微廣州記曰廬山上有一湖至甲戌日輒聞山有鼓角聲

劉澄之楊州記曰新城縣東有俱山山上有湖湖中有白鵝一隻時時飛來不可常見

劉楨京口記曰龍目湖秦王東游觀地勢云此有天子氣使赭衣徒鑿湖中長岡使斷因改爲丹徒今水北注江也

梁典曰武帝望京峴山盤紆似龍掘其右爲龍目二湖

徐州先賢傳曰句踐滅吳謂范蠡曰吾將與子分國而有之蠡曰君行令臣行意乃乘扁舟浮五湖而不返

水經注曰武強縣耆宿云邑人有行於途有一小虵疑其有靈持而養之名曰檐生長而吞噬人里中患之遂捕繫獄檐生負而奔邑淪爲湖縣長及吏咸爲魚矣今縣東北半許里有淵謂之郎君淵耆宿又言縣淪之日其子東奔又陷於此故淵得郎君之目矣

神異經曰北方荒外有湖方千里平滿無高下有魚長七八尺刑狀如鯉而目赤晝在湖中夜化爲人刺之不入煑之不死以烏梅二七煑之即熟食之可以愈邪病

又曰北方荒中有石湖方千里無凸凹(上直結反下於交反)平滿無高下岸深五丈餘恒冰唯夏至左右五六十日解耳

又曰東南海中烜洲上有溫胡其中唯有鯽魚焉長八尺

食之宜暑而避寒

郡國志曰潤州過陂有湖名龍目湖京口出好酒人習戰故桓溫云京口土瘠人窶無可戀唯酒可飲兵可用耳

會稽記曰漢順帝永和五年會稽太守馬臻創立鏡湖在會稽山陰兩縣界築塘蓄水高丈餘田又高海丈餘若水少則洩湖灌田如水多則開湖洩田中水入海所以無凶年堤塘周迴三百一十里溉田九千餘頃

又會稽記云創湖之始多淹塚宅有千餘人怨訴於臺臻遂被刑於市及臺中遣使按鞠總不見人驗籍皆是先死亡人之名又按輿地志云山陰南湖縈帶郊郭白水翠巖互相映發有若圖畫

南徐州記曰子英常於芙蓉湖捕魚得赤鯉持歸以穀養一年遂生角翅魚云我來迎汝子英騎之即乘風雨騰而上天故列仙傳云每經數載來歸見妻子魚復來迎如是數十迴而不還芙蓉湖即射貴湖也又名上湖

吳地記曰臨平湖在臨平山南

吳志曰歸命侯天璽元年吳郡言臨平湖自漢末草穢擁塞今更除平古老相傳云此湖塞天下亂此湖開天下平又湖邊得石函函中有小石青色長四寸廣二寸餘刻上作皇帝字於是改年大赦俄而晉平吳孫盛以爲元皇中興之符

歙縣圖經曰黃墩湖在縣西南其湖有蜃常與呂湖蜃鬭程靈銑好勇而善射夢蜃化爲人告之曰吾爲呂湖蜃所厄君能助吾必厚報束帛練者吾也明日靈銑彎弧助之正中後蜃不知所之後人名其處爲蜃灘時有一道人詣靈銑母求食食訖曰勞母設食今當爲求善墓地使母隨

行上山以白石識其地曰葬此可以暴貴矣靈銑因移父葬其所侯景亂靈銑率郡鄉萬餘衆保新安因隨陳武帝有奇功及陳武受梁禪靈銑以佐命功目與周文昱侯安都爲三傑按靈銑宅在湖東二里

徐爰釋問曰玄武湖本桑泊晉元帝創爲北湖宋以肄舟師○京都記云從北望鍾山從宮亭湖望廬岳齊武帝理水軍於此中號曰昆明池故沈約登覆舟山詩云南瞻儲胥館北望昆明池即此尒永嘉末有龍見於湖內故改爲玄武湖

豫章記曰檐石湖在州東北其湖水中有兩石山有孔如人穿擔狀古老云壯士擔此兩石置湖中因以爲名

輿地志曰安成有蜜湖中有絲蓴鯽魚爲時所重并有石窟容百人坐其魚味甘如蜜因此爲名在縣東二十里

淮南子曰夫歷陽之都一夕化而爲湖勇力聖智與不肖者同命無遺脫也

荆南志曰高沙湖在枝迴洲上翠澤平晶（坳瑚了）水陸瀰曠芰荷殺生鱗羽滋阜湖南林野清曠可以栖託故徵士宗炳昔常家焉北有小水自湖通江謂之曾口是也

渚宮故事曰江陵城西二十里高沙湖其中多魚

又曰五葉湖昔湖測有主人張披五葉同居因以爲名

九江記曰彭蠡湖在尋陽縣東南與都昌縣分界湖心有大孤山案郡國志彭蠡湖周迴四百五十里內有石高數十丈大禹刻其石以記功焉又有乞烏隨船行舟人擲摶飯接之高下不失一粒今此烏沿江靈廟多有不獨在彭蠡湖尒

郡國志曰鶴門湖者陶侃微時喪母忽有二客來吊化爲

雙白鶴飛去後因以爲名

丹陽記曰吳孫皓寶鼎元年丹陽縣宣騫之母年八十浴於後湖化爲黿後湖又名練湖（在縣北百二十歩）

輿地志曰曲阿出名酒皆云後湖水所釀故醇烈也今按湖水上承丹徒陳驪覆船山馬林溪水色白味甘

輿地志云練塘陳敏所立遏高陵水以溪爲後湖

語林曰褚公遊曲阿後湖狂風忽起船傾褚公已醉乃曰此舫人皆無可以招天譴者唯有孫興公多塵滓正當以厭天欲耳便欲捉孫擲水中孫懼無計唯大呼曰季野卿念我（褚公褚彦回也季野彦回字也）

伏滔登故臺詩序曰夫差姑蘇臺東有丹湖萬頃內有金銀塘

方輿記曰銅船湖馬援鑄銅船五隻一留此湖中四隻將過海征林邑

潭

幽明錄曰碩縣下有眩潭以視之眩人眼因以爲名傍有田陂昔有人船行過此陂見一死蛟在陂上不得下無何見一人長壯烏衣立於岸側語行人云吾昨下陂不過而死可爲報眩潭行人曰眩潭無人云何可報烏衣人云但至潭便大言之行人如其言須臾潭中有號泣聲

又曰晉元熙中桂陽郡有一老翁常以釣爲業後清晨出釣遇大魚食餌掣綸甚急船人奄然俱沒家人尋喪於釣所見老翁及魚並死爲釣綸所纏魚腹下有丹字文曰我閩曾潭樂故從檜潭來磧死弊老翁持釣數見欺好食赤鯉鱠今日得汝爲

荊州圖記曰武當縣西北六里江中名伹字潭潭中有石磧洲長六十丈世傳伹子未曾從父命父臨終欲葬山上故謬曰葬我水中伹子唯從此命習鑿齒記云伹子是漢時人家在山東五女徼

鄧德明南康記曰梓潭有梓樹洪直巨圍葉廣丈餘垂柯數畝

又曰贛潭在郡下昔有長者於此潭以釣爲事恒作漁父歌其聲慷慨忽聞綸動須臾一物形似小水牛眼光如鏡或言水犀浮躍逐綸角帶金鏁釣客因引得鏁出水數十丈鏁斷餘數丈盡是珎寶

羅浮山記曰牛潭深洞無極北岸有石周圍三丈許漁人見牛自水而出盤於此石

抱朴子曰昔石頭水有大黿常在潭中因名此爲黿潭能作魅行病於人吳有道士戴昞者乃以越章封埿偏投潭

水中良久有大黿徑長丈餘浮出不敢動乃格殺之而病人並愈又有小黿出羅列死於水渚甚多

南康記曰梓潭山在雩都縣之東南六十九里其山有大梓樹吳王令都尉蕭武伐爲龍舟艚斫成而牽引不動占去須童男女數十人爲歌樂乃當得下依其言以童男女牽拽艚沒于潭中男女皆溺其後每天晴朗淨髣髴若見人船焉夜宿潭邊或聞歌唱之聲因號梓潭焉

鄱陽記曰懷蛟水一名孝經潭在縣南二百步江中流石際有潭往往有蛟浮出時傷人焉每至五月五日鄉人於此江水以船競渡俗云爲屈原攘災承前郡守縣綵以賞之刺史張栖貞以人之行莫大於孝懸孝經標竿上賞之而人知勸俗號爲懷蛟水或曰孝經潭

湘州記曰益陽有昭潭其下無底湘洲最深處也或謂周

昭王南征不復沒於此潭因以爲名

太平御覽卷第六十六

太平御覽卷第六十七

地部三十二

池

池

廣雅曰沼池也

說文曰隍城池也有水曰池無水曰隍

詩曰東門之池可以漚麻

又曰王在靈沼於牣魚躍（沼池也牣滿也箋云靈沼之水魚盈滿其中皆跳躍言亦得其所也）

韓詩外傳曰齊景公出弋昭華之池

傳曰齊伐楚楚子使屈完對曰楚國方城以爲城漢水以爲池齊雖衆無所用之

史記封禪書曰秦始皇遊海上祠名山大川及八神仙人羨門之屬八神一曰天齊祠天齊天池名臨南郊山

漢書曰昆明池漢武帝元狩三年所穿也初漢欲求身毒國爲昆明池夷所閉昆明有滇池方三百里名曰滇河漢將伐昆明以通身毒使謫卒伐棘上林象滇河作昆明池以習水戰池周迴四十里（漢武帝平昆明以其地爲益州郡其滇水原深廣末反淺狹有似倒流故曰滇河滿岳閬中記曰昆明池漢武習水戰也中有靈沼神池云堯時理水訖停船此池蓋堯時已有污池漢代因而深廣耳曹毗志怪云漢武鑿昆明池極深悉是灰墨無復土擧朝不解以問東方朔朔曰臣愚不足以知之可試問西域胡帝以朔不知難以移問至後漢明帝時外國道人入來洛陽時有憶方朔言者乃試以武帝時灰墨問之胡人云經云天地大劫將盡則劫燒此劫燒之餘乃知朔言有旨）

又曰昭帝元始元年春三月黃鵠下建昌宮太液池

又曰宣帝詔曰池籞未御幸者（蘇林曰折竹以繩綿連若禁籞使人不得往來也）假與貧民郡國宮館勿復脩治

又曰宣帝神爵元年詔曰金芝生于涵德殿銅池中（銅作池）

魏志曰太祖還鄴作玄武池以肄舟師

晉書曰山簡優遊卒歲唯酒是躭諸習氏荆土豪族有佳園池簡每出嬉遊多之池上置酒輒醉名之曰高陽池時有童兒歌曰山公出何許往至高陽池日夕倒載歸酩酊無所知時時能騎馬倒着白接䍦擧鞭向葛彊何如并州兒彊家在并州簡愛將也

又曰荀勗久在中書專管機事失之甚怏怏或有賀之者勗曰奪我鳳皇池諸君何賀我耶

後魏書曰文明皇太后馮氏與高祖幸靈泉池讌羣臣太后忻然歌高祖亦和歌歌者九十人

唐書曰蔣鎮爲諫議大夫時戸部侍郎判度支韓滉上言河中鹽池生瑞鹽實土德之上瑞上以秋霖稍多水潦爲患不宜生瑞命鎮馳騶檢行之鎮奏與滉同仍上表賀請宣付史館并請置神祠錫其號寶應靈慶池

又曰文宗用鄭注言卽命左右神策軍差人淘曲江昆明二池仍許公卿士大夫之家於江頭立亭館以時追賞

道甲開山圖榮氏解曰降北有陽石山中有神龍池黃帝時遣雲陽先生養龍於此帝王歷代養龍之處國有水旱不時祀池請雨

晉宮閣名曰靈芝池廣長百五十步深二丈上有連樓飛觀四出閣道釣臺中有鳴鶴舟指南舟

荻山松宜都記曰佷山縣東六十里有山名下魚城四面絕崖唯兩道可上皆峻嶮山上周迴可二十里有林池水民田種於山上昔永嘉亂土人登此避賊賊守之經年食

盡取池魚擲下與之示不窮賊遂退散因名此爲下魚城

辛氏三秦記曰昆明池通白鹿原人釣魚綸絶而去夢於漢武求去其鈎明日戲於池見大魚御鈎帝去其鈎而放之間三日帝復遊池濱得明珠一雙武帝曰豈昔魚之報也

湘州記曰湘南縣有架山下有小池常涸竭民齋戒往請自然而滿事訖還乾

雷次宗豫章記曰去洪井六七里有風雨池山嶠水出激着樹木星散遠灑如風雨焉

襄陽記曰峴山南有習郁大魚池依范蠡養魚法當中築一釣臺將亡勑其兒曰必葬我近魚池山季倫每臨此輒大醉而歸

臨川記曰崇仁縣有鹹池按陳書司空黃法𣰰音瞿字仲昭崇仁縣巴山人也侯景亂法𣰰於鄉里聚徒以助高祖有功墳墓在崇仁縣巴山鄉故老相傳法𣰰有奇術常欲變置鹽池於家山之下偪負六十餘畝至今水味獨鹹於他水而湛然清澈禽畜不敢觸之

西京雜記曰梁孝王好宮室苑囿之樂作曜華之宮築兎園園中有靈山山安膚寸石又有鴈池池中鶴洲鳧渚奇果異樹瑰禽怪獸畢備王日與宮人及賓客弋釣其中

又曰積草池中有珊瑚樹高一丈二尺一本三柯上四百六十二條是越國王趙佗所進號爲烽火樹至夜光景照爲

述征記曰廣陽門北有魏明帝流杯池

穆天子傳曰天子西征于玄池天子三日休于玄池之上天子乃樹之竹種竹池邊是曰竹林

又曰天子觴西王母于瑤池上西王母爲天子謡

三輔故事曰漢武帝作昆明池武帝崩後於池中養魚以給諸陵祠餘付長安市池有二石人如牽牛織女像

又曰未央宮西有食池池中有臺王莽死於是也

廣州先賢傳曰丁密字靖公蒼梧人遭父艱哭泣三年飛鳧一雙游密廬傍小池

郡國志曰晉州臨汾縣臭水池下畜不飲一名䴏鑊池即煑眉間赤頭處鑊䴏因成池今水上猶有脂潤

又曰成都郡秦惠王二十七年使張儀築城以象咸陽沃野千里號曰陸海有萬歲池是築城取土處

又曰合浦海曲出珠號曰珠池又有夷人號越乇多採甲香爲業

呂氏春秋曰衛靈公天寒鑿池宛春諫曰天寒公曰天寒乎宛春曰公衣狐裘坐熊席陬隅有竈是以不寒

淮南子曰陰氣極則下至黃泉故不可鑿池穿井

世說曰晉明帝欲作池臺元帝不許之明帝爲太子養武士一夕中作此曉便成即今謂太子池是也

又曰太原王國寶治宅因浚池忽見一物如酒杓形長四尺許飛去

水經注曰隴西神馬山有淵池龍馬所生即是水西流謂之馬池

又曰蔡州西即蔡倫故宅傍有蔡子池倫漢黃門即順帝之世始擣故魚網爲紙用代簡素自其始也

又曰滇池中有神馬家馬交之則生駿駒日行五百里

顧子曰與子華遊於東池子華曰水有四德池爲一焉沐浴羣生流澤萬世仁也揚清激濁盪滌塵穢義也弱而難

勝勇也導江疏河變盈流謙智也

顏子曰我得汝於池上矣

方輿記曰興元府南鄭縣天池山上有池方二十里冬夏不竭久飲之可愈痼疾故號天池

又曰梅福池一名風雨池梅福種蓮池福歎曰生爲我酷身爲桎梏形爲我辱智爲我毒於是弃南昌縣尉去妻子入洪崖山得道爲神仙代代有人見或在玉笥山逢之今西山有梅君壇南昌開元觀有梅君堂焉

又曰明月池在興道縣西北中有一臺云是漢高所營注水經云形如偃月故號明月池

又曰七女池昔有人無男而養七女父亡七女負土葬父取土之處今成一池號曰七女池今池邊又有七女塚

谿

尚書大傳曰呂尚釣於磻溪得魚腹中有玉璜

春秋説題辭曰谿者隱也深虛繞山令得博也（宋均曰無水曰谷有水曰谿）

爾雅曰水注川曰谿

桓彝別傳曰彝字茂倫明帝世彝與當時英彥名德庾亮溫嶠羊曼等共集青谿池上郭璞預焉乃援筆屬詩以白四賢并自序

武昌記曰樊山東有山谿夏時凜凜悄有寒氣故謂之寒谿

王韶之始興記曰連水下流有斟谿一日十溢十竭

盛弘之荊州記曰酈縣北五十里有菊谿源出石澗山有甘菊村人食此水多壽

又曰零陵郡西有九渡谿山獸從數十里往飲之經越他水皆不飲傍有斗石坑上石形極方峭名爲仙人樓

又曰桂陽郡桂横谿谿水甚深冬夏不乾俗謂之爲貪泉也郡西南五十里有萬歲山有石室出鍾乳山上悉生靈壽木下有一谿名爲千秋水其傍有居民即號萬歲村

管子曰桓公北征孤竹迴未至卑耳之谿授弓而射未敢發謂左右曰見前人乎對曰不見公曰寡人見人長尺而人物具焉管仲曰臣聞霸王之君興而登山神見公拜曰仲父之聖若此

俗説曰郗僧施青谿中汎舟一曲處輒作一篇詩謝益壽見詩嘆曰青谿中曲復何可窮

水經注曰磻溪即太公釣所也石壁深高幽泉邃密林障秀阻亦人罕交東南隅有石室蓋太公所居也水次平石即太公垂釣之處也其水清冷神異北流注于渭

又曰長陽谿源石穴中有神魚大者二尺小者一尺居民釣魚先陳所須多少拜而請之拜訖投釣得魚過數者水輒波涌暴風卒起樹木催折水側生異花路人欲摘者皆當先請不得輒取

又曰白馬谿水出宜陽山有大石厥狀似馬故谿澗以物色受名也

又曰向城有水二源俱北流合爲一川名天漿谿

又曰閩中有徐登者女子化爲丈夫與東陽趙昞並善越方時遭兵亂相遇於谿各矜其所能登先禁谿水爲不流昞次禁枯柳爲生荑二人相視而笑登年長昞師事之後登身故昞東入章安百姓未知昞乃升茅屋據鼎而爨主人驚怪昞笑而不應屋亦不損又嘗臨水求渡舡人不許昞乃張蓋坐中長嘯呼風亂流而濟於是百姓神服從者

如歸

又曰山陰縣西四十里有二溪東溪廣一丈九尺冬暖夏冷西溪廣三丈五尺冬冷夏暖二溪北出行三里至徐村合成一溪廣五丈餘而溫涼不雜蓋山經所謂若水也

又曰朐䏰縣有龜溪出靈龜咸熙元年獻龜於相府言出自此溪也

郡國志曰豫州吳房縣吳王闔閭之第夫槩王朝楚楚封之於堂溪

又曰王昭君秭歸人也有香溪即昭君遊處

又曰資陽縣有環溪百丈池所謂溪流如鐶池深百丈也

又曰陵陽山在石埭縣北三里按輿地志陵陽令竇子明於溪側釣魚一日釣得白龍子明憐而放之後數年又釣得一白魚剖其腹中乃有書教子明燒煉食餌之術三年後白龍來迎子明遂得上昇其溪環遶山足今有仙壇醮祭不絕

信州圖經曰師溪水源出黃蘗山北面在弋陽縣東南一百一十里昔有隱士胡超居此衆人師之故名師溪

越絕書曰薛燭對越王曰若耶之溪涸而出銅也古歐冶子鑄劒之所故戰國策云涸若耶以取銅破堇山而出錫

又郡國志云歐冶子鑄劒處下有孤潭深而清有孤石聳出潭上有大櫟樹謝客兒與弟惠連作詩連句刻於樹上

吳興記曰前溪在縣南東流入太湖謂之風渚夾溪悉生箭箬後溪在市北東出餘不亭晉車騎將軍沈充作前溪歌曲傳者以爲指此溪也

裴氏廣州記曰百管谿周迴丈餘水極沸涌如猛火煎油聲

臨海圖經曰銅溪在縣西北五十里其水黃色狀似銅故號銅溪也。孫興公天台山賦云過靈溪而一濯是也

善歌錄曰武溪水源出武山東南流注于沅故爲歌曰武溪深復深飛鳥不能渡遊獸不能臨

又曰下瀨上霧看飛鳥墮水中即此也

壑

周易略例曰隆墀永歎遠壑必盈

禮記曰大蜡之祭辭曰土反其宅水歸其壑

山海經曰東海之水有大壑

列子曰渤海之東不知幾億萬里有大壑實惟無底之谷曰歸墟

莊子曰夫壑之爲物注焉而不滿取焉而不竭

又曰藏舟於壑藏山於澤謂之固矣然則夜半有力者負之而趨昧者不知

孟子曰志士不志在溝壑

太平御覽卷第六十七

太平御覽卷第六十八

地部三十三

冰
潮
川

冰

說文曰冰水堅也凘流冰也

易曰初六履霜堅冰陰始凝也馴致其道至堅冰也

又曰乾爲寒爲冰

易通卦驗曰大雪魚負冰鄭玄注曰負冰上近冰也

詩曰二之日鑿冰冲冲鑿冰聲也三之日納于凌陰

周禮曰凌人掌冰祭祀供冰鑑（鑑如甀大口以盛冰以御溫氣也）賓客供冰大喪供夷盤冰（夷盤承尸盤也）夏班冰（班賜也）

又曰凌人掌冰正歲十有二月令斬冰三其凌（三其凌三倍其冰）

禮曰孟冬之月水始冰地始凍仲冬之月冰益壯地始坼鶡鳥不鳴虎始交

又曰立春之日東風解凍又五日蟄虫始振又五日魚上冰風不解凍號令不行魚不上冰兵甲不藏

傳曰楚子使薳子馮爲令尹辭以疾方暑闕地下冰而牀焉重繭衣裘（繭袍也禮玉藻曰纊爲繭縕爲袍）鮮食而寢楚子使醫視之復曰瘠則甚矣而血氣未動

又曰春無冰梓慎曰今茲宋鄭其饑乎陰不勝陽也

又曰日在北陸而藏冰西陸朝覿而出之其藏冰也深山窮谷固陰冱寒於是乎取之其出之也朝之祿位賓食喪祭於是乎用之其藏之也黑牡秬黍以享司寒其出之也桃弧棘矢以除其災祭司寒而藏之獻羔而啓之火出而畢賦自命夫命婦至於老疾無不受冰山人取之縣人傳之輿人納之隷人藏之夫冰以風壯而以風出而藏之也周其用之也徧則冬無愆陽夏無伏陰春無淒風秋無苦雨人不夭札

孝經援神契曰高山之巔無樹深海之淵無冰剛太燥溫太柔也

家語曰霜降而婦功成嫁娶者行焉（季秋霜降）冰泮而農桑起婚禮殺焉

史記曰姜嫄爲帝嚳元妃出野見巨人跡悅欲踐之踐而身動如孕期而生子以爲不祥弃渠冰上飛鳥以翼覆薦之

薛瑩後漢書曰靈帝光和六年冬北海東萊琅邪井冰厚丈餘

又曰光武至薊上王郎使者至上發薊晨夜馳騖至曲陽呼沲河道吏還言河流澌無船不可渡遣王霸往視實然霸念恐驚衆即還曰冰堅可渡比至冰可乘帝遂得渡

漢書曰晁錯上書曰夫胡貉之地積陰之處也木皮三寸冰厚六尺

臧榮緒晉書曰王祥字休徵後母朱氏思生魚時河冰冰堅祥朝朝冒厲風於河涯伺魚一朝忽冰開小穴有雙鯉跳出

王隱晉書曰慕容皝上言正月十二日躬征平郭遂假陛下天地之威將士竭命精誠感靈海爲冰結凌行海中三百餘里臣問故老初無海冰之歲（平郭蓋遼昌黎縣城也）

北齊書曰文宣時周人常懼齊兵之西度恒以冬月守河

椎氷及後主即位朝政多紊齊人椎氷懼周兵之逼斛律光憂曰國家常有吞關隴之志今日至此

東方朔神異經曰北方有氷萬里氷厚百丈䶂鼠在氷下土中焉其毛長八尺可爲褥却風寒

王子年拾遺録曰東海員嶠山有氷蠶長七寸有鱗角以霜雪覆之始爲璽其色五采織爲文錦入水不濡投火不燎

南燕録曰慕容德正月渡黎陽津流澌氷合鄰令韓軌言於德曰昔光武渡呼沲氷澌自合今大王濟河天橋自成德乃大悦

異苑曰石勒伐劉曜於洛陽從大河南濟時河凍將合軍至而氷自泮舟檝無閡逐生擒曜謂是神靈之助

又曰高平閻立孝婦以元嘉中懷娠生一團氷得日便消

液成水也

吳越春秋曰越王念復吳怨非一旦也苦思勞心夜以接日冬寒則抱氷夏熱則握火

趙書曰劉曜攻石勒將戰曜欲乘大乘大赤馬無故跼躅不可近於是退赤馬及合陣敗走曜體素壯馬小不勝陷氷爲石堪所擒也

博物志曰削氷令員舉以向日艾承其影則有火

西京雜記曰漢制以酒滴爲書硯其不氷以玉爲硯亦取其不氷也

陸機洛陽記曰氷室在宣陽門内恒有氷天子用賜王公衆官

戴延之西征記曰凌雲臺有氷井延之以六月持去經日猶堅也

述征記曰冰井在凌雲臺北古舊藏氷處

鄧析書曰明君之御民若乘奔而去轡履氷而負重

晏子曰景公伐魯得東門無澤問之魯年穀何如對曰陰水凝陽氷厚五寸晏子曰如是則寒温節也寒温節則政平政平則年穀熟請禮魯以息怨也

老子曰渙若氷將釋

莊子曰夏蟲不可以語於氷者篤於時也曲士不可以語於道者束於教也

又曰朝受命而夕飲氷我其内熱歟

孫卿子曰氷生於水而寒於水

淮南子曰淮海有不死之草北方有不釋之氷

又曰夫水向冬則凝而爲氷氷迎春則釋而爲水氷弛易乎前後

又曰知一葉之落知歲將暮覩瓶中之氷而知天下之寒以近諭遠也

論衡曰夫爇一炬火爨一鑊水終日而不熱也倚一尺氷置庖厨中終夜而不寒也

風俗通曰積氷曰凌壯氷曰凍氷流曰澌氷解曰泮

魏子曰居危殆之國治不善之民是猶薄氷當白日爇毛過猛火也

抱朴子曰五王不染而堅寒氷不襲而卽

又曰蹈薄氷以待夏日登朽枝而須勁風

新論曰畫水鏤氷與時消釋

潮水

説文曰潮朝也從水朝

風土記曰俗説鯢一名海鰌長數千里穴居海底入穴則

水溢爲潮出穴則水入潮退出入有節故潮水有期

祖台之志恠曰隆安中陳悝於江邊作魚簄（[illegible]）潮去於簄中得一女人長六尺有容色無衣服水去不能動卧沙中與語不應人有就辱之悝夜夢云我是江黄昨失道落君簄小人遂見加陵今當白尊神殺之悝不敢移潮來自逐水去姧者尋病死

吳越春秋曰吳賜子胥劒而死乃投之江中子胥因揚波成濤隨潮往來

博物志曰東海中有牛魚其魚形如牛剥其皮懸之潮水至則毛起潮去則復也

臨海異物志曰石鷄清響以應潮慧軀輕逝以遠驚（石鷄形似家鷄在海中山上每朝水將至輒鳴相應若家鷄之向晨也）

裴淵廣州記曰石洲在海中名爲黄山山北日一潮山南日再潮

抱朴子曰糜氏云潮者據朝來也言夕至也一月之中天再東再西故潮水再大再小也又夏時日居南宿陰消陽盛而天高一萬五千里故夏潮大也冬時日居北宿陰盛陽消而天卑一萬五千里故冬潮小也又春日居東宿天高一萬五千里故春潮漸起也秋日居西宿天卑一萬五千里故秋潮漸減也

又曰天河從北極分爲兩頭至於南極其一經南斗中過其一經東斗中過兩河隨天轉入地下過而與下水相得又與海水合三水相蕩而天轉排之故激涌而成潮水

又曰濤水者潮取物多者其力盛來遠者其勢大今潮水從東地廣道遠乍入狹處陵山觸岸從直赴曲其勢不泄故隆崇涌起而爲濤俗人云濤是五子胥所作妄也子胥始死耳天地開闢已有濤水矣

川

說文曰川貫穿通流水也

釋名曰川者穿地而流也

易曰地險山川丘陵也王公設險以守其國

又曰利涉大川

書曰予決九川距四海王肅曰九川者九州之川也

又曰若濟大川用汝作舟檝

又曰九山刊旅九川滌源

禮曰天降時雨山川出雲

周禮曰揚州其川三江荆州其川江漢豫州其川熒洛青州其川淮泗兖州其川河泲雍州其川涇汭幽州其川河濟冀州其川漳并州其川呼沲

又曰兩山之間必有川焉大川之間必有途焉

大戴禮曰聖人有國則川澤不竭

蔡邕月令章句曰衆流注海曰川

國語曰幽王二年三川皆震

又曰厲王虐國人謗王邵公告王曰民不堪命矣王怒得衛巫使監謗者以告則殺之國莫敢言道路以目王喜告邵公曰吾能弭謗矣乃不敢言邵公曰是鄣之也防民之口甚於防川川壅而潰傷人必多民亦如之是故爲川決之使導爲民宣之使言

語曰子在川上曰逝者如斯夫不舍晝夜

竹書記年曰藍田川有漢臨江王榮塚景帝以罪徵之將行祖於江陵北門車軸折父老泣曰吾王不反矣榮至都中尉郅都急切責王王年少恐而自殺葬於是川有燕數

萬衙土置塚上百姓憐之

水經注曰龍魚川澤漲不測出五色雲俗以爲靈而莫敢採捕因謂是水爲龍魚水自下亦通謂之龍魚川

又曰祥川者漢戚夫人所生處也高祖得而寵之啟其地爲祥川用表夫人載誕之休祥也

秦州記曰抱罕原北有鳳林川川中則黃河水東流

莊子曰昔者禹之堙洪水決江河而通四夷九州名川三百支川三千小者無數

方輿記曰清涼川在興道縣北

唐史去德宗皇帝以朱泚之難幸梁洋中書舍人齊映從駕至此川見旌旗蔽野上心駭謂泚之追兵疾路至此見梁帥嚴震具軍容拜馬前叙君臣離亂流涕久之上喜令震登馬與朕作主人映曰嚴震與至尊導馬御膳自有所司須之上次洋州行宮召映責以儒生不達兵機煙塵時務姑息主帥映奏曰山南士庶只知有嚴震不知有陛下且今天威親臨令巴蜀士民知天子之尊亦足以盡嚴震爲臣子之節上歎之良久震聞特拜謝映時議多之即此川也

太平御覽卷第六十八

太平御覽卷第六十九

地部三十四

澗　洲　湍（瀨附）　灘

澗

釋名曰澗者言在兩山間也

詩曰秩秩斯干（秩秩流行也干澗也）

又曰于以采蘩于澗之中

又曰于以采蘋南澗之濱

又曰考盤在澗碩人之寬

爾雅曰兩山夾水曰澗

漢書曰沛公與項籍臨廣武澗而語數籍十罪

東觀漢記曰耿恭以疏勒城傍有水從居之匈奴來攻絶其澗水吏笮馬糞汁飲之

水經注曰洛水東北流注于公路澗但世俗音訛號之曰光祿澗非也

異苑曰符堅爲慕容沖所襲堅馳騎馬墮而落澗追兵幾及計無由出馬即跪蹋臨澗垂韁與堅堅不能及馬又跪授焉堅攀之得登岸而走

幽明錄曰人有山行墜澗者無出路飢餓僅死見龜虵甚多朝暮引頸向四方人因學之遂不復飢體殊輕便能登巖岸經數年後竦身舉臂遂超出澗上即得還家顏色悅澤頗更聰慧泊食穀啖滋味百日復其本質

郡國志曰漢武元封二年有白羊出膚澗初出一羊野中婦人大驚拍手羊因止今俗生羊禁婦人拍手是也

又水經曰吳房縣山溪有白羊淵淵水出羊

又曰赤松澗在東陽赤松子遊金華山以火自燒而化故山上有赤松子之祠澗自山出故曰赤松澗

十道志曰廣武澗在今滎澤縣西

又西征記三皇山上有二城謂東西廣武城相去二百餘步隋河水從中東南流今無水今城東有高壇即項羽坐太公於上以示漢王處一謂鴻溝

盧氏嵩山記曰半馬澗人或云百馬澗亦曰拜馬澗故老傳王子晉得仙而馬還國人思之不見乃拜其馬於此也

韓子曰董安于爲趙上地守行石邑山見深澗深百仞問其御左右曰人嘗有入此乎曰無有嬰兒狂聾人入此乎曰無有牛馬犬彘入此乎曰無有安于喟然曰吾能治矣使吾法之無赦猶入澗之必死則民莫之犯也

洲

詩曰關關雎鳩在河之洲

爾雅曰水中可居者曰洲（四方有水中央獨高可居也）

史記曰越王勾踐平吳從夫差於甬東韋昭曰即句章東浹口外洲是也

晉書曰殷仲堪爲荊州刺史先是仲堪遊於江濱見流棺接而葬焉旬日間門前之溝忽起成岸其夕有人通仲堪自稱徐伯玄感君之惠無以報也仲堪因問門前之岸是何祥乎對曰水中有岸其名爲洲君將爲州言終而沒至是果臨荊州

王隱晉書曰朱崖在大海中遥望朱崖洲大如菌舉帆一日一夜至洲周匝二千里徑度七八百里可十萬家女多姣好長髮美鬢

吳録地理志曰吳富春縣有沙漲武烈爲郡吏赴府鄉人餞之會於沙上父老曰此沙狹而長君後當爲長沙太守

後果然因名孫洲

吳志曰孫權遣衛温諸葛直將甲士萬人浮海求夷洲及亶洲在海中長老傳言秦始皇帝遣方士徐福將童男女數千人入海求蓬萊神仙及仙藥止此不還世世相承有萬家其上人民時有至會稽貨市

隋圖經曰漢水逕琵琶谷至滄浪洲洲即漁父棹歌處庚仲雍記云謂之千齡洲

水經注曰龍陽縣之洲洲長二十里吳丹陽太守李衡植甘橘於其上臨死勑其子曰吾洲里有木奴千頭不責汝衣食歲絹千疋

又曰崢嶸洲冠軍將軍劉毅破桓玄於此洲

山海經曰郁洲一曰都洲在海中郭璞注曰即東海鬱洲山也傳此洲從倉梧徙來上有南方物

扶南傳曰漲海中倒珊瑚洲洲底有盤石珊瑚生其上也

西京雜記曰梁孝王兎園之中又有鴈池池有鶴洲諸宮館相連異樹怪獸靡不畢備王與宮人賓客弋釣其中

吳地記曰長洲在姑蘇南大湖北岸闔閭所遊獵處也吳主遣徐祥至魏魏太祖謂祥曰孤比者願越横江之津與孫將軍遊姑蘇之上獵長洲之苑吾志足矣祥對曰大王欲奉至順以合諸侯若越横江而遊姑蘇是踵亡秦而躡夫差恐天下之事去矣太祖笑曰徐生得無逆詐耶

湘中記曰或曰昭潭無底橘洲浮（昭潭湘水至深處也橘洲每大水諸洲悉沒而橘洲獨存焉）

王韶之始興記曰城西百餘步有棲霞樓臨川王營置清暑遊焉羅君章居之因名爲羅公洲樓下洲上菓竹交蔭長楊傍映高梧前竦雖即城隍邇同丘壑

盛弘之荆州記曰南江上有龍洲下有寵洲二洲之間舊云多魚而投罟揮網輒便掛絶乃有客没而視之中水有牛二頭常爲破網故魚者患之

又曰江津東十餘里有中夏洲洲之首江之汜也故屈原云經夏首而西浮又二十餘里有涌口所謂閻敖遊涌而逸二水之間謂之夏洲首尾七百里

又曰枝江縣西至上明東及江津其中有九十九洲楚諺曰洲不滿百故不出王者桓玄有問鼎之志乃增一爲兩以充百數僭號旬時身屠宗滅及其傾覆洲亦消毀至宋文帝在藩忽生一洲果龍飛江表斯有驗矣

荆州圖副曰百里洲其上平廣土沃人豊湖澤所産足穰儉歲又特宜五果甘柰梨蔗於此是出

荆南志曰枝江縣界内洲大小凡三十七其十九有人居十八無人

劉禎京口記曰嘉子洲西一里得貴洲周廻四十里許上多有居民昔魏文帝伐孫權至此洲南望曰彼人有焉而退因名曰貴洲

述征記曰晉寧縣有龍莽洲父老云龍蜕骨於此洲其水今猶多龍骨

山謙之丹陽記曰江寧縣南二十五里有列洲晉簡文帝爲相時會桓温處也

郡國志曰潮州白嶼洲亦自浮來後會稽人姓丁識之云曾藏銅尉斗於洲上往取果得

又曰潤州長命洲梁武放生處後魏使李諧來聘武帝問曰彼國亦放生否諧曰不取亦不放帝大慙

荆州圖經曰襄陽縣南八里峴山東南一里江中有蔡洲

漢長水校尉蔡瓒所居宗族強盛共保蔡洲爲王如所没一宗都盡

又曰武當縣西北四十里江中有滄浪洲長四里廣十三里禹貢稱漢水東流爲滄浪水疑此洲是也

方言曰水可居者爲洲三輔謂之淤郭璞注曰上林賦云行於洲淤之浦

輿地志曰伍子胥叛楚出關於江上見漁父求渡時傍多人漁父歌曰灼灼兮侵已私與子期兮蘆之埼子胥既渡解百金之劒與漁父漁父曰楚購子粟五萬爵執圭豈百金之劒乎子胥曰勿令其露漁父知意遂覆舟而死其處是邏洲水路去洲一百九十里

江夏記曰鸚鵡洲在縣北案後漢書曰黄祖爲江夏太守時黄祖與太子射賓客大會有獻鸚鵡於此洲故以爲名

又荆州記曰江夏郡城西臨江有黄鵠磯又有鸚鵡洲侯

景令宋子仙夜襲江夏藏舡於鸚鵡洲

建安記曰郡西南大溪之中有仙人洲昔梅真人上昇墜馬於此洲故後名墜馬洲

鄱陽記曰蠙洲在縣西南溪中有蚌出珠貞觀年中因雨雹乃有蚌出珠百姓採之咸亦不空其水平淺可涉

丹陽記曰白鷺洲在縣西三里隔江中心南邊新林浦西對白鷺洲洲在大江中多聚白鷺因名之

又曰烈洲在縣西南輿地志云吴舊津所也内有小水堪泊舡商客多停以避烈風故以名焉王濬伐吴宿於此簡文爲相時會桓玄之所也亦曰溧洲洲上有山山形以栗伏滔北征賦謂之烈洲

又曰吴時客舘在蔡洲上以舍遠使蘇峻作逆陶侃等率所統同赴京師直指石頭次于蔡洲是

又曰張公洲在縣西南梁書太清二年豫州刺史裴東之等舟師二万次張公洲二年陳霸先擊破侯子鑒師至張公洲並此處

又曰加子洲在縣西南

三十國春秋曰晋咸和二年温嶠與陶侃起義兵伐蘇峻帥師四万直指石頭侃泊加子洲即此處也夏月堪泊舡冬月淺涸自永昌之初其洲忽一朝崩陷數里隨其形曲折凡作九灣行者所依東西浩然矣

尋陽記曰鵲洲在縣北

傳曰昭公五年楚以諸侯伐吴吴敗之於鵲岸按鵲頭與鵲尾相去八十里杜預注曰吴地也廬江舒縣東南有鵲尾渚

湍

廣雅曰湍瀨也

水經注曰益陽縣西有關羽瀨所謂關侯灘也南對甘寧故壘昔關羽屯軍水北孫權令魯肅甘寧拒之於是水寧謂肅曰羽聞吾咳唾之聲不敢渡也渡則成擒矣羽夜聞其處分曰興霸聲也遂不渡

又曰漢水東爲鱣湍洪波奔蕩崩浪雲頹古老言有鱣魚奮鰭遡流望濤直上至此則曝鰓失濟故因名湍

異苑曰永嘉郡有百簿瀨郡人斷水捕魚宰牲禱祭以祈多獲逾時了無所得衆侶忿怨弃業將歸其夕並夢見老公云諸君且可小停要恩其宜夜忽聞有跳躍聲驚起共看乃是大魚蚪以爲頓獲百簿故因以百簿名瀨

益部耆舊傳曰犍爲符泥和氏女名光雄和父乗船城湍墮水物故尸喪不得雄哀慟號咷乗小船於父没處哭數

聲自投水死後與父相持浮出

盛弘之荆州記曰桂陽耒陽縣有兩瀨每縣旱百姓共壅之甘雨普降若一鄉獨壅雨亦偏應東有㠊望灘張騫為使外國經此船没因以名灘灘下接魚復縣界有羊腸虎臂瀨陽亮為益州至此覆没人至今猶名為使君灘

鄭緝之東陽記曰信安縣去石門四十里瀨邊悉有石牒長三尺許似羅列雜繒如店肆也

劉德明南記曰康贛水奔流二百餘里横波嶮瀨二十四處

灘

益州記曰伏犀灘東南六十里有黄牛像其崖峻嶮遠望之斑潤頗像黄牛

又水經云昔有黄牛從棘溪出而上此崖乃化為石是名

伏犀灘

又曰茘枝灘東南二十里山頂上有一冢冢唯有女貞樹樹上恒有白猿栖息郡國志云棘道有玉女冢是

水經注曰江水又東逕狼尾灘而歴人灘袁山松云二灘相去二里人灘水至湲峭南岸有青石夏没冬出其石嶔崟數十步中悉作人面形或大或小其分明者鬚髪皆具因名人灘也江水又東逕黄牛山下有灘名曰黄牛灘南岸重嶺疊起最外高崖間有色如人負刀牽牛人黑牛黄成就分明既人跡所絶莫得究焉此巖既高加以江湍紆迴雖途逕信宿猶望見此物故行者謡曰朝發黄牛暮宿黄牛言水路紆深迴環望如一矣

太平御覽卷第六十九

太平御覽卷第七十

地部三十五

淵　泉水

淵

說文曰淵回水也

尚書逸篇曰堯子丹朱不肖舜使居丹淵爲諸侯

韓詩外傳曰東海之上有士曰菑丘訢以勇遊於天下過神淵飲馬馬果沉菑丘訢朝服拔劍而入三日三夜殺三蛟一龍而出雷電隨而擊之十日十夜眇其左目

大戴禮曰聖人有國則淵不涸

傳曰鄭子産曰若堯殛鯀于羽山其神化爲黃熊以入于羽淵

又曰鄭大水龍鬭于時門之外洧淵（時門鄭城門也）

水經注曰白鹿淵南北三百步東西千餘步深三丈餘其水冬清而夏濁淡然不流

九州記曰樂壽縣有虜淵方三百里石勒建安二年水忽變爲赤燕慕容儁二年水忽生蟲如印形其淵一日再長再減不失其度居近者時見龍狗之狀戲於旁葉落於淵者輒有群燕銜出

盛弘之荆州記曰新野城北有紫山山上有清冷之淵耕父楊光之處

又曰魚復縣有神淵北有白鹽崖天旱火燃崖上推其灰燼下降淵中尋則降雨西有龍淵清深不測傳云漢祖伐秦經途於此見淵中白壁赤柱狀若官府因名龍淵

宜都山川記曰鄉下村有淵淵有神龍每旱百姓輒以菌草投淵上流魚死龍怒應時天雨

齊地記曰瑯琊臺上有神淵汙之則竭齋戒即出

莊子曰舜以天子讓其友北人無擇無擇曰異哉欲以其辱汙漫我羞之自投於清冷之淵

管子曰水出於地而不流者命之曰淵

隋巢子曰夏桀德衰岱淵沸

尸子曰龍淵有玉英

司馬相如上林賦曰丹水更其南紫淵經其北

泉水

說文曰泉水源也

易蒙卦曰山下出泉蒙君子以果行育德

詩曰泉水衛女思歸毖彼泉水亦流于淇有懷于衛靡日不思

又曰爰有寒泉在浚之下

又曰泉源在左淇水在右

又曰莫高匪山莫浚匪泉

又曰相彼泉水載清載濁

又曰原隰既平泉流既清召伯有誠王心則寧

又曰觱沸檻泉

傳曰鄭伯寘姜氏于城潁而誓之曰不及黃泉無相見也既而悔之潁考叔問公公語其故對曰君何患焉若闕地及泉隧而相見其誰曰不然公從之

論語撰考讖曰水名盜泉仲尼不漱

應劭漢官儀曰酒泉城城下有金泉味如酒故曰酒泉郡（三秦記曰酒泉郡中有井味如酒也）

晉安帝紀曰吳隱之字處默性廉操桓玄欲救嶺南之敝以隱之爲刺史州界有一水父老云飲此水者廉士皆貪

隱之始踐境先至水所酌而飲之因賦詩以言志清操逾厲

沈約宋書曰王彭盱眙人少喪母元嘉初父又亡家貧力弱營葬鄉人助作塼須得水天旱穿井數十丈無水一旦塼竈前忽生泉用之事畢復竭助者嗟歎

隋書曰豆盧勣武帝嗣位拜渭州刺史甚有惠政華夷悅服德澤流行大有祥瑞鳥鼠山谷呼爲高武隴其下渭水所出其山絶壁千尋由來乏水諸羌苦之勣馬足所踐忽飛泉涌出有白鳥翔止廳前乳子而後去又有狼見於襄武民爲之謡曰我有丹陽山出玉漿濟我民夷神鳥來翔百姓因號其泉爲玉漿泉

唐書曰安金藏京兆長安人爲太常丞初喪母寓葬於都南闕口之北廬於墓側躬造石墳石塔晝夜不息原上舊

無水忽有湧泉自出

遁甲開山圖榮氏解曰女狄暮汲石紐山下泉水中得月精如鷄子愛而含之不覺而吞遂有娠十四月生夏禹

水經注曰若耶溪東又有寒溪溪北有鄭公泉泉方數丈冬溫夏凉漢太尉鄭公弘宿居潭側因以名泉

又曰横流溪溪水甚小冬夏不乾俗亦爲貪泉飲者輒冒於財賄同於廣州石門貪泉矣康介爲二千石則不飲之昔吳隱之挹而不辭豈謂能渝其眞乎蓋亦惡其名也

又曰汲縣城北三十里有太公泉泉上又有太公廟廟側高林秀木翹楚競茂相傳云太公之故居也

又曰土穀縣故城西水源方百步百泉俱出故謂之百脉水

又曰霍太山上有岳廟廟甚有靈鳥雀不栖其林猛虎常守其庭又有靈泉供祭事鼓動則泉流聲絶則水竭也

又曰長城背山面澤謂之白道城北出有高坂謂之白道嶺沿路唯土穴出泉挹之不窮古詩飲馬長城窟非虛言也

風土記曰陽羨縣西南有泉常有紫黄色浮見水上出金之地也

益部耆舊傳曰姜詩母好食生魚飲江水詩至誠之感一朝湧泉在於門側流引江魚以結饈羞

十洲記曰瀛洲青玉膏山泉如酒味名之爲玉泉也

玄中記曰東方有柴渚焉在齊國山山泉如井狀深不測至春時雹從井中出出常敗五穀人常以林木柴塞則不出故名爲柴渚焉

魏土地記曰頓陽縣東八十里有駮牛山山下有百泉競

發有一神牛駮身自山而下飲泉竭故山得其名

魏記曰洛城東南六十里有涿鹿城城東一里有阪泉泉上有黄帝祠

三輔舊事曰昔有犢失母哀鳴甚苦地爲發泉因名鳴犢泉今天旱祭之降雨在馮翊

又曰姜泉在岐山縣○皇甫謐帝王世紀云炎帝神農氏母有喬氏女登爲少典妃遊華陽感神而生炎帝長於姜水因以氏焉○酈元注水經云炎帝長於姜女即此水是焉

義興記曰國山縣有金硎硎中沙石時灼灼如金者舊名金泉時獲眞金也

漢水記曰漢水有泉方員數十步夏常沸涌望見白氣衝天能差百病常有數百人飲浴之

宣城記曰臨城縣南四十里有蓋山登百許步有舒姑泉

昔有舒氏女與其父析薪於泉處坐牽挽不動父還告家比還唯見清泉女母曰吾女本好音樂乃絃歌泉涌洄流見朱鯉一雙今作樂嬉戲泉故涌出

周景式廬山記曰山西有龍泉精舍初遠法師遣諸道人行卜地息此而渴法師因以杖掘地即泉出天旱法師令道人讀海龍王經泉中有物如蛇而出角騰空中去須臾而雨

括地圖記曰昆丘之上有赤泉飲之不老神宫有美泉飲之眠三百歲乃覺不死

盛弘之荆州記曰城東北三百步有孔子泉其水甘絜雖帝漿無以過也

又曰宜都夷陵縣南勾將山下有三泉傳云本無此泉居者苦於汲水有一女子孤貧忽有一乞人瘡痍貴體村人無不稱惡此女哀矜飲食之乞人乃腰中出刀刺山下三處即飛泉涌出

尋陽記曰莫山有澗深丈餘朝夕輒有湯泉溢出如潮號爲潮泉

外國圖曰負丘有赤泉飲之不老

郡國志曰蘭舟有梁泉昔梁暉者爲羌所圍無水暉以鞭扣地以青羊祈山神湧泉出而榆木成林

又曰肅州延壽城有山出泉注地水肥如肉汁燃之極明與膏無異但不可食此方人謂石漆得水愈熾

吕氏春秋曰太公釣於滋泉

又曰水之美者崐崘之井高泉之山有涌泉焉

淮南子曰正土之氣御乎埃天(正土中也其氣上埃天中央也)埃天五百歲生缺(缺石名也中央數五天數五五百歲而一化)缺五百歲生黃澒(黃澒黃水銀也)黃澒五百歲生黃金(黃澒五百歲化而爲黃金也)黃金千歲生黃龍(黃金之精爲黃龍也)黃龍入藏生黃泉(黃泉黃龍之精汋也)黃泉之埃上爲黃雲(其氣上至天也)陰陽相薄爲雷激陽爲電(言黃氣之相激薄也)上者就下(其氣傷復於天下也)流水就通而合乎黃海(言水從天下則通流入於海也)偏土之氣御乎青天(偏土東方土也)青天八百歲生青增(青增青石也東方數八八百歲而一化)青增八百歲生青澒青澒八百歲生青金青金千歲生青龍青龍入藏生青泉青泉之埃爲青雲陰陽相薄爲雷激陽爲電上者就下流水就通而合乎青海壯土之氣御於赤天(壯土南方土也)赤天七百歲生赤丹(赤丹丹沙也南方數七七百歲而一化也)赤丹七百歲生赤金(丹沙不化爲汞而可爲金數氣赤澒也)赤金千歲生赤龍赤龍入藏生赤泉赤泉之埃上爲赤雲陰陽相薄爲雷激陽爲電上者就下流水就通而合乎赤海弱土之氣御乎白天(弱土西方土也)白天九百歲生白礜(白礜礜石也西方數九九百歲一化也)

白礜九百歲生白澒白澒九百歲生白金白金千歲生白龍白龍入藏生白泉白泉之埃上爲白雲陰陽相薄爲雷激陽爲電上者就下流水就通而合乎白海牝土之氣御乎玄天(牝土北方土也)玄天六百歲生玄砥(砥石也北方數六六百歲而一化也)玄砥六百歲生玄澒玄澒六百歲生玄金玄金千歲生玄龍玄龍入藏生玄泉玄泉之埃上爲玄雲陰陽相薄爲雷激陽爲電上者就下流水就通而合乎玄海

又曰崑崙四水者帝之神泉以和百藥以潤萬物也

傅咸神泉賦曰余所居庭前有湧泉在夏則冷淡冬而溫每夏遊之不知歲之有暑

抱朴子曰崑崙及蓬萊其上鳥獸飲玉井泉皆長生不死也

李華雲母泉詩序曰洞庭湖西玄石山俗謂之墨山山南

有佛寺寺倚松嶺松嶺下有雲母泉泉出石引流分渠周遍庭宇發源如乳源末派如淳漿烹茶灌園漱濯皆用之大浸不盈大旱不耗自墨山西北至石門東南至東陵廣二十里盡生雲母墻階道路光彩如列星井泉溪澗色皆純白鄉人皆壽考無癖痼疥搔之疾華深樂之

太平御覽卷第七十

太平御覽卷第七十一

地部三十六

瀵水　瀑布　溫泉　潢　津　潪　潏
沚　坻　湄　濆　涘　波

瀵水

爾雅曰瀵水出尾下（瀵數問切汾陰有水口如車輪名爲瀵尾猶底也）

列子曰禹之治水而失塗謬之一國其名終北不知際畔無風雨霜露魚禽草木國中有山名壼領頂有穴狀若圓環名曰滋穴有水涌出曰神瀵山臭過蘭椒味過醪醴一源分爲四國人飲神瀵力志平和過則醉經旬迺醒也

瀑布水

水經注曰漯水又南入山瀑布飛梁懸河注壑崩湍十許丈謂之馬落山

幽明錄曰衡山三峯最爲竦桀自非清霽素朝不可望見峯下有泉飛流如舒一疋絹分映青林直注山下雖纖羅不動其上翛翛恒淒清風也

臨海記曰郡西北有白鵠山山有池水懸注遥望見如倒挂白鵠因以名山下有深湖湖中又有魚如二百斛舡大長二丈許

羅浮山記曰羅嶺之南有瀑布挂泉四十餘丈

周景式廬山記曰泉在黃龍南數里即瀑布水也土人謂之泉潮其水出山腹挂流三四百丈飛湍於林峯表出望之若懸索注水處石悉成井其深不測也

何尚之清暑殿賦曰深波奔上瀑布懸下

孫興公天台山賦曰赤城霞起以建標瀑布飛流而界道

竺法真登羅山疏曰增城縣有石溝深廣三丈有兩瀑布皆同注比溝相傳云是仙人流杯池水

溫泉

華陽國志曰邛都縣南有溫水冬夏常熱其源可湯雞豚下流澡洗治宿病餘多惡水水神自司不可觸汚及沉亂髮照面使人惡疾

幽明錄曰始興靈水源有湯泉每至霜雪見其上蒸氣高數十丈生物投之須臾便熟

吳錄曰始興縣有始興山山出溫泉可以瀹雞

山海經曰溫水出空峒山山在臨汾南入河涇陽北也

幽明錄曰艾縣輔山有溫冷二泉同出一山之足兩泉發源相去數尺熱泉可以瀹雞冷泉常若冰生

博物志曰不周山六川之水溫如湯也

辛氏三秦記曰始皇生時作閣道至驪山八十里人行橋上車行橋下金石柱見存西有溫泉俗云始皇與神女戲不以禮女唾之則生瘡始皇怖謝神女爲出溫泉後人因洗浴

江乘地記曰東南三十五里有湯泉半冷半溫共同一壑

盛弘之荆州記曰新都縣有溫泉冬月未至數里遥見白氣如烟上下交映狀如綺疏又有車輪雙轅形世人傳昔有玉女乘車自投此泉人時見女子姿儀光麗往來倏忽人造泉有一聲則沸從下出而不可止也

又曰棗陽縣界有溫泉其下有田資以浸灌一年三熟

王孚安城記曰宜陽縣南鄉有溫泉爲以生雞卵投其中熟如煮也

伏琛齊地記曰曲城東七十里有溫水水如湯沸可療百病煮物無不熟也

水經注曰溫水出太一山其水沸湧如湯杜彦達曰可治

百病世清則病愈世濁則無驗

瀆

說文曰瀆積水池也

晏子春秋曰景公與晏子立曲瀆之上公望見齊國問晏子曰後世孰將踐有齊者晏子對曰非賤臣之所敢議

津

論語曰長沮桀溺耦而耕孔子過之使子路問津焉長沮曰夫執輿者爲誰子路曰爲孔丘曰是魯孔丘與曰是也曰是知津矣言數周流自知津處

晉書曰雷煥子華爲州從事持劍行經延平津忽於腰間躍出墮水使人没水取之不見劍但見兩龍各長數丈蟠縈其文章没者懼而返須臾光彩照水波浪驚沸

崔鴻十六國春秋曰石虎起河橋於靈昌津採石爲中濟石無大小下輒隨流用功五百餘萬而終不成虎遣散騎侍郎崔收沉璧中流告神已地震水流莫不傾壞壓死者百餘人虎甚怒乃斬工匠止作而還

又曰慕容德正月渡黎陽津流澌冰合鄴令韓軌言於德曰光武渡呼沲澌冰自合大王濟河天橋自成靈命所扶徵兆已見德大悅改黎陽津爲天橋津

郡國志曰陜州平陸縣小平津張讓劫獻帝處南岸有勾陳壘武王伐紂八百諸侯會處

又曰杜預造河橋於富平即此也

又曰曹州離狐縣有延津澹臺子羽投璧斷蛟處

酈善長注水經曰舊東郡白馬縣神馬亭有神馬寺去白馬津可二十許里東南去白馬縣故城可五十里開山圖所謂白馬山也山上常有白馬群行悲鳴則河決馳走則

山崩

又曰呂望東海人也老而無遇以釣竿周呂望行年五十賣食棘津七十則屠牛朝歌行年九十身爲帝師

又曰弘農郡有寶津說者咸云漢武微行柏谷遇辱感其妻深識既反厚賚賞焉賜以河津令其鬻渡今寶津是也

又曰雲中定襄之間有津曰君子濟昔漢桓帝十三年西幸榆中東行代地洛陽大賈齎金貨隨帝後行夜迷失道往投津長津長送之渡河賈人卒死津長埋之其子尋求父喪發塚舉尸資費一無所損其子悉以金與之津長不受事聞於帝帝曰君子也即名其津爲君子濟

又曰河水東北爲長壽津

述征記曰涼城至長壽津六十里河之故瀆在焉

異苑曰石勒元初十一年伐劉曜於洛陽從大河南濟時凍將合軍至而冰自泮舟檝無閡遂生擒曜謂是神靈之助改名靈昌津

吳越春秋曰句踐入吳吳王遣之越王伏不敢起吳王遂引上車范蠡爲執御至三津之上仰天而歎淚下沾襟曰嗟乎孤厄也不意復生渡此津

渚

釋名曰渚遮也能遮水從傍迴也

詩云鴻飛遵渚公歸無所於汝信處

又曰魚潛在淵或在於渚

又曰鳧鷖在渚公尸來燕來處

廣雅曰渚處也

晉書曰溫嶠至牛渚磯水深不可測世云其下多怪物嶠遂燬犀角而照之須臾見水族覆水奇形異狀或乘車馬

著赤衣者嶠其夜夢人謂己曰與君幽明異路何意相照也意甚惡之嶠先有齒疾至是拔之中風至鎮未旬而卒

又曰殷羨建元中為豫章太守去郡郡人多附書一百餘封行至江西石頭渚岸以書擲水中祝曰沉者自沉浮者自浮殷洪喬非是致書郵故時人號為投書渚

吴興記曰烏程西風渚者防風氏國也

幽明録曰淮南牛渚津水極深無可筭計人見一金牛形甚瑰壯以金為鏁絆

文選詩曰雙鶩遊蘭渚

潏

釋名曰潏術也堰使水鬱術也魚梁水碓之類也

爾雅曰人所為曰潏（人力爲之爲潏水人所爲居止）

沚

釋名曰沚止也小可以息其止也（廣雅同）

詩曰遡洄從之宛在水中沚

又曰菁菁者莪在彼中沚

傳曰澗溪沼沚之毛潢汙行潦之水可薦於鬼神可羞於王公

坻

說文曰秦謂陵阜曰坻。釋名曰坻遲也能小遏水使流遲也。賈誼鵩鳥賦曰乘流爰逝兮得坻則止

湄

神仙傳曰河上公漢景帝時結草為菴於河之湄常讀老子帝不解老子數事遣問公不荅帝駕從之公即躍身空中矣

濆

說文曰濆水涯也

詩曰汝墳道化行也文王之化行乎汝墳之國也遵彼汝墳伐其條枚

又曰彼汾沮洳言采其莫

涘

說文曰涘水涯也

詩曰綿綿葛藟在河之涘

又曰所謂伊人在水之涘

波

釋名風吹水成文為瀾瀾連也波體轉流相及連也小波曰淪淪倫也水文相次有倫理也

詩曰有豕白蹢烝涉波矣

魏志曰魏明帝至廣陵臨江觀兵見濤波洶湧歎曰此天所以限南北也遂歸

又曰徐宣從文帝於廣陵六軍乘舟風浪暴起帝船迴倒宣時病在後夌波獨前群僚無至者帝壯之遷尚書

益部耆舊傳曰張霸為會稽太守入海捕賊遭疾風晦冥波水涌起士卒驚曰霸霸曰無得恐太守奉法追賊風必不為害須臾風靜波止

莊子曰孔子遊乎緇帷之林休坐乎杏壇之上有漁父者孔子曰其聖人歟乃下求之漁父語訖刺舡而去延緣葦間顔淵還車子路授綏孔子不顧待水波定不聞拏音而後敢乘（拏船櫂也）

淮南子曰武王伐紂渡盟津陽侯之波逆如擊疾風晦冥人馬不相見於是武王左操黃鉞右執白旄瞋目而麾之曰余在天下誰敢害吾意者於是風濟波罷

又曰楚人有乘舡而遇大風者波至而恐自投於水非不貪生而畏死或恐死而忘生也

世說曰桓宣武在南州與會稽王會於漂州于時漾舟江側謝公亦生狂風忽起波浪鼓涌非人力所制桓有懼色會稽王亦微異唯謝公怡然自若頃間風止桓問謝曰向那得不懼謝徐笑荅曰何有三才同盡理。孔叢子曰子順謂韓王曰胡越之人同舟濟江中流遇風波其相救如左右手所惡同也

廣雅曰陽侯濤大波也

戰國策曰或謂公叔曰乘舟漏而不塞則舟沉矣塞漏舟而輕陽侯之波則舟覆矣今公自以辯於薛公是塞漏舟而輕陽侯之波也

太平御覽卷第七十一

太平御覽卷第七十二

地部三十七

藪　澤　陂

藪

說文曰藪大澤也

周禮曰楊州之澤藪曰具區荊州之澤藪曰雲夢豫州之澤藪曰甫田青州之澤藪曰孟諸兗州之澤藪曰大野雍州之澤藪曰弦蒲幽州之澤藪曰醫無閭冀州之澤藪曰昭余祁（虞候衛望皆官名也）

國語曰穀洛鬬將毀王宮王欲壅之太子晉諫曰古之長民者不墮山不崇藪不防川不竇澤夫山土之聚也藪物之歸也

又曰其後伯禹念前之非度（度法也）釐改制量象物土地以類百則儀之于羣生共之從孫四岳左禹高高下下疏川導滯鍾水豐殖九藪汨越九原宅居九隩（隩內也九州之內皆可宅居也）合通四海故天無伏陰地無散陽水無沉氣火無災燀神無閒行民無淫心時無逆數物無害生帥象禹之功度之于軌儀莫不嘉績克厭帝心皇天嘉之祚以天下

爾雅曰魯有大野（今高平鉅野縣東北大澤是也）晉有大陸（今鉅鹿北廣河澤是也）秦有楊紆（音謳今在扶風汧縣西也）宋有孟諸（今在梁國睢陽縣東北也）楚有雲夢（今南郡華容縣東南巴丘湖也）吳越之閒有具區（今吳縣南大湖即震澤也）鄭有甫田（今滎陽中牟縣西甫田澤也）周有焦穫（音護今扶風池陽縣瓠中是也）謂之十藪

漢書曰司馬相如論巴蜀父老文云鷦鵬已翔於寥廓之宇而羅者猶視於藪澤

風俗通曰藪厚也草木魚鱉所以厚養人君與百姓也

呂氏春秋曰昭餘祁一名大昭又名漚澤周禮幷州藪俗名鄔城泊是按藪自太原祁縣連延西接至此

關中記曰弦蒲藪案周禮職方氏雍州其藪曰弦蒲

晉大康地志云汧澤有蒲谷鄉弦中谷乃雍州之弦蒲也

按漢書地理志取蒲藪即弦蒲藪是焉

水經注曰汧水源出汧山蒲谷鄉雍中谷決爲弦蒲藪

澤

釋名曰下水曰澤言潤澤也

又曰水夾出而爲澤曰掌水所停處如手中也今兗州人謂澤曰掌

說文曰坳澤在崑崙墟下菏澤在山陽胡陵南

易曰麗澤兌君子以朋友講習

又曰澤中有雷隨君子以嚮晦入宴息

又曰上天下澤履君子以辯上下定民志

又曰澤上有地臨君子以教思無窮容保民無疆

又曰上火下澤睽君子以同而異

又曰山上有澤咸君子以虛受人

又曰澤上有雷歸妹君子以永終知敝

又曰山下有澤損君子以懲忿窒慾

又曰澤上於地萃君子以除戎器戒不虞

又曰澤上有水節君子以制數度議德行

又曰澤中有火革君子以治曆明時

又曰澤上有風中孚君子以議獄緩死

又曰澤滅木大過君子以獨立不懼遁世無悶

又曰澤無水困君子以致命遂志

又曰象曰澤上於天夬君子以施祿及下居德則忌

河圖曰大迹出雷澤華胥履之生伏犧（雷澤澤也）

書曰雷夏既澤灉沮會同（孔安國注曰雷夏澤名）
書大傳曰舜漁於雷澤（鄭玄注曰雷澤今屬濟陰）
詩曰彼澤之陂有蒲與荷
周禮曰川澤其動物宜鱗物其植物宜膏物其民黑而津
又曰澤虞掌國澤之政令爲之厲禁使其地之人守其財物以時入之于王府頒其餘于萬民
禮曰獺祭魚然後虞人入澤梁
禮記稽命徵曰王者德禮之制者澤谷中有朱烏白玉赤虵赤龍出焉
傳曰宣十五年晉侯救宋伯宗曰不可古人有言雖鞭之長不及馬腹天方受楚未可與争雖晉之強能違天乎諺曰高下在心（度時制宜）川澤納汙（受汙濁也）山藪藏疾
又曰衛侯出奔齊孫氏追之敗公徒于柯澤（齊北東河縣西南有大澤是也）

又曰叔向母曰深山大澤實生龍虵
廣雅曰方澤祭地也
太公金匱曰夏桀之時有芩山之水桀常以十月發民鑿山穿陵通於河民諫曰孟冬鑿山穿陵是泄天氣發藏天子失　道後必有敗桀殺之朞年芩山一旦崩爲天澤
戰國策曰淳于髡一日見七人於齊宣王王曰千里而一士是比肩而立百世而一聖若隨踵而生淳于髡曰今求桔梗於沮澤則累世不得一矣（桔梗山中之草）
史記曰陳餘與張耳相失餘解印綬付耳亡入澤中捕魚
又曰封禪書云上郊雍通回中道春至鳴澤
漢書曰高祖以亭長送徒驪山徒道亡到豐西澤中停飲夜皆解縱曰公等皆去吾亦從此逝矣
又曰秦皇帝常曰東南有天子氣於是東游以厭當之高祖即自疑亡匿隱巖石之間呂后與人俱求常得之高祖怪而問之呂后曰季所居上常有雲氣故從往常得季高祖心喜沛中子弟或聞之多欲附者
西域傳曰康居國西北二千里有奄蔡國控弦十萬臨大澤而居
又曰河有兩源合東注鹽澤一名昌蒲海去玉門關三百廣輪四百里水冬夏不減皆以爲潛行地下
續漢書吳祐嘗牧豕於長垣澤中
晉中興書曰劉牢之至五橋澤中敗績兵士殆盡牢之馬超五丈澗得免
晉書曰陶侃少時漁於雷澤嘗網得一織梭以掛于壁有頃雷雨至遂爲龍而去
穆天子傳曰天子北征舍于珠澤

山海經曰稷澤（后稷神所憑因以爲名也）
帝王世紀曰雀山之地一夕爲大澤而深九尺
戴延之西征記曰巨澤魯之西界孔子獲麟處
管子曰北澤燒火照臺下管子曰萬乘之國不可無薪而炊今北澤燒農夫得賣其薪蕘九一束十信
又曰涸澤數百歲水不絶者生　其狀若人長四寸黃衣黃冠戴黃蓋乘水鳥好疾馳以其名呼之可使千里外一日反報此涸澤之精也
文子曰高莫高於天下莫下於澤天高澤下聖人法之
韓宣子曰魯燒積澤天北風火南倚恐燒國哀公懼自持衆趨救之
新序曰晉公逐獸于碭入大澤迷不知所出問漁者送出澤因以諫之公令記其名漁者曰公亟反國且亦反漁所

又曰楚威王問於宋玉曰先生其有遺行也何士民衆庶不譽之甚宋玉對曰鯨魚朝發崑崙之墟暮宿於孟諸夫尺澤之鯢豈能與之量江海之大哉俗之民又安知臣之所爲哉

風俗通曰水草交曰澤言潤萬物以阜民用

水經注曰路温舒鉅鹿縣之東里人里監門使温舒牧羊澤中取蒲牒用寫書即此澤也

又曰坳澤河水之所潛也其源渾渾泡泡者也東去玉門陽關一千三百里廣輪四百里其水澄停冬夏不減其中洄湍雷輪轉爲隱輪之脉當其圖流之上飛禽奮翮於霄中者無不墜於淵波即河水之所潛而出於積石也

又曰徐州豐西澤即高祖斬白蛇之所

又曰中牟縣圃田澤北與陽武分水澤多麻黃草故述征

記曰踐縣境便覩斯卉斯卉窮則知踰界今雖不能然諒亦非謬詩所謂東有茂草也皇武子曰鄭之有原圃猶秦之有具圃澤在中牟縣西限長城東極官度北佩渠水東西四十許里南北二十許里中有沙岡上下二十四浦津流逕通淵潭相接各有名焉有大漸小漸有大灰小灰義魯練秋大白楊小白楊散嚇禺中羊圈大鵠小鵠龍澤密羅大哀小哀大長小長大縮小縮伯丘大蓋牛眼等浦水盛則北注渠溢則南潘故竹書紀年云梁惠成王十五年入河水于甫田又爲大溝而引甫水者也

圖經曰晉有大陸呂氏春秋云晉之大陸猶趙之鉅鹿也

按隋圖經云大陸大鹿大河即一澤而異名也漢書云路温舒取蒲於此也澤亦尚書云納于大麓是此也

河南圖經曰廣成澤在梁縣西四十里。後漢書云安帝永初元年以廣成遊獵地假與貧人于時馬融作廣成頌云大漢之初基也揆厥靈囿營于南郊右矕莫板切三塗左枕嵩岳面據衡陽箕背王屋浸以波溠濵以榮洛金山石林殷起乎中神泉側出丹水星湟泄怪石浮磬混乎其陂是此澤也隋大業中置馬牧爲亦名廣陂其溉灌之利至今百生頼之

輿地志曰辞澤在王城西北三十里與金谷相近又郡國志云辞澤即金谷也有金水出焉故謂之金谷晉石季倫別墅在焉

陂

說文曰陂池也

書曰九川滌原九澤既陂

詩曰彼澤之陂有蒲有荷陂澤也

史記曰高祖母劉媼甞息大澤之陂夢與神遇時雷電晦冥見蛟龍於其上已而有娠遂產高祖

又曰甯成抵罪得脫乃詐刻傳出關歸家稱曰仕不至二千石賈不至千萬安可比人乎乃貰貸買陂田千餘頃假貧民役數千家爲

漢書曰汝南舊有鴻郤大陂郡以爲饒成帝時關東數水陂溢爲害翟方進爲丞相以爲決去陂水其地肥美省隄防之費遂奏罷之及翟氏敗後鄉里歸惡於方進言方進請陂下良田不得而奏罷陂顧野王云王莽時甞苦旱起追怨方進童謡云壞陂誰翟子威飰我豆食羹芋魁反乎覆陂當復誰言者兩黃鵠建武中太守鄧晨使許陽興復鴻郤以陽爲都水掾陽曰昔成帝夢上天天帝怒曰何故壞我濯龍池於是乃因高下形勝起塘四百餘里數年乃立

續漢書郭林宗文汝南黃叔度過袁奉高不宿而去泰曰叔度之量汪汪若萬頃之陂澄之不清撓之不濁不可量也

謝承後漢書曰汝南許陽曉以術承地脉太守鄧晨署爲平水掾使治鴻郤陂陂成人譖陽言取錢晨繫陽於獄户自開械自解晨釋之出時日暮陂上有火光引前清德之感也

魏略曰明帝出次摩陂有龍見於井中帝出觀龍因改摩陂爲龍陂

異苑曰東鄉太湖吴庚申歲於此有一軍士五百人將破堰取魚先以酒肉祈神約令水涸夜夢人去塘水速竭若見巨鱗愼勿殺也又有銅釜並不可發明往決水翕然而盡得白魚形狀非常小人貪利剖而治之見昨所祭餘食充溢腸内須臾復得釜又取發水便暴出五百人一時沒溺唯督監得存具說事狀于今猶名此湖爲五百陂

汝南先賢傳曰鄭敬去吏隱居于蟻陂之陽以魚釣自娱彈琴詠詩常方坐於陂側隨杞柳之蔭鋪茅葉爲席

淮南子曰譬若同陂而溉田其受水均也

孫綽子曰海人曰横海有魚一吸萬頃之陂

抱朴子曰葛仙公每酒醉常入家門前陂水中卧竟日乃出。方輿記曰新蔡縣葛陂費長房化竹之所後漢於此立葛陂縣

河南圖經曰洛水自苑内上陽宫南㳽漫東注當宇文愷版築之時因築斜堤令東北流水衡作堰九所形如偃月謂之月陂

壽春圖經曰芍陂在安豐縣。淮南子曰楚相作期思之陂灌雩婁之野又輿地志崔寔月令云孫叔敖作期思陂即此是也故漢王景爲廬江太守重脩起之境内豐給又按芍陂上承淠水南自霍山縣北界騶虞石入號曰㳽水是北流注陂中凡經百里灌四萬頃芍魏志音鵲

太平御覽卷第七十二

太平御覽卷第七十三

地部三十八

橋　堰埭

橋

說文曰橋水梁也榷(音角)水上橫木所以度也亦曰約(音灼)今謂之略灼東楚謂橋爲圯

詩曰維鵜(音題)在梁不濡其翼

又曰造舟維梁

又曰有狐綏綏在彼淇梁

爾雅曰梁莫大於溴梁郭璞注梁即橋也

或曰梁石橋也石杠(音江)謂之倚(音寄)亦曰石橋也

史記曰張良曾閒從容出遊下邳圯上(楚人謂橋爲圯圯音怡之)有老父衣褐至良所直墮其履圯下顧謂良曰孺子下取良下爲取履因長跪授之父足受笑而去

又曰文帝行出中渭橋有一人從橋下走乘輿馬驚吏騎捕屬之廷尉張釋之治問曰縣人來(如淳曰長安縣人)聞蹕匿橋下久以爲行過即出見車騎即走耳廷尉奏犯蹕當罰金

又曰西門豹發民鑿十二渠引水灌民田到漢世而長吏以爲渠水且至馳道不可也遂欲合三渠爲一橋鄴人父老不肯聽長吏以爲西門君所爲賢君之法式不可更終不聽置之

漢書曰薛廣德爲諫議大夫上酎祭宗廟出便門欲御樓舡廣德當乘輿免冠頓首曰宜從橋詔曰大夫冠廣德曰陛下不聽臣臣自刎以血汙車輪陛下不得入廟矣上不悅光祿大夫張猛進曰乘舡危就橋安上曰曉人不當如是耶乃從橋

東觀漢記曰班超討焉耆王廣廣遣其左將北鞬支奉迎超賜而遣焉耆國有葦橋之險廣乃絕橋不欲令漢軍入國超更從他道渡

魏略曰驢分國取大秦渡河橋長三百四十里

又曰洛陽城西橋洛水浮橋三處三柱三公象也

魏志曰鍾繇嘗與族父瑜至洛陽道遇相者曰此童有貴相然當厄水行未十里渡橋馬驚墮水幾死而後至太傅

又曰景元四年伐蜀鍾會領十餘萬衆分從斜谷入先遣牙門將許儀在前治道會在後行而橋穿馬足陷於是斬儀

蜀志曰先主爲曹公所追張飛距後據水斷橋無敢近者

吳志曰凌統字公績從征合淝爲右部都督時權徹軍還前部已發魏將張遼等奄至津北權使追還前兵兵已遠勢不相及也統率親近三百人扶扞權出敵已毀橋之兩板策權馬馳統復還戰

王隱晉書曰杜預啓建河橋于富平津衆論以爲殷周所都經聖賢而不作者必不可作故也預曰昔造舟爲梁則河橋之謂也遂作橋成上從百官臨會舉杯勸預曰非君此橋不立也預曰非陛下之明臣亦不獲奉成聖制也衆咸稱善後魏書曰崔亮爲雍州刺史城北渭水淺不通舡行人艱阻會天大雨山水暴至浮出長木數百根藉此爲用橋遂成立百姓利之至今猶名崔公橋

又曰于栗磾(音低)從太宗南臨孟津謂栗磾曰可作橋乎磾曰杜預造橋遺事可想乃編次大舡搆橋於野坂六軍既濟太宗乃深歎焉○北齊書曰張亮守河州文帝於上流放火舡欲燒河橋亮乃備小艇百餘皆載長鏁鏁頭施釘火

舩將至即馳小艇以釘釘之引鏁向岸大舡不得及橋全亮之計也

唐書曰韋景駿神龍中累轉肥鄉令縣北界漳水連年汎溢舊堤迫近水漕雖脩築不息而漂流相繼景駿審其地勢拓南數里因髙築堤暴水至堤南以無患水去而堤北稱腴田漳水舊有架柱長橋每年脩葺駿又改造爲浮橋自是無復水患至今賴焉

戰國策曰豫讓欲爲知伯報讎漆身呑炭褁子當出伏於橋下至橋馬驚曰是必豫讓也求之果是

述征記曰方與縣鬼橋忽一夜聞人呼喚聲車行雷駭曉而石橋自成冢冢牛皆喘息未定

齊地記曰秦始皇作石橋欲渡海觀日出處舊說始皇以術召石石自行至今皆東首隱軫以鞭撻瘢言似馳逐

英雄記曰公孫瓚擊青州黄巾賊大破之還屯廣宗袁本初自往征瓚合戰于界橋南二十里紹將麴義破瓚於界城橋斬瓚冀州刺史嚴綱又破瓚殿兵於橋上即此梁也

尋陽記曰廬山上有三石梁長數十丈廣不盈尺者然無底吳猛將弟子登山過此梁見一翁坐桂樹下以玉杯承甘露漿與猛又至一處見數人爲猛設玉膏猛弟子竊一寳欲以來示世人梁即化如指猛使還寳其梁復如故

三輔故事曰漢丞相夏侯嬰墓在飲馬橋東大道南人謂之馬冢

三輔黄圖曰秦始皇併天下都咸陽營殿端門四達以則紫宫渭水貫都以象天漢橫橋南渡以法牽牛

襄陽耆舊傳曰木蘭橋今之猪蘭橋是也劉季和以此橋東大養猪襄陽太守曰此猪屎臭當易名猪蘭橋初如戲言而百姓遂易其名

郡國志曰漳水建武十一年造紫陌浮橋於水上有天井堰魏文帝時西門豹爲鄴令沉巫處也

又曰通門内有皐橋即漢臯伯通居此橋以得名梁鴻賃舂之所

常璩華陽國志曰李冰造七橋上應七星故光武謂吳漢曰安軍宜在七星橋間也

又曰升遷橋在成都縣北十里即司馬相如題橋柱曰不乘駟馬高車不過此橋

又曰萬里橋在成都縣南八十里蜀使費褘使吳諸葛亮送之於此嘆曰萬里之路始於此橋因名萬里橋

地理志曰漳水出上黨鄴中趙武帝於漳水造浮橋桂紫陌故號曰紫陌橋

祖台之志怪曰義興郡溪渚長橋下有蒼蛟呑噉人周處執劒橋側伺久之遇出於是 自橋上投下蛟背而刺焉蛟數創流血丹溪自郡渚至太湖句蒲乃死

水經注曰上虞縣亦名虞賓舜避丹朱於此故以名縣百官從之故縣北有百官橋亦云禹與諸侯會事訖因相虞樂故曰上虞二說不同未詳孰是

國語曰天根見而水涸水涸而成梁故夏令曰十月而成梁不使民患涉也

紀年曰周穆王七年大起師東至于九江架黿鼉以爲梁

崔鴻國春秋後燕録曰慕容垂與劉牢之戰于五丈橋津晉大敗東騎將軍慕容德等引兵要牢之五丈橋牢之馳馬跳五丈澗會符丕救至而免

孟子曰子産爲政以其乘車濟人於溱洧故孟子曰可爲

惠而不知爲政

抱朴子曰尾生與婦人期橋下水至不去以至溺死雖有信不如無也

王充論衡曰高麗國侍婢有氣如鷄子來下之有娠生子名東明東明善射王恐其害國欲殺之東明走至掩水以弓擊水魚鼈爲梁既度而魚鼈解散

諸葛亮集曰亮上事曰臣先進孟琰據武功水東司馬懿因水以二十日出騎萬人來攻琰營臣作東橋賊見橋垂成便引兵退

堰埭

吳録曰句容縣大皇時使陳勳鑿開水道立十二埭以通吳會諸郡故舡行不復由京口

晉中興書曰兖州既平謝玄患水道險澁糧運艱難塞呂梁水立七埭以利運漕

又曰謝安築埭於新城北百姓賴之故名召伯埭

述征記曰秦梁埭到召伯埭二十里召伯埭到三枚埭十五里三枚埭到鏡梁埭十五里

晉書曰李矩與汝南太守袁孚率衆修洛陽千金堰以利運漕。梁典曰天監十三年魏降人王足陳計求堰淮水以灌壽陽引北方童謡曰荆山爲上格浮山爲下格潼泡爲激溝并灌鉅野澤武帝遂發徐楊築之令太子右衛率康絢護堰作役人及戰士二十萬於鍾離南起浮山北抵巉石依岸以築土合脊於中流十四年四月堰將合淮水漂疾輒復決潰衆會之或謂江淮之間多有蛟能乘風雨決壞崖岸其性悪鐵因是引東西二冶鐵器大則釜鬵小則鑁鋤數千萬斤沉於堰所謂不能合乃伐樹爲井幹塡以巨石加土其上緣淮百里內岡陵木石無巨細必盡負擔者肩背穿夏日疾疫死者相枕蠅蟲晝合是冬又寒甚淮泗盡凍士死者十七八至十五年四月堰乃成其長九里下闊百四十丈上廣四十五尺高二十丈軍人安堵列居于上其水清潔俯視居人墳墓了然皆在其下其壽陽戍因移置八公山上夾淮數百里皆水之所淹人謂絢曰四瀆天所以節宣其氣不可久塞既而昏霧晝霧[illegible]堰決殺萬人其聲若雷聞三百里水中怪物隨流而下或人頭魚身龍形鳥首殊類詭狀不可勝名今號其處爲荆山堰今渦口東岸是

後周書曰賀蘭祥太祖以涇渭漑灌之處渠堰廢毀乃命祥修造富平堰開渠引水東注於洛功用既畢民獲其利

唐書張守珪爲都督瓜州也地多沙磧不宜稼穡每年少雨以雪水漑田至是渠堰盡爲賊所毀既地少林木難爲脩葺守珪設祭祈禱經宿而山水暴至大漂材木塞澗而流直至城下守珪使取充堰於是水道復舊

晉後略曰張方圍京邑決千金堨水溝渠枯涸井多無泉

鄴中記曰當魏文侯時西門豹爲鄴令堰引漳水漑鄴以富魏之河南後史起爲鄴令引漳水十二渠灌漑於魏田數百頃魏益豊實後廢堰田荒魏時更修通天井堰鄴城西面漳水十八里中細流東注鄴城南二十里中作二十堰

語林曰陳協數日輒進阮步兵酒一壺後晉文王修九龍堰阮舉協文王用之掘地得古承水銅龍六枚堰遂成也

魏郡圖經曰慨山古堰也今謂之慨山即漢成帝時河決金堤蓋於此運土以塞河頽慨當時人心故謂之爲慨山

在今魏縣西
戴延之西征記曰金遲谷三水合處有千金堨音曷即魏陳思王所立引水東灌民今賴之又九州要記洛陽千金堨傍有九龍祠存又地理書曰穀水出爲湖溝置千金堰以堰之

太平御覽卷第七十三

太平御覽卷第七十四

地部三十九

塘　隄　島　嶼　滸

岸　泥　礫　沙

塘

録異傳曰文翁者廬江人爲兒童時乃有神異及長當起歷下陂以作田文翁晝日斫伐柴薪以爲陂塘其夜忽有數百頭野猪以鼻戴土着柴中比曉成塘

吴地記曰壇塘一名陌城夫差十二年旣殺子胥後悔之與群臣臨江作塘創設祭奠百姓因以立廟吴越春秋云夫差設祭杯動酒盡

劉道眞錢塘記曰防海大塘在縣東去邑一里徃時郡議曹華家信富乃議立此塘以防海水始開募有能運土石一斛即與錢一外旬日之間來者雲集塘未成而譎不復取於是載土石者棄置而去塘以之成旣遏絶潮源一境蒙利也

述異記曰今烏江長亭亭下有騅馬塘即當時烏江亭長艤舟待項王處

南越志曰丹城縣有金塘金沙自是而出

裴淵廣州記曰鄣平縣朱沙塘水如絳魚鼈皆赤

荆州記曰長沙郡東十餘里有郡人劉壽墓有石闕四所壽漢順帝時爲司徒其東有龜塘周迴四十五里有靈龜出其中故塘因名焉

盛弘之荆州記曰始安熙平縣東南有山山西其形長狹水從下注塘一日再減盈縮因名爲朝夕塘（幽明録又載）

幽明録曰耒陽縣東北有蘆塘淹地八頃其深不可測中有大魚常至五日一躍奮出水大可三圍其狀異常每躍出水則小魚奔迸隨水上岸不可勝計

異記云蘆塘有鮫魚五日一化或爲美異婦人或爲男子至於變亂尤多郡人相戒故不敢有害心鮫亦不能爲計後爲雷電殺之此塘遂涸

劉欣期交州記曰鑿南塘者九眞路之所經去州五百里焉援積石爲塘以通於海達於象浦建標爲南極之界

淮南子曰壞塘取龜發屋求狸槃跖之徒君子不爲

隄

爾雅曰墳大防也（謂隄）

梁書曰始興忠武王憺（潛）字僧達爲荆州刺史遇大江溢隄壞憺親率將吏冒雨築之雨勢甚猛人皆恐懼或請避之憺曰王尊尚欲身塞河堤我心何獨以危登堤數息遂輟膳而刑白馬以祭江神以身爲百姓請命言終而水退隄出

郡國志曰長沙金牛堤漢武時有異人牽金牛走入此堤内因以名焉

水經注曰涿郡王尊自益州刺史遷東郡太守河水盛溢泛浸瓠子金堤尊躬率吏民投沉白馬祈水神河伯親執圭璧請身填堤廬居其上吏民皆走尊立不動水齊足而止公私壯其勇節

水經曰漢安帝永初七年令謁者太山于岑於石門東積石八所皆如小山以捍衝波謂之八激堤

島

釋名曰海中可居曰島到也人所奔到

漢書曰田横懼誅入居海島中（[illegible]康海中[illegible]）

魏志曰王頎討句驪入沃沮人云嘗乘船捕魚風吹十日東得一島上有人常以七月取童女沉海

齊地記曰嶗山東北五里入海有管彥島是黄巾賊帥管承後也○又曰東牟城東有盤島城東北有牛島常以五月海牛及海狸與島產乳其上

嶼

臨海記曰去郡七里東有樊續嶼嶼上空冢裏猶餘敗鼓角或呼爲樊府君墓今郡公田在此嶼下

滸

爾雅曰岸下地曰滸

詩曰綿綿葛藟在河之滸

岸

爾雅曰重涯曰岸

詩曰高岸爲谷

又曰淇則有岸

晉書曰郄仲堪於江濵見流棺而葬焉旬日之間門溝忽起爲岸其夕有人自稱感君之恩堪因問岸何祥也荅曰水中有岸曰洲君將牧州言終而没至是果得荆州也

水經注曰船官浦東即黄鵠山林澗甚美譙郡戴仲若野服居之山下謂之黄鵠岸

又曰昆明池有金堤石岸益州有金堤左思曰西踰金堤東曰玉津

泥

孫卿子曰泉生珠而岸不枯

說文曰泥黑土在水中者也

易曰井泥不食舊井無禽在井之下故稱泥井而泥則不可食

書曰淮海惟楊州厥土惟塗泥

詩含神霧曰夫齊之地處孟春之位海岱之間土地汙泥流之所歸利之所聚

傳曰晉楚將戰呂錡夢射之中之退入於泥

論語曰子夏云雖小道必有可觀者焉致遠恐泥是以君子不爲小道今諸子書泥滯陷不通也

又曰禹泥行乘橇

漢書溝洫志曰涇水一石其泥數斗且溉且糞長我禾黍

東觀漢記曰隗囂將王元說囂將背漢曰請以一丸泥爲大王東封函谷關此萬世一時也

又曰鄧訓將黎陽營兵屯漁陽遷護烏丸校尉黎陽營故吏皆戀慕知訓好以青泥封書從黎陽步推鹿車載青泥至上谷遺訓其得人心如此

龐石記曰武都紫水有泥其色亦紫而粘貢之用封璽書故詔誥有紫泥之美

帝王世紀曰周穆王征犬戎得錬剛赤刀用之割玉如割泥焉

神仙傳曰董奉君居廬山嘗大旱縣令丁士彥詣奉說大旱之意奉因仰視其屋曰貧家屋皆見天不可以得雨如何令解其意身率將吏爲起屋屋成當泥壁作人已掘土欲取江水沃泥奉曰不須日暮當雨也其夜果大雨聚壤成泥

顧微廣州記曰鬱林郡山東南有池有石牛在池下民常祀之歲旱百姓殺牛祀之以牛血和泥泥石牛背祠畢天雨洪注洗背泥盡而後晴

曾子曰白沙在泥與之皆黑

淮南子曰琬琰之玉在汙泥之中雖廉者不釋也

世說曰石崇以椒為泥泥屋王君夫以赤石脂泥壁

雜五行書曰二月上王取土泥屋四角宜蠶吉

礫

釋名曰小石曰礫礫析也小石相支其間析析然

抱朴子曰軍術曰地生瓦礫不去有大禍

蔡伯喈青衣賦曰金生沙礫珠出蚌泥

盧子雲相風賦曰甃石雜結碌沙礫厠隋珠

沙

龍魚河圖曰蚩尤兄弟八十一人並銅頭鐵額食沙石

韓詩外傳曰孔子南遊適楚至於阿谷之隧有女子佩瑱而浣者孔子曰彼婦人其可與言乎執觴以授子貢曰善為之辭婦人荅曰阿谷之隧隱曲之汜欲飲則飲何問於婢子授子貢觴跪坐置之沙上曰禮不親授禮曰自西河至於流沙千里而遙（雍州是也）

家語曰得其人如聚沙而雨之非其人如會聾而鼓之

史記曰張良以鐵椎擊秦始皇於博浪沙中其副車

又曰上在雒陽南宮從複道望見諸將往往相與坐沙中語

又曰武帝元封元年旱於是天子乃禱萬里沙（應劭注曰萬里沙祠）

戰國策曰齊襄王立田單相之過淄水有老人涉水而寒不能行坐沙中田單見其寒也解裘而衣之襄王曰弗早圖恐後悔之（疑單有異心也）

漢書曰韓信擊龍且夾睢水夜令人為萬餘囊盛沙以壅水上流

東觀漢記曰朱鮪等共會淯水上沙中設壇立聖公為天子

博物志曰石蕃衛臣也背能負千二百石沙

廣志曰流沙在玉門關外南北二千東西數百里有三斷名曰三隴

列子曰牛缺者上地之大儒也之邯鄲遇盜於耦沙

魯連子曰朝露之蒲工女不能治淄澠之沙計見不能數

韓子曰孫叔敖請漢間之地沙石之處

曾子曰白沙在泥與之皆黑

淮南子曰河水欲清沙壤穢之

又曰寒凝水熱焦沙

抱朴子曰穆王南征一軍盡化小人為蟲沙

說苑曰湯之時大旱七年焦沙爛石

葛洪肘後方曰治溺死方熬沙以覆死人使上下有沙但出口鼻

古今注曰宣帝地節元年上都沙中夜風有火如栗

曹瞞傳曰操征馬超隔渭水婁子伯說曰今天寒可起沙為城以水灌之可一夜而成

劉根別傳曰潁川太守高府君到官民人疫郡中掾吏死者過半夫人郎君悉得病從根求消除病氣之術根曰於廳事之亥上穿地取沙三斛着中以淳酒三外沃其上府君從之病者悉得愈疫氣絕

搜神記曰有物處于江水其名曰蜮一曰短狐能含沙射人以術方抑之則得沙石於肉中

段國沙州記曰澆河西有黃沙沙南北一百二十里東西七里西極大楊川望黃沙猶人委乾糒地不生草木蕩然沙州取號焉

豫章記曰龍沙在郡北帶江沙甚潔白高峻而峙陂陁有龍形舊俗九月九日登高上處也

新安記曰錦沙村傍山依壑素波澄映錦石舒文冠軍吴喜聞之而造焉鼓棹遊泛弥旬忘返歎曰名山美石故不虚賞使人喪朱門之志

王孚記曰素州有水春交則上白沙如米於兩岸九十餘里呼爲米沙若一岸徧米其方豐熟

湘中記曰白沙如霜雪赤岸似朝霞

遁甲開山圖曰沙土之福雲陽之墟可以長生可以隱居沙土即長沙也雲陽古仙人也

郡國志曰杭州浙江有江沙漲昔武列爲郡吏赴府鄉人餞之會此沙上父老曰此沙狹而長君必爲長沙太守果然

又曰伊州鐵勒國也而磧多沙磧磧内時聞叫喚聲不見人或聞歌笑之聲蓋鬼物也

鄱陽記曰新昌水有一砂堆在縣東北五十里其形狀如覆船鮮淨特異每年豐稔其沙即堆積如舊若砂移向岸其年儉古來相傳以爲常驗

太平御覽卷第七十四

太平御覽卷第七十五

地部四十

溝　瀆　渠　甽

澮　洫　灣　浦

溝

釋名曰田間之水曰溝溝者構也從横相交構也

爾雅曰谿注谷曰溝

周禮曰匠人爲溝洫九夫爲井間廣四尺深四尺謂之溝方十里爲城城間廣八尺深八尺謂之洫（風俗通又載也）

傳曰梁伯好土功乃溝公宫

又曰魯將與齊戰師不踰溝樊遲曰請三刻而踰之衆從之（如樊遲約乃踰溝）

又哀元年吳城邗溝通（江）淮杜預曰於邗江築城穿溝東北通謝陽湖西北至末口入淮通糧道也今廣陵邗江是

國語曰吳王夫差既殺申胥不稔於歲（稔熟稱歲也）乃起師北征闕爲深溝通於商魯之間（開掘也商宋也）北屬之沂西屬之濟以會晉定公于黄池

論語曰禹盡力於溝洫

史記曰漢王四年王軍廣武關中兵益出當此時彭越將兵居梁地往來窮楚兵絶其糧道齊王信又進擊楚項羽恐乃與漢王約中分天下割鴻溝而西者爲漢鴻溝而東者爲楚項羽歸漢王父母妻子軍皆呼萬歲羽解而東漢王欲引而西用張良陳平計乃進兵追項羽

博物志曰徐偃王治其國仁義著聞欲周行上國乃通溝陳蔡之間得朱弓朱矢

又曰酒泉延壽縣南有山石水出處如莒地爲溝

鄜善長水經注曰高唐縣有甘棗溝水側多棗故俗取名溝焉

郡氏世傳曰郡褒爲滎陽令先多淫雨百姓饑饉君乃穿渠入河四十餘里疏導原隰用致豐年民賴其利號曰郡溝而頌之

莊子曰尋常之溝洫巨魚無所還其體而鯢鰌爲之制

孟子曰思天下之民匹夫匹婦有不被堯舜之澤若已推内之溝中

楊子圖經曰六合縣東三十里從瓜山石湖入四里至溝中心與陵分界案後漢書張綱爲廣陵太守濟惠於百姓勸課農桑於東陵村東開此溝引湖水灌田以此號爲張綱溝

阮勝之記曰吳王濞開茱萸溝通運至海陵倉北有茱萸村以村立名故史記云邗溝即吳王夫差所開漕運以通上國

崔豹古今注曰羊溝者言羊喜抵觸垣牆故爲溝以隔之一曰植高楊於其上故謂之楊溝

古詩曰今日斗酒别明日溝水頭蹀躞御溝上溝水東西流

瀆

禮記月令曰季春之月道達溝瀆開通道路

爾雅曰溝注澮曰瀆（水流不絶曰瀆）

漢舊儀曰祭四瀆用牲

崔鴻十六國春秋前秦録曰建元十二年堅以關中水旱不時議依鄭白故事發王侯以下及豪強富民僮隸三萬人開涇水上源鑿山起堤通渠引瀆以溉田民賴其利

伏滔北征記曰姑熟西北有甘寧墓孫皓時占者云墓有王氣皓鑿其後十許里曰直瀆

越絶書曰銅沽瀆長一百五十步去縣二十里

渠

史記河渠書曰禹以爲河所從來者高難以行平地數敗乃釃二渠（漢書音義曰釃分也）以引其河載之高地過降水至于大陸播爲九河世鄭國間説秦令鑿涇自中山南西交瓠口爲渠溉斥鹵之地四萬餘頃收皆畝一鍾於是關中爲沃野無凶年秦以爲富強卒併諸侯因命曰鄭國渠

漢書曰禹作二渠以引河武帝時穿渠水岸若崩乃鑿井深四十丈井下相通井渠自此始得龍骨名龍首渠起谷口入櫟陽注渭中因名渠民得其饒歌曰田於何所池陽谷口鄭國在前白公起後舉鍤爲雲決渠爲雨

又曰張掖郡有千金渠

范曄後漢書曰樊密所起廬舍皆有渠堂高閣陂渠灌注又池魚牧畜有求必給

魏志曰遼西單于蹋頓尤強公將征之鑿渠自滹沲入泒水名平虜渠又從泃河口鑿入潞河名泉州渠以通海

又曰建安十八年九月鑿渠引漳水入白溝以通河

又曰賈逵爲豫州刺史通運渠二百餘里所謂賈侯渠

北史曰郭衍爲開漕渠大監部率水工鑿渠引渭水經大興城北東至于潼關漕運四百餘里關中賴之名曰富人渠

隋書薛胄爲兗州刺史先是兗州城東沂泗二水合而南流汎濫大澤中胄遂積石堰之使決令西注陂澤盡爲良田又通轉運利盡淮海百姓賴之號爲薛公豐兗渠

唐書曰温造爲朗州刺史在任開後鄉渠九十七里溉田二千頃郡人獲利乃名爲右史渠造自起居舍人出郡

水經注曰漢司空漁陽王梁之爲河南也將引穀水以溉京師渠成而水不流故以坐免後張純堰洛以通漕洛中谹懷贍是以渠今引穀水蓋純之創也

又曰漢明帝之世司徒伏恭薦王景善能治水顯宗詔與謁者王吴始作浚儀渠吴用景法水乃不害此即景作所脩故瀆也渠流東注浚儀故復謂之浚儀渠也明帝十五年東巡狩至無鹽帝嘉景功拜河隄謁者

又曰魏武帝又堰漳水廻流東注世號天井堰二十里中作十二墱墱相去三百步令互相灌注一原分爲十二流皆懸水門自城西東入逕銅爵臺下伏流入城東流謂之長明渠

戴延之西流記曰洛陽城外四面有陽渠水周公所制池逹春門外二橋最大一從一橫

續述征記曰案河渠書溝洫志引河爲洪溝一説秦至魏鑿渠引河灌大梁名曰洪溝焉

崔寔政論曰戰國海内十二分魏州有史起引漳水灌鄴民以興歌蜀郡李氷鑿離堆通二江益部至今賴之秦開鄭國漢作白渠而關中號爲陸海

郡國志瀛州平舒縣古五渠水魏延興初文安縣人孫願等捕魚此水先祭忽有群魚從西而來有一人　謂願曰若得大魚勿殺及下網魚果得大魚乃殺之腹中盡得其祭食群魚並飛遂不復得因名此處爲飛魚口

鄴城故事曰西門豹爲令造十二渠決漳水以溉民田因是戶口豐饒今渠一名安澤陂是也

内黄圖經曰前漢倪寬遷内黄令吏民大信表開六輔渠以大溉灌民極獲利因曰倪公渠

甽

説文曰甽水流也

周禮曰倍洫曰甽

嵇康養生論曰或益之以甽澮

澮

説文曰澮水流澮澮也廣二尋深二仞

書曰予浚九川距四海濬畎澮

爾雅曰谷注溝曰澮

釋名曰澮會也小溝之所會也

汎

續述征記曰齊人謂湖爲汎汎中有九十九臺皆生結蒲

因此蒲生自結

風俗通曰汎莽也言其平望汎莽無崖際也

灣

鄴善長注水經曰沅水又東歷臨沅縣西爲明月池白壁灣灣狀半月清潭鏡澈上則風籟空傳下則泉響不斷行者莫不擁檝嬉游徘徊愛翫

江夏記曰敗舶灣在縣西北七里案吴志云孫權與群臣泛觴於大船江中西上逢惡風權遣柂工張顗取濯洲谷利拔鋼擬柂工急取樊口未及至口灣中船破因名敗舶灣權至岸謂谷利曰何怯於水也谷利曰大王萬乘之主欲涉不測之淵一旦傾危社稷何寄因登陸路而歸

尋陽記曰蠡湖西灣夏秋水渺漲商徒縈紆牽舟循繞人力疲勞號爲西疲灣亦云西灣又有白溝灣亦在湖西汎漲驚波似雪汹涌滂潧因是名焉又有落星灣灣内有落星石周迴百步許又有神林下有廟祈福而獲前進由是名焉又有女兒廟禱祈亦有靈應即不許所置

永嘉郡記曰樂城縣三原亭去郡百二十里溪水清如鏡曩昔有得一死鮎者驢大五六圍一鱗輒得數十斛鮓此灣無所不容有大能食者常自譬腹如三原灣無所不容

水經注曰渭水東南與神澗水合關山圖所謂靈泉泄也俗名之爲萬石灣泉深不測實爲靈異先後慢遊者多罹其斃

鄱陽記曰清灣在縣東南七里隋開皇中太守梁文謙莅官清絜取此灣水以自　供人思其德號爲清灣

浦

説文曰浦水濵也

詩曰率彼淮浦省此徐土

郡國志曰夏口浦有龍魚昔禹南濟黄龍夾舟之處

楚詞曰望涔陽之極浦

述異記曰上虞縣有石駝步水際謂之步也瓜步在吴中吴人賣瓜於江畔因以名也江中有魚步龜步湘中有靈妃步按吴楚間謂浦爲步蓋語訛耳

吴録曰富陽浦漢末爲吴縣於津吴大帝時有浦通浙江至廬溪及桐溪故曰桐廬縣東有大溪注廬口渌波青巖昔晉徵士散騎侍郎戴勃游此自言山水之極致也

郡國志曰金陵西浦亦云項口即張碩捕魚遇杜蘭香處也

江夏記曰南浦在縣南三里離騷曰送美人兮南浦其源出京首山流入大江春冬涸竭秋夏泛漲商旅從來皆於

浦停泊以其在郭之南故稱南浦

續搜神記曰廬江箏笛浦浦中昔有大舶覆水内漁人宿旁聞箏笛之聲及香氣氤氲云是曹公載妓舡覆於此

太平御覽卷第七十五

太平御覽卷第七十六

皇王部一

敘皇王上

尚書緯曰帝者天號王者人稱天有五帝以立名人有三王以正度天子爵稱也皇者煌煌也

洛書曰皇道數故帝者興

易坤靈圖曰在政不私公位稱之曰帝

易緯曰帝者天號也德配天地不私公位稱之曰帝天子者繼天治物改政一統各得其宜父天母地以養生人至尊之號也大君者君人之盛也

易乾鑿度曰帝王興亡必察八部觀卦之符物之應動（八部者八部之方候辯興以孟月候辯士以季月觀非卦之符如震則有龍巽則有雞之類物謂雲物也）

又曰興於仁立於禮畢於義定於信成於智五者道德之

分天下之際聖王之所以通天意而明至道也

又曰王者天下所歸天子者繼天理物改一統政大君者人君之盛稱大化行於萬人宜處王者施大化爲大君也

周書曰三王之統若循連環周則復始窮則反本

尚書大傳曰三王之治如環之無端如水之勝火

又曰古者天子有四隣前曰疑後曰丞左曰輔右曰弼有問無以對責之疑可志而不志責之丞可正而不正責之輔揚而不揚責之弼

韓詩外傳曰明王有三懼一曰處尊位而恐不聞其過二曰得志而恐驕三曰聞天下之至道而恐不能行

又曰君者群也群天下萬民而除其害者謂之君王者往也天下往之善養生人者也故人尊之善辯治人者也故人安之善顯設人者也故人親之善粉飾人者也故人悅之四德具而天下往之四德無一而天下去之往之之謂王去之之謂亡故曰道存則國存道亡則國亡

大戴禮曰古者天子常以季冬考德以觀治亂得失

又曰昔堯取人以狀舜取人以言湯取人以聲文王取人以度

禮曰君天下曰天子

又曰天子以德爲車以樂爲御

又曰昔先王尚有德尊有道任有能舉賢而置之聚衆以誓之是故因天事天因地事地

又曰帝嚳能序星辰以著衆堯能賞均刑法以義終舜勤衆事而野死鯀鄣洪水而殛死禹能脩鯀之功黃帝正名百物以明民共財顓頊能脩之湯以寬治民而除其虐文王以文治武王以武功去人之災此皆有功烈於人者也

又曰王天下有三重其寡過矣乎（三重三王之禮也）

又曰孔子曰大道之行也與三代之英丘未之逮也而有志焉（大道謂五帝時也）大道之行也天下爲公選賢與能講信脩睦故人不獨親其親不獨子其子使老有所終壯有所用幼有所長是故謀閉而不興盜竊亂賊而不作故外戶而不閉是謂大同（同猶和平也）

又曰故聖人作則必以天地爲本以陰陽爲端以四時爲柄以日星爲紀以月爲量鬼神以爲徒五行以爲質禮義以爲器人情以爲田四靈以爲畜

又曰故聖王脩義之柄禮之序以治人情故人情者聖人之田也

禮斗威儀曰帝者得其英華王者得其根核霸者得其附支故帝道不行不能王王道不行不能霸霸道不行不能守

其身○禮含文嘉曰山澤者三皇五帝之感應也
春秋演孔圖曰正氣爲帝間氣爲臣宮商爲姓秀氣爲人正氣爲若木則人得蒼龍之形靈威仰之氣史則得朱鳥之形赤熛怒之氣以生之
又曰天子皆五帝精寶各有題序次運相據起必有神靈符紀諸神扶助使開階立遂遂當作燧燧道也
又曰王者常置圖籙坐旁以自正
春秋元命苞曰皇者煌煌也道爛然顯明帝者諦也
春秋文耀鉤曰王者往也神所向往人所歸樂
春秋運斗樞曰宓犧女媧神農是謂三皇也皇者合元履中開陰布綱指天畫地神化潛通
春秋合誠圖曰大帝之精起三河之州中土之腴
又曰大帝冠五彩衣青衣黑下裳抱日月日在上月在下黃色正方居日間名曰五光正黃帝名之曰五光者蓋以黃爲實而衆采就飾之故曰

五色此大帝人象考文也
春秋保乾圖曰天子至尊也神精與天地通血氣含五帝精人受天氣而主故神精與天地通天愛之子之也
春秋佐助期曰天子法斗諸侯應宿
春秋潛潭巴曰天子有三寶謂璿璣玉衡得其度也
春秋繁露曰德侔天地者稱皇帝天佑而子之號稱天子
孝經援神契曰王德珎文備象達表萬精曲飾題類設術脩經躬仁尚義祖禮行信握權仁智順道形人俱在至德
孝經鉤命決曰三皇步五帝驟三王馳五霸鶩或稱帝王接上稱天子明以爵事天接下稱帝王明以號令臣下
論語摘衰聖承進曰帝不先義任道德王不先力尚仁義霸不先正尚武力
論語撰考讖曰考靈差德知堯步舜驟禹馳湯鶩德有優劣故曰[illegible]疾也

家語曰孔子觀乎明堂覩四門之墉有堯舜桀紂之象又有周公相成王之圖孔子謂從者曰夫明鏡所以察形往古所以知今
又曰季康子問於孔子曰舊聞五帝之名而不知其實請問何謂孔子曰昔丘也聞諸老聃天有五行木金火水及土分時化育以成萬物其神謂之五帝古之王者易代改號取法五行五行更王終始相生亦象其義也故其生爲明王者而死配五行○白虎通曰帝王者號也號者古之表也所以表功明德號令臣下德合天者稱帝仁義合者稱王別優劣也○又曰皇君也美也大也天人之摠美大之稱也時質故摠稱之
漢書曰堯舜禹稷與之爲善則行驩兜欲與爲惡則誅可

與爲善不可與爲惡是謂上智桀紂龍逄比干欲與爲善則誅于莘崇侯與之爲惡則行不可與爲善可與爲惡是爲下愚
應劭漢官儀曰皇者大帝言其煌煌盛美帝者德象天地言其能行天道舉措審諦父天母地爲天下主
漢雜事曰漢有天下號曰皇帝自稱朕人臣稱之曰陛下其命令制詔衣冠車馬器械百物曰乘輿所在曰行在所至曰幸所居曰禁中所進曰御天子至尊不敢褻瀆之故託於乘輿天子以天下爲家不以京師宮室爲常處則當乘輿以行天下故謂之車駕今雖在京師京師言行在所巡狩天下所奏事處皆爲宮在長安則曰長安宮在泰山則曰奉高宮唯當時所至
帝王世紀曰天子至尊之定名也應神受命爲天所子故謂之天子故孔子曰天子之德感天地洞八方是以功合神者稱皇德合天地稱帝義名曰稱王

韋曜洞紀曰自天地剖判君世字人可得而言者唯庖犧畫卦神農作稼黄帝興服最爲昭顯其餘非書記所述難可紀焉

六韜曰王者之道如龍之首高居而遠望深視而審聽神其形而散其精若天高而不可極若淵深而不可測故可怒而不怒姦臣乃爲虎不可殺而不殺大賊乃發

又曰昔栢皇氏栗陸氏驪連氏軒轅氏赫胥氏尊盧氏祝融氏此古之王者也未使民民化未賞民民勸此皆古之善爲政者也至於伏犧氏神農氏教民而不誅黄帝堯舜誅而不怒古之不變者有苗有之堯化而取之堯德衰舜化而受之舜德爲化而取之

太公伏符陰謀曰武王曰三皇之治毋禮義而民利之何也

太公曰三皇之時近之則利去之則病所謂上聖神德而治其次教而化之近聖賞罰之

管子曰黄帝立明臺之議上觀於賢也堯有衢室之問下聽於人也舜有告善之旌而主不蔽也禹立建鼓於朝而備訊誹也湯有總街之庭觀人誹也武王有靈臺之復賢者進也古聖帝明王所以有而勿失得而勿亡也

又曰明一者皇察道者帝通德者王謀得兵勝者霸

又曰桓子問曰三王者旣殺其君矣今言仁義則必以三王爲法度不識其故何也對曰昔者禹平治天下及桀而亂之湯放桀以定禹功也湯平治天下及紂而亂之武王伐紂以定湯功也善之伐不善自古至今未有攻之君何疑焉

又曰言室滿室言堂滿堂是謂聖王

又曰昔者七十九代之君法制不一號令不同然俱王天下者何也必國富而粟多也夫富國多粟生於農故先王貴之

晏子曰古者有紩衣攣領而王天下者有處層巢窟穴而王天下者

老子曰聖人處無爲之事行不言之教萬物作而不辭生於不有爲而不恃功成而不居夫唯不居是以不去

又曰不尚賢使民不爭不貴難得之貨使民不爲盜不見可欲使心不亂是以聖人之治虛其心實其腹弱其志強其骨常使民無知無欲使夫知者不敢爲也無爲則無不治也

又曰道大天大地大王亦大域中有四大而王居其一

又曰聖人無常心以百姓心爲心善者吾善之不善者吾亦善之得善矣信者吾信之不信者吾亦信之得信矣聖人在天下惵然爲天下渾其心百姓皆注其耳目聖人皆孩之

又曰聖人之言去我無爲而民自化我無事而民自富我好靜而民自正我無欲而民自樸

又曰聖人執左契而不責於人故有德司契無德司徹聖人之心與百姓心猶左右契耳契來則合故上下相親怨用不作後世不能執左契以應物而守常徹以執民用此來和必有餘怨矣

又曰江海所以能爲百谷王者以其善下之也是以聖人欲上人也必以其言下之欲先人也必以其身後之故處上弗害是以天下樂推而不厭也

董子曰爲天子不可不承天意必順其道然後爲安

又曰古之造文字者三畫而謂之王三畫者天地人也連

其中者通其道也

孟子曰人皆有不忍人之心（言人人皆有不忍加惡於人之心也）先王有不忍人之心斯有不忍人之政矣以不忍人之心行不忍人之政治天下可運之掌上也

又曰五霸者三王之罪人也（趙岐章句曰五霸大國秉政以率諸侯也齊桓晉文秦襄楚莊是也三王夏禹商湯周文王也）今之諸侯五霸之罪人也天子討而不伐諸侯伐而不討○孫卿子曰人君者隆禮尊賢而王重法愛人而霸好利多詐而危欲近四旁莫如中央故王者必居天下之中也

又曰粹而王駮而霸無一焉而亡

又曰國者天下之利用也人主者天下之利勢也得道以持之則大安大榮積善之源也不得道以持之則大危也

義立而王信立而霸權謀立而亡行一不義殺一無罪而得天下仁者不為也

莊子曰盜跖曰古之禽獸多而人民少於是人皆巢居以避之晝拾橡栗暮栖木上故命之曰有巢氏之古者人不知衣服夏則多積薪冬則煬之故命之曰知生之人神農之代卧則居居起則于于知其母不知其父與麋鹿同處耕而食織而衣無有相害之心此至德之隆也

又曰夫帝王之德以天地為宗以道德為主以無為為常無為也則用天下而有餘

又曰天道運而無所積故（萬物成帝道運而無所積故天下歸聖道運而無所積故）海內服（此三者恣物之性而無所牽滯）明於天道於聖六通四辟帝王之德者夫虛靜恬淡寂寞無為者萬物之本也以此處上帝王天子之德

又曰廣成子曰得吾道者上為皇而下為王（郭璞曰皇王之稱隨世之上下耳其於得通變之道以應無窮一也）失吾道者上見光而下為土（失無窮之道則自信於一變而不能均同上下矣故俯仰異心也）

又曰赫胥氏之時民居不知所為行不知所之含哺而熙鼓腹而遊民能以此矣

又曰昔容成氏大庭氏柏皇氏中央氏栗陸氏驪連氏軒轅氏赫胥氏尊盧氏祝融氏伏犧氏神農氏當是時也民結繩而用之（郭象曰足以紀要而已也）甘其食美其服（適故常甘當故常美若思夫侈靡則無時慊矣）樂其俗安其隣國相望雞狗之音相聞民至老死而相往來（無求之至也）若此時則至治也已

又曰古之王天下者知雖落天下不自慮也辯雖彫萬物不自說也能雖窮海內不自為也天不產而萬物化地不長而萬物育帝王無為天下功故曰莫神於天莫富於地莫大於帝王故曰帝王之德配天地此乘天地馳萬物而

用人君之道也

又曰至德之世不尚賢不使能民如野鹿正而不知以為義相愛而不知以為仁實而不知以為忠當而不知以為信

又曰聖人之靜也非曰其靜者善故靜也萬物無足以撓心者故靜也（郭象曰撓亂也）夫虛靜恬淡寂寞無為者天地之平而道德之至也故帝王聖人休焉

唐子曰君人者秉南面之尊操殺生之柄威如秋霜恩如春養何求而不得何化而不從君人者當以江海為腹山林為面當使觀者不知江河藏山何有

鄒子曰天子坐九重之內樹塞其門旒以翳明衡以隱聽鑾以御馳

陸子曰三皇垂策而五帝繫手唐虞按轡禹湯馳轅雖使

周公御衡仲尼促節固不已也

孫綽子曰道一者帝德充者王依仁仗義者霸無爲而治者道也爲能不恃者德也存三亡國仁也責貢不入義也

愼子曰昔者天子手能依而宰夫設服足能行而相者導進口能言而行人稱辭故無失言失禮也

又曰古者立天子貴之者非以利一人曰天下無一貴則理無由通通理爲天下也故立天子爲天下也非立天下爲天子也立國君以爲國也非立國以爲君也

太平御覽卷第七十六

太平御覽卷第七十七

皇王部二

敘皇王下

呂氏春秋曰始生之者天也養成之者人也能養天之所生而勿攖之謂之天子帝者天下之所適也王者天下之所往也

又曰天地大矣生而弗子成而弗有（高曰天大地大生育民人已不爲不以爲已子子成遂萬物不以爲已有也）萬物皆被其澤得其利而莫知其所由始（由從也萬物皆蒙天地之澤而得其利時父老無繇役之務擊壤於里陌自以爲然故曰莫知其所從始者也）此三皇五帝之德也

又曰黃帝曰芒芒昧昧因天之威與元同氣（高誘曰芒芒昧昧廣大貌也因天之威無不敗也與元同氣無不協也）故曰同氣賢於同義同義賢於同力同力賢於同居帝者同氣（同元氣也）王者同義（同仁義也）霸者同力（同武力也）

又曰軍必有將所以壹之也（高誘曰將主也）國必有君所以壹之也天下必有天子所以壹之也天子必執一所以摶之也

又曰五帝固相遞與矣遞興遞廢勝者用事

又曰蚩尤作兵也利其械（高誘曰蚩尤少昊氏之末九黎之君名也始作亂伐無罪殺無辜善用兵爲無道非始造之也故非作兵者也）未有蚩尤之時民固剝林木以戰矣勝者爲長（長率也）長猶不足以治之故立君君又不足以治之故立天子

又曰人固不能自知人主獨甚存亡安危勿求於外（高誘曰言皆在己）務在自知堯有欲諫之鼓（欲諫者擊其鼓）舜有誹謗之木（書其過失於表木也）湯有司過之士（司主也過闕也）武王有戒慎之鞀（欲戒者搖其鞀）猶恐不能自知（尚恐不能自知過也）今賢非堯舜湯武而有揜蔽之道奚由自知哉

又曰五帝先道而後德故德莫盛焉三王先德而後事故功莫大焉五伯先事而後兵（五伯昆吾大彭豕韋齊桓晉文是也）故兵莫強焉

又曰九爲天下治國家必務本而後末所謂本者非耕稼種植之謂也務本莫貴於孝人主尊孝則名章榮下服聽天下譽人臣孝則事君忠處官廉臨難死士民孝則耕耘疾守戰固不敗北三者三皇五帝之本務而萬事之紀也夫執一術而百善至百邪去天下從之者唯孝乎

又曰古先聖王之所以導其民者先務於農民農非徒爲地利也貴其志也民農則樸樸則易用易用則邊境安主位尊民農則重重則少私義少私義則公法立力專一民農則其産復其産復則重徙重徙則死其處而無二慮

又曰昔先聖王之治天下也必先公公則天下平矣嘗試觀於上志（古記也）有天下者衆矣其得之必以公其失之必以偏凡主之立也生於公故鴻範曰無偏無黨

又曰昔舜欲稽古而不成既足以成帝矣禹欲帝而不成既足以成王矣湯欲繼舜而不成既足以服田荒矣武王欲及湯而不成既足以爲諸侯長矣

董仲舒荅問曰三皇三才也五帝五常也三王三明也五霸五嶽也

淮南子曰至德之世（謂太古三皇之時）其瞑乎混清之域而徙倚乎瀾漫之宇提挈天地委萬物以鴻濛爲景性而浮揚乎無畛崖之際是故聖人呼吸陰陽之氣而群生莫不喁喁然仰其德和順止當此之時莫不領理決離隱密而自成渾渾若若純樸未散滂薄爲一而萬物大優是故雖有明知無所用之

又曰古者至德之世賈便其肆農樂其業大夫安其職而處士循其道當此之時風雨不毀折草木不夭死九鼎重(王者之德休明則鼎重姦回濁亂則鼎輕也)珠玉潤澤洛出丹書河出綠圖故許由方回(堯使方回求子列禦得之)善卷披衣得達其道何則世主有欲利天下之心是以人得自樂其間四子之材非能盡大蓋今之世也然莫能與之同光者遇唐虞之時也

又曰人主之居如日月之明也天下之所同側目而視傾耳而聽延頸舉踵而望也是故非淡漠無以明德非寧靜無以致遠非寬大無以兼覆非慈厚無以懷衆非平正無以制斷

又曰古者有鍪而綣領以王天下者矣(古者蓋三皇以前也鍪頭著兜鍪帽言未知制冠也綣領皮衣屈而紩之如今胡家韋囊文攝以爲領也一說鍪放縣也縫緣頸而已皆無飾也)其德生而不辱(刑措不用也)予而不奪(予其則也不奪無所徵求於民也)天下不非其服同懷其德(非猶譏也懷歸也)當此之時陰陽和平(風雨時節)萬物蕃息(夭不虐生無夭抗)烏鵲之巢可俯而探也禽獸可羈而從也豈必襃衣博帶句襟委章甫哉(儒服猶奉也)

又曰國之所以存者道德也(道德施行民說其化故國存也)家之所以亡者理塞也(理道)堯無百戶之郭舜無植錐之地以有天下禹無十人之衆湯無七里之分以王諸侯文王處岐周之間地方不過百里而立爲天子者有王道也

又曰聖人有貴尺之璧而重寸之陰時難得而易失也禹之趨時也履遺而弗納冠掛而不顧非爭其先也而爭其得時也是故聖人守清道而抱雌節(清和靜也雌柔弱也)因循應變常後而不先柔弱以靜舒安以定(舒詳也)攻大磨堅莫能與之爭(攻大磨堅喻難也)

又曰帝者體太一王者法陰陽霸者則四時君者用六律體太一者牢籠天地彈壓山川含吐陰陽伸曳四時紀綱八極經緯六合覆露照導普氾而無私(普天氾衆也無私愛憎言皆公也)蜎飛蠕動莫不仰德而生法陰陽者承天地之和形萬殊之體含氣化物以成埒類(埒形也)盈縮卷舒淪於不測(盈長縮短卷屈舒散入於不可測盡之源也)終始虛滿轉於無源則四時者春生夏長秋收冬藏取與有節出入有時開闔張翕不失其序喜怒剛柔不離其理用六律者生之與殺賞之與罰與之與奪非此無道也(明四時六律之君非用此上事其餘無他道也)

又曰古之立帝王者非以奉養其欲也聖人之踐位者非以供樂其身也爲天下強掩弱衆暴寡詐欺愚勇侵怯懷知而不相教積財而不以相分故立天子以齊一之

又曰五帝三王之法籍風俗一世之跡也譬若土龍芻狗之始成文以青黃飾以綺繡纏以朱絲及其已用則壤土草芥而已誰貴之哉

又曰神農無制令而人從唐虞有制令而無刑罰夏后氏不負言殷人誓周人盟

又曰聖人在上位者賞罰不施而天下賓服日計之不足而歲計之有餘(譬若百梅足爲百人酸一梅不足爲一人酸也)

又曰使堯度舜則可使桀度堯是猶以升量石也

又曰周氣者帝同義者王同力者亡(於三者無一於世俱滅亡)

又曰泰古二皇(許慎曰庖犧神農)得於中央德覆天地而和陰陽節四時調五行虹蜺不出賊星不行(五星逆行謂之賊星也)

又曰人主者以天下之目視以天下之耳聽以天下之智慮以天下之力動是故號令能下究而臣情得上聞百官脩通群臣輻湊喜不以賞賜怒不以罪誅是故威立而不廢聰明光而不蔽法令察而不苛耳目達而不闇善否之

情陜方所而無所遊
楊子法言曰五常者帝王之筆舌寧有書不由筆言不由舌哉
桓譚新論曰儒者或曰圖王不成其弊可以霸此言未是也。傳曰孔氏門人五尺童子不言五伯事者惡其違仁義而尚權詐也
又曰夫上古稱三皇五帝而次有三王五伯此皆天下君之冠首也故言三皇以道治而五帝用德化三王由仁義五伯以權智其說之曰無制令刑罰謂之皇有制令而無刑罰謂之帝賞善誅惡諸侯朝事謂之王興兵約盟以信義矯世謂之伯也
論衡曰古之帝王建鴻德者須鴻筆之臣褒頌紀德也
潛夫論曰天作道皇作極臣作輔人作基

又曰王之政普覆兼愛吉凶禍福與人共之
應劭風俗通曰春秋運斗樞曰皇天不言四時行焉百物生焉垂拱無爲謹言而民不違[illegible]德玄泊有皇天故稱曰皇皇者中也光也合元履中開陰布綱上合皇極其施光明指天畫地神化潛通煌煌盛美不可勝量
又曰大傳說遂人爲遂皇伏戲爲戲皇神農爲農皇也遂人以火紀火陽也陽尊故託遂皇於天伏戲以人事紀故託戲皇以人蓋天非人不因人非天不成也神農悉地力植穀故託農皇於地天地人之道備而三五之運興矣
又曰五帝易傳禮記春秋國語太史公記黃帝顓頊帝嚳帝堯帝舜是五帝也謹案易尚書大傳天立五帝以爲相四時施生法度明察春夏慶賞秋冬刑罰帝者任德設刑以則像之言其能行大道舉措審諦也黃帝者先也厚也中和

之色德施四季與地同功故先黃以別之也顓頊者專也頊
者信也慤也言其承文易之以質使天下遵化皆貴貞慤也嚳者考也成也言其考明法度醇美嚳然若酒之芬香也堯者高也言其隆興煥炳最高明也舜者准也循也言其准行道以循堯緒也
又曰禮號謚記說夏禹殷湯周武王是三王也禹者輔也輔續舜後庶績洪茂自堯以上王者子孫據國而起功德浸盛故造美謚舜禹本以白衣砥行顯名外爲天子雖復制謚不如名著故國名焉湯者攘也言其攘除不軌改亳爲商成就王道天下熾昌文武皆以其長夫擅國之謂王能制殺生之威之謂王王者往也天下所歸往也
又曰易稱天先春而後秋地先生而後凋日月先光而後幽是以王者則之亦先教而後刑三皇結繩五帝畫像三王肉刑霸世黠巧此言步驟稍有優劣也

傳子曰庖犧神農順民之性育之者也黃帝除民之害救之者也舜治天下垂拱無爲者以咎繇既舉而不仁遠也禹治洪水冠桂不顧者不以下憂累其上也湯去三面之網歸之者四十國文王葬城隅之枯骨天下懷其仁所惠者小所感者大仁心先之也
又曰不使不仁加乎天下用武勝殘而百姓以濟此仁形於撥亂黃帝是也時有萬物必世而後仁此著於治平堯舜是也
周生烈子曰居堯舜之位而不行唐虞之政者猶反衣狐白步牽騄耳
黃石公三略曰夫三皇無言化流四海故天下無所歸功帝者體天則地有言有令而天下太平君臣讓功四海行

焉王者制人道德降心服志設矩備袤有察察之政甲兵之事備而無争戰血刃之用天下太平君無疑於主國定主安臣以義退亦能美而無害

又曰任德者縱任義者横縱成者王横成者霸王兵法天霸兵法地天者德不可量地者威不可圖不量不圖者萬物之父母也

袁子正論曰堯舜之人比屋可封非盡善也猶在防之水非不流也桀紂之人比屋可誅非盡惡也猶在壑之水非不停也○班彪王命論曰帝王之作必有明聖顯懿之德豐功厚利積累之業然後精誠通于神明流澤加於生民故能爲鬼神福所向天下所歸往未見運世無本功德不紀而能倔起在斯立者也

傅彦林王令敘曰帝王之起必有天下瑞應自然之符明

純顯祚豐懿之業加以茂德成功賢智之助而後居世臨民爲神所保祐永世所尊崇未見運敘無紀次勳澤不加於民而可力争覬覦神器者也

阮籍通老論曰三皇依道五帝仗德三皇施仁五霸行義強國任智蓋優劣之異薄厚之降也

韓子曰明主制其臣下者二柄而已矣二柄者刑德也殺戮之謂刑慶賞之謂德也

崔寔政論曰自堯舜之帝湯武之王皆賴明哲之佐博物之臣故臯陶陳謨而唐虞以興伊箕作訓而周以隆及繼體之君欲立中興之功者曷嘗不賴賢哲之謀乎

鄧子曰堯置敢諫之鼓舜立誹謗之木湯有司直之人武有戒慎之銘此四君者聖人也而由此之勤至於桀陸殺東里子宿沙君戮箕文桀誅龍逢紂刳比干此四誅者亂君故其疾賢若仇是以賢愚之相較若百丈之谿萬仞之山若九地之下與重天之顛

墨子曰古者民生未有刑政之時選擇天下之賢可者立以爲天子

又曰九國之萬民皆尚同乎天子而不敢下比天子之所是必亦是之天子之所非必亦非之去而不善言學天子之善言去而不善行學天子之善行天子者固天下之仁人也舉天下萬民以法天子夫天下何說而不治哉

又曰古者聖王制爲衣服之法曰冬服紺緅之衣輕且煖夏服絺綌之服輕且清則止諸加費不加於民利者聖王弗爲

又曰天子者天下之窮貴也天下之窮富故富且貴者當天意而不可不順順天意者兼相愛交相利必得賞反天

意者別相惡交相賊必得罰○尸子曰人之欲見毛嬙西施美其面也夫黄帝堯舜湯武美者非其面也人之欲觀焉其行也所欲聞焉其言也而言之與行皆在詩書矣

又曰夫堯舜所起至治也湯武所起至亂也問其成功孰治則堯舜治問其孰難則湯武難

又曰孔子曰商汝知君之君乎子夏曰魚失水則死水失魚猶爲水也孔子曰商知之矣

又曰治天下有四術一曰忠愛二曰無私三曰用賢四曰度量通財足用賢則多功無私百知之宗也忠愛父母之行也

又曰堯舜黑禹脛不生毛文王至日仄不暇飲食故富有天下貴爲天子矣

太平御覽卷第七十七

太平御覽卷第七十八

皇王部三

天皇　地皇　人皇

有巢氏　燧人氏　太昊庖犠氏

女媧氏　炎帝神農氏

天皇

項峻始學篇曰天地立有天皇十二頭號曰天靈治萬八千歲以木德王

洞冥記曰天皇十二頭一姓十二人也

徐整三五曆紀曰溟涬始牙濛鴻滋萌歲起攝提元氣肇啓有神靈人十三號曰天皇

洞紀曰古人質以頭爲數猶今數鳥獸以頭計也若云十頭鹿非十頭也

春秋緯曰天皇地皇人皇兄弟九人分爲九州長天下也

河圖括地象曰天皇九翼題名旋復

帝系譜曰天地初起即生天皇[illegible]萬八千歲以木德王

遁甲開山圖曰天皇被跡在柱州崑崙山下宋氏注曰天皇兄弟十二人身皃相類不可分別治在柱州崑崙山也

地皇

項峻始學篇曰地皇十二頭治萬八千歲

洞紀曰地皇十二頭

帝系譜曰地皇治一萬八千歲以火德王

三五曆紀曰有神聖人十二頭號地皇

遁甲開山圖曰地皇興於熊耳龍門山宋氏注曰地皇兄弟十人面皃皆如女子皃皆相類虵身獸足生於龍門山中

人皇

春秋命曆序曰人皇氏九頭駕六羽乘雲車出谷口分九州宋均注曰九頭兄弟九人

項峻始學篇曰人皇九頭兄弟各三分人各百歲依山川土地之勢財度爲九州各居其一乃因是而區別

遁甲開山圖曰人皇起於形馬宋氏注曰人皇兄弟九人生於形馬山身有九也

三五曆紀曰有神聖人九頭號人皇馬揔云一百六十五代合四万五千六百年

天皇地皇人皇爲太古

有巢氏

禮曰昔先王未有宮室冬則居營窟夏則居橧巢鄭玄注曰冬則居土暑則聚薪柴居其上也

項峻始學篇曰上古皆穴處有聖人教之巢居號大巢氏今南方人巢居北方人穴處古之遺俗也皇甫謐以爲有巢在女媧之後

韓子曰上古之世人民少而禽獸多人不勝禽獸虵虺有聖人作構木爲巢以避群害而人悅之使主天下號之曰有巢氏

遁甲開山圖曰石樓山在琅邪昔有巢氏治此山南王天下百有餘代未詳年代也

燧人氏無文籍未有甲曆紀年歲

易通卦驗曰燧皇始出握機矩表計宜圖其刻曰蒼渠通靈鄭玄注曰矩法也燧皇世謂燧人在伏犧前作其圖謂之計宜時無書刻石而謂之耳刻曰蒼精渠甯之人能通神靈之意也

尚書大傳曰燧人爲燧皇燧人以火紀火陽也陽尊故託燧皇於天

禮含文嘉曰燧人始鑽木取火炮生爲熟令人無腹疾有異於禽獸遂天之意故爲燧人

古史考曰古之初人吮露精食草木實穴居野處山居則

食鳥獸衣其羽皮飲血茹毛近水則食魚鼈螺蛤未有火化腥臊多害腸胃於是有聖人以火德王造作鑽燧出火教人熟食鑄金作刃民人大悅號曰燧人

禮曰昔者先王未有火化（食腥）食草木之實鳥獸之肉飲其血茹其毛（此上古之時也）後聖人有作（作起）然後脩火之利範金（鑄作器用）合土（瓦瓴甓及大）以炮以燔以亨以炙以爲醴酪

王子年拾遺録曰遂明國有大樹名燧屈盤万頃後世有聖人遊日月之外至於其國息此樹下有鳥啄樹粲然火出聖人感焉因用小枝鑽火號燧人氏

太昊庖犧氏

皇王世紀曰太昊帝庖犧氏風姓也蛇身人首有聖德都陳作瑟三十六絃燧人氏沒庖犧氏代之繼天而生首德於木爲百王先帝出於震未有所因故位在東方主春象

日之明是稱太昊制嫁娶之禮取犧牲以充庖厨故號曰庖犧皇後世音謬故或謂之宓犧（一解云宓古伏字後誤以宓爲密故号曰密犧）一號雄皇氏在位一百一十年

易下繫曰古者庖犧氏之王天下仰則觀象於天俯則觀法於地中觀鳥獸之文與天地之宜近取諸身遠取諸物於是始作八卦以通神明之德以類萬物之情結繩而爲網罟以畋以漁蓋取諸离

河圖曰伏犧禅於伯牛鑽木作火

易坤靈圖曰宓犧時立元部民易理

易通卦驗曰宓犧方牙蒼精作易無書以畫事（鄭玄曰宓犧時質樸作易以爲政令而不書但以畫其事之形象而已）

詩含神霧曰大跡出雷澤華胥履之生伏犧（宋均注曰雷澤名華胥伏犧母）

禮含文嘉曰伏者别也犧者獻也法也伏犧德洽上下天應之以鳥獸文章地應之以龜書伏犧乃則象作易卦

傳曰郯子曰太皡氏以龍紀故爲龍師而龍名（杜預注曰太皡伏犧氏風姓之祖也有龍瑞故以龍命官）

春秋内事曰伏犧氏以木德王天下天下之人未有室宅未有水火之和於是乃仰觀天文俯察地理始畫八卦定天地之位分陰陽之數推列三光建分八節以文應氣凡二十四氣消息禍福以制吉凶

又曰天地開闢五緯各在其方至伏犧乃合故以爲元

孝經援神契曰伏犧氏曰角衡連珠（宋均曰伏犧大精人也日角有骨表取象日所出房所立有星也衡中有骨表而連珠象玉衡有星也）

又曰鈎命決曰華胥履跡恠生皇犧（跡靈威仰之跡也履跡而生以爲奇恠也）

遁甲開山圖曰仇夷山四絶孤立太昊之治伏犧生處

帝系譜曰伏犧人頭蛇身以十月四日人定時生

崔寔政論曰太昊之世設九庖之官魏陳王曹植庖犧贊曰木德風姓八卦創焉龍瑞名官法地象天庖犧厨祭祀罟網漁獸以像時神德通玄

女媧氏

帝王世紀曰女媧氏亦風姓也承庖犧制度亦蛇身人首一號女希是爲女皇未有諸侯有共工氏任智刑以強伯而不王以水承木非行次故易不載

歸藏曰昔女媧筮張雲幕枚占之曰吉昭昭九州日月代極平均土地和合四國

山海經曰女媧之腸化爲神處栗廣之野（郭璞注曰女媧古神女而帝者人面蛇身一日中七十變其腸化爲此神栗廣野名也）

禮曰女媧之笙簧（女媧三皇承宓犧者笙中之簧也世本曰女媧作笙簧也）

淮南子曰往古之時四極廢九州裂天不兼覆地不周載

火濫炎而不滅水浩溔而不息猛獸食精民高誘注曰精善也鷙鳥攫老弱於是女媧鍊五色石以補蒼天女媧陰事佐伏犧治者也斷鼇足以立四極黑龍水精也故力收大山磬殺之以止雨也濟猶救也冀州九州中謂合四海之內積蘆灰以止淫水蘆葦也葦生於水故積聚其灰以止於淫水平地出水爲淫水民生皆方州抱周天方州地也和春陽夏殺秋約冬枕方寢繩方矩四寸也寢繩直身而臥也

風俗通曰俗說天地開闢未有人民女媧摶黃土作人劇務力不暇供乃引繩於絙泥中舉以爲人故富貴者黃土人也貧賤凡庸者絙人也

遁甲開山圖曰女媧氏沒大庭氏王有天下五鳳異色次有栢皇氏中央氏栗陸氏驪連氏赫胥氏尊盧氏祝融氏混沌氏昊英氏有巢氏葛天氏陰康氏朱襄氏無懷氏凡十五代皆襲庖犧之號自無懷氏已上經史不載莫知都之所在共工氏水德居木火之閒霸而不王女媧是三皇之一稱三皇者多有不同以太昊炎帝爲二皇其二或稱女媧或稱祝融或稱共工未知孰是自女媧至無懷十五代合一万七千七百八十七歳

魏陳王曹植女媧贊曰古之國君製造笙簧禮物未就軒轅纂成或云二君人首蛇形神化七十何德之靈

炎帝神農氏

帝王世紀曰神農氏姜姓也母曰任姒有喬氏之女名登爲少典妃遊於華陽有神龍首感女登於常羊炎帝人身牛首長於姜水有聖德以火承木位在南方主夏故謂之炎帝都於陳作五絃之琴九八世帝承帝臨帝明帝直帝來帝哀帝榆罔又曰本起烈山或時稱之一號魁隗氏是爲農皇或曰帝炎諸侯夙沙氏叛不用命炎帝退而修德夙沙之民自攻其君而歸炎帝營都于魯重八封之數究八八之體爲六十四卦在位百二十年而崩葬長沙

易下繫曰神農氏作斲木爲耜揉木爲耒耒耜之利以教天下蓋取諸益

禮含文嘉曰神者信也農者濃也始作耒耜教民耕其德濃厚若神故爲神農也

古史考曰炎帝以火應故置官師皆以火爲名

傳曰郯子曰炎帝以火紀故爲火師而火名杜預注曰神農姜姓之祖也有火瑞以火紀事名官也

春秋命曆序曰有神人名石耳蒼色大眉戴玉理日月清明有次序故神應和氣以生也王理猶王英王勝也駕六龍出地輔號皇神農始立地形甄度四海東西九十萬里南北八十一萬里所爲如此其教如神農植樹木使民粒食故天下號曰皇神農也甄紀地形遠近山川林澤所至

孝經鉤命決曰任已感龍生帝魁任已帝魁之母也魁神農名已或作似也

典略曰武王滅紂封神農之後於譙

文子曰赤帝爲火災故黃帝禽之

越絕書曰神農不貪天下而天下共富之不以其智自貴於人而天下共尊之

莊子曰妸荷甘與神農同學於老龍吉神農隱机闔戶晝瞑妸荷甘日中奓戶而入曰老龍死矣神農隱几擁杖而起曝然放杖而笑曰天知予僻陋慢誕故弃予也而死巳悟死不足驚故還放杖笑

尸子曰神農氏夫負妻戴以治天下堯曰朕之比神農猶旦之與昏也

又曰神農氏七十世有天下豈每世賢哉牧民易也

淮南子曰古者民茹草飲水採樹木之實食蠃蚌之肉時多疢病毒傷之害於是神農乃始教民播種五穀相土地之宜燥濕肥墝高下嘗百草之滋味泉之甘苦令民知所

避就當此之時一日而七十毒

又曰神農之治天下也神農馳於國中知不出於四域懷其仁誠之心甘雨以時五穀蕃殖春生夏長秋收冬藏月省時考終歲獻貢以時嘗穀祀于明堂之制有善而無惡風雨不能襲燥濕不能傷養民以公其民樸重端慤不忿爭而財足不勞形而成功因天地之貢資而與之和同是故威厲而不試刑措而不用法省而不煩教化如神其地南至交阯北至幽都東至陽谷西至三危莫不聽從當此之時法寬刑緩囹圄空虛而天下壹俗莫懷姦心

又曰神農皇帝襲九空重九埜九空九天也九埜九地也神農本草曰神農稽首再拜問於太一小子曰曾聞古之時壽過百歲而殂落之咎獨何氣使然耶太一小子曰天有九門中道最良神農乃從其嘗藥以　救人命

周書曰神農之時天雨粟神農耕而種之作陶冶斤斧為耒耜鉏耨以墾草莽然後五穀興

吕氏春秋曰神農教曰士有當年不耕者則天下或受其飢矣女有當年不績者則天下或受其寒矣故夫親耕妻親績○賈誼書曰神農以為走禽難以久養民乃求可食之物嘗百草實察鹹苦之味教民食穀

陸景典略曰神農嘗百草嘗五穀蒸民乃粒食

荆州圖記曰永陽縣西北二百三十里厲鄉山東有石穴昔神農生於厲鄉禮所謂烈山氏也後春秋時為厲國穴高三十丈長二百丈謂之神農穴

太平御覽卷第七十八

太平御覽卷第七十九

皇王部四

黃帝軒轅氏　少昊金天氏

顓頊高陽氏

黃帝軒轅氏

史記曰黃帝者少典之子姓公孫名軒轅諸侯有不順者從而征之未嘗寧居東至于海登丸山及岱宗西至崆峒登雞頭山南至江登熊湘北極葷粥合符釜山而邑于涿鹿之阿遷徙無常處以師兵爲營衛官名皆以雲置左右大監監于萬國獲寶鼎舉風后力牧常先大鴻以治民有土德之瑞故號曰黃帝有二十五子其得姓者十四人黃帝居軒轅之丘而娶於西陵氏之女是爲嫘（纍）祖爲正妃生二子其後皆有天下其一曰玄囂是爲青陽降居江水其二曰昌意降居弱水昌意娶蜀山氏女曰昌僕生高陽高陽有聖德焉黃帝崩葬橋山其孫昌意之子高陽立是爲帝顓頊

又封禪書曰黃帝採首山銅鑄鼎於荊山下鼎既成有龍垂胡髯下迎黃帝黃帝上騎龍羣臣後宮從上者七十餘人餘小臣不得上乃悉持龍髯龍髯拔墮墮帝之弓百姓仰望帝既上乃抱其弓與龍髯而號故後世因名其處曰鼎湖其弓曰烏號○又曰漢武帝北巡狩還祭黃帝冢上曰吾聞黃帝不死今有冢何也或對曰黃帝已僊上天羣臣葬其衣冠耳

帝王世紀曰黃帝有熊氏少典之子姬姓也母曰附寶其先即炎帝母家有蟜氏之女世與少典氏婚故國語兼稱焉及神農氏之末少典氏又取附寶見大電光繞北斗樞星照郊野感附寶孕二十五月生黃帝於壽丘長于姬水龍顏有聖德受國於有熊居軒轅之丘故因以爲名又以爲號與神農氏戰于阪泉之野三戰而克之力牧常先大鴻神農皇直封鉅人鎮大山稽鬼臾區封胡孔甲等或以爲師或以爲將分掌四方各如已視故號曰黃帝四目又使岐伯嘗味百草典醫療疾今經方本草之書咸出焉其史倉頡又取像鳥跡始作文字史官之作蓋自此始記其言行策而藏之名曰書契黃帝一號帝鴻氏或曰歸藏氏或曰帝軒吹律定姓有四妃生二十五子在位百年而崩年百一十歲

又曰神農氏衰黃帝脩德化民諸侯歸之黃帝於是乃擾馴猛獸與神農氏戰于阪泉之野三戰而克之又徵諸侯使力牧神皇直討蚩尤氏擒之于涿鹿之野使應龍殺之于凶黎之丘凡五十五戰而天下大服或傳以至仙或言壽三百歲葬于上郡陽周之喬山

鬻子曰黃帝年十歲知神農之非而改其政

春秋內事曰軒轅氏以土德王天下始有堂室高棟深宇以避風雨

孝經鈎命决曰附寶出降大靈生帝軒（附寶帝軒母也電黃精軒轅氣也軒黃帝名附或作付也）

古史考曰有熊氏已姓或曰姓公孫

山海經曰有人衣青名曰黃帝女妖（青魃旱魃也）蚩尤作兵伐黃帝黃帝乃令應龍攻之冀州之野（冀州中土）應龍蓄水蚩尤請風伯雨師從大風雨黃帝乃下天女曰妖雨止遂殺蚩尤

歸藏曰昔黃神與炎神爭鬭涿鹿之野將戰筮於（巫咸巫咸）曰

果哉而有咎

易下繫曰黃帝垂衣裳而天下治蓋取諸乾坤

河圖握拒曰黃帝名軒北斗黃神之精母地祇之女附寶之郊野大電繞斗樞星耀感附寶生軒胸文曰黃帝子

河圖挺佐輔曰黃帝修德立義天下大治乃召天老而問焉余夢見兩龍挺日圖即帝以授余於河之都覺昧素喜不知其理敢問於子天老曰河出龍圖雒出龜書紀帝録州聖人所紀姓號興謀治平然後鳳皇處之今鳳皇以下三百六十日矣合之圖紀天其授帝圖乎黃帝乃祓齋七日衣黃衣黃冠黃冕駕黃龍之乘戴蛟龍之旗天老五聖皆從以遊河洛之間求所夢見者之處弗得至於翠嬀之淵大盧魚泝流而至乃問天老曰子見天中河流者乎曰見之顧問五聖皆曰莫見乃辭左右獨與天老跪而迎之五色畢具天老以授黃帝帝舒視之名曰録圖

龍魚河圖曰黃龍附圖鱗甲成字從河中出付黃帝令侍臣自寫以示天下

又曰黃帝攝政前有蚩尤兄弟八十一人並獸身人語銅頭鐵額食沙石子造立兵杖刀戟大弩威振天下誅殺無道不仁不慈万民欲令黃帝行天子事黃帝仁義不能禁止蚩尤遂不敵乃仰天而歎天遣玄女下授黃帝兵信神符制伏蚩尤以制八方蚩尤没後天下復擾亂不寧黃帝遂畫蚩尤形象以威天下天下咸謂蚩尤不死八方万邦皆爲殄伏○尚書中候曰帝軒提像配永循機軒轅黃帝名軒永長也循順也黃帝軒轅攝提之像配而行之以長爲順外機爲政天地休通五行期化休美也天地美氣相通行應四時之期而變化河龍圖出龍銜圖而出也洛龜書威龜負書而出威則也赤文像字以授軒轅

韓詩外傳曰黃帝召天老而問鳳像何如天老曰夫鳳像鴻前而麟後蛇頸而魚尾龍文而龜身燕頷而雞喙黃帝乃齋于中宮鳳蔽日而至黃帝降于東階西面再拜稽首皇天降祉敢不承命鳳乃止帝東園

詩含神霧曰大電繞樞炤郊野感附寶生黃帝

大戴禮曰宰我問於孔子曰昔者予問諸榮君黃帝三百年請問黃帝者人也抑非人耶何以至於三百年孔子曰黃帝少典之子也曰軒轅生而神靈弱而能言教熊羆貔貅豹虎以與赤帝大戰于阪泉之野三戰然後得行其志黃帝黼黻衣大帶黼裳乘龍駕雲勞勤心力耳目節用水火財物生而民得其利百年死而民得其神百年亡而民用其教百年故曰三百年

傳曰黃帝以雲紀故爲雲師而雲名

春秋元命苞曰黃帝龍顏得天庭陽上法中宿取象文昌戴天履陰秉數制剛顏有龍像以軒轅也庭陽太微庭也戴天天文在首履陰陰字在足下也制剛紀也紀正四輔也

管子曰黃帝得蚩尤而明乎天道得太常而察乎地利得蒼龍而辨乎東方得祝融而辨乎南方得大卦而辯乎西方得后土而辯乎北方黃帝得六相天下治

又曰黃帝鑽燧生火以熟葷臊民食之無腸胃之病

列子曰黃帝即位十有五年竭聰明進智力營百姓焦然肌色皯古旱切黣音妹昏然五情爽惑用聰明未足以致治祗足以乱神也黃帝乃喟然歎曰朕之過淫矣淫當作深養一已其患如此治萬物其患如此唯任而不養縱而不治則性命自反天下自安於是放萬機舍宮寢去直侍撤鍾懸減厨膳退而閑居大庭之館齋心服形心無欲則形自服矣三月不親政事晝寢而夢將明至理不可以情求故寄之於夢聖人無夢也

遊於華胥氏國華胥氏國在弇州之西台州之北（不必便有此國也明至理必如此耳淮南子云正西曰弇州西北曰台州）不知斯齊國幾千萬里（斯離也齊中也）蓋非舟車足力之所及神遊而已（舟車足力形之負者耳神道恍惚不行而至也）其國無師長其民無嗜慾不知樂生不知惡死故無夭傷不知親己不知踈物故無憎愛不知背逆不知向順故無利害（理無生死故無所樂惡理無愛憎故無所親踈理無逆順故無所利害也）都無所愛憎都無所畏忌入水不溺入火不熱斫撻無傷痛（至和者無物能傷溺熱痛癢實由矜懼也）乘空如履實寢虛若處床雲霧不閡其視雷霆不亂其聽美惡不汨其心山谷不躓其步神行而已黃帝既悟然自得又二十有八年天下大治幾若華胥氏之國而帝登假（假登爲遐）

莊子曰北門成問於黃帝張咸池之樂於洞庭之野吾始聞之而懼復聞之而惑帝曰吾奏之以人徵之以天行之以義禮建之以太清（以人奏之以天徵之天人合德尔乃知以春夏以禮以秋爲義太清乃建）

又曰黃帝將見大隗于具茨之山方明爲御昌寓驂乘張若謵朋前馬昆閽滑稽後車至於襄城之野七聖皆迷無所問塗適遇牧馬童子問塗焉曰若知具茨之山乎曰然黃帝曰異哉小童非徒知具茨之山又知大隗之所存乎曰然黃帝曰吾子之事雖然請問爲天下小童辭黃帝又問小童曰天下者亦奚以異乎牧馬者哉亦去其害馬者而已矣（害以過分爲害）黃帝再拜稽首稱天師而退

又曰黃帝聞廣成子在於崆峒之上故往見之曰敢問至道之精廣成子曰自而治天下雲氣不待族而雨草木不待黃而落日月之光益以荒矣又奚足以語至道黃帝退捐天下築特室席白茅閒居三月復往邀之廣成子南首而卧黃帝從下風膝行而進再拜稽首而問曰聞吾子達於至道敢問治身柰何而可以長久廣成子蹷然而起曰善哉問乎來吾語汝至道之精窈冥冥至道之極昏默默無視無聽抱神以靜形將自正我修身千二百歲矣吾形未嘗衰黃帝再拜稽首曰廣成子之謂天矣

尸子曰子貢曰古者黃帝四面信乎孔子曰黃帝取合己者四人使治四方不計而耦不約而成此之謂四面

韓子曰師曠謂晉平公曰黃帝合鬼神於西太山之上駕象車六交龍畢方並館蚩尤居前風伯進掃雨師灑道乃作爲清角之樂

淮南子曰黃帝治天下而力牧太山稽輔之（力牧太山稽黃帝之師也孟子曰王者師臣也）以理日月星辰之治陰陽之氣節四時之度正律曆之數明上下等貴賤使強不得暴寡人民保命不夭（安能性命不夭遊也）歲時熟而不凶（不因無災害也）百官正而無私（皆在公也）上下調而無尤（君臣調和無尤過也）法令明而不闇輔佐公而不阿（御士公正不阿意曲從）田者不侵畔漁者不爭隈（隈曲深處漁所聚也）道不拾遺市不豫賈城郭不關（關閉）邑無盜賊商旅之人相讓以財狗彘吐菽粟於道路而無忿爭之心於是日月精明星辰不失其道風雨時節五穀登熟虎豹不妄噬鷙鳥不妄搏鳳凰翔於庭麒麟遊於郊青龍進駕飛黃伏皂（飛黃出西方狀狀如狐項上有角乘之壽千歲皂櫪也）諸北儋耳之國莫不獻其貢職（皆北極之夷國）

論衡曰謚法靜民則法曰黃帝者安民之謚非得道之稱也

蔣子萬機論曰黃帝之初養性愛民不好戰伐而四帝各以方色稱號交共謀之邊城日驚介胄不釋黃帝歎曰夫君危于上民安于下主失於國其臣再嫁厥病之由非養

冠耶今夔民萌之上而四盜亢衡遞震于師於是遂即營壘以滅四帝向令黃帝若不龍驤虎變而與俗同道則其民臣亦宮于四帝矣

抱朴子曰黃帝生而能言役使百靈可謂天授自然之體者猶復不敢端坐而得道故陟王屋而受丹經到鼎湖而飛流珠登崆峒而問廣成上具茨而事大隗適東岱而奉中黃入金谷而諮老子論道養則資玄素二女精推步則訪山稽力牧講占候則詢風著體詠則受雷岐審攻戰則納五音之策窮神姦則記白澤之亂相地理則書青烏之說救傷殘則綴金冶之術故能畢記秘要窮盡道眞

又曰昔黃帝東到青丘過風山見紫府先生受三皇內文以劾召萬神南到圓隴陰建木觀百靈之所登採若乾之華飲丹巒之水西見中黃子受九品之方過崆峒從廣成子

受自然之經北到洪隄上具茨見大隗君黃蓋童子授神芝圖還陟王屋得神丹注訣到峨嵋山見皇人於玉堂

又曰汲郡冢中竹書言黃帝既仙去其臣有左徹者削木爲黃帝之像帥諸侯朝奉之故司空張茂先撰博物志亦云黃帝仙去其臣思戀罔極或刻木立像而朝之或取其衣冠而葬之或立廟而四時祠之

孫綽子曰黃帝之遊天衢奏鈞天之鼓建日月旗乘琱雲之輿駕八翼之龍彭祖前馳松喬挾轂先景流而不返長風逐而不及發軔紫宮不崇朝而匝六合也

符子曰黃帝將適昆虞之丘中路逢容成子乘翠華之蓋建日月之旗驂紫虯御雙鳥黃帝命方明避路謂容成子曰吾將釣于一壑栖于一丘

又曰黃帝謂其友無爲子曰我勞天下矣疲於形役請息駕於玄圃子且代之焉能弃我之逸而爲君之勞哉乃攀龍而俱去

晉摯虞黃帝頌曰邈矣軒轅應天載靈通幽遠覽觀象設形誕敷厥訓彝倫攸經德從風流化與雲征皇猷允塞地平天成爰登方岳封禪勒成紛然鳳舉龍騰太清違茲九土陟彼高冥民斯攸慕涕泗沾纓遐而不墜式頌德聲

有巢氏已降至黃帝爲三皇號中古

少昊金天氏

帝王世紀曰少昊帝名摯字青陽姬姓也母曰女節黃帝時有大星如虹下流華渚女節夢接意感生少昊是爲玄囂降居江水有聖德邑于窮桑以登帝位都曲阜故或謂之窮桑帝以金承土帝圖讖所謂白帝朱宣者也故稱少昊號金天氏在位百年而崩

河圖曰大星如虹下流華渚女節氣感生白帝朱宣宋均注云朱宣少昊氏也

古史考曰窮桑氏嬴姓也以金德王故號金天氏或曰宗師太昊之道故曰少昊

遁甲開山圖曰帝少昊死葬雲陽山

傳曰魯昭公十七年郯子來朝昭子問焉曰少皡氏鳥名官何也曰郯子曰吾祖也我高祖少皡摯之立也鳳鳥適至故紀於鳥爲鳥師而鳥名鳳鳥氏歷正也玄鳥氏司分者也伯趙氏司至者也青鳥氏司啓者也丹鳥氏司閉者也祝鳩氏司徒也鴡鳩氏司馬也鳲鳩氏司空也爽鳩氏司寇也鶻鳩氏司事也五鳩鳩民者也五雉爲五工正利器用正度量夷民者也九扈爲九農正扈民無淫者也

魏曹植少昊贊曰祖自軒轅青陽之裔金德承土儀鳳帝

世官鳥號名官殊職別系農正扈氏各有品制

顓頊高陽氏

史記曰顓頊靜淵以有謀疏通而知事養材以任地載時以像天依鬼神以制義治氣以教化絜誠以祭祀生子曰窮禪顓頊崩而玄囂之孫高辛立是爲帝俈與嚳同

古史考曰高陽氏姑姓以水德王

帝王世紀曰帝顓頊高陽氏黄帝之孫昌意之子姬姓也母曰景僕蜀山氏女爲昌意正妃謂之女樞金天氏之末女樞生顓頊於若水首戴干戈有聖德父昌意雖黄帝之嫡以劣降居若水爲諸侯顓頊生十年而佐少昊十二年而冠二十而登帝位平九黎之亂以火事紀官命南正重司天以屬神北正黎司地以屬民於是神民不雜萬物有序始都窮桑後徙商丘命飛龍効八風之音作樂作五音以祭上帝納勝墳氏女祿音緑生老童有才子八人號八凱顓頊在位七十八年年九十一歲歲在鶉火而崩葬東郡頓丘廣陽里

河圖曰瑶光之星如蜺貫月正白感女樞幽房之宫生黑帝顓頊

大戴禮曰宰我曰請問帝顓頊孔子曰顓頊黄帝之孫昌意之子乘龍而至四海北至幽陵南至交阯西濟於流沙東至於蟠木動静之物大小之神日月所照莫不砥礪

春秋元命苞曰顓頊併幹上法月參集威成紀以理陰陽併猶重也水精主月參伐主斬刈成功兼此月職重功貴以爲表也

山海經曰黄帝妻嫘祖生昌意降處若水生幹流取倬子曰河女生帝顓頊

又曰顓頊死即復蘇

淮南子曰顓頊之法婦人不避男子於路者祓之於四達之衢祓音弗除其不祥

魏曹植帝顓頊贊曰昌意之子祖自軒轅始誅九黎水德統天以國爲號風化神宣威暢八極靡不祗虔

太平御覽卷第七十九

太平御覽卷第八十

皇王部五

帝嚳高辛氏　帝摯　帝堯陶唐氏

帝嚳高辛氏

史記曰帝嚳高辛氏者黃帝之曾孫也父曰蟜極蟜極父曰玄囂玄囂父曰黃帝自玄囂與蟜極皆不得在位至高辛即位高辛於顓頊為族子其色郁郁其德嶷嶷日月所照風雨所至莫不從服帝嚳娶陳鋒氏女生放勛娶娵訾氏女生摯帝嚳崩而摯代立

帝王世紀曰帝嚳高辛氏姬姓也其母不見生而神異自言其名曰夋齔齒有聖德年十五而佐顓頊三十登帝位都亳以人事紀官故以勾芒為木正祝融為火正蓐收為金正玄冥為水正后土為土正是五行之官分職而治諸侯於是化被天下遂作樂六莖以康位世有才子八人號曰八元亦納四妃卜其子皆有天下元妃有台氏女曰姜嫄生后稷次有娀氏女曰簡翟生卨次陳豐氏女曰慶都生放勛娵訾氏女曰常儀生帝摯帝嚳氏位七十五年年一百五歲而崩葬東郡頓丘廣陽里（陶弘景云在位六十三年年九十二）

大戴禮曰宰我曰請問帝嚳孔子曰玄囂之孫蟜（音蟜）極之子曰高辛氏生而神靈自言其名取地之財而節用之撫教萬民而利誨之歷日月而迎送之明鬼神而敬事之其色嶠嶠其德湀湀其動也時其服也士春夏乘龍秋冬乘馬黃斧黻衣執中而獲天下

禮記祭法曰帝嚳能序星辰以著衆

春秋元命苞曰帝告戴干是謂清明發節移蓋像招搖（干楯也招搖爲天戈楯相副戴之像見天中以爲表）

古史考曰高辛氏或曰房姓以木德王

張顯析言曰高辛氏初生自言其名其君民終無迷謬

魏陳王曹植帝嚳贊曰祖自軒轅玄囂之裔生言其名木德帝世撫寧天地神靈察教弭四海明並日月

帝摯

帝王世紀曰帝摯之母於四人之中其班最下而摯年兄弟最長故得登帝位封異母弟放勛為唐侯摯在位九年政軟弱而唐侯德盛諸侯歸之摯服其義乃率其群臣造唐朝而致禪因委至心願為臣唐侯於是知有天命乃受帝禪而封摯於高辛氏事不經見漢故議郎東海衛宏所傳云尓

帝堯陶唐氏

帝王世紀曰帝堯陶唐氏祁姓也母曰慶都孕十四月而生堯於丹陵名曰放勛或從母姓伊祁氏年十五而佐帝摯授封於唐為諸侯身長十尺常夢攀天而上之故年二十而登帝位以火承木都平陽置敢諫之鼓天下大和命羲和四子羲仲羲叔和仲和叔分掌四嶽諸侯有苗氏處南蠻而不服堯征而克之于丹水之浦乃以尹壽許由為師命伯夔放山川谿谷之音作樂六章天下大和百姓無事有八十老人擊壤于道觀者歎曰大哉帝之德也老人曰吾日出而作日入而息鑿井而飲耕田而食帝何力於我哉有僬僥氏來貢沒羽厨中自生肉脯如萐形摇皷自生風使食物寒而不臭名曰萐脯又有草夾階而生隨月生死王者以是占日月之數惟盛德之君應和而生故堯有之名蓂莢一名曆莢始封稷契咎繇褒進伯禹納舜于大麓後年二月又率群臣刻璧為書東沉于洛言天命當

傳舜之意今中候運衡之篇是也舜攝政二十八年堯與方廻遊陽城而崩尚書所謂二十有八載放勳乃殂落是也百姓如喪考妣三載四海遏密八音凡堯即位九十八年年百一十八歲墨子以爲堯堂髙三尺土階三等堯取散宜氏女曰皇生丹朱又有庶子九人皆不肖故以天下命舜

又曰帝堯氏作始封於唐今中山唐縣是也堯山在北唐水在西北入河南有望都縣有都山即堯母慶都之所居也相去五十里都山一名豆山北登堯山南望都山故名其縣曰望都

春秋合誠圖曰堯母慶都有名於世蓋大帝之女生於斗維之野常在三河之南天大雷電有血流潤大石之中生慶都長大形像大帝常有黄雲覆蓋之夢食不飢及年二十寄伊長孺家出觀三河之首常若有神隨之者（三河之首東河此嘩）有赤龍負圖出慶都讀之赤受天運（運錄也）下有圖人衣赤光面八彩鬚鬢長七尺二寸兑上豐下足履翼翼翼署曰赤帝起誠天下寶（衣赤光光像面又着衣也八彩彩色有八也翼翼星火位宿也圖人旁有此署文七十也）奄然陰風雨赤龍與慶都合婚有娠龍消不見（龍乘風雲故生陰風乃雜）既乳視堯如圖表及堯有知慶都以圖予堯（至也婚猶會合或爲婚也）（如圖人儀表也）

孝經援神契曰堯鳥庭荷勝八眉（堯火精人也鳥庭庭有鳥骨表取像朱鳥與太微庭也朱鳥戴聖荷勝似之八眉眉彩色有八）

論語曰大哉堯之爲君也巍巍乎唯天爲大唯堯則之（孔安國曰則法也美堯能則法天而行之也）蕩蕩乎民無能名焉（蕩蕩廣遠之稱言布德遠民無識名）巍巍乎其有成功也（功成化隆高大巍巍）

孔叢子曰堯身脩十尺眉分八彩實聖也

龍魚河圖曰堯時與群臣賢智到翠嬀之淵大龜負圖來出授堯勑臣下寫取寫畢龜還水中易坤靈圖曰其母萌之玄雲入户蛟龍守門（母爲慶都也天皇之女天帝以玄雲覆衛之）故曰時乘六龍以御天也

又曰堯之精陽萬物莫不從者（言堯在天陽精所生）帝必有洪水之災天生聖人使救之故言乃統天也

書曰若稽古帝堯（孔安國曰若順稽考也能順考道而行之者帝堯）曰放勳欽明文思安安（勳功欽敬也言堯放上世之功化而以敬明文思之四德安天當安者也）允恭克讓光被四表格于上下（允信也克能也光格至也既有四德又信恭能讓故其名聞充溢四外至于天地也）克明俊德以親九族（能明俊德之士任用之以睦高祖至玄孫之親）九族既睦平章百姓（既已也百姓百官也言化九族而平章明也）百姓昭明協和萬邦黎民於變時雍（昭亦明也協和也黎衆時是雍和也天下衆民皆變是以風俗大和也言）

尚書中候曰帝堯即政七十載景星出翼鳳凰止庭（鄭玄曰注翼朱鳥宿）朱草生郊嘉禾孳連甘露潤液醴泉出山（朱草可以染緋者嘉美也書序曰唐叔得禾異畝同穎此注之爲華連醴亦甘）脩壇河雒榮光起河休氣四塞（休美也榮光五色從河出美氣四塞炫燿熠燿也）白雲起回風搖龍馬銜甲赤文緑色（龍形像馬也赤漂之使也甲所以藏圖赤文色而緑地也）臨壇止霽吐甲圖而帶足（霽亦止也帶足音帶去也）

又曰中候運行曰帝堯率群臣東沉于雒刻壁

書曰天下臣放勳德薄施行不元（元善也）

尚書大傳曰堯八眉舜四童子八者如八字也

又曰堯舜之王天下一人不刑而四海治

春秋元命包曰堯眉八彩是謂通明曆象日月琁璣玉衡

大戴禮曰宰我曰請問帝堯孔子曰高辛之子也曰放勳其仁如天其智如神就之如日望之如雲富而不驕貴而不豫黄黼黻衣彤車乘白馬

六韜曰太公曰帝堯王天下之時金銀珠玉弗服錦繡文綺弗衣奇恠異物弗聽宮垣屋室弗崇桷椽柱楹不藻飾茅茨之蓋弗剪齊轂䩉之絓履不弊盡不更爲也滋味不重糓弗食也温飰煖羹不酸餧不易也不以私曲之故留耕種之時削心約志從事無予爲

莊子曰昔堯之治天下也使天下人欣欣焉人樂其性

又曰堯治天下之民平海内之政往見四子於姑射之山汾水之陽窅然喪其天下（四子許由齧缺被衣王倪也窅然猶幽然自失之皃言堯以有事之心至於無爲之人故冰然無用也）

又曰堯觀于華封華封人曰嘻請祝聖人使聖人壽使聖人富使聖人多男子堯曰多男子則多懼多富則多事多壽則多辱封人曰夫聖人鶉居鷇（音扣）食鳥行而無章天下有道則與物皆昌天下無道則脩德就閒千歲厭世去而上仙乘彼白雲至于帝鄉三患莫至身常無殃

又曰堯治天下伯成子高立爲諸侯及堯授舜舜授禹子高辭爲諸侯而耕禹往見之曰堯治天下吾子立爲諸侯堯授舜舜授余吾子辭之敢問何也子高曰昔堯治天下不賞而人勸不罰而人畏子今賞罰而人且不仁德自此衰刑自此立後世之亂自此始矣無落吾事俋俋（音揖）乎耕而不顧

尸子曰人之言君天下者瑤臺九累而堯白屋黼衣九種而堯大布宮中（三市而堯鶉居珍恠遠味而堯）糲飯菜粥騏驎青龍而堯素車玄駒

又曰堯舜有天下四海之内皆治而丹朱商均不與焉而謂皆治者衆也

又曰舜授天下顔色不變堯以天下與舜顔色不變知天下無能益損於己也

又曰人戴冠履莫不譽堯非桀敬士侮慢故敬侮之譽毀之非其取也

韓子曰堯之王天下冬日鹿裘夏日葛衣茅茨不剪採椽不斲糲粱之食藜藿之羹雖監門之養不敵於此矣

又曰由余謂秦穆公曰昔堯有天下飯於土軌飲於土形其土南至交阯北至幽都東西日月所出入者無不賓服

呂氏春秋曰堯有子十人不與其子而授舜（孟子曰堯使九男二女事舜也）

又曰堯以天下讓於子州支父對曰以我爲天子猶之可也雖然我適有幽憂之病方將治之未暇在天下也（幽隱也詩曰如有隱憂）天下重物也而不以天下害其生者故可託天下

淮南子曰堯之治天下也舜爲司徒契爲司馬禹爲司空后稷爲大田師奚仲爲工其導萬民也水處者魚山處者木谷處者牧陸處者農地宜其事事宜其械械宜其用用宜其人澤臯織罔陵阪耕田得以所有易所無以工易所拙是故離叛者寡而聽從者衆譬若播棊於地負者走室方者處高各從其所安

又曰人之所以樂爲天子者以窮耳目之欲而適身體之便也今高臺層榭之人所麗也而堯採椽不斲斤題不枅（言梁柱相仵短不着枅櫨也）珍恠奇味人之所美也堯糲粢之飯藜藿之羹文錦狐白人之所好也而堯布衣揜形鹿裘禦寒養生之具不加厚而增之以大任重之以憂故擧天下而傳之舜若解重負然非直辭讓也

又曰堯治天下政教平德潤洽在位七十載乃求所屬天下之統令四嶽揚側陋四嶽擧舜而薦之堯堯乃妻以二

女以觀其內任以百官以觀其外既入大麓烈風雷雨不迷林屬於山曰麓堯使舜入林麓之中遭大風雨不迷也乃屬以九子堯有九男贈以昭華之玉而傳天下焉

又曰堯之有天下也非貪萬民之富也而窮人主之位也以為百姓力屈強弱相乘衆寡相暴於是堯乃身服節儉之行而明愛之仁以和輯之是故茅茨而不剪采椽而不斲大路不畫大路天子車也越席不緣越席束蒲席也大羹不和鉶五味也粢飯不鑿巡狩行教勤勞天下周流五嶽豈其奉養不足樂哉舉天下以為社稷非有利焉年衰志閔舉天下之重而傳之舜也猶却行而釋蹤也

又曰堯之時十日並出燋禾稼殺草木而民無所食窫窳九嬰大風封豕鑿齒於疇華之澤疇華南方澤也鑿齒獸持戈楯羿持弓箭射殺也殺九嬰於凶水之上九嬰水火之怪為人之害北狄之地有凶水者也繳大風於青丘之澤大風大鷙鳥也繳以石磯繳擊矢射之青丘東方丘上射十日羿射日墮日中烏羽而下殺窫音軋窳音庾窫窳獸如龍庾人齒食人也斷脩蛇於洞庭洞庭南方水也其蛇食象三歲而其骨出也禽封豕於桑林封豕大豕也桑林湯禱旱地萬民皆喜置堯為天子也

又曰堯王天下而憂不解授舜而憂乃釋。說苑曰河間獻王曰堯存心於天下有一人飢曰我飢之也有一人寒曰我寒之也一民有罪曰我陷之也仁而立德博而化廣故不賞而人勸不罰而人治先生而後殺是堯道也

楊子法言曰堯能則天者以其能臣二聖二聖舜禹也

又曰堯舜之德輕於鴻毛

潛夫論曰堯舜之德譬猶偶燭施明於幽室也前燭照之後燭益明非前燭昧後燭彰也乃二燭相因而成大光

荀悅申鑒曰思唐虞於上世瞻仲尼於中古乃知小道足羞也

譙子法訓曰唐虞之衣裳文法禹稷之溝洫耕稼人至今被之

袁子法書曰堯避舜於濟陰今定陶有堯冢信乎

符子曰許由謂堯曰坐于華殿之上面雙闕之下君之榮願亦已足矣夫堯曰坐于華殿之上森然而松生于棟余立於櫺扉之內霏焉而雲生于牖雖面雙闕無異乎崔嵬之冠蓬萊雖背墉郊無異乎迴巒之縈崑崙余安知其所以不榮

鄧析言曰古詩云堯舜至聖身如脯腊桀紂無道肌膚三尺

夢書曰堯夢乘龍上天舜夢擊天鼓

續述征記曰城陽縣有堯冢自漢晉二千石乃丞尉刊名甚衆堯即位至永嘉三年二千七百二十有一載記于堯碑

魏陳王曹植帝堯贊曰火德統位父則高辛克流共工萬國同塵調適陰陽其惠如春巍巍成功則天之神

太平御覽卷第八十

太平御覽卷第八十一

皇王部六

帝舜有虞氏

史記曰虞舜名重華冀州人也作什器於壽丘就時於負夏舜父頑母嚚弟傲皆欲殺不可得即求在側舜耕歷山歷山之人皆讓畔漁雷澤雷澤之人皆讓居陶河濱器皆不苦窳堯乃賜舜絺衣與琴爲築倉廩與牛羊舜舉八凱使主后土以揆百事舉八元使布教于四方皐陶爲大理民服其實伯夷主禮上下咸讓垂主工師百工攻功益主虞山澤開闢棄主稷則百穀時茂契主司徒百姓和親龍主賓客遠人至興九韶之樂鳳皇來翔舜年五十攝行天子事年五十八而堯崩年六十一代堯踐帝位踐位三十九年南巡狩崩于蒼梧之野葬於九疑是爲零陵

帝王世紀曰舜姚姓也其先出自顓頊顓頊生窮蟬窮蟬有子曰敬康生勾芒勾芒有子曰橋牛橋牛生瞽瞍妻曰握登見大虹意感而生舜於姚墟故姓姚名重華字都君龍顏大口黑色身長六尺一寸有聖德始遷於夏於頓丘責於傳虛家本冀州每徙則百姓歸之其母早死瞽瞍更娶生象象傲而父頑母嚚咸欲殺舜舜能和諧大杖則避小杖則受年二十始以孝聞堯以二女娥皇女英妻之見舜於貳宮設饗禮迭爲賓主南面而問政命爲司徒太尉試以五典有大功二十夢眉長與髮等堯乃賜受以昭華之玉老而命舜代已攝政明年正月上日始受終于文祖太尉行事堯崩三年喪畢以仲冬甲子月次于畢始即真以土代火色尚黃乃詢四岳闢四門明四目達四聰東巡狩登南山觀河渚受圖書表賜群臣尊伯禹稷契皐繇皆益地有苗氏負固不服禹請征之舜曰我德不厚行武非道也吾前教由未也乃修教三年執干戚而舞之有苗請服立誹謗之木申命九官十二牧及殳斨朱虎熊羆等二十五人三載一考績黜陟幽明於是俊乂在官群后德讓百僚師師以五采章施于五色之服以六律五聲八音協治烝民乃粒萬邦作乂庶績咸熙乃作大韶之樂簫韶九成鳳皇來儀擊石拊石百獸率舞故孔子稱韶盡美矣又盡善也景星曜於房群瑞畢臻德被天下初舜既踐帝位而父瞽瞍尚存舜常戴天子車服而朝爲天下大之故曰大舜都平咸陽或營蒲坂嬀汭嬪于虞故因號有虞氏有二妃元妃娥皇無子次妃女英生商均次妃登比氏生二女宵明燭光有庶子八人皆不肖故以天下禪禹舜年八十一即真八十三而薦禹九十五而使禹攝政攝五年有苗氏叛南征崩于鳴條年百歲殯以瓦棺葬於蒼梧九疑山之陽是爲零陵謂之紀市在今營道縣下有群象爲之耕

雒書靈准聽曰有人方面日衡重華（衡有骨表如日也上日衡重華重童子）握石椎懷神珠（椎讀曰鍾鍾平錘重也握謂如璇璣王衡之道懷神珠喻有聖性也）西王母受益地圖（西王母西荒之國也在西方得此益地之圖來獻）舜受終鳳皇儀黃龍感朱草生蓂莢孳

尚書舜典曰愼徽五典五典克從納于百揆百揆時序賓于四門四門穆穆納于大麓烈風雷雨不迷帝曰咨尒舜詢事考言乃言厎可績三載汝陟帝位

尚書帝命驗曰虞舜聖在側陋光耀顯都握石椎懷神珠（椎讀曰鍾神珠喻聖性）

尚書中候考河命曰帝舜曰朕維不仁蓂莢浮着百獸鳳晨（蓂莢浮着萌牙百獸率率鳳皇司晨也）

又曰若稽古帝舜曰重華欽翼皇象（翼奉也象歷也舜敬奉皇天之歷數七政得失也）

又曰舜至于下稷榮光休至（稷讀曰側下之側日西之時休美也榮光氣也）黃龍負卷舒圖出水壇畔赤文緑錯（錯分也文而以緑色分其間）

尚書大傳曰舜不登而高不行而遠

又虞夏傳曰維元祀巡狩四嶽八伯（堯始得羲和令為六卿主春夏秋冬并掌方嶽之事是為四嶽出則為伯後乃分置八伯）壇四奧沉四海（祭水曰沉）封十有二山肇十有二州

韓詩外傳曰昔舜甑盆無膻而功不以巧獲罪

詩含神霧曰握登見大虹意感生帝舜。大戴禮曰宰我曰請問帝舜孔子曰蟜牛之孫瞽瞍之子也曰重華好學孝友聞於四方陶家事親寛裕温良敦而知時畏天而愛民恤遠而親親世以孝聞於天地三十在位嗣帝所五十乃死葬于蒼梧之野

禮記曰舜作五絃之琴以歌南風

又曰舜其大智也與德為聖人尊為天子富有四海之内宗廟饗之子孫保之

又曰舜其大智也與舜好問而好察邇言隱惡而揚善執其兩端用其中於民其斯以為舜乎（邇近也近言而善易以進人察而行之也兩端過與不及也用其中於民賢與不肖皆能行之也斯此也其德如此乃號為舜舜之言充也）

又曰子曰之後世雖有作者虞帝弗可及也矣君天下生無私死不厚其子子民如父母有憯怛之愛有忠利之教

禮含文嘉曰舜損已以安百姓

樂動聲儀曰孔子曰簫韶者舜之遺音也温潤以和似南風之至其為音如寒暑風雨之動物如物之動人雷動獸含風雨動魚龍仁義動君子財色動小人（言樂之動人也深故舉見事以為論）是以聖人務其本

春秋演孔圖曰舜目四童謂之重明承乾乾踵堯海内富昌（童童子也踵猶履也履其所行也）

春秋運斗樞曰舜以太尉受號即位為天子五年二月東巡狩至于中月與三公諸侯臨觀（太尉公官名也唐虞五載一巡狩中月月半也臨觀河月或為舟以也）黃龍五彩負圖出置舜前圖以黃玉為匣如櫃長三尺廣八寸厚一寸四合而連有戶（此合柙細之命故龍匣黃也四合有横道相合也有戶言可開闔）白玉檢黃金繩芝為泥封兩端章曰天黃帝符璽五字廣袤各三寸深四分鳥文（文字也四或為三）舜與大司空禹臨侯望博等三十人集發（大司空公官名臨鯀國氏望博名）圖玄色而綈狀可舒卷長三十二尺廣九寸（而如也三或為五）中有七十二帝地形之制天文官位度之差

孝經援神契曰舜龍顏重童大口手握褎（龍顏取象軒故有此骨表也重童取象雷多精光也大口以象斗星又為天作喉舌握褎手中褎字從勞吉起受褎飾致大位者也）

論語曰舜有臣五人而天下治（五人者禹稷契皋陶伯益）

又曰無為而治者其舜也與夫何為哉恭己正南面而已矣（為猶安也言舜相堯去四凶進四門穆穆也）

論語比考讖曰堯舜等昇首山觀河渚有五老遊於河渚相謂曰河圖將來告帝期五老流星上入昴有頃赤龍負玉苞舒圖出堯與大舜等共發曰帝當樞百則禪虞（百年而禪與舜）堯喟然歎曰咨爾舜天之歷數在爾躬

孔叢子曰舜身六尺有奇面頷無毛亦聖也

朝子曰歷山農者侵畔舜往而耕者讓河濱漁者爭坻舜往朞年而漁者讓長東夷之陶者窳舜往陶朞年而器以牢

墨子曰堯舉舜於服澤之陽

孟子曰雞鳴而起孳孳爲善者舜之徒也雞鳴而起孳孳爲利者跖之徒

又曰堯之於舜使其子九男事之二女女焉百官牛羊倉廩備以養舜於畎畝之中而後舉之加諸上位

又曰舜生於諸馮遷於負夏卒於鳴條東夷之人也（諸馮負夏鳴條皆地名也負夏在海東方夷之地故曰東夷之人也）

又曰舜之飯糗茹草也若將終身焉及其爲天子也被袗衣鼓琴二女果若固有之（袗衣畫繪者也此言舜窮居之時若將終身及其爲萬乘之主被服繪繡若固常自所有也分定使之然也）

又曰舜之居深山之中與木石居與鹿豕遊其所以異於深山之野人者幾希（舜耕歷山之時居山之間鹿豕近人若與人遊希遠也當此之時舜與野人相去當遠哉）及其聞一善言見一善行若決江河沛然莫之能禦也

又曰舜流共工于幽州放驩兜于崇山殺三苗于三危殛鯀于羽山四罪而天下咸服

又曰大舜有大焉善與人同舍己從人樂取於人以爲善（大舜虞舜也孔子稱曰巍巍故曰大舜也有大善焉能舍己從人子路與舜同也）自耕稼陶漁以至爲帝無非取於人者取諸人以爲善是與人爲善也

又曰天下大悅而將歸己視天下悅而歸己猶草芥也唯舜爲然（舜不以天下歸己爲樂號泣于田也）不得乎親不可以爲人不順乎親不可以爲子舜盡事親之道而瞽瞍厎豫瞽叟厎豫而天下化瞽叟厎豫而天下之爲父子者定此之謂大孝

又曰堯崩三年喪畢舜避堯之子於南河之南天下諸侯朝覲者不之堯之子而之舜訟獄者不之堯之子而之舜謳歌者不謳歌堯之子而謳歌舜曰天也夫然後之中國踐天子之位也

莊子曰羊肉不慕蟻蟻慕羊肉羊肉羶也舜有羶行百姓悅之故三徙成都至鄧之墟十萬家堯聞舜之賢舉之童土之地（童土不生草之地）曰冀得其來之澤（舜來施恩澤也）

又曰舜讓天下於善卷善卷曰余立於宇宙之中冬日衣皮毛夏日衣葛絺春耕種足以勞動秋收斂足以休食日出而作日入而息逍遙於天地之閒而心意自得吾何以天下爲悲夫子之不知余也遂不投於是去而入深山莫知其處

又曰舜以天下讓其友北人無擇北人無擇曰異哉后之爲人也居於畎畝之中而遊堯之閒不若是而已又欲以辱行汙漫我吾羞見之自投清冷之泉

尸子曰舜兼愛百姓務利天下其田也荷彼耒耜耕彼南畝與四海俱有其利雷澤也旱則爲耕者鑿瀆儉則爲

獵者表虎故有光若日月天下歸之若父母

又曰舜南面而治天下天下太平燭於玉燭息於永風食於膏火飲於醴泉舜之行其猶河海乎千仞之谿亦滿焉由此觀之禹湯之功不足言也

又曰堯問於舜曰何事曰事天問何任曰任地問何務曰務人

又曰舜一徙成邑再徙成都三徙成國其致四方之士堯聞其賢徵之草茅之中與之語政至簡而易行與之語道廣大而不窮於是妻之以皇贈之以娥九子事之而託天下焉

又曰舜云從道必吉反道必凶如影如響者也

又曰舜事親養兄爲天下法其遊也得六人曰雒陶方回續牙伯陽東不識秦不空皆一國之賢者也

又曰昔者舜兩眸子是謂重明作事成法出言成章

又曰舜舉三后而四死除何爲飢渴寒暍勤勞鬭爭

又曰有虞之君天下也使天下貢善商周之君天下也使天下貢財

公孫弘曰舜牧羊於黄河遇堯舉爲天子

陸賈新語曰舜藏黄金於嶄巖之山捐珠玉於五湖之淵以塞淫邪之欲

淮南子曰舜之時共工振滔鴻水滔漫之共工炎帝之後隨高墮下壅百川以爲民害以薄空桑空桑地名在魯龍門未開呂梁未發江淮通流四海溟涬民皆上丘陵赴樹木舜乃使禹疏三江五湖決伊闕導瀍澗通溝洫注之東海鴻水漏九州乾萬民皆寧其性

又曰昔者舜耕于歷山歷山在濟陰成陽朞年而田者爭處磽确以封畔肥饒相讓也釣於河濱朞年而漁者爭處湍瀨湍瀨以曲隈深潭相與也

又曰舜作室築墻茨屋辟地樹穀令民皆蒼梧

又曰舜不降席而天下治

周生列子曰舜甞駕五龍以騰唐衢武甞服九駮以馳文塗此上御也

徐氏中論曰小人恥其面不如子都君子恥其行不如舜禹

杜夷幽求曰以舜禹之登庸視孔氏之窮屈不以跛鱉之與晨驥乎

符子曰舜禪夏禹於洞庭之野

呂氏春秋曰舜有子九人不子其子而授禹至公也

風土記曰舜東夷之人生於桃丘媯水之汭損石之東舊說言舜上虞人也虞即會稽縣距餘姚七十里如亭上虞南鄉也後爲縣桃丘即桃丘方相近也今吳比亭虞濱在小江裏縣復五十里對小江北岸臨江山上有立石所謂損石者也斜角西南指俗呼爲蔦公蘄高石也

太平御覽卷第八十一

太平御覽卷第八十二

皇王部七

夏帝禹　帝啓
帝太康　帝仲康
帝相　有窮后羿
寒浞　帝少康
帝宁　帝槐
帝芒　帝泄
帝不降　帝扃
帝廑　帝孔甲
帝皐　帝發　帝桀

夏帝禹

史記曰夏帝禹名曰文命禹之父曰鯀鯀之父曰帝顓頊顓頊之父曰昌意昌意之父曰黄帝帝堯之時洪水滔天浩浩懷山襄陵下民其咨堯求能治水者群臣四嶽皆曰鯀可治水無狀乃殛鯀於羽山堯崩舜問四嶽曰有能成美堯之事者使居官皆曰伯禹爲司空可成美堯之功舜命禹汝平水土維是勉之禹拜稽首讓於契后稷皐陶舜曰女其往視爾事矣禹爲人敏給克勤其德不違其仁可親其言可信禹遂與益后稷奉帝命命諸侯百姓興人徒以敷土行山表木定高山大川禹傷先人之功不成受誅乃勞身焦思居外十三年過家門不敢入陸行乘車水行乘船泥行乘橇（孟康曰橇形如箕擿行泥上如淳曰橇音茅蕝之蕝謂以板置泥上以通行路也）山行乘檋（徐廣曰檋音丘遥反如淳曰檋車謂以鐵如錐長半寸施之履下以上山不蹉跌也）開九州通九道陂九澤度九山舜崩三年喪畢禹避舜之子商均於陽城天下諸侯皆去商均而朝禹禹於是遂即天子位南面朝天下國號曰夏后姓姒氏娶塗山氏之女生子曰啓禹東巡狩至于會稽而崩

帝王世紀曰伯禹夏后氏姒姓也母曰脩己見流星貫昴夢接意感又吞神珠薏苡胷拆而生禹於石紐虎鼻大口兩耳參鏤首戴鈎（鈎鈐也）胷有玉斗足文履巳故名文命字高密身九尺二寸長於西羌夷人初禹未登用之時父既降在疋庶有聖德夢自洗於河觀於河始受圖括地象也圖言治水之意四嶽舉之舜進之堯堯命爲司空繼鯀治水乃勞身勤苦不重徑尺之璧而愛日之寸陰手足胼胝又納禮賢士一沐三握髮一食三吐飡堯美其績乃賜姓姒氏封爲夏伯故謂之伯禹天下宗之謂大禹年二十始用三十二而洪水平年百歲崩于會稽因葬會稽山陰之南今山上有禹冢幷祠下有群鳥耘田（脩紀或云脩己未詳）

河圖握拒起曰帝命伯禹曰告汝九術五勝之常可以克之汝能從之汝師徒將興雒書靈准聽曰有人（謂禹也）大口耳參漏足履巳（漏空也成巳土之日故當平水土故以爲名也）載成鈐（有骨表如鈎鈐）懷玉斗（懷璇璣玉衡之道或以爲有黑子如玉斗也）〇書曰禹别九州（分其界）隨山濬川（刊其木深其流）任土作貢（任其土地所其貢賦）

又曰正月朔旦受命于神宗（受舜終事之命神宗文祖之宗顓言神尊也）率百官若帝之初（舜初攝帝故事）

尚書帝命驗曰禹白帝精以星感（星金精也）脩紀山行見流星意感栗然生姒戎文禹（栗然感皃姒禹氏禹生戎地一名文命）

尚書旋璣鈐曰禹開龍門導積石決岷山治九貢（龍門積石山名貢功也治九州之功）

又曰禹開龍門導積石出玄珪上刻曰延喜玉受德天錫佩（禹功既成天出玄珪天錫之者以德佩禹有治水功者必佩以玄玉）

尚書中候曰：伯禹在庶（伯官稱禹號也因爲德謚庶庶人也）四嶽師舉薦之帝堯（四嶽四方諸侯也師衆也薦進也）握括命不試爵授司空（禹握括地象天已命之故不復試以衆官司空於周爲冬卿掌制圖之五溝行導水之事）伯禹稽首讓于益歸（稽首拜頭至手益歸賢者堯臣歸讀曰變也）帝曰何斯若真（何不聽讓之辭斯此也若汝也此汝真其人）出爾命圖示乃天（爾汝也禹方讓歷之故言出汝所天命也圖括地象示讀曰祇祇是也乃天使汝治水非我也）伯禹曰臣觀河百面長人魚身出曰吾河精也（觀河觀於河水也）授臣河圖帶足入淵（河圖謂括地象帶足去也音帶）伯禹拜辭（禹將行故拜去）

詩含神霧曰：禹之興黑風會紀（黑力黑也風風后也並黃帝臣後神伯禹當斷而至也）

禮曰：禹立三年百姓以仁遂焉

大戴禮曰：宰我曰請問禹孔子曰高陽之孫鯀之子曰文命敏給克濟其德不回其仁可親其言可信聲爲律身爲度左準繩右規矩履四時據四海平九州戴九天明耳目治天下

禮含文嘉曰：禹卑宮室垂意於溝洫百穀用成神龍至靈龜服玉女敬養天賜妾○傳曰禹會諸侯於塗山執玉帛者萬國○春秋孔演圖曰天命之見候期門靈龜穴庭玄龍銜雲（靈龜虛也穴庭若星入太微門玄龍水精也銜雲著書此召氣也）

春秋元命苞曰：禹之時民大樂其駢三聖相繼故樂名大夏也

孝經鉤命決曰：命星貫昴脩紀夢接生禹（命使之星謂流行之星也）

遁甲開山圖曰：禹游於東海得玉碧色長一尺二寸光如日月自照達幽冥

楊雄蜀王本紀曰：禹本汶山廣柔縣人生於石紐其地名痢兒畔禹母吞珠孕禹坼堛而生於縣塗山娶妻生子啓

紀年曰：禹立四十五年

語曰：子曰禹吾無間然矣（孔子推禹功德之盛也言不能復間厠其間也）菲飲食而致孝乎鬼神（馬融曰菲薄也致孝鬼神祭祀豐絜也）惡衣服而致美乎黻冕（孔安國曰損其常服以盛祭祀）卑宮室而盡力乎溝洫（包曰方里爲井井間有溝溝廣四尺十里爲城城中有洫洫深廣八尺也）

符子曰：禹讓天下於奇子奇子曰君言佐舜勞矣鑿山川通河漢首無髮股無毛故舜也以勞報子我生而逸不能爲君之勞矣

越絕書曰：禹始憂民救水到大越於茅山大會計爵有功更名茅山謂之會稽及其王矣巡狩大越

吳越春秋曰：禹案黃帝中經見聖人所記曰在九疑山東南天柱號曰宛委承以文玉覆以盤石其書簡青玉爲字編以白銀禹乃東巡狩登衡山求之剛見赤繡衣男子自稱玄夷蒼水使者來候禹令禹齋三月更求之禹乃齋三月登宛委山取得書通水經遂周行天下使益疏記之名曰山海經

又曰：舜崩禹服喪三年朝夕號泣形體枯槁面目黎黑

十州記曰：禹治洪水畢乃乘蹻車到鍾山祠上帝於北阿歸大功于九天禹經諸侯五岳使工刻石識其里數高下其字科斗書非漢人所了諸名山亦然

鬻子曰：禹之治天下也以五聲聽門懸鼓鐘鐸磬而置鞀（音桃）於簨虡曰教寡人以道者擊鼓教寡人以義者鼓鐘教寡人以事者振鐸語寡人以憂者擊磬語寡人以獄訟者揮鞀此之謂五聲是以禹嘗據饋而七起日中不暇食於是四海之士皆至

隋巢子曰：昔三苗大乱天命殛之夏后受之大神降而輔

之司祿益食而民不飢司金益富而國家實司命益年而民不夭四方歸之

莊子曰昔者禹堙洪水親自操橐耜而滌天下之川腓無跋脛無毛沐甚雨櫛疾風置萬國禹大聖也而形勞天下如此使後世之墨者多以裘褐爲衣以屐蹻爲服日夜不休以自爲極曰不如此非禹道也不足謂墨者孟子曰書曰洚水警余洚水者洪水也（書尚書逸篇也水逆行洚洞無涯故曰洚水洪大也）使禹治之禹掘地而注之海驅蛇龍而放之菹水由地中行江淮河漢是也險阻既遠鳥獸之害人者消然後人得平土而居之（堯使禹治洪水通九州故曰掘地而注之海也沮澤生草者也今青州爲澤有草者爲菹水流行於地而去也民下高就平土故曰險阻遠也水去故鳥獸害人者消盡也）

尸子曰禹長頸鳥喙面皃亦醜天下從而賢之好學也

又曰古者龍門未闢呂梁未鑿禹於是疏河決江十年不闚其家生偏枯之病步不相過人曰禹步

墨子曰禹葬衣衾三領桐棺三寸葛以繃（備庚切）之下不及泉上不通臭既葬收餘壤爲壟若參耕之畝

韓子曰禹之王天下也身執耒臿以爲民先服無完胈體無生錐臣虜之勞不若於此矣

呂氏春秋曰禹年三十未娶行塗山恐時暮失制乃娶塗山女

又曰禹南濟于江黃龍負舟舟中之人恐懼禹仰而笑曰受命於天竭力以濟生人受命天也柰何憂於龍焉龍弭耳低尾而逝

又曰昔者禹一沐而三握髮一食而三起以禮有道之士通乎己之不足通乎己之不足則不與物爭矣

又曰禹之決江水也民聚瓦礫及其事已成功已立爲萬世利禹之所見者遠也而民莫之知

賈誼書曰禹常晝不暇食而夜不暇寢方是時憂務民也

淮南子曰昔者鯀作三仞之城諸侯倍之禹知天下叛之乃壞城平地散財物禁甲兵施之以德海外賓服四夷納職

又曰禹沐浴霪雨櫛疾風決江疏河鑿龍門闢伊闕修彭蠡之防乘四載隨山刊木平治水土定千八百國夙興夜寐以致聰明輕賦薄斂以寬民力布德施惠以振困窮弔死問疾以養孤孀百姓親附政令流行

又曰禹爲水以身解於陽盱之河（解禱也陽盱河在秦）

又曰堯之時天下大水禹身執畚鍤以爲民先疏河而導

九支攲鑿江而通九路闢五湖而定東海

又曰禹之趨時冠挂而不顧履遺而不取（冠有所挂者言不暇顧視）非爭其先也爭得其時也

說苑曰禹見罪人下車問而泣之左右曰夫罪人不順道故然焉君王何爲痛之至於此也禹曰堯舜之民皆以堯舜之心爲心今吾爲君百姓皆以其心爲心是以痛之

抱朴子曰禹乘二龍郭支爲馭

黃帝玄女兵法曰禹問於風后曰吾聞黃帝有負勝之圖六甲陰陽之道今安在乎風后對曰黃帝藏會稽之山下其坎深千丈廣千尺鎮以盤石致難得也禹北見六子問海口所出禹乃決江口鳴角會稽龍神爲見玉匱浮禹乃開而視之中有天下經十二卷禹未及持之其四卷飛上天禹不能得也其四卷復下陂泄禹不能極也禹得中四

眷開而視之及魏陳王曹植夏禹賛曰于嗟夫子拯世濟民克卑宫室致孝鬼神蔬食薄服紱冕乃新厥德不回其誠可親亹亹其德温温其仁尼稱無間何德之純

又禹治水賛曰嗟夫夏禹寔勞水功西鑿龍門疏河導江梁岐既闢九州以同天賜玄圭奄有萬邦

又禹渡河賛曰禹濟于河黄龍乗船舟人並懼禹歎仰天予受天運勤功恤民死亡命也龍閉弭身

庾信禹渡江賛曰二江初鑿九谷新成風飛鷁涌水起龍驚樂天知命無待憂生危舟遂静亂檝還平

帝啓

歸藏曰昔夏后啓筮享神於大陵而上鈞臺枚占皐陶曰不吉

史記曰昔夏后啓筮乘龍以登于天枚占于皐陶皐陶曰

吉而必同與神交通以身爲帝以王四鄉

又曰啓禹之子其母塗山氏之女也扈氏不服啓伐之大戰於甘誓遂滅有扈氏天下咸歸

山海經曰大樂之野夏后啓於此舞九代馬乘兩龍雲蓋三層左手操翳右手操環珮玉璜在大運山北一曰大道之野

帝王世紀曰啓升后十年舞九韶三十五年征河西

又曰帝啓一名建一名余德教施于四海貴爵而上齒養國老於東序養庶老於西序在位九年年八十餘而崩矣

越絶書曰禹崩啓立曉知王事達君臣義○吕氏春秋曰夏后伯即啓也與有扈戰於甘澤而不勝六卿請復之夏后伯曰不可吾地不淺吾民不寡戰而不勝是吾德薄而教不善也於是乎處不重席食不貳味琴瑟不張鍾鼓不脩子女不飾親親長長尊賢使能朞年而有扈氏服故欲勝人者必先自勝矣

帝太康

書曰太康尸位以逸豫滅厥德黎民咸貳乃盤遊無度畋于有洛之表十旬不反有窮后羿距于河厥弟五人御其母以從徯于洛之汭五子咸怨述大禹之戒以作歌其一曰皇祖有訓民可近弗可下（皇君也君祖禹有訓戒也近謂親之下謂失之者也）民惟邦本本固邦寧（言人君當固民以安國也）予視天下愚夫愚婦一能勝予（言能畏小民所以得衆心）一人三失怨豈在明不見是圖（三失過非一也不見是謀備其微）予臨兆民懔乎若朽索之馭六馬（十万曰億十億曰兆言多也懔危貌朽腐也腐之索御六馬言危懼甚）爲人上者奈何不敬（能敬則不驕在上不驕則高而不危）其二曰訓有之内作色荒外作禽荒（作爲也迷亂曰荒色女色禽鳥獸）甘酒嗜音峻宇彫牆（甘嗜無厭足也峻高大彫飾畫）有一于此未或

不亡（此六者棄德之君有一必亡況兼有乎）其三曰惟彼陶唐有此冀方（陶唐帝堯氏都冀州統天下四方）今失厥道亂其紀綱乃厎滅亡（言失堯之道亂其法制自致滅亡）其四曰明明我祖萬邦之君有典有則貽厥子孫（典謂經籍則法貽遺也言仁及後世）關石和鈞王府則有荒墜厥緒覆宗絶祀（金鐵曰石供民器用通之使和平則官民足言古制有而太康失其業以取亡）其五曰嗚呼曷歸予懷之悲（曷何也言思而悲）萬姓仇予予將疇依鬱陶乎予心顔厚有忸怩弗慎厥德雖悔可追（言人君行已不慎其德以速滅敗欲改悔其可追及乎言無益也）○帝王世紀曰太康無道在位二十九年失政而崩

帝仲康

書曰惟仲康肇位四海胤侯命掌六師羲和廢厥職酒荒于厥邑胤后承王命徂征（羲和廢其職官還其私邑以酒迷亂仲康命胤侯掌六師往就其邑討之）

帝相

紀年曰帝相即位處商丘元年征淮夷二年征風夷及黄

夷。帝王世紀曰帝相一名相安自太康已來夏政凌遲爲羿所逼乃從商丘依同姓諸侯斟灌斟尋氏羿遂襲帝號是爲羿帝

有窮后羿

帝王世紀曰羿有窮氏未聞其姓其先帝嚳以世掌射故於是加賜以弓矢封之於鉏爲帝司射歷唐及虞夏至羿學射於吉甫其臂佐長故亦以善射聞與吴賀北遊使羿射雀左目羿引弓射之誤中左目羿俯首而愧終身不忘故羿善射至今稱之及有夏之衰羿自鉏遷于窮石因夏民之不附以代夏政遂篡帝位故號窮氏

傳曰昔有夏之方衰也后羿自鉏遷于窮石因夏民以代夏政恃其射也不脩民事而淫于原獸棄武羅伯因熊髡尨圉（四子皆羿之賢臣）而用寒浞（士角反）寒浞伯明氏之讒子弟也伯明后寒棄之夷羿收之信而使之以爲已相浞行媚于内而施賂于外愚弄其民而虞羿于田樹之詐慝以取其國家内外咸服羿猶不悛將歸自田家衆殺而亨之以食其子（食羿子）其子不忍食諸死于窮門（殺之於國門）靡奔有鬲氏（靡夏遺臣事羿者有鬲國名）浞因羿室生澆（五叫反）及豷（音戲）恃其讒慝詐僞而不德于民使澆用師滅斟灌及斟尋氏（二國夏同姓諸侯仲康之子后相所依）處澆于過處豷于戈（過戈二國名）靡自有鬲氏收二國之燼以滅浞而立少康少康滅澆于過后杼滅豷于戈（后杼少康子）有窮由是遂亡

寒浞

帝王世紀曰寒浞有窮氏既篡羿位復襲有窮之號浞因羿之室生澆及豷多力能陸地盪舟浞使澆率師滅斟灌斟尋氏殺夏帝相於過滅豷於戈恃其詐力不卹民事初夏之殺帝相也妃有仍氏女曰后緡方娠逃出自竇歸于有仍生少康焉初夏之遺臣曰靡事羿羿死逃奔有鬲氏收斟尋二國餘燼殺寒浞而立少康

帝少康

傳曰昔有過澆殺斟灌以伐斟鄩（澆寒浞子封於過）滅夏后相后緡方娠逃出自竇（后緡相妻也娠懷身也）歸于有仍生少康焉爲仍牧正（牧官之長）澆使椒求之逃奔有虞爲之庖正虞思於是妻之以二姚（思有虞君也自以二女妻少康姚姓也）而邑諸綸（綸虞邑也）有田一成有衆一旅（方十里爲成五百人爲旅）能布其德而兆其謀（兆始也）以收夏衆撫其官職遂滅過戈復禹之績祀夏配天不失舊物

魏高貴鄉公少康漢高論曰少康生於滅亡之後降爲諸侯之隸崎嶇逃難僅以身免能布其德而兆其謀卒滅過戈克復禹績非至德弘仁豈濟斯勳漢祖因土崩之勢專任智力以成功業爲子則數危其親爲君則因繫賢相身沒之後社稷幾傾若與少康易時而處或未能復大禹之績矣又論曰三代之世任德濟勳如彼之難秦項之際任力成功如此之易且太上立德其次立功就今漢祖功高未若少康盛德之茂也

帝宁（直呂反）

紀年曰帝宁居原自遷于老王

帝王世紀曰帝宁一號后予或曰公孫曼能率禹之功夏人報祭之在位十七年

帝槐

紀年曰后芬立四十四年

帝王世紀曰帝芬一名帝槐或曰祖武在位二十六年

帝芒

紀年曰后芒即位元年以玄珪賓于河東狩于海獲大魚

后芒陟位五十八年

帝王世紀曰帝芒一名和或曰帝芒

帝泄

帝王世紀曰帝泄一名帝世或曰泄宗在位十六年

帝不降

紀年曰不降即位六年伐九苑立十九年(其弟立是為帝扃)

帝王世紀曰帝不降一名帝降或曰丠成(丠字或作江字)

帝扃

帝王世紀曰帝扃一名帝禺或曰高陽在位二十一年

帝廑(近音)

紀年曰帝廑一名胤甲即位居西河天有祆孽十日並出

帝王世紀曰帝廑一名頊或曰董江在位二十年

帝孔甲

傳曰昭二十九年秋龍見于絳郊魏獻子問於蔡墨曰古者國有豢龍氏有御龍氏及有夏孔甲擾于有帝(擾順也其德能順於天)帝賜之乘龍河漢各二(四頭為乘各二乘十六頭)各有雌雄

史記曰帝孔甲立好方術鬼神事淫亂夏后氏德衰諸侯叛之天降龍二有雌雄孔甲弗能食未得豢龍氏陶唐既衰其後有劉累學擾龍于豢龍氏以事孔甲孔甲賜之姓曰御龍氏

漢書曰孔甲作盤盂銘三十六篇

列仙傳曰師門為夏孔甲龍師孔甲不能修其心意殺而埋之外野一旦風雨迎之訖則山木皆焚孔甲祠而禱之未還而道死

呂氏春秋曰夏后孔甲田于東陽萯(音倍)山天大風晦孔甲迷入民室主人方乳(乳產也)或言后來是良日子誰敢殃之長成人幕動拆橑斧破斷足遂為守者(以其無足為守門之官)乃作破斧之歌

帝皋

紀年曰后昊立三年(帝皋也)

帝王世紀曰帝皋一名皋苟

帝發

紀年曰后發一名后敬或曰發惠(其子立為桀)

帝桀

歸藏曰昔桀伐唐而枚占於熒惑曰不吉不利出征唯利安處彼鍠為鼠

書曰伊尹相湯伐桀外自陑遂與桀戰于鳴條之野

尚書帝命驗曰桀失其玉鏡用其噬虎(玉鏡喻清明之道噬虎喻暴虐之風)

尚書帝命候曰夏桀無道殺關龍逢絕滅皇圖壞亂曆紀(皇天也紀綱也天之圖曆龍逢引以諫桀也)殘賊天下(刑法殘也)賢人遁逃(避時遁也)淫色慢易(男女無別)不事祖宗

韓詩外傳曰桀為酒池可以運舟糟丘足以望十里

家語曰夏桀昆吾靳刈黎民如草木焉天下討之如廷夫

史記曰自孔甲以來諸侯多叛夏桀不務德而虐傷百姓百姓不堪迺召湯而囚之夏臺已而釋之湯修德諸侯皆歸湯湯遂率兵以伐夏走鳴條遂放而死

紀年曰后桀命扁伐山民山民女于桀二人曰琬曰琰桀愛二人女無子焉斲其名于若華之玉苕是琬華是琰而棄其元妃于洛曰妹喜桀傾宮飾瑤臺作瓊室立玉門湯遂滅夏桀逃南巢氏自禹至桀十七世有王與無王用歲四百七十一年

帝王世紀曰帝桀淫虐有才力能伸鉤索鐵手搏熊虎多求美女以充後宮爲瓊室瑤臺金柱三千始以瓦爲屋以望雲雨大進侏儒倡優爲爛漫之樂設奇偉之戲縱靡靡之聲日夜與妹喜及宮女飲酒常置妹喜於膝上妹喜好聞裂繒之聲桀爲發裂繒以順適其意以人駕車肉山脯林以爲酒池一鼓而牛飲者三千餘人醉而溺水以虎入市而視其驚伊尹舉觴造桀諫曰君王不聽群臣之言亡無日矣桀聞析然啞然嘆曰子又祅言矣天之有日由吾之有民日亡吾乃亡也兩日鬬蝕鬼呼於國桀醉不寤湯來伐桀以乙卯日戰于鳴條之野桀未戰而敗績湯追至大涉遂禽桀於焦放之歷山乃與妹喜及諸嬖妾同舟浮海奔于南巢之山而死

愽物志曰夏桀之時爲長夜飲居深宮中男女雜處三旬

不出不聽政

太公六韜曰桀時有瞿山之地桀十月鑿山陵通之於河民有諫者曰冬鑿地穿山是發天之陰泄山之氣天子後必敗桀以祅言殺之

管子曰桀女樂三萬人晨譟聞於衢服文繡衣裳

莊子曰桀之治天下也使天下人瘁瘁焉人苦其性是不愉也

墨子曰昔夏桀貴爲天子富有天下勇力之人生裂兕虎指畫殺人

王孫書曰桀紂爲君從愚妾之言違長者之諫衣溫而忘百姓之寒食美而忘天下之飢或身放南巢或頭縣赤旗斯亦無他也但不節財而暴民也

尸子曰伯夷叔齊餓死首陽無地故也桀放於歷山紂殺於鄗宮無道故也有道無地則餓有地無道則亡

又曰昔者桀紂縱欲　長樂以苦百姓珍怪遠味必南海之葷北海之鹽西海之菁東海之鯨此其禍天下亦厚矣

又曰昔夏桀之時至德滅而不楊帝道掩而不興（興舉也）容臺振而掩覆（容臺行禮容之室言不能行禮故天大振動而覆敗）犬成羣而入泉水（言將滅壞犬失其主故嗥入淵一說犬禍）彘銜藪而席隩（彘銜最席入人隩內言彘禍）美人婢首墨面而不容（婢首鬟頭也萃與鬉井編爲婢首不修容飾也）曼聲吞炭內閉而不歌（曼聲見世妻亂消滅故吞炭自敗音聲閉氣而不歌）飛鳥鎩翼走獸決蹄（鎩翼殘翼決致蹇也言桀無道田獵鳥獸悉被創殘翼發蹄）山無峻幹澤無佳水（峻幹美材生水清水言入山澤不以時故）

又曰桀爲琁室瑤臺象廊玉牀（琁瑤石之次玉也象牙廊室也）權天下虐百姓於是湯以革車三百乘伐于南巢（南巢盧江居巢）收之夏宮天下寧定百姓和輯

譙周法訓曰桀紂雖有天子之位而無一人之譽也猶朽木枯樹逢風則仆也

袁子正書曰桀紂有民左億右億之衆四岳三塗之險京山中南之固及在鳴條之野一朝而失天下

符子曰桀觀炮烙於瑤臺謂龍逢曰樂乎龍逢曰樂桀曰觀刑曰樂何無惻怛之心焉逢曰天下苦之而君爲樂臣爲君股肱孰有心悅而股肱不悅乎桀曰聽子諫諫得我改之不得我刑之龍逢曰臣觀君冕非冕也冕危石也臣觀君履也非履也履春冰也未有冠危石而不壓蹈春冰而不陷桀歎曰子知我之亡而不自知亡子就炮烙之刑吾觀于亡知我不亡龍逢行歌曰造化勞我以生休我以炮烙乃赴火而死（禹至桀十九帝合）

淮南子曰桀之力別觡伸鉤（觡角）索鐵椎移大戲（大戲軍之大旗）水

殺黿鼉陸捕熊羆然革車三百乘困之鳴條[illegible]禽之焦門

太平御覽卷第八十二

覽八十二　十五　楊岳堇

太平御覽卷第八十三

皇王部八

殷帝成湯　帝外丙　帝仲壬
帝太甲　帝沃丁　帝太庚
帝小甲　帝雍巳　帝太戊
帝仲丁　帝外壬　帝河亶甲
帝祖乙　帝祖辛　帝沃甲
帝祖丁　帝南庚
帝陽甲　帝盤庚
帝小辛　帝小乙
帝武丁　帝祖庚
帝祖甲　帝廩辛
帝庚丁　帝武乙
帝太丁　帝乙
帝紂

殷帝成湯

史記曰殷之祖契母曰簡狄有娀氏之女爲帝嚳次妃三人行浴見玄鳥墮其卯簡狄取吞之因孕生契契長佐禹治水有功舜乃命契曰百姓不親五品不遜汝爲司徒而敬敷五敎　在寬封於商賜姓子氏契興於唐虞大禹之際功業著於百姓百姓以平契卒子昭明立昭明卒子相土立相土卒子昌若立昌若卒子曹圉立曹圉卒子冥立子冥卒子振立子振卒子微立微卒子報丁立報丁卒子報乙立報乙卒子報丙立報丙卒子主壬立主壬卒子主癸立主癸卒子天乙立是爲成湯楊聲長九尺臂四肘有聖德諸侯有不義者湯從而征之誅其君吊其民天下咸悦故東征則西夷怨南征則北狄怨曰奚爲而後我故仲虺誥曰徯我后后來其蘇者也凡二十七征而德施於諸侯焉及夏桀無道湯使人哭之桀囚湯於夏臺而後釋之諸侯由是咸叛桀附湯同日貢職者五百國三年而天下悉服湯自伐桀後大旱七年洛川竭使人持三足鼎祝於山川曰慾不節耶使民疾耶苞苴行耶讒夫昌耶宮室營耶女謁行耶何不雨之極也殷史卜曰當以人禱湯曰吾所爲請雨者民也若必以人禱吾請自當遂齋戒剪髮斷爪以已爲牲禱於桑林之社曰唯予小子履敢用玄牲告于上天后土曰萬方有罪罪在朕躬朕躬有罪無及萬方無以一人之不敏使上帝鬼神傷民之命言未已而大雨至方數千里

河圖曰扶都見白氣貫月感生黑帝湯（詩含神霧帝王世紀並同）

雒書靈準聽曰黑帝子湯長八尺一寸或曰七尺連珠庭臂二肘

春秋元命包曰湯臂二肘是謂神剛

又曰湯之時其民大樂其救之於患害故樂名大護護者救也

尚書璇璣鈐曰湯受金符（金符禹錄）白狼銜鉤入殷朝（鉤縛東之要明湯得天下之要也）

尚書中候曰天乙在亳諸隣圖擁負歸德東觀乎洛降三分沉璧（降下也以璺三分之璧王沉雒水）退立榮光不起（沉畢退而立候神榮光不起）黃魚雙躍出濟于壇（魚者無足翼言桀孤時無黨可伐也黃者所以過水入于土歸湯則金勁矣濟上也雖祭猶爲位告神故有壇）黑烏以雄隨魚亦止（黑烏黑帝叶光紀之使以用也）化

年天下遂合洽歸之
又曰玄鳥翔水遺卵于流娀簡拾吞生契封商玄鳥燕也翔水徘徊於水上娀娀氏也簡二妃也契母名商國名詩云天命玄鳥降而生商是也
書曰伊尹相湯伐桀升自陑遂與桀戰于鳴條之野
又曰自契至于成湯八遷湯始居亳從先王居
尚書大傳曰湯之君民聽寬而獄省
又曰夏人飲醉者持不醉者不醉者相和而歌曰盍歸于亳盍歸于亳亳亦大矣故伊尹退而閒居深聽樂聲思其故也是時伊尹仕桀更曰覺兮較兮吾大命格兮覺兮爲先知者較兮謂直道者也格至也去不善而就善何樂兮伊尹入告于桀曰大命之亡有日矣桀啞然笑曰天之有日猶吾之有民也日亡吾亦亡矣是以伊尹遂去夏適湯
又曰湯放桀也居中野士民皆奔湯桀與其屬五百人南

徙千里止於不齊不齊民往奔湯桀與其屬五百人徙於魯魯士民復奔湯桀曰國君之有也吾聞海外有人與五百人俱去
又曰湯放桀而歸於亳三千諸侯大會湯取天子之璽置之於天子之坐左復而再拜從諸侯之位湯曰此天子之位有道者可以處之矣夫天下非一家之有也唯有道者之有也唯有道者宜處之湯以此三讓三千諸侯莫敢即位然後湯即天子之位
韓詩內傳曰湯爲天子十三年年百歲而崩葬於徵今扶風徵陌是也
春秋演孔圖曰夏民不康天果命湯白虎戲朝白雲入房白虎白璽皆金精也
逸書曰成湯自契至湯八遷湯始居亳

說苑曰湯欲伐桀伊尹請且乏貢職以觀夏動桀怒起九夷之師伊尹曰未可彼尚能起九夷之師是罪在我也湯乃謝服入貢職明年又乏貢職桀起九夷之師九夷之師不起伊尹曰可矣湯乃興師
越絕書曰湯行仁義敬鬼神天下皆一心歸之
孟子曰湯居亳與葛伯爲鄰葛伯不祀湯使人問曰何爲不祀曰無以供犧牲湯遺之牛羊葛伯得而食之又不祀湯又問之曰無以供粢盛湯使亳民爲之耕老弱饋食葛伯率衆要其酒肉黍稻者遮而奪之不授則殺之有童子以黍肉餉殺而奪之書曰葛伯仇餉此之謂也爲其殺是童子湯乃興師伐葛四海之內皆曰非富天下也爲匹夫匹婦復讎言湯不貪天下富爲一夫報仇也

又曰湯始征自葛始十一征而無敵於天下東征而西夷怨南征而北夷怨曰奚爲後我民望之若大旱之望雨也歸市者不止耕者不變誅其君弔其民如時雨降民大悅書曰徯我后后來其無罰
尸子曰湯之救旱素車白馬布衣身嬰白茅以身爲牲當此時也絃歌鼓舞者禁之
呂氏春秋曰湯見祝網者置四面其祝曰從天墜者從地出者從四方來者皆羅吾網湯曰嘻盡之矣非桀其孰能爲此湯收其三面置其一面更教之祝曰昔蛛蝥作網罟今之人學紓欲左者左欲右者右欲高者高欲下者下吾取其犯命者漢南之國聞之曰湯之德及禽獸矣於是四十國同時歸之夫人置四面未必得鳥湯去三面以網四十國非徒網鳥也

又曰成湯之時有穀生於庭夜而生比旦而大拱史請卜其故湯曰吾聞祥者福之先也見祥而爲不善則福不至妖者禍之先也見妖而爲善則禍不至於是早朝晏退問疾吊喪鎮撫百姓三日而穀亡

又曰湯誅桀功名大成乃命伊尹作爲大護歌晨露脩九韶六列以見其善

淮南子曰湯夙興夜寐以致聰明輕賦薄斂以寬民泯布德施惠以賑困窮吊死問疾以養孤霜百姓親附政令流行

帝外丙

史記曰帝外丙即位三年崩立外丙之弟是爲帝仲壬

紀年曰外丙勝居亳

帝仲壬

史記曰帝仲壬即位四年崩伊尹乃立太丁之子太甲成湯嫡長孫也

瑣語曰仲壬崩伊尹放太甲乃自立四年

帝太甲

史記曰帝太甲立三年不明暴虐不遵湯法伊尹放之桐宮伊尹攝行政當國以朝諸侯太甲居桐宮三年悔過自責反善於是伊尹乃迎帝太甲而授之政帝太甲脩德諸侯咸歸殷百姓以寧伊尹嘉之乃作太甲三篇褒帝太甲稱太宗

尚書曰太甲既立不明伊尹放諸桐三年復歸于亳思庸（念帝道也）

帝王世紀曰太甲反位又不怨故更尊伊尹曰保衡即春興號曰太宗孔叢所謂憂思三年追悔前愆起而即政謂之明王者也一名祖甲享國三十三年

帝王紀曰桐宮蓋殷之墓地有離宮可居在鄴西南杜預春秋後序曰紀年稱殷仲壬即位居亳其卿士伊尹仲壬崩伊尹放太甲于桐乃自立也伊尹即位於太甲十年太甲潛出自桐殺伊尹

帝沃丁

史記曰帝沃丁之時伊尹卒既葬伊尹於亳咎單遂訓伊尹事作沃丁○紀年曰沃丁絢即位居亳

帝王世紀曰伊尹卒大霧三日沃丁葬以天子禮資之三年以報大德

帝太庚

史記曰帝太庚在位二十五年崩子帝小甲立

紀年曰小庚辨即位居亳（即大庚也）

帝小甲

史記曰帝小甲在位十七年崩弟雍巳立

紀年曰小甲高即位居亳

帝雍巳

史記曰帝雍巳在位十二年崩弟太戊立

紀年曰雍巳伷即位居亳

帝太戊

書叙傳曰伊陟相太戊（伊陟伊尹子也）亳有祥桑穀共生于朝（祥妖怪也二木合生七日拱不恭之罰）

詩序曰烈祖祀中宗也（祀中宗殷王太戊湯之玄孫也）嗟嗟烈祖有秩斯祜（秩常也嗟嗟歎美之深也）

其脩德，太戊從之，而祥桑枯死，殷復興，諸侯歸之，故稱中宗。中宗在位七十五年。

帝仲丁

史記曰：帝仲丁遷于敖。河亶甲居相。值祖乙遷于刑。帝仲丁在位十一年。

紀年曰：仲丁即位元年，自亳遷于囂。

帝王世紀曰：仲丁從囂，或曰敖，今河南之敖倉是也。

帝外壬

史記曰：帝外壬在位五年崩，弟河亶甲立。

紀年曰：外壬居囂。

帝河亶甲

書敘傳曰：河亶甲居相。孔安國曰：相地，在河北。

史記曰：帝河亶甲時，殷復衰。河亶甲在位九年崩，子帝乙立。

紀年曰：河亶甲整即位，自囂遷于相，征藍夷，再征班方。

帝祖乙

書敘傳曰：祖乙圮于耿。曰圮，於祖遷于耿也。河水所毀曰圮也。帝王世紀曰：今河東皮氏有耿鄉。

史記曰：帝祖乙立，殷復興，至賢任職。祖乙在位十九年。

紀年曰：祖乙勝即位，是為中宗。

帝王世紀曰：帝祖乙以乙日生，故謂之帝乙。孔子所謂五世之外，天之錫命疏，可同名者也。是以祖乙不爲諱，蓋殷禮也。

帝祖辛

史記曰：帝祖辛在位十六年崩，弟沃甲立。

史記曰：帝沃甲在位二十五年崩，立祖辛之子祖丁。

紀年曰：帝開甲踰即位，居庇。

帝祖丁

史記曰：帝祖丁在位三十二年崩，立沃甲之子，是爲南庚。

紀年曰：祖丁即位，居庇。

帝南庚

史記曰：帝南庚在位二十九年崩，立祖丁之子陽甲。

紀年曰：南庚更自庇遷于奄。

帝陽甲

史記曰：帝陽甲之時，殷衰。自仲丁以來，廢嫡而更立諸弟子，弟子或爭相代立，比九世亂，諸侯莫朝。帝陽甲在位十七年。

紀年曰：陽甲即位，居奄。

帝盤庚

書曰：盤庚五遷，將治亳殷。自湯至盤庚凡五遷都，治亳殷也。民咨胥怨。胥怨也。民不欲徙，乃咨嗟憂愁，相與怨其上也。

史記曰：帝盤庚之時，殷已都河北，盤庚渡河南，復居成湯之故國，乃五遷，無定處。殷民咨胥皆怨，不欲徙。遂涉河南，治亳，行湯之政，然後百姓由寧，殷道復興，諸侯來朝，以其遵成湯之德也。在位十八年。

紀年曰：盤庚旬自奄遷于北蒙，曰殷。

帝王世紀曰：帝盤庚徙都殷，始改商曰殷。又曰：亳殷今偃師是也。然則殷有三亳：二亳在梁國，一亳在河南。穀熟爲南亳，即今都也。蒙爲北亳，即景亳，湯所盟地。偃師爲西亳，即盤庚所徙者。

帝小辛

史記曰帝小辛𢉅道復衰百姓思盤庚乃作盤庚三篇小辛在位二十一年

紀年曰小辛頌位居𢉅

帝小乙

史記曰帝小乙在位二十年崩子武丁立

紀年曰小乙斂居殷

帝武丁

書敘傳曰高宗夢得說（盤庚弟小乙子也名武丁夢得賢相其名說）使百工營求諸野得諸傅巖

書大傳曰桑穀俱生于朝一日而大拱（兩手搤之曰拱）武丁召其相而問焉其相曰吾雖知之吾不能言也問諸祖乙曰桑穀野草也（此木也而云草未聞鄭氏以爲屬草妖）野草生于朝亡乎武丁側身修行思昔先王之政興滅國繼絶世舉逸民明養老之禮諸侯重譯來朝者六國（九州之外國）武丁祭成湯有飛雉升鼎耳而雊武丁問祖乙祖乙曰野鳥不當升鼎欲爲用也則遠方將有來朝者乎三年編髮重譯來朝者六國孔子曰吾於高宗肜日見德有報之疾（肜日尚書篇名）

史記曰帝武丁即位思復興𢉅而未得其佐三年不言政事事决定於冢宰以觀國風武丁夜夢得聖人名曰說以夢所見視群臣百吏皆非也於是使百工營求之野得說於傅巖中是時說爲胥靡築於傅巖見於武丁武丁曰是也得而與之語果聖人舉以爲相𢉅國大治武丁祭成湯明日有飛雉登鼎耳而雊武丁懼祖巳曰王勿憂先修政事祖巳乃訓王武丁崩祖巳嘉其德立其廟爲高宗

三年不言既免喪猶不言群臣諫武丁於是思達良輔夢天賜賢人姓傅名說乃使百工寫其像求諸天下見築者胥靡衣褐帶索執役于虞虢之間傅巖之野名說登以爲相享國五十有九年年百歲初高宗有賢子孝巳其母早死高宗惑後妻之言放而死天下哀之

帝祖庚

史記曰帝祖庚在位七年崩弟祖甲立

紀年曰祖庚躍居𢉅

帝祖甲

史記曰帝祖甲淫亂𢉅復衰在位十六年崩子廩辛

紀年曰帝甲載居𢉅

帝王世紀曰春秋外傳所謂玄王勤商十有四世帝甲亂之七世而隕是也

帝廩辛

史記曰帝廩辛在位六年崩弟庚丁立

紀年曰馮辛先君𢉅

帝庚丁

史記曰帝庚丁在位三十一年崩子武乙立𢉅復去亳徙河北

紀年曰庚丁居𢉅

帝武乙

史記曰帝武乙無道爲偶人謂之天神與之博令人爲行天神不勝乃戮辱之爲革囊盛血仰而射之命曰射天武乙獵於河渭之間暴雷震死子太丁立

紀年曰武乙即位居𢉅三十四年周王季歷來朝武乙賜

帝太丁

史記曰帝太丁在位三年崩子帝乙立

紀年曰太丁三年洹水一日三絶

帝王世紀曰帝文丁一曰大丁

帝乙

史記曰帝乙立殷益衰帝乙長子曰微子啓啓母賤不得嗣少子辛辛母正后辛爲嗣帝乙崩子辛立天下謂之紂

紀年曰帝乙處殷二年周人伐商

帝王世紀曰帝乙有二妃正妃生三子長曰微子啓中曰微仲衍小曰受德妃生箕子年次啓皆賢初啓母之生啓及衍也尚爲妾及立爲后乃生辛帝乙以啓賢且長欲以啓爲太子史據法爭之帝乙乃立辛爲太子帝乙即位三十七年

帝紂

書曰武王戎車三百兩虎賁三百人與受戰于牧野

周書曰商王紂取天智玉琰五環身以自焚天智玉之上美者琰環身以自原之

春秋文耀鉤曰牧野之戰鬼哭牧地鬼先哭爲紂將死

語曰子貢曰紂之不善不如是之甚也是以君子惡居下流天下之惡皆歸焉

史記曰紂資辯捷疾聞見甚敏材力過人手格猛獸智足以拒諫言足以飾非矜人臣以能高天下以聲以爲人皆出已之下好酒淫樂嬖於婦人愛妲已使師涓作淫聲北里之舞靡靡之樂厚賦稅以實鹿臺之錢而盈鉅橋之粟鹿臺臺名鉅橋倉名以西伯昌鬼侯邢侯爲三公鬼侯有女入之紂西伯昌聞之竊歎崇侯虎知之以告紂紂囚西伯羑里及武王伐紂紂兵敗績入登鹿臺衣其寶玉衣赴火而死

紀年曰帝辛受居殷

帝王世紀曰帝紂能倒曳九牛撫梁易柱有蘇氏叛紂因伐蘇蘇人以美女妲己奉紂紂大悅赦蘇而納妲己爲妃常與沉醉于酒所譽者貴所憎者誅淫泆愈甚始作象箸箕子爲父師歎曰象箸不必更於土匭必將犀玉之杯食熊蹯豹胎必不衣短褐處茅屋之下必將衣文繡之衣遊於九層之臺居於廣室之中矣居五年紂果造傾宮作瓊室瑶臺飾以美玉七年乃成其大三里其高千丈其大宮百其小宮七十三處宮中九市車行酒馬行炙以百二十日爲一夜六月發民獵於西山居朞年天下大風雨飄牛

馬壞屋樹天火燒其宮兩日並或鬼哭或山鳴紂不懼愈慢神誅諫士爲長夜之飲七日七夜失忘曆數不知甲乙問於左右莫知使問箕子謂其私人曰爲天下主而一國皆失日天下危矣一國不知而我其危矣亦亂以醉辭不孰紂怒殺宰人斮朝涉之脛而視其髓刳孕婦之腹而觀其胎又殺人以食虎諸侯或叛妲己以罰輕紂欲重刑乃先爲大熨斗以火爇之使人舉輒爛手不能勝紂怒乃更爲銅柱以膏塗之加于爇炭之上使有罪者緣焉足滑跌墮火中紂與妲己笑爲樂名曰炮烙之刑武王乃率諸侯來伐紂紂有億兆夷人起師自容閭至浦水與同惡諸侯五十國凡十七萬人距周于商郊之牧野紂師皆倒戈而戰紂即位三十三年正月甲子敗績赴宮登鹿臺蒙寶衣玉席自投于火而死周武王封其子武庚爲殷後

六韜曰武王伐紂得二大夫而問之曰紂國將亡亦有妖乎一人曰紂國常雨血雨灰雨石小者如雞子大者如箕嘗六月而雨雪深尺餘武王曰大哉妖也一人對曰非紂國之大妖也紂國大妖三十七章紂君喜射人喜以人食餓虎喜剖人心喜殺孕婦以信者爲不信以誣者爲眞以忠者爲不忠忠諫者死阿諛者賞以君子爲下以小人爲上以佞辯爲相以女子爲政急令暴取萬民愁苦喜田弋走狗試馬出入不時不避大風甚雨不避寒暑喜脩治池臺日夜無已喜爲酒池糟丘　飲者三千飲人爲輩坐起之以金鼓無長幼之序貴賤之禮聽讒用譽無功者賞無德者富所愛專制擅令無禮義無聖人無賢士無衡撫無升斛無尺寸無錙銖有罪放無罪誅此紂國之大妖者其餘不可勝數臣言不能盡

墨子曰昔紂王紂貴爲天子富有天下上詬天侮鬼神不殃傲天下萬民武王遂奔入王宮誓紂而出擊之赤鏁載之白旗以爲天下諸侯僇

又曰紂之時十日雨土于亳有鬼宵吟有男女爲

孟子曰桀紂逆天暴萬物故天棄之故民去之湯武從天理萬物故天下欲之故民歸之紂昏昏以亡武王諤諤以昌

淮南子曰紂之城左東海右流沙前交阯後幽都師起容閭至浦水億有餘萬武王左操黃鉞右執白旄而麾之則瓦解而走遂土崩而亡有南面之名而無一人之譽此失天下也

夏侯孝若新論曰紂亂大熟爛矣武王乃往伐之

皇王部九

周文王　武王　成王

周文王

史記曰周后稷名棄其母有邰氏女曰姜嫄姜嫄爲帝嚳元妃姜嫄出野見巨人跡心忻然悦之遂踐之而孕居期而生子以爲不祥棄之隘巷牛羊過者皆避不踐徙置林中適會山林中多人遷而棄渠中氷上飛鳥以翼覆薦之姜嫄以爲神遂收養之因名爲棄棄爲兒時遊戲好種樹麻菽麻菽溢美及成人遂好耕農相地之宜親稼穡堯聞之舉爲農師天下得其利封之於邰（邰音胎）號曰后稷別姓姬氏后稷之興在唐虞之際皆曰有令德后稷卒子不窋（陟律反）立不窋末年夏后氏政衰去稷不務不窋失其官而奔

戎狄之間不窋卒子鞠立鞠卒子公劉立公劉雖在戎狄之間復修后稷之業務耕種行地宜百姓懷之多從而保歸焉周道興蓋自此也公劉卒子慶節立國於邠九世至古公亶父復修后稷公劉之業積德行義國人皆戴之獯（音薰）鬻（音育）戎狄攻之欲得地與民民皆怒欲戰古公曰有民立君將以利之今戎狄所攻戰以吾地與民民之在我與在彼何異以我故戰殺人父子而君之予不忍爲乃以私屬去邠渡漆沮踰梁山止於岐下邠人舉國老弱盡歸岐下及他旁國聞古公仁亦多歸之於是古公貶戎狄之俗營築城郭室屋而邑別居之民皆歌頌其德古公有長子曰太伯次曰虞仲。太姜生少子季歷季歷娶大任皆賢婦人生昌有聖瑞古公曰我世當有興者其在昌乎長子太伯虞仲知父欲立季歷古公卒季歷立是爲王季王季修西伯曰文王遵后稷公劉之業則古公王季之法篤仁敬老慈少禮下賢者日中不暇食以待士伯夷叔齊太顛閎夭散宜生鬻子辛甲之徒皆歸之崇侯虎譖於紂曰西伯積德諸侯嚮之將不利於帝紂囚西伯於羑里閎夭之徒乃求有莘氏美女驪戎文馬因殷嬖臣費仲獻之紂乃赦之紂喜賜之弓矢斧鉞使得征伐謂西伯曰譖汝者崇侯虎也西伯乃獻洛西之地以請除炮烙之刑西伯遂爲諸侯決平虞芮人有訟不能決詣周入其界見耕者皆讓畔未見西伯而慚相謂曰吾所爭者周所恥也遂還明年伐犬戎又明年伐密須又明年伐崇侯虎而徙都於酆諸侯多歸之都酆明年而薨太子發立

。尚書帝命驗曰季秋之月甲子赤雀銜丹書入酆止昌戶

拜稽首（稽首頭至地也）至于磻谿之水呂尚釣涯（呂尚名氏）王下趣拜（急見也）曰公望七年（日公乎我相望七年言父也）乃今見光景于斯（尊之辭）（此也）答曰望釣得玉璜（半璧曰璜釣得魚中有璜）刻曰姬受命呂佐旌（受天命爲天子呂佐旌理之也）遂置車左王躬執驅（驅下賢也車尊曰左王身執轡而驅焉）號曰師尚父

周書曰文王昌曰吾聞之無變古無易常無陰謀無擅制無更創爲此則不祥太公曰夫天下非常一人之天下也天下之國非常一人之國也莫常有之唯有道者取之古之王者未使民民化未賞民民勸不知怒不知喜愉愉然其如赤子此古善爲政也

又曰文王在鎬召太子發曰嗚呼我身老矣吾語汝我所保與我所守傳之子孫吾厚德而廣惠忠信而志愛吾不爲驕侈不爲太靡不淫於美吾栝柱而茅茨吾爲民愛費

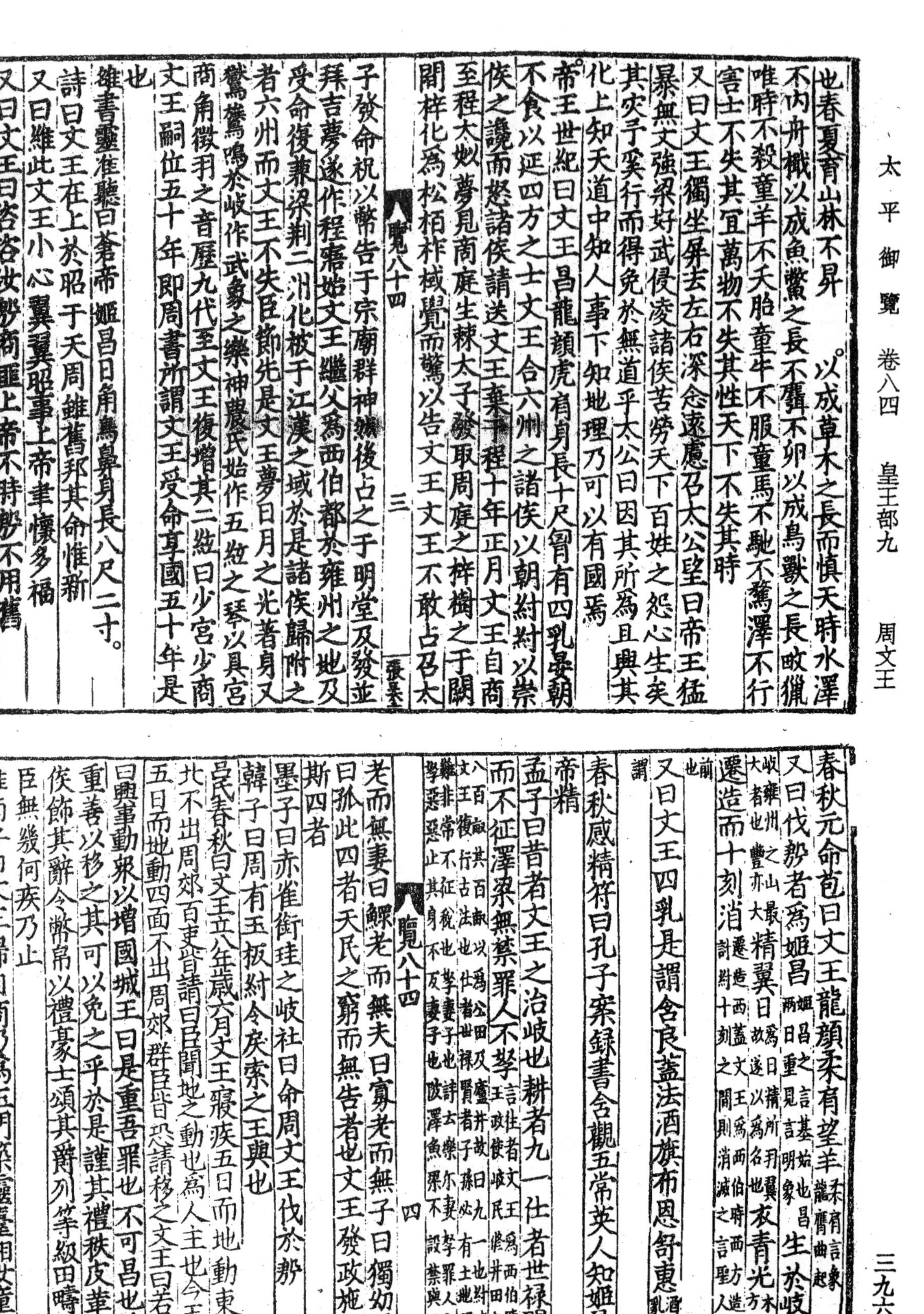

也春夏育山林不昇　以成草木之長而愼天時水澤不內舟檝以成魚鱉之長不麛不卵以成鳥獸之長畋獵唯時不殺童羊不夭胎童牛不服童馬不馳不騖澤不行害土不失其宜萬物不失其性天下不失其時

又曰文王獨坐屏去左右深念遠慮召太公望曰帝王猛暴無文強梁好武侵凌諸侯苦勞天下百姓之怨心生矣其灾予奚行而得免於無道乎太公曰因其所爲且興其化上知天道中知人事下知地理乃可以有國焉

帝王世紀曰文王昌龍顏虎肩身長十尺胷有四乳晏朝不食以延四方之士文王合六州之諸侯以朝紂紂以崇侯之譏而怒諸侯請送文王棄于程十年正月文王自商至程太姒夢見商庭生棘太子發取周庭之梓樹之于闕閒梓化爲松栢柞棫覺而驚以告文王文王不敢占召太子發命祝以幣告于宗廟群神然後占之于明堂及發並拜吉夢遂作程寤始文王繼父爲西伯都於雍州之地及受命復兼梁荆二州化被于江漢之域於是諸侯歸附之者六州而文王不失臣節先是文王夢日月之光著身又鸑鷟鳴於岐作武象之樂神農氏始作五絃之琴以具宮商角徵羽之音歷九代至文王復增其二絃曰少宮少商文王嗣位五十年即周書所謂文王受命享國五十年是也

雒書靈准聽曰蒼帝姬昌日角鳥鼻身長八尺二寸。

詩曰文王在上於昭于天周雖舊邦其命惟新

又曰維此文王小心翼翼昭事上帝聿懷多福

又曰文王曰咨咨汝殷商匪上帝不時殷不用舊

春秋元命苞曰文王龍顏柔肩望羊（柔肩言象龍膺曲起）

又曰伐殷者爲姬昌（姬昌之言基始也昌兩日重見言明象）生於岐立於豐（岐雍州之山最大者也豐亦大）精翼日（爲日精所翔翼故遂以爲名也）衣青光（木神以其方色表衣）遷造而十刻消（遷造西蓋文王爲西伯時西方造意東入討紂十刻之間則消滅之言聖人所向無前也）

又曰文王四乳是謂含良蓋法酒旗布恩舒惠（酒者乳也乳天下之謂）

春秋感精符曰孔子案錄書含觀五常英人知姬昌爲蒼帝精

孟子曰昔者文王之治岐也耕者九一仕者世祿關市譏而不征澤梁無禁罪人不孥（言往者文王爲西伯時始行王政使岐民脩井田八家耕八百畝其百畝以爲公田及廬井故曰九一也紂時稅重文王復行古法也仕者世祿賢者子孫必有土地關以譏難非常不征稅也孥妻子也詩云樂尔妻孥罪人之子不孥惡惡止其身不及妻子也陂澤魚梁不設禁與民共也）老而無妻曰鰥老而無夫曰寡老而無子曰獨幼而無父曰孤此四者天民之窮而無告者也文王發政施仁必先斯四者

墨子曰赤雀銜珪之岐社曰命周文王伐於殷

韓子曰周有玉板紂令厌索之王與也

呂氏春秋曰文王立八年歲六月文王寢疾五日而地動東西南北不出周郊百吏皆請曰臣聞地之動也爲人主也今王寢疾五日而地動四面不出周郊群臣皆恐請移之文王曰若何移對曰興事動衆以增國城王曰是重吾罪也不可昌也請改行重善以移之其可以免之乎於是謹其禮秩皮革以文諸侯飾其辭令幣帛以禮豪士頒其爵列等級田疇以賞群臣無幾何疾乃止

淮南子曰文王歸自商乃爲玉門築靈臺相女童鍾鼓

(王闕門爲桎梏陛相女童覗之也)以待紂之失也紂聞之曰周伯昌改道易行吾無憂矣乃爲炮烙剖比干剔孕婦殺諫者文王乃遂其謀

又曰文王之時紂爲天子賦斂無度殺無止康梁流湎宮中成市(康梁酖樂流湎酒也成市言集者多)作爲炮烙之刑刳諫者剔孕婦天下同心而苦之文王四世累善(大王王季文王凡四世也)修德行義處岐周之間地方不過百里天下二分歸之文王欲以卑弱制強暴以爲天下去殘除賊而成王道故太公之謀主也(太公爲周陳陰符兵謀也)

賈誼書曰文王晝卧夢人登城而呼已曰我東北陬之腐骨也速以人君葬我文王曰諾覺召吏視之信有焉文王曰速以人君葬之吏曰此無主請以五大夫文王曰吾夢中已許之矣奈何其背也士民聞之曰我君不以夢之故背腐骨況於生人乎

桓子新論曰文王操者文王之時紂無道爛金爲格溢酒爲池宮中相殘骨肉成泥琁室瑤臺藹雲翳風鐘聲雷起疾動天地文王躬被法度陰行仁義援琴作操故其聲紛以擾駭角震商琴操曰受命者謂文王受天命文王以紂時爲岐侯躬修道德執行仁義百姓附親是時紂爲無道刳胎斬涉廢壞三仁天統易運諸侯瓦解皆歸文王其後有鳳凰銜書於郊文王曰殷帝無道虐亂天下皇命已移不得復久乃作鳳凰之歌曰翼翼翔翔鸞皇兮銜書來遊以命昌兮瞻天案圖殷將亡兮蒼蒼皓天始有萌兮五神連精合謀房兮

又曰文王修德百姓親附是時崇侯虎與文王列爲諸侯德不能及文王常嫉妬之乃譖文王於紂曰西伯昌聖人也長子發中子旦皆聖合謀君其慮之乃囚文王於姜里

呂氏春秋曰周文王使人扣地得人之骸吏以聞文王文王令葬之吏曰此無主矣文王曰有天下者天下之主有一國者一國之主今我非其主耶遂令以衣棺葬之天下聞之曰澤及枯骨又況於人乎哉或得寶以危其國文王得朽骨以喻其意故聖人之於物也無不被也

又曰文王處岐事紂寃侮雅遜朝夕必時(雅正遜順紂雖寃枉而侮慢之而文王猶正順諸侯之禮而不失其時也)止貢必適祭祀必敬紂喜命文王稱西伯賜之千里之地文王再拜稽首而辭曰願爲民請去炮烙之刑(紂見熨斗爛人手因作銅柱布火於其下令人走其上墮火而死以之爲樂以之爲方之托炮故名爲炮烙也)文王非惡千里之地也以爲民請去炮烙之刑必得民心得民心則賢於千里之地矣

呂氏春秋曰文王修德百姓親附是時崇侯虎與文

王同列爲諸侯德不能及文王常嫉妬之乃譖文王於紂曰西伯昌聖人也長子發中子旦皆聖合謀君其慮之紂乃囚文王於姜里將欲殺之於是文王四臣散宜生等乃周流海內經歷豐土得美女二人水中文貝白馬朱鬛以獻於紂陳於中庭紂立出西伯文王在姜里時演易八卦爲六十四作鬱厄之辭困于石據于蒺藜乃申憤以作歌曰殷道溷溷浸濁煩兮朱紫相合不別分兮迷亂聲色信讒言兮閶闔之虐使我愆兮幽閉牢穽由其言兮遘我四人憂勤勤兮

論衡曰文王飲酒千鍾聖人能以德將酒也

帝王世紀曰文王昃朝不食以延四方之士是以太顛閎夭散宜生南宮适之屬咸至是爲四臣文王雖在諸侯之位(襲爲西伯紂旣囚文王文王之長子曰伯邑考質於殷爲紂御紂以爲羹賜文王曰聖人當不食其子羹文王得)

而食之紂曰誰爲西伯聖者食其子羹尚不知也

魏陳思王曹植文王賛曰於赫聖德寔惟文王三分有二猶復事商化加虞芮傍暨四方王業克昭武嗣遂光

又文王赤雀賛曰西伯積德天命攸顧赤雀銜書爰集昌户瑞爲天使和氣所致嗟爾後王昌期而至

周庾信文王見呂尚賛曰言歸養老垂釣西川岸上盤石溪惟小船風雨未感意氣怡然有此相望于今幾年

武王

書曰武王戎車三百乘兵車一乘步卒七十三人凡二萬一千全數也虎賁三百人虎賁若虎賁獸言其猛也與紂戰于牧野作牧誓

尚書中候曰太子發以紂存三仁附三仁微子箕子比干也即位不稱王渡于盟津中流受文命待天謀白魚躍入王舟王俯取魚長三尺赤文有字題目下名授右右助也天告以伐紂之意是其助也

有火自天出于王屋流爲赤烏五至以穀俱來流行也五至猶五來赤烏成文雀書之福文王得赤雀丹書今武王致赤烏俱應周尚赤故言成文也

詩曰考卜維王宅是鎬京維龜正之武王成之

禮曰武王纘太王王季文王之緒一戎衣而有天下身不失天下之顯名尊爲天子富有四海之內宗廟饗之子孫保之纘繼也緒業也戎兵也衣讀爲殷聲之誤一者一伐殷也

又曰昔殷紂亂天下脯鬼侯以饗諸侯是以周公相武王以伐紂

樂稽耀嘉曰武王承命興師誅于商萬國咸喜軍渡盟津前歌後舞後乃大安家給人足酌酒欝搖欝搖喜皃也

春秋元命苞曰武王駢齒是謂剛強承命誅害以順天心

史記曰武王即位太公望爲師周公旦爲輔召公畢公之徒左右脩文王業九年東觀兵盟津爲文王木主載以居中軍自稱太子發言奉文王以伐不敢自專乃告司馬司徒司空遂興師渡河時諸侯不期而會盟津者八百諸侯皆曰紂可伐矣武王曰未可乃還師居二年聞紂昏亂滋甚剖比干囚箕子大師疵少師彊抱其樂器而奔周於是武王乃渡盟以卒馳紂紂師皆倒兵戟紂軍潰叛走登鹿臺之上蒙衣其珠玉自燔于火而死王遂入至紂死所自射紂三發而後下車以黃鉞斷紂頭懸大白之旗紂嬖妾妲己二女皆自殺王又射三發斬以玄鉞懸其頭小白之旗出復于軍其明日遂除紂宮誓殷民即帝位

帝王世紀曰武王自盟津還返于周見暍人王自在擁而右扇之四年起師至鮪水甲子至于商郊牧野王韈係解五人侍於前莫肯爲王係韈皆曰臣所以事君王非爲係韈也王乃釋旄而係之與紂戰紂師敗績擒費仲惡來紂

赴于京自燔于宣室而死乃以大旗麾諸侯入殷都百姓咸佇于郊王使告曰上天降休商人皆拜王亦答拜以兵人造紂及妲己王親射射之三發然後下車以劒擊之周公爲司徒使以黃鉞斬紂頭召公爲司空又使以玄鉞斬妲己明日天雨王命除道脩社入商宮朝成湯之廟登堂見美玉入室見美女王皆取而歸之諸侯天下聞之以廉于財色矣置旌於商容之閭釋箕子之囚散鹿臺之財發鉅橋之粟以賑貧民命南宮括伯達史佚遷九鼎于洛邑命閎夭封比干之墓殷民咸喜十年冬王崩于鎬殯于岐時年九十三歲矣太子誦立爲成王

越書曰八百諸侯皆一旦會於盟津之上不言同辭不呼自來盡知武王忠信欲從伐紂

墨子曰天錫武王黃鳥之旗

淮南子曰武王伐紂渡於盟津陽侯之波逆流而擊疾風晦瞑人馬不見於是武王左操黄鉞右執白旄瞋目而麾之曰余在天下誰敢害吾意者於是風濟而波罷

又曰武王克殷欲築宫於五行之山五行山今太行山也河内野王縣北上黨問周公曰不可夫五行之山固塞險阻之地也使我德能覆之則天下納其貢職者迴也迴透難也使我有暴亂之行則天下之伐我難周公言我有暴亂之行則天下當來伐我無爲於五行之山使天下來伐我者難也言其依德不恃險也此所以三十六世而不奪也

說苑曰武王伐紂過隧斬山過水折舟過谷發梁過山焚萊示民無返志

成王

史記曰成王少周公攝政管叔蔡叔群弟疑周公與武庚作亂叛周周公奉成王命伐誅武庚殺管叔蔡叔以微子開代殷後國於宋周公行政七年成王長周公反政成王北面就群臣之位成王在酆使召公復營洛邑如武王之意周公復卜申視卒營築居九鼎焉曰此天下之中四方入貢道里均作周官興正禮樂制度於是政而民和睦頌聲興

帝王世紀曰周公居冢宰攝政成王年少未能治事故號曰孺子八年王始躬親王事以周公爲太師封伯禽于魯父子並命周公拜于前魯公拜于後王以周公有勲勞於天下故加魯以四等之上兼二十四附庸地方七百里革車千乘王既營都洛邑復居酆鎬淮夷徐戎及商奄又叛王乃大蒐於岐陽東伐淮夷七年王崩年十六矣太子釗代立

淮南子曰成王問政於尹逸曰吾何德之行尹逸史佚也而民親其上對曰使之時而敬順之王曰其度安至曰如臨深淵如履薄氷王曰懼哉王人乎尹逸曰天地之間四海之内善之則吾畜也不善則吾讎也

吕氏春秋曰旦所朝窮巷之中甕牖之士者七十人文王造之而未遂武王遂而未成周公旦抱少主而成之故曰成王

賈誼書曰周成王問鬻子曰寡人聞聖王在上位使民富且壽夫富則可爲也壽則不在天乎鬻子對曰聖王在上位則天下無軍兵之事故諸侯不相攻而民不私鬬不相殺也則民免於一死而得一生矣聖王在上君積於道而吏積於德民積於用故婦人爲其所依丈夫爲其所食民免二死得二生矣聖王在上則君積於仁而吏積於愛而民積於順則刑罰廢無夭過之誅則民免於三死得三生矣聖王在上則使民以時而用之有節則民無厲疾矣則民免於四死得四生矣

琴操曰周金縢者周公作金縢書也武王薨太子誦襲武王之業年七歲不能統理海内周公爲攝政是時周公因誅管蔡之後有謗公於王者言公專國之權詐策謀將危社稷不可置之成王聞之勃然大怒欲因周公周公乃奔于魯而死成王聞公死且怒之且傷之以公禮葬之天乃大暴風疾雨禾稼皆偃木折傷成王懼發金縢之書見周公所爲武王禱命以身贖之書成王執書而泣曰誰言周公欲危社稷者取所讒公者而誅之蔡於國天乃反風霽雨禾稼復起成王作思慕之歌

太平御覽卷第八十四

按本卷有錯簡五處茲據日本學訓堂倣宋聚珍版暨鮑崇城本訂正並於銜接處加○爲識其原式如左

今第一葉後十一行次曰虞仲止次行原爲今第二葉前十三行尚書帝命驗曰

今第二葉前十二行太子發立止次行原爲今第三葉前九行帝王世紀曰

今第三葉前一行山林不昇下原接今第一葉後十一行太姜生少子季歷

今第三葉前八行乃可以有國焉止次行原爲今同葉後十行詩曰文王在上

今第三葉後九行身長八尺二寸下原接今同葉前一行以成草木之長

但今第三葉前一行山林不昇句聚珍版鮑刻昇均作升下有斧斤二字今檢逸周書皆同併記

太平御覽卷第八十五

皇王部十

周康王　昭王　穆王　共王　懿王
孝王　夷王　厲王　宣王　幽王
平王　桓王　莊王　僖王　惠王
襄王　頃王　匡王　定王　簡王
靈王　景王　悼王　敬王　元王
貞定王　哀王　思王　考王　威烈王
安王　烈王　顯王　慎靚王
赧王

周康王

紀年曰：成康之際，天下安寧，刑措四十餘年不用。

帝王世紀曰：康王元年，釋喪冕作誥，申諸侯命，畢公作策分民之居里于成周之郊。王在位二十六年崩，子瑕代立，是謂昭王。

述異記曰：廬山上有康王谷，嶺有一城，號爲劉城。天每欲雨，輙聞山上鼓角笳簫之聲，聲漸至城而風雨晦合。時人以爲常候。傳云此周康王之城。康王愛奇好異，巡歷名山，不遠而至。城中每得古器大鼎斛及弓弩金之屬，知非常人之所處也。而山有康王之號，城又以劉爲稱，斯言將有徵。

昭王

傳曰：齊侯伐楚，楚子使與師言。管仲對曰：爾貢苞茅不入，王祭不供，無以縮酒，寡人是徵。昭王南征不復，寡人是問。對曰：貢之不入，寡君之罪也，敢不供給。昭王之不復，君其問諸水濱。（昭王時漢水非楚境，故不受罪也。）

帝王世紀曰：昭王在位五十一年，以德衰南征，及濟于漢，舡人惡之，乃膠船進王。王御船至中流，膠液解，王及祭公俱没水而崩。其右辛游靡長臂且多力，拯得王。周人諱之。王室於是乎大微。王娶於房，曰房后，生太子滿，代立，是謂穆王。漢上記曰：咋額至横桑三十里。桑字本作喪，辛游靡取昭王喪處。

呂氏春秋曰：周昭王親征荆（高誘注曰：秦莊王名楚，故曰荆。）還及涉漢，梁敗，王杜於漢中（杜，尤騖切，訓墜也），辛餘靡振王北濟。

穆王

歸藏曰：昔穆王天子筮出於西征，不吉，曰：龍降於天而道里脩遠，飛而中天，蒼蒼其羽。

傳曰：穆王有塗山之會。（周穆王會諸侯於塗山。）

又曰：昔穆王欲肆其心，周行天下，將必皆有車轍馬跡焉。祭父作祈招之詩以止王心，王是以獲没於祗宫。

史記曰：穆王即位，春秋已五十矣，而王道衰微。王將征犬戎，祭公謀父諫，不可。王遂征之，得四白狼、四白鹿以歸。自是荒服者不至。諸侯有不睦者，甫侯言於王，作脩刑辟，命曰甫刑。穆王立五十五年，年一百五歲而崩。子恭王翳扈立。

穆天子傳曰：天子北征，乃絶漳水（郭璞注曰[illegible]也水今在鄴縣也），於是即井鈃山之下（即井鈃山也，今在常山石邑縣。鈃音刑）。癸未，雨雪，天子獵于鈃山之西河（河山足坡），乃至于崑崙之丘，以觀春山之寶。乃披圖視典，用觀天子之寶器（皆河所出禮圖），玉果（石似美玉，所謂如果者也），璿珠（璿，玉類也，音旋），燭銀（有精光如燭也），黄金之膏（金膏亦猶玉膏，皆其精汋也）。宿於崑崙之阿，赤水之陽（崑崙山有赤水，東北流，見山海經也）。升于崑崙之丘，以觀黄帝之宫（黄帝巡遊四海，登崑崙山，而起宫室其上，見新語也）。天子北征，舍乎珠澤（此澤出珠，乃因名之，今越巂平澤出青海）。北昇于春山之上，以望四野，曰：春山是惟天下之高山者也。癸丑，天子乃遂西征。吉日甲子，天子賓于西王母西王母如人虎齒蓬髮戴勝善嘯紀年曰穆王十七年西征于崑崙之丘見西王母其年辛丑來賓于昭宮乃執白圭玄璧以見西王母執贄者致敬也獻錦組百純乙丑天子觴西王母于瑤池之上西王母爲天子謠謠徒歌也曰白雲在天山陵自出道里悠遠山川間之將子無死將猶請也尚能復來尚庶幾也巳西天子飲于洀水之上音汗洀水也六師之人畢至于曠原乃奏廣樂六師之人翔畋于曠原翔猶遊也得獲無疆無疆猶無限也鳥獸絶群言取盡也

帝王世紀曰穆王修德教會諸侯於塗山命呂侯爲相或謂之甫侯五十一年王已百歲老耄以呂侯有賢能之德於是乃命呂侯作呂刑之書五十五年王年百歲崩于祇宮

揚子法言曰周穆少不好學至乎耄長

抱朴子曰周穆王南征一軍盡化君子爲猨爲鵠小人爲蟲爲沙

恭王

帝王世紀曰恭王能庇昭穆之闕故春秋稱之周自恭至夷王四世年紀不明是以曆依魯爲正王在位二十年崩子堅代立

懿王

史記曰懿王時王室遂衰懿王在位二十五年崩恭王弟辟方立是爲孝王

孝王

帝王世紀曰懿王二年徙都犬丘

史記曰孝王在位十五年崩諸侯復立懿王太子燮是爲夷王

夷王

禮曰禮天子不下堂而見諸侯下堂而見諸侯天子之失禮也由夷王已下也

史記曰夷王崩子厲王胡立

紀年曰夷王二年蜀人呂人來獻瓊賓于河用介珪三年王致諸侯烹齊哀公于鼎

帝王世紀曰夷王即位諸侯來朝王降與抗禮諸侯德之三年王有惡疾愆于厥身諸侯莫不並走群望以祈王身十六年王崩

厲王

史記曰厲王即位三十年好利近榮夷公大夫芮良諫王不聽卒以榮爲卿士用事王行暴虐侈傲國人謗王召公諫曰民不堪命王怒得衛巫使監謗以告則殺之諸侯不朝三十四年王益嚴國人莫敢言道路以目三年相與叛襲厲王出奔于彘太子靜匿召公之家國人聞乃圍之召公以其子代太子竟得脫召公周公二人相共行政號曰共和共和十四年厲王死于彘太子靜長於召公家二相乃共立之是爲宣王

帝王世紀曰厲王荒沉于酒淫於婦人

宣王

史記曰宣王即位二相輔之修政法文武成康之遺風諸侯復宗周十二年魯武公來朝宣王不脩籍於千畝虢文公諫曰不可王弗聽三十九年戰于千畝王師敗績于姜戎王在位四十六年崩子幽王宫湼立

帝王世紀曰宣王元年以邵穆公爲相秦仲爲大夫誅西戎是時天大旱王以不雨遇灾而懼整身修行欲以消去之祈于群神六月乃得雨大夫仍叔美而歌之今雲漢之

詩是也是歲西戎殺秦仲王於是進用賢良樊仲山父尹吉父程伯休父虢文公申伯韓侯顯父南仲方叔仍叔邵穆公張仲之屬並爲卿佐自厲王失政獫狁荆蠻交侵中國官政隳廢百姓離散王乃脩復宮室　納規諫安集兆民命南仲邵虎方叔吉父並征定之復先王境土繕車徒興畋狩禮天下喜王化復行號稱中興

墨子曰周宣王殺杜伯不辜杜伯曰死若有知三年必使君知之宣王田於圃田從人滿野日中杜伯乘白馬素車朱衣朱冠手執朱弓挾朱矢射王而中其心折脊伏弢而死從者莫不聞見

幽王

國語曰幽王之二年西周三川皆震伯陽父曰周將亡矣夫天地之氣不失其序若過其序民亂之也陽伏而不能出陰迫而不能烝於是有地震今三川實震陽失其所而鎮於陰也

史記曰幽王得褒姒而嬖愛之乃欲廢后并太子用褒姒爲后以其子伯服爲太子褒姒爲人不好笑悅之萬方猶不笑幽王爲烽燧火鼓寇至則舉烽火於是諸侯悉至至而無寇褒姒乃大笑幽王悅之爲數舉烽火其後諸侯不信並不至幽王以虢石父爲御用事國人皆怨之石父爲人佞巧善諛好利今王用之幽王之廢后去太子也申侯怒乃與繒西夷大戎共攻幽王王舉烽火徵兵兵莫至遂殺幽王驪山之下虜褒姒盡取周之財而去於是諸侯乃即申侯而共立故太子宜臼是爲平王以奉周祀平王乃東徙洛邑避戎寇也幽王在位凡一十一年

紀年曰幽王立褒姒之子伯盤以爲太子國語曰宣王之元妃獻后生子不恒朞月而生后弗敢舉天子召問群王之元史史皆荅曰若男子也身體有不全諸骨節有不備者則可身體全骨節備不利於天子也將必喪邦天子曰若而不利余一人命棄之仲山父曰天子年長矣而未有子或者天將以是棄周雖棄之何益天子弗棄之

平王

史記曰平王之時王室微弱而諸侯以強并弱齊楚秦晉始大政由方伯五十一年平王崩太子泄父早死立其子林是爲桓王桓王平王孫也

帝王世紀曰平王元年鄭武公爲司徒與晉文侯股肱周室夾輔平王率諸侯戮力一心東遷洛邑

桓王

史記曰桓王在位二十三年崩子莊王佗立

帝王世紀曰桓王既失於信禮義陵遲男子淫奔讒僞並作諸侯背叛構怨連禍九族不親故詩人刺之

莊王

史記曰莊王四年周公黑肩欲殺莊王而立王子克辛伯告王王殺周公王子克奔燕十五年莊王崩子僖王胡齊立

僖王

史記曰僖王三年齊桓公始霸五年僖王崩子惠王閬立

帝王世紀曰僖王自即位以來變文武之制作玄黄華麗之飾宮室崚而奢侈故孔子譏焉五年王崩子凉洪代立

惠王

傳曰有神降於莘惠王問内史過曰是何故也對曰國興明神降之監其德也將亡神又降之觀其惡也故有得神

以興亦有以亡虞夏商周皆有之

史記曰初莊王嬖姬姚生子頹有寵及惠王即位奪其大臣爲國之田以爲囿故大夫邊伯等五人作亂謀召燕衛之師伐惠王惠王奔溫居鄭之櫟立僖王弟子頹爲王遂享諸大夫樂及徧儛虢君怒四年鄭與虢君　殺子頹復立惠王惠王在位二十五年崩子襄王鄭立

襄王

史記曰襄王母蚤死後母曰惠后惠后生叔帶有寵襄王畏之三年叔帶與戎翟謀伐襄王襄王欲誅叔帶叔帶奔齊齊桓公使管仲平戎于王十五年王以翟師伐鄭王德翟人將以其女爲后富辰諫不聽十六年王絀翟后翟人來誅殺譚伯富辰曰吾數諫不從乃以其屬死之初惠后欲立王子帶故以其黨開翟翟人遂入周襄王出奔於鄭鄭居於氾子帶立爲王取襄王所絀翟后與居溫十七年襄王乃告急於晉晉文納王而誅叔帶襄王於是賜晉文公珪鬯弓矢爲伯以河內地與晉二十年晉文公又召襄王襄王會之河陽書曰天王狩于河陽三十二年襄王崩子頃王壬臣立

頃王

史記曰頃王六年崩子匡王班立

匡王

史記曰匡王六年崩弟瑜代立是爲定王

定王

史記曰定王元年楚伐陸渾之戎次於洛使人問九鼎之重輕王使王孫滿應設以辭楚兵乃去二十一年定王崩子簡王夷代立

簡王

史記曰簡王十三年晉殺其君厲公迎子周於周立之爲悼公十四年簡王崩子靈王泄心立

靈王

傳曰王子朝使告于諸侯曰定王六年秦人降袄曰周其有頿王亦克能脩其職至于靈王生而有頿王甚神聖無惡於諸侯

國語曰靈王二十年穀雒闘將毀王宮賈逵注曰穀雒二水合有似闘洛在王城南穀在城北者王欲壅之太子晉諫曰不可晉聞古之長民者不隳山不崇藪不實澤實沒也夫山土之聚也藪物之歸也川氣之導也澤水之鍾也天地成聚於高歸物於下疏爲川谷以導其氣陂塘汙原以鍾其美聚萬物合之美大也伯鯀封崇九山決汩九川陂障九澤豐殖九原故天無伏陰地無散陽觀之詩書與民之憲言則皆亡王之爲也王其圖之王卒壅之亂於是始

史記曰靈王在位二十七年崩子景王貴立

景王

傳曰天王將鑄無射周景王也無射鍾名泠州鳩曰王其以心疾死乎泠樂官州鳩其名也夫樂天子之職職主也夫音樂之輿也樂因音而行而鍾音之器也音由器以發天子省風以作樂省風俗作樂以移之器以鍾之鍾聚之輿以行之樂須音而行小者不窕窕細也他彫切大者不槬槬橫大不入也音畫則和於物物和則嘉成喜樂成也故和聲入於耳而和於心心億則樂億安也窕則不咸不充滿人心大則不容心不堪容心是以感感實生疾今鍾槬矣王心弗堪其能久乎

史記曰景王太子聖而早卒王愛子朝欲立之會崩子丐之黨與爭立國人立長子猛爲王子朝攻殺猛猛爲悼王

晉人攻子朝而立丐是爲敬王

帝王世紀曰景王遇心疾崩于榮錡氏單穆公與劉文公立太子猛是爲悼王景王在位二十五年

悼王

帝王世紀曰悼王以景王二十五年四月始即位十一月崩王立凡二百日故春秋稱王子猛卒不成喪故不言天王崩也立王母弟是爲敬王

敬王

史記曰晉定公遂入敬王于周四十三年敬王崩子元王仁立

元王

史記曰元王八年崩子定王介立

貞定王

史記曰定王十六年三晉滅智伯分其地二十八年崩子去疾立是爲哀王皇甫謐曰貞定王

哀王

帝王世紀曰哀王即位三月弟叔襲殺王而立是爲思王

思王

帝王世紀曰思王即位五月弟嵬攻殺王而代立是爲考哲王

考王

史記曰考王十五年崩子威烈王午立

威烈王

帝王世紀曰威烈王崩子驕立是爲元安王

安王

史記曰安王立二十六年而崩子烈王喜代立

帝王世紀曰安王子喜立是爲烈王

烈王

史記曰烈王十年崩弟扁立是爲顯王

顯王

史記曰顯王三十五年致文武胙於秦惠王四十四年秦惠王稱王其後諸侯皆爲王四十八年顯王崩子愼王定立

帝王世紀曰顯王元年趙成侯韓哀侯來攻周二年西周威公之嗣曰惠公始封東公少子班於鞏以奉王是爲東周惠公周於是始分爲東西王微弱政在西周

愼靚王

帝王世紀曰愼靚王六年崩子延代立是爲赧王

赧王

史記曰東西周分治赧王徙都西周五十九年秦攻西周王奔秦頓首受罪盡獻其邑三十六口三十萬秦受其獻而歸其君於周周王赧卒周民遂東亡秦取九鼎寶器而遷西周公於𢾊音憚狐後七歲秦莊襄王滅東西周皆入於秦周既不祀既盡也

漢書曰幽平之後日以陵夷至乎崎嶇河洛之間分爲二周然天下謂之共主雖後微弱猶云以爲主强大弗之敢傾歷載八百餘年數極德盡旣於赧王降爲庶人號位以絶於天下尚枝葉相持莫得居其虛位四海亡主三十餘年

帝王世紀曰赧王二十七年冬十月秦昭襄王仍僭號西帝齊閔王稱東帝十一月齊各復去帝號爲王四十五年王如秦得罪於秦秦攻周或説秦王乃止王雖居天子之位爲諸侯之所侵逼與家人無異多貰於民無以歸之乃

上臺以避之故周人因名其臺曰逃債之臺洛陽南宮謻臺（謻音夷又音尸移切）是也五十九年秦攻韓魏趙大破之王懼乃背秦與諸侯合從將天下銳師出伊門攻秦秦昭襄王大怒使將軍摎（音虬）攻周王王恐乃入秦頓首受罪盡獻其邑秦盡納其獻使赧王歸于周降爲庶人以壽終王逸正部曰幽厲禮樂崩壞諸侯力政轉相吞滅德不能懷威不能制至於王赧遂衰王計

太平御覽卷第八十五

太平御覽卷第八十六

皇王部十一

秦

昭襄王
孝文王
莊襄王
始皇帝
二世皇帝
秦王子嬰
楚義帝附

秦

史紀曰秦之先帝顓頊之苗裔孫曰女脩女脩織玄鳥隕卵女脩吞之生子大業大業娶少典之子曰女華生大費

與禹平水土已成帝錫玄珪禹受曰非予能成亦大費與禹平水土已爲輔帝舜曰咨爾費贊禹功其賜爾皁游爾後嗣將大出遂妻之姚姓之玉女大費拜受佐舜調馴鳥獸是爲栢翳舜賜姓嬴氏大費生子二人一曰大廉實鳥俗氏二曰若木實費氏其玄孫曰費昌子孫或在中國或在夷狄費昌當夏桀之時去夏歸商爲湯御以敗桀於鳴條大廉玄孫曰孟戲中衍鳥身人言帝太戊聞而卜之使御吉遂致使御而妻之自太戊以下中衍之後世有功以佐殷國故嬴姓多顯遂爲諸侯其玄孫曰中潏在西戎生蜚廉蜚廉生惡來惡來有力蜚廉善走父子俱以材力事紂周武王伐紂并殺惡來蜚廉死葬於霍太山蜚廉復有子曰季勝玄孫曰造父以善御幸於周繆王繆王以趙城封造父造父族由此爲趙氏趙衰其後也惡來革者蜚廉子也早死有子曰女防女防四世生非子以造父之寵皆姓趙氏非子居犬丘周孝王分土爲附庸邑之秦（今天水隴西縣秦亭也）使復續嬴氏祀號曰秦嬴三世至秦仲始大其孫襄公時周平王避犬戎之難東徙洛邑襄公以兵送平王平王封襄公爲諸侯賜之岐以西之地襄公於是始與諸侯通使聘享之禮至繆公康公之世漸爲强霸與齊晉爭爲諸侯盟主秦仲已下二十八世曰武王武王卒立異母弟是爲昭襄王于時周室微弱

昭襄王

史記曰昭襄王十九年王爲西帝齊爲東帝皆復去之五十二年周九鼎入秦周初亡五十四年王郊見上帝於雍丘五十六年昭襄王卒子孝文王立

古史考曰王赧卒後天下無主四十九年以歲所在紀之

孝文王

史記曰孝文王元年赦罪人脩先王功臣褒厚親戚文王除喪十月已亥即位三日辛丑卒子莊襄王立

莊襄王

史記曰莊襄王元年大赦罪人脩先王之功臣施德厚骨肉而布惠於民東周君與諸侯謀秦秦使相國呂不韋誅之盡入其國以陽人之地賜周君奉其祭祀四年莊襄王卒子政立

始皇帝

河圖曰秦帝名政虎口日角大目隆鼻長八尺六寸大七圍手握兵執矢名祖龍

尚書考靈耀曰秦失金鏡（宋均注曰金鏡喻明道也）魚目入珠（言僞亂真也莊襄王納呂不韋之妻生始皇也）

古文奇字曰秦改古文以爲大篆及隸字國人多誹謗怨恨秦苦天下不從而召諸生到者拜爲郎凡七百人又密冬月種瓜於驪山硎谷之中温處瓜實成乃使人上書曰瓜冬有實有詔下博士諸生說之人人各異說則皆使往視之而爲伏機諸生賢儒皆至焉方相難不能決因發機從上填之以土皆壓死

史記曰莊襄王爲秦質子於趙見呂不韋姬悅而取之生始皇帝始皇以秦昭王四十八年正月生於邯鄲及生名爲政姓趙氏年十三歲莊襄王死政代立爲秦王十年大梁人尉繚來說秦王曰以秦之強視諸侯譬如郡縣之君臣但恐諸侯合從而出不意此乃智伯夫差湣王所以亡也願大王無愛財物賂其豪臣以乱其謀不過亡四十萬金則諸侯可盡王從其計見尉繚抗禮衣服食飲與繚同繚曰秦王爲人蜂準長目鷙鳥膺豺聲少恩而虎狼心居約易出人下得志亦輕食人我布衣然見我常身自下我使秦王得志於天下天下皆爲虜矣不可與久遊乃亡去秦王覺固止爲秦國尉卒用其計策二十六年秦初并天下廷尉斯等與博士議曰有天皇有地皇有人皇人皇最貴臣等昧死上尊號王爲泰皇命爲制令爲詔天子自稱爲朕王曰去泰著皇採上古帝王位號號曰皇帝他如議制曰朕聞太古有號死而以行爲謚如此則子議父臣議君甚無謂朕弗取自今以來除謚法朕爲始皇帝後世以計數二世三世至於萬世傳之無窮始皇推終始五德之傳音亭傳之傳也以爲周得火德秦代周德從所不勝方今水德之始改年始朝賀皆自十月朔衣服旄旌節旗皆上黑數以六爲紀符法冠皆六寸而輿六尺六尺爲步乘六馬更名河曰德水以爲水德之始剛毅戾深事皆決於法分天下之國以爲三十六郡郡置守尉監更命民曰黔首大酺收天下兵聚之於咸陽銷以爲鍾鐻鑄爲金人十二重各千石置宮庭中一法度衡石丈尺車同軌書同文字地東至海暨朝鮮西至臨洮羌中南至北向戶北據河爲塞並陰山至遼東徙天下豪富於咸陽十二萬戶諸廟及章臺上林皆在渭南秦每破諸侯寫放其宮室作之咸陽北阪二曰臨渭自雍門以東至涇渭殿屋複道周閣相屬所得諸美人鍾鼓以充入之二十七年始皇巡隴西北地出雞頭山過回中作長信宮渭南已來更命宮爲極廟象天極廟道通驪山上作甘泉前殿築甬道自咸陽屬之二十八年始皇東行郡縣上鄒嶧山立石與魯諸儒生刻石頌秦德議封禪望祭山川之事乃遂上太山立石封祠祀禪梁父刻所立石乃並勃海以東過黃腄窮成山登之罘立石頌秦德而去南登琅邪大樂之留三月徙黔首三萬戶琅邪臺下復十二歲作琅邪臺立石頌秦德二十九年始皇東遊至陽武博浪沙中爲盜所驚求弗得乃令天下大索十日三十一年始皇爲微行咸陽與武士四人俱夜出逢盜蘭池見窘武士擊殺盜三十二年始皇之碣石使燕人盧生求羨門高誓刻碣石門盧生使入海還以鬼神事因奏錄圖書曰亡秦者胡也始皇乃使將軍蒙恬發兵三十萬人北擊胡略取河南地三十三年略取陸梁地爲桂林象郡南海西北斥逐匈奴自榆中並河以東屬之陰山以爲三十四縣城河上爲塞又使蒙恬渡河取高闕陶山北假中北假北地名築亭鄣以逐戎人三十四年丞相斯議曰臣請史官非秦記燒之天下敢有藏詩書百家語者悉詣守尉雜燒

之有敢偶語詩書棄市以古非今者族吏見不舉與之同罪諸有文學之書蠲除之令下三十日不燒黥爲城旦所不去者醫藥卜筮種樹之書若有學法令以吏爲師三十五年乃營作朝宮渭南北上林苑中先作前殿阿房東西五百步南北五十丈上可坐萬人下可建五丈旌旗周馳爲閣道自殿下直抵南山表南山之巔以爲闕爲複道自阿房渡渭屬之咸陽以象天極閣道絶漢抵營室也立石東海上朐界中以爲秦東門因徙三萬家驪邑五萬家雲陽皆復不事乃令咸陽之旁二百里内宮觀二百七十複道甬道相連帷帳鍾鼓美人充之各案署不移徙所幸有言其處者罪死始皇帝幸梁山宮從山上見丞相車騎衆不善也中人或告丞相丞相後損車騎始皇怒曰此中人泄吾語案問莫服當是時詔捕諸時在旁者皆殺之自是

後莫知行之所在聽事群臣受決事悉於咸陽宮長子扶蘇諫曰天下初定遠方黔首未集諸生皆誦法孔子今皆重法繩之臣恐天下不安唯上察之始皇怒使扶蘇北監蒙恬於上郡三十七年始皇出遊左丞相斯從右丞相去疾守少子胡亥愛慕請從始皇許之十一月行至雲夢望祀虞舜於九疑浮江下觀藉柯渡梅渚過丹陽至錢塘浙江水波惡乃西百二十里從狹中渡上會稽祭大禹望于南海而立石刻頌秦德還過吴從江乘渡並海上北至琅邪方士徐福等入海求神藥數歲不得費多恐譴乃詐曰蓬萊藥可得然常爲大鮫魚之所苦故不得至願請善射與俱見則以連弩射之始皇夢與海神戰如人狀以問占夢博士曰水神不可見以大魚蛟龍爲候今上禱祠備謹而有此惡神當除去而善神可致乃命入海者賫捕巨魚具而自以連弩候大魚出射之自琅邪北至營成山弗見至之罘見巨魚遂並海至平津而病始皇惡言死群臣莫敢言死事上病益甚乃爲璽書賜公子扶蘇曰與喪會咸陽而葬書已封在中車府令趙高行符璽事所未授使者七月丙寅始皇崩於沙丘平臺時年五十在位三十七年丞相斯爲上崩在外恐諸公子及天下有變乃祕之不發喪棺載轀輬車中故幸宦者參乘所至上食百官奏事如故宦者輒從轀輬車中可其奏事獨子胡亥趙高及幸宦者五六人知上死趙高故嘗教胡亥書及獄律令法事胡亥私幸之高乃與胡亥丞相斯陰謀破去始皇所封書賜公子扶蘇者而更詐爲丞相斯受始皇遺詔沙丘立子胡亥以爲太子乃更爲書賜公子扶蘇蒙恬數以罪賜死遂從井陘抵九原會暑上轀輬車臭乃詔從官令車載一石

鮑魚以亂其臭行從直道至咸陽發喪太子胡亥襲位

漢書曰秦據勢勝之地騁狙詐之兵蠶食山東一切取勝因矜其所習自任私智姍笑三代蕩滅古法竊自號爲皇帝而子弟爲疋夫内亡骨肉本根之輔外亡尺土蕃翼之衛吴陳奮其白挺劉項隨而斃之

又曰秦始皇即位三十九年内平六國外攘四夷死人如麻暴骨長城之下頭顱相屬於道不一日而無兵

又曰賈山借秦爲諭名曰至言其辭曰始皇貴爲天子富有天下賦斂重數百姓罷弊赭衣半道群盗滿山使天下之人戴目而視傾耳而聽離宮三百鍾鼓不移而具爲宮室之麗如此使其後世曾不得聚廬而託處焉爲馳道於天下東窮燕齊南極吴楚厚築其外隱以金椎樹以青松爲馳道之麗如此使其後世曾不得邪徑而託足焉葬乎

驪山銅錮其內漆塗其外中㳂游觀上成山林爲葬埋之侈如此使其後世曾不得蓬顆蔽塚而託葬焉秦以熊羆之力虎狼之心蠶食諸侯并吞海內而不篤禮義故天殃已加矣

異苑曰秦世有謡云秦始皇奄僵開吾戶據吾牀飲吾酒唾吾漿飡吾飲以爲糧張吾弓射東牆前至沙丘當滅亡始皇旣坑儒焚典乃發孔子墓欲取諸經傳壙旣啓於是悉如謡者之言又言謡文刋在塚壁政甚惡之及遠沙丘而循別路見一群小兒輦沙爲阜問云沙丘從此得病

淮南子曰秦之時高爲臺榭大爲苑囿遠馳道鑄金人發適戍入芻稾頭會箕斂輸於少府丁壯丈夫西至臨洮狄道東至會稽浮石南至象郡桂林北至飛狐陽原道路死人以溝量當此之時有忠諫者謂之不祥道仁義

者謂之狂

桓譚新語曰秦始皇見周室失統自以當保有九州見萬民碌碌猶群羊聚猪皆可以竿而駈之故遂以敗也

二世皇帝

史記曰二世皇帝元年年二十一趙高爲郎中令任用事徵材士五萬人爲屯衛咸陽令教射狗馬禽獸用法益刻深七月戍卒陳勝等反二年冬陳涉所遣周章等西至戲兵數十萬二世大驚夢白虎齧其左驂馬殺之心不樂怪問占夢卜曰涇水爲祟二世乃齋於望夷宮欲祠涇水沉四白馬使使責讓高以盜賊事高懼乃陰與其壻咸陽令閻樂其弟趙成謀使郎中令爲內應詐爲有大賊遣樂將吏卒千餘人至望夷宮郎中令與樂俱入射上幄坐幃二世怒召左右左右皆惶擾不鬬旁有宦者一人侍不敢去二世入內謂曰何不早告我宦者曰臣不敢言故得全使臣早言皆已誅安得至今閻樂前即二世數曰足下驕恣誅殺無道天下共叛足下其自爲計二世曰丞相可得見不樂曰不可二世曰吾願得一郡爲王弗許又曰願爲萬戶侯弗許又曰願與妻子爲黔首比諸公子樂曰臣受命於丞相爲天下誅足下足下雖多言臣不敢報麾其兵進二世自殺閻樂歸報趙高趙高乃悉召諸大臣公子告以誅二世之狀曰秦故王國始皇君天下故稱帝今六國復自立秦地益小乃以空名爲帝不可宜爲王如故使立二世之兄子公子嬰爲秦王以黔首葬二世杜南宜春苑中在位三年

秦王子嬰

史記曰趙高令子嬰齋當廟見受王璽齋五日子嬰與其

子二人謀稱疾不行高果自往曰宗廟重事王奈何不行子嬰遂刺殺趙高於齋宮夷三族以狥咸陽子嬰爲秦王四十六日楚將沛公破秦軍入武關遂至霸上使人約降子嬰子嬰即係頸以組白馬素車奉天子之璽符降軹道旁項籍爲從長殺子嬰及秦諸公子宗族

史記太史公曰始皇自以爲功過五帝地廣三皇而羞與之侔善哉賈生推言之曰秦并兼諸侯繕津關據險塞脩甲兵而守之陳涉以戍卒散亂之衆數百奮臂大呼不用弓戟之兵鉏櫌白挺（櫌田器也音憂）望屋而食橫行天下秦人阻險不守關梁不闔長戟不刺強弩不射楚師深入戰於鴻門曾無藩籬之艱當此時也世非無深慮知化之士也然不敢盡忠拂過者秦俗多忌諱之禁忠言未卒於口而身爲戮沒矣故天下之士傾耳而聽重足而立拑口而不言

是以三主失道忠臣不敢諫智士不敢謀天下已亂姦不上聞豈不哀哉秦王續六世之餘烈振長策而御宇內吞二周而亡諸侯履至尊而制六合執搥拊（拊拍音府）以鞭笞天下威振四海南取百越之地以爲桂林象郡乃使蒙恬北築長城而守藩籬却匈奴七百餘里胡人不敢南下而牧馬士不敢彎弓而報怨於是廢先王之道焚百家之言以愚黔首隳名城殺豪俊收天下之兵聚之咸陽銷鋒鏑鑄以爲金人十二以弱黔首之民然後塹華爲城因河爲津據億丈之城臨不測之谿以爲固良將勁弩守要害之處信臣精卒陳利兵而誰何（何問之也）天下已定秦王之心自以爲關中之固金城千里子孫帝王萬世之業也秦王既没陳涉斬木爲兵揭竿爲旗天下雲集而響應贏糧而影從山東豪俊遂並起而亡秦族矣然秦以區區之地千乘之權招八州而朝同列百有餘年然後以六合爲家崤函爲宮一夫作難而七廟隳身死人手爲天下笑者何也仁義不施而攻守之勢異也秦王懷貪鄙之心行自奮之智不信功臣不親士民廢王道立私權禁文書而酷刑法先詐力而後仁義以暴虐爲天下始孤獨而有之故其亡可立而待

帝王世紀曰秦凡四王二帝合四十九年

楚義帝

尚書中候曰空受之帝立

史記曰居鄛人范增好奇計往說項梁曰秦滅六國楚最無罪自懷王入秦不反楚人憐之至今故楚南公曰楚雖三户亡秦必楚今陳勝首事不立楚後而自立其勢不長今君起江東楚蠭起之將爭附君者以君世世楚將爲能復立楚後也梁然其言乃求楚懷王孫心在民間爲人牧羊立以爲楚懷王從民所望陳嬰爲楚上柱國與懷王都盱眙秦滅尊懷王爲義帝（漢書曰義帝名心也）項王謂諸將曰天下初發難時假立諸侯後以伐秦然身被堅執鋭首事暴露於野三年滅秦定天下者皆將相諸君之力也義帝雖無功故當分其地而王之諸將皆曰善漢元年四月諸侯罷戲下各就國項王出之國使人徙義帝曰古之帝者地方千里必居上游乃徙義帝都郴縣其群臣稍叛之陰令衡山臨江王擊殺之江中

太平御覽卷第八十六

太平御覽卷第八十七　　皇王部十二

漢高祖皇帝（附項籍）　孝惠皇帝

前少帝　後少帝

漢高祖皇帝

河圖曰帝劉季日角戴勝斗胷龜背龍眼長七尺八寸明聖而寛仁

又曰劉受紀昌光出軫五星聚井

龍魚河圖曰高皇攝正揔萬庭四海歸詠治武明文德道治承天精元祚興隆協聖靈

尚書帝命驗曰賊起蜚卯生虎（賊起蜚始皇立也卯劉字之別也皇立而劉生虎仁男高祖）

又曰有人雄起戴玉英（玉英寶物之名戴之謂骨表）祈旦失籥亡其金虎（祈讀曰哲白也謂之秦也且失籥戸將閉金虎獸之長喻於秦君）東南紛注精起（紛紛動擾）之（發注星之精起謂劉氏也）

尚書考靈耀曰卯金出軫握命孔符（卯金劉字之別軫楚分野之星符圖書劉所握天命孔子制圖書）

詩含神霧曰含始吞赤珠刻曰玉英生漢皇（刻刻鏤也有玉英之文）

春秋演孔圖曰其人日角龍顔始卯金刀含仁義

春秋燿鈎曰庶人爭權赤帝之精（庶人項羽劉季者也爭權並欲起也）

史記曰高祖沛豐邑中陽里人姓劉氏字季母媼嘗息大澤之陂夢與神遇是時雷電晦暝父太公往視則見蛟龍於上已而有娠遂産高祖高祖爲人隆凖而龍顔美鬚髯左股有七十二黑子仁而愛人意豁如也爲泗上亭長廷中吏無不狎侮好酒及色常從王媼武負貰酒時飲醉卧武負王媼見其上常有龍怪之高祖每酤留飲酒讎（如淳曰讎音售）數陪嘗繇咸陽縱觀始皇帝曰嗟乎丈夫當如此也高祖以亭長爲縣送徒驪山到豐西澤中止飲夜皆解縱所送徒徒中壯士願從者十餘人高祖被酒夜經澤中令一人行前還報曰前有大蛇當徑願還高祖醉曰壯士行何畏乃前拔劒斬虵虵分爲兩道開行數里醉困卧後人來至虵所有一老嫗夜哭人問何哭嫗曰人殺吾子人曰嫗子何爲見殺嫗曰吾子白帝子也化爲虵當道今爲赤帝子斬之因忽不見後人至告高祖高祖乃心獨喜秦始皇帝曰東南有天子氣於是東遊以厭當之高祖隱於芒碭山閒呂后與人俱來常得之高祖怪問呂后曰季所居上常有雲氣故從往常得季高祖又喜沛中子弟或聞之多欲附者秦二世元年秋陳勝等起沛令欲以沛應勝沛父老皆曰生平所聞劉季奇怪當貴且卜筮之莫如劉季最吉乃立爲沛公祠黄帝祭蚩尤於沛庭而釁鼓旗幟皆赤漢

元年冬十月五星聚於東井沛公兵先諸侯至霸上秦王子嬰降軹道旁遂西入咸陽召諸縣豪桀曰父老苦秦苛法久矣誹謗者族偶語者棄市吾與諸侯約先入關者王之吾當王關中與父老約法三章耳殺人者死傷人及盜抵罪餘悉除去秦民大喜五年項羽滅諸侯尊漢王爲皇帝天下大定高祖都雒陽置酒南宫高祖曰通侯諸將無敢隱朕皆言其情吾所以有天下者何項氏之所以失天下者何高起（孟康曰姓高名起也）王陵對曰陛下慢而侮人攻城略地降下者因以予之與天下同利也項羽妬賢嫉能有功者害之賢者疑之戰勝而不與人功得地而不與人利此所以失天下者也高祖曰公知其一未知其二運籌策於帷帳之中決勝於千里之外吾不如子房鎮國家撫百姓給餉饋不絶糧道吾不如蕭何連百萬之衆戰必勝攻必取

吾不如韓信此三人者皆人傑也吾能用之此所以取天下也戍卒婁敬說高祖曰都雒陽不便不如入關據秦之國上以問張良因勸上即日車駕西都長安九年高祖大朝諸侯群臣置酒未央前殿上奉玉巵起爲太上皇壽曰始大人嘗以臣無賴不能治產業不如仲力今某之業所就與仲力孰多群臣皆稱萬歲大爲笑樂高祖廻歸過沛留置酒沛宮悉召故人父老子弟佐酒發沛中兒得百二十人教之歌酒酣高祖擊筑自爲歌詩曰大風起兮雲飛揚威加海內兮歸故鄉安得猛士兮守四方令兒皆和習之高祖乃起舞慷慨傷懷泣數行下謂沛父兄曰遊子悲故鄉吾雖都關中萬歲後吾魂魄猶樂思沛且朕自沛公以誅暴逆遂有天下其以沛爲朕湯沐邑復其民世世無有所與沛父兄諸母故人日樂飲極歡道舊故爲笑樂十

餘日高祖欲去沛父兄固請留高祖曰吾人衆多父兄不能給乃去沛中空縣皆之邑西獻（獻牛酒）高祖復留止張飲三日（張宴曰張帷）高祖擊黥布時爲流矢所中行道病甚呂后迎良醫醫入見高祖問醫醫曰病可治於是高祖嫚罵之曰吾以布衣提三尺劒取天下此非天命乎命乃在天雖扁鵲亦何益遂不使治病四月甲辰崩于長樂宮時年六十二在位十二年葬長陵群臣上尊號爲高皇帝令郡國諸侯各立高祖廟以歲時祠及孝惠五年思高祖之悲樂沛以沛宮爲高祖原廟也初高祖不脩文學而性明達好謀能聽自監門戍卒見之如舊初從民心作三章之約天下既定命蕭何治律令韓信申軍法張蒼定章程（如淳曰章歷數之章術也程者權衡丈尺斛斗之平）叔孫通制禮儀陸賈造新語又與功臣剖符作誓丹書鐵契金匱石室藏之宗廟雖日不暇給規摹弘遠矣

又曰范增說項羽曰沛公居山東貪於財貨好美姬今入關財物無所取婦女無所幸此其志不在小

漢書贊曰漢承堯運德祚已盛斷蛇著符旗幟尚赤協于火德自然之應得天統矣

荀悅漢紀曰項羽自立爲楚王王梁楚地九郡都彭城立沛公爲漢王王巴蜀漢中四十一縣都南鄭諸侯皆就國漢王欲攻楚丞相蕭何諫曰雖王漢之惡不猶愈於死乎且語曰天漢其稱甚美夫能屈於一人之下則伸於萬人之上湯武是也願大王王漢撫其民以致賢人收用巴蜀還定三秦天下可圖乃就國

又曰高祖開建大業統辟元功度量規矩不可尚矣是時天下初定而庶事草創故韶夏之音未有聞焉

楚漢春秋曰項王在鴻門而亞父諫曰吾使人望沛公其氣衝天五彩相糺或似雲或似龍或似人此非人臣之氣也不若殺之

帝王世紀曰豐公家于沛之豐沛邑之陽里其妻夢赤馬若龍戲已而生執嘉是爲太公即太上皇也太上皇之妃曰媪是爲昭靈后名含始遊於洛池有玉雞銜赤珠出刻曰玉英吞此者王含始吞之生邦字季

又曰亙晏先王曰禮稱至道以王義道以霸觀漢祖之取天下也遭秦世暴亂不階尺土之資不權將相之柄發迹泗亭奮其智謀羈勒英雄鞭驅天下或以威服或以德致或以義成或以權斷逆順不常霸王之道雜焉是以聖君帝王之位而無一定之制三代之美固難及矣後漢班叔皮王命論曰在昔帝堯之禪曰咨爾舜天之曆數在爾躬

舜亦命禹暨于稷契咸佐唐堯光濟四海奕世載德至于湯武而有天下雖其遭遇異時禪代不同至于應天順民其揆一也是故劉氏承堯之祚氏族之世著于春秋唐據火德而漢紹之始起沛澤則神母夜號以彰赤帝之符由是言之帝王之作必有明聖顯懿之德豐功厚利積累之業然後精誠通于神明流澤加於生人故能爲鬼神所福饗天下所歸往未見運世無本功德不能紀而得堀然在此位者世俗見高祖興於布衣不達其故以爲適遭暴亂得奮其劒遊說之士至比天下於逐鹿幸捷而得之不知神器有命不可智力求悲夫此世之所以多亂臣賊子者

項籍

河圖曰怪目勇敢重瞳大力楚之邦

尚書中候曰自號之王霸姓有工（項羽爲西楚霸王工項字之側）

史記曰項籍者下相人也（地理志云臨淮有下相縣）字羽初起時年二十四季父項梁梁父即楚將項燕爲秦將王翦所戮項氏世世爲楚將封於項故姓項氏籍少時學書不成去學劒又不成項梁怒之籍曰書足以記名姓而已劒一人敵不足學學萬人敵於是項梁乃教籍兵法籍大喜梁殺人與籍避仇於吳秦始皇帝遊會稽渡浙江梁與籍俱觀籍曰彼可取而代也梁掩其口曰無妄言族矣梁以此奇之籍身長八尺餘力能扛鼎（韋昭曰扛舉也）才氣過人秦二世元年九月會稽守（徐廣曰爾時未云太守也）通謂梁曰（楚漢春秋曰會稽假守殷通也）吾欲發兵使公及桓楚爲將是時桓楚亡在澤中梁曰桓楚亡人莫知其處獨籍知之梁召籍使授命召桓楚守曰諾梁召籍入須臾梁眴籍曰可行矣於是籍遂拔劒斬守頭遂舉吳中兵使人收下縣得精兵八千人項梁乃渡江而西凡六七萬人軍下邳此時沛公亦起沛往焉乃求楚懷王孫立以爲楚懷王王召宋義以爲上將軍項羽爲魯公次將范增爲末將諸別將皆屬宋義號爲卿子冠軍項羽晨朝上將軍宋義即其帳中斬宋義頭出令軍中曰宋義與齊謀反楚楚王陰令羽誅之當是時諸將皆慴服莫敢枝梧（如淳曰梧當枝猶枝捍也臣瓚曰小柱爲枝邪柱爲梧今屋梧邪柱是也）皆曰首立楚者將軍家也今將軍誅亂乃相與共立羽爲假上將軍懷王因使羽爲上將軍乃悉引兵渡河皆沉船破釜甑燒廬舍持三日糧以示士必死無一還心於是至則圍王離與秦軍遇九戰絶其甬道大破之虜王離諸將皆從壁觀楚戰士無不一當十呼聲動天地項羽召見諸侯諸侯入轅門（張晏注曰軍行以車爲陣轅相倚爲門曰轅門）無不膝行而前莫敢仰視項羽引兵西屠咸陽殺秦降王子嬰燒秦宮室火三月不滅收其寶貨婦

女而東人或說項王曰關中阻山河四塞地肥饒可都以霸項王見秦宮室皆以燒殘破又心懷思欲東歸曰富貴不歸故鄉如衣繡夜行誰知之者說者曰人言楚人沐猴而冠耳果然（張晏曰沐猴獼猴也）項王自立爲西楚霸王王九部都彭城漢之二年漢王伐楚皆已入彭城收其寶貨項王乃從蕭晨擊漢軍而東至彭城大破漢軍漢軍皆走相隨入穀泗水（二水皆在沛郡彭城）殺漢卒十餘萬人漢卒皆南走山楚又追擊之靈壁東（徐廣曰在彭城）睢水上（徐廣曰睢水彭城西水入泗水）漢軍却爲楚所擠（擠排也）多殺漢卒十餘萬皆入睢水睢水爲之不流圍漢王三匝於是大風從西北起折木發屋揚沙石窈冥晝晦逢迎楚軍楚軍大亂壞散而漢王乃得與數十騎遁去漢之四年項王西與漢俱臨廣武而軍（孟康注曰築兩城相對在廣武敖倉西三皇山山上）相守數月當此時彭越數反梁地絶楚糧

道項王患之楚漢久相持未決丁壯苦軍旅老弱罷轉漕項王謂漢王曰天下匈匈數歲者徒以吾兩人耳願與漢王挑戰(李奇曰挑身獨戰不須衆也挑音茶了反韋昭曰挑戰擿撓敵求戰古謂之致師)決雌雄無徒苦天下之民父子爲也漢王笑謝曰吾寧鬬智不能鬬力項王命壯士出挑戰漢王有善騎射者樓煩(應劭曰樓煩縣今樓煩縣)楚挑戰三合樓煩輒射殺之項王大怒乃自被甲持戟挑戰樓煩欲射之項王瞋目叱之樓煩目不敢視手不敢發遂走還入壁不敢復出漢王使人間問之乃項王也漢王大驚於是項王乃即漢王相與臨廣武間而語漢王數之項王怒甚欲一戰漢王不聽項王伏弩射中漢王漢王傷走入成臯項王乃與約中分天下割鴻溝以西者爲漢(文穎曰於滎陽下引河東南爲鴻溝以通宋鄭陳蔡曹衛與濟汝淮泗會於楚即今官渡水也)鴻溝而東者爲楚項王已約乃引兵解而東歸漢欲西歸張良陳平

說曰楚兵疲食盡此天亡楚之時也漢王乃追項王至垓下項王軍壁垓下兵少食盡漢軍及諸侯兵圍之數重夜聞漢軍四面皆楚歌(應劭曰楚歌者雞鳴歌也漢已略得其地故楚歌者多也)項王乃大驚曰漢皆已得楚乎是何楚人之多也項王乃夜起飲於帳中有美人名虞(徐廣曰云虞氏)常幸從駿馬名騅常騎之於是項王乃悲歌慷慨自爲詩曰力拔山兮氣蓋世時不利兮騅不逝騅不逝兮可奈何虞兮虞兮奈若何歌數闋美人和之項王泣下數行左右皆泣莫能仰視於是項王乃上馬騎麾下壯士騎從者八百餘人直夜潰圍南出馳走平明漢軍乃覺之令騎將灌嬰以五千騎追之項王渡淮騎能屬者百餘人耳項王至陰陵(徐廣曰在淮南)迷失道問一田父田父紿曰左(文穎曰紿欺也紿令左也)左乃陷大澤中以故漢追及之項王乃復引兵而東至東城(漢書音義曰縣名屬臨淮)乃有二十八騎漢騎追者數千人項王自度不得脫謂其騎曰吾起兵至今八歲矣身七十餘戰所當者破所擊者服未嘗敗北遂霸有天下然今卒困於此天之亡我非戰之罪也項王乃欲東渡烏江(韋昭曰在牛渚也)烏江亭長檥船待(孟康曰檥音蟻附着岸也如淳曰南方人謂整船向岸曰檥)謂項王曰江東雖小地方千里衆數十萬人亦足王也願大王急渡今獨臣有船漢軍至無以渡項王笑曰天之亡我我何渡爲且籍與江東子弟八千人渡江而西今無一人還縱江東父兄憐而王我我何面目見之縱彼不言籍獨不愧於心乎乃謂亭長曰吾知公長者吾騎此馬五歲所當無敵嘗一日千里吾不忍殺之以賜公乃令騎皆下馬步行持短兵接戰獨籍所殺漢軍數百人項王身亦被十餘創顧見漢騎呂馬童曰若非吾故人乎馬童面之(張晏曰以故人難親所之故面之也如淳曰面不觀正也)指王翳曰(如淳

曰指示王翳也)此項王也項王乃曰吾聞漢購我頭千金邑萬戶吾爲汝得(徐廣曰亦可取是功德之德也)乃自刎而死漢以魯公禮葬項王於穀城

太史公曰吾聞之周生(周時賢也)曰舜重瞳子又聞項羽亦重瞳子豈其苗裔乎何其興之暴也夫秦失其政陳涉首難豪傑蜂起相與並爭不可勝數然羽非有尺寸乘勢起隴畝之中三年遂將五諸侯滅秦(此時山東六國而齊趙韓魏燕五國並伐秦故云五諸侯也)分裂天下而封王侯政由羽出號爲霸王位雖不終近古以來未嘗有也

周生烈子曰桀紂是湯武之梯秦項是大漢之階也四逆不與則三順不勝也

蔣子萬機論曰項羽若聽范增之策則平步取天下也

譙周法訓曰劉項方爭父戮於前子鬬於後

孝惠皇帝

史記曰孝惠爲人仁弱高祖以爲不類我也常欲廢太子而立戚姬子如意類我戚姬得幸常從上之關東日夜啼泣欲立其子代太子呂后年長常留守希見上益疏高祖崩太子襲號爲惠皇帝呂后最怨戚夫人及其子趙王惠帝慈仁知太后怒自挾與趙王起居飲食太后欲殺之不得閒孝惠元年十二月帝晨出射雉趙王少不能早起太后聞其獨居使人持鴆而飲之黎明孝惠還趙王已死（徐廣曰黎猶比）太后遂斷戚夫人手足去眼煇耳使居廁中命曰人彘居數日乃召孝惠帝來觀人彘孝惠見問迺知是戚夫人也迺哭因歲餘不能起使人請太后曰此非人之所爲臣爲太后子終不能治天下孝惠以此日飲爲淫樂不聽政故有疾

又曰太史公曰孝惠皇帝高后之時黎民得離戰國之苦君臣俱欲休息乎無爲故惠帝垂拱高后女主稱制政不出閨房天下晏然刑罰罕用罪人是希民務稼穡衣食滋殖矣

漢書曰孝惠（諱盈之字曰滿應劭曰禮謚法柔質慈民曰惠矣）七年帝崩于未央宮（案帝年十七即位在位七年矣）葬安陵

漢書贊曰孝惠內脩親親外禮宰相可謂寬仁之主遭呂太后虧損至德悲夫荀悅漢紀曰立皇后張氏帝姊魯元公主之女也太后欲以重親故以配於帝也論曰夫婦之際人道大倫姊子而爲后昏於禮而瀆於人情非所以示天下作民則也群臣莫諫過也

班固漢書述曰孝惠短世高后稱制罔顧天顯呂宗以敗

前少帝

史記曰惠帝崩太子即位爲帝號令一出太后太后稱制宣平侯女爲孝惠皇后時無子佯有娠取美人子名之殺其母立所名子以爲太子也孝惠崩太子爲帝帝壯或聞其母死非眞皇后之子乃出言曰后安能殺吾母而名我太后聞而患之恐其後爲亂於是乃幽之於永巷中群臣奉旨廢帝

後少帝

史記曰后元年立孝惠後宮子弘爲襄成侯二年以爲常山王更名義四年廢少帝立常王義爲帝更名私不稱元年者以太后制天下事也八年太后崩　大臣誅諸呂相與陰謀曰少帝及梁淮陽常山王皆非眞孝惠子迺相與陰使人召代王至長安共尊立爲天子東平侯與居曰誅呂氏吾無功請得除宮迺與太僕汝陰侯滕公入宮前謂少帝曰足下非劉氏不當立乃召乘輿載少帝出少帝曰欲將我安之乎代王遂入而聽政夜有司分部誅滅梁淮陽常山王及少帝於帝邸

太平御覽卷第八十七

太平御覽卷第八十八

皇王部十三

漢孝文皇帝

孝景皇帝

孝武皇帝

漢孝文皇帝

春秋演孔圖曰：戴王英（王英文帝之首表象玉英而秀出）光中再（光曰光也再再中也漢含華日夜景移位復中支庶起也）仁雄出日角用（爲仁人之雄傑既戴玉英且日角也謂用於天下）

史記曰：孝文皇帝諱恒（諱恒之字曰常諡法慈惠愛民曰文），高祖之中子也。高祖十一年立爲代王，都中都。高后八年，高后崩，呂產等欲爲亂以危劉氏，大臣共誅之，使迎代王。王問左右郎中令張武等，議曰：漢大臣皆故高帝時大將，習兵多謀詐。今誅諸呂，新啑血京師，此以迎大王爲名，實不可信，願大王稱疾無往，以觀其變。中尉宋昌進曰：夫秦失其政，諸侯豪傑並起，人人自以爲得之者以萬數，然卒踐天子位者劉氏也，天下絕望，一矣。高帝封王子弟，地犬牙相制，此所謂盤石之宗也，天下服其強，二矣。漢興，除秦苛政，約法令，施德惠，人人自安，難動搖，三也。夫以呂太后之嚴，立諸呂爲三王，擅權專制，然而太尉以節入北軍，一呼士皆左袒，爲劉氏，叛諸呂，卒以滅之，此乃天授，非人力也。今高帝子獨淮南王與大王，大王又長，賢聖仁孝，聞於天下，故大臣因天下之心而欲迎立大王，大王勿疑也。代王卜之龜，兆得大橫。占曰：大橫庚庚，余爲天王，夏啓以光。代王曰：寡人固以爲王矣，又何王？卜人曰：所謂天王者，乃天子也。代王乃

命宋昌參乘，張武等六人乘傳詣長安，至高陵休止，而使宋昌先馳之長安觀變。昌至渭橋，丞相已下皆迎。宋昌還報，代王馳至渭橋，羣臣拜謁。太尉勃進曰：願請間言。昌曰：所言公，公言之；所言私，王者不受私。太尉乃跪上天子之璽符。代王謝曰：至代邸而議之。遂馳入代邸，宗室大臣列侯吏二千石皆伏固請。代王西向讓者三，南向讓者再，遂即天子位。即日夕入未央宮。三年，匈奴入北地，居河南爲寇。帝自甘泉之高奴，因幸太原，見故羣臣，皆賜之，舉功行賞。十三年，齊太倉令淳于公有罪當刑，少女緹縈自傷泣，迺隨其父至長安，上書願沒入爲官婢，贖父刑罪，使得自新。書奏天子，天子憐悲其意，乃下詔曰：夫刑至斷支體，刻肌膚，終身不息，何其楚痛，豈稱爲民父母之意哉！其除肉刑。

又曰：孝文皇帝從代來，即位二十三年，宮室苑囿狗馬服御無所增益，有不便，輒弛以利民。嘗欲作露臺，召匠計之，直百金。上曰：百金，中民十家之產。吾奉先帝宮室，常恐羞之，何以臺爲？上常衣綈衣，所幸慎夫人令衣不得曳地，幃帳不得文繡，以示敦朴，爲天下先。治霸陵皆以瓦器，不得以金銀銅錫爲飾。吳王詐病不朝，就賜几杖。羣臣如袁盎等稱說雖切，常假借用之。羣臣如張武等受賂遺金錢，覺，上乃發御府金錢賜之，以愧其心，弗下吏。專務以德化民，是以海內殷富，興於禮義。後七年六月，帝崩於未央宮。遺詔無發民男女哭臨，服大功十五日，小功十四，纖七日，釋服。

史記太史公曰：孔子言必世然後仁，善人之治國百年，亦可以勝殘去殺，誠哉是言也！漢興至孝文四十有餘載，德

至盛也

漢書曰張蒼免相文帝以皇后弟竇廣國賢有行欲相之曰恐天下以吾私廣國乃以御史大夫申徒嘉爲丞相

又曰武帝從容問東方朔曰吾欲化民豈有道乎朔對曰願近述孝文皇帝之時當世耆老皆聞見之貴爲天子富有四海身衣弋綈足履革舄以韋帶劍莞蒲爲席兵木無刃服虔曰兵器御木而無刃衣縕無文集上書囊以爲殿帷以道德爲麗以義爲准於是天下望風成俗昭然化之

又曰賈捐之曰孝文皇帝閔中國未安偃武行文時有獻千里馬者詔曰鸞旗在前屬車在後吉行日五十里朕乘千里之馬獨先安之於是還馬與道里費

荀悅漢紀曰韓信爲左丞相與曹參灌嬰擊魏王豹豹姬曰薄姬許負相之當生天子豹倩此言而反豹敗漢王納薄姬實生文帝

又曰以孝文之明大朝之治百寮之賢而賈誼見排逐張釋之十年不見省馮唐首白屈於郎豈不惜哉夫以絳侯之忠功存社稷而猶見疑不亦痛乎

帝王世紀曰孝文即位二十三年年四十七葬霸陵因山爲體廟名顧城。桓子新論曰漢太宗文帝有仁智通明之德承漢初定躬儉省約以惠休百姓救贍困乏除肉刑滅律法薄葬埋損輿服所謂達於養生送終之實者也及始從代徵時謀議狐疑能從宋昌之策應聲馳來即位而偃武行文施布大恩欲息兵革與匈奴和親總撮綱紀故遂襃增隆爲太宗也而溺於俗儀斥逐材臣又不勝私恩使嬖妾慎夫人與皇后同席以亂尊卑之倫所通而蔽也

風俗通曰孝成皇帝問劉向世俗多傳道文皇帝少生於軍不知父所在日祭於代城東門外高帝數夢見一兒祭已使使至代求之果得文帝立爲代王後徵到後期不得立日爲再中遂即位爲天子躬行至儉集上書囊以爲前殿帷常居明光宮聽政爲皇太子治三年服天下平米外一錢有此事不向對曰文帝生而爲王者子常居宮闕內不棄捐軍中祭代東門外也高后八年九月己酉夕即位時已昏夜日不再中也文帝雖節儉未央前殿至奢雕文及五彩畫華榱壁璫軒檻皆飾以黃金其勢不可以書囊爲帷又帝率聽政宣室不在明光宮也薄太后孝景二年薨不持三年服也匈奴數犯塞侵擾邊境候騎至甘泉烽火通長安由是北邊置屯守戰設備胡兵連不解轉輸騷擾賦積虛耗因以年歲不登百姓飢乏穀糴嘗至石五百非一外一錢也上曰臨朝總政施號令何如未及對上復謂向校尉宗室師傅耆舊治聞親事先帝歷見三世得失勿有所隱向曰文帝嘗過韓郎署呼郎中馮唐問以趙將廉頗李牧唐言今雖有此人不能用也推輦而去還歸禁中召責讓唐鄧通以佞幸吮癰見愛賜以蜀郡銅山令得鑄錢通私家之富侔於王者邦君又爲微行數幸通家文劉龔旃從侍中近臣常侍期門武騎獵漸臺下馳射狐兔上曰後世皆言文帝治天下幾致太平其德佾周成王此語何從生向曰文帝治禮言者不傷其意臣無以大小至即從容言上止輦聽之言事者多襃之後人見其遺文則以爲然世之毀譽莫能得實審形者少隨聲者多然文帝之節儉約身以變天下忍容言者含咽臣子之矩此過人難及也

典論曰文帝慈孝寬弘仁厚躬脩玄默以儉帥下奉生送

終事從約省美聲塞於宇宙仁風暢於四海

又曰文帝思賢甚於飢渴用人速於順流

班固漢書述曰太宗穆穆允恭玄默化民以躬帥下以德我德如風民應如草國富刑清登我漢道

孝景皇帝

史記曰孝景皇帝孝文帝之中子也文帝初在代前后有三男及竇太后行前三子更死故景帝得立

漢書曰孝景皇帝諱啓字曰開應劭曰禮謚法布義行剛曰景文皇帝太子也母竇太后七年六月文帝崩丁未太子即皇帝位

又曰孔子稱斯民三代之所以直道而行也信哉周秦之弊網密文峻而姦軌不勝漢興掃除煩苛與民休息至于孝文加之以恭儉孝景遵業五六十載之間移風易俗黎民醇厚周云成康漢言文景美矣

又曰孝景即帝位竇嬰為太子詹事帝弟梁孝王母竇太后愛之孝王朝因讌昆弟飲是時上未立太子酒酣上於是從容曰千秋萬歲後傳王太后大歡嬰引卮酒進於上曰天下者高祖天下也父子相傳漢之約也何以得與梁王太后由此憎嬰

帝王世紀曰孝景帝即位十六年年四十八葬陽陵廟名德陽

班固漢書述曰孝景莅政諸侯放命尚書放命圮族之惡懷其族類吳楚七國亦然也克伐七國王室以定非怠非荒務在農桑著于甲令民用寧康

魏陳王曹植漢景帝贊曰景帝明德繼文之則肅清王室克滅七國省役薄賦百姓殷昌風移俗易齊美成康

孝武皇帝

史記本紀曰孝武皇帝漢書音義曰諱徹也孝景帝中子也母曰王太后孝景四年以皇子為膠東王七年栗太子廢為臨江王以膠東王為太子孝景十六年崩太子即位為孝武皇帝

漢書武帝紀曰後三年正月景帝崩甲子太子即位元朔四年冬行幸甘泉元狩元年冬十月行幸雍祠五時獲白麟乃作白麟之歌元鼎四年冬十月行自夏陽東幸汾陰十一月甲子后土祠于汾陰脽之上蘇林曰脽音誰如淳曰脽者河之東岸也元封元年應劭曰始封太山故改年也行自雲陽北歷上郡西河五原出長城山登單于臺至朔方臨北河勒兵十八萬騎旌旗徑千餘里威震匈奴還祠黃帝于橋山乃歸甘泉遂東巡於海上夏四月上還登封太山王者功成治定告成功於天封禪宗也助天高也刻石記號有金策石函金泥玉檢之封焉降明堂郊祀志曰初天子封太山太山東北阯古時有明堂也

行自太山復東巡於海上至碣石文穎曰在遼西絫縣絫縣今罷屬臨渝此石著海旁韋昭曰在右北平驪城西南也二年冬十月行幸雍祠五時春幸緱氏遂至東萊夏四月還祠太山至瓠子服虔曰瓠子隄名蘇林曰在甄城以南濮陽以西廣百步深五丈臨決河命從臣將軍以下皆負薪塞河隄作瓠子之歌四年冬十月幸雍祠五時通回中道應劭曰回中在安定高平有險阻蕭關在其北通至長安也孟康曰回中在北地山險有武帝故宮如淳曰三輔黃圖云回中宮在汧也遂北巡蕭關如淳曰匈奴傳匈奴入朝那蕭關蕭關在安定朝那縣也五年冬南巡狩至于盛唐如淳曰縣名也韋昭曰南郡也望祀虞舜于九疑應劭曰舜葬蒼梧九疑山今在零陵營道也登灊天柱山應劭曰灊音潛南嶽霍山灊縣名屬廬江文穎曰天柱山灊縣南有祠自尋陽浮江親射蛟江中獲之舳艫千里太初元年應劭曰用夏正以正月為歲首故改年為太初行幸太山十一月甲子朔旦冬至祀上帝于明堂天漢三年應劭曰時頻年苦旱故改年為天漢以祈甘雨晉灼曰取雲漢之詩求雨之意也初榷酒酤三月行幸泰山修封祀明堂還幸北地

祠常山瘞玄玉夏四月赦天下行所過毋出田租太始三年行幸甘泉宮饗外國客二月令天下大酺五月行幸東海獲赤鴈作朱鴈之歌幸琅耶禮日成山孟康曰禮日祠日也韋昭曰成山在東萊界還幸建章宮後元二年朝諸侯王于甘泉宮賜宗室立皇子弗陵爲皇太子張晏曰昭帝也後但名弗以多難諱丁卯帝崩于五柞宮案帝年十七即位即位五十四年壽七十一歲也張晏曰有五柞之樹故因以名宮在盩厔縣也葬於茂陵

漢書贊曰漢承百王之弊高祖撥亂反正文景務在養民至于稽古禮文之事猶多闕焉孝武初立卓然罷黜百家表章六經遂疇咨海內舉其俊民與之立功興太學脩郊祀改正朔定曆數協章律作詩樂建封禪禮百神紹周後號令文章煥焉可述後嗣得遵洪業而有三代之風如武帝之雄才大略不改文景之恭儉以濟斯民雖詩書所稱何有加焉

漢書宣帝紀曰本始三年尊孝武帝廟爲世宗廟奏盛德之舞武帝巡狩所幸郡國皆立廟

荀悅漢紀論曰孝武皇帝規矩萬世之業固後世之基地內脩文學外耀武威以延天下之士先王之風粲然可考者矣然猶好其文未盡其實發其始不克其終奢侈而無限窮兵極武百姓空竭萬民罷弊當此之時天下騷然海內無聊而孝文之業衰焉○劉歆宗廟議曰孝武皇帝愍中國罷勞無安寧之時乃遣大將伏波樓船之屬滅百越七郡北攘匈奴降昆耶之衆置五屬國起朔方以奪其肥饒之地東伐朝鮮起玄菟樂浪以斷匈奴之左臂西伐大宛并三十六國結烏孫起敦煌酒泉張掖以隔氐羌裂匈奴之右肩單于孤將遠遁漢北西垂無事斥地遠境起十餘郡功業既定而封丞相爲富民侯以安天下富實百姓其規模可見又招集天下賢俊與協心同謀興制度改正朔易服色立天下之祀建封禪殊官號存周後定諸侯之制永無逆爭之心至今累世賴之單于守蕃百蠻服從萬世之基也中興之功未有高焉○漢武故事曰漢景帝皇后姙身夢日入其懷景帝又夢見高祖謂已曰王美人生子可名爲彘及生男日因名之焉武帝生於猗蘭殿年四歲立爲膠東王數歲長主抱着其膝上問曰兒欲得婦不膠東王曰欲得婦長主指左右長御百餘人皆云不用末指其女問曰阿驕好不於是乃笑對曰好若得阿驕作婦當作金屋貯之也長主大悅乃苦要上遂定婚焉膠東王爲皇太子時年七歲上曰彘者徹也因改曰徹丞相周亞夫宴見時太子在側亞夫失意有怨色太子視之不輟亞夫於是起帝曰爾何故視此人耶對曰此人可畏必能作賊帝笑曰因此怏怏非少主之臣也廷尉上囚防年繼母陳殺父因殺陳依律年殺母大逆論而帝疑之詔問太子太子對曰夫繼母如母明其不及母也緣父之愛故比之於母耳今繼母無狀手殺其父則下手之日母恩絶矣宜與殺人者同不宜大逆論帝從之年棄市刑議者稱善時太子年十四帝益以奇之從即位常晨往夜還與霍去病等十餘人皆輕服爲微行且以觀戲市里察民風俗嘗至蓮勺通道中行行者皆奔避路上怪之使左右問之云有持戟詐呵者數十人時微行率不過二十人馬七八疋更步更騎衣如凡庶不可別也亦了無騶御而百姓咸見之又嘗至栢谷夜投亭宿亭長不內乃宿於逆旅逆旅翁謂上曰汝長大多力當勤稼穡何忽帶劍衆夜行此不

欲爲盜則淫耳上嘿然不應因乞漿飲翁荅曰吾止有溺無漿也有頃還內上使覘之見翁方與少年十餘人皆持弓矢刀劍令主人嫗出安過客嫗歸謂其翁曰吾觀此丈夫非常人也且亦有備不可圖也天寒嫗酌酒多與夫及諸少年皆醉嫗自縛其夫諸少年皆走嫗出謝客殺雞作食平旦上去是日還宮乃召逆旅夫妻見之賜嫗千金擢其夫爲羽林郎自是懲戒希復微行上少好學招求天下遺書上親自省校使莊助司馬相如等以類分別之好辭賦每所行幸及奇獸異物輒命相如等賦之上亦自作詩賦數百篇下筆即成初不留思相如造文遲彌時而後成上每難其工妙謂相如曰以吾之速易子之遲可乎相如曰於臣則可未知陛下何如耳上大笑而不責也然性嚴急不貸小過刑殺法令殊爲峻刻汲黯每諫曰陛下愛才

樂士求之無倦比得人勞苦神明未盡其用輒已殺之士資無已之誅臣恐天下賢才將盡於陛下欲與誰爲治乎黯言之甚怒上笑而喻之行幸欣言中流與群臣飲醼乃自作秋風辭顧謂群臣曰漢有六七之厄法應再受命宗室子孫誰當應此者六七四十二代漢者當塗高也群臣進曰漢應天授命祚踰周朔子子孫孫萬世不絕陛下安得此亡國之言過聽於臣妾乎上曰吾醉言耳然自古以來不聞一姓遂長王天下者但使失之非吾父子可矣行幸五柞宮謂霍光曰朕去死矣可立鉤弋子公善輔之三月丙寅上晝臥不覺顏色不異而身冷無氣明日色漸變閉目乃發哀告喪未央前殿朝晡上祭若有食之者常所幸御葬畢悉居茂陵園上自婕妤以下二百餘人上幸之如平生而傍人不見也光聞之乃更出宮人增爲五百人因是遂絕始元二年吏告民盜用乘輿御服者案其題乃茂陵中明器也民別買得光疑葬日監官不謹容致盜竊乃收將作以下繫長安獄考訊居歲餘鄠縣又有一人於市貨玉杯吏疑其御物欲捕之因忽不見縣送其器推問又茂陵中物也光自呼吏問之說市人形貌如先帝光於是嘿然乃赦前所繫者歲餘上又見形謂陵令薛平曰吾雖失世猶爲汝君奈何令吏卒上吾陵上磨刀劍乎忽然不見因推問陵旁有方石以爲礪吏卒常盜磨刀劍甘泉宮恒自然有鍾鼓聲候者時見從官鹵簿似天子自後轉稀至宣帝世乃絕宣帝即位尊孝武廟奏樂之曰虛中有唱善者告祠之曰白鶴羣飛集後庭西河立廟神光滿殿中狀如月東萊立廟有大鳥跡意路白龍夜見河東立廟告祠之日白虎銜肉置殿前又有一人騎馬馬異於常馬

持捉一札賜將作丞曰聞汝績尅成賜汝金一斤因忽不見札乃變爲金稱之有一斤廣川告祠之明日有鍾磬音房戶皆開夜有光香氣聞二三里宣帝親祠甘泉有頃紫黃氣從西北來散於殿前肅然有風空中有妓樂聲群鳥翔儛蔽天宣帝既親覩光怪乃疑先帝有神復招諸方士冀得仙焉

帝王世紀曰孝武皇帝廟名淵龍○幽明録曰漢武帝在甘泉宮有玉女降常與帝圍碁相娛女風姿端正帝密悅乃逼之玉女因唾帝面而去遂病瘡經年故漢書云避暑甘泉宮此其時也

劉歆七略曰孝武皇帝敕丞相公孫弘廣開獻書之路百年之間書積如丘山故外有太常太史博士之藏內有延閣廣內祕室之府

桓子新論曰漢武帝材質尚妙有崇先廣統之規故即位而開發大志考合古今獲前聖代事建正朔制度招選俊傑奮揚威怒武義四加所征者服興起六藝廣進儒術自開闢以來唯漢家最爲盛圖故顯爲世宗可謂悼尔絕世之主矣然上乃多過差既欲斥境廣土又乃貪利爭物之無益者聞西夷大宛國有馬即大發軍兵攻取歷年士衆多死但得數十疋耳又歌兒衞子夫因幸愛重乃陰求陳皇后過惡而廢退之即立子夫其男爲太子後聽邪臣之譖衞后以憂死太子出走滅亡不知其處信其巫蠱多徵會邪僻求不急之方大起宫室内竭府庫外罷天下百姓之死亡不可勝數此可謂通而蔽者。典論曰孝武帝承累世之遺業遇中國之殷阜府庫餘錢帛倉廩畜腐粟因此有意乎滅匈奴而得清邊境矣故即位之初從王恢之書設馬邑之謀自元光以迄征和四五十載之間征匈奴四十餘舉踰廣漢絕梓嶺封狼居禪姑幕梁北河觀兵瀚海刈單于之旗剿闕氏之首探符離之窟掃五王之庭納休屠昆耶之附獲祭天金人之寶斬名王以千數馘首虜以萬計既窮追其散亡又摧破其積聚虜不暇於救死扶傷疲於孕重隨稱元封初躬執武節告以天子自將懼以兩越之誅彼時號爲威震匈奴矣

後漢班固武帝述曰世宗曄曄思弘祖業疇咨熙載髦俊並作厥作伊何百蠻是攘恢我疆宇外博四荒武功既抗亦迪斯文憲章六學統一聖真封禪郊祀祭旅百神協律改正饗兹永年

魏陳王曹植漢武帝贊曰世宗光光文帝是攘威震百蠻恢拓土疆簡定律曆辨修舊章封天禪土功超百王

周庾信漢武帝聚書贊曰獻書路廣藏書柱開秦儒出谷漢簡吹灰芝泥印上玉匣封來坐觀風俗不出蘭臺

陳沈炯祭漢武帝陵文曰臣聞橋山雖掩鼎湖之靈可祠有曾遂荒大庭之跡不泯伏惟陛下降德猗蘭纂靈豐谷漢道既登神仙可望射之罘於海浦禮曰觀而稱功橫中流於汾河指柏梁而高宴何其甚樂豈不然歟既而運屬上僊道窮晏駕甲帳珠簾一朝零落茂陵王椀遂出人間陵雲故基與原田而膴膴別風餘趾帶陵阜而茫茫羇旅縲臣豈不落淚昔者承明見獸嚴助東歸駟馬可乘長卿西返恭聞故實竊有愚衷黍稷非馨敢望徵福爵臺之鷹空愴魏君雍丘之祠未光夏后瞻仰徽猷伏增悽惺

太平御覽卷第八十八

太平御覽卷第八十九

皇王部十四

漢孝昭皇帝
廢帝海昏侯
中宗孝宣皇帝
孝元皇帝
孝成皇帝
孝哀皇帝
孝平皇帝
少帝孺子
王莽

孝昭皇帝

漢書帝紀曰孝昭皇帝諱弗之字曰不武帝少子也母趙倢伃本以有奇異得幸服虔曰倢伃有奇手指不伸案外戚傳曰望氣者云比有奇女天子氣故稱奇異也及生帝有奇異文穎曰十四月乃生遂立爲太子年八歲武帝崩太子即皇帝位始元元年春二月黃鵠下建章宮太液池中如淳曰謂之液者天地和液之氣所爲池案時漢用土德服色尚黃鵠色皆白而今更黃以爲土德之端故紀之也公卿上壽賜諸侯王列侯宗室金錢各有差己亥上耕于鉤盾弄田應劭曰時帝年九歲未能親耕帝籍鉤盾宦者近署故往試耕爲戲弄也案西京故事弄田在未央宮中也元鳳元年左將軍上官桀桀子驃騎將軍安與大將軍霍光爭權欲害之詐使人爲燕王旦上書言光罪時帝年十四覺其詐皆伏誅雖後有譖光者上輒怒曰大將軍國家忠臣先帝所屬敢有譖毀者坐之光由是得盡忠元年夏四月帝崩于未央宮案帝九歲即位十三年壽二十二也六月葬平陵

漢書贊曰昔周成王以孺子繼位而有管蔡四國流言之變孝昭幼年即位亦有燕蓋上官逆亂之謀成王不疑周公孝昭委任霍光各因其時以成名大矣哉承孝武奢侈餘弊師旅之後海內虛耗戶口減半光知時務之要輕繇薄歛與民休息至始元元鳳之間匈奴和親百姓充實舉賢良文學問民所疾苦議鹽鐵而罷榷酤尊號曰昭不亦宜乎。

後漢班固昭帝述曰孝昭幼沖冢宰惟忠燕蓋譸張實叡實聰罪人斯得邦家和同

魏文帝周成漢昭論曰或方周成王於漢昭帝僉高成而下昭余以爲周成王體上聖之休氣稟賢妣之胎誨周邵爲保傅呂尚爲太師口能言則行人稱辭足能履則相者導儀目厭威容之美耳飽仁義之聲所謂沉漬玄流而沐浴清風者矣猶有咎悔聆二叔之謗使周公東遷皇天赫怒顯明厥咎猶啓金縢稽諸國史然後乃寤不亮周公之

聖德而信金縢之教言豈不暗哉夫孝昭父非武王母非邑姜養惟蓋主相則桀光體不承聖化不胎育保無仁孝之質佐無隆平之治所謂生於深宮之中長於婦人之手然而德與性成行與體并年在二七早知夙達發燕書之詐亮霍光之誠豈有啓金縢信國史而後乃寤哉使夫成昭均年而立易世而化貿臣而治換樂而歌則漢不獨少周不獨多。

魏丁儀周成漢昭論曰成王昭帝俱以襁褓之幼託於冢宰流言讒與此其艱險相似者也夫以發金縢然後垂泣計日力便覺詐書明之遲速既有差矣且叔父兄子非相嫌之處異姓君臣非相信之地霍光罹人謗而不出周公賴天變而得之推此數者齊本而論末討重而量輕漢昭之優周成甚明者也成王秀而獲實其美在終昭帝苗而不秀其得在始必不得已而論二主余與夫始

者也

廢帝海昬侯

漢書曰昌邑哀王髆天漢四年立十一年薨子賀嗣立十三年昭帝崩無嗣大將軍霍光徵王賀典喪王乘傳詣大安邸夜漏未盡一刻以火發書其日中賀發餔時至定陶行百三十五里侍從者馬死相望於道郎中令龔遂諫王令還郎謁者五十餘人賀到濟陽求長鳴雞道買積竹杖（文穎注曰合竹作杖也）過弘農使大奴善以衣車載女子旦至廣明東都門遂曰禮奔喪望見國都哭此長安東郭門也賀曰嗌痛不能哭至城門遂復言賀曰城門與郭門等耳旦至未央宮東闕遂曰昌邑帳在是闕外馳道北（文穎曰弔哭帳）未至帳所有南北行道馬足未至數步大王宜下車也嚮闕西面伏哭盡哀止王曰諾到哭如儀王受皇帝璽綬襲尊號即位二十七日行淫亂大將軍光與群臣議白孝昭皇后廢賀歸故國初賀在國時數有怪嘗見白犬高三尺其頸似人而冠方山冠後復見熊左右皆莫見又大鳥飛集宮中王知惡之輒以問郎中令龔遂遂爲言其故後又血汙王坐席王問遂遂叫然號曰空宮不久妖祥數至血者陰憂象也宜畏慎自省賀終不改節居無何就徵既即位後王夢青蠅之矢積西階東可五六石以屋版瓦覆發視之青蠅矢（或曰惡蠅矢也）問遂遂而不用其言卒至於廢大將軍光更尊孝武帝曾孫是爲宣皇帝

漢書曰昌邑王即位好弄彘鬬虎使官奴騎乘遊戲掖庭之中與孝昭帝宮人淫亂詔掖庭令敢泄言腰斬王受璽凡二十七日有罪千一百二十七條霍光迺即持其手解脫其璽組奏上太后扶王下殿出金馬門群臣隨送王西面拜曰愚戇不任漢事起就乘輿副車大將軍光送至昌邑邸光謝曰王行自絕於天臣等駑怯不能殺身以報德寧負王不敢負社稷願王自愛

漢書曰王吉字子陽爲昌邑中尉上疏諫曰大王不好書術而樂逸遊馮式撙銜（服虔曰撙促也或曰挂也撙音子本反）馳騁不止口倦乎叱咤手苦於箠轡身勞乎車輿朝則冒霜露晝則被塵埃夏則爲大暑之所暴炙冬則爲風寒之所偃薄（偃靡也遇疾風而靡也薄迫也）數以耎脆之玉體（耎柔而兗切）犯勤勞之煩毒非所以全壽命之宗也又非所以進仁義之隆也夫廣廈之下細氈之上明師居前勸誦在後上論唐虞之際下及殷周之盛學仁聖之風習治國之道訢訢焉發憤忘食日新厥德其樂豈不長哉大王誠留意則心有堯舜之志體有喬松之壽美聲譽發而上聞則福祿其臻而社稷安矣

中宗孝宣皇帝

漢書帝紀曰孝宣皇帝（諱詢字次卿詢之字曰謀）武帝曾孫戾太子孫也太子納史良娣生皇孫納王夫人生宣帝號曰皇曾孫生數月遭巫蠱事太子良娣皇孫王夫人皆遇害曾孫坐繫郡邸獄邴吉爲廷尉監治巫蠱憐曾孫之亡辜使女徒乳養私給衣食至後元二年望氣者言長安獄有天子氣上遣使者皆殺之內署令郭穰夜至郡邸獄吉拒閉不得入曾孫賴吉得全因遭大赦吉乃載曾孫送祖母史良娣家後有詔掖庭養視上屬籍宗正時掖庭令張賀嘗事戾太子哀曾孫奉養甚謹以私錢供給教書既壯爲取暴室嗇夫許廣漢女曾孫因依倚廣漢兄弟及祖母家受詩於東海澓中翁（澓音服）高才好學然亦喜遊俠鬬雞走馬具知閭里之姦邪吏治得失周遍三輔常困於蓮勺鹵中尤樂

鄠杜閭邪常在下杜孟康曰下杜陵之下時會諸朝舍長安尚冠里身足下有毛適身及足下皆有毛卧居數有光耀每買餅所從買家輙大售亦以此自怪元平元年昭帝崩無嗣霍光徵昌邑王賀賀淫亂廢七月光奏遣宗正得至尚冠里舍沐浴賜御府衣太僕以軨獵車奉迎曾孫就齊宗正府封為陽武侯群臣上璽即皇帝位甘露三年匈奴呼韓耶單于皆來朝賛謁稱藩臣而不名黃龍元年帝崩於未央宮在位二十五年

漢書曰宣帝始立謁見高廟大將軍光驂乘上內嚴憚之若芒刺在背後張安世代光驂乘天子從容肆意甚安及光身死而宗族竟誅

漢書賛曰孝宣之治信賞必罰綜核名實政事文學法理之事咸精其能至于伎巧工匠器械自元成間鮮能及之

亦足以知吏稱其職民安其業者也遭值匈奴乖亂推亡固存李奇曰宣帝能朝呼韓而走郅支使遠遁是推亡也信威北夷單于慕義稽首稱藩功光祖宗業垂後嗣可謂中興侔德殷宗周宣矣

東觀漢記曰光武下詔曰唯孝宣皇帝有功德其上尊號曰中宗○帝王世紀曰宣帝廟名樂遊

後漢班固宣帝述曰中宗明明寅用刑名時舉傳納聽斷惟精柔遠能邇燀燿威靈龍荒朔漠莫不來庭丕顯烈祖尚於有成

孝元皇帝

漢書帝紀曰孝元皇帝諱奭之字曰盛宣帝太子也母曰共哀許皇后昔微時生民間及即位壯大和仁好儒見宣帝所用多文法吏以刑名繩下大臣楊惲等坐刺譏辭語而誅嘗從容言陛下持刑太深宜用儒生宣帝作色曰漢家自有制度本以霸王道雜之奈何純任德教用周政乎俗儒不達時宜好是古非今使人眩於名實何足任乃歎曰亂我家者太子也由是疏太子而愛淮陽王明察好法宜為吾子而王母張婕妤尤幸上欲代太子然以少依許氏故終不背焉宣帝崩太子即位頻年行幸甘泉河東郊祀大畤祠后土幸長楊射熊館布車騎大獵竟寧元年崩於未央宮在位十六年時年四十三

班固漢書賛曰臣外祖兄弟為元帝侍中應劭曰元成帝紀皆固父彪所作臣班彪自說也外祖言金敞也語臣曰元帝多才藝善史書鼓琴瑟吹洞簫自度曲被歌聲分刌節度窮極要妙少而好儒及即位徵用儒生委之以政貢薛韋匡迭為宰相而上牽制文義優遊不斷孝宣之業衰矣然寬弘盡下出於恭儉號令溫雅有古之風烈

應劭漢官儀曰孝武時天子以下未有幘元帝額上有壯髮不欲使人見乃始進幘羣寮隨焉

帝王世紀曰孝元皇帝廟名長壽

孝成皇帝

漢書帝紀曰孝成皇帝諱驁字太孫元帝太子母曰王皇后元帝在太子宮生帝於甲觀畫堂如淳曰甲觀館名畫堂堂名為世嫡皇孫宣帝愛之字曰太孫常置左右及為太子好經書為人寬博謹慎初居桂宮上嘗急召太子出龍樓門不敢絕馳道應劭曰馳道天子之道西至直城門晉灼曰黃圖西出南頭第二門得絕乃度上遲之以狀對上於是大悅乃著令太子得絕馳道其後幸酒醼樂幸酒好酒也上不以為能而定陶恭王有才母傅昭儀又愛上以故欲以恭王為嗣賴侍中丹護太子家輔助有功上亦以先帝尤愛故得無廢元帝崩太子即位頻年幸甘

泉汾陰郊祠綏和二年崩于未央宮在位二十六年時年四十五

漢書曰成帝好爲微行從期門郎及私奴客多至十餘人皆帶持刀劍或乘小車御者在道上或皆騎出入市里郊野遠至旁縣谷永曰今陛下棄萬乘之富貴樂人家之賤事厭高美之尊稱好疋夫之卑字（如淳曰稱張放家人是卑字）買私田於民間畜私奴車馬北宮挺身與群小晨夜相隨烏集醉飽吏民之家亂服共坐混淆無別典門戶奉宿衛之臣執干戈守空宮公卿百僚不知陛下所在積數年矣

漢書贊曰臣之姑（晉灼曰班彪之姑）後宮爲婕妤父子兄弟得侍帷幄數爲臣言成帝善脩容儀升車正立不內顧不疾言不親指臨朝淵嘿尊嚴若神可謂穆穆天子之容矣博覽古今容受直辭公卿稱職遭世承平上下和睦然躭于酒色趙氏亂內外家擅朝言之可爲於邑建始以來王氏始執國命哀平短祚莽遂篡位蓋其威福之所由來者久矣

帝王世紀曰成帝廟名池陽

楊雄酒賦叙曰漢孝成皇帝好酒雄作酒賦以諷之

孝哀皇帝

漢書帝紀曰孝哀皇帝（諱欣欣之字曰和）元帝庶孫定陶恭王之子也母曰丁姬好文辭法律入朝上令誦詩通習能說（能說其義）帝稱其才時王祖母傅太后私賂遺上所幸趙昭儀及帝舅王根根及昭儀見上無子亦欲預自結皆勸帝以爲嗣乃立爲太子成帝崩太子即帝位建平二年待詔夏賀良等言赤精子之讖漢運中衰當再受命宜改元易號乃赦天下以建平二年爲太初元年號曰陳聖劉太平皇帝漏刻以百二十爲度八月詔曰夏賀良等言皆違經背古不合時宜甲子制書非赦令也皆蠲除之賀良等皆伏辜元壽二年帝崩于未央宮在位六年時年二十五

漢書曰孝哀皇帝性不好音及即帝位下詔曰孔子不云乎放鄭聲鄭聲淫其罷樂府官郊祀樂及古兵法武樂在經法非鄭衛之樂者條奏別屬他官

又曰董賢少爲太子舍人美麗自喜上即位見幸出則參乘入侍左右旬月之間賞賜巨萬貴震朝廷嘗與上晝寢藉上袖上欲起賢未覺上不欲動搖之乃斷袖而起又召賢女弟爲昭儀更名其舍爲椒風以配椒房武庫禁兵尚方珍寶上第盡在董氏乘輿乃其副也賢爲大司馬衛將軍年二十二上置酒從容視賢曰吾欲法堯禪舜何如侍中王閎曰天下乃高皇帝天下非陛下天下也統業至重天子無戲言上乃默然不悅

孝平皇帝

漢書帝紀曰孝平皇帝（諱衎之字曰樂）元帝孫中山孝王之子也年三歲時爲王哀帝崩迎中山王即位元始五年爲王莽所酖而崩有司議禮臣不殤君皇帝年已十四宜以禮斂加元服

漢書贊曰孝平之世政自莽出褒善顯功以自尊盛觀其文辭方外百蠻無思不服休徵嘉應頌聲並作至乎變異見於上民人怨於下莽亦不能文也

少帝孺子

漢書曰孝平皇帝崩無子嗣絕宣帝曾孫有五人王莽惡其長也兄弟不得相後乃徵宣帝玄孫廣戚侯嬰年二歲託以卜相最吉莽遂居攝如周公故事改曰居攝元年三月立嬰爲皇太子號曰孺子建國元年乃策命孺子以爲

安定公莽執孺子手流涕歔欷曰今予迫皇天威命不得如周
公哀歎良久孺子下殿北面稱臣百寮莫不感慟莽勑阿
乳母不得與語常在四壁中至於長大不能名六畜後莽
以女孫妻之
帝王世紀曰嬰爲孺子三年而廢爲安定公十五年而失
國始二年平陵方望等將嬰聚衆爲天子數月更始乃殺
之

王莽

漢書曰王莽字巨君孝元皇后之弟子也父及兄弟皆以
元成世封侯輔政凡九侯五大司馬唯莽父曼早死不侯
五侯侈靡莽獨孤貧因折節爲恭儉受禮經勤身博學事母
及寡嫂孤兄子行甚整又外交英俊內事諸父世父鳳疾
莽侍病亂髮垢面鳳且死以託太后及帝拜黃門郎永始
中封爲新都侯遊者爲之談說虛譽隆洽太后姊子淳于
長爲紅九卿先進在莽莽陰求其罪因大司馬白之長伏誅莽以獲忠直遂
擢爲大司馬輔政欲令名譽過前人遂克己不倦歲餘成帝
崩哀帝即位傅太后丁姬皆稱尊號丞相朱博奏莽前
不廣尊尊之義謫免爲庶人乃遣就國杜門自守吏民怨訟
莽者以百數元壽元年徵莽歲餘哀帝崩莽爲大司馬平
帝即位太后臨朝皆委政於莽群臣奏莽定策安宗廟賜
號安漢公莽以女配帝欲擅權帝母衛姬及舅並留中山
莽子宇恐帝大後見怨與師吳章夜持血灑莽門吏發覺
之莽執宇送獄死莽因作書八篇以戒子孫宜班郡國令
學官以著官簿比孝經吏人止書者八千餘人咸曰伊尹
爲阿衡周公爲太宰帝採伊周稱號加公爲宰衡又加九
錫鸞輅龍旂莽又增法五十條犯者徙之西海徙者以千

萬數民始怨矣平帝疾莽作策請命願以身代藏策金縢
平帝崩莽惡立長乃選子嬰年二歲託以卜相最吉是月
前煇光謝囂奏武功長孟通浚井得白石下有丹書文曰
告安漢公莽爲皇帝符命之興自此始矣群臣奏安漢公
居攝踐祚服天子韍冕南面朝群臣車服出入如天子郊
祀天地贊者曰假皇帝民臣謂之攝皇帝自稱曰予改元
曰居攝二年東郡太守翟義立嚴鄉侯劉信爲天子移檄郡國
衆十餘萬莽惶懼抱孺子告禱郊廟倣大誥作策班於天
下莽既滅翟義自謂威德已盛遂謀即眞之事矣莽母功
顯君死意不在哀令太后下詔議其服莽奏太后下詔議
其服莽母太后稱劉京上書言臨淄縣昌興亭長辛當夢
曰吾天公使我告亭長曰攝皇帝當爲眞即不信此亭中
當有新井旦起視誠有新井入地且百尺梓潼人哀章即
作銅匱爲兩檢其上書言莽爲眞天子昏時衣黃衣持匱
至高廟付僕射以聞莽至高廟拜受金匱還坐未央前殿
下書即眞天子位號曰新以十二月癸酉爲建國元年莽按
符命求得王盛從布衣登用百官並改名又改長安爲常
安立祖廟五親廟四又更作小錢與前大錢爲二品百姓
不便農商失業民人至泣於市道遣五威將王奇班符命
四十二篇五威將乘乾文車駕坤六馬背負鷩鳥之毛服
飾甚偉長安狂女子碧呼道中曰高皇帝大怒趣歸我國
不者九月必殺汝莽捕殺之更名匈奴爲降奴是時有用
方技待詔黃門者或問莽形貌待詔曰莽所謂鴟目虎吻
豺狼之聲故能食人亦當爲人所食問者告之莽誅待詔
後常翳雲母屏風非親近莫得見也更名高句驪爲下句
驪五年文母皇太后崩立廟長安新室世世獻祭先帝配

食坐於床下又明六筦之令犯禁者至死臨淮瓜田儀(姓瓜田名儀)為盜賊琅耶女子呂母亦起莽之南郊鑄作威斗若北斗欲以厭勝衆兵莽見盜賊起乃命　太史推三萬六千歲曆紀六年一改元布天下大募天下丁男及死罪囚吏民奴名曰猪突狶勇以為鋭卒莽見盜賊多欲規為自安遂營長安城南堤封百頃親舉築三千即言符命黃帝以百二十女致仙乃遣分行天下博採淑女莽夢見長樂宮銅人起立惡之使尚方鐫滅銅人膺文又令虎賁武士入高廟杖劒四面提擊桃湯赭鞭鞭灑屋壁又言黃帝建華蓋以登仙乃造之百官竊言此似輀車非仙物也莽知西方潰叛乃遣分行天下井田衆制會世祖與兄齊武王等功掖棘陽立劉聖公為天子莽愈恐欲外視自安乃染其髮鬚進所徵天下淑女立杜陵史氏女為皇后娉黃金三

萬斤遣王邑王尋等兵百萬號曰虎牙五威兵定山東圍昆陽世祖來救昆陽邑等大敗關中聞之震恐命張邯稱符命事因曰易言伏戎于莽外其高陵三歲不興莽皇帝名外謂劉伯外高陵謂翟義封也猶殄滅不興後莽兵敗莽憂懣不能食但飲酒啗鰒魚讀軍書倦因憑几寐不復就床也但為厭勝遣壞渭陵延陵門罘罳曰無使民復思漢也崔發言周禮左傳國有大災則哭以厭之莽乃至南郊陳符命仰天曰皇天即授臣莽何不殄滅衆賊因搏心大哭氣盡伏而叩頭諸生小民甚悲哀及能誦策文者除為郎拜將軍九人為九虎將漢承相司直李松與鄧曅攻京師以王憲為校尉略地至長門宮而茂陵董喜等並假以號稱漢將長安旁兵四會城下爭欲先入城貪立本大功莽分赦城內獄囚皆授兵殺狶飲其血誓曰大功莽分不為新室者社鬼記之衆兵發掘莽妻子父祖冢燒其棺及九廟明堂火照城中少年朱弟張魚等燒作室門斫敬法闥呼曰反虜王莽何不出降火及掖庭莽避火宣室火輒隨之宮人婦女啼呼曰當奈何莽紺袀服帶璽韍(紺深清袀書弋向切袀純也訖純為紺服也漢音常)持虞帝匕首天文郎桉式於前曰時加某莽旋席隨斗而坐曰天生德於予漢兵其如予何群臣扶掖莽自前殿南下椒除西出白虎就車之漸臺欲阻池水獨把持符命威斗公卿大夫從官尚千餘人王邑晝夜戰罷極入見其子侍中睦解衣冠欲逃邑叱之令還父子共守莽軍人入殿中呼曰反虜王莽安在有美人出房曰在漸臺衆兵追之圍數百重臺上亦與戰莽入室下晡時衆兵上臺臺上商人杜吳殺莽取其綬校尉公賓就見吳問綬主所在曰室中西北陬就識斬莽首軍人爭分裂莽身支節

肌皮臠分爭相殺者數千人傳莽首詣更始懸於宛市中百姓共提擊之或切食其舌

應劭漢官儀曰幘本無巾如今半幘而已王莽無髮因為施巾故里語曰王莽頭禿施幘屋

漢書贊曰王莽始起外戚折節力行以要名譽宗族稱孝師友歸仁及其居位攝政成哀之際勤勞國家直道而行動見稱述其竊位南面處非所據顛覆之勢險於桀紂而莽晏然自以黃虞復出迺始恣睢奮其威詐滔天虐民窮凶極惡毒流諸夏亂延蠻貊猶未足逞其欲焉是以四海之內囂然喪其樂生之心中外憤怨遠近俱發城池不守支體分裂遂令天下城邑為墟丘壠發掘害徧生民辜及朽骨自書傳所載亂臣賊子無道之人考其禍敗未有如莽甚者也昔秦燔詩書以立私議莽誦六經以文姦言同

歸殊途俱成滅云此皆亢龍絶氣非命之運紫色鼃（音蛙）聲餘分閏位聖王之驅除云爾（非命非天命也紫閒色鼃邪音歲月之餘分爲閏言皆非正也）

太平御覽卷第八十九

太平御覽卷第九十　皇王部十五

光武皇帝　更始

後漢世祖光武皇帝

東觀漢記曰光武皇帝漢高帝九世孫也出長沙定王發之後。袁宏漢記曰孝景帝生長沙定王發發中子買爲春陵節侯買生鬱林太守外外生鉅鹿都尉回回生南頓令欽欽生光武皇帝諱秀字文叔

東觀漢記曰皇考初爲濟陽有武帝行過宮常封閉上將生皇考以令舍下濕開宮後殿居之建平元年十二月甲子夜上生時有赤光室中盡明皇考異之使卜者王長卜長曰此善事不可言是歲嘉禾生一莖九穗長大於凡禾縣界大豐熟因名上曰秀是歲鳳皇來集濟陽故宮皆畫鳳皇聖瑞萌兆始形於此上爲人隆準日角大口美鬚眉長七

尺三寸仁智明遠多權略樂施愛人在家重慎畏事勤於稼穡兄伯升好俠非笑上事田作比之高祖兄伯升年九歲而南頓君卒隨其叔父在蕭入小學後之長安受尚書經師事廬江許子威大義略舉因學世事朝政每下必先聞知具爲同舍解說南陽大人往來長安爲之邸閣稽疑議嘗訟逋租於大司馬嚴尤尤見而奇之宛大姓李伯玉從弟軼數遣客求上上欲避之先是時伯玉同母兄公孫臣爲醫伯升請呼難伯升殺之上恐其怨故避之使來者言李氏欲相見款誠無他意上乃見之懷刀自備入見因始侯兄弟爲上言天下擾亂飢餓下江兵盛南陽豪右雲擾因具言讖文事上殊不意獨内念李氏富厚父爲宗卿師語言譎詭殊非次弟嘗疾毒諸家子數犯法令李氏家富厚何爲如是不然諾其言諸李遂與南陽府掾史張順等連謀上深念良久天變已成遂市兵弩絳衣赤幘時伯升在春陵亦已聚會客矣上歸舊廬望見廬南若火光以爲人持火呼之光遂盛赫然屬天有頃不見異之遂從春陵歸宅乃與伯升相見初伯升之起也諸家子弟皆逃自匿曰伯升殺我及聞上至絳衣大冠將軍服乃驚曰以爲獨伯升如此也中謹厚亦如之皆合會共勞饗新市平林兵王鳳王匡等因率春陵子弟隨之兵合七八千人上騎牛與俱殺新野尉後乃得馬進圍宛城王莽遣大司徒王尋大司空王邑將兵來征更始立以上爲太常偏將軍時無印得定武侯家丞印佩之二公兵到潁川嚴尤陳茂與合尤問城中出者言上不敢取財物但合會諸兵爲之計册尤笑言曰是美鬚眉目者耶欲何爲乃如此初莽遣二公欲盛威武以振山東至驅虎豹犀象奇偉猛獸以長人巨無霸

爲壘尉自秦漢以來師出未曾有也上邀之於陽關二公兵盛漢兵反走上馳入昆陽諸將惶恐各欲散歸與諸將議城中兵穀少宛城未拔力不能相救今昆陽即破一日之間諸將亦滅不同力救之反欲歸守其妻子財物耶諸將怒曰劉將軍何以敢如此上乃笑且去唯王常是上計會候騎還言大兵已來長數百里望不見其後尾前已至城北矣諸將遽請上上到爲陳相救之勢諸將素輕上及迫急上爲畫成敗皆從所言二公兵已五六萬到遂環昆陽城營圍之數重雲車十餘丈瞰臨城中旗幟蔽野塵熛連雲金鼓之聲數十里或爲地突或爲衝車撞城積弩射城中矢下如雨城中負戶而汲二公自以爲功成漏刻有流星墜營中正晝有雲氣如壞山直營而霣不及地尺而散吏士皆厭伏時漢兵在定陵郾者聞二公兵盛皆怖上

歷説其意爲陳大命請爲前行諸部堅陳上將步騎千餘前去大軍四五里二公遣步騎數千乘合戰上奔之斬首數級諸部將喜曰劉將軍平生見小敵怯今見大敵勇甚奇恠也上復進二公兵却諸部乘之斬首數百千級連勝遂令輕足將書與城中諸將言宛下兵復到而陽墜其書二公得書讀之恐上遂選精兵三千人從城西水上奔陣二公兵於是大奔北殺司徒王尋而昆陽城中兵亦出中外並擊會天大雷風暴雨下如注水潦成川滍水盛溢二公大衆遂潰亂奔赴水溺死者以數萬滍水爲之不流王邑嚴尤陳茂輕騎乘死人渡滍水逃去漢軍盡獲其珎寶輜重車甲連月不盡五月齊武公拔宛城六月上破二公於昆陽破宛後數日收伯升部將劉稷而伯升強爭之更始遂用讒愬復收伯升即日皆物故上在父城徵詣宛拜

上爲破虜大將軍封武信侯更始欲北之雒陽以上爲司隷校尉先到雒陽整頓官府三輔官府吏東迎雒陽者見更始諸將過者已數十輩皆冠幘衣婦人衣諸于繡𧜅諸于大掖衣也如婦人之袿衣𧜅音屈楊雄方言曰襜褕其短者自關而西謂之𧜅褕此是諸于上加繡𧜅如今半臂也大爲長安所笑知者或畏其衣奔走入邊郡見司隷官屬皆相指視之極望老吏或垂涕曰復見漢官威儀賢者蟻附更始以上爲大司馬遣之河北十月上持節度孟津鎮撫河北安集百姓趙王庶兄胡子立邯鄲卜者王郎爲太子移檄購求公十萬户世祖引兵攻邯鄲連戰郎兵挫折郎遣諫議大夫杜長威見公據地曰實成帝遺體子輿也公曰正使成帝復生天下不可復得也況詐子輿乎長威請降得萬户侯公曰一户不可得長威曰邯鄲雖鄙君臣并力城守尚可支一歲終不君臣相率而降但得全身

也辤去而郎必傳李立反郎開城門漢兵破邯鄲誅郎入王宫收文書得吏民謗毁公言可擊者數千章公會諸將燒之曰令反側者自安也更始遣使者即立公爲蕭王諸將議上尊號上不許上發薊至中山諸將復請上尊號初王莽時上與伯升及姊壻鄧晨穰人蔡少公讌語少公道讖言劉秀當爲天子或曰是國師劉子駿也上戲言曰何知非僕耶坐者皆大笑時傳聞不見赤伏符文軍中所上未信到鄗上所與在長安同舍諸生彊華自長安奉赤伏符詣鄗與上會羣臣復固請乃命有司設壇于鄗南千秋亭六月己未即皇帝位改元爲建武十月帝入雒陽幸南宫三年正月益吴漢鄧禹等封自漢草創德運正朔服色未有所定高祖因秦以十月爲正以漢水德立北時而祠黑帝至孝文賈誼公孫臣以爲秦水德漢當爲土德至孝武

倪寬司馬遷猶從土德自上即位案圖讖推五運漢爲火德周蒼漢赤水生火赤代蒼故上都雒陽制郊祀於城南行夏之時犧牲尚黑明火德之運徽幟尚赤四時隨色郊祀帝堯以配天宗高祖以配上帝上遣游擊將軍鄧隆與幽州牧朱浮擊彭寵隆軍潞浮軍雍奴相去百餘里遣吏上奏言寵破在旦暮上讀檄未竟怒曰兵必敗比汝歸可知吏還未至隆軍果爲寵兵掩擊破浮軍遠至不能救以兵走幽州咸曰上神三年十月上幸春陵祠園廟大置酒與春陵父老故人爲樂四年五月上幸盧奴爲征彭寵故也自王莽末天下旱霜連年百穀不成元年之初耕作者少民飢饉黄金一斤易粟一石至二年秋天下野穀旅生麻菽尤盛或生瓜菜菓實野蠶成繭被山民收其絮採穫穀果以爲蓄積至是歲野穀生者稀少而南畝亦益闢矣

六年二月吳漢下朐城天下悉定唯獨公孫述隗囂未平上曰取此兩子置度外乃休諸將置酒賞賜之每幸郡國下與見吏輙問以數十百歲能吏次第下掾史簡練臣下之行下無所隱其情道數十歲事若案文書吏民驚惶不知所以人自以見識家自以蒙恩遠臣受顔色之惠坐席之間以要其死力當此之時賊檄日以百數憂不可勝上猶以餘閒講經藝發圖讖制告公孫述署曰公孫皇帝囂雖遣子入侍尚持兩心囂故吏馬援謂囂曰到朝廷凡數十見自事主未嘗見明主如此也材直驚人其勇非人之敵開心見誠與人語好醜無所隱諱圖講天下事極盡下恩兵事方略量敵校勝闊達多大節與高帝等經學博覽政事文辯前世無比囂曰如卿言勝高帝耶曰不如也高帝大度無可無不可今上好吏事動如節度不飲酒囂大

笑曰如卿言反復勝也七年正月詔羣臣奏事無得言聖人又舊制上書以青布囊素裏封書不中式不得上既上詣北軍待報前後相塵連歲月乃決上躬親萬機急於下情乃令上書啓封則用不得刮璽書取具文字而已奏詣闕平旦上其有當見及冤結者常以日日出時騶騎馳出召入其餘以俟中使者出報即罷去所見如神遠近不偏幽隱上達民莫敢不用情追念前世園陵至盛王侯外戚葬埋僭侈吏民相効浸以無限詔有諸天下令薄葬八年閏月車駕西征河西大將軍竇融與五部太守歩騎二萬迎上隗囂士衆震壞皆降囂走　入城吳漢岑彭追守之九年正月隗囂餓出城飡糗糒腹脹死十二年吳漢引兵擊公孫述入犍爲界小縣多城守未下詔書告漢直擁兵到成都據其心腹後城營自解散漢意難前獨言朝廷以爲

我縛賊手足矣遣輕騎至成都燒市橋武陽以東小城營皆奔走降竟如詔書漢兵乘勝追奔述距守詔書又戒漢曰成都十萬人且堅據廣都城去之五十里待其即營攻城罷倦引去乃首尾擊之勿與爭鋒述兵不敢來轉營即之移徙輙自堅十一月衆軍至城門述自將背城而戰吳漢攻之述軍大破刺傷述扶輿入壁其夜死夷述妻子傳首於洛陽縱兵大掠舉火燔燒上聞之下詔讓吳漢副將劉禹曰城降嬰兒老母口以萬數一旦放兵縱火聞之可爲酸鼻禹宗室子孫故嘗更職何忍行此仰視天俯視地觀於放麑啜羮之義二者孰仁矣失斬將吊民之義又議漢殺述親屬太多是時名都王國有獻名馬寶劒直百金馬以駕鼓車劒以賜騎士苑囿池籞諳之官廢弋獵之事不御雅性不喜聽音樂手不持珠玉衣服大絹而不重綵

征伐嘗乘革輿羸馬公孫述故哀帝時即以數郡備天子用述破益州乃傳送瞽師交廟樂葆車乘輿物是後乃稍備具焉述伏誅之後而事少閑官曹文書減舊過半下縣吏無百里之繇民無出門之役十九年上幸南陽汝南至南頓止令舍大置酒賜吏民復南頓田租一歲吏民叩頭言皇考居此日久陛下識知寺舍每來輙加厚恩但復一歲少薄願復十歲上曰天下重寶大器常恐不任日愼一日安敢自遠期十歲復增一歲二十年六月上風眴黄癉病發甚以衛尉關内侯陰興爲侍中興受詔雲臺廣室二十六年正月詔曰前以用度不足吏禄薄少乃自益其俸自三公下至佐史各有差四月始營陵地於臨平亭南詔曰無爲山陵陂池裁令流水而已迭興之後亦無丘壟使合古法今日月已逝當豫自作目子奉承不得有加乃令

陶人作瓦器

又曰臨平望平陰河水洋洋舟船泛泛善矣夫周公孔子猶不得存安得松喬與之而共遊乎文帝曉終始之義景帝所謂孝子也故遭反覆霸陵獨完非成法耶上常自細書一札十行報郡縣旦聽朝至日晏夜講經聽誦坐則功臣特進在側論時政畢道古行事次說在家所識鄉里能吏次第比類又道忠臣孝子義夫節士坐者莫不激揚悽愴欣然和悅羣臣爭論上前常連日皇太子甞承間言陛下有禹湯之明而失黃老養性之道今天下大安少省思慮養精神上荅曰我自樂此三十年有司奏封禪詔曰災異連仍日月薄食百姓怨歎而欲有事於太山汙七十二代編録以羊皮雜貂裘何強顔耶三十年羣臣復奏宜封禪遂登太山勒石紀號改元爲中平二年二月戊戌帝崩

于南宮前殿在位三十三年時年六十二遺詔曰朕無益百姓如孝文皇帝舊制葬務從約省刺史二千石長皆無離城郭無遣吏及因郵奏太子襲尊號爲皇帝羣臣奏謚曰光武皇帝廟曰世祖三月葬原陵

東觀漢記曰上破王郎還過鄧禹營禹進食炙魚上大飡啗時百姓以上新破大敵欣喜聚觀見上飡勞勉吏士威嚴甚厲於是皆竊言曰劉公眞天人也

東觀漢記曰隗囂遣馬援奏詣京都上出在宣德殿南廡下引援入與相見上曰卿遨遊二帝間見卿使人慙援曰今天下反覆而盜賊自名字者不可勝數也陛下恢廓大度同符高祖乃知帝王自有眞也

又曰帝既有仁聖之明氣勢形體天然之姿固非人之敵翕然龍舉雲興三兩而濟天下蕩蕩人無能名焉

帝王世紀曰玄晏先生曰左氏春秋稱夏少康之起有田一成有衆一旅若漢之再命世祖不階成旅之資平暴反正遂建中興與夏康同美矣

袁山松後漢書曰前漢自成哀已下而天地縱橫巨猾竊命劉氏舊澤雖在而瞻烏之望殆絶世祖以耿耿之亂起於白水之濱身屈無妄之力位與羣豎並列于時懷璽者十餘建旗者數百高才者居之南面疾足者爲之王公赴莊九州瓜分蠭切泯泯蒼生靡消鼎沸我皇之以仁風馳之以大威霜雪被而洪棘枯綱維振而逆鱗掃羣才畢湊人思與能數年之閒廓清四海雖曰中興與夫始創業者庸有異乎誠馬生之言固以寥廓大度同符高祖又資太宗之仁兼孝宣之明一人之體其殆乎同故能享有神器據乎萬物之上矣

會稽典録曰上在長安中與餘姚嚴遵俱共受學結好建元元年徵遵拜爲諫議大夫共上宿遵以足加帝上其夜客星犯帝座太史以聞上曰昨與嚴子陵卧也

續漢書曰昔羿浞篡夏數十年少康生爲仍牧正能脩德復夏厥勲大矣然尚有虞思及靡有鬲內外之助至於光武承王莽起自疋庶一民尺土靡有憑焉發迹於昆陽以數千屠百萬非膽智之主孰能堪之討賊平亂克復炎漢號稱中興者無以加之矣中國既定柔遠以德愛慎人命下及繇賦武功既備抗文德脩經術勲績弘矣

薛瑩漢紀曰王莽之際天下雲亂英雄並發其跨州據郡僭制者多矣人皆異於非望然考其聰明仁勇自無光武儔也引寬博納計慮如神是以任光竇融望風景附馬援一見覩顔識奇故能以十數年閒掃除群凶清復海內豈

非天之所輔贊哉古者師不內御而光武命將皆授以方略使奉圖而進其違失無不折傷意豈文史之過乎不然雖聖人其猶人病諸

更始

東觀漢記曰劉玄字聖公光武族兄也弟爲人所殺聖公結客欲報之客犯法聖公避吏於平林吏繫聖公父子張聖公詐死使人持喪歸舂陵吏乃出子張聖公因自逃匿王莽末南方飢饉人庶群入野澤掘鳧茈而食更相侵奪新市人王匡王鳳爲平理諍訟遂推爲渠師衆數百人諸亡命往從之數月間至七八千人號新市兵平林人陳牧廖湛復聚衆千餘人號平林兵聖公入平林中與伯外會遂共圖宛聖公號更始將軍自破甄阜等衆庶來降十餘萬諸將立劉氏南陽英雄皆歸望於伯外然漢兵以新市平林爲本其將帥素習聖公因欲立之而朱鮪立壇城南淯音育水上諸伯外呂植通禮經爲謁者將立聖公爲天子儀以示諸將馬武王匡以爲王莽未滅不如且稱王張卬拔劍擊地曰稱天公尚可稱天子何謂不可於是諸將軍起與聖公至於壇所奉通天冠進聖公於是聖公乃拜冠南面而立改元爲更始元年上爲太常偏將軍上破二公於昆陽城而更始收劉稷及伯外即日皆物故上馳詣宛謝罪更始大慙長安中兵攻王莽斬首收璽綬詣宛更始入便坐黃堂上視之曰莽不如此當與霍光等更始韓夫人曰莽不如此帝那爲得之更始北都洛陽李松等自長安傳輿服御物及中黃門從官至洛陽關中咸相望天子更始遂西居東宮鍾鼓帷帳宮人數千官府里閭堵如舊更始上前殿郎吏以次侍更始顧刮席與小常侍語郎吏

怪之更始委政於趙萌曰在後庭與婦人耽飲諸將軍言事更始醉不能見韓夫人尤嗜酒每侍飲見常侍奏事輒怒曰帝方對我飲正用此時持事來乎起掊音旨書案破之所置牧守交錯州郡不知所從趙萌以私事捽中骨反侍中侍中曰陛下救我更始言大司馬縱之萌曰日不受詔遂斬之又所署官爵皆群小被服不似或繡面衣錦袴諸服襜褕爲百姓之所賤長安中爲之歌曰竈下養中郎將爛羊胃騎都尉爛羊頭關內侯其冬赤眉十餘萬人入關引兵入上林更始騎出廚城門諸婦女皆從後車呼更始當下拜城更始下馬拜謝城乃去至高陵上聞更始失城乃下詔封更始爲淮陽王而赤眉劉盆子亦下詔以聖公爲長沙王更始仍許赤眉求降上璽綬乃封爲長沙王赤眉謝祿曰三輔兵多　更始一旦失之遂害更始詔鄧禹收葬於霸陵

帝王世紀曰更始名玄字聖公即位凡三年

太平御覽卷第九十

太平御覽卷第九十一

皇王部十六

後漢顯宗孝明皇帝　肅宗孝章皇帝
穆宗孝和皇帝　孝殤皇帝
恭宗孝安皇帝　少帝北鄉侯

顯宗孝明皇帝

東觀漢記曰孝明皇帝諱陽一名莊世祖之中子也母光烈皇后初讓尊位爲貴人故帝十二以皇子立爲東海公三歲爵爲王幼而聰明叡智容貌壯麗世祖異焉數問以政議應對敏達謀謨甚深温恭好學敬愛師傅所以承事兄弟親密九族内外周洽世祖愈珍上德以爲宜承先序建武十七年十月廢郭皇后陰貴人爲皇后以上爲皇太子治尚書備師法兼通九經畧舉大義博觀群書以助術學無所不照中平二年二月世祖崩皇后太子即位永平二年二月上初臨辟雍行射禮十月上幸辟雍初行養老禮甲子上幸長安祠高廟遂有事十一陵歷覽館舍邑居舊處會郡縣吏勞賜作樂三年十月上與皇太后幸南陽章陵周觀舊廬召見陰鄧故人上在于道所幸見吏勞賜省事畢步觀行部署不用輦甲夜讀衆書乙夜盡乃寐先五鼓起率常如此五年十月上幸鄴撽趙王會鄴賜錢百萬八年十月上臨辟雍養三老五更禮畢上手書赦令尚書僕射持節詔三公十年閏月行幸南陽祠章陵以日至復祠於舊宅禮畢召校官弟子作雅樂奏鹿鳴上自御塤篪和之以娱嘉賓至頃勞饗三老官屬是時天下安平人無徭役歲比登稔百姓殷富粟斛三十牛被野十三年二月上耕籍田畢賜觀者食有一諸生前舉手曰善哉文王之遇太公也上書板曰生非太公子亦非文王也十五年二月東巡狩三月幸孔子宅祠孔子及七十子御講堂命太子諸王說經幸東平王宮上憐廣陵侯兄弟賜以服御之物又聖皇子輿馬悉賦予之十七年春甘露仍降樹枝内附芝生前殿神雀五色翔集京師是夜上夢見先帝太后夢中喜覺因悲不能寐明旦上陵百官胡客悉會太常丞上言陵樹華有甘露上令百官採甘露受賜畢罷上從席前伏御牀視太后鏡奩（音廉）中物流涕勑易奩中脂澤粧具自帝即位尊奉建武之政有加而無損初世祖閔傷前世權臣太盛外戚豫政漢家中興唯宣帝取法至於建武朝無權臣外族陰郭之家不過九卿親屬勢位不能及許史王氏之半至永平后妃外家貴者裁家一之備列將校尉在兵馬官充奉宿衛闔門而已無封侯豫朝政者自皇子之封皆減舊制諸王皆當略與楚淮陽相比什減三四曰我子不當與先帝子等又國遠而小於王善節約謙儉如此八月帝崩于東宮前殿在位十八年時年四十八謚曰孝明皇帝葬顯節陵十二月有司奏上尊號曰顯宗廟與世宗廟同日而祠祫祭於世祖之堂共進武德之舞如孝文皇帝祫祭高廟故事孝明皇帝尤垂意於經學即位刪定擬議稽合圖讖封師太常桓榮爲關内侯親自制作五行章句每饗射禮畢正坐自講諸儒並聽四方欣欣是時學者尤盛冠帶搢紳遊辟雍而觀化者以億計

又曰建武四年五月甲申皇子陽生豐下銳上顏赤色有似於堯上曰赤色名之曰陽至十三年通春秋上循其頭曰吳季子陽對曰愚戇無比及阿乳母以問師傅曰少推誠對師傅無以易其辭

華嶠後漢書明帝性褊察嘗以事怒郎樂崧以杖撞崧崧走入牀下上怒甚疾言曰郎出郎出崧曰天子穆穆諸侯皇皇未聞人君自起撞郎上乃赦之

又曰世祖既以吏事自嬰帝尤任文法物攬威柄權不借下值天下初定四民樂業戶口衣食滋殖斷獄號居前世之十二中興巳來追蹤宣帝夫以鍾離意之廉法諫諍懇切以寬和爲首以此推之斯亦難以德言者也

薛瑩漢記賛曰明帝自在儲宮而聽允之德著矣及臨萬機約身率禮恭奉遺業一以貫之雖夏啓周成繼體持統無以加焉是以海内乂安四夷賓服斷獄希少有治平之風號曰顯宗不亦宜乎

潛夫論曰明帝時公車以反支日不受章奏帝聞而怪曰民廢農遠來詣闕而復拘以禁忌豈爲政之意乎於是遂蠲其制

後漢書曰明帝遵奉建武制度無違者後宮之家不得封侯與政館陶公主（光武之女）爲子求郎不許而賜錢千萬謂群臣曰郎官上應列宿出宰百里非其人則人受其殃是以難之故吏稱其官民安其業遠近肅服戶口滋殖焉

後漢書曰帝善刑理法令分明日晏坐朝幽枉必達外内無倖曲之私在上無矜大之色斷獄得情號居前世之十二故後之言事者莫不先建武永平之政然而鍾離意宋均之徒常以察慧爲言夫豈弘人之度未優乎

肅宗孝章皇帝

東觀漢記曰孝章皇帝諱炟孝明皇帝太子永平三年二月以皇子立爲太子年四歲幼而聰達才敏多識世事動容進止聖表有異壯而仁明謙恕溫慈惠和寬裕廣博親愛九族矜嚴方厲威而不猛既志於學始治尚書遂兼五經周覽古今無所不觀於是上敬重之每事諮焉永平十八年孝明皇帝崩帝即位

范曄後漢書曰章帝建初元年詔有司明選舉進柔良退貪猾順時令理冤獄又詔以上林池籞田賦與貧人四年詔曰蓋三代導人教學爲本漢承暴秦褒顯儒術建立五經爲置博士其後學者精進雖曰承師亦別名家孝宣帝以爲去聖久遠學不厭博故遂立大小夏侯尚書又立京氏易至建武中復置嚴氏顏氏春秋大小戴禮博士此皆所以扶進微學廣道藝也孔子曰博學而篤志切問而近思（仁在其中矣於戲其勉哉）於是下太常將大夫博士議郎郎官及諸儒會白虎觀講議五經同異使五官中郎魏應承制問侍中淳于恭奏帝親稱制臨決如孝宣甘露石渠故事作白

虎議奏（今白虎通也）元和二年正月詔曰人有産子者復勿筭三歲令諸懷姙者賜胎養穀三斛復其夫勿筭一歲著以爲令又詔三公方春生養萬物孚甲宜助萌陽以育時物其令有司罪非殊死勿案驗章和元年八月南巡狩幸梁祠沛高原廟豐枌榆社二年正月帝崩於章德前殿在位十二年時年三十一遺詔無起寢廟一如先帝法制葬敬陵廟曰肅宗論曰魏文稱明帝察察章帝長者帝素知人厭明帝苛切事從寬厚除慘獄之科著胎養之令奉承明德太后盡心孝道割裂名都以崇建周親平傜簡賦而人賴其慶又體之以忠恕文之以禮樂藩輔克諧群后德讓謂之長者不亦宜乎

東觀漢記序曰孝乎惟孝友于兄弟聖之至要也乾乾夕惕寅畏皇天帝王之上行也明德慎罰湯文所務也密靜

天下容於小大高宗之極致也肅宗兼茲四德以繼祖考臣下百僚力誦聖德紀述明詔不能辯章豈敢空言增廣以累日月之光

袁山松後漢書曰孝章皇帝孔裕有餘明斷不足閨房讒惑外戚擅寵惜乎若明章二主損有餘而補不足則古之賢君矣

薛瑩漢記贊曰章帝以繼世承平天下無事敬奉神明友于兄弟息省徭賦綏靜兆民除苛法蠲禁錮抑有仁賢之風矣是以陰陽協和而百姓安樂衆瑞並集不可勝載考之圖籍有徵云爾

帝王世紀曰孝章皇帝以中元三年生於京師其母姓祕不出號其墓日長信冢

三輔決録注曰何敞字文高爲汝南太守章帝南巡過郡

有刻鏤屏風爲帝張設詔命侍中黃香銘之曰古典務農雕鏤傷民忠在竭節義在脩身敬懼禮賢命士敦脩德化

穆宗孝和皇帝

東觀漢記曰孝和皇帝諱肇章帝之中子也母曰梁貴人早薨上自岐嶷至於總角孝順聰明寬和篤仁孝章猶是深珍之以爲宜承天位年四歲以皇子立爲太子初治尚書遂兼覽書傳好古樂道無所不照章和二年春二月章帝崩太子即位永元三年春正月帝加元服四年六月大將軍竇憲潛圖弒逆幸北宮詔收捕憲黨使謁者收憲大將軍印綬遣憲及弟篤景就國到皆自殺五年正月宗祀五帝於明堂遂登靈臺望雲物大赦天下自京師離宮果園上林廣成囿悉以假貧人恣得收捕不收其稅十二年春正月上日以五經義異書傳意殊親幸東觀覽書林閱篇籍朝無寵族政如砥矢惠澤沾濡鴻恩茂篤外憂庶績內勤經藝自左右近臣皆誦詩書德教在寬仁恕並洽是以黎元寧康方國協和貞符瑞應八十餘品帝讓而不宣故靡得而記元興元年十二月帝崩于章德前殿在位十七年時年二十七葬順陵廟曰穆宗

東觀漢記序曰穆宗之嗣世正身履道以奉大業賓禮耆艾動式舊典宮無嬪嬙鄭衛之讌囿無槃樂遊畋之豫躬履至德虛靜自損是以屢獲豐年遠近承風云爾

後漢書曰自竇憲誅後帝躬親萬機每有災異輒延問公卿極言得失舊南海獻龍眼荔枝十里一置五里一堠奔騰險阻死者相繼時臨武長汝南唐羌縣接南海乃上書陳狀帝下詔曰遠國珍羞本以薦奉宗廟苟有傷害豈愛人之本其勑令太官勿復受獻由是遂省

續漢書曰孝和年十四能折外戚驕橫之權即昭帝幾上官之類矣朝政遂一民安職業勤恤本務苑囿希幸遠夷稽服西域開泰郡國言符瑞八十餘品咸懼虛妄抑而不宣云爾

范曄後漢書曰自中興以後逮于永元雖頗有弛張而俱存不擾是以齊民歲增闢土世廣偏師出塞則漢北地空都護西指則通驛四方豈其道遠三代術長前世將服叛懷來自有數也

孝殤皇帝

東觀漢記曰孝殤皇帝諱隆和帝之少子也和帝皇子數十生者輒夭故殤帝養於民元興元年十二月和帝崩是日倉卒殤帝時生百餘日乃立以爲皇太子其夜即位尊皇后鄧氏爲皇太后帝在繈褓太后臨朝延平元年八月

帝崩于崇德前殿年二歲葬康陵

又曰孝殤繈褓承統寢疾不豫天命早崩國祚中絶社稷無主天下敖然賴皇太后臨朝孔子稱有婦人焉信哉

恭宗孝安皇帝

東觀漢記曰孝安皇帝諱祜清河孝王第二子也少聰明敏達慈仁惠和寬容博愛好樂施予自在邸第數有神光赤虵嘉應照耀於室內蟠紆殿屋牀第之間孝王常異之年十歲善史書喜經籍和帝甚喜重焉號曰諸生數燕見在禁中特加賞賜下及玩弄之物諸王子莫得與比殤帝即位鄧后臨朝以帝幼小詔留於清河邸欲爲儲副殤帝崩以王青蓋迎齋中殿中拜爲長安侯乃即帝位謙讓恪懃敦敎經學志在供養委政長樂宮永初元年十一月上始講尚書歎於典藝二年春正月帝加元服延光四年三月帝崩于葉縣在位十九年時年三十二御車所止飲食百官鼓漏起居車騎鹵簿如故及還宮皇后與兄顯中常侍江京樊豐等共興僞詐不欲令群臣知上道崩欲僞道得病遣司徒等分詣郊廟社稷告天請命誣罔靈祇以士爲存其夕發喪羣寮百姓如喪考妣塞外蠻夷致祭涕泣葬恭陵

范曄後漢書論曰孝安皇帝雖稱尊享御而權歸鄧氏至損徹膳服克念治道然令自房帷威不逮遠始失根統歸成陵斃遂復計金授官移民逃寇推咎台衡以荅天眚詩云哲婦亦惟家之索矣

薛瑩漢書贊曰安帝之初委政太后十有餘年及親萬機佞邪始進閹官用事寵加秘愛阿母王聖勢傾朝廷遂樹姦黨搖動儲副山陵未乾蕭牆作難兵交禁省社稷殆危

典略曰安帝永初元年以災故免司空尹勤凡以災寇故輙免三公多以鄉爲之或再三退而還復其故桓靈又甚自此始也

少帝北鄉侯

續漢書曰安帝崩太子前廢後無餘子皇后與兄閻顯謀以北鄉侯犢爲帝嗣三月立北鄉侯皇太后臨朝十月辛亥北鄉侯薨顯及江京等徵濟北河間王子欲以爲嗣中黄門孫程王康等十九人共討京等迎立濟陰王

皇德傳曰安帝崩北鄉侯即尊位十月北鄉侯薨以王禮葬未即帝位不成君故以王禮葬

太平御覽卷第九十一

後漢敬宗孝順皇帝　孝沖皇帝

孝質皇帝　威宗孝桓皇帝

孝靈皇帝　廢帝弘農王　孝獻皇帝

敬宗孝順皇帝

東觀漢記曰孝順皇帝諱保孝安長子也母早薨追謚恭愍皇后上幼有簡厚之質體有敦愨之性寬仁溫惠始入小學誦孝經章句和熹皇后甚嘉之以爲宜奉大統年六歲永寧元年爲皇太子受業尚書兼資敦達初乳母王男廚監邴吉爲大長秋江京中常侍樊豐等所譖愬京懼有後害遂共構太子太子坐廢爲濟陰王安帝崩北鄉侯即尊位王發愁不得上殿臨棺而悲哀泣血不下食粥北鄉侯薨車騎閻顯等議前不用濟陰王今用怨人白閻太后

後徵諸王子閉門發兵中黄門孫程等十九人共討賊臣以迎濟陰王於德陽殿西鍾下即皇帝位漢安元年八月遣侍中杜喬光祿大夫周舉等八人分行州郡頒宣風化舉實臧否建康元年八月帝崩于玉堂前殿在位十九年時年三十遺詔無起寢廟衣以故服珠玉玩好皆不得下務爲節約葬憲陵廟曰敬宗

續漢書曰帝爲太子四歲避疾當阿母王聖弟新治乳母王男廚監邴吉以爲犯土忌不可御與江京樊豐及聖二女永等相是非聖永誣譖男吉皆物故太子思戀男等數爲之歎息聖永懼有後害遂與京豐等共構太子坐廢爲王

孝沖皇帝

東觀漢記曰孝沖皇帝諱炳順帝之少子也年三歲是時皇太子數不幸國副未定有司上言宜建聖嗣建康元年四月立爲太子順帝崩太子即帝位尊皇后梁氏爲皇太后帝幼弱太后臨朝永熹元年正月帝崩于玉堂前殿在位一年葬懷陵

帝王世紀曰孝沖皇帝即位一年年三歲

孝質皇帝

東觀漢記曰孝質皇帝諱纘章帝玄孫千乘貞王之曾孫也樂安王孫渤海王子也年八歲茂質純淑好學尊師有聞於郡國孝沖帝崩徵封建平侯即皇帝位本初元年閏六月帝崩于玉堂前殿在位一年時方九歲葬静陵

漢晉春秋曰帝初年幼小聞梁冀專權於天下每朝出輒目之曰此跋扈將軍冀聞而大懼遂陰行鴆毒始病呼太尉李固入固前問病帝曰食煮餅令腹中悶得水尚可活冀曰不可語未絕而崩

威宗孝桓皇帝

東觀漢記曰孝桓皇帝諱志章帝曾孫河間孝王孫蠡吾侯翼之長子也母曰匽（匽音）夫人年十四襲爵始入有殊於人梁太后欲以女弟妃之太初元年四月徵詣雒陽既至未及成禮會質帝崩無嗣太后密使瞻察威儀才明任奉宗廟遂與兄冀定策於禁中迎帝即位時年十五改元建和元年大將軍梁冀輔政縱橫爲亂帝與中常侍單超等五人共謀誅之於是封超等爲五侯五侯暴恣日甚毒流天下白馬令李雲坐直諫誅名臣少府李膺等並爲閹人所譖誣爲黨人下獄死在位二十一年崩年三十六

薛瑩漢記贊曰漢德之衰有自來矣而桓帝繼之以淫暴封殖宦豎群妖滿側姦黨彌興賢良被辜政荒民散亡徵

漸積遠至靈帝遂傾四海豈不痛哉左傳曰國於天地有與立焉不數世淫不能獘也信矣

孝靈皇帝

續漢書曰孝靈皇帝諱宏章帝玄孫河間孝王曾孫解瀆亭侯淑之孫萇之子也母曰董姬萇薨上襲爵爲侯永康元年十二月桓帝崩先是數有皇子夭昏不遂太后與父竇武定策禁中建寧元年正月徵到止夏門亭以王青蓋車迎入于殿即皇帝位太后臨朝四年正月帝加元服光和元年初置鴻都門生本頗以經學相引後試能爲尺牘辭賦及以工書鳥篆相課試至千人皆尺一勑州郡三公舉用辟召或典州郡入爲尚書侍中封侯賜爵四年於後宮與宫人爲列肆販賣使相偷盜爭闘上臨視以爲樂又於西園令狗帶綬著進賢冠中平元年初賣官自關內侯以下至虎賁羽林入錢各有差二年收天下田畝十錢以治宮殿發太原河東豫道林木黄門常侍斷截州郡送林文石掌主吏譴呼不中退賣之貴戚因緣賤買十倍入官其貴戚所入者然後得中宮室連年不成州郡因增加調發刺史二千石遷除皆責助治宮錢大郡至二千万諸詔所徵皆令西園騶審約勑號曰中使恐動州郡多受財賂天下騷動起爲盜賊矣是歲又於西園造萬金堂以爲私藏別司農金錢繒帛積之於中又還河間買田業起第觀上本侯家居貧即位常曰桓帝不能作官家曾無私錢故爲私藏復寄小黄門常侍家錢至數千万又云張常侍是我翁趙常侍是我母由是宦官專朝日盛奢僭無度各起第宅擬則宮室上嘗登永安候臺黄門常侍惡其登高臺見居處樓殿乃使中大夫尚坦諫曰天子不當登高登高則百姓虛自後遂不復登臺榭矣四年又募賣關內侯假金紫入錢五百萬六年四月帝崩于嘉德殿在位二十二年時年三十四葬文陵

續漢書五行志曰靈帝好胡服帳胡床胡飯胡箜篌胡笛胡舞京都貴戚皆競爲之其後董卓多縱胡兵虜掠夜發掘園陵帝又於宮中西園駕四白驢躬自操轡驅馳周旋以爲大樂於是公卿貴戚轉相倣效至相謀奪驢價與馬齊

獻帝春秋曰初黄巾賊起靈帝建九重華蓋自稱無上將軍躬被介冑講兵京城先是造作角錢猶五銖而有四道連於邊輪百姓　有識者以爲妖徵竊言新錢有四道京城將壞而此錢四出散於四方之外乎遂皆如言

薛瑩漢記贊曰漢氏中興至于延平而世業損矣冲質短祚孝桓無嗣母后稱制姧臣執政孝靈以支庶而登至尊由藩侯而紹皇統不恤宗緒不祗天命上虧三光之明下傷億兆之望于時爵服横流官以賄成自公侯卿士降於皁隸遷官襲級無不以貨刑戮無辜摧仆忠賢佞諛在側直言不聞是以賢智退而窮處忠良擯於下位遂至姧邪蜂起法防隳壞夷狄並侵盜賊糜沸小者帶城邑大者連州郡編户騷動人人思亂當斯之時已無天子矣會靈帝即世則禍孕其後宮室焚滅郊社無主危自上起覃及華夏使京室爲墟海內蕭條豈不痛哉

典略曰建寧二年帝年時十三歲宦官用事排疾士人熹平四年五月帝自造皇羲五十章光和五年帝幸太學自就石碑作賦

廢帝弘農王

獻帝春秋曰孝靈皇帝何皇后生太子辯帝數失子不敢

正名養于道人史子眇家號曰史侯
後漢書曰中平六年四月丙辰靈帝崩于南宮嘉德殿戊午皇子辯即皇帝位年十七太后臨朝八月中常侍段珪等殺大將軍何進於是虎賁中郎將袁術燒東西宮攻諸宦者庚午張讓段珪等刧少帝及陳留王幸北宮司隸校尉袁紹勒兵收僞司隸校尉樊陵及諸閹人無少長皆斬之讓珪等復刧少帝陳留王走小平津尚書盧植追讓珪等斬之其餘投河而死帝與陳留王協夜步逐螢火光行數里得民家露車共乘之還宫九月董卓廢帝爲弘農王
英雄記曰董卓在顯陽苑請官僚共議欲有廢立謂袁紹曰劉氏之種不足復遺袁紹曰漢家君天下四百許年恩澤深渥兆民戴之恐衆不從公議卓曰天下之事豈不在我我今爲之誰敢不從紹曰天下健者不唯董公紹請立

觀之橫刀長揖而去坐中皆驚愕時卓新至見紹大家故不敢害之卓於是遂策廢皇太后遷之永安宫其夜崩廢皇帝史侯爲弘農王立陳留王爲皇帝卓聞東方州郡謀欲舉兵恐其以弘農王爲主乃置王閣上荐之以棘召王太傅責問之曰弘農王病困何故不白遂遣兵迫守太醫致藥即日弘農王及妃唐氏皆薨○袁山松後漢書曰董卓使弘農郎中令李孝儒進鴆於弘農王曰服此辟惡王曰此必是毒也弗肯強之於是王與唐姬及宫人共飲酒王自歌曰天道易兮我何艱棄萬乘兮退守蕃逆臣見迫兮命不延逝將棄爾兮適幽玄唐姬起舞歌曰皇天崩兮后土頹身爲帝王兮命夭摧死生路異兮從此乖悼我煢獨兮中心哀因泣下坐者噓欷不自勝王謂唐姬曰卿故王者妃勢不復爲吏民妻也行矣自愛從此長辭遂鴆死

孝獻皇帝

續漢書曰孝獻皇帝諱協靈帝少子也母曰王美人何皇后妬而害之靈帝母永樂太后董氏收養焉故號董侯中平六年四月靈帝崩太子辯即尊位年幼皇太后詔封上爲渤海王七月徙封陳留王九月董卓廢天子立陳留王是日即皇帝位年九歲董卓秉政初平元年二月天子自雒陽遷都長安興平元年正月帝加元服二年十月上自長安東還建安元年七月至雒陽八月上自雒陽遷都於許二十五年十月上禪位於魏魏王即帝位封上爲山陽公青龍二年三月薨以天子禮葬禪陵
獻帝春秋曰袁紹將兵入宫誅諸黄門張讓等逼迫以尺一詔開大夏門將帝及陳留王出不知所如有螢火照道到盟津河上傳國六璽不及自隨百僚分散唯河南中部

掾閔貢見天子出率騎追之比曉到河上天子飢渴貢宰羊進之厲聲讓讓曰今不速死吾射殺汝讓等惶怖叉手再拜叩頭向天子辭曰臣等死陛下自愛遂投河而死貢扶輦還宫時董卓適至屯顯陽苑聞帝當至率兵迎帝於北邙帝見卓兵擾纍不自勝羣公曰有詔却兵卓曰卿爲大臣不能匡輔國朝至今幼主蒙塵播越何却兵之有遂俱入城帝幸北宫改年號曰昭寧於閣上得六璽失傳國璽
又曰興平元年蝗虫起百姓飢穀一斛五六萬錢帝勑主者盡賣廏馬二百餘疋及御府雜繒二萬疋賜公卿已下及貧民車騎將軍李傕不聽盡取以置其邸李傕郭汜有隙傕使兄子副車中郎將李進勒兵數千繞宫使虎賁王曹等三百人以輜車三乘載帝及伏后幸傕營又迎宫人公卿家屬入塢移御府諸署繒綵珍寶上方在廐車馬乘

輿器物盡置其邸放兵燒府庫及居民被害者不可勝數五月或欲轉乘輿幸黃白城帝不肯司徒趙温以帝當東歸而傕等方亂以忠節責傕傕怒欲斬温傕從弟上軍校尉維故温掾請諫乃止於是閒温與帝同門設及關校尉以監察之十一月車駕東幸到黃巷亭庚午乘輿到引農張濟欲與董承楊奉交質而留乘輿承奉不肯白帝東行到澗中濟郭汜放兵欲留車駕承奉力戰乘輿得過公卿婦女衣服悉見鈔奪不解帶使斫刻寒凍死者不可勝計天子得過路次曹陽乘輿到安邑十二月使侍中史跱直里切太僕韓融奉詔詔張濟悉遣宮人公卿以下婦女及乘輿服物車馬諸見略者皆詣安邑建安元年七月乘輿到洛幸城西故中常侍趙忠舍百官披荆棘依故丘墟閒侍郎以下皆出葬采四方州郡各擁強兵莫有至者曹操白帝

遷都許庚申車駕出洛轘轅而東陽奉韓暹引軍追之輕騎既至曹操設伏兵要於陽城山峽中大敗之九月車駕到許幸曹操營設有司營宗廟社稷自帝西遷朝廷傾覆王制節度於是始建

漢晉陽秋曰獻帝都許守位而已宿衛近侍莫非曹氏黨舊恩戚議郎趙彥嘗爲帝陳言時策曹操惡而殺之其餘内外多見誅操後以事入見殿中帝不任其忿因曰君能相輔則厚不爾幸垂恩相捨操失色俛仰求出舊儀三公輔兵入朝令虎賁執刃挾之操顧左右汗流洽背自後不敢復朝請

袁山松後漢書曰獻帝崎嶇危亂之間飄薄萬里之衢萍流蓬轉險阻備經自古帝王未之有也觀其天性慈愛弱而神惠若輔之以德真守文令主也曹氏始於勤王終至陷天遂力制群雄負鼎而趨然因其利器假而不反迴山倒海遂移天日昔田常假湯武而殺君操因堯舜而竊國所秉不同濟其盜賊之身一也善乎莊生之言竊鉤者誅竊國者爲諸侯之門仁義在焉信矣

范曄後漢論曰傳稱鼎之爲器雖小而重故神之所寶不可奪移至今負而趨者斯亦窮運之歸乎天厭漢德久矣山陽其何誅焉

太平御覽卷第九十二

太平御覽卷第九十三　皇王部十八

魏太祖武皇帝　文皇帝

魏太祖武皇帝

魏志曰太祖武皇帝沛國譙人姓曹名操字孟德漢相國參之後（曹瞞傳曰太祖一名吉利字阿瞞也）祖騰漢桓帝時爲中常侍大長秋封費亭侯養子嵩嗣官至太尉莫能審其生出本末（曹瞞傳及郭頒世語並云嵩夏侯氏之子夏侯惇之叔父太祖於惇爲從父兄弟也）嵩生太祖太祖少機警有權數而任俠放蕩不治行業故世人未之奇也唯梁國橋玄南陽何顒異焉玄謂太祖曰天下將亂非命世之才不能濟也能安之者其在君乎年二十舉孝廉爲郎除洛陽北部尉遷頓丘令徵拜議郎光和末黄巾起拜騎都尉討穎川賊遷爲濟南相國有十餘縣長吏多阿附貴戚贓汙狼籍於是奏免其八九禁斷淫祀姦宄逃竄郡界

整肅久之徵還爲東郡太守不就稱疾歸鄉里初平元年春正月後將軍袁術冀州牧韓馥兖州刺史劉岱渤海太守袁紹濟北相鮑信等同時俱起衆各數萬推紹爲盟主太祖行奮武將軍董卓聞兵起乃徙天子都長安卓留屯洛陽遂焚宮室是時卓兵强紹等莫敢先進太祖曰舉義兵以誅暴亂大衆已合諸君何疑向使卓聞山東兵起倚王室之重據二周之險東向以臨天下雖以無道行之猶足爲患今焚燒宮室劫遷天子海内震動不知所歸此天亡之時也一戰而天下定矣不可失也遂引兵西據成皐到滎陽汴水遇卓將徐榮與戰不利士卒死傷甚多太祖爲流矢所中乘馬被創從弟洪以馬與太祖得去太祖兵少乃與夏侯惇等詣楊州募兵司徒王允與吕布共殺卓青州黄巾衆百餘萬人兖州劉岱欲擊之鮑信諫岱不從遂與戰果爲賊所殺信乃迎太祖領兖州牧遂進兵擊黄巾追至濟北乞降冬受降卒三十餘萬男女百餘萬口收其精鋭者號青州兵天子拜太祖兖州牧是歲長安亂天子東遷敗於曹陽渡河幸安邑太祖軍臨武迎天子假太祖節鉞録尚書事（獻帝記曰又領司隸校尉）洛陽殘破董昭等勸太祖都許車駕出轘轅而東以太祖爲大將軍封武平侯自天子西遷朝廷離亂至是宗廟社稷制度始立時以袁紹爲太尉紹恥班在公下不肯受公乃固辭以大將軍讓紹天子拜公司空行車騎將軍公圍張繡於穰劉表遣兵救繡以絶軍後公將引還繡兵來追公軍不得進連營稍前公與荀彧書曰賊來追吾雖日行數里吾策之到安衆破繡必矣到安衆繡與表兵合守險公軍前後受敵公乃夜鑿險爲地道悉過輜重設奇兵會明賊謂公爲遁也悉軍來

追乃縱奇兵出夾攻大破之公還許荀彧問公前何以策賊必破公曰虜遏吾歸師而與吾死地戰吾以是知勝矣袁紹既并公孫瓚兼四州之地衆十餘萬諸將以爲不可敵公曰吾知紹之爲人志大而智小色厲而膽薄忌刻而少威兵多而分畫不明將驕而政令不一土地雖廣糧食雖豐適所以爲吾奉也張繡率衆降公軍官渡劉備殺徐州刺史車胄舉兵屯沛五年公自征備諸將曰與公爭天下者袁紹也今棄之東若何公曰劉備人傑也今不擊必爲後患袁紹雖有大志而見事遲必不動也遂破備備奔紹紹遣郭圖淳于瓊顔良等攻劉延於白馬紹引兵至黎陽公於是救延荀攸説公曰今兵少不敵分其勢乃可公從之遂擊破斬良紹騎將文醜與劉備將五六千騎前後至公縱奇兵擊大破之斬醜良醜良皆紹名將再戰悉擒

紹軍大震八月紹連營稍前進臨官渡起土山地道公亦於內作之以相應紹射營中矢如雨下行者皆蒙楯衆大懼時公糧少與荀彧書議欲還許或以爲紹悉衆臨官渡欲與公决勝敗公以至弱當至強若不能制必爲所乘是天之大機也公與紹相距連月雖比戰斬將然衆少糧盡士卒疲乏公謂運者曰十五日爲汝破紹不復勞汝矣冬十月紹遣車運穀使淳于瓊等五人將兵萬餘人逆之宿紹軍營北四十里紹謀臣許攸貪財紹不能足來奔因說公擊瓊等左右疑之荀攸賈詡勸公公乃留曹洪守自將步騎五千人夜徃會明至瓊等望見公兵少出陳門外公急擊之瓊退保營遂攻之紹遣騎救瓊左右或言賊稍近請分兵距之公怒曰賊在背後乃白士卒皆殊死戰大破瓊等皆斬之紹初聞公擊瓊謂長子譚曰就彼破瓊等吾

攻拔其營彼固無所歸矣乃使張郃高覽攻曹洪郃等聞瓊破遂來降紹衆大潰紹及譚棄軍走渡河追之不及盡收其輜重圖書珍寶虜其衆公收紹書中得許下及軍中人書皆焚之紹自軍破後發病歐血死小子尚代譚自號車騎將軍屯黎陽秋公征之連戰譚尚數敗退固守攻其郭乃出戰擊大破之譚尚夜遁譚尚爭冀州譚爲尚所敗走保平原尚攻之急譚遣辛毗乞降請救諸將皆疑荀攸勸公許之公乃引軍到黎陽爲子整與譚結婚尚聞公北乃釋平原還鄴公進軍攻鄴尚懼乞降公不許爲圍益急尚夜遁衆大潰尚走中山盡獲其輜重得尚印綬節鉞鄴定公臨祠紹墓哭之流涕慰勞紹妻還其家人寶物賜之雜繒絮廩食之天子以公領冀州牧公讓還兖州公之圍鄴也譚略取甘陵安平渤海河間尚敗還中山譚攻之尚奔固安遂并其衆公遺譚書責以負約與之絶婚女還然後進軍譚懼拔平原走保南皮公入平原略定諸縣攻譚破之斬誅其妻子冀州平袁熙大將焦觸張南等叛攻熙尚熙尚奔三郡烏丸觸等舉其縣降封爲列侯三郡烏丸承亂破幽州略有漢民合十餘萬戶初袁紹皆立其酋豪西單于蹋頓尤強爲紹所厚故尚兄弟歸之數入塞爲害公將征之鑿渠自呼陁入孤水名平虜渠引軍出盧龍塞外道絶不通乃塹山堙谷五百餘里經白檀歷平剛涉鮮卑庭東指柳城未至二百里虜乃知之尚熙與蹋頓遼西單于樓班右北平單于能臣抵之等將數萬騎逆軍登白狼山卒與虜遇衆甚盛公車重在後被甲者少左右皆懼公登高望虜陣不整乃縱兵擊之使張遼爲先鋒虜衆大崩斬蹋頓及名王以下胡漢降者二十餘萬口初遼東太

守公孫康恃遠不服及公破烏丸或說公遂征之尚兄弟可擒也公曰吾方使康斬送尚熙首不煩兵矣公引軍自柳城還康即斬尚熙及速僕丸等傳其首諸將或問公還而康斬送尚熙何也公曰彼素畏尚等吾急之則并力緩之則自相圖其勢然也關中諸將疑公欲自襲馬超遂與韓遂楊秋李堪成宜等及公西征之與超夾關爲軍乃與剋日會戰先輕兵挑之戰良久乃縱虎騎夾擊大破之斬成宜李堪等超走凉州楊秋奔安定關中平天子命公贊拜不名入朝不趨劍履上殿加蕭何故事使御史大夫郗慮持節策命公爲魏公始建魏社稷宗廟天子娉公三女爲貴人又命公置旄頭宮殿設鍾虡又命公承制封拜諸侯守相冬十月始置名號侯至五大夫與舊列侯關內侯凡六等以賞軍功又進公爵爲王設天子旌旗出入稱警

譚王崩于洛陽時年六十六謚曰武葬高陵

又曰漢桓帝時有黄星見於楚宋之分遼東商䣊善天文言後五十歲當有眞人起於梁沛之間其鋒不可當至破袁紹之歲凡五十年天下莫敵矣

魏書曰漢末太祖拒董卓命歸鄉里過故人成臯呂伯奢伯奢不在其子八人備賓主之禮太祖自以背卓疑其食器聲以爲圖已夜殺八人而去既而歎曰寧我負人無人負我

又曰太祖自御海内芟夷群醜其行軍用師大較依孫吳之法而因事設奇量敵制勝變化如神自作兵書十餘萬言諸將征伐皆以新書從事臨時又手爲節度從令者尅捷違教者負敗與虜對陣意思安閑如不欲戰然及至決機乘勝氣勢盈溢故每戰必克知人善察難眩以僞拔于

禁樂進於行陣之間取張郃徐晃於亡虜之中皆佐命立功列於名將其餘拔出細微登爲牧守者不可勝數是以創造大業文武並施御軍三十餘年手不捨書晝則講軍策夜則思經傳登高必賦乃造新詩被之管絃皆成樂章才力絶人手射飛鳥躬擒猛獸嘗於南皮一日射雉獲六十三頭及造作宫室繕治器械無不爲之法則皆盡其意雅性節儉不好華麗後宫不衣錦繡侍御履不二綵帷帳屏風壞則補納茵蓐取温無有緣飾攻城拔邑得靡麗之物則悉以賜有功勳勞宜賞不恡千金無功望施分毫不與四方獻御與群下共之常以禮送終之制襲稱之數繁而無益俗又過之故豫自爲制終衣服四篋而已

帝王世紀曰黄初元年追尊號謚曰武皇帝廟號曰太祖

曹瞞傳曰操少好飛鷹走狗游蕩無度其叔父數言之於嵩操患之後逢叔父於路乃陽敗面喎口叔父怪問其故太祖曰卒中惡風叔父以告嵩嵩驚愕呼操操口皃如故嵩問曰叔父言汝中風已差乎操曰初不中風但失愛於叔父故見罔耳嵩乃疑焉自後叔父有所告嵩終不復信操於是益得肆意及爲洛陽北部尉初入尉廨繕治四門造五色棒縣門左右各十餘枚有犯禁者不避豪强皆棒殺後數月靈帝愛幸小黄門蹇碩叔父夜行即殺之京師斂迹莫敢犯者近習寵臣咸疾之然不能傷於是共稱薦操故遷爲頓丘令操爲人輕易無威重好音樂倡優在側但以日達夕被服輕綃身自佩小盤囊以盛手巾細物時或冠帢帽以見賓客每與人談論戲弄言辭盡無所隱及悦大笑至以頭投杯案中餚膳皆沾汙巾幘其輕易如此然持法峻刻諸將計畫勝出已者隨以法誅之及故人舊

惡亦皆無餘其所刑殺輒對之垂涕嗟痛之終無所活嘗出軍行經麥中令士卒無敗麥犯者死騎士皆下馬持麥以相付時操馬騰入麥中勑主簿議罪主簿對以春秋之義罰不加尊操曰制法而自犯之何以帥下然孤爲軍帥不可殺請自刑因援刀割髮以置地

世語曰魏武將見匈奴自以形陋不足雄遠國使崔季珪代當自捉刀立牀頭坐既畢令間諜曰魏王何如匈奴使答曰王雅望非常然牀頭捉刀人此乃英雄也魏王聞之馳遣殺此使

博物志曰漢世安平崔瑗瑗子寔弘農張芝芝弟昶並善草書而太祖亞焉桓譚蔡邕善音樂馮翊山子道王九眞郭凱等善圍棊太祖皆與埒能又好養性法亦解方藥招引方術之士廬江左慈譙郡華他甘陵甘始陽城郄儉無

不畢至又習啖野葛至一尺亦得以多飲鴆酒

世說曰魏武帝嘗過曹娥碑下解楊脩讀碑背上題云黄絹幼婦外孫虀臼魏武謂脩曰卿解未可言待我思之行三十里魏武曰吾已得令脩別記所知脩曰黄絹色絲也於字爲絶幼婦少女也於字爲妙外孫女子也於字爲好虀臼受辛也於字爲辭所謂絶妙好辭武帝亦記之與脩言同帝歎曰我才不如卿乃較三十里

唐太宗皇帝祭魏武帝文曰夫大德曰生資二儀以成化大寶曰位應五運而遞昌貴賤廢興莫非天命故龍顔日角顯帝王之符電影虹光表乾坤之端不可以智競不可以力爭昔漢室三分羣雄並立大民離政亂安之者哲人從衰時危定之者賢輔伊尹之匡殷室王道昏而復明霍光之佐漢朝皇綱否而還泰立忠履節爰在於斯帝以雄武之姿常艱難之運棟梁之任同乎曩時匡正之功異乎往代觀沉溺而不拯視顛覆而不持乖徇國之情有無君之跡既而三分肇慶黄星之應久彰五十啓期眞人之運斯屬其天意也豈人事乎

文皇帝

魏志曰文皇帝諱丕字子桓武帝太子太祖崩嗣位爲丞相魏王延康元年十月外壇即祚改延康爲黄初以荆揚江表八郡爲荆州孫權領牧故也荆州江北諸郡爲郢州權破劉備於夷陵初帝聞備兵東下與權交戰樹柵連營七百餘里謂羣臣曰備不曉兵豈有七百里營可以拒敵者乎孫權叛帝自許昌南征諸軍兵並進權臨江拒守卒廣陵故城臨江觀兵戎卒十餘萬旌旗數百里是歲大寒冰舟不得入江乃引還七年春淵卒許昌許昌城南門無故自崩帝心惡之還洛陽宮五月帝崩于嘉福殿時年四十帝好文學以著述爲務自所勒成垂百篇又使諸儒撰集經傳隨類相從凡千餘篇號曰皇覽

魏書曰帝生時有雲氣青色而圓如車蓋當其上終日望氣者以爲至貴之證非人臣之氣年八歲能屬文有逸才遂博貫古今經傳諸子百家之言善騎射好擊劒州舉茂才不行

又曰文帝初在東宮氣疫大起時人凋傷帝深感歎與素所善者大理王朗書曰人生有七尺之形死爲一棺之土唯立德揚名可以不朽其次莫如著篇籍疫癘數起士人凋落余獨何人能全其壽故論撰所著論詩賦蓋百餘篇集諸儒於肅成門內講論大義侃侃無倦

吳志曰魏文帝出廣陵望大江曰彼有人焉未可圖也乃還

博物志曰魏文帝善彈棊能用手巾角時有一書生又能低頭以所冠巾角撇棊

典論曰初平之元年董卓弑帝鴆后蕩覆王室時余年五歲上以世方擾亂教余學射六歲而知射教余乘馬八歲而能騎射矣以時之多難故每征伐余乘馬常從建安初上南征荆州至宛張繡降旬日而反亡兄孝廉子脩從兄安民遇害時余十歲乘馬得脫夫文武之道各隨時而用生乎中平之季長於戎旅之間是以少好弓馬于今不衰逐禽輙十里馳射常百步日夕體倦心每不厭建安十年始定冀州濊貊獻良弓燕代獻名馬時歲之暮春勾芒司節和風扇物弓燥手柔草淺獸肥與族兄弟同獵於鄴西終日獲麞鹿九雉兔二十後軍南征次曲蠡尚書令荀彧奉

使犒軍見余談論之末或言聞君善左右射此實難能余言執事未覩夫項發口縱俯馬蹄而仰月支也或喜笑曰乃爾余曰射有常徑的有常所雖每發輙中非至妙也若夫馳平原赴豊草要狡獸截輕禽使弓不虛彎所中必洞胷斷則妙矣時軍祭酒張京在坐顧或偵拊手曰善余又好擊劔閱師多矣四方之法各異唯京師爲善余於他戲弄之事少所喜唯彈棊略盡其巧少爲之賦昔京師先工有馬合鄉侯東方安世張公子常恨不得與彼數子者對止雅好書籍雖在軍旅手不釋卷每定省從容常言人少學則思專長則忘放長大而能勤學者唯吾與袁伯業耳余是以少誦詩論及長而備歷五經四部史漢諸子百家之言靡不畢覽所著書論詩賦凡六十篇至若知而能愚勇而知怯仁以接物恕以及下以付後之良史

太平御覽卷第九十三

太平御覽卷第九十四　皇王部十九

魏烈祖明皇帝　齊王　高貴鄉公　陳留王

烈祖明皇帝

魏志曰明皇帝諱叡字元仲文帝太子也生而太祖愛之常令在左右年十五封武德侯黄初二年爲齊公三年爲平原王以其母誅故未建爲嗣七年夏五月帝病篤乃立爲皇太子丁巳即皇帝位詔太傅三公以文帝典論刻石于廟門之外青龍見郟之摩陂井中幸陂觀龍於是改元爲青龍摩陂爲龍陂二年三月山陽公薨素服發哀使持節典護喪追謚山陽公爲漢孝獻皇帝葬以漢禮孫權入居巢湖口向合肥新城又遣將陸議孫韶各將萬餘人入淮沔六月征東將軍滿寵進軍拒之秋七月帝親御龍舟東征權攻新城將軍張穎等拒守力戰帝軍未至數百里權遁走群臣以爲大將軍方與諸葛亮相持未解車駕可西幸長安帝曰權走亮膽破大將軍必制之吾無憂矣遂進軍幸壽春録諸將功封賞各有差八月大曜兵饗六軍遣使者持節犒勞合肥壽春諸軍行還許昌宫司馬宣王與亮連圍積日亮數挑戰宣王堅壘不應會亮卒其軍退還景初元年泰山茌縣言黄龍見茌士仕反於是有司奏以爲魏得地統宜以建丑之月爲正月定曆改年爲孟夏四月服色尚黄犧牲用白戎事乘黑首白馬建大赤之旗朝會建太白之旗改太和曆爲景初曆其春夏秋冬孟仲季月雖與正歲不同至於郊祀迎氣礿祠蒸嘗巡狩蒐田分至啓閉班宣時令中氣早晚敬授民事皆以正歲斗建爲曆數之序二年十二月帝寢疾不豫太尉宣王還至河内帝驛馬召到引入卧内執其手謂曰吾疾甚以後事屬君君其與爽輔少子吾得見君無所恨矣宣王頓首流涕即日帝崩于嘉福殿年三十六葬高平陵

魏書曰帝生數歲而有岐嶷之姿武皇帝異之曰我基於爾三世矣每朝讌會同與侍中近臣並列帷幄好學多識特留心於法理容止可觀望之儼恪即位之後容受直言聽受吏民士卒上書一月之中至數十百封雖文辭鄙陋猶覽省究意無厭倦

又曰青龍三年起太極諸殿築總章觀高十餘丈建翔鳳於其上又於芳林園中起陂池楫櫂越歌又於列殿之北立八坊諸才人以次第序處其中貴人夫人已上轉南附焉其秩名擬百官之數帝常遊宴在内乃選女子知書可附信者六人以爲女尚書使典省外奏事處分當畫可自貴人已下至尚保及給掖庭灑掃習伎歌者各有千數通引穀水過九龍前玉井綺欄蟾蜍含受神龍吐出使博士馬均作司南車水轉百戲歲首建巨獸魚龍曼延弄馬倒騎備如漢西京之制築閶闔諸門外罘音浮罳音思太子舍人張茂以吳蜀數動諸將出征而帝盛興宫室留意於玩飾賜與無度帑藏空竭乃上書諫之

魏氏春秋曰魏明帝天姿秀出立髮委地口吃少言而沉毅好斷初諸公受遺輔導帝皆以方任處之政自己出而優禮大臣開容善直雖犯顔極諫無摧戮也其君人之量如此之偉然不思建德垂風固維城之基至使大權偏據社稷無衛悲夫

魏略曰明帝欲平北邙令登臺見孟津辛毗諫曰若九河溢涌洪水爲害丘陵皆夷何以禦之帝乃止

魏末傳曰初帝爲平原王母甄后以文帝殺之故不立爲

太子嘗從帝獵見鹿子母帝射殺鹿母詔明帝射鹿子明帝曰陛下已殺其母臣不忍殺其子因涕泣文帝即放弓箭以此深奇之而建樹之意定矣

廢帝齊王芳

魏志曰齊王諱芳字蘭卿明帝無子養王及秦王詢宮省事祕莫有知其所由來者（魏氏春秋曰或云任城王楷子也）青龍三年立爲齊王景初三年正月明帝病甚乃立爲皇太子是月即皇帝位二月西域重譯獻火浣布詔大將軍太尉臨試以示百僚帝加元服賜羣臣各有差大將軍司馬景王將謀廢帝以聞皇太后太后令曰皇帝芳春秋已長不親萬機耽淫內寵沉漫女德日延倡優縱其醜謔延六宮家人留止內房毀人倫之敘亂男女之節恭孝日虧悖傲滋甚不可以承天敘奉宗廟遣芳歸藩于齊以避皇位是日遷居

別宮時年二十三使者持節送衛營齊王宮於河內之重門制度皆如藩國之禮

魏略曰景王將廢帝遣郭芝入白太后太后與帝對坐芝謂帝曰大將軍欲廢陛下立彭城王據帝乃起去太后不悅芝曰太后有子不能教令太將軍意已成又勒兵在外以備非常但當從旨將復何言太后曰我欲見大將軍口有所說芝曰何可見耶但當速取璽綬太后意折乃遣傍御取璽綬着坐側芝出報景王景王甚懽又遣使者授齊王印綬當出就西宮帝受命遂載王車與太后別垂涕始從太極殿南出群臣送者數十人太尉司馬孚悲不自勝餘多流涕王出後景王又使使者請璽綬太后曰彭城王我之季也今來立我當何之且明帝當絕嗣乎吾以爲高貴鄉公者文皇帝之長孫明皇帝之弟子於禮小宗有後太宗之義其詳議之景王乃更召羣臣以皇太后令示之乃定迎高貴鄉公是時太常以發二日待璽綬於溫事定又請璽綬太后令曰我見高貴鄉公小時識之明日我自欲以璽綬手授之。魏世譜曰晉受禪封齊王爲邵陵公年四十三太始十年薨謚曰厲公

廢帝高貴鄉公

魏志曰高貴鄉公諱髦字彥士文帝孫東海定王彬子也正始五年封郯縣高貴鄉公少好學夙成齊王廢公卿議立公十月公至于玄武館羣臣奏請舍前殿公以先帝舊處避止西廂羣臣又請以法駕迎公不聽丙寅公入于洛陽羣臣迎拜西掖門南公下輿將荅拜儐者請曰儀不拜公曰吾人臣也遂荅拜至止車門下輿左右曰舊乘輿入公曰吾被皇太后徵未知所爲遂步至太極東堂見于太

后是日即皇帝位百僚陪位者欣欣焉甘露元年夏四月幸太學問諸儒曰聖人幽贊神明仰觀俯察始作八卦後聖重之爲六十四立爻以極數凡斯大義罔有不備而夏有連山殷有歸藏周曰周易易之書其故何也易博士淳于俊對曰庖犧因燧皇之圖而制八卦神農演之爲六十四黃帝堯舜通其變三代隨時質文各繇其事故易者變易也名曰連山似山出納雲氣連天地也歸藏者萬事莫不歸藏於其中也帝又曰若使庖犧因燧皇而作易孔子何以不云燧人氏沒庖犧氏作乎俊不能荅講易畢復命講尚書帝問曰鄭玄云稽古同天言堯同於天也王肅云堯順考古道而行之二義不同何者爲是博士庾峻對曰先儒所執各有乖異臣不足以定之然洪範稱三人占從二人之言賈馬及肅皆以爲順考古道以洪範言之肅義

爲正帝曰仲尼言唯天爲大唯堯則之堯之大美在乎則天順考古道非其至也今發篇義以明聖德而舍其大更稱其細豈作者之意耶峻對曰臣奉遵師說未喻大義至於文質折中裁之聖思復命講禮記帝問曰太上立德其次務施報爲治何由而教化各異皆脩何政而能致於立德施而不報乎博士馬照對曰太上立德謂三皇五帝之世以德化民其次施報謂三王之世以禮爲治也帝曰二者教化薄厚不同將主有優劣耶時使之然乎照對曰誠由時有樸文故化有薄厚也帝幸辟雍會命羣臣賦詩侍中和逌䣛尚書陳騫等作詩賦稽留有司奏免官詔曰吾以闇昧愛好文雅廣延詩賦以知得失而乃爾紛紜良用反側其原逌等主者宣勑自爾已後羣臣皆當翫習古義脩明經典稱朕意焉魏氏春秋曰公神明爽儁德音宣朗

罷朝景王私曰上何如主也鍾會對曰才同陳思武類太祖景王曰若如卿言社稷之福也甘露元年二月帝讌羣臣於太極東堂與侍中荀顗尚書崔贊表亮鍾毓中書令虞松等並講述禮典遂言帝王優劣之差帝慕顗有立因問顗等曰有夏既衰后相殆滅少康收集夏衆復禹之績漢高祖拔起壠畝驅帥豪儁芟夷秦項包舉宇内斯二主可謂殊才異略命世大賢者也考其功德誰宜爲優顗等對曰夫天下重器王者天授德應期運然後能受命創業至於階緣前緒興復舊績造之與復因難易不同少康功德雖美猶爲中興之君與漢世祖同流可也至如高祖臣等以爲優帝曰自古帝王功德言行互有高下未必創業者皆優紹繼者咸劣也湯武高祖雖俱受命賢聖之分所覺懸殊少康殷宗中興之美夏啓周成守文之盛論德校實方諸漢祖吾見其優未聞其劣顧所遇之時殊故所名之功異爾少康生於滅亡之後降爲諸侯之隸崎嶇逃難僅以身免能布其德而兆其謀卒滅過戈克復禹績祀夏配天不失舊物非至德弘仁豈濟斯勳漢祖因土崩之勢仗一時之權專任智力以成功業行事動靜多違聖檢爲人子則數危其親爲人君則囚繫賢相爲人父則不能衛子身沒之後社稷幾傾若與少康易時而處或未能復大禹之績也推此言之宜高夏康而下漢祖矣

漢晉陽秋曰帝見威權日去不勝其忿乃召侍中王沉尚書王經散騎常侍王業謂曰司馬昭之心路人所知也吾不能坐受廢辱今日當與卿自出討之王經曰昔魯昭公不忍季氏敗走失國爲天下笑今權在其門久矣朝廷四方皆爲之致死不顧逆順之理非一日也且宿衛空闕兵

甲寡弱陛下何所資用而一旦如此無乃欲除疾而更深之耶禍殆不測宜見重詳帝乃出懷中板投地曰行決矣正使死何所恨況不死耶於是入白太后沉業奔走告文王爲之備帝遂帥僮僕數百鼓譟而出文王弟屯騎校尉伷[illegible]入遇帝於東止車門左右呵之伷衆奔走中護軍賈充又逆帝戰於南闕下帝自用劍揮衆欲退太子舍人成濟問充曰事急矣當云何充曰今日之事無所問也濟即前刺帝刃出於背文王聞大驚自投於地曰天下其謂我何太傅孚奔往枕帝股而哭哀甚曰殺陛下者臣之罪也葬高貴鄉公于洛陽西北三十里瀍澗之濱下車數乘不設旌旐百姓相聚而觀之曰是前日所殺天子也或掩面而泣悲不自勝

帝王世紀曰高貴鄉公爲太子舍人成濟所害年二十以

公禮葬之

陳留王

魏志曰陳留王諱奐字景明武帝孫燕王宇之子也甘露三年封安次縣常道鄉公高貴鄉公卒公卿議迎立公六月入于洛陽即皇帝位於太極前殿大赦改元景元四年詔伐蜀命征西將軍鄧艾督帥諸軍趣甘松沓中雍州刺史諸葛緒督諸軍趣武都高樓首尾蹴討若擒姜維便當東西並進掃滅巴蜀也又命鎮西將軍鍾會由駱谷伐蜀所至輙克十一月蜀主劉禪降巴蜀皆平咸熙二年命晉王冕十有二旒建天子旌旗進王妃爲王后世子爲太子八月相國晉王薨太子炎紹封襲位總攝百揆十二月禪位于晉改次于金墉城而終館于鄴時年二十在位六年

帝王世紀曰陳留王即位禪晉封陳留王就國治鄴奉魏宗祀魏世譜曰晉封帝爲陳留王年二十八太安元年崩謚曰元皇帝。魏志評曰古者以天下爲公唯賢是與後代世位立子以嫡若嫡嗣不繼則宜取旁親明德若漢之文宣者斯不易之常准也明帝既不能然情繫私愛撫養嬰孩傳以大器託付不專必參枝族終於曹爽誅夷齊王替位高貴鄉公才慧夙成好問尚辭亦文帝之風流也然輕躁肆忿自陷大禍陳留王恭己南面宰輔統政仰遵前式揖讓而禪遂饗封大國作賓于晉比之山陽班寵有加焉

太平御覽卷第九十四

太平御覽卷第九十五

皇王部二十

西晉宣帝

晉書曰：宣帝諱懿，字仲達，河内温縣孝敬里人，姓司馬氏。其先出自帝高陽之子重黎，爲夏官祝融，歷唐虞夏商，世序其職。及周，以夏官爲司馬。其後程伯休父，周宣王時以世官尅平徐方，錫以官族，因而爲氏。楚漢閒，司馬昂爲趙將，與諸侯伐秦，秦亡，立爲殷王，都河内，漢以其地爲郡，子孫遂家焉。自昂八世，生征西將軍鈞，字叔平。鈞生豫章太守量，字公度。量生潁川太守儁，字元異。儁生京兆尹防，字建公。帝即防之第二子也。少有奇節，聰明多大略，博學洽聞，伏膺儒教。漢末大亂，常慨然有憂天下心。南郡太守同郡楊俊有知人鑒，見帝未弱冠，以爲非常之器。尚書清河

崔琰與帝兄朗善，亦謂朗曰：「君弟聰亮明允，剛斷英特，非子所及也。」漢建安六年，郡舉上計掾。魏武帝爲司空，聞而辟之。帝知漢運方微，不欲屈節曹氏，辭以風痺不能起居。魏武使人夜往密刺之，帝堅卧不動。及魏武爲丞相，又辟爲文學掾，勑行者曰：「若復盤桓，便收之。」帝懼而就職。於是使與太子遊處，遷黄門侍郎，轉議郎、丞相東曹屬，尋轉主簿。魏國既建，遷太子中庶子，每與大謀，輒有奇策，爲太子所信重，與陳群、吴質、朱鑠號爲四友。遷爲軍司馬，言於魏武曰：「昔箕子陳謀，以食爲首。今天下不耕而食者蓋二十餘萬，非經國遠籌也。雖戎甲未卷，自宜且耕且守。」魏武納之，於是務農積穀，國用豐贍。及魏武薨於洛陽，朝野危懼，帝綱紀喪事，内外肅然，乃奉梓宫還鄴。魏文帝即位，封河津亭侯，轉丞相長史。魏文受漢禪，以帝爲尚書。頃之，轉督軍御史中丞，封安國鄉侯。黄初二年，督軍官罷，遷侍中、尚書右僕射。五年，天子南巡，觀兵吴疆，帝留鎮許昌，改封向縣侯，轉撫軍大將軍、假節，領兵五千，加給事中、録尚書事。帝固辭，天子曰：「吾於庶事，以夜繼晝，無須臾寧息。此非以爲榮，乃爲分憂耳。」六年，天子復大興舟師征吴，命帝居守。臨行詔曰：「吾深以後事爲念，故以委卿。曹參雖有戰功，而蕭何爲重。使吾無西顧之憂，不亦可乎？」天子自廣陵還洛陽，詔帝曰：「吾東，撫軍當總西事；吾西，撫軍當總東事。」於是留帝鎮許昌。及天子疾篤，帝與曹眞、陳群等見於崇華殿之南堂，並受顧命輔政。詔太子曰：「有閒此三公者，愼勿疑之。」明帝即位，改封舞陽侯。及孫權圍江夏，遣其將諸葛瑾、張霸并攻襄陽，帝督諸軍討權，走之，進擊敗瑾，斬張霸，并首級千餘。遷驃騎將軍。太和元年六月，天子詔帝屯于宛，加督

荆豫二州諸軍事。初，蜀將孟達之降也，魏朝遇之甚厚。帝以達言行傾巧，不可任，驟諫，不見聽，乃以達領新城太守，封侯、假節。達於是連吴固蜀，潛圖中國。帝以書諭之，達得書大喜，猶與不決。帝乃潛軍進討。上庸城三面阻水，達於城外爲木柵自固，帝渡水，破其柵，直造城下，八道攻之。旬有六日，達甥鄧賢、將李輔等開門出降，斬達首，傳京師，俘獲萬餘人，振旅還于宛。乃勸農桑，禁浮費，南土悦附焉。時邊郡新附，民無名户，魏朝欲知隱實。屬帝朝于京師，天子訪於帝，帝對曰：「賊以密網束下，故下弃之。宜弘以大綱，則自然安樂。」又問：「二虜宜討，何者爲先？」對曰：「吴以中國不習水戰，故敢散居東關。凡攻敵，必先扼其喉而舂其心。夏口、東關，賊之心喉。若爲陸軍以向皖（音患）城，引權東下，爲水戰軍向夏口，乘其虛而擊之，此神兵從天而墮，破之必矣。」天

子並然之復命帝屯于宛四年遷大將軍加大都督假黃鉞與曹眞伐蜀軍次丹口遇雨班師明年諸葛亮寇天水圍將軍賈嗣魏平於祁山天子曰西方有事非君莫可付者乃使帝西屯長安都督雍梁二州諸軍事統車騎將軍張郃後將軍費曜征蜀護軍戴凌雍州刺史郭淮等討亮遂進軍隃（式朱切）麋亮聞大軍直至乃自帥衆將芟（稽）上邽（稽）之麥諸將皆懼帝曰亮慮多決少必安營自固然後芟麥吾得二日兼行足矣於是卷甲晨夜赴之亮望塵而遁進次漢陽與亮相遇帝列陣以待之使將牛金輕騎誘之兵纔接而亮退追至祁山亮屯鹵城據南北二山斷水爲重圍帝攻之拔其圍亮宵遁追擊破之俘斬萬計天子使使勞軍增封邑二年亮又帥衆十餘萬出斜谷壘于郿（音眉）之渭水南原天子憂之遣征蜀將軍秦朗督步騎二萬受

帝節度諸將欲住渭北待之帝曰百姓積聚皆在渭南此必爭之地也遂引軍而濟背水爲壘因謂諸將曰亮若勇者當出武功依山而東若西上五丈原則諸軍無事矣亮果上原將北渡渭帝遣將軍周當屯陽遂以餌之數日亮不動遂遣將軍胡遵雍州刺史郭淮共備陽遂與亮會于積石臨原而戰亮不得進還于五丈原會有長星墜亮之壘帝知其必敗遣奇兵掎（音己）亮之後斬五百餘級獲生口千餘降者六千餘人三年遷太尉累增封邑蜀將馬岱入寇帝遣將軍牛金擊走之斬千餘級四年遼東太守公孫文懿反徵帝詣京師天子曰此　不足以勞君事欲必尅故以相煩耳君度其作何計對曰棄城預走上計也據遼水以拒大軍次計也坐守襄平此成擒耳天子曰其計將安出對曰唯明者能深度彼我乃能豫有所割棄此非其所及也今懸軍遠征將謂不能持久必先拒遼水而後守此中下計也天子曰往還幾時對曰往百日還百日攻百日以六十日爲休息一年足矣景初二年帥牛金胡遵等步騎四萬發自京都車駕送出西明門詔弟孚子師送過温賜以穀帛牛酒勑郡守典農已下皆往會焉見父老故舊讌飲累日帝歎息悵然有感爲歌曰天地開闢日月重光遭遇際會畢力遐方將掃群穢還過故鄉肅清萬里揔齊八荒告成歸老待罪舞陽遂進師經孤竹越碣石次于遼水文懿果遣步騎數萬阻遼隧堅壁而守南北六七十里以拒帝帝盛兵多張旗幟出其南賊盡鋭赴之乃泛舟潛濟以出其北與賊營相逼沉舟焚梁傍遼水作長圍棄賊而向襄平賊見兵出其後果邀之乃縱兵逆擊大破之三戰皆捷賊保襄平進軍攻之初文懿聞魏師之出也請

救於孫權權亦出兵遥爲之聲援遺文懿書曰司馬公善用兵變化若神所向無前深爲弟憂之會霖潦大水平地數尺賊恃水樵採自若朝廷聞師遇雨咸謂召還天子曰司馬公臨危制變計日擒之矣既而雨止遂合圍起土山地道楯櫓鈎橦發矢石雨下晝夜攻之文懿大懼乃使其所署相國王建御史大夫柳甫乞降請解圍面縛不許執建等皆斬之文懿復遣侍中衛演乞尅日送係而守者曰軍事大要有五能戰當戰不能戰當守不能守當走餘二事惟有降與死耳汝不肯面縛此爲決就死也不須送任文懿攻南圍突出帝縱兵擊敗斬于梁（又作淈）水上時有兵士寒凍乞襦帝弗之與或曰幸多故襦可以賜之帝曰襦者官物人臣無私施也遂班師天子遣使者勞軍于薊增封食昆陽并前三縣齊王即位遷侍中持節都督中外諸

軍録尚書事與曹爽各統兵三千人共執朝政更直殿中乘輿入殿爽欲使尚書奏事先由己乃言於天子徙帝爲大司馬朝議以爲前後大司馬累薨於位乃以帝爲太傅入殿不趨贊拜不名劒履上殿如蕭何故事八年夏四月曹爽用何晏鄧颺丁謐之謀遷太后於永寧宫專擅朝政兄弟並典禁兵多樹親黨屢改制度帝不能禁於是與爽有隙五月帝稱疾不與政事九年春三月黄門張當私出掖庭才人石英等一十一人與曹爽爲伎人爽晏謂帝疾篤有無君之心與當密謀圖危社稷期有日矣帝亦潛爲之備爽之徒屬亦頗疑帝會河南尹李勝將莅荆州來候帝帝詐疾篤使兩侍婢持衣衣落指口言渴婢進粥帝不能持杯飲粥皆流出霑胷勝曰衆情謂明公舊風發動何意尊體乃尔帝使聲氣纔屬説年老抱疾死在旦夕君當

屈并州并州近胡善爲之備恐不獲相見以子師昭弟兄爲託勝曰當還忝本州非并州也帝乃錯亂其辭曰君方到并州勝復曰當忝荆州帝曰年老意荒不解君言今還本州盛德壯烈好建功勳勝退告爽曰司馬公尸居餘氣形神已離不足慮矣他日又言曰太傅不可復濟令人愴然故爽等不復設備嘉平元年春正月甲午天子謁高平陵爽兄弟皆從是日太白襲月帝於是表奏永寧太后廢爽兄弟時景帝爲中護軍將兵屯司馬門帝列陣闕下經爽門爽帳下督嚴世上樓引弩將射帝孫謙止之曰事未可知三注三止皆引其肘不得發大司農桓範出赴爽蔣濟言於帝曰智囊往矣帝曰爽與範内踈而智不及駑馬戀棧豆必不能用也於是假司徒高柔節行大將軍事領爽營謂柔曰君爲周勃矣命太僕王觀行中領軍攝羲營

帝親帥太尉蔣濟等勒兵出迎天子屯于洛水浮橋上奏曰先帝詔陛下齊王及臣升于御床握臣臂曰深以後事爲念今大將軍爽背棄顧命敗亂國典内則僭擬外專威權群官要職皆置所親宿衛舊人並見斥黜根據槃牙縱恣日甚又以黄門張當爲都監專共交關伺候神器天下洶洶人懷危懼陛下便爲寄坐豈得久安此非先帝詔陛下及臣升御床之本意也臣雖朽邁敢忘前言昔趙高極意秦是以亡吕霍早斷漢祚永延此乃陛下之殷鑒臣授命之秋也公卿群臣皆以爽有無君之心兄弟不宜典兵宿衛表皇太后勑如奏施行臣輒勑主者及黄門令罷爽羲訓吏兵各以本官侯就第若稽留車駕以軍法從事臣輒力疾將兵詣洛水浮橋伺察非常爽不通奏留車駕宿伊水南伐樹爲鹿角發屯兵數千人以守桓範果勸爽奉

天子幸許昌傳檄徵天下兵爽不能用而夜遣侍中許允尚書陳泰詣帝以觀望風旨帝數其過失事止免官泰還以報爽勸之通奏帝又遣爽所信殿中校尉尹大目諭爽指洛水爲誓爽意信之桓範等援引今古諫説萬端終不能從乃曰司馬公正當欲奪吾權耳吾得以侯還第不失爲富家翁範拊膺曰坐卿滅吾族矣遂通帝奏既而有司劾黄門張當并發爽與何晏等反事乃收爽兄弟及其黨與何晏丁謐鄧颺畢軌李勝桓範等誅之二月天子以帝爲丞相增封八縣邑二萬户奏事不名固讓丞相冬十二月加九錫之禮朝會不拜固讓九錫二年春正月天子命帝立廟于洛陽帝以久疾不任朝請每有大事天子親幸第以諮訪焉三年天子使兼大鴻臚太僕庾嶷持節冊命爲相國封安平郡公固讓不受六月帝寢疾八月崩于京師

時年七十三武帝受禪上尊號曰宣皇帝陵曰高原廟稱高祖。虞預晉書曰上雖服膺文藝以儒素立德而雅有雄霸之量值魏氏短祚內外多難謀而鮮過舉必獨克知人拔善顯外反陋王基鄧艾周泰賈越之徒皆起自寒門而著績於朝經略之才可謂遠矣

異苑曰晉宣帝誅王陵後寢疾曰見陵逼帝呼曰彥雲（彥雲陵之字也）緩我身上便有打處賈逵亦為祟必曰遂薨初陵既被執過賈逵廟呼曰賈梁道王陵魏之忠臣唯爾有神知之故逵助焉及永嘉之亂有覡見帝涕泗云家國傾覆是曹爽夏侯玄訴怨得伸故也爽以勢族致誅玄以時望被戮

太平御覽卷第九十五

太平御覽卷第九十六

皇王部二十一

西晉景帝　文皇帝
世祖武皇帝

景帝

晉書曰景皇帝諱師字子元宣帝長子也雅有風彩沉毅多大略少流美譽與夏侯玄何晏齊名晏常稱曰惟幾也能成天下之務司馬子元是也魏景初中拜散騎常侍累遷中護軍爲選用之法舉不越功吏無私焉宣帝之將誅曹爽深謀祕策獨與帝潛畫文帝弗知之也將夕乃告之既而使人覘之帝寢如常而文帝不能安席晨會兵司馬門鎮靜內外置陣甚整宣帝曰此子竟可也初帝陰養死士三千散在人間至是一朝而集衆莫知其所出也事平以功封長平鄉侯食邑千户尋加衛將軍正元元年春正月天子與中書令李豐后父光祿大夫張緝（七入反）黄門監蘇鑠（音藥又書藥切）等謀以太常夏侯玄代帝輔政帝密知之使舍人王羕以車迎豐豐見迫隨羕而至帝數之豐知禍及因肆惡言帝怒遣勇士以刀鐶築殺之遂捕玄緝等皆夷三族三月乃諷天子廢皇后張氏因下詔曰姦臣李豐等靖譖庸回陰構凶慝大將軍糺虔天刑致之誅辟周勃之克呂氏霍光之擒上官曷以過之其增邑九千户并前四萬帝讓不受天子以玄緝之誅深不自安而亦慮難作潛謀廢立乃密諷魏永寧太后秋九月甲戌太后下令遣使迎高貴鄉公於元城而立之改元曰正元天子受璽情惰舉趾高帝聞而憂之及將大會帝訓於天子曰夫聖王重始正本敬初古人所慎也明當大會萬衆瞻穆穆之容公卿聽王振之音詩云示人不恌是則是效易曰出其言善則千里之外應之雖禮儀周備猶宜加之以祇恪以副四海顒顒式仰癸巳天子詔登位相國進號大都督假黄鉞入朝不趨奏事不名劍履上殿帝固辭相國二年春正月有彗星見于吴楚之分西北竟天鎮東大將軍毋丘儉揚州刺史文欽舉兵作亂矯太后令移檄郡國爲壇盟於西門之外各遣子四人質于吴以請救二月儉欽帥衆六萬渡淮而西帝會公卿謀征討計朝議多謂可遣諸將擊之王肅及尚書傅嘏中書侍郎鍾會勸帝自行戊午帝統中軍步騎十餘萬以征之倍道兼行召三萬兵大會于陳許之郊甲申次于隱橋儉將史招李續相次來降儉欽移入項城帝遣荆州刺史王基進據南頓以逼之帝深壁高壘以待東軍之集諸將請進軍攻其城帝曰淮南將士本無反志且儉欽欲蹈縱橫之跡習秦儀之說謂遠近必應而事起之日淮北不從史招李續前後瓦解內乖外叛自知必敗困獸思鬬速戰便合其志雖云必克傷人亦多且儉等欺誑將士詭變萬端少與持久詐情自露此不戰而克之也乃遣諸葛誕督豫州諸軍自安風向壽春征東將軍胡遵督青徐諸軍出譙宋之間絕其歸路帝屯汝陽遣兖州刺史鄧艾督太山諸軍進屯樂嘉示弱以誘之欽進軍將攻艾帝潛軍銜枚徑進樂嘉與欽相遇欽子鴦年十八勇冠三軍謂欽曰及其未定請登城鼓譟擊之可破也既謀而行三譟而欽不能應鴦退相與引而東帝謂諸將曰欽走矣三鼓而欽不應其勢已屈不走何待欽將遁鴦曰不先折其勢不得去也乃與驍騎十餘摧鋒陷陣所向皆披靡遂引去帝遣左長史司馬璉督騎驍八千翼而追之欽

父子與麾下走保項城儉聞欽敗棄衆宵遁淮南安風津都尉儉斬之傳首京都欽遂奔吳淮南平初帝目有瘤疾使醫割之鴦之來攻也驚而目出六軍大恐蒙之以被痛甚齧被敗而左右莫知焉閏月疾篤使文帝總統諸軍辛亥崩于許昌時年四十八武帝受禪上尊號曰景皇帝廟稱世宗

文皇帝

晉書曰文皇帝諱昭字子上景皇帝母弟魏景初二年封新城鄉侯正元初爲洛陽典農中郎將值魏明奢侈之後帝蠲除苛碎不奪農時百姓大悅轉散騎常侍大將軍曹爽之伐蜀也以帝爲征蜀將軍副夏侯玄出駱谷次于興勢蜀將王林夜襲帝帝堅卧不動林退帝謂玄曰費禕以據險拒守進不獲戰攻之不可宜亟旋軍以爲後圖爽等引還禕果馳兵趣三嶺爭險乃得過還拜議郎及誅曹爽帥衆衛二宮以功增邑千戶高貴鄉公之立也以參定策進封高都侯邑二千戶毌丘儉文欽之亂大軍東征帝兼中領軍留鎮洛陽及景帝疾篤帝自京都省疾拜衛將軍景帝崩天子命帝鎮許昌尚書傅嘏帥六軍還京師帝用嘏及鍾會策自帥軍而還至洛陽進位大將軍加侍中都督中外諸軍錄尚書事輔政劍履上殿固辭不受甘露元年春加大都督奏事不名夏六月進封高都公地方七百里加九錫假斧鉞進號大都督劍履上殿又不受秋八月庚申加假黃鉞增封三縣二年夏六月辛未鎮東大將軍諸葛誕殺楊州刺史樂琳以淮南作亂遣子靚爲質於吳以請救議者請速伐之帝曰誕以毌丘儉輕疾傾覆今必外連吳寇此爲變大而遲吾當與四方同力以全勝制之秋七月奉天子及皇太后東征徵兵青徐荆豫分取關中遊軍皆會淮北師次于項城假廷尉何禎節度淮南宣慰將士申明逆順示以誅賞甲戌帝進軍丘頭因命合圍三年春正月諸葛誕文欽等出攻長圍諸軍逆擊走之初誕欽內不相協及至窮蹙轉相疑貳欽計事於誕忤誕手刃殺欽欽子鴦攻誕不克踰城降以爲將軍封侯使鴦巡城而呼帝見城上持弓者不發謂諸將曰可攻矣二月乙酉攻而拔之斬誕夷三族四月歸于京師魏帝令改丘頭爲武丘以旌武功五月天子以并州太原上黨西河樂平新興鴈門司洲之河東平陽八郡地方七百里封帝爲晉公加九錫進位相國九讓乃止景元元年夏四月天子既以帝三世宰輔政非已出情不能安又慮廢辱將臨軒召百僚而行放黜五月戊子夜使冘從僕射李昭等發甲於陵雲臺召侍中王沉散騎常侍王業尚書王經出懷中黃素詔示之戒嚴俟旦沉業馳告于帝召護軍賈充等爲之備天子知事泄帥左右攻相府稱有所討敢有動者族誅相府兵將止不敢戰賈充叱諸將曰公畜養汝輩正爲今日耳太子舍人成濟抽戈犯蹕天子崩于車中帝召百僚謀故僕射陳泰不至帝遣其舅荀顗輿致之定于曲室謂曰玄伯天下其如我何泰曰唯腰斬賈充微以謝天下帝曰卿更思其次泰曰但見其上不見其次於是歸罪成濟而斬之與公卿議立燕王宇之子常道鄉公璜音黃爲帝二年秋八月甲寅天子使太尉高柔授帝相國印綬司空鄭沖致晉公茅土九錫固辭三年夏四月肅慎來獻楛矢石砮弓甲貂皮等天子命歸大將軍府四年夏帝將伐蜀徵四方之兵十八萬使鄧艾自狄道攻姜維於沓中雍州刺史諸葛

緒自祁山軍于武街絕維歸路鎮西將軍鍾會帥前將軍李輔征蜀護軍胡烈等自駱谷襲漢中秋八月軍發洛陽大賚將士陳師誓衆將軍鄧敦謂蜀未可討帝斬以徇九月使天水太守王頎攻維營隴西太守牽弘邀其前金城太守楊欣趣其後鍾會分為二隊入自斜谷使李輔圍王含於樂城又使部將易愷攻蔣斌於漢城會直指陽安護軍胡烈攻陷關城姜維聞之引還王頎追敗維於強川維與張翼廖化合軍守劍閣鍾會攻之冬十月天子以諸侯獻捷交至詔加九錫帝乃受命十一月鄧艾帥萬餘人自陰平踰絕險至于江由破蜀將葛瞻於綿竹斬瞻首傳道進軍雒縣劉禪降天子命晉公以相國總百揆於是上節傳去侍中大都督錄尚書之號焉咸熙元年春正月乙丑帝奉天子西征至于長安遣護軍賈充持節督諸軍據漢

中鍾會遂反於蜀監軍衛瓘右將軍胡烈攻會斬之景辰帝至自長安三月己卯進爵為王增封并前二十郡冬十月景午天子命中撫軍新昌鄉侯炎為晉世子二年五月天子命冕十有二旒建天子旌旗出警入蹕乘金根車駕六馬備五時副車置旄頭雲罕樂舞八佾設鍾虡音巨宮懸位在燕王上進王妃為王后世子為太子王女王孫爵命之號皆如帝者之儀秋八月辛卯帝崩于露寢時年五十五葬崇陽陵武帝受禪追尊號曰文皇帝廟稱太祖

世祖武皇帝

晉書曰武皇帝諱炎字安世文帝長子也寬惠仁厚沉深有度量魏嘉平中封北平亭侯歷給事中奉車都尉中壘將軍加散騎常侍累遷中護軍假節迎常道鄉公於東武陽遷中撫軍進封新昌鄉侯及晉國建立為世子拜撫軍大將軍開府副貳相國初文帝以景帝既宣皇之嫡早世無後以帝弟攸為嗣特加愛異自謂攝居相位百年之後大業宜歸攸每曰此景帝之天下也吾何與焉將議立世子屬意於攸何曾等固爭曰中撫軍聰明神武有超世之才髮委地手過膝此非人臣之相也由是遂定咸熙二年五月立為晉王太子八月辛卯文帝崩太子嗣相國晉王位十一月乙未令諸郡中正以六條舉淹滯是時晉德既洽四海宅心於是天子知歷數有在乃使太保鄭沖奉策曰咨爾晉王我皇祖有虞氏誕膺靈運受終于陶唐亦以命于有夏惟三后陟配于天而咸用光敷聖德自茲厥後天又輯音集大命于漢火德既衰乃眷命我高祖方軌虞夏四代之明顯我弗敢知惟王乃祖乃父服膺明哲輔弼我皇家勳德光于四海格于上下神祇罔不克順地平天成萬

邦以乂應受上帝之命協皇極之中肆予一人祇承天序以敬授爾位曆數實在爾躬允執其中天祿永終於戲王其欽順天命率修訓典底綏四國公卿及何曾王沉等固請乃從之太始元年冬十二月景寅設壇于南郊百寮在位及匈奴南單于四夷會者數萬人柴燎告類于上帝於是大赦改元賜天下爵人五級三年春正月癸丑白龍二見于弘農澠池丁卯立皇子衷為皇太子九月甲申詔曰古者以德詔爵以庸制祿雖為下士猶食上農外足以奉公忘私內足以養親施惠今在位者祿不代耕非所以崇化之本也其議增吏俸四年十一己未詔月王公卿尹及郡國守相舉賢良方正直言之士十二月班五條詔書於郡國一曰正身二曰勤百姓三曰撫孤寡四曰敦本息末五曰去人事庚寅帝臨聽訟觀錄廷尉洛陽獄囚親平決焉八年

春正月癸亥帝耕于籍田二月乙亥禁雕文綺組非禮法之物詔內外群官舉任邊郡者三人帝與右將軍皇甫陶論事陶與帝爭言散騎常侍鄭徽表請罪之帝曰讜言謇諤所望於左右也人主常以阿媚爲患豈以爭臣爲損哉徽越職妄奏豈朕之意遂免徽官咸寧四年十一月太醫司馬程據獻雉頭裘帝以奇伎異服非典禮焚之于殿前五年大舉伐吳遣鎮東將軍瑯琊王伷出徐中安東將軍王渾出江西建威將軍王戎出武昌平南將軍胡奮出夏口鎮南大將軍杜預出江陵龍驤將軍王濬廣武將軍唐彬率巴蜀之卒浮江而下東西凡二十餘萬以太尉賈充爲大都督行冠軍楊濟爲副惣統衆軍十萬太康元年春正月己丑朔五色氣貫日癸巳王渾尅吳尋陽賴鄉諸城獲吳武威將軍周興二月戊午王濬唐彬等尅丹陽城庚申又尅西陵壬戌

濬又尅夷道樂鄉城甲戌杜預尅江陵三月壬申王濬以舟師至于建業之石頭孫皓大懼面縛輿櫬降于軍門濬杖節解縛焚櫬送于京師收其圖籍尅州四郡四十三縣三百一十三户五十二萬三千吏三萬二千兵二十三萬男女二百三十萬其牧守以下皆因吳所置除其苛政示之簡易吳人大悅乙酉大赦改元賜酺五日恤孤老困窮九月羣臣以天下一統屢請封禪帝謙讓弗許泰熙元年春正月辛酉改元夏四月己酉帝崩于含章殿時年五十五在位二十五年葬峻陽陵廟號世祖○謝靈運論曰世祖受命禎祥屢臻苛慝不作萬國欣戴遠至迩安德足以彰天啓其運民樂其功矣反古之道當以美事爲先今五等肉刑并田王制凡諸禮律未能是正而採擇嬪嬙不拘華門者昔武王伐紂歸傾宮之女不以助紂爲虐而世祖平皓納吳妓五千是同皓之弊婦人之封六國亂政如追蹤外曾祖毋違古之道凡此非事並見前書誠有點於徽猷史氏所不敢藏也

唐太宗晉武帝紀論曰武皇承基誕膺天命握圖御寓敷化弘道民以佚而代勞世以治而易亂絶縑緗之貢去雕琢之飾制奢俗以變約俾澆風而反淳雅好直言留心採擢劉毅裴楷以質直而見容嵇紹許奇雖仇讎而不棄仁以御物寬而得衆宏略大度有帝王之量焉于時民和俗靜家給民足聿脩武用思啓封疆决神筭於深衷斷雄圖於議表馬隆西伐王濬南征師不延時獯虜削跡兵無血刃揚越爲墟通近代之不通服前王之不服禎祥顯應風教肅清天地之功成矣霸王之業大矣雖登封之禮讓而不爲而驕泰之心因斯以起見土地之廣謂萬葉而無虞

都天下之安謂千年而永治不知處廣以思狹則廣可長存居治而忘危則治無常治加之建立非所委寄失才志欲就于升平行先迎於禍亂是猶將適越者指沙漠而遵途欲登山者涉舟航而覓路所趣逾遠所向轉難南北倍殊高下相反求其至也不亦難乎況以新習易動之基而無久安難拔之慮故賈充凶豎懷姦志而擁權楊駿豺狼包禍心以專輔及乎宮車晚出諒闇未周藩翰變親以成踈連兵競滅其本棟梁迴忠而起僞擁衆各舉其威曾未數年綱紀大亂以至海內版蕩宗廟播遷帝道王猷反居文身之俗神州赤縣翻成被髮之鄉弃所大以資人掩其小而自託爲天下笑其故何哉良由失慎於前所以貽患於後且知子者賢父知臣者明君子不肖則家亡臣不忠則國亂亂國不可以安也亡家不可以全也是以君子防

其始聖人開其端而世祖惑荀勗之姧謀迷王渾之僞策心屢移於衆口事不定於巳圖元海當除而不除卒令擾亂區夏惠帝可廢而不廢終使傾覆洪基夫全一人者德之輕極天下者功之重棄一子者忍之小安社稷者孝之大況乎資二世而成業延三葉以表身所謂取輕德而捨重功畏小忍而忘大孝聖賢之道豈若斯乎雖則善始於初而乖令終於末所以㢠勤史策不能無慷慨焉

太平御覽卷第九十六

西晉惠皇帝　趙王倫附

惠皇帝

晉書曰孝惠帝諱衷字正度武帝第二子也太始三年立為皇太子時年九歲太熈元年四月己酉武帝崩是日太子即皇帝位大赦改元為永熈尊皇后楊氏曰皇太后立妃賈氏為后以太尉楊駿為太傅輔政秋八月壬午立廣陵王遹（音聿）為皇太子以中書監何劭為太子太師吏部尚書王戎為太子太傅永平元年春正月詔改永熈二年為永平元年又詔子弟及羣官並不得謁陵三月辛卯誅太傅楊駿駿弟衛將軍珧太子太保濟中護軍張劭散騎常侍段廣楊邈左軍劉豫河南尹李斌中書令蔣俊東夷校尉文淑尚書武茂皆夷三族壬辰大赦賈后矯詔廢皇太后為庶人徙于金墉城告于天地宗廟誅太后母龐氏壬寅徵大司馬汝南王亮為太宰與太保衛瓘輔政六月賈后矯詔使楚王瑋（音偉）殺太宰汝南王亮太保菑陽公衛瓘乙丑以瑋擅害亮瓘殺之九月辛丑徵征西大將軍梁王肜為衛將軍録尚書事以趙王倫為征西大將軍都督雍梁二州諸軍事三年春二月己酉賈后弑皇太后于金墉城五年冬十月武庫火焚累代之寶十二月景戌新作武庫大調兵器六年八月秦雍氐羌悉叛推氐羌帥齊萬年僭號稱帝圍于涇陽七年春正月癸丑周處及齊萬年戰於六陌王師敗績處死之九年春正月左積弩將軍孟觀伐氐戰于中亭大破之獲齊萬年徵征西大將軍梁王肜録尚書事以北中郎將河間王顒為鎮西將軍鎮關中成都王穎為鎮北大將軍鎮鄴十二月壬戌廢皇太子遹為庶人及其三子幽于金墉城殺太子之母謝氏永康元年正月大赦改元三月癸未賈后矯詔害庶人遹于許昌夏四月辛卯日有食之癸巳梁王肜趙王倫矯詔廢賈后為庶人司空張華尚書僕射裴頠（音隗文罪切）皆遇害侍中賈謐及黨與數十人皆伏誅甲午倫矯詔大赦自為相國都督中外諸軍如宣帝輔魏故事追復故皇太子位丁酉以梁王肜為太宰己亥趙王倫矯詔害賈庶人于金墉城五月己巳立皇孫臧為太孫秋八月淮南王允舉兵討趙王倫不尅允及其二子秦王郁漢王迪皆遇害永寧元年春正月乙丑趙王倫篡帝位景寅遷帝于金墉城號曰太上皇改金墉曰永昌宮廢皇太孫臧為濮陽王五星經天縱橫無常癸酉倫害濮陽王臧三月平東將軍齊王冏（俱永切）起兵以討倫傳檄州郡屯于陽翟征北大將軍成都王穎征西大將軍河間王顒常山王乂豫州刺史李毅兗州刺史王彥南中郎將新野公歆皆舉兵應之衆數十萬倫遣其將閭和出伊闕張泓孫輔出堮坂以拒冏孫會士猗許超出黄橋以拒穎及穎將趙驤石超戰於沮（音鉏）水會等大敗棄軍走四月辛酉左衛將軍王輿與尚書淮南王漼（七罪反）勒兵入宮擒倫黨孫秀孫會許超士猗（於離反）駱休等皆斬之逐倫歸第即日乘輿反正群臣頓首謝罪帝曰非諸卿之過也詔大赦改元誅趙王倫義陽王威九門侯質等及倫之黨與五月立襄陽王尚為皇太孫六月戊辰大赦增吏位二等庚午東萊王蕤左衛將軍王輿謀廢齊王冏事泄廢蕤為庶人輿伏誅夷三族甲戌以齊王冏為大司馬都督中外諸軍事成都王穎為大將軍録尚書事河間王顒為太尉罷承相後置司徒官太安元年五月癸卯以清河王遐子覃為皇太子賜孫寡帛大酺

（音甫）五日以齊王冏爲太師東海王越爲司空秋七月兗豫徐冀等四州大水冬十月地震十二月丁卯河間王顒表齊王冏窺伺神器有無君之心與成都王穎新野王歆范陽王虓（許交切）同會洛陽請廢冏還第長沙王乂奉乘輿屯南上東門攻冏殺之幽其諸子于金墉城廢冏弟北海王寔大赦改元以長沙王乂爲太尉都督中外諸軍事二年七月中書令卞粹侍中馮蓀河南尹李含等貳於長沙王乂疑而害之八月河間王顒成都王穎舉兵討長沙王乂帝以乂爲大都督帥軍禦之庚申劉弘及張昌戰於清水斬之顒遣其將張方穎遣其將陸機牽秀石超等來逼京師乙丑帝幸十三里橋遣將軍皇甫商拒方於宜陽己巳帝旋軍于宣武場庚午舍于石樓天中裂無雲而雷九月丁丑帝次于河橋壬午皇甫商爲張方所敗甲申帝軍于芒山丁亥

幸偃師辛卯舍于豆田癸巳帝旋于城東景申進軍緱氏擊牽秀走之大赦張方入京城燒清明開陽二門死者萬計石超逼乘輿于緱氏冬十月壬寅帝旋于宮石超焚緱氏服御無遺丁未破牽秀范陽王虓于東陽門外戊申破陸機于建春門石超斬其大將軍賈崇等十六人懸首銅駝街張方退屯十三里橋十一月辛巳星晝隕聲如雷王師攻方壘不利方決千金堨水碓皆涸（音鶴）乃發王公奴婢手舂給兵稟一品已下不從征者男子十三已上皆從役又發奴助兵號爲四部司馬公私窮踧（子六反）米石萬錢詔命所至一城而已壬寅夜赤氣竟天隱隱有聲景辰地震癸亥東海王越執長沙王乂幽於金墉城尋爲張方所害甲子大赦永興元年春正月成都王穎自鄴諷于帝乃大赦改元爲永安帝逼於河間王顒密詔雍州刺史劉沉秦州刺史皇甫重以討之沉舉兵攻長安爲顒所敗張方大掠洛中還長安於是軍中大餒人相食以成都王穎爲丞相穎遣從事中郎成夔等以兵五萬屯十二城門殿中宿所忌者穎皆殺之以三部兵代宿衛二月乙酉廢皇后羊氏幽于金墉城黜皇太子覃復爲清河王三月河間王顒表請立成都王穎爲太弟戊申詔曰朕以不德纂承鴻緒于茲十有五載禍亂滔天姦逆仍起至乃幽廢重宮宗廟幾絕成都王穎溫仁惠和剋平暴亂其以穎爲皇太弟都督中外諸軍事丞相如故秋七月景申朔右衛將軍陳眕（音軫）詔召百寮入殿中因勒兵討成都王穎戊戌大赦復皇后羊氏及皇太子覃己亥司徒王戎東海王越高密王簡平昌公模吳王晏豫章王熾襄陽王範右僕射荀藩等奉帝北征至安陽衆二十餘萬穎遣其將石超拒戰己未六軍敗績於蕩陰矢

及乘輿百官分散侍中嵇紹死之帝傷頰中三矢亡六璽帝遂幸超軍餒甚超進水左右奉秋桃超遣弟熙奉帝之鄴穎帥羣官迎謁道左帝下輿涕泣其夕幸于穎府有九錫之儀陳留王送貂蟬文鶡尾明日乃備法駕幸于鄴唯豫章王熾司徒王戎僕射荀藩從庚申大赦改爲建武八月戊辰穎殺東安王繇張方復入洛陽廢皇后羊氏及皇太子覃匈奴左賢王劉元海反於離石自號大單于安北將軍王浚遣烏丸騎攻成都王穎于鄴大敗之穎與帝單車走洛陽御服分散倉卒上下無齎侍中黃門被囊中齎私錢三千詔貸用所在買飯食以供宮人止食於道中客舍宮人有持升餘秔米飯燥及蒜鹽豉以進帝帝噉（音談）之御中黃門布被次獲嘉市麤米飯盛以瓦盂帝噉兩盂有老父獻蒸雞帝受之至溫將謁陵帝喪履納從者之履下拜流

涕左右皆歔欷及濟河張方帥騎三千以陽燧青蓋車奉迎方拜謁帝躬止之辛巳大赦賞從者有差冬十一月乙未方請帝謁陵因刼帝幸長安以所乘車入殿中帝馳避後園竹中方逼帝升車左右中黄門鼓吹十二人步從唯中書監盧志侍側方以帝幸其壘帝令具載宫人寶物軍人因略妻後宫分爭府藏魏晉已來所積之物掃地無遺矣行次新安寒甚帝墮馬傷足尚書高光奉進面衣帝嘉之河間王顒帥官屬步騎三萬迎于灞上顒前拜帝下車止之以征西府爲宫唯僕射荀藩司隸劉暾(他昆反)太常鄭球稓河南尹周馥(音服馥)與其遺官在洛陽爲留臺承制行事號爲東西臺焉景午留臺大赦改元復爲永安辛丑復皇后羊氏李雄僭號成都王劉元海僭號漢王十二月丁亥詔曰天禍晉邦家嗣莫繼成都王穎自在儲貳政績虧損四海失

望不可承重器其以王還第豫章王熾先帝愛子令問日新四海注意今以爲皇太弟以隆我晉邦以司空越爲太傅與太宰顒夾輔朕躬司徒王戎恭錄朝政光禄大夫王衍爲尚書左僕射百官皆復職齊王冏前應還第長沙王乂輕陷重刑封其子紹爲樂平縣王以奉其嗣自頃戎車屢征勞費人力供御之物皆減三分之二户調田租三分減一蠲除苛政愛人務本清通之後當還東京大赦改元以河間王顒都督中外諸軍事二年春正月甲午朔帝在長安夏四月景子張方廢皇后羊氏七月東海王越嚴兵徐方將西迎大駕成都王穎部將公師藩等聚衆攻陷郡縣害陽平太守李志汲郡太守張延等轉攻鄴平昌公模遣將軍趙驤擊破之九月壬子以成都王穎爲鎮軍大將軍都督河北諸軍事鎮鄴河間王顒遣將軍吕朗屯洛陽

冬十月景子詔曰得豫州刺史劉喬檄稱潁川太守劉輿迫脅驃騎將軍虓拒逆詔命造構凶逆擅劫郡縣合聚兵衆擅用苟晞爲兖州斷截王命鎮南大將軍荆州刺史劉弘平南將軍彭城王釋等各勒所統徑會許昌與喬并力今遣右將軍張方爲大都督統精卒十萬建武將軍吕朗廣武將軍騫貙(勑俱反)建威將軍刁默等爲軍前鋒共會許昌除輿兄弟丁丑使前車騎將軍石超北中郎將王闡討輿等赤氣見于北方東西竟天有星孛于北斗平昌公模遣將軍宋胄等屯河橋十一月立節將軍周權詐被檄自稱平西將軍復皇后羊氏洛陽令何喬攻權殺之復廢皇后十二月吕朗等東屯榮陽成都王穎進據洛陽張方劉弘等並按兵不能禦范陽王虓濟自官渡拔榮陽石超襲許昌破劉喬於蕭喬奔南陽右將軍陳敏舉兵反自號

楚公矯稱被中詔從沔漢奉迎天子逐楊州刺史劉機丹陽太守王曠光熙元年春正月戊子朔日有蝕之帝在長安河間王顒聞劉喬破大懼遂殺張方請和於東海王越越不聽宋胄等破潁將樓裒進逼洛陽穎奔長安甲子越遣其將祁弘宋胄司馬纂等迎帝己亥弘等奉帝還洛陽乘牛車行宫藉草公卿跋涉六月景辰朔至自長安升舊殿哀感流涕謁于太廟復皇后羊氏辛未大赦改元八月以太尉東海王越錄尚書事驃騎將軍范陽王虓爲司空九月頓丘太守馮嵩執成都王穎送之于鄴冬十月司空范陽王虓薨長史劉輿害成都王穎十一月庚午帝崩于顯陽殿在位十六年時年四十八葬太陽陵帝之爲太子也朝廷咸知不堪政事衛瓘常侍宴撫武帝所坐床曰可惜此坐和嶠亦以爲言曰皇太子有淳古風而季代多僞

恐不了陛下家事武帝默然不荅後武帝欲廢太子楊后曰立嫡以長不以賢豈可動乎太子遂定及居大位政出群下紀綱大壞貨賂公行天下爲之市賈焉帝又嘗幸華林園聞蛙聲謂左右曰此鳴者爲官乎爲私乎或對曰在官地者爲官在私地者爲私及天下荒亂百姓餒甚帝曰何不食肉糜其蒙蔽皆此類也

王隱晉書曰高堂隆尅鄴宮屋材云後若干年當有天子居此宮惠帝止鄴宮治屋者土剥更泥始見刻字計年正合

趙王倫

晉書曰趙王倫字子彝宣帝弟九子也母曰栢夫人魏嘉平初封安樂亭侯五等建改封東安子拜諫議大夫武帝受封琅琊郡王元康初遷征西將軍開府儀同三司鎮關

中倫刑賞失中氐（音低）羌反叛徵還京師尋拜車騎將軍太子太傅深交賈郭諂事中宮大爲賈后所親信求録尚書張華裴頠固執不可又求尚書令華頠復不許愍懷太子之廢也使倫領右軍將軍時左衛司馬督司馬雅及常從督許超並常給事東宮二人傷太子無罪與殿中中郎士猗節謀廢賈后復太子以華頠不可移難與圖權倫執兵之要性貪冒可假以濟事乃說倫嬖人孫秀曰中宮凶妒（音蠹）無道與賈謐等共廢太子今國無適嗣社稷將危大臣將起大事而公名奉中宮與賈郭親善太子之廢皆云預知一朝事起禍必相及何不先謀之乎秀許諾言於倫倫納焉事將起而秀知太子聰明若還東宮將與賢人圖政量己必不得志更說倫曰太子剛猛不可私請明公素事賈后時議皆以公爲賈氏之黨今雖欲建大功於太子太子含宿怒必不加賞於明公矣當謂逼百姓之望翻覆以免罪耳此乃所以速禍也今且緩其事賈后必害太子然後廢后爲太子報讎亦足以立功豈徒免禍而已倫從之秀乃微泄其謀使謐黨頗聞之倫秀因勸謐等早害太子以絶衆望太子既遇害倫秀之謀益甚而超雅懼後難欲悔其謀乃辭疾秀復告右衛佽飛督閭和和從之期四月三日景夜一籌以鼓聲爲應至期乃矯詔勑三部司馬曰中宮與賈謐等殺害太子今使車騎入廢中宮汝等皆當從命賜爵關中侯不從誅三族於是衆皆從之倫又矯詔開門夜入陳兵道南遣翊軍校尉齊王冏將三部司馬百人排閤入華林令駱休爲內應迎帝幸東堂遂廢賈后爲庶人幽之于建始殿中書監侍中黃門侍郎八座皆夜入殿執張華裴頠解紹杜斌等於殿前殺之尚書始疑詔有詐郎

師景露板奏請手詔倫等以爲沮衆斬之以殉明日倫坐端門屯兵北向遣尚書和郁送賈庶人于金墉尋矯詔自爲使持節大都督中外諸軍事相國侍中王如故一依宣文輔魏故事以其世子散騎常侍荂（書拱）領冗從僕射子馥前將軍封濟陽王虔黃門郎封汝陰王詡（况羽反）散騎侍郎覇城侯孫秀等皆封大郡並據兵權文武官侯封者數千人百官惣己聽於倫倫素庸下無智策復受制於秀秀之威權振於朝廷天下皆事秀而無求於倫秀起自琅琊小吏累官於趙國以諂媚自達既執機衡遂恣其姦謀多殺忠良以逞私憾前衛尉石崇黃門郎潘岳皆與秀有嫌並見誅於是京邑君子不樂其生矣淮南王允齊王冏以倫秀驕僭內懷不平秀等亦深忌焉乃出冏鎮許奪允護軍允發起兵討倫允既敗滅倫加九錫增封五萬户倫無學不知書

秀亦以狡黠（胡八反）小才貪淫昧利所共立事者皆邪佞之徒唯競榮利無深謀遠略倫秀並惑巫鬼聽妖邪之說秀使牙門趙奉詐爲宣帝神語令倫早入西宮又言宣帝於北邙爲趙王佐助於是别立宣帝廟於邙山謂逆謀可成秀等部分諸軍分布腹心使散騎常侍義陽王威兼侍中出納詔命矯作禪讓之詔使持節尚書令滿奮僕射崔隨爲副奉皇帝璽綬以禪位于倫倫僞讓不受於是宗室諸王群公卿士咸假稱符瑞天文以勸進倫乃許之左衛王與前軍司馬雅等率甲士入殿譬諭三部司馬示以威賞皆莫敢違其夜使張林等屯守諸門義陽王威及駱休逼奪天子璽綬夜漏未盡内外百官以乘輿法駕迎倫惠帝乘雲母車鹵簿數百人自華林西門出居金墉城尚書和郁兼侍中散騎常侍琅邪王睿中書侍郎陸機從到城下

而反使張衡衛帝實幽之也倫從兵五千人自端門登太殿滿奮崔隨樂廣進璽綬於倫乃僭即帝位大赦改元建始諸黨皆登卿將並列大封其餘同謀者咸超階越次不可勝紀至于奴卒厮役亦加以爵位每朝會貂蟬盈坐時人爲之諺曰貂不足狗尾續而以苟且之惠取悦人情府庫之儲不充於賜金銀冶鑄不給於印故有白板之侯君子恥服其章百姓亦知其不終矣倫親祠太廟還遇大風飄折麾蓋孫秀既立非常之事倫敬重焉秀住文帝爲相國時所居内府事無巨細必諮而行倫之詔令秀改革有所與奪自書青紙爲詔或朝令夕改者數四百官轉易如流矣時齊王冏河間王顒成都王穎並擁強兵各據一方秀知冏等必有異圖乃選親黨及倫故吏爲三王參佐及郡守秀本異與張林有隙雖外相推崇内實忌之及林爲衛將軍深怨不得開府潛與荂牋具說秀專權動違衆心而功臣皆小人撓亂朝廷可一時誅之荂以書白倫倫以示秀秀勸倫誅林倫請宗室會於華林園召林秀及王輿入因收林殺之誅三族及三王起兵討倫檄至倫秀始大懼遣其中堅孫輔爲上將軍督諸軍以拒義師倫復受太子詹事劉琨節督河北將軍率步騎千人催諸軍與義軍戰于激水大敗退保河上劉琨燒斷河橋自義兵之起百官將士咸欲誅倫秀以謝天下秀知衆怒難犯不敢出省及聞河北軍悉敗憂懣（音悶）不知所爲義陽王威勸秀至尚書省與八座議征戰之備秀從之使京城西四品以下子弟十五以上皆詣司隸從倫出戰内外諸軍悉欲劫殺秀秀懼自崇禮闥走還下舍衛將軍趙泉斬秀等以徇使倫爲詔曰吾爲孫秀等所誤以怒三王今已誅秀其迎太上復位吾歸

老于農畝傳詔以騶虞幡勅將士解兵文武官皆奔走莫敢有居者黄門將倫自華林東門出及荂皆還汶陽里第於是以甲士數千迎天子于金墉百姓咸稱萬歲帝自端門入升殿御廣室送倫及荂付金墉城梁王肜表倫父子凶逆宜伏誅百官會議于朝堂皆如肜表遣尚書袁敞持節賜倫死飲以金屑苦酒倫慙以巾覆面曰孫秀誤我於是收荂馥虔詡付廷尉獄考竟百官是倫所用者皆斥免之臺省府衛僅有存者自兵興六十餘日戰及殺害近十萬人

太平御覽卷第九十七

太平御覽卷第九十八　皇王部二十三

西晉懷帝　愍帝　東晉元帝　明帝　成帝

懷皇帝

晉書曰孝懷皇帝諱熾字豐度武帝第二十五子也光熙元年封豫章郡王屬惠帝之時宗室構禍帝冲素自守門絕賓遊不務世事專玩史籍有譽於時初拜散騎常侍及趙王倫篡見收爲射聲校尉累遷車騎大將軍都督青州諸軍事未之鎮永興元年改授鎮北大將軍都督鄴中諸軍事十二月丁亥立爲皇太弟帝以清河王覃本太子也懼不敢當典書令盧陵脩肅曰二相經營王室志寧社稷儲貳之重宜歸時望親賢之舉非大王而誰清河幼弱未允衆心是以既升東宮復贊藩國今乘輿播越二宮久曠常恐氐羌飲馬於涇川蟻衆控弦於灞水宜及吉辰時登儲副上翼大駕早寧東京下允黔首顒顒之望帝曰卿吾之宋昌也乃從之光熙元年十一月孝惠帝崩羊皇后以於太弟爲嫂不得爲太后催清河王覃入已至尚書閤侍中華混等急召太弟癸酉即皇帝位大赦皇后羊氏爲惠皇后居弘訓宮追尊所生太妃王氏爲皇太后立妃梁氏爲皇后十二月南陽王模殺河間王顒於雍谷永嘉元年春正月癸丑朔大赦改元除三族刑以太傅東海王越輔政二月辛巳東萊人王彌起兵反寇青徐二州三月庚午立豫章王詮爲皇太子辛未大赦庚辰東海王越出鎮許昌五月馬牧帥汲桑聚衆反敗魏郡太守馮嵩遂陷鄴城害新蔡王騰燒鄴宮火旬日不滅入掠平原山陽公劉秋遇害洛陽步廣里地陷有二鵝出色蒼者冲天白者不能飛秋七月己酉朔東海王越進屯官渡以討汲桑己未以平東將軍琅琊王睿爲安東將軍都督揚州江南諸軍事假節鎮建鄴八月己卯朔撫軍將軍苟晞敗汲桑於鄴十二月戊寅并州人田蘭薄盛等斬汲桑于樂陵東海王越矯詔囚清河王覃于金墉城癸卯越自爲丞相以撫軍苟晞爲征東大將軍二年春正月丙子朔日有蝕之丁未大赦二月辛卯清河郡王覃爲東海王越所害冬十月甲戌劉元海僭帝號於平陽仍稱漢三年三月丁巳東海王越歸京師乙丑勒兵入宮於帝側收近臣中書令繆播帝舅王延等十餘人並害之大旱江漢河洛皆竭可涉九月景寅劉聰寇浚儀遣平北將軍曹武討之丁丑王師敗績東海王越入保京城聰至西明門越禦之戰於宣陽門外大破之使車騎將軍王堪平北將軍曹武討劉聰王師敗績堪奔還京師劉聰攻洛陽西明門不尅冬十一月石勒陷長樂安北將軍王斌遇害因屠黎陽乞活師李惲薄盛等帥衆救京師聰退走惲等又破王彌于新汲四年十月壬子以驃騎將軍王浚爲司空平北將軍劉琨爲北平大將軍京師飢東海王越羽檄徵天下兵帝謂使者曰爲我語諸征鎮若今日尚可救後則無逮矣時莫有至者十一月甲戌東海王越帥衆出許昌以行臺自隨宮無復守衛荒饉日甚殿內死人交橫府寺營署並掘塹自守盜賊公行桴鼓之音不絕越軍次項自領豫州牧鎮東將軍周馥表迎大駕遷都壽陽越使裴碩討馥爲馥所敗走保東城請救於琅琊王睿五年春正月帝密詔苟晞討東海王越罪狀告方鎮討之以征東大將軍苟晞爲大將軍景子東海王越薨五月進司空王浚爲大司馬琅琊王睿爲鎮東大將軍東海王越之出也使河南尹潘滔居守大將軍苟晞表

遷都倉垣帝將從之諸大臣畏逼不敢奉詔且宮中及黃門戀貲財不欲出至是飢甚人相食百官流亡者十八九帝召羣臣會議將行而警衛不備帝撫手歎之曰如何曾無車輿乃使司徒傅祗出詣河陰脩理舟檝為水行之備朝士數十人導從帝步出西掖門至銅駝街為盜所掠不得進而還六月癸未劉曜王彌石勒同寇洛川王師頻為賊所敗死者甚衆庚寅司空荀藩光祿大夫荀組奔轘轅太子左率溫畟夜開廣莫門奔小平津丁酉劉曜王彌入京師帝開華林園門出河陰藕池欲幸長安為曜等所追及曜等遂焚燒宮廟辱妃后吳王晏竟陵王楙音茂尚書左僕射和郁等皆遇害百官士庶死者三萬餘人帝蒙塵於平陽劉聰以帝為會稽公荀藩移檄州鎮以琅琊王為盟主豫章王端東奔苟晞晞立為皇太子自領尚書令且置

官屬保梁國之蒙縣百姓飢米斛萬餘價八月劉聰使子粲攻陷長安太尉征西將軍南陽王模遇害長安遺人四千餘家奔漢中九月癸亥石勒襲陽夏至于蒙縣大將軍苟晞豫章王端並沒于賊六年春正月帝在平陽九月辛巳前雍州刺史賈疋討劉粲於三輔走之關中小定乃與衛將軍梁芬京兆太守梁綜共奉秦王業為皇太子於長安七年春正月劉聰大會使帝著青衣行酒侍中庾珉號哭聰惡之丁未帝遇弒崩于平陽在位七年時年三十

晉陽秋曰懷帝天姿清劭少有聲名若遭承平之世足為守文佳主而繼惠帝擾亂之後東海專政祿去王室無幽厲之釁而有犬戎之禍悲夫

愍皇帝

晉書曰愍皇帝諱鄴字彥旗武帝孫吳孝王晏之子也出繼伯父秦獻王柬襲封秦王永嘉二年拜散騎常侍撫軍將軍及洛陽傾覆避難於滎陽密縣與舅荀藩荀組相遇自密南趨許潁豫州刺史閻鼎與前撫軍長史王毗司徒長史劉疇中書郎李昕及藩組等同謀奉帝歸于長安而疇等中塗復叛鼎追殺之藩組僅而獲免鼎遂扶帝乘牛車自宛趣武關歸於長安頻遇山賊士卒亡散次于藍田鼎告雍州刺史賈疋疋遽遣州兵迎衛達于長安又使輔國將軍梁綜助守時有玉龜出霸水神馬鳴城南元年九月辛巳奉秦王為皇太子登壇告類建宗廟社稷大赦加疋征西將軍以秦州刺史南陽王保為大司馬賈疋討賊張連遇害衆推始平太守麴允領雍州刺史為盟主承制選置建興元年夏四月景午奉懷帝崩問舉哀成禮壬申即皇帝位大赦改元以衛將軍梁芬為司徒雍州刺史麴允為使持節領軍

將軍錄尚書事京兆太守索綝為尚書右僕射五月詔琅琊王曰朕以冲昧纂承洪緒未能梟夷凶逆奉迎梓宮枕戈煩冤肝心抽裂前得魏浚表知公帥先三軍已據壽春傳檄諸侯協齊威勢想今漸進已達洛陽涼州刺史張軌乃心王室連旗萬里已到汧隴梁州刺史張光亦遣巴漢之卒屯在駱谷秦川驍勇其會如林間遣使適還具知平陽定問云幽并隆盛餘胡衰破然猶恃險當須大舉未知公今所到是以息兵秣馬未便進軍今為已至何許當須來旨使乘輿自出會除中原也公宜思弘謨猷勗濟遠略使山陵旋反四海有賴故遺殿中都尉劉蜀蘇馬等具宣朕意公茂德昵屬宣隆東夏恢融六合非公而誰倶洛都陵廟不可空曠公宜鎮撫以綏山東右丞相當入輔弼追蹤周邵以隆中興也二年秋七月劉曜趙冉等又逼京都領

軍將軍麴允討破之四年七月劉曜攻北地麴允帥步騎三萬救之王師不戰而潰北地大守麴昌奔于京師曜進至涇陽渭北諸城悉潰建威將軍曾允散騎常侍梁緯少府皇甫陽等皆死之八月劉曜逼京師內外斷絶鎮西將軍焦嵩平東將軍宋哲始平大守竺恢等同赴國難麴允與公卿守長安小城以自固散騎常侍華輯監京兆馮翊弘農上洛四部兵東屯霸上鎮軍將軍胡崧帥城西諸郡兵屯遮馬橋並不敢進冬十月京師飢甚米斗金二兩人相食死者大半大倉有麴數十餅麴允屑爲粥以供帝至是復盡帝泣謂允曰今窘厄如此外無救援死於社稷是朕事也然念將士暴離斯酷今欲閞城未陷爲蓄死之事庶令黎元免屠爛之苦行矣遣書朕意决矣十一月乙未使侍中宋敞送牋於曜帝乘羊車肉袒銜璧輿櫬出降羣

臣號泣攀車執帝之手帝亦悲不自勝御史中丞吉朗自殺曜焚櫬受璧使宋敞奉帝還宮初有童謡曰天子何在豆田中時王浚在幽州以豆有藿殺隱士霍原以應之及帝如曜營營實在城東豆田壁辛丑帝蒙塵於平陽麴允及羣官並從劉聰假帝光禄大夫懷安侯壬寅聰臨殿帝稽首于前麴允伏地慟哭因自殺五年春正月帝在平陽庚子虹霓弥天三日並照平東將軍宋哲奔江左十一月劉聰出獵令帝行車騎將軍戎服執戟爲導百姓聚而觀之故老或歔欷流涕聰後因大會使帝行酒洗爵反而更衣又使帝執蓋晉臣在座多失聲而泣尚書郎辛賓抱帝慟哭爲聰所害十二月戊戌帝遇弑崩于平陽在位五年時年十八帝之繼皇統也屬永嘉之亂天下崩離長安城中户不盈百墻宇頹毁蒿棘成林朝廷無車馬章服唯桑板署號而已衆唯一旅公私有車四乘器械多闕運饋不繼巨猾滔天帝京危急諸侯無釋位之志征鎮闕勤王之舉故君臣窘迫以至殺辱

東晉元皇帝

晉書曰元皇帝諱睿字景文宣帝曾孫琅耶恭王覲之子也咸寧二年生於洛陽有神光之異一室盡明所藉藁如始刈及長白毫生於日角之左隆準龍顔目有精曜顧眄煒如也年十五嗣位琅耶王幼有令問惠皇之際王室多故每恭儉退讓以免于禍沉敏有度量不顯灼然之跡故時人未之識焉唯侍中嵇紹異之謂人曰琅耶王毛骨非常殆非人臣之相元康二年拜員外散騎常侍累遷左將軍從討成都王穎蕩陰之敗叔父東安王繇爲穎所害帝懼禍及將出奔其夜月正明而禁衛嚴警無由得去甚窘迫有

頃雲霧晦冥雷雨暴至徼者皆弛因得潛出穎先令諸關無得出貴人帝既至河陽爲津吏所止從者宋典後來以策鞭帝馬而笑曰舍長官禁貴人汝亦被拘耶吏乃聽過至洛陽迎太妃歸國東海王越之收兵下邳也假帝輔國將軍尋加平東將軍都督揚州諸軍事越西迎大駕留帝居守永嘉初用王導計始鎮建業以顧榮爲軍司馬賀循爲參佐王敦王導周顗音蟻刁協等爲腹心股肱賓禮名賢存問風俗江東歸心焉及懷帝蒙塵于平陽司空荀藩等移檄天下推帝爲盟主愍帝即位加左丞相歲餘進位丞相大都督中外諸軍事建武元年春二月辛巳平東將軍宋哲至宣愍帝詔曰時遭屯否皇綱不振朕以寡德奉承洪緒不能祈天永命紹隆中興至使凶胡敢帥犬羊逼迫京輦朕今幽塞窮城憂慮萬端恐一旦崩潰卿指詔丞相具宣

朕意使攝萬機時據舊都脩復陵廟以雪大恥三月帝素服出次舉哀三日西陽王羕及羣僚叅佐州郡牧守等上尊號帝不許羕等以死固請至于再三帝慨然流涕曰孤罪人也唯有蹈節死義以雪天下之恥庶贖鈇鉞之誅吾本琅耶王諸賢見逼不已乃呼私奴命駕將反國群臣乃不敢迫請依魏晉故事爲晉王許之辛卯即王位大赦改元太興元年春正月戊申朔臨朝懸而不樂三月癸丑愍帝崩問至帝斬縗居廬景辰百寮上尊號即皇帝位詔曰昔我高祖宣皇帝誕膺期運廓開王基景文皇帝奕世重光緝熙諸夏爰曁世祖應天順時受兹明命功格天地仁濟宇宙昊天不融降此鞠凶懷帝短世越去王都天禍荐臻大行皇帝崩殂社稷無奉肆群后三司六事之人疇諮庶尹至于華戎致輯大命于朕躬予一人畏天之威罔弗敢違遂

登壇南面受終文祖燔柴頒瑞告類上帝惟朕寡德纘戎洪緒若涉大川罔知攸濟惟介股肱爪牙之佐文武熊羆之臣用能弼寧晉室輔予一人思與萬國共兹休慶於是大赦改元庚午立太子紹爲皇太子永昌元年春正月乙卯大赦改元戊辰大將軍王敦舉兵於武昌以誅劉隗爲名龍驤將軍沈充帥衆應之三月徵征西將軍戴若思鎮北將軍劉隗還衛京都劉隗軍于金城右將軍周札守石頭帝被甲徇六師於郊外遣平南將軍陶侃領江州安南將軍甘卓領荆州各帥所統以躡敦後夏四月敦前鋒攻石頭周札開城應賊奮威將軍侯禮死之敦據石頭戴若思劉隗帥衆攻之王導周顗郭逸虞潭等三道出戰六軍敗績尚書令刁協奔于江乘爲賊所害鎮北將軍劉隗奔于石勒帝遣使謂敦曰公若不忘本朝於此息兵則天下尚可安也如其不然朕當歸于琅耶以避賢路辛未大赦敦自爲丞相都督中外諸軍録尚書事封武昌郡公邑萬户十一月己丑帝崩于内殿在位六年時年四十七葬平陵廟號中宗○孫盛晉陽秋曰昔秦始皇東遊望氣者云五百年後東南金陵之地有天子氣於是始皇改曰秣陵吴人以爲孫權帝之表也盛案始皇遊歲至權僭號四百三十七年考之年數既不合校之基守又非倫豈應帝王之符而見兆於上代乎有晉金行奄君四海金陵之祥其在斯乎且秦政東遊至是五百二十六年所謂五百年之後當有王者也又孫皓將亡吴郡臨無湖一夜草木自除于湖邊得石函中有小石青白色長四尺廣二寸餘上有白帝字時人莫察其祥意者豈中宗興五湖之微歟太康三年建業有寇餘姚人任振以周易筮之曰寇已滅矣後三十

八年揚州當有天子又太安中童謡曰五馬浮渡江一馬化爲龍永嘉大亂王室淪覆唯琅耶西陽汝南南頓彭城五王獲濟至是中宗登祚先是歲鎮辰太白四星聚於牛斗之間五鐸又見于晉陵實數玄感若合符契焉又初玄石圖有牛繼馬後故宣帝深忌牛氏遂爲二榼共一口以貯酒帝先飲佳者以毒者酖其將牛金而恭王妃夏氏通小吏牛欽而生元帝亦有符云

世說曰元帝始過江謂顧驃騎曰寄人國土心常懷慙策跪荅曰臣聞王者天下爲家是以耿毫無定處九鼎遷洛邑願陛下無以迁都爲念

又曰元帝正會引丞相王導登御床王公既固辭中宗引之彌苦文獻曰使太陽與萬物同暉臣下何以仰瞻

明皇帝

晉書曰明皇帝諱紹字道畿元皇帝長子也幼而聰哲爲元帝所寵異年數歲嘗坐置膝前屬長安使來因問帝曰汝謂日與長安孰遠對曰長安近不聞人從日邊來居然可知也元帝異之明日宴羣寮又問之對曰日近元帝失色曰何乃異間者之言對曰舉目則見日不見長安由是益奇之建興初拜東中郎將鎮廣陵元帝爲晉王及即帝位爲皇太子性至孝有文武才略永昌元年閏月己丑元帝崩庚寅太子即皇帝位大赦尊所生荀氏爲皇太后大寧元年三月戊寅朔改元臨軒停饗宴之禮懸而不樂二年夏五月王敦矯詔拜其子應爲武衛將軍兄含爲驃騎大將軍帝所親信常從督公乘雄冉曾並爲敦所害六月敦將舉兵內向帝密知之乃乘巴滇駿馬微行至于湖陰察敦營壘而出軍士疑帝非常人又敦晝寢夢日環其城驚起曰此必黃鬚鮮卑奴來也帝母荀氏燕代人帝狀類外氏鬚黃敦故爲帝去於是使五騎物色追帝帝亦馳去僅以獲免秋七月壬申朔敦遣其兄含及錢鳳周撫鄧岳等水陸五萬至于南岸溫嶠移屯水北燒朱爵桁以挫其鋒帝躬帥六軍出次南堂至癸酉夜募壯士遣將軍段秀中軍司馬曹渾左衛參軍陳嵩鍾寅等甲卒千人渡水掩其未備平旦戰於越城大破之斬其前鋒將何康王敦憤惋而死三年春二月戊戌復三族刑唯不及婦人三月戊辰立皇太子衍爲皇太子大赦增文武位二等大酺三日賜鰥寡孤獨帛閏八月壬午帝不豫召太宰西陽王羕司徒王導尚書令卞壼車騎將軍郗鑒護軍將軍庾亮領軍將軍陸曄丹陽尹溫嶠並受遺詔輔太子戊子帝崩于東堂在位三年時年二十七葬武平陵廟號肅祖

晉陽秋曰明帝文武聰斷初在東宮敬禮賢士眠近明德自王導庾亮溫嶠桓彝阮放皆見親待分好綢繆雅好辭章談論辯明理義與二三君子並著詩論粲然可觀于時東宮號爲多士王敦既平思求民瘼詔尚書令僕射尚書曰吾飢於飧直言渴於求亮正想諸君達此懷矣予違汝弼堯舜之相君臣吾雖虛闇庶不距逆耳之談稷契之任諸君居之矣望共勗之○世說曰晉明帝欲起池臺元帝不許之明帝爲太子好養武士夕中作池比曉便成即今謂太子池是也

成皇帝

晉書曰成皇帝諱衍字世根明帝長子也大寧三年三月戊辰立爲皇太子閏月戊子明帝崩己丑太子即皇帝位大赦增文武位二等賜鰥寡孤老帛人二疋尊皇后庾氏爲皇太后秋七月癸卯皇太后臨朝稱制咸和元年春二月丁亥大赦改元大酺五日賜鰥寡孤老米人二斛二年十一月豫州刺史祖約歷陽太守蘇峻等反十二月辛亥蘇峻使其將韓晃入姑孰屠蕪湖三年二月庚戌峻至于蔣山假領軍將軍卞壼節六師及峻戰于西陵王師敗績景辰峻攻青溪柵因風縱火王師又大敗尚書令領軍將軍卞壼丹陽尹羊曼黃門侍郎周導廬江太守陶瞻並遇害死者數千人庾亮又敗于宣陽門內遂携其諸弟與郭默趙胤奔尋陽於是司徒王導右光祿大夫陸曄荀崧等衛帝於太極殿太常孔愉守宗廟賊乘勝麾戈接於帝座突入太后後宮左右侍人皆見掠奪是時太官惟有燒餘米數石以供御膳百姓號泣震響都邑丁巳峻矯詔大赦又以祖約爲侍中太尉尚書令自爲驃騎將軍錄尚書事

五月乙未峻逼天子于石頭帝哀泣升車宮中慟哭峻以倉屋爲宮九月戊申司徒王導奔于白石庚午陶侃使督護楊謙攻峻于石頭溫嶠庾亮陣于白石竟陵太守李陽拒賊南偏峻輕騎出戰墜馬斬之衆遂大潰賊黨復立峻弟逸爲帥四年二月大雨霖丙戌諸軍攻石頭李陽與蘇逸戰于柤浦陽軍大敗建威長史滕含以銳卒擊之逸等大敗含奉帝御于溫嶠舟羣臣頓首號泣請罪丁亥大赦時大兵之後宮闕灰燼以建平園爲宮甲午蘇逸以萬餘人自延陵湖將入吳興乙未將軍王允之及逸戰于溧陽獲之咸康元年春正月庚午朔帝加元服大赦改元增文武位一等大酺三日賜鰥寡孤獨不能自存者米人五斛二月揚州諸郡饑遣使賑給八年夏六月庚申帝不豫詔曰朕以眇年獲嗣洪緒託于羣公之上於茲十有八年未能闡融政道翦除逋祲夙夜戰兢匪遑寧處今遘疾殆不興是用震悼于厥心年齡眇眇未堪艱難司徒琅耶王岳親則母弟體則仁長君人之風允塞時望肆爾羣公卿士其輔之以祗奉祖宗明祀協和內外允執其中嗚呼敬之哉无墜祖宗之顯命壬辰引武陵王晞會稽王昱中書監庾冰中書令何充尚書令諸葛恢受顧命癸巳帝崩于西堂在位十七年時年二十二葬興平陵廟號顯宗

太平御覽卷第九十八

太平御覽卷第九十九　皇王部二十四

東晉康皇帝　穆皇帝　哀皇帝
廢帝海西公　簡文皇帝　孝武皇帝

康皇帝

晉書曰康皇帝諱岳字世同成帝母弟咸和元年封吳王二年徙封琅耶王九年拜散騎常侍加驃騎將軍咸康五年遷侍中司徒八年六月庚寅成帝不豫詔以琅耶王爲嗣癸巳成帝崩甲午即皇帝位大赦巳亥封成帝子丕爲琅耶王弈爲東海王時帝諒陰不言委政于庾冰何充十二月壬子立皇后褚氏建元元年春正月改元賑恤鰥寡孤獨三月以中書監庾冰爲車騎將軍二年九月丙申立皇子聃爲皇太子戊戌帝崩于式乾殿在位三年時年二十三葬崇平陵初成帝有疾中書令庾冰自以舅氏當朝權侔人主恐異世之後戚屬將疏乃言國有強敵宜立長君遂以帝爲嗣制度年號再興中朝因改元曰建元或謂冰曰郭璞讖云立始之際丘山傾立者建也始者元也丘山諱也冰瞿然既而歎曰如有吉凶豈改易所能救乎至是果驗去

世說曰何次道庾季堅二人並爲元輔成帝初崩于時嗣君未定何欲立子庾及朝議以外強寇嗣子幼欲立康帝康帝既登祚會羣臣謂何曰朕今所以承大統爲誰之議何曰陛下龍飛臣冰之功使于時用微臣今不覩聖明之世上有慚色

穆皇帝

晉書曰穆皇帝諱聃字彭子康帝子也建元二年九月景申立爲皇太子戊戌康帝崩巳亥即皇帝位時年二歲大赦尊皇后爲皇太后壬寅皇太后臨朝攝政永和元年春正月甲戌朔皇太后設白紗帷於太極殿抱帝臨軒改元二年十一月辛未安西將軍桓溫師虜將軍周撫輔國將軍譙王元忌建武將軍袁喬伐蜀拜表輒行十二月枉矢自東南流于西北其長半天三年春三月桓溫攻成都尅之李勢降益州平十年二月巳丑太尉征西將軍桓溫帥師伐關中廢揚州刺史殷浩爲庶人六月符健將符雄悉衆及桓溫戰于白鹿原王師敗績九月桓溫以糧盡遂還外平元年春正月壬戌朔帝加元服告于太廟始親萬機大赦改元增文武位一等皇太后居崇德宮五年五月丁巳帝崩顯陽殿在位十七年時年十九葬永平陵廟號孝宗

哀皇帝

晉書曰哀皇帝諱丕字千齡成帝長子也咸康八年封爲琅耶王永和九年拜散騎常侍十二年加中軍將軍外平三年除驃騎將軍五月丁巳穆帝崩皇太后令曰帝奄不救疾胤嗣未建琅耶王丕本中興正統明德懋親昔在咸康屬當儲貳以年在幼冲未堪國難故顯宗高讓今議望情地莫與爲比其以王奉天統於是百官備法駕迎于琅耶第庚申即皇帝位大赦八月巳卯夜天裂廣數丈有聲如雷九月戊申立皇后王氏穆帝皇后何氏稱永安宮興寧元年九月壬戌大司馬桓溫帥衆北伐癸亥以皇子生大赦二年二月癸卯帝親耕籍田三月庚戌朔大閱人戶嚴法禁辛亥帝不豫帝雅好黄老斷穀餌長生藥服食過多遂中毒不識萬機崇德太后復臨朝攝政三年二月景申帝崩于西堂在位四年時年二十五葬安平陵

廢帝海西公

晉書曰廢帝諱弈字延齡哀帝母弟也咸康八年封爲東海王永和八年拜散騎常侍尋加鎮軍將軍外平四年拜

車騎將軍五年改封琅耶王隆和初轉侍中驃騎大將軍開府儀同三司興寧三年二月景申哀帝崩無嗣丁酉皇太后詔曰帝遂不救厥疾艱禍仍臻遺緒泯然哀慟切心琅耶王奕明德茂親屬當儲副宜奉祖宗纂承大統便速正大禮以寧人神於是百官奉迎于琅耶第是日即皇帝位大赦太和四年大司馬桓温帥衆伐慕容暐秋七月辛卯暐將慕容垂帥衆拒温温擊敗之九月戊寅桓温裨將鄧遐朱序遇暐將傅末波於林渚又大破之戊子温至枋頭景申以粮運不繼焚舟而歸六年十一月癸卯桓温自廣陵屯于白石丁未詣闕因圖廢立誣帝在藩夙有痿疾嬖人相龍計好朱靈寶等參侍内寢而二美人田氏孟氏生三男長欲封樹時人惑之温因諷太后以伊霍之舉已酉集百官于朝堂宣崇德太后令曰王室艱難穆哀短祚國嗣不育儲宮靡立琅耶王奕親則母弟故以入纂大位不圖德之不建乃至於斯昏濁潰亂動違禮度有此三孽莫知誰子人倫道喪醜聲遐布既不可以奉守社稷敬承宗廟且昏孽並大便欲建樹儲藩誣罔祖宗傾移皇基是而可忍孰不可懷今廢奕爲東海王以王還第供衛之儀皆如漢朝昌邑故事初桓温有不臣之志欲先立功河朔以收時望及枋頭之敗威名頓挫遂潛謀廢立以長威權然憚帝守道恐招時議以宮闈重閟牀笫易誣乃言帝爲閹遂行廢辱初帝平生每以爲慮嘗召術人扈謙筮之卦成荅曰晉室有盤石之固陛下有出宮之象竟如其言咸安二年正月降封帝爲海西縣公

藏榮緒晉書曰太和元年桓温表率方伯北伐秋九月温以王師敗績于枋頭温自廣陵屯于白石集百官于朝堂稱崇德太后詔廢帝爲東海王妖賊盧悚遣弟殿中監許龍到稱太后密詔奉迎稱覆帝曰我得罪在此幸蒙寬宥豈敢妄動且太后有詔使應官屬來迎何得如此必狂亂因叱左右縛之龍懼逸走由是朝廷以帝安於屈辱無僥倖之望不復懷疑帝亦知天命不再而深慮人禍乃閉聰塞明無思無慮終日酣暢耽于内寵有子不養庶保天年吴民憐之爲作歌謠帝崩于吴宮年三十五因葬其地

續晉陽秋曰帝以同閹人之疾　初在東海琅耶因親近嬖人相龍計好朱靈寶等並侍卧内美人田氏遂生三男衆致疑惑然莫能審其虚實至是將建儲貳大司馬温因之以定廢立之計遂率百僚並還朝堂奉省温平旦以衆入分兵屯宮門呈草於皇太后曰今廢奕爲東海王以還第供衛之儀如漢朝昌邑故事丞相録尚書事會稽王昱體自中宗明德劭令民望攸係爲日已久宜順天人以統皇極主者明依舊典以時施行但未亡人不幸罹此百憂感念存没心焉如割社稷大計義不獲已臨紙悲塞如何可言時太后在佛屋燒香内侍啓云外有急奏太后乃出堂倚户前視表數行乃曰我本自疑此至半便止求筆題奏後云未亡人罹此百憂感念存没心焉如割温奏未有此五十字即奏遂迴換内之

簡文帝

晉中興書曰太宗簡文帝諱昱字道成中宗少子也母曰鄭夫人永昌元年封琅耶王咸和元年鄭夫人薨上時年七歲哀號守誠乞得服重朝議哀之故從封會稽王康獻皇后臨朝建位撫軍大將軍録尚書六條事二年驃騎將軍何充薨皇太后詔上内總萬機海西公即位七月以琅

耶王封絶復徙上爲琅耶王封子昌明爲會稽王固讓不受太和元年十月詔以爲丞相尚書入朝不趨讚拜不名劒履上殿給羽葆鼓吹班劒六十人固讓不受海西公廢於是大司馬温及百官進太極前殿具乘輿法駕奉迎於朝堂變服著平巾幘單衣東向拜受璽流涕即位改太和六年爲咸安元年乙卯廢太宰武陵王爲庶人二年七月上不豫已未立皇太子昌明爲皇太子封皇子道子爲琅耶王領會稽國是日帝崩于東堂在位一年時年五十二

續晉陽秋曰桓温始以雄盛入輔條以廢立帝雖登祚内不自安初熒惑入太微尋廢海西公至是熒惑猶在太微帝惡之謂郗超曰命之脩短本所不計故當無復近日事耶超去大司馬臣温方内固社稷外布經略非常之事臣以百口保之假還東帝謂之曰致意尊公家國事一至於

此由吾不能以道自衛思患預防愧歎之深言何能喻又誦庾闡詩云士痛朝危臣哀主辱因泣下及不預詔温曰吾遂委頓足下便入冀得相見又詔曰不謂疾患遂至於此今者惙然勢不復久且雖有詔豈復相及慨恨兼深如何可言天下艱難而昌明幼冲眇然非阿衡輔導之計當何以寧濟社稷國事家計一託之於公

又曰帝以太興三年生弱而慧異中宗深器焉及長美風姿好清言舉止端詳器服陳素與劉惔王濛等爲布衣之友由登庸歷位散騎常侍右將軍撫軍將軍以懿親民望任登宰輔值穆帝幼冲母后臨朝桓温有平蜀洛之勳擅强西陜帝於家國之寄具瞻所歸而自斷之弱無以抗之陳郡人殷浩素有盛名時論比之管葛又琅耶王洽丞相導子既是名公子少有聲望乃以浩爲湘州刺史緝爲長史徐州刺史荀羨亦以清貴居藩同心憂國温見此樹置知在抗己温既以雄武專朝任兼將相悉衆北討以成樂推之勢及枋頭奔敗知民望之去乃屠豫州刺史袁真於壽陽城既而問郗超曰足下以何雪枋頭之恥乎超因説温以廢立之事温既宿有此謀深納超言既廢昬立明民人悅服然恭已南面政自温出帝性韻深沉雅有局鎮常與太宰武陵王晞桓温同乘至板橋温密勑令無因而鳴角鼓譟部伍並皆驚馳温佯爲駭異而晞大震懼急求下車帝舉止自若音顔不變温每以此稱其德量故論者謂服憚之深若假帝脩年則温篡逆之圖絶矣

世説曰桓公既廢太宰武陵王晞父子仍上表云應割近情以存遠計欲除太宰父子可無後憂簡文手答表云所不忍言况過於言桓公得此答又重有表亂轉苦切爲家國之

計必應行事簡文復手答云若使晉室靈長明公便應奉詔書若大運去矣請避賢路桓公讀詔手戰汗流而止遠徙新安而已

孝武帝

晉書曰孝武皇帝諱曜字昌明簡文帝第三子也興寧三年七月甲申封會稽王咸安二年秋七月己未立爲皇太子是日簡文帝崩太子即皇帝位詔曰朕以不造奄丁閔凶號天扣地靡知所訴藐然幼冲眇若綴旒深爲社稷之重大懼不克負荷仰憑祖宗之靈積德之祀先帝淳風玄德遺詠在民宰輔英賢勳隆德盛顧命之託寔賴臣訓羣后率職百僚勤政冀孤弱之躬有寄皇極之基不墜先恩遺惠播于四海思引餘潤以康黎庶其大赦天下與民更始九月甲寅追尊皇妣會稽王妃曰順皇后冬十一月甲

午妖賊盧悚晨入殿庭游擊將軍毛安之討擒之是歲三吳大旱人多餓死詔所在賑給寧康元年春正月改元二月大司馬桓溫來朝秋七月己亥使持節侍中都督中外諸軍事丞相錄尚書大司馬揚州牧平北將軍徐兗二州刺史南郡公桓溫薨三年九月帝講孝經冬十月癸酉日有蝕之十二月甲申神獸門災癸未皇太后詔曰頃者日蝕告變水旱不適雖尅己思救未盡其方賜百姓窮者米人五斛癸巳帝釋奠于中室祠孔子以顏回配泰元元年春正月帝加元服見于太廟皇太后歸政甲辰大赦改元景午帝始臨朝六年春正月帝初奉佛法立精舍于殿內引諸沙門以居之八年八月苻堅帥衆渡淮遣征討都督謝石冠軍將軍謝玄輔國將軍琰西中郎將桓伊等拒之九月詔司徒琅耶王道子錄尚書六條事冬十月苻堅

弟融陷壽春乙亥諸將及苻堅戰於肥水大破之俘斬數萬計獲堅輿輦及雲母車十二年六月癸卯束帛聘處士戴逵龔玄之秋八月辛巳立皇子德宗爲皇太子大赦二十一年九月庚申帝崩于清暑殿在位二十四年時年三十五葬平陵帝幼稱聰悟簡文之崩也時年十歲至晡不臨左右進諫荅曰哀至則哭何常之有謝安嘗歎以爲精理不減先帝既威權已出雅有人主之量既而溺於酒色殆爲長夜之飲末年長星見帝心甚惡之夜於華林園舉酒祝之曰長星勸汝一杯酒自古何有萬歲天子耶太白連年晝見地震水旱爲變者相屬醒日既少而傍無正人竟不能改焉時張貴人有寵年三十帝戲之曰汝以年當廢矣貴人潛怒向夕帝醉遂暴崩時道子昏惑元顯專權竟不推其罪初以簡文帝見識云晉祚盡昌明及帝之在孕也李太后夢神人謂之曰汝生男以昌明爲字及產東方始明因以名焉簡文帝後悟乃流涕及爲清暑殿識者以爲清暑反爲楚聲哀楚之徵也俄而帝崩晉祚自此傾矣

續晉陽秋曰初帝躭於色末年殆爲長夜之飲醒治既少多居內殿留連於盤罇之間時張貴人寵冠後宮威行閫內年幾三十帝妙列伎樂陪侍嬪少乃笑而戲之云汝已年廢矣吾已屬諸妹少矣貴人潛怒上不覺上稍醉臥貴人遂令其婢蒙之以被既絕云以魘覺崩至丑時方遷登太極前殿○異苑曰晉孝武太元末帝每聞手巾箱中有鼓吹鼙角之響食於是請僧齋會夜見一臂長三丈許手長數尺來摸經案晉祚自此而衰

太平御覽卷第九十九

太平御覽卷第一百　皇王部二十五

東晉安皇帝　桓玄　恭皇帝

安皇帝

晉書曰安皇帝諱德宗孝武帝長子也泰元十二年立爲皇太子二十一年九月庚申孝武崩辛酉太子即位大赦癸亥以司徒會稽王道子爲太傅攝政隆安元年春正月己亥朔帝加元服改元增文武位一等太傅會稽王道子歸政四月甲戌兗州刺史王恭豫州刺史庾楷舉兵以討尚書左僕射王國寶建威將軍王緒爲名甲申殺國寶及緒以悅于恭恭乃罷兵二年七月兗州刺史王恭豫州刺史庾楷荆州刺史殷仲堪廣州刺史桓玄南蠻校尉楊佺期等舉兵反八月江州刺史王愉奔于臨川九月加太傅會稽王道子黃鉞遣征虜將軍會稽王元顯等討桓玄等輔國將軍劉牢之次新亭使子敬宣擊敗恭恭奔曲阿長塘湖湖尉收送京師斬之尋遣太常殷茂諭仲堪及玄玄等走于尋陽三年十一月妖賊孫恩陷會稽内史王凝之死之吳國内史桓謙等並委官而遁遣衛將軍謝琰等逆擊走之四年五月孫恩冦浹口謝琰爲孫恩所陷死之恩轉冦臨海六月輔國司馬劉裕破恩于南山恩將盧循陷廣陵元興元年正月庚午朔大赦改元以後將軍元顯爲驃騎大將軍征討大都督鎮北將軍劉牢之爲元顯前鋒將軍譙王尚之爲後部以討桓玄二月景午帝戎服餞元顯于西河丁巳遣兼侍中齊王柔之以騶虞幡宣告荆江二州丁卯桓玄敗王師于姑孰壬申桓玄自爲侍中丞相録尚書事二年春二月辛丑建威將軍劉裕破徐道覆于東陽乙卯桓玄自稱大將軍丁巳冀州刺史孫無終爲桓玄所害秋八月玄又自號相國楚王九

月南陽太守庾仄起義兵爲玄所敗冬十一月壬午玄遷帝于永安宮癸未移太廟神主于琅耶國十二月壬辰玄篡位以帝爲平固王辛亥帝蒙塵于尋陽三年春二月帝在尋陽庚寅夜濤水入石頭漂殺人戶乙卯建武將軍劉裕帥沛國劉毅東海何無忌等舉義兵景辰斬桓玄所署徐州刺史桓脩于京口及青州刺史桓弘于廣陵丁巳義師濟江三月戊午劉裕斬玄將吳甫之于江乘斬皇甫敷於羅落己未桓玄衆潰而逃庚申劉裕置留臺具百官壬戌桓玄司徒王謐推劉裕行鎮軍將軍徐州刺史都督楊徐兗豫青冀幽并八州諸軍事假節劉裕以謐領楊州刺史録尚書事辛酉劉裕誅尚書左僕射王愉及愉子荆州刺史綏司州刺史温詳辛未桓玄逼帝西上景戌密詔以幽逼於玄萬機虛曠令武陵王遵依舊典承制總百官行事加侍中餘如故并大赦謀反大逆已下唯桓玄一祖之後不宥夏四月己丑大將軍武陵王遵稱制總萬機庚寅帝至江陵庚戌輔國將軍何無忌振武將軍劉道規及桓玄將庾稚何澹之戰于湓口大破之玄復逼帝東下五月癸酉冠軍將軍劉毅及玄戰于崢嶸洲又破之己卯帝復幸江陵辛巳荆州別駕王康産南郡太守王騰之奉帝居于南郡壬午督護馮遷斬桓玄於南貊盤洲乘輿反正于江陵閏月己丑桓玄楊武將軍桓振陷江陵帝復蒙塵于賊營義熙元年正月帝在江陵太守魯宗之起義兵襲破襄陽己丑劉毅次于馬頭桓振以帝屯于江津辛卯宗之破振將溫楷于柞溪進次紀南爲振所敗振武將軍劉道規擊桓謙走之乘輿反正帝與琅耶王幸道規舟二月丁巳留臺備乘輿法駕迎帝于江陵三月桓振復襲江陵荆州刺史司馬休

之奔于襄陽建威將軍劉懷肅討振斬之帝至自江陵六年十二月劉裕破盧循于豫章七年春二月右將軍劉藩斬徐道覆于始興傳首京師夏四月盧循走交州刺史杜慧斬之十二年八月劉裕及琅耶王德文率衆伐姚泓景午大赦冬十月景寅姚泓將姚光以洛陽降巳丑遣兼司空高密王恢之脩謁五陵十三年秋七月劉裕尅長安執姚泓收其彝器歸京師十四年十二月戊寅帝崩于東堂在位二十三年時年四十七葬休平陵帝不慧自少及長口不能言雖寒暑之變無以辨也凡所動止皆非已出故桓玄之纂因此獲全

桓玄

晉書曰桓玄字敬道一名靈寶大司馬溫之孽子也其母馬氏甞與同輩夜月下坐見流星墜銅盆中忽爲二珠璨

然明靜覽以勳接取馬氏得而呑之若有感遂有娠及生有光照室占者奇之故小名曰靈寶妳媼每抱詣溫輙易人而後至其重兼常兒溫甚愛異之臨終命以爲嗣襲爵年七歲溫服終府州文武辭其叔父冲冲撫玄頭曰此汝家故吏也玄因涕淚被面衆並異之及長形皃瓌奇風神踈朗慱綜藝術善屬文常負其才地以雄豪自處時咸憚之年二十三拜爲太子洗馬時議謂溫有不臣之迹故折玄兄弟而爲素官後出補義興太守鬱鬱不得志甞登高望震澤歎曰父爲九州伯兒爲五湖長弃官歸國自以元勳之門而負謗於世乃上䟽曰臣聞周公大聖而四國流言樂毅王佐而被謗騎刼巷伯有豺獸之慨蘇公興飄風之刺惡直醜正何代無之先臣蒙國殊遇姻婭皇極西平巴蜀北清伊洛傚竊號之寇繫頸北闕園陵修復太恥載雪飲馬灞滻懸旌趙魏勤王之師功非一捷泰和末皇基有潛移之懼遂奉順天人翼登聖朝晉室之機危於殆漢先臣之功高於伊霍矣至於先帝龍飛九五陛下之所以繼明南面請問談者誰之由也若陛下志先臣大造之功信貝錦萋斐之說臣等自當奉還三封受戮市朝然後下從先臣歸先帝玄宮耳䟽寢不報玄在荆楚積年優遊無事荆州刺史殷仲堪敬憚之及中書令王國寶用事謀削弱方鎮內外騷動知王恭有憂國之言玄潛有意於功業乃說仲堪宜興晉陽之師以內匡朝廷巳當悉荆楚之衆順流而下推王恭爲盟主此桓文之舉也俄而王恭信至招仲堪及玄匡正朝廷國寶既死於是罷兵詔以玄爲廣州刺史其年王恭又與庾楷起兵討江州刺史王愉及譙王尚之兄弟玄仲堪謂恭事必尅捷一時響應仲堪令玄與楊佺期爲前鋒玄至盆口獲

王愉詔以玄爲江州各西還屯于尋陽共相結約推玄爲盟主後荆州大水仲堪振恤飢者倉廩空竭玄乘其虛而伐之至江陵仲堪數道拒之不尅佺期自襄陽來救期敗走殷仲堪亦見害於是平荆雍詔以玄督八州荆州牧玄於是樹腹心兵馬日盛其後孫恩逼京師玄建牙旗聚衆外託勤王實欲觀釁以兄偉爲冠軍江州刺史留偉守江陵抗表率衆下至尋陽移檄京邑罪狀元顯玄既興師犯順慮衆不爲用恒有迴旆之計既過尋陽不見王師意甚悅將吏亦振先使其將馮該等攻譙王尚之敗之劉牢之遣子敬宣降玄至新亭元顯自潰玄入京師矯詔加巳揔百揆爲丞相加黃鉞羽葆鼓吹府置官屬乃從太傅道子于安成害元顯于市多戮朝望改易百官各置所親大赦改年爲大亨玄將出居姑孰其中書令王謐對曰公羊

有言周公何以不之魯欲天下一乎周也願靜根本以公旦爲心玄善其對而不從遂大築城府乃出鎮焉大政皆諮之小事則决其僕射桓謙及卞範之後諷朝廷封諸子弟爲公自知怨滿天下欲速定篡逆殷仲文卞範之等又共催促之於是先改授郡司其黨皆三公又矯詔封十郡爲楚王加九錫備物楚國丞相以下一遵舊典又諷天子御前殿而策授焉玄屢僞讓詔遣百僚敦勸乃就命玄僞上表求歸藩又自作詔留之遣使宣旨玄又上表固請又諷天子作詔固留十一月矯制加其備天子禮服御禮樂諧焉又矯詔使王謐兼太保奉皇帝璽禪位於已出居永安宮移晉神主于瑯耶廟初玄恐帝不爲手詔又慮璽不可得逼臨川王寶請帝自爲手詔因奪取璽比臨軒璽已久出玄甚喜百官到姑孰玄僞讓朝臣固請玄乃於城南七里立郊壇以玄牡告天百僚陪列而儀注不備妄稱萬歲遂升壇燎于南郊大赦改元永始初僞詔改年爲建始右丞王悏之曰建始復是王莽始執權之歲也其兆號不祥宜符僭逆如此國號大楚以南康平固縣奉晉帝爲平固王車旗正朔如舊輿遷居尋陽依陳留王魏鄴宮故事追尊其父溫宣武皇帝諸子皆爲王玄入建康宮逆風迅激旌旗儀飾皆傾及小會西堂設妓樂殿上施絳綾帳鏤黃金爲顔四角作金龍頭銜五色羽葆旒蘇群臣竊相謂曰此頗似輀車亦王莽仙蓋之流也玄以其妻劉氏爲皇后更造大輦容三十人坐以二百人舁之性好畋遊以體大不堪乘馬又作徘徊輿施轉關令迴動無滯玄自篡盜之後驕奢荒侈遊獵無度以夜繼晝性又急暴呼召嚴速直官咸繫馬省前禁內雜亂無復朝廷之體於是百姓疲苦朝野勞

悴然思亂者十室八九焉劉裕劉毅何無忌等共謀克復裕等斬桓脩于京口斬桓弘于廣陵裕率義軍至竹里玄遣吳甫之皇甫敷北距義軍裕等於江乘與戰臨陣斬敷及甫之玄聞之大懼乃召諸道術人推筭數爲厭勝之法乃問衆曰朕其敗乎曹靖之對曰神怒人怨臣實懼焉玄曰人或可怨神何爲怒對曰移晉宗廟飄泊無所失楚之祭不及於祖此其所以怒也玄曰卿何不諫對曰輦上君子自以爲堯舜之世何敢妄言玄愈忿懼使桓謙何澹之屯東陵卞範之屯覆舟山西衆二萬拒義軍裕至蔣山使羸弱登山分張旗幟數道並前玄偵候還云裕軍四塞不知多少玄益憂惶于時東北風急義兵放火煙塵張天鼓譟之音震駭京邑劉裕執鉞麾而進謙等諸軍一時奔潰玄率親信數千人聲言赴戰遂出南掖門西至石頭使殷仲文具船相與南奔或勸其戰玄不暇答直以策指天而經日不得食左右進以麄飯咽不能下其子昇時年數歲抱玄胷而撫之玄悲不自勝劉裕以武陵王遵攝萬機立行臺摠百官遣劉道規躡玄玄至尋陽江州刺史郭昶之給其器用殷仲文自後至望見玄舟旌旗輿服備帝者之儀歎息曰敗中復振故可也玄於是逼乘輿西上於道作起居注叙其拒義軍之事自謂經略指授筭無遺策諸將違節度以致虧喪非戰之罪玄至江陵石康納之未三旬衆盛謂其群黨曰卿等並清塗翼從朕躬都下竊位者方應謝罪軍門其覲卿等入石頭並雲霄中人也玄遣何澹之守湓口何無忌劉道規等破之帥舟艦二百發江陵以徐放爲常侍遣説無忌等解軍謂放曰諸人不識天命致此安作遂懼禍屯結卿三州所信可明示朕心若退軍解甲當與之

更始授任江水在此朕不食言時道規已至玄與戰於崢嶸州于時義軍數千玄兵甚盛而玄懼敗常漾輕舸於舫側故其衆莫有鬬心義軍乘風縱火盡鋭爭先玄衆大潰玄留永安太后及皇后於巴陵殷仲文時在玄艦求出別船收集散軍因叛玄奉二后奔于江陵玄欲出投漢州而制令不行左右於闇中斫之不中前後相殺交横玄僅免於是荆州別駕王康産奉帝入南郡時益州刺史毛璩使其從孫祐之送帝喪葬江陵有衆二百璩弟子脩之先爲玄校尉誘玄以入蜀至枚回洲祐之迎擊玄矢下如雨玄彼箭其子昇拔去之益州督馮遷抽刃而前玄拔頭上玉簪與之仍曰是何人邪敢殺天子遷曰欲殺天子之賊耳遂斬首時年三十六自簒逆至敗凡八旬矣

恭皇帝

晉書曰恭帝諱德文安帝母弟也初封琅耶王歷中軍將軍散騎常侍衛將軍開府儀同三司加侍中領司徒録尚書六條事元興初還車騎大將軍桓玄執政事進位太宰加袞冕之服綠綟綬玄簒位以帝爲石陽縣公與安帝俱居尋陽及玄敗隨至江陵玄死桓振奄至躍馬奮戈直至階下瞋目謂安帝曰且門户何負國家而屠滅若是帝乃下牀謂振曰此豈我兄弟意耶振乃下馬致拜振平復爲琅耶王又領徐州刺史尋拜司馬領司徒加殊禮義熙五年置左右司馬長史從事中郎四人加羽葆鼓吹十二月戊寅安帝崩是日即帝位大赦元熙元年春正月壬辰朔改元以山陵未厝不朝會立后褚氏甲午徵劉裕還朝二年夏六月壬戌劉裕至于京師傅亮承裕密旨諷帝禪位草詔請帝書之帝欣然謂左右曰桓玄之時天命已去爲劉公所延二十載矣今復何恨乃書赤紙爲詔甲子遂遜于琅耶第劉裕以帝爲零陵王居于秣陵行晉正朔車旗服色一如其舊有其文而不備其禮宋永初二年九月崩于内房時年三十六謚恭皇帝葬冲平陵

續晉陽秋曰初安皇不慧起居動止不自已帝每侍左右消息涼温飢飽之中而恭謹備焉時人稱其順悌又雅信佛鑄貝貨十萬造丈六金像於瓦官寺外國齊日迎像宫步從十許里安皇帝歸陵有詔當出送八座奏諫以爲宜加珎攝乃止

沈約宋書曰褚秀之妹爲恭帝后兄弟並盡忠孝高祖恭帝每生男輒令方便殺焉或誘賂内人或密加毒害前後如此非一恭帝居秣陵宫帝懼見禍與褚后共止一室慮酖毒自煑食於床前高祖將殺之不欲遣人入内令褚淡之兄弟祕后出別宫官相見兵人乃踰垣而入進藥於恭帝帝不肯飲曰佛教自殺者不得復人身乃以被掩殺之

中興書曰昔中宗以丁丑之歲始稱晉王改築宗廟使郭璞筮之云載祀二百暨今禪代庚申之歲凡百有二年而天禄永終璞精於數術理無乖二抑以百四期促故黠嗣爲二百乎

史臣曰安帝即位之辰鍾無妄之日道子元顯並傾朝政主昏臣亂未有不亡者也雖有手握戎麾心存舊國回首無良忽焉蕭散於是桓玄承釁勢踰颷指六師咸泯隻馬徂遷是以宋高非典午之臣孫恩豈金行之寇若乃世遇顛覆則恭皇斯甚於越之民詎燻丹穴會稽之侶寧歎入臣去黄屋而歸來瀝丹書而不恨夫五運攸革三微數盡

猶高秋凋候理之自然觀其零落人有爲之流涕者也

太平御覽卷第一百

太平御覽卷第一百一

皇王部二十六

後魏諸帝　太祖道武皇帝

諸帝

後魏書序紀曰黃帝有子二十五人或內列諸華或外分荒服昌意少子受封北國有大鮮卑山因以為號其後世為君長統幽都之北廣漠之野畜牧遷徙射獵為業淳樸為俗簡易為化不為文字刻木紀契而已世事遠近人相傳授如史官之紀錄焉黃帝以土德王北俗謂土為托謂后為跋故以為氏其裔始均入仕堯世逐女魃於弱水北民賴其勳帝舜嘉之命為田祖爰歷三代以及於秦漢獯鬻獫狁山戎匈奴之屬累代殘暴作害中州而始均之裔不交南夏是以載籍無聞焉積六十七世至成皇帝諱毛立聰武明智遠近所推統國三十六大姓九十九威振北方莫不率服成帝崩節皇帝諱貸立節帝崩其後四世宣帝諱推寅立南遷大澤方千餘里厥土昏冥沮洳謀更南徙未行而崩其後六世獻皇帝諱隣立時有神人言於國曰此土方遐未足以建都邑宜復徙居帝年時衰老乃以授子

聖武帝諱詰汾獻帝命令南移山谷高深九難八阻於是欲止有神獸其形似馬其聲類牛先行導引歷年乃出始居匈奴之故地其遷徙策略多出宣獻二帝故時人並號曰推寅蓋俗云鑽研之義初聖武帝嘗率數萬騎田於山澤欻見輜軿自天而下既至見美婦人侍衛甚盛帝異而問之對曰我天女也受命相偶遂同宿旦請還曰明年周時復會於此言終而別去如風雨及期帝至先所遊處果復相見天女以所生男授帝曰此君之子也善視之子孫相承當世為帝王語訖而去即始祖神元皇帝也故時人諺曰詰汾皇帝無婦家力微皇帝無舅家帝崩神元皇帝立諱力微生而聰睿元年歲在庚子先是西部內侵國民離散依於沒鹿迴部大人竇賓始祖有雄傑之度時人莫測後與賓攻西部賓軍敗失馬步走始祖使人以所乘駿馬給之賓歸令其部內求與馬之人賞當加重賞始祖隱而不言賓後知大驚將分國之半以奉始祖不受賓臨終戒其二子使謹奉始祖其子不從乃陰謀為逆始祖召而殺之盡并其眾部大人悉皆從服控弦士馬二十餘萬三十九年遷於定襄之盛樂始祖乃告諸大人曰我歷觀前世匈奴蹋頓之徒苟貪財利抄掠邊民雖有所得而多其死傷復不足相補更招寇讎百姓塗炭非長計也於是

與魏和親四十二年遣子文帝如魏且觀風土是歲魏景元二年也文皇帝諱沙漠汗以國太子留洛陽為魏賓之冠魏晉禪代和好仍密始祖春秋已邁帝以父老求歸晉武帝具禮護送四十八年帝至自晉五十六年帝復如晉其年冬還國晉遺帝錦罽繒綵綿絹諸物豐厚車牛馬百乘行達并州晉征北將軍衛瓘以帝為人雄異恐為後患乃密白晉帝請留不遣晉帝難於失信不許瓘復請以金帛賂國之大人令致間隙使相危害晉帝從之遂留帝於是國之執事及部人皆受瓘貨五十八年方遣帝始祖聞帝歸大悅使諸部大人詣陰館迎之酒酣帝仰視飛鳥謂諸大人曰我為汝曹取之援彈飛丸應弦而落時國俗無彈眾咸大驚並先馳還始祖曰我子既歷他國進德何如皆對曰太子才藝非常引空弓而落飛鳥似得晉人異法術

亂國害民之兆唯願察之自帝在晉之後諸子愛寵日進始祖年踰期頤頗有所惑聞諸大人語意乃有疑因曰不可容者便當除之於是大人乃馳詣塞南害帝後乃追謚焉始祖尋崩凡饗國五十八年年一百四歲太祖即位尊為始祖

章皇帝諱悉鹿立始祖之子也饗國九年而崩平皇帝諱綽立章帝之少弟也饗國七年而崩思帝弗立文帝少子思即位一年崩昭皇帝立諱祿官始祖神元之子也九年分國為三部帝自以一部居東在上谷北濡源之西東接宇文部以文帝之長子桓皇帝諱猗㐌統一部居代郡之參合陂北以桓帝之弟穆皇帝諱猗盧統一部居定襄之盛樂故城自始祖以來與晉和好百姓乂安財畜富實控弦騎士四十餘萬十年晉惠帝為城都王穎逼留在鄴匈奴別種劉淵反於離石號漢王并州刺史司馬騰來乞師帝與桓帝同時大舉以助之大破淵衆於西河上黨晉假桓帝大單于金印紫綬是歲桓帝崩帝英傑魁岸馬不能勝常乘安車駕大牛牛角容一石帝曾中蠱嘔吐之地仍生榆木參合陂土無林樹故世人異之至今傳記十三年昭帝崩是歲羯胡石勒與晉馬牧帥汲桑反穆皇帝天姿英峙勇略過人昭帝崩後遂總攝三部以為一統元年劉淵僭帝自稱大漢三年晉并州刺史劉琨遣使以子為質又遣使乞師救洛陽帝遣步騎二萬助之晉太傅東海王司馬越辭以洛中飢饉師還是年劉淵死子聰僭立五年劉琨遣使乞師以討劉聰石勒以琨忠義矜而許之會聰遣其子粲攻洛陽害琨父母而據其城琨來告難帝大怒遣長子六脩桓帝子普根及衛雄范班姬澹等為前鋒帝統大衆二十萬為後繼粲懼焚輜重突圍遁走縱騎追斬其將劉豐伏尸數百里琨來拜謝帝以禮待之琨固請進軍帝曰吾不早來致卿父母見害誠以為愧今卿已復州境然吾遠來士馬疲弊且待後期賊豈可盡乎與琨馬牛羊各千餘車乘百乘又留勁銳戍之而還六年城盛樂以為北都脩故平城以為南都帝登平城西山望觀地勢乃更南百里於灅水之陽黃瓜堆築新平城晉人謂之小平城使子六脩鎮之統領南部九年帝召六脩不至帝怒討之失利乃微服民間遂崩普根先守外境聞難來赴攻六脩滅之普根立月餘而薨也

平文皇帝諱鬱律立思帝之子也二年西兼烏孫故地東吞勿吉以西控弦上馬將有百萬劉聰死焉族子曜僭立帝聞晉愍帝為曜所害顧謂大臣曰今中原無主天其資我乎劉曜遣使請和帝不納是年司馬叡稱大位於江南四年桓帝后以帝得衆心恐不利於己子帝遂崩大人死者數十人天興初尊曰太祖惠皇帝諱賀傉立桓帝之中子也未親政事太后臨朝遣使與石勒通和時人謂之女國使四年帝始臨朝五年崩煬皇帝諱紇那立惠帝之弟也五年出居於宇文部賀蘭及諸部大人共立烈帝烈皇帝諱翳槐立平文之長子也石勒遣使來和帝遣弟昭成皇帝如襄國二年石勒僭立自稱大趙王烈皇帝崩昭成皇帝諱什翼犍立平文之次子也生而奇偉寬仁大度喜怒不形于色身長八尺隆準龍顏立髮委地臥則乳垂至席烈帝崩顧命曰必迎立什翼犍社稷可安烈帝崩帝弟孤乃自詣鄴奉迎與帝俱還建國元年十一月帝即位於繁畤之北時年十九二年始置百官分掌衆職八年張

駿私署假涼王十三年魏郡人冉閔殺石鑒僭立十四年
氏符健僭稱天王自號大秦十五年慕容儁滅冉閔僭稱
尊號二十七年春車駕還雲中冬十一月討沒歌部破之
獲牛馬羊數百萬頭三十四年春長孫斤謀反伏誅斤之
反也拔刃向御座太子獻明皇帝諱寔格之傷脅夏五月
薨後追謚焉秋七月皇孫珪生大赦三十九年符堅遣其
大司馬符洛率衆二十萬朱彤張蚝音刺鄧羌等諸道來寇
侵逼南境冬十一月白部獨孤部禦之敗績南部大人劉
庫仁走雲中復遣庫仁率騎十萬逆戰於石子嶺王師不
利帝時不豫十二月至雲中旬有二日帝崩時年五十七
太祖即位尊曰高祖帝雅性寬厚智通仁恕時國中少繒
帛代人許謙盜絹二疋守者以告帝匿之謂燕鳳曰吾不
忍視謙之面卿勿泄言謙或慚而自殺爲財辱士非也

太祖道武皇帝

後魏書曰太祖道武皇帝諱珪昭成皇帝之嫡孫獻明皇
帝之子也母曰獻明賀皇后初因遷徙遊于雲澤既而寢因
夢日出室內寤而見光自牖屬天欻然有感以建國三十四
年七月七日生太祖於參合陂北其夜復有光明昭成大悅
羣臣稱慶大赦告於祖宗保者以帝體重倍於常兒竊
獨奇怪明年有榆生於埋胞之坎後遂成林弱而能言目
有光曜廣顙大耳衆咸異之年六歲昭成崩元年葬昭成
皇帝於金陵營梓宮木柿盡生成林帝雖冲幼而嶷然不
羣劉庫仁常謂其子曰帝有高天下之志興復洪業光揚
祖宗者必此主也登國元年春正月帝即代王位郊天建
元大會於牛川後以長孫嵩爲南部大人以叔孫普洛爲
北部大人班叙勳舊各有差夏四月改稱魏王是歲慕容

垂僭稱皇帝位於中山自號大燕姚萇僭稱皇帝於長安自
號大秦六年秋七月講武於牛川慕容永使其大鴻臚慕
容鈞奉表勸進尊號冬十月北征蠕蠕如蠢切追之及於大
磧南商山下大破之班賜從臣各有差十有二月　出居
于馬邑是歲起河南宮七年秋八月行幸漢南仍築巡臺
八年春正月帝出南巡二月幸羖羊原起白樓皇始元年春
正月大蒐于定襄之虎山三月慕容垂來寇桑乾川陳留
公元虔先鎮平城時帝徵兵未集虔率麾下邀擊失利死
之垂遂至平城西北踰山結營聞帝將至乃築城自守疾
甚遂遁走死於上谷子寶迎喪而還至中山乃僭立秋七
月左司馬許謙上書勸進尊號帝始建天子旌旗出入警
蹕於是改元八月治兵于東郊大舉討慕容寶親勒六軍
四十餘萬南出馬邑踰于句注旌旗駱驛二千餘里寶并

州收遼西王農棄城東遁并州平初建臺省置百官封拜
公侯將軍刺史太守尚書郎已下悉用文人帝初拓中原
留心慰納諸王大夫詣軍門者無少長皆引入賜見存問
周悉人得自盡苟有微能咸蒙叙用冬十月車駕出井陘
十一月進軍中山引騎圍之二年春正月饗羣臣於魯口
慕容寶遣其左衛將軍慕容騰寇博陵殺中山太守及高
陽諸縣令長抄掠租運是時信都未下帝乃進軍引騎圍
之寶將軍張驤護軍將軍徐超率將吏以下舉城降寶聞
帝幸信都乃趣博之深澤屯滹沲水遣弟賀麟寇楊城三
月車駕次于盧奴寶遣使求和解焉仍請割常山以西奉
魏乞守中山以東帝許之已而寶背約車駕次中山命諸
將圍之是夜寶弟賀麟妻子出走西山寶見賀麟走恐先
據和龍壬子夜遂將其妻子及兄弟親族數千騎北遁城

內共立慕容普驎爲主驎後入中山殺普驎而自立九月賀驎飢窮率三萬餘人出寇新市甲子晦帝進軍討之太史令晁崇奏曰不吉帝曰其義云何對曰昔紂以甲子亡兵家忌之帝曰紂以甲子亡周武不以甲子勝乎崇無以對冬十月帝進軍西市賀驎退阻泒水依漸洳澤以自固甲戌臨其營戰於義臺塢大破之斬首九千餘級賀驎單馬走西山遂奔鄴慕容德殺之中山平遣三萬騎赴衛王儀將以攻鄴天興元年春正月慕容德走保滑臺克鄴車駕幸鄴巡登臺榭徧覽宮城將有定都之意乃置行臺以龍驤將軍日南公和跋爲尚書與左丞賈彝率郎吏及兵五千人鎮鄴車駕自鄴還中山所過存問百姓詔大軍所在州郡復貲租一年除山東民租賦之半車駕將北還發卒萬人通直道自望都鐵關鑿恒嶺至代五百餘里六月詔

有司議定國號羣臣奏曰昔周秦以前帝王居所生之土有國有家及王天下即承爲號自漢以來罷侯置守時無世繼其應運而起者皆不由尺土之資今國家萬世相承啓基雲代臣等以爲若取長遠應以代爲號詔曰昔朕遠祖揔御幽都控制遐國雖踐王位未定九州迨于朕躬百代之季天下分裂諸華乏主民俗雖殊撫之在德故躬率六軍掃平土宇凶逆蕩除遐邇率服宜仍先號爲魏焉秋七月迁都平城始營宮室建宗廟立社稷八月詔有司正封畿制郊甸端經術標道里平五權較五量定五度冬十月起天文殿十有一月詔尚書吏部郎中鄧淵典官制立爵品定律呂協音樂儀曹郎中董謐撰郊廟社稷朝覲饗宴之儀三公郎中王德定律令申科禁太史令晁崇造渾儀考天象吏部尚書崔玄伯揔而裁之十有二月帝駕臨於天文殿太尉司徒進璽綬百官咸稱萬歲大赦改年追尊成皇帝已下及后號謚樂將皇始之舞詔有司議定行次尚書崔玄伯等奏從土德服色尚黃數用五未社辰臘犧牲用白五郊立氣宣贊時令敬授民時行夏之正徙六州二十二郡守宰豪傑吏民二千家于代都二年春正月初祠上帝于南郊以始祖神元皇帝配降壇視燎成禮而反二月破高車以所獲之衆起鹿苑於南臺陰北距長城東苞白登屬之西山廣輪數十里鑿渠引武川水注之苑中疏爲三溝分流宮城內外又穿鴻鴈池三月初令五經羣書各置博士增國子太學生員三千人秋七月起天華殿大閱于鹿苑饗賜各有差冬十月太廟成迁神元平文昭成獻明皇帝神主于太廟三年三月立皇后慕容氏是月穿城南渠通於城內作東西魚池夏四月姚興遣使朝貢

五月車駕東巡遂幸涿鹿遣使者以太牢祠帝堯帝舜廟七月車駕還宮起大中殿及雲母堂金華室四年三月帝親漁薦于寢廟五月起紫極殿玄武樓冬十二月集博士儒生比衆經文字義類相從凡四萬餘字號曰衆文經六年冬十月起西昭陽殿乙卯立皇子嗣爲齊王加車騎大將軍位相國是年島夷桓玄廢其主司馬德宗而自立僭稱大楚天賜三年九月幸漠南鹽池至漠中觀天鹽池六年夏帝不豫初服寒食散自太醫令陰羌死後藥數動發至此逾甚而災變屢見憂懣（莫困切）不安或數日不食或不寢達旦歸咎羣下喜怒乖常謂百寮左右曰人不可信慮如天文之占或有肘腋之虞追思既往成敗得失終日竟夜獨語不止若傍有鬼物對揚者朝臣至前追其舊惡使見殺害其餘或有顔色變動或以喘息不調或以行步乖

節或以言詞失措帝皆以爲懷惡在心變見於外乃手自毆擊死者皆陳天安殿前於是朝野人情各懷危懼有司廢怠莫敢相督攝百工偷劫盜賊公行巷里之間人爲稀少帝亦聞之曰朕故縱之使然待過災年當更清治之耳冬十月帝崩於天安殿在位十四年時年三十九先時國内有讖曰珪厄清河死萬人帝破滅清河郡手殺萬人以厭之夜恒變易寢處人莫得知唯愛妾萬人知處帝子清河王紹與萬人通懼罪同害帝帝歎曰清河萬人乃是汝耶元帝立誅紹及萬人永興二年九月上謚宣武皇帝葬於盛樂金陵廟號太祖太常五年改謚曰道武

太平御覽卷第一百一

覽一百一　九　王泰

太平御覽卷第一百二

皇王部二十七

後魏太宗明元皇帝　世祖太武皇帝
高宗文成皇帝

太宗明元皇帝

後魏書曰太宗明元皇帝諱嗣太祖道武皇帝之長子母曰劉貴人登國七年生雲中宫太祖晚有男聞而大悦乃大赦天下帝明叡寛毅非禮不動太祖甚奇之天興六年封曰齊王加車騎大將軍拜相國初帝母既賜死太祖乃召帝告曰昔漢武帝將立其子而殺其母不令婦人預國政使外家爲亂汝當繼統故吾遠同漢武爲長久之計帝素純孝哀泣不能自勝太祖怒之帝還宫哀不自止日夜號泣太祖知又召之帝欲入左右諫曰孝子事父小杖則受

大杖則避之今陛下怒盛入或不測陷帝於不義不如且出待和解而進不晚也帝從之乃遊行於外天賜六年冬十月即皇帝位大赦改元爲永興元年追尊皇妣爲宣穆皇后公卿大臣先罷歸第不與朝者悉復登用之是年乞伏乾歸自稱秦王海夷馮跋僭號天王國稱大燕三年春二月詔曰衣食足知榮辱夫人飢寒切已惟恐朝夕不濟所急者温飽而已何暇及於仁義之事乎王教之多違蓋由於此非夫耕婦織内外相承何以家給人足矣其簡宫人非所當御及執作伎巧自餘悉出以賜鰥民三月詔侍臣常佩劒四年二月登虎圈射虎夏四月宴羣臣於西宫使各獻言勿有所諱秋七月東巡置四廂大將又於十二時置十二小將以山陽侯奚斤先城公元屈行左右丞相是歳沮渠蒙遜僭稱河西王神瑞元年春正月以慎瑞頻集改年大赦二年六月幸去畿陂觀漁次于濡源坐臺遂射白熊于頹牛山獲之幸赤城親見長老問民之疾苦復租一年南次石亭幸上谷問百年訪賢俊復田租之半壬申幸涿鹿登橋山觀温泉使以太牢祠黄帝唐堯廟幸廣甯亭如上谷登廣甯之曆山以太牢祠虞舜廟帝親加禮焉泰常元年六月帝自嶌陂西行大獮于牛川登釜山臨殷繁水而南觀于九十九泉三年春正月帝自長川詔護高車郎將薛繁率高車丁零十二部大人衆二萬北至弱水招懷伐叛降者二千餘落獲牛馬二萬餘頭是年赫連勃勃僭稱皇帝四年夏四月車駕有事於東廟遠藩助祭者數百國五月詔曰宣武皇帝體得一之玄遠應自然之冲妙配純化而御世演大道以宣風大行大名未盡盛美其改宣曰道更上尊謚曰道武皇帝是年劉裕廢殺其主司

馬德文僭稱皇帝自號爲宋七年夏四月封皇子燾爲太平王拜相國初帝服寒食散頻年動發不堪萬機五月詔皇太子臨朝聽政冬十月車駕南巡出自天門關踰恒嶺四方蕃附大人各率所部從者五萬餘人十有一月皇太子親統六軍出鎮塞上八年二月築長城於長川之南起自赤城西至五原延袤二千餘里備置戍衛三月田於鄴南韓陵山幸汲郡至于坊頭濟自靈昌津幸陳留東郡濟河而北西之河内造浮橋於冶坂津夏四月幸成臯觀虎牢而城内乏水懸綆汲河帝令連艦上施轒轀絶其汲路轒符分切轀於云切兵車也又穿地道以奪其井丁丑幸洛陽觀石經蠻王梅安率渠帥數千人來朝閏月還幸河内北登太行幸高都晉陽賜百官王公已下至於廝賤無不霑洽五月還次鴈門皇太子率留臺王公迎于句注之北庚寅車駕至

自南巡冬十月廣西宮起外牆周迴二十里是歲民飢詔所在開倉賑給十有一月帝崩於西宮在位十五年時年三十二遺詔以司空奚斤所獲軍實賜大臣自司徒長孫嵩已下至于士卒各有差十二月上謚曰明元皇帝葬于雲中金陵廟稱太宗帝禮愛儒生好覽史傳以劉向所撰說苑新序於經典正義多有所闕乃撰新集三十篇採摭經史該洽古義兼資文武焉

世祖太武皇帝

後魏書曰世祖太武皇帝諱燾太宗明元皇帝長子也母曰杜貴嬪天賜五年生於東宮體貌瓌異太祖奇而悅之曰成吾業者此子也泰常七年四月封太平王五月爲監國太宗有疾命帝摠攝百揆聰明大度意豁如也八年十一月即皇帝位大赦天下十有二月追尊皇妣爲密皇太

后進司徒長孫嵩爵爲北平王司空奚斤爲宜城王藍田公長孫翰爲平陽王其餘普增爵位各有差始光元年夏四月東巡幸大寧二年三月尊保母竇氏曰保太后營故東宮爲萬壽宮起永安安樂二殿臨望觀九華堂初造新字千餘詔曰昔帝軒刱制造物乃命倉頡因鳥獸之跡以立文字纖歷久遠傳習多失其眞今制定文字世所用者頒下遠近永爲楷式是年赫連屈丐死子昌僭立三年春二月起太學於城東祠孔子以顏淵配十有一月帝率輕騎二萬襲赫連昌至其城下徙萬餘家而還十有二月武都氐王楊玄及沮渠蒙遜等皆遣使內附四年春赫連昌遣其弟平原公定率衆二萬向長安帝聞之乃遣就陰山伐木大造攻具二月車駕還宮三月遣高涼王禮鎮長安詔執金吾桓貸造橋於君子津五月車駕西討赫連昌濟君子津至于黑水帝親祈天告祖宗之靈而誓衆焉六月昌引衆出城大破之車駕入城虜昌羣弟及其諸母姊妹妻妾宮人萬數府庫珍寶車旗器物不可勝計八月車駕至自征飲至策勳告於宗廟班軍實以賜留臺百寮各有差冬十一月以氐王楊玄爲都督荆梁益寧四州諸軍事假征南大將軍梁州刺史南秦王神䴥元年春正月以天下守令多行非法精選忠良悉代之二月改元是歲皇子晃生三年春正月行幸廣寧臨溫泉作溫泉之歌三月帝聞劉義隆將寇邊乃詔冀定相三州造船三千艘簡幽州已南戍兵集于河上以備之秋七月詔諸征鎮將軍王公仗節邊遠者聽開府辟召其次增置吏員詔大鴻臚卿杜超假節都督冀定相三州諸軍事行征南大將軍太宰進爵爲王鎮鄴爲諸軍節度九月立密皇太后廟于鄴甲辰行幸

統萬遂征平涼十一月車駕至平涼先是赫連定將數萬人東禦於鄜城留其弟上谷公社于廣陽公度洛孤城守帝至于涼登北原使赫連昌招喻之社于不降遂擒虜國守之十二月定弟社于度洛孤面縛出降涼平收其珍寶定長安臨晉武功守將皆奔走關中平車駕東還留巴東公延普等鎮安定四年九月加太尉長孫嵩柱國大將軍特進左光祿大夫崔浩爲司徒征西大將軍長孫道生爲司空詔曰頃逆命縱逸方夏未寧戎軍屢駕不遑休息今二寇摧殄士馬無爲方將偃武修文遵太平之化昧旦思求想遇師輔訪諸有司咸稱范陽盧玄博陵崔綽趙郡李靈河間邢頴渤水高允廣平游雅太原張偉等皆賢儁之胄冠冕州邦羽儀之用庶得其人任之政事共臻邕熙之美易曰我有好爵吾與爾縻之如玄之比隱跡衡門不

耀名譽者盡勑州郡以禮發遣遂徵玄等及州郡所遣至者數百人皆差次敘用冬十月詔司徒崔浩改定律令延和元年春正月尊保太后爲皇太后立皇后赫連氏立皇子晃爲皇太子謁於太廟大赦改年大延元年出太祖太宗宮人令得嫁大赦改年六月詔曰去春小旱冬作不茂憂勤尅己祈請靈祇上下咸秩豈朕精誠有感何報應之速雲雨震灑流澤沾渥有鄙婦人持方寸玉印詣潞縣侯孫家既而亡去莫知所在玉色鮮白光照內映印有三字爲龍鳥之形要妙奇巧不類人迹文曰旱疫平推尋其理蓋神靈之報應也朕用嘉焉比者以來禎瑞仍臻所在非一天降嘉貺將何德以酬之所以內省驚震欣懼交懷其令天下大酺五日禮報百神守宰祭界內名山大川上荅天意以來福禄二年十一月行幸棝音固陽驅野馬於雲中

置野馬苑三年高麗契丹國龜茲悅般焉耆車師粟特疏勒烏孫渴槃陁鄯善諸國各遣使朝獻奉汗血馬四年春罷沙門年五十已下五年六月車駕西討沮渠牧犍侍中宜都王穆壽輔皇太子決留臺事八月車駕至姑臧牧犍兄子祖踰城來降乃分軍圍之九月牧犍兄子萬年率麾下來降是日牧犍與左右文武五千人面縛軍門帝解其縛待之以藩臣之禮收其城內户口二十餘萬倉庫珍寶不可稱計冬十月車駕東還宮徙涼州民三萬餘家于京師太平真君元年六月皇孫濬生大赦改元三年春正月帝至道壇親受符籙備法駕旗幟盡青十一月封皇子伏羅爲晉王翰爲秦王譚爲燕王建爲楚王余爲吳王四年冬十一月詔曰朕承祖宗重光之緒思闡洪基恢隆萬世自經營天下剪暴除亂掃清不順二十年矣夫陰陽有往復四時有

代謝授子任賢所以休息優隆功臣式固長久蓋古今不易之令典也令皇太子副理萬幾總統百揆諸朕功臣勤勞日久皆當以爵歸第隨時朝請饗宴朕論道陳謨而已不宜復煩劇職更舉賢俊以備百官主者明爲科制以稱朕心五年春正月皇太子始總百揆諸上書者皆稱臣詔曰愚民無識信惑妖邪私養師巫挾藏讖記陰陽圖緯方伎之書又沙門之徒假西戎虛誕生致妖孽非所以一齊政化布淳德于天下也自王公已下至於庶人有養沙門師巫及金銀工巧之人在其家者皆遣詣曹不得容匿限今年二月十五日過期不出師巫沙門身死主人門誅明相宣告咸使知聞詔曰自頃已來軍國多事未宣文教非所以整齊風俗示軌則於天下也今制自王公已下至於卿士其子息皆詣太學其百工伎巧騶卒子息當習其父兄所業

不聽私立學校違者師身死主人門誅六年春正月車駕行幸定州引見長老存問之二月遂西幸上黨觀連理樹於玄氏十一月遣殿中尚書安定公韓茂率騎屯相州之陽平郡發冀州民造浮橋於碻苦交切磝五交切津七年二月幸長安存問父老丁亥幸昆明池三月詔諸州坑沙門毀諸佛像徙長安城內工巧二千家於京師車駕旋軫幸洛水夏四月車駕至自長安毀鄴城五層佛圖於泥像中得玉璽二其文皆曰受命於天既壽永昌其一刻其旁曰魏所受漢傳國璽八年六月西征諸將扶風公元處真等八將坐盜没軍資所在虜掠贓各千萬計並斬之九年冬十月以婚姻奢靡喪葬過度詔有司更爲科限十有一年春正月行幸洛陽所過郡國皆親對高年存恤孤寡遂征懸瓠夏四月車駕還宮賜從者及留臺郎吏已下生口各有差六月

誅司徒崔浩。九月，車駕南伐。冬十月，車駕濟河，詔諸將分道並進，使征西大將軍永昌王仁自洛陽出壽春，尚書長孫眞趨馬頭，楚王建趨鍾離，高凉王那自青州趨下邳，車駕自中道。十一月，至鄒山，劉義隆魯郡太守崔耶利率屬城降，使使者以太牢祀孔子。次于彭城，遂趨盱音吁眙音怡。十二月，車駕至淮，詔刈雚葦作筏數萬而濟。義隆盱眙守將臧質閉門距守，將軍胡崇之等率衆二萬援盱眙，燕王譚大破之，梟崇之等，斬首萬餘級，淮南皆降。是月，永昌王仁攻懸瓠，拔之，獲義隆守將趙淮，送京師斬之。車駕臨江，起行宮於瓜步山，義隆使獻百牢，貢其方物，又請進女於皇孫。帝以師婚非禮，許和而不許婚，使散騎侍郎夏侯野報之。帝詔皇孫爲書致馬通問焉。正平元年二月，車駕濟河，次于魯口，皇太子朝於行宮。十二月，車駕至自南伐，飲至策

勳，告於宗廟。夏五月，大赦。六月，改年。十月，封皇孫濬爲高陽王，尋以皇孫世嫡不宜在藩，乃止。改封秦王翰爲東平王，燕王譚爲臨淮王，楚王建爲廣陽王，吳王余爲南安王。二年二月，帝崩於永安宮，在位二十九年，時年四十五。秘不發喪，中常侍宗愛矯皇后令殺東平王翰，迎南安王余入而立之，大赦，改元爲承平。三月，上尊謚曰太武皇帝，葬于雲中金陵，廟號世祖。冬十月，余爲宗愛所賊，殿中尚書長孫渴侯與尚書陸麗迎立皇孫，是爲高宗。帝生不逮密太后，及有所識，言則悲慟，哀感傍人，太宗聞而嘉歎。暨太宗不豫，衣不釋帶。性清儉率素，服御飲膳取給而已，不好珍麗，食不二味，所幸昭儀貴人衣無兼綵。羣臣白帝更峻京邑城隍，以從周易設險之義，又陳蕭何壯麗之說。帝曰：「古人有言，在德不在險。屈丐蒸土築城，而朕滅之，豈在城也？天下未平，方須民力，土功之事，朕所未爲。蕭何之對，非雅言也。」每以財者軍國之本，無所輕費，至於賞賜，皆是死事勳績之家，親戚愛寵未曾橫有所及。

高宗文成皇帝

後魏書曰：高宗文成皇帝諱濬，景穆皇帝之長子也。母曰閭氏。眞君元年六月，生於東宮。帝少聰達，世祖愛之，常置左右，號世嫡皇孫。年五歲，世祖北巡，帝在後，逢虜帥桎一奴，欲加其罰，帝謂之曰：「奴今遭我，汝宜釋之。」帥奉命解縛。世祖聞之曰：「此兒雖小，欲以天子自處。」意奇之。既長，風格異常，每有大政，常參決可否。正平二年二月，中常侍宗愛弒逆，立南安王余。十月，又賊余於殿中，尚書長孫渴侯與尚書陸麗奉迎皇孫即帝位於永安前殿，改元興安。元年十二月，初復佛法。二年二月，發京師五千人穿天淵池。是

月，劉義隆子劭殺其父而自立。夏五月，行幸崞音郭山。是月，劉劭弟駿殺劭而自立。閏月，太后赫連氏崩。八月，詔曰：「朕以眇身纂承大業，即位以來，百姓晏安，風雨順序，邊方無事，衆瑞兼呈，不可稱數。又於內苑獲方寸玉印，其文曰『子孫長壽』。羣公卿士咸曰休哉。豈朕一人尅臻斯應，實由天地祖宗降祐之所致也。思與兆庶共茲嘉慶，其令民大酺三日，諸殊死已下各降罪一等。」興光元年二月，帝至道壇受圖籙。七月，皇子弘生，大赦，改元太安。元年，遣尚書穆伏眞等二十人巡行州郡，觀察風俗。二年春正月，立皇后馮氏。二月丁巳，立皇子弘爲皇太子，大赦天下。三年冬十月，將東巡狩，詔太宰常英起行宮於遼西黃山。四年春正月，至遼西黃山宮。二月，登碣石山，觀滄海，大饗羣臣於山上，班賞進爵各有差，改碣石爲樂遊山，築壇記行於海濱。冬十

月北巡至陰山有古塚毀發詔曰昔姬文葬枯骨天下歸仁自今有穿毀墳壠者斬之和平二年正月詔曰刺史牧民爲萬里之表自頃每因發調逼民假貸大商富賈射時利旬日之間增贏十倍上下同通分以潤屋故編戶之家困於凍餒豪富之門日有兼積爲政之弊莫過於此其一切禁絶犯者十疋以上皆死布告天下咸令知禁二月行幸中山遂幸信都車駕所過皆親對高年問民疾苦詔民年八十以上一子不從役靈丘南有山高四百餘丈乃詔羣臣仰射山峯無能踰者帝彎弧發矢出山三十餘丈過山南二百二十步遂刊石勒銘三年冬十月詔曰夫三代之隆莫不崇尚年齒今選舉之官多不以次令班白處後晚進居先豈所謂彝倫攸敘者也諸曹選補宜各先盡勞舊才能十二月制戰陣之法十有餘條因大難曜兵有飛

龍騰蜿魚麗之變以示威武四年春三月賜京師民年七十已上太官厨食以終其年夏四月上幸西苑親射虎三頭五月行幸陰山秋七月詔曰朕每歲閏月命羣臣講武平壤所幸之處必立宮壇糜費之功損勞非一宜仍舊貫何必改作也八月遂由於河西詔曰朕順時田獵而從官殺獲過度旣殫禽獸乖不圍之義其勑從官及典圍者將校自今已後不聽濫殺其田獲皮肉別自頒賴十二月詔曰名位不同禮亦異數所以殊等級示軌儀今喪葬嫁娶之禮未備貴勢豪富越度奢靡非所謂式昭典憲者也有司可爲之條格使貴賤有章上下咸序著之于令詔曰夫婚姻者人道之始尊卑高下宜令區別然中古以來貴族之門多不率法或貪利財賄或因緣私好在於苟合無所擇選令貴賤不分巨細同貫塵穢清化虧損人倫將何以宣示典謨垂之來裔今制皇族師傅王公侯伯及士民之家不得與百工伎巧卑姓爲婚犯者加罪六年四月破洛那國獻汗血馬普嵐國獻寶劍五月帝崩於太華殿在位十四年時年二十六六月上尊謚曰文成皇帝廟號高宗葬雲中之金陵

太平御覽卷第一百二

太平御覽卷第一百三

皇王部二十八

後魏顯宗獻文皇帝　高祖孝文皇帝
世宗宣武皇帝　肅宗孝明皇帝

顯宗獻文皇帝

後魏書曰顯宗獻文皇帝諱弘高宗文成皇帝之長子也母曰李貴人興光元年秋七月生於陰山之北太安二年二月立爲皇太子聰叡機悟幼有濟民神武之規仁孝純至禮敬師友和平六年夏五月即皇帝位大赦天下秋七月太尉乙渾爲丞相事無大小皆决於渾是歲劉子業叔父彧殺子業僭立天安元年春正月大赦改元二月丞相太原王乙渾謀反伏誅皇興元年閏月劉彧青州刺史沈文秀兾州刺史崔道固並遣使請舉州内屬二年夏四月高麗庫莫奚契丹于闐波斯諸國各遣使朝獻四年三月詔宣告天下民有病者所在官司遣醫就家診視所須藥物任醫所須量給之八月帝欲禪位於叔父京兆王子推羣臣固請帝乃止後下詔曰朕承洪業運屬太平淮岱率從四海清晏是以希心玄古志存淡泊躬覽萬務則損頤神之和一日或曠政有滯淹之失且子有天下歸尊於父父有天下傳之於子今稽叶靈運考會羣心爰命儲宫踐昇大位朕方優遊恭已栖心浩然社稷乂安克廣其業不亦善乎百官有司其祗奉孝以答天休宣布寓内咸使聞悉於是羣公奏曰三皇之世澹泊無爲故稱皇是以漢高既稱皇帝尊其父爲太上皇明不統天下今皇明幼冲萬機大政猶宜陛下揔之謹上尊號太上皇帝乃從之太上皇徙御崇光宫採椽不斲土堦而已國之大事咸以聞承明元年二十三崩于永安殿在位六年謚曰獻文皇帝廟號顯祖葬雲中金陵

高祖孝文皇帝

後魏書曰高祖孝文皇帝諱宏顯祖獻文皇帝之長子母曰李夫人皇興元年八月生平城紫宫神光照室天地氤氲和氣充塞帝生而潔白有異姿襁褓岐嶷長而淵裕仁孝綽然有君人之表顯祖尤愛異之三年夏六月立爲皇太子五年秋八月即皇帝位於太華前殿大赦改元延興元年冬十月沃野統萬二鎮叛詔太尉隴西王元賀追擊至枹罕滅之斬首三萬餘級徙其遺逆於兾定相三州爲營户十二月詔訪舜後獲東萊郡民嬀苟之復其家畢世以彰盛德之不朽二年春二月詔曰尼父禀達聖之姿體生知之量窮理盡性道光四海頃者淮徐未賓廟隔非所致令祠典寢頓禮章殄滅遂使女巫妖覡淫進非禮殺生鼓舞倡優媟（音泄）狎豈所以尊明神敬聖道者也自今已後有祭孔子廟制用酒脯而已不聽婦女雜合以祈非望之福犯者以違制論夏四月詔工商雜類盡聽赴農詔沙門不得去寺浮遊民間是月劉彧死子昱僭立秋七月詔州郡縣各遣二人才堪專對者赴九月講武當親問風俗詔縣令能靜一縣劫盗者兼治二縣即食其禄能靜二縣者兼治三縣三年遷爲郡守二千石能靜二郡上至三郡亦如之三年遷爲刺史三月詔諸倉屯穀麥充積者出賜貧民夏四月詔以孔子二十八世孫魯郡孔乘爲崇聖大夫給以十户供洒掃四年九月以劉昱内相攻戰詔將軍元蘭將三萬騎及假東陽王丕爲後繼伐蜀漢承明元年六月太上皇帝崩大赦改年尊皇太后爲太皇太后臨朝稱

制秋七月追尊皇妣李貴人爲思皇太后太和元年七月劉昱死弟准僭立二年夏四月京師旱祈天文於北苑親自禮焉减膳避正殿澍雨大洽曲赦京師九月龜兹國遣使獻龍馬三年四月吐谷渾國遣使獻犛牛五十頭是年島夷蕭道成廢其主劉准而僭立自號曰齊四年春罷畜鷹鷂之所以其地爲報德佛寺五月詔會京師耆老賜錦綵衣服几杖稻米蜜麪復家人不徭役六年三月蕭道成死子賾僭立七年閏月皇子生大赦天下定州上言爲粥飢民所活九十四萬七千餘口八月詔曰帝業至重非廣詢無以至治今制百辟卿士工商吏民各上便宜利民益治損化傷政直言極諫勿有所隱務令辭無煩華理從簡實朕將親覽以知世要使言之者無罪聞之者足以戒九年春正月詔曰圖讖之興起於三季既非經國之典徒爲妖

邪所憑自今圖讖秘緯及名爲孔子閉房記者一切皆焚之當者以大辟論又諸巫覡假稱神鬼妄説吉凶及委巷諸卜非墳典所載者嚴加禁斷大饗羣臣于大華殿班賜皇誥十年春正月帝始服衮冕饗萬國二月初立黨里鄰三長定民户籍夏四月始制五等公服帝服以法服御輦祀於西郊八月給尚書五等品爵已上朱衣玉佩大小組綬九月詔起明堂辟雍冬十月有司議依故事配始祖於南郊十有一年春正月詔定樂章非雅者除之十有一月詔罷尚方錦繡綾羅之工四民欲造任之無禁其御府衣服金銀珠玉綾羅錦繡太官雜器太僕乘具內庫弓矢出其半班賚百官及京師民庶下至工商皁隸逮於六鎮戍士各有差十二月詔秘書丞李彪著作郎崔光改析國記依紀傳之體十有二年春正月初建五牛旌旗五月詔雲中河西及關内六郡各脩水田通渠溉灌增置彝器於太廟九月起宣文堂經武殿十三年春正月車駕有事於圜丘於是初備大駕七月幸靈泉池與羣臣御龍舟賦詩而罷立孔子廟於京師十有四年八月詔議國之行次九月皇太后馮氏崩冬十月葬文明太后於永固陵車駕謁永固陵羣臣固請公除帝不許帝居廬引見羣寮於大和殿東陽王丕等據權制固請帝引古禮往復羣臣乃止十五年春正月帝始聽政於皇信東室初分置左右史官夏四月帝始進蔬食自正月不雨至于六月有司奏祈百神曰昔成湯遇旱齊景逢災並不由祈山川而致雨皆至誠發中澍潤千里萬方有罪在予一人今普天喪恃幽顯同哀神若有靈猶應未息安饗何宜四氣未周便行祀事當考躬責己以待天譴五月議改律令於東明觀折疑獄八月議養

老又議肆類上帝禋于六宗之禮帝親臨決詔郡國有時物可以薦宗廟者貢之移道壇於桑乾之陰改曰崇靈寺詔諸州舉秀才先盡于學定親祫禘之禮議律令十有一月詔二千石考在上者假四品將軍賜乘黃馬一疋上中者五品將軍上下者賜衣一襲十有二月帝爲高麗王璉舉哀於城東行宮車駕迎春於東郊十有六年春正月饗羣臣於大華殿帝始爲王公興懸而不樂宗祀顯祖獻文皇帝於明堂以配上帝遂昇靈臺以觀雲物詔定行次以水承金制諸遠屬非太祖子孫及異姓爲王者皆降爲公公爲侯侯爲伯伯爲子子爲男二月詔祀唐堯於平陽祀虞舜於廣寧夏禹於安邑周文王於洛陽改謚宣尼曰文聖尼父謚孔廟夏四月頒新律令大赦天下八月司徒尉元以老遜位以尉元爲三老游明根爲五更又養國老庶老詔曰夫

文武之道自古並行威福之施必也相籍故三五至仁尚有征伐之事夏殷明叡未捨兵甲之行今則訓文有典教然於習武之方猶未盡將於馬射之前先行講武之式可勑有司豫脩場埒其列陣之儀五戎之數别俟後勑冬十月太極殿成大饗羣臣十有七年夏四月立皇后馮氏六月帝將南伐詔造河橋立皇子恂爲皇太子秋七月以皇太子立詔賜民爲父後者爵一級是月蕭賾死孫昭業僭立八月車駕發京師南伐步騎三十餘萬太尉丕奏請以宮人從詔曰臨戎不語内事宜停車駕至肆州幸并州親見高年問疾苦車駕所經傷民秋稼畝給穀五斛戊辰濟河語洛懷并肆所過四州賜高年爵百年以上假縣令九十以上賜爵三級八十以上賜爵二級七十以上賜爵一級鰥寡孤獨不能自存者人粟五斛帛二疋幸洛陽周巡故宮基趾帝顧

謂侍臣曰晉德不脩早傾宗祀荒毁至此用傷朕懷遂詠黍離之詩爲之流涕觀河橋幸太學觀石經詔六軍發軫帝戎服執鞭御馬而出羣臣稽顙於馬前請停南伐帝乃止仍定遷都之計冬十月幸金墉城詔徵司空穆亮與尚書李冲將作大匠董爵經始洛陽帝幸河南城幸豫州解嚴設壇於滑臺城東告行廟以遷都之意大赦天下還幸鄴十有八年春朝羣臣於鄴宮車駕南巡幸洛陽西宮三月行幸河陽規建方澤之所車駕北巡至平城宮臨朝堂部分遷留三月罷西郊祭天帝臨太極殿喻在代羣臣以遷移之略秋七月以宋王劉昶爲大將軍是月島夷蕭鸞殺其主蕭昭業立業弟昭文冬十月親告太廟奉遷神主車駕發平城宮次於中山之唐湖是月蕭鸞廢殺其主蕭昭文而僭立車駕幸鄴經比干墓傷其忠而獲戾親爲弔文

樹碑而刊之車駕至洛陽蕭鸞雍州刺史曹虎據襄陽降十有二月車駕至懸瓠詔壽陽鍾離馬頭之師所獲男女之口皆放還南十有九年春正月饗羣臣於懸瓠講武於汝水之西大賚六軍車駕濟淮二月幸八公山路中雨甚詔去蓋見軍士病者親恤之車駕至鍾離軍士擒鸞三卒帝曰在君爲君其民何罪於是免歸之車駕發鍾離遣使臨江數蕭鸞罪惡幸小沛遣使以太牢祭漢高祖廟行幸瑕丘以太牢祠岱岳詔選諸孔宗子一人封崇聖侯邑一百户以奉孔子之祀又詔兖州爲孔子起園栢脩飾墳壠更建碑銘褒揚聖德行幸滑臺次于石濟車駕至自南伐六月詔始爲漢語不得以北俗之語言於朝廷若有違者免所居官詔求天下遺書秘閣所無有裨時用者加以優賞詔遷洛之民死葬河南不得還北於是代人南遷者悉爲河南

洛陽人詔改長尺大升依周制度班之天下八月詔選天下武勇之士十五萬人爲羽林虎賁以充宿衛九月六宮及文武盡遷洛陽十有二月引見羣臣於光極堂宣示品令爲大選之始二十年春正月詔改姓爲元氏二月詔介山之邑聽爲寒食自餘禁斷帝以旱咸秩羣臣自癸未不食至于乙酉是夜澍雨大洽十有二月開鹽池之禁與民共之置常平倉二十有一年春正月立皇子恪爲皇太子夏四月行幸長安遣使者以太牢祭周文王於豐祭武王於鎬六月車駕至自長安帝親爲羣臣講喪服於清徽堂八月車駕南討九月車駕至新野冬十月四面進攻不剋詔左右軍築長圍以守之二十有二年春正月拔新野三月大破蕭鸞平北將軍崔慧景黄門郎蕭衍軍於鄧城斬獲首虜二萬有餘秋七月詔曰朕以寡德屬兹戎亂實賴群英凱清

南夏宜約躬賞勍以勸茂績后之私府便可損半六宮嬪御五服男女恒恤恒供亦令減半在我之親三分省一是月蕭鸞死子寶卷僭立九月當以蕭鸞死禮不伐喪乃詔反旆二十有三年春正月朝羣臣於鄴宮三月車駕南伐帝不豫司徒彭城王勰協諧侍疾禁中攝百揆車駕至馬圈賊將蔡道福成公期率萬人弃順陽遁走帝疾甚車駕北次穀塘原詔司徒勰徵太子於魯陽踐祚夏四月帝崩於穀塘原之行宮在位二十九年時年三十三祕諱至魯陽發喪還京師上謚曰孝文皇帝廟曰高祖葬長陵帝幼有至性寡欲寬慈每垂矜捨進食者曾以熱羮傷帝手曾又於食中得蟲穢之物笑而恕之宦者譖帝於太后太后大怒杖帝數十帝默而不自明太后崩後亦不以介意聽覽政事從善如流哀矜百姓恒思所以濟益天地五郊宗廟二分之

禮常必躬親不以寒暑爲倦雅好讀書手不釋卷五經之義覽之便講學不師授探其精奥史傳百家無不該涉善談莊老尤明釋義才藻富贍好爲文章詩賦銘頌有興而作有大文筆馬上口授及其成也不改一字自泰和十年已後詔冊皆帝之文也自餘文章百有餘篇愛奇好士情如飢渴待納朝賢隨才輕重常寄以布素之意悠然玄邁不以世務嬰心又少而善射有膂力年十餘歲能以指彈碎羊髆骨及射禽獸莫不隨志而斃之至年十五便不復殺生射獵之事悉止性儉素常服澣濯之衣鞍勒鐵木而已帝之雅志皆此類也

世宗宣武皇帝

後魏書曰世宗宣武皇帝諱恪高祖孝文皇帝之第二子世母曰高夫人初夢爲日所逐避之床下日化爲龍繞夫人數匝寤而驚悸既而有娠泰和七年閏四月生帝於平城宮二十一年正月立爲皇太子二十三年夏四月即皇帝位于魯陽大赦天下帝居諒闇委政宰輔秋八月遵遺詔高祖二夫人以下悉歸家景明元年春正月車駕謁長陵大赦改年丁未蕭寶卷豫州刺史裴叔業以壽春內屬二年春正月帝始親政三月詔曰治尚簡靜任貴應事州府佐史除授稍多誠爲損弊無益政道又京師百司寮局殷雜官有閑長者亦同此例苟非精要悉從蠲省是月蕭衍立寶卷弟南康王寶融爲主年號中興東赴建業九年發畿內夫五萬五千築京師三百二十三坊四旬而罷立皇后于氏十有一月築圓丘於伊水之陽仍有事焉是月寶卷直後張齊殺寶卷降蕭衍衍克建業三年三月寶卷弟建安王寶寅來降是月蕭衍又廢其主寶融而僭立自

稱曰梁九月車駕行幸鄴詔使者吊殷比干墓閱武於鄴南冬十月帝親射遠及一里五十步羣臣勒銘於射所四年春正月車駕籍田於千畝三月皇后先蠶於北郊夏四月南天竺國獻辟支佛牙正始元年春正月大赦改年八月詔洛陽令有大事聽面敷奏元英攻義陽拔之擒送蕭衍寇車蔡靈恩等十餘將英又大破衍將仍清三關冬十有一月勑有司依漢魏舊章營繕國學十二月以苑牧公田分賜代遷之户詔羣臣議定律令二年詔尚書李崇太府卿于忠散騎常侍游肇諫議大夫鄧羨俱爲大使糺斷畿內其守令之徒各失彰露者即使施决州鎮重職聽爲表聞三年春正月皇子生大赦天下十一月帝爲京兆王愉清河王懌廣平王懷汝南王悦講孝經於式乾殿十一月禁河南畜牝馬自碣石至於劍閣東西七千里置二十

二都尉永平元年六月詔曰愼重獄刑著於往誥朕御茲寶曆明鑒未遠斷决煩疑寔有攸愧可依洛陽舊國修聽訟觀農隙起功及冬令就當與王公卿士親臨録問八月冀州刺史京兆王愉據州反假尚書李平鎭北將軍行冀州刺史討之大赦改元平尅信都執愉羣臣請誅帝弗許詔送京兆二年春正月胡密步就磨切密盤是悉萬斤卒豆鄁越狀切諸國並遣使朝獻嚈噠薄知國遣使來朝貢白象高昌國遣使朝貢冬十月鄯州獻七寶牀詔不納十一月詔禁屠殺含孕以爲永制帝於式乾殿爲諸僧朝臣講維摩詰經三年冬十月詔曰朕乘乾曆年周一紀而道謝擊壤教慙刑措至於下人之茕（音瓊）鰥疾苦心常愍之此而不恤豈爲民父母之意也可勑太常於閑敞之處嚴勑醫署分師療治考其能否而行賞罰雖齡數有期修短分定

然六疾不同或賴針石庶秦扁之言理驗今日矣又經方浩博條流處廣應病投藥卒難窮究更令有司集諸醫工尋篇推簡務有精要取三十餘卷以班九服郡縣備寫布下鄉邑使知救患之術延昌元年三月京師穀貴出倉粟八十萬石以賑貧者夏四月詔曰肆州地震陷死傷甚多言念毀没有酸懷抱亡者不可復追生病之徒宜加療救可遣太醫折傷醫并給所取之藥就治之大赦改元二年夏四月庚子以絹五十五萬疋賑恤河南郡飢民三年春二月詔曰肆州秀容郡敷城縣鴈門郡原平縣並自去年四月以來山鳴地震于今不已告譴彰咎朕甚懼焉祗畏兢兢若臨深谷可恤瘼寬刑以答災譴四年正月帝不豫丁巳崩于式乾殿時年三十三謚曰宣武皇帝廟號世宗葬景陵帝幼有大度喜怒不形於色雅性儉素初高祖欲觀諸子志尚乃大陳寶物任其所取京兆王愉等皆競取珎玩帝唯取骨如意而已高祖大奇之及庶人恂失德高祖謂彭城王勰（音協）曰吾固疑此兒有非常志相今果然矣雅愛經史尤長釋氏之義每至講論連夜忘疲善風儀美容貌臨朝淵嘿端嚴若神有君人之量矣

肅宗孝明皇帝

後魏書曰肅宗孝明皇帝諱詡世宗宣武皇帝之第二子母曰胡充華永平三年三月帝生於宣光殿之東北有光照于庭中延昌元年十月立爲皇太子四年春正月丁巳夜卽皇帝位大赦天下詔太保高陽王雍入居西柏堂决庶政又詔任城王澄爲尚書令百官惣己以聽於二王二月尊皇后高氏爲皇太后三月皇太后出俗爲尼徙御金墉城八月尊皇太妃爲皇太后帝朝皇太后於宣光殿大

赦天下羣臣奏請皇太后臨朝稱制九月皇太后親覽萬機熙平元年春正月大赦改年二年八月宴太祖已來宗室年十五已上於顯陽殿申家人之禮九月詔曰察訟理冤實惟政首躬親聽覽民信所由自今月望當暫出城闉親决滯枉王者可宣諸近遠咸使聞知神龜元年二月詔以神龜表瑞大赦改年七月閲恒州銀山之禁與人共之二年九月皇太后幸嵩高山正光元年秋七月侍中元叉劉騰奉帝幸前殿矯皇太后詔曰世祖宣武皇帝以叡明承業鄭寧區夏而鴻功未半早年登遐乃車書弗同勍寇尚熾幼主稚弱夙纂寶曆曾定宗祐莫尅祗奉朕所以敬愼羣請臨朝揔政僶俛從事以迄于兹自此春來先疾屢發夏首及今數加動劇恐不堪日釐萬務巨細兼省帝齒周星紀識學逾躋日就月將人君道茂足以撫緝萬邦諧

决百揆朕當率前志敬遜別宮乃幽皇太后於北宮殺太傅領太尉清河王懌乂等惣勒禁旅决事殿中帝加元服大赦改年九月蠕蠕（而兗切）主阿那瓌來奔以太師高陽王雍爲丞相十月詔曰蠕蠕世雄朔方擅制漠表隣通上國百有餘載宜且優以賔禮期之立功疏爵胙土大啓河岳可封朔郡公蠕蠕王食邑一千户錫以衮冕加之輕蓋禄秩儀衛同於戚藩二年三月駕幸國子學講孝經祠孔子以顔淵配十有二月詔司徒崔光安豐王延明等議定服章三年春正月辛亥帝耕籍田十有一月車駕有事圓丘詔曰治曆明時前王茂軌考成正律弈代通規去神龜中始命儒官改度易憲如會旋衡今天正斯始陽煦將開品物初萌宜變耳目所謂魏雖舊邦其曆惟新者也便可班宣内外號曰正光曆思與億兆共此惟新可大赦天下十

二月以收守妄立碑頌輙興寺塔第宅豐侈店肆商販詔中尉端衡肅厲威風以見事糺劾七品六品禄足代耕亦不聽錮店占肆爭利城市四年春二月蠕蠕主阿那瓌帥衆犯塞遣尚書左丞元孚兼尚書爲北道行臺持節喻之四月阿那瓌執元孚驅掠畜牧北遁詔驃騎大將軍尚書令李崇中軍將軍兼尚書右僕射元纂帥騎十萬討蠕蠕出塞三千餘里不及而還五年秦州城人莫折大提據城反自稱秦王殺刺史李彦詔雍州刺史元志討之南秦州城人孫獠（張絞切）長命韓祖香據城反殺刺史崔遊以應大提遣城人卜胡襲苑高平殺鎮將赫連略行臺高元榮大提尋死子念生代立僭稱天子年號天建置立百官孝昌元年春正月徐州刺史元法僧據城反害行臺高諒自稱宋王年號天啓遣其子景仲歸於蕭衍遣其將朝龍牙成景儁元略等帥衆赴彭城詔秘書監安樂王鑒迴師以討之鑒於彭城南擊元略大破之盡俘其衆既而不備爲元法僧所敗行遣子豫章王綜入守彭城法僧擁其寮屬守令兵武及郭邑士女萬餘口南入夏四月辛卯皇太后復臨朝攝政引羣臣面陳得失詔曰神龜之末權臣擅命元乂劉騰陰相影響遂使皇太后幽隔後宮爲有無君之心積習不臣之迹緣事弥彰蔽耳目之明專生殺之柄天下爲之不康四郊由兹多壘此而可忍孰不可懷騰身既往可追削爵乂之罪狀誠合徽纆但以宗枝舅戚特全弘貸之法可除名爲民秋八月詔斷遠近貢獻珎麗違者免官九月詔減天下租調之半十二月山胡劉蠡升反自稱天子置官寮二年春正月五原降户鮮于脩禮反於定州號魯興元年二月皇太后臨大夏門親覽寃訟六月詔曰

自運屬寇難歷載於兹烽驛交馳征鼓不息朕威德不能遐被經略無以及遠俾是蒼生罹此荼炭何以茍安黄屋無愧黔黎今便避居正殿蔬飡素服當親自招募收集忠勇有直言正諫之士敢决徇義之夫二十五日悉集華林東門人别引見共論得失班告内外咸使聞知八月賊元洪業斬鮮于脩禮請降爲賊黨葛榮所殺都督尒朱榮於肆州執刺史尉慶賔令其從叔羽生統州事九月葛榮敗都廣陽王淵章武王融於博野白牛邏（去聲）融殁於陣榮自稱天子號曰齊國年稱廣安冬十一月杜洛周攻陷幽州執刺史王延年及行臺常景丙午税京師田租畝五外借貧公田者畝一外閏月税市人入者各一錢居店舍爲五等三年春正月葛榮陷殷州刺史崔楷固執節死之三月詔金紫光禄大夫源子邕爲大都督討葛榮冬十月以衛將

軍討虜大都督尒朱榮爲車騎將軍儀同三司雍州刺史
蕭寶寅據州反自號曰齊年稱隆緒武太元年春正月定
州爲杜洛周所陷執刺史楊津是月皇女生祕言皇子大
赦改元二月帝崩於顯陽殿年十九皇子即位大赦天下
皇太后詔曰皇家握曆受圖年將二百祖宗累聖社稷載
安朕以寡昧親臨萬邦識謝塗山德慙文毋屬妖逆遄興
四郊多故實望穹靈降祐麟趾衆繁自潘充華有孕椒
宮冀誕儲貳而熊羆無兆唯虺遂彰于時以國步未康假稱
統亂欲以底定物情係仰宸極何圖一旦弓劒莫追國道
中亂大行絶祀皇曾孫故臨洮王寶暉世子釗體自高祖
天表卓異大行平日養愛特深義齊若子事符當璧及翌
曰弗愈大漸彌留乃延清蒲受命玉几暨陳依在庭登策
靡及允膺大寶即日踐祚朕是用惶懼忸怩心焉靡許今

褒君有君宗祏惟固宜議賞卿士爰及百辟凡厥在位並
加陟叙幼主即位儀同三司大都督尒朱榮抗表請奔喪
乃勒兵而入三月上尊謚曰孝明皇帝葬於定陵廟號
肅宗夏四月尒朱榮濟河皇太后幼主皆崩

太平御覽卷第一百三

太平御覽卷第一百四

皇王部二十九

後魏敬宗孝莊皇帝　節閔皇帝
廢帝安定王　孝武皇帝
文皇帝　廢帝
恭皇帝　東魏孝靜皇帝

敬宗孝莊皇帝

後魏書曰孝莊皇帝諱子攸彭城王勰（音協）之第三子母曰李妃肅宗初以勰有魯陽翼衛之功封帝武城縣開國公幼侍肅宗書於禁內及長風神秀慧姿皃甚美拜中書侍郎城門校尉兼給事黄門侍郎雅爲肅宗所親侍長直禁中遷散騎常侍御史中尉孝昌二年八月進封長樂王轉侍中中軍將軍及武太元年春二月肅宗崩大都督爾朱

榮將兵向京師謀欲廢立以帝家有忠勳且兼人望陰與帝通榮乃帥衆來赴夏四月帝與兄弟夜北渡河會榮於河陽南濟河即帝位以兄彭城王紹爲無上王弟霸成公子正爲始平王榮爲侍中都督中外諸軍事大將軍尚書令領軍將軍領左右衛封太原王百僚相率有司奉璽綬備法駕奉迎於河梁車駕巡河西至淘渚榮以兵權在己遂有異志乃害靈太后及幼主次害無上王紹始平王子正公卿已下二千餘人列騎衛帝迁於便幕車駕入宮御太極殿大赦天下改武太爲建義元年是月汝南王悅北海王顥臨淮王彧前後奔蕭衍郢州刺史元願達據城叛五月加大將軍尔朱榮北道大行臺以尚書右僕射元榮爲東道大使征東將軍光禄勳元欣副之徇方黜陟先行後聞大將軍尔朱榮還晉陽帝餞於邙陰六月通直散騎常侍高乾邕及弟帥合流民起兵於齊州之太原頻破州軍詔東道大使元欣諭曰乃降是月葛榮飢使其僕射任褒帥車三萬餘乘南寇至沁水幽州平北府主簿河間邢杲帥河北流民十餘萬户反於青州之北海自署漢王年號天統詔諸有司馬伏從戎者職人優兩大階詔當親御六戎掃清燕代大將軍太原王尔朱榮帥精鋭十萬爲左軍上黨王天穆揔衆八萬爲前軍司徒公楊椿勒兵十萬爲右軍司空公穆紹統卒八萬爲後軍是月葛榮衆退屯相州之北七月齊獻武王於鄴西北招慰葛榮別帥稱王者七人衆萬餘降之加大將軍尔朱榮柱國大將軍録尚書事光州人劉舉聚衆數千反於濮陽自稱皇武大將軍是月高平鎮人万俟（墨其二音）醜奴僭大位署置百官八月葛榮帥衆圍相州九月詔太尉公上黨王天穆討葛榮次於

朝歌以征東將軍齊州刺史元欣爲沛郡王柱國大將軍尔朱榮率騎七千討葛榮於滏口破擒之餘衆帥降冀定滄瀛殷五州平大赦天下已改爲永安元年以柱國大將軍太原王尔朱榮爲大丞相都督河北畿外諸軍事冬十月蕭衍以北海王顥爲魏主年號孝基入據南兗之銍城二年夏四月上黨王天穆齊獻武王大破邢杲於齊州之濟南杲降送京師五月元顥尅梁國內外戒嚴癸酉元顥陷滎陽甲戌夜車駕北巡幸河內景子元顥入洛戊寅太原王尔朱榮會車駕於長子即日反旆上黨王天穆北渡河會車駕於河內秋七月都督尔朱兆賀拔勝從硤石夜濟破顥子冠受及安豐王延明軍元顥敗走車駕入居華林園昇大夏門大赦天下宴勞天柱大將軍尔朱榮上黨王天穆及北平來督於都亭出宮人三百繒錦雜綵數

萬乞斑賜有差三年春三月雍州刺史尒朱天光討醜奴蕭寶夤於安定破擒之囚送京師六月嚈噠國獻師子九月天柱大將軍尒朱榮上黨王天穆自晉陽來朝帝殺榮及天穆於明光殿大赦天下遣武衛將軍奚毅前燕州刺史侯淵帥衆鎮北中是夜左僕射尒朱世隆榮妻鄉郡長公主帥榮部曲焚西陽門出屯河陰攻河橋擒殺奚毅等屠害之據北中城南逼京邑十月通直散騎常侍假平西將軍都督李苗以火舡焚河橋尒朱世隆退走壬寅尒朱世隆停建興之高都尒朱兆自晉陽來會之共推太原太守行并州刺史長廣王曄爲主大赦所部號年建明十二月尒朱兆寇丹谷都督崔伯鳳戰歿都督羊文義史五龍降兆大都督源子恭奔退尒朱兆尒朱度律自富平津上率騎涉渡以襲京城事出倉卒禁衞不守帝步出雲龍門兆逼帝幸永寧

之佛寺殺皇子亂兵殺司徒公臨淮王彧僕射范陽王誨戊申元曄大赦天下尒朱度律自鎮京師尒朱兆遷帝於晉陽崩於城内三級佛寺時年二十四中興二年謚爲武懷皇帝太昌元年又謚孝莊皇帝廟號敬宗葬靜陵

節閔皇帝

後魏書曰節閔皇帝諱恭自脩業廣陵惠王之子也母曰王氏王少端謹有志度長而好學事祖母嫡母以孝聞正始中襲爵延昌中拜通直散騎常侍正光三年加散騎常侍領給事黄門侍郎以元乂擅權遂稱疾不起乂之因託瘖病五年就除金紫光禄大夫建義元年除儀同三司既絶言垂將一紀居於龍華佛寺無所交通永安末有白莊帝者言王不語將有異圖民間遊聲又云有天子之氣王懼禍逃匿上洛尋見追躡執送京師拘執多日以無狀獲免及莊帝崩尒朱世隆等以元曄疎遠又非人望所推以王潛嘿晦身有過人量將謀廢立恐實不語乃令王所親申其意百且兼迫脅王遂荅曰天何言哉世隆等大悦春二月曄迫至邙南世隆等奉王東郭之外行禪讓之禮太尉公尒朱度律進璽綬袞冕之服及就輅車百官侍衛入自建春雲龍門昇太極殿前羣臣拜禮畢遂登閶闔門詔大赦天下以魏爲大魏改建明二年爲普泰是月幽州刺史劉靈助起兵於薊撫軍將軍金紫光禄大夫兼侍中河北大使高乾邕及弟平北將軍通直散騎常侍高敖曹率衆夜襲冀州執刺史元嶷魚力共推前河内太守封隆之行州事三月封長廣王爲東海王潁川王尒朱兆爲天柱將軍晉州刺史平陽郡開國公高歡封勃海信都王夏四月詔有司不得復稱偽梁罷細作之條無禁鄰國還往高歡以

尒朱逆亂始興義兵於信都西定殷州斬其刺史尒朱羽生命南趙郡太守李元忠爲刺史鎮廣阿八月追尊皇考爲先帝皇妣爲先太妃封皇弟永業爲高密王皇子子恕爲青州勃海王既而高歡推立安定王爲帝於信都二年三月高歡敗尒朱天光等於韓陵夏四月高歡使魏蘭根慰喻洛邑且觀帝之爲人蘭根忌帝雅德還致毀謗竟從崔陵議廢帝於崇訓佛寺而立平陽王脩是爲孝武帝五月帝殂於門下外省時年三十孝武帝詔百司赴會大鴻臚監護喪事葬用王禮加以九旒鑾輅黄屋左纛班劒百二十人後西魏追謚節閔皇帝

後廢帝安定王

後魏書曰後廢帝諱朗字仲哲章武王融第三子也母曰程氏少稱明悟永安二年爲肆州魯郡王後軍府司馬元

韓之建明二年正月爲冀州渤海太守及高歡起義兵將誅暴逆乃推戴之冬十月即皇帝位於信都城西升壇柴燎大赦稱中興元年以高歡爲侍中丞相都督中外諸軍事大將軍録尚書大行臺增邑三萬户以兼侍中撫河北大使高乾邕爲侍中司空以前平北將軍通直散騎常侍高敖曹爲驃騎大將軍儀同三司冀州刺史以終其身十一月高歡率師攻鄴城二年春正月拔鄴擒刺史劉誕二月以高歡爲大丞相柱國大將軍太師增封三萬户并前爲六萬户三月以齊文襄王起家爲驃騎大將軍儀同三司車駕幸鄴閏月尒朱天光兆度律仲遠等屯於洹水之南高歡出頓紫陌尒朱兆率輕騎三千夜襲鄴城叩西門不尅退走高歡大破尒朱天光等四胡於韓陵前廢帝鎮軍將軍賀拔勝徐州刺史杜德於陣降尒朱兆走并州仲遠奔東郡天光度律將赴洛陽大都督斛斯椿賈顯智倍道先還夏四月椿等據河橋懼罪自効尋擒天光度律於河橋西北大行臺長孫稚都督賈顯智等率騎入京師執尒朱世隆彦伯斬於都街口送天光度律於高歡尒朱仲遠奔蕭衍車駕至河陽乃遜於別邸太昌元年五月封安定郡王邑一萬户後以罪殂於門下外省時年二十永熙二年葬鄴西南野馬崗

孝武皇帝

後魏書曰孝武皇帝諱脩字孝則廣平武穆王懷之第三子毋曰李氏性沉厚少言好武治封汝陽縣公拜通直散騎侍郎轉中書侍郎建義初除散騎常侍尋遷平東將軍兼太常卿又爲鎮東將軍宗正卿永安三年封平陽王普泰初轉侍中鎮東將軍儀同三司兼尚書左僕射又加侍中尚書右僕射中興二年夏四月安定王自以踈遠未允四海之心請遜大位齊獻武王高歡與百寮會議僉謂高祖不可無後乃共奉王即帝位於東郭之外自來陽雲龍門御太極前殿群臣朝賀禮畢升閶闔門大赦天下改中興二年爲太昌元年帝以世易除復齊獻武王爲大丞相大將軍還鄴車駕餞別於乾脯山殺大司馬汝南王悅大赦天下改太昌爲永興以同太宗時號尋改爲永熙二年春正月車駕幸崧高石窟靈巖寺十二月車駕狩於嵩陽遂幸温湯車駕還宮三年春二月壬子大赦壬午封左衛將軍元斌之爲潁川王夏四月癸丑日有蝕之五月丙戌直勳府庶子箱別六百人騎官箱別二百人閤内部曲數千人帝内圖高歡乃以斛斯椿爲領軍使與王思政等統之以爲心膂軍謀朝政咸决於椿分置督將及河南關西諸刺史辛卯下詔戒嚴揚聲伐梁實謀北討秋七月巳丑帝親總六軍率南陽王寶炬清河王亶廣陽王湛斛斯椿以五千騎宿於瀍西陽王別舍沙門都維那惠臻負璽持千牛刀以從有牛百頭盡殺以食軍士衆知帝將出其夜亡者過半清河廣陽二王亦逃歸略陽公宇文泰遣都督駱超率賢和各領數百騎赴駱超先至甲戌賢和會帝於崤中己酉高歡入洛遣婁昭及河南尹元子思領左右侍官追帝請迴駕高昂率勁卒及帝於陝西帝楊鞭長騖至湖城飢渴甚有王思村人以麥飯壺漿獻帝甘之復一村十年帝至稠桑潼關大都督毛洪賓迎獻食八月宇文泰遣大都督趙貴梁禦甲騎二千來赴乃奉迎帝過河謂禦曰此水東流而朕西上若得重謁洛陽廟是卿等功也帝及左右皆流涕宇文泰迎於東陽帝勞之將士皆呼萬

歲遂入長安以雍州公廨爲宫大赦甲寅高歡推司徒清河王亶爲大司馬承制揔萬機居尚書省歡追車駕至潼關九月己酉歡東還洛陽帝親督衆攻潼關斬其行臺華長瑜冬十月高歡推清河王亶子善見爲主徙都鄴是爲東魏魏於此始分爲二十二月帝崩時年二十五謚曰孝武葬雲陵

文皇帝

後魏書曰文皇帝諱寶炬孝文皇帝之孫京兆王愉之子也母曰楊氏帝正始初坐父愉罪兄弟皆幽宗正寺及宣武崩乃得雪正光中拜直閤將軍時胡太后嬖寵帝與明帝謀誅之事泄免官武泰中封邵縣侯永安三年進封南陽王孝武即位拜太尉加侍中永熙二年進位太保開府尚書令三年孝武與高歡搆難以帝中軍四面大都督及從入關拜太宰錄尚書事孝武崩丞相略陽公宇文泰率羣公卿士奉表勸進三讓乃許焉大統元年春三月戊申帝即位於城西大赦改元追尊皇考爲文景皇妣楊氏爲后己酉進丞相略陽公宇文泰都督中外諸軍錄尚書事大行臺改封安定郡公以尚書令斛斯椿爲太保廣平王贊爲司徒乙卯立妃乙氏爲皇后二年春正月辛亥祀南郊改以神元皇帝配東魏攻陷夏州三年冬十月安定公宇文泰大破東魏軍於沙苑拜泰柱國大將軍四年春正月辛酉拜天於清暉室終帝世遂爲常正二月東魏攻陷南汾潁豫廣四州廢皇后乙氏三月立蠕蠕（而兗切）女郁九閭氏爲皇后大赦秋七月東魏將侯景等圍洛陽帝與安定公宇文泰東伐九月車駕至東伐五年冬十月於陽武門外縣鼓置紙筆以求得失六年春正月庚戌朝群臣自西還至此禮樂始備七年十二月御逍雲觀引見諸王叙家人之禮手詔爲宗誡十條以賜之八年春正月初置六軍十六年五月東魏靜帝遜位於齊秋七月安定公宇文泰東伐至恒農齊師不出乃還九月大赦十七年春正月庚戌帝崩于乾安殿時年四十五葬於永陵謚曰文皇帝

廢帝

後魏書曰廢帝名欽文皇帝之長子也母曰乙皇后大統元年正月乙卯立爲皇太子十七年三月即皇帝位二年秋八月大將軍尉遲迥尅成都劍南平冬十一月安定公宇文泰殺尚書元烈三年正月安定公宇文泰廢而立齊王廓帝自元烈之誅有怨言淮安王育廣平王贊等並垂泣諫帝不聽故及於辱

恭皇帝

後魏書曰恭皇帝諱廓文帝之第四子也大統十四年封爲齊王廢帝三年正月即皇帝位改元十一月師滅梁戕（土良切）梁元帝梁太尉王僧辯奉元帝子方智爲王承制居建業三年春正月丁丑初行周禮建六官以安定公宇文泰爲太師冢宰以柱國李弼爲大司徒以趙貴爲太保大宗伯以尚書令獨狐信爲大司馬以于謹爲大司寇以侯莫陳崇爲司空冬十月乙亥安定公宇文泰薨十二月庚子帝遜位於周閔帝元年正月東魏封帝爲宋公尋殂

東魏孝靜皇帝

後魏書曰孝靜皇帝諱善見清河文宣王亶之世子也母曰胡妃永熙二年拜通直散騎侍郎秋八月爲驃騎大將軍開府儀同三司孝武既入關渤海王高歡奉迎不克乃與百僚會議推帝以奉肅宗之後時年十一冬十月即位

大赦天下改永熙三年爲天平元年有事於太廟詔曰安安能遷自古之明典所居靡定往昔之成規是以殷遷八城周卜三地吉凶有數隆替無恒事由於通變理出於不得已故也高祖孝文皇帝式觀乾象俯協人謀發自武州來幸嵩縣魏雖舊國其命惟新及正光之季國步孔棘喪亂不已寇賊相侵俾我生民無所措手今遠遵古式深驗時事考龜襲吉遷宅漳滏庶克隆洪基再昌寶曆主者明爲條格及時發邁車駕北遷詔渤海王高歡留後部分以衛軍大將軍尚書令元弼爲驃騎大將軍儀同三司洛州刺史鎮洛陽十一月車駕幸鄴是冬蕭衍以元慶和爲鎮北將軍魏王入據平瀨鄉孝武崩於長安二年春正月渤海王高歡襲擊山胡劉蠡升大破之詔以高歡爲相國假黃鉞劍履上殿入朝不趨王固讓不受三月高歡討劉蠡升斬之蠡升子南海王復僭帝號高歡進擊破擒之及其第西海王皇后夫人王公已下四百餘人并獲逋逃之民二萬餘户八月發七萬六千人營新宮十二月車駕狩於鄴是歲西魏文帝大統元年三月春正月詔加渤海王高歡九錫之禮遣侍中元子思敦喻固讓乃止二月詔加渤海王世子澄使持節尚書令大行臺大都督秋七月大赦天下四年夏四月遷七帝神主入新廟大赦天下先是蕭衍因益州刺史傅和請好遣李諧等使於蕭衍冬十月西魏遣其大行臺元季海大都督獨孤如願逼洛州行軍事廣陽王湛弃城退還季海如願遂據金墉潁川長史賀若徽執刺史田迅西叛引西魏都督梁迴據城西魏又遣其都督趙繼宗右丞韋孝寬等攻陷豫州大象元年春正月巨象至自碭郡陂中南兖州獲送大赦改年大都督賀拔仁攻西魏南汾州拔之率豫州刺史堯雄等

與大行臺侯景司徒高敖曹大都督万俟受洛于等於北豫相會俱討潁州梁迴等棄城遁走潁川平秋七月行臺侯景司徒高敖曹圍西魏將獨孤如願於金墉城八月大敗西魏於河陰司徒高敖曹儀同三司大都督李猛宗顯並戰歿西魏留其長孫子彥守金墉渤海王高歡濟河子彥棄城走興和元年五月立皇后高氏大赦天下秋七月詔渤海王高歡爲相國録尚書事大行臺固辭相國九月發畿内民夫十萬人城鄴城四十日罷十一月以新宮成大赦改元二年春正月徙新宮大赦天下三年冬十月詔羣官於麟趾閣議新定制令頒於天下發夫五萬人築漳濱堰四年夏五月渤海王高歡請令百官月一面敷政事明揚仄陋納諫屏邪親理獄訟武定元年春正月大赦改年車駕蒐於邯鄲之西山三月渤海王高歡討宇文黑獺於邙山大破之擒西魏臨洮王森蜀郡王榮宗江夏王昇鉅鹿王闡譙郡王亮追奔至恒農而還豫洛二州平二年春正月渤海王高歡請在并州置晉陽宮以處配没之口三月渤海王世子高澄爲大將軍五年春正月渤海王高歡薨於晉陽司徒侯景反潁州刺史司馬世雲以城附之景入據潁城誘執豫州刺史高元成廣州刺史暴顯等司空韓軌驃騎大將軍儀同三司賀拔仁驃騎大將軍儀同三司可朱渾道元左衛將軍劉豐等率衆討之景乃遣使降於西魏請師救援西魏遣其將李景和王思政帥騎赴之思政等入據潁川景乃出走豫州侯景復背西魏歸於蕭衍衍置景爲河南王大將軍承制六月司徒韓軌司空可朱渾道元等自潁川班師大將軍高澄迎勞於石濟高澄還晉陽秋七月以大將軍高澄爲使持節大丞相都督

中外諸軍事録尚書事大行臺渤海王九月蕭衍遣其兄子貞陽侯淵明率衆寇徐州堰泗州於寒山以灌彭城冬十月以尚書左僕射慕容紹宗爲東南道行臺與驃騎大將軍儀同三司大都督高岳潘相樂討淵明十一月大破之擒淵明及其二子六年正月大都督高岳等戰於渦陽大破侯景俘斬五萬餘人溺於渦水水爲之不流景走淮南冬十月侯景濟江推蕭衍弟子臨賀世王正德爲主以攻建業蕭衍弟子北徐州刺史封山侯蕭正表以鍾離內屬三月侯景尅建業還以蕭衍爲主衍第子北兖州刺史定襄侯蕭祗湘潭侯蕭退來降夏四月詔渤海王高澄緑綬紱讃拜不名入朝不趨劒履上殿是月侯景殺蕭衍立子綱爲主六月尅潁州擒西魏大將軍尚書左僕射東道大行臺太原郡開國公王思政潁州刺史皇甫僧顯及戰士男女數萬口八月盜殺渤海王高澄甲午太原公高洋如晉陽八年春正月帝爲渤海王高澄舉哀於東堂詔太原公高洋嗣事三月進爵爲齊王夏五月詔齊王爲相國揔百揆備九錫之禮以齊國太妃爲王太后王妃爲王太后詔歸帝位於齊國即日遜於別宮齊天保元年封中山王二年冬十二月殂時年二十八謚曰孝靜皇帝葬於漳西山岡

太平御覽卷第一百四

太平御覽卷第一百五

皇王部三十

後周太祖文皇帝　孝閔皇帝

明皇帝　武皇帝

宣皇帝　靜皇帝

後周太祖文皇帝

周書曰太祖文皇帝姓宇文氏諱泰字黒獺代郡武川人其先出自炎帝炎帝爲黄帝所滅子孫遁居朔野有葛烏兎者雄武多筭略鮮卑慕之奉以爲主遂摠十二部落世爲大人其後裔孫曰普回因狩得玉璽三紐有文曰皇帝璽普回異之以爲天授其俗謂天子曰宇文因號宇文國并以爲氏焉太祖德皇帝之少子也母曰王氏初孕五月夜夢抱子昇天纔不至而止寤而告德皇帝德皇帝喜曰雖不至天貴亦極矣魏孝昌二年燕州亂太宗始以統軍從尒朱榮征之先是北海王顥奔梁梁人立爲魏王令率兵入洛魏孝莊帝出居河内以避之榮遣賀拔岳討顥仍迎孝莊帝太祖與岳有舊乃以別將從岳及孝莊帝反正以功封寧都子邑三百户遷鎮遠將軍步兵校尉万俟（上音墨下音其）醜奴作亂關右孝莊帝遣尒朱天光及岳等討之太祖遂從岳入關先鋒破魏行臺尉遅菩薩等及平醜奴定隴右太祖功居多遷征西將軍金紫光禄大夫增邑三百户加直閤將軍行原州事太常元年岳以太祖爲左丞領岳府司馬加散騎常侍事無巨細皆委决焉表太祖爲持節衛將軍夏州刺史魏永熈三年正月岳與侯莫陳悦討曹泥二月岳爲悦所害四月太祖率輕騎臨悦軍悦大懼太祖統兵奮擊大破之悦遁走追及斬之魏帝遣著作郎姚幼瑜持節勞軍進太祖侍中驃騎大將軍開府儀同三司關西大都督洛陽縣公承制封拜使持節如故七月丁未從帝洛陽率輕騎入關太祖備儀衛奉迎謁見東陽驛八月齊神武襲陷潼關侵華陰太祖率諸軍屯霸上以待之齊神武留其將薛瑾守關而退太祖乃進軍襲瑾虜其卒七千還長安進位丞相冬十月齊神武推魏清河王亶子善見爲主徙都於鄴是爲東魏閏十二月魏孝武帝崩太祖立魏南陽王寶炬爲嗣是爲文皇帝大統十七年春三月魏文帝崩皇太子嗣位太祖以冢宰摠百揆三年魏帝有怨言魏臨淮王育廣平王贊等垂泣諫之帝不聽於是太祖與公卿定議廢帝立齊王廓是爲恭帝元年夏四月帝大饗群臣魏史柳虬執簡書告於朝曰廢帝文皇帝之嗣子年七歲文帝託於安定公曰是子也才由于公不才亦由于公公宜勉之公既受茲重寄居元輔之任又納女爲皇后遂不能訓誨有成致令廢黜負文皇帝付囑之意此咎非安定公而誰太祖乃令太常盧辯作誥諭公卿曰嗚呼我羣后暨衆士維文皇帝以襁褓之嗣託於予訓之誨之庶厥有成而予罔能弗變厥心庸暨乎廢墜我文皇帝之志嗚呼茲咎予其焉避予實知之矧爾衆人之心哉惟予之顔豈惟今厚將恐來世以予爲口實乙亥魏帝詔封太祖子邕爲輔城公憲爲安城公邑各二千户三年九月太祖有疾還至雲陽命中山公護受遺輔嗣子冬十月乙亥崩於雲陽宮還長安發喪時年五十二葬于成陵謚曰文公孝閔帝受禪追尊爲文王廟曰太祖武成元年追爲文皇帝

孝閔皇帝

後周書曰孝閔皇帝諱覺字陁羅尼太祖第三子也母曰

元皇后大統八年生於同州七歲封略陽郡公時有善相者史元華見帝退謂所親曰此公子有至貴之相但恨其壽不足以稱之耳魏恭帝三年三月命爲安定公世子十月乙亥太祖崩景子世子嗣位爲太師大冢宰十二月丁亥魏帝詔以岐陽之地封帝爲周公庚子禪位於帝元年春正月辛丑即天王位柴燎告天朝百官於路門追尊皇考文公爲文王皇妣爲文后大赦天下封魏帝爲宋公帝性剛果見晉公護執政深忌之司會李植軍司馬孫恒以先朝佐命入侍左右亦疾護權重乃與宫伯乙弗鳳賀拔提等潛謀請帝誅護帝然之又引宫伯張先洛同謀先洛密白護護乃出植爲梁州刺史恒爲潼州刺史鳳等遂不自安更奏帝將召羣臣入因此誅護先洛又白之時小司馬尉遲綱總統宿衛兵護乃召綱共謀廢立令綱入殿中詐呼鳳等論事既至以次執送護第並誅之綱乃罷禁兵帝方悟無左右獨在内殿令宫人持兵自守護又遣大司馬賀蘭祥逼帝遜位遂幽於舊邸月餘以弑崩時年十六護誅後謚曰孝閔皇帝陵曰静陵

明皇帝

後周書曰世宗明皇帝諱毓小名統萬突太祖長子也母曰姚夫人永熙三年太祖臨夏州生帝於統萬城因以名焉大統十四年封寧都郡公十六年行華州事尋拜開府儀同三司宜州諸軍事宜州刺史魏恭帝三年授大將軍鎮隴右孝閔踐祚進位柱國轉岐州諸軍事岐州刺史治有美政黎民懷之及孝閔帝廢晉公護遣使迎帝於岐州秋九月癸亥至京師止於舊邸甲子羣臣上表勸進備法駕奉迎帝固讓羣臣固請是日即天王位大赦天下乙丑朝羣臣於延壽殿武成元年春正月乙酉太師晉公護上表歸政帝始親覽萬機軍旅之事護猶揔焉初改都督諸州軍事爲揔管八月己亥改天王稱皇帝追尊文王爲文皇帝大赦改元二年春正月癸丑朔大會羣臣於紫極殿始用百戲三月辛酉重陽閣成會羣公列將卿大夫及突厥使者於芳林園賜錢帛各有差夏四月帝因食遇毒庚子大漸辛丑崩於延壽殿時年二十七謚曰明皇帝廟稱世宗葬昭陵

武皇帝

後周書曰高祖武皇帝諱邕字祢羅突太祖第四子母曰叱奴太后大統九年生於同州有神光照室幼而孝敬聰敏有器質太祖異之曰成吾志者必此兒也年十二封輔城郡公孝閔帝踐祚拜大將軍出鎮同州世祖即位遷柱國授蒲州諸軍事蒲州刺史武成元年入爲大司空治御正進封魯國公領宗師甚爲世宗所親愛朝廷大事多共參議性沉深有遠識非因顧問終不輙言世宗每歎曰夫人不言言必有中武成二年世宗崩遺詔傳位於帝帝固讓百官勸進乃從之壬寅即皇帝位大赦天下保定元年春正月戊寅詔曰寒暑亟周奄及徂歲改元命始國之典章朕承寶圖宜遵故實可改武成三年爲保定元年嘉號既新惠澤宜溥文武百官各增四級以大冢宰晉國公護爲都督中外諸軍事四年十月詔大將軍大冢宰晉國公護率軍伐齊齊於太廟庭授以斧鉞於是護揔大軍出潼關大將軍權景宣率山南諸軍出豫州少師楊摽出軹關天和元年正月大赦改元五月甲午詔曰道德交喪禮義嗣興褒四始於一言美三千於爲敬是以在上不驕處滿

不溢富貴所以長守邦國於焉乂安故能承天靜地和民敬鬼明並日月道合四時朕雖庸昧有志前古甲子乙卯禮云不樂萇弘表昆吾之稔杜蕢墟怪有楊觶音寘之文自世道喪亂禮儀素毀此典茫然已墜于地昔周王受命請闡顓頊廟有戒盈之器室爲復禮之銘矧伊末學而能忘此宜依是日有事停樂庶知爲君之難爲臣不易貽之後昆殷鑒斯在四年春正月辛卯朔廢朝以齊武成崩故也遣司會河陽公李綸等會葬於齊仍弔賻焉建德元年三月癸卯朔日有蝕之齊遣使來聘景辰誅大冢宰晉國公護其子柱國譚國公會會弟大將軍莒國公至崇業公靜并柱國侯伏侯龍恩龍恩弟大將軍萬壽大將軍劉勇等大赦改元罷中外府二年秋七月己巳祠太廟自春末不雨至於是月壬辰集百寮於文德殿帝責躬罪已問以治政得失五年十月乙酉帝揔戎東伐以越王盛爲右一軍揔管杞國公亮爲右二軍揔管隋國公楊堅爲右三軍揔管譙王儉爲左一軍揔管大將軍竇恭爲左二軍揔管廣化公丘崇爲左三軍揔管齊王憲陳王純爲前軍六年春正月尉遲勤擒齊主及其太子恒於青州四月乙巳至自東伐列齊主於前其王公等並從車輿旗幟及器物以次陳於其後大駕布六軍備凱樂獻俘於太廟京邑觀者皆稱萬歲戊申封齊主爲溫國公宣政元年三月於蒲州置宮廢同州及長春宮甲戌初服常冠以皂紗爲之加簪而不施纓道其制若今之折角巾也上大將軍鄭國公王軌破陳師於呂梁擒其將吳明徹等俘斬三萬餘人五月己丑帝揔戎北伐遣柱國平原公姬願東平公宇文神舉等率軍五道俱入發關中公私馬驢悉從軍癸巳帝不豫止於雲陽宮丙申詔停諸軍事六月丁酉帝疾甚還京其夜崩於乘輿時年三十六謚曰武皇帝廟稱高祖葬孝陵

宣皇帝

後周書曰宣皇帝諱贇字乾伯高祖長子也母曰李太后武成元年生於同州保定元年五月景午封魯國公建德元年四月癸巳高祖親告廟冠於阼階立爲皇太子詔皇太子巡撫西土文宣皇后崩高祖諒闇詔太子揔朝政五旬而罷高祖每巡幸四方太子常留監國五年二月又詔皇太子巡西土因討吐谷渾宣政元年六月丁酉高祖崩戊戌太子即皇帝位尊皇后爲皇太后大象元年春正月癸酉受朝於露門帝服通天冠絳紗袍羣臣皆服漢魏衣冠大赦改元大成初置四輔官以上柱國大冢宰越王盛爲大前疑相州揔管蜀國公尉遲迥爲大右弼申國公李穆爲大左輔大司馬隋國公楊堅爲大後丞二月辛巳詔曰皇太子衍地居上嗣正統所歸遠憑積德之休允協無疆之祚帝王之量不肅而成天祿之期不謀已至朕今傳位於衍乃睠四海深合謳歌之望俾予一人高蹈風塵之表萬方兆庶知朕意焉可大赦天下改大成年爲大象元年帝於是自稱天元皇帝所居稱天臺冕二十有四旒車服旂鼓皆以二十四爲節內史御正皆置上大夫皇帝衍稱正陽宮置納言御正諸衛等官皆准天臺尊皇太后爲天元皇太后二年五月甲午夜帝備法駕幸天興宮乙未帝不豫還宮詔隋國公堅入侍疾己酉大漸御正下大夫劉昉與內史上大夫鄭譯矯制以隋國公堅受遺輔政是日帝崩於天德殿時年二十二謚曰宣皇帝葬定陵

靜皇帝

後周書曰：靜皇帝諱衍，後改爲闡，宣帝長子也。母曰朱皇后。建德二年六月生於東宮。大象元年正月癸卯，封魯王。戊午，立爲皇太子。二月辛巳，宣帝於鄴宮傳位授帝，居正陽宮。二年夏五月乙未，宣帝寢疾，詔帝入宿於露門學。己酉，宣帝崩，帝入居天臺，廢正陽宮，大赦天下，停洛陽宮作。大定元年春正月壬午，詔曰：朕以不天，夙遭極罰，訂光陰遄速，遽及此辰，窮慕纏綿，言增號絶，踰祀革號，憲章前典，可改大象三年爲大定元年。二月庚申，大丞相隋王楊堅爲相國，總百揆，備九錫之禮，又加冕十有二旒，建天子旌旗，出警入蹕，並依魏晉故事。甲子，隋王楊堅稱號，帝遜於別宮。隋氏奉帝爲介國公，邑萬户，車服禮樂一如周制，上書不爲表，荅不稱詔，有其文，事竟不行。開皇元年五月壬申崩，時年九歲，謚曰靜皇帝，葬恭陵。

太平御覽卷第一百五

太平御覽卷第一百六

皇王部三十一

隋高祖文皇帝　煬皇帝

隋高祖文皇帝

隋書曰高祖文帝姓楊氏諱堅弘農郡華陰人也漢太尉震八代孫鉉仕燕爲北平太守鉉生元壽後魏代爲武川鎮司馬子孫因家焉元壽生太原太守惠嘏惠嘏生平原太守烈烈生寧遠將軍禎禎生忠忠即皇考也皇考從周太祖起義關西賜姓普六茹氏位至柱國大司空隋國公薨贈太保謚曰桓皇妣吕氏以大統七年六月癸丑夜生高祖於馮翊般若寺紫氣充庭有尼來自河東謂皇妣曰此兒所從來甚異不可於俗間處之尼將高祖舍於別館躬自撫養皇妣嘗抱高祖忽見頭上角出遍體鱗起皇妣大駭墜高祖

於地尼自外入見曰已驚我兒致令晚得天下爲人龍顔頟有五柱入頂目光外射有文在手曰王長上短下沉深嚴重初入太學雖至親昵不敢狎也年十四京兆尹薛善辟爲功曹十五以太祖勲授散騎常侍車騎大將軍儀同三司封成紀縣公武帝即位遷左小宮伯出爲隋州刺史進位大將軍後徵還遇皇妣寢疾三年晝夜不離左右世稱純孝宇文護執政尤忌高祖屢將害焉大將軍侯伏侯壽等匡護得免其後襲爵隋國公武帝娉高祖長女爲皇太子妃益加禮重齊王憲言於帝曰普六茹堅相貌非常臣每見之不覺自失恐非人下請早除之帝曰此止可爲將耳内史王軌驟言於帝曰皇太子非社稷主普六茹堅皃有反相帝不悅曰必天命有在將若之何高祖甚懼深自晦匿建德中率水軍三萬破齊師於河橋明年從帝平齊進位柱國與宇文憲破齊任城王高湝於冀州除定州揔管宣帝即位以后父徵拜上柱國大司馬大象初遷太僕丞右司武俄轉大　帝每巡幸恒委以居守大象二年五月以高祖爲楊州揔管將發暴有足疾不果行乙未宣帝崩時靜帝幼冲未能親理政事内史大夫鄭譯御正大夫劉昉以高祖皇后之父衆望所歸遂矯詔引高祖入揔朝政都督内外諸軍事周氏諸王在藩者高祖恐其生變稱趙王招將嫁女於突厥爲詞以徵之丁未發喪庚戌周帝拜高祖假黄鉞左丞相百官揔已而聽焉十二月甲子周帝詔以郢州之漢東二十郡爲隋國劒履上殿入朝不趨贊拜不名備九錫之禮加璽紱遠遊冠相國印綠綟綬位在諸王上隋國置丞相已下一依舊式高祖再讓不許於是建臺置官大定元年二月丙辰詔王冕十有二旒建天子

旌旗出警入蹕乘金根車駕六馬備五特副車置旄頭雲罕樂儛八佾設鍾簴宫懸王妃爲王后長子爲太子前後三讓乃授俄而周帝以衆望有歸乃下詔遣大宗伯大將軍金城公趙煚奉皇帝璽紱百官勸進高祖乃受焉開皇元年二月甲子上自相府常服入宫備禮即皇帝位於臨光殿設壇於南郊遣使柴燎告天是日大赦改元爲開皇六月癸未詔以初受天命赤雀降祥五德相生赤爲火色其郊及社廟依服冕之儀而朝會之服旗幟犧牲各令尚赤戎服以黄秋七月乙卯上始服黄百寮畢賀二年六月景申詔曰龍首山川原秀麗卉物滋阜卜食相土宜建都邑定鼎之基永固無窮之業所在公私府宅規模遠近營構資費隨事條奏仍詔左僕射高熲將作大匠劉龍鉅鹿郡公賀婁子幹太府少卿高龍义等創造新都三年春正月庚

子將入新都大赦天下六年二月丁亥發丁男十一萬脩築長城三旬而罷七年春正月癸巳有事於大廟乙未制諸州歲貢三人丁巳祀朝日於東郊己巳陳遣兼散騎常侍王亨兼通直散騎常侍王眘來聘壬申車駕幸醴泉宮是月發丁男十萬餘脩築長城二旬而罷夏四月巳酉幸晉王第庚戌於楊州開山陽瀆以通運漕八年冬十月甲子將伐陳有事於大廟命晉王廣秦王俊清河公楊素並爲行軍元帥以伐陳九年春正月巳巳白虹夾日辛未賀若弼拔陳京口韓擒虎拔陳南豫州癸酉以尚書右僕射虞慶則爲右衛大將軍景子賀若弼敗陳師於蔣山獲其將蕭摩訶韓擒虎進師入建業獲其將任蠻奴獲陳主叔寶陳國平得州三十郡一百縣四百癸巳遣使持節巡撫之夏四月巳亥幸驪山親勞旋師乙巳三軍凱入獻俘於

太廟拜晉王廣爲太尉五月巳卯以吏部尚書蘇威爲尚書右僕射六月乙丑以荆州揔管楊素爲納言丁丑以吏部侍郎盧愷爲禮部尚書時朝野物議咸願登封秋七月景午詔曰豈可命一將軍除一小國遐邇注意便謂太平子以薄德而封名山用虚言而干上帝非朕攸聞而今以後言及封禪宜即禁絕二十年冬十月乙丑皇太子勇及其諸子並廢爲庶人殺柱國太平縣公史萬歲巳巳殺左衛大將軍五原郡公元旻十一月戊子天下地震京師大風雪以晉王廣爲皇太子十二月戊午詔東宮官屬不得稱臣於皇太子仁壽元年春正月乙酉朔大赦改元以尚書右僕射楊素爲尚書左僕射納言蘇威爲尚書右僕射丁酉徙河南王昭爲晉王三年七月詔令州縣搜揚賢哲皆取明知今古通識治亂究政教之本達禮樂之源不限多少不得不舉以三旬咸令進路徵召將送必須以禮四年春正月景辰大赦甲子幸於仁壽宮乙丑詔賞罰支度事無巨細並付皇太子夏四月乙卯上不豫六月庚申大赦天下八月甲辰上疾甚臥於仁壽宮與百寮辭訣並握手歔欷是時唯太子及陳宣華夫人侍疾太子無禮宣華訴之帝怒曰死狗那堪付後事遽令召勇楊素秘不宣乃屏左右令張衡入拉帝血濺屏風寃痛之聲聞于外年六十四在位二十四年

史臣曰高祖龍德在田奇表見異晦明藏用故知我者稀始以外戚之尊受託孤之任與能之議未爲當時所許是以周室舊臣咸懷憤惋既而王謙固三蜀之阻不踰朞月尉遲迥舉全齊之衆一戰而亡斯乃非止人謀抑亦天之所賛也乘兹機運遂遷周鼎于時蠻夷猾夏荆揚未一劬

勞日昃經營四方樓船南邁則金陵失險驃騎北指則單于款塞職方所載並入疆理禹貢所圖咸受正朔雖晉武之克平吳會漢宣之推亡固存比義論功不能尚也七德既敷九歌巳洽要荒咸暨尉候無警於是躬節儉平徭賦倉廩實法令行君子咸樂其生小人各安其業強無陵弱衆不暴寡人物殷阜朝野歡娛二十年間天下無事區宇之內晏如也考之前王足以參蹤盛烈但素無學術不能任下無寛仁之度有刻薄之資暨乎暮年此風逾扇又雅好符瑞暗於大道建彼維城權侔京室人皆同帝制靡所適從聽哲婦之言惑邪臣之說溺寵廢嫡託付失人滅父子之道開昆弟之隙縱其尋斧翦伐本枝墳土未乾子孫繼踵屠戮松檟纔列天下皆非隋有惜哉迹其衰怠之源稽其亂亡之兆起自高祖成於煬帝所由來遠矣非一朝一夕

其不祀怨諸未爲不幸也

煬皇帝

隋書曰煬皇帝諱廣一名英小字阿麽高祖第二子也母曰文獻獨孤皇后上美姿儀少敏慧高祖及后於諸子中特所鍾愛在周以高祖勳封鴈門郡公開皇元年立爲晉王拜柱國并州總管時年十三尋授武衛大將軍進位上柱國河北道行臺尚書令大將軍如故高祖令項城公韶安道公李徹輔導之上好學善屬文沉深嚴重朝野屬望高祖密令善相者來和徧視諸子和曰晉王眉上雙骨隆起貴不可言既而高祖幸上所居第見樂器絃多斷絕又有塵埃若不用者以爲不好聲妓善之上尤自矯飾當時稱爲仁孝嘗觀獵遇雨左右進油衣上曰士卒皆霑濕我獨衣此乎乃令持去六年轉淮南道行臺尚書令其年徵

拜雍州牧內史令八年冬大舉伐陳以上爲行軍元帥及陳平進位太尉賜輅車乘馬衮冕之服玄珪白璧各一復拜并州總管高祖之祠太山領武候大將軍明年歸藩後數載突厥寇邊復爲行軍元帥出靈武無虜而還及太子勇廢立上爲皇太子是月當受册高祖曰吾以大興公成帝業令上出舍大興縣其夜烈風大雪地震山崩民舍多壞壓死者百餘口仁壽初奉詔巡撫東南是後高祖每避暑仁壽宮恒令上監國四年七月高祖崩上即皇帝位於仁壽宮八月奉梓宮還京師并州總管漢王諒舉兵反詔尚書左僕射楊素討平之十一月癸丑詔可於伊雒營建東京即設官分職以爲民極也大業元年正月壬辰朔大赦改元立妃蕭氏爲皇后改豫州爲溱州洛州爲豫州廢諸州總管府景申立晉王昭爲皇太子三月丁未詔尚書令楊素納言楊達將

作大匠宇文愷營建東京徙豫州郭下居民以實之辛亥發河南諸郡男女萬餘開通濟渠自西苑引穀洛水達於河自板渚引河通於淮庚申遣黃門侍郎王弘上儀同於士澄往江南採木造龍舟鳳艒黃龍赤艦樓船等數萬艘七月景子詔曰今宇宙平一文軌攸同十步之內必有芳草四海之中豈無奇秀諸在家及見入學者若有篤志好古就悅典墳學行優敏堪膺時務所在採訪具以名聞即當隨其器能擢以不次八月壬寅上御龍舟幸江都以左武衛大將軍郭衍爲前軍李景爲後軍文武官五品已上給樓船九品已上給黃篾舳艫相接二百餘里冬十月己丑赦江淮已南揚州給復五年舊總管內給復三年二年春正月辛酉東京成賜監督者各有差三月庚午車駕發江都夏四月庚戌上自伊闕陳法駕備千乘萬騎入於東京辛亥上御端門大赦免天

下今年租賦三年四月甲午詔曰夫孝悌有聞人倫之本德行敦厚立身之基或節義可稱或操履清潔所以激貪厲俗有益風化強毅正直執憲不撓學業優敏文才美秀並爲廊廟之用實乃瑚璉之資才堪將略則拔之以禦侮膂力驍壯則任之以爪牙爰及一藝可取亦宜採錄衆善畢舉與時無棄以此求治庶幾非遠文武有職事者五品已上宜依令十科舉人有一於此不必求備朕當待以不次隨才外擢景申車駕北巡狩六月戊子次榆林郡丁酉啓民可汗來朝己亥吐谷渾高昌並遣使貢方物甲辰上御北樓觀漁於河北宴百僚秋七月辛亥啓民可汗上表請變服襲冠帶詔啓民贊拜不名位在諸侯王上甲寅上於郡城東御大帳其下備儀衛建旌旗宴啓民及其部落三千五百人奏百戲之樂賜啓民及其部各有差八月壬午車駕

發榆林乙酉啓民飾廬清道以候乘輿帝幸其帳啓民奉觴上壽宴賜極厚上謂高麗使者曰歸語爾王當早來朝見不然者吾與啓民巡彼土矣皇后亦幸義城公主帳己丑啓民可汗歸蕃癸巳入樓煩關壬寅次太原詔營晉陽宮九月己未次濟源幸御史大夫張衡宅宴享極歡己巳至于東都五年三月己巳車駕西巡河右乙亥幸扶風舊宅夏四月己亥大獵於隴西壬寅高昌吐谷渾伊吾並遣使來朝乙巳狄道党項羌來貢方物癸亥出臨津關渡黃河至西平陳兵講武五月乙亥上獵於拔延山長圍周亘二千里庚辰入長寧谷度星嶺甲申宴羣臣於金山之上六月景午次張掖辛亥詔諸郡學業該通才藝優敏膂力驍壯超絕等倫在官勤舊堪理政事立性正直不避強禦四科舉人壬子高昌王麴伯雅來朝伊吾吐屯設等獻西域

數千里之地上大悅景辰上御觀風行殿盛陳文物奏九部樂設魚龍曼延宴高昌王吐屯設於殿上以寵異之其蠻夷陪列者三十餘國戊午大赦天下文皇已來流配悉放還鄉晉陽逆黨不在此例隴右諸郡給復一年行經之所給復二年秋七月丁卯置馬牧於青海渚中以求龍種無効而止九月癸未車駕入長安六年二月庚申徵魏齊周陳樂人悉配太常三月癸亥幸江都宮甲子以鴻臚卿史祥爲左驍衛大將軍夏四月丁未宴江淮已南父老頒賜各有差七年二月己未上升釣臺臨楊子津大宴百寮頒賜各有差庚申百濟遣使朝貢乙亥上自江都御龍舟入通濟渠遂幸於涿郡八年正月辛巳大軍集於涿郡壬午下詔曰高麗小醜昏迷不恭崇聚勃碣之間荐食遼穢之境親總六師用伸九伐拯厥阽危協從天意若高麗泥首轅門自歸司寇即宜解縛焚櫬弘之以恩其餘臣人歸朝奉順咸加撫慰各安生業隨才任用無隔夷夏營壘所次務在整肅芻蕘有禁秋毫勿犯布以恩宥喻以禍福若其同惡相濟抗拒官軍國有常刑俾無遺類明加曉示稱朕意焉揔管一百一十三萬三千八百號二百萬其餽運者倍之癸未第一軍發終四十日引師乃盡旌旗亘千里近古出師之盛未之有也三月癸巳上御師甲午臨戎於遼水橋戊戌大軍爲賊所拒不果濟右屯衛大將軍左光祿大夫麥鐵杖武賁郎將錢士雄孟金叉等皆死之甲午車駕渡遼大戰於東岸擊賊破之進圍遼東時諸將各奉旨不敢赴機旣而高麗各城守攻之不下六月己未幸遼東責怒諸將止城西數里御六合城七月壬寅宇文述等敗績於薩水右屯衛將軍辛世雄死之九軍並陷將帥奔還亡者二千

餘騎癸卯班師九月庚寅上至東都九年春正月丁丑徵天下兵募民爲驍果集於涿郡二月戊寅幸遼東以越王侗民部尚書樊子蓋留守東都庚子北海人郭方預聚徒爲盜自號盧公衆至三萬攻陷城大掠而去夏四月庚午車駕渡遼壬申遣宇文述楊義臣趣平壤五月丁丑熒惑入南斗己卯濟北人甄寶車聚衆萬餘寇掠城邑六月乙巳禮部尚書楊玄感反於黎陽丙辰玄感逼東都河南贊治裴弘策拒之反爲賊所敗戊辰兵部侍郎斛斯政奔於高麗庚午上班師高麗犯後軍八月壬寅左翊衛大將軍宇文述等破楊玄感於閿鄉斬之餘黨悉平十年二月辛卯詔曰蕞爾高麗僻居荒表鴟張狼噬侮慢不恭抄竊我邊陲侵軼我城鎮是以去歲出軍問罪遼碣殪長蛇於玄菟戮封豕於襄平扶餘衆軍風馳電逝追奔逐北徑踰浿水

滄海丹檝衝賊服心焚其城郭汚其宮室高元伏鑕況首送款軍門尋請入朝歸罪司寇朕以許其改過乃詔班師而長惡靡悛宴安鴆毒此而可忍孰不可容便可分命六師百道俱進朕當親執武節臨御諸軍秣馬九都觀兵遼水順天誅於海外救窮民於倒懸征伐以正之明德以誅之止除元惡餘無所問三月壬子行幸涿郡癸亥次臨渝宮親御戎服禡祭黄帝斬叛軍者以釁鼓秋七月甲子高麗遣使降因送斛斯政上大悦八月己巳班師二月壬申上如東都其日大赦天下戊子入東都十二年七月甲子幸江都宮以越王侗光禄大夫叚達太府卿元文都檢校民部尚書韋津右武衛將軍皇甫無逸右司郎盧楚等惣留後事十三年二月己丑馬邑校尉劉武周殺太守王仁恭舉兵作亂北連突厥自稱定楊可汗庚寅賊帥李密翟

讓等陷興洛倉越王侗遣武賁郎將劉長恭光禄少卿房崱擊之反為所敗死者十五六庚子李密自號魏公稱元年開倉以賑羣盜衆至數十萬河南諸郡相繼皆陷焉五月甲子唐公起義師於太原丙寅突厥數千寇太原唐公擊破之秋七月壬子熒惑守積屍丙辰武威人李軌舉兵反攻陷河西諸郡自稱涼王建元安東八月辛巳唐公破武牙郎將宋老生於霍邑斬之十一月景辰唐公入京師辛酉遥尊帝為太上皇立代王侑為帝改元義寧帝在江都聞唐公舉兵動容者久之以手琢接曰渠有奇相渠得之矣如此者再三遂欲渡江幸丹陽時宿衛諸將皆是秦人各有懷土之志宇文化及因人之心與裴虔通作亂入犯宮闈宿衛皆走遂執帝將出示衆數以十罪復引帝入求鴆不得令狐行達奉帝使坐以練布縊之時年五十蕭后令宮人撤床簀為棺以埋之化及發後右禦衛將軍陳稜奉梓宮於成象殿葬吳公臺下發斂之始容貌若生衆咸異之唐平江南之後改葬雷塘初上自以蕃王次不當立每矯情飾行以釣虚名陰有奪宗之計時高祖雅信文獻皇后而性忌妾媵皇太子勇内多嬖幸以此失愛帝後庭有子皆不育之示無私寵取媚於后大臣用事者傾心與交中使至第無貴賤皆曲承顏色申以厚禮婢僕往來者無不稱其仁孝又常私入宮掖密謀於獻后楊素等因機構扇遂成廢立

太平御覽卷第一百六

太平御覽卷第一百七

皇王部三十二

隋恭皇帝　李密　王世充　竇建德附

隋恭皇帝

隋書曰恭皇帝諱侑元德太子之子也母曰韋妃性聰𢡟有器度大業三年立爲陳王後數載從爲代王邑万户及煬帝親征遼東令於京師揔留事十一年從幸晉陽拜太原太守尋鎮京師義兵入長安尊煬帝爲太上皇奉帝纂業大業十三年十一月壬戌上即皇帝位於大興殿詔大赦天下改義寧元年大辟罪巳下咸赦除之甲子以光祿大夫大將軍太尉唐公爲假黄鉞使持節大都督内外諸軍事尚書令大丞相進封唐王二年三月丙辰右屯衛將軍宇文化及弒太上皇於江都宮立秦王浩爲帝戊辰詔唐王

備九錫之禮加璽紱遠遊冠緑綟綬位在諸侯王上唐國置丞相以下一依舊式五月戊午詔曰天禍隋國大行太上皇遇盗江都酷甚望夷釁深驪北憫予小子奄遭不造哀號永感心情糜潰仰惟荼毒仇復靡申形影相吊罔知啓處相國唐王膺期命世扶危拯溺自北祖南東征西怨揔九合於一匡决百勝於千里糾率夷夏大庇甿黎保乂朕躬繄王是賴德侔造化工格蒼旻兆庶歸心曆數斯在屈爲人臣載違天命在昔虞夏揖讓相推苟非重華誰堪命禹當今九服崩離三靈改卜大運去矣請避賢路兆謀布德顧巳莫能私僮命駕須歸藩國子本代王及子而代天之所廢豈其如是庶憑稽古之聖以誅四凶幸值惟新之恩預充三恪雪寃耻於皇祖守禋祀於孝孫朝聞夕殞及泉先恨今遵故事遜于舊邸庶官群辟改事唐朝宜依前典趨上尊号若釋重負感泰兼懷假手真人俾除醜逆濟濟多士明知朕意仍勑有司凡有表奏皆不得以聞是日上遜位于大唐唐以上爲酅國公武德二年夏五月崩時年十五

史臣曰恭帝年在幼冲遭家多難一人失德四海土崩羣盗蜂起豺狼塞路南巢遂往流彘不歸既鍾百六之期躬踐數終之運謳歌有屬笙鏞變響雖欲不遵堯舜之迹其庸可得乎

李密

唐書曰李密字玄邃本遼東襄平人也父寛隋上柱國蒲山公密以父蔭爲左親侍常在仗下煬帝顧見之退謂許公宇文述曰向者左仗下黒色小兒爲誰許公對曰故蒲山公李寛子密也帝曰個小兒視瞻異常勿令宿衛他日

述謂密曰第聰令如此當以才學取官三衛叢脞非養賢之所密大喜因謝病專以讀書爲事時人希見其面嘗欲尋包愷乘一黄牛被以蒲韉仍將漢書一帙掛於角上一手捉牛靷一手翻卷書讀之尚書令越國公楊素見於道從後按轡躡之既及問曰何處書生躭學若此密識越公乃下再拜自言姓名又問所讀書荅曰項羽傳越公奇之與語大悦謂其子玄感等曰吾觀李密識度汝等不及於是玄感傾心結託大業九年煬帝伐高麗使玄感於麗陽監運時天下騷動玄感將謀舉兵潛遣人入關迎密以爲謀主密至謂玄感曰今天子出征遠在遼外今公擁兵出其不意長驅入薊直扼其喉前有高麗退無歸路不過旬朔賫粮必盡舉麾一召其衆自降不戰而擒此計之上也關中四塞天府之國若西入長安掩其無備天子雖還失其

襟帶據險臨之故當必尅万全之勢此計之中也若隨近逐便先向東都頓堅城之下勝負殊未可知此計之下也玄感曰公之下計乃上策也密計遂不行及玄感敗密乃間行入關爲捕者所獲時煬帝在高麗密與其黨俱送帝所及出關外防禁漸弛密請通市酒食每夜醼飲喧譁竟夕使者不以爲意行至邯鄲密等七人夜穿牆而遁詣淮陽隱姓名自稱劉智遠聚徒教授經數月密鬱鬱不得志爲詩曰金風蕩初節玉露凋晚林此夕窮塗士鬱陶傷寸心野平葭葦合村落藿藜深眺聽良多感徙倚獨霑襟霑襟何所爲悵然懷古意秦俗猶未平漢道將何冀樊噲市井屠蕭何刀筆吏一朝時運會万古傳名謚寄言世上英虛生眞可愧詩成而泣下數行會東郡賊帥翟讓聚黨万餘人密往歸之密因王伯當以策干讓曰當今主昏於上人怨於下銳兵

盡於遼東和親絕於突厥方乃巡遊揚越委弃京都此亦劉項奮起之會以足下雄才大略靡卷二京誅滅暴虐則隋氏之不足亡也讓深加敬異遣說諸小賊所至皆降密又說讓曰今兵衆既多粮無所出若直取滎陽休兵館穀待士馬肥充然可與人爭利讓以爲然於是破金堤關掠滎陽諸縣城堡多下之滎陽太守楊慶及通守張須陁以兵討讓讓大懼將遠避之密曰須陁勇而無謀兵又驟勝既驕且很可一戰而擒之公但列陣以待爲公破之將戰密分兵千餘人於林木間設伏讓與戰不利稍却密發伏自後掩之須陁衆潰與讓合擊大破之遂斬須陁於陣讓於是令密別統所部密尋復說讓曰昏主蒙塵播蕩吳越群兵竟起海內飢荒明公以英傑之才統驍雄之旅宜當廓清天下誅翦羣凶豈可求食草間常爲小盜而已今東都士庶中外離心留守諸官政令不一明公親率大衆直掩興洛倉發粟以賑窮乏遠近孰不歸附百万之衆一朝可集先發制人此機不可失也讓曰請君先發僕領諸軍便爲後殿得倉之日當別議之大業十三年春密與讓領精兵七千人出陽城北踰方山自羅口襲興洛倉破之開倉恣人所取老弱襁負道路不絕衆至數千万隋越王侗遣虎賁郎將劉長恭率步騎二万五千討密密一戰破之長恭僅以身免讓於是推密爲主號爲魏公二月於鞏南設壇場即位稱元年其文書行下稱行軍元帥魏公府拜翟讓爲司徒封東郡公於是城洛口以居之隋虎賁郎將裴仁基率其子行儼以武牢歸密因遣仁基與孟讓率兵二万餘人襲興洛倉破之入東都郛郭掠居人燒天津橋東都出兵乘之仁基等大敗密復親率兵三万逼東都將軍段

達等出兵七万拒之戰於故都城隋軍敗走密復下興洛倉而據之大修營塹以逼東都仍作書數煬帝十罪以移郡縣密兵鋒甚銳每入苑與隋軍連戰會密爲流矢所中卧於營内東都復出兵乘之密衆大潰弃興洛倉歸于洛口煬帝遣王世充率勁卒五万擊之密與戰不利世充營於洛西與密相拒百餘日大小六十餘戰武陽郡丞元寶藏黎陽賊帥李文相平原賊帥郝孝德等並歸於密共襲破黎陽倉據之翟讓部將王儒信勸讓爲大冢宰惣統衆務以奪密之權讓兄寬復謂讓曰天子止可自作安得與人若汝不能作我當爲之密聞其言陰有圖讓之計會世充列陣而至讓出拒之爲世充所擊讓軍少失利密率精銳赴之世充敗走明日讓至密所欲爲宴樂具饌以待之密引讓而坐以良弓示讓讓方引滿密遣壯士自後斬之

并殺其兄寛及王儒信讓部将徐世勣單雄信等頓首求哀密並釋而慰諭之乃命徐世勣單雄信王伯當分統其衆未幾世充襲倉城密復破之世充復移營洛北造浮橋悉衆以擊密密與千餘騎拒之不利而退世充因薄其城下密簡鋭卒數百人以邀之世充大潰乗勝陥偃師於是修金墉城居之有衆三十餘萬将作大匠宇文愷叛東都降于密東至海岱南至江淮郡縣莫不遣使歸密竇建德朱粲楊士林孟海公徐圓朗盧祖尚周法明等並隨使通表於密勸進於是密下官屬咸勸密即尊號密曰東都未平不可議此及義旗建密負其強盛欲自爲盟主乃致書于高祖爲請兄合從以滅隋高祖覽書笑曰李密陸梁於肆不可以折簡致之吾方安輯京師未遑東討即相阻絶便是更生一秦密今適所以爲吾南幸恐同永嘉之勢顧

此中原鞠爲茂草興言感歎實疚于懐脱知動静遅數貽報未面虚襟用增勞歎名利之地鋒鏑縱横深慎垂堂勉兹鴻業密得書甚悦示其部下曰唐公見推天下不足可定於是不虞義師而專意於世充俄而宇文化及率衆自江都北指黎陽兵十餘萬密乃自将歩騎二萬拒之隋越王侗稱尊號遣使者授密太尉尚書令東南道大行臺行軍元帥魏國公令先平化及然後入朝輔政密将與化及相抗恐前後授敵因卑辭以報謝焉化及至黎陽與密相遇密遣徐世勣守倉城化及攻之不能下密知化及糧且盡因僞與和以弊其衆化及弗之悟大喜恣其兵食冀密饋之後知其計化及怒與密大戰于衛州之童山下密爲流矢所中頓於汲縣化及力竭糧盡衆多叛之掠汲縣北趣魏縣密引兵而西遣使朝于東都執弑煬帝者于弘達以獻

越王侗侗召密入朝至温縣聞世充作難而止乃歸金墉城密雖據倉而無府庫兵數戰皆不獲賞又厚撫初附之兵由是衆心漸怨武德元年九月世充以其衆五千來決戰密留王伯當守金墉自引精兵就偃師北阻邙山以待之世充軍至密遂敗績於萬餘人馳向洛密将入洛口倉城邴元真以遣人潜引世充密陰知之不發其事欲待世充兵半渡洛水然後擊之及世充軍至密候騎不時覺比将出戰世充軍已濟矣密自度不能支引騎而遁徑赴武牢元真以城降於世充密将如黎陽或謂密曰殺翟讓之際徐世勣幾至於死今向其所安可保乎時王伯當弃金墉保河陽密以輕騎自武牢歸之謂伯當曰兵敗矣久苦諸君我今自刎請以謝衆伯當抱密號叫慟絶衆皆泣莫能仰視密復曰諸軍幸不相弃當共歸關中密身雖愧無

功諸君必保富貴於是從入關者尚二萬人高祖遣使迎勞相望於道密大喜謂其徒曰我有衆百萬一朝至此命也今事敗歸國幸蒙殊遇當思竭忠以事所奉耳且山東連城數百知吾至此遣使招之盡當歸國比於竇融勲亦不細豈不以一台司見處乎及至京師禮數益薄尋拜光禄卿封邢國公未幾聞其所部将師皆不附世充高祖使密領本兵往黎陽招集故時将仕經略世充時王伯當爲左武衛将軍亦令爲副密行至桃林高祖復徴之密大懼謀将叛伯當頗止之密不從因謂密曰義士之立志也不以存亡易心伯當荷公恩禮期以性命相報乃簡驍勇數十人着婦人衣戴羃䍦藏刀裙下詐爲妻妾自率之入桃林縣舍須㬰變服突出因據縣城驅掠畜産直趣南山時右翊衛将軍史万寳留鎮熊州遣副将盛彦師率歩騎數

千追躡至陸渾縣南七十里與密相及彦師伏兵山谷密軍半渡橫出擊敗之遂斬密時年三十七

王世充附

又曰王世充字行滿本姓支西域胡人也世充頗涉經史尤好兵法及龜筴推步之術開皇中以軍功拜儀同善敷奏明習法律然舞弄文法高下其心或有駁難之者世充利口飾非辭議鋒起衆雖知其不可而莫能屈大業中累遷江都郡丞兼領江都宮監時煬帝數幸江都世充善候人主顏色阿諛順旨每入言事帝必稱善乃雕飾池臺陰奏遠方珍物以媚於帝由是益昵之十年齊郡賊帥孟讓自長白山寇掠諸郡至盱眙有衆十餘萬世充以兵拒大破之煬帝以世充有將帥才略復遣領兵討諸小盜所向盡平十一年突厥圍煬帝於鴈門世充盡發江都人將往赴難在軍中蓬首垢面悲泣無度曉夜不解甲藉草而卧煬

帝聞之以爲忠益信任之十二年遷江都通守及李密攻陷洛口倉進逼東都煬帝特詔世充大發兵於洛口以拒密又遣就軍拜世充爲將軍趣令破賊世充引軍渡洛水與李密戰世充軍敗績乃率餘衆歸河陽時天寒大雪比至河陽纔以千數世充自繫獄請罪越王侗遣使赦之徵還洛陽置營於含嘉倉城收合亡散復得萬餘人俄而宇文化及作難越王侗嗣位於東都拜世充爲吏部尚書封鄭國公進拜尚書左僕射總督內外諸軍事世充去含嘉城移居尚書省專宰朝政以其兄世惲爲內史令入居禁中子弟咸擁兵馬鎮諸城邑未幾李密破宇文化及還其勁兵良馬多戰死士卒疲倦世充欲乘其弊而擊之恐人心不一乃假託鬼神言夢見周公乃立祠於洛水遣巫宣言周公欲令僕射急討李密當有大功不音否則兵皆疫死充兵多楚人俗信妖言衆皆請戰世充簡練精勇得二萬餘人馬二千餘疋軍於洛水南密軍偃師北山上世充令軍人秣馬蓐食遲明而薄密密軍潰以數十騎走河陽率餘衆入朝世充盡收其衆振旅而還侗進世充太尉以尚書省爲府備置官屬世充嘗於侗前賜食還家遂大嘔吐疑遇毒所致自是不復朝請與侗絶矣遣雲定興段達入奏於侗請加九錫之禮二年三月遂策授相國總百揆封鄭王加九錫備物段達雲定興等入見於侗曰天命不常鄭王功德甚盛願陛下揖讓告禪遵唐虞之迹侗怒四月假爲侗詔策禪位遣兄世惲廢侗於含涼殿僭即皇帝位建元曰開明國號鄭立子玄應爲皇太子世充每聽朝必殷勤誨諭言詞重複千端萬緒或輕騎游歷街衢亦不請道百姓但避路而已按轡徐行謂百姓曰昔時天子深坐九重下情無

由聞徹世充非貪寶位本欲救時今當如一州刺史每事親覽當與士庶共評朝政令止於順天門外置座聽朝又令西朝堂受抑屈東朝堂受直諫於是獻書上事日有數百條流既煩省覽難遍數日後不復更出世充遣其姪行本鴆殺侗謚曰恭皇帝十月世充率東衆徇地至于滑州仍以兵臨黎陽世充屯兵不散倉粟日盡城中人相食七月秦王率兵攻之陳兵於青城宮世充悉兵來拒隔澗而言曰隋末喪亂天下分崩長安洛陽各有分地世充唯願自守不敢西侵王乃盛相侵軼遠入吾地三崤之道千里饋糧以此出師未見其可太宗謂曰四海之內皆承正朔唯公執迷獨阻聲教東都士庶亟請王師關中義勇感思致力至尊重違衆願有斯弔伐若轉禍來降則富貴可保如欲相抗無假多言世充無以報太宗分遣諸將攻其城

鎮所至輙下九月王君廓攻拔世充之轘轅縣於是河南州縣相次降附十一月竇建德遣人結好并陳救援之意世充乃遣其兄子琬及內史令長孫安世報聘且乞師四年二月世充率兵出方諸門與王師相抗世充軍敗因乘勝追之屯其城門世充不復敢出但嬰城自守以待建德之援三月秦王擒建德并王琬長孫安世等于武牢廻至東都城下以示之且遣安世入城使言敗狀世充惶惑不知所爲將潰圍而出南走襄陽謀於諸將皆不荅乃率其將吏詣軍門請降秦王以世充至長安高祖數其罪世充對曰計臣之罪誠不容誅但陛下愛子秦王許臣不死高祖乃釋之與兄弟妻子同徙于蜀將行爲讐人獨孤修德所殺世充自篡位凡三歲而滅

竇建德附

又曰竇建德貝州漳南人也少時頗以然諾爲事初里長

犯法亡去會赦得歸父卒送葬者千餘人有所贈皆讓而不受大業七年募人討高麗本郡選補建德爲二百長時山東大水人多流散同縣有孫安祖家爲水所漂妻子餒死縣以安祖驍勇亦選在行中安祖辭貧自言于漳南令令怒笞之安祖刺殺令亡投建德建德舍之是歲山東大饑建德謂安祖曰丈夫不死當立大功豈可爲逃亡之虜也我知高雞泊中廣大數百里莞蒲阻深可以逃難承間而出虜掠足以自資既得聚人且觀時變必有大功於天下矣安祖然其計建德招誘逃兵及無產者得數百人令安祖率之入泊中爲羣盜安祖自稱將軍時鄃人張金稱亦結聚得万人在河阻中蓨人高士達又起兵得千餘人在清河界中時諸盜往來漳南者所過皆殺掠居人焚燒舍宅獨不入建德之閭由是郡縣意建德與賊徒交結收繫家屬無少長皆殺之建德聞其家被屠滅率麾下二百人亡歸士達士達自稱東海公以建德爲司兵後安祖爲張金稱所殺其兵數千人又盡歸于建德自此漸盛兵至萬餘人猶往來高雞泊中十二年涿郡通守郭絢率兵萬餘人來討士達士達自以智略不及建德乃推爲軍司馬咸以兵受焉建德既初統衆欲立奇功以威羣賊請士達守輜重自簡精兵七千人以拒絢大破絢軍絢以數十騎遁走遣將追及於平原斬其首以獻士達由是建德之勢益振隋遣太僕卿楊義臣率兵萬餘人討張金稱破之於清河所獲賊衆皆屠滅餘散在草澤間者復相聚而投建德義臣乘勝至平原欲入高雞泊建德謂士達曰歷觀隋將善用兵者唯義臣耳新破金稱遠來襲我其鋒不可當請引兵避之令其欲戰不得空延歲月必將疲倦乘便

襲擊可有大功今與爭鋒恐公不能敵也士達不從其言因留建德守壁自率精兵逆擊義臣義臣果大破士達於陣前斬之乘勢追奔將圍建德守兵既少聞士達敗衆皆潰散建德率百餘騎亡去義臣既殺士達以爲建德不足憂建德復還平原招集亡卒得數千人軍復大振始自稱將軍此後隋郡縣長吏稍以城降之軍容益盛勝兵十餘萬人十三年正月築壇場於河間樂壽界中自稱長樂王年號丁丑署官屬於是建德進攻河間頻戰不下其後城中食盡又聞煬帝被殺郡丞王琮率士吏發喪建德遣使弔之琮因使者請降始都樂壽號曰金城宮自是郡縣多下之武德二年宇文化及僭號於魏縣建德即日引兵討化及連戰大破之化及保聊城建德四面攻城陷之建德入城先謁隋蕭皇后與語稱臣悉收弒煬帝元謀者斬之梟

首轅門之外四化及并其二子同攻以檻車至大陸縣斬之攻陷洺州虜刺史袁子幹遷都于洺州號萬春宮又與王世充結好遣使朝隋越王侗於洛陽後世充廢侗自立乃絶之始自尊大建天子旌旗出入警蹕下書言詔追謚隋煬帝爲閔帝然猶依倚突厥隋義城公主先嫁突厥又傳化及首以獻公主既與突厥相連兵鋒益盛南侵相州河北大使淮安王神通不能拒退奔黎陽相州陷又進攻衛州陷黎陽九月建德自帥師圍幽州羅藝出與戰大破之斬首千二百級先是曹州濟陰人孟海公擁精兵三萬據周橋城以掠河南之地其年十一月建德自率兵渡河以擊之四年二月建德尅周橋虜海公留其將范願守曹州悉發海公及徐圓朗之衆來救世充軍至滑州世充行臺僕射韓洪開城納之遂進逼元州梁州管州皆陷之屯

于滎陽三月春秦王入武牢進薄其營多所傷殺并擒其將殷秋石瓚時世充弟世辯爲徐州行臺遣其將郭士衡領兵千人從之合衆十餘萬號爲三十萬次城皐築宮于板堵以示必戰又遣間使約世充共爲表裏秦王遣將軍王君廓領輕騎千餘抄其糧運獲其大將張青特虜獲其衆建德數不利人情危駭將帥已下破孟海公皆有所獲思歸洺州凌敬進説曰宜悉兵濟河攻取懷州河陽使重將居守更率衆鳴鼓建旗踰太行入上黨先聲後實傳檄而定漸趨壺口稍駭蒲津收河東之地此策之上也行此必有三利一則入無人之境師有萬全二則拓土得兵三則鄭圍自解建德將從之而世充之使長孫安世陰賫金玉啗其諸將以亂其謀衆咸進諫曰凌敬書生耳豈可與言戰乎建德從之敬固爭建德怒扶出焉於是悉衆進逼武牢官軍按甲挫其鋭建德結陣於汜水秦王遣騎挑之建德進軍而戰竇抗當之建德少却秦王馳騎深入大破之建德中槍竄於牛口渚車騎將軍白士讓楊武威生獲之建德所領兵衆一時奔潰妻曹氏及其左僕射齊善行將數百騎遁于洺州餘黨欲立建德養子爲主善行曰夏王平定河朔士馬精強一朝既被擒如此豈非天命有所歸也不如委心清命無爲塗炭生人遂以府庫財物悉分與故將各令散去善行乃與建德右僕射裴矩行臺曹旦及建德妻率僞官屬舉山東之地奉傳國八璽來降七月秦王俘建德至京師斬于長安市年四十九自起軍至滅凡六歲河北悉平

太平御覽卷第一百七

皇王部三十三

唐高祖神尭皇帝

唐書曰高祖神尭皇帝姓李氏諱淵其先隴西狄道人涼武昭王暠七代孫也暠生歆歆生重耳仕魏爲弘農太守重耳生熙爲金門鎮將領豪族鎮武川因家焉儀鳳中追尊宣皇帝熙生天賜仕魏爲幢主儀鳳中追尊光皇帝生皇祖諱虎後魏左僕射封隴西郡公與周文帝及太保李弼大司馬獨狐信等以功叅佐命當時稱爲八柱國家仍賜姓大野氏周受禪追封唐國公至隋文帝作相還復本姓武德初追尊景皇帝廟號太祖皇考諱昞隋周安州揔管柱國大將軍襲唐國公謚曰仁武德初追尊元皇帝廟號世祖高祖以周天和元年生於長安七年襲唐國公及長倜儻豁達任性真率寛仁容衆無貴賤咸得其歡心隋受禪補千牛備身文帝獨孤皇后即高祖從毋也由是特見親愛累轉譙隴岐三州刺史有史世良者善相人謂高祖曰公骨法非常必爲人主願自愛勿忘鄙言高祖頗以自負大業初爲滎陽樓煩二郡太守徵爲殿内少監九年遷衛尉少卿遼東之役督運於懐遠鎮及楊玄感反詔高祖馳驛鎮弘化郡兼知關右諸軍事高祖歴試中外素樹恩德及是結納豪傑衆多款附時煬帝多所猜忌人懐疑懼會有詔徵高祖詣行在所遇疾未謁時甥王氏在後宫帝問曰汝舅何遲王氏以疾對帝曰可得死不高祖聞之益懼因縱酒沉湎納賄以混其迹焉十一年煬帝幸汾陽宫命高祖往山西河東黜陟討捕師次龍門賊帥毋端兒帥衆數千薄于城下高祖從十餘騎擊之所射七十發皆

應弦而倒賊乃大潰十三年爲太原留守郡丞王威武牙部將高君雅爲副將羣賊蜂起江都阻絶太宗與晉陽令劉文静及門下客長孫順德劉弘基各募兵旬日間衆且一萬密遣使召世子建成及元吉于河東威與君雅見兵大集恐高祖爲變相與疑懼請高祖祈雨於晉祠將爲不利晉陽鄉長劉世龍知之以告高祖隂爲之備五月甲子高祖與威君雅視事太宗密嚴兵於外以備非常遣開陽府司馬劉政會告威等謀反即斬之以徇遂起義兵遣劉文静使於突厥始畢可汗令率兵相應六月甲申命太宗將兵徇西河下之癸巳建大將軍府并置三軍分爲左右開倉庫以賑窮乏遠近響應秋七月高祖率兵西圖關中以元吉爲鎮北將軍太原留守癸丑發自太原有兵三萬景辰師次靈石縣營於賈胡堡隋武牙郎將宋老生屯霍邑以拒義師會霖雨積旬餽運不給高祖命旋師太宗切諫乃止有白衣老父詣軍門曰余爲霍山神使謁唐皇帝曰八月雨止路出霍邑東南吾當濟師高祖曰此神不欺趙無卹豈負我哉八月辛巳高祖引師趨霍邑斬宋老生平霍邑景戌進下臨汾郡及絳郡癸巳至龍門突厥始畢可汗遣康鞘利率兵與劉文静會于麾下隋驍衛大將軍屈突通鎮河東津梁斷絶關中向義者頗以爲阻於是水濵居人競進舟檝不謀而至者前後數百人九月壬寅馮翊賊帥孫華土門賊帥白玄度各率其衆送款并具舟檝以待義師高祖令華與統軍王長諧劉弘基引兵渡河屈突通遣其武牙郎將桑顯和率兵數千夜襲長諧義師不利太宗以遊騎數百掩其後顯和潰散義軍復振景辰馮翊太守蕭造以郡來降戊午高祖親率衆圍河東屈突通自

守不出乃命攻城不利而還文武將吏請高祖領太尉加
置僚佐從之華陰令李孝常以永豐倉來降庚申高祖率
軍濟河舍于長春宮三秦士庶至者日以千數高祖禮之
咸過所望人皆喜悅景寅遣隴西公建成司馬劉文靜屯兵
永豐倉兼守潼關以備他盜太宗率劉弘基長孫順德等
前後數萬人自渭北徇三輔所至皆下高祖從父弟神通
起兵鄠縣柴氏婦舉兵於司竹至是並與太宗會乙亥命
太宗自渭汭屯兵阿城隴西公建成自新豐趣霸上高祖
率大軍自下邽西上經煬帝行宮園苑悉罷之宮女放還
親屬冬十月辛巳至長樂宮有衆二十萬京師留守刑部
尚書衛文昇右翊衛將軍陰世師京兆郡丞骨儀挾代王
侑嬰以拒義師高祖遣使至城下諭以匡服之意再三皆
不報諸將固請圍城十一月景辰攻拔京城衛文昇先已

病死以陰世師滑儀等拒義兵並斬之癸亥率百僚備法駕
立代王侑爲天子遥尊煬帝爲太上皇大赦改元爲義寧甲
子隋帝詔加高祖假黃鉞使持節大都督内外諸軍事大
丞相進封唐王揔録萬機以武德殿爲丞相府改教爲令
以隴西公建成爲唐國世子太宗爲京兆尹改封秦王姑
臧公元吉爲齊公十二月癸未丞相府置長史司録已下
官僚金城賊帥薛舉寇扶風命太宗爲元帥擊之遣趙郡
公孝恭招慰山南所至皆下癸巳太宗大破薛舉之衆於
扶風屈突通自潼關奔東都劉文靜等追擒於閿（闇音）鄉虜
其衆數萬河池太守蕭瑀（禹音）以郡降丙午遣雲陽令詹俊
武功縣正李仲衮徇巴蜀下之二年春正月戊辰世子建
成爲撫寧大將軍東討元帥太宗爲副揔兵七萬徇地東都
三月景辰右屯衛將軍宇文化及弒隋太上皇於江都宮立

秦王浩爲帝自稱大丞相徙封太宗爲趙國公戊辰隋帝
進高祖位相國揔百揆備九錫之禮唐國置丞相已下立
皇高祖已下四廟於長安通義里第夏四月戊戌世子建
成及太宗自東都班師五月乙巳天子詔高祖冕十有二旒
建天子旌旗出警入蹕王后王子王女爵命之號一遵舊
典戊午隋帝詔遣使持節兼太保刑部尚書光祿大夫梁
郡公蕭造兼太尉司農少卿裴之隱奉皇帝璽綬于高祖
高祖辭讓百寮上表勸進至于三乃從之隋帝遜于舊邸
改大興殿爲太極殿甲子高祖即皇帝位於太極殿命刑
部尚書蕭造兼太尉告於南郊大赦天下改隋義寧二年
爲唐武德元年官人百姓賜爵一級義師所行之處給復
三年罷郡置州改太守爲刺史丁卯宴百官于太極殿賜
帛有差東都留守共立隋越王侗（同音）爲帝壬申命相國長

史裴寂等修律令六月甲戌太宗爲尚書令廢隋大業律
令頒新格己卯備法駕迎皇高祖宣簡公已下神主祔于
太廟追謚妃竇氏爲穆皇后庚辰立世子建成爲皇太子
封太宗爲秦王齊國公元吉爲齊王諸州揔管加號使持節
癸未封隋帝爲酅國公薛舉寇涇州命秦王爲西討元帥征
之改封永康王神通爲淮安王壬辰加秦王雍州牧餘官
如故秋七月秦王與薛舉大戰於涇州我師敗績八月壬
午薛舉死其子仁杲復僭稱帝命秦王爲元帥以討之涼
州賊帥李軌以其地來降拜涼州揔管封涼王九月乙巳
親録囚徒辛未追謚隋太上皇爲煬帝宇文化及至魏州
鴆殺秦王浩僭稱天子國號許冬十月李密率衆來降十
一月秦王大破薛仁杲於淺水原降之隴右平乙巳涼王
李軌僭稱天子於涼州詔頒五十三條格以約法緩刑十

二月壬申加秦王太尉陜東道大行臺庚子李密叛於桃林行軍總管盛彦師追討斬之二年春二月丁酉竇建德攻宇文化及于聊城斬之傳首突厥閏月辛丑劉武周侵我并州己酉李密舊將徐世勣以黎陽之衆及河南十郡降授黎州總管封曹國公賜姓李氏庚戌上微行都邑以察甿俗即日還宫甲寅賊帥朱粲殺我使散騎常侍段確奔洛陽夏四月乙巳王世充篡越王侗位僭稱天子國號鄭辛亥李軌爲其僞尚書安興貴所執以降河右平九月辛未賊帥李子通據江都僭稱天子國號吴沈法興據毗陵僭稱梁王丁丑和州賊帥杜伏威遣使來降授和州總管東南道行臺尚書令封楚王裴寂與劉武周將宋金剛戰於介州我師敗績右武衛大將軍姜寶誼死之并州總管齊王元吉懼武周所逼奔于京師并州陷乙未京師地

震甲子上親祠華岳十一月景子竇建德陷黎陽盡有山東之地淮安王神通左武衛大將軍李世勣皆没於賊十二月景申永安王孝基工部尚書獨孤懷恩總管于筠爲劉武周宋金剛掩襲並没焉甲辰狩于華山壬子大風拔木三年春正月辛巳幸蒲州命祀舜廟癸巳至自蒲州甲午李世勣於竇建德所自拔歸國建德僭稱夏王四月甲寅加秦王益州道行臺尚書令秦王大破宋金剛於介州金剛與武周俱奔突厥遂平并州僞總管尉遲敬德尋相以介州降六月壬辰徙封楚王杜伏威爲吴王賜姓李氏加授東南道行臺尚書令景午親録囚徒七月壬戌命秦王率諸軍討王世充遣皇太子鎮蒲州以備突厥景申突厥殺劉武周於白道冬十月庚子懷戎賊帥高開道遣使降授蔚州總管封北平郡王賜姓李氏四年五月己未秦王大破竇建德之衆於武牢擒建德河北悉平景寅王世充舉東都降河南平秋七月甲子秦王凱旋獻俘於太廟丁卯大赦天下廢五銖錢行開通元寶錢斬竇建德於市流王世充於蜀甲戌建德餘黨劉黑闥據漳南反置山東道行臺尚書省於洛州八月兗州總管徐圓朗舉兵反以應劉黑闥僭稱魯王冬十月乙丑加秦王天策上將軍位在王公上領司徒陜東道大行臺尚書令齊王元吉爲司空乙巳趙郡王孝恭平荆州獲蕭銑五年春正月景申劉黑闥據洺州僭稱漢東王三月丁未秦王破劉黑闥于洺水上盡復所陷州縣黑闥亡奔突厥蔚州總管北平王高開道叛寇易州夏四月庚戌秦王還京師高祖迎勞於長樂宫壬申代州總管定襄郡王大恩爲虜所敗戰死六月劉黑闥引突厥寇山東置諫議大夫官員秋七月隋漢陽太守馮

盎以南越之地來降嶺表悉定八月辛亥以洺荆并幽交五州爲大總管府改封恒山王承乾爲中山王葬隋煬帝于揚州景辰突厥頡利寇鴈門己未進寇朔州遣皇太子及秦王討擊大敗之冬十月己酉遣齊王元吉擊劉黑闥於洺州時山東州縣多爲黑闥所守所在殺長吏以應之行軍總管淮陽王道玄與黑闥戰于下博道玄敗没十一月甲申命皇太子率兵討劉黑闥景申幸宜州簡閲將士十二月景辰校獵於華池庚申至自宜州皇太子破劉黑闥於魏州斬之山東平六年春二月辛亥校獵於驪山三月乙未幸昆明池宴百官夏四月己未幸舊宅改爲通義宫曲赦京城繫囚於是置酒高會賜從官帛各有差癸酉以尚書右僕射魏國公裴寂爲左僕射中書令宋國公蕭瑀爲右僕射秋七月突厥頡利寇朔州遣皇太子及秦王屯

并州以備之八月壬子東南道行臺僕射輔公祏據丹陽反僭稱宋王遣趙郡王孝恭及嶺南道大使永康縣公李靖討之景寅吐谷渾內附九月景子突厥退皇太子班師七年二月丁巳幸國子學親臨釋奠改大總管府爲大都督府三月戊寅廢尚書省六司侍郎增吏部郎中秩正四品掌選事戊戌趙郡王孝恭大破輔公祏擒之丹陽平夏四月庚子大赦天下頒行新律令以天下大定詔遭父母喪者聽終制五月造仁智宮於宜州之宜君縣李世勣討徐圓朗平之六月辛丑幸仁智宮秋七月巂（音髓）州地震山崩江水咽流八月戊辰突厥寇并州京師戒嚴壬午突厥退乙未京師解嚴八年夏六月甲子幸太和宮突厥寇定州命皇太子往幽州秦王往并州以備突厥八月并州道總管張公謹與突厥戰于大谷王師敗績中書令温彥博没於賊九月

突厥退冬十月辛巳幸周氏陂校獵因幸龍躍宮九年春正月景申命州縣修城隍備突厥尚書左僕射魏國公裴寂爲司空二月庚申加齊王元吉爲司徒戊寅親祀社稷三月辛卯幸昆明池六月庚申秦王以皇太子建成與齊王元吉同謀害已率兵誅之詔立秦王爲皇太子總統萬機大赦天下八月癸亥詔傳位于皇太子尊帝爲太上皇徙居弘義宮改名太安宮貞觀八年三月甲戌高祖讌西突厥使者於兩儀殿顧謂長孫無忌曰當今蠻夷率服古未嘗有無忌上千萬歲壽高祖大悦以酒賜太宗太宗又奉觴上壽流涕而言曰百姓獲安四夷咸附皆奉遵聖旨豈臣之力於是太宗與文德皇后互進御膳并上服御衣物一同家人常禮是歲閱武於城西高祖親自臨視勞將士而還置酒於未央宮三品已上咸侍高祖命突厥頡利可汗起舞又遣南越酋長馮智戴詠詩既而笑曰胡越一家自古未之有也太宗奉觴上壽曰臣早蒙慈訓教以文道爰從義旗平定京邑重以薛舉武周世充建德皆上稟聖算幸而剋定三數年間混一區宇天慈崇寵遂蒙重任今上天垂祐時和歲阜被髮左衽並爲臣妾此豈臣智力皆由上稟聖算高祖大悦羣臣皆呼萬歲九年五月庚子高祖大漸下詔從漢制以日易月園陵制度務從儉約是日崩於太安宮之垂拱前殿年七十謚曰大武皇帝廟號高祖葬獻陵高宗上元元年改上尊號曰神堯皇帝天寶十三年上尊號曰神堯大聖大光孝皇帝

太平御覽卷第一百八

太平御覽卷第一百九

皇王部三十四

唐太宗文皇帝

唐書曰太宗文皇帝諱世民高祖第二子也母曰太穆順聖皇后竇氏隋開皇十八年十二月戊午生於武功之別館時有二龍戲於館門之外三日而去高祖之臨岐州太宗時年四歲有書生自言善相謁高祖曰公貴人也且有貴子因見太宗曰龍鳳之姿天日之表年將二十必能濟世安民矣高祖懼其言大將殺之忽失所在陰採濟世安民之義以爲名焉太宗幼聰叡玄鑒深遠臨機果斷不拘小節時人莫能測也大業末煬帝於鴈門爲突厥所圍太宗應募救援隸屯衛將軍雲定興營將行謂定興曰必賚旗鼓以設疑兵且始畢可汗舉國之師敢圍天子必以國家倉卒無援我張軍容令數十里幡旗相續夜則鉦鼓相應虜必謂救兵雲集望塵而遁矣不然彼衆我寡悉軍來戰必不能支矣定興從之師次崞音郭縣突厥候騎馳告始畢曰王師大至由是解圍而遁及高祖之守太原太宗時年十八有高陽賊帥魏刀兒自號歷山飛來攻太原高祖擊之深入賊陣太宗輕騎突圍而進射之所向皆披靡拔高祖於萬衆之中適會步兵至高祖與太宗又奮擊大破之時隋祚已終太宗潛圖義舉每折節下士推財養客及義兵起乃率兵略徇西河尅之拜右領大都督右三軍皆隷焉封燉煌郡公大軍西上賈胡堡音保隋將宋老生率精兵二萬屯霍邑以拒義師會久雨糧盡高祖與裴寂議且還太原以圖後舉太宗曰本興大義以救蒼生當須先入咸陽號令天下遇小敵即班師將恐從義之徒一朝解體還守太原一城之地以爲賊耳何以自全高祖不納促令引發太宗遂號泣於外聲聞帳中高祖召問其故對曰今兵以義動戰則必尅退還則必散衆散於前敵乘於後死亡須臾而至是以悲耳高祖乃悟而止八月己卯雨霽高祖引師趣霍邑太宗恐老生不出戰乃將數騎先詣其城下舉鞭指麾若將圍城者以激怒之老生果怒開門出兵背城而陣高祖與建成合陣於城東太宗及柴紹陣於城南老生麾兵疾進先薄高祖而建成墜馬老生乘之高祖與建成軍咸却太宗自南原率二騎馳下峻坂衝斷其軍引兵奮擊賊衆大敗各捨仗而走懸門發老生引繩欲上遂斬之平霍邑至河東關中豪傑爭走赴義太宗請進師入關取永豐倉以賑窮乏收群盜以圖京師高祖稱善太宗以前軍濟河先定渭北三輔吏民及諸豪猾詣軍門請自効者日以千計扶老攜幼滿於麾下收納英俊以備僚列遠近聞者咸自託焉師次于涇陽勝兵九萬破胡賊劉鷂子以并其衆留殷開山劉弘基屯長安故城太宗自趣司竹賊帥李仲文何潘仁向善志等皆來會頓于阿城獲兵十三萬長安父老賫牛酒詣旌門者不可勝紀勞而遣之一無所受軍令嚴肅秋毫無所犯尋與大軍平京城高祖輔政授唐國內史改封秦國公會薛舉以勁卒萬人來逼渭濱太宗親擊之大破其衆追斬萬餘級略地至于隴坻義寧元年十二月復爲右元帥揔兵十萬徇東都及將旋謂左右曰賊見吾還必相追躡設三伏以待之俄而隋將段達率萬餘人自後而至度三王陵發伏擊之段達大敗追奔至于城下因於宜陽新安置熊穀二州戍之而還從封趙國公高祖受禪拜尚書令右武侯大將軍進封秦王加授雍

州牧三年七月揔率諸將攻王世充於洛邑師次穀州世充率精兵三萬陣於慈澗太宗以輕騎挑之時衆寡不敵陷於重圍左右咸懼太宗命左右先歸獨留後殿世充驍將單雄信數百騎夾道來逼交搶競進太宗幾爲所敗太宗左右射之無不應弦而倒獲其大將燕頎世充乃拔慈澗之鎮歸于東都太宗遣行軍揔管史萬寶自宜陽南據龍門劉德威自太行東圍河内王君廓自洛口斷賊糧道又遣黄君漢夜從孝義河中下舟師襲迴洛城尅之黄河已南莫不響應城堡相次來降大軍進屯邙山九月太宗以五百騎先觀戰地卒與世充萬餘人相遇會戰復破之斬首三千餘級獲大將陳智略世充僅以身免其揔管楊慶遣使請降遣李世勣率師出轘轅道安撫其衆滎汴洧豫九州相繼來降世充遂求救於竇建德四年二月又進

屯青城宮營壘未立世充率衆二萬自方諸門臨穀水而陣太宗以精騎陣於北邙山令屈突通率步卒五千渡水以擊之因誡通曰待兵交即放煙吾當率騎軍南下兵纔接太宗以騎衝之挺身先進與通表裏相應賊衆殊死戰散而復合者數焉自辰及午賊衆始退縱兵乘之俘斬八千人於是進營城下世充不敢復出但嬰城自守以待建德之援建德以兵十餘萬來援世充至于酸棗蕭瑀(音禹)屈突通封德彝皆以腹背受敵恐非萬全請退師穀州以觀之太宗曰世充糧盡内外離心我當不勞攻擊坐收其弊建德新破孟海公將驕卒惰吾當進據武牢扼其襟要賊若冒險與我爭鋒破之必矣如其不戰旬月間世充當自潰若不速進賊入武牢諸城新附必不能守二賊併力將若之何通又請解圍就險以就其變太宗不許於是留通輔齊王元吉以圍世充親率步騎三千五百人趣武牢建德自滎陽西上築壘於板渚太宗屯武牢相持二十餘日諜者曰建德伺官軍芻盡俟牧馬於河北因將襲武牢太宗知其謀遂牧馬於河北以誘之詰朝建德果悉衆而至陳兵汜水世充將郭士衡陣於其南綿亘數里鼓譟諸將大懼太宗將數騎升高丘以望之謂諸將曰賊起山東未見大敵今度險而囂是無政令逼城而陣有輕我心我按兵不出彼勇氣衰陣久卒饑必將自退追而擊之無往不尅吾與公等約必以午時後破之建德列陣自辰至午兵士饑倦皆坐列又爭飲水逡巡欲退太宗曰可擊親率輕騎誘之衆繼至建德迴師而陣未及整列太宗先登擊之所向皆靡俄而衆軍合戰囂塵四起太宗率史大柰程齩金秦叔寶宇文歆等卷旛而入直突出其陣後張我旗幟賊

顧見之大潰追奔三十里生擒建德於陣太宗數之曰我以干戈問罪本在王世充得失存亡不預汝事何故越境犯我兵鋒建德股慄而言曰今若不來恐勞遠取乃將建德至東都城下世充懼率其官屬二千餘人詣軍門請降山東悉平太宗入據宮城令蕭瑀竇軌等封守府庫一無所取令記室房玄齡收隋圖籍於是誅其同惡段達等五十餘人大饗將士班賜有差高祖令尚書左僕射裴寂勞於軍中六月凱旋太宗親被金甲鐵馬一萬騎甲士三萬人前後部鼓吹俘二偽主及隋氏器物輦輅獻于太廟高祖大悅行飲至禮以享焉高祖以自古舊官不稱殊功乃別表徽號用旌勳德十月加號天策上將軍陝東道大行臺位在王公上增邑二萬户通前三萬户賜金輅一乘衮冕之服玉璧一雙黄金六千斤前後部鼓吹及九部之樂班劍四十人

于時海內漸平太宗乃鋭意經籍開文學館以待四方之士行臺司勳郎中杜如晦等十有八人為學士每更直閣下降以温顔與之討論經義或夜分而罷八年加中書令九年皇太子建成齊王元吉謀害太宗六月四日太宗率長孫無忌尉遲敬德房玄齡杜如晦等於玄武門誅之甲子立為皇太子庶政皆斷决八月癸亥高祖傳位於皇太子太宗即位于東宮顯德殿遣司空裴寂柴告于南郊大赦天下癸酉放掖庭宮女三千餘人景子立妃長孫氏為皇后己卯突厥寇高陵辛巳行軍揔管尉遲敬德與突厥戰於涇陽大破之斬首千餘級癸未突厥頡利至于渭水便橋之北遣其酋帥執失思力入朝為覘自張形勢太宗命囚之親出玄武門馳六騎幸渭水之上與頡利隔津而語責以負約俄而衆軍繼至頡利見軍容既盛又知思力就拘

由是大懼遂請和詔許焉即日還宮乙酉又幸便橋與頡利刑白馬設盟突厥引退九月景戌頡利獻馬三千疋羊萬口帝不受令頡利歸所掠中國戶口丁未引諸軍衛騎兵統將等習射于顯德殿庭謂將軍以下曰自古突厥與中國更有盛衰若軒轅善用五兵即能北逐獯鬻周宣驅馳方邵亦能制勝太原至漢晉之君逮于隋代不使兵士素習干戈突厥來侵莫能抗禦致遣中國生民塗炭於寇手我今不使汝等穿池築苑造諸淫費農民恣令逸樂兵士唯習弓馬庶使汝鬬戰亦望汝前無横敵於是每日引數百人於殿前教射帝親自臨試射中者隨賞弓刀布帛自是後士卒皆為精鋭十月癸亥立中山王承乾為皇太子貞觀元年春正月乙酉改元三月癸巳皇后親蚕十二月壬午上謂侍臣曰神仙事本虛妄空有其名秦始皇非分

愛好遂為方士所詐乃遣童男女數千人隨其入海求仙藥方士避秦苛虐因留不歸始皇猶海側以待之還至沙丘而死漢武帝為求仙乃將女嫁道術人既無驗便行誅戮既此二事神仙不煩妄求也二年春二月景戌靺鞨（上音末下音曷）內屬三月丁卯遣御史大夫杜淹巡関內諸州出御府金寶贖男女自賣者還其父母庚午大赦天下夏四月己卯詔骸骨暴露者令所在埋瘞景申契丹內屬初詔天下州縣並置義倉六月庚寅皇子治生三年春正月辛亥契丹渠帥來朝戊午謁太廟癸亥親耕籍田四月辛巳太上皇徙居太安宮甲子太宗始於太極殿聽政六月戊寅以旱親録囚徒遣長孫無忌房玄齡等祈雨於名山大川中書舍人杜正倫等往関內諸州慰撫又令文武百官各上封事極言得失是歲戶部奏言中國人自塞外來歸及突厥前

後內附開西夷為州縣者男女一百二十餘萬口四年春正月乙亥李靖大破突厥獲隋皇后蕭氏及煬帝之孫正道送之京師二月癸亥幸温湯甲辰李靖又破突厥于陰山頡利可汗輕騎遠遁甲寅大赦賜酺五月三日庚辰大同道行軍副揔管張寶相生擒頡利可汗獻于京師甲午以俘頡利告於太廟夏四月御順天門軍吏執頡利以獻捷自是西北諸蕃咸請上尊號為天可汗於是降璽書冊命其君長則兼稱之九月庚午令收瘞長城之南骸骨仍令致祭壬午令自古明王聖帝賢臣烈士墳墓無得芻牧春秋致祭冬十月壬辰幸隴州曲赦岐隴二州給復一年十日校獵於貴泉谷十三日校獵於魚龍川自射鹿獻於太安宮甲子至自隴州戊寅制决罪人不得鞭背以明堂孔穴針灸所失高昌王麴文泰來朝是歲斷死刑二十九

人幾致刑措山東至于海河南至于嶺皆外户不閉行旅不賫糧焉六年十二月辛未親録囚徒歸死罪者二百九十人于家令明年秋末就刑其後應期畢至詔悉原之是歳党項諸羌前後内屬三十萬口八年二月乙巳皇太子加元服景午賜天下酺三日三月庚辰幸九成宫五月丁丑上初服翼善冠貴臣服進德冠九年五月太上皇崩于太安宫七月甲寅增修太廟爲六室冬十月庚寅葬高祖於獻陵十三年春正月乙巳朔謁獻陵曲赦三原縣及行從大辟罪四月戊寅幸九成宫甲申阿史那結社爾犯御營伏誅壬寅雲陽石燃者方丈晝如灰夜則有光投草木於上則焚歷年而止十二月壬辰狩于咸陽是歳滁州言野蚕食槲音斛葉成繭大如柰其色緑凡收六千五百七十石高麗新羅西突厥吐火羅康國安國波斯疏勒于闐焉耆高

昌林邑昆明及荒服蠻酋相次遣使朝貢十五年詔以來年二月有事太山所司詳定儀制五月壬申并州僧道及老人等抗表以太原王業所因明年登封已後願特臨幸上於武成殿賜宴因從容謂侍臣曰朕少在太原喜羣聚博戯暑往寒逝將三十年矣時會中有舊識上者相與道舊以爲笑樂因謂之曰他人之言或有面諛公等朕之故人實以告朕即日政教於百姓何如人間得無疾苦耶皆奏即日四海太平百姓歡樂陛下力也臣等餘年日惜一日但眷戀聖化不知疾苦因固請過并州上謂曰飛鳥過故鄉猶躑躅徘徊況朕於太原起義兵遂定天下復少小遊觀誠所不忘岱禮若畢或與公等相見於是賜物各有差六月戊申詔天下諸州舉學綜古今及孝悌淳篤文章秀異者並以來年二月總集泰山己酉有星孛于太微犯郎位景辰停封

泰山避正殿以思咎命尚食減膳秋七月甲戌孛星滅十六年冬十一月景辰狩于岐山辛酉使祭隋文帝陵丁卯宴武功士女於慶善宫南門酒酣上與父老等涕泣論舊事老人等遞起爲舞爭上千萬歳壽上各盡一杯庚午至自岐州十二月癸卯幸温湯甲辰狩于驪山時隂寒晦冥圍兵斷絶上乘高望見之欲捨其罰恐虧軍令乃迴轡入谷以避之十七年正月戊申詔圖畫司徒趙國公無忌等勳臣二十四人於凌煙閣三月丁巳熒惑守心前星十九日而退夏四月皇太子承乾有罪廢爲庶人景戌立晉王治爲皇太子大赦賜酺三日己丑加司徒長孫無忌太子太師司空房玄齡太子太傅特進蕭瑀太子太保兵部尚書李勣爲太子詹事仍同中書門下三品庚寅上親謁太廟以謝承乾之過五月乙丑手詔舉孝廉茂才異能之士

十八年十一月命太子詹事英國公李勣爲遼東道行軍總管出柳城禮部尚書江夏郡王道宗副之刑部尚書鄖國公張亮爲平壤道行軍總管以舟師出萊州左領軍常何瀘州都督左難當副之發天下甲士召募十萬並趣平壤以伐高麗十九年春二月庚戌上親統六軍發洛陽乙卯詔皇太子留定州監國高士廉攝太子太傅與侍中劉洎中書令馬周太子少詹事張行成太子右庶子高季輔五人同掌機務以吏部尚書安德郡公楊師道爲中書令贈殷比干爲太師謚曰忠烈命所司封墓葺祠堂春秋祀以少牢上自爲文以祭之三月壬辰上發定州以司徒長孫無忌中書令岑文本楊師道從夏四月癸卯誓師於幽州城南大饗六軍以遣之癸亥李世勣攻蓋牟城破之五月丁丑車駕渡遼東甲申上親率鐵

騎與世勣會圍遼東城因烈風發火弩斯須城上屋及樓皆盡麾戰士令登乃拔之六月景辰師次安市城丁巳高麗別將高延壽高惠眞帥兵十五萬來援安市以拒王師李世勣率兵奮擊上自高峯引軍臨之高麗大潰殺獲不可勝紀延壽等以其衆降因名所幸爲駐蹕山刻石紀功焉賜天下大酺二日秋七月李世勣進軍攻安市城至九月不尅乃班師冬十月景辰入臨渝關皇太子自定州迎謁戊午次漢武臺刻石以紀功德十一月幸幽州癸酉大饗還師十二月幸幷州二十年春正月上在幷州遣大理卿孫伏伽黄門侍郎褚遂良等二十二人以六條巡察四方黜陟官吏庚辰曲赦幷州宴從官及起義元從賜帛給復有差三月車駕至京師六月遣兵部尚書固安公崔敦禮特進英國公李世勣擊破薛延陁於鬱督山北前後斬首五千餘級虜男女三萬餘人二十一年正月詔以來年二月有事泰山甲寅賜京師酺三日八月詔以河北大水停封禪辛未骨利幹國遣使貢名馬二十三年三月辛酉大赦丁卯太宗以不豫勑皇太子於金液門聽政是月日赤無光夏四月己亥幸翠微宮五月己巳上疾甚令草遺詔有頃崩於含風殿年五十二遺詔於皇太子即位於柩前喪紀宜依漢制祕不發喪庚午遣舊將統飛騎勁兵從皇太子先還京發六府甲士四千人分列於道及安化門翼從乃入大行與從官侍御如常壬申發喪六月甲戌殯于太極殿謚曰文皇帝廟號太宗葬昭陵上元元年改上尊號曰文武聖皇帝天寶十二載改上尊號爲文武大聖大廣孝皇帝

太平御覽卷第一百九

太平御覽卷第一百一十

皇王部三十五

高宗天皇大帝

唐書曰高宗天皇帝諱治太宗第九子也母曰文德順聖皇后長孫氏以貞觀二年六月生於東宫之麗正殿五年封晉王七年遥授并州都督幼而岐嶷端審寬仁孝友初授孝經於著作郎蕭德言太宗問曰此書中何言爲善對曰夫孝始於事親中於事君終於立身君子之事上也進思盡忠退思補過將順其美匡救其惡太宗悦曰行此足以事父兄爲臣子矣及文德皇后崩晉王時年九歲哀慕感動左右太宗屢加慰撫由是特深寵異尋拜右武候大將軍十七年皇太子承乾廢魏王泰亦以罪黜太宗與長孫無忌房玄齡李世勣等討議立晉王爲皇太子太宗每視朝常令在側觀決庶政或令參議太宗數稱其善十八年太宗將伐高麗命太子留鎮定州及駕發有期悲啼累日因請飛驛遞表起居并遞敕垂報並許之及軍旋太子從至并州時太宗患癰太子親吮徂究切之扶輦步從數日二十三年五月己巳太宗崩六月甲戌皇太子即皇帝位時年二十二詔大赦天下内外文武賜勳官一級永徽元年春正月辛丑朔上不受朝詔改元景午立妃王氏爲皇后二年春正月戊戌詔曰去歲關輔之地頗弊蝗螟音冥天下諸州或遭水旱百姓之間致有罄乏此由朕之不德兆庶何辜矜物罪已載深憂惕今獻歲肇春東作方始糧廪或空事資賑給其遭蟲水處有貧乏者量以正義倉賑貸五年春三月戊午幸萬年宫辛未曲赦所經州縣繫囚以工部尚書閻立德領丁夫四萬築長安羅郭八月大理奏決死囚揔有七十餘人六年九月庚午尚書右僕射褚遂良以諫立武昭儀貶授潭州都督乙酉洛州大水毁天津橋冬十月己酉廢皇后王氏爲庶人立昭儀武氏爲皇后大赦天下七年正月辛未廢皇太子忠爲梁王立代王弘爲皇太子壬申大赦改元爲顯慶元年五月己卯太尉長孫無忌進史館所撰梁陳周齊隋五代史志三十卷五年八月庚辰蘇定方等討平百濟面縛其王扶餘義慈國分爲五部郡三十七城二百户七十六萬以其地分置熊津等五都督府麟德元年三月辛亥展大射禮十二月景戌殺西臺侍郎上官儀戊子庶人忠坐與儀交通賜死二年十月司禮太常伯劉常道上疏請封禪癸亥高麗王高藏遣其子福男來朝丁卯將封泰山發自東都是歲大稔米斗五錢麩音轄麥不列于市麟德三年春正月戊辰朔車駕至泰山頓是日親祀昊天上帝於封祀壇以高祖太宗配饗己巳帝昇山行封禪之禮庚午禪於社首祭皇地祇以太穆太皇太后文德皇太后配饗皇后爲亞獻越國太妃燕氏爲終獻辛未御降禪壇壬申御朝覲壇受朝賀改麟德三年爲乾封元年正月景戌發自泰山甲午次曲阜縣幸孔子廟追贈太師增修祠宇以少牢致祭其褒聖侯德倫子孫並免賦役二月己未次亳州幸老君廟追號曰太上玄元皇帝創造祠堂改谷陽縣爲眞源縣縣内宗姓特給復一年夏四月甲辰車駕至自泰山先謁太廟而後入庚寅改鑄乾封泉寶錢冬十月己酉司空英國公勣爲遼東道行軍大揔管以伐高麗三年二月戊寅以明堂制度歷代不同漢魏以還

彌更訛舛遂增損古今新制其圖下詔大赦改元爲總章元年二月戊寅幸九成宮九月癸巳司空英國公勣破高麗拔平壤城擒其王高藏及其大臣男建等以歸境內盡降其城一百七十上元二年三月丁巳天后親蠶於邙山之陽時帝風疹不能聽朝政事皆決於天后自誅上官儀後上每視朝天后垂簾於御座後政事大小皆預聞之內外稱爲二聖帝欲下詔令天后攝國政中書侍郎郝處俊諫止之調露元年十月單于大都護府突厥阿史德溫傅及奉職二部相率反叛二年八月甲子廢皇太子賢爲庶人幽於別所乙丑立英王哲爲皇太子改調露二年爲永隆元年大赦天下二年閏七月庚申上以服餌令皇太子監國景寅雍州大風害稼米價翔踊是月裴行儉大破突厥史伏念之衆伏念爲程務挺急追來降行儉於是盡平突厥餘黨行儉執

伏念振旅凱旋永淳二年春正月甲午朔幸奉天宮遣使祭嵩嶽少室箕山具茨等山西王母啓母巢父許由等祠十一月丁未自奉天宮還東都上疾甚宰臣已下並不得謁見十二月丁巳詔改永淳二年爲弘道元年將宣赦書上欲親御則天門樓氣逆不能上馬遂召百姓於殿前宣之禮畢上問侍臣曰民庶喜否曰百姓蒙赦無不感悅上曰蒼生雖喜我命危篤天地神祇若延吾一兩月之命得還長安死亦無恨是夕帝崩於貞觀殿時年五十六謚曰天皇大帝廟號高宗文明元年八月葬于乾陵天寶十三載改謚曰天皇大弘孝皇帝

則天皇后

唐書曰則天皇后武氏諱明空并州文水人也父士彠（憂縛切）隋大業末爲鷹揚府隊正高祖行軍於汾晉每休止其家義旗初起從平京城貞觀中累遷工部尚書荊州都督封應國公初則天年十四時太宗聞其美容止召入宮立爲才人及太宗崩遂爲尼居感業寺大帝於寺見之復召入宮拜昭儀時皇后王氏良娣蕭氏頻與武昭儀爭寵互讒毁之帝皆不納進號宸妃永徽六年廢王皇后而立武宸妃爲皇后高宗稱天皇武后亦稱天后后素多智計兼涉文史帝自顯慶已後多苦風疾百司表奏皆委天后詳決自此內輔國政數十年威勢與帝無異當時稱爲二聖弘道元年十二月大帝崩皇太子顯即位尊天后爲皇太后既將篡奪是日自臨朝稱制嗣聖元年春正月甲申朔改元二月戊午廢皇帝爲廬陵王幽于別所仍改名哲己未立豫王輪爲皇帝令居於別殿大赦天下改爲文明皇太后仍臨朝稱制庚申廢皇太孫重照爲庶人九月柳州司

馬徐敬業殺揚州長史陳敬之舉兵移檄天下左玉鈐衛大將軍李孝逸討平之垂拱四年五月皇太后加尊號曰聖母神皇秋七月大赦天下八月壬寅博州刺史琅琊王冲據博州起兵命左金吾大將軍丘神勣爲行軍總管討之庚戌冲父豫州刺史越王貞又舉兵與冲相應九月命內史岑長倩鳳閣侍郎張光輔左監門大將軍麴崇裕率兵討之景寅斬貞及冲等傳首神都改姓爲虺（音舟）氏曲赦博州韓王元嘉魯王靈夔元嘉子黃國公譔（音選）靈夔子左散騎常侍范陽王藹霍王元軌及子江都王緒故虢王元鳳子東莞郡公融坐與貞通謀元嘉靈夔自殺元軌配流黔州譔等伏誅改姓虺氏自是宗室諸王相繼誅死者殆將盡矣其子孫年幼者咸配流嶺外并誅其親黨數百餘家載初元年春正月神皇親享明堂大赦天下依周制建子月爲

正月改十二月爲臘月改舊正月爲壹月大酺三日神皇以曌字爲名遂改詔書爲制書秋九月革唐命改國號爲周改元爲天授大赦天下乙酉加尊號爲聖神皇帝降皇后帝輪爲皇嗣景戌立武氏七廟追尊神皇父士彠爲孝明皇帝證聖元年春正月加尊號曰慈氏越古金輪聖神皇帝大赦天下改元大酺七日二月上去慈氏越古尊號秋九月親祀南郊加尊號天冊金輪聖神皇帝大赦天下改元爲天冊萬歲大辟罪巳下及犯十惡常赦所不原者咸赦除之大酺九日萬歲登封元年臘月甲申上登封于嵩嶽大赦天下改元大酺九日丁亥禪于少室山聖歷元年正月親享明堂大赦天下改元大酺九日三月召廬陵王哲於房州九月景子廬陵王哲爲皇太子令依舊名顯大赦天下神龍元年春正月大赦改元上不豫制自文明元

年巳後得罪人除楊豫博三州及諸逆魁首咸赦除之癸卯麟臺監張易之與弟司僕卿昌宗謀反皇太子率左右羽林軍桓彥範敬暉等以羽林兵入禁中誅之甲辰皇太子監國大赦天下是日上傳皇帝位于皇太子徙居上陽宮戊申皇帝上尊號曰則天大聖皇帝冬十一月壬寅則天將大漸遺制祔廟歸陵令去帝號稱則天大聖皇后是日崩于洛陽宮之仙居殿年八十三謚曰則天大聖皇后祔葬于乾陵

中宗和皇帝

唐書曰中宗孝和皇帝諱顯高宗第七子母曰則天順聖后顯慶元年十一月生於長安明年封周王授洛州牧儀鳳二年徙封英王改名哲授雍州牧永隆元年章懷太子廢其年立爲皇太子弘道元年十二月高宗崩皇太子即帝位皇太后臨朝稱制改元嗣聖元年二月皇太后廢帝爲廬陵王幽於別所其年五月遷於均州尋徙居房陵聖曆元年召還東都立爲皇太子依舊名顯時張易之與弟昌宗潛圖逆亂神龍元年鳳閣侍郎張柬之鸞臺侍郎崔玄暐（音韙）左羽林將軍敬暉右羽林將軍桓彥範司刑少卿袁恕巳等定策率羽林兵誅易之昌宗迎皇太子赦天下鳳閣侍郎韋承慶正諫大夫房融司禮卿崔慶等下獄甲辰命地官侍郎樊忱（音諶）往京師告陵廟乙巳則天傳位於皇太子景午即皇帝位於通天宮大赦天下唯易之黨與不在原限二月甲寅復國號依舊爲唐社稷宗廟陵寢郊祀行軍旗幟服色天地日月等字臺閣官名並依永淳巳前故事甲子立妃韋氏爲皇后大赦天下詔九品巳上及朝集使極言朝政得失兼舉賢良方正直言極諫之士景

龍三年十一月乙丑親祀南郊皇后登壇亞獻左僕射舒國公韋巨源爲終獻大赦天下四年五月丁卯前許州司兵參軍燕欽融上書言皇后干預國政安樂公主武延秀宗楚客等同危宗社帝怒召欽融庭見撲殺之時安樂公主志欲皇后臨朝稱制而求立爲皇太女由是與后合謀進鴆六月壬午帝遇毒崩于神龍殿年五十五祕不發喪皇后親揔庶政立溫王重茂爲皇太子甲申發喪于太極殿宣遺制皇太后臨朝大赦天下改元爲唐隆丁亥皇太子即帝位時年十六皇太后韋氏臨朝稱制大赦天下常赦所不原者咸赦除之內外兵馬令諸親王掌仍令韋溫揔知時召諸府折衝兵五萬人分屯京城列爲左右營諸軍子姪分統之庚子夜臨淄王諱舉兵誅諸韋諸武皆梟首於安福門外韋太后爲亂兵所殺九月丁卯上謚曰孝和皇帝廟號中

宗[illegible]天寶十三載二月改諡曰大和大聖大[illegible]孝皇帝

睿宗玄眞皇帝

《唐書》曰：睿宗玄眞皇帝諱旦，高宗第八子，中宗母弟。龍朔二年六月己未生於長安，其年封殷王，遥領冀州大都督、單于大都護、右金吾衛大將軍。及長，謙恭孝友，好學，工草隷，尤愛文字訓詁之書。乾封元年徙封豫王，總章二年徙封冀王。上初名旭輪，至是去旭字。上元二年徙封相王，拜右衛大將軍。儀鳳三年遷洛州牧，改名旦，徙封豫王。嗣聖元年，則天臨朝，廢中宗爲廬陵王，立豫王爲皇帝，仍臨朝稱制。及革命，改國號爲周，降帝爲皇嗣，令依舊名輪，徙居東宫，其儀一比皇太子。聖曆元年，中宗自房陵還，帝數稱疾不朝，請讓位於中宗。則天遂立中宗爲皇太子，封帝爲相王，又改名旦，授太子右衛率、長安中拜司徒、右羽林衛

大將軍。自則天初臨朝及革命之際，王室屢有變故，帝每恭儉退讓，竟免于禍。神龍元年，以誅張易之兄弟功，進號安國相王，遷太尉，加實封。其年立爲皇太弟，固辭不受。景龍四年夏六月，中宗崩，韋庶人臨朝，引用其黨，分握政柄，忌帝望實素高，潛謀危害。庚子夜，臨淄王與太平公主子薛崇簡、前朝邑尉劉幽求、長上果毅麻嗣宗、宫苑摠監鍾紹京等率兵入北軍，誅韋溫、紀處訥、宗楚客、武延秀、馬秦客、葉靜能、趙履溫、楊均等諸韋武黨與，皆誅之。辛丑，帝挾少主御安福門樓，慰諭百姓，大赦天下。其日，王公百寮上表，咸以國家多難，宜立長君，以帝衆望所歸，請即尊位。甲辰，少帝詔曰：「叔父相王，高宗之子，昔以天下讓于先帝，孝友寬簡，彰信兆人。神龍之初，已有明旨，將立太弟，以爲副君。爲王懇辭，未行册命。所以東宫虚位，至于歷年，撤綴衛

[illegible]在辰[illegible]變倉卒，然後稱制，言立沖人，欽若前[illegible]遵[illegible]命。上申先聖之旨，下遂蒼生之心，俯稽國緯之文，仰峻祖宗之烈。起今日，請叔父相王即皇帝位，朕退守本藩，歸于舊邸。凡百卿士，勑承朕言，克贊我天人之休，期光我有唐之勳業。布告遐邇，咸使聞知。」相王上表讓曰：「臣以宗社事重，國家情深，誅鋤巨逆，奉戴嗣主。今承制旨，猥推宸極，在臣虚薄，不敢祗膺。循環震驚，無任感哽。」制答曰：「皇極大寶，天下至公，王者臨之，蓋非獲已。王先聖舊意，蒼生推仰，龍光紫宸，實允係望。請遵前旨，勿或讓推。」於是少帝遜于别宫。是日，即皇帝位，御承天門樓，大赦天下。景雲二年春正月辛未朔，親謁太廟。癸酉，上始釋慘七慘切服，御正殿受朝賀。甲戌，并、汾、絳三州地震，壞人廬舍。辛巳，親祀南郊。戊子，躬耕籍田。己丑，大赦天下，改元爲太極。二月丁亥，皇太子釋奠於

國學，追贈顔回爲太子太師，曾參爲太子太保，每年春秋釋奠，以四科弟子及曾參從祀，列于二十三賢之上。八月庚子，帝傳位于皇太子，自稱曰太上皇帝，五日一受朝于太極殿，自稱曰朕；三品已上除授及大刑獄，並自決之，其處分事稱誥令。皇帝每日受朝於武德殿，自稱曰予；三品已下除授及徒罪，並令決之，其處分事稱制勑。甲辰，大赦天下，改元爲先天。二年秋七月甲子，太平公主與左僕射竇懷貞、侍中岑羲等謀逆，事覺，皇帝率兵誅之，窮其黨與，太子少保薛稷、左散騎常侍賈膺福、右羽林將軍李慈、李欽、中書舍人李猷、中書令蕭至忠、尚書左丞盧藏用、太史令傅孝忠、僧惠範等皆誅之。兵部尚書郭元振從上御承天門樓，大赦天下，自大辟罪已下無輕重咸赦除之。翌日，太上皇誥曰：「朕將高居無爲，自今後軍國刑政一事已上，並取皇帝處分。」開元四年夏六月甲

子太上皇帝崩于百福殿時年五十五謚曰大聖眞皇帝廟曰睿宗冬十月葬于橋陵天寶十三載攺謚曰玄眞大聖大興孝皇帝

太平御覽卷第一百一十

太平御覽卷第一百一十一

皇王部三十六

玄宗明皇帝 安祿山附

唐書曰玄宗明皇帝諱隆基睿宗第三子也母曰昭成順聖皇后竇氏垂拱元年秋八月戊寅生於東都性英斷多藝尤知音律善八分書儀範偉麗有非常之表三年閏七月丁卯封楚王天授二年十月戊戌出閤開府置官屬年始七歲朔望車騎至朝堂金吾將軍武懿宗忌上嚴整訶排儀仗因欲折之上叱之曰吾家朝堂干汝何事敢迫吾騎從則天聞而特加寵異尋却入閤長壽二年臘月丁卯改封臨淄郡王聖曆元年出閤賜第於東都積善坊久視元年從幸西京賜宅於興慶坊長安中歷右衛郎將尚輦奉御神龍元年遷衛尉少卿景龍二年四月兼潞州別駕十二月州

境有黃龍白日昇天嘗出畋有紫雲在其上後從者望而得之前後符瑞凡一十九事四年中宗將祀南郊來朝京師將行使術士韓禮筮之蓍一莖子然獨立禮驚曰蓍立奇瑞非常也不可言屬中宗末年王室多故上常陰引材力之士以自助上所居宅外有水池浸溢頃餘望氣者以為龍氣四月中宗幸其第因遊其池結綵為樓船令巨象踏之至六月中宗暴崩韋后臨朝稱制韋溫宗楚客紀處訥等謀傾宗社以睿宗介弟之重先謀不利道士馮道力處士劉承祖皆善占兆詣上布誠款上所居里名隆慶時人語訛云隆為龍韋庶人稱制改元又為唐隆皆符御名上益自負乃與太平公主謀之公主喜以子崇簡從上乃與崇簡朝邑尉劉幽求長上折衝麻嗣宗押萬騎果毅葛福順李仙鳧寶昌寺僧普潤等定策誅之或曰先啓大王上曰我拯社稷之危赴君父之急事成福歸於宗社不成身死於忠孝安可先請憂怖大王乎若請而從是王與危事請而不從則吾計失矣遂以庚子夜率幽求等數十人自苑南入總監鍾紹京又率丁匠百餘人以從分遣萬騎往玄武門殺羽林將軍韋璿韋播高嵩持首而至衆騷叫大集攻白獸玄德等門斬關而進左萬騎自左入右萬騎自右入合於凌煙閣前時太極殿前有宿衛梓宮萬騎聞譟聲皆被甲應之韋庶人惶惑走入飛騎營為亂兵所害於是分遣誅韋氏之黨比明內外討捕皆斬之乃馳謁睿宗謝不先啓請之罪睿宗遽前抱上而泣曰宗社禍難由汝安定神祇萬姓賴汝之力也拜殿中監同中書門下三品兼押左右萬騎進封平王睿宗即位與侍臣議立皇太子僉曰除天下之禍者享天下之福拯天下之危者受天下之安平王有聖德定天

下又聞成器已下咸有推讓宜膺主鬯以副群心睿宗從之景午制立為皇太子延和元年凶黨因術人聞睿宗曰據玄象帝座及前星有災皇太子合作天子不合更居東宮矣睿宗曰傳德避災吾意決矣七月壬午下制曰皇太子某有大功於天地定阽危於社稷溫文既習聖敬克躋委之監撫已移年歲時政益明庶工惟序服之知子本貞時曆數在躬宜陟元后可令即皇帝位有司擇日授冊朕方比迹洪古希風太皇神與化遊思與道合無為無事豈不美歟王公百寮宜識朕意上惶懼遽馳見叩頭請所以傳位之旨睿宗曰吾因汝功業得宗社今帝座有眚思欲遜避唯盛德大勳始轉禍為福易位於汝吾知免矣上始居武德殿視事三品已下除授及徒罪皆決之先天二年七月三日尚書左僕射竇懷貞侍中岑羲中書令蕭至忠崔湜雍

州長史李晉左羽林大將軍常元楷知羽林將軍李慈等與太平公主同謀期以其月四日以羽林兵作亂上密知之因以中旨告岐王範薛王業兵部尚書郭元振將軍王毛仲殿中監姜皎中書侍郎王琚吏部侍郎崔日用等定計因毛仲取閑廐馬及家人三百餘人率太僕少卿李令問王守一內侍高力士果毅李守德等親信十數人出武德殿入虔化門梟常元楷李慈於北闕擒賈膺福李猷於內客省以出執蕭至忠岑羲於朝堂皆斬之睿宗明日下詔曰朕將高居無爲自今軍國刑政一事已上並取皇帝處分上御承天門樓下制大赦天下冬十一月甲申幸新豐之溫湯癸卯講武於驪山兵部尚書代國公郭元振坐虧失軍容配流新州給事中攝太常少卿唐紹以軍禮有失斬於纛下甲辰畋獵于渭川同州刺史梁國公姚元崇爲兵部尚書同中書門下三品十一月戊子上加尊號爲開元神武皇帝十二月庚寅朔大赦天下改元爲開元四年六月癸亥太上皇崩九年四月甲戌上親策試應制舉人於含元殿謂曰古有三道今減二策近無甲科朕將存其上第務收賢俊十三年冬十月辛酉東封泰山發自東都十一月丙戌至兗州岱宗頓丁亥致齋於行宮己丑日南至備法駕登山仗衛羅列嶽下百餘里詔行從留於谷口上與宰臣禮官昇山庚寅祀昊天上帝於上壇有司祀五帝百神于下壇禮畢藏玉冊於封祀壇之石𥖁然後燔柴燎發群臣稱萬歲傳呼自山頂至嶽下震動山谷上還齋宮慶雲見日抱戴辛卯祀皇地祇于社首藏玉冊於石𥖁如封祀壇之禮壬辰御帳殿受朝賀大赦天下封太山神爲天齊王禮秩加三公一等環山十里禁其樵採賜酺七日甲午發岱嶽景申幸孔子宅親設奠祭十二月己巳至東都時累歲豐稔東都米斗十錢青齊米斗五錢是冬分吏部爲銓勑禮部尚書蘇頲刑部尚書韋抗工部尚書盧從愿等分掌選事十四年五月癸卯戶部進計帳今年管戶七百六萬九千五百六十五管口四千一百四十一萬九千七百一十二十二年五月關中大風拔木同州尤甚是夏上自於苑中種麥率皇太子已下躬自收穫謂太子等曰此將薦宗廟是以躬親亦欲令汝等知稼穡之難也因分賜侍臣謂曰此歲令人巡檢苗稼所對多不實故自種植以觀其成且春秋書麥禾豈非古人所重也二十五年春正月壬午制曰朕猥集休運多謝哲王然而哀矜之情小大必慎自臨寰宇子育蒸黎未嘗行極刑起大獄上玄降鑒應以祥和思叶平邦之典致之仁壽之域自今有犯死刑除十惡罪宜令中書門下與法官詳所犯輕重具狀奏聞秋七月己卯大理少卿徐嶠奏天下今歲斷死刑五十八幾致刑措二十七年八月甲申制追贈孔宣父爲文宣王顏回爲兗國公餘十哲皆爲侯夾坐後嗣襃聖侯改封爲文宣公二十九年正月制兩京諸州各置玄元皇帝廟并置崇玄學天寶元年春正月丁未朔大赦天下改元常赦不原咸赦除之百姓有欠負租稅及諸色並免之前資官及白身人有儒學博通文詞秀逸及軍謀武藝者所在具以名薦京文武官才堪爲刺史者各令封狀自舉改黃鉞爲金鉞內外官各賜勳兩轉甲寅陳王府參軍田同秀上言玄元皇帝降見于丹鳳門之通衢告錫靈符在尹喜之故宅上遣使就函谷故關尹喜臺西發得之乃置玄元廟於大寧坊二月丁亥上加尊號爲開元天寶聖文神武皇帝辛卯親享玄元皇帝于新廟甲午親享太廟景

中合祭天地于南郊制天下囚徒罪無輕重並釋放三載正月景辰朔改年爲載四載秋八月甲辰冊太真妃楊氏爲貴妃七載三月乙酉大同殿柱産玉芝有神光照殿羣臣請加皇帝尊號曰開元天寶聖文神武應道許之夏五月壬午上御興慶宮受冊徽號大赦天下六月范陽節度使安禄山賜實封及鐵券十一載十一月庚申御史大夫兼蜀郡長史楊國忠爲右相兼文部尚書十三載二月禄山奏前後討奚契丹立功將士跳盪等請超三資於是超授將軍者五百餘人中郎將者二千餘人十四載冬十月壬辰幸華清宮景寅范陽節度使安禄山率蕃漢之兵十餘萬自幽州南向指闕以誅楊國忠爲名先殺太原尹楊光翽於博陵郡壬申聞於行在所癸酉以郭子儀爲靈武太守朔方節度使封常清自安西入奏至行在甲戌以常清爲范陽

平盧節度使令募兵三萬以禦逆胡戊寅還京十二月景戌朔禄山於靈昌郡渡河辛卯陷陳留郡殺張介然甲午陷滎陽郡殺太守崔無詖景申封常清與賊戰于成皋甖子谷官軍敗績常清奔于陝郡丁酉禄山陷東京殺留守李憕中丞盧弈判官蔣清時高仙芝鎮陝郡棄城西保潼關常山太守顔杲卿與長史袁履謙賈深等殺賊將李欽湊執賊將何千年高邈送京師辛丑詔皇太子統兵東討十五年春正月乙卯御宣政殿受朝其日禄山僭號於東京六月庚寅哥舒翰將兵八萬與賊將崔乾祐戰于靈寶西原官軍大敗死者十六七甲午將謀幸蜀乃下詔親征仗下後士庶恐駭奔走于路乙未凌晨自延秋門出微雨霑濕扈從唯宰相楊國忠韋見素内侍高力士太子親王妃主皇孫已下多從之不及平明渡便橋國忠欲斷橋上

曰後來者何以能濟命緩之辰時至咸陽望賢驛置頓官吏駭散無復儲擬上憩於宮門之樹下亭午未進食俄有老父獻麨上謂之曰爾可進飰於是百姓獻食相繼俄又尚食持御膳至上須給從官而後食是夕次金城縣官吏已遁令魏方進男允招誘俄得智藏寺僧進芻粟行從方給景辰次馬嵬驛諸衛頓軍不進龍武大將軍陳玄禮奏曰逆胡指闕以誅國忠爲名然中外羣情不無嫌怨今國步艱阻乘輿震蕩陛下宜徇羣情爲社稷大計國忠之徒可致之於法會吐蕃使二十一人遮國忠告訴於驛門衆即呼曰楊國忠連蕃人謀逆兵士圍驛四合及誅楊國忠魏方進一族兵猶未解上令高力士詰之迴奏曰諸將既誅國忠以貴妃在宮人情恐懼上即命力士賜貴妃自盡玄禮等見上請罪命釋之丁酉將發馬嵬驛朝臣唯見韋素一

人乃命素子京兆府司録諤爲御史中丞充置頓使議其所向軍士或言河隴或言靈武太原或言還京爲便韋諤曰還京須有捍賊之備兵馬未集恐非萬全不如且幸扶風徐圖所向上詢于衆衆以爲然及行百姓遮路乞留皇太子願戮力破賊收復京城即日留太子戊戌次扶風縣巳亥次扶風郡軍士各懷去就咸出醜言陳玄禮不能制會益州貢春綵十萬疋上悉命置于庭召諸將諭之曰卿等國家功臣陳力久矣朕之優獎常亦不輕逆胡背恩事須迴避甚知卿等不得別父母妻子朕亦不及親辭九廟言發涕流又曰朕須幸蜀路險狹人若多往恐難供承今有此綵卿等即宜分取各圖去就朕自有子弟中官相隨便與卿等訣別衆咸俯伏涕泣曰死生願從陛下上曰去住任卿自是悖亂之言稍息庚子以司勳郎中劒南節度留後崔

圓為蜀郡長史劒南節度副大使以潁王璬為劒南節度大使以監察御史宋若思為御史中丞充置頓使韋諤充巡闔道使並令先發辛丑發扶風郡是夕次陳倉壬寅次散關分部下為六軍潁王璬先行壽王瑁等分統六軍前後左右相次景午次河池郡崔圓奏劒南歲稔民安儲供無闕上悅授圓中書侍郎同中書門下平章事蜀郡長史劒南節度如故以前華州刺史魏仲犀為梁州長史秋七月壬戌次益昌縣渡吉栢江有雙魚夾舟而躍議者以為龍甲子次普安郡憲部侍郎房琯自後至上與語甚悅即日拜為吏部尚書同中書門下平章事丁卯詔以皇太子諱充天下兵馬元帥都統朔方河東河北平盧等節度兵馬收復兩京庚午次巴西郡庚辰車駕至蜀郡扈從官吏軍士到者一千三百人宮女二十四人而已八月癸未朔御蜀

郡府衙宣詔大赦天下癸巳靈武使至始知皇太子即位丁酉上用靈武冊稱上皇詔稱誥己亥上皇臨軒降冊冊肅宗命宰臣韋見素房琯使靈武冊命曰朕稱太上皇軍國大事先取皇帝處分後奏朕知俟克復兩京朕當怡神姑射偃息大庭明年九月郭子儀收復西京十月肅宗遣中使啖廷瑶入蜀奉迎丁卯上皇發蜀郡十一月景申次鳳翔郡肅宗遣精騎三千至扶風迎衛十二月景午肅宗具法駕至咸陽望賢驛迎奉上皇御宮之南樓肅宗拜慶樓下嗚咽流涕不自勝為上皇徒步控轡上皇撫背止之即騎馬前導丁未至京師文武百寮京城士庶夾道歡呼靡不流涕即日御大明宮之含元殿見百寮上皇親自撫問人人感咽上皇謁廟請罪遂幸興慶宮三載二月肅宗與群臣奉上皇尊號曰太上至道聖皇帝乾元三年七月丁未移幸西内之甘露殿時閹官李輔國離間肅宗故移居西内高力士陳玄禮等遷謫上皇寖不懌上元二年四月甲寅崩于神龍殿時年七十八謚曰至道大聖大明孝皇帝廟號玄宗初上皇親拜五陵至橋陵見金粟山崗有龍盤鳳翥之勢復近先塋謂侍臣曰吾千秋後宜葬此地得奉先陵不忘孝敬矣至是追奉先旨以創寢園廣德元年三月辛酉葬泰陵

安禄山附

唐書安禄山營州柳城雜種胡人也本無姓氏名軋犖山母阿史德氏亦突厥巫師以卜為業開元初與將軍安道買男俱逃出突厥中安道買次男貞節為嵐州別駕收獲之年十餘歲矣冒姓為安及長解六蕃語二十年張守珪為幽州節度禄山盜羊事覺守珪剝坐欲棒殺之大呼曰大夫不

欲滅兩蕃耶何為打殺禄山守珪見其肥白壯其言而釋之令與鄉人史思明同捉生行必尅獲拔為偏將以驍勇聞遂養為子二十八年為平盧兵馬使性巧密人多譽之授營州都督平盧軍使厚賂往來者乞為好言玄宗益信嚮之天寶元年以平盧為節度以禄山攝中丞為使入朝奏事玄宗益寵之三載代裴寬為范陽節度河北採訪平盧軍等使如故採訪使張利貞嘗受其賂及李林甫並言其美玄宗意益堅後請為貴妃養兒入對皆先拜太真玄宗怪問之對曰臣是蕃人先母而後父玄宗大悅遂命楊銛已下並約為兄弟姊妹晚年益肥壯垂手過膝重三百三十斤每行以肩膊左右擡挽其身方能移步至玄宗前作胡旋舞疾如風焉為置第宇窮極壯麗上御勤政樓於御坐東為設一大金雞障前置一榻坐之十載入朝又求為河東節度因拜之長

子慶宗大僕卿少子慶緒鴻臚卿慶宗又尚郡主祿山陰有逆謀於范陽北築雄武城外示禦寇內貯兵器積穀爲保守之計戰馬萬五千疋牛羊稱是東三節度進奏無不允每月進奉生口駞馬鷹犬（不絶人無聊生安祿山既肥大不任戰）十一載八月祿山幷率河東等軍十五萬以討契丹去平盧千餘里至土護真河即北黃河也倍程奄至契丹牙帳屬久雨弓箭皆漲濕將士困極奚又夾攻之殺傷畧盡祿山被射以麾下奚小兒二十餘人走上山墜坑中其男慶緒等扶之會夜解走投平盧城楊國忠屢奏祿山必反玄宗使中官輔璆琳覘之得其賄賂盛言其忠十三載正月謁於華清宮因涕泣言臣蕃人不識字陛下擢臣不次被楊國忠欲得殺臣玄宗益親厚之遂以爲左僕射卻廻又請爲閑廄隴右群牧等都使又請知摠監事既爲閑廄羣牧等使上筋脚馬皆陰選

擇之三月歸范陽疾行出關日三四百里至范陽人言反者玄宗必大怒縛送與之十四載十一月反於范陽矯稱奉恩命以兵討逆賊楊國忠以諸蕃馬步十五萬以高尚嚴莊爲謀主孫孝哲高邈何千年爲腹心天下承平日久人不知戰聞其兵起朝廷震驚禁衞皆市井商販之人乃以高仙芝封常清等擊之祿山又嚴肅得士死力無不一當百遇之必敗十二月渡河遂入陳留郡太守郭納出降至滎陽太守崔無詖拒戰城陷死之次于汜水甖子谷乃取谷南而過東京留守李憕中丞盧弈使採訪判官蔣清燒絶河陽橋祿山入東京殺李憕盧弈蔣清召河南尹達奚珣使之莅事十五年正月賊竊號燕國年號聖武達奚珣巳下署爲將相五月南陽節度魯炅率荆襄黔中嶺南子弟十萬與賊將武令珣戰于葉縣城北滍河王師盡沒六月李光弼郭子儀

出土門路大破賊衆於常山郡東嘉山河北諸郡歸順者十餘祿山窘急圖欲卻投范陽會哥舒翰自潼關領馬步八萬與賊將崔乾祐戰于靈寶西爲賊覆敗翰西奔潼關爲其帳下執送于賊關門不守玄宗幸蜀十一月遣阿史那承慶攻陷潁川屠之祿山以體肥及造逆後而眼漸暗至是不見物又着疽疾至德二年正月朔受朝瘡甚而中罷尤躁急動用斧鉞嚴莊亦被捶撻莊謀立慶緒領豎李猪兒同入祿山帳中猪兒以大刀斫其腹祿山眼無所見捫床頭刀不得但撼幄帳中大呼曰是我家賊腸巳數斗流在床上言訖氣絶莊即宣言於外言祿山傳位於晉王慶緒縱樂飲酒無度呼莊爲兄事之小大必咨之慶緒爲偽主素懦精神言詞無序二月肅宗南幸鳳翔郡始知祿山死使僕固懷恩使于廻紇結婚請兵討逆九月廣平王領蕃漢之衆

收西京走安守忠賊之死者積如山阜王師乘勝至陝郡賊懼令嚴莊傾其驍勇而來拒廣平王遣副元帥郭子儀等與賊戰于陝西曲沃大破之斬首十餘萬嚴莊奔至東京告慶緒慶緒率其餘衆奔河北保鄴郡嚴莊至河內南來歸順賊將阿史那承慶等麾下三萬餘衆悉奔恒趙范陽從慶緒者唯疲卒一千騎三百而巳乾元元年九月肅宗遣郭子儀等九節度率步騎二十萬以攻之子儀使善射者三千人伏於壘垣內明日接戰子儀麾其屬偽奔慶緒逐之伏者齊發賊軍大潰使薛嵩求救於史思明言禪讓之禮思明先遣李歸仁以步騎一萬馬軍三千先往滏陽以應之及至滏陽子儀之圍巳固築城穿壕各三重引水以灌城下思明南攻魏州節度使崔光遠南走思明據其城乾元二年正月思明偽稱燕王慶緒自十月被圍至二月

城中人相食思明引衆來救三月子儀等戰敗遂解圍而南斷河陽橋以守穀水思明領其衆營於鄴縣南慶緒使收子儀等營中糧尚六七萬石張通儒高尚平列謂慶緒曰史王遠來臣等皆合迎謝對曰任公暫往見思明思明與之涕泗厚其禮復令歸城經三日慶緒以三百騎詣思明思明引入令三軍擐甲執兵待之及諸弟領至于庭再拜稽首曰臣不克負荷弃失兩都久陷重圍不意大王以太上皇之故將兵遠救思明曰弃失兩都用兵不利亦何事也爾爲人子殺汝父以求位庸非大逆乎吾爲太上皇討賊即牽出并其四弟及高尚孫孝哲崔乾祐皆縊殺之祿山父子僭逆三年而滅

太平御覽卷第一百一十一

太平御覽卷第一百一十二

皇王部三十七

唐肅宗宣皇帝 史思明附 代宗孝皇帝

肅宗宣皇帝

唐書曰肅宗宣皇帝諱亨玄宗第三子母曰元獻皇后楊氏景雲二年乙亥生初名嗣昇二歲封陝王五歲拜安西大都護河西四鎮諸蕃落大使上仁愛英悟得之天然及長聰敏彊記屬辭典麗耳目之所聽覽不復遺忘開元十五年正月封忠王改名浚五月領朔方大使單于大都護十八年奚契丹犯塞以上爲河北道元帥信安王禕爲副元帥御史大夫李朝隱京兆尹裴伷先等八揔管兵以討之仍命百寮設次於光順門與上相見左丞相張說退謂學士孫逖韋述曰嘗見太宗寫真圖忠王英姿頴發儀表非

常雅類聖祖此社稷之福也二十年諸將大破奚契丹以上遥統之功加司徒二十三年改名璵後皇太子瑛得罪立上爲皇太子天寶十三載正月安禄山來朝上嘗密奏云禄山有反相玄宗不聽十四載十一月禄山果叛十二月丁未陷東京辛丑制太子監國仍遣上親揔諸軍進討時禄山以誅楊國忠爲名由是軍民切齒於楊氏國忠懼乃與貴妃謀間其事上遂不行乃詔河西節度哥舒翰爲皇太子前鋒兵馬元帥令率衆二十萬守潼關明年六月哥舒翰爲賊所敗關門不守玄宗幸蜀丁酉至馬嵬頓兵軍不進請誅楊氏於是誅國忠賜貴妃自盡車駕將發留上在後宣諭百姓衆泣而言曰逆胡背恩主上播越臣等生於聖代世爲唐民願勠力一心爲國討賊請從太子收復長安玄宗聞之曰此天啓也乃令高力士與壽王瑁送太子内人及服御等物留後軍廐馬從上令力士口宣曰汝好去百姓屬望慎勿違之莫以吾爲意且西戎北狄吾嘗厚之今國步艱難必得其用汝其勉之上迴至渭北便橋已斷水暴漲無舟檝上號令水濱百姓歸者三千餘人渭水可涉又過潼關散卒誤以爲賊與之戰士衆多傷乃收其餘衆以北上軍既濟後者皆溺上喜以爲天之睠佑時從上唯廣平建寧二王及四軍將士纔二千人自奉而北夕次永壽百姓遮道獻牛酒有白雲起西北長數丈如樓閣之狀議者以爲天子氣戊戌至新平郡時晝夜奔馳三百餘里士衆器械亡失過半所存之衆不過一旅時賊據長安知上治兵河西三輔百姓皆曰吾太子大軍即至賊望西北塵起有時奔走七月辛酉上至靈武時魏少遊預備供帳無不畢備裴冕杜鴻漸等從容進曰今寇逆亂

常毒流函洛主上倦勤大位移幸蜀川江山阻脩奏請路絶宗社神器須有所歸萬姓顒顒思崇明聖天意人事不可固違伏願殿下順其樂推以安社稷王者之大孝也上曰俟平寇逆奉迎鑾輿從容儲闈侍膳左右豈不樂哉公等何必之也冕等凡六上牋辭情激切上不獲已而從之是月甲子上即皇帝位於靈武即日奏上皇是日御靈武南門下制大赦天下改元曰至德以朔方度支副使大理司直杜鴻漸爲兵部郎中朔方節度判官崔漪爲吏部郎中並知中書舍人事以御史中丞裴冕爲中書侍郎同中書門下平章事改靈武郡爲大都督府癸巳上所奉表始達成都丁酉上皇遜位稱誥遣左相韋見素吏部尚書房琯門下侍郎崔渙等奉冊書赴靈武九月戊辰上南幸彭原郡景子至順化郡韋見素房琯崔渙等自蜀郡齎上冊書及傳

寶等至上素知房琯名至是琯請爲兵馬元帥收復兩京許之二載春正月庚戌朔上在彭原受朝賀是日通表入蜀賀上皇上皇遣平章事崔圓奉誥赴彭原乙卯逆胡安祿山爲其子慶緒所殺九月持四節與迴紇葉護太子率兵四千助國討賊葉護入見宴賜加等丁亥元帥廣平王統朔方安西迴紇南蠻大食之衆二十萬東向討賊壬寅與賊將安守忠李歸仁等戰於香積寺西北賊軍大敗斬首六萬級賊帥張通儒弃京城東走癸卯廣平王收西京甲辰捷書至行在即日告捷於蜀上皇遣裴冕入京啓告郊廟社稷冬十月癸丑賊將尹子琦陷睢陽害張廵姚誾執許遠賊自香積之敗悉衆保陜郡廣平王統郭子儀等進攻與賊戰於陜西之新店賊衆大敗斬首十萬級橫屍三十里庚申安慶緒與其黨奔河北壬戌廣平王入東京陳兵天津橋

南士庶歡呼路側陷賊官僞署侍中陳希烈等三百餘人素服待罪癸亥上自鳳翔還京仍遣太子太師韋見素入蜀迎上皇鳳翔郡給復五載京寅至望賢宮得東京捷書至上大喜丁卯入長安士庶涕泣拜抃曰不圖復見吾軍上亦爲之感惻九廟爲賊所焚上素服哭於廟三日入居大明宮十二月日午上皇至自蜀上至望賢宮奉迎上皇御宮南樓上望樓辟易下馬趨進樓前再拜蹈舞稱慶上皇下樓上匍匐捧上皇足涕泗鳴咽不能自勝遂扶侍上皇御殿親自進食自試御馬以進又躬攏轡而行止之後退上皇曰吾享國長久吾不知貴見吾子爲天子吾知貴矣上乘馬前導自開遠門至丹鳳門旗幟燭天綵棚夾道士庶舞抃路側皆曰不圖今日再見二聖百寮班於含元殿庭上皇御殿左相苗晉卿率百辟稱賀人人無不感咽禮畢上皇詣長樂殿謁九廟神主即日幸興慶宮上請歸東宮上皇遣高力士再三慰諭而止三載正月甲戌朔戊寅上皇御宣政殿冊皇帝尊號曰光天文武大聖孝感皇帝乙巳上御興慶殿奉冊上皇徽號曰太上至道聖皇天帝丁未御丹鳳門大赦天下改至德三載爲乾元元年二年九月庚寅逆胡史思明陷洛陽副元帥李光弼守河陽汝鄭滑等州陷賊三年閏四月朔彗出西方其長數丈巳卯以星文變異上御丹鳳門大赦天下改乾元爲上元追封周太公望爲武成王依文宣王例置廟時大霧自四月雨至閏月末不止米價翔貴人相食餓死者委骸於路二年三月甲子史朝義率衆夜襲我陜州衛伯玉逆擊敗之戊戌史思明爲其子朝義所殺九月壬午制自今巳後朕號唯稱皇帝其年號但稱元年去上元之號其以今年十一月爲歲

首便數建丑建寅每月以所建爲數建卯月辛亥朔上御丹鳳門大赦以京兆府爲上都河南府爲東都鳳翔爲西都江陵爲南都太原爲北都建巳月庚戌朔壬子楚州刺史崔侁表獻定國寶玉十三枚甲寅太上皇崩於西内神龍殿上自仲春不豫聞上皇登遐不勝哀慟因兹大漸乙丑詔皇太子監國又曰上天降寶獻自楚州因以體元叶乎五紀其元年宜改爲寶應建巳月爲四月餘月並依常數仍依舊以正月一日爲歲首丁卯宣遺詔是日上崩于長生殿年五十二謚曰文明武德大聖大宣孝皇帝廟號肅宗寶應二年三月葬于建陵

史思明附

唐書史思明本名窣于營州寧州夷州突厥雜種胡人也狹瘦少鬚髮鼻傴背眼目廞枯性急躁與安祿山同鄉里

相校一日生思明除日生祿山歲日生及長相善俱以驍勇聞初事特進烏知義每令輕騎與賊必生擒以歸又解六蕃語與祿山同爲互市郎張守珪爲幽州節度奏爲折衝天寶初頻立戰功官至將軍知平盧軍事甞入奏玄宗賜坐與語甚奇之問其年曰四十矣玄宗撫其背曰卿貴在後勉之遷大將軍北平太守十一載祿山奏授平盧節度都知兵馬使十四載祿山反命思明討饒陽等諸郡陷之十五載正月六日思明與蔡希德圍顔杲卿於常山九日拔之又圍饒陽二十九日不能拔李光弼出土門收常山郡思明解圍而拒光弼光弼列兵於城南相持累月光弼芻草盡使精卒以車數乘於旁縣取草輙被擊之其後率十疋唯共得兩束草至劉萬騰以飼之初祿山以賈循爲范陽留後謀歸順爲副留守向潤客所殺以思明代之又以

征戰在外令向潤客代其任四月朔方節度郭子儀以朔方蕃漢二萬人自土門而至常山軍威遂振南收趙郡思明退保博陵五月十日子儀光弼敗思明於沙河上思明以騎卒奔嘉山光弼擊之思明又敗走入博陵郡光弼圍之城方拔會潼關失守肅宗理兵于朔方使中官邢延恩追朔方河東兵馬光弼入土門思明隨後邀擊之思明將卒頗精銳皆平盧戰士因南收常山趙郡又攻河間平原顔真卿以兵食既盡乃渡河而南由是河北之地悉陷於思明至德二年正月思明以蔡希德合范陽上黨兵馬十萬圍李光弼於太原光弼使爲地道至城陣前驍賊方戲弄城中人地道中人擒而曳之賊以爲神呼爲地藏菩薩思明留十月會安祿山死慶緒令歸范陽希德留百餘日竟不能拔而歸自祿山陷兩京常以駱駝運兩京御府珍寶於范陽

不知紀極由是資其逆謀思明專驕慶緒之命慶緒爲王師所敗投鄴郡其下蕃漢兵五萬人初不知所從思明擊殺三千人然後降之慶緒使阿史那承慶安守忠徵兵於思明且欲圖之判官耿仁智忠諒之士謂思明曰大夫崇重人不敢言仁智請一言而死思明曰試言之對曰大夫以事祿山祿山兵權若是誰敢不服如大夫比者逼於兇威耳固亦無罪今聞孝感皇帝聰明勇智有少康周宣之略大夫發使輸誠必開懷見納此轉禍爲福之上策也思明曰善承慶等以三千騎至范陽思明悉衆介冑以逆之衆且數萬去之一里使人謂之曰相公及王遠至將士等不勝喜躍此皆邊兵怯懦頗懼相公之衆莫敢進也請弛弓以安之從之思明遂以承慶守忠入內廳飲樂之別令諸將於其所分收其甲仗其諸郡兵皆給粮恣歸之欲留者

分隸諸營遂拘承慶斬守忠及李立節之首會李光弼使衙官敬俛招之思明遂令衙官竇子昂奉表以所管兵衆八萬人兼以僞河東節度高秀巖來降肅宗大悅封思明爲歸義王范陽長史御史大夫河北節度使朝義已下並爲列卿秀巖雲中太守以其男如嶽等七人爲大官使內侍李思敬將軍烏承恩宣慰使令討殘賊明年改元乾元四月肅宗使烏承恩爲副使候伺其過而殺之初承恩父知義爲節度思明常事知義亦有開獎之恩以此光弼冀其無疑因謀殺之承恩至范陽數漏其情夜取婦人衣衣之詣諸將家以離動之意諭之諸將以白思明思明甚懼無以爲驗有頃承恩與思敬從上京來宣恩命畢將歸私第思明留承恩且於館中思明當有所議已令幃其所寢之床伏二人于其下承恩有小男先留范陽思明令省其父夜後私於

其子曰吾受命除此逆胡便授吾節度矣床下二人叫呼而出以告思明思明令執之搜其衣囊得朝廷所與阿史那承慶鐵券及光弼與承恩之牒云承慶事了即付鐵券不了不可付之又得簿書數百紙皆載先所從反軍將名思明語之曰我何負於汝而至是耶承恩稱死罪此太尉光弼之謀也思明集軍將官吏百姓西向大哭曰臣以十三州之地十萬衆之兵降國家赤心不負陛下何至殺臣因榜殺承恩父子囚李思敬遣使表其事朝廷又令中使慰諭云國家與光弼無此事乃承恩所爲殺之善也又有使從京至執三司議罪人狀以示思明思明曰陳希烈已下皆重臣　上皇弃之幸蜀既收復天下此輩當慰勞之今尚見殺況我本從祿山反乎諸將皆云烏承恩之前事情狀可知光弼尚在憂不細也大夫何不取諸將狀以誅

光弼以謝河北百姓主上若不惜光弼爲大夫誅之大夫乃安不然爲患未已思明曰公等言是乃令耿仁智張不矜修表請誅光弼謝河北若不從臣請臣則自領兵往太原誅光弼不矜初以表示思明及封入函耿仁智盡削去之寫表者竊白思明思明怒甚執二人於庭曰汝等何得負我命斬之仁智事思明頗久意欲活之却令召入謂之曰我任使汝向三十年今日之事我不負汝仁智大叫曰人生固有一死須存忠節今大夫細邪説爲反逆之計縱延旬月不如早死請速加斧鑕思明大怒亂捶殺之腦流于地十月郭子儀領九節度圍相州安慶緒偷道求救於思明思明懼軍威之盛不敢進十二月蕭華以魏州歸順詔遣崔光遠替之思明擊而拔其城光遠脱身南渡思明於魏州殺三萬人平地流血數日即乾乾元二年正月一日也思

明於魏州北設壇僭稱爲大聖燕王以周贄爲行軍司馬三月引衆救相州官軍敗而引退思明召慶緒等殺之併有其衆四月僭稱大號以周贄爲相以范陽爲燕京九月寇汴州節度使許驥合於思明思明益振又陷洛陽與太尉光弼相拒思明恣行兇暴下無聊矣上元二年潛遣人反説官軍曰洛中將士皆幽朔人咸思歸魚朝恩以爲然告光弼及諸節度僕固懷恩衛伯玉等可速出兵以掃殘賊光弼等然之乃出師南道齊進次榆林賊委物僞遁將士等不復設備皆入城虜掠賊伏兵在北邙山下因大下士卒咸弃甲奔散魚朝恩衛伯玉退保陝州光弼懷恩弃河陽城退居聞喜步兵散死者數千人軍資器械盡爲賊有河陽懷州盡陷於賊思明至陝州爲官軍所拒於姜子坂戰不利退歸永寧築三角城約一日内畢以貯軍糧朝義城畢未泥思明至

詬之對曰緣兵士疲乏暫歇耳又怒曰汝惜部下兵違我處分令隨身數十人立馬看泥斯須而畢又曰待收陝州斬却此賊朝義大懼是夕思明居驛朝義在店中思明令心腹曹將軍揔中軍兵嚴衛朝義將駱悦并許驥男季常等言主上欲害王悦與王死無日矣因言廢興之事古來有之欲喚取曹將軍舉大事可乎朝義迴面不應悦曰王若不應悦等即歸李家王亦不全矣朝義然之令許季常命曹將軍至悦等告之不敢拒其夜思明夢而驚悟據床悁悵每好伶人寢食置左右以其殘忍皆恨之及此問其故曰吾向夢見水中沙上羣鹿渡水而至鹿死水乾言畢如厠伶人相謂曰鹿者祿也水者命也胡祿命俱盡矣駱悦入問思明所在未及對殺數人因指在厠思明覺變踰牆出至馬槽鞴馬騎之王悦等至令傔人周子俊射中其臂

落馬曰是何事恍等告以懷王思明曰我朝來語錯合有此事然汝殺我太疾何不待我收長安終事不成矣因急呼懷王者三曰莫殺我因我却罵曹將軍曰這胡誤我這胡誤我恍遂令心腹手擒思明赴柳泉驛曰事已成矣朝義曰莫驚聖人否莫損聖人否恍曰無時周贄許驍統後軍在福昌朝義令許季常往告之贄聞驚欲仰倒朝義領兵迴贄等來迎因殺贄思明至柳泉驛縊殺之朝義便僭偽位寶應二年爲李懷所擒梟首送闕下

代宗孝武皇帝

唐書曰代宗孝武皇帝諱豫肅宗長子母曰章敬皇太后吴氏以開元十四年十二月生于東都上陽宮初名俶年十五封廣平王玄宗諸孫百餘上爲嫡皇孫宇量弘深寬而能斷喜愠不形於色仁孝温恭動必由禮幼好學尤專禮易玄宗鍾愛之禄山之亂京城陷賊從肅宗寬兵靈武以上爲天下兵馬元帥時朝廷草創兵募寡弱上推心示信招懷流散比至彭原兵衆數萬及肅宗迴幸鳳翔時房琯郭子儀繼戰不利賊鋒方鋭屢來寇襲上選求勇幹頻挫其鋒聖慮遑寧士心大振及帥師進討雪涕辭違步出闕門方始乘馬迴紇葉護王子率兵入助勇冠諸蕃上接以優恩結爲兄弟故香積之戰賊徒大敗遂委西京而遁雖子儀副業之奮命由上恩信結於士心故人思自效既收京城民庶安堵秋毫不犯遺老歡迎對之歔欷聞賊殘衆猶保陝郊即日長驅東越號略新店之役一戰大捷慶緒之黨十殲七八數旬之間河南底定兩都恢復二聖迴鑾統率之功推而不受肅宗還京改封楚王乾元元年三月改封成王四月庚寅立爲皇太子改名豫上元末年兩宫不豫太子往來侍疾躬嘗

藥膳衣不解帶者久之及承監國之命流涕從之寶應元年四月肅宗大漸所幸張皇后無子后懼上功高難制陰引越王係於宮中將圖廢立乙丑皇后矯詔召太子中官李輔國程元振素知之乃勒兵於凌霄門俟太子至即衛從太子入飛龍廐以俟其變是夕勒兵於三殿收捕越王係及内官朱光輝馬英俊等禁錮之幽皇后於别殿丁卯肅宗崩程元振等始迎上於九仙門見羣臣行監國之禮己巳即皇帝位於柩前二年秋七月壬寅朔戊申羣臣上尊號曰寶應元聖文武皇帝御含元殿授册壬子御宣政殿宣制改元曰廣德大赦天下是月吐蕃大寇河隴陷秦成渭三州又大震關西陷蘭廓河鄯洮岷等州盗有隴右之地己丑吐蕃寇涇州刺史高暉以城降因爲吐蕃鄉導冬十月庚午朔辛未高暉引吐蕃犯京畿寇奉天武功盩厔等縣蕃軍自司竹園渡渭循南山而東丙子車駕幸陝州戊寅吐蕃入京師立廣武王承宏爲帝仍逼前翰林學士于可封爲制封拜辛巳車駕至陝州子儀在商州會六軍使張知節烏崇福長孫全緒等率兵繼至軍威遂振舊將王甫誘聚京城惡少年齊擊鼓於朱雀街蕃軍震懾狼狽奔潰庚寅子儀收京城壬辰以宰臣元載判天下元帥癸巳以郭子儀爲京城留守十二月丁亥車駕發陝郡還京辛卯鄂州大風火發江中焚船三千艘焚居人廬舍二千家甲午上至自陝州二年二月己巳朔册天下兵馬元帥尚書令雍王适爲皇太子癸酉上親薦獻太清宫太廟乙亥祀昊天上帝於圓丘冬十月景寅僕固懷恩引吐蕃二萬寇邠州節度使白孝德閉城拒守丁卯寇奉天京師戒嚴先鋒將郭晞斬賊營於邠州西俘斬數百計三年春正月癸卯朔制大赦天下

改爲永泰元年三月庚戌吐蕃請和詔宰臣元載杜鴻漸
與蕃使同盟于興唐寺辛亥大風拔木是春大旱京師米
貴斛至萬錢九月丁酉僕固懷恩死于靈州之鳴沙縣時
懷恩誘吐蕃數十萬寇邠州蕃將尚給思贊磨尚悉東贊
等寇奉天醴泉党項羌渾奴剌寇同州及奉天逼鳳翔府
盩厔縣京師戒嚴九年八月辛未幽州節度使朱泚遣弟
滔奉表請自入朝兼自率五千騎防秋許之詔所司築第待
之十年春正月乙未朔丁酉昭義牙將裴志清逐其帥薛崿
崿奔名州上章待罪志清率衆歸田承嗣乙未朱泚乞留京
師西征吐蕃請以弟滔權爲幽州留後許之十二年三月宰
相元載王縉得罪下獄命吏部尚書劉晏訊鞫之辛巳制
中書侍郎平章事元載賜自盡門下侍郎平章事王縉貶
撫州刺史十四年五月癸卯上不康至辛亥不視朝辛酉

覽一百十二　十一　劉阿戒

皇太子監國是夕上崩于紫宸之内殿謚曰睿文孝武皇
帝廟號代宗十月己酉葬元陵

太平御覽卷第一百十二

太平御覽卷第一百一十三

皇王部三十八

唐德宗孝文皇帝 朱泚附 順宗安皇帝

德宗孝文皇帝

唐書曰德宗孝文皇帝諱适代宗長子母曰睿真皇后沈氏天寶元年四月癸巳生於長安東宮其年十二月拜特進封奉節郡王代宗即位之年五月以上爲天下兵馬元帥改封魯王八月改封雍王廣德二年二月立爲皇太子大曆十四年五月辛酉代宗崩癸亥即位於太極殿六月己亥朔御丹鳳樓大赦天下八月以門下侍郎平章事崔祐甫爲中書侍郎平章事以道州司馬同正楊炎爲門下侍郎平章事乙巳遣太常少卿韋倫使吐蕃以蕃俘五百人還之示修好也冬十月吐蕃合南蠻之衆號二十萬三道寇茂州扶

文黎雅等州連陷郡邑發禁兵四千助蜀大破之十二月乙卯立宣王誦爲皇太子建中元年春正月丁卯朔御含元殿改元建中羣臣上尊號曰聖神文武皇帝己巳朝太清宮庚午謁太廟辛未有事於郊丘還宮御丹鳳門大赦天下自艱難以來徵賦名目頗多今後除兩税外輒率一錢以枉法論二年三月築汴州城初大曆中李正己有淄青齊海登萊沂密德棣曹濮兗鄆十五州之地李寶臣有恒定易趙深冀滄七州之地田承嗣有魏博相衛洺貝澶七州之地梁崇義有襄鄧均房復郢六州之地各聚兵數萬始因叛亂得立雖朝廷寵待加恩心猶疑貳皆連衡盤結以自固先是汴州以城隘不容衆請廣之至是築城五月景寅以軍興十一而税冬十一月尚書左僕射楊炎貶崖州司馬尋賜死三年四月封朱滔爲通義郡王朱滔王武俊與田悅合從而叛十一月朱滔田悅王武俊於魏縣軍壘各相推奬僭稱王號署官名如國初親王行臺之制丁丑李希烈自稱天下都元帥太尉建興王與朱滔等四盜膠固爲逆四年春正月鳳翔節度使張鎰與吐蕃宰相尚結贊同盟于清水庚寅李希烈陷汝州執州將李元吉而去東都震駭甲午遣顏真卿宣慰李希烈軍八月丁未李希烈率衆三萬攻哥舒曜於襄城東都危急冬十月詔涇原節度使姚令言率涇原之師救哥舒曜丁未涇原軍出京城至滻水倒戈謀叛姚令言不能禁止上令載繒綵二車遣普王往慰諭之亂兵已陣于丹鳳闕下促神策軍拒之無一人至者上與太子諸王妃主百餘人出苑北門右龍武軍使令狐建方教射於軍中聞難聚射士得四百人扈從其夕至咸陽飯數匕而過戊申至奉天己酉元帥都虞候渾瑊以子弟家屬至乃

以瑊爲行在都虞候亂兵既剽京城屯於白華乃於晉昌里迎朱泚爲帥稱太尉居含元殿上以奉天隘欲幸鳳翔壬子鳳翔軍亂殺節度使張鎰乃止癸丑李希烈陷襄城哥舒曜走洛陽丁巳邠寧節度韓游瓌與論惟明率兵三千至纔入奉天賊軍亦至乃出拒之王師不利賊攻城愈急矢石雨下死傷者衆人心危蹙上與渾瑊對泣朱泚據乾陵作樂下瞰城中辭多侮慢戊子朔方節度使李懷光遣兵馬使張韶奉表言大軍將至乃令昇韶巡城叫呼讙聲動地賊不之測疑懼緩攻癸巳懷光軍次醴泉是夜賊解圍而去神策將李晟自定州率師赴難軍於渭橋興元元年春正月上在奉天詔曰克致興化必在推誠忘己濟人不恡改過朕嗣服丕構君臨萬邦失守宗祧越在草莽不念率德誠莫追於既往永言思咎期有復於將來明徵其義以示天下小子

懼德不嗣罔敢怠荒然以長於深宮之中暗於經國之務
積習易溺居安忘危不知稼穡之艱難不卹征戍之勞苦
澤靡下究情不上通事旣擁隔人懷疑阻猶昧省已遂用
興戎徵師四方轉餉千里賦車藉馬遠近騷然行賫居送衆
庶勞止力役不息田萊多荒暴令峻於誅求疲民空於杼軸
轉死溝壑離去鄉閭邑里丘墟人煙斷絶天譴於上而朕
不寤人怨於下而朕不知馴致亂階變起都邑賊臣乘釁
肆逆滔天曽莫愧畏敢行凌偪萬品失序九廟震驚上累
于祖宗下負于蒸庶痛心靦面罪實在予永言愧悼若墜
泉谷頼天地降祐人祇叶謀將相竭誠爪牙宣力羣盜斯
屏皇維載張將弘永圖必布新令朕晨興夕惕惟省前非
乃者公卿百寮用加虚美以聖神文武之號被蒙暗寡昧
之躬固辭不獲俯遂羣議昨因内省良所瞿然自今已後

中外書奏不得言聖神文武之號今上元統曆獻歲發
祥宜革紀年之號式敷在宥之澤可大赦天下改建中五
年爲興元元年李希烈田悦王武俊李納咸以勳舊繼守
藩條朕撫馭乖方致其疑懼皆由上失其道而下罹其灾
一切並與洗滌復其爵位待之如初仍即遣使宣諭朱滔
以泚連坐路遠必不同謀永念舊勳務存弘貸如能効順
亦與惟新朱泚反易天常盜竊名器暴犯陵寢所不忍言
獲罪祖宗朕不敢赦除泚外並從原宥二月甲子加連城
郡王李懷光太尉仍賜鐵券赦三死罪懷光怒曰凡人臣反
逆乃賜鐵券恕以不死今懷光是反定矣因投之於地上
聞懷光將叛令翰林學士陸贄往慰諭之其詞禮益倨悖
尋李晟自咸陽移兵東渭橋避懷光也晟以懷光反狀已
明請上幸蜀丁卯車駕幸梁州留戴休顔守奉天三月懷
光燒營走歸河中庚寅車駕次城固壬辰至梁州四月辛
丑朔時將士未給春衣上猶夾服漢中早熱左右請御暑
服上曰將士未易冬服獨御春衫可乎俄而貢物繼至先
給諸軍而始御之五月李晟自渭北移軍於光泰門外賊
來薄我軍士奮擊大敗之斬馘千計戊戌晟列陣於光泰
門外遣騎將史萬頃往神麚村開苑牆二百餘步賊樹柵
當之我軍爭拔柵與賊血戰賊黨大敗追擊至白華朱泚
姚令言率衆萬餘遁去晟收復京城是日渾瑊與戴休顔
亦破賊三千於咸陽韓遊瓌追朱泚於涇州六月李晟
上收城露布上覽之涕下霑襟涇州田希鑒斬姚令言幽
州軍士韓旻於彭原斬朱泚並傳首至行在乙巳遣吏部
侍郎班宏入京宣慰六月戊午車駕發興元秋七月景子次鳳
翔府壬午至自興元辛卯御丹鳳樓大赦天下九月丁亥上

頤謂宰臣曰今大盜雖除時猶多難宜廣延納以達下情近
日諫官都無論奏自今每正衙及延英坐日常令朝臣三
兩人面奏時政得失庶有弘益也貞元元年正月丁酉朔
御含元殿受朝賀禮畢宣制大赦天下改元時關東大飢
賦調不入國用益窘關中飢民蒸蝗蟲而食之五月分命
朝臣禱羣神以祈雨蝗自海而至羣飛蔽天每下則草木
及畜毛無復孑遺穀價騰踊九月朔方大將牛名俊斬李
懷光傳首闕下馬燧收復河中十月上御正殿策賢良方
正能直言極諫等三科舉人十一月癸卯上親祀昊天上
帝於圓丘禮畢御丹鳳樓大赦天下二年四月景寅淮西李
希烈爲其牙將陳仙奇所酖并誅其妻子仙奇以淮西歸順
九月乙巳吐蕃寇好時京師戒嚴李晟部將王佖擊吐蕃於
汧陽城敗其中軍辛亥寇鳳翔李晟出師禦之一夕而退冬

十月李晟拔吐蕃摧沙堡十一月册淑妃王氏爲皇后丁酉后崩謚曰昭德辛丑吐蕃陷鹽州三年三月河東馬燧來朝時吐蕃相結贊使大將論頰熱卑辭厚意告馬燧請兩國同盟上疑其不誠不允故燧自將論頰熱入朝盛言蕃相請盟可以保信上從之五月辛未侍中渾瑊與吐蕃宰相尚結贊同盟于平涼爲蕃兵所劫瑊遁而獲免崔漢衡巳下將吏陷没者六十餘人四年春正月上御丹鳳樓大赦天下京師地震辛亥又震壬子又震甲寅地震宴群臣於麟德殿巳未地震丁卯有司條奏省官其左右常侍太子賓客請依前置四員從之壬戌加置諫議大夫八員分中書四員爲右門下四員爲左是月吐蕃寇涇邠寧鄜慶等州焚彭原縣邊將閉城自固賊驅人畜三萬計凡二旬而退五年春正月乙卯詔自今宜以二月一日爲中和節以代正月晦日備三令節數内外官司休假一日二月庚子以大理卿董晉爲門下侍郎同平章事以御史中丞竇參爲中書侍郎平章事兼轉運使六年春正月大雪二月戊辰朔百寮會宴於曲江亭上賦中和節群臣賜宴詩七韻是日百僚進兆人本業三卷八年四月乙未貶中書侍郎平章事竇參爲郴州別駕以尚書左丞趙憬兵部侍郎陸贄並爲中書侍郎同中書門下平章事八月以天下水災命朝臣宣撫賑貸河南河北山南江淮凡四十餘州大水漂溺死者二萬餘人九年正月癸卯初稅茶歲得錢四十萬貫從鹽鐵使張滂所奏茶之有稅自此始五月乙巳韋皐破吐蕃峨和城定廉城通鶴軍凡平堡五十餘所冬十月環王國獻犀牛上令見于太廟十年冬十月御宣政殿試賢良方正能直言極諫等舉人十二月貶中書侍郎平章事陸贄爲太子賓客十二年三月以户部侍郎裴延齡爲户部尚書六月初置左右護軍中尉十二月乙未大雪平地二尺竹栢多死環王國所獻犀牛是冬凍死上著刑政箴一首癸未迴紇南詔劒南西山八國女國王並來朝賀十三年春正月吐蕃贊普遣使修好塞上以聞上以犬戎負約不受其使十六年春正月恒冀易定陳許河陽四鎮之師與賊戰皆不利而退二十一年春正月御含元殿受朝賀是日上不康癸巳會群臣於宣政殿宣遺詔皇太子宜於柩前即位是日崩於會寧殿享壽六十四謚曰神武孝文皇帝廟號德宗葬崇陵

朱泚附

唐書曰朱泚幽州昌平人曾祖利贊善大夫贈禮部尚書祖思明太子洗馬贈太子太師父懷珪天寶初事范陽節度使裴寬爲衙前將授折衝將軍及安禄山史思明反叛累爲管兵將寶應中李懷仙歸順奏爲薊州刺史平盧軍留後柳城軍使卒贈左僕射泚以父資從軍幼壯偉腰帶十圍騎射武藝亦不出人外若寬和中頗忍悉然輕財好施每征戰所得賞物輒分與麾下將士以是爲衆所推故得濟其兇謀初隷李懷仙爲十將毆經略副使朱希綵既殺李懷仙自爲節度以泚宗姓甚委信之希彩爲政苛酷人不堪命大曆七年秋竟爲孔目官李懷瑗所殺倉卒之際未有所從泚營在城北弟滔主衙内兵亦得衆心滔變詐多端潛使百餘人於衆中大言曰節度使非朱副使莫可衆既無從因共推泚泚遂權知留後遣使奉表京師十月拜檢校左散騎常侍兼御史中丞幽州盧龍節度等使八年三月遷幽州盧龍節度等使幽州長史兼御史大夫其年泚上表令弟滔率兵二千五百人赴京西防秋代宗嘉之

手詔褒美九年就加檢校户部尚書賜實封百户幽州及河北諸鎮自天寶末便爲逆亂之地李懷仙朱希彩與連境三節度名雖向順未嘗朝謁至是泚率先上表請自領部騎三千人入覲詔修甲第以待之九月泚至京師代宗御内殿引見賜御馬兩疋戰馬十疋金銀錦綵甚厚又以器物十牀馬四十疋絹二萬疋衣一千七百襲賜其將士宴犒之盛近時未有泚又上表請留京師從之因授其弟滔兼御史大夫幽州節度留後仍以河陽永平軍防秋兵郭子儀統之決勝軍楊猷兵李抱玉統之淮西鳳翔兵馬璘統之汴宋淄青兵俾泚統焉十一年八月加拜同平章事尋令出鎮奉天行營復賜金銀繒綵并内庫弓箭以寵之十二年加檢校司空代李抱玉爲隴右節度使權知河西澤潞行營兵馬事德宗嗣位加太子太師鳳翔尹實封至

三百户建中元年涇州將劉文喜阻兵爲亂加泚四鎮北庭行軍涇原節度使與諸軍討伐涇州平加泚中書令還鎮鳳翔而以舒王謨遥領涇原節度二年又加泚太尉朱滔將反叛陰使人與泚計議以帛書内蠟丸中置髮髻間河東節度馬燧搜獲之以聞并送帛書及所遣使泚惶懼頓首乞歸罪有司上勉之曰千里不同謀非卿之過三年四月以張鎰代泚爲鳳翔隴右節度留後留泚京師加實封至一千户與一子正員官其幽州盧龍節度太尉中書令並如故四年十月涇原兵叛鑾駕幸鳳天叛卒等以泚嘗統涇州知其失權廢居怏怏思亂羣寇無帥幸泚政寬乃相與謀曰朱太尉久囚空宅若迎而爲主事必濟矣姚令言乃率百餘騎迎泚於進昌里第泚乘馬擁從北向燭炬星羅觀者萬計入居含元殿明日移處白華但稱太尉朝官有謁泚者悉勸奉迎鑾駕既不合泚意皆逡巡而退源休至遂屏人移時言多悖逆又盛陳成敗稱述符命勸其僭僞泚甚悦之又李忠臣張光晟繼至咸以官閑積憤樂於禍亂鳳翔涇原大將張庭芝段誠諫以潰卒三千餘自襄城而至賊泚自謂衆望所集僭竊之心自此而定乃以源休爲京兆尹判度支李忠臣爲皇城使段秀實久失兵柄故推心委之遂發銳師三千言奉迎乘輿實陰有逆謀秀實與劉海賓謀誅泚且慮叛卒之震驚法駕乃潛爲賊符追所發兵至六日兵乃駱驛而迴因與海賓同入見泚爲陳逆順之理而海賓於靴中取匕首爲其所覺遂不得前秀實知不可以義動遂奪源休象笏挺而擊泚仍大呼曰反虜當斬泚舉臂衛首秀實格拉之恂恂然李忠臣馳助泚泚素多力纔破其面逆徒譟集秀實海賓遂併見害明日聲言以

親王權主社稷士庶競往觀之八日源休姚令言李忠臣張光晟等八人導泚自白華入宣政僭即僞位自稱大秦皇帝號應天元年愚智莫不憤惋侍衛皆卒伍寮吏行列不過十餘人下僞詔曰幽囚之中神器自至豈朕薄德所能經營彭偃之詞也僞署姚令言爲侍中李忠臣爲司空兼侍中源休爲中書侍郎平章事判度支蔣鎮爲吏部侍郎樊系爲禮部侍郎儀禮使許季常爲京兆尹洪經綸爲太常少卿彭偃爲中書舍人裴揆崔幼真爲給事中崔宣爲御史中丞張光晟仇敬忠敬釭張寶何望之段誠諫張芝杜如江爲節度使仍以其兄子遂爲太子遥封弟滔爲冀王太尉尚書令尋又號皇太弟十月泚自領兵侵逼奉天竊威儀輦輅關隘道途蟻聚之衆軍勢頗盛以姚令言爲元帥張光晟爲副以李忠臣爲京兆皇城留守居中書省

尋以蔣鎮爲門下侍郎，李子平爲諫議大夫，並平章事。泚軍合於城下，渾瑊、韓遊瓌禦之，泚衆大敗，死者萬計。泚收軍於奉天東三里下營，大修攻具。明日，泚又分兵營於乾陵下，瞰城內，大震。十一月三日，杜布全與泚衆戰於莫谷，官軍不利。自是賊衆驕怠，王師乘城而戰，人百其勇，賊多敗衂。或出野戰，官軍又獲利焉。泚乃大驅百姓塡壍，夜攻城，城中設奇以應之，賊乃退縮。西明寺僧法堅有巧思，爲泚造雲梯。十五日辰時，梯臨城東北隅，城內震駭。渾瑊、侯仲莊設火坑爲地道陷之，又縱火焚其梯。東風起，吹我軍，衆頗危。俄而風廻吹賊軍，瑊益薪潑油，鼓噪震風，火俱熾，須臾雲梯與兇黨同爲灰燼。城中三門悉出兵，王師又捷。其夜兵復出攻，泚衆敗績。李懷光以五萬人來援，自河北至，泚衆惶駭，因而潰，長圍遂解。衆以爲懷光三日不至，城則危矣。二

十日夜，泚走至京城。時姚令言於城造戰格樓櫓，每坊團練，人心大擾。泚自奉天廻，乃悉令去之，曰："攻戰吾自有計。"削此每三五日即使人僞自城外來，周走號令曰："奉天已破。"百姓聞之，莫不歔欷泣。道路闃寂，時有入臺省吏人不過十數輩，郎官六七人，而亦令依常年舉選。初有數十人陳狀，旬日亦皆屛退。泚自號其宅曰潛龍宮，悉移內庫珍寶以實之。識者曰："《易》稱'潛龍勿用'，此敗徵也。"無幾，百姓剽奪其珍寶，泚不能禁止。明年正月一日，泚改僞國號曰漢，稱天皇元年。二月，李懷光既圖叛逆，遣使與泚通和，鑾駕幸梁洋。自此衣冠之潛匿者，出授僞官十七八焉。懷光初與泚往復通好甚密，以錢穀金帛爭相饋遺，泚與書事之如兄，約云削平關中，當割據山河，永爲隣國。及懷光決計背叛，逼乘輿遷幸，泚乃下僞詔書，待懷光以臣禮，仍徵兵馬。懷光既爲所賣，慙怒憤恥，遂領衆

遁歸河中。三月，李晟、駱元光、尚可孤之衆悉於城東累敗泚衆。四月，泚使韓旻、宋歸朝、張庭芝等寇武功，渾瑊以衆及吐蕃論莽羅大敗旻、歸朝，殺逆黨萬餘人於武亭川。五月，泚又使仇敬忠寇藍田，尚可孤擊之，大破泚衆，擒敬忠斬之。李晟、駱元光、尚可孤悉還師齊進，晟屯光泰門，逆徒拒官軍，王師累捷。二十八日，官軍入苑，收京師，逆黨大潰。泚與姚令言、張庭芝、源休、李子平、朱遂以數千人西走，其餘黨或奔竄，或來降。泚衆緣路潰散，乃奔涇州，纔百餘騎而已。田希鑒閉門登陴，泚令謂希鑒曰："我與爾節度，何故背恩？"希鑒乃使人自城上擲泚所送旌節於外，續又投火焚之。泚遂過數里，息於逆旅。泚將梁庭芬入涇州，說田希鑒曰："我公比日殺馮河清背叛，今雖歸順，國家必不能久容，公他日不免受禍。何如開門納朱公，與共成事？"希鑒以爲然。庭芬乃追及

朱泚言之，泚大悅，使庭芬卻往涇州。庭芬請授已尚書平章事，泚不從。庭芬既求宰相不得，不復往涇州，從泚至寧州彭原縣西城屯，與泚心腹朱惟孝共射泚，泚走墜故窖中。泚左右韓旻、薛綸、高幽巖、武震、朱進卿、董希芝共斬泚，使宋應傳首以獻。泚死時年四十三。姚令言投涇州，源休、李子平走鳳翔，尋並斬獲。宋歸朝之敗武功，降於李懷光，送興元斬之。唯不獲朱遂，傳爲野人所殺，或云與泚子壻爲金吾將軍馬悅潛走党項部落，數月得達幽州。泚之僭逆，官竪朱重曜頗親密用事，泚每呼之爲兄。時賊中以臘月大雨，僞星官謂泚曰："當以宗中一年長者禳其災變。"泚乃毒殺重曜，以王禮葬焉。及京師平，出其尸而斬之。

順宗安皇帝

《唐書》曰：順宗安皇帝諱誦，德宗長子，母昭德皇后王氏。上

元二年正月生於長安之東內大曆十四年封宣王建中元年正月立爲皇太子貞元二十一年正月癸巳德宗崩景申即位於太極殿上自二十年九月風病不能言暨德宗不豫諸王親戚皆侍醫藥獨上卧病不能侍德宗弥留思見太子涕咽久之大行發喪人情震懼上力疾縗服見百僚於九仙門既即位知社稷有奉中外始安庚子羣臣上書請聽政二月以吏部郎中韋執誼爲尚書右丞同中書門下平章事壬寅以太子侍書翰林待詔王伾爲左散騎常侍充翰林學士以將仕郎前蘇州司功參軍翰林待詔王叔文爲起居舍人充翰林學士甲子御丹鳳樓大赦天下三月癸酉詔冊廣陵郡王淳爲皇太子改名純赦京城繫囚以給事中陸質中書舍人崔樞並爲太子侍讀七月詔朕承九聖之列荷萬邦之重顧以寡德涉道未明虔恭畏

懼不克負荷恐上墜祖宗之訓下貽卿士之憂夙夜祇勤如臨淵谷而積疾未復至于經時怡神保和常所不暇永惟四方之大萬務之殷不躬不親慮有曠廢加以山陵有日霖潦踰旬是用儆于朕心以荅天戒其軍國政事宜令皇太子勾當時上久疾不復延納宰臣共論大政事無巨細皆決於李忠臣王伾王叔文物論諠雜以爲不可藩鎮屢上牋於皇太子指三竪之撓政故有是詔以太常卿杜黃裳爲門下侍郎左金吾衛大將軍袁滋爲中書侍郎並同中書門下平章事皇太子見百寮於朝堂八月庚子詔惟皇天祐命烈祖誕受方國九聖儲祉萬邦咸休肆予一人獲纘丕業嚴恭守位不遑暇逸而天祐不降疾恙無瘳將何以奉宗廟之靈展郊禋之禮疇兹庶尹對越上玄內媿于朕心上畏于天命夙夜祇慄深惟永圖一日萬機不可以久曠天工人代不可以久違皇太子純睿哲温文寬和仁惠孝友之德愛敬之誠通乎神明格于上下是用法皇王至公之道遵父子傳歸之制付之重器以撫兆人必能宣祖宗之重光荷天地之休命奉若成憲永綏四方宜令皇太子即皇帝位朕稱太上皇居興慶宮制稱誥辛丑誥有天下傳歸於子前王之制也欽若大典斯爲至公式揚耿光用體文德朕獲奉宗廟臨御萬方降疾不瘳庶政多闕乃命元子代予守邦爰以令辰光膺冊禮宜以今月九日冊皇帝於宣政殿國有大命恩俾惟新宜因紀元之慶用覃在宥之澤宜改貞元二十一年爲永貞元年天下死罪降從流已下遞減一等立良娣王氏爲太上皇后良媛董氏爲太上皇德妃壬寅貶王伾爲開州司馬王叔文爲渝州司户元和元年正月景寅朔皇帝率百寮上太上皇尊號曰應乾聖壽甲

申太上皇崩于興慶宮之咸寧殿享年四十六謚曰至德大聖大安孝皇帝廟號順宗葬于豐陵史臣韓愈曰順宗之爲太子也留心藝術善隸書德宗工爲詩每賜大臣方鎮詩制必命書之性寬仁有斷禮重師傅必先致拜從幸奉天賊泚逼迫常身先禁旅乘城拒戰督勵將士無不奮激德宗在位歲久稍不假權宰相左右倖臣如裴延齡李齊運韋渠牟等因間用事刻下取功而排陷陸贄張滂輩人不敢言太子從容論諍故卒不任延齡渠牟爲相甞侍宴魚藻宮張水嬉綵艦雕靡宮人引舟爲櫂歌絲竹間發德宗歡甚太子引詩人好樂無荒每對於敷奏未甞以顏色假借宦官居儲位二十年天下陰受其賜惜乎寢疾踐祚近習弄權而能傳政元良克昌運祚賢哉

太平御覽卷第一百一十三

太平御覽卷第一百一十四

皇王部三十九

唐憲宗章武皇帝　穆宗文惠皇帝

敬宗昭愍皇帝

憲宗章武皇帝

唐書曰憲宗章武皇帝諱純順宗長子母曰莊憲皇后大曆十三年生於長安之東宮內六七歲時德宗抱置膝上問曰汝誰子在吾懷對曰是第三天子德宗異之貞元四年六月封廣陵王順宗即位之年四月冊爲皇太子八月乙巳即皇帝位於宣政殿先是連月霖雨是日晴霽人情忻悅丁未始御紫宸殿對百僚庚戌詔曰朕以寡昧纂丕洪業永思理本所寶惟賢至如嘉禾神芝奇禽異獸蓋王化之虛美也所以光武形於詔令春秋不書祥瑞朕誠德薄思及前人自今已後所有祥瑞有司不得上聞其珍禽奇獸亦宜停進冬十月壬申貶中書侍郎同中書門下平章事韋執誼爲崖州司馬以交王叔文也元和元年春正月景寅朔皇帝率群臣於興慶宮奉上太上皇尊號丁卯御含元殿受朝賀禮畢御丹鳳樓大赦天下改元癸未詔以太上皇舊恙愆和親侍藥膳權不聽政以高崇文檢校工部尚書充神策行營節度使甲申太上皇崩乙酉宰相杜佑攝冢宰戊子制曰劍南西川疆界素定藩鎮守備各有區分頃因元臣薨謝隣藩不睦劉闢乃因虛構隙以忿結讎遂勞三軍兼害百姓朕志存含垢務欲安人遣使宣諭委之旄鉞如聞道路擁塞未息干戈輕肆攻圍擬圖吞併爲君之體義在勝殘命將興師蓋非獲已宜令興元嚴礪東川李康掎（音己）角應接神策行營節度使高崇文神策兵馬使李元奕率步騎之師與東州興元之師類會進討甲午高崇文由斜谷路李元奕由駱谷路俱會于梓潼關辛卯群臣請聽政戊戌上謂宰臣曰前代帝王或怠於聽政或躬覽繁務其道何如杜黃裳對曰帝王之務在於修己簡易擇賢委任不宜怠肆安逸然事有綱領小大常務其遠者大者至如簿書獄訟百吏能否本非人主所自任也但擇人委任責其成效賞罰必信誰不盡心傳稱帝舜之德曰夫何爲哉恭己正南面而已誠以能舉十六相去四凶也豈與勞神疲體自任耳目之主同年而語哉但人主常勢患在不能推誠人臣之弊患在不能自竭由是上疑下詐禮貌或虧欲求致理自然難致苟無此弊何患不至於理上稱善久之五月辛卯冊太上皇后王氏爲皇太后九月辛亥高崇文奏收成都擒劉闢以獻癸丑以山人李渤爲左拾遺徵不至二年春正月上親朝獻太清宮御丹鳳樓大赦天下己酉以戶部侍郎武元衡爲門下侍郎同平章事以中書舍人翰林學士李吉甫爲中書侍郎同平章事二月庚午司天造新曆成詔題爲元和觀象曆九月庚申李錡據潤州反殺判官王澹大將趙琦遂令蘇常杭湖睦五州戍將殺刺史修石頭故城欲謀僭逆癸酉潤州大將張子良李奉仙等執李錡以獻十一月斬錡詔削屬籍十二月景辰上謂宰臣曰朕覽國書見文皇帝行事少有過差諫臣論諍往復數四況朕之寡昧涉道未明今後事或未當卿當每事十論不可一二而止己卯史官李吉甫撰元和國計簿總計天下方鎮凡四十八管州府二百九十五縣一千四百五十三戶二百四十四萬二百五十四其鳳翔鄜坊邠寧振武涇原銀夏靈鹽河東易定魏博鎮冀范陽滄景淮西淄青

十五道凡七十一州不申户口每歲賦入倚辦止於浙江東西宣歙淮南江西鄂嶽福建湖南等八道合四十九州一百四十四萬户比量天寶供稅之户則四分有一天下兵戎仰給縣官者八十三萬餘人比量天寶士馬則三分加一率以兩户資一兵其他水旱所損徵科發斂又在常役之外是歲吐蕃迴紇奚契丹渤海牂牁上音臧下音哥南詔並朝貢三年春正月癸巳羣臣上尊號曰睿聖文武皇帝御宣政殿受冊禮畢御丹鳳樓大赦天下庚子涇原段祐請脩臨涇城在涇州北九十里扼犬戎之衝要詔從之四年秋七月御製前代君臣事迹十四篇書於六扇屏風是月出書屏以示宰臣丁未渭南暴水壞廬舍二百餘户口溺死六百人命府司賑給八月安南都護張舟奏破環王國三萬餘人獲戰象兵械并王子五十九人十月冊鄧王寧爲皇太子癸巳

以冊儲肆赦繫囚死罪降從流已下遞減等工部侍郎歸登給事中呂元膺爲皇太子諸王侍讀五年八月乙亥上謂宰臣曰神仙之事信乎李藩對曰神仙之說出於道家道家所宗老子五千文爲本老子指歸與六經無異前代好恠之流假託老子爲神仙之說故秦始皇遣方士載童女入海求仙藥漢武帝嫁女與方士求不死藥二主受惑卒無所得文皇帝服胡僧長生藥遂致暴疾不救古詩云服食求神仙多爲藥所悞誠哉是言也君人者但務求理四海樂推社稷延永自然長年也上深然之六年十一月乙丑制以户部侍郎李絳爲中書侍郎同平章事十二月辛卯皇太子寧薨謚曰惠昭七年五月上謂宰臣曰卿言吴越去年水旱昨有御史自江淮迴言不至爲災人非甚困李絳對曰臣得兩浙淮南狀繼言歉旱方隅授任皆朝廷信重之臣御史非良或容希媚此正當姦佞之目况推誠之道君人大本任大臣以事不可以小臣言間之伏望明示御史姓名正之典刑上曰卿言是也朝廷大體以恤人爲本一方不稔即宜賑救濟其飢寒况可疑之耶向者不思而有此問朕言過矣八年三月辛未上以久旱親於禁中祈雨是夜澍雨霑足六月景寅京師大風雨毁屋飄瓦人多壓死所在川瀆暴漲行人不通辛丑出宫人二百車任從所適以水災故也九年十月甲子制朕嗣膺寶位于茲十年每推至誠以御方夏庶以仁化臻於大和宵衣旰食意屬於此今淮西一道未達朝經擅自繼襲肆行寇掠將士等迫於受制非是本心思去三面之羅庶遵兩階之義宜以山南東道節度使嚴綬兼充申光蔡等州招撫使十年正月嚴綬帥師次蔡州界已亥制削奪吴元濟官爵六月鎮州節

度使王承宗遣盜夜伏於靖安坊刺宰相武元衡死之刺御史中丞裴度傷首而免十二年五月隨唐節度使李愬奏敗賊於吴房獲賊將李祐七月以裴度守門下侍郎同平章事充彰義軍節度申光蔡觀察處置等使仍充淮西宣慰使十月李愬率師入蔡州執吴元濟以獻淮西平十三年正月御含元殿受朝賀禮畢御丹鳳樓大赦天下七月詔削奪淄青節度使李師道官爵仍令宣武魏博義成等五鎮之師分路進討十二月上謂宰臣曰人臣事君但力行善事自致公望何乃好樹朋黨朕甚惡之裴度對曰君子小人未有無徒者君子之徒則同心同德小人之徒是朋是黨上曰他人之言亦與卿等相似豈易辯之哉度曰君子小人觀其所行當自區別矣上曰凡好事口說則易躬行則難卿等既言之須行之勿空言說度等謝曰陛下聽分可謂

至矣臣等敢不激厲然天下之人從陛下所行不從陛下所言臣等亦願陛下每言之則行之上頗忻納十四年春正月以東師宿野不受朝賀三月上謂宰臣曰聽受之間大是難事推誠選任所謂委寄必合盡心及至所行臨事不無偏黨朕臨御已來歲月斯久雖不明不敏然漸見物情每於行爲務欲詳審比令學士集前代昧政之事爲辯謗略每欲披閱以爲鑒戒耳崔羣對曰無情曲直辯之至易稍懷欺詐審之實難故孔子有衆好衆惡之論浸潤膚受之説蓋以曖昧難辯故也若擇賢而任之待之以誠糾之以法則人自歸公孰敢行僞陛下詳覽載籍以廣聰明實天下幸甚七月羣臣上尊號曰元和聖文神武法天應道皇帝是日御宣政殿受册御丹鳳樓大赦天下八月上謂宰臣曰天下事重不可一日曠廢若遇連假不坐有

事即詣延英請對崔羣以殘暑方甚自同列將退上止之曰數日一見卿等時雖暑熱朕不爲勞九月上謂宰相曰朕讀玄宗實録見開元初鋭意求理至十六年已後稍似懈倦開元末又不及中年何也崔羣對曰玄宗少歷民間身經迍難故即位之初知民疾苦躬勤庶政加之姚崇宋璟蘇頲盧懷愼等守正之輔孜孜獻納故致治平及後承平日久安於逸樂漸遠端士而近小人宇文融以聚斂媚上心李林甫以姦邪惑上意加之以國忠故及於亂願陛下以開元初爲法以天寶末爲戒即社稷無疆之福也時皇甫鎛以諂刻欺蔽在相位故羣因奏以諷之上服方士柳泌金丹藥起居舍人裴潾上表切諫以金石含酷烈之性加燒鍊則火毒難制若金丹已成且令方士自服一年觀其効用則進御可也上怒貶潾爲江陵令十五年春正月甲戌朔上以餌金丹小不豫罷元會庚子上崩于大明宮之中和殿享年四十三諡曰聖神章武孝皇帝廟號憲宗葬于景陵

穆宗文惠皇帝

唐書曰穆宗文惠皇帝諱恒憲宗第三子也母曰懿安皇后郭氏貞元十一年七月生於大明宮之別殿初名宥封建安郡王元和七年十月册爲皇太子改今諱十五年正月憲宗崩閏月景午即皇帝位於太極殿東序戊申上見羣臣於紫宸門外辛亥以蕭俛段文昌爲中書侍郎同平章事上始御延英對宰臣二月丁丑御丹鳳樓大赦天下壬寅勑舉賢良方正直言極諫科目人宜令中書門下尚書省四品已上於尚書省同試三月壬子召侍講學士韋處厚路隨於太液亭講毛詩關雎尚書洪範等篇旣罷並賜

緋九月辛丑大合樂於魚藻宮觀競渡又召李光愬李光顏入朝欲於重陽日宴羣臣拾遺李班等上疏諫云元朔未改園陵尚新雖易月之期俯從人欲而三年之制猶服心喪夫遏密施禁蓋爲齊人合樂内庭事將未可不聽十月鎮州王承元以所部四命請命以魏博節度等使田弘正爲鎮州節度使以承元　爲滑州節度使長慶元年正月己亥朔上親薦獻太清宮太廟是日法駕赴南郊日抱珥宰臣賀於前辛丑祀昊天上帝於圓丘即日還宮御丹鳳樓大赦天下改元長慶内外文武及致仕官三品已上賜爵一級二月景子上觀雜伎樂於麟德殿歡甚謂給事中丁公著曰比聞外間公卿士庶時爲歡宴蓋時和民安甚慰子心公著對曰誠有此事然臣之愚見風俗如此亦不足嘉百司庶務漸恐勞煩聖慮上曰何至於是對曰夫賓宴之禮務達誠敬

不繼以淫故詩人美樂且有儀璘異優舞前代名士良辰宴聚或清談賦詩投壺雅歌雖以盃酌獻酬不至於亂國家自天寶已後風俗奢靡宴席以諠譁沉湎爲樂而居重位秉大權者優雜倨肆於公吏之間曾無愧恥公私相効漸以成俗由是物務多廢獨聖心求理安得不勞宸慮乎陛下宜頒訓令禁其過差則天下幸甚時上荒于酒樂公著因對諷之頗深嘉納三月幽州劉總請分割地土入朝公卿皆疑獨上推誠納之以宣武節度使張引靖爲幽州節度使以總爲鄆州節度使秋七月壬子羣臣上尊號曰文武孝德皇帝上受冊於宣政殿禮畢御丹鳳樓大赦天下甲寅幽州監軍使奏軍亂囚節度使張引靖於別館害判官韋雍張宗元崔仲卿鄭塤軍人取朱滔子洄爲留後洄自以年老令軍人立其子克融爲留後八月巳巳鎮州監軍宋惟澄奏軍亂節度使田弘正并家屬將佐三百餘口並遇害軍人推衙將王庭湊爲留後二年二月甲子詔雪王庭湊仍授鎮州大都督府長史充成德軍節度等使三軍將士待之如初仍令韓愈往彼宣諭十月詔江淮諸州旱損田苗頗多所在米價不免踴貴眷言疲瘵須議優矜宜委淮南浙東浙西宣歙江西福建等道觀察使各於當道有水旱處取常平義倉斛斗據時估減半價出糶以惠貧民十一月庚午命景王率禁軍五百騎侍從皇太后幸華清宮又幸石甕寺癸酉上幸華清宮迎太后巡狩于驪山下即日馳還太后翌日方還庚辰上與内官擊鞠禁中有内官欻然墜馬如物所擊上恐罷鞠外殿遽足不能履地風眩就牀自是外不聞上起居者三日十二月丁亥詔五坊鷹隼並解放獵具並毀之庚寅宰臣李逢吉[illegible]

三上疏請立皇太子辛卯上於紫宸殿見百官李逢吉奏景王成長請立爲皇太子左僕射裴度又極言之癸巳詔立景王爲皇太子景午上御宣政殿冊皇太子受冊畢百寮謁太子於東宮三年正月丁巳上以疾苦不受朝賀是日大風昏翳竟日四年正月辛亥上御正殿受朝如常儀上餌金石之藥處士張皋上疏切諫上悅召之求皋不獲辛未上大漸詔皇太子監國事壬申上崩於寢殿時年三十諡曰睿聖文惠孝皇帝廟號穆宗葬于光陵

敬宗昭愍皇帝

唐書曰敬宗昭愍皇帝諱湛穆宗長子母曰恭僖太后王氏元和四年六月七日生於東内之別殿長慶元年封景王二年立爲皇太子四年正月穆宗崩皇太子即位時年十六二月辛巳朔上縗服見羣臣於紫宸門外癸未貶戶部侍郎李紳爲端州司馬辛卯勑沒掖庭宮人先配内園宮人並宜放出任其所適巳亥冊大行皇帝皇太后爲太皇太后三月上御丹鳳樓大赦天下天下常貢之外不得進獻六宅十宅諸王女宜令每年於選人中選擇降嫁甲寅始於延英對宰臣甲子故山南東道節度使牛元翼家屬悉爲王庭湊所害上惜其冤横傷悼久之仍歎宰執非才縱姦臣跋扈翰林學士韋處厚奏曰理亂之本非有他術順人則理違人則亂陛下當食歎息恨無蕭曹今有一裴度尚不能用此馮唐所以感悟漢文雖有頗牧不能用也戊辰羣臣入閤日高猶未坐有不任立而踣者諫議大夫李渤出次白宰相俄而始坐班退左拾遺劉棲楚極諫頭叩龍墀血流上爲之動容景申賊張韶等百餘人至右銀臺[illegible]

右神策軍兵馬使康藝全率兵入宮討平之是日上聞變急幸左軍丁酉上還宮羣臣稱慶諫議大夫李渤以上輕易致盜言甚激切五月制以吏部侍郎李程戶部侍郎竇易直並同中書門下平章事十二月廻鶻吐蕃奚契丹遣使朝貢寶曆元年春正月辛亥親祀昊天上帝于南郊禮畢御丹鳳樓大赦改元二月桂管防禦觀察使李德裕獻丹扆箴六首上深嘉之命學士韋處厚優其荅詔四月羣臣上徽號曰文武大聖廣孝皇帝御宣政殿授册禮畢御丹鳳樓大赦天下七月甲申拾遺李漢舒元褒薛廷老於閤內論曰近日除授往往不由中書進擬多是內中宣出臣恐紀綱寖壞姦邪恣行伏希詳察上然之詔度支進銅三千斤金薄十萬翻修清思院新殿及昇陽殿圖障二年五月幽州軍亂殺其帥朱克融及男延齡軍人立其第二子延嗣

爲留後辛巳神策軍施內古長安城中修漢未央宮掘池獲白玉牀長六尺六月減放苑內役二千五百人帝性好土木自春至冬興作相繼庚申鄆州進驢打毬人石定寬等四人辛酉幸凝碧池令兵士千餘人於池中取大魚送入新池癸亥以旱命京城諸司疏理繫囚帝好深夜自捕狐狸宮中謂之打夜狐十二月辛丑帝夜獵還宮與中官劉克明田務澄許文端打毬軍將蘇佐明王嘉憲石定寬等飲酒帝方酣入室更衣殿上燭忽滅劉克明等同謀害帝即時殂於室內時年十八謚曰睿武昭愍孝皇帝廟號敬宗葬莊陵

太平御覽卷第一百一十四

太平御覽卷第一百一十五

皇王部四十

唐文宗昭獻皇帝　武宗昭肅皇帝
宣宗獻文皇帝　懿宗恭惠皇帝

文宗昭獻皇帝

唐書曰文宗昭獻皇帝諱昂穆宗第二子也母曰貞獻皇后蕭氏元和四年十月生長慶元年封江王初名涵寶曆二年十二月敬宗遇弑賊蘇佐明等矯制立絳王勾當軍國事樞密使王守澄中尉梁守謙率禁軍討賊誅絳王迎上于江邸癸卯見宰臣于閤內下教處分軍國事宰臣百寮三上表勸進乙巳即位於宣政殿景午上赴西宮成服丁未宰臣百寮上表請聽政三表許之戊申尊聖母為皇太后己酉敕鳳翔淮南先進女樂二十四人並放歸本道庚戌以兵部侍郎翰林學士韋處厚為中書侍郎同中書門下平章事大和元年二月乙巳御丹鳳樓大赦改元六月詔元和長慶中皆因用兵權以濟事所下制敕難以通行宜令尚書省取元和已來制敕參詳刪定訖送中書門下議定聞奏甲戌以旱放繫囚七月李同捷除兖海不受詔結幽鎮謀叛徐州王智興請全軍討之帝自撰集尚書中君臣事迹命畫工圖寫於太液亭朝夕觀覽三年五月己卯栢耆斬李同捷於將陵滄景平丁亥御興安樓受滄州所獻俘九月敕兩軍諸司內官不得着紗縠綾羅等衣服帝性儉素不喜華侈駙馬韋處仁戴夾羅巾帝謂之曰比慕卿門地清素以之選尚如此巾服從他諸戚為之唯卿非所宜也十一月甲午帝親祀昊天上帝於南郊禮畢御丹鳳門大赦禁止奇貢四方不得以雜樣織成非常之物為獻十二月

蠻陷邛雅等州戊午以右領軍衛大將軍董重質充神策西川行營都知兵馬使蠻陷成都府入梓州西郭門下營又詔促諸鎮兵救援兩川乙巳郭釗奏蠻退遣使賜蠻帥蒙嵯顛國信四年四月詔曰儉以足用令出唯行著在前經斯為理本朕自臨四海愍元元之久困日昃忘食宵興疚懷雖絕文繡之飾尚愧茅茨之儉示喻卿士形于詔條如聞積習流弊餘風未革車服第室相高以華靡之制資用貨寶固啓於貪冒之源有司不禁侈俗滋扇蓋朕教條之未敷使兆庶昧於恥尚也其何以足用行令臻于致理歟永念懃歎迨兹申敕自今內外班列職位之士各務素朴弘兹國風有僭差尤甚者御史糾上主者宣示知朕意焉上承長慶寶曆奔靡之風銳意懲革躬行儉素以率厲之五年春正月庚子朔以積陰旬浹罷元會太原旱賑粟十萬石二月神策中尉王守澄奏宰相宋申錫與漳王謀反即令追捕庚子詔貶宋申錫為太子右庶子壬寅左常侍崔玄亮及諫官等十四人伏奏王陛北軍所告事請不於內中鞫問乞付法司帝曰吾謀於公卿矣卿等且退崔玄亮泣涕陳諫久之帝改容勞之曰朕即與宰臣商議玄亮等方退癸卯詔漳王庭湊可降為巢縣公宋申錫開州司馬同正初京師恟恟以宰相實聯親王謀逆三四日後方知誣搆人士側目於守澄鄭注故諫官號泣論之申錫方免其禍四年春正月乙未朔以久雪廢元會壬子詔朕聞天聽自我人聽天視自我人視朕之菲德涉道未明不能調序四時導迎和氣自去冬已來踰月雨雪寒氣尤甚頗傷于和念兹庶氓或罹凍餒無所假貸莫能自存中宵載懷旰食興歎怵惕若厲時予之辜思弘惠澤以順時令天下死罪囚除官典犯贓故意

殺人外並降從流流已下遞降一等七年正月詔曰朕承上天之睠佑荷列聖之丕圖宵旰憂勞不敢暇逸思致康乂八年于兹而水旱流行疾疫作沴兆庶艱食札瘥相仍盖德未動天誠未感物一類失所其過在予載懷罪己之心深軫納惶之慮如聞關輔河東去年亢旱秋稼不登今春作之時農務尤切若不能賑救懼至流亡京兆府賑粟十萬石河中府絳州各賜七萬石同華陝虢晉等州各賜十萬石並以常平義倉物充七月以旱命京城諸司疏决繫囚閏七月乙卯詔曰朕嗣守丕圖覆嫗生類兢業夤畏上承天休而陰陽失和膏澤愆候害我稼穡災于黔黎有過在予敢忘咎責從今避正殿減供膳停教坊樂廐馬量減芻粟百司厨饌亦宜權減陰陽鬱堙有傷和氣宜出宫女千人五坊鷹犬量須減放內外修造事非急務者並停八月甲申御

宣政殿冊皇太子永是日降詔應犯死罪降從流流已下遞減一等九年冬十月內出曲江新造紫雲樓彩霞亭額左軍中尉仇士良以百戲於銀臺門迎之時鄭注言秦中有災宜興土功以厭之乃濬昆明曲江二池上好爲詩每誦杜甫曲江行云江頭宫殿鏁千門細柳新蒲爲誰緑乃知天寶已前曲江四岸皆有行宫臺殿百司廨署思復昇平故事故爲樓殿以壯之王涯獻搉茶之利乃以涯爲搉茶使茶之有稅自涯始十一月壬戌中尉仇士良率兵誅宰相王涯賈餗舒元輿李訓王璠郭行餘鄭注羅立言李孝本韓約等十餘家皆族誅時李訓鄭注謀內官詐言金吾仗舍石榴樹有甘露請上往觀之內官先至金吾仗見幕下伏甲遽扶帝輦入內故訓等敗流血塗地京師大駭旬日稍安十二月庚辰上御紫宸殿謂宰相曰坊市之間人

漸安未李石奏曰人情雖安然刑殺過多致此陰沴又聞鄭注在鳳翔募兵不少今皆被刑戮臣恐乘此生事切宜原赦以安之上曰然鄭覃又陳理道上曰我每思貞觀開元之時觀今日之事往往憤氣填膺耳開成元年正月辛丑帝常服御宣政殿受賀遂宣詔大赦天下改元乙巳上御紫宸對宰臣李石奏曰陛下改元御殿人情大悅全放京兆一年租賦又停四節進奉恩澤所該實當要切帝曰朕務行其實不欲崇長空文石曰赦書須內留一本陛下時看之又十道黜陟使發日更付與公事根本令向外與長吏詳擇施行方盡利害之要矣二年三月戊辰夜彗長八丈有餘西北行東指在張十四度壬申詔曰朕嗣守丕搆對越上玄虔恭夤畏于今一紀何嘗不宵衣念道昃食思愆師周文之小心慕易乾之夕惕懼德不類貽列聖羞

將欲俗致和平時無殃咎然誠未格物謫見于天仰愧三靈俯慙庶彙思獲攸濟浩無津涯昔宋景發言星因退舍魯僖納諫飢不害人取鑒往賢深惟自勵載軫在予之責宜降恤辜之恩式表殷憂冀荅昭誡天下死罪降從流流已下並釋放三年九月上以皇太子慢遊敗度欲廢之中丞狄兼謨垂涕切諫是夜移太子於少陽院殺太子宫人左右數十人十月皇太子薨于少陽院謚曰莊恪十一月乙卯夜彗孛東西竟天壬戌詔曰上天蓋高感應必由乎人事寰宇雖廣理亂盡繫於君心從古已來必然之義朕嗣膺寶位十有三年常兢已以虔恭每推誠於衆庶將以導迎休應漸致緝熙期克荷於宗祧思保寧於華夏而德有所未至信有所未孚災氣上騰天文謫見再周朞月重擾星躔當求衣之時覩垂象之變兢懼惕厲若蹈泉谷是用舉

成湯之六事念宋景之一言詳求譴咎之端採聽銷禳之術必有精理蘊於衆情冀由法以安人爰恤刑而原下應犯死罪並降從流流巳下遞減一等五年春正月戊寅上不康不受朝賀辛巳崩于大明宫之太和殿謚曰元聖昭獻皇帝廟號文宗葬章陵

武宗昭肅皇帝

唐書曰武宗昭肅皇帝諱炎穆宗第五子母曰宣懿皇后韋氏元和九年六月十三日生於東宫長慶元年三月封穎王本名瀍初文宗追悔莊恪太子殂不由道乃以敬宗子陳王成美爲皇太子開成四年冬十月宣制未遑册禮五年正月文宗暴疾宰相李珏樞密劉弘季奉密旨以皇太子監國兩軍中尉仇士良魚弘志矯詔迎潁王於十六宅曰朕自嬰疾疹有加無瘳懼不能躬總萬機日釐庶政

稽于古訓謀及大臣用建親賢以貳神器親弟潁王瀍昔在藩邸與朕嘗同師訓動成儀矩性禀寬仁俾奉昌圖必諧人欲可立爲皇太弟應軍國政事便令權勾當百辟卿士中外庶臣宜竭乃心輔成予志陳王成美先立爲皇太子以其年尚冲幼未漸師資比日重難不遑册命迴踐諸邸式協至公可復封陳王四日文宗崩宣遺詔皇太弟宜於柩前即皇帝位宰相楊嗣復攝冢宰十四日受册於正殿年二十七二月制穆宗妃韋氏追謚宣懿皇太后帝之母也上御正殿降德音以開府右軍中尉仇士良封楚國公右軍中尉魚志弘爲韓國公太常卿崔鄲户部尚書判度支崔珙並本官同中書門下平章事帝在藩邸時頗好道術修攝之事是秋召道士趙歸真八十一人入禁中於三殿修金籙道場乃幸三殿於九天壇親受法籙右拾遺王哲上疏言王業之初不宜崇信過當疏奏不省會昌元年正月庚戌有事于郊禮畢御丹鳳樓大赦改元二月以淮南節度使李紳爲中書侍郎同平章事二年四月司空平章事李德裕等上章請加尊號曰仁聖文武至神大孝皇帝戊寅御宣政殿受册八月迴鶻烏介可汗過天德至杷頭烽北俘掠雲朔北川詔劉沔出師守鴈門諸關迴鶻首領屈武降幽王授左武衛將軍詔以迴鶻犯邊漸侵内地或攻或守於理何安令少師牛僧孺陳夷行與公卿集議可否以聞僧孺曰今百寮議狀以固守關防俟其可擊則用兵宰相李德裕議以迴鶻所恃者嗢沒赤心耳今巳離叛其彊弱之勢可見戎人獷悍不顧成敗以失二將乘忿入侵出師急擊破之必矣守險恃弱虜無由退擊之爲便天子以爲然乃徵發許蔡汴滑等六鎮之師以太原節度使劉沔爲迴鶻南面招討使以張

仲武爲幽州盧龍節度使充迴鶻東面招討使以李思忠爲迴鶻西南面招討使皆會軍於太原十月幸涇陽校獵白鹿原諫議大夫高少逸鄭朗等於閤内論陛下校獵太頻出城稍遠萬機廢弛晨出夜歸方用兵師且宜停止上優勞之諫官出上謂宰相曰諫官甚要朕時聞其言庶幾減過三年春正月以宿師于野罷元會二月太原劉沔奏至大同軍遣石雄襲迴鶻牙帳大敗迴鶻於殺胡山其烏介可汗被瘡而走巳迎得太和公主至雲州是日御宣政殿百寮稱賀三月太和公主至京師百官班于章敬寺迎謁仍令所司告憲宗穆宗二室四月昭義節度使劉從諫卒三軍以從諫姪稹爲兵馬留後上表請授節鉞尋遣中使賫詔潞府令稹護從諫之喪歸洛陽稹拒朝旨尋以成德軍節度使王元逵魏博節度使何弘敬並以本官充招討澤

潞使四年三月以道士趙歸真爲左右街道門教授先生時帝志學神仙師歸真歸真乘寵每排毁釋氏言非中國之教蠹耗生靈盡宜除去帝頗信之七月王元逵奏邢州刺史裴問別將高元武以城降洺州刺史王釗磁州刺史安玉皆以城降何弘敬山東三州平潞州大將郭誼張谷陳揚廷遣人至王宰軍請殺劉稹以自贖王宰以聞乃詔石雄率軍三千入潞州郭誼斬劉稹首以迎雄澤潞五州平八月王宰傳稹首與大將郭誼等一百五十人露布獻於京師上御安福門受俘百寮樓前稱賀十月車駕幸鄠縣十一月幸雲陽五年正月宰臣李德裕杜悰等率文武百寮上徽號曰仁聖文武章天神功神德明道皇帝辛亥有事於郊廟禮畢御承天門大赦天下秋七月庚子勑併省天下佛寺所拆寺四千六百餘所還俗僧尼二十六萬五百人收充兩

稅戶拆招提蘭若四萬餘所收膏腴上田數千萬頃收奴婢爲兩稅戶十五萬人六年三月壬寅上不豫制改御名曰炎帝重方士頗服食修攝親授法籙至是藥躁喜怒失常既篤旬日不能言宰相李德裕等請見不許中外莫知安否人情危懼是月二十三日宣遺詔以皇太叔光王柩前即位是日崩年三十三謚曰至道昭肅孝皇帝廟號武宗葬端陵

宣宗獻文皇帝

唐書曰宣宗獻文皇帝諱忱憲宗第十三子毋曰孝明皇后鄭氏元和五年六月生於大明宮長慶元年三月封光王名怡會昌六年三月武宗疾篤宣遺詔立爲皇太叔權勾當軍國政事翌日即帝位改今名時年三十七帝外晦而內朗嚴重寡言視瞻特異幼時宮中以爲不慧十餘歲時遇重疾沉綴忽有光輝燭身蹶然而興正身拱揖如對臣寮乳媼以爲心疾穆宗往視之撫其背曰此吾家英物非心憊也賜以玉如意御馬金帶嘗夢乘龍升天言之於鄭太后乃曰此不宜人知毋幸勿復言歷大和會昌朝愈事韜晦羣居游處未嘗有言文宗武宗幸十六宅宴集彊誘其言以爲戲劇謂之光叔武宗氣豪尤不爲禮及監國之日哀毁滿容接待羣寮決斷庶務人方見其隱德焉四月辛未釋服尊毋鄭氏曰皇太后以兵部侍郎翰林學士承旨白敏中同中書門下平章事大中元年正月有事於郊廟禮畢御丹鳳門大赦改元帝雅好儒士留心貢舉有時微行人間採聽輿論以觀選士之得失每山池曲宴與學士詩什屬和公卿出鎮亦賦詩餞行凡對臣寮肅然拱揖鮮有輕易之言大臣或獻章疏即燒香盥手受而覽之

當時以大中之政有貞觀之風焉閏三月勑會昌季年併省寺宇雖云異方之教無損爲理之源中國之人久行其道釐革過當事體未弘其靈山勝境天下州府應會昌五年四月所廢寺宇如有宿舊名僧復能修創一任住持所由不得禁止七月太子少保分司東都衛國公李德裕爲人所訟貶潮州司馬員外置二年春正月宰相率文武百寮上徽號曰聖敬文思和武光孝皇帝御宣政殿受冊三年春正月涇原節度康季榮奏吐蕃宰相論恐熱以秦原安樂三州及石門等七關之兵民歸國詔太僕卿陸耽往喻旨仍令靈武節度使朱叔明邠寧節度使張景緒各出本道兵馬應接六月康季榮奏收復原州城及石門驛藏木峽制勝六盤石峽等六關訖邠寧張景緒奏收復蕭關勑於蕭關置武州改樂安爲威州七月三日七關軍人百姓皆河隴遺黎數千人

見于闕下上御延喜門撫慰令其解辮賜之冠帶共賜絹十五萬疋八月鳳翔節度使李玭奏收復秦州制曰自昔皇王之有國也何嘗不文以守成武以集事參諸二柄歸于大寧朕猥荷丕圖思弘景運憂勤戒惕四載于茲每念河湟土疆綿亘遐闊洎天寶末犬戎乘我多難無方禦與遂縱腥羶不遠京邑事更十葉時近百年進士試能靡不竭其長策朝廷下議皆亦聽其直詞盡以不生邊事爲永圖且守舊地爲明理荏苒於是收復無由今者天地儲祥祖宗垂祐左衽輸款邊壘連降刷恥建功所謀必兙寶賴樞衡妙筭將帥雄稜副玄元不爭之文絕漢武遠征之悔甌脫頓空於內地斥候全據於新封莫大之休指期而就況將士等櫛沐風雨暴露郊原披荊榛而刀斗夜嚴逐豺狼而穹廬曉破動皆如意古無與京念此誠勤宜加寵賞涇原宜賜絹六萬疋靈武五萬疋鳳翔邠寧各四萬疋嗚呼七關要害三郡膏腴候館之殘趾可尋唐人之遺風尚在追懷往事良用興嗟夫取不在廣貴保其金湯得必有時詎計於遲速今則便務修築不進干戈必使足食足兵有備無患載洽亭育之道永置生靈之安中外臣寮宜體朕意十二月追謚順宗曰至德大聖大安孝皇帝憲宗曰昭文章武大聖孝皇帝初以河湟收復百寮請加徽號帝曰河湟收復繼成先志朕欲追尊祖宗以昭功烈白敏中等對曰非臣等愚昧所能及至是上御宣政殿行事及冊出上俯僂目送流涕嗚咽四年春正月以追尊二聖御正殿大赦天下五年八月沙州刺史張義潮遣兄義潭以瓜沙伊肅等十一州戶口來獻自河隴陷蕃百餘年至是悉復隴右故地八年正月陝州黃河清二月南蠻進犀牛詔還之十一年九月右補闕陳嘏左拾遺王譜右拾

遺薛廷傑上疏諫遣中使往羅浮山迎軒轅先生上曰朕以萬機事繁躬親庶務訪聞羅浮山處士軒轅集善能攝生年齡亦壽乃遣使迎之或冀有少保理也朕每觀前史見秦皇漢武爲方士所惑常以之爲誡卿等位當論列職在諫司閱示來章深納誠意仍謂崔慎由曰爲吾言於諫官雖少翁欒大復生不能相惑如聞軒轅生高士欲與之一言耳十二年春正月羅浮山人軒轅集至京師上召入禁中謂曰先生遐壽而長生可致乎曰徹聲色去滋味哀樂如一德施周給自然與天地合德日月齊明何必別求長生耶留之月餘堅求還山十三年五月上不豫月餘不能視朝八月宣遺詔立鄆王爲皇太子勾當軍國事是日崩于大明宮聖壽五十謚曰聖武獻文孝皇帝廟號宣宗葬貞陵

懿宗恭惠皇帝

唐書曰懿宗恭惠皇帝諱漼宣宗長子母曰元昭皇太后鼂氏大和七年十一月生於藩邸會昌六年十月封鄆王本名温大中十三年八月遺詔立爲皇太子監國改今名十三日即帝位時年二十七帝姿貌瓌傑有異稱人藩邸時嘗經重疾郭淑妃侍醫藥見黃龍出入於卧內既間妃以異告帝曰愼勿復言又嘗大雪數尺而帝寢室之上獨無人皆異之宣宗製泰邊陲樂曲詞有海嶽晏咸通之句又大中末京城小兒疊布漬水紐之向日謂之拔暈帝果以鄆王即大位以咸通爲年號九月釋服追尊母后鼂氏爲太后謚曰元昭咸通元年春正月上御紫宸受朝十一月丁未有事於郊廟禮畢御丹鳳門大赦改元二年九月林邑蠻寇安南府遣神策將軍康承訓率禁軍及江西湖南之兵赴援三年春正月左僕射門下侍郎平章事杜悰

率百寮上徽號曰睿文明聖孝德皇帝四年春正月庚午有事于圓丘禮畢御丹鳳門大赦五年四月南蠻寇邕管以秦州經略使高駢率禁軍五千赴邕管會諸道之師禦之五月制朕以寡昧獲承高祖太宗之丕搆六載於茲矣罔敢遊是娛罔聲色是縱罔刑戮是濫罔邪佞是惑蚤夜悚惕以憂以勤庶幾乎八表用康兆人以泰而西戎款附北狄懷柔獨唯南蠻奸宄不率侵陷交阯突犯邕寧爰及巂州亦用攘寇勞我士卒興吾甲兵騷動黎元役力飛輓每一軫念憫然疚懷顧惟生人罹此愁苦宜布自天之澤俾垂及物之仁如聞湖南桂州是嶺路係口諸道兵馬綱運無不經過頓遞供承動多差配凋傷轉甚宜有特恩應潭桂兩路各賜錢三萬貫以助軍錢以充館驛息利本錢其江陵江西鄂州三道比於潭桂徭配稍簡宜令本道觀察

使詳其閒劇准此例與置本錢黎巂等州因蠻寇煞傷宜令本道收拾埋瘞六年秋高駢自海門進軍破蠻軍收復安南府自李琢失政交阯陷沒十年蠻軍北寇邕管界人不聊生至是方復故地七年十月安南都護高駢奏蠻寇悉平十一月御宣政殿大赦以復安南故也九年七月徐州赴桂林戍卒五百人官健許結趙可立殺其主將王仲甫以糧料判官龐勛爲都頭剽掠湘潭衡山兩縣有衆千人擅還本鎮九月甲午龐勛陷宿州知州判官焦璐奔歸于徐乙未龐勛陷徐州十年九月賊宿州守將張玄稔以城降有兵萬人馬舉率師赴之龐勛聞之以其衆將攻玄稔玄稔賊之勁將也遂與舉合勢急圍徐州許佶登城拒守者三日佶敗出走稔收復徐州龐勛方來赴援聞城已拔欲南趨濠州馬舉追及渙河擊敗之勛溺水而死蘄縣主將又斬許佶首來降徐寇悉平十一月南詔蠻驃信坦綽酋龍率衆二萬寇巂州十二月勑荆南節度使杜悰據司天奏有小孛星氣經歷分野恐有外夷兵水之患緣邊藩鎮最要隄防宜訓習師徒增築城堡凡關制置以其事聞十一年八月同昌公主薨追贈衛國公主謚曰文懿主郭淑妃所生上尤鍾念悲惜異常以待詔韓宗紹等醫藥不效殺之收捕其親族三百餘人繫京兆府宰相劉瞻京兆尹温璋上疏論諫行法太過上怒十二年春正月宰相路巖率文武百寮上徽號曰睿文英武明德至仁大聖廣孝皇帝御含元殿冊禮畢大赦五月庚申勑慎恤刑獄大易格言語曰如得其情則哀矜而勿喜而獄吏苛刻務在舞文守臣因循罕聞視事以此械繫之輩溢於狴牢追捕之徒繁於簡牘實傷和氣用致沴氛況時屬熇蒸化先茂育並赦罪戾式順生成應天

下所禁繫罪人除十惡五逆故意殺人外餘並宜疎理釋放十四年六月帝不豫七月戊寅疾大漸制立普王儇爲皇太子權勾當軍國政事辛巳遺詔曰皇太子儇性稟寬和生知忠孝德苞睿哲聖表徇齊必能揚祖宗之重光荷邦家之丕搆宜令所司具禮於柩前即皇帝位是日崩于咸寧殿聖壽四十一謚曰睿文昭聖恭惠孝皇帝廟號懿宗葬于簡陵

太平御覽卷第一百一十五

太平御覽卷第一百一十六

皇王部四十一

唐僖宗恭定皇帝 黄巢附

昭宗景文皇帝 哀帝

僖宗恭定皇帝 黄巢附

唐書曰僖宗恭定皇帝諱儇懿宗第五子母曰惠安皇后王氏咸通三年五月生於東内初封普王名儼十四年十月懿宗疾大漸其月十八日制曰朕守大器之重居兆人之上回慎一日如履如臨旰昃勞懷寢興思理涉道猶淺導化未孚而攝養乖方寒暑成癘實有虞於關政且無暇于怡神竟未少瘳日加寖劇萬務繁惣須有主張爰考舊章謀于卿士思闡鴻業式建皇儲第五男普王儼改名儇孝敬温恭寬和侍厚日新令德天假英姿言皆中規動必由禮俾崇邦本允叶人心宜立爲皇太子權勾當軍國政事咨爾中

外卿士洎于腹心之臣敬保天子輔成予志各竭乃心以安黎獻是日懿宗崩即皇帝位于柩前年十二左軍中尉劉行深右軍中尉韓文約居中執軍政並封國公八月皇帝釋服冊聖母王氏爲皇太后河南大水九月守司空門下侍郎平章事韋保衡貶賀州刺史乾符元年十一月庚寅上有事於郊廟禮畢御丹鳳門大赦改元二年春正月己丑宰相崔彦昭率文武百官上尊號上御正殿受冊四月海賊王郢攻剽浙西郡邑五月濮州賊首王仙芝聚徒於長垣縣其衆三千進陷濮州俘丁壯萬人鄆州節度使牛蘊出兵擊之爲賊所敗二年七月王仙芝寇掠河南十五州其衆數萬是月賊逼潁許攻携曲下之四年三月冤朐賊黄巢聚數萬人攻鄆州陷之七月黄巢自沂海其徒數萬趍潁蔡入査牙山遂與王仙芝合七月賊陷隋州五年二月王仙芝餘黨攻江西招討使宋威出軍屢敗之仍宣詔書招諭仙芝仙芝致書於威求節鉞威僞許之仙芝令其大將尚君長蔡温玉奉表入朝威乃斬君長温玉以徇仙芝怒急攻洪州陷其郛宋威赴援與賊戰大敗之殺仙芝傳首京師廣明元年春正月乙卯朔上御宣政殿改元二月黄巢自衡求州下嶺陷湖南江西蜀郡三月黄巢尚讓東下攻鄂州陷江南饒信等十五州七月渡江寇淮南十月乃悉衆渡淮巢自號率土大將軍其衆富足自淮已北整衆而行不剽財貨唯驅丁壯爲兵十一月陷東都留守劉允章率分司官屬迎謁之賊供頓而去坊市晏然壬申陷虢州丙子犯潼關守關諸將望風自潰十二月辛巳賊據潼關時左軍中尉田令孜專政宰相盧攜曲事之相與誤謀以至傾敗令

孜恐衆罪加己請貶携官命學士王徽裴徹爲相甲申宣制以户部侍郎翰林學士王徽裴徹同平章事貶右僕射門下侍郎平章事盧携爲太子賓客携聞賊至仰藥而死是日上與諸王妃后數百騎自子城由含光殿金光門出幸山南文武百寮不之知並無從行者京城晏然是日晡晚賊入京城時右驍衛大將軍張直方率武官十餘迎黄巢於坡頭壬辰黄巢據大内僭號大齊稱年號金統悉陳文物據丹鳳門僞赦中和元年春正月車駕在興元六月車駕幸成都府西川節度使陳敬瑄自來迎奉之乙卯車駕至西蜀丁巳御成都府改廣明二年爲中和元年大赦天下二年春正月天下勤王之師雲會京畿京師食盡賊食樹皮以金玉買人於行營之師人獲數百萬山谷避亂百姓多爲諸軍之所執賣八月庚子賊同州防禦使朱温殺其監軍嚴實與大將胡真謝

瞳等來降王鐸承制拜温華州刺史三年四月庚子沙陁忠武義成義武等軍趍長安賊悉衆拒之於渭橋大敗而還李克用乘勝追之己卯黄巢收其殘衆由藍田關而遁庚辰收京城天下行營兵馬都監楊復光上章告捷行在四年七月癸酉賊將林言斬黄巢黄揆黄秉三人首級降時溥初徐將李師悦與賊戰于瑕丘賊殊死戰其衆殆盡林言與巢走至太山狼虎谷之襄王村懼追至併命乃斬賊降師悦壬午捷書至行在十二月丁亥朔大明宫留守王徽與留司百官上表請車駕還宫詔以來年正月還京光啓元年春正月車駕在成都府己卯還京三月丁卯車駕至京師御宣政殿大赦改元時李昌符據鳳翔王重榮據蒲陜諸葛爽據河陽洛陽孟方立據邢洺李克用據太原上黨朱全忠據汴滑秦宗權據許蔡時溥據徐泗朱瑄據鄆齊

曹濮王敬武據淄青高駢據淮南八州秦彦據宣歙劉漢宏據浙東皆自擅兵賦迭相吞噬朝廷不能制江淮轉運路絶兩河江淮賦不上供但歲時獻奉而已國命所能制者河西山南劒南嶺南西道數十州大約郡將自擅常賦殆絶藩侯廢置不自朝廷王業於是蕩然五月宰臣蕭遘率文武百寮上徽號曰至德光烈孝皇帝御宣政殿受册大赦十二月乙亥沙陁逼京師田令孜奉僖宗出幸鳳翔初黄巢據京師九衢三内宫室宛然及諸道兵破賊争貨相攻縱火焚剽宫室居市里十焚六七賊平之後令京兆尹王徽經年補葺僅獲安堵至是亂兵復焚宫闕蕭條鞠爲茂草矣二年春正月車駕在鳳翔李克用旋師河中與朱玫王重榮同上表請駕駐蹕鳳翔仍數田令孜之罪乃以飛龍使楊復恭知内樞密事戊子田令孜迫乘輿請幸興元庚寅車駕次寶鷄授刑部尚書孔緯兼御史大夫令率從官赴行在時車駕夜出宰相蕭遘裴徹鄭昌圖及文武百寮不之知扈從不及故令孔緯從之蕭遘惡令孜弄權冊亂京國因邠州奏事判官李松年至鳳翔乃令亟召朱玫迎奉癸巳朱玫別領步騎五千至鳳翔令孜聞邠州軍至奉帝入大散關令禁軍守靈壁玫至禁軍潰散遂長驅追駕至遵途驛嗣襄王熅疾爲玫所得時興元節度使石君涉聞車駕入關乃毁徹棧道柵絶險要車駕由他道僅達爲邠州軍踵後崎嶇危殆者數四四月壬子朱玫李昌言迫宰相蕭遘等於鳳翔驛舍請嗣襄王熅權監軍國事玫自爲大丞相兼左右神策十軍軍容使遂驅率文武百寮奉襄王還京師五月庚辰襄王僭即皇帝位年號建貞十二月朱玫將王行瑜受密詔自鳳州率衆還長安辛酉行瑜斬

朱玫及其黨與數百人縱兵大掠是冬苦寒九衢積雪兵入之夜寒冽尤劇民吏剽剥之後僵凍而死者蔽地百官奉襄王奔河中王重榮紿稱迎奉執李煴斬之文德元年春正月車駕在鳳翔恭賊孫儒斬秦彦華師鐸于高郵二月壬午車駕至京師戊子御承天門大赦改元宰臣韋昭度率文武百寮上徽號曰聖文睿德光武弘孝皇帝三月戊戌朔御正殿受册庚子上暴不康壬寅大漸癸卯立親弟壽王傑爲皇太弟勾當軍國事是夕崩於武德殿壽二十七謚曰惠聖恭定孝皇帝廟號僖宗葬靖陵

黄巢

唐書曰黄巢曹州寃句人本以販鹽爲事乾符中仍歲凶荒人饑爲盗河南尤甚初里人王仙芝尚君長聚盗起於濮陽攻剽城邑陷曹濮及鄆州詔左金吾衛上將軍齊克

讓爲兗州節度使以本軍討仙芝仙芝懼引衆歷陳許襄鄧無少長皆虜之衆號三十萬三年七月陷江陵十月又遣將徐唐莒陷洪州時仙芝表請符不允以神策統軍使宋威爲荆南節度招討使中使楊復光爲監軍復光遣判官吴彦宏諭以朝旨釋罪别加官爵仙芝乃令尚君長詣闕請罪且求恩命時宋威害復光之功擒送闕斬之賊怒悉鋭擊官軍威軍大敗復光收其餘衆以統之朝廷以王鐸代爲招討五年八月收復荆州斬仙芝首獻於闕下先是君長弟讓以兄奉使見誅率部衆入查牙山黄巢揆昆仲八人率盜數千依讓月餘衆至數萬陷汝州大掠關東官軍加討屢爲所敗其衆十餘萬尚讓乃與羣盜推巢爲王曰衝天大將軍署官屬藩鎮不能制時天下承平日久人不知兵僖宗以幼主臨朝號令出於臣下巢馳檄四方章奏論列皆指目朝政之弊巢徒黨既盛與仙芝爲影援及仙芝敗東攻亳州不下乃襲破沂州虜之仙芝餘黨悉附焉時王鐸緩于攻取高駢鎮淮南表請詔討賊許之巢乃渡淮僞降于駢駢遣將張璘率兵受降于天長鎮巢擒璘殺之因虜其衆尋南陷湖湘遂據交廣託越州觀察使崔璆奏乞天平軍節度朝議不允又自表乞安南都護廣州節度亦不允是歲自春及夏其衆大疫死者十三四衆勸請北歸以圖大利廣明元年北踰五嶺犯湖湘江浙進逼廣陵高駢閉門自固所過鎮戍望風降賊九月渡淮十一月陷洛陽繼攻陜虢逼潼關陷華州留將喬鈐守之朝廷以田令孜率神策博野等軍十萬守潼關關之左有谷可通行人平時禁人出入謂之禁谷及賊至官軍但守潼關不坊禁

都徑還京師燔掠西市十二月三日僖宗夜自開遠門出趍駱谷四日賊至昭應五日陷京師時巢衆累年爲盜行伍不勝其富遇窮民於路爭行施遺既入青門坊市聚觀尚讓慰曉市人曰黄王爲生靈不似李家不惜汝輩但各安家業賊衆競投物遺人十三日巢僭位國號大齊仍御樓宣赦且陳符命曰唐帝知朕起義改元廣明以文字言之唐巳無天分矣唐去丑口而安黄天意令黄在唐下乃黄家日月也土生金予以金王宜改年爲金統中和元年二月尚讓寇鳳翔鄭畋出師禦之大敗賊於龍尾坡畋乃馳檄告諭天下藩鎮四月涇原行軍唐弘夫之師屯渭北河中王重榮之師屯沙苑易定王處存之師屯渭橋鄜延托跋思恭之師屯武功鳳翔鄭畋之師屯盩厔六月邠寧朱玫之師屯興平忠武之師三千屯武功是歲諸侯勤王之師四面俱會十二月宰臣王鐸率荆襄之師自行在至鄭畋帳下小校竇玫者驍敢無敵每夜率敢死之士百人直入京師放火燔諸門斬級而還賊人悚駭二年王處存合忠武之師敗賊將尚讓乘勝收京師賊遁去處存不爲備是夜復爲賊寇襲官軍不利九月賊將同州刺史朱温降王重榮十一月李克用率代北之師自夏陽渡河屯沙苑三年正月敗黄揆於沙苑進營乾坑二月尚讓率衆十萬援華州克用合河中易定忠武之師戰於梁田坡大敗賊軍俘斬數萬乘勝攻華州塹柵以環之黄揆棄華州官軍收城四月八日克用合忠武騎將龐從遇賊於渭南決戰三捷大敗賊軍十日夜巢黨散走詰旦克用收京師巢賊出藍田七盤路東走關東五月巢賊先鋒將孟楷攻蔡州節度

逆戰敗賊前鋒生擒孟揩斬之巢乃悉衆攻陳州營於是自唐鄧許汝孟洛鄭汴曹濮徐兖數十州畢罹其毒賊圍陳郡三百日關東仍歲無耕稼人餓倚牆壁間賊俘人而食趙犨求援於太原四年二月李克用率山西諸軍由蒲陝濟河會關東諸侯赴援陳州三月諸侯之師復集四月官軍敗賊於太康俘斬萬計收其四壁又敗賊將黃鄴於西華收其壁巢賊大恐收軍營於故陽里官軍進攻之五月大雨震雷平地水深三尺壞賊壘賊自離散復聚於尉氏逼中牟翌日營汴水北是夜復大雨震雷溝塍漲溢賊分寇汴州李克用自鄭州引軍襲擊大敗之殘衆保胙縣寃句官軍追討賊無所保其將李讜張歸霸等各率部下降于大梁尚讓率部下萬人歸時溥賊自相猜間相殺於營中所殘者千人中夜遁去克用追擊至濟陰而旋賊散於

兖鄆界黃巢入泰山徐帥時溥遣將張友與尚讓之衆掩捕之至狼虎谷巢將林言斬巢及二弟鄴揆等七人首并其妻子函送徐州

昭宗景文皇帝

唐書曰昭宗景文皇帝諱曄懿宗第七子母曰惠安太后王氏以咸通八年三月生於東内十三年封壽王名桀乾符四年授開府儀同三司幽州大都督幽州盧龍等軍節度使帝於僖宗母弟也尤相親睦自艱難播越嘗隨侍左右文德元年二月僖宗暴不豫初復宮闈人心傾矚遽聞被疾軍民駭愕及大漸之夕未知所立軍容楊復恭請以壽王監國遺詔立爲皇太弟柩前即帝位時年二十二以司空韋昭度攝冢宰己丑見羣臣始聽政帝攻書好文尤重儒術神氣雄俊有會昌之遺風以先朝威武不振國命寖微而尊禮大臣詳延道術意在恢張舊業號令天下即位之始中外稱之四月庚午追謚聖母惠安太后曰恭獻龍紀元年春正月上御武德殿受朝賀大赦改元文武臣寮進秩頒爵有差五月漢州刺史王建陷成都府迁陳敬瑄于雅州建自稱西川兵馬留後用田令孜爲監軍十一月己辛卯將有事於圓丘改名曰曄辛亥上宿齋於武德殿甲寅圓丘禮畢御承天門大赦大順元年春正月御武德殿受朝賀宰臣百寮上徽號曰聖文睿德光武弘孝皇帝禮畢大赦改元乾寧元年春正月上御武德殿受朝賀大赦改元二年五月甲子李茂貞王行瑜韓建等各率精甲數千人入覲京師大駭人皆亡竄吏不能止帝御安福門以俟之三帥既至拜舞樓下帝臨軒諭之曰卿等藩侯宜存臣節稱兵入朝不由奏請意在何也茂貞行瑜汗流洽背不

能對唯韓建陳叙入覲之日上並召昇樓賜巵酒宴於同文殿茂貞行瑜極言南北司相傾深蠹時政請誅其太甚者乃貶宰相韋昭度李磎尋殺之殺官數人而去王行瑜留弟行約茂貞留假子閻圭各以兵二千人宿衛時三帥同謀廢帝立吉王聞太原起軍乃止留兵宿衛而還七月李克用舉軍渡河以討王行瑜李茂貞韓建等庚申同州節度使王行實棄郡入京師謂兩軍中尉駱全瓘劉景宣曰沙陁十萬至矣請奉車駕幸邠州且有城守時景宣對鳳翔癸亥夜閻圭與劉景宣子繼晟同州王行實縱火剽東市脅上出幸上聞亂登承天門遣諸王率禁兵禦之捧日都頭李筠率本軍侍衛樓前閻圭以鳳翔之卒攻李筠矢及御座之樓扉上懼下樓與親王公主内人數百幸永興坊李筠軍扈蹕都頭李君實以兵繼至乃與筠兩都

兵士侍衛出啓夏門憩於華嚴寺以俟內人繼至其日晚幸莎城鎮京師士庶從幸者數十萬比至南山谷口暍死三之一至暮爲盜寇掠慟哭之聲殷動山谷信宿宰相徐彥若王摶崔胤三人至乃移幸石門鎮之佛宮乃令知樞密劉光裕薛王知柔歸京師制置令禁軍以備宮禁丙寅李克用遣牙將閻諤奉表奔問奏屯軍河中俟進止發赴邠州丁卯上遣內官張承業傳詔克用軍便令監太原行營兵馬發赴新平又令內官郄廷立傳詔涇州令張鐇起涇原之師會克用軍上在南山半月餘克用仍在河中未至渭北上懼鳳翔兵士刦遷乃令延王將御服鞍馬玉器等至河中宣諭八月李克用遣子存貞奉表行在請車駕還宮辛亥車駕還宮三年六月鳳翔軍犯京畿覃王拒之於婁館接戰不利秋七月岐軍逼京師諸王率禁兵奉車駕

將幸太原癸巳次渭北華州韓建遣子允奉表起居請駐蹕華州乙未次下邽丙申駐蹕華州時岐軍犯京師宮室鄽閈鞠爲灰燼光化元年八月車駕自華還京御端門大赦改元二年十一月左右軍中尉劉季述王仲先廢帝幽於東內問安宮請皇太子裕監國是日迎皇太子裕監國矯宣昭宗命稱上皇甲午宣上皇制太子登皇帝位十二月癸未夜護駕孫德昭周承誨等以兵攻劉季述王仲先斃其首詣東宮門呼曰逆賊王仲先已斬首訖請陛下出宮慰諭兵士宮人破鑰帝與后方得出天復元年正月昭宗反正登長樂門樓受朝賀四月甲戌有事於宗廟是日御長樂門大赦改元十月戊戌朱全忠引四鎮之師七萬赴河中京師聞之大恐民皆士竄山谷十一月中尉韓全誨與鳳翔護駕都將李繼徽奉車駕出幸鳳翔三年正月車駕出鳳翔幸全忠軍全忠素服待罪泣下不自勝上親解玉帶賜之乙丑次扶風令朱友倫摠兵侍衛丁卯次興元宰臣崔胤率百官迎謁戊辰次咸陽己巳入京師天子素服哭于太廟改服袞旒謁九廟禮畢御長樂樓大赦天祐元年正月全忠率師屯河中遣牙將寇彥卿奉表請車駕遷都洛陽全忠令長安居人按籍遷居徹屋木自渭浮河而下連甍號哭月餘不息秦人大罵於路曰國賊崔胤朱溫傾覆社稷俾我及此天乎天乎丁巳車駕發京師癸亥次陝州全忠迎謁于路四月甲辰車駕由徽安門入朱全忠張全義宰相裴樞獨孤損前導是日大風雨土跬步不辨物色日暝稍止上謁太廟禮畢還宮御正殿宣勞從官衛士乙巳上御光政門大赦八月壬寅夜朱全忠令朱友恭氏叔琮蔣玄暉弑帝於椒殿帝自離長安日憂不測與皇后內人惟沉飲自寬時年三十八謚曰聖穆景文孝皇帝廟號昭宗葬和陵

哀帝

唐書曰哀帝諱柷昭宗第九子毋曰積善太后何氏景福元年九月生乾寧四年封輝王名祚天復三年拜開府儀同三司充諸道兵馬元帥天祐元年八月昭宗遇弑翌日蔣玄暉矯宣遺詔又矯宣皇太后令皇太子柩前即位二年四月甲辰夜彗起北河貫文昌其長三丈在西北方十二月戊申全忠令知樞密王殷害皇太后何氏于積善宮四年二月禪位于梁全忠建國奉帝爲濟陰王遷於曹州時太原幽州鳳翔西川猶稱天祐正朔天祐五年二月帝爲全忠所害時年十七謚曰哀皇帝以王禮葬於濟陰縣之定陶鄉

太平御覽卷第一百一十六

偏霸部一

蜀劉備　劉禪

劉備

蜀志曰先主姓劉諱備字玄德涿郡人漢景帝子中山靖王勝之後也勝子貞元狩六年封涿縣陸城亭侯坐酎金失侯因家焉（典略云備本臨邑侯枝屬）先主祖雄父弘世仕州郡雄舉孝廉官至東郡苑令先主少孤母販履織席爲業舍東南角籬上有桑樹上高五尺餘遥望重重如小車蓋往來者皆恠此樹非凡或謂當出貴人（漢晉春秋曰涿人李定云此家必出貴人也）先主少時與宗中諸兒於樹下戲言吾必當乘此羽葆蓋車叔父子敬謂曰汝勿妄語滅吾門矣年十五母使李同宗劉德然遼西公孫瓚俱事故九江太守同郡盧植德然父元起常資給先主與德然等元起妻曰各自一家何能常尒耶起曰吾宗中有此兒非常人也瓚深與先主相友瓚年長先主以兄事之先主不甚樂讀書喜狗馬音樂美衣服身長七尺五寸垂臂下膝顧自見其耳少語言善下人喜怒不形於色好交結豪俠年少爭附之中山大商張世平蘇雙等貲累千金販馬周旋於涿郡見而異之乃多與之金先主由是得用合徒衆靈帝末黄巾起州郡各舉義兵先主率其屬從校尉鄒靖討賊有功除安喜尉大將軍何進遣都尉詣丹陽募兵先主與俱行至下邳遇賊力戰有功除下密丞復去官後爲高唐尉遷爲令爲賊所破往奔公孫瓚瓚表爲別部司馬使与青州刺史田楷拒冀州牧袁紹數有功守平原令後領平原相郡民劉平素輕先主恥爲之下使客刺之客不忍刺語之而去其得人心如此袁紹攻公孫瓚先主與楷主俱救之時先主有兵千餘人謙以丹陽兵四千人益先主遂去楷歸謙謙表先主爲豫州刺史屯小沛謙病謂別駕麋竺曰非劉備不能安此州謙死竺帥州人迎先主先主未敢當下邳陳登謂先主曰今漢室陵遲海内傾覆立功立事在於今日彼州殷富户口百万欲屈使君撫臨州事北海相孔融謂先主曰今日之事百姓与能天与不取悔不可追先主遂領徐州袁術來攻先主拒之於盱眙淮陰曹公表先主爲鎮東將軍封宜城亭侯是歲建安元年也先主与術相持經月吕布乘虚襲下邳守將曹豹反間迎布布虜先主妻子先主求和於布布還其妻子遣先主還小沛復合兵得万餘人布惡之自出攻先主先主敗走歸曹公曹公厚遇之以爲豫州牧曹公助先主圖布於下邳生擒布先主復得妻子從曹公還許表先主爲左將軍礼之逾重出則同輿入則同席袁術欲經徐州北就袁紹曹公遣先主督朱靈路招要等術未至術病死曹公從容謂先主曰天下英雄唯使君與操耳本初之徒不足數也先主方食失匕箸先主據下邳乃殺操徐州刺史曹冑留關羽守下邳身還小沛曹公東征先主敗績曹公盡收其衆虜先主妻子并擒關羽以歸先主走青州青州刺史袁譚先主故茂才也將步騎迎先主先主隨譚到平原譚馳使白紹紹遣將道路奉迎身去鄴二百里與先主相見關羽亡歸先主曹公遣曹仁將騎擊先主先主還紹軍陰欲離紹乃說紹南連荆州牧劉表紹遣先主將本兵至汝南遣麋竺孫乾與劉表相聞表自郊迎以上賓待之先主在荆州數年嘗於表坐起至厠見髀裏肉生慨然流涕還坐表恠問備曰平常身不

離鞍髀肉皆消今不復騎髀裏肉生日月若馳老將至矣而功業不建是以悲耳一日徐庶謂先主曰諸葛孔明卧龍也將軍豈不欲見乎先主曰可以俱來庶曰此人可就見不可屈致也宜枉駕顧之由是先主遂詣亮凡三見之因屏人曰漢室傾頹姧臣竊命孤不度德量力欲信大義於天下而智術淺短遂用猖蹶然志由未已君爲計將安出亮曰自董卓已來豪傑並起跨州連郡者不可勝計曹操比於袁紹則名微而衆寡操遂能克紹以弱爲強非唯天時抑亦人事今操已擁百万之衆挾天子而令諸侯此誠不可与爭鋒也孫權據有江東已歷三代國險而民附賢能爲之用此可與爲援而不可圖也荊州北據漢江利盡南海東連吳會西通巴蜀此用武之國也而其主不能守殆天所以資將軍也益州隘塞沃野千里天府之土高祖因之以成帝業

平百一十七 三

劉璋暗弱張魯在北人殷國富而不知恤智能之士思得明君將軍既帝室之冑信義著於四海揔攬英雄思賢如渴若跨有荊益保其巖阻西和諸戎南撫夷越結好孫權內修政事天下有變則命上將將荊州之軍以向宛洛將軍身率益州之衆出於秦川百姓孰不簞食壺漿以迎將軍者乎誠如是則霸業可成漢室可興矣先主曰善於是與亮情好日密關羽張飛不悅先主解之曰孤之有孔明如魚之有水也願諸君勿復言十二年曹公北征烏丸先主說表襲許表不能用及曹公南征會表死子琮代立遣使請降先主屯樊城遂將其衆去過襄陽諸葛亮說攻琮荊州可有先主曰荊州臨亡託我以孤背信自濟死何面目見劉荊州乎吾不忍也琮左右及荊州人多歸先主比到當陽保江陵今雖擁大衆被甲者少若曹公兵至何以拒之先主曰夫濟大事者以人爲本今人歸吾何忍弃去是時曹公又以江陵有軍實恐先主據之乃釋輜重輕軍到襄陽聞先主已過曹公將精騎五千急追之一日一夜行三百餘里及於當陽之長坂先主弃妻子與諸葛亮張飛趙雲等數十騎走遣諸葛亮自結於孫權權遣周瑜等助之與曹公戰於赤壁大破之焚其舟船羣下推先主爲荊州牧治公安益州牧劉璋內懷恐懼遣法正迎先主先主留諸葛亮關羽等據荊州將步卒數万人入益州璋推先主行大司馬領司隷校尉先主推璋行鎮西大將軍益州牧璋勑關戍諸將文書勿復關通先主先主大怒進圍成都數十日璋出降蜀中殷盛豐樂先主置酒大饗士卒蜀城中金銀分與將士還其穀帛先主復領益州牧羣下尊先主爲漢中王

平百一十七 四

還治成都魏文帝稱尊號傳聞漢帝見害先主乃發喪制服追謚曰孝愍皇帝是後建立礼儀上尊號即皇帝位於成都章武元年夏四月大赦改年永安三年先主病篤託孤於丞相亮夏四月先主殂于永安宮時年六十三五月梓宮自永安還成都謚昭烈皇帝秋八月葬惠陵

華陽國志曰漢末大乱雄傑並起若董卓呂布二袁韓馬張楊劉表之徒兼州董郡衆動万計叱咤之間皆自謂漢祖可踵桓文易邁而魏武神武肆略戡屠盪盡于時先主名微衆鮮而能龍興鳳舉假翼荊楚翕飛梁益建元僞漢與之鼎跱非英才命世孰克如是

劉禪

蜀志曰後主諱禪字公嗣先主子也建安二十四年先主

年夏魏大興徒衆命征西將軍鄧艾數道並攻用光禄大夫譙周策奉書於艾後主輿櫬自縛詣壘門艾解縛焚櫬延請相見因承制拜後主爲驃騎將軍諸圍守悉被後主勑然後降下艾使後主止其故宫身往造馬後主乃舉家東遷在位凢四十年既至洛陽策命爲安樂縣公食邑萬户賜絹萬疋奴婢百人後司馬文王與後主宴爲之作樂故蜀妓傍人皆爲感愴而後主喜笑自若王謂賈充曰人之無情乃至於是雖使諸葛亮在亦不能輔之况姜維邪充曰不如是殿下何由并之他日王問禪曰頗思蜀否禪曰此間樂不思蜀也蜀故秘書令郤正聞之求見語禪曰王復問可言先人墳墓遠在隴蜀乃心西悲無日不思因閉其目會王復問禪以此荅王曰何乃似郤正之語也禪驚曰此實如尊命左右皆大笑後薨於洛陽

魏略曰始備在小沛不意曹公卒至遑遽棄家屬奔荆州禪時年數歲匿竄隨人西入漢中爲人所賣及建安十六年關中破亂扶風人劉括避亂入漢中買得禪問知其良家子遂養爲子與娶婦生一子始禪與父相失時識其父字玄德比舍人有姓簡者及備得益州而簡爲將軍備遣簡到漢中舍都邸禪乃詣簡簡相驗訊事皆符驗簡喜以語張魯魯乃洗沐送詣益州備乃立爲太子始備以諸葛亮爲太子太傅及禪位以亮爲丞相委以諸爲請亮曰政由葛氏祭則寡人亮亦以禪未閑於政遂總内外

太平御覽卷第一百一十七

太平御覽卷第一百一十八

偏霸部二

吳

孫堅
孫策
孫權
孫亮
孫休
孫皓

孫堅

吳志孫堅字文臺吳郡富春人盖孫武之後也少爲縣吏府召署校尉會稽妖賊許昌起於句章堅以郡司馬募精勇得千餘人與州郡合討破之剌史臧旻列上功狀詔書除

堅鹽瀆丞又徙下邳丞漢中平元年黄巾賊張角起於魏郡遣車騎將軍皇甫嵩中郎將朱儁將兵討擊之儁表請堅爲佐軍司馬堅又募精兵千許人與儁併力奮擊所向無前拜別部司馬中平三年司空張温西討邊章韓遂温表請堅叅軍事温以詔書召董卓卓良乆乃詣應對不順堅數卓三罪勸温斬之温不忍發舉軍還拜堅議郎時長沙賊區星自稱將軍以堅爲長沙太守克破星等漢朝録前後功封堅烏程侯靈帝崩董卓專擅朝政諸州郡舉義兵討卓堅亦舉兵比至南陽衆數萬人南陽太守張咨晏然自若牽咨於軍門斬之郡中震慄無求不獲前到魯陽與袁術相見術表堅行破虜將軍領豫州剌史遂治兵於魯陽城進軍討卓卓憚堅猛壯乃遣將軍李傕（音覺）等求和親堅曰卓逆天無與汝和耶復進軍大谷距雒九十里卓尋徙都入關焚雒邑堅至雒修諸陵平塞卓所發掘訖引軍住魯陽初平三年術使堅征荆州擊劉表表遣黄祖逆於樊鄧之間堅破之追渡漢水圍襄陽單馬行峴山爲祖軍士所射殺追謚武烈皇帝兄子賁帥將士衆還就術術復表賁爲豫州剌史

堅四子策權翊匡

孫策

吳志曰策字伯符堅初興義兵策將母徙居舒與周瑜相友江淮間人成向之堅薨還葬曲阿已乃渡居江都策舅吳景時爲丹陽太守策乃載母徙曲阿興平元年從袁術術甚奇之以堅故部曲還策太傅馬日磾（音低）仗節安集關東辟策表拜懷義校尉術常歎曰使術有子如孫郎死復何恨先是劉繇爲楊州剌史楊州舊治壽春壽春術已據之

繇乃渡江治曲阿時吳景尚在丹陽策從兄賁又爲丹陽都尉繇至皆迫逐之景賁退舍歷陽繇遣樊能等屯江津張英屯當利以距術術以景爲督軍中郎將與賁共將兵擊英等連年不克策乃說術乞助景等平定江東術表策爲折衝校尉行殄寇將軍兵纔千餘騎數十疋賓客願從者數百人比至歷陽衆五千策又從母阜陵渡江轉鬭所向皆破莫敢當其鋒而軍令整肅百姓懷之策爲人美姿顔好笑語性闊達聽受善於用人是以士民樂爲致死劉繇弃軍遁逃諸郡守皆捐城奔走吳人嚴白虎等衆各萬餘人處處屯聚策引兵渡浙江據會稽乃攻破虎等更置長吏策自領會稽太守彭城張昭廣陵張紘秦松等爲謀主時袁術僭號策以書責而絶之曹公表策爲討逆將軍封爲吳侯

[illegible]勳衆盡降勳與數百人自歸曹公是時袁紹方強而策并江東曹公乃以弟女配策小弟匡又爲子章取賁女又命楊州刺史嚴象舉權茂才建安五年曹公與袁紹相拒於官渡策陰謀襲許迎漢帝密治兵未發會爲故吳郡太守許貢客所刺傷創甚謂張昭等曰中國方亂以吳越之衆三江之固足觀成敗公等善相吾弟呼權佩以印綬至夜卒時年二十六追謚長沙桓王

孫權

吳志曰孫權字仲謀兄策既定諸郡時權年十五以爲陽羨長郡察孝廉舉茂才行奉義校尉漢以策遠脩貢職遣使者劉琬加錫命琬語人曰吾觀孫氏兄弟雖各才秀明達然皆祿祚不終唯中弟孝廉形皃奇偉骨體不恒有大貴之表年又最壽策薨以事授權權哭未及息策長史張昭謂權曰孝廉此寧哭時耶扶令上馬使出巡軍曹公表權爲討虜將軍領會稽太守屯吳建安八年權西征伐黃祖破其州軍劉備表權行車騎將軍領徐州牧十六年權徙治秣陵明年城石頭改秣陵爲建業二十一年冬曹公攻濡須權令都尉徐詳詣曹公報脩好誓重結婚二十三年十月權將如吳親乘馬射虎馬爲虎所傷權投以雙戟虎却廢常從張世擊以戈獲之二十四年關羽圍曹仁於襄陽權內憚羽外欲以爲己功飛牋于曹公乞討關羽閏月權征羽遂定荊州曹公表權爲驃騎將軍持節領荊州牧封南昌侯權自公安都鄂改名武昌魏文帝踐祚加權九錫爲吳王初權外託事魏而誠心不款魏欲遣侍中辛毗尚書桓階往與盟誓并徵任子權辭讓不受遂改元爲黃武元年臨江拒守權使[illegible]往来至後年乃絶七年二月公卿百司皆勸正尊號夏四月武昌言黃龍鳳皇見丙申祭南郊即皇帝位是日大赦改元黃龍元年追尊父破虜將軍堅爲武烈皇帝母吳氏爲武烈皇后兄討逆將軍策爲長沙桓王六月與蜀爲盟九月遷都建業四年魏使以馬求易珠璣翡翠瑇瑁權曰此皆孤所不用而以得馬聽與交易赤烏七年步騭朱然等各上疏云自蜀還者咸言蜀欲背盟與魏交通宜爲之備權曰吾待蜀不薄無以負之人言若不可信朕爲君破券保之蜀竟無謀如權所籌太元元年權祭南郊還寢疾二年四月薨時年七十一謚曰大皇帝葬蔣陵吳志評曰孫權屈身忍辱任才尚計有勾踐之奇英人之傑矣能自擅江表成鼎峙之業然性多嫌忌果於殺戮暨臻末年弥以滋甚至于讒說殄行胤嗣廢斃豈所以貽厥孫謀以宴翼者哉其後遂致覆國未必不由此也

吳志曰權自陸口遂征合肥合肥未下徹軍還兵皆就路權與陵統甘寧等在津北爲魏將張遼所襲統等以死捍權權乘駿馬越津渠得去

獻帝春秋曰張遼問吳降人曰向紫髯將軍長上短下大便馬善射是誰降人荅曰是孫會稽耶張遼樂進相謂言早知之急追即獲舉軍歎恨

吳曆曰曹公出濡須權數挑戰公堅守不出權乃自乘船從濡須口入公見舟船器仗法伍整肅喟然歎曰生子當如孫權劉景升兒若㹠犬耳權爲牋與曹公說春水方生公宜速去別紙言足下不死孤不得安曹公語諸將曰孫權不欺孤乃徹還

江表傳曰堅爲下邳丞時權生方頤大口目有精光堅異之以爲有貴像及堅亡策起事江東權常隨從性度弘朗仁而多斷好俠養士始知名侔於父兄矣每參問計謀策甚奇之自以爲不及也每請會賓客顧權曰此諸君之將軍也

孫亮

吳志曰孫亮字子明權少子權春秋高而亮最少故尤留意姊全氏公主嘗譖太子和子母心不自安因倚權意欲豫自結數稱述全尚女勸權爲亮納焉赤烏十三年和廢權遂立亮爲太子以全氏爲妃權薨太子即尊號大赦改元建興元年冬十月大傅諸葛恪率軍遏巢湖城東興十二月魏使將軍諸葛誕等出騎七萬圍東興恪以大兵赴敵大破魏軍太平元年以從兄偏將軍綝（丑林切）爲侍中武衛將軍領中外諸軍事二年四月亮臨正殿大赦始親政事又科兵家子弟十八已下十五已上得三千餘人選大將子弟年少有勇力者爲之將帥亮曰吾立此軍欲與之俱長日於苑中習焉三年亮以綝專恣與太常全尚將軍劉承謀誅綝九月綝以兵取尚遣弟恩攻殺承於蒼龍門外召大臣會宮門黜亮爲會稽王時年十六

吳曆曰亮出西苑方食生梅使黄門至中藏取蜜漬梅蜜中有鼠屎召問藏吏吏叩頭亮問吏曰黄門從汝求蜜耶吏曰向求實不敢與黄門不服侍中刁玄張邠啓黄門藏吏辭語不同請付獄推亮曰此易知耳令破鼠屎屎裏燥亮大笑謂玄邠曰若久在蜜中中外當俱濕今裏燥必黄門所爲黄門首服左右莫不驚悚

孫休

吳志曰孫休字子烈權第六子也年十三從中書郎謝慈郎中盛冲受學太元二年正月封琅耶王居虎林四月權薨休弟亮承統諸葛恪秉政不欲諸王在濱江兵馬之處徙休於丹陽郡太守李衡數以事侵休休上書乞徙他郡詔徙會稽居數歲夢乘龍上天顧不見尾覺而異之孫亮廢孫綝使宗正孫楷與中書郎董朝迎休休初聞問意疑楷朝具述所奉迎本意留一日一夜發行至曲阿有老公于休叩頭曰事久變生天下顒顒願陛下速行休善之是日進及布塞亭武衛將軍孫恩行丞相事率百僚以乘輿法駕迎於永昌亭綝以兵千人迎拜於道側休下車荅拜即日御正殿大赦改元永安元年冬綝一門五侯皆典禁兵權傾人主休聞綝逆謀陰與張布圖計十二月戊辰臘百僚朝賀公卿升殿詔令武士縛綝即日伏誅五年以衛將軍濮陽興爲丞相休以丞相興及左將軍張布有舊恩委之以事布典宮省興關軍國休銳意於典籍欲畢覽百家之言又好射雉春夏之間常晨出夜還唯此時舍書休欲與博士祭酒韋曜博士盛冲講論藝曜冲素皆切直布恐入侍發其陰失令已不得專因妄飾說以拒遏之休荅曰孤之涉學群書略徧所見不少也其明君闇主姧臣賊子古今賢愚成敗之事無不覽也今曜等入但欲與講論書耳不爲從曜等始更受學也縱復如此亦何所損君特當以曜等恐道臣下姧變之事以此不欲令入耳如此事孤已自備之不須曜等然後乃解也此都無所損君意特有所忌故耳布得詔陳謝重自序述又言懼妨政事休荅曰書籍之事患人不好好之無傷也此無所爲非而君以爲不

臣聊相開悟耳何至叩頭乎如君之忠誠遠近所知往者所以相感今日之龔龔也詩云靡不有初鮮克有終終之實難君其終之初休爲王時布爲左右將督素見信愛及至踐祚厚加寵待專擅國勢多行無禮自嫌瑕短懼罹冲言之故尤患忌休雖解此旨心不能悅更恐其疑懼竟如布意廢其講業不復使冲等入七年七月休薨時年三十謚曰景皇帝

江表傳曰休寢疾日不能言乃手書呼丞相濮陽興入令子𩅦（音灣）出拜之休把興手而指𩅦以託之也○襄陽記曰李衡爲丹陽太守時休在郡衡數以法繩之妻習氏每諫衡衡不從會休立衡懼謂妻曰不用卿言以至於此遂欲奔魏妻曰琅邪王素好善慕名方欲自顯於天下終不以私嫌殺君明矣可自囚詣獄如此乃當逆見優饒非但直活而已衡從之果得無恙又加威遠將軍授以棨戟

吳志曰休詔曰丹陽太守李衡以往事之嫌自拘有司夫射鉤斬袪在君爲君遣衡還郡勿令自疑

孫皓

吳志曰孫皓字元宗權孫和之子也一名彭祖字皓宗孫休立封皓爲烏程侯遣就國西湖民景養相皓當大貴皓陰喜而不敢泄休薨是時蜀初亡而交阯携叛國內震懼貪得長君左典軍萬彧昔爲烏程令與皓相善稱皓才識明斷是長沙桓王之儔又加之好學奉遵法度屢言之於丞相濮陽興左將軍張布布興說休妃太后朱欲以皓爲嗣朱曰我寡婦人安知社稷之慮苟吳國無隕宗廟有賴可矣於是遂迎立皓時年二十三改元大赦皓既得志麤暴驕盈多忌諱好酒色大小失望興布竊悔之或以語皓十一

軍王渾揚州刺史周浚太尉賈充爲大都督量宜處要勢之中初皓每宴會羣臣無不咸令沉醉置黃門郎十人特不與酒侍立終日爲司過之吏宴罷之後各奏其闕失罔有不舉大者即加威刑小者咸以爲罪後宮千數而采擇無已激水入宮宮人有不合意者輒殺流之或剝人面或鑿人眼岑昏險詖貴幸致位九列好興功役衆所患苦是以上下離心莫爲皓盡力蓋積惡已熟不復堪命故也晉軍所至則土崩瓦解而王濬順流司馬伷王渾皆臨近境皓用光祿勳薛瑩中書令胡冲等計分遣使奉書於濬濬先到於是受皓之降解縛焚櫬延請相見伷以皓致印綬於已遣使送皓皓舉家西遷以太康元年三月丁亥就集于京邑四月詔賜號爲歸命侯給衣服車乘田三十頃歲給穀五千斛錢五千萬絹五百疋綿五百斤皓太子瑾拜郎中五年皓死于洛陽（吳錄曰皓以四年十二月死時年四十二葬河南縣也）

世說曰晉武帝問孫皓聞南吳人好作女歌頗能不時正飲酒因舉觴勸帝而言曰昔與汝國隣今爲汝作臣上汝一杯酒令汝壽萬春帝悔之

吳志評曰皓淫刑所濫殞斃流黜者蓋不可勝數是以羣下人人惴恐虐用其民窮淫極侈宜其腰首分離以謝百姓既蒙不死之詔復加歸命之寵豈非曠蕩之恩過厚之澤也哉

太平御覽卷第一百一十八

太平御覽卷第一百一十九　偏霸部三

前趙劉元海　劉淵　劉聰　劉曜

劉元海

晉書載記序曰劉元海以惠帝永興元年據離石稱漢後九年石勒據襄國稱趙張氏先據河西是歲自石勒後三十六年也重華自稱涼王後一年冉閔據鄴稱魏後一年苻健據長安稱秦慕容氏先據遼東稱燕是歲自苻健後一年也儁始僭號後三十一年後燕慕容垂據鄴後二年西燕慕容冲據阿房是歲也乞伏國仁據枹罕稱秦後一年慕容永據上黨是歲也呂光據姑臧稱涼後十二年慕容德據滑臺稱南燕是歲也禿髮烏孤據廉川稱南涼段業據張掖稱北涼後三年李玄盛據燉煌稱西涼後一年沮渠蒙遜殺段業自稱後涼四月譙縱據蜀稱成都王後二年赫連勃勃據朔方稱大夏後二年馮跋殺離班據和龍稱北燕堤封天下十喪其八莫不龍旌帝服建社開祊華夷咸暨人物斯在或篡通都之鄉或擁數州之地雄圖內卷師旅外并窮兵凶於勝負盡人命於鋒鏑其爲戰國者一百三十六載抑元海爲之禍首云

前趙劉淵

崔鴻十六國春秋前趙錄曰劉淵字元海新興匈奴人先夏后氏之苗裔曰淳維世居北狄千有餘歲至冒頓襲破東胡西走月氏北服丁零內侵燕岱控弦四十萬漢祖患之使劉敬奉公主以妻之約爲兄弟故子孫遂冒姓劉氏建武初入居西河美稷後漢中平單于羌渠使子於扶羅將兵助漢討平黃巾會羌渠爲國人所殺扶羅以其衆留

死弟呼廚泉立以於羅子豹爲左賢王即元海入朝魏武因留之爲分其衆爲五部以左賢豹爲左部帥其餘帥皆以劉氏爲之太康中改置都尉雖分爲五部皆家于晉陽汾澗之濱豹妻呼延氏魏嘉平中祈子於龍門有一大白魚頂有二角軒鬐躍鱗而至祭所久之乃去巫覡皆異之曰此嘉祥其夜夢所見魚變爲人左手把一物大如雞子光景非常授呼延曰此是日精服之生貴子寤以告豹豹曰吉徵也自是十二月而生淵淵生左手有文曰淵海遂以名焉幼而好學不捨晝夜常謂同門生朱紀范隆等曰吾每觀書傳常鄙隨陸之無武絳灌之無文一物之不知固君子恥之也二生遇高皇不能建封侯之業兩公屬太宗不能開庠序之美惜哉於是學武事並皆工絕猨臂善射膂力過人身長八尺四寸鬚長三尺餘當心有赤毫毛三根長三尺六寸太原王渾虛衿友之命子濟拜焉咸熙中爲任子在洛陽國晉文王深待之時東萊王彌等皆憑結渾言之於晉武帝帝召見與言大悅之後謂王濟曰劉元海容皃風儀機談鑒智雖由余日磾無以加也會父豹卒帝以淵代爲左部帥轉寧朔將軍監五部軍事大安中惠帝失政諸王迭相殘賊州郡姦豪所在蜂起從祖北部都尉右賢王宣等議曰右賢淵姿器絕人幹宇超世天下恢崇單于終不虛生此人也於是共推淵爲大單于謂淵曰當爲崇岡峻阜何能爲培塿乎夫帝王豈有常哉大禹生於西戎文王生於東夷顧惟德所授耳今見衆十餘萬皆一當晉十數行撥亂晉猶拉枯耳上可成漢高之業下不失爲魏氏何呼韓耶足道哉宣等稱晉元熙元年遷於左國

混一當更議之十月爲壇南郊僭漢王位改晉永興元年爲元熙元年大赦天下追尊劉禪爲孝懷皇帝立三宗五祖之神主而祭之置百官以劉宣爲丞相拜授各有差四部之東萊王弥起兵青徐遣使來降拜鎮東大將軍青州刺史東萊郡公四月汲桑敗自稱趙王選置州郡十一月石勒及胡部等帥衆來降永鳳元年秋七月鳳皇集于蒲子丞相劉宣等六十四人上尊號十月僭即皇帝位于南郊大赦改元以衛軍和爲大將軍撫軍聰爲車騎大將軍建武曜爲龍驤大將軍河瑞元年遷都平陽汾水中得王璽大赦改元二年以大司馬梁王和爲皇太子八月淵寢疾以劉洋爲太傅延年爲太宰司徒聰大司馬大單于並録尚書置單于平陽西淵薨于光極殿太子和即位聰自

平百十九 三

西明門攻斬和于西室九月葬淵永陵謚曰光文皇帝廟號高祖

劉聰

崔鴻十六國春秋前趙録曰劉聰字玄明一名載淵第四子母張夫人之孕夢日入懷寤而告淵淵曰吉徵也自是十五月而生聰夜有白光之異左耳一白毫長二尺餘幼而聡寤究通經史百家之言孫吳兵勢靡不通之援臂善射彎弓三百斤膂力驍捷冠絶一時以永嘉四年僭即帝位于光極前殿大赦改年光興元年以衛尉呼延晏爲前鋒大都督配禁兵二萬七千自宜陽入洛州命東萊弥龍驤曜鎮軍勒進軍會之比及河南十二敗晉師長驅圍洛陽陷之縱兵大掠幽晉帝于端門煞晉太子及諸百官已下二十餘人洛水北築爲京觀遷帝及太后侍中庾珉等

司會稽郡公聰引帝入讌謂曰卿爲豫章王時朕曾與王武子相造武子介朕於卿言聞其名久矣以卿所作樂府歌文示朕謂朕曰聞君善爲辭賦試爲看之朕時與武子俱爲盛德頌卿稱善久之又引朕射于皇堂朕得十二籌卿與武子俱得九籌卿贈朕柘弓銀硯頗憶不帝曰臣敢忘之但恨尔日不早識龍顔聰曰卿家骨肉相殘何其甚也帝曰此殆非人事皇天之意大漢將應乾受曆故爲陛下自相驅除且臣家若能奉武帝之業九族敦睦者陛下何由得之三年正月醼於光極前殿逼晉帝行酒庾珉王雋等起而大哭聰惡之二月丁未懷帝崩于平陽於是誅珉等三月立貴嬪劉氏爲皇后四月愍帝即位於長安車騎曜等攻長安河東地震雨于平陽建元元年正月黑霧

平百十九 四

四塞着人如墨五日而止辛酉庚時日落地三月相承出於西方東行平陽地震崇明觀陷爲池水赤如血赤氣至天有赤龍奮迅而去流星起于牽牛入紫微龍形逶迤其光照地落于平陽北十里視之則肉臭聞于平陽長三十步廣二十七步肉旁常有哭聲晝夜不止聰甚惡之癸未劉后產一蛇一虎各害人而走尋之不得頃之見在隕肉旁己丑劉氏卒乃失此肉哭聲亦止十一月以晉王粲爲國相大單于總百揆十二月宣光陵石人皆行數步宮中鬼哭麟嘉元年武庫陷入地一丈五尺聰自去冬至是遂不復受朝賀軍國之事一決於粲立市於後庭與宮人讌戲或三日不醒七月河東大蝗唯不食菽豆司隸靳准率部民收而埋之哭聞于十餘里然後鑽土飛出復食黍豆大司馬曜攻陷長安外城九月犬與豕交于宮門有豕著

進賢冠昇聰御坐犬冠帶綬與豕並昇俄而鬬死殿上宿衛莫有見其入者長安飢甚死半麴允爲粥以供帝膳帝泣曰今窮厄如此外無救援勢不自支乃使侍中宗敞奉牋降曜敞隨使者至帝內祖牽羊輿櫬銜璧出降東門曜受璧焚櫬遷愍帝及司徒梁汾驃騎麴允等諸臣百餘人至于平陽聰臨光極殿帝稽顙于前麴允伏地大哭扶不能起聰大怒允自殺以帝爲光祿大夫懷安侯以大司馬曜假黃鉞大都督陝西諸軍事太宰秦王二年正月東平王約卒十一月聰校獵上林以晉帝行車騎大將軍戎服執戟前導行三驅之禮觀者皆指帝曰此故長安天子聚而觀之故老亦有悲泣者十二月大饗于光極前殿聰欲觀晉臣之意使帝行酒洗爵更衣又使帝執蓋多有涕泣或有失聲者尚書郎辛賓起而抱帝大哭引出斬之戊戌

愍帝崩于平陽三年聰所居螽斯則百堂災會晉王康已下二十一子焚焉而卒自此鬼哭宮至於九月夜聲不絕四月尚書令王監崔懿之等極諫聰大怒收監等斬之秋七月鬼哭于光極殿聰晝見東平王約甚惡之徵秦王曜爲丞相録尚書事固辭仍以丞相領雍州收靳准爲大司空領司隸校尉癸亥薨于建始殿甲子粲即位大赦改年漢昌葬宣光陵爲謚昭武皇帝廟號烈宗八月以丞相曜爲相國大都督司空靳准爲將軍領尚書事粲荒酗酒色遊讌後庭軍國之事一決於准准遂勒兵入宮執粲數而殺之追謚靈帝劉氏無少長男子盡刑于市發掘二陵焚燒宗廟鬼大哭聲聞百里准自號漢大王置百官遣使稱蕃于晉相國曜自長安赴難

焜遂不殯殮至甲戌乃蘇言見淵於不周山經五日遂復從至崑崙山三日而復反於不周見諸王公卿將相死者悉在大有人民宮室甚壯麗號曰蒙珠離國淵謂約曰東北遮須夷國無主久待汝父爲之汝後二年當來後國中大亂相殺害吾家死亡略盡俱可求明輩十數人在耳汝但還後年當來見汝不還不久約拜辭而歸道過一國曰猗尼渠餘國引約入宮與皮囊一枚曰爲吾遺漢皇帝約辭而歸謂約曰劉郎後年來必見過當以女相妻約歸置皮囊於机上俄而蘇謂左右曰机上取囊來左右取得開有一方白玉題文曰猗尼渠餘國天王敬信遮須夷國天王歲在攝提當相見馳使奏呈聰曰若當如此吾不懼死也及聰以戊寅歲薨與此玉并葬焉

劉曜

崔鴻十六國春秋前趙録曰劉曜字永明淵之族子少孤見養於淵幼而聰惠性託落高亮與衆不羣鐵厚一寸射而洞之身長九尺三寸手垂過膝生而眉白目有赤光鬚不過百餘根皆長五尺光初元年十月太保呼延晏等自平陽來奔上尊號于曜僭即皇帝位十二月靳准左右車騎喬太王騰等殺准奉六璽來降二年夏四月徙都長安立子熙爲皇太子六月繕宗廟社稷南北郊于長安令曰蓋王者之興必禘始祖我皇家之先出自夏后居于北夷世跨燕朔光文以漢有天下歲久恩德結於民庶故立漢祖宗之廟以懷民望昭武因循遂未悛革今欲除宗廟改國號御以大單于爲太祖其速議以聞於是太保呼延晏等議曰今宜承晉毋子傳號以光文本封盧奴中之屬城

三年五月西明門内大樹風吹折一宿樹撥撥變爲人形髮長一尺鬚眉三寸皆黄色白有斂手之狀亦有兩脚著襪之形唯無目鼻每夜有聲十日而生柯條遂爲大樹枝葉甚茂四年將於霸陵西南營壽陵侍中喬豫和苞上疏諫曰伏聞勅旨營陵將周廻四十下深二十五丈以銅爲棺黄金飾之臣聞堯葬穀林市不改肆顓頊葬廣陽下不及泉聖王之終也如是秦始皇下固三泉周逾七里身亡之後毁不旋踵闔王之終也如此從喪亂已來漢帝諸陵咸見發掘唯霸陵獨全此雖太宗之達至然抑亦釋之之功興亡奢儉囧然於前唯陛下覽之曜大悦終南山崩崩所得白玉一尺有字曰皇亡皇亡敗趙昌以爲己瑞羣臣咸賀中書監劉均曰山崩石壞國傾民亂皇亡皇亡敗

趙昌者此言皇室將爲趙所敗趙因之而昌大趙都於秦雍而勒跨全趙趙昌之應當在石勒不在我也曜撫然改容五年曜后羊氏卒故晉惠后也洛陽之陷納之六年正月天裂廣一丈餘長五十丈十一年七月石虎帥衆四萬人寇擾河東進攻蒲攻曜盡中外精鋭自潼關北濟虎懼引師而還曜追而敗之枕尸二百餘里虎奔朝歌遂攻石生于金墉分遣諸將攻討汲郡河内十二月勒自帥衆拒之陣于洛西曜性少酗酒末年尤甚將戰飲數斗常乘赤馬無故跼頓乃乘小馬比出復飲斗餘至于西陽門撝陣就平勒將石堪因而乘之師遂大潰曜昏醉奔退馬陷石渠墜于水上爲堪所執勒將還襄國喻曜使與太子毗書令速降但勑毗與諸大臣匡維社稷勿以吾易意建平末爲勒所殺十二年正月太子毗大司馬南陽王胤等議欲潰虎執毗及王公已下三千餘人皆殺之自劉淵建號西河至是二十有六載

晉書載記曰曜在位十年而敗始元海以懷帝永嘉四年僭立至曜三世凡二十有七載以成帝咸和四年滅

太平御覽卷第百一十九

太平御覽卷第一百二十

偏霸部四

後趙

後趙石勒

崔鴻十六國春秋後趙録曰石勒字世龍上黨武鄉羯人父周易朱勒生時赤光滿室白氣自天屬于庭中長而壯健有膽力雄武好騎射幼而力耕每聞鞞鐸之聲或在前後懼以告父母曰勞耳鳴無不祥也會幷州刺史司馬騰執諸胡山東賣充軍實將詣冀州兩胡一枷勒亦在中東

至平原賣茌平人師懽爲奴每夜於野嘗聞鼓角之聲諸奴亦聞歸以白懽懽奇而免之隣於馬牧率汲桑往來勒以能馬自託於桑而傭武安臨水爲遊軍所囚會有羣鹿傍過軍人競逐之勒乃獲免俄而見一老父謂勒曰羣鹿者我也君應爲中州主故相救耳勒拜而受命遂招集王陽夔安等十八騎復東如赤龍騎諸苑中乘苑馬遠掠繒寶以賂汲桑永興元年關東所在兵起二年陽平人公師藩等自稱將軍起兵趙魏衆至數萬勒與汲桑率牧人乘苑馬數百騎以赴之桑始命勒以石爲姓以勒爲名永嘉元年勒歸劉淵淵拜爲輔漢將軍平晉王淵薨聰襲位劉曜王弥圍洛陽勒帥精騎三萬會之王弥既平洛陽將先誅勒請弥讌于己營手斬弥幷其衆將軍郝黙獲沙門竺

嘉平二年張賓說勒曰邯鄲襄國趙之舊都依山憑險形勢之國可擇此二邑而都之然後命將四出授以奇略王業可圖勒於是進據襄國聰授勒都督幽冀幷營四州諸軍事冀州牧進封本郡上黨公邑萬户三年以征虜將軍爲魏郡太守鎮業三臺基謀之萌逃於此矣前趙麟嘉元年劉琨遣姬澹帥衆來討勒與戰澹軍大敗琨長史李弘以幷州來降七月劉聰疾甚以勒爲大將軍録尚書事受遺輔政勒固辭乃止劉曜稱尊號將授勒太宰大將軍加九錫增封十郡幷前二十郡出入警蹕如曹公輔故事曜聞曹平樂之言停太宰之授勒大怒曰趙王趙帝孤自取之名號大小豈尔所呼耶征虜虎與左右長史張敬張賓等上疏曰大司馬雖位冠九台非霸者之號請改稱大將軍大單于領冀州牧趙王依魏王在鄴故事以二十四郡

户十九萬爲趙國十一月勒即位改光初二年爲趙王元年建社稷宗廟主書司與胡人出内重其禁法不聽侮易衣冠華族號胡爲國人二年令曰國人不聽執嫂在喪婚娶至於燒葬令如本俗八月繕軒懸僤八佾作金根大輅黃屋左纛天子禮樂於斯備矣三年黎陽民陳武妻產三男一女上書自陳令曰昔周之興也四乳八子今武妻乳四子可謂變過姬祥美加曩日其賜乳婢一人穀百石雜繒四十疋庶以饗迎嘉祥冬十月勒與鄉親齒坐語及平生勒曰李陽壯士也孤方任之何以不來父老歸語令速來漚麻之忿是布衣之恨孤方崇信于天下寧讎疋夫乎令曰武鄉吾之豐沛也其復之三世十一月李陽至引入懽酣宣揚臂笑視之曰卿雖老臂中猶有力頗復與人

弘爲世子勒雅好文學雖在軍旅之中常令儒生讀春秋史漢諸傳而聽之聞酈食其勸立六國後大驚曰此法當失何以得成天下至留侯諫乃曰賴有此侯耳其天資英達如此八年八月僭三臺十月以世子衛將軍弘鎮鄴太和十年劉曜圍洛陽襄國大震勒統步騎四萬趙金墉濟河先是流澌風猛軍至氷泮清和濟畢流澌大至以爲神靈之助命曰靈昌津戰于西陽門曜軍大潰石堪執曜送之二年曜子熙等去長安奔于上邽車騎虎赴上封遣主簿趙封奉傳國玉璽送之秦隴悉平建元元年二月車騎虎等上尊號勒不許固請勒以趙天王行皇帝事大赦八月羣臣又固請以名位不正宜即尊號九月僭即皇帝位大赦改年正月勒南郊有白氣自壇屬天勒大悅四月勒

如鄴議營新宮廷尉續咸諫曰臣聞唐虞之治採椽茅茨土堦三尺英彰于詩書漢文惜百金不營露臺稱之於千古迨夏商之瓊臺瑶室楚秦章華阿房資財内竭華夷外叛詔曰且勒停作申吾直臣之氣九月以太尉中山王虎爲大司馬程遐開府儀同是月大雨霖中山西北暴水流巨木萬餘根集于堂陽勒大悅謂公卿曰此非爲灾天意欲吾營鄴都耳於是營之勒以成周漢晉舊京欲有移都之意乃命洛陽爲南都置行臺治書侍御史于洛陽三年正月大饗于建德殿酒酣勒謂徐光曰朕方自古開基何等主也光對曰陛下神武籌略邁于高皇雄藝卓犖超絶魏祖自三王已來無可比也其軒轅之亞乎勒笑曰人豈不自知卿言亦已太過朕若逢高皇當北面而事之然猶與韓彭競鞭而爭先耳脫遇光武者當並驅于中原未知曹孟德司馬仲達父子欺他孤兒寡婦狐媚以取天下朕在二劉之間軒轅豈所擬乎羣臣皆稱萬歲四年雍州刺史石生上言西鄉竹死蚍鼠鬬于安定府間二日蚍死臨涇馬生角長安城中雞鳴音皆曰基兹安定廳事前夜聞誦書聲求之不得七日乃止隕石于肥鄉六月勒寢疾召中山王虎太子弘中常侍嚴震等侍疾禁中七月薨于西閤僞謚明皇帝廟號高祖

晉書曰勒年十四隨邑人行販洛陽倚嘯上東門王衍見而異之顧謂左右曰向胡鶵吾觀其聲視有奇志恐將爲天下之患馳遣收之會勒已去

石弘

崔鴻十六國春秋後趙録曰石弘字大雅第三子母程夫

人右光禄遐之妹建平元年立爲太子虛衿受士好爲文詠其所親昵莫非儒素勒謂徐光曰大雅愔愔殊不似將家子光曰漢祖以馬上取天下孝文以玄默治之聖人之後必世勝殘天之道也勒大悅程遐言於勒曰中山快快不可以輔少主宜早除之以便大計勒不從勒薨虎執政臨軒召子冀州刺史遂帥兵入禁宿衛文武無不奔散弘大懼策拜中山王虎爲丞相以十三郡封爲魏王又加九錫虎僞讓後乃授之延熙元年七月改頓丘爲衛國分魏郡立黎陽十月弘賫璽綬親詣魏宫喻禪意虎曰弘昏昧愚暗處喪無禮不可以君臨萬國奉承宗廟便當廢之玄何禪讓也十一月廢弘爲海陽王弘就車容色自若幽弘及太后南陽王恢于崇訓宫煞之時年二十二

石虎

崔鴻十六國春秋後趙録曰石虎字季龍勒之從子勒父朱幼而子之故或謂之爲勒弟晉永興中與勒相之嘉平元年劉琨送勒母王及虎于葛陂時年十七殘忍好馳獵諠遊無紀度尤善彈人軍中毒患之勒白王曰此兒凶暴無使軍人煞之聲名可惜宜自除也王曰快牛犢子小時多能破車爲復小忍勿怯之至十八檢攝恭謹嚴重愛士弓馬迅健勇冠當時勒深嘉焉拜征虜將軍性酷虐無道軍中勇幹策略與己侔者輙因事害之至於降城陥壘坑斬士女鮮有遺類勒屢加責誨而行意自若然御衆嚴而不煩莫敢犯者指授攻討所向無前故勒寵信弥隆杖以專征之任旣廢殺弘稱居攝趙大王建武元年正月大赦改年虎志荒内遊外觥營繕使太子邃省可尚書奏事選守牧祀郊廟征伐刑斷乃親覽之三月南遊臨江而還江

東大震是日鶴省臺成賜匠有差九月遷都鄴宮二年從洛陽鍾簴九龍等于鄴是歲大武殿東西宮皆就大武殿基二丈八尺穿爲伏室置衛士五百人於其中東西七十五步南北六十五步皆漆瓦金璫銀楹珠簾玉壁窮極伎巧起靈臺之殿于顯陽後採召百官州郡民女以充之後庭服綺縠珎奇者萬餘人内置宮女十八等教宮人星占及馬步射置女太史靈臺仰觀災祥以考外太史虚實禁郡國不得私知學星讖左校令成公段造庭燎于崇杠之末高十餘丈上置燎下盤置人絙繳上下虎試而悦之三年太保安夔等文武五百九十人上皇帝尊號勸進方入而庭燎油灌下盤死者七人虎大怒腰斬成公段于閶闔門即天王位南郊大赦親王貶爲郡公藩王爲縣侯太子入或夜百騎宿于宮臣家淫其妻妾裝飾宮人美淑者斬首洗血置盤上傳首視之又内諸比丘尼有姿色者與其交褻後煞之合牛羊肉煑而食亦賜左右所以識其味也虎荒躭内遊威怒遠度邃以事可呈之怒曰此小事何足呈也時有所不聞復怒曰何以不呈誚責杖捶月至再三邃甚愠私謂中庶子李顔等曰官家難稱吾欲行冒頓之事卿從我乎顔等伏不敢對事發幽邃于東宮殺之及妃張氏男女二十六人盡賜死合一棺埋之誅其宮臣友黨二百餘人立河間公宣爲太子建武六年追尊號考樂平孝公爲太宗孝皇帝八年六月上黨孟門上有神人之像坐于山上三日而去虎遣使以太牢祀之九年十二月武鄉送雄虎變爲雌乳一狼子七日噬虎腦而殺之後三日狼子亦死佛圖澄聞之流涕十年虎起河橋於靈昌津採

石爲中濟石無大小輙隨流用功五百餘萬不成虎如靈昌津沉璧告誠璧浮于渚上水波騰上津所殿觀莫不傾壞壓死者百餘人虎恚甚斬工匠而還十一年發雍梁十六萬人城長安未央宮又發司豫荆兖二十六萬人城洛陽宮十三年二月虎親耕籍田于桑梓苑十四年三月虎夢龍飛西南自天落地旦而問澄公公曰禍將至矣陛下宜父慈子和深以愼之四月秦公韜起宣光殿于太尉府梁長九丈太子宣視而惡之斬匠截梁而去韜怒增之十丈宣聞之恚甚謂楊柸牟成等曰韜凶豎勃逆敢違我如是汝等能殺之者吾入宮盡以韜之國邑分封汝等韜旣死主上必親臨喪因行大事無不濟矣柸等許諾八月煞韜宣奏之虎哀絶久之乃蘇召太子宣鏁繫於鄴比火

十吾已老矣齊公世爲皇世子立昭儀劉氏爲皇后十一月饗羣臣于大武前殿佛圖澄殿上褰衣而行吟曰棘子成林將壞人衣虎發石而視之有棘子生焉冉閔小字棘奴也十二月辛巳雷大雨霖虎問佛圖澄澄曰其爲我乎至戊子而澄卒大寧元年正月虎僭即皇帝位于南郊大赦改年二月有沙門從雍州來稱見佛圖澄西入關虎掘之無屍唯有一石虎惡之曰石者朕也葬我而去吾將死矣因而寢疾四月薨于金華殿晉書曰季龍始咸康元年僭位至此太和六年凡在位十五歲子世即位尊劉后爲太后彭城王遵先鎮關右至是勒兵而還戎卒九萬次于湯陰石閔爲前鋒都督太后令授遵丞相加九錫增封十郡己丑至安陽亭庚申曜兵入自鳳陽門昇大武前殿盡哀退如東閤羣臣敦勸即位大赦封世爲譙王邑萬戶廢太后劉氏爲昭儀尋皆殺之世立凡三十三日尊其母鄭氏爲皇太后立妃張氏爲皇后大司馬義陽王鑒爲太傅沛王冲爲太保石閔爲都督中外諸軍事録尚書事甲午太武殿災諸門觀閣蕩然服御燒者太半光炎照天月餘乃滅乙未雨血周遍鄴城六月葬虎顯原陵僞謚武皇帝廟號太祖十一月石閔劫司空李農右衞王基等謀共廢遵閔使將軍蘇彥周成帥甲士三十人執于南臺如意觀遵時方與婦人彈碁問成等曰反者誰也成曰義陽王鑒當立遵曰我尚如是汝等立鑒復幾時遂殺之于琨華殿并誅鄭太后張皇后遵字太祇虎第九子凡在位百八十三日鑒即位大赦以石閔爲將軍封武德王李農爲大司馬鑒使中書令李松殿中將軍張才等夜誅閔農于琨華殿不克禁中擾亂鑒僞不知夜

千人伏于胡天亦欲誅閔等鑒在中臺伏都帥三十人將昇臺挾鑒以攻之鑒見問其故伏都曰閔農等反已在都掖門臣嚴帥衞士謹先啓知鑒曰卿好陳力勿憂無報也伏都等攻閔農不克閔農攻斬伏都等自鳳陽門至琨華橫尸相枕諸胡羯無少長斬之死者二十餘萬人于時高鼻多鬚至有濫死者青龍初元年正月石閔欲滅二石之號議曰孔子曰死姓而王七月者七十有二國繼趙李讖書炳然且德星鎮衞宜改號大衞易姓李氏又大赦改元閏月廢鑒煞之誅虎孫三十八人盡殪石氏鑒在位一百三日鑒字太朗虎第三子也

晉書曰季龍十三子五人爲冉閔所殺八人自殘害讖言滅石者陵尋而徙封蘭陵公字龍惡之改蘭陵爲武興郡

至是終爲閔所滅石勒以成帝咸和三年僭立二主四子凡二十三年以穆帝永和五年滅

石閔

崔鴻十六國春秋後趙録曰石閔字永曾虎之養孫也父瞻字弘武本姓冉名良魏郡内黄人也其先漢黎陽騎督累世牙門勒破陳午於河内獲瞻時年十二長而勇悍便弓馬臨陣不顧勒奇之曰此兒壯健可嘉命虎子之歷位左積射將軍封西華侯閔幼而果鋭虎撫之如孫及身長八尺善謀勇力絶人虎即位爲脩武侯歷北中郎將虎之敗昌黎閔軍獨全由此功名大顯永興元年閏月司徒申鍾司空郎闓等四十八人上尊號於閔僭皇帝位于南郊大赦改元號稱大魏復姓冉氏追尊祖隆元皇帝考瞻烈祖皇帝母王氏爲皇太后妻董氏爲皇后子智爲皇太子

以司馬李農爲太宰諸子皆爲縣公新興王祗聞石鑒之死稱尊號于襄國改年永寧石祗遣相國汝陰王石琨帥衆十萬伐鄴六月進據邯鄲閔盡衆拒之琨軍大敗二年三月閔攻襄國百餘日祗懼乃去皇帝之號改稱趙王遣太尉張舉乞師于慕容儁中軍張春請救于姚弋仲三月祗相國汝陰王琨自冀州救祗弋仲遣子襄帥騎三萬八千儁遣將軍悅綰帥甲士三萬勁卒十三萬四方攻之祗衛其後閔師大敗閔與十餘騎奔還鄴祗使劉顯帥衆七萬追奔伐鄴閔盡衆出戰大敗之追奔至于陽平顯懼密使請降求煞石祗爲効四月劉顯煞祗及其丞相樂安王炳太保張舉等遣拜顯上大將軍大單于冀州牧祗炳皆虎之庶子也七月劉顯稱尊號襄國三年二月劉顯帥衆伐常山守蘇彥告難閔率騎八千救彥敗顯于常山追奔

及于襄國顯大將軍曹伏駒開門爲應遂入襄國誅顯及其公卿已下百餘人焚襄國宮室遷其民于鄴三月慕容儁已尅幽薊略地至于冀州閔帥騎擊之與慕容恪遇于廣臺恪方陣而前閔衆寡不敵所乘赤馬曰朱龍日行千里潰圍出東奔二十餘里馬無故而死遂爲恪所擒送之于薊儁立閔而問之曰汝奴僕下才何敢妄稱天子閔曰天下大亂尒曹夷狄人面獸心尚欲篡逆我一時英雄何爲不可作王耶儁怒鞭之三日遣慕容評帥衆圍鄴五月送閔龍城告廟而煞之鄴中饑人相食虎時宮人略盡冉智尚幼蔣幹遣詹事劉猗奏表降晉八月長水校尉馬願龍驤將軍田香開門降評蔣幹懸而投出于倉垣評送閔后董氏太子智太尉申鍾及諸王公即于薊初慕容儁斬閔至于十二月儁遣使者祀之謚曰武悼天王其日大雨雪是歲太和八年也

太平御覽卷第一百二十

前燕慕容廆（五罪切） 慕容皝（音晃） 慕容儁

慕容暐

前秦苻洪 苻健 苻生

前燕慕容廆

崔鴻十六國春秋前燕録曰慕容廆字弈洛瓌昌黎棘城人昔高辛氏遊於海濵留少子厭越以君北夷世居遼左號曰東胡秦漢之際爲匈奴所敗分保鮮甲山因復以爲號曾祖莫護跋於魏初率其諸部入居遼西從司馬宣王討公孫淵拜率義王始建國於大棘城之北見燕代少年多冠步摇冠意甚好之遂斂髮襲冠諸部因呼之步揺其後音訛遂爲慕容焉祖木延從毋丘儉征高麗有功加號

大都督父涉歸以全柳城勳進拜單于遷邑遼東於是漸變胡風自云慕二儀之德繼三光之容遂以慕容爲姓廆身長八尺有大度晉安北將軍張華一見竒之謂曰君後必爲命世之器匡難濟時者也涉卒弟耐立將謀殺廆廆亡潛於遼東徐郁家太康元年國人殺耐迎廆立之太康十年又還于徒河之青山元康四年定都大棘城所謂紫蒙之邑也永嘉六年王沉承制以廆爲散騎常侍冠軍將軍前鋒大都督大單于皆讓不授擢舉賢才官方授任魯國孔纂宿德清望請爲賔友平原劉讃儒學洽通爲東牟祭酒世子率國冑受業焉太興四年晉遣謁者拜廆使持節督幽平東夷諸軍事車騎將軍平州牧封遼東郡公丹書鐵劵承制海東咸和元年加侍中特進八年夏五月薨于文德殿年六十五葬於青山晉遣使者贈車騎大將軍開府儀同三司謚曰襄皝即位追諡武宣帝廟號高祖

晉書曰廆在位四十九年

慕容皝

崔鴻十六國春秋前燕録曰慕容皝字元真廆第二子小字萬年長七尺八寸雄毅善權略博學多才藝晉建武元年拜振武將軍永昌初拜左賢王太寧末拜平北將軍朝鮮公咸和八年六月即遼東公位行平州刺史督攝部內九年八月晉遣謁者拜皝鎮軍大將軍平州刺史大單于遼東公承制一如廆故事二年七月立子儁爲世子四年以左司馬封弈爲左長史九月弈等以皝任重位輕宜稱燕王於是上議十月僭即燕王位于文德殿大赦境內改備郡司以封弈爲相國追尊先公爲武宣王先妣爲王后

起文昌殿出入警蹕立夫人段氏爲王后世子儁爲太子是歲棘城黑石谷有大石自立而行八年七月晉使鴻臚郭悕持節拜皝侍中大都督河北諸軍事大將軍燕王餘如故封諸功臣百餘人九月遷都龍城宮闕十二年四月黑龍一白龍一見于龍山皝率羣寮觀龍去龍二百步祭以太牢二龍交首嬉翔解角而去皝大悅赦境內號新宮曰和龍立龍翔寺于山皝雅好文籍親造太上章以代急就又著典誡十五篇並以教冑子十四年皝親臨東庠考試學生其通經秀異者擢充近侍十月饗羣僚于承乾殿右長史宋該性貪賜布百匹令自負而歸以愧其心十五年八月皝因見白兔馳射馬倒輦而還宮引太子儁囑以後事謂曰今中原未平方須經建委賢任哲此其時也恪智勇兼濟方堪任重汝其委之以成吾志九月薨于承乾

殿年五十二冬十月葬龍山謚文明王儁稱尊追尊曰文明皇帝廟號太祖陵曰龍平

晉書曰皝嘗田于西鄙將濟河見一老父服朱衣乘白馬舉手麾皝曰此非獵所王其還也祕之不言遂濟河連日大獲後見白兔馳射之馬倒被傷乃說所見輦而還宮引儁屬以後事以永和四年死在位十五年

慕容儁

崔鴻十六國春秋前燕録曰慕容儁字宣英皝第二子小字賀賴跋十三月而生有神光之異身長八尺一寸善屬文雅長辭賦至於器服車室皆著銘讚以爲勸戒皝之八年晉遣使者拜皝燕王以儁爲安北將軍東夷校尉十一年進拜使持節鎮東將軍皝薨即燕王位赦其境內元年春正月儁依春秋列國故事稱元年五月聞趙亂乃嚴兵將

爲進取之計七月晉使謁者陳沈拜儁侍中河北諸軍事幽冀并平四州牧大將軍燕王承制封拜一如廆皝故事元璽元年正月司南車成儁大悦告于皝廟四月遣輔國恪相國彝討冉閔戰于魏昌廉臺閔師大敗擒送之閔大將軍蔣幹輔閔子智固守鄴城遣輔弼評等帥騎一萬以討之鄴北郡縣悉降輔國彝等二百一十人勸稱尊號令曰非常之事匪寡德所宜聞也八月尅鄴輔弼評等送閔后董氏太子智太尉申鍾并乘輿服物及六璽送于中山傳國璽蔣幹先巳送晉儁欲神其事業言曆運在己乃詐云得之賜閔妻號奉璽君封冉智爲海濱侯以輔弼評爲司州刺史鎮鄴十月輔國恪等三百五人奉皇帝璽十一月僭即皇帝位于正陽前殿大赦改年時晉遣使詣儁謂之曰追崇祖考古人之令典武宣王尊爲高武宣皇帝文明王爲太祖文明皇帝二年正月立后可足渾氏爲皇后光臺元年正月立中山王暐爲皇太子赦改年初廆有駿馬曰赭白有奇相逸力石虎之伐棘城皝將出避難欲乘之馬悲鳴蹀嚙人莫能近皝曰此馬見異先朝孤嘗仗之濟難今不欲出者蓋先君之旨也乃止虎尋奔退皝益奇之至是年四十九歲而駿逸不虧儁比之於鮑氏驄命鑄銅以圖其像親爲銘讚鐫頌其旁置薊城東掖門是月像成而馬死十一月自薊遷鄴二月入鄴宮大赦繕宮殿復銅雀臺以吳王垂爲東夷校尉平州刺史鎮遼東二年三月常山寺大樹自拔根出璧七十三光色精奇有異常玉以爲岳神之命遣尚書郎段勤以太牢祀之五月遼西獲黒兔三年三月儁夢石虎齧其臂寤而惡之命發其墓剖棺出

屍踏而罵之曰死胡安敢夢生天子遣御史中尉陽約數其殘酷之罪鞭而投之漳水十二月儁寢疾謂大司馬恪曰吾患惙頓恐不濟脩短命也復何所恨但二寇未除景茂冲幼慮其未堪家國多難吾欲遠追宋宣以社稷屬汝恪曰太子雖幼天縱聰聖必能勝殘致治不可以亂正統儁怒曰兄弟之間豈虛飾乎恪曰陛下若以臣堪荷天下之任者寧不能輔少主也儁曰若汝行周公之事吾復何憂四年正月儁薨於應福前殿年五十三僞謚景昭皇帝廟號烈祖葬龍陵儁雅好文籍性嚴重未曾以慢服臨朝雖閑居宴處亦無懈怠之色

晉書曰儁在位十一年自初即位至于末年講論不倦覽政之暇唯與侍臣錯綜義理凡所著述四十餘篇也

元璽三年封中山王尋立爲皇太子光壽四年儁卒卽位大赦改元建熙元年以太原王恪爲太宰録尚書行周公事專百揆上庸王評爲太傅副贊朝政司空楊鶩爲太保吳王垂爲河南大都督十州諸軍事兗州牧鎭梁國四年正月暐南郊十月太尉弈迎神王和龍初暐委政太宰恪專受經于博士王歡助教尚鋒秘書郎杜詮並以明經講論左右至是通諸經祀孔子于東堂以歡爲國子祭酒鋒國子博士詮散騎侍郎其執經侍講皆有拜授八年太宰恪卒九年十二月有神降于鄴自稱湘女有聲與人相接數日而去十年四月立貴妃可朱渾氏爲皇后六月晉大司馬桓温率衆五萬來伐遂至方頭吳王垂大敗之斬獲三萬餘級温奔還淮南垂既敗温威德彌振太傅評大不使之太后遂與評謀殺垂十二月垂出奔秦十一年六月秦輔國將軍王猛鎭南將軍楊安率衆六萬來伐以太傅評下邳王厲等帥精卒三十萬拒秦師于潞川州郡盜賊大起鄴中怪異非常十月評及猛戰于潞川評師敗績單騎遁還猛乘勝追奔長驅至鄴十月苻堅帥衆會猛來攻拔鄴城外亂散騎侍郎徐蔚等率扶餘句麗及上黨質民子弟五百人夜開城北門引納秦師暐與太傅評左衛將軍孟高等數十騎出奔昌黎堅遣將軍郭慶帥騎五千追之及暐于高陽秦將巨虎執暐將縛之暐曰汝何小人而敢縛天子虎曰我梁山巨虎受詔縛賊何謂天子也執暐送鄴堅問其本狀暐曰狐死首丘欲歸死于先人陵墓堅哀而釋之令還宮率文武出降堅入鄴宮昇正陽殿徙暐及王公已下并諸鮮卑四萬餘户于長安封暐新興郡侯敵之敗隨堅還長安既而吳王垂攻苻丕于鄴中山王冲起兵關中暐謀殺堅事發爲堅所誅年三十五德稱尊號僞謚幽皇帝

晉書曰始廆以武帝太康六年稱公至暐四世暐在位十一年以海西公太和五年滅通號凡八十五年

前秦苻洪

崔鴻十六國春秋前秦録曰苻洪字廣世略陽臨渭氐人其先有扈氏之苗裔子孫強盛世爲氐酋其後家池生蒲長五丈節如竹形于時咸異之謂之蒲家因以氏焉父懷歸爲部落小帥母姜氏寢産洪先是隴右大雨霖百姓苦之謠曰雨若不止洪水必起故名之曰洪年十二父卒代爲部帥好學多權略善騎射屬劉氏之亂散千金招延儁傑戎晉繼負奔之推爲盟主劉聰遣使拜平遠將軍不受自稱護氐校尉秦州刺史略陽公羣氐推爲首劉曜以洪爲氐王及曜敗於洛陽洪率部人西堡隴山石虎將軍攻上邽洪詣虎降虎號出迎之拜冠軍將軍監六夷諸軍事涇陽伯趙建平四年石生起兵於關中洪遂西結張駿自稱晉北平將軍雍州刺史石虎既滅生洪率户二萬下隴東如馮翊虎拜洪護氐校尉進爵爲侯徙秦雍州民羌十餘萬户于關東遷洪龍驤將軍流民都督處之方頭從征段遼有功進封西平郡公佛圖澄言苻氏有王氣虎陰欲殺之洪稱疾不朝太寧元年進位侍中車騎大將軍開府儀同三司雍州刺史進封本國略陽郡公時姚弋仲亦圖據關中恐洪先之遣子襄率衆五萬來伐洪洪逆擊敗之於是安定梁擾等並關西民望說洪曰今胡運已終中原

喪亂明公神武自天必繼蹤周漢宜稱尊號以副四海之望洪以讖文有草付應王又孫堅之生背有符字遂改姓符氏自稱大將軍單于三秦王初趙將軍麻秋西鎮枹罕聞冉閔之亂率衆歸鄴洪使子龍驤雄逆擊獲之以爲軍師將軍秋說洪西都長安既而秋因讌酖洪將併其衆世子健收而殺之洪將死謂健曰關中周漢舊都形勝之國吾亡之後便可鼓行而西言終而薨年六十六

苻健

崔鴻十六國春秋前秦録曰健字建業洪第三子母姜氏夢感大羆而生生之夜洪夢族曾氏王蒲建謂之曰是兒興家門可以吾名字之於是名羆字世健後避石虎外祖張羆之名故改焉晉永和六年自稱晉征西大將軍開府都督關西諸軍事雍州刺史於是盡衆西行至盟津起浮

太平百廿一　七

橋以濟濟訖焚橋三輔堡壁悉降十一月入都長安於是左長史賈玄碩等依諸葛亮劉備故事表健爲秦王玄碩等乃上尊號健僞讓再三乃從之皇始元年正月僭即天王位于南郊大赦改晉永和七年爲皇始元年追尊父洪爲太祖武惠皇帝繕宗廟社稷於長安立妻強氏爲皇后子萇爲皇太子靚爲平原公生爲淮南公弟雄丞相東海公其餘封授各有差是年野蠶成繭野禾被原百姓採野繭而衣收野粟而食關西家給人足二年正月丞相雄等固請宜依漢晉兼皇王之美不可過自謙沖同趙之初號健從之僭即皇帝位于太極殿大赦諸公進爵爲王立五等之封以次進之三年正月下書曰其令公卿已下歲舉賢良方正孝廉清[illegible]各[illegible]舉秀才異行各一人或獻書規

卒贈相國進封魏王謚敬武王雄字元才洪之季子趙建武中拜龍驤將軍雄頭大足短故軍中稱爲大頭龍驤健甚重之曰元才吾之姬旦五年四月立淮南王生爲皇太子六月健寢疾引太師魚尊丞相雷弱兒太傅毛貴司空王墮等囑以後事受遺輔政乙酉薨于太極前殿年四十九葬原陵僞謚明皇帝廟號世宗永興初追尊曰景明皇帝廟號高祖

苻生

崔鴻十六國春秋前秦録曰苻生字長生健第三子幼而兇暴嗜酒無賴祖洪甚惡之生無一目七歲洪戲之問侍者曰吾聞瞎兒一淚信乎侍者曰然生怒引佩刀自刺出血曰此亦一淚耶洪大驚鞭之生曰性耐刀槊不堪鞭捶洪曰汝爲爾不已吾將以汝爲奴生曰可不如石勒也

太平百廿一　八

及長力舉千鈞走及奔馬皇始五年僭即皇帝位大赦改年羣臣奏先帝晏駕甫尒不宜改號生怒不從窮推議主壽光元年七月殺右僕射段純以太子門大夫趙韶爲僕射太子舍人趙誨爲中護軍著作佐郎董榮爲尚書並以佞倖進也九月中書監胡文言於生曰頻有客星孛于大角熒惑入東井大角爲帝坐東井秦之分野不出三年國有大喪大臣戮死願陛下遠追周文脩德以攘之生曰皇后與朕對臨天下足塞大喪之變於是殺皇后梁氏誅太傅録尚書毛貴車騎尚書令梁楞左僕射梁安后安之女孫又誅丞相雷弱兒諸羌悉殺弱兒南安羌酋也生雖諒闇遊飲荒淫殺戮無道彎弓露刃以見朝臣鎚鉗鋸鑿備置左右未幾自公卿已下至于僕隷凡五百餘人二年

司空王隨壬戌饗羣臣于太極殿樂奏生親歌以和之命尚書令辛牢典勸生怒曰何不強酒猶有坐者引弓矢射牢殺之於是百僚大懼無不引滿昏醉汙服蓬頭僵仆生以爲樂三年四月姚襄遣姚蘭等衆二萬七千進據黃洛生遣平王黃眉東海王堅建節將軍鄧羌等步騎萬五千以討之羌僞不勝引騎而退襄追之至於三原羌廻騎拒襄大戰獲襄襄有駿馬日行千里是戰也馬倒而擒之眉等振旅而歸初長安謠曰東海大魚化爲龍男爲王女爲公問在何所洛門東東海即堅封也堅在洛門東生荒暴日滋殘虐彌甚羣臣朔望漏盡請見生曰知盡乎須待歛訖或日暮而不出百僚飢弊或至申酉之間方出臨朝酒怒色厲多有殺戮或連月昏醉弗堪省覽或使宫人與男子躶交於殿前引羣臣臨而觀之

或生剥牛羊驢馬爛雞鴨三五千爲羣放之殿中或生剥死囚面皮令其歌舞觀以爲樂勳戚忠良殺害略盡朝士奔逃草野皆曰從虎口出左右得度一日如過十年至於截脛刳胎拉脇鋸頭殺者動有千數生夜對侍婢曰阿法兄弟亦不可信明當除之是夜清河王符法夢神告之旦將禍集汝門先覺可以免禍而心悸會侍婢來告乃與特進梁平老等帥壯士數百人潛入雲龍門東海王堅帥麾下三百人繼集宿衛將士皆捨仗歸堅生猶昏寢不悟堅衆既至生驚問左右曰此輩何等人引生置別室廢爲越王俄而殺之時年二十三謚厲王封子馗爲越侯

太平御覽卷第一百二十一

太平御覽卷第一百二十二

前秦符堅　符丕　符登

符堅

崔鴻十六國春秋前秦錄曰：符堅字永固，健弟雄之子。趙建武中，母苟氏祈西門豹祠，歸而夜夢與神交，遂孕，十二月而生。有神光之異，自天燭庭。背有赤文隱起，成字曰：艸音草付臣又土王咸陽。祕而莫之傳也。姿貌魁傑，臂垂過膝，目有紫光。祖洪奇而愛之，名堅頭。因而謂健曰：此兒頭大重身長，任大足短，安下非常相。趙右光祿大夫司隸校尉高平徐統有知人之鑒，遇堅於路，異之，執其手曰：符郎，此官之御街，小兒敢戲。統顧左右曰：此兒有霸王之相。後復遇之，統下車謂曰：符郎當大貴，僕不及，如何？堅曰：若如公言，不敢忘德。八歲請就師學，洪曰：尚小未可，吾年十三方欲求師，時人猶以爲速成。健之入關，次于曲沃，夢天神遣使朱衣赤冠，命拜堅爲龍驤將軍。旦而爲壇於曲沃，拜堅，泣謂曰：先王昔始受此號，汝父次爲之，今若若汝也復爲神明所授，可不勉之。性至孝，有器度，博學多才藝。年十一便有經略大志。堅既殺符生，永興元年六月，去皇帝之號，僭稱大秦天王，即位太極殿。誅董龍等二十餘人。改壽光三年爲永興元年，追尊父爲文桓皇帝，冊子宏爲皇太子，兄清河王法爲丞相東海公，永安公符侯爲太尉，諸王皆貶爵爲公。符柳爲尚書令，封弟融爲陽平公，雙河南公，子丕爲長樂公，暉爲平原公，熙爲廣平公。李威爲左僕射，梁平老爲右僕射，席寶爲丞相長史，王猛爲中書令侍郎，權翼爲黃門郎。諸公御爲生所誅者，悉復本官。十月，丞相東海公慟哭嘔血。二年四月，堅如雍，祀五畤音止。六月，如河東祀后土。八月，自臨晉登龍門，顧謂羣臣曰：美哉山河之固。權翼對曰：吳起有言，在德不在嶮，深願陛下追蹤唐虞，懷遠以德，山河之固不足恃也。堅大悅。至韓原，觀晉魏顆鬼結草抗秦軍之處，賦詩而歸。甘露元年正月，起明堂，禪音善南北郊。六月，甘露降，乃大赦改年。八月，堅下書曰：咸陽內史猛聲彰出納，所在著績，有卧龍之才，宜入贊百揆，緝綸王言，可徵拜侍中中書令領京兆尹。中丞鄧羌性鯁直，與猛協規齊志，於是百僚肅整，豪右屏氣，風化大行。堅歎曰：吾今始知天下之有法也。以猛爲吏部尚書，遷太子詹事。十一月，以猛爲司隸侍中，領選如故。猛上疏曰：伏見陽平公融明德懿親，光祿西河任羣忠貞淑慎，處士朱彤博識聰辯，宜宜左右彌綸，暉贊九棘，愚臣庸鄙，請避賢路。堅曰：機務俟才，允屬明哲，朝野所望，豈容致辭。所舉融等，尋別銓授。於是以融爲侍中中書監右僕射，任羣爲光祿大夫領太子家令，朱彤爲中書侍郎領太子庶子。三年九月，鳳皇集于東闕，大赦天下。初將爲赦，與左僕射猛、右僕射融議於露堂，悉屏左右，堅自爲丈，猛、融進紙筆。有一大蒼蠅入自牖間，鳴聲甚大，集于筆端，驅而復來，堅惡之，久而乃去。俄而長安街巷市里民相告曰：官今大赦。有司以聞。堅驚謂融曰：事何從而泄？勑外窮推，咸言有一小人衣黑衣，呼於市曰：官今大赦。須臾不見。堅歎曰：其向蒼蠅乎？聲狀非常，吾固惡之。四年七月，黃龍見於戍紀，梁山崩。五年，白虎見天水。六年，遣鴻臚拜張天錫爲大將軍涼州牧西平公。建元元年正月，雍州秀才段鏗對策上第，拜吏部郎中。孝廉通經者

以西之地八月遣將軍苟也洛州刺史邵羌帥步騎二萬救燕溫敗歸是月京兆民王攸上書獻十略一曰君道宜明二曰臣尚忠敬三曰子貴孝養四曰民生在勤五曰教無偏黨六曰養民在惠七曰延聘耆賢八曰懲惡顯善九曰伐叛柔服十曰易簡弘大堅納之以攸爲諫議大夫十一月燕車騎吳王垂來奔桓溫既走慕容暐（音韙）悔割河洛之地以賂秦乃曰行人失辭分災救患理之常也堅大怒六年令輔國王猛帥鎮南楊安虎牙將軍張蚝（音次）建節鄧羌等步騎六萬討平燕冀八月猛攻𡎺壺關暐遣太傅上庸王評等帥四十萬屯於潞川猛覘（丑艷切覘候也）知評賣水鬻樵不撫將士大笑謂楊安等曰慕容評眞奴才雖億兆之衆尚不足爲慮況數十萬乎今破之必矣甲戌陳於渭原猛誓衆曰王景略受國厚恩任兼內外今與諸君深入賊地宜各勉進不可退也受爵明君之朝慶觴父母之室不亦美乎衆皆勇奮破釜弃糧大呼競進猛望燕師之衆惡之謂鄧羌曰今日之事非將軍莫可以捷也成敗之機在斯一舉羌曰若以司隷見與公無以爲憂猛曰此非吾所及必以安定大守萬戶侯相處羌不悅而退俄而兵交猛召羌羌寢而不應猛乃馳就許之羌於是飲與張蚝徐成等跨馬馳入傍若無人搴（音愆又居輦切拳也）旗斬將燕師敗績進師圍鄴猛之未至鄴也劫盜公行及猛之至遠近怗然十一月堅自帥精銳十萬攻鄴七日而至於安陽故宅引諸耆老語及祖父舊事泫然流涕猛潛如安陽迎堅堅謂曰昔亞夫不出軍迎漢文將軍何以臨敵而背衆乎猛曰臣每覽亞夫之事常謂前却人主以此而爲名將竊未多之臣奉

鄴慕容暐出奔將軍郭慶執暐於高陽送之辛巳堅入鄴宮大赦閱其圖籍郡百五十七縣一千五百七十九戶二百四十五萬八千九百六十九以王猛爲都督諸軍事車騎大將軍開府儀同冀州牧鎮鄴封清河郡侯以僞太宰恪太傅評之第盡賜之加美妾五人上女妓十人中女妓三十八人猛辭堅曰昔魏絳和戎猶有金石絲竹之賞山甫翼周實受四牡之錫卿功超二子任過管葛安得辭也其敬受之無逆朕命以鄧羌爲散騎常侍安定太守眞定郡侯邑三千戶賞潞川之功七年七月堅如洛陽下書曰士死知己猶來格模故喬公一言魏祖追慟趙司隷高平徐統往在鄴都識朕於童稚每思其殷勤之言弗敢忘也可召其子孫詣行所八年五月以高平徐攀爲琅邪太守攀統之少子以舊恩拔之也六月冀州牧猛入爲丞相中書監司隷校尉猛固辭丞相改授司徒又固辭不拜乃停司徒之授四月天鼓鳴彗出于尾箕長十餘丈或名蚩九旗太史令張猛言於堅曰尾燕之分野而掃東井東井秦之分災深禍大十年之後燕滅秦之象二十年之後燕當爲岱所滅慕容暐父子兄弟亡虜也而布列朝廷貴盛莫二宜除渠帥以寧皇秦若旦誅鮮卑不夕滅客彗者臣請就妖言之戮堅不納更以暐爲尚書垂爲京兆尹冲爲平陽太守十年三月侍中太尉李威卒威字伯龍漢陽人苟太后姑子少與苻雄結刎頸之交苻生屢欲誅堅賴威之免堅深德之事威如父誅苻生及法皆威與太后潛決大謀遂有辟陽之寵雅重王猛勸堅以國事任之堅常謂猛曰李公知卿猶鮑叔之於夷吾罕虎之於子產猛兄事之

夏四月堅下書曰巴夷嶮逆寇亂益州招引吳軍爲脣齒之勢特進鎭軍將軍護羌校尉鄧羌可帥甲士五萬星言赴討五月蜀人張育楊光等起兵二萬以應巴獠音老晉威遠將軍桓石帥衆三萬入據墊音店江張育自號蜀王稱蕃于晉八月鄧羌敗晉師于涪音浮西擊張育楊光於綿竹皆斬之益州平羌勒銘于岷山而還十二月羌至自成都堅引見東堂謂之曰將軍之先仲華遇漢世祖於前將軍復逢朕於後何鄧氏之多幸羌曰臣常謂光武之遇仲華非獨仲華之遭光武堅笑將軍蓋以自況非直將軍之幸亦朕之遇賢十一年正月以徵士樂陵王忻爲國子祭酒堅雅好文學英儒畢集純博之精莫如忻也終于太子少傅五月猛寢疾堅親祈南北郊宗廟社稷分遣侍臣禱河岳諸神無不周備以猛少瘳赦殊死七月堅臨省疾問以後事

猛曰晉僻陋吳越乃正朔相承臣沒之後願不以晉爲圖鮮卑羌虜我之仇讎終爲大患宜漸除之以便社稷言終而卒時年五十一堅哭之慟謂太子宏曰天不欲使吾平一六合何奪吾景略之速也贈侍中丞相餘如故謚武侯朝野巷哭三日十二年正月癸巳高陸民穿井得龜大三尺六寸背有八卦文命太卜池養之食之以粟四月堅下書曰涼州刺史張天錫雖稱藩受位而臣道未純可步兵校尉姚萇等自石城津伐天錫天錫率勁勇五萬來拒戰于赤岸涼師大潰天錫率騎數千奔還姑臧戊降于萇甲午大軍至姑臧天錫素車白馬面縛舁櫬降于軍門萇釋縛焚櫬送之長安諸郡悉降涼州平九月以梁熙爲西中郎將涼州刺史鎭姑臧徙豪右七千户於關中封天錫重光縣之也堅爲天錫立第既至如歸十三年正月太史奏有星見于外國之分當有聖人之輔中國得之者昌堅聞西域有鳩摩羅什襄陽有釋道安竝遣求之十七年正月不雨至于六月徹樂減膳出宮女以迎和氣八月堅收起居注及著作所録而觀之見苟太后李威之事慙怒乃焚其書著作郎董朏音斐雖更書時事然十不留一八年三月徙鄴銅駝銅馬飛廉翁仲于長安十月堅引羣臣於太極殿議曰東南一隅未賓王化今欲起天下兵討之計其兵仗精卒九十七萬吾將先啓行薄伐南裔此行也朕與陽平公之任非諸將之事左右僕射權翼沙門道安陽平公融尚書石越等上書面諫前後數十堅終不納十九年晉車騎桓冲率衆十萬攻襄陽遣其前將軍劉波攻沔北堅大怒遣其子征南鉅鹿公叡冠軍慕容垂佐衛毛當等將步卒五

萬救襄陽堅下書曰吳人敢恃江山屢寇王境宜時進討以清宇内便可戒嚴速脩戎備發州民則十丁遣一兵若門在灼然者爲崇文義從朕將登會稽復禹績代國存君義同三王其以司馬昌明爲左僕射謝安爲吏部尚書桓冲爲侍中勢還不遠可並爲起第八月戊午遣征南大將軍陽平公融騎從張蚝撫軍大將軍高陽公苻方衛軍梁成平南慕容暐冠軍慕容垂步騎二十五萬爲前鋒甲子堅發長安戎卒六十餘萬騎二十七萬前後千里九月堅至項城涼州之兵始達咸陽蜀漢之軍順流而下幽冀之衆至于彭城東西萬里水陸齊進融等攻壽春晉遣都督謝石徐州刺史謝玄豫州刺史桓伊水陸七萬敗堅于淝水堅爲流矢所中單騎遁還於淮北頓謂夫人張氏曰朕用朝

粗備未及關而垂有貳志說堅請巡撫燕代并求拜墓堅許之權翼固諫以爲不可堅不從堅至自淮南次于長安東之行宮入告罪于太廟丁零翟斌反于河南樂公符丕遣慕容垂及符飛龍討之垂南結丁零殺飛龍盡坑其衆垂引丁零烏丸之衆二十餘萬爲飛梯地道以攻鄴城慕容暐弟泓先爲北城長史聞垂攻鄴亡奔關東收諸馬牧鮮卑衆數千還屯華陰暐乃潛使諸弟及宗人起兵于外堅遣將軍強永擊之爲泓所敗泓自稱大都督雍州牧濟北王推叔父垂爲丞相大司馬冀州牧吳王堅謂權翼曰將若泓何翼曰慕容垂正可據山東爲亂不暇近逼今暐宗族盡在京師鮮卑之衆布在畿甸實社稷之憂宜遣重將討之堅乃以廣平公符熙鎭蒲坂符叡爲都督配兵五萬姚萇爲司馬討泓于華陽平原太守慕容冲起兵河東有衆二萬進攻蒲坂堅命竇衝討之符叡勇果輕敵戰于華陰叡敗績被殺堅大怒萇懼誅遂叛竇衝大破慕容冲于河東冲奔于泓泓衆至十萬餘遣使謂堅曰秦師傾敗將欲興復大燕吳王以定關東可速資備大駕奉送家兄皇帝返鄴都與秦以虎牢爲界分王天下堅大怒召暐責之暐叩頭流血陳謝堅曰此自三豎之罪非卿之過復其位待之如初命暐以書招諭垂及泓冲使息兵暐密遣使謂之曰今秦數已終當不能復久吾籠中之人必無還理勉建大業以興復爲務泓於是進向長安堅率步騎二萬討姚萇於北地萇率衆七萬來攻堅爲萇所敗聞慕容冲去長安二百餘里退師而歸使符方戍驪山符暉都督中外諸軍事配兵五萬拒冲暉師敗績堅又以尚書姜宇與符

遂據阿房城進逼長安堅登城觀之歎曰此虜從何出也吾不用王景略陽平公之言使白虜敢以至於此長樂公符丕在鄴粮竭馬又無草削松木而食之會丁零叛慕垂引師去鄴始具西問知長安危逼遣從弟求救於謝玄二十一年慕容冲僭稱尊號于阿房改年更始冲率衆登城堅身貫甲冑督戰拒之飛矢滿身流血被體時雖兵寇危逼馮翊諸堡猶有負粮冒難而至者多爲賊所殺先是言天或導余留汝兼總戎政勿與爭利吾當出隴收兵運粮以給汝自將張夫人及中山公詵率騎數百出如五將山六月太子宏將母妻數千騎出奔冲入據長安堅至五將山姚萇遣將軍吳忠圍之堅衆奔散獨侍御十數人而已神色自若召宰人進食俄而忠執堅以歸新平縣幽之別室萇求傳國璽於堅曰萇次應符曆可以爲惠堅叱之曰小羌乃敢干逼天子豈以傳國璽授汝羌乎五胡次序無汝羌名違天不祥其能久乎璽已送晉不可得也萇遣右僕射尹偉說堅求爲堯舜禪代之事堅曰姚萇叛賊柰何擬之古人因問偉曰卿於朕朝作何官對曰尚書令史堅歎曰卿宰相才也王景略之流而朕不知卿亡也不亦宜乎八月縊堅於新平佛寺中時年四十八張夫人中山公詵等皆自殺三軍莫不哀慟萇欲匿煞堅之名乃謚爲莊列天王長樂公稱尊號僞謚堅爲世祖宣昭皇帝初太子之奔也假道歸晉歷位輔國將軍桓玄篡位以爲梁州刺史晉書曰堅在位二十七年

符丕

崔鴻十六國春秋前秦録曰符堅字永叔堅之長庶子少而

聰惠好學堅與之言將略嘉之才幹亞于符融爲將善收士卒時出鎮于鄴東夏安之堅敗歸長安爲慕容垂所逼自鄴奔于枋頭堅之死也建元二十一年丕復入鄴城將收兵趙魏西赴長安會平州刺史符冲師幽并之衆擊慕容垂頻爲垂將襍方等所敗乃率衆三萬進屯壷關使招丕丕乃去鄴率男女六萬進如潞州驃騎將軍張蚝并州刺史王騰迎之入據晉陽始知長安不守堅爲姚萇所煞乃舉哀于晉陽僭即皇帝位于晉陽南立堅行廟大赦改建元二十一年爲太平元年九月置百官是月安西吕光自西城還師二年正月慕容垂僭稱尊號二月慕容冲左將軍韓延煞冲立段隨爲燕王改年昌平正月丕以吕光爲車騎將軍梁州牧酒泉公是月姚萇僭稱尊號氐有啖青者謂諸將曰狄道長苻登雖王室踈屬而志略雄明請

共立之以赴大駕於是推登爲使持節督隴右雍河二州牧率衆五萬東下隴右據南安馳使請命八月丕以登爲征南大將軍開府儀同南安王持節雍州牧因其所稱而授之九月丕下書鮮卑慕容永我之騎將首亂京畿禍傾社稷其遺丞相王永帥禁衛虎旅覆而取之十月與慕容永戰于襄陵王師大敗丕懼帥騎數千南奔東垣晉揚威將軍馬該自陝要擊斬之送丕首于江東苻登稱尊號謚爲哀平皇帝

苻登

崔鴻十六國春秋前秦録曰苻登字文高丕之族子父敞太尉司馬登少勇有壯氣建元元年初拜殿中將軍遷羽林監長安令坐事黜爲狄道長太平二年與姚萇戰於胡奴死問於是爲丕發喪行服爲壇于隴東僭即皇帝位改太平二年爲太初元年十二月立堅神主于軍中引師而告堅神主曰今収合義旅衆餘五萬星言電邁直造賊庭庶上報皇帝酷怨下雪民人大耻二年登次于凡亭九月進據胡空堡戎夏歸之者十有餘萬姚萇掘堅屍鞭撻無數裸剝衣裳附之以棘坎土埋之三年登次朝那姚萇據武都相持累戰乎有勝負萇以登戰勝謂堅神像所助亦於軍中立堅神主謂曰往年新平之禍非萇之罪陛下假臣龍驤曰朕以龍驤建業卿其勉之明詔昭然言猶在耳豈假手苻登而圖臣忘前征時言耶今爲陛下立神像可歸休于此勿計神過聽臣至誠四年正月登昇樓謂萇曰自古安有殺君反立神像大呼曰殺君賊姚萇出來與汝決之何爲枉害無辜萇憚而不應萇自立堅神像戰未有利

軍每夜驚乃斬像首送登六年三月登自雍攻長安七月登攻新平姚萇救之登引退八年十二月姚萇薨九年登聞萇死喜曰姚興小兒吾折杖以笞之於是大赦盡衆而東四月登從六陌趣廢橋興將軍尹緯據橋以待登與緯大戰爲緯所敗登單馬奔雍初登之東也留太子崇守胡空堡崇聞登敗弃城出奔登至無歸乃奔平涼收集遺兵入馬毛山七月興攻登于馬毛登遣子崇質於隴西鮮卑乞伏乾歸結婚請援乾歸遣騎二萬救登登引軍出迎與興戰于山南爲興所敗死之時年五十二子崇奔湟中復稱尊號改年延初謚登爲高皇帝十月崇爲乾歸所逐奔于楊定與崇帥衆二萬攻乾歸爲乾歸所敗崇定皆死之自苻健皇始元年歲在辛亥晉永和七年是歲歲在甲午

世凡四十有四年以孝武帝太元十九年滅

太平御覽卷第一百二十二

太平御覽卷第一百二十三

偏霸部七

後秦姚弋仲

崔鴻十六國春秋後秦録曰姚弋仲南安赤亭羌人也其先有虞氏之苗裔昔夏禹封舜少子于西戎世爲羌長其後燒當雄於洮罕之間當七孫塡虞九世孫遷那率種人内附漢朝嘉之假西羌校尉歸順王處之赤亭那玄孫柯迴魏假綏戎校尉西羌都督迴生弋仲少而聰猛英果雄毅永嘉之亂戎夏隨之數萬自稱雍州刺史護羌校尉扶風公劉曜以弋仲爲平西將軍石虎廢石弘自立仲稱疾不賀虎累召之乃赴太寧元年拜侍中征西大將軍石祇稱尊號於襄國以仲爲右丞相石祇爲劉顯所殺仲乃與燕連和仲有子四十二人誡諸子曰我死之後汝歸晉家竭盡臣節乃使使降晉晉永和七年拜仲使持節六夷大都督江北諸軍事儀同三司大單于封高陵郡公八年薨七十三後仲屍柩爲符生所得生以王禮葬之於天水萇稱尊號追謚景元皇帝廟號始祖陵曰高陵

姚襄

崔鴻十六國春秋後秦録曰姚襄字景國仲第五子雄武多才藝能明察善撫納士民愛敬之咸請爲嗣仲以襄非長不許石祇僭號以襄爲使持節驃騎將軍護烏丸校尉率戶六萬南至滎陽晉處襄于譙城遣弟爲任單騎渡淮見豫州刺史謝尚一面交歡便若平生揚州刺史殷浩憚其威名遣謝萬討襄逆擊破之鼓行濟淮屯于盱眙（上音吁下
音怡）朝廷大震襄方執引北自稱大將軍大單于據許昌自許遂攻洛陽踰月不尅晉征西大將軍桓溫自江陵伐襄溫至伊水襄徹圍拒之爲溫所敗襄奔還洛陽率數千騎奔于北山百姓隨襄者四千餘戶襄尋從北山將圖關中進屯杏城遣輔國將軍姚蘭略地鄜城符生遣符飛拒戰襄率衆西引與符堅戰于三原爲堅所殺時年二十七萇稱尊追謚魏武王

姚萇

崔鴻十六國春秋後秦録曰姚萇字景茂仲之第二十四子少聰哲多權略不脩行業兄襄爲符堅所煞萇率諸弟降秦符堅以爲揚武將軍步兵校尉潞川之戰有殊功遷左衛將軍累授幽州刺史符堅伐晉以萇爲龍驤將軍督益梁二州諸軍事謂曰朕本以龍驤建業龍驤之號未曾假人特以相授山南之事一以委焉左將軍竇衝進曰王者無戲言此不祥之徵也堅默然白雀元年慕容泓起兵堅遣子叡討之以萇爲叡司馬旣而爲泓所敗叡死萇遣參軍姜協謝罪堅怒殺之萇懼奔于渭北歸者五萬餘家咸推萇爲盟主自稱大將軍大單于萬年秦王大赦改元稱制行事二年六月慕容冲入長安司隸崔翼尚書趙遷等數百人來奔萇聞符堅在五將山遣驍騎呉忠率騎圍之萇自故縣如新平呉忠執堅送之萇將求禪代堅不許慕容冲遣車騎大將軍尚書令高蓋來戰于新平大破之

曰德皇后子興為皇太子秋七月萇如安定二年徙秦州三萬戶于安定七月以太子興鎮長安四年十月立社稷于長安六年大敗苻登于長安七年三月萇寢疾遣鎮東姚碩德守長安召太子興詣行在所八年十月萇如長安至于新支堡疾篤輿疾而進十二月至長安召太尉姚旻僕射尹緯等受遺詔輔政萇曰吾氣力轉微將不能復臨天下卿等善相吾子謂興曰有毀此諸人者慎勿受之汝撫骨肉以仁接大臣以禮待物以信遇民以恩四者既備吾無恨矣庚子薨于永安宮年六十四謚武昭皇帝葬元陵廟號太祖

姚興

太百二十三

三

崔鴻十六國春秋後秦録曰姚興字子略萇之太子萇薨祕不發喪皇初元年乃發喪行服即位于槐里大赦改元七月如涇陽與符登徙改寄三萬戶於長安二年以叔父緒為晉王征西將軍碩德為隴西王弟崇為齊公顯為常山公三年以緒為并冀二州牧鎮蒲坂四年二月遣齊公崇伐洛陽弘始元年九月大赦改元冬十月赴洛陽以東平公紹為都督山東諸軍事豫州牧鎮洛陽四年五月遣大將軍隴西王碩德率步騎六萬伐呂隆於涼州先是吐蕃傉(內沃切)檀據西平沮渠蒙遜據張掖李暠據燉(音屯)煌各制方域共相侵伐碩德從金城濟河直趣廣武逕蒼松至隆城下隆遣弟輔國超龍驤邈等率衆拒碩德碩德大破之生擒邈傉檀蒙遜李暠等各脩表奉獻九月隆奉表請降興荅報嘉美以隆為鎮西將軍凉州刺史建康公十一月鳩摩羅什至長安七年正月興如逍遙園引諸沙門聽蕃十年興與魏通和貢馬千疋十一年蜀譙縱遣使稱蕃十六年五月興疾于內寢太子泓以兵屯東華門侍疾于諮議堂尚書令廣平公弼(如弼也)潛謀為亂招集數千人持兵於第興疾損升前殿百官咸會征虜劉羌泣曰陛下寢疾數旬柰何忽有斯筭興曰朕過庭無訓諸子交惡含恥胡顏愧于四海興以弼文武兼才未忍致法免其尚書令以公就第十七年十二月興疾重廣平公弼告病不朝集兵於第興怒乃收弼囚之十二月興疾甚違收廣平公弼第甲仗還武庫於是弼黨率甲仗攻端門殿中上將軍斂曼嵬(一作蒐)勒兵拒戰不得入遂燒端門興力疾臨前殿賜弼死丁未薨於前殿年五十三謚文桓皇帝廟號高祖墓曰偶陵

姚泓

太百二十三

四

崔鴻十六國春秋後秦録曰姚泓字元子興之太子興薨即位大赦改為永和元年廬于諮議堂訖葬乃親庶政晉相劉裕來伐遣冠軍檀道濟龍驤王鎮惡入自淮肥二年七月劉裕次于陝城泓次于灞上裕至潼關泓自灞上還軍次于石橋裕進據鄭城泓遣姚裕屯兵宮中將軍姚丕守渭橋泓軍于逍遙園丕為晉所敗泓自赴之因丕之敗遂相踐而退泓與河間公裕等數百騎出奔于石橋大將軍東平公讚聞泓之敗率諸軍赴難會泓于石橋晉人已固青門(一本諸門)諸軍不得入衆皆驚散泓與河間公裕等詣裕請降泓子彭城公佛念年十二謂泓曰陛下今雖降晉劉裕待人無禮終必不全願自裁決泓憮(音武又音姥失意也)然不荅念遂登宮牆自投而死平原公璞并州刺史尹昭以蒲坂降晉東平公讚率宗室子弟百餘人降于裕裕盡殺之九

月裕至長安送泓于建康市戮之時年三十建康百里之内草木燋死自姚萇白雀元年歲在甲申至于是歲歲在丙辰三十有三歲

蜀李特

崔鴻十六國春秋蜀録曰李特字玄休巴西宕渠人其先廩君之苗裔秦併天下以爲黔中郡薄賦其人口歲出錢四十巴人謂賦爲賨(藏宗切)遂因名焉及高祖爲漢王始募賨民平定三秦既而不願出關求還鄉里高祖以其功復同豐沛更名其地爲巴郡土有鹽漆之利民用般阜俗性剽勇又善歌舞高祖愛其舞詔樂府習之今巴渝舞是也其後繁昌分爲數十姓及魏武尅漢中特祖父虎歸魏魏武嘉之遷略(一云洛)陽拜虎等爲將軍内徙者亦萬餘家散居隴右諸郡及三輔泓農所在號爲巴人虎子慕爲東羌獵將慕凡有五子輔特庠流驤特身長八尺雄武善騎射沉毅有大度元康中氐齊萬年擾亂天水略陽扶風始平諸郡皆被兵寇民頻歲大飢流移就穀相與入漢川者數萬家特至劒閣顧盻嶮阻曰劉禪有如此地而面縛於人豈非庸才耶同移者閻式(音郁)等咸歎異之初流民既至漢中上書求寄食巴蜀朝廷從之由是散在梁益不可禁止元康九年詔徵益州刺史趙廞(音歆)爲大長秋以成都内史耿勝代廞廞遂謀叛有劉氏割據之志勝率衆入州廞遣衆逆之戰于西門勝敗走廞獲煞之廞自稱大將軍益州牧特李庠與兄弟及李合任回等以四千騎歸廞廞以庠爲威寇將軍使斷北道庠素東羌良將曉兵陣軍部肅然廞惡其齊整煞之復以特爲督將特兄弟既怨廞引兵歸

督萬餘人斷北道次綿竹之石亭特密收合得七千餘人夜襲遠軍遠軍大潰因放火燒之死者十八九進攻成都廞聞兵至驚懼不知所爲李苾等夜斬關走出文武盡散廞獨與妻子乘小船走至廣都爲其下人朱竺所煞先是梁州刺史羅尚聞廞叛上表稱廞非雄才又蜀人不願爲亂事終無成願欲征之惠帝遣尚平西將軍益州刺史率七千餘人入蜀特等聞尚來甚懼使弟驤於道奉迎并貢寶物尚甚悦冬十月六郡流人推特行鎮北將軍承制封拜其弟流行鎮東將軍弟驤驍騎將軍少子雄爲前將軍以相統領進兵攻尚於成都頻爲特所敗乃阻長圍緣水作營自都安至犍爲七百里與特相距大安二年都下推特爲大將軍大赦改元爲建初元年益州從事任明說尚曰特既凶逆侵暴百姓又分人散衆在諸村堡驕怠無備是天亡之時也可告諸村密尅期日内外擊之破之必矣尚從之遣大衆奄襲特營尚出逆戰到官桑特軍敗績死之雄稱成都王追謚景王及稱尊號追尊曰景皇帝廟號始祖

李流

崔鴻十六國春秋蜀録曰李流字玄通特第四子也少好學便弓馬東羌校尉何攀稱流有賁(音奔)育之勇舉爲東羌校尉平趙廞於成都晉朝論功拜奮威將軍封武陽侯建初元年特既見殺流自稱大將軍益州牧九月流疾篤謂諸將曰驍騎(李驤日)高明仁愛識量多奇固足以濟大事然前軍(李雄也)英武殆天所相可共受事於前軍以爲成都王也遂薨年五十六諸將共立雄爲主雄稱尊號追謚流秦文王子龍嗣

夢雙虹自門昇天一虹中斷既而生蕩後羅氏汲水忽然而寐夢大虹繞其身遂有孕十四月而生雄常言二子若有先亡在者必大貴蕩以李流世卒雄長八尺三寸美容貌相工相之曰此君將貴其相有四目如重雲鼻如龜龍口方如器耳如相望法爲貴人位過三公不疑雄少以烈氣聞識者皆器重之特稱益州牧以雄鎮梓潼又拜前將軍流薨雄稱大將軍益州牧治郫（音婢）城以西山范長生巖居穴處求道養之志雄欲迎爲君長生固辭曰推步太元五行大會甲子祚鍾於李非吾節也建興元年十月雄即成都王位於南郊大赦改元約法七章以叔父驤爲太傅兄虎威爲太保晏平元年三月范長生乘素輿詣城雄迎于大門執版延坐長生請雄對坐即拜丞相尊曰范賢長生勸雄稱尊號夏六月僭即帝位大赦改年國號大成追尊父特爲景帝母羅氏爲太皇后十月加丞相范長生天地太師之號封西山侯玉衡五年正月立妻任氏爲皇后八年四月范長生卒以其子侍中賁爲丞相長生善天文有術數民奉之如神十四年立兄子班爲太子二十四年五月雄寢疾六月丁卯薨年六十一謚武皇帝廟號太宗十月葬安都陵太子班襲位

李期

崔鴻十六國春秋蜀錄曰李期字世運雄第四子聰惠好學弱冠能屬文雄薨班即位雄子車騎將軍越自江陽奔喪以期與班非雄所生而嗣位心不平十月因夜哭臨越煞班於殯宮班字世文雄兄蕩第四子雄事任氏無子養班爲子越既煞班於是矯太后令罪狀謚戾太子立期爲主甲子期僭即皇帝位玉恒元年正月大赦改年立妻閻

期不虞至預不設備至即尅城屯兵宮門殺相國建寧王越尚書令景騫尚書田褎等廢期爲邛都公幽之別宮期自殺年二十五謚曰幽公

李壽

崔鴻十六國春秋蜀錄曰李壽字武考特季弟驤之子少尚禮容敏而好學雄奇其才秀以爲足荷重任封爲建寧王既而期立改封漢王領梁州刺史治涪城壽見期兄弟十餘人並有強兵懼不自全陰謀據成都稱藩於晉乃誓文武得數千人襲成都尅之放兵虜掠數日乃定於是僭即皇帝位於南郊大赦改咸康四年爲漢興元年追尊父驤獻皇帝三年六月壽下書曰吳會遺燼久逋天誅今將太興百萬躬行天罰九月大閱軍士七萬餘人舟師泝江而上過成都鼓譟盈江壽登城觀之羣臣以國小衆寡江吳險遠圖之未易叩頭泣諫乃止兵人咸呼萬歲十月臨禮於太學舉明經者封好學侯四年以太子勢領大將軍錄尚書事六年分寧州興古永昌雲南朱提越巂（音髓）河陽六郡爲漢州四月壽寢疾常見李期爲祟八月薨年四十謚昭文皇帝廟號中宗葬安昌陵

李勢

崔鴻十六國春秋蜀錄曰李勢字子仁壽之長子身長七尺九寸腰帶十四圍善於俯仰時人異之壽既薨僭即帝位大赦改太和元年正月尊母閻氏爲皇太后妻李氏爲皇后嘉寧二年晉遣安西將軍荊州刺史桓溫來伐勢大發軍禦之鎮東李位都逆往降溫達成都之十里陌勢衆自潰三月溫至城下縱火燒其大城諸門勢衆惶懼無復

國志勢乃夜開東門走九百里至晉壽然後送降文於温勢尋與櫬面縛軍門温解縛焚櫬送勢及叔父福（戴記云及弟福）等十餘人於建康晉封為歸義侯升平五年卒常璩字道將蜀成都人少好學著華陽國志十篇序開闢以來迄于李勢皆有條理云宕渠古賨國今有賨城秦始皇時有長人長五丈見宕渠秦史胡毋敬曰五百年外其地必有異人爲大人者及雄之稱尊號祖先出自宕渠有識者皆以爲應之譙周云我死後三十年當有異人入蜀又著讖云廣漢城北有大賊曰流曰特攻難得歲在玄宮自相尅又惠帝之世蜀童謠曰江橋頭闕下市成都北門十八字至是而應焉李特以晉永寧元年歲在辛酉起兵至勢嘉寧二年晉永和三年歲在壬戌而降晉合四十七年

太平御覽卷第一百二十三

[illegible]偏霸部[illegible]
[illegible]前涼張軌　張寔　張茂
[illegible]張駿　張重華　張祚
張天錫
西涼李暠姑老　李歆
北涼沮渠蒙遜　沮渠茂虔

前涼張軌

崔鴻十六國春秋前涼録曰張軌字士彦安定烏氏人漢常山王耳十七世孫祖烈魏外黃令父溫太官令毋隴西辛氏軌少好學明經與同郡皇甫士安友善拜宫守舍人與京兆杜預以所注易遺之太康中爲尚書郎太子洗馬中庶子遷散騎常侍征西軍司馬軌以晋室多難陰圖保據河西追竇融故事筮之遇泰之觀軌喜曰霸者之兆乃求爲涼州公卿亦舉軌拜涼州刺史課農桑拔賢才置崇文祭酒徵九郡胄子五百人立學校以教之永興二年拜安西將軍封樂安鄉侯惠帝崩遣長史北宫純司馬纂别駕陰監奉表京師是歲大城姑臧姑臧城匈奴所築也南北七里東西三里地有龍形故名卧龍城永嘉四年十一月黃龍出於臨羌河發水昇天身長十餘丈五年帝遣使拜車騎大將軍開府儀同三司策命未至而劉曜攻陷長安遷晋帝於平陽建興元年晋愍帝即位於長安遣使者拜軌鎮西大將軍開府儀同三司加侍中封西平郡公固讓不受二年進拜太尉涼州牧以軌年老多疾拜子寔行撫軍副涼州刺史五月軌寢疾立子寔爲世子己丑薨于正寢年六十葬建陵册贈侍中大尉謚武穆公張祚僭號

張寔

崔鴻十六國春秋前涼録曰張寔字安遜軌之世子也學尚明察敬賢愛士晋舉秀才除尚書郎永嘉元年固辭驍騎將軍請還涼州帝許之改授議郎西中郎將建興元年長史張璽等表寔嗣位十月帝遣使授西中郎將涼州刺史西平公二年十一月帝將降劉曜進寔侍中司空涼州牧三年始知劉曜逼遷天子平陽大臨三日五年南陽王寶聞愍帝崩自稱晋王號年建康置百官遣拜寔征西大將軍開府儀同三司增邑三千户六年六月京兆人劉弘使左道以眩惑百姓寄與寔左右十餘人謀殺寔皆懷刀入内斬寔於外寢時年五十葬寧陵晋王寶册贈寔大司馬涼州牧謚元公張祚僭號追尊曰明王廟號高祖

張茂

崔鴻十六國春秋前梁録曰張茂字成遜寔之母弟虚靖好學不以勢利爲心建興元年相國南陽王寶辟從事中郎又薦爲給事黃門侍郎皆不就二年徵爲侍中以父疾固辭四年拜秦州刺史加散騎常侍領雍州皆不受寔左司馬陰元等以寔旣初害于駿冲幼宜立長君乃推茂爲大都督太尉涼州牧茂不從以平西將軍行都督涼州諸軍事護羌校尉涼州牧西平公大赦境内九月立寔子駿爲世子三年劉曜遣鴻臚拜茂太師涼王四年茂寢疾執駿手泣曰吾先人以孝友見稱自漢以來世康忠順汝謹守忠節無或失墜薨于正寢年四十八劉曜遣使贈太宰謚成烈王張祚僭號追尊曰成王廟號太宗

張駿

崔鴻十六國春秋前涼録曰張駿字公庭寔之世子永嘉元年生幼而奇偉十歲能屬文茂之四年拜使持節大都督大將軍涼州牧西平公大赦境内劉曜遣使拜大將軍涼州牧元年正月親耕籍田二月始承晉元帝崩問大臨三日四年十二月劉曜爲勒所擒曜太子毗及劉胤等率衆奔上邽六年二月石勒稱天王遣使拜駿征西大將軍涼州牧加五錫之禮八年羣寮勸駿稱涼王置百官駿曰此非人臣所言敢有此言罪不在赦又請立世子乃立重華爲世子十二月鄯善王元孟獻女殊好號曰美人立賓遐觀以處之十四年五月雨雪降霜駿避正殿素服命羣寮極言得失十五年以右長史任處領國子祭酒立辟雍明堂而行禮焉命西曹掾集閤内外事付索綏以著涼春秋十一月以世子重華行涼州事十九年八月田于建西踰玉石縣九月改玉石縣爲金澤縣二十一年始置百官官號皆擬天朝車服旌旗一如王者酒泉太守馬岌上言酒泉南山既崑崙之體周穆王見西王母樂而忘歸即謂此山有石室王母堂珠璣鏤飾煥若神宫禹貢崑崙在臨羌之西即此明矣宜立西王母祠以禆朝廷無疆之福駿從之二十二年六月薨于正德前殿年四十晉遣策贈大司馬謚忠成公七月葬大陵張祚僭號追尊文王廟號世祖

張重華

崔鴻十六國春秋前涼録曰張重華字泰臨駿第二子寛和懿重沉毅少言駿薨右長史任處上華爲使持節大都督太尉涼州牧護羌校尉西平公假涼王大赦境内三年九月晉遣使者拜侍中大都督隴右諸軍事大將軍涼州寮上重華爲丞相涼王雍秦涼三州牧五年重華識羣寮于閑預庭講論經義顧問索綏曰孔子婦誰家女老聃父字爲何四皓既安大子住乎還山乎綏曰孔子婦姓并官氏女聃父名乾字元杲胎則無耳一目不明孤單年七十二無妻與隣人益壽氏老女野合懷胎十年乃生老子四皓還否臣所未悉重華曰卿不知乎四皓死于長安有四皓冢爲不還山也七年十月重華寢疾臨春坊遣左長史馬岌策拜子靈曜爲世子大赦境内十一月薨于平章殿年二十七葬顯陵張祚僭號追謚桓王廟號世祖

張祚

崔鴻十六國春秋前涼録曰張祚字太伯駿之長庶子博學雄武有政治之才駿之二十一年拜延興太守封寧侯重華薨子靈曜嗣七年十一月右長史趙長等矯稱遺令以祚爲使持節都督中外諸軍事撫軍大將軍輔政十二月趙長等議以靈曜冲幼世難未夷宜立長君廢曜爲涼寧侯立祚爲大將軍護羌校尉涼州牧涼公趙長等議僭即王位于謙光殿大赦改年爲和平元年立吒千氏爲皇后子太和爲太子封弟天錫爲長寧侯重華少子玄靚爲涼武侯置百官二月尊祖父郊祀天地二年有神降於玄武殿自稱玄冥與人交語祚日夜祈之神言與福利祚甚信之征東張瓘遣兵傳檄廢祚以侯還弟復立靈曜八月祚收瓘弟琚及其子嵩等驍騎將軍宋混兄脩素與祚有隙祚疑之混西奔招合夷晉衆至萬餘人還向姑臧祚大懼遣楊秋胡將靈曜於苑拉瘄其腰而殺之埋於沙坑九月宋混次于武始大澤爲靈曜發哀閏月混至姑臧祚登神

長敗賊下觀勞之長奮槊音朔刺祚中頷弃入萬秋閣爲廚士徐里所殺以庶人禮葬之天錫即位備禮改葬于愍陵追謚威王封子廷堅爲金澤侯

張玄靚

崔鴻十六國春秋前涼錄曰張玄靚字元安重華少子母郭夫人和平二年宋混張琚等上玄靚爲大將軍涼州牧護羌校尉西平公時年七歲張瓘至姑臧推立玄靚爲大將軍涼王自爲使持節都督中外諸軍事尚書令涼州牧張掖郡公四年五月東苑大冢上忽有池東天澤地燃廣袤數丈執法御史杜逸言於瓘曰此皆變之大者可移之佗族瓘徵兵數萬集於姑臧謀討宋氏混與弟澄及左右壯士楊和等四十餘騎奄入南城中令諸營曰張瓘謀逆被

太后詔誅之俄而衆至二千瓘率衆出戰混擊敗之衆悉去瓘自殺混入見玄靚以混爲使持節都督中外諸軍事驃騎大將軍酒泉郡侯輔政五年六月大旱令諸祈雨之官皆詠雲漢詩儒林祭酒索綏曰雲漢陳周宣之美非旱之文昔神鼎之出漢虞丘不賀今辭與事違恐非致澤之意也綏字士艾燉煌人父戢晉司徒綏家貧好學舉孝廉爲記室祭酒母喪去官又舉秀才著涼春秋五十卷又作六夷頌符命傳十餘篇以著述之功封平樂亭侯六年宋混卒天錫以使持節都督中外諸軍輔政八月右將軍齊肅等議以靖多難務郡須立長君勸天錫自立閏月天錫遣肅等夜害玄靚時年十四葬平陵謚沖王

張天錫

崔鴻十六國春秋前涼錄曰張天錫字純嘏駿之少子母

太后元年四月秦遣鴻臚回國拜天錫大將軍涼州牧西平公三年姑臧北山楊樹生松葉西苑牝鹿生角東苑銅佛生毛延與地震陷裂水出天錫避正殿引咎責躬晉遣使拜隴右關中諸軍大將軍涼州牧西平公八年郡國火燃於泥中三十所苻堅復有并兼之規天錫大懼遣從事中郎韓博奉表於晉又與桓溫書剋期大舉都會上邽十年以世子懷爲使持節鎮西將軍高昌郡公次子太豫爲世子豫母焦氏爲左夫人七月大水地震西平五十日中地十動土樓崩天錫疾美人閻姬薛姬皆自殺二姬國色並有殊寵天錫每謂之曰汝二人將何以報我我死之後豈可更爲人妻皆曰尊若不諱妾請效死於前洒掃於地下無他志十月天錫疾瘳大赦境內追悼二姬葬以夫

人禮十三年五月苻堅遣武衛將軍苟長等率衆十萬來伐天錫遣中衛將軍史景等拒戰赤岸爲秦所敗天錫納左長史馬芮之言面縛降秦東徙長安拜歸義侯北部尚書遷右僕射隨苻堅敗於淮南又入晉爲員外散騎常侍復本封薨贈鎮西將軍謚悼公張軌以晉永寧九年辛西之歲牧涼州至天錫敗亡之歲歲在丙午八主七十六年

西涼李暠古老切

崔鴻十六國春秋西涼錄曰李暠字玄盛隴西狄道人也漢前將軍廣十六世孫廣子侍中敢之後世李爲爲西州右姓祖父弇音掩前涼武衛將軍天水太守安世亭侯父昶字中堅幼有令名世子侍講年十八卒暠昶之遺腹子少而好學沉敏有器度後涼龍飛二年建康太守段業自稱涼牧號神璽元年拜暠效穀令二年燉煌索仙等以暠溫

毅有惠政推暠爲燉煌太守段業復暠鎭西將軍領護西夷校尉庚子元年十一月晉昌太守唐瑤移檄六郡推暠爲大將軍涼公領秦涼二州牧大赦改年追尊祖弇涼公父昶涼簡公以瑤爲征東將軍三年正月於南門起靜恭堂以議朝政圖讚自古聖帝明王忠臣孝子烈士貞女親爲序頌以作鑒戒五年正月立泮宮增高門學生百人四月燉煌有葛緣木而生作黃烏之形世子譚卒九月立好歆爲世子正月大赦改年爲建初元年三月讌于曲水命羣寮賦詩暠親爲之序文寫諸葛亮訓厲以誡諸子十三年正月寢疾顧命長史宋繇曰吾終之後嗣子猶卿子也善相輔導二月薨于恭德殿年六十七葬建世陵謚昭武王廟號太祖初暠爲羣雄所推定千里之地謂張氏之業不足成河西十郡歲月而一旣而傉檀入據姑臧蒙遜基宇稍廣

於是慨然著述志賦初河右不生楸槐張駿之世取秦隴植之皆死至是而酒泉宮西北有槐生焉乃作槐樹賦又作婦辛氏誄自餘賦數十篇

李歆

崔鴻十六國春秋西涼錄曰李歆字士業暠第二子暠薨左長史宋繇等上爲大將軍涼公領涼州牧護羌校尉大赦改年爲嘉興元年七月歆聞蒙遜南伐西秦命中外戒嚴將攻張掖尹太后以爲不可宋繇亦諫歆怒不從遂率步騎三萬東伐次于都瀆澗蒙遜自浩亹來戰于懷城歆敗左右勸還歆曰吾違太后明誨遠取敗辱不煞此胡復何面目以見母也勒衆復戰敗于蓼泉爲遜所煞歆弟驍騎將軍翻擊虜將軍豫等西奔燉煌遜遂入酒泉翻及燉恂在郡有惠政密信招恂恂率數千騎入於燉煌宋承推恂爲涼州刺史遜率衆二萬攻恂宋承等開門出降恂自煞恂暠之第六子也遜獲翻子寶從于姑臧歲餘北奔伊吾後二十餘年至魏太平三年寶自伊吾率流人及虜騎南襲燉煌據之遣使降魏魏以寶爲使持節侍中都督西垂諸軍事鎭西大將軍開府儀同三司領護西戎校尉沙州牧燉煌公承制玉門以西寶寬雅有度量甚著威惠於西土在燉煌三年徙并州刺史薨謚宣公自暠元年歲在庚子至爲蒙遜所滅二十一年

北涼沮渠蒙遜

崔鴻十六國春秋北涼錄曰沮渠蒙遜臨松盧水胡人其先世爲匈奴左沮渠遂以官爲氏遜好學涉羣史雄烈有英略後涼龍飛二年遜伯父羅仇麴粥從呂光征河南光

前軍大敗皆爲光所煞宗部會葬者萬餘人遜哭謂衆曰昔漢祚中微吾之乃祖翼獎竇融保寧河右呂王耄荒虐民無道豈可坐觀成敗不上繼先祖安民之志下使二父有恨黃泉衆咸稱萬歲遂立盟約一旬之間衆至萬餘與從兄男成推建康太守段業爲涼州牧康公改龍飛二年爲神璽元年業以遜爲張掖太守男成爲輔國大將軍委以軍國之任永安元年三月遜以爲業所憚內不自安請爲安西太守四月業收男成賜死遜聞男成死泣告衆曰男成忠於段公枉見屠害諸君能爲報仇乎成素有恩信衆皆憤泣從之比至氐地衆餘一萬業遣右將軍田昻武衛將軍梁中庸等攻侯塢遜自氐地救之昻率騎五百歸遜軍遂大潰中庸來奔五月遜至張掖田昻兄子承愛斬關內遜業左

巳烈黃門戶推司[illegible]南康得東西與妻子持
見遜遂斬之六月右長史梁中庸等推遜為大將軍涼州
牧張掖公大赦改元四年秦遣鴻臚梁斐拜遜鎮西大將
軍開府儀同三司沙州牧西海公九年二月兩月並出正
始元年冬十月遷都姑臧十一月僭即河西王位于謙光
殿大赦改元置百官始如呂光為三河王故事二年四月
立子政德為世子三年二月與西秦通和遜西巡遂循海
至鹽池祀西王母寺寺中有玄石神圖命中書侍郎張穆
賦焉銘之于寺前十四年起遊林堂於內苑圖列古聖賢
之象九月堂成遂讌羣臣談論經傳顧謂郎中劉昞曰仲
尼何如人也昞曰聖人也遜曰聖人者不凝滯於物而能
與世推移畏于匡厄于陳伐樹削迹聖人固若是乎昞不
能對遜曰卿知其外未知其內昔魯人有浮海而失津者

至于亶州仲尼及七十二子遊于海中與魯人一木杖令
閉目乘之使歸告魯侯築城以備寇魯人出海投杖水中
乃龍也具以狀告魯侯不信俄而羣鷁數萬銜土培城
魯侯信之大城曲阜訖而齊寇至攻魯不尅而還此其所
以稱聖也義和元年十一月魏遣太常李慎拜遜太傅涼
州牧涼王加九錫之禮三年夏四月遜寢疾立子茂虔為
世子薨於路寢五月葬元陵謚武宣王號太祖

沮渠茂虔

崔洪十六國春秋北涼録曰沮渠茂虔遜第三子聰穎好
學和雅有度量義和三年立為世子加中外都督大將軍
録尚書遜薨僭即河西王位大赦改年為永和元年立子
封壇為世子加撫軍大將軍録尚書事三年正月西中郎
將燉煌太守沮渠唐兒上言月十五日有一老父見於郡
城東門投書於地忽然不見其書一紙八字滿之文曰涼
王三十年若七年虔訪於奉常張慎慎曰昔虢將亡神降
于莘深願陛下尅念脩政以副三十之慶若盤于遊田荒
于酒色臣恐七年將有大變虔不悅七年正月朝羣臣于
謙光殿有狐在于東序門者不見其入左右以告命射之
不獲二月端門崩初虔為酒泉太守起浮圖於中街有石
像在焉是月目流血五月太廟基陷六月當陽門崩魏常
山王赤堅率衆至姑臧虔嬰城拒守九月面縛出降魏釋
其縛徙虔及宗室士民十萬戶于平城拜虔征西大將軍
王如故八年賜死謚哀王自遜永安元年歲在辛丑至是
歲庚寅三十九載

晉書曰蒙遜以安帝隆安元年自稱牧義熙八年僭立後
八年而宋氏受禪以元嘉十年死時年六十六在位三十
二年子茂虔立六年為魏所滅

太平御覽卷第一百二十四

太平御覽卷第一百二十五

偏霸部九

後涼呂光　呂纂

呂隆

後燕慕容垂　慕容寶

慕容盛　慕容熙

慕容雲

後涼呂光

崔鴻十六國春秋後涼録曰呂光字世明略陽人其先自沛遷略陽因家焉世爲氐酋父婆樓字廣平佐命前秦官至太尉光以趙建武中生於方頭夜有神光之異故名焉年十歲與諸童兒遊戲邑里爲戰陣之法童兒咸推爲主長而身長八尺四寸目重童子左肘有肉印沉粹凝重寬簡有大量人莫之知唯王猛異之曰此非常人言之苻堅舉賢良除美陽令民夷憚愛隣境肅清遷鷹揚將軍以功賜爵關內侯建元十九年以光爲使持節西討諸軍率將軍姜飛彭晃杜進等步騎七萬討西域十二月至龜兹龜兹王帛純捍命不降光軍其城南五里爲一營深溝高壘廣設疑兵爲木被甲羅之壘上以爲持久之計二十年五月帛純乃傾財寶請救於獪胡獪胡王遣弟率二十餘萬救之胡便弓馬善矛槊鎧如連鎖射不可入乃以革索爲罥策馬擲人多有中者衆甚憚之姑默宿尉頭等國及諸胡外內七十萬人光遷營相接陣爲勾鏁之法精騎爲遊軍彌縫其闕秋七月戰于城西大敗之帛純逃奔王侯降者三十餘國進入其城城有三重廣輪與長安地等城中塔廟千數帛純宮室壯麗煥若神居胡人奢侈富於生養家有蒲桃酒至千斛經十年不敗士卒淪沒酒藏者相繼諸國貢款屬路立帛純弟震爲王以安之光撫寧西域威恩甚著秦以光爲使持節散騎常侍王門巴西諸軍事安西將軍西域校尉進封順鄉侯二十一年正月大饗文武博議進止衆咸請還光從之三月引還以駝二萬餘頭致外國珍異千餘品駿馬萬餘匹而還九月光入姑臧自領涼州刺史護羌校尉大安元年苻丕以光爲車騎大將軍涼州牧領護西域大都酒泉公光始聞苻堅爲姚萇所害奮袂哀慟三軍縞素大臨于城南傳檄諸州期孟冬大舉諡堅爲文昭皇帝十月大赦境內改建元爲大安十一月羣寮勸進曰長蛇未殄方掃清國難宜進位元台十二月上光爲侍中中外都督隴右諸軍大將軍涼州牧酒泉公三年八月甘露降逍遙園白鷺翔于酒泉衆鷺成列而從之麟嘉元年正月麟見金澤縣百獸從之於是羣寮奉請崇進名號光從之二月僭即王位于南郊大赦改元置官司丞郎以下猶攝州縣事三年九月大廟新成追尊父爲景昭王祖爲宣公曾祖爲恭公高祖爲敬公龍飛元年五龍見于浩亹羣臣咸賀勸光稱號六月僭即天王位于南郊大赦改年備置羣司立世子紹爲太子四年九月光寢疾十二月疾甚立太子紹爲天王光自號太上皇帝以子纂爲太尉弘爲司徒詔曰吾疾病不濟吾終之後使纂統六軍弘管朝政汝恭己無爲委重二兄庶可以濟今外有強寇民心未寧汝兄弟輯睦則貽厥萬世若內相圖則禍不旋踵纂弘泣曰不敢有二心薨葬高陵謚武皇帝廟號太祖

呂纂

崔鴻十六國春秋後涼録曰呂纂字永緒光之長庶子母

戒之曰汝性麤武深爲吾憂開基既難守成不易善輔永業勿聽讒言光薨紹祕不發喪纂排閤入哭盡哀而出紹懼以位讓之曰兄功高年長宜承大統纂曰臣雖長陛下國家之適不可以私愛而亂大倫驍騎呂超謂紹曰纂臨喪不哀步高視遠觀其舉止恐成大變宜早除之纂聞超謀遂率壯士數百踰北城攻廣夏門入自青角門昇謙光殿紹登紫閣自殺呂超出奔廣武纂遂僭天王位大赦改龍飛四年爲咸寧元年謚紹隱王纂遊田無度荒躭酒色常與左右因醉馳獵於坑澗之間殿中侍御史王回扣馬諫不納番禾太守呂超擅伐鮮卑思盤思盤訴超於纂纂召超入朝怒曰卿恃兄弟桓桓欲欺吾也要當殺卿然後天下可定超頓首曰不敢纂引諸臣讌于內殿呂隆屢勸纂酒已至昏醉乘步輓車將超等遊于內至琨華堂東閤車不得過纂親將竇川駱騰倚劍于壁推車過閤超取劍擊纂纂下車擒超超刺纂洞胸奔于宣德堂將軍魏益入斬纂首以徇隆既篡位謚纂靈帝葬白石陵

呂隆

崔鴻十六國春秋後涼錄曰呂隆字永基光弟寶之子既殺纂遂僭即王位大赦改咸寧三年爲神鼎元年二月追尊父寶爲文皇帝超有佐命之勳拜爲侍中都督中外諸軍事輔國大將軍錄尚書事封安定公二年秦遣鴻臚恒敦拜隆征北大將軍河西諸軍事涼州牧建康公三年隆以二涼之逼遣超賫珍寶請迎于秦遣尚書左僕射齊難率步騎四萬來迎隆率戶一萬隨難東遷既至長安秦以隆爲散騎常侍尚書公如故超爲安定太守其後坐與兆

歲歲在癸卯凡一十九年

後燕慕容垂

崔鴻十六國春秋後燕錄曰慕容垂字道明皝第五子小字阿六敦母蘭淑儀垂少有器度長七尺七寸手垂過膝皝甚寵之常曰此兒闊達好奇終能破人家或能成人家故名霸字道業因墜馬傷前二齒後改名𡙇外以慕郤𡙇爲名內實惡而改之尋以讖記之文去夬以垂爲名稱尊號封吳王建熙十年以車騎大將軍敗桓溫於枋頭威名大震太傅上庸王評深忌之垂遂出奔秦苻堅聞垂至大悅郊迎執手禮之甚重王猛惡垂雄略勸堅殺之堅不從以爲冠軍將軍封賓都侯歷京兆尹苻堅敗於淮南垂軍獨全堅以千餘騎奔之世子言於垂曰家國傾喪皇綱廢弛當隆中興之業建少康之功宜恭承皇天之意因而取之垂曰彼悉心投命若何害之乃以兵屬垂垂至澠池言於堅曰王師不利北境之民或因此輕動臣請奉詔輯寧朔裔且龍鄴舊都陵廟所在乞過展拜以申罔極堅許之權翼諫曰垂爪牙名將今之韓白且世豪東夏志不爲人下頃避禍歸誠非慕義也而恐冠軍之號不飽其志列地百里未滿其心且垂猶鷹也飢則附人飽便高颺遇風塵之會必有凌霄之志堅曰卿言是也但朕已許之匹夫猶重信況萬乘之主乎翼曰陛下重小信而輕忽社稷臣見其往不見其還關東之變垂其首乎自涼馬臺結草筏而渡至安陽脩牋於長樂公丕垂至館之於鄴西會苻暉告丁零翟斌聚衆四千謀逼洛陽丕於是配垂兵二千遣廣武將軍苻飛龍率氐騎一千爲垂之副貳戒飛龍曰垂爲三

軍之統御爲垂之謀主符暉告急簡書相尋垂方圖飛龍停河內不進悉誅氐兵命左右殺飛龍濟河焚橋衆三萬至洛陽符暉閉門拒守不與交通翟斌率衆會垂勸稱尊號垂曰新興侯國之正統孤之君也若以諸君之力得平關東當以大義喻秦奉迎反正誣上自尊非孤心也乃自稱大將軍燕王承制行事翟斌爲建義將軍封河南王弟德爲范陽王衆至二十萬濟自石門長驅攻鄴元年正月朝羣寮于清陽宮以暐在長安依晉愍帝在平陽中宗稱王改年建武故事改秦建元爲燕元元年立太子寶爲燕王太子攻拔鄴郛丕固守中城垂塹而圍之於魏郡肥鄉築新興以置輜重進師攻鄴開其西奔之路二年三月丕弃鄴奔并州以魯陽王和爲南中郎將鎮鄴十二年垂定都中山建興元年正月羣寮勸垂正尊號辛卯僭即皇帝位於南郊大赦改元立子寶爲皇太子十年五月太子寶率衆八萬伐魏范陽王德爲之後繼魏聞寶將至徙于河西寶臨河不敢濟引師還次於參合陂而魏軍大至三軍奔潰寶與德等數千騎奔免十一年三月垂大衆出參合太子寶出天門垂至參合見積骸如山設祭弔之死者父兄各皆號哭軍中哀慟垂慙憤嘔血因而寢疾築燕昌城而還寶等至雲中聞垂疾皆引歸及垂于平城夏四月薨于上谷沮陽年七十一謚武成皇帝廟號世祖

晉書曰垂以太元二十一年死在位十三年墓曰宣平陵

慕容寶

崔鴻十六國春秋後燕録曰慕容寶字道祐垂第四子元璽四年生于信都少輕果無志操好人佞已段后謂垂曰之賢者宜擇一樹之垂不納謂曰汝謂我爲晉獻公乎建興十一年四月僭即皇帝位大赦改爲永康元年寶遣將軍趙王麟逼段后曰常謂主上不能嗣守大統今竟能不宜早自裁以全段氏后怒曰汝兄弟尚逼殺母豈能保守社稷吾豈惜死念國滅不久遂自殺八月立妃段氏爲皇后濮陽公榮爲皇太子二年正月魏使脩和寶不許二月魏攻中山其夜尚書慕容皓謀殺寶立趙王麟寶與太子榮等萬騎就清河王會于薊以開封公慕容詳守中山五月詳遂僭稱尊號九月趙王麟率衆入中山殺詳麟復僭尊號中山飢麟出據新市與魏師戰于義臺敗績南奔魏入中山寶遣御史中丞兼鴻臚魯邃持節授司徒范陽王德丞相冀州牧承制南夏封公侯牧守三年二月寶發龍城以撫軍慕容騰爲前軍步騎三萬將南伐次于乙連長上段速骨宋赤眉因民之憚遠役殺司空樂浪王宙衆既幸亂投伏奔走寶馳還龍城又與長樂王盛等南奔尚書蘭汗殺速骨等十餘人奉太子榮承制大赦遣迎寶還于薊寶欲北還盛等咸以汗忠款虛實未明宜就范陽王德寶從之乃自薊而南四月寶至鄴鄴中遺民固請留之寶不從南至黎陽城西聞范陽王德稱制懼而退乃還龍城次于廣都蘭汗又遣左將軍蘇超迎寶具申款誠忠節無差寶於是命發汗遣弟難率五百騎逆寶至龍城難引寶入于外邸殺之年四十四殺太子榮及王公卿士百餘人汗自稱大將軍大單于昌黎王號年青龍七月長樂王盛襲誅汗盛即位僞謚寶惠愍皇帝廟號列宗

慕容盛

至垂問以西事畫地成圖垂笑謂之曰昔魏撫明帝之首遂乃侯之祖之愛孫有由來矣於是封長樂公建興六年領北中郎鎮薊進爵爲王及寶爲蘭難所殺盛馳赴哀盛潛結大衆謀討難及汗等斬之建平元年七月告戊宗廟大赦改青龍元年謙揖自卑不稱尊號以長樂王稱制諸王貶爵爲公東陽公慕容根等九十八人上尊號盛不許十月根等又請盛許之丙子僭即皇帝位正月朝羣臣于承乾殿大赦改建平元年爲長樂元年二年正月大赦盛去皇帝之號稱庶民天王三年八月右將軍慕容國謀率禁兵襲盛前將軍段璣等因衆心阻動潛於禁中鼓譟大呼盛聞變率左右出戰衆皆披潰一賊從闇中擊盛傷足遂取輦昇前殿召叔父河閒公熙囑以後事熙未至而薨年二十九僞謚昭武皇帝廟號中宗

晉書曰盛幼而羈賤流漂長則遭家多難夷險安危備嘗之矣懲寶闇而不斷遂峻極威刑纖介之嫌莫不裁之於未萌防之於未兆於是上下震恐人不自安雖推忠誠親戚亦皆離貳舊臣靡不夷滅安忍無親所以卒於不免是歲隆安五年也

慕容熙

崔鴻十六國春秋後燕録曰慕容熙字道文一名長生垂之少子燕元二年生于常山建興八年封河閒王永康初隨寶奔龍城拜司隸校尉長樂元年遷僕射中外督領昌黎尹盛薨遂僭即皇帝位大赦改長樂三年爲光始元年二年正月熙引見州郡耆舊于東宮問以民所疾苦司隸部民劉瓚對問稱旨拜帶方太守是春大治宮室四月立雲山于苑内又起逍遥宮甘露殿連房數百觀閣相交鑿天河渠引水入宮又爲苻昭儀鑿曲光海清涼池季夏暑熱士卒不得休息暍死者半四年二月昭儀苻氏卒苻貴嬪爲皇后九月苻后遊畋熙從之北登白鹿山東過青嶺南臨滄海冬十一月乃還百姓苦之士卒爲虎狼所害及凍死者五十餘人五年十月擬鄴之鳳陽作弘光門累級三層建始元年正月大赦天下三月太史丞梁延年夢月化爲五白龍夢中占之曰月臣也龍君也月化爲龍當有臣爲君寤而告人曰國祚其將盡乎是日苻后起承華殿高承光一倍負土於北門土與穀同價典軍杜靜載棺詣闕上書諫熙大怒斬之后嘗季夏思凍魚鱠冬須生地黄皆下有司切責不得加以大辟四月苻后卒熙悲號躃踊若喪考妣擁其尸而撫之曰體已就冷命遂斷矣於是僵仆絶息久而乃蘇服斬縗食粥百寮宮内設位哭臨有司按檢哭者有淚則不無淚則加罪羣臣振懼莫不含辛以爲淚高陽王妃張氏熙之嫂也美姿容熙欲以爲殉乃毀其襚韡中有弊氊遂賜死三女叩頭求哀熙弗許營陵周輪數里下固三泉内圖畫尚書八座之像熙曰善爲之朕將隨后入此陵轜車高大毀北門而出中衛將軍馮跋左衛將軍張興先皆坐事亡奔以熙政之虐也與跋從兄萬泥等三十二人結盟推夕陽公慕容雲爲主發尚方徒五千人分屯四門入宮授甲閉門拒守中黄門趙洛生奔告熙熙曰此鼠盗耳朕還當誅之乃收髮貫甲馳還赴難夜至龍城攻北門不尅遂入龍騰苑左右潰散熙微服逃于林中爲人執送雲等殺之年二十三雲葬之徽平陵謚曰昭文

皇帝

晉書曰垂以孝武帝太元八年僭立至熙四世凡二十四年以安帝伐熙二年滅

慕容雲

崔鴻十六國春秋後燕録曰慕容雲字子雨寶之養子祖父和高勾麗之支庶自云高陽氏之苗裔故以高爲氏寶之爲太子雲以武藝給侍東宮永康初拜侍御郎以疾去官及熙葬后馮跋詣之告以大謀雲懼跋等強之四月即天王位復姓高氏大赦改建始元年爲正始元年國仍號大燕以馬跋爲侍中中外都督録尚書事武邑公二年慕容歸爲遼東公主燕之宗祀三年冬十月雲臨東堂幸臣離班桃仁懷劒執紙而入稱有啓抽劒擊雲雲以几拒班桃仁進而殺之推立馮氏爲主跋即位謚爲懿惠皇帝始

垂以丙戌之歲建號中山馮跋即位之歲歲在己酉二十四年

太平御覽卷第一百二十五

太平御覽卷第一百二十六

偏霸部十

禿髮烏孤

崔鴻十六國春秋南涼録曰禿髮烏孤河西鮮卑人也八世祖疋孤自塞北遷于河西孫卒子壽闐立闐孫樹機能壯果多謀略晉太始中殺秦州刺史胡烈於萬斛堆敗涼州刺史蘇愉于金山又殺涼州刺史楊欣於丹嶺盡有涼州之地武帝爲之旰食能死從弟務丸代立丸死孫推斤立斤死子思復鞬立部落轉盛遂據涼土鞬卒子烏孤襲位養民務農循結隣好呂光進封孤廣武郡公益州牧左賢王太初元年正月改元自稱大將軍大單于西平王以弟鹿孫爲驃騎將軍傉檀爲車騎將軍二年改稱武威王三年正月徙治樂都八月孤因酒走馬馬倒傷脇笑曰幾使呂光父子大喜俄而患甚顧謂羣臣曰方難未靖宜立長君言終而薨謚武王廟號烈祖

晉書曰禿髮烏孤其先與後魏同出八世祖疋孤率其部自塞北遷于河西其地東至麥田牽屯西至顯羅南至澆河北接大漠疋孤子壽闐之在孕母胡掖氏因寢而產於被中鮮卑謂被爲禿髮因而氏焉

禿髮利鹿孤

崔鴻十六國春秋南涼録曰利鹿孤烏孤弟太初三年八月即位大赦改治西平建和元年正月大赦改年延耆老訪政治二年羣臣固請即尊號不許乃僭稱河西王三年三月寢疾令曰昔我諸兄弟傳位非子者蓋以泰伯三讓周道以興故也武王創踐寶曆垂諸揆之試終能克昌家業者其在車騎乎吾寢疾惙頓是將不濟內外多虞國機務廣其令車騎經邈百揆以成先王之志薨謚康王葬西平陵

禿髮傉檀

崔鴻十六國春秋南涼録曰傉檀利鹿孤弟也少機警有才略建和三年襲位從號涼王遷于樂都改爲弘昌元年秦遣使拜車騎將軍廣武公四年六月秦遣授河右諸軍事涼州刺史鎮姑臧七月讌羣寮于宣德堂仰視而歎曰古人言作者不居居者不作信矣前昌松太守孟禕進曰張文王築城苑繕宮廟構此堂爲貽厥之資萬世之業秦師濟河灌然瓦解此堂之建年垂百載十有三主唯信順可以久安仁義可以永固願大王勉之檀曰非君無以聞讜言也八月以鎮南大將軍文支鎮姑臧檀遷于樂都雖受制於秦車服禮制一如王者十一月遷于姑臧嘉平元年十一月僭即涼王位於南郊大赦改年嘉平置百官立世子虎臺爲太子二年正月以子明德歸爲南中郎將領昌松太守歸儁爽聰悟檀甚寵之年始十三命爲高殿賦援筆即成影不移漏檀覽而善之擬之曹子建七年傉檀議欲西征乙弗孟愷諫曰連年不收上下飢弊南逼熾盤北迫蒙遜今遠征雖尅後患必深傉檀曰孫將略地御無沮衆謂其太子武臺曰今不種多年內俱窘事宜西行以拯此弊蒙遜近去不能卒來旦夕所慮唯在熾盤彼名

熾衆寡易以討禦吾不過一月自足周旋汝謹守樂都無使失墜傉檀乃率騎七千西襲乙弗大破之獲牛馬羊四十餘萬熾盤乗虗來襲一旦而城潰安西樊尼自西平奔告傉檀傉檀謂衆曰今樂都爲熾盤所陷卿等能與吾藉乙弗之資取契汗以贖妻子者所望也遂引師而西衆多逃反遣鎮北段苟追之苟亦不還於是將士皆散傉檀曰熾盤昔委質於吾今而歸之不亦鄙乎四海之廣無所容其身何其痛哉吾老矣寧見妻子而死遂歸熾盤六月至西平盤遣使郊迎以上賓之禮歲餘爲熾盤所鴆謚景王時年五十一武臺亦爲熾盤所害少子保周歸魏魏以爲張掖王自烏孤太初元年歲在丁酉至檀薨之歲甲寅十有八歲

晉書曰烏孤以安帝隆安元年僭立至傉檀三世凡十九年以安帝義熙十年滅

南燕慕容德

崔鴻十六國春秋南燕録曰慕容德字玄明皝之少子皝每對諸宮人言婦人姙娠夢日入懷必生天子公孫夫人方娠夢日入臍中獨喜而不敢言晉咸康二年晝寢生德左右以告方寤而起皝曰此兒易生似鄭莊公長必有大德遂以德爲名年十二而皝薨哀毁過禮年十八長八尺二寸額上有日月兩角下偃月重文元璽初封梁公建熙初進號安北將軍封范陽王入爲魏尹秦滅燕徙於長安秦伐涼德請征自效後爲張掖太守苻堅伐晉垂請德爲副堅敗德乃隨垂如鄴垂稱燕王復封范陽王建興元年爲司隸校尉八年拜司徒垂臨薨謂太子寶曰鄴是舊都宜委范陽王永康元年以德鎮鄴及寶失中山奔龍城以德爲丞相領冀州承制南夏德曰中山既没魏必乗勝來攻鄴元年正月德率户四萬三千車二萬七千乗自鄴從滑臺黎陽魏軍垂至三軍危懼欲保据黎陽昏日流澌冰合是夜濟訖冰亦尋消德大悦改黎陽津爲天橋津德入滑臺趙王麟等九十八人上言今中山傾陷龍都蕭條趙魏遺黎鵠企皇澤伏願仰承術順以安宗廟謹上皇帝尊號德許之令曰今假順來議且依燕元故事統符行帝制奏詔而已改永康三年爲元年大赦殊死已下置百官封進有差寶自龍城南奔至黎陽城西數里伏于河西遣中黄門趙思告北地王鍾曰上以去二月得丞相表即自南征段速骨作逆于乙連今失據來此呼丞相奉迎鍾馳使白狀寶遣思之後見採樵者知德稱帝懼而北奔初符登既滅登弟廣率所部三千來降拜冠軍將軍之乞活壍至是

復叛稱秦王德留撫軍魯陽王和守滑臺德率衆攻廣斬之和長史李辯殺和以滑臺降魏德曰待廣雖平撫軍失據進有強敵退無所託計將安出尚書潘聰曰滑臺四通八達非帝王之居青齊沃壤號曰東秦地方二千里户餘十萬四塞之固可謂用武之國德猶預未決於是遣牙門蘇撫問沙門朗公報曰山栖絶俗之士不應預聞朝議但有待之累非有託無以立陛下今來即朗之檀越敬覽潘尚書之議可謂興邦撫又問以年世朗以周易筮之曰燕衰庚戌撫曰幾何曰年則一紀世則及子撫曰何其促乎朗曰卦兆然也豈關人哉撫祕不敢言德大悦三月德引歸而南五月次薛城八月入廣固即皇帝位于南郊大赦改元爲建平元年又曰漢宣憫吏民犯諱故改名朕今增一備字以爲復名庶開臣子避諱之路於是敘賞有差褒德

任賢新舊咸悅十月太極端門並就以公匠張剛爲材官將軍尚方令二年十月徐州刺史潘聰青州刺史鞠仲來朝讌于延賢堂酒酣德嘆謂羣臣曰朕雖寡薄拱已南面在上不驕夕惕于位可稱自古何等主也仲曰陛下中興之聖后少康光武之儔也顧命左右賜仲帛千四仲疑多陳讓德曰卿知調朕朕不知戲卿乎卿飾對非實故亦虛言相賞不賞謬加何足謝也韓範進曰臣聞天子無戲言忠臣無妄對今日之論可謂君臣俱失德大悅賜範絹五十四三年三月德如齊城登營丘望見晏嬰塚顧左右曰禮大夫不逼城葬平仲古之一賢人達者而生居近市死葬近城豈有意乎青州秀才晏謨對曰孔子稱臣先人平仲賢矣豈不知高其梁豐其禮蓋政在家門故儉以矯世存居湫隘卒豈釋地而葬乎所以不遠門者猶冀悟平生意也德悅之三月以太牢祀漢城陽景王廟遂北登社首山東望鼎足因目牛山問謨以齊之山川賢哲故事謨曆對詳辨畫地成圖德深嘉之拜尚書郎五年二月夜地震在栖之雞皆驚擾飛散三月德疾動經旬幾於不振會前尚書右丞曹黙自冀州來奔以白酒解之乃瘳以黙爲御史中丞封永興侯六年正月兄子超自秦還九月汝水竭十一月德疾篤夜夢皝曰汝既無子何不早立超爲太子不尓惡人生心戊午引見羣臣于東陽殿議立超爲太子俄而震起百寮驚越德亦不安還宮疾甚呼段后公主及超申以後事執超手曰若得至曉更見公卿頗託以汝死無所恨舉目視公主欲有所言竟遂不能段后大言今日召臺中書造誥立超開目頷之是夕薨于顯安宮年七十爲十餘棺夜分出門潛瘞山谷莫知其屍所在虛葬于東陽陵謚獻武皇帝廟號世宗在位五年

覽一百二十六　五　張元

慕容超

崔鴻十六國春秋南燕録曰慕容超字祖明德兄北海王納之子秦滅燕以納爲廣武太守數歲去官與母公孫太妃就弟德於張掖德從符堅南征留金刀辭母而去及垂起山東張掖太守符昌誅納及德之諸子公孫太妃以耄不合刑納妻段氏以懷姙未决執于郡獄獄掾呼延平德故吏也將公孫段氏逃于羌中而生超焉公孫氏臨卒授超金刀曰聞汝伯已中興於鄴都吾梼病將沒相見理絕汝脫得東歸可以此刀還汝叔也後因吕隆歸秦秦徙涼州民於長安超因而東歸母謂超曰母子得全濟者呼延氏之力也惠而不報天不祐人乎今雖死吾欲爲汝納其女以荅厚惠於是納之超至長安佯狂行乞由是往來無禁濟陰人宗正謙善卜相西至長安賣術于路超行而遇之因就謙相謙奇其姿貌超乃內斷于心不告母妻辭母詣霸上乃與謙俱歸至諸關禁自稱張伏生二十日達梁父建平六年四月至廣固呈以金刀且宣祖母臨終之言德撫之號慟超身長八尺腰帶九圍姿器魁傑有類於德德愛之名之曰超封北海王拜侍中驃騎大將軍司隸校尉開府置佐十一月立爲太子巳未僭即皇帝位大赦改建平六年爲太上元年三年七月遣中書令韓範聘秦姚興許還超母妻八月秦使兼員外散騎常侍韋宗還聘贈以千金超復遣右僕射張華給事中宗正元聘秦送大樂伎一百二十人姚興大悅還超母妻十月華發長安宗正元馳先反命超大悅遣征虜公孫五樓率騎二千迎于境上超親率六宮迎於馬耳關四年正月大赦尊父北海穆

覽百二十六　六　元

王爲穆皇皇帝母段氏爲皇太后居長樂宮妻呼延氏爲皇后五年二月晉相劉裕率衆來伐三月晉師渡淮超聞晉軍之盛自率衆四萬距戰大敗奔還廣固徙郭内民入堡小城晉攻陷大城長圍列守超請爲藩臣以大峴爲界裕不許六年正月超登天門朝羣臣于城上殺馬以饗將士十一月尚書悅壽開門納晉師超出奔爲晉所執送建康市斬之時年二十六殺鮮卑王公已下三千餘人以男女萬餘口爲軍賞始德建平元年歲在巳亥僭號居齊至爲劉裕所滅在己酉凡二十一年

晉書曰超在位六年初德以安帝隆安四年僭立至超二世凡十一年以義熙六年滅

太平御覽卷第一百二十六

太平御覽卷第一百二十七　偏霸部十一

西秦乞伏國仁　乞伏乾歸　乞伏熾盤

乞伏慕末

北燕馮跋　馮文通

夏赫連勃勃　赫連昌　赫連定

西秦乞伏國仁

崔鴻十六國春秋西秦録曰乞伏國仁隴西鮮卑人其先自漠北南出大陰山五世祖祐鄰晉太始初率户五萬遷居高平川鄰卒子詰權立遷于牽屯權卒子利那立那卒弟祁泥立祁泥卒那子述延立遷于苑川延卒祁泥子傉大寒立石勒之滅劉曜也懼而遷于麥田無孤山寒卒子司繁立秦始皇中遷于度堅山建元七年秦將王統來伐繁率騎三萬拒統于苑川統潛襲度堅山部民五萬餘落

悉降于統繁乃詣統歸降苻堅拜南單于留之長安後以爲鎮西將軍鎮勇士川甚有威惠之稱司繁卒國仁即位聞堅征晉奔敗仁收衆至十餘萬又聞堅爲姚萇所殺於是自稱大都督大將軍大單于領秦河二州牧改秦建元二十一年爲建義元年置武陵苑川等十一郡築勇士都城以都之三年苻登遣使拜仁大將軍苑川王四年六月薨僞謚曰烈王廟號烈祖

乞伏乾歸

崔鴻十六國春秋西秦録曰乞伏乾歸國仁弟雄武有度略仁薨群寮以仁子公府幼稚乃立乾歸爲將軍大單于河南王大赦改四年爲太初元年立妻邊氏爲后以南川侯出連乞都爲丞相九月遷于金城二年正月苻登遣使拜爲大將軍金城王六年立子熾盤爲太子七年登遣使授左丞相河南王假黄鉞加九錫之禮十月氐王楊定步騎四萬來伐歸勒衆而進大敗定軍斬定及首級萬有七千於是盡有隴西之地十二月僭稱秦王大赦八年吕光來伐歸乃稱蕃遣子勅勃爲質既而悔之十三年秦征西大將軍姚碩德率衆來伐入自兩安峡歸次于隴西以拒碩德興潛師繼發歸聞興至自率輕騎數千候與俄與中軍相失爲興追騎所逼戰敗遁歸苑川乃率騎數百馳至允吾禿髮利鹿孤迎歸處之於晉歸將叛謀泄懼爲利鹿孤所害謂其子熾盤曰姚興方盛吾將歸之令送汝兄弟及汝母爲質於是送熾盤兄弟於西平歸遂奔長安姚興大悦拜河南諸軍事河州刺史歸義侯十四年姚興遣歸還鎮苑川盡以部民配之十八年正月歸至自長安十九年五月苑川地震裂十一月又朝于長安二十年姚興慮

歸終爲西州之患留拜主客尚書以其子熾盤爲西夷校尉行河州刺史二十一年盤以長安亂將始乃招結諸部築城于嵻峎山以據之更始元年歸隨姚興如平流盤攻枹罕尅之遂遣使來告歸　奔還苑川遂如枹罕留熾盤鎮之歸將衆二萬遷于度堅山諸將勸稱王七月僭稱秦王大赦改年置百官公卿以下皆復本位四年五月歸畋于五谿山有梟集于其手歸惡之六月爲兄子公府所殺公府出奔盤遷于枹罕遣弟廣武將軍智達追擒公府于嵻峎山南轘裂之八月葬歸于枹罕元平陵僞謚武元王廟號高祖

乞伏熾盤

崔鴻十六國春秋西秦録曰乞伏熾盤乾歸太子歸薨自稱大將軍河南王改年爲永康元年以尚書令翟就爲相國封拜各有差二年盤討吐谷渾別統凾達于渴渾川大

破之俘獲男女二萬三千三年正月有五色雲起於南山盤大悅謂群臣曰吾今年應有所定王業成矣於是繕甲整兵以待四方之隙五月聞傉檀西征率步騎二萬襲樂都傉檀降遂并南凉兵強地廣十月僭即秦王位置百官立妻吐蕃氏爲王后四年盤子元基自長安逃歸拜尚書左僕射建弘元年立第二子慕末爲太子領撫軍改年大赦九年盤寢疾顧命太子慕末乃薨于外寢六月葬武平陵謚文昭王廟號太祖

乞伏慕末

崔鴻十六國春秋西秦録曰乞伏慕末字安石熾盤之太子幼而好學有文才建弘年立爲太子盤薨僭即秦王位大赦改年爲永弘元年二月立子萬載爲太子三年九月部民多叛末焚城邑毀寶器率戶五千東如上邽爲赫連定所拒遂國南安十一月魏遣尚書庫結率騎五千迎末衛軍吉毗固諫以爲不宜遂內從之庫結引還四年赫連定遣其叔北平公韋代率衆一萬攻南安城內大飢人相食傳侍中乞伏延祚吏部尚書乞伏跋跋踰城奔代末乃銜璧出降送于上邽及宗族五百餘人悉爲赫連定所誅

自國仁建義元年乙酉歲至辛未四十七載

晉書曰熾盤在位七年而宋氏受禪以宋元嘉四年死子慕末嗣在位三年爲赫連定所殺始國仁以孝武大元十年僭位至慕末四世凡四十有六載而滅

北燕馮跋

崔鴻十六國春秋北燕録曰馮跋字文起長樂信都人其先畢萬之後世子孫食菜馮鄉因以氏焉晉永嘉之亂祖父和避地上黨父安雄有器量爲慕容永將永滅跋東從和龍長樂中跋夜見天門開神光赫然燭於庭中永康末拜中衛將軍建始元年與二弟結謀襲殺慕容熙立高雲爲主正始元年以跋爲中外都督開府儀同三司録尚書封武邑公太平元年雲爲離班桃仁所殺下督李垂等誅班及仁群臣推跋爲主僭即天王位大赦令曰義貴適時不必改作故陳氏代姜不從齊號即號燕國改爲太平元年追尊祖和爲元皇帝父安爲宣帝子永爲太子三年七月以太子永領大單于內置四輔七年建太學以長樂劉軒營丘張熾成周翟崇爲博士簡二千石已下子弟年十五已上教之十四年宿軍地燃一旬乃滅十七年二月北部人趙壽女既嫁化爲男娶妻而無子跋問諸群臣曰此何祥乎尚書左丞傅權對曰漢世雌雞爲雄陰變爲陽君替臣僭之象卒有婦人專寵王恭夏侯之禍今女爲男臣將爲君之衡跋曰將何以禳之權曰桑穀生朝大戊脩德而勦道中興熒惑守心宋景責躬延齡二紀唯脩身崇善可以轉禍十八年八月立子翼爲太子跋戒之曰吾聞君人以學爲本不學無以立尊敬師傅人倫之始汝其夙夜虔虔欽承明訓二十二年八月跋寢疾召中書監申秀侍中陽哲於內寢謂之曰吾疾當不濟卿等善相吾子參決萬機九月跋疾甚輦而臨軒命太子翼勒兵聽政以備非常宋夫人規立其子受惡翼聽政謂之曰上疾將瘳柰何便欲代父臨天下乎翼性仁弱遂還東宮一日三省疾宋夫人矯絕內外遣閹寺傳問而已翼及大臣皆不得見跋弟弘於是舉壯士數十人裹甲入禁中宿衛皆不戰而散宋夫人命閉東閤弘家僮庫斗頭徑捷有勇力踰閤而入至于皇堂射殺女御一人跋驚懼而薨弘遣脩城告曰天降凶禍大帝

崩背太子不侍疾群公不奔喪疑有逆謀國危社稷吾備太弟之親遂攝大位以寧國家百官叩門入者進階二等太子翼率東宮兵出戰敗退兵皆奔散弘遣使賜死命宗正馮栢黄門盧昭典葬事于東宮葬跋於長谷陵僞謚文成皇帝廟號太祖

馮文通

崔鴻十六國春秋北燕録曰馮弘字文通跋之季弟高雲篡位拜中領軍封汲郡公太平元年拜尚書右僕射改封中山公遷尚書令司徒録尚書事跋薨僭即天王位大興元年正月壬午朔大赦改年二月立夫人慕容氏爲皇后二年正月立子少王仁爲太子六月有鼠集城西盈數里地中西行至水前者銜馬尾後者迭相銜尾而渡識者以爲民遷之象七月魏師來伐神高八月石城邊東營丘城

周四郡並降魏九月魏師引還徙民四萬餘户而西三年六月魏永昌王健來伐五年四月遣右衛孫德乞師于宋十二月又遣尚書陽伊請迎于勾麗六年三月端門崩四月魏又遣侍中建與公賁弼東平公鵝青伐攻尅白狼句麗將葛居孟光率衆數萬隨陽伊來迎屯于臨川尚書令郭生因民之憚遷開門而引魏軍魏軍疑而不赴生遂勒衆攻弘弘引句麗兵入自東門與生戰于闕下生中流矢卒句麗軍既入城取武庫甲以給其衆城内叟女皆句麗軍人所掠五月乙卯弘率龍城見户東徙焚燒宮殿火一旬不絶令婦人被甲居中陽伊等勒精兵於外葛居孟光率騎後殿方軌而進前後八十餘里魏軍追至遼水不擊而還遣使徵弘于句麗後二年爲句麗所殺僞謚昭成皇帝自馮跋太平元年歲在己酉至弘滅亡之歲丙子二十八載

夏赫連勃勃

崔鴻十六國春秋夏録曰赫連勃勃匈奴右賢王去卑之後劉元海之族也曾祖父劉虎前趙嘉平中以宗室封樓煩公拜安北將軍丁零中郎將祖父豹後趙建武中拜平北將軍左賢王父衛辰苻堅以爲西單于督攝河西諸虜屯于代來城因秦末兵亂遂有朔方之地控弦之士三萬八千姚萇拜辰大將軍河西王大單于魏師來伐辰遣子右地代率騎二萬拒戰河東爲魏所敗遂乘勝濟河攻尅代來執辰殺之勃勃辰第三子奔秦高平公没弈于妻之以女姚興以勃勃爲持節安將軍五原公配以三交五部鮮卑及雜虜二萬餘落鎮朔方時河西鮮卑杜崘獻馬八千匹于秦濟河至大城勃勃留之召其衆二萬襲殺高平公

没弈于而并其衆至數萬自稱天王大單于大赦改弘始十年爲龍昇元年置百官以匈奴夏后氏之苗裔僭稱大夏以大兄右地代爲丞相代公發嶺北民夷十萬於朔方黑渠之南營起京城大赦改龍昇七年爲鳳翔元年令曰朕之皇祖北遷幽朔改姓姒氏後從母爲劉氏子從母姓非禮也古人氏族無常王者繼天爲子是爲徽赫實與天連今改姓曰赫連氏庶協皇天之意支庶非正統者以鐵代爲氏庶朕宗子剛鋭如鐵皆堪伐人二年立夫人梁氏爲后立子璝爲太子四年九月劉裕滅秦入于長安十二月裕留子義真鎮長安而還勃勃大悦遂圖進取之計遣太子璝率騎二萬南伐長安五年義真遣龍驤將軍沈田子率衆逆戰璝擊敗之退屯劉迴堡八月勃勃進據咸陽劉裕大懼乃召義真東鎮洛勃勃入長安正月群臣勸勃勃稱皇帝

三月壇于霸上即皇帝位大赦改鳳翔六年爲昌武元年冬十月以太子璝領大將軍雍州牧録南臺尚書事鎮長安十一月勃勃還統萬統萬（統萬勃勃所都之城名也）宫殿大成大赦改昌武二年爲真興元年刻石都南頌紀功德四月追尊父衛辰曰桓皇帝廟號太祖母符氏爲桓文皇后父豹曰宣皇帝曾祖虎曰景皇帝祖訓兒曰元皇帝五月雨魚于統萬二年十月起中天臺于統萬南山欲登之以望長安六年勃將廢太子璝爲秦王以酒泉公倫爲太子璝聞將廢已率衆七萬北伐倫倫率騎三萬拒之戰於平爲璝所敗倫死之太原公昌率騎一萬襲殺璝率衆八萬五千歸于統萬勃大悦立昌爲太子七月勃寢疾八月疾甚輦昇永安殿召群臣屬以後事薨於永安殿年四十五謚武烈皇帝葬嘉平陵廟號世祖

赫連昌

崔鴻十六國春秋夏録曰赫連昌一名折勃勃之第三子身長八尺魁岸美姿覩勃勃薨即位于永安臺大赦改真興七年爲承光元年七月杏城劉暗川有青石大如馬頭浮在水上逆流而行人見而送之十月魏乘虛來伐三年五月戰于黒渠爲魏所敗昌與數千騎奔還魏追騎亦至昌留河内公費連烏提守高平徙諸城民七萬户于安定以都之四年二月魏軍至安定三月城潰昌奔秦州魏東平公鵝青追擒之送于魏魏封昌秦王尚始平公主尋爲魏所殺

赫連定

崔鴻十六國春秋夏録曰赫連定勃勃第五子鳳翔二年封平原公雍州牧鎮長安率衆赴安定進封平原王大將軍領司徒昌爲魏所擒定遂率遺衆數萬據平原僭稱皇帝大赦改承光四年爲勝光元年進征南大將軍白蘭王吐谷渾莫璝爲開府儀同三司河南王十月畋于陰槃登苛藍山而望統萬城泣曰先帝以朕承大業者豈有今日之事乎使天假朕年當與諸卿建王季之業俄而有群狐百數鳴於定傍命射之無所獲定惡之曰此大不善咄咄天道復何言三年八月魏軍來襲十一月尅安定進攻平原十一月定遂掠民五萬户西奔上邽四年河南王莫璝因戎狄之衆東面以争天下魏遣益州刺史没利延寧州刺史拾虎率騎三萬來伐遂擒定送于魏勃勃初號龍昇元年歲在丁未至是歲在辛未二十五載也

太平御覽卷第一百二十七

宋劉裕　劉義符　劉義隆　劉劭　劉駿
劉子業　劉彧　劉昱　劉准

宋劉裕

徐爰宋書曰高祖武皇帝姓劉氏諱裕彭城綏輿里人夜生有神光之異是夕甘露降于墓樹嘗遊下邳遇一沙門于逆旅沙門言及中原事故因云江表尋當喪亂高祖曰便遂至亂主當有拯之者不沙門曰拯之者其在君乎其意甚至初高祖患手瘡積年未瘳沙門曰此瘡難治先有良藥當以相與因出懷中黄散褁留之沙門既去高祖追而望之倐忽不見以黄散治瘡一傅而愈餘散寳録之被金瘡輙用有驗晉陵人韋叟少以占相爲事其言多驗嘗相高祖曰君當立主方伯又之又曰君相輙進貴不可言唯

願富貴無相志晉末妖賊孫恩作亂前將軍劉牢之東討牢之請高祖參軍事牢之命高祖覘賊遠近將勇士數十人會遇賊至仍迎擊之賊衆數千高祖所將人多死而戰意方酣奮長刀所殺傷甚衆牢之子敬宣疑高祖淹久恐爲賊所殺乃輕騎赴之既而衆騎並至賊遂大崩高祖爲流矢所傷通中信宿而愈自後屢被重傷皆弃以爲患軍中益加敬憚恩北走海鹽高祖追而翼之築城于海鹽故治恩知城弗可下乃進向滬高祖復弃城追之恩乘風浮海奄至丹徒師衆數萬鼓噪登于蒜山居民皆荷擔而走高祖率所領奮擊大破之投巘赴水死者甚衆恩顛沛僅得還船雖被摧破猶恃衆力逕向京師朝廷震懼以高祖爲建武將軍下邳太守帥舟師討恩于郁洲復大破之桓玄從兄脩以撫軍將軍鎮丹徒以高祖爲中軍參軍玄篡

帝位脩入朝玄高祖從至京師玄既宿憚高祖威名又悅高祖之風儀姿貌語司徒王謐曰昨見劉裕卿不得獨擅其清武說玄曰劉裕龍行虎步瞻視不凡恐必不爲人下宜早爲其所玄曰我方欲平蕩中原使裕以萬人爲前驅關隴不足定也事定之後當更議之耳高祖乃與弟道規沛郡劉毅東海何無忌潛謀匡復桓脩弟弘以征虜將軍領廣陵以道規爲中兵參軍劉毅先亦爲弘吏佐遭母憂還京口是至住江北與道規共集義徒高祖託遊獵會無忌及任城魏詠之高平檀憑之及從弟藩等同謀二十七人并願從者百餘人是時大風暴起丙辰詰朝城門開義衆馳入稱有詔齊聲大呼吏士驚散即獲桓脩斬而徇之與桓弘主簿平昌孟昶等帥壯士六十人斬弘于廣陵城因收衆濟江玄遣頓丘太守吳甫之右衛將軍皇甫敷北拒

義軍武曰裕等衆力甚弱豈有辦成陛下何慮之甚玄曰劉裕足爲一世之雄劉毅家無擔石之儲摴蒱一擲百萬何無忌劉牢之甥酷似其舅共舉大事何謂無成衆推高祖爲盟主移檄京邑遇吳甫之於江乘甫之玄驍將也其兵甚銳高祖躬執長刀徑入其陣衆皆披靡即斬甫之進至羅落橋高祖望賊旗鼓督衆馳進挺劍指麾光耀如電將士皆莫敢仰視但憑神武爭爲先登殊死而戰無不一當百呼聲動天地風火並起鉦鼓之音震駭京邑桓謙等諸軍一時土崩高祖鎮石頭留臺百官群僚宿衛各率其職於是推高祖爲使持節都督揚徐兖豫青冀幽并八州諸軍事鎮軍將軍徐州刺史桓玄經潯陽江州刺史郭昶之備乘輿法服以資之收略二千餘人挾天子奔于江陵冠軍將軍劉毅輔國將軍何無忌帥諸軍南討破玄大將

軍郭銓等于桑落洲玄弃衆復挾天子西走初益州刺史毛璩遣弟子循之誘玄以入蜀至於枚回州益州督護馮遷斬玄首傳于京師天子反正詔進位侍中都督中外諸軍事高祖固讓加録尚書封豫章公邑萬户絹三萬匹鮮卑慕容德僣號於青州德死從子超襲僞位公抗表北討屠廣固超踰城走獲之戮其王公以下約口萬餘馬二千匹夷其城隍獻超于京師斬于建康市盧循冦南康盧陵豫章諸郡守皆委任奔走馳使徵公公至下邳留船運輜重自帥精鋭步歸孟昶諸葛長民懼冦之深也欲擁天子過江公弗聽昶窮窘無餘圖飲藥而卒群賊大至公悉出輕利帝躬提幡鼓命軍衆齊力擊之賊衆大敗追奔逮夜乃收兵而歸循等還潯陽公更簡練三軍將進攻討循聞大軍至欲遁還豫章乃悉力栅斷左里丙申大軍至左

里將戰公麾以進兵幡竿折遂沉于水衆皆失色公自忻笑曰往年覆舟之戰亦幡竿折今復然賊必破矣衆乃大悦即攻栅並進循兵雖死戰猶弗能禁諸軍乗勝擊之循單舸走劉蕃孟懷玉斬徐道覆于始興傳首京師交州刺史杜慧度斬盧循父子函七首送都劉毅爲荆州刺史矜功驕縱公表請討之毅單騎出自隘道側分遣諸軍伐蜀以朱齡石爲益州刺史公授以謀略遂平成都斬僞蜀王譙縱荆州刺史司馬休之僣結雍州刺史魯宗之宗之得書響應公帥衆軍西討休之不敢戰乃弃城走奔僞羌僞主姚興死子泓新立人情騷擾公乃抗表北伐諸軍入關及姚泓戰大破之泓肉袒稽首公至長安長安豐稔帑藏盈積後宫數千人公先收彜器渾儀土圭之屬獻于京師其餘珍寶珠玉悉以班諸將士執姚泓歸之有司斬于建康市公至洛陽常有紫雲見於軍上晉帝乃命有司禪位于王改元熙二年爲永初元年三年正月崩于西陵年六十

沈約宋書曰高祖諱裕字德輿漢楚元王交之後也小字寄奴初高祖家貧嘗負刁逵社錢三萬經時無以還逵執録甚嚴王謐造逵見之乃密以錢代還由是得釋高祖名微位薄盛流皆不與相知唯謐交焉桓玄將篡謐手解安帝璽紱爲玄佐命功臣及義旗事建衆並謂謐宜誅唯高祖保持之上清簡寡欲嚴整有法度不視珠玉輿馬之飾後庭無絲竹之音寧州嘗獻虎魄枕光色甚麗時將北征以虎魄治金瘡上大悦命擣碎分付諸將卒關中得姚興從女有盛寵以之廢事謝晦諫即時遣出錢帛皆付外府內無私藏宋臺建有司奏東西堂施局脚牀銀塗釘上不許使用直脚牀釘用鐵孝武帝大明中壞上所居陰室於

其處起玉燭殿與群臣觀之牀頭土鄣壁上掛葛燈籠麻繩拂侍中袁覬盛稱上儉素之德故能光有天下克成大業者焉

宋書高祖遊京口竹林寺獨卧講堂前上有五色龍章衆僧見之驚以白帝帝獨喜曰上人無妄言也

述異記曰宋高祖微時嘗遊會下過孔静宅正晝卧有神人衣服非常謂之曰起天子在門既而失之静遂出適與帝遇延入結交贈遺臨別執帝手曰卿後必當大貴願以身嗣爲託帝許之及定京邑静自山陰令擢爲會稽内史

劉義符

徐爰宋書曰少帝諱義符高祖長子也高祖崩五月即皇帝位盧陵王義真明雋秀令朝野屬望而司空徐羡之尚書僕射傅亮領軍謝晦等會弄朝權深相忌憚乃共誣罔構

成其釁是日上蹠收義眞徙于新安郡徐羨之王弘傅亮謝晦檀道濟等守門露仗入殿時上在華林園寢舟中兵士競進殺侍御者二人遂扶上出東閤廢爲榮陽王一依漢昌邑晉海西故事遂徙于吳郡六月徐羨之等使邢安太殺榮陽王於金昌亭年十九

沈約宋書曰羨之等將謀廢立而廬陵王義眞輕動多過不任主四海乃先廢義眞然後廢帝侍中程道惠勸立第五皇帝恭羨之不許遣使殺眞於新安殺帝於吳縣帝突走出門追者以門關擊之倒地然後加害

劉義隆

沈約宋書曰太祖文皇帝諱義隆小字車兒武帝第三子也授西中郎將荆州刺史長七尺五寸博涉經史善隸書少帝廢百官備法駕奉迎卽皇帝位改元元嘉元年三年

司徒録尚書令楊州刺史徐羨之尚書令護軍將軍傅亮有罪伏誅遣中領軍到彥之征北將軍檀道濟討荆州刺史謝晦上親帥六師擒晦於延頭送京師伏誅京師疾疫遣使存問給醫藥死者若無家屬賜以棺木十二年大水京邑乘舡二十四年貨貴制大錢一當兩三十年三月遇弑于含光殿年四十七

劉劭

沈約宋書曰劉劭字休遠文帝長子六歲拜爲皇太子二十七年有巫嚴道育自言通靈天爲劫沒入奚官劭姊東陽公主應閤婢王鸚鵡白公主云道育有異術主乃白上求入道道育自言服食主及劭皆惑之始興王濬與劭並多過失使道育祈請令不上達遂誣蠱事泄道育叛亡變服爲尼逃東宮濬徙京口復載將去三十年二月濬自京口入朝復載還東宮有告上云京口有一尼服食出入征北内似是嚴道士上使掩捉得二婢云道育隨濬還都上乃使京口送道育二婢須至檢覆廢劭賜濬死毋潘淑妃具以告濬濬馳報劭劭因是有異謀其月二十一日召前中庶子蕭斌告以逆事明旦與斌同載從萬春門入張超之手行殺逆又使人殺潘淑妃濬屯中堂劭卽僞位改元嘉三年爲太初元年世祖及南譙王義宣隨王誕並舉義兵劭以事委王羅漢魯秀以拒義軍三月十九日義軍至新林二十一日至新亭二十二日劭衆連敗相繼散降四月四日義軍薛安都等並入殿臧質從廣莫門入同會大極殿劭穿西垣入武庫井中卽從井中牽出縛劭於馬上防送軍門斬于牙下濬劭及四子並梟首縣屍於市投劭濬屍于江張超之爲亂兵所剖腹刳心臠食其肉焚其頭骨道育鸚

鵡並都街鞭殺於石頭西望山下焚屍揚灰于江後史官目劭爲元凶

劉駿

沈約宋書曰世祖孝武皇帝諱駿字休龍小字道民文帝第三子遷南中郎將江州刺史元凶殺逆以爲征南將軍加散騎常侍上帥衆入討荆州刺史南譙王義宣雍州刺史臧質並舉義兵元嘉三十年四月上至于新亭卽皇帝位五月尅京城孝建元年春新祠南郊改元大赦詔凡諸守莅親民之官可申詳舊條勸畫地利力田善蓄者具以名聞更鑄四銖錢立皇　子業爲太子賜爲父後者爵一級大明元年正月大赦改元四月京師疾疫遣使案行賜給醫藥死而無收斂者官爲斂埋諸王及妃王庶姓位從公者喪事聽設凶門餘悉斷司空南州刺史竟陵王誕有

罪貶爵誕不受命據廣陵反上親御六師車駕出頓宣武堂三年七月剋廣陵城斬誕初立馳道自閶闔門至朱雀門又自朱雀門至於玄武湖七年於博望山立雙闕八年閏五月帝崩於玉燭殿年三十五

沈約宋書曰世祖遊幸無度太后六宮常乘副車在後沈懷文與王景文每諫不宜數出後同從坐松樹下風雨甚驟景文曰卿可以言矣懷文曰獨言無係宜相與諫之江智淵卧草側亦謂言之爲善俄而被召俱入雉場懷文曰風雨如此非聖躬所宜冒景文又曰懷文所啓宜從智淵未及有言上乃注弩作色曰卿欲效顏竣耶何以恒知人事又曰顏竣小子恨不得鞭其面目

劉子業

沈約宋書曰前廢帝諱子業小字法師孝武帝長子也世祖入伐元凶被囚於侍中下省將見害者數矣卒得無恙世祖崩其日太子即皇帝位罷南北二馳道孝建以來所改制度還依元嘉是歲諸郡大旱甚米一斗數百京邑亦至百餘永光元年春改元大赦八月帝自率宿衛兵誅太宰江夏王義恭尚書令驃騎大將軍柳元景尚書左僕射顏師伯廷尉劉德願改元爲景和元年以宮人謝氏爲貴嬪夫人加虎賁鞁戟鸞輅龍旗出警入蹕時帝凶悖日甚誅殺相繼內外百司不保首領先訛言湘中出天子帝將南巡荆湘二州以厭之先欲誅除諸叔然後發太宗與左右阮佃夫王道隆李道兒密結帝左右壽寂之姜產之等十一人謀共廢帝戊午夜帝於華林園竹林堂射鬼時巫云見此堂有鬼故帝自射之壽寂之懷刀入姜產之爲副帝欲走寂之追而殞之時年十七帝幼而猾急在東宮

每爲世祖所責世祖西巡子業啓參起居書跡不謹上讓之子業啓事陳謝上荅曰書不長進此是一條耳聞汝素業都懈猾戾日甚何以頑固亦耶帝少好讀書頗識古事自造世祖誄及雜篇章往往有辭彩

沈約宋書曰前廢帝景和末召南平王鑠妃江氏入宮使左右於前逼迫之江氏不受命謂之曰若不從當殺汝三子江氏猶不肯於是遣使於第殺敬猷敬淵等杖一百其夕廢帝亦殞

劉彧

沈約宋書曰太宗明皇帝諱彧字休炳小字榮期文帝第十一子也爲雍州刺史景和末上入朝被留停廢帝誅害宰輔殺戮大臣恒慮有圖之者疑畏諸父並拘之殿內收上付廷尉一宿被原將加禍害者前後非一既而害上意定明旦便應就禍害上先與腹心阮佃夫李道兒壽寂之等密共合謀殞廢帝於後堂建安王休仁便稱臣引升西堂御坐召見諸大臣于時事出倉卒上失履跣至西堂猶著烏帽坐定休仁呼主衣以白帽代之引備羽儀雖未即位凡衆事悉稱令書施行上即皇帝位大赦天下改景和元年爲太始元年鎮軍將軍江州刺史晉安王子勛舉兵反鎮軍長史鄧琬爲其謀主雍州刺史袁顗帥衆赴之車駕親御六師出頓中興堂司徒建安王休仁帥衆軍大破賊斬僞尚書僕射袁顗進討江郢荆雍湘五州平定之晉安王子勛並賜死同黨皆伏誅太豫元年四月上大漸袁粲褚淵劉勔蔡興宗沈攸之同被顧命上崩于景福殿年四十四帝少而和美風姿端雅早失所生養於路太后房內大明世諸弟多被猜忌唯上見親常侍路太后醫藥好讀書

愛文義在藩時撰江左以來文章志又續衛瓘所注論語二卷行世及即大位四方反叛以寛仁待物諸將帥有父兄子弟同逆者並授以禁兵委任不異故衆爲之用莫不盡力平定天下逆黨多被全宥其才者並見授用有如舊臣才學之士多蒙引進參攷典籍應對左右於華林園竹堂講周易常自臨聽末年好鬼神多忌諱近讒慝剪落皇枝宋氏之業自此衰矣

沈約宋書曰王景文爲揚州刺史上既有疾而諸弟並已見殺唯桂陽王休範人才本下不見疑出爲江州刺史慮一旦晏駕皇后臨朝景文自然成宰相門族強盛藉元舅之重歲暮不爲純臣太豫元年春上疾篤乃遣使送藥賜景文死手詔曰與卿周旋欲全卿門户故有此處分

劉昱

沈約宋書曰廢帝諱昱字德融小字慧震明帝長子也太宗諸子在孕皆以周易筮之即以得之卦爲小字故帝字慧震立爲皇太子太宗崩太子即位元徽元年正月改元二年太尉江州刺史桂陽王休範舉兵反賊奄至攻新亭壘齊王拒擊大破之越騎校尉張敬兒斬休範五年七月戊子夜帝殞於仁壽殿初帝在東宫年五六歲時始就書學而惰業好嬉戲主師不能禁好緣漆帳竿去地二丈餘如此者半食乃下年漸長喜怒無節左右有失旨者輒手加撲打徒跣蹲踞以此爲常主師以白太宗上輒敕昱所生嚴加捶訓及嗣位内畏太后外憚諸臣猶未得肆志自加元服變態轉興内外稍無以制三年秋冬間便好出遊行太妃每乘青篾車隨相檢攝漸自放恣太后不復能禁單將左右棄部伍或十里二十里入市里或往營署且出日暮乃歸四年春夏此行彌數自京城尅定意志轉驕於是無日不出與左右人解僧智張五兒恒自馳逐夜出承明門夕去晨反晝去暮歸從者並執鋋矛行人男女及馬驢値無免者民間憂懼晝日不敢開門道上行人殆絶常著小褲未嘗服衣冠有白棓數十枚各有名號鉗鑿錐鋸之徒不離左右嘗以鐵錐錐人陰破左右人見斂眉者昱大怒令此人袒臂正立以矛刺臂洞骨於耀靈殿上養驢數十頭所自乘馬養於御床側先是民間訛言謂太宗不男昱是李道兒子昱每出入去來常自稱劉統或自號李將軍與右衛翼輦營女子私通每從之遊持百數十錢供酒肉之費輅車一乘其上施蓬乘以出入從者不過數十人羽儀追之恒不及又各慮禍亦不敢追尋惟整部伍別在一處瞻望而已凡諸鄙事過目即能鍛金銀裁衣作帽莫不精絶未嘗吹篪執管便韻天性好殺以此爲忻一日無事慘慘不樂齊王潛圖廢立與直閤將軍王敬則謀之七月七日昱乘露車從二百許人無復鹵簿羽儀往青園尼寺晚至新安寺就曇度道人飲酒醉扶夕還仁壽殿東阿氈幄中臥時昱出入無禁大内諸閤夜皆不閉廂下畏相逢値無敢出者宿衛並逃避内外無相禁攝王敬則先結昱左右楊萬年等二十五人謀共取昱其夕王敬則出外楊玉夫見昱醉熟無所知乃與萬年同入氈幄内以昱防身刀斬之提昱首依常行法稱敕開承明門出以首與敬則馳至領軍府以首付齊王齊王乃戎服率左右數十人稱行還開承明門入昱他夕每開門門者震懼不敢視至是弗之疑齊王既入曉乃奉太后令奉迎安成王

劉准

沈約宋書曰順皇帝諱准字仲謨小字知觀明皇帝第三子也封安成王廢帝殞奉迎王入居朝堂壬辰即皇帝位昇明元年改元大赦齊王出鎮東城輔政作相三年加相國揔百揆備九錫之禮四月禪位于齊王壬辰帝遜于東邸既而遷居丹陽宮封爲汝陰王殂于丹陽謚曰順皇帝時年十三史臣曰聖王膺籙自非接亂承微則天曆不至也自三五以來受命之主莫不乘淪亡之極然後符樂推之運水德遷謝其來久矣豈止於區區汝陰揖讓而已哉

太平御覽卷第一百二十八

太平御覽卷第一百二十九

偏霸部十三

南齊蕭道成　蕭賾　蕭昭業
蕭昭文　蕭鸞　蕭寶卷
蕭寶融

蕭道成

蕭子顯齊書曰太祖高皇帝諱道成字紹伯小字鬬將漢相何二十四世孫也何孫侍中彪免官居東海蘭陵郡於是爲蘭陵人太祖以元嘉四年丁卯歲生龍顙鍾聲鱗文遍體儒士雷次宗立學雞籠山年十三受業治禮記及左氏春秋襲爵晉興男江夏王大司馬參軍員外侍郎直閤中書舍人右軍將軍尋陽王子房反加輔國將軍師衆東討一日破十二壘轉冠軍將軍持節共討諸軍事鎭淮陰

徵還遷督徐兗二州軍事南兗州刺史明帝常嫌太祖非人臣相民間流言云蕭道成當爲天子帝愈以爲疑遣鎭軍將軍吳喜以三千人北使令喜留軍破釜自將銀壺酒封賜太祖戎服出門迎即酌飲之喜還帝意乃悅七年徵還京師部下勸勿就徵太祖曰諸卿闇於見事主上誅諸弟太子稚弱作萬歲後計何關他族唯應速發事緩必見疑今骨肉相害自非靈長之運禍難將興方與卿等戮力及還京拜散騎常侍太子右衛率時世祖以功當別封贛縣太祖以一門二封固辭不受詔許之加二百户明帝崩遺詔爲右衛將軍領衛尉加兵五百人與尚書令袁粲護軍褚淵領軍劉勔共掌機事加侍中江州刺史桂陽王休範反出頓新亭以拒之加使持節平南將軍給鼓吹一部治新亭城壘未畢賊前軍已至太祖方解衣高卧以安衆心索白虎幡登西垣使寧朔將軍高道慶羽林監陳顯達員外郎王敬則浮舸與賊水戰自新林至赤岸大破之賊平振旅凱入百姓緣道聚觀曰全國者此公也遷散騎常侍中領軍都督二兗徐青冀五州鎭東將軍南兗州刺史進爵爲公增邑二千户與袁粲褚淵劉秉更日入直號爲四貴四年加尚書左僕射威名既重蒼梧王深相猜忌幾加大禍陳太妃罵之曰蕭道成有功於國今若害之後誰復爲汝著力者乃止楊王夫等殺蒼梧王迎立順帝太祖移鎭東府進侍中司空録尚書事封竟陵郡公進太尉十二州諸軍事自大明太始已來相承奢侈百姓成俗太祖輔政罷御省尚方諸飾玩至是又上表禁人間華僞雜物不得以金銀爲薄馬乘具不得作金銀渡不得作織成繡裙衣道路不得著錦履不得用紅色爲幡蓋衣服不得剪

綵帛爲雜花不以七寶飾樂器不得以金銀爲花獸不得輙鑄金銀爲像又進假黄鉞都督中外諸軍事太傅領揚州牧劒履上殿入朝不趨贊拜不名署左右長史司馬從事中郎掾屬各四人大尉録尚書事南徐州如故三月進相國揔百揆封十郡爲齊公備九錫之禮加璽紱遠遊冠位在諸侯王上四月進爵爲王又命冕十有二旒建天子旌旗出警入蹕樂舞八佾辛卯宋使兼太保淵兼太尉僧虔奉璽綬禪位建元元年四月甲午即位於南郊柴燎告天昇壇受禪禮畢即建康宮大赦改昇明三年爲建元元年封宋帝爲汝陰王五月汝陰王薨追謚爲宋順帝四年三月庚申有疾召司徒褚淵左僕射王儉曰吾遘疾弥留至于危篤公等奉太子如事吾當令太子敦睦親戚委任賢才崇尚節儉弘宣簡惠則天下之理盡矣壬戌崩于臨光

殿年五十六謚曰太祖高皇帝上少有大量博涉經史善
屬文雖經綸夷險不廢素業後宮器物欄檻以銅爲飾者
改用鐵内殿施黄紗帳宮人著紫皮履欲以身率下移風
變俗每曰使我治國十年當使金土同價四月庚寅葬武
進大安陵

蕭賾

蕭子顯齊書曰世祖武皇帝諱賾字宣遠太祖長子也小
諱龍兒生於建康清溪宅其夜陳孝后劉昭后同夢龍據
屋上故以字上初爲尋陽國侍郎辟西曹書佐出爲贛令
尚書庫部桂陽王休範反上遣軍襲尋陽事平除晉熙王
諮議遷司徒右長史黄門郎散騎常侍江州刺史徵拜侍
中領軍將軍給鼓吹一部又加持節都督京畿諸軍事僕
射中軍大將軍開府儀同三司進爵爲公給班劍二十人

齊國建爲世子加侍中南豫州刺史給油絡車羽葆鼓吹
以石頭爲世子宮置二率坊有服章一如東宮進爲太子
及太祖即位爲皇太子太祖崩上即位乙丑稱先帝遺詔
以司徒褚淵録尚書左僕射王儉爲尚書令丙申立皇太
妃王氏永明元年正月辛亥南郊大赦改元四年正月辛
亥藉田禮畢甲寅幸閲武堂讌酒小會十一年正月皇太
子長懋薨甲午立太孫昭業爲皇太孫七月上不豫徙居
延昌殿始登階而屋鳴吒甚惡之戊寅大漸詔曰始終大
期聖賢不免吾行年六十亦復何恨但皇業艱難萬機事
重不能無遺慮耳太孫進德日茂社稷有寄子良善相毗
輔思弘治道百辟庶僚各奉爾職謹事太孫勿有懈怠知
復何言又詔曰我識滅之後身著夏衣畫天　衣純烏犀
導路器服悉不得用寶物及織成常所服身刀長短二口
鐵環者隨我入梓宮靈上勿以牲牢爲祭祭唯設餅茶飲
乾飯酒脯而已喪禮每存省約不須煩民百官六時入臨
又顯陽殿玉像諸佛及供養具如别牒可盡心禮拜供養自
今公私皆不得出家爲道及起立塔寺以宅爲精舍並嚴斷
之唯年六十必有道心者聽朝賢選序已有别詔是日崩
年五十四九月丙寅葬景安陵帝剛毅有斷爲治總大體
以富國爲先頗不喜遊宴彫綺之事言常恨之未能頓遣
詔凡諸遊煩宜從休息自今遠近薦獻務存節儉珠玉玩
好傷工尤重嚴加禁絶

蕭昭業

蕭子顯齊書曰鬱林王昭業字元尚小名法身文惠太子
長子也世祖即位封南郡王文惠太子薨立爲皇太孫即
位追尊文惠太子爲世宗文皇帝隆昌元年正月大赦改

元加太傅竟陵王子良殊禮閏月丁卯以鎮軍大將軍西
昌侯鸞即本號開府儀同三司七月癸巳太后令嗣主特
鍾沴氣爰表弱齡自入纂鴻業長惡滋甚居喪無一日之哀
衰絰爲忻宴之服昏酣長夜萬機斯壅社稷危殆有過綴旒
鎮軍居正體道家國是賴伊霍之舉實寄淵謨便可依舊典
以禮廢黜中軍新安王體自文皇叡哲天秀宜入嗣洪業永寧
四海外即以禮奉迎昭業少美容止好隸書世祖敕皇孫手
書不得妄出以貴重之進對音吐甚有令譽王侯五日一
問訊世祖帝獨呼昭業至幄座别加撫問呼爲法身重愛
甚文惠太子崩昭業每臨哭輒號咷不自勝俄爾還内歡
笑極樂在世祖喪泣竟入後宮常列伎二部入閤迎奏
爲南郡王時文惠太子禁其起居節其用度昭業謂豫章
王妃庾氏曰阿婆佛法言有福德生帝王家今日見作天

子便是大罪左右主師動見拘執不如作市邊屠沽富兒百倍矣及即位極意賞賜動百數十萬每見錢曰昔時思汝一箇不得今用汝未朞年之間所出諸庫儲錢數億垂盡開主衣庫與不逞群小及給閹人豎子各數人隨其所欲恣意輦取諸寶器以相剖擊破碎之以爲笑樂好鬬鷄密買雞至數千價世祖御物甘草杖宮人寸斷用之毀世祖招婉殿以封賜閹人徐龍駒爲齋龍駒尤親幸爲後閤舍人日夜在宮房内昭業與文帝幸姬霍氏淫通龍駒勸長留内聲言度霍氏爲尼以餘人代之皇后亦淫亂齋閤通夜洞開内外淆雜無復分别壬辰使蕭鸞等率兵自尚書入雲龍門戎服加朱衣於上帝在壽昌殿聞外有變使閉内殿諸閤人登興光樓望報云見一人戎服從數百人在西鍾下須臾蕭鸞領兵先入帝走向愛姬徐氏房拔劒自刺不中以帛纏出殺之餘黨亦見誅卒時年二十二葬以王禮

蕭昭文

蕭子顯齊書曰海陵恭王昭文字季尚文惠太子第二子也封臨汝公鬱林王即位改封新安王及鬱林王廢尚書令西昌侯鸞奉帝纂統延興元年七月丁酉即位以尚書令鎮軍大將軍西昌侯鸞録尚書事揚州刺史封宣城郡公十月進爲太傅揚州牧如殊禮進爵爲王輔政帝起居皆諮而後行思食蒸魚菜太官令以無録公命不與辛亥皇太后令曰嗣主幼冲庶政多昧早膺尫疾弗克負荷太傅宣城公宜入承寶命式寧宗祏帝可降封海陵王十一月稱王有疾數遣御師占視乃殞之時年十五謚曰恭王

蕭鸞

蕭子顯齊書曰高宗明皇帝諱鸞字景栖始安貞王道生子也少孤太祖撫育恩過諸子宋世爲安吉令有嚴能之名遷寧朔將軍淮南宣城二郡太守太祖踐祚遷侍中封西昌侯建武元年持節冠軍將軍郢州刺史世祖即位轉度支尚書侍中領驍騎將軍王子侯舊乘纏帷車高宗獨乘下帷儀從如素士遷中領軍左衛將軍豫州刺史尚書左僕射領右衛將軍武帝遺詔爲侍中尚書令加鎮軍中書監開府儀同三司海陵即位爲使持節都督揚南徐二州諸軍事揚州刺史鎮東城給五千人録尚書假黄鉞中外都督加殊禮進爵爲王太后令廢海陵王以上入纂大位羣臣三請乃受命建武元年十月癸亥即皇帝位大赦改元戊子立皇太子寶卷賜天下爲父後者爵一級二年十月丁卯詔曰執世去奢事敦哲后割物以儉理鏡前書朕思所以遷淳改俗反古移民可罷東田毁興光樓并敕水衡量省御乘永太元年四月甲寅改元大赦五月以太子中庶子梁王爲雍州刺史己酉崩于正福殿年四十七帝明審有吏才持法無所借大存儉約罷世祖所起新林苑以地還百姓廢文帝所起太子東田賣之永明中輿輦舟乘剔去金銀還主衣庫太官進食有裹蒸帝曰可四片破之餘充晚食世祖梳庭中宮殿服御一無所改

蕭寶卷

蕭子顯書曰東昏侯諱寶卷字智藏高宗第二子建武元年立爲皇太子高宗崩太子即位永元元年正月大赦改元辛卯祀南郊詔二品清官以上應食禄者有二親或祖父母年登七十並給見錢二千貫二年八月甲申夜宮内

失火十二月雍州刺史梁王起義兵於襄陽三年正月丙申合朔事畢與宮人於閱武堂元會皇后正位帝戎服臨視三月南康王寶融即皇帝位於江陵以太子左率李居士揔督西討諸軍事屯新亭九月義軍至南州輔國將軍申曹軍二萬人於姑熟奔歸丙辰李居士與義軍戰于新亭敗績十月冀青二州刺史桓和入衛屯東宮已卯以衆降光禄大夫張瓌先守石頭弃城奔還於是閉宮城自守李居士以新亭降軍築長圍守宮城十二月王珍國侍中張稷等帥兵入殿廢帝帝在東宮便好弄不喜書學及即位性重澀少言不與朝士接唯親信閹人日夜於後堂戲馬五更方卧至晡乃起漸出遊走屏逐居民從萬春門遊東宮以東至於郊外數十百里皆空家靜室巷陌懸幔為高障置仗防之謂之屏除夜出晨反火光照天拜愛姬潘

氏為貴妃仍以金蓮帖地使妃行於其上曰此步步蓮花耶每出妃乘卧輿帝騎馬從後着織成袴褶金薄帽執七寶纏矟戎服急裝不變寒暑凌冒雨雪不避坑阱馳騁渴乏輙下馬解取腰邊蠡器酌水飲之復上馬馳去選無賴小兒善走者為逐馬左右百人常以自隨置射雉場二百九十六處翳中帷帳及步障皆袷緣以紅錦金銀鏤弩牙瑇瑁帖箭郊郭四民樵蘇路絶吉凶失時轝疾弃屍不得殯葬後宮遭火之後更起仙華神仙玉壽諸殿刻畫彫彩麝香塗壁錦幔珠簾窮極綺麗又信鬼神崔慧景事時蔣子文神為假黄鉞使持節相國太宰大將軍揚州牧鍾山王以至尊為皇帝迎神像及諸廟雜神皆入後宮禱祀祈福及聞兵入趨出户閹人黄大刀傷其膝仆地曰奴反耶直後張齊斬首送梁王稱宣德皇后令依漢海昏侯故事追封

東昏侯

唐祕書監虞世南公子先生論云公子曰宋齊二代廢主有五並驕淫狂暴前後如一或身被殺戮或傾墜宗社豈厥性頑兇自貽非命將天之所弃用傾代業者乎先生曰夫木之性直匠者揉以為輪金之性剛工人理以成器豈人事也唯上智下愚特稟異氣中庸之才全由訓書自宋齊以來東宮師傅備員而已貴賤禮隔規獻無由且多以位昇罕由德進善乎哉賈生之言昔者成王幼在襁褓之中召公為太保周公為太傅太公為太師保則保其身體傅則傅以德義師則導之教訓此三公之職也又置三少曰少保少傅少師是與太子宴者也故乃孩提有識三公三少同明孝仁義禮以導習之遂去邪人不使見惡行選天下之儒士孝悌博聞有道術者以翼衛之使與太子居處

故太子生乃見正事聞正言行正道左右前後皆正人也習與正人居無不能無正猶生長齊地不能不齊言習與不正人居猶生長楚地不能不楚言也秦使趙高傅胡亥教之獄訟所習者非斬劓人則夷人之三族也故胡亥今日即位明日射人有忠諫者謂之誹謗深計者為之妖言視殺人如刈草菅然豈胡亥之性惡哉彼其導之者非其理也故選左右裨教之最急此五君者稟凡庸之性無周召之師遠益友之箴規狎不尚之近習以斯下質生而楚言覆國忘身理數然也

蕭寶融

蕭子顯齊書曰和帝諱寶融字智昭高宗第八子建武元年封隨郡王永元元年改封南康王出為荆州寧益梁南北秦七州諸軍事西平郎將荆州刺史蕭穎冑督西梓潼二

郡太守劉山陽奉主舉兵以雍州刺史蕭衍爲使持節都督諸軍事左將軍以蕭穎冑爲右將軍督行諸軍事夏侯亶自京師至江陵稱宣德太后令南康王宜纂成國祚光臨億兆方俟清宮未即大號可且封十郡爲宣城王加相國荆州牧又加黄鉞蕭穎冑爲左長史進號鎮軍蕭衍進號征東將軍己巳群僚上尊號中興元年正月乙巳即皇帝位大赦改元以相國左長史蕭穎冑爲尚書令冠軍將軍蕭衍爲雍州刺史十二月建康平皇太后令以蕭衍爲大司馬録尚書事驃騎大將軍楊州刺史封建安郡公依晉武陵王遵承制故事百僚致敬二年正月皇太后臨朝入居内殿以大司馬蕭衍爲都督中外諸軍事殊禮進位相國揔百揆楊州牧封十郡爲梁公備九錫之禮遠遊冠位在諸王上二月進梁王爵爲王增封十郡建天子旌旗警入蹕三月景辰遜位于梁丁卯梁奉帝爲巴陵王徙姑孰戊辰薨年十五追爲和帝葬恭陵

史臣曰夏以桀亡殷因紂滅郊天改朔理無延世而皇符所集重興西楚神器暫來雖有冥數徽名大號斯爲幸矣

太平御覽卷第一百二十九

太平御覽卷第一百三十

偏霸部十四

北齊高歡　高澄　高洋

高歡

北齊書曰高祖神武皇帝姓高氏諱歡字賀六渾渤海蓨人也六世祖隱晉玄菟太守皇考樹性通率不事家業住居白道南數有赤光紫氣之異隣人以爲怪勸徙居以避之皇考曰安知非吉居之自若及神武生而皇妣韓氏殂養於同産姊婿鎮獄隊尉景家神武既累世北邊故習其俗遂同鮮卑長而深沉有大度輕財重士爲豪俠所宗目有精光長頭高權齒白如玉少有人傑表家貧及娉武

明皇后始有馬得給鎮將遼西段長常奇神武貌謂曰君有康濟之才終不徒然便以子孫爲託神武自隊主轉爲函使嘗乘驛過建興雲霧晝晦雷聲隨之半日乃絶若有神應者每行道路往來無風塵之色又嘗夢履衆星而行覺而内喜爲函使六年每至洛陽給令史麻祥使祥嘗以肉啗神武神武性不立食坐而進之祥以爲慢已笞神武四十及自洛陽還傾産以結客親故怪問之答曰吾至洛陽宿衛羽林相率焚領軍張彝宅朝廷懼其亂而不問爲政若此事可知也財物豈可常守耶自是乃有澄清天下之志與懷朔省事雲中司馬子如及秀容人劉貴中山人賈顯智爲奔走之友懷朔戶曹史孫騰外兵史侯景亦相友結孝昌元年歸尒朱榮於秀容先是劉貴事榮盛言神武美至是始得見以憔悴故未之奇也貴乃爲神武更衣復求見焉因隨榮之廐廐有惡馬榮命剪之神武乃不加羈絆而剪竟不蹄齧已而起曰御惡人亦如此馬矣榮遂坐神武於牀下屏左右而訪時事神武曰聞公有馬十二谷色別爲群將此竟何用也榮曰但言尒意神武曰方今天子愚弱太后淫亂孽寵擅命朝政不行以明公雄武乘時奮發討鄭儼徐紇而清帝側霸業可舉鞭而成此賀六渾之意也榮大悅語自日中至夜半乃出自是每參軍謀既而榮以神武爲親信都督于時魏明帝銜鄭儼徐紇逼靈太后未敢制私使榮舉兵内向榮以神武爲前鋒至上黨明帝又私詔停之及帝暴崩榮遂入洛邑將篡位神武諫恐不聽請鑄像卜之鑄不成乃止孝莊帝立以定策勳封銅鞮伯榮嘗問左右曰一日無我誰可主軍皆稱尒朱兆榮曰此正可統三千騎以還堪代我主衆者唯賀六渾耳因誡兆曰

尒非其匹終當爲其子穿鼻乃以神武爲晉州刺史於是大聚斂因劉貴貨榮下要人盡得其意州庫角無故自鳴神武異之無幾而孝莊誅榮及尒朱兆自晉陽將舉兵赴洛召神武使長史孫騰辭以蜀汾胡欲反不可委去兆恨焉騰命神武曰兆舉兵犯上此大賊也吾不能久事之自是始有圖兆計及兆入洛執莊帝以北神武聞之大驚又使孫騰僞賀兆因密覘孝莊所在將劫以舉義不果乃以書喻之言不宜執天子以受惡名於海内兆不納殺帝而與尒朱世隆等立長廣王曄改元建明封神武爲平陽郡公魏普泰元年二月神武自領軍次信都高乾封隆之開門以待遂據冀州是月尒朱度律廢元曄而立節閔帝欲羈縻神武三月乃白節閔帝封神武爲勃海王徵使入覲神武辭四月癸巳又加授東道大行臺第一鎮人酋長龐蒼鷹自太

原來奔神武以爲行臺郎尋以爲安州刺史神武自向山東養士繕甲禁兵侵掠百姓歸心乃詐爲書云尒朱兆將以六鎮人配契胡爲部曲衆皆愁怨爲并州符徵兵討步落稽發萬人將遣之孫騰尉景爲請留如此者再神武親送之郊雪涕執別人號慟哭聲動地神武乃喻之曰與尒俱失鄉客義同一家不意在上乃尒徵召直向西已當死後軍期又當死配國人又當死柰何衆曰唯有反耳神武曰反急計須推一人爲主衆願奉神武神武曰尒鄉里難制不見葛榮乎雖百萬衆無刑法終自灰滅今以吾爲主當與前異不得欺漢兒不得犯軍令生死任吾則可不尒不能爲取笑天下衆皆頓顙死生唯命神武曰若不得已明日椎牛饗士喻以討尒朱兆之意封隆之進曰千載一時普天幸甚神武曰討賊大順也極時大葉也吾雖不武以死繼

之何敢讓焉六月庚子建義於信都乃抗表罪狀尒朱氏世隆等祕表不通八月尒朱兆攻陷殷州李元忠來奔孫騰以爲朝廷隔絶不權立天子則衆望無所係十月壬寅奉章武王融子渤海太守朗爲皇帝年號中興是爲廢帝十一月攻鄴相州刺史劉誕嬰城固守神武起土山爲地道往往建大柱一時焚之城陷入地永熙元年正月壬午拔鄴城據之廢帝進神武大丞相柱國大將軍太師是時青州建義大都督崔靈珍大都督耿翔皆遣使歸附行汾州事劉貴弃城來降閏三月尒朱天光自長安兆自并州度律自洛陽仲遠自東郡同會鄴衆號二十萬挾洹水而軍節閔以長孫承業爲大行臺摠督焉神武令封隆之守鄴自出頓紫陌時馬不滿二千步兵不至三萬衆寡不敵乃於韓陵爲圓陣連牛驢以塞歸道於是將士皆爲死志四

面合擊之尒朱兆責神武以背已神武曰本勠力者共輔王室今帝何在兆曰永安枉害天柱我報讎耳神武曰我昔日親聞天柱計汝在戶前立豈得言不反耶且以君殺臣何報之有今日義絶矣乃合戰大敗之四月斛斯椿執天光度律以送洛陽長孫承業遣都督賈顯智張歡入洛陽執世隆彥伯斬之兆奔并州仲遠奔梁州遂死焉時兇蠹既除朝廷慶悅既而神武至洛陽廢節閔及中興主而立孝武孝武既即位授神武大丞相天柱大將軍太師世襲定州刺史增封并前十五萬戶神武辭天柱減戶五萬壬辰還鄴魏帝餞于乾脯山執手而別七月壬寅神武帥師北伐尒朱兆封隆之言侍中斛斯椿賀拔勝賈顯智等往事尒朱普皆反噬今在京師寵任必搆禍隙神武深以爲然乃歸天光度律於京師斬之遂自滏口入尒朱兆大

掠晉陽北保秀容并州平神武以晉陽四塞乃建大丞相府而定居焉尒朱兆既至秀容分兵守險出入寇抄神武揚聲討之師出止者數四兆意怠神武揣其歲首當宴會遣竇泰以精騎馳之一日一夜行三百里神武以大軍繼之二年正月竇泰奄至尒朱兆庭軍人因宴休惰忽見泰軍驚走追破之於赤洪嶺兆自縊神武親臨厚葬之慕容紹宗以尒朱榮妻子及餘衆自保烏突城降神武以義故待之甚厚神武之入洛也尒朱仲遠部下都督橋寧張子期自滑臺歸命神武以其助亂且數反覆皆斬之斛斯椿由是內不自安乃與南陵王寶炬及武衛將軍元毗魏光王思政搆神武於魏帝帝舍人元士弼又奏神武受敕大不敬於是魏帝與神武隙矣天平元年正月魏帝下詔罪狀神武爲北伐經營神武亦勒馬宣告曰孤遇尒朱擅權

舉大義於四海奉戴主上義貫幽明横爲斛斯椿讒構以誠節爲逆首昔晉趙鞅興晉陽之甲誅君側惡人今者南邁誅椿而已以高昂爲前鋒曰若用司空言豈有今日之舉司馬子如荅神武曰本欲立小者正爲此耳魏帝徵兵關右召賀拔勝赴行在所遣大行臺長孫承業大都督潁川王斌之斛斯椿共鎮武牢七月魏帝躬率大衆屯河橋神武至河北十餘里再遣口申誠款魏帝不報神武乃引軍渡河魏帝問計於群臣或云南依賀拔勝或云西就關中或云守洛口死戰未決而元斌之與斛斯椿爭權不睦斌之弃椿徑還紿帝云神武兵至即日魏帝遜位於長安己酉神武入洛陽止於永寧寺八月神武以萬機不可曠廢乃與百僚議以清河王亶爲大司馬居尚書下舍而承制決事焉神武尋至弘農遂西尅潼關九月庚寅神武還至洛

陽乃遣僧道榮奉表關中又不荅乃集百僚沙門耆老議所推立以爲自孝昌衰亂國統中絶神主靡依昭穆失序遂議立清河王世子善見議定白清河王王曰天子無父苟使兒立不惜餘生乃立之是爲孝靜帝魏於是始分爲二神武以孝武既西恐逼崤陜洛陽復在河外接近梁境如向晉陽形勢不能相接議遷鄴護軍祖瑩贊焉詔下三日車駕便發户四十萬狼狽就道神武留洛陽部分事畢還晉陽自是軍國政務皆歸相府二年正月魏帝褒詔以神武爲相國假黄鉞劒履上殿入朝不趨神武固辭四年十一月壬辰神武西討自蒲津濟衆二十萬周文軍於沙苑神武以地阸少却西人鼓譟而進軍大亂弃器甲十有八萬神武跨槖駝候船以歸元象元年三月辛酉神武固請解丞相魏帝許之四月庚寅神武朝于鄴壬辰還晉陽興和元年七月丁丑魏帝進神武爲相國録尚書事固讓乃止十一月神武以新宫成朝於鄴魏帝與神武讌射武定四年八月癸巳神武將西征自鄴會兵晉陽九月神武圍玉壁以挑西師不敢應西魏晉州刺史韋孝寬守玉壁頓軍五旬城不拔死者七萬人聚爲一冢有星墜於神武營衆驢並鳴士皆讋懼神武有疾十一月庚子輿疾班師庚戌遣太原公洋鎮鄴辛亥徵世子澄至晉陽有惡鳥集亭樹世子使斛斯律光射殺之己卯神武以無功表解都督中外諸軍事魏帝優詔許焉是時西魏言神武中弩神武聞之乃勉坐見諸貴使斛律金勑勒歌神武自和之哀感流涕侯景素輕世子嘗謂司馬子如曰王在吾不敢有異王無吾不能與鮮卑小兒共事子如掩其口至是世子爲神武書召景景先與神武約得書書微點乃來書至無點景不至又聞

神武疾遂擁兵自固神武謂世子曰我雖疾尒面更有餘憂色何也世子未對又問曰豈非憂侯景叛耶曰然神武曰景專制河南十四年矣常有飛揚跋扈志顧我能養豈爲汝駕御也今四方未定勿遽發哀庫狄干鮮卑老公斛律金勑勤老公並性純道直終不負汝可朱渾道元劉豐生遠來投我必無異心賀拔焉過兒樸實無罪過潘樂和厚汝兄弟當得其力韓軌少戇宜寬借之彭樂心腹難得宜防護之少堪敵侯景者唯有慕容紹宗我故不貴之留以與汝宜深加殊禮委以經略之事五年正月朔日蝕神武曰日蝕其爲我耶死亦何恨景午陳啓於魏帝是日崩於晉陽時年五十二祕不發喪天保初追崇爲獻武帝廟號太祖

高澄

北齊書曰世祖文襄皇帝諱澄字子惠神武長子也毋曰婁

太后生而岐嶷神武異之魏中興元年立爲渤海王世子就杜詢講學敏悟過人詢甚歎服二年加侍中開府儀同三司尚孝靜帝妹馮翊長公主時年十二神情儁爽便若成人神武試問以時事得失辯析無不中理自是軍國籌策皆預之天平元年加使持節尚書令大行臺并州刺史三年入輔朝政加領軍左右京畿大都督時人雖聞器識猶以少年期之而機略嚴明事無凝滯於是朝野振肅武定四年十一月神武西討不豫班師文襄馳赴軍所侍衛還晉陽五年正月丙午神武崩七月戊戌魏帝詔以文襄爲使持節大丞相都督中外諸軍録尚書事大行臺渤海王文襄啓辭願停王爵壬寅魏帝詔太原公洋攝理軍國遣中使敦喻八月戊辰文襄啓申神武遺令請減國邑分封將督各有差辛未朝于鄴固辭丞相魏帝詔曰既朝野攸憑安危所繫不

得令遂本懷須有權奪可復前大將軍餘如故七年五月文襄帥師赴潁川六月尅之獲西魏大將王思政等八月文襄遇盜崩初梁將蘭欽子京見虜文襄以配廚欽求贖之不許京與其黨六人謀作亂時京將進食文襄却之謂人曰昨夜夢此奴殺我又曰急殺却京聞之寘刃於盤下冒言進食文襄怒曰我未索食何遽來京揮刀曰將殺汝文襄自投傷足入床下賊黨至去床遇弒時年二十九追謚文襄皇帝

高洋

北齊書曰顯祖文宣皇帝諱洋字子進高祖第二子世宗之母弟后初孕每夜有赤光照室后私常怪之初高祖之歸尒朱榮時經危亂家徒壁立后與親姻相對共憂寒餒帝時尚未能言欻然應曰得活太后及左右大驚而不敢言鱗身重踝不好戲弄深沉有大度晉陽曾有沙門乍愚乍智時人不測呼爲阿禿師帝曾與諸童共見之歷問禄位至帝舉手再三指天而已口無所言見者異之高祖嘗試觀諸子意識各使治亂絲帝獨抽刀斬之曰亂者須斬高祖是之又各配兵四出而使甲騎偽攻之世宗等怖撓帝乃勒衆與彭樂敵樂免冑言情猶擒之以獻後從世宗行過遼陽山獨見天門開餘人無見者内雖明敏貌若不足世宗每嗤之云此人亦得富貴相法亦何由可解唯高祖異之天平二年授驃騎大將軍儀同三司武定元年加侍中五年授尚書令中書監京畿大都督七年八月世宗遇害事出倉卒内外震駭帝神色不變指麾部分自若臠斬群賊而漆其頭徐宣言曰奴反大將軍被傷無大苦也當時内外莫不驚異焉乃赴晉陽親揔庶政務從寬厚事有不

便者咸蠲省焉八年正月戊辰魏帝詔進帝位使持節丞相都督中外諸軍録尚書事大行臺齊郡王食邑一萬户三月辛酉又進封齊王邑十萬户自居晉陽寢室夜有光如晝既爲王夢人以筆點己額旦以告館客王曇哲曰吾其退乎曇哲再拜賀曰王上加點成主字乃當進也夏五月辛亥帝如鄴甲寅進位相國揔百揆加九錫殊禮齊王如故魏帝遣兼太尉彭城王韶奉皇帝璽綬禪位于帝戊午乃即皇帝位於南郊外壇柴燎告天事畢還宮御太極前殿詔大赦天下改武定八年爲天保元年辛酉尊王太后爲皇太后辛未遣大使於四方觀察風俗問民疾苦嚴勒長吏厲以廉平興利除害務存安靜六月詔吉凶車服制度各爲等差具立條式使儉而獲中又詔冀州之勃海長樂二郡先帝始封之國義旗初起之地并州之太原

青州之齊郡霸業所在王命是基君子所作貴不忘本思申恩洽霑復田租丁亥詔立王子𣏌爲皇太子王后李氏爲皇后八月詔曰有能直言正諫不避罪辜謇謇若朱雲諤諤若周舍開朕意沃朕心弼予一人利兼百姓者必當寵以榮祿待以不次又詔牧民之官仰專意農桑勸課廣收天地之利以備水旱之災庚寅詔曰朕以虛寡嗣弘王業思所以贊揚盛績播之萬古雖史官執筆有聞無墜猶恐緒言遺美時或未書在位王公文武大小降及民庶爰至僧徒或親奉音旨或承傳旁說凡可載之文籍悉宜條録封上冬十月己卯備法駕御金輅入晉陽宮朝皇太后於内殿十一月周文帝率衆至陝城分騎北渡至建州景寅帝親戎出次城東周文帝聞帝軍容嚴盛歎曰高歡不死矣遂退明年征契丹帝親踰山嶺爲士卒先露頭袒身晝夜兼行千餘里唯食肉飲水壯氣弥厲竟大破契丹獲十餘万口雜畜數十萬頭營於東山遊宴以關隴未平投盃震怒將侯西伐西人爲之震恐帝素沉敏有遠亮初文襄崩祕不發喪其後漸露魏帝竊謂左右曰大將軍此殂似是天意威權當歸王室矣及帝將幸晉陽親入辭謁於昭陽殿從者千人居前持劍者十餘輩帝在殿下數十步立而衛士昇階已二百許皆攘袂扣刃若對嚴敵帝令主者傳奏須詣晉陽言訖再拜而出魏帝失色目送帝曰此人似不能見容吾不知死在何日洎受禪之後留心政術御下肅清六七年後以天下無事便留連飲宴通日竟夜躬自鼓舞袒露形體傅粉塗黛乗駞牛驢不施鞍勒親戚貴臣雜錯侍從徵集婬嫗分付從官親看無禮以爲戲樂貴妃薛氏甚被愛寵忽憶其經與清河王岳私通命支解之弄其髀以爲琵

琶歎曰佳人難再得後又以刀子劃楊愔腹崔季舒託俳優言曰老公子惡戲因掣刀子而去之又置愔於棺中載以轜車幾下釘者數焉發丁匠三十萬人營三臺於鄴構木高二十七丈兩棟相去二百餘步工匠危怯皆繫繩自防帝登脊疾走無怖畏時復雅舞折旋中節傍人見者莫不寒心帝沉湎日甚婁太后舉杖擊之曰如此父生如此兒帝曰天子母豈不如共壻眼時即當嫁老母與胡太后大怒自此不復開顏帝免冠辭謝乃設席於地脫背就罰苦請笞脚五十因此戒酒一旬還復如初又令元黄頭與諸國自金鳳臺各乗紙鴟以飛黄頭至紫陌乃墮於地凡所殺害或支解或火燒或投水盡以萬數又誅元氏或父母爲主或身常貴盛皆斬於東市凡七百餘人悉投屍漳水剖魚者多獲爪甲都下爲之久不食魚七年秋自河西揔秦戍築長城東至於海前後所築東西凡三千餘里率十里一戍其要害置州鎮凡二十五所八年春帝在城東馬射勑京城婦女悉赴觀不赴者罪以軍法七日乃止是年於長城内築重城自庫洛拔而東至於塢紇戍凡四百餘里先是發丁匠三十餘萬營三臺於鄴下因其舊基而高博之大起宫室及遊豫園至是三臺成改銅爵曰金鳳金武曰聖應冰井曰崇光十一月甲午帝登三臺御乾象殿朝讌群臣並命賦詩以新宫成故也十年春正月甲寅帝如遼陽甘露寺二月景戌帝於甘露寺禪居深觀唯軍國大政奏聞三月景辰帝至自遼陽十月甲午帝暴崩於晉陽宫還京師葬武寧陵謚曰文宣皇帝廟號高祖武平初又改廟號顯祖先是帝問泰山道士曰吾得幾年爲天子荅曰得三十年帝曰十年十月十日得非三十也吾甚畏之過此無慮

人生有死又何致惜但憐正道向幼人將奪之耳帝及期

而崩年三十一

太平御覽卷第一百三十

太平御覽卷第一百三十一

偏霸部十五

北齊高殷　高演　高湛
高緯

北齊高殷

北齊書曰：廢帝殷字正道，文宣帝之長子也，母曰李皇后。天保元年立爲皇太子，時年六歲。性敏慧，初學反語，於跡字下注云自反。時侍者未達其故，太子曰：跡字足傍亦爲跡，豈非自反耶？文宣每言：太子得漢家性質，不似我。欲廢之，立太原王。初詔國子博士李寶鼎傅之，鼎卒，復詔國子博士邢峙侍講。太子雖富於春秋，而温裕開朗，有人君之度，貫綜經業，省覽時政，甚有美名。七年冬，文宣召朝臣文學者及禮學官於東宮宴會，令以經義相質，親自臨聽。太子手筆措問，在坐莫不歎美。九年，文宣在晉陽，太子監國。十年十月，文宣崩。癸卯，太子即帝位於晉陽宣德殿，大赦。庚戌，尊皇太后爲太皇太后，皇后爲皇太后。乾明元年庚辰春正月癸丑朔，改元。己未，詔寬徭賦。癸亥，高陽王湜薨。車駕至自晉陽。戊申，以常山王演爲大丞相、都督中外諸軍、録尚書事。三月甲寅，詔軍國事皆申晉陽，稟大丞相常山王規筭。秋八月，太皇太后令廢帝爲濟南王，以大丞相常山王演入纂大統。是日，王居別宮。皇建二年九月，殂于晉陽，時年十七，謚閔悼王。

高演

北齊書曰：孝昭皇帝演字延安，神武皇帝第六子，文宣皇帝之母弟也。幼而英峙，早有大成之量，武明皇太后早所愛重。魏元象元年，封常山郡公。天保初，進爵爲王。五年，除并省尚書令。帝善斷割，長於文理，省内畏服。七年，從文宣還鄴。以尚書奏事有異同，令帝與朝臣先論定得失，然後敷奏。帝長於政術，剖斷咸盡其理，文宣歎重之。八年，轉司空、録尚書事。九年，除大司馬，仍録尚書。文宣崩，帝居禁中護喪事。幼主即位，朝班除太傅、録尚書事，朝政皆決於帝。月餘，乃居藩邸，自是詔勑多不關帝。客或言於帝曰：鷙鳥捨巢，必有探卵之患，今日之地，何宜屢出？乾明元年，從廢帝赴鄴，居于領軍府。時楊愔、燕子獻、可朱渾天和、宋欽道、鄭子默等以帝威望既重，内懼權逼，請以帝爲太師、司州牧、録尚書事，長廣王湛爲大司馬、録并省尚書事，解京畿大都督。帝既以尊親而見猜忌，乃與長廣王期獵，謀之於野。三月甲戌，帝初上省，旦發領軍府，大風暴起，壞所御車幔，甚惡之。及至省，朝士咸集，坐定，酒數行，於坐執尚書令楊愔、右僕射燕子獻、領軍可朱渾天和、侍中宋欽道等於座。帝戎服與平原王段韶、平秦王高歸彦、領軍劉洪徽入自雲龍門，於中書省前遇散騎常侍鄭子默，又執之，同斬於御府之内。帝至東閤門，都督成休寧抽刃呵帝，帝令高歸彦喻之，寧厲聲大呼不從。歸彦既爲領軍，素爲兵士所服，悉皆弭伏，寧方歎息而罷。帝入至昭陽殿，幼主、太皇太后、皇太后並出臨御坐。帝奏愔等罪，求伏專擅之辜。時庭中及兩廊下衛士二千餘人皆被甲待詔。武衛娥永樂武力絶倫，又被文宣重遇，撫刃思效。廢帝性吃訥，兼倉卒不知所言。太皇太后又爲皇太后誓言帝無異志，唯去逼而已。高歸彦勑勞衛士解嚴，永樂乃内刃而泣。帝乃令歸彦引侍衛之士向華林園，以京畿軍入守門閤，斬娥永樂於園。詔以帝爲大丞相、都督中外諸軍、録尚書事，相府佐史進位一等帝尋如晉陽有詔軍國大政咸諮決焉帝既當大位知無不為擇其令典考綜名實廢帝恭巳以聽政太皇太后尋下令廢少主命帝統大業皇建元年八月壬午皇帝即位於晉陽宣德殿大赦改乾明元年為皇建壬辰詔分遣大使巡省四方觀察風俗問人疾苦考求得失搜訪賢良二年十一月甲辰詔曰朕嬰此暴疾奄忽無逺今嗣子冲眇未聞政術社稷業重理歸上德右丞相長廣王研機測化體道居宗人雄之望海内瞻仰同胞共氣家國所憑可遣尚書左僕射趙郡王叡喻旨徵王統茲大寶先是帝不豫而無闕聽覽是日崩於晉陽宮時年二十七大寧元年閏十二月癸卯梓宮還鄴上謚曰孝昭皇帝葬於文野陵帝聰敏有識度深沉能斷不可窺測身長八尺腰帶十圍儀望風表迥然獨秀自居臺省留心政術閑明簿領吏所不逮及正位宸居彌所尅勵輕傜薄賦勤恤人隱内無私寵外收人物雖后父位亦特進無别日昃臨朝務知人之善惡每訪問左右冀獲直言曾問舍人裴澤在外議論得失澤率爾對曰陛下聰明至公自可遠侔古昔而有識之士咸言傷細帝王之度頗為未弘帝笑曰誠如卿言朕初臨萬機慮不周悉故致爾耳此事度可久行恐後又嫌踈漏澤因被寵遇其樂聞過也如此趙郡王叡與庫狄安侍坐帝曰須拔我同堂弟顯安我親姑子今序家人禮除君臣之敬可言我之不逮顯安曰陛下多妄言曰若何對曰陛下昔見文宣以馬鞭撻人常以為非而今行之非妄言耶帝握其手謝之又使直言對曰陛下太細天子乃更似吏帝曰朕甚知之然無法來久將整之以至無為耳又問王晞晞荅如顯安皆從容受納

高湛

北齊書曰世祖武成皇帝諱湛神武皇帝第九子孝昭皇帝之母弟也儀表瓌傑神武尤所鍾愛神武方招懷荒遠乃為帝娉蠕蠕（而蠢切）太子菴（烏含切）羅辰女隣和公主帝時年八歲冠服端嚴神情閑遠華戎歎異元象中封長廣郡公天保初進爵為王拜尚書令尋兼司徒遷太尉乾明初楊愔等密相疎忌以帝為大司馬領并州刺史帝既與孝昭謀誅諸執政遷太傅錄尚書事領京畿大都督皇建初進位右丞相孝昭崩遺詔徵帝入統大位及晉陽宮發喪於崇德殿皇太后令所司遣詔左丞相斛律金率百僚勸進三奏乃許之大寧元年冬十一月癸丑皇帝即位於南宮大赦改皇建二年為大寧庚申詔大使巡行天下求政善惡問人疾苦擢進賢良是歲周武帝保定元年也河清元年春正月乙亥車駕至自晉陽辛巳祀南郊壬午享太廟景戌立妃胡氏為皇后子緯為皇太子大赦四月乙巳青州刺史上言今月庚寅河濟清以河濟清改大寧二年為河清二年癸未春正月乙卯帝詔臨朝堂策試秀才以太子少傅魏收為兼尚書右僕射十二月大雨雪連月南北千餘里平地數尺霜晝下雨血於太原四年三月彗星見有物隕於殿庭如赤漆鼓帶小鈴殿上石自起兩兩相對又有神見於後園萬壽堂前山穴中其體壯大不辨其面兩齒絶白長出於脣帝直宿嬪御已下七百人咸見焉帝又夢之夏四月戊午大將軍東安王婁叡坐事免乙亥陳人來聘太史奏天文有變其占當有易王景小子乃使太宰段韶兼太尉持節奉皇帝璽綬傳位於皇太子大赦改元為天統元年百官進級降罪各有

差又詔皇太子妃斛律氏爲皇后於是羣公上尊號爲太上皇帝軍國大事咸以奏聞始將傳政使内叅乘子尚乘驛送詔書於鄴子尚出晉陽城見人騎馬隨後忽失之尚未至鄴而其言已布矣天統四年十二月辛未太上皇帝崩於鄴宫乾壽堂時年三十二謚曰武成皇帝廟號世祖葬永平陵

後主高緯

北齊書曰後主諱緯字仁綱武成皇帝之長子也毋曰胡皇后夢於海上坐玉盆日入裙下遂有娠天保七年五月五日生帝於并州邸帝少美容儀武成特所愛寵拜王世子及武城入纂大業立爲皇太子河清四年武成禪位於帝天統元年乙酉夏四月景子皇帝即位於晉陽宫大赦改河清四年爲天統三年二月壬寅朔帝加元服大赦四年秋周人來通和太上皇帝詔侍中斛斯文略報聘于周

十二月辛未太上皇帝崩武平三年二月侍中祖珽爲左僕射是月勑撰玄洲苑御覽後改名聖壽御覽三月辛酉詔文武官五品以上各舉一人秋七月戊辰誅左丞相咸陽王斛律光及其弟幽州行臺荆山公豐樂八月庚寅廢皇后斛律氏爲庶人是月聖壽堂御覽成勑付史閣後改脩文殿御覽六年八月周師入洛川屯芒山攻逼洛城縱火船焚浮橋河橋絶閏月己丑遣右丞相高阿那肱自晉陽禦之師次河陽周師夜遁七年冬十月帝太狩於祁連池周師攻晉州癸亥帝還晉陽甲子出兵大集晉陽庚午帝發晉陽列陣而行上雞栖原與周齊王憲相對至夜不戰周師斂陣而退十一月周武帝退還長安留偏師守晉州阿那肱等圍其城戊寅帝至圍所十二月戊申周武帝來救晉州庚戌戰于城南齊軍大敗帝弃軍先還癸丑入晉陽憂不知所之甲寅大赦帝謂朝臣曰周師甚盛若何羣臣咸曰天命未改一得一失自古皆然宜停百賦安朝野收遺兵背城死戰以存社稷帝意猶豫欲向北朔州乃留安得王延宗廣寧王孝珩音行等守晉陽若晉陽不守即欲奔突厥羣臣皆曰不可帝不從其言開府儀同三司賀拔伏恩輔相慕容鍾葵等與宿衛近臣三十餘人西奔周師乙卯詔募兵遣安德王延宗爲左廣寧王孝珩爲右延宗入見帝告欲向北朔州延宗泣諫不從帝密遣王康德與中人齊紹等送皇太后皇太子於北朔州景辰帝幸城南軍勞將士其夜欲遁諸將不從丁巳大赦改武平七年爲隆化元年其日穆提婆降周詔除安德王延宗爲相國委以備禦延宗流涕受命帝乃夜斬五龍門而出欲走突厥從官多散領軍梅勝郎叩馬諫乃迴之鄴時唯阿那肱等十餘騎廣寧王

孝珩襄城王彥道續至得數十人同行戊午延宗從衆議即皇帝位於晉陽改隆化爲德昌元年庚申帝入鄴辛酉延宗與周師戰於晉陽大敗爲周師所虜帝遣募人重加官賞雖有此言而竟不出物廣寧王孝珩奏請出宫人及珍寶班賜將士帝不悦斛律孝卿居中受委帶甲以處分請帝親勞軍爲帝撰辭且曰宜慷慨流涕感激人心帝既出臨衆將令之不復記所受言遂大笑左右無辭將士莫不解體於是自大丞相已下太宰三師大司馬大將軍三公等官並增員而授或三或四不可勝數甲子皇太后從北道至引文武一品已上入朱華門賜酒食及紙筆問以禦周之方略羣臣各異議帝莫知所從又引高元海宋士素盧思道李德林等欲議禪位皇太子先是望氣者言當有革易於是依天統故事傳位幼主帝自稱太上皇幼主名恒

帝之長子也母曰穆皇后武平元年六月生於鄴其年十月立爲皇太子隆化二年正月乙亥即皇帝位時年八歲改元爲承光元年大赦於是黄門侍郎顏之推中書侍郎薛道衡侍中陳德信等勸太上皇往河外募兵更爲經略若不濟南投陳國從之丁丑太皇太后太上皇自鄴先趣濟州周師漸逼癸未幼主又自出鄴東巳丑周師至紫陌橋癸巳燒城西門太上皇將百餘騎東走乙亥渡河入濟州其日幼主禪位於大丞相任城王湝令侍中斛律孝卿送禪文及璽紱於瀛州孝卿仍以之歸周又爲任城王詔尊太上皇爲無上皇幼主爲宋國天王留太后於濟州遣阿那肱留守太上皇并皇后携幼主走青州韓長鸞鄧顒等數十人從太上皇既至青州即爲入陳之計而阿那肱召周軍約生致齊主而屢使人告言賊軍在遠已令人燒斷橋路太上所

以停後周軍奄至青州太上窘急將遜於陳置金囊於鞍後與長鸞淑妃等十數騎至青州南鄧林爲周將尉遲剛所獲送鄴周武帝與抗賓主禮并太后幼主諸王俱送長安封帝温國公在位凡一十三年帝業昏亂加之暴虐崔季舒斛律光等皆以直見殺帝好自彈琵琶而唱無愁曲每處深宫羞見朝士三日一臨小殿啓事者走如飄風頭著于胷不得平視凡諸犬馬皆有儀同郡君之號又於宫中立貧窮村舍帝自弊衣爲乞兒每好不急之求一夜索蝎及曉得三斗置之浴斛使人裸卧斛中觀其號叫宛轉而爲笑樂又賣官爵各分州郡下至鄉官皆降中旨於是州縣官人多出富商大賈競爲貪縱人不聊生以至於敗也初武成夢大蝟攻破鄴城乃悉索境內蝟膏以絶之議者以帝之名聲與蝟和協亡齊之徵也

百三十一卷

太平御覽卷第一百三十二

偏霸部十六

梁蕭衍　蕭綱

蕭繹侯景附

蕭衍

梁書曰高祖武皇帝諱衍字叔達小字練兒蘭陵中都里人漢相國何之後也皇考諱順之齊高帝族弟也參預佐命封臨湘縣侯高祖以宋大明八年生于秣陵同夏里三橋宅生而有奇異兩骻駢骨頂上隆起有文在右手曰武帝及長博學多誦好籌略有文武才幹時流名輩咸推許焉所居室常若雲氣人或遇者體輒肅然起家巴陵王南中郎法曹遷衛將軍王儉東閤祭酒儉一見深相器異謂廬江何憲曰此蕭郎三十內當作侍中出此則貴不可言竟

陵王子良開西邸招文學高祖與沈約謝朓王融等並遊焉隆昌初明帝輔政起高祖爲寧朔將軍鎮壽春除太子庶子給事黃門侍郎入直殿省預蕭諶氏任切等定策勳封建陽縣男邑三百户建武二年魏遣將劉昶王肅帥衆寇司州高祖爲冠軍將軍帥所領自外進戰魏軍表裏受敵乃弃圍退走軍罷以高祖爲右軍晉安王司馬淮陵太守還爲太子中庶子領軍羽林監頃之出鎮石頭四年魏帝自率大衆寇雍州明帝令高祖赴援又遣崔惠景督諸軍高祖等並受節度明年三月惠景與高祖進行鄧城魏主率十萬餘騎奄至惠景軍死傷略盡唯高祖全師而歸俄以高祖行雍州府事明帝崩東昏即位始安王遥光徐孝嗣江杞更直內省分日帖勑高祖聞之謂從舅張弘策曰政出多門亂其階矣時高祖長兄懿罷益州還仍行郢州事乃使弘策詣郢陳計於懿曰若隙開釁起必中外土崩今得守外藩幸圖身計郢州控帶荆湘西注漢沔雍州士馬呼吸數萬虎視其間以觀天下此蓋萬全之策如不早圖之悔無及也懿聞之色變心不之許弘策還是歲至襄陽於是潛造器械多伐竹木沉於檀溪密爲舟裝之備二年冬懿被害信至高祖密召長史王茂中兵呂僧珍等謀之以十一月召僚佐集於廳事謂之曰昔武王會盟津皆曰紂可伐今昏主惡稔窮虐極暴誅戮朝賢罕有遺育生人塗炭天命殛之卿等同心疾惡共興義舉公侯將相良在兹日各盡勳效我不食言是日建牙於是收集得甲士萬餘人馬千餘匹船三百艘音騷出檀溪竹木裝艦東昏以劉山陽爲巴西太守配精兵三千使過荆州就行事蕭穎胄以襲襄陽穎胄伏甲斬之送首於高祖仍以南康王尊

號之議來告且曰時月未到當須來年二月遽便進兵恐非廟筭高祖荅曰所藉義心一時驍銳事事相接猶恐疑怠天時人謀有何不利處分已定安可中息三年二月南康王爲相國以高祖爲征東將軍高祖發襄陽移檄京邑高祖至竟陵命長史王茂與太守曹景宗爲前軍輕兵濟江逼郢城張冲出軍迎戰茂等邀擊大破之三月南康王即帝位於江陵改永元三年爲中興元年遥廢東昏爲涪陵王以高祖爲尚書左僕射加征東將軍都督征討諸軍事假黃鉞五月東昏遣寧朔將軍吳子陽等救郢州六月子陽進據加湖去郢三十里傍山帶水築壘以自固七月高祖命王茂潛師襲加湖俄而大潰子陽竄走衆盡溺于江王茂虜其餘而旋郢城主程茂以城降高祖又遣軍主唐脩期攻隋郡並尅之司州刺史王僧景遣子入質司部悉

平八月天子遣黄門勞軍九月詔高祖平定東夏並以便宜從事是月豫州刺史申胄弃姑熟走大軍進據之遣曹景宗蕭穎達領馬步進頓江寧東昏遣李居士率步軍迎戰景宗擊走之大軍次新林命王茂進據越城曹景宗據皂莢橋十月東昏又遣征虜將軍王珍國等列陣於航南大路精手利器尚萬人閹人王倀楮羊切子持白虎幡督率諸軍王茂曹景宗等掎居綺切角奔之鼓噪震天地珍國之衆一時土崩諸軍望之皆潰茂軍追至宣陽門李居士以新亭壘徐元瑜以東府城降石頭白下諸軍並宵潰高祖鎮石頭命衆軍圍六門東昏悉焚燒門内驅逼營府署官並入城有衆二十萬青州刺史桓和紿徒亥切東昏出戰因以衆來降高祖令諸軍築長圍十二月衛尉張稷北徐州刺史王珍國斬東昏送首茂師高祖命吕僧珍勒兵封府庫及

圖籍收嬖妾潘淑妃及凶黨王咺况晚切之以下四十八人屬吏宣德皇后令追廢涪陵王爲東昏侯依漢海昏侯故事授高祖中書監都督揚徐二州諸軍事大司録尚書驃騎大將軍揚州刺史封建安郡公食邑萬戸給班劒四十人黄鉞侍中征討諸軍事並如故高祖入屯閲武堂下令大赦二年天子遣慰勞京邑贈高祖散騎常侍左光禄大夫考侍中丞相宣德皇后臨朝入居内殿詔進高祖都督中外諸軍事劒履上殿入朝不趨讚拜不名加前後部羽葆鼓吹置左右長史司馬從事中郎掾屬各四人又詔進位相國揔百揆揚州刺史封十郡爲梁公備九錫之禮高祖固辭二月進梁公爵爲王以豫州之南譙廬江永嘉等十郡益梁國并前爲二十郡三月命王冕十有二旒建天子旍旗出警入蹕景辰齊帝禪位于梁高祖謙讓不受大史令蔣道秀陳天文符讖六十四條並明著群臣固請乃從之夏四月景寅高祖即皇帝位于南郊設壇柴燎告類于天大赦改齊中興二年爲天監元年封齊帝爲巴陵王八月詔中書監王瑩等八人參定律令十一月立皇子統爲皇太子四年正月詔九流常選年未三十不通一經不得解褐若有才同甘顔勿限年次是歲大穰米斛三十五年三月魏宣武帝從弟翼率其諸弟來降陳伯之自壽陽率衆歸降八年正月輿駕親祠南郊赦天下九年三月幸國子學親臨講肄詔皇太子及王侯之子年在從師者可令入學十年親祠南郊大赦三月鄧脁旨熱切以朐山引魏軍遣振遠將軍馬仙琕按梁書幼名仙婢及長以婢名不典遂去女從琕諭畢切字書又音斷討之十月馬仙琕大破魏軍斬馘古獲切十餘萬復尅朐山城十八年親祠南郊普通元年正月改元大赦五年六月龍

鬬于曲阿王陂因西行至建陵城所經處樹木倒折七年赦死罪已下大通元年三月幸同泰寺捨身甲戌還宫赦天下改元二年十月以魏北海王元顥爲魏主遣東宫直閤將軍陳慶之衛送還北魏豫州刺史鄧獻以地内屬中大通元年九月幸同泰寺捨身公卿已下以錢一億萬奉贖十月輿駕還宫大赦改元三年十月幸同泰寺昇法座爲四部衆説大般若涅槃經義六年春親耕籍田四月熒惑在南斗大同元年正月改元大赦二年三月詔文武在位舉尒所知公侯將相隨才擢用十年三月幸蘭陵謁建寧陵十一年四月魏遣使來聘中大同元年四月於同泰寺講説法會大赦改元十月以前東揚州刺史岳陽王詧音察爲雍州刺史太清元年二月魏司徒侯景以豫章廣潁洛陽等十三州内屬以景爲大將軍封河南大行臺承詔如鄧

禹故事四月大赦改元八月以大將軍侯景録行臺尚書事二年八月侯景舉兵反十月景自横江濟于採石景至京師臨賀王正德率衆附賊十月攻陷東府城三年三月前司州刺史羊鴉仁等進軍東府北與賊戰大敗賊攻陷宫城縱兵大掠侯景自爲都督中外諸軍事大丞相録尚書四月高祖以所求不供憂憤寢疾五月景辰崩于淨居殿時年八十六十一月進尊爲武皇帝廟號高祖葬于脩陵

梁書曰高祖生知淳孝少而篤學洞達儒玄雖萬機多務猶卷不輟手後宫職司貴妃已下皆衣不曳地傍無錦綺不飲酒不聽音樂歷觀古昔帝王人君恭儉莊敬藝能博學罕或有焉

蕭綱

梁書曰太宗簡文皇帝諱綱字世讚小字六通高祖第三子天監五年封晉安王中大通三年四月昭明太子薨五月立爲皇太子太清三年五月高祖崩即皇帝位大寳元年正月大赦改元西魏寇安陸執同州刺史柳仲禮盡没漢東之地二月邵陵王綸自尋陽至于夏口郢州刺史南平王恪以州讓綸侯景逼帝幸西州夏大飢人相食京師尤甚前司州刺史羊鴉仁自尚書省出奔西州八月湘東王繹遣領軍將軍王僧辨率衆逼郢州侯景自進位相國封二十郡爲漢王邵陵王綸弃郢州走十月侯景自加宇宙大將軍都督六合諸軍事二年三月侯景自率衆西寇自石頭至新林舳艫相接四月西陽景分遣魏將宋子仙任約襲郢州閏月景進寇巴陵王僧辨連戰不能尅五月湘東王遣遊擊將軍胡僧祐信州刺史陸法和援巴陵景遣任約帥衆拒援軍六月僧祐等擊破任約擒之景解圍宵遁王僧辯督衆軍追景攻魚山城尅之七月景還至京師王僧辯軍次湓城八月侯景遣衛尉卿彭儁率兵入殿廢帝爲晉安王幽于永福省害皇太子大器尋陽王大心及尋陽王諸子二十人矯詔禪于豫章嗣王棟大赦改元十月帝崩于永福省時年四十九賊僞謚曰明皇帝廟稱高宗明年三月王僧辯率百官奉梓宫昇朝堂世祖追崇爲簡文皇帝廟曰太宗葬莊陵

梁書曰太宗見幽執景題自序云有梁正士蘭陵蕭世讚立身行道終始如一風雨如晦鷄鳴不已弗欺暗室豈況三光數至於此命也如何又爲連珠二首文甚悽愴

蕭繹

梁書曰世祖孝元皇帝諱繹字世誠小字七符高祖第七子也天監十三年封湘東郡王大同六年出爲都督江州諸軍事江州刺史太清元年徙爲都督荆雍湘司郢等九州諸軍事鎮西將軍荆州刺史三年三月侯景寇没京師太子舍人蕭歆至江陵宣密詔以世祖爲侍中假黄鉞大都督中外諸軍事司徒承制餘如故是月世祖徵兵於湘州湘州刺史河東王譽拒而不遣七月遣世子方等帥衆討譽戰敗又遣將軍鮑泉伐討譽九月雍州刺史岳陽王詧舉兵反來寇江陵世祖嬰城拒守詧將杜崱七力切及楊混各率其衆來降詧遁走鮑泉攻湘州不尅又遣左衛將軍王僧辯代將大寳元年五月王僧辯尅湘州斬河東王譽湘州平二年二月魏遣使來聘三月侯景悉兵西上會任約軍王僧辯帥衆屯巴陵景進寇巴陵世祖遣將軍胡僧祐陸法和帥衆下據任約敗景遂遁走僧辯帥軍追景所至皆捷八月僧辯下次湓城十月王僧辯等表稱侯景弑逆皇帝賊

害太子宗室在冤庭者竝罹禍酷世祖奉諱大臨三月百官縞素司空南平王恪率宗室將軍胡僧祐率群寮竝奉牋勸進世祖固讓三年二月王僧辯衆軍發自潯陽世祖馳檄告四方有能縛侯景及送首者封萬户開國公三月王僧辯等平侯景傳其首於江陵告明堂太社四月益州刺史新除假黄鉞太尉武陵王紀竊位於蜀改號天正元年世祖遣司空蕭太拜謁塋陵修復社廟五月以尚書令征東將軍江州刺史王僧辯爲司徒斬賊左僕射王偉尚書吕季略於江陵市是月魏遣太師潘洛辛等寇秦郡王僧辯遣杜崱帥衆拒之以陳霸先爲征北大將軍南徐州刺史是月魏遣使賀平侯景八月蕭紀率巴蜀大衆東下遣護軍陸法和屯巴峽以拒之是月四方征鎮王公御士復勸世祖即尊號表三上乃從之承聖元年十一月景子

即皇帝位於江陵立太子方拒爲皇太子追尊所生妣阮脩容爲文宣太后二年西魏遣大將尉遲迥襲蹈益州三月以郢州刺史陸法和爲司徒四月以征北大將軍陳霸先爲司空九月魏遣其柱國萬紐于謹率大衆來寇冬十月魏軍至于襄陽蕭詧率衆會之内外戒嚴輿駕出行柵徼王僧辯等軍十一月魏軍至柵下徵廣州刺史王琳入援辛卯魏軍大攻世祖出枇杷門親臨陣督戰六軍敗績反者斬西門以納魏師城陷于西魏世祖見執十二月西魏害世祖遂崩焉時年四十七太子皆見害明年四月追尊元皇帝廟曰世祖

梁書曰世祖聰悟俊朗天才英發年五六歲高祖問汝讀何書對曰能誦曲禮高祖曰汝試言之即誦上篇左右莫不驚歎既長好學博愡群書下筆成章出言爲論才辯敏速冠絶一時也

侯景附

侯景河湖人也少不羈高歡以爲將軍雄勇冠時征伐數有大功嘗謂歡曰若假景三萬人當横行天下要須縛取蕭衍老翁遣作太平寺主後高歡死景乃以河南降于梁高澄使慕容紹宗圍於長社景謂紹宗曰欲送客耶將定雄雌耶紹宗曰吾將決戰景乃令戰士皆被甲持短刀但低視斫人脛足遂敗紹宗軍裨將斛律光尤之紹宗曰吾戰多矣未見此賊之難相持連月景食盡其將暴顯等降紹宗景衆乃潰景與腹心數騎濟淮稍收散卒得馬步八百人晝夜兼行追軍不敢逼使謂紹宗曰景若就擒公復何用紹宗乃縱之遂攻壽陽下之而據其城梁武以爲河南王招集戰士乃請錦萬匹爲軍人作袍帝不與以青布

給之又請娶於王謝武帝曰王謝門高非其偶可朱張已下訪之景恚曰會將吴兒女以配奴景既爲朝廷所疑武帝使謂景曰譬如貧家畜十客尚能得志朕惟有一客致有忿言是朕之失也明日遂將兵於歷陽濟江聞邵陵王綸督衆軍景乃謀於王偉偉曰莫若直掩京都臨賀反於内大王攻於外天下不足定也兵法曰遲巧不如拙速今便須進路不然邵陵及人景遂晨夜兼行至都百道攻城縱火焚諸城門城中倉卒未有備乃鑿門樓下水沃火久之方滅景又於城南城西各起土山以臨城内内亦作兩山以應之簡文以下皆親執畚音本鍤楚洽切景又募人先爲奴者賞以不次朱异家黥奴踰城投賊景以爲儀同使至闕下以誘城内乘馬披錦袍詬曰朱异五十年仕宦方得中領軍我始事侯王已爲儀同使於是奴僮競出盡皆得

悉景決石闕前水百道攻城晝夜不息城陷景自爲丞相以甲士五百人自衛帶劒昇殿帝謂景曰卿久在戎得無勞乎景不對帝曰卿是何州人而至此又黙然左右任約代對及出景謂約曰吾甞據鞍對敵矢刃交下而意無怖今見蕭公使人自慴豈非天威難犯吾不可以再見之矣先是城中積死不暇理瘞又有已死未斂或將死未絶景悉命聚而焚之尚書郎鮑正疾篤賊曳出而焚之宛轉火中久而方絶武帝崩立簡文又立豫章王景皆殺之遂篡位國號漢年稱太始王偉請立七廟景問何謂七廟偉曰古者天子祭七代祖考故致七廟并請七代諱勅太常具祭祀之禮景曰前代吾不復憶唯記得阿爺名大褾且在朔州伊那得來噉衆聞咸笑景黨爲王僧辯所破將走王偉按劒諌曰自古豈有走天子今宮中衛士尚可一戰寧可便走景曰我在此時打賀拔勝破葛榮揚名河朔與高王一種人今來直渡大江取臺城如反掌打邵陵王於北山摧柳仲禮於南岸皆尔所親見也今日之事恐是天亡尔好守城吾當一决乃與百騎東走至松江乃與腹心數十人乗舸入海至湖豆州舍人羊鯤殺景景左足上有肉瘤狀似龜戰勝應尅捷則隱起分明如不勝則低是日瘤陷肉中遂傳首於江陵

太平御覽卷第一百三十二

太平御覽卷第一百三十三

偏霸部十七

梁蕭方智　後梁蕭詧　蕭巋　蕭琮

陳陳霸先

蕭方智

梁書曰敬帝諱方智字慧相小字法真世祖第九子也太清三年封興梁侯承聖元年封晉安郡王二年出爲平南將軍江州刺史三年十一月江陵陷太尉揚州刺史王僧辯司空南徐州刺史陳霸先定議以帝爲太宰承制奉迎還京師四年二月至自潯陽入居朝堂以太尉王僧辯爲中書監錄尚書驃騎將軍都督中外諸軍事加司空陳霸先班劒二十人三月齊遣其上黨王高渙送貞陽侯蕭淵明來主梁嗣至東關遣吳興太守裴之橫與戰敗績之橫死王僧辯率衆出屯姑熟七月王僧辯納貞陽侯蕭淵明自採石濟江入于京師以帝爲皇太子九月司空陳霸先舉義襲殺王僧辯黜蕭淵明丙午帝即皇帝位十月詔改承聖四年爲紹泰元年大赦以貞陽侯淵明爲司徒封建安郡公以司空陳霸先爲尚書令尊所生夏貴妃爲皇太后立妃王氏爲皇后太平元年正月大赦四月齊軍水步入丹陽縣至秣陵故治六月齊潛軍至蔣山北至玄武湖司空陳霸先授衆軍節度大破之七月陳霸先進位司徒九月改元大赦除司徒陳霸先爲丞相錄尚書事二年四月齊遣使請和八月加丞相黄鉞領太傅劒履上殿九月爲相國揔百揆封十郡爲陳公備九錫之禮十月禪位于陳奉帝爲江陰王薨于外邸時年十六追謚敬皇帝史臣曰梁季橫潰喪亂屢臻當此之時天曆去梁敬皇高讓將同釋負焉

後梁蕭詧

後梁宣帝諱詧昭明太子第三子也封岳陽王授雍州刺史孝元被西魏所害詧遂爲魏附庸稱大定元年以蔡大寶爲相時人比劉備遇孔明詧性不好酒尤惡見婦人酷信佛法謂尚書宋如周曰卿可謗經如周踧踖子六切上下音迹自陳懼而出以告蔡大寶寶曰卿當不謗餘經不信法華耳如周乃悟經云隨喜面不狹長如周面狹且長故戲之耳詧居處殘毁干戈日用在位八年憤惋而殂年四十子巋立

蕭巋

明帝諱巋宣帝第三子也聰明有器識大定元年爲太子宣帝崩太子即位號天保元年十五年周武帝平北齊得傳國璽歸入周賀武帝大會群臣及諸蕃客周武自彈琵琶令故齊主高緯起舞達摩支故安德王延宗悲不自勝緯舞訖勸巋巋乃起舞周武曰梁主乃能爲朕舞乎巋曰陛下既自彈五絃臣何敢不同百獸周武大悅周武指齊氏故臣叱列長乂謂巋曰是登陴罵朕者巋曰長乂未能抱樂翻敢吠堯周武大笑初雖禮接巋未深知之至是巋承聞乃陳父荷太祖拯救之恩并敘二國艱虞脣齒掎角之事辭理辯暢因涕泗交流周武亦爲歔欷自是禮遇日深賜雜繒百段馬五匹并賜齊宮伎女遣歸國執巋手曰待破突厥必送梁王歸江東歸途經古跡莫不駐馬賦詩以敘其懷至于江陵凡三十首女爲秦晉王廣妃在位十四年而殂

蕭琮

琮明帝太子也既立赦其封內改元寬運琮性廣仁有大

度博學有文義兼善弓馬明年隋文徵琮入朝琮率其臣二百餘人朝于長安羣臣辭于送客堂琮下馬二執別莫不殞涕既至隋文帝留之使崔弘度將兵攻江陵江陵不守於是國廢

陳陳霸先

陳書曰高祖武皇帝諱霸先字興國小字法生吳長興城下若里人漢太丘長陳寔之後也世居潁川寔玄孫準晉太尉準生匡匡生達永嘉南遷爲丞相掾歷太子洗馬出爲長城令悅其山水遂家焉嘗謂所親曰此地山川秀麗當有王者興二百年後我子孫必鍾斯運高祖以梁天監二年癸未歲生少俶儻有大志不治生產既長讀兵書多武藝明達果斷爲當時所推服嘗遊義興館於許氏夜夢天開數丈有四人朱衣捧日而至令高祖開口納焉及覺

腹中猶熱高祖心獨負之大同初新喻侯蕭映爲吳興太守甚重高祖謂僚佐曰此人方將遠大及映爲廣州刺史高祖爲中兵參軍隨之鎮映令高祖招集士馬衆至千人仍命高祖監宋隆郡所部安化二縣元不賓高祖討平之尋監西江督護高要郡守先是武林侯蕭諮爲交州刺史以裒刻失衆心土人李賁連結數州豪傑同時反遣高州刺史孫冏新州刺史盧子雄將兵擊之冏等不時而進皆敗於廣州伏誅子雄弟子略與冏子姪及其主帥杜天合杜僧明共舉兵執江南督護沈覬進寇廣州晝夜苦攻州中震恐高祖率精兵三千卷甲兼行以救之頻戰屢捷天合中流矢死賊衆大潰僧明遂降梁武帝深歎異焉授直閤將軍封新安子邑三百戶仍遣畫工圖高祖而觀之其年冬蕭映卒明年高祖送喪還都至大庾嶺會有詔高祖爲交州司馬領武平太守與刺史

楊瞟匹妙切南討十一年六月軍至交州賁衆數萬於蘇歷江口立城柵以拒官軍瞟推高祖爲前鋒所向摧陷賁走典澈湖於屈獠界立砦音寨大造船艦充塞湖中衆軍憚之頓湖口不敢進夜江水暴起七丈注湖中奔流迅激高祖勒所部兵乘流先進衆軍鼓譟俱前賊衆大潰賁竄入屈獠洞中屈獠斬賁傳首京師是歲太清元年也除振遠將軍西江督護高要太守督七郡諸軍事二年冬侯景寇京師高祖將率兵赴援廣州刺史元景仲陰有異志將圖高祖高祖知其計與成州刺史王懷明行臺選郎殷外臣等密議誡嚴三年七月集義兵於南海馳檄以討景仲景仲窮蹙縊于閣下高祖迎蕭勃鎮廣州十一月高祖遣杜僧明胡穎將二千人頓于嶺上并厚結始興豪傑同謀義舉侯安都張偲音猜等率千餘人來附蕭勃聞之遣鍾休悅說高

祖曰侯景驍雄天下無敵前者援軍十萬士馬精強然而莫敢當鋒遂令羯賊得志以君疏外詎可闇投未若且住始興遙張聲勢保此泰山自求多福高祖泣謂休悅曰僕本庸虛蒙國成造往聞侯景渡江即欲赴援今京都覆沒主上蒙塵君辱臣死誰敢愛命君侯體則皇枝任崇方岳已不能摧鋒萬里雪此冤痛見遣一軍猶賢乎已乃降後旨使人慨然僕行計決矣憑爲披述乃遣使間道往江陵禀承軍期節度湘東王承制授高祖員外散騎常侍持節明威將軍交州刺史改封南野縣伯六月高祖脩崎頭古城徙居焉高州刺史李遷仕據大皐遣主帥杜平虜率千人入贛音紺石魚梁高祖命周文育將兵擊走之遷仕奔寧都承制授高祖通直散騎常侍使持節信威將軍豫州刺史領豫章內史改封長城縣侯尋授散騎常侍使持節都督

六郡諸軍事軍師將軍南江州刺史餘如故時寧都人劉藹等資遷仕舟艫兵仗將襲南康高祖遣杜僧明等率二萬人據白口築城以禦之遷仕亦立城以相對二年三月僧明等攻拔其城生擒遷仕送南康高祖斬之承制命高祖進兵定江州仍授江州刺史餘如故六月高祖發自南康觀者數萬人是時承制遣征都將軍王僧辯督衆軍討侯景八月僧辯軍次湓城高祖率杜僧明等衆軍及南川豪帥合三萬人將會焉時西軍乏食高祖先貯軍糧五十萬石至是分三十萬以資之仍頓巴丘會侯景廢簡文帝立豫章嗣王棟高祖遣兼長史沈袞奉表于江陵勸進十一月承制授高祖使持節都督會稽東陽新安臨海永嘉五郡諸軍事平東將軍楊州刺史領會稽太守豫章內史餘並如故三年正月高祖率甲士三萬人強弩五千張舟

艦二千乘發自豫章二月次桑落洲遣中記室參軍江元禮以事表江陵承制加高祖鼓吹一部是時僧辯已發湓城會高祖于白茅灣乃登岸結壇刑牲盟約進軍次蕪湖侯景城主張黑弃城走三月高祖與諸軍進尅姑熟仍次蔡州侯景登石頭城觀望形勢意甚不悅謂左右曰此軍上有紫氣不易可當乃以船艓貯石沉塞淮口緣淮作城自石頭迄青溪十餘里中樓雉相接諸將未有所決僧辯遣杜崱問計於高祖高祖曰前柳仲禮數十萬兵隔水而坐韋粲之在清溪竟不渡岸賊乃登高望之表裏俱盡肆其凶虐覆我王師今圍石頭須渡北岸諸將若不能當鋒請先往立柵高祖即於石頭西橫隴築柵衆軍次連八城直出東北賊恐西州路斷亦於東北果林作五城以遏大路景率衆萬餘人鐵騎八百餘匹結陣而進乃命諸將分

處置兵賊直衝王僧志僧志小縮高祖遣徐度領弩手二千橫截其後賊乃却高祖與王琳杜龕等以鐵騎悉力乘之賊退據其柵景儀同盧暉略開石頭北門來降遣主戴晃曹宣等攻拔果林一城衆軍又尅其四城賊復還殊死戰又盡奪所得城柵高祖大怒親率攻之士卒騰柵而入賊復散走景與百餘騎弃矟執刀左右衝陣陣不動景衆大潰遂北至西明門景至闕下不敢入臺遣腹心取其二子而遁高祖率衆出廣陵應接景將郭元建會元建奔齊高祖納其部曲三千人而還僧辯啓高祖鎮京口五月齊遣辛術圍嚴超達於秦郡高祖命徐度領兵助其固守齊衆七萬填壍起土山穿地道攻之甚急高祖乃自率萬人解其圍縱兵四面擊齊軍弓弩亂發齊平秦王中流矢死斬首數百級齊人收兵而退高祖振旅南歸遣記室參軍

劉夲仁獻捷于江陵承制授高祖使持節散騎常侍都督南徐州諸軍事征北大將軍開府儀同三司南徐州刺史餘並如故及王僧辯率衆征陸納於湘州承制命高祖代鎮楊州十一月湘東王即位于江陵改承聖元年明年湘州平高祖旋鎮京口三年三月進高祖司空餘如故十一月西魏攻陷江陵高祖與王僧辯等進啓江州請晉安王以太宰承制又遣長史謝哲奉牋勸進十二月晉安王至自潯陽入居朝堂給高祖班劒二十人四年五月齊送貞陽侯淵明還主社稷王僧辯納之即位改元曰天成以晉安王爲皇太子初齊之請納貞陽侯也高祖以爲不可遣使詣僧辯苦爭之往返數四僧辯竟不從高祖居常憤歎密謂所親曰武皇雖盤石之宗遠布四海至于尅雪讎恥寧濟艱難唯孝元而已功業懋盛前代未聞我與王公俱

受重寄語未絶音聲猶在耳豈期一旦便有異圖嗣主高祖之孫元皇之子海内屬目天下宅心竟有何辜坐致廢黜遠求夷狄假立非次觀其此情亦可知矣乃蓄貝袍數千領及錦綵金銀以爲賞賜之具九月壬寅高祖召徐度侯安都周文育等謀之仍部列將士分賞金帛水陸俱進是夜發南徐州討王僧辯甲辰高祖步軍至石頭前進遣勇士自城北踰入時僧辯方視事外白有兵俄而兵自内出僧辯遽走與其弟三子頠相遇俱出閤左右尚數十人苦戰高祖大兵尋至僧辯衆寡不敵走登城南門樓高祖因風縱火僧辯窮迫乃就擒是夜縊僧辯及頠景午貞陽侯遜位百僚奉晉安王上表勸進十月巳酉晉安王即位改承聖四年爲紹泰元年壬子詔授高祖侍中大都督中外諸軍事車騎將軍揚南徐二州刺史持節司空班劒鼓

吹並如故仍詔高祖甲仗百人出入殿省震州刺史杜龕據吳興與義興太守韋載同舉兵反高祖命周文育衆攻載于義興龕遣其從弟北叟將兵拒戰北叟敗歸義興二年正月癸未誅杜龕于吳興龕從弟北叟司馬沈孝敦並賜死二月庚申高祖遣侯安都周鐵武率舸艦備江川仍頻梁山起柵二月戊戌齊遣水軍儀同蕭軌庫狄伏連堯難守東方老侍中裴英起東廣州刺史獨孤辟惡洛州刺史李希光并任約徐嗣徽等率衆十萬出柵口向梁山帳内盪主黃叢逆擊敗之燒其前軍船艦齊頓軍保蕪湖高祖遣定州刺史沈泰吳郡太守裴忌就侯安都共據梁山以禦之四月丁巳高祖詣梁山軍巡撫五月甲申齊兵發自蕪湖景申至秣陵故治高祖遣周文育屯方山徐度頓馬牧杜稜頓大航南巳亥高祖率宗室王侯及朝目將帥於大司馬門外白獸闕下刑牲告天以齊人背約發言慷慨涕泗交流同盟皆莫能仰視士卒觀者益奮辛丑齊軍於秣陵故縣跨淮立橋柵引渡兵馬其夜至方山侯安都周文育徐度等各引兵還京師癸未齊兵自方山進及兒塘遊騎至臺周文育侯安都頓白土崗旗鼓相望都邑震駭高祖潛撤精卒三千配沈泰渡江襲齊行臺趙彦深於瓜步獲舟艦百餘艘陳粟萬斛六月壬辰齊兵潜至鍾山龍尾丁未進至幕府山高祖命衆軍秣馬蓐食遲明攻之乙卯旦自率帳内麾下出幕附山南與明徹沈泰等衆軍首尾齊舉縱兵大戰侯安都自白下自引兵横出其後齊師大潰斬獲數千人相蹂藉而死者不可勝計生執徐嗣宗斬之以徇追奔至于臨沂其江乘攝山鍾山等諸軍相次克捷七月景子詔授高祖中書監司徒揚州刺史進爵爲公

増邑并前五千户并給油幢皂輪車是月侯瑱（他甸切）以江州入附遣侯安都鎭上流定南中諸郡八月癸卯太府卿何敱（五來切）新州刺史華志各上玉璽一高祖表以送臺詔歸之高祖是日詔高祖食安吉武康二縣合五千户九月進高祖位丞相録尚書事鎭衛大將軍改刺史爲牧進封義興郡公丁未中散大夫王彭牋稱今月五日平旦於御路見龍迹自太里至象闕亘三四里庚申詔追贈高祖考侍中光禄大夫加金章紫綬封義興郡公謚曰恭十月甲戌勑丞相自今入問訐可施别榻以近扆坐二年正月壬寅天子朝萬國于太極東堂詔加高祖班劒十人八月甲午進高祖位太傅加黄鉞劒履上殿入朝不趨贊拜不名并給羽葆鼓吹一部丙申加高祖前後部羽葆鼓吹是時湘州刺史王琳擁兵不應命高祖遣周文育侯安都率衆

討之九月詔進位相國摠百揆封十郡爲陳公備九錫之禮
十月進高祖爵爲王又命冕十有二旒建天子旌旗辛未
梁帝禪位永定元年冬十月乙亥高祖即皇帝位于南郊
柴燎告天大赦天下改梁太平二年爲永定元年封梁帝
爲江陰王賜民爵二級文武位二等鰥寡孤獨不能自存
者人穀五斛丙子輿駕幸鍾山祠蔣帝廟戊寅輿駕幸華
林園親覽辭訟臨赦囚徒己卯分遣大使宣勞四方辛巳追
尊皇考曰景皇帝廟號太祖皇妣董太夫人曰安皇后追
謚前夫人錢氏號爲昭皇后立夫人章氏爲皇后癸未尊
景帝陵曰瑞陵昭皇后陵曰嘉陵依梁初園陵故事立删
定郎治定律令戊子迁景皇帝神主祔于太廟夏四月甲
子輿駕親祠太廟乙丑江陰王薨詔遣太宰弔祭司空監
護喪事凶禮所須隨由備辦以梁武林侯蕭諮息季卿嗣

爲江陰王初侯景之平也火焚太極殿承聖中議欲營之
獨闕一柱至是有樟木大十八圍長四丈五尺流泊陶家
後渚監軍鄒子度以聞詔中書令沈衆兼起部尚書少府
卿蔡儔兼將作大匠起太極殿甲寅太極殿成匠各給復
十二月庚申侍中安東將軍臨川王蒨率百僚朝前殿拜
上牛酒甲子輿駕幸大莊嚴寺設無㝵大會捨乘輿法物
羣臣備法駕奉迎即日輿駕還宮景寅高祖於太極東堂
宴羣臣設金石之樂以路寢告成也三年春正月己丑青
龍見于東方丁酉夜大雪及明太極殿前有龍跡見甲午
廣州刺史歐陽頠表稱白雪見于州江南岸長數十丈仙
人見于羅浮山寺小石樓長三丈所通身潔白衣服楚麗
北江州刺史熊曇朗殺都督周文育于軍舉兵反王琳遣
其將常衆愛曹慶率兵援余（視遮切）孝勱六月戊子儀同侯

安都敗衆愛等於左里獲琳從弟龔襲主帥羊暕（簡）等三
十餘人衆愛遁走庚寅廬山民斬之傳首京師甲午衆師
凱歸丁酉高祖不豫遣兼太宰尚書左僕射王通以疾告
太廟兼太宰中書令謝哲告太社南北郊辛丑高祖疾小
瘳故司空周文育之柩至自建昌壬寅高祖素服哭于堂
哀甚癸卯高祖臨訊獄省訟是夜熒惑在天尊高祖疾又
甚景午崩于璿璣殿時年五十七遺詔追臨川王蒨入纂
甲寅迁殯于太極殿西階謚曰武皇帝廟號高祖葬萬
安陵

太平御覽卷第一百三十三

太平御覽卷第一百三十四

偏霸部十八

陳蒨
陳伯宗
陳頊
陳叔寶

陳蒨

陳書曰世祖文皇帝諱蒨字子華始興昭烈王長子也少沈敏有識量美容儀留意經史舉動方雅造次必遵禮法高祖甚愛之常稱此兒吾宗之英秀也梁太清初帝夢兩日鬪一大一小大者光滅墜地色正黄其大如斗世祖因三分取一而懷之侯景之亂鄉人多依山湖寇抄世祖獨保家無所犯時亂日甚乃避地臨安及高祖舉義兵侯景遣使

收世祖及衡陽獻王世祖乃密袖小刀冀因入見而害景至便屬吏故其事不行高祖大軍圍石頭景欲加害者數矣會景敗世祖乃得出赴高祖營起家爲吳興太守高祖受禪立爲臨川郡王邑二千户拜侍中安東將軍及周文育侯安都敗於沌口高祖詔世祖入衛軍儲戎備皆以委焉尋命率兵城南晥(户板切)永定三年六月景午高祖崩遺詔徵世祖入纂皇統甲寅至自南晥入居中書省其日即皇帝位於太極前殿詔曰上天降禍奄集邦家大行皇帝背離萬國率土崩心若喪考妣龍圖寶曆眇屬朕躬運鍾擾攘事務機務南面須主西讓禮輕今便式膺景命光宅四海可大赦天下改永定四年爲天嘉元年鰥寡孤獨不能自存立者賜穀人五斛孝悌力田殊行異等加爵一級甲寅分遣使者宣勞四方辛酉輿駕親祠南郊二年春正月庚戌大赦天下十二月立始興國廟於京師用王者之禮太子中庶子虞荔御史中丞孔奐以國用不足奏立煑海鹽及搉酤之税並施行三年春正月庚戌設帷宮於南郊幣告胡公以配天辛亥輿駕親祠南郊二月甲子改鑄五銖錢三月景子安成王頊至自周詔授侍中中書監中衛將軍置佐吏是歲周所立梁王蕭詧死子巋(丘軌切)代立天康元年春二月景子詔曰朕以寡德纂承洪緒日昃劬勞思弘景業而政道多昧黎庶未康兼疾患淹時亢陽累月百姓何咎寔由朕躬念茲在茲痛加疾首可大赦天下改天嘉七年爲天康元年三月己卯以驃騎將軍開府儀同三司揚州刺史司空安成王頊爲尚書令夏四月乙卯皇孫至澤生在位文武賜絹帛各有差爲父後者賜爵一級癸酉世祖疾甚是日崩于有覺殿遺詔曰朕疾苦彌留遂至

不救脩短有命夫復何言但王業艱難頻歲軍旅生民多弊無忘愧惕今方隅乃定俗教未弘便及大漸以爲遺恨社稷任重太子可即君臨王侯將相善相輔翊内外叶和勿違朕意山陵務存儉速大斂竟羣臣三日一臨公除之制率依舊典六月甲子羣臣上謚曰文皇帝廟號世祖葬永寧陵

陳伯宗

陳書曰廢帝諱伯宗字奉業小字藥王世祖嫡長子也永定二年拜臨川王世子世祖嗣位立爲皇太子天康元年四月世祖崩即皇帝位二年春詔大赦天下改光大元年孝悌力田賜爵一級輿駕祠南郊二年十一月慈訓大后集群臣於朝堂令降爲臨海王遂還藩邸是日出居别第太建二年薨時年十九

陳頊

陳書曰高宗孝宣皇帝諱頊字紹世小字師利始興昭烈王第二子也梁大通二年生有赤光滿室少寬大多智略及長美容儀身長八尺三寸垂手過膝有勇力善騎射高祖平侯景鎮京口梁元帝徵高祖子姪入侍高祖遣高宗赴江陵累官爲直閤將軍中書侍郎時有馬軍主李惣與高宗有舊每同遊處高宗嘗夜被酒張燈而寐惣適出尋返乃見高宗身是大龍惣便驚走時在關右永定元年遙襲封始興郡王邑二千戶三年世祖嗣位改封安成王天嘉三年自周還授侍中中書監中衛將軍置佐史尋授使持節都督楊南徐東楊南豫北江五州諸軍事楊州刺史進號驃騎將軍餘如故四年加開府儀同三司六年遷司空天康元年授尚書令廢帝即位拜司徒進號驃騎大將

軍錄尚書都督中外諸軍事給班劒三十人光大二年正月進位太傅領司徒加殊禮劒履上殿增邑并前三千戶餘如故十一月甲寅慈訓太后令廢帝爲臨海王以高宗入纂是歲春正月甲午即皇帝位于太極前殿詔改光大三年爲太建元年大赦天下在位文武賜位一階孝悌力田及爲父後者賜爵一級異等殊才並加策序鰥寡孤獨不能自存者人賜穀五斛復太皇太后尊號曰皇太后立妃柳氏爲皇后世子叔寶爲皇太子冬十月新除左衛將軍歐陽紇據廣州舉兵反辛未遣車騎將軍開府儀同三司章昭達率衆討之壬午輿駕祠太廟二年春正月乙酉以征西大將軍開府儀同三司郢州刺史黄法𣰰其於切爲中護大將軍丙午輿駕親祠太廟二月癸未儀同章昭達擒歐陽紇送都斬于建康市廣州平三月丙申皇太后崩丙午曲赦廣衡二州丁未大赦天下三年春正月癸丑以尚書右僕射領大著作徐陵爲尚書僕射辛酉輿駕親祠南郊辛未親耕藉田三月丁丑大赦天下自天康元年訖太建元年逋餘軍糧祿秩夏調未入者悉原之五年三月討大都督吳明徹統衆十萬發自白下夏四月癸卯前巴州刺史魯廣達尅齊大峴城辛亥吳明徹尅秦州水柵庚申齊遣兵十萬援歷陽儀同黄法𣰰破之辛酉齊軍救秦州吳明徹又破之癸亥詔北伐衆軍所殺齊兵令埋掩甲子南譙太守徐槾尅石梁城六年春正月壬戌朔詔曰王者以四海爲家萬姓爲子一物乖方夕惕猶厲六合未混旰食彌憂朕嗣纂鴻基思弘經略上符景宿下叶人謀命將興師大拯淪溺灰琯未周凱捷相繼拓地數千連城將百蠢彼餘黎毒茲異境江淮年少猶有剽掠鄉閭無賴摘他歷切出陰

私將帥軍人罔顧刑典今使符法綱除仁聲載路且肇元告慶邊服來荒始覩皇風宜覃曲澤可赦江右淮北南司霍光歷陽臨江等郡士民罪無輕重悉皆原宥七年春正月辛未輿駕親祠南郊四月乙未陳桃根表上織成羅文錦被表各二首詔於雲龍門外焚之八月周遣使來聘是月甘露頻降樂遊苑丁未輿駕幸樂遊苑採甘露宴羣臣詔於苑龍舟山立甘露亭十一年春正月丁酉龍見于南兖州永寧樓側池中二月癸亥輿駕親耕藉田三月丁未詔淮北義人率戶口歸國者建其本屬舊名置立郡縣即隸近州賦給田宅秋七月辛卯初用大貨六銖錢八月甲子青州義主朱顯宗等率所領七百戶入附丁卯輿駕幸太社觀閱武十一月詔建子令月微陽初載應此加辰宜播寬澤可大赦天下甲午周遣柱國梁士彥率衆至肥口

戊戌周軍進圍壽陽以新除中衛大將軍楊州刺史始興王叔陵爲大都督揔督水步衆軍十二月乙丑南北兖晉三州及盱眙山陽平馬頭秦歷陽沛北譙南梁等九州並自拔還京師譙北徐州又陷自是淮南之地盡没于周矣十四年春正月巳酉高宗弗豫甲寅崩于宣福殿時年五十三上謚孝宣皇帝廟號高宗葬顯寧陵

陳叔寶

陳書曰後主諱叔寶字元秀小字黄奴高宗嫡長子也梁承聖二年生于江陵江陵陷高宗遷關右留後主于穰城天嘉三年歸京師立爲安成王世子太建十四年正月高宗崩即皇帝位于太極前殿詔大赦尊皇后爲皇太后宫曰弘範立妃沈氏爲皇后七月辛未大赦是月江水赤色如血自京師至于荆州九月設無导伽五瀓大會於太極殿捨身及乘輿服御至德元年正月詔大赦改太建十五年爲至德元年二年十二月夜天開自西北至東南其內有青黄雜色隱隱若雷聲後主在東宫好學有文藝及即位耽於酒色常在後庭不恤政事又於光昭殿前起臨春結綺望仙三閣閣高數丈並數十間其牕牖欄檻之類悉以沈檀香木爲之飾以金玉間以珠翠微風暫至香聞數里瑰寶奇麗近古未有其下積石爲山引水爲池植以奇樹雜以花藥後主自居臨春閣孔貴人居望仙閣張貴妃居結綺閣並複道徃來婦人麗質巧態以從者常千餘人張貴妃孔貴人等八人侍坐尚書令江揔孔範等十人侍宴號曰狎客上令八婦人製五言詩十客一時繼和遲則罰酒君臣酣飲從夕達曙所司皆因閹人奏事主者由此擅作威福軍旅警備並皆不修任用沈客卿施文慶等以苛刻爲忠於是文武離心莫肯用命隋文帝謂高熲曰我爲百姓父母豈可限一衣帶水不拯之乎命大作戰船人請密之隋文曰吾將行天討何密之有使投柹於江彼若能改吾又何求乃遣晉王廣爲元帥以討之及聞隋軍臨江孔範曰必無渡理但恣妓樂縱酒作詩不輟明日隋軍濟江陵文武百寮皆遁出唯尚書僕射袁憲侍側憲勸端坐殿上正色以待之後主曰鋒刃之下未可當之吾自有計乃逃于井既軍人窺井呼之後主不應欲下石乃叫以繩引之驚其太重及出與張貴妃孔貴人三人同束而上賀若弼呼後主視之惶懼汗流股慄再拜弼謂之曰大國之卿當小國之君拜禮也入朝不失作歸命侯亦無勞恐懼三月後主與王公百司發自建鄴至長安後主已下大小在路五百里累累不絶隋文宣詔讓後主後主伏地不能對乃宥之給賜甚厚每侍宴恐致傷心爲不奏吳音後監守者言叔寶願得官號隋文曰叔寶絶無心肝監守又言叔寶日飲一石少有醒時隋文曰不爾何以過日及從東巡狩印山賦詩曰日月光天德山河壯帝居太平何以報願上封禪書并上表請封禪隋文謙讓不許後從至仁壽宫嘗侍宴及出隋文目之曰此敗豈不由飲酒作詩將此功夫何如思安邊討策初賀若弼度京口彼人密啓告急叔寶爲飲酒遂不省高熲至猶見啓在牀下未開封豈天亡也後主以隋仁壽四年十一月終於洛陽在位七年年五十二歲

史臣曰後主生深宫之中長婦人之手既屬邦國殄瘁不知稼穡艱難初懼阽危屢有哀矜之詔後稍安集復扇淫侈之風賓禮諸公唯寄情於文酒暱近羣小皆委之以衡軸謀謨所及遂無骨鯁之臣權要所在莫匪侵漁之吏

政刑日紊尸素盈朝耽荒爲長夜之飲嬖寵同豔妻之孽危亡弗恤上下相蒙衆叛親離臨機不悟自投於井冀以苟生視其以此求全抑亦民斯下矣遐觀列辟莫不武嗣興其始也皆欲齊明日月合德天地高視五帝俯協三王然而靡不有初鮮克有終其故何哉並以中庸之材懷可移之性口存於仁義心怵(音黜)於嗜慾仁義利物而道遠嗜慾遂性而便身便身不可久違道遠難以固志佞諂之倫承顔候色因其所好以悅導之若下坂走丸順流決壅非夫感靈辰象降生明德孰能遺其所樂而以百姓爲心哉此所以成康文景千載而罕遇也

太平御覽卷第一百三十四

太平御覽卷第一百三十五

皇親部一

總序后妃

尚書大傳曰古者后夫人將侍君前息燭後舉燭至于房中釋朝服襲燕服然后入御史奏雞鳴于階下（奏鷄白 階陛也）然後夫人鳴佩玉于房中告去也然後應門擊柝告闢也（應門朝門也 闢啓也）然後少師奏質明于陛下（質正）然後夫人入庭立君出朝○毛詩曰關雎后妃之德也風之始也所以風天下而正夫婦也關關雎鳩在河之洲窈窕淑女君子好仇

又曰葛覃后妃之本也后妃在父母家則志在於女功之事躬儉節用服澣濯之衣尊敬師傅則可以歸安父母化天下以成婦道也○又曰卷耳后妃之志也又當輔佐君子求賢審官知臣下之勤勞内有進賢之志而無險詖私謁之心朝夕思念至於憂勤也采采卷耳不盈頃筐嗟我懷人寘彼周行○又曰樛木后妃逮下也言能逮下而無嫉妬之心焉南有樛木葛藟纍之樂只君子福履綏之

又曰螽斯后妃子孫衆多也言若螽斯不妒忌則子孫衆多也螽斯羽詵詵兮宜爾子孫振振兮

又曰桃夭后妃之所致也不妒忌則男女以正婚姻以時國無鰥民也桃之夭夭灼灼其華之子于歸宜其室家

又曰兔罝后妃之化也關雎之化行則莫不好德賢人衆多也肅肅兔罝椓之丁丁赳赳武夫公侯干城

又曰芣苢后妃之美也（天下和平）則婦人樂有子矣采采芣苢薄言采之

又曰雞鳴思賢妃也哀公荒淫怠慢故陳賢妃貞女夙夜警戒相成之道焉

禮記曰天子之妃曰后（鄭玄注曰后之言後也）

又婚義曰古者天子后立六宮三夫人九嬪二十七世婦八十一御妻以德天下之内治以明章天下之婦順故内和而家理天子立六官三公九卿二十七大夫八十一元士以聽天下之外治以明章天下之男教故外和而國治故曰天子聽男教后聽女順天子理陽道后治陰德天子聽外治后聽内職教順成俗外内和順國家治理此之謂盛德

白虎通曰天子之妃謂之后何后者君也天子妃至尊故謂君也明海内之小君也

史記曰自古受命帝王及繼體守文之君非獨内德茂也蓋亦有外戚之助焉夏興也以塗山而桀放也用妹喜殷之興也以有娀及有㜪而紂之滅也嬖妲己周之興也以姜嫄及大任大姒而幽王之擒也淫褒姒故易基乾坤詩首關雎書美釐降春秋譏不親迎夫婦之際人道之大倫也

漢書曰漢興因秦之稱號帝母稱皇太后祖母稱太皇太

后正嫡稱皇后妾皆稱夫人有美人良人八子七子長使少使之號焉至武帝制婕妤娙娥傛華充衣各有爵位而元帝加昭儀之號凡十四等云昭儀位視丞相爵比諸侯王婕妤視上卿比列侯娙娥視中二千石比關內侯傛華視眞二千石比大上造美人視二千石比少上造八子視千石比中更充衣視千石比左更七子視八百石比右庶長良人視八百石比左庶長長使視六百石比五大夫少使視四百石比公乘五官視三百石順常視二百石無涓共和娛靈保林良使夜者皆視百石上家人子中家人子視有秩斗食云五官以下葬司馬門外陵上司馬門外

應劭漢官曰皇后稱椒房詩云椒聊之實蕃衍盈升美其繁興以椒塗室亦取溫煖除惡氣也猶天子赤泥殿上曰丹墀

漢舊儀曰皇后婕妤乘輦餘皆以茵四人輿以行

又曰皇后玉璽文與帝同皇后之璽金螭虎紐

又曰皇后太子各食三十縣曰湯沐邑○五經要義曰古者后夫人必有女史彤管之法后妃羣妾以禮御于君所女史書其日授其環以進退之法生子月娠則以金環退之當御者以銀環進者著于左手既御著于右手左者陽也以當就男故著左手右手陰也既御而復故此女史之職也

後漢書曰夏殷以上后妃之制其文略矣周禮王者立后三夫人九嬪二十七世婦八十一御女以備內職焉后正位宮闈同體天王夫人坐論婦禮九嬪掌教四德世婦主喪祭賓客女御序于王之燕寢頒官分務各有典司女史彤管記功書過居有保阿之訓動有環珮之響進賢才以輔佐君子哀窈窕而不淫其色所以能述宣陰化脩成內則閨房肅雍險謁不行也故康王晚朝關雎作諷宣王晏起姜氏請愆及周室東遷禮序凋缺諸侯僭縱軌制無章齊桓有如夫人者六人晉獻升戎女爲元妃終於五子作亂冢嗣遘屯爰逮戰國風憲逾薄適情任欲顛倒衣裳以至破國亡身不可勝數斯固輕禮弛防先色後德者也秦并天下多自驕大宮備七國爵列八品漢興因循其號而婦制莫釐高祖帷薄不脩孝文衽席無辯然而選納尚簡飾玩少華自武元之後世增淫費至乃掖庭三千增級十四妖倖毀政之符外姻亂邦之迹前史載之詳矣及光武明德中興斲彫爲樸六宮稱號唯皇后貴人貴人金印紫綬奉不過粟數十斛又置美人宮人采女三等並無爵秩歲時賞賜充給而已漢法常因八月筭人遣中大夫與掖庭丞

及相工於洛陽鄉中閱視良家童女年十三已上二十已下姿色端麗合法相者載還後宮擇視可否乃用登御所以明愼聘納詳求淑哲明帝聿遵先旨宮教頗修登建嬪后必先令德內無出閫之言權無私溺之授可謂矯其弊矣向使因設外戚之禁編著甲令改正后妃之制貽厥方來豈不休哉雖御已有度而防閑未篤故孝章以下漸用色授恩隆好合遂志淄蠹自古雖主幼時艱王家多舋必委成冢宰簡求忠賢未有專任婦人斷割重器唯秦芊太后始攝政事故穰侯權重於昭王家富於嬴國漢仍其謬知患莫改東京皇統屢絕權歸女主外立者四帝臨朝者六后莫不定策帷帝委事父兄貪孩童以久其政抑明賢以專其威任重道悠利深禍速身犯霧露於雲臺之上家嬰縲紲於圄犴之下湮滅連踵傾輈繼路而赴蹈不息燋爛爲期終於陵

奕大運淪亡神寶詩書所歎略同一揆

魏志曰魏因漢法母后之號皆如舊制自夫人以下世有增損太祖建國始命王后其下五等有夫人有昭儀有婕妤有華容有美人文帝增貴嬪淑媛脩容順成良人明帝增淑妃昭華脩儀除順成官太和中始復命夫人登其位於淑妃之上自夫人以下爵凡十二等○又曰黄初三年詔曰　婦人與政亂之本也自今已後羣臣不得奏事太后后族之家不得當輔政之任又不得横授茅土之爵以此詔傳後世若有背違天下共誅之○摯融議后父不應拜后曰天性之至父子之道人倫之序君臣之義性至因親故情禮無二義序緣敬故尊爵無上易曰有父子然後有君臣有君臣然後禮義生焉故資父事君教之至也君不以貴而臣其所尊故子爵不加於父也夫以帝王之尊猶無臣妻父母之義況后從尊於帝而令母執臣妾邪而鄭玄復云公朝與歸寧別有二制尊卑迭用拜謁更互亦未詳斯議爲何所據○晉張華女史箴曰茫茫造化二儀始分散氣流形既陶既甄在帝庖犧肇經天人爰始夫婦以及君臣家道以正而王猷有倫婦德尚柔含章貞吉嬿婉淑慎正位居室施衿結褵虔恭中饋肅慎爾儀式瞻清懿樊姬感莊不食鮮禽衛女矯桓耳忘和音志厲義高而二主易心玄熊攀檻馮媛趨進夫豈無畏知死不恡班妾有辭割歡同輦夫豈不懷防微慮遠道罔隆而不殺物無盛而不衰日中則昃月滿則微崇猶塵積替若駭機人咸知飾其容而莫知飾其性性之不飾或愆禮正斧之藻之克念作聖出其言善千里應之苟違斯義則同衾以疑夫出言如微而榮辱由兹勿謂幽昧靈鑒無象勿謂玄漠神聽無響無矜爾榮天道惡盈無恃爾

貴隆隆者墜鑒于小星戒彼攸遂比心螽斯則繁爾類歡不可以黷寵不可以專專實生慢愛極則遷致盈必損理有固然美者自美翩以取尤冶容求好君子所讎結恩而絶職此之由故曰翼翼矜矜福所以興靖恭自思榮顯所期女史司箴敢告庶姬

後魏書曰魏氏王業之兆雖始於神元至於昭成世崇儉質妃嬙嬪御率多闕焉唯以次第爲稱而章平思昭穆惠煬列八帝妃后無聞道武追尊祖妣皆從帝謚爲皇后始立中宫餘妾或稱夫人多少無限然皆有品次太武始增左右昭儀及貴人椒房

後魏書曰後魏故事將立皇后必令手鑄金人以成者爲吉不成則不得立也又太武文成保母劬勞之恩並極尊崇之義雖事乖典禮而觀過知仁

北史曰周氏率由姬制內職有序文帝創基修衽席以儉約武皇嗣歷節情欲於矯枉宫闈有貫魚之美戚里無私溺之尤可謂得君人之體也宣皇外行其志内逞其欲溪壑難滿採擇無厭恩之所加莫限厮阜榮之所及無隔險詖於是升蘭殿以正位踐椒庭而齊體者非一人焉階房帷而拖青紫緣恩倖而擁玉帛非一族焉雖辛癸之荒淫趙李之傾城曾未足比其驕肆也人厭苛政其事實多文帝之祀忽諸特由於此隋文思革前弊大矯其違唯皇后當室旁無私寵婦官位號未詳備焉開皇二年著内官之式略依周禮省減其數煬帝時后妃嬪御無釐婦職唯端容麗飾陪從醼遊而已帝又參詳典故自製嘉名著之於令

人皇后

春秋命曆序洛書摘亡辟曰人皇兄弟九人別長九州離

艮地精女出爲之后（艮斗所推也）

包犧母

河圖曰燧人之世大跡出雷澤華胥履之生伏羲帝系譜曰伏羲十月四日人定生母華胥（孝經河圖云伏羲在亥得人定之時）

神農母

春秋元命苞曰女登生神子人面龍顔始爲天子

孝經鈎命決曰佳姒感龍生帝嵬魁（嵬魁神農名）

帝王世紀曰炎帝神農母曰佳姒有蟜氏女名　登少典妃游華陽有龍首感之生神農於裳羊山娶奔水氏女曰聽訞（音妖）生帝臨女子

黃帝母

河圖曰黃軒母曰地祇之子名附寶之郊野大霓繞北斗樞星耀感附寶生軒轅

帝王世紀曰黃帝有熊氏少典之子母曰附寶其先即炎帝母有蟜氏之女少典氏婚及神農之末少典氏又娶附寶見大霓光繞北斗樞星照郊野附寶孕二十五月生黃帝於壽丘（干寶云二十五月而生餘同）

黃帝四妃

史記曰黃帝娶西陵氏女是爲累祖爲黃帝正妃生二子其後皆有天下

漢書古今表曰黃帝妃方雷氏生玄囂爲青陽妃累祖生昌意妃彤魚氏生夷鼓妃嫫母生蒼林

帝王世紀曰黃帝四妃生二十五子元妃西陵氏累祖次妃方雷氏曰女節次曰彤魚氏次曰嫫母

列女傳曰黃帝妃曰嫫母於四妃之班居下貌甚醜而最賢心每自退（餘同呂氏）

顓頊母

河圖曰搖光之星如虹貫月正白感女樞於幽房之宮生帝顓頊

史記曰昌意娶蜀山女昌樸生高陽高陽有聖德黃帝崩高陽立是爲顓頊

帝王世紀曰昌意生妃謂之女樞金天氏末生顓頊於弱水

搜神記同

顓頊妃

世本曰顓頊娶于勝墳氏（宋衷注昧圖名）之子謂女祿是生老童

帝系云勝奔氏餘同

帝嚳四妃

河圖曰慶都與赤龍合生帝於伊堯（世紀云堯母慶都）

毛詩曰天命玄鳥降而生商宅殷土芒芒

春秋元命苞曰周本姜嫄游閟宮其地扶桑履大跡生后稷

春秋合誠圖曰堯母慶都有名於世蓋大帝之女生於斗維之野常在三河之東南天大雷電有血流潤大石之中生慶都長大常有黃雲覆蓋之夢食不飢（天帝紋食）以年二十寄伊長孺家無夫出觀三河之首常若有神隨之有赤龍負圖至署曰赤帝起成天寶即慶都之翼之野奄然陰風雨龍與慶都合有身龍消不見乳堯（漢書云堯母十四月生堯帝王世紀搜神記同）

史記曰嚳娶陳豐生放勳

又曰后稷棄母有邰氏女曰姜嫄爲帝嚳元妃出野見巨人跡心欣然說欲踐之身動如孕者居期而生子以爲不祥棄之隘巷以爲神收養之初欲棄之因名棄

毛詩生民曰厥初生民時維姜嫄（生民本后稷也姜嫄后稷之母高辛氏帝嚳后）

史記曰殷契母曰簡狄有娀氏女爲帝嚳次妃三人行浴見玄鳥遺其卵簡狄取而吞之因孕生契

世本曰帝嚳卜其四妃四妃之子而皆有天下元妃有邰國之女曰姜嫄是産后稷次妃有娀氏之女簡狄是産契次妃曰陳豐是生帝堯次妃曰娵訾産帝摯

帝王世紀曰娵訾班在四人下生摯最長故登帝位

堯妃

世本曰堯娶散宜氏子謂之女皇（宋忠曰是生丹朱帝系漢書同）

帝王世紀曰女瑩生丹朱（漢書亦云女瑩）

舜母

河圖著命曰女登見大虹意感生舜於姚墟

史記曰舜母早死瞽瞍更娶後妻生象傲

舜二妃

尚書曰師錫帝曰有鰥在下曰虞舜岳曰瞽子父頑母嚚象傲克諧以孝烝烝乂不格姦帝曰我其試哉女于時觀厥刑于二女釐降二女于嬀汭嬪于虞

禮記曰舜葬蒼梧蓋二妃未之從也

山海經曰大荒之中有不庭之山帝俊妻娥皇生焉

帝系曰舜娶于帝堯謂之曰女匽

列女傳曰有虞二妃帝堯之二女也長曰娥皇次曰女英堯舉舜爲相攝行王政每事常謀於二女舜既受禪升爲天子娥皇爲后女英爲妃事瞽瞍猶若初焉天子稱二妃聰明貞仁舜陟方死蒼梧二妃死於江湘之間謂之湘君

尸子曰堯妻舜以娥媵之以皇娥皇衆之女英

離騷九歌湘夫人曰帝子降兮北渚目眇眇兮愁予（帝子謂堯二女娥皇女英隨舜不反沒於湘水渚因爲湘夫人也）嫋嫋兮秋風洞庭波兮木葉

下

夏禹母

河圖著命曰脩紀見流星意感生帝文命我禹興

周禮含文嘉曰夏姒氏祖以薏苡生

孝經鉤命決曰命星貫昴紀夢接生禹父（命使之星謂流行）

世本曰鯀娶華氏曰女志是生高密禹（帝系云産文命餘同）

禹妃

尚書咎繇謨禹曰予娶于塗山辛壬癸甲（辛日娶妻至于甲日復往治水）啓呱呱而泣予弗子（塗山女史記同）

山海經曰太室嵩高成陽西啓母化爲石在焉

帝王世紀曰禹始納塗山氏女曰女嬌合婚於台桑有白狐九尾之瑞至是爲攸女故連山易曰禹娶塗山之子名曰攸女生余是也

列女傳曰啓母塗山者夏禹之妃塗山之女也禹娶四日而去治水啓既生呱呱而泣禹三過其門不入

呂氏春秋曰禹行功見塗山之女禹未之遇南音南土（遇以禮成之）塗山之女乃令其妾往候禹于塗山之陽女作歌曰候人實始作南音也

帝相后（少康二妃附見）

左傳曰伍員曰昔有過澆滅夏后相后緡方娠逃出自竇（后緡相妻）歸于有仍（有仍氏女也）生少康焉澆求之逃奔有虞虞思妻之以二姚

楚辭曰迨少康之未家留有虞之二姚

桀妃

洛書録運法孔子曰逢氏抱小女末喜觀帝孔甲悅之以爲太子履癸妃

國語曰桀伐蒙山而得末嬉

紀年曰后桀伐岷山岷山女于桀二人曰琬曰琰桀受二女無子刻其名于苕華之玉苕是琬華是琰而弃其元妃于洛曰末喜氏末喜氏以與伊尹交遂以閒夏

帝王世紀曰末喜好聞裂繒之聲而笑桀爲發繒裂之以順適其意

列女傳曰夏桀末喜者夏桀之妃也桀伐有施有施女以末喜以女妻人曰女

殷湯母

河圖著命曰扶都見白氣貫月意感生黑帝子湯

湯妃

帝王世紀曰湯娶有莘爲正妃

列女傳曰湯妃有莘之女也德高而伊尹爲之媵臣佐湯致王訓正後宮嬪御有序咸無嫉妒逆理之人生三子太丁外丙仲壬教誨有成太丁早卒丙壬嗣登大位

帝乙妃

史記曰帝乙長子曰微子啓賤不得立立少子辛辛母正后嗣

帝王世紀曰帝乙二妃生四子長曰微子啓中曰微仲少曰受德辛庶妃生箕子初啓母之生啓及仲尚爲妾及立爲后乃生紂

紂妃

史記曰紂伐有蘇有蘇人以妲己女焉紂愛妲己妲己之言是從武王殺之斬以玄戈懸之小白旗世本又載

列女傳曰妲己者殷紂之妃也紂伐有蘇有蘇女以妲己美而辯用心邪僻李比於體戚施於貌紂好酒淫樂不離妲己所譽者貴之所憎者誅之

周大王妃

毛詩曰古公亶父來朝走馬率西水滸至于岐下爰及姜女聿來胥宇

又曰摯仲氏任自彼殷商來嫁于周曰嬪于京乃及王季維德之行摯國任姓

史記曰古公大姜生少子季歷季歷娶大姙皆賢婦人生子曰昌

王季妃

列女傳曰大姜者太王之妃有台之女曰賢而有色生太伯仲雍王季化導三子皆成賢德太王有事必諮謀焉

河圖著命曰大姙夢長人感己生文王

毛詩曰思齊大姙文王之母思媚周姜京室之婦

列女傳曰大姙者王季之妃摯任之女也端懿誠莊維德之行及其有娠也目不視惡色耳不聽淫聲口不放言溲于豕牢而生文王文王生而明聖大姙教以一而知其百卒爲周宗君子謂大姙爲能胎教

文王妃

毛詩曰天監在下有命既集文王初載天作之合在洽之陽在渭之涘纘女維莘長子維行纘繼也莘大姒國也長子長女篤生武王箋云大姒生聖子武王

又曰大姒嗣徽音則百斯男

論語泰伯曰武王曰予有亂臣十人馬融曰亂理也十人謂周公旦召公奭太公望畢公榮公太顛閎夭散宜生南宮括其一人謂文母也孔子曰才難不其然乎唐虞之際於斯爲盛有婦人焉九人而已

列女傳曰大姒者文王之妃莘姒之女也號曰文母

武王妃

左傳曰子產曰當武王邑姜方娠太叔（杜預曰邑姜武王后齊太公之女也懷胎爲娠太叔成王之弟叔虞者）夢帝謂己余命而子曰虞（帝天也虞唐叔之名）將與之唐屬諸參而蕃育其子孫及生有文在手曰虞遂以命之

帝王世紀曰武王納太公之女曰邑姜脩教于內生太子誦

宣王后

璅語曰元妃獻后生子不恒其月而生后弗敢舉王召羣吏問將弃之仲山甫曰天將以是棄周棄之何益且卜筮言何必從乃弗棄

列女傳曰周宣姜后者齊侯之女也宣王嘗夜卧而晏起后夫人不出於房姜后既出乃脫簪珥待罪於巷使其傅母通言於王曰妾不才妾之淫心見矣至使君王失禮而晏朝以見君王之樂色而忘德也王曰寡人不德實自生過非夫人之罪也

幽王褒后

毛詩曰白華周人刺幽后也幽王取申女以爲后又得褒姒而黜申后故下國化之以妾爲妻以孽代宗（幽后褒姒也）

又曰正月刺幽王也燎之方陽寧或滅之赫赫宗周褒姒威之

國語曰夏之衰也二龍止於夏庭而曰余褒之二君夏帝卜請其漦而藏之乃吉（韋昭曰龍吐沫龍之精氣也）龍亡而漦在櫝而藏之三代莫敢發至厲王之末發而觀之漦流于庭不可除王使婦人倮而譟之化爲玄黿入王後宮童妾既齔而遭之既笄而孕無夫而生子懼而弃之宣王之時童謡曰檿弧箕服實亡周國有夫婦賣是器者見後宮童妾所弃妖子聞其啼哀而收之夫婦亡奔褒褒人有罪請入所弃女是爲褒姒幽王愛之生伯服廢申后而以褒姒爲后褒姒不好笑幽王欲其笑萬方不笑以烽火大鼓諸侯悉至至而無寇褒姒乃大笑幽王數舉烽申侯怒與西夷犬戎攻殺王虜褒姒（史記列女傳世紀並同也）

列女傳曰幽王出入與褒姒同乘弋獵不時以適褒姒意

秦始皇太后

史記曰呂不韋所幸姬有娠而進之子楚生秦始皇是爲太后

說苑曰秦始皇太后不謹幸郎嫪毒封爲長信侯長信侯生兩子毒專國事驕奢與侍中左右貴人俱博飲酒醉爭言而闘瞋目大呼曰吾乃秦皇之假父也窶人子何敢與我亢闘者走行白始皇始皇大怒毒因作亂戰棫陽宮始皇取毒四支車裂之取兩弟囊撲殺之皇太后置之棫陽宮下令曰敢以太后事諫者戮而殺之闕下諫而死者二十七人茅焦乃上謁于王遂以千乘萬騎自迎太后歸咸陽太后喜大置酒待茅焦及飲太后稱曰抗枉令直使敗更成安秦社稷使妾母子復得相會茅君之力也

太平御覽卷第一百三十五

太平御覽卷第一百三十六

皇親部二

漢太上昭靈后

詩含神霧曰含始吞赤珠刻曰王英生皇（刻刻漏有王英文也）後赤龍感女媼劉季興

春秋握成圖曰執嘉妻含始游雒池赤珠出刻曰王英吞此者爲王客以其年生劉季爲漢皇（爲王客者爲王者所賓客）

史記曰高祖母媼嘗息大澤之陂夢與神遇時雷電晦冥父太公往視則見蛟龍於上已而有娠遂産高祖

帝王世紀曰太上皇名執嘉妃曰媼爲昭靈后

陳留風俗傳曰沛公起兵野戰喪皇妣于黃鄉天下平定乃使使者以梓宮招魂於幽野於是有丹蛇在水自洒濯入于梓宮其浴處有遺髮故諡曰昭靈后黃鄉今小黃縣也

高祖呂皇后

漢書曰高祖后呂皇后父呂公單父人也好相人高祖微時呂公見而異之乃以女妻高祖生惠帝魯元公主後漢王得定陶戚夫人愛幸生趙王如意呂后爲人剛毅佐高帝定天下高祖崩惠帝立呂后爲太后乃令永巷囚戚夫人髡鉗衣赭衣令春戚夫人春且歌曰子爲王母爲虜終日春薄暮常與死爲伍相離三千里當誰使告汝太后聞之大怒曰乃欲倚汝子邪乃召趙王欲誅之使者三反趙相周昌不遣太后召趙相相至長安使人復召趙王王來惠帝慈仁知太后怒自迎趙王灞上入挾趙王與起居飲食數月帝晨出射趙王不能早起太后伺其獨居使持鴆飲之迨帝還趙王死太后遂斷戚夫人手足去眼煇耳飲瘖藥使居鞠域中名曰人彘居數月召惠帝視人彘帝視而問知其戚夫人迺大哭因病歲餘不能起使人請太后曰此非人所爲臣爲太后子終不能復治天下以此日飲爲淫樂不聽政七年而崩立孝惠後宮子爲帝太后臨朝稱制后治天下八年病犬禍而崩

高祖薄皇后

漢書曰高祖薄姬文帝母也父吳人秦時與故魏王宗女魏媼通生薄姬魏豹立爲王而魏媼內其女於魏宮許負相薄姬當生天子曹參等虜魏王薄姬輸織室詔內後宮歲餘不得幸始姬少時與管夫人趙子兒相愛約曰先貴無相忘已而管趙先幸漢王漢王四年坐河南城　靈臺此兩美人侍相與笑薄姬初時約漢王問其故兩人俱以實告漢王心悽然憐薄姬是日召欲幸之對曰昨暮夢龍據妾胸上曰是貴徵也吾爲汝成之遂幸有娠歲中生文帝高帝

幸姬戚夫人之屬呂后怒皆幽之不得出宮而薄姬以希見故出從子之代代王爲帝尊爲皇太后

東觀漢記曰中元元年告祠高廟曰高皇呂后不宜配食薄太姬慈仁孝文皇帝賢明子孫賴福延至于今宜配食地祇高廟今上薄太后尊號爲高皇后遷呂太后于園

孝惠張皇后

漢書曰孝惠張皇后宣平侯敖女也敖尚帝姊魯元公主有女惠帝即位呂太后欲爲重親以公主女配帝爲皇后欲其生子萬方終無子迺使陽爲有身取後宮美人子名之殺其母立所名子爲太子惠帝崩太子立爲帝呂后崩大臣正之以非孝惠子誅之孝惠后廢處北宮

孝文竇皇后

漢書曰孝文竇皇后景帝母也呂太后時以良家子選入

宮會太后出宮人以賜諸王各五人竇姬家在清河乃求其主者願歸清河而主者誤寘於代籍中竇姬泣涕而行及至代代王獨幸竇姬生子文帝立數月公卿請立太子而竇姬爲皇后景帝立爲皇太后好黃帝老子言景帝及諸竇不得不讀老子以尊其術

孝景薄皇后

漢書曰孝景薄皇后孝文薄太后家女也景帝立立薄妃爲皇后無子無寵立六年薄太后崩皇后廢

孝景王皇后

漢書曰孝景王皇后武帝母也父仲槐里人初嫁爲金王孫婦生一女矣而母臧兒卜筮曰兩女當貴欲倚兩女奪于金氏金氏怒不肯與決乃內太子宮太子幸愛之生三女一男男方在身夢日入其懷中以告太子太子曰此貴徵也景帝即位立爲皇后男爲太子景帝崩武帝即位爲皇太后也

孝武陳皇后

漢書曰孝武陳皇后長公主嫖女也武帝得立爲太子長公主有力取主女爲妃及帝即位妃立爲皇后擅寵驕貴十餘年而無子聞衛子夫得幸幾死者數焉上愈怒后又挾婦人媚道頗覺元光五年上遂窮治之女子楚服等坐爲皇后巫蠱祠祭祝詛大逆無道相連及誅者三百餘人楚服梟首於市

漢書武帝陳皇后退居長門宮司馬相如長門賦序曰孝武皇帝陳皇后得幸頗爲妬别在長門宮愁悶悲思聞相如天下工爲文奉黃金百斤爲相如文君取酒因求解悲愁之辭而相如爲頌以奏主上皇后復得親幸

孝武衛皇后

漢書曰孝武衛皇后字子夫生微賤爲平陽主謳者武帝即位數年無子平陽主求良家女子十餘人飾置家帝祓灞上（祓除也於灞水上自祓除今三月上巳祓禊也）還過平陽主主見所侍美人帝不悅既飲謳者進帝獨悅子夫帝起更衣子夫侍尚衣軒中得幸還坐懽甚賜平陽主金千斤主因奏子夫送入宮子夫上車主拊其背曰行矣強飯勉之即貴願無相忘入宮歲餘不復幸武帝擇宮人不中用者斥出之子夫得見涕泣請出上憐之復幸遂有身尊寵元朔元年生男據遂立爲皇后（據即戾太子也）

孝武李皇后

漢書曰孝武李夫人本以倡進初夫人兄延年性知音善歌舞武帝愛之每爲新聲曲聞者莫不感動延年侍上起

舞歌曰北方有佳人絕世而獨立一顧傾人城再顧傾人國寧知傾城傾國佳人不可再得上歎息曰善世豈有此人乎平陽主因言延年有女弟上乃召見之實妙麗善舞由是得幸生一男是爲昌邑哀王李夫人少而蚤卒上憐閔焉圖畫其形於甘泉宮及衛思后廢後四年武帝崩大將軍霍光緣上雅意以李夫人配食追上尊號曰孝武皇后初李夫人病篤上自臨候之夫人蒙被謝曰妾久病形貌毁壞不可以見帝願以王及兄弟爲託上曰夫人病甚殆將不起一見屬託王及兄弟豈不快哉夫人曰婦人貌不脩飾不見君父妾不敢以燕媠見帝上曰夫人若一見我將加賜千金而予兄弟尊官夫人曰尊官在帝不在一見上復言欲必見之夫人遂轉向壁歔欷而不復言於是上不悅而起夫人姊讓之曰貴人獨不可見上屬託兄弟耶何爲恨上如此夫人曰所以不欲見帝者迺欲以深託兄弟也我以容貌之好得從微賤愛幸於上夫以色事人者色衰則愛絕愛絕則恩絕上所以戀戀顧念我者迺以平生容貌也今見我毁壞顏色非故必且畏惡吐棄我意尚肯復追思閔錄其兄弟哉及夫人卒上以厚禮葬焉

孝昭趙太后

史記曰鉤弋夫人姓趙氏河間人也得幸武帝生子一人即昭帝也武帝年七十乃生昭帝昭帝立時年五歲衛太子廢上居甘泉宮召畫工圖畫周公負成王於是左右羣臣知武帝意欲立少子後數日帝譴責鉤弋夫人脫簪珥叩頭帝曰引將去送掖庭獄夫人還顧帝曰趣行女不得活夫人死雲陽宮時暴風揚塵百姓感傷使者夜持棺往葬之封識其處其後帝閒居云問左右曰人言何云左右對曰人言以爲且立其子何爲去其母乎帝曰然是非兒曹愚人所知也往古國家所以亂也由主少母壯女主獨居驕蹇淫亂自恣莫能禁也汝不聞呂后耶故諸爲武帝生子者無男女其母莫不譴死豈可謂非賢聖哉

漢書曰孝武鉤弋趙婕妤家在河間武帝巡狩過河間望氣者言此室有奇女天子氣使使召之既至兩手皆拳上自披之手即時伸由是得幸號曰拳夫人進爲婕妤居鉤弋宮大有寵元始三年生昭帝號鉤弋子妊身十四月迺生上曰聞昔堯十四月而生今鉤弋亦然迺命其生門曰堯母門昭帝即位追尊爲皇太后

漢武故事曰拳夫人進爲婕妤居鉤弋宮解黃帝素女之術從上至甘泉因幸告上曰妾相運正應爲陛下生一男男七歲妾當死今年必死宮中多蠱氣必傷聖體言終而卧遂卒既殯香聞十餘里因葬雲陵上哀悼又疑非常人發冢室棺無尸唯履存爲起通靈臺於甘泉常有一青鳥集臺上往來至宣帝時乃止

列仙傳曰鉤翼夫人姓趙少好學沉靜病卧六年右手拳飲食少望氣云東方有貴人氣推而到姿色甚偉帝披其手得一鉤而手尋拳生昭帝既而帝害之殯尸不臭而香數月昭帝即位更葬之棺空但有衣履故名其宮曰鉤翼後避諱改爲弋

孝昭上官皇后

漢書曰孝昭上官皇后隴西上邽人祖父桀因材力親近爲侍中昭帝始立年八歲帝姊鄂邑長公主居禁中共養后父安因主親近丁外人聞之長公主召入爲婕妤月餘爲皇后年甫六歲安以后父封侯後桀謀反發覺后以少

不預謀亦以霍光外孫不廢宣帝即位合葬平陵

衛太子史戾后

漢書曰衛太子史良娣宣帝祖母也太子有妃有良娣有孺子妻妾凡三等子皆稱皇孫史良娣生男進號史皇孫武帝末巫蠱事起衛太子及良娣史皇孫皆遭害

史皇孫王悼后

漢書曰史皇孫王夫人宣帝母也名公頊太始中得幸於史皇孫皇孫妻妾無號位皆稱家人子征和二年生宣帝帝生數月衛太子皇孫敗家人子皆坐誅莫有收葬者唯宣帝得全即尊位後追尊母夫人謚曰悼后祖母史良娣曰戾后皆改葬

孝宣許皇后

漢書曰孝宣許皇后元帝母也父廣漢昌邑人爲暴室嗇

夫廣漢有女平君十四五當爲内者令歐侯氏子婦臨當入門歐侯子死其母將行卜相言當大貴母獨喜張賀聞許嗇夫有女乃置酒請之酒酣爲言曾孫可妻也廣漢許諾明日嫗聞之怒廣漢重令爲媒介遂與曾孫及立爲帝平君爲婕好是時霍將軍有小女與皇太后有親

漢書宣帝即位公卿議更立皇后皆心議霍將軍女亦未有言上乃詔求微時故劒大臣知旨白立許婕好爲皇后

孝宣霍皇后

漢書曰孝宣霍皇后光女也母顯既使女醫陰殺許后顯因爲女成君衣補治入宮

漢書曰孝宣許后起微賤登至尊從官車服甚節儉五日一朝皇太后於長樂宮親奉案上食以婦道供養及霍后立亦循許后故事而皇太后親霍后之姊子故常竦體敬而禮之皇后輿駕侍從甚盛賞賜官屬以千萬計與許后時懸絶矣

孝宣王皇后

漢書曰孝宣王皇后父奉光少時好鬭雞宣帝在人間數與奉光會相識奉光有女年十餘每欲適人所當適者輒死故久不行及宣帝即位召入後宮稱爲婕好霍皇后廢後上憐太子蚤失母幾爲霍氏所害於是乃選後宮素謹朴而無子者遂立王婕好爲皇后令母養太子元帝即位爲皇太后成帝即位爲太皇太后時成帝母亦姓王氏故號太皇太后爲卭城太后年七十餘崩以后父奉光封卭城侯故號之

孝元王皇后

漢書曰孝元王皇后王莽之姑也王賀字翁孺爲武帝繡衣御史逐捕魏郡盜皆縱不誅以奉使不稱免歎曰吾聞

活千人者有封吾所活者萬餘人後世其興乎翁孺既免而與東平陵終氏爲怨廼徙魏郡元城委粟里爲三老魏郡人德之元城建公曰元城縣建公姓名也昔春秋沙麓崩晉史卜之曰陰爲陽雄土火相乘陰元后陽漢也王氏舜後土也漢火故曰土火相乘故有沙麓崩陰盛而沙麓崩後六百四十五年宜有聖女興其齊田乎今王翁孺徙正值其地日月當之元城郭東有五鹿之墟即沙麓地也後八十年有貴女興天下云翁孺生禁字雅君禁生女政君即元后也初母李親姙政君在身夢月入其懷及壯大婉順得婦人道常許嫁未行所許者死後東平王聘政君爲姬未入王薨禁獨怪之使卜數者相政君當大貴不可言禁心以爲然乃教書學鼓琴五鳳中獻政君年十八矣入掖庭爲家人子皇后擇後宮可以娛侍太子者政君與在其中及太子朝皇后廼見政

君等五人微令孝長御問知太子所欲太子殊無意於五
人者不得已於皇后強應曰此中一人可是時政君坐近
太子又獨衣絳緣諸于政君於太子宮見內殿得御幸有
娠甘露三年生成帝於甲館畫堂爲世嫡皇孫宣帝崩太
子即位是爲孝元皇帝立太孫爲太子以母王妃爲皇后
哀帝即位爲太皇太后哀帝崩無子以莽爲大司馬共徵
立中山王奉哀帝後是爲平帝平帝年九歲常被病太皇
太后臨朝漢傳國璽以孺子未立璽藏長樂宮及莽即位
請璽太后不肯以授莽莽使安陽侯舜諭旨舜素謹飭太
后雅愛信之舜既見太后知其爲莽求璽怒罵之曰而屬
父子宗族蒙漢家力富貴累代既無以報受人寄託乘便
利時奪取其國不復顧恩義爲人如此者狗猪不食其餘
天下豈有而兄弟耶且若自以金匱符命爲新皇帝變更

正朔服制亦當自更作璽傳之萬世何以用此亡國不祥
璽爲欲求之我漢家老寡婦旦暮且死欲與此璽俱葬終
不可得太后因泣涕莽欲脅之迺出璽投之地莽改號太
后爲新室文母絕之於漢太后年八十四建國五年二月
癸丑崩三月乙酉合葬渭陵

孝元傅皇后

漢書曰孝元傅昭儀哀帝祖母也父河內溫人昭儀少爲
上官太后才人自元帝爲太子得進

漢書曰孝元傅皇后帝即位爲婕妤甚有寵爲人有才下
至宮人左右飲酒酹地皆祝延之

信都馮太后

漢書曰孝元馮昭儀平帝祖母也元帝即位二年以選入
後宮就館生男拜爲婕妤父奉世婕妤內寵與傅昭儀等

建始中上

漢書曰元帝建始中幸虎圈鬬獸後宮皆坐熊佚出圈攀
檻欲上殿左右貴人傅昭儀等皆驚走馮婕妤直前當熊
而立左右格殺熊上問人情驚懼何故前當熊婕妤對曰
妾聞猛獸得人而止妾恐熊至御坐故以身當之元帝嗟
嘆以此倍敬重焉

孝成許皇后

漢書曰孝成許皇后平恩侯嘉女元帝悼傷母恭哀后居
位日淺而遭霍氏之辜故選嘉女以配皇太子侍送者還
白太子忻說狀元帝喜謂左右酌酒賀我左右皆稱萬歲
久之及成帝即位立許妃爲皇后后聰慧善史書自爲妃
至即位常寵於上後宮稀得進見久之皇后寵亦益衰
而後宮多新愛姊平安侯夫人謁等爲媚道祝詛後宮有
娠者太后大怒下吏考問謁等誅死許后坐廢處昭臺宮

孝成帝趙皇后

漢書曰孝成趙皇后本長安宮人初屬陽阿主家學歌舞
號曰飛燕成帝嘗微行出過陽阿主作樂上見飛燕而說
之召入宮大幸有女弟復召入俱爲婕妤貴傾後宮父臨
爲成陽侯後月餘乃立婕妤爲皇后後寵少衰而弟絕幸
爲昭儀居昭陽舍其中庭彤朱而殿上髹漆切皆銅沓冒
黃金塗白玉階壁帶往往爲黃金釭函（謂壁中之橫帶）承藍田璧
明珠翠羽飾之自後宮未嘗有焉

孝哀丁太后

漢書曰定陶丁姬哀帝母也河平四年生哀帝丁姬爲太
后建平二年丁太后崩起陵恭皇之園王莽秉政乃奏貶
傅太后號曰定陶共王母丁太后號曰丁姬元始五年莽

復奏恭王母及丁姬葬渭陵冢高與元帝山齊禮有改葬謂發王母及丁姬冢徙歸定陶太后以爲既已之事不須發莽固爭之太后詔曰因故棺爲致槨作冢祠以太牢既發傅太后冢崩壓殺數百人開丁姬椁戶火出炎四五丈吏卒以水沃滅乃得入燒燔椁中器物莽復奏言前恭王母生僭居桂宮皇天震怒災其正殿丁姬死莽踰制度今火焚其椁此天見變以告當改如媵妾也共王母及丁姬椁棺皆名梓宮珠玉之衣非藩妾服請更以木椁代去珠玉葬丁姬媵妾之禮奏可既開傅太后棺臭聞數里掘平恭王母丁姬故冢二旬間皆平莽又周棘其處以爲時戒云時有羣鷰數千銜土投冢中

孝哀傅皇后

漢書曰孝哀傅皇后定陶傅太后從弟子也哀帝爲定陶王時傅太后欲重親取以配王帝崩王莽白太后令孝哀皇后退就桂宮後月餘復與孝成趙皇后俱廢爲庶人就其園自殺

孝平母衛姬

漢書曰中山衛姬平帝母也父曰子豪子豪女弟爲宣帝婕妤生楚孝王長女又爲元帝婕妤生平陽公主成帝時中山孝王無子上以衛氏吉祥以子豪少女配孝王生平帝平帝年二歲孝王薨代爲王哀帝崩無嗣太皇太后與莽迎中山王立爲帝莽欲顓國權衛姬及外家不當得至京師乃賜衛姬璽綬即拜爲中山王后莽長子宇非莽隔絕衛氏日夜啼泣思見帝而但益戶邑宇復教令上書求至京師會事發覺莽殺宇盡誅衛氏支屬莽簒國廢爲家人後歲餘卒葬孝王旁

孝平王皇后

漢書曰孝平王皇后莽女也莽欲依霍光故事以女配帝帝崩莽立孝宣帝玄孫嬰爲孺子莽即真以嬰爲定安公王皇太后號爲定安公太后時年十八爲人婉嫕有節操自劉氏廢常稱疾不朝會莽敬憚傷哀欲嫁之迺號爲皇室主令立國將軍成新公孫建世子豫飾將醫往問疾后大怒笞鞭其旁侍御因發病不肯起莽遂不敢強也及漢兵誅莽焚燒未央宮后曰何面目以見漢家自投火中而死

太平御覽卷第一百三十六

太平御覽卷第一百三十七

皇親部三

東漢

光武郭皇后

續漢書曰光武郭皇后眞定槀人也安陽思侯昌女曰聖通世祖至眞定納聖通有寵世祖即位聖通爲貴人建武元年生皇子強二年貴人立爲皇后強爲太子是後后寵衰數懷怨懟廢二十八年薨葬北陵

光武陰皇后

續漢書曰光武光烈陰皇后南陽新野人名麗華宣恩哀侯陸女也陸卒後女年十九兄識嫁與世祖納后於宛當成里以后性寛仁宜母天下欲授以尊位后輒退讓自陳不足以當男爲東海王十七年郭皇后廢后立爲皇后十九年太子強廢東海王爲太子

東觀漢記曰上微時過新野聞后美心悅之後至長安見執金吾車騎甚盛因歎曰仕宦當作執金吾娶妻當得陰麗華更始元年遂納后於宛

孝明馬皇后

續漢書曰孝明明德馬皇后伏波將軍新息侯援之女后年七歲幹治家事勑制僮御出入授計一以貫之諸家莫如其母不知其家事獨后所爲也後聞之咸驚異焉母嘗使善卜者相后曰此女必當大貴遂爲帝王妃然而少子建武二十八年年十三以選入太子宮接待同列如承至尊先人後己發於至誠由是見寵永平三年春有司奏請立長秋宮以帥八妾上未有所言皇太后曰馬夫人德冠後宮即其人也遂登后位身衣大帛御者禿裙不緣性不喜出入遊觀未嘗臨御牕牖又不好音樂上時幸苑囿離宮以故希從輒誡言不宜晨起因陳風邪霧露之誡辭意甚備上納焉誦易經習詩論春秋略記大義讀楚辭尤善賦頌疾其浮華聽論輒摘其要讀光武皇帝紀至有獻千里馬寶劍者上以馬駕鼓車劍賜騎士手不持珠玉后未嘗不歎息也時有楚獄囚證相引繫者甚多后慮其多濫承閒爲上言之上惻然感動於是上夜起彷徨思論所納非臣下所得聞后志在克己奉上不以私家奸朝廷兄爲虎賁中郎將兩弟黃門郎訖永平世不遷明帝體不安召黃門防奉參醫藥夙夜勤勞帝崩后作起居注省去防參醫藥事章帝即位后爲皇太后下詔告三輔二千石無得令馬氏婚親因權託屬奸亂吏治犯者正法以聞太后素自喜儉前過濯龍門上見外家問起居車如流水馬如龍

著頭衣綠構直領袖正白顧視旁御者遠不及也亦不譴怒但絶其歲用冀以嘿止謗耳於是親戚被服如一政教不嚴而從以躬率先之故也置織室蠶於濯龍中數往來觀視内以娛樂外以先女功太后崩合葬顯節陵

東觀漢記曰后長七尺二寸青白色方口美髮爲四起大髻但以髮成尚有餘繞結三匝復出諸髮眉不施黛獨左眉角小缺補之如粟后素謹慎小感慨輒自責如平生事舅姑時新平主家御者失火及北閣後殿深以自過起居不忻至正月當上原陵言我守備不精慙見原陵不上

陳思王畫讚序曰昔明德馬后美於色厚於德帝用嘉之嘗從觀畫虞舜見娥皇女英帝指之戲后曰恨不如此爲妃又前見陶唐之象后指堯曰嗟乎群臣百僚恨不戴君如是帝顧而笑

孝章母賈貴人

續漢書曰孝明賈貴人南陽人明德馬后之姨女孝章皇帝之母也初選入後宮爲貴人生章帝馬后無子帝帥生而馬后母養之明帝謂馬后曰人未必當自生子也但患養之不勤愛之不至耳若能愛如已子則孝敬亦如親生矣於是馬后待章帝過於所生章帝感養育之恩遂尊名馬氏爲外家故賈貴人家不蒙舅氏之寵

孝章竇皇后

續漢書曰孝章章德竇皇后右扶風平陵人竇勳之女后生二歲呼卜相工見后皆言大貴有容貌才能母沘陽公主欲内之帝聞后有才色數以問諸家建初二年后與女弟隨主入見長樂宮進止得適人事脩備奉事長樂宮下至侍御貢獻問遺皆得其忻心太后異之亦可焉入掖庭見北宮章德殿后性敏給稱譽日聞太后亦緣意明年有司請立長秋宮遂立爲后有寵專固後宮先是宋貴人生太子慶梁貴人生和帝后心忌害之皆誣以挾邪媚道後以憂卒

孝章梁皇后

續漢書曰孝章恭懷梁皇后安定烏氏人也父竦建初中以女二人選入宮有寵其第產孝和皇帝竇后母養欲隱絶梁氏初和帝生竦兄弟不蒙忻喜竊私相賀語言漏泄傳聞竇后惡之遂作蜚語誣陷以惡詔書傳考竦死漢陽獄家屬徙九真二貴人以憂薨永元九年竇太后崩竦長女嫕上書自陳上遂見嫕泣涕問訊賞賜舍第財物以二貴人葬有闕改殯之于承光宮小貴人尊號曰皇太后與姊貴人合葬于西陵上謚曰恭懷皇后儀比敬園追爵謚竦爲褒親愍侯徵還竦家屬

敬隱宋皇后

續漢書曰敬隱宋皇后右扶風平陵人當陽穆侯揚之女也兩女皆有才能令色永平末俱選入宮配皇太子皆寵明帝崩太子即位是爲章帝姊妹並爲貴人建初三年小貴人生皇子慶二歲立爲皇太子後竇后幸廢爲清河王至永元九年竇后崩清河王上書求上貴人家又爲外祖母求詣洛陽治病詔書聽之殤帝崩清河王子立是爲安帝鄧太后崩安帝追尊小貴人曰敬隱后

孝和陰皇后

續漢書曰孝和陰皇后吳房侯綱之女也后爲人聰惠有才能永元四年選入掖庭爲貴人以託先后近屬故有異寵立爲皇后自和熹鄧后入宮後陰后寵衰怨恨后外母

御朱數出入后所有言后與朱共挾蠱賜后策遷于桐宮以憂死葬臨平亭部

孝和鄧皇后 曹大家附

續漢書曰孝和和熹鄧皇后太傅高密侯禹之孫平壽敬侯訓之女也訓有五男三女長騭次京悝弘閶女燕次綏綏即后也次容蚤卒有子女娥甫在襁褓時后年十二傷娥早孤養視撫育慈恩深至后七歲讀論語十二通詩諸兄讀經輒難問微意志在書傳母非之曰當習女工以供衣服今不是務汝當舉博士耶后重違母意則縫綻極女工事暮夜私買脂燭讀經傳宗族內外皆號曰諸生父訓心異之永元四年呼相工蘇太相后大驚曰此成湯之骨法也貴不可言七年中復與諸家女俱選入宮姿容窈窕進退辭令粲然有異與衆女殊八年十一月巳卯后入掖

庭爲貴人諸兄除郎中后時年十六德冠後宮后性恭肅小心承事陰氏夙夜兢兢接撫同列常尅巳下之上深喜爲遂有特寵后自入宮遂博覽五經傳記圖讖內事風雨占候老子孟子禮記月令法言不觀浮華申韓之書上每欲官秩后諸兄弟輒爲推讓孝和世騭裁虎賁中郎將京悝弘閶黃門郎和帝未崩數失皇子皇子生養於民間羣僚無知者及和帝崩是日倉卒上下憂惶后乃收斂皇子皇子勝長有微疾殤帝生百餘日后欲自養長立爲皇子其夜即位尊皇后爲皇太后帝在襁褓皇太后臨朝建元元年三月太后崩丙午合葬順陵

東觀漢記曰后年五歲太夫人爲剪髮夫人年老目冥并中后額雖痛忍不言一額盡傷左右怪而問之后言夫人哀我爲斷髮難傷老人意故忍之耳及爲太后時宮中亡大珠一筐太后念欲下掖庭考問之恐有無辜僵仆者乃親自臨見宮人閱問動察顏色開示恩信宮人即時首服不加鞭箠不敢隱情宮人驚咸稱神明

曹大家附

後漢書曰扶風曹世叔妻者同郡班彪之女也名昭字惠班一名姬博學高才世叔早卒有節行法度兄固著漢書其七表及天文志未及竟和帝詔就東觀藏書閣踵而成之帝數召入宮令皇后諸貴人師事焉號曰大家每有貢獻異物輒詔大家作賦頌及鄧太后臨朝預聞政事作女誡七篇年七十餘卒皇太后素服舉哀使者監護喪事所著賦頌銘誄論疏凡十六篇子婦丁氏爲撰集之又作大家讚焉

孝德左皇后

續漢書曰孝德左皇后安帝母也父仲舅犍爲武陽人后兄聖伯爲妖言伏誅父母同産皆沒官后長掖庭有令色賜清河王王大悅特親幸自姬妾巳下莫能與比六年生男爲清河太子卒葬當利庭延平元年殤帝崩清河太子爲皇帝尊清河孝王曰孝德皇帝左姬曰孝德皇后

孝安閻皇后

續漢書曰孝安安思閻皇后河南滎陽人侍中長水校尉暢之女也有才能令色立爲皇后安帝崩閻后皇太后與兄顯定策禁中立濟北王少子北鄉侯爲皇帝奉後以其年少欲久專政於是太后攝政永建元年崩謚安思后合葬恭陵

孝安李皇后

續漢書曰孝安恭愍李皇后以宮人侍上見幸生順帝爲

閻后所妬見鴆物故瘞葬城北帝即位左右以聞更以禮殯永元二年葬北陵謚曰愍皇后

孝順梁皇后

續漢書曰梁皇后大將軍商女后有光景之祥及長聰叡仰承兄姊俯接弟妹恩情周悉既有女功之巧尤好史書學問之事九歲能誦孝經論語遂治韓詩大義略舉女傳列圖常在左右宗族中外咸敬異焉選入掖庭相工茅通見之大驚曰此所謂日角偃月相之極貴臣所未常見於是以爲貴人恩寵日崇乃白上曰陽以博施爲德陰以不專爲義螽斯之福則百斯男之祚所由興也願陛下思天行之普遠均貫魚之次序使小妾得免罪謗之累於是上愈善之益親顧焉陽嘉元年立爲皇后沖帝在襁褓太后攝政和平元年崩羣臣奏謚曰順烈皇后合葬憲陵

孝沖母虞貴人

續漢書曰孝順虞大家孝沖皇帝母也遭沖質仍夭政在梁氏故與質帝母俱抑而無號嘉平四年小黃門趙祐議郎畢正言上孝沖皇帝母虞大家質皇帝母渤海陳夫人皆誕生聖帝未有稱號今遭盛明當以母氏序載外戚朝廷之恩臣子極賤尚有追贈況二母見存而徒曰大家夫人非所示後進母以子貴之義上感其言即日拜大家爲貴人使中常侍持節就園授印綬

孝質母陳妃

續漢書曰樂安陳夫人孝質皇帝母也家本魏郡少以伎入孝王宮得幸生質帝梁冀欲專國權令帝母不得至京都又帝短祚是以外家無他寵靈帝拜夫人爲孝王妃

孝崇匽皇后

續漢書曰蠡吾博園匽貴人者桓皇帝母也上年十四襲父蠡吾侯爵即帝位追尊父爲崇皇陵曰博陵匽夫人爲崇園貴人和平元年有司上言爲孝崇皇后即授印綬宮曰永樂

孝桓梁皇后

續漢書曰孝桓懿獻皇后順烈后之女弟也字女瑩上始即位備禮儀納綵案舊令娉后納采乘馬束帛如孝惠孝平故事娉后黃金二萬斤永初四年立爲皇后時太后秉政皇后擅寵後宮太后崩後后恩稍衰後宮姬孕若産皇子后輒隨嫉害少有得全育者然終身亦無子後見御轉希至延熹二年以憂恚崩葬懿陵

孝桓鄧皇后

續漢書曰孝桓鄧皇后字猛女母宣本微初適郎中鄧香生后後適梁紀故后冒姓梁氏上誅后兄冀等立猛女爲皇后惡梁姓之同改姓亳氏後姓鄧氏后特尊驕忌與上所幸郭貴人更相譖乃廢之凡立七年以憂死葬於北邙

孝桓竇皇后

續漢書曰孝桓竇皇后章帝竇后之族孫大將軍武之女也孝靈皇帝尊皇后爲皇太后太后臨朝武以宦者放縱日久謀悉誅除廢其官上欲獲忠節下副論者數入禁中進白太后太后以爲此皆天所生漢元以來世世用事國典常故何可廢耶但當誅惡耳中常侍管霸頗聞其語結謀誅武武自殺太后歸長樂宮嘉平元年六月崩合葬宣陵

孝仁董皇后

續漢書曰河間慎園董貴人孝靈皇帝母也靈帝即皇帝位追尊父長爲孝仁皇帝陵曰慎陵董太夫人曰慎園貴人

及竇太后歸政還長樂宮迎貴人到京都奉璽綬上尊號爲孝仁皇后稱永樂宮竇太后崩後永樂后數至前省與上相見與於政事中平六年上弃天下永樂后兄子董爲驃騎將軍何太后臨朝董與太后兄大將軍進權勢相害后每欲參干政事太后輒相禁塞后憤恚詈罵曰汝欲怙大將軍耶勑驃騎斬大將軍頭來何太后以告進進收董免官爵重自殺后憂怖病還河間崩合葬愼陵

孝靈宋皇后

續漢書曰孝靈宋后帝敬宋貴人之從孫執金吾酆之女無寵而父當正位後宮幸姬衆共譖惡誣以祝詛上信之遂策收璽綬后自致暴室獄以憂死父兄弟皆被誅諸常侍小黃門在省闥者皆憐宋氏無辜共合錢收葬后及酆父子於睪門亭宋氏舊塋

孝靈何皇后

續漢書曰孝靈思何皇后南陽宛人也以良家子選入掖庭見幸妊身就館生男爲貴人父眞前卒召貴人同父兄何進爲郎中靈帝崩何皇后子辯立爲皇帝后爲皇太后進爲録尚書事紹謀誅廢中官進以紹計白太后后不聽以爲中官統領禁省自古及今漢家故事不可廢也且先帝新弃天下柰何令我楚楚與士人共事乎及董卓屯顯陽議以爲太后迫永樂后令崩逆婦姑之節遷太后于桐宮太后暴崩羣臣奏謚曰靈思皇后合葬文陵

孝靈王皇后

續漢書曰孝靈懷王皇后孝獻帝毋王璋女也才明聰敏能書會計以良家子應法相選入掖庭光和三年中夏幸妊身后怖畏何皇后服藥欲除姙胎安不動又后數夢負日遂不敢搖四年三月癸巳生上庚子渴飲米粥遂暴薨上歸掖庭暴室嗇夫朱直擁養獨擇乳母歲餘永樂后自將護至三歲靈帝閔上早失所生追思后令美乃作追德賦令儀頌陵曰文昭陵起墳文陵園北

孝獻伏皇后

續漢書曰孝獻伏皇后琅邪東武人侍中輔國將軍不其侯完女也后坐與父完謀爲奸書詐閏不道上收后下暴室詔獄憂死兄弟皆伏誅

張璠漢紀曰曹操入其二女於宮貴人誣伏氏氏爲亂使御史大夫郗慮伏節收后后被髮徒跣走而執上手曰不能復相活耶上大驚號哭曰我亦不知命在何時顧謂慮曰郗公天下豈有此乎左右莫不流涕遂殺后也

曹瞞別傳曰公遣華歆勒兵入宮收后后閉戶匿壁中歆擿戶發壁牽后出

孝獻曹皇后

續漢書曰孝獻曹后丞相魏王操女也名憲建安十八年上納操二女憲節於後宮皆以爲貴人明年伏后薨憲爲皇后二十年獻帝禪位於魏憲拜山陽公夫人

太平御覽卷第一百三十七

太平御覽卷第一百三十八

皇親部四

魏武宣卞皇后

魏志曰武宣卞皇后琅邪人文帝母也本倡家年二十太祖於譙納后爲妾後隨太祖至洛及董卓爲亂太祖微服東出避難袁術傳太祖凶問時太祖左右在洛者皆歸后止之曰曹君吉凶未定未可知今日還家明日若在何面目復相見也正使禍至共死何苦遂從后言太祖聞而善之建安初丁夫人廢遂以后爲繼室諸子無毋者太祖皆命后養之文帝爲太子左右長御賀后曰將軍拜太子天下莫不懽喜后當傾府藏賞賜后曰王自以丕年大故用爲嗣我但當以免無教導之過爲幸甚耳亦何當賜遺乎長御還見以語太祖祖悅曰怒不變容喜不敗節是最爲難二十四年拜爲王皇后文帝踐祚尊后曰太后稱永壽宮

魏書曰后以漢延熹三年生齊郡白亭有黄氣滿室移日父敬侯怪之以問卜者王旦旦曰此吉祥也爲太后見外親不假以顔色常言居處當務節儉不當妄賞賜念自勉也帝爲太后弟秉起第及成太后幸弟請諸家外親設下厨無異膳太后左右菜食粟飯無魚肉其儉如此

文甄皇后

魏志曰文昭甄皇后中山無極人明帝母父逸上蔡令后三歲失父後天下兵亂加以饑饉百姓皆賣金銀珠玉寶物時后家大有儲穀頗以買之后年十餘歲白母曰世今亂多買寶物匹夫無罪懷璧爲罪又左右皆飢乏不如以穀賑給親族鄰里廣爲恩惠也舉家稱善即從后言建安中袁紹爲中子熙納后冀州平文帝納后於鄴有寵生明帝郭后李陰貴人並愛幸后愈失意有怨言帝大怒遣使賜死葬于鄴明帝即位有司奏請追謚又别立寢廟太和元年追封謚曰敬侯適孫像襲爵初營宗廟掘地得玉璽方一寸九分其文曰天子羕思慈親明帝爲之改容以太牢告廟又嘗夢見后於是舅氏親疎高下叙用各有差賞賜累巨萬

魏書曰甄后每寢寐家中髣髴見人持玉衣覆其上者常共怪之相工劉良相后曰此女貴乃不可言后自少至長

不好戲弄年八歲外有立騎戲馬者家人諸姊皆上閣觀之后獨不行年九歲喜書視字輒識數用諸兄筆硯兄謂后言汝當作女博士耶后荅言聞古者賢女未有不覽前世成敗以爲已誡不知書何由見之及爲皇后寵愈隆而彌挹損每因閑宴常言昔黃帝子孫蕃育蓋由妾媵衆多獲斯可願廣求淑媛以豐繼嗣帝心喜焉

文郭皇后

魏志曰文德郭皇后安平廣宗人也祖世長吏后少而父永奇之曰此乃吾女中王也遂以女王爲字早失二親喪亂流離沒在銅鞮侯家太祖爲魏公時得入東宮后有智數時有所獻納文帝定爲嗣后有謀焉太子即王位后爲夫人及踐祚爲貴嬪甄后之死由后之寵也遂立爲后黃初五年帝東征后留許昌永始臺時霖雨百餘日城樓多壞有司奏請移止后曰昔楚昭王出遊貞姜留漸臺江水至使者迎而無符不去卒沒今帝在遠吾幸未有是患而便移止奈何明帝即位尊后爲皇太后稱永安宮

明帝毛皇后

魏志曰明帝悼毛皇后河內人以選入東宮明帝時爲平原王進御有寵出入與同輦及即位立爲皇后初明帝爲王始納河內虞氏爲妃帝即位虞氏不得立卞太后慰勉焉虞氏曰曹氏好立賤未有能以義舉者也嘉本典車工卒暴富貴舉動甚蚩騃俟楷切語輒自稱侯身人以爲笑帝之幸郭皇后也后愛寵日衰景初元年帝遊後園召才人以上宴樂左右宜延皇后帝不許乃禁左右使不得宣后知之明日帝見后后曰昨日遊宴北園樂乎帝以左右泄之所殺十餘人賜后死然猶加謚葬愍陵

明帝郭皇后

魏志曰明帝郭皇后西平人也世河右大族黃初中本郡反叛遂沒入宮明帝即位甚見愛幸拜爲夫人帝疾困遂立爲皇后齊王即位尊后曰皇太后稱永寧宮值三主幼弱宰輔親政與奪大事皆先咨太后然後施行毋丘儉鍾會等假其命以爲亂焉景元四年崩

晉宣穆張皇后

晉書曰宣穆皇后張氏諱春華高祖同郡人也母河內山氏司徒濤之從祖姑也后少有德行智識初高祖辭仕以風痺不能起居曝書遇雨高起收書家唯一婢見之后懼言語泄漏乃手殺之而自執爨焉帝由是重之其後栢夫人有寵后罕得進見帝嘗臥疾后往省病帝曰老物可憎何煩出也后慙恚不食將自殺諸子亦不食帝驚而致謝后乃止退而謂人曰老物不足惜慮困我好兒耳魏正始八年崩武帝受禪追尊爲太后

景懷夏侯皇后

晉書曰景懷夏侯皇后沛國譙人也父尚魏征南大將軍母曹氏魏德陽鄉主后雅有識度帝每有所爲必預籌畫魏世宣帝居上將之重諸子並有雄才大略后知帝非魏之純臣而后既魏氏之甥帝深忌之青龍二年以鴆崩武帝登祚始加號謚

文明王皇后

王隱晉書曰文明皇后王肅女秉德清身體行純和八歲誦詩論特精喪服苟有文義過目則識祖司徒朗異之曰與吾家者必此女矣惜不爲男每居大喪常身不勝衣及鍾會見任言於文帝曰會好爲事端寵過必獘太始元年

尊曰皇后宮曰崇禮自即尊位眷戀舊業忽弃華麗四年薨

晉書曰后諱元姬年十二祖卽薨后哀慼哭泣發於自然其父益加敬異既葬歸于文帝生武帝

武元楊皇后

晉書曰楊元后父炳言后相貴故文帝爲武帝娶之生惠帝武帝疑惠帝不堪奉大統密以語后后曰立嫡以長不以賢豈可動乎帝採諸葛冲等五十人入殿呈露面常衣令后選取后不取端正唯取長白時卞藩女有美色帝舉扇鄣面語后曰藩女可后曰藩三世皇后不宜枉以卑位其中者以絳紗繫臂遂取胡芳芳啼哭左右曰陛下聞聲芳曰死且不畏何畏陛下帝壯其言父奮聞女中亦哭曰老奴不死唯有二兒男在九地之下女在九天之上帝拜芳爲貴嬪元后疾甚見上素敬胡夫人恐立之又慮太子不安臨終枕帝膝曰從妹男胤有德色不足復娶異姓帝許之崩于光明殿

武悼楊皇后

晉氏后妃列傳曰后諱芷字季蘭小字男胤武帝繼室也太傅楊駿女咸寧二年即后位婉嫕（音翳）有才色昳於椒房寵禮尤隆后無子賈庶人爲太子妃時數以肆情忌妬失帝意帝慮始終之事欲廢焉后爲妃陳請曰賈公有勳於王府猶將數世宥之況賈妃親則其子夫妬忌亦婦人之常事不足以一眚而忘大德帝納焉晏駕尊曰皇太后賈庶人五日一朝后既喪所天常有慼容庶人謂不悅在己愈自嫌及星辰有變占於毋家不利殿中典兵中郎孟觀等遂進勸庶人有先唱者有福後發者受禍庶人遂陷誅后父駿三族及內外新屬遷后於永寧宮賈庶人尋諷百僚奏太后廢爲庶人毋龐付廷尉行刑詔初欲宥之卒不可事奏太后截髮稽顙稱以請毋於賈庶人而龐遂見刑后不勝憂哀崩於幽宮春秋三十有四謚曰武悼皇后

晉後略曰賈后既殺楊庶人於金墉城又信妖巫謂人既死必訴怨於先帝乃覆而殯之施諸厭劾符書藥物以合瘞之

惠帝賈皇后

王隱晉書曰后諱南風武帝謀太子婚久不決上欲娶衛瓘女元后欲娶賈充女上曰衛女有五可賈女有五不可衛家種賢而多子端正長白賈女種妬少子醜而短黑郭槐多輸寶物於后遂娶南風八年將納妃帝知太子不慧故試之盡召東宮官屬作飲食而密封詔使太子決停信待之賈妃大懼召人答詔草給使張泓曰太子不學而答詔引義必責草主更益譴負不如直以意答妃大喜語泓便爲我好答得富貴與汝共之泓素有小才具草令太子自寫武帝大喜賈妃酷妬手擊數人或以刀戟擲孕妾子乃墮地上大怒治金墉城將殺之趙粲荀勗深救之故得不廢洛陽尉部小吏忽有好物尉疑爲盜召詰之賈后疎親欲求盜物往聽對辭云先行逢一老嫗說家有疾師卜當得城南年少厭塞暫屈相煩尋重報小吏從之上車下帷內着簏箱中行十餘里過六七門限開簏忽見樓闕好屋問此何處云天上即以香湯見浴好衣美食將入見一婦人年三十五六短小青黑色眉後有疵見留數日共宿得此衆物賈氏親疎聞其形狀如是賈后慙而去尉亦解意云時他人多殺之不出唯此小吏以愛得出賈后詐有身內藁物爲產遂取妹夫韓壽兒託之諒闇所生故弗顯

賈庶人臨廢逞奐帝曰陛下有婦使人廢之亦當自廢詔
賜死

沈約宋書曰齊王冏入廢后后驚曰卿何爲來冏曰有詔收后后曰詔當從我出何詔也又問曰誰起事冏曰梁趙后歎曰繫狗當繫其頸今反繫其尾何得不然

晉後略曰載賈后以厩車出承明東掖東門詣金墉城食金屑而死

惠羊皇后

臧氏晉書曰惠羊皇后諱獻容太山南城人也父玄之字弘猷永康元年立爲皇后將入宮衣中有火永興元年河間王顒使將張方廢后於金墉城七月陳昕等唱伐成都王復后位八月張方又廢后十一月張方逼遷大駕幸長安留臺復后位永興二年張方又廢后河間王顒矯詔賜后死劉暾（徒昆切）等上表后得免帝還洛迎復后位後洛陽令何喬又廢后懷帝即位尊后爲惠皇后居弘訓宮洛陽敗沒于劉曜曜僭位以爲皇后因問曰朕何如司馬家兒后曰胡可並焉陛下開基之聖主彼亡國之暗夫有一婦一子及身三耳不能庇之貴爲帝王而妻子辱於凡庶之手妾尔時實不思生何圖復有今日妾生於高門常謂世間男子皆然自奉巾櫛已來始知天下有丈夫耳曜甚愛寵之生二子而死僞謚獻文皇后

謝夫人附

晉書曰謝夫人名玖本貧賤父以屠羊爲業玖清惠貞正而有淑姿選入後庭爲才人惠帝在東宮將納妃武帝慮太子未知帷房之事乃遣玖往東宮侍寢由是得幸有身賈后忌之求還西宮遂生愍懷乃立爲太子拜玖爲淑媛及愍懷遇酖玖亦被害焉永康初詔改葬太子因贈玖夫人印綬葬顯平陵

懷王太后

臧氏晉書曰懷王皇太后諱媐初入武帝宮拜中才人早崩懷帝即位追尊曰皇太后

梁皇后

臧氏晉書曰梁皇后諱蘭璧安定人也祖鴻李儀同三司父芬司徒后初爲豫章王妃懷帝即位爲皇后永嘉中没胡賊

元帝夏侯太妃

晉書曰夏侯太妃名光姬沛國譙人也父莊淮南太守妃生自華宗幼而明慧琅耶武王爲世子覲納焉生元帝元帝立稱王妃永嘉元年薨于江左葬琅耶國初有讖云銅馬入海建業期太妃小字銅環而元帝中興於江左矣

元敬虞皇后　荀氏附

晉書元敬虞皇后諱孟母濟陽外黄人父豫元帝爲琅耶王納后爲妃無子永嘉六年薨太興三年冊贈皇后璽綬祔于太廟

晉書曰豫章君荀氏元帝宮人也初有寵生明帝及琅邪王伷（音宙）由是虞后所忌漸見疏薄明帝即位封建安君別立第宅太寧元年帝迎還臺內供奉隆厚及成帝立尊同於太后咸康元年薨詔曰朕少遭憫凶慈訓無稟撫育之勤建安君之仁也一旦薨殂實思報復永懷平昔感痛哀摧其贈豫章郡君別立廟于京都

明帝庾皇后

晉中興書曰明穆皇后庾氏諱文君左將軍琛第三女也

后必以珪璋特異令儀淑美故中宗爲肅祖納焉初爲世子妃仁和有禮深見敬重后生顯宗成皇帝顯宗即位尊后曰皇太后羣臣奏天子幼冲宜依漢和熹皇后故事后辭讓數四不得已遂臨朝攝萬機蘇峻作逆王師敗績后以憂逼崩時年三十三

成恭杜皇后

晉書曰成恭杜皇后諱陵陽鎮南將軍預之曾孫也成帝以后弈世名德咸康二年備禮拜爲后后少有姿色然長猶無齒有來求昏者輒中止及納采之日一夜齒盡生七年三月后崩年二十一后在位六年無子先是三吳女子相與簪白花望之如素柰傳言天公織女死爲之著服至是而后崩

康帝褚皇后

晉中興書曰康獻皇后褚氏字蒜子太傅裒之女也后聰明有器識以名家女入爲琅邪王妃生孝宗穆皇帝孝宗即位尊后曰皇太后泰元元年太后詔曰皇帝婚冠禮備遐邇宅心宜當陽親覽緝熙惟始今歸政事率由舊典於是復稱崇德太后九年崩于顯陽殿

簡文鄭皇后

晉中興書曰簡文宣太后鄭氏諱阿春滎陽人先適田氏生一男夫又亡后依於舅吳氏中宗爲丞相敬后先崩將納吳氏女爲夫人后及吳氏女並遊後園有見之者言於中宗曰鄭氏女雖嫠居賢於吳氏遠矣遂以德色納爲夫人甚有寵后雖貴幸而恒有憂色中宗問其故對曰妾有妹中者適長沙王裒餘二妹未出恐姊既爲人妾無復求者中宗從容謂劉隗曰鄭氏有二妹卿可求佳對使不失舊隗舉其從子傭娶第三者以小者適漢中李氏皆得舊門帝稱尊號后雖爲夫人詔太子及東海武陵王皆母事之帝崩后稱建平園夫人咸和元年薨

孝武李太后

晉書曰孝武李太后諱陵容本出微賤始簡文帝爲會稽王有三子廢黜早夭其後諸姬絕孕將十年帝令卜者扈謙筮之曰後房中有一女當育二貴男其一終盛晉室乃令善相者召諸愛妾而示之皆云非其人又悉以諸婢媵示焉時后爲宮人在織坊中形長而色黑宮人皆謂之崑崙既至相者驚云此其人也帝以大計召之侍寢后數夢兩龍枕膝日月入懷帝聞異焉遂生孝武帝

王皇后

晉中興書曰孝武定皇后王氏字法惠寧康三年中軍將軍栢冲侍中臣康奏晉陵太守王蘊女天性柔順惠心塞淵儀度既同四業允備且盛德之兆羡善先積參議可以配德乾元恭承宗廟貞進六宮母儀天下故烈宗納焉后性嗜酒驕妬帝深患之乃召蘊於東堂具說后過狀令加訓誡蘊免冠謝焉后於是少自改飾太元五年崩

安帝陳太后

晉中興書曰安德太后陳氏松滋人也諱歸女父廣以倡進仕至平昌太守后以美色能歌彈入宮初爲淑媛生安恭二帝太元十五年薨贈夫人追崇曰皇太后

恭帝褚皇后

晉書曰恭思褚皇后諱靈媛河南陽翟人義興太守爽之女也后初爲琅邪王妃元熙元年立爲皇后生海鹽富陽公主及帝禪位于宋降爲零陵王妃宋元嘉十三年崩祔

葬冲平陵

太平御覽卷第一百三十八

平三三十八　十

太平御覽卷第一百三十九　皇親部五

後魏

叙后事

魏神元竇皇后　文封皇后
桓維皇后　平文王皇后
昭成慕容皇后　獻明賀皇后
道武慕容皇后　道武劉皇后
明元姚皇后　明元杜皇后
太武赫連皇后　太武賀皇后
景穆閭皇后　文成馮皇后
文成李皇后　獻文李皇后
孝文林皇后　孝文廢皇后馮氏
孝文馮皇后　孝文高皇后

叙后事

後魏書魏故事將立皇后必令手鑄金人以成者爲吉不成則不得立也又世祖高宗緣報母劬勞之恩極尊崇之義雖事乖典禮而觀過知仁

魏神元竇皇后

後魏書曰神元竇皇后没鹿回部大人賓之女賓臨終誡其二子速侯回題令其善事帝及賓卒速侯等欲因帝會喪爲變語頗漏泄帝聞之知其終不奉順乃先圖之於是使勇士於中營晨起以佩刀殺后馳使告速侯等言曰后暴崩速侯等驚走赴因執而殺之

文封皇后

後魏書曰文帝皇后封氏生桓穆二帝後早崩桓帝立乃葬高宗初穿天淵池獲一石銘稱桓帝葬母氏遠近赴會二十餘萬人有司以聞命藏之太廟次妣蘭氏生二子長子曰藍早卒次子思帝也

桓維皇后

後魏書曰桓帝后維氏生三子長曰普根次惠帝次煬帝平文崩后攝國事時人謂之曰女國后性猛忌平文之崩后所爲也

平文王皇后

後魏書曰平文皇后王氏廣寧人平十三因事入宮得幸於平文生昭成平文崩昭成在襁褓時國有内難將害諸皇子后匿帝於袴中懼人知祝曰若天祚未終者汝便無聲遂良久不啼得免於難烈帝之崩國祚殆危興復大業后之力也十八年崩葬雲中金陵太祖即位配饗太廟

昭成慕容皇后

後魏書曰昭成皇后慕容氏慕容天眞之女也有龍生獻明帝及秦明王后性聰敏多智沉厚善決斷專理内每事多從建國二十三年崩太祖即位配饗太廟

獻明賀皇后

後魏書曰獻明皇后賀氏父野干東部大人后少以容儀選入東宮生太祖苻洛之内侮也后與太祖及故臣民避難北徙俄而高車奄來抄掠后乘車與太祖避賊而南轄失轄后懼仰天告曰國家胤胄豈正爾絶滅也惟神靈扶助遂馳輪正不傾而免難其後劉顯使人將害太祖帝姑爲顯弟亢埿妻知之密以告后后乃令太祖去之后夜飲顯使醉之向晨故驚廐中羣馬使起視馬后泣而謂曰吾諸子始皆在此今盡亡失汝等誰殺之也故顯不使急追太祖至賀蘭部顯怒將害后后夜奔亢埿家匿神車

中三日元遲舉室請救乃得免會劉顯部亂始得亡去皇始元年崩時年四十六祔葬于盛樂金陵追尊謚配饗焉

道武慕容皇后

後魏書曰道武皇后慕容寶之季女也中山平後入充掖庭得幸左丞相衛王儀等奏請立后帝從羣臣議后鑄金人成乃立之告於郊廟封后母孟爲漂陽君後崩

道武劉皇后

後魏書曰道武宣穆皇后劉眷女也登國初納爲夫人生華陰公主後生明元后專理內事寵待有加鑄金人不成故不得登后位魏故事後宮産子將爲儲貳其母皆賜死太祖末年后以舊法薨太宗即位追尊謚號配饗太祖自此後宮子爲帝母加正位配饗焉

明元姚皇后

後魏書曰明元昭哀皇后姚興女也興封西平長公主太宗以后禮納之後爲夫人后以鑄金人不成未昇尊位然帝寵幸之出入居處如后焉是後猶欲正位而后謙讓不當五年薨帝追恨之贈皇后璽綬而加謚葬雲中金陵

明元杜皇后

後魏書曰明元密皇后杜氏魏郡鄴人陽平王超之妹也初以良家子選入太子宮有寵生世祖太宗即位拜爲貴嬪太常五年薨謚密貴嬪葬雲中金陵世祖即位追尊號謚配饗太廟又立后廟于鄴刺史四時薦祀後甘露降於后廟庭高祖時相州刺史高閭表修后廟詔婦人外成理無獨祀陰必配陽以成天地未聞有莘之國立太姒之饗使罷祀先是世祖保母竇氏初以夫家坐事誅與二女俱入宮操行純備進退以禮太宗命爲世祖母性仁慈勤撫

導世祖感其恩訓奉養不異所生及即位尊爲保太后後尊爲皇太后眞君元年崩時年六十三謚曰惠葬崞(音郭)山從后意也初后嘗謂左右曰吾於先朝本無位次不可違禮以從園陵北山之上可以終託故葬焉別立后寢廟於崞山建碑頌德

太武赫連皇后

後魏書曰太武皇后赫連氏屈丐女也世祖平統萬納后及二妹俱爲貴人後立爲皇后高宗初崩祔葬金陵

太武賀皇后

後魏書曰太武敬皇后賀氏代人也初爲夫人生恭宗神䴥元年薨追贈貴嬪葬雲中金陵後追加號謚配饗太廟

景穆閭皇后

後魏書曰景穆恭皇后郁久閭氏河東王毗妹也少選以入東宮有寵眞君元年生高宗世祖末年薨高宗即位追尊號謚葬於雲中金陵是時高宗乳母常氏本遼西人太延中以事入宮世祖選乳高宗慈和履順有劬勞保護之功高宗即位爲保太后尋尊爲皇太后謁於郊廟和平元年崩謚曰昭葬於廣甯磨笄山俗謂之鳴雞山太后遺志也

文成馮皇后

後魏書曰文成文明皇后馮氏父朗秦雍二州刺史西郡公母樂浪王氏生后於長安有神光之異朗坐事誅后遂入宮世祖昭儀后之姑也雅有母德撫養教訓年十四高宗踐極以選爲貴人後立爲皇后高宗崩故事國有大喪三日之後御服器物一以燒焚百官及中宮號泣而臨之后悲叫自投火中左右救之良久乃蘇顯祖即位尊后爲皇太后丞相乙渾謀逆顯祖年十二居于諒闇太后密定

大策誅渾遂臨朝聽政及高祖生太后躬親撫養是後罷令不聽政事太后行不正內寵李弈顯祖因事誅之太后不得意顯祖暴崩時言太后爲之也承明元年尊號曰太皇太后復臨朝聽政太后性聰達自入宮掖粗學書計及登尊極省決萬機高祖詔曰朕以虛寡幼纂寶曆仰恃慈明緝寧四海欲報之德正覺是憑諸鷙鳥音至傷生之類宜放山林其以此地爲太皇太后經始靈塔是時罵鷹師曹以其地爲報德佛寺太后與高祖遊于方山顧瞻川阜有終焉之志因謂羣臣曰舜葬蒼梧二妃不從豈必遠祔山陵然後爲貴哉吾百年之後神其安此高祖乃詔有司營建壽陵於方山又起永固石室將終爲清廟焉刋石立碑頌太后功德太后以高祖富於春秋乃作勸戒歌三百餘章又作皇誥十八篇太后又制內屬五廟之孫外戚本親緦麻皆受復除

素儉性不好華飾躬御縵繒而太后多智略猜忌能行大事是以威福兼作震動內外故王遇張祐符承祖等拔自微閹歲中而至王公王叡出入卧內數年之間便爲宰輔賞賚財帛以千萬億計金書鐵券許以不死之誓李冲雖以器能受任亦由見寵帷幄密加賜賚不可勝數太后曾與高祖幸靈泉池讌羣臣及蕃國使人諸方渠帥各令爲其方舞高祖率羣臣上壽於太后忻然自歌高祖亦和歌遂命羣官各言其志於是和歌者九十人太后外禮民望元丕游明根等頒賜金帛輿馬每至褒美叡等皆引丕等而參之以示無私也十四年崩於太和殿年四十九其日有雌雉集于太華殿高祖酌飲不入口五日毁慕過禮謚曰文明太皇太后葬於永固陵高祖毁瘠絕酒肉不內御者三年初高祖孝於太后乃於永固陵東北里餘營壽宮有終焉瞻望之志及遷洛陽乃自表瀍西以爲山園之所而方山靈宮石室至今猶存號曰千年堂

文成李皇后

後魏書曰文成皇后李氏梁國蒙縣人也頓丘王峻之妹也后之生也有異於常父方叔恒云此女當大貴及長姿質美麗世祖南征永昌王仁出壽春軍至后宅內得后及仁鎮長安遇事誅后與其家人送平城宮高祖登白樓望見之謂左右曰此婦人佳乎左右咸曰然乃下臺后得幸於齋庫中遂有娠常侍太后後問后后云爲帝所幸仍有娠時守庫者亦私書壁記之別加驗問皆相符同生顯祖拜貴人薨後謚曰元皇后葬金陵配饗太廟

獻文李皇后

後魏書曰獻文思皇后李氏中山安壽人南郡王惠之女也姿德婉淑年十八選入東宮顯祖即位爲夫人生高祖皇興三年薨上下莫不悼惜葬金陵承明元年追崇號謚配饗太廟

孝文林皇后

後魏書曰孝文貞皇后林氏平涼人叔父金閭起自閹官有寵於帝太后位至尚書射平涼公金閭兄勝爲平涼太守金閭顯祖初爲定州刺史未幾爲乙渾所誅兄弟皆死勝無子有二女入掖庭后容色美麗得幸於高祖生皇子恂音荀將爲儲貳太和七年后依舊制薨謚曰貞皇后葬金陵及恂以罪賜死有司奏廢后爲庶人

孝文廢皇后

後魏書曰孝文廢后馮氏太師熙之女太和十七年立爲后高祖遵經典禮后及夫人嬪已下接御皆以次進車駕南

伐后留京師高祖又南伐后率六宮遷洛陽及后父熙兄誕薨高祖爲書慰以叙哀情及車駕還洛恩遇甚厚高祖後重引后姊昭儀至洛稍有寵后禮愛漸衰昭儀自以年長且前入宮掖素見待念輕后而不率妾禮后雖性不妬忌時有愧恨之色昭儀規爲内主譖搆百端尋詔廢爲庶人后貞謹有德操遂爲練行尼

孝文馮皇后

後魏書曰孝文幽皇后亦馮熙女也母曰常氏本微賤得幸於熙元妃公主薨後遂主家事生后與北平公夙文明太皇太后欲家世貴寵乃簡熙二女俱入掖庭時年十四其一早卒后有姿媚見愛幸未幾疾病文明太后乃遣還家爲尼高祖猶留念焉歲餘而文明太后崩高祖服終後頗存訪之又聞后素疾痊除遣璽書勞問遂迎赴洛陽及至寵愛過本專寢當夕宮人稀復進見拜爲左昭儀後立爲皇后後高祖頻歲南征后遂與閹官高菩薩私亂及高祖在汝南不豫后便公然醜恣中常侍雙蒙等爲其心腹中常侍劇鵬諫而不從憤懼致死是時彭城公主宋王劉昶子婦也年少嫠居北平公馮夙后之同母弟后求婚於高祖高祖許之而公主志所不願后欲強婚之有日矣公主密與侍婢及家僮十餘人乘輕車冒霖雨赴懸瓠奉見高祖自陳本意因言后與菩薩亂狀高祖聞因駭愕未之全信而祕匿之惟彭城王侍疾左右乃具言其事此後后漸憂懼與母常氏求託女巫禱厭無所不至願高祖疾不起一旦得如文明太后輔少主稱令者許賞報不貲(音資)乃取三牲宮中妖祠假言祈福專爲左道高祖自豫州北幸鄴后慮還見治檢彌懷危怖驟令閹人託參起居皆賜之衣服

慇懃託寄勿使漏泄亦令雙蒙充行皆其信者也唯小黃門蘇興壽密陳委曲高祖問其本末勑以勿泄至洛執問菩薩雙蒙六人迭相證舉具得情狀高祖臥含溫室夜引后幷列菩薩等於戶外后臨入令閹人搜衣中稍有寸刃便斬后頓首泣謝乃賜坐東楹去御筵二丈餘高祖令菩薩等陳狀讓后曰汝母妖術可具言之后乞屏左右有所密啓高祖勑中侍悉出唯令長秋卿白整在側后猶不言高祖乃令以緜堅塞整耳小語呼整再三無所應乃命后言事隱人莫知之高祖乃呼彭城北海二王令入坐言昔是汝嫂今乃他人俱入勿避二王固辭不獲命及入高祖云此老嫗乃欲白刃插我肋汝可窮問本末白有所難高祖深自引過致愧二王又云馮家女不能復相廢逐且使在宮中空坐有心乃能自死汝等勿謂吾猶有情也高祖素至孝猶以文明太后故未便行廢良久二王出乃賜后辭訣再拜稽首泣涕歔欷令宿東房高祖疾甚謂彭城王勰曰後宮久乖陰政自絶于天若不早爲之所恐成漢末故事吾死之後可賜自盡別宮可葬以后禮庶掩馮門之大過高祖崩北海王祥奉宣遺旨長秋卿白整等入授后藥后走呼不肯引訣執持強之乃含椒而盡殯以后禮謚曰幽后葬長陵營内

孝文高皇后

後魏書曰孝文昭皇后高氏司徒公肇妹也父颺母蓋氏凡四男三女皆生於東裔高祖初乃舉室西歸達龍城鎮表后德色婉豔任充宮掖及至文明太后親幸北部見后姿貌奇之遂入掖庭年十三初后之幼也曾夢在堂内立而日光自窗中照之灼灼而熱后東西避之光猶斜照不

巳如是數夕后自怪之以白其父颺颺以問遼東人閔宗曰此奇徵也貴不可言颺曰何以知之宗曰夫日者君之德帝王之象也光照女身將被帝命誕育人君之象遂生世宗後生廣平王懷次長樂公主及馮昭儀寵盛密有母養世宗之意后自代如洛陽暴薨於汲郡之共縣或云昭儀遣人賊后也世祖之爲皇太子三日一朝幽后后遂撫念慈愛有加親視櫛沐母道隆備其後有司奏請加謚曰貴人高祖從之世宗踐祚追尊配饗肅宗詔曰文昭皇太后德協坤儀美符大姒作合高祖實誕英聖而夙世淪暉孤瑩弗祔先帝孝感自衷遷奉未遂永言哀恨義結幽明廢呂尊薄禮申漢代又詔曰文帝昭皇太后尊配高祖廟定號促令遷奉自然及始太后當主可更上尊號稱太皇太后初開終寧陵數丈於梓宮上獲大蛇長丈餘黑色頭有王字蟄而不動靈櫬遷還置蛇舊處

太平御覽卷第一百三十九

太平御覽卷第一百四十

皇親部六

後魏宣武于皇后

後魏書曰：宣武皇后于氏，太尉烈弟勁之女也。世宗始親政事，烈時爲領軍，總心膂之任，以嬪御未備，因左右諷諭稱后有容德，世宗乃迎入爲貴人，時年十四。甚見寵愛，立爲皇后，謁于太廟。后靜默寬容，性不妬忌，生皇子昌，三歲夭沒。其后暴崩，宮禁事秘，莫能知悉，而世議歸咎于高夫人。葬永太陵，謚曰憤皇后。

宣武高皇后

後魏書曰：宣武高皇后，文昭弟偃之女也。世宗納爲貴嬪，生皇子，早夭，又生建德公主。後拜爲皇后，甚見禮重。性妬忌，宮人稀得進御。及肅宗即位，上尊號曰皇太后，尋爲尼，居瑤光寺，非大節慶不入宮中。建德公主始五六歲，靈太后恒置左右撫愛之。神龜元年，太后出覲母武邑君。時天文有變，靈太后欲以太后當禍，是夜暴崩，天下怨之。喪還瑤光佛寺，葬殯皆以尼禮。世宗暮年，高后悍（音翰）忌，夫人嬪御有至帝崩不蒙侍接者。由是在洛二世二十餘年，皇太子全育，惟肅宗而已。

宣武胡皇后

後魏書曰：宣武靈皇后胡氏，安定臨涇人，司徒國珍之女。后母皇甫氏産后之日，赤光四照。京兆山北縣有趙胡者，善於卜相，國珍性問之，胡云：「賢女有大貴之表，方爲天地母，生天地主，勿過三人知也。」后姑爲尼，頗能講道，世宗初入講禁中，積數世，諷左右稱后姿行，世宗聞之，乃召入掖庭爲承華世婦。而掖庭之中以國舊制，相與祈祝，皆願生諸王、公主，不願生太子。世惟后每謂夫人等言：「天子豈可獨有兒子，何緣畏一身之死而令皇家不育冢嫡乎？」及肅宗在孕，同列猶以故事相恐，勸爲諸計，后固意確然，幽夜獨誓云：「但使所懷是男，次第當長子，生身死所不辭也。」既誕肅宗，進爲充華嬪。先是，世宗頻喪皇子，自以春秋長矣，深加慎護，爲擇乳母，皆取良家宜子者，養於別宮，皇后及充華嬪皆莫得而撫視焉。及肅宗踐祚，尊后爲皇太妃，後尊爲皇太后，臨朝聽政，猶稱殿下，令以行事，後改令稱詔，羣臣上書曰陛下，自稱曰朕。太后以肅宗冲幼，未堪親祭，欲傍周禮夫人與君交獻之義，代行祭禮，訪尋故式，門下召禮官博士議以爲不可而太后欲以帷幔自鄣觀三公行事重問侍中崔光光便據漢和熹鄧后（熹音熙）薦祭故事太后大悦遂攝行祠祀太后性聰悟多才藝姑既爲尼幼相依託略得佛經大義親覽萬機手筆斷决幸西林園法流堂命侍臣射不能射者罰之又自射針孔中之大悦賜左右布帛有差先是太后勑造申訟車時復御焉出自雲龍大司馬門從宮西而北入自千秋門以納寃訟又親策孝秀州郡計吏於朝堂太后與肅宗幸華林園宴羣臣于都亭曲水令王公以下賦七言詩太后詩曰化光造物含氣貞肅宗詩曰恭已無爲賴慈英王公以下賜帛有差太后父薨百寮表請公除太后不許尋幸永寧寺親建刹於九級之基僧尼士女赴者數萬人後幸左藏公主嬪女已下從者百餘人皆令任力負布絹即以賜之尋幸闕口溫水登雞頭山自

射象牙簪一發中之勑示文武時太后得志逼幸清河王懌婬亂肆情爲天下所惡領軍元乂長秋卿劉騰等奉肅宗於顯陽殿幽太后於北宮於禁中殺懌自劉騰死乂又寬怠太后與肅宗及高陽王雍爲計解乂領軍太后復臨朝大赦改元自是朝政踈緩威恩不立天下牧守所在貪惏（惏音嵐）鄭儼寵私宮掖勢傾海內李神軌徐紇並見親待一二年中位總禁要手握王爵輕重在心宣淫於朝爲四方之所厭穢文武解體所在亂逆土崩魚爛始於此矣及武太元年尒朱榮稱兵渡河太后盡召明帝六宮皆令入道太后亦自落髮榮遣騎拘送太后及幼主河陰太后對榮多所陳説榮拂衣而起太后及幼主並沉於河水太后妹馮翊君收瘞於雙靈寺武帝時始葬以后禮而追加謚焉又曰靈太后頗事莊飾數出遊幸元順面諍曰禮婦人夫喪自稱未亡人首去珠珥（珥音餌）衣不被綵陛下母臨天下年垂不惑過修容飾何以示後世靈太后慙而還入召順責曰千里相徵豈欲衆見辱也順曰陛下盛服炫容不畏天下所笑何恥臣之一言乎

孝明胡皇后

後魏書曰孝明胡皇后靈太后從兄冀州刺史盛之女也靈太后欲榮重門族故立爲皇后肅宗頗在酒德專嬖充華潘氏及嬪御並無過寵太后爲肅宗選納抑屈人流時博陵崔孝芬女范陽盧道約女隴西李瓚等女俱爲世婦諸人訴訟咸見忿責武太初后既入道遂居於瑤光寺焉

西魏孝武高皇后

後魏書曰孝武皇后高氏齊神武長女也帝見立乃納爲后及帝西幸關中降爲彭城王妃

文帝乙弗后

後魏書曰文帝文皇后乙弗氏河南洛陽人也其先世爲吐谷渾渠帥居青海號青海王涼州平后之高祖莫瓌擁部落入附拜定州刺史封西平公自莫瓌後三世尚公主女乃多爲王妃甚見貴重父瑗儀同三司兖州刺史母淮陽長公主孝文之第四女也后美容儀少言笑年數歲父母異之指示諸親曰生女何妨也若此者實勝男年十六文帝納爲妃及帝即位以大統元年冊爲皇后后性好節儉蔬食故衣珠玉羅綺絶於服玩又仁恕無嫉妬之心帝益重之生男女十二人多早夭唯太子及武都王戊存焉時新都關中務欲東討蠕蠕（蠕音軟）寇邊未遑北伐故帝結婚以撫之於是更納悼后命后遜居別宮出家爲尼悼后猶懷猜忌復徙后居秦州依子秦州刺史武都王帝雖限大計恩好

不忘後客今養鬚有追還之意然事祕禁外無知之者六年春蠕蠕舉國渡河前驅已過而頗有言虜爲悼后之故興此役帝曰豈有百萬之衆爲一女子舉也雖然致此物論朕亦何顏以見將帥耶乃遣中常侍曹寵賫手勑令后自盡后奉勑揮淚謂寵曰願至尊享千萬歲天下康寧死無恨也因命武都王前與之決遺語皇太子辭旨悽愴因慟哭久之侍御咸垂涕失聲莫能仰視召僧設供令侍婢數十人出家手爲落鬚事畢乃入室引被入自覆而崩年三十一鑿麥積崖爲龕而葬神柩將入有二叢雲先入龕中頃之一滅一出後號寂陵及文帝山陵畢手書云萬歲後欲令后配饗公卿乃議追謚曰文皇后祔於太廟廢帝時合葬於永陵

郁久閭后

後魏書曰文帝悼皇后郁久閭氏蠕蠕主阿那瓌之長女容貌端嚴夙有成智大統初蠕蠕屢犯北邊文帝乃與通好結婚扶風王孚受使奉迎蠕蠕俗以東爲貴后之來營幕戶席一皆東向車七百乘馬萬匹駝千頭到黑鹽池魏朝國簿文物始至孚奏請正南面后曰我未見魏王故蠕蠕女也魏仗向南我自東面孚無以辭四年正月至京師立爲皇后時年十四六年后懷孕將產居於瑶華殿聞上有狗吠聲心甚惡之又見婦人盛飾來至后所后謂左右曰此爲何人醫巫傍侍悉無見者時以爲文后之靈產訖而崩年十六葬於少陵原十七年合葬永陵當會橫橋北后梓宮先至鹿苑帝輼轀輬濇後來將就次所軸折不進

西魏廢帝宇文后

後魏書曰廢帝皇后宇文氏周文帝女也后初產之日有雲氣滿室芬氛久之幼有風神好陳列女圖置之左右周文曰每見此女良慰人意廢帝之爲太子納爲妃及即位爲皇后志操明秀帝深重之專寵後宮不置嬪御帝廢崩后亦以忠於魏室罹禍

恭帝若干后

後魏書曰恭帝皇后若干氏司空長樂公正惠之女也有容色恭帝納之爲妃及即位立爲皇后後出家爲尼在佛寺薨竟無謚

東魏孝靜高皇后

後魏書曰孝靜高皇后齊獻武王之第二女也天平四年詔娉以爲皇后王前後固辭帝不許興和初詔侍中司空孫騰司空公襄城王旭一云祖兼尚書令司州牧西河王悰宗兼太常卿及宗正卿元孝友等奉詔致禮并備宮官物藏

侍衛以后駕迎於晉陽之丞相第五月立爲皇后大赦天下齊受禪降爲山王妃

後周文元皇后

後周書曰文元皇后魏孝武妹初封平原公主適開府張歡遇后無禮帝殺歡改封后馮翊公主以配太祖生孝閔薨祔葬成陵

文叱奴后

後周書曰文叱奴后太祖爲丞相納后爲姬生高祖高祖即位後尊爲皇太后建德三年三月己酉崩四月丁巳葬固陵

閔元后

後周書曰閔元皇后名胡摩魏文帝第五女初封晉安公主愍帝爲洛陽公尚焉及踐祚立爲皇后帝被廢后出俗爲

尼高祖誅晉公護上帝尊號爲愍帝以后爲孝愍皇后號崇義宫隋氏革命出居里第大業十二年殂

明獨孤后

後周書曰明獨孤后太保衛公信之長女也帝在藩納爲夫人帝即位立爲王后在位數日崩葬昭陵世宗崩與后祔葬之

武阿史那后

後周書曰武阿史那后突厥木杆可汗俟斤之女突厥嬬嬬(而兗反)後盡有塞表之地控弦十數萬於是陵逼中原太祖方與齊人爭衡結以爲援俟斤初欲以女配帝保定五年二月詔陳公純等備皇后文物及行殿并六宫已下一百二十人至俟斗牙帳所迎后俟斗又許齊人以婚將有異志純等在彼累載不得返命會雷風大起飄壞其穹廬等旬日不止俟斗大懼以爲天譴(去戰切)乃禮送后及純等設行殿列羽儀奉之以歸高祖行親迎之禮后有姿貌善容止高祖深敬焉宣帝即位尊爲天元上皇太后隋開皇二年殂年三十一隋文詔后祔葬孝陵

孝帝李后

後周書曰孝帝李后名娥姿楚人也于謹平江陵后家被籍没至長安太祖以后賜高祖高祖幸之生宣帝宣帝即位尊爲天元聖皇太后宣帝崩靜帝尊爲大帝太后隋開皇初出俗爲尼改名常悲薨以尼禮葬之京城南

宣帝楊后

後周書曰宣帝楊后名麗華隋文帝長女帝在東宫高祖爲帝納后爲皇太子妃宣政元年立爲天元皇后后性柔婉不妬忌四皇后及嬪御等咸愛而仰之帝後昏暴滋甚喜怒乖度嘗譴后欲加之罪后進止詳閑辭色不撓帝大怒遂賜后死逼令引決后母獨孤氏聞之詣閤陳謝叩頭流血然後得免帝崩靜帝尊后爲皇太后號弘聖皇太后初宣帝不豫詔隋文帝入禁中侍疾及大漸劉昉鄭譯等因矯詔以后父受遺輔政后雖初不預謀然以嗣主幼冲恐權在他族不利於已聞昉譯已行此詔甚悦後知父有異圖意頗不平形於言色及行禪代憤惋愈甚隋文帝既不能譴責内甚愧之開皇六年封后爲樂平公主後又議奪其志后誓不許乃止大業中殂祔葬定陵

宣朱后

後周書曰宣朱皇后名滿月吴人也其家坐事没入東宫帝爲太子后被選掌衣服召而幸之遂生靜帝靜帝立尊爲天元太皇后后本非良家子年又大帝十歲踈賤無寵以靜帝之故特尊崇之宣帝崩靜帝即位尊爲太后隋初出俗爲尼改名法淨後殂以尼禮葬之

宣陳后

後周書曰宣陳后名月儀自云潁川人大將軍山提之女以選入宫拜爲德妃月餘立爲天元左大皇后帝崩出俗爲尼改名華光父山提本尒朱兆之隷仕齊爲特進開府謝陽王高祖平齊拜大將軍以后父超授上柱國除大宗伯

宣元后

後周書曰宣元皇后名樂尚河南洛陽人開府晟之第二女也年十五被選入宫拜貴妃後立爲天元右大皇后宣帝崩出俗爲尼名華勝父晟少以元氏宗室拜開府

宣尉遲后

後周書曰宣尉遲皇后名繁熾蜀公迥之孫女也有美色

初適杞公亮之子西陽公溫後以宗婦入朝帝逼而幸之後亮聞謀逆帝遂誅溫追后入宮立爲天元右大皇后帝崩出俗爲尼改名華道年四十殂

靜司馬后

後周書曰靜帝司馬后名令姬柱國滎陽公消難之女宣帝傳位於帝納后爲皇后隋文帝以后父消難擁衆奔陳廢后爲庶人後嫁爲隋司州史李丹妻

隋文獨孤皇后

隋書曰文獻獨孤皇后河南雒陽人周大司馬河內公信之女也信見高祖有奇表故以后妻焉時年十四高祖與后相得誓無異生之子后初亦柔順恭孝不失婦道后姊爲周明帝后長女爲周宣帝后貴戚之盛莫與爲比而后每謙卑自守世以爲賢及周宣帝崩高祖居禁中摠百揆后使人謂高祖曰大事已然騎獸之勢必不得下勉之高祖受禪立爲皇后性尤妬忌上亦每事唯后言是用后見諸王及朝士有妾孕者必勸上斥之時皇太子多內寵妃元氏暴薨后意太子愛妾雲氏害之由是諷上竟廢太子立晉王廣皆后之謀也仁壽二年八月甲子月暈四重己巳太白犯軒轅其夜后崩於永安宮時年五十葬於太陵

宣華夫人

隋書宣華夫人陳宣帝之女也性聰慧姿貌無雙及陳滅配掖庭後選入宮爲嬪時獨孤皇后性妬後宮罕得進御唯陳氏有寵晉王廣之在藩也陰有奪宗之計陳氏皇太子廢立之際頗有力焉及文獻皇后崩進位爲貴人專房擅寵主斷內事六宮莫與爲比及上大漸遺詔拜爲宣華夫人煬帝嗣位之後出居仙都宮尋召入歲餘而終時年二十九帝深悼之爲製神傷賦

煬帝蕭皇后

隋書曰煬帝蕭皇后梁明帝巋(丘軌切)之女也江南風俗二月生子者不舉后以二月生由是季父岌收而養之未幾岌夫妻俱死轉養舅氏張軻家然軻甚貧窶(具宇切)后躬親勞苦煬帝之爲晉王時高祖將爲王選妃於梁遍占諸女皆不吉巋迎后於舅氏令使者占之曰吉於是遂策爲王妃后性婉順有智識好學解屬文頗知占候高祖大善之帝甚寵敬焉及帝嗣位詔立爲后帝每遊幸未嘗不隨侍從及宇文氏之亂隨軍至聊城化及敗沒竇建德突厥處羅可汗遣使迎后於洺州建德不敢留遂入於虜庭唐貞觀四年滅突厥乃以禮致之歸于京師

太平御覽卷第一百四十

太平御覽卷第一百四十一

皇親部七

高祖竇皇后

唐書高祖太穆皇后竇氏京兆始平人隋定州摠管神武公毅之女也后母周武帝姊襄陽長公主后生而髮垂過頸三歲與身齊周武帝特愛重之養於宮中時武帝納突厥女爲后無寵后尚幼竊言於帝曰四邊未靜突厥尚強願舅抑情撫慰以蒼生爲念但得突厥之助則江南關東不能爲患矣武帝深納之毅聞之謂長公主曰此女才貌如此不可妄以許人當爲求賢夫乃於門屏畫二孔雀諸公子有求婚者輙與兩箭射之潛約中目者許之前後數十輩莫能中高祖後至兩發各中一目毅大悅遂歸于我及周武帝崩后追思如喪所生隋文帝受禪后聞而流涕自投於床曰恨我不爲男以救舅氏之難毅與長公主遽掩口曰汝勿妄言滅吾族矣后事元貞太后以孝聞太后素有羸疾時或危篤諸姒以太后性嚴憚譴皆稱疾而退唯后晝夜扶侍不脫衣履者動淹旬月焉善書學類高祖之書人莫能辨工篇章而好存規誡大業中高祖爲扶風太守有駿馬數疋常言於高祖曰上好鷹愛馬公之所知此堪進御不可久留人或言者必爲身累願熟思之高祖未決竟以此獲譴未幾后崩於涿郡時年四十五高祖追思后言方爲自安之計數求鷹犬以進之俄而擢拜將軍因流涕謂諸子曰我早從汝母之言居此官久矣初葬壽安陵後祔葬獻陵上元元年八月改上尊號曰太穆順聖皇后

太宗長孫皇后

唐書曰太宗文德順聖皇后長孫氏長安人隋右驍衛將軍晟之女也后少好讀書造次必循禮則年十三嬪于太宗武德元年冊爲秦王妃九年冊拜皇太子妃太宗即位立爲皇后后性尤儉約凡所服御取給而已太宗彌加禮待十年六月己卯崩于立政殿時年三十六葬於昭陵后嘗撰古婦人善事勒成十卷名曰女則自爲之序又著論駮漢明德馬皇后以爲不能抑退外戚令其當朝貴盛乃戒其龍馬水車此乃開其禍源而防其末事耳且誡主守者曰此吾以自防閑耳婦人著述無條貫不欲至尊見之慎勿言崩後宮司以聞太宗覽而增慟以示近臣曰皇后此書足可垂於後代我豈不達天命而不能割情乎以其每能規諫補朕之闕今不復聞善言是內失一良佐以此益令人哀耳上元元年改上尊號曰文德順聖皇后

徐妃附

唐書曰太宗賢妃徐氏名惠右散騎常侍堅之姑也生五月而能言四歲誦論語毛詩八歲好屬文其父孝德試擬楚辭云山中不可以久留詞甚典美自此遍涉經史手不釋卷太宗聞之納爲才人其所屬文揮翰立成詞華綺贍俄拜婕妤再遷充容時軍旅亟動宮室互興百姓頗倦勞役上疏諫之太宗善其言優賜甚厚及太宗崩追思顧遇之恩哀慕愈甚發疾不自醫病甚謂所親曰吾荷顧實深志在早歿魂其有靈得侍園寢吾之志也因爲七言詩及連珠以見其志永徽元年卒時年二十四詔贈賢妃陪葬於昭陵之石室

高宗廢王皇后

唐書曰高宗廢后王氏并州祁人也父仁祐同安長公主即后之從祖母也公主以后有美色言於太宗遂納爲晉王妃高宗登儲冊爲皇太子妃永徽初立爲皇后初武皇后貞觀末隨太宗嬪御居於感業寺后及左右數爲之言高宗由是復召入宮立爲昭儀俄而漸承恩寵遂與后及良娣蕭氏遞相譖毀帝終不納后言而武昭儀寵遇日厚后懼不自安密與母柳氏求巫祝厭勝事發帝大怒斷柳氏不許入宮將廢后長孫無忌褚遂良等固諫乃止俄又納李義府之策永徽六年廢后及蕭良娣皆爲庶人囚之別院武昭儀令人皆縊殺之

中宗趙皇后

唐書曰中宗和思皇后趙氏京兆長安人父瓌尚高祖女常樂公主中宗爲英王時納后爲妃既而妃母公主得罪妃亦坐廢幽死於內侍省則天臨朝瓌爲壽州刺史坐與越王貞連謀被誅公主亦坐死神龍元年贈后謚爲恭皇后及中宗崩將葬于定陵追謚后爲和思莫知瘞所以皇后禕衣於陵所寢宮招魂置衣於魂轝以太牢告祭遷衣於寢宮舒於御榻之右覆以夷衾而祔葬焉

中宗廢韋皇后

唐書曰中宗韋庶人京兆萬年人也中宗爲太子時納后爲妃仍擢后父玄貞爲豫州刺史嗣聖元年立爲皇后其年中宗見廢后隨從房州時中宗懼不自安每聞制使至惶恐欲自殺后勸王曰禍福倚伏何常之有豈失一死何遽如是也累年同艱危情義甚篤所生懿德太子永泰永壽長寧安樂四公主安樂最幼生於房州帝自脫衣裹之遂名曰裹兒特寵異焉及中宗復立爲太子又立后爲妃中興初復立爲皇后帝在房州時常謂后曰一朝見天日誓不相禁忌及得志乃受上官昭容邪說引武三思入宮中升御牀與后雙陸帝爲點籌以爲歡笑醜聲日聞于外景龍四年六月帝遇毒暴崩后懼秘不發喪及臨淄王勤兵入內后惶駭遁入殿前飛騎營及武延秀安樂公主皆爲亂兵所殺追貶爲庶人

上官昭容

唐書曰中宗上官昭容名婉兒西臺侍郎儀之孫也父庭芝與儀同被誅婉兒時在襁褓隨配入掖庭及長有文詞明習吏事則天時婉兒忤旨當誅則天惜其才不殺但黥其面而已自聖曆已後百司表奏多令參決中宗即位又令專掌制命深被信任尋拜爲昭容婉兒既與武三思淫亂每下制敕多因事推尊武氏而排抑皇家節愍太子深惡之及舉兵至肅章門扣閤索婉兒婉兒大言曰觀其此意即當次索皇后以及大家帝與后遂激怒并將婉兒登玄武門

構以避兵鋒俄而事定婉兒常勸帝廣置昭文學士盛引當朝詞學之臣數賜遊宴賦詩唱和婉兒每代帝及后長寧安樂二公主數首並作辭甚綺麗時人咸諷誦之婉兒俄又通於吏部侍郎崔湜引知政事湜嘗充使開商山新路功未半而中宗崩婉兒草遺制曲叙其功而加褒賞及韋庶人敗婉兒亦斬於旗下

睿宗劉皇后

唐書曰睿宗肅明順聖皇后劉氏父延景陜州刺史儀鳳中睿宗居藩納后爲孺人尋立爲妃生寧王憲壽昌代國二公主睿宗即位册爲皇后及降爲皇嗣后從降爲妃長壽中與昭成皇后同被譖爲則天所殺景雲元年追謚肅明皇后招魂葬於東都城南陵曰惠陵

睿宗竇皇后

唐書曰睿宗昭成順聖皇后竇氏父孝諶潤州刺史后姿容婉順動循禮則睿宗爲相王時爲孺人甚見禮異光宅元年立爲德妃生玄宗及金仙玉真二公主長壽二年爲户婢團兒誣譖與肅明皇后厭蠱咒詛正月二日朝則天皇后於嘉豫殿既退而同時遇害梓宮秘密莫知所在睿宗即位謚曰昭成皇后招魂葬於都城之南陵曰靖陵

玄宗廢王皇后

唐書曰玄宗廢后王氏同州下邽人梁冀州刺史神念之後上爲臨淄王時納后爲妃上將起事頗預密謀贊成大業先天元年立爲皇后以父仁皎爲太僕卿后兄守一以后無子嘗懼有廢立導以符厭之事有左道僧明悟爲祭南北斗刻霹靂木書天地字及上諱合而佩之且呪曰佩此有子當與則天皇后爲比事發上親究之皆驗下制廢爲庶人守一賜死其年十月庶人卒以一品禮葬於無相寺寶應元年雪免復尊爲皇后

玄宗武皇后

唐書曰玄宗貞順皇后武氏則天從父兄子恒安王攸止女也攸止卒後后尚幼隨例入宫上即位漸承恩寵及王庶人廢後特賜號爲惠妃宫中禮秩一同皇后惠妃開元初產夏悼王及懷哀王上仙公主並襁褓不育上特垂傷悼及生壽王瑁不敢養於宫中命寧王憲於外養之又生盛王琦咸宜太華二公主惠妃以開元二十五年薨年四十餘

楊貴妃

唐書曰玄宗楊貴妃父玄琰蜀州司户妃早孤養於叔父玄璬開元初武惠妃特承寵遇故王皇后廢黜二十四年

惠妃薨帝哀悼久之後庭數千無可意者或奏玄琰女姿色冠代宜蒙召見時妃衣道士服號曰太真既進見玄宗大悦不朞歲恩禮如惠妃太真姿質豐艷善歌舞通音律智算過人每倩盼承迎動移上意宫中呼爲娘子禮數實同皇后有姊三人皆有才貌玄宗並封國夫人天寶中安禄山大立邊功上深寵之禄山來朝帝令貴妃姊妹與禄山結爲兄弟禄山母事妃每宴賜錫賚稠沓及禄山叛露檄數國忠之罪河北盜起玄宗以皇太子爲天下兵馬元帥監撫軍國事國忠大懼諸楊聚哭貴妃銜土陳請帝遂不行内禪及潼關失守從幸至馬嵬禁軍大將陳玄禮密啓太子誅國忠父子既而六軍不散玄宗遣力士宣問對曰賊本尚在蓋指貴妃也力士復奏帝不獲已與妃決遂縊死於佛室時年三十八瘞於驛西道側

玄宗楊皇后

唐書曰玄宗元獻皇后楊氏弘農華陰人后景雲元年八月選入太子宮時太平公主用事尤忌東宮宮中左右持兩端而潛附太平者必陰伺察事雖纖芥皆聞於上太子心不自安后時方娠太子密謂侍讀張說曰用事者不欲吾多息男恐禍及此婦人其如之何密令說懷去胎藥而入太子於曲室躬自煑藥醺然似寐夢神人覆鼎旣寤如夢如是者三太子異之告說說曰天命也無宜他慮旣而太平誅后果生肅宗皇帝太子妃王氏無子后班在下后不敢母肅宗王妃撫鞠慈甚所生開元中肅宗爲忠王后爲妃又生寧親公主張說以舊恩特承寵異說亦奇忠王儀表心知運曆所鍾故寧親公主降說子埱開元十七年后薨葬細柳原

肅宗張皇后

唐書曰肅宗張皇后本南陽西鄂人後徙家昭應祖母竇氏玄宗母昭成皇太后之妹也昭成爲天后所殺玄宗幼失所恃爲竇姨鞠養景雲中封鄧國夫人父去逸天寶中選入太子宮爲良娣后辯惠豐碩巧中上旨祿山之亂玄宗幸蜀太子與良娣俱從車駕渡渭百姓遮道請留太子收復長安肅宗性仁孝以上皇播越不欲違離左右宦者李靜忠啓太子請留良娣贊成之白於玄宗太子如靈武時賊已陷京師從官單寡道路多虞每太子次舍宿止良娣必居其前太子曰捍禦非婦人之事何以居前良娣曰今大家跋履險難兵衛非多恐有倉卒妾自當之大家可由後而出庶幾無患及至靈武產子三日起縫戰士衣太子勞之曰產忌作勞安可容易后曰此非妾自養之時須辦大家事肅宗即位冊爲淑妃贈父去逸左僕射母竇氏封義章縣主乾元元年冊爲皇后肅宗崩太子監國遂移后於別殿幽宮崩

肅宗吳皇后

唐書曰肅宗章敬皇后吳氏濮陽人后父坐事沒入掖庭開元二十二年玄宗幸忠王邸見王服御蕭然傍無媵侍命將軍高力士選掖庭宮人賜之而吳后在籍中容止端麗性多謙抑寵遇益隆明年生代宗皇帝二十八年薨葬於春明門外代宗即位羣臣以肅宗山陵有期准禮以先太后祔

代宗沈皇后

唐書曰代宗睿眞皇后沈氏吳興人世爲冠族父易直秘書監開元末以良家子選入東宮賜太子男廣平王天寶元年生德宗皇帝祿山之亂玄宗幸蜀諸王妃主從幸不及者多陷於賊后被拘於東都掖庭及代宗破賊收東都見之留后於宮中方經略北征未暇迎歸長安俄而史思明再陷河洛及朝義敗復收東都失后所在莫測存亡代宗遣使求訪十餘年寂無所聞德宗即位下詔遙尊爲皇太后

代宗獨孤皇后

唐書曰代宗貞懿皇后獨孤氏父穎左威衛錄事參軍后以美麗入宮嬖幸專房故長秋虛位諸姬罕所進御后始冊爲貴妃生韓王迥華陽公主大曆十年五月薨追謚曰貞懿皇后殯於內殿累年不忍出宮十三年十月方葬命宰臣常袞爲哀冊

德宗王皇后

唐書曰德宗昭德皇后王氏父遇官至秘書監德宗爲魯

王時納后爲嬪上元二年生順宗皇帝特承寵異德宗即位册爲淑妃貞元二年妃病十一月甲午册爲皇后是日崩於兩儀殿

韋賢妃

唐書曰德宗韋賢妃不知氏族所出初爲良娣貞元二年册爲賢妃性敏惠言無苟容動必由禮德宗深重之六宫師其德行及德宗崩請於崇陵終喪紀因侍於寢園元和四年薨

順宗王皇后

唐書曰順宗莊憲皇后王氏琅琊人父顔衛尉卿后幼以良家子選入宫爲才人順宗在藩時代宗以才人賜之時年十三大曆十三年生憲宗皇帝立爲宣王孺人順宗外儲册爲良娣后言容恭謹宫中稱其德行順宗即位疾恙未平后供侍醫藥不離左右屬帝不能言册禮將行復止及永貞内禪册爲太上皇后中和元年正月順宗晏駕五月尊太上皇后爲皇太后册禮畢憲宗御紫宸宣赦太后居興慶宫后性仁和恭遜深抑外戚無絲毫假貸訓厲内職有母儀之風焉元和十一年三月崩於咸寧殿謚曰莊憲

憲宗郭皇后

唐書曰憲宗懿安皇后郭氏尚父子儀之孫駙馬都尉曖之女母代宗長女昇平公主憲宗爲廣陵王時納后爲妃以母貴父祖有大勳於王室順宗深寵異之貞元十一年生穆宗皇帝元和元年册爲貴妃時帝後庭多私愛以后門族華盛慮正位之後不容嬖幸以是册拜後時穆宗嗣位册爲皇太后敬宗即位尊爲太皇太后宣宗繼統即后之諸子也恩禮愈異於前朝大中年崩於興慶宫謚曰懿安祔

葬於景陵后歷位七朝五居太母之尊人君行子孫之禮福壽隆貴四十餘年雖漢之馬鄧無以加焉

女學士宋尚宫附

唐書曰女學士尚宫宋氏者名若昭貝州清陽人父庭芬世爲儒學至庭芬有詞藻生五女皆聰惠庭芬始教以經藝旣而課爲詩賦年未及笄皆能屬文長曰若華次曰若昭若倫若憲若荀若華若昭文尤淡麗性復貞素閑雅不尚芳華之飾嘗白父母誓不從人願以藝學揚名顯親若華教誨四妹有如嚴師著女論語十篇其言摸倣論語以韋逞母宣文君宋氏代仲尼以曹大家等代顔閔其間問荅悉以婦道所尚若昭注解皆有理致貞元四年昭義節度使李抱眞表薦以聞德宗俱召入宫試以詩賦兼問經史中大義深加賞歎德宗能詩與侍臣唱和相屬亦令若華姊妹應制每進御無不稱善嘉其節槩不羣不以宫妾遇之呼爲學士先生庭芬起家受饒州司馬習藝館内教賜第一區給俸料元和末若華卒贈河内郡君自貞元七年已後宫中記注簿籍若華掌其事穆宗復令若昭代司其職拜尚宫姊妹中若昭尤通曉人事自憲穆敬三帝皆呼爲先生六宫嬪媛諸王公主駙馬皆師之爲之致敬進封梁國夫人寶曆初卒將葬詔所司供鹵簿敬宗復令若憲代司宫籍文宗好文以若憲善屬文能論議奏對尤重之大和中坐駙馬沈㬢事幽若憲於外第賜死

穆宗王太后

唐書曰穆宗恭僖皇太后王氏越人父紹卿婺州金華令后少入太子宫元和四年生敬宗穆宗皇帝即位立爲妃長慶四年二月尊爲皇太后文宗即位之初號寶曆太后

穆宗蕭皇后

唐書曰穆宗貞獻皇后蕭氏福建人初入十六宅爲建安王侍者元和四年生文宗皇帝寶曆二年敬宗崩中尉王守澄率兵討賊迎江王即位文宗踐祚之月奉冊上尊號曰皇太后武宗即位供養彌謹徙居積慶殿號積慶太后會昌中崩謚曰貞獻

敬宗郭貴妃

唐書曰敬宗郭貴妃父義右威衛將軍長慶末以姿貌選入太子宮敬宗即位爲才人生晉王普帝以少年有子復以才人容德冠絕特寵異之俄冊爲貴妃及昭愍遇盜宮闈變起文宗即位尤憐晉王有若已子故貴妃禮遇不衰

昭宗何皇后

唐書曰昭宗積善皇后何氏東蜀人侍壽王邸姚麗多智

特承恩顧生德王輝王昭宗即位立爲淑妃乾寧中車駕在華州冊爲皇后自乾符已後盜滿天下妖生九重宮廟榛蕪奔播不暇景福之際斳臣內侮后於蒙塵薄狩之中嘗膳無侮不離左右天祐初朱全忠逼遷輿駕東幸洛陽其年八月昭宗遇弑翌日宰相柳璨獨孤損等詐宣皇后令云帝爲宮人所害輝王祚宜昇帝位仍尊后爲皇太后遭罹變故迫以兇威宮中哭泣不敢聲聞于外明年十二月全忠將僭位先行九錫然後受禪全忠牙將蔣玄暉在洛陽宮知樞密宣徽副使趙殷衡素與不叶且欲代知樞密事因使于梁誣告云玄暉私於何太后相與盟詛誓復唐室不欲王受九錫全忠大怒即日遣使至洛陽誅玄暉大后亦被害於積善宮又殺宮人阿秋阿虔仍廢太后爲庶人

太平御覽卷第一百四十一

太平御覽卷第一百四十二

皇親部八

蜀

劉備甘后　穆后

劉禪張后　小張后

吳孫堅吳后　孫權步后

二王后　潘后

謝妃　徐妃

孫亮全后　孫休朱后

孫晧母何太后　孫晧滕后

前趙劉淵母呼延妃

劉淵張后　劉聰呼延后

二劉后　劉曜劉后

後趙石勒劉后

後燕慕容垂段后

宋劉裕臧后　胡婕妤

劉義隆袁后　劉駿路后

劉駿王后　劉彧母沈婕妤

劉彧王后　陳妃

劉昱江后

劉准謝后　劉准母陳昭華

蜀劉備甘后

蜀志曰先主甘皇后沛人產後主值曹公軍至追先主於當陽長坂于時困逼棄后及後主賴趙雲保護得免於難后卒追謚皇思夫人遷葬於蜀未至而先主殂殞丞相亮上言皇思夫人宜號昭烈皇后與大行皇帝合葬制曰可

穆后

蜀志曰先主穆皇后陳留人也兄吳壹素與劉焉有舊是以舉家隨焉入蜀焉有異志而聞善相者使相后云當大貴焉時將子瑁自隨遂為瑁納后瑁死寡居先主既定益州而孫夫人還吳羣下勸先主聘后先主疑於與瑁同族法正進曰論其親疎何與晉文之於子圉乎於是納后延熙八年薨合葬惠陵

劉禪張后

蜀志曰後主敬哀皇后車騎將軍張飛長女章武元年納為太子妃建興元年立為皇后

小張后

蜀志曰後主小張皇后飛小女隨後主遷于洛陽

吳孫堅吳后

吳志曰孫堅吳夫人權之母也本吳人徙錢塘早失父母與弟居孫堅聞其才貌欲娶之吳氏親戚嫌堅輕狡將距焉堅甚慙恨夫人謂親戚曰何愛一女以取禍乎如有不遇命也於是遂許為婚生四男一女及權少年統業夫人助理國政甚有補益建安七年臨薨引見張昭等屬以後事

孫權步后

吳志曰吳主權步夫人臨淮淮陰人也以美麗得幸於權寵冠後宮夫人性不嫉妬多所推進故久見愛權為王及帝意欲以為后羣臣議在徐氏權依違者十餘年然宮內皆稱皇后親戚上疏稱中宮及薨臣下緣權旨請追正名號乃贈皇后印綬

二王后

吳志曰吳主權王夫人琅琊人也夫人以選入宮得幸生

孫和權將立爲后而全公主素憎夫人數加譖毀及權寢疾言有喜色由是權深責怒以憂死

吳志曰吳主權王夫人南陽人也生孫休及和爲太子和母貴諸姬有寵者皆出居外夫人出在公安卒因葬焉休即位遣使追尊曰敬懷皇后改葬敬陵

潘后

吳志曰吳主權潘夫人會稽句章人父爲吏坐死夫人與姊俱輸織室權見而異之召充後宮得幸有身夢有以龍頭授已者已以蔽膝受之遂生孫亮夫人爲皇后性妬媚容自始至卒譖害甚衆權不豫夫人使問中書令張昭呂后專制故事侍疾疲勞因以羸病諸人伺其昏卧共縊殺之託言中惡後事泄坐死者六七十人權尋薨合葬蔣陵

謝妃

吳志曰吳主權謝夫人會稽山陰人也權聘以爲妃愛幸有寵後權納姑孫徐氏欲令謝下之謝不肯由是失寵早卒

徐妃

吳志曰吳主權徐夫人吳郡富春人也初適同郡陸尚尚卒權聘以爲妃使母養子登後權以夫人妬忌廢之以疾卒

孫亮全后

吳志曰孫亮全夫人全尚女也立爲皇后孫綝廢亮爲會稽王隨亮之國

吳録曰亮妻惠解有容色吳平乃歸永寧中卒

孫休朱后

吳志曰孫休朱夫人朱據女孫綝廢亮休立夫人爲皇后休卒羣臣尊夫人爲皇太后孫皓即位月餘貶爲景皇后稱安定宮

孫皓母何太后

吳志曰孫和何姬丹陽句容人也父遂本騎士孫權嘗游幸諸營而何姬觀於道中權望見異之命宦者召入以賜子和生男權喜名之曰彭祖即皓也後徙和居新都遣使賜嫡妃張氏自殺何姬曰若皆從死誰當養孤遂撫育皓及其王弟皓即位尊和爲昭獻皇帝何姬爲昭獻皇后月餘進爲皇太后焉

孫皓滕后

吳志曰孫皓滕夫人故太常胤之族女也胤夷滅夫人父牧以疎遠徙邊郡孫休即位大赦得還以牧爲五官中郎皓既封烏程侯娉牧女爲妃皓即位爲皇后封牧高密侯拜衛將軍録尚書事時人以牧尊戚頗推令諫爭而夫人寵漸衰皓滋不悅皓母何恒左右之又太史言於運歷中后不可易皓信巫覡故得不廢常供養昇平宮長秋官僚備員而已受朝賀表疏如故皓内諸寵姬佩皇后璽紱者多矣天紀四年隨皓遷于洛陽

前趙劉淵母呼延妃

崔鴻三十國春秋前趙録曰左賢王妃呼延氏魏嘉平中祈子於龍門俄而一大白魚頭有二角軒鬐躍鱗於龍門而至於祭所乆之乃去巫覡皆異之曰此嘉祥也其夜夢旦所見魚變爲人左手把一物大如半雞子光影非常授延氏曰此是日精服之生貴子自是十三月而生淵

劉淵張后

崔鴻三十國春秋前趙録曰劉淵皇后張氏夢日入懷寤

而告淵淵曰吉徵也慎勿言之自是十五月生聰

劉聰呼延后

崔鴻三十國春秋前趙録曰劉聰皇后呼延氏淵后之從父妹有美色恭孝稱於宗族淵后愛聰姿貌故以配焉每謂聰曰父終子紹古今之大典陛下自承高祖之嗣太弟何爲者哉陛下百年後粲兄弟必無種也願陛下深思之聰亦信之曰然吾當爲計后曰事留變生太弟見粲兄弟並大必有不安之志矣或有小人構間其中未必不禍發于今日妾常聞陛下說晉懷公事一何相似竊爲陛下寒心聰深然其言於是相圖之計起矣

大劉后

崔鴻三十國春秋前趙録曰劉聰皇后劉氏殷長女也字麗芳以左貴嬪立爲皇后聰將起䳨儀殿廷尉陳元達諫聰大怒將斬之后時在後堂聞而密遣中常侍勑左右停刑於是手疏啓曰伏聞勑旨將爲妾營殿今四海未一禍難猶繁廷尉之言社稷之計當賞以美爵而反欲誅之陛下此怒由妾而起廷尉之禍由妾而招自古國敗家喪未始不由婦人妾每覽古事忿之不忘何意今日妾自爲之後人觀妾猶妾之視前人復何面目仰侍巾櫛請歸死此堂以塞陛下誤惑之過聰覽之色變曰朕比來得微風之患意怒不自由元達忠臣命其冠履就坐引元達以劉后表示曰外輔如公等內輔如此后朕亦何憂矣

小劉后

崔鴻三十國春秋前趙録曰聰后劉氏殷小女字麗華童齔聰惠膚髮異常晝營女工夜誦書傳毋每止之彌甚與諸兄爭論經義理旨超然諸兄常深歎謝性孝友善

風儀進止如珪璋焉以貴嬪立爲皇后殷二女四孫皆姿色超世女德冠時聰並納之自是六劉之寵傾於後宮建元中流星起於牽牛入紫微龍形委蛇其光照地落平陽北十里視之則肉晃聞于平陽肉傍常有哭聲晝夜不止聰甚惡之劉后産一蛇一虎各害人而走尋之不得頃見隕肉之傍劉氏卒僞謚武宣皇后乃失此肉哭聲亦止

劉曜劉后

崔鴻三十國春秋前趙録曰劉皇后侍中曜女年十三長七尺八寸手垂過膝髮與身齊姿色才德邁於列后

後趙石勒劉后

崔鴻三十國春秋後趙録曰石勒劉皇后侍中閭之妹後部胡人也勒納之於胡關美色有特寵張枰反於襄城后抽劍斬之勒賴后而濟后性惠有幹助理軍國之務有呂氏輔漢之風然嚴整貞姚容裕不妬忌過之也石弘即位尊爲皇太后與彭城王堪謀殺石虎謀泄虎殺之

後燕慕容垂段后

崔鴻三十國春秋後燕録曰垂皇后段氏字元妃光禄大夫儀之女后少而婉慧有節操嘗謂妹季妃曰我終不能爲庸人之妻季妃曰妹亦不爲庸夫之婦鄉人聞而笑之內黄人張定善相見儀二女大驚曰君家大興當由二女儀深異之至年二十餘而不嫁儀子麟謂儀曰張定何知而拒求者儀曰吾女輩志行不凡故且踟躕以擇良配垂稱燕王垂納元妃爲繼室遂有殊寵范陽王德亦娉季妃焉姊妹俱爲垂德皇后卒如其志

宋劉裕臧后

沈約宋書武敬臧皇后諱愛親東莞人也后適高祖生會

稽宣長公主髙祖以儉正率下后恭謹不違及髙祖興復晉室居上相之重而后器服麤素不爲親屬請謁晉義熙四年正月甲午卒於東城時年四十八追贈豫章公夫人還葬丹徒

胡婕妤

宋書武帝胡婕妤諱道安淮南人義熙初爲髙祖所納生文帝五年被譴賜死時年四十二髙祖踐祚追贈婕妤大祖即位上尊號曰章皇太后

劉義隆袁后

沈約宋書曰文帝袁皇后諱齊媯陳郡陽夏人左光禄大夫湛之庶女也太祖初拜宜都王妃生太子劭及東陽獻公主英娥上待后恩禮甚篤袁氏貧薄后每就上求錢帛以贍與之上性節儉所得不過三五十疋因此恚恨甚深稱疾不復見上上每入必他處迴避上數掩伺之不能得疾篤上執手流涕問所欲言后視上良乆乃引被覆面崩于顯陽殿時年四十六上甚悼痛之詔永壽太守顏延之爲哀策文其文甚麗也

劉駿母路后

沈約宋書曰文帝路淑媛諱惠男丹陽建康人也以色貌選入後宫生孝武拜爲淑媛年既長無寵常隨世祖出藩世祖入討元兇淑媛留守尋陽上即位有司奉尊號曰皇太后第休之並超顯職太后頗豫政事賜與休之等財物家累千金居處器服與帝子相侔尋崩時年五十五遷殯東宫改東宫門題曰崇憲宫

劉駿王后

沈約宋書曰孝武文穆王皇后諱憲嫄琅邪臨沂人元嘉二十年拜武陵王妃生廢帝山陰公主世祖在藩后甚有寵上伐凶逆與太后同還京都立爲皇后大明四年率六宫躬桑于西郊廢帝即位尊曰皇太后宫曰永訓其年崩于含章殿時年三十八祔葬景寧陵

劉彧母沈婕妤

沈約宋書文帝沈婕妤諱容姬納後宫爲美人生明帝拜爲婕妤元嘉三十年卒時年四十世祖即位追贈湘東國太妃太宗即位上尊號爲皇太后

劉彧王后

沈約宋書曰明恭王皇后諱貞風瑯琊臨沂人也上嘗宫內大集而裸婦人觀之以爲懽笑后以扇鄣面獨無所言帝怒曰外舍家寒乞今共爲笑樂何獨不視后曰爲樂之事其方自多豈有姑姊妹集聚而裸婦人形體以爲樂外舍之爲懽適實與此不同帝大怒遣后令起廢帝即位尊爲皇太后元徽五年五月五日太后賜帝玉柄毛扇帝嫌其毛柄不華因此欲加酖害已令太醫煮藥左右止之曰若行此事官家便應作孝子豈復得出入交會帝曰汝語有大理乃止孝建元年薨于第時年四十四

陳妃

沈約宋書曰明帝陳貴妃諱妙登丹陽屠家女也太妃家在建康縣東家貧有草屋兩三間上出行見之賜錢三萬令起瓦屋尉自送錢與之家人並不在唯太妃在家時年十二三尉見其容質甚美即以白世祖於是迎入宫賜太宗始有寵一年許衰歇（以乞將軍）李道兒尋又還生廢帝故民中皆呼廢帝爲李氏子廢帝踐祚號曰皇太妃輿服一如晉孝武太妃故事置家令一人改諸國太妃曰太姬

劉昱江后

沈約宋書曰後廢帝江皇后諱簡珪濟陽考城人太始五年太宗求太子妃而雅信小數名家女多不合后弱小門無強蔭卜筮最吉爲太子納焉太子即位爲后帝既廢降爲蒼梧王妃

劉准母陳昭華

沈約宋書曰明帝陳昭華諱法容丹陽人也太宗晚年諸弟姬人有懷孕者輒取入宮及生男殺其母而與六宮所愛者養之順帝桂陽王休範子也以昭華爲母焉順帝即位進爲皇太妃

劉准謝后

沈約宋書曰順帝謝后諱梵境光祿大夫莊孫女也昇明二年立爲皇后順帝禪位降爲汝陰王妃

太平御覽卷第一百四十二

太平御覽卷第一百四十三

皇親部九

齊蕭道成母陳后　蕭道成劉后
蕭昭業母王后　蕭昭業何妃
梁蕭衍母張后　蕭衍郗后
丁貴嬪　阮脩容
蕭繹王后　蕭繹徐妃
陳陳霸先章后
陳蒨沈后　陳頊柳后
陳叔寶沈后　張貴妃
北齊高歡婁后　尒朱太后
高澄元后　高洋李后
高演元后　高湛胡后
高緯斛律后

齊蕭道成母陳后

蕭子顯齊書曰宣孝陳皇后諱道正臨淮東陽人后生太祖太祖年二歲乳人乏乳后夢人以兩甌麻粥與之覺而乳大出異而說之宣帝從任在外后常留家治事教子孫有相者謂后曰夫人有貴子而不見之后歎曰我三兒誰當應之呼太祖小字曰正應是汝太祖雖從宦而家業本貧爲建康令時高宗等冬月猶無縑纊而奉膳甚厚后每撤去兼肉曰我於此過足矣殂于縣舍年七十三建元元年重追尊孝皇后

蕭道成劉后

蕭子顯齊書曰高昭劉皇后諱智容廣陵人也父壽之員外郎后母桓氏夢吞玉勝生后時有紫光滿室后寢臥家人常見上如有雲氣焉年十餘適太祖嚴整有禮法家庭肅然宋泰豫元年殂葬宣帝墓側今泰安陵也門生王清與墓工始下鍤有白兔跳起尋之不得及墳成兔還棲其上建元元年尊謚昭皇后

蕭昭業母王后

蕭子顯齊書曰文安王皇后諱寶明琅耶臨沂人建元元年爲南陽王妃四年爲皇子妃無寵太子爲宮人製新麗衣服及首飾而后牀帷陳故古舊釵鑷十餘枚永明十一年爲皇太孫太妃鬱林王即位尊爲皇太后稱宣德宮

蕭昭業何妃

蕭子顯齊書曰鬱林王何妃名婧英廬江灊人撫軍將軍戢之女后將拜鏡在牀無因墮地其冬與太后同日謁太廟后稟性婬亂爲妃時與外姦通左右柳琛之與同寢處如伉儷又與帝相愛褻故帝恣之迎后親戚入宮賞賜人數十萬以世祖耀靈殿處后家屬帝被廢后貶爲王妃

梁蕭衍母張后

梁書曰太祖獻皇后張氏諱尚柔范陽方城人也祖次惠宋濮陽太守后母蕭氏即文帝從姑宋元嘉中嬪於太祖生長沙宣武王懿永陽昭王敷次生高祖初后嘗於室內忽見庭前菖蒲生花光彩照灼非世中所有后驚視謂侍者曰汝見不對曰不見后曰常聞見者當富貴因遽取吞之是月產高祖將產之夜后見庭內若有衣冠陪列焉次生衡陽宣王暢義興昭長公主令嫕宋泰始七年殂於秣陵縣同夏里舍葬武進縣東城里山天監元年五月甲辰追上尊號爲皇后謚曰獻

蕭衍郗后

高祖德皇后郗氏諱徽高平金鄉人也祖紹宋國子祭酒領東海王師父燁太子舍人早卒初后母尋陽公主方娠夢人云當生貴子及生后有赤光照于室內器物盡明家人皆怪之巫言此女光適有所妨乃於水濱祓除之后幼而明慧善隸書讀史傳女工之事無不閑習宋後廢帝將納為后齊初安陸王緬又欲結婚郗氏並辭以女疾乃止建元末高祖始娉焉生永興公主玉姚永世公主玉婉永康公主玉嬛建武五年高祖為雍州刺史先之鎮後乃迎后至州未幾殂於襄陽官舍時年三十二明年歸葬南徐州武進縣二年齊朝進高祖位相國封梁公詔贈后為梁公妃高祖踐祚追崇為皇后

丁貴嬪

梁書曰高祖丁貴嬪諱令光譙國人也世居襄陽貴嬪生

于樊城初產有神光之異紫煙滿室故以為名相者云此女當大貴高祖臨州丁氏因人以聞嬪時年十四高祖納焉初貴嬪生而有赤誌在左臂治之不滅至是無何忽失所在事德皇后小心祗敬嘗於供養經案之側髣髴若見神人心獨異之高祖義師起昭明太子始誕育貴嬪與太子留在州城京邑平乃還京都天監元年五月有司奏為貴人未拜其年八月又為貴嬪位在三夫人上居于顯陽殿

阮脩容

高祖阮脩容諱令嬴本姓石會稽餘姚人也齊始安王遙光納焉遙光敗後入東昏宮建康城平高祖納為綵女天監六年八月生世祖尋拜為脩容常隨世祖出蕃大同六年六月薨于江州內寢時年六十七歸葬江寧縣通望山謚曰宣世祖即位追崇為文宣太后

蕭綱王后

梁書曰太宗簡皇后王氏諱靈賓琅琊臨沂人也祖儉太尉南昌文憲公后幼而柔明淑德叔父暕見之曰吾家女師也天監十一年拜晉安王妃生哀太子大器南郡王大連長山公主妙䂨大通三年十月拜皇太子妃太清三年三月薨于永福省時年四十五其年太宗即位追崇為皇后謚曰簡大寶元年九月葬莊陵

蕭繹徐妃

梁書曰元帝徐妃諱昭佩東海郯人也祖孝嗣齊太尉枝江文忠公父緄侍中信武將軍妃以天監十六年十二月拜湘東王妃生世子方等益昌公主含貞妃無容質不見禮帝三二年一入房妃以帝眇一目每知帝將至必為半面妝以俟帝見則大怒而出妃性嗜酒多洪醉帝還房必吐衣中既而貞惠世子方諸母王氏寵愛未幾而終元帝歸咎於妃及方等死愈見疾太清三年遂逼令自殺妃知不免乃投井死帝以屍還徐氏謂之出妻葬江陵瓦官寺

陳陳霸先章后

陳書曰高祖宣皇后章氏諱要兒吳興烏程人也本姓鈕父景明為章氏所養因改姓焉景明梁代官至散騎侍郎后母蘇氏嘗遇道士以小龜遺已光彩五色曰三年有徵及期后生而紫光照室因失龜所在后少而聰慧美容儀手爪長五寸色紅白每有朞功之服則一爪先折后善書計能誦詩及楚詞高祖自廣州南征交阯命后與衡陽王昌隨世祖由海道歸于長城侯景之亂高祖下至豫章后為侯景所囚景平高祖為長城縣公后拜夫人及高祖踐祚永定元年立為皇后高祖崩后與中書舍人蔡景歷定計

祕不發哀召世祖入纂世祖即位尊后為皇太后下令黜廢帝為臨海王命高宗嗣位太建元年冊尊后為皇太后二年三月景申崩于紫極殿時年六十

陳蒨沈后

陳書曰世祖沈皇后諱妙容吳興武康人也父法深梁安州事參軍后年十餘歲以梁大同中歸于世祖高祖之討侯景世祖時在吳興景遣使收世祖及后景平乃獲免高祖踐祚永定元年后為臨川王妃世祖即位立為皇后

陳頊柳后

陳書曰高宗柳皇后諱敬言河東解縣人也曾祖世隆侯景之亂與弟盼往江陵依梁元帝以長城公主之故待遇甚原及高宗赴江陵元帝以后配焉承聖二年后生後主於江陵明年江陵陷高宗遷于關右后與後主留穰城天嘉

二年與後主還朝后為安城王妃高宗即位立為皇后后美姿容身長七尺二寸手垂過膝初高宗居鄉里先娶吳興錢氏女及即位拜為貴妃甚有寵幸后傾心下之每尚方供奉之物其上者皆推於貴妃而已御其次焉高宗崩始興王叔陵為亂後主賴后與吳媪救而獲免後主即位尊后為皇太后宮曰弘範當此之時新失淮南之地隋師臨江又國遭大喪後主病瘡不能聽政其誅叔陵供大行喪事邊境防守及百司眾務雖假以後主之命實皆決之於后後主瘡愈乃歸政焉陳亡入長安隋大業十一年薨于東都時年八十三葬洛陽之芒山

陳叔寶沈后

陳書曰後主沈皇后諱婺華儀同三司憲侯君之女也母高祖女會稽穆公主主早亡時后尚幼而毀瘠過甚服畢每至歲時朔望恒獨坐涕泣哀慟左右內外咸敬異焉太建三年納為皇太子妃後主即位立為皇后后性端靜寡嗜慾聰敏強記涉獵經史工書翰初後主在東宮而后父君理卒后居憂處別殿哀毀逾禮後主遇后既薄而張貴妃寵傾後宮後宮之政並歸之后澹然未嘗有所忌怨而居處儉約衣服無錦繡之飾左右近侍纔百許人唯尋閱圖史佛經為事陳亡與後主俱入長安及後主薨后自為哀詞文甚酸切隋煬帝每所巡幸恒令從駕及煬帝為宇文化及所害后自廣陵過江還鄉里不知所終

張貴妃

陳書曰後主張貴妃名麗華兵家女也家貧父兄以織席為業後主為太子選入宮是時龔貴嬪為良娣貴妃年十歲後主見而悅焉因得幸遂有娠生太子深後主即位拜

為貴妃妃性聰惠甚被寵遇後主每引貴妃與賓客遊宴貴妃薦諸宮女預焉後宮等咸德之競言貴妃之善由是愛傾後宮又好厭魅之術假鬼道以惑後主置淫祀於宮中聚諸妖巫使之鼓舞因參訪外事人間有一言一事妃必知之以白後主由此益重妃內外宗族多被引用及隋軍陷臺城妃與後主俱入井隋軍出之晉王廣命斬妃於青溪中橋

北齊高歡婁后

北齊書武明皇后婁氏諱昭君贈司徒內干之女也少明悟強族多娉之並不肯行及見神武於城上執役驚曰此真吾夫也乃使婢通意又數致私財使以娉己父母不得已而許焉神武既有澄清之志傾產以結英豪密謀祕策后恒參預及拜渤海王妃閫闈之事悉決焉后高明嚴斷

雅遵儉約往來外舍侍從不過十人性寛厚不妬忌神武姬侍咸以恩待神武嘗將西討出師后夜孿生一男一女左右以危急請追告神武后弗聽曰王出統大兵何得以我故輕離軍幕死生命也來復何爲神武聞之嗟嘆良久沙苑敗後侯景言請精騎二萬必能取之神武悅以告于后后曰若如其言豈有還理得獺失景亦有何利乃止文襄嗣位進爲太妃文宣將受魏禪后固執不許帝所以中止天保初尊爲皇太后宮曰宣訓濟南即位尊爲太皇太后尚書令楊愔等受遺詔輔政踈忌諸王太皇太后密與孝昭及諸大將定策誅之令廢立孝昭即位復爲皇太后孝昭帝崩太后又下詔立武成帝大寧二年春太后寢疾衣忽自舉用巫媼言改姓氏四月辛丑崩於北宮年六十二合葬義平陵

爾朱太妃

北齊書彭城太妃爾朱榮之女魏孝莊后也神武納爲別室敬重踰於婁妃見必束帶自稱下官神武迎蠕蠕公主還尔朱迎於木井北與蠕蠕公主前後別行不相見公主引角弓仰射翔鴟應弦而落妃引長弓邪射飛鳥亦一發而中神武喜曰我此二婦並堪擊賊後爲尼神武爲起佛寺天保初爲太妃及文宣狂酒將無禮於太妃太妃不從遂遇禍

高澄元后

北齊書文襄敬皇后元氏魏孝静帝之姊也孝武帝時封馮翊公主而歸於文襄容德兼美曲盡和敬初生河間王孝琬時文襄爲世子三日而孝静幸世子第贈錦綵及布帛萬疋世子辭求通受諸貴禮遺於是十屋皆滿次生兩公主文宣受禪尊爲文襄皇后

高洋李后

北齊書曰文宣皇后李氏諱祖娥趙郡李希宗女也容德甚美初爲太原公夫人及帝將建中宮高隆之高德正言漢婦人不可爲天下母宜更擇美配楊愔固請依漢魏故事不改元妃而德正猶固請廢后而立段昭儀欲以結勳貴之援帝竟不從而立后爲帝好捶撻嬪御乃至有殺戮者唯后獨蒙禮敬天保十年改爲可賀敦皇后孝昭即位降居昭信宮號昭信皇后

高演元后

北齊書曰孝昭皇后元氏開府元蠻女也初爲常山王妃天保末賜姓步六孤孝昭即位立爲皇后帝崩梓宮之鄴始渡汾橋武成聞后有奇藥追索之不得使閹人就車頓辱降居順成宮武成既殺樂陵王元被閲隔不得與家相知宮闈內忽有飛語帝令檢推得后父兄書信元蠻由是坐免官后以齊亡人入周氏宮中隨文帝作相放還山東

高湛胡后

北齊書曰武成皇后胡氏安定胡延之女其母范陽盧道約女初懷孕有胡僧詣門曰此宅瓠蘆中有月既而生后天保初選爲長廣王妃産後主日鴞鳴於産帳上武成崩尊爲皇太后

高緯斛律后

北齊書曰後主皇后斛律氏左丞相光之女也初爲皇太子妃後主受禪立爲皇后武平三年正月生女帝欲悅光詐稱生男爲之大赦光誅后廢在別宮後令爲尼

太平御覽卷第一百四十三

皇親部十

昭儀　夫人　貴人　嬪　婕妤

昭儀

漢書外戚傳曰武帝制婕妤娙娥容華充衣各有爵位而元帝加昭儀之號位次丞相爵比諸侯王婕妤視上卿比列侯

漢書曰孝元傅昭儀哀帝祖母也河内人少爲上官太后才人元帝進幸有寵爲人才略善事人下至宮人左右飲酒酹地皆祝延之產一男一女女爲平都公主男爲定陶恭王

漢書曰孝元馮昭儀平帝祖母父奉世爲執金吾上幸虎圈鬬獸後宮皆坐熊佚出圈攀檻欲上殿左右貴人昭儀等皆驚走馮婕妤直前當熊而立左右殺熊上問人情驚懼何故前當熊婕妤曰猛獸得人而止妾恐熊至御座故身當之元帝嗟嘆以此倍敬重焉男立爲信都王尊婕妤爲昭儀元帝崩爲信都太后與王俱居儲元宮宮名在長安城西

又曰孝成趙皇后本長安宮人生時父母不舉三日不死乃收養及壯屬陽阿主家學歌舞號曰飛鷰帝微行過陽阿主作樂見飛鷰而悅之召入宮大幸有女弟復召入俱爲婕妤貴傾後宮許后廢立爲皇后後寵小衰而弟更幸爲昭儀居昭陽舍其中庭彤朱殿上髤漆砌皆銅沓金塗白玉堦璧帶往往爲黄金釭鍮藍田璧明珠翠羽飾之後宮未嘗有焉

魏志序曰魏因漢法母后之號皆如舊制自夫人以下世有增損太祖建國始命王后其下五等有夫人昭儀婕妤容華美人明帝又置淑妃昭華

後魏書曰世祖左昭儀文明皇后馮氏之姑父朗坐事誅后遂入宮昭儀雅有母德鞠養教誨年十四高宗踐極選后爲貴人皆是昭儀撫訓之力

又曰孝文馮昭儀廢后馮氏姊也高祖還洛后恩遇甚厚昭儀先以疾病文明太后遣還家爲尼太后崩服終高祖重引爲左昭儀至洛稍有寵后禮愛漸衰昭儀自以年長且前入宮掖素見待厚規爲内主譖構百端帝遂廢后爲庶人昭儀寵愛過本專寢當夕宮人稀復進見後遂立爲皇后

沈約宋書曰漢元帝制昭儀世祖省之晉泰始二年又置昭華昭儀等以備九嬪也

崔鴻三十國春秋前趙録曰嘉平二年立司空王育女爲左昭儀尚書令任顗女爲右昭儀

晉書載記曰石勒定昭儀夫人位視上公貴嬪貴人視列侯員各一人三英九華視伯淑媛儀視子容華美人視男務簡賢淑不限員數

西京雜記曰趙后腰體弱善行步進止女弟昭儀不能及弱骨豐肌尤工笑語爲當時第一皆擅寵後宮

西京賦曰增昭儀於婕妤賢既公而復侯

唐書曰高宗六年將立昭儀武氏爲皇后長孫無忌屢言不可帝後召于志寧等謂曰武昭儀有令德朕欲立爲皇后卿等以爲如何志寧曰自貞觀二十三年後先朝付託遂良望陛下問其可否竟不從無忌等言而立昭儀爲皇后

夫人

周禮注曰三夫人之於后猶三公之於王坐而論婦禮無官職者矣

禮記婚義曰古者天子后立六宮三夫人九嬪二十七世婦八十一御妻以聽天下之内治以明章順故天下内和而家理

五經要義曰古者后夫人必有女史彤管之法后妃羣妾以禮御于君所女史書其日月授其環以進退之生子月娠則以金環退之當御者以銀環進之着于左手既御着于右手左手陽也以當就男故着右手陰也既御而復故此女史之職也

史記曰武帝時幸夫人尹婕妤邢夫人號娙（徐廣曰娙五耕反）娥此中二千石尹夫人邢夫人同時並幸有詔不得相見尹夫人自請武帝許之即令他夫人飾從御者數十人來前

尹夫人見之曰非邢夫人身也帝曰何以言之對曰視其形貌體狀不足以當人主於是有詔使邢夫人衣故衣獨身來前尹夫人望見之曰眞是矣於是乃低頭俛而泣自痛其不如也諺曰美女入室惡女之仇

漢書曰漢興因秦之稱號妾皆稱夫人有美人良人八子七子長使之號焉

又曰漢王得定陶戚姬愛幸生趙隱王如意高祖崩惠帝立呂后爲皇太后乃令永巷囚戚夫人髡鉗衣赭衣令舂戚夫人舂歌曰子爲王母爲虜終日舂薄暮常與死爲伍相離三千里當誰使告汝太后遂斷戚夫人手足去眼熏耳飲以瘖藥使居鞠域中名曰人彘

又曰高帝薄姬文帝母也少時與管夫人趙子兒相愛約曰先貴無相忘也而管先幸漢王四年坐河南成皐靈臺此兩美人相與笑問其故兩人俱以實告王心悽然憐薄姬是日召而幸之

又曰孝武李夫人本以倡進初夫人兄延年性知音善歌舞武帝愛之每爲新聲變曲聞者莫不感動延年侍上起舞歌曰北方有佳人絶世而獨立一顧傾人城再顧傾人國寧不知傾城與傾國佳人不可得上歎息曰善世豈有此人乎平陽主因言延年有女弟上乃召見之實妙麗善舞由是幸生一男是爲昌邑哀王李夫人少而蚤卒上憐閔焉圖畫其形甘泉宫齊人少翁能致其神迺夜張燈燭帷帳陳酒肉而令上居他帳望見好女如李夫人之貌不得就視上愈益悲感爲作詩曰是耶非耶立而望之偏何姍姍其來何遲令樂府諸音家絃歌之上自爲作賦以傷悼夫人

又曰孝武鉤弋趙婕妤昭帝母也家在河間武帝巡狩過河間望氣者言此室有奇女天子氣使召之既至女兩手皆拳上自披之手即時伸是得幸號曰拳夫人

後漢書曰陳夫人者家本魏郡少以聲伎入孝王宫得幸生質帝亦以梁氏故榮寵不及焉

魏志曰魏因漢法母后之號皆如舊制自夫人以下世有增損太祖建國始命王后其下五等有夫人有昭儀有婕妤有容華有美人明帝增淑妃昭華脩儀太和中始復命夫人登其位於淑妃之上自夫人以下爵凡十二等貴嬪夫人位次皇后

魏志曰文德郭皇后有智數時有所獻納文帝之爲嗣后有謀焉太子即位后爲夫人

王隱晉書曰胡芳以選入宫父奮哭曰老奴不死唯有二

兒男入九地之下女上九天之上後拜芳夫人元后臨終有命先來臨者有賞胡夫人自排人徑前辭訣咸寧二年立皇后楊氏封父駿臨晉侯駿漸驕慢奮語駿卿侍女更豪也與天家作婚者未有不滅門駿曰卿女不在天家也奮曰我女與卿女作婢耳何能增損

後魏書曰明元昭哀皇后姚興之女太宗以后禮納之後爲夫人后以鑄金人不成未昇尊位然帝寵幸出入居處禮如后焉

晉中興書曰簡文宣皇后鄭氏字阿春滎陽人也先過渤海田氏生一男夫亡后依舅濮陽吳氏中宗爲丞相敬后先崩將納吳氏女爲夫人后及吳氏女並遊後園有見之者言於中宗曰鄭氏雖嫠居賢於吳氏遠矣遂以德色納爲夫人甚有寵

沈約宋書曰晉武採漢魏之制置貴嬪夫人貴人是爲三夫人位視三公

晉起居注曰有司奏今月九日當拜鄭夫人后婕妤梭儀注應服雀釵桂襈

列仙傳曰鉤弋夫人右手拳姿色甚偉帝披其手得一鉤而手尋伸生昭帝既而帝害之殯尸不臭而香數月昭帝既即位更葬之棺空但有絲履故名其宫曰鉤翼後避諱改爲弋廟有神祠焉

西京雜記曰高帝戚夫人善鼓瑟擊筑帝擁夫人倚瑟而絃歌畢泣下流漣夫人善爲翹袖折腰之舞歌出塞望歸之曲侍婢數百人皆爲之後宫齊唱常入雲霄

又曰戚夫人以百煉金爲彄環照見指骨上惡之以賜侍兒鳴玉耀光等各四枚

又曰戚夫人侍兒賈佩蘭後出爲扶風人段儒妻說在内時戚夫人侍高祖常以趙王如意爲言高祖思之或半日不言歎息悽愴而未知其術輒倚夫人夫人擊筑高祖自歌大風詩以和之

又曰武帝以象牙爲簟賜李夫人

又曰武帝過李夫人就取玉簪搔頭自此宫人搔頭皆用玉

貴人

東觀漢記曰光烈陰皇后上即位立爲貴人上以后性賢仁宜母天下欲授以尊位后輒追讓自陳不足以當大位

又曰章帝宋貴人時竇皇后内寵方盛以貴人名族節操高妙心内害之欲爲萬世長計陰設方略譖毀貴人由是母子見疎數月誣奏貴人使婢爲蠱道祝詛七年遂被譖暴卒

又曰孝和陰皇后聰慧敏達有才能善史書永元二年選入掖庭爲貴人託以先后近屬故有寵

後漢書曰順烈梁后永建三年與姑俱入掖庭時年十三太史卜兆得封房又筮得坤之比遂以爲貴人常時被引御從容辭曰願陛下思雲雨之均澤識貫魚之次序使小妾得免罪謗之累由是帝加敬焉

又曰桓思竇后延熹八年選入掖庭爲貴人其冬立爲皇后而御見甚稀帝所寵唯采女田聖等永康元年冬帝寢疾遂以聖等九女皆爲貴人

東觀漢記曰申貴人生孝穆皇帝趙夫人爲穆皇后匽夫人生桓帝帝既立追謚趙夫人爲穆皇后匽夫人爲博園貴人和平元年桓帝詔曰博園匽貴人履高明之懿德皆

淑美之嘉會與天合靈篤生朕躬欲報之德詩所感歎今以貴人爲孝崇皇后

又曰孝桓帝鄧后字猛父香早死猛母宣改嫁爲掖庭民梁紀妻紀者襄城君孫壽之舅也壽引進令入掖庭得寵爲貴人故冒姓爲梁氏

續漢書曰光武郭皇后聖通世祖至眞定納聖通有寵世祖即位以爲貴人

魏志曰文帝納甄后於鄴有寵生明帝郭后李貴人並愛幸后愈失意有怨言

王隱晉書曰武帝臨軒拜諸葛婉爲夫人李瞱爲貴人

後魏書曰文成馮后生有神光之異高祖踐極以選爲貴人

又曰文成光皇后李氏梁國蒙縣人也頓丘王峻妹后之生也有異於常父方叔常言此女當大貴及長姿質美麗永昌王仁得后後遇事誅后與其家人送平城宮高祖登白樓望見之謂左右曰此婦人佳乎乃下臺后得幸於齋庫中遂有娠守庫者亦私書壁記之後驗問皆相符同生顯祖拜貴人

沈約宋書曰貴嬪文帝所制貴人漢光武制泰始二年又省貴人置貴姬

婕妤

漢書曰婕妤視上卿比列侯

又曰孝宣皇帝之爲曾孫也暴室嗇夫許廣漢有女平君年十四五配曾孫數月曾孫立爲帝平君爲婕妤是時霍將軍有小女與皇太后公卿議更立皇后皆心議霍將軍女亦未有言上乃詔求微時故劒大臣知旨白立許婕妤

爲皇后

又曰孝宣王皇后父奉光少時鬭雞宣帝在民間數與奉光會相識奉光有女年十餘歲每當適人所當適者輒死故久不行及宣帝即位召入後宮爲婕妤是時館陶主母婕妤及淮陽憲王母張婕妤楚孝王母衛婕妤皆愛幸皇后廢後上憐許太子早失母幾爲霍氏所害於是乃選後宮素謹愼而無子者遂立王婕妤爲皇后令母養太子

又曰孝成班婕妤成帝初即位選入後宮　俄而大幸爲婕妤居增城合歡宮再就館有男數月失之成帝遊於後庭嘗欲婕妤同輦載婕妤辭曰觀古圖畫賢聖之君皆有名臣在側三代末主廼有嬖女今欲同輦得無近似之乎上善其言而止太后聞之喜曰古有樊姬今有班姬

世說曰漢成帝幸趙飛鷰讒班婕妤呪詛帝乃考問婕妤對曰妾聞死生有命富貴在天修善尚不蒙福爲邪欲以何望若鬼神有知不受邪佞之訴如其無知訴之何益故不爲也

漢書曰成帝隆於内寵班婕妤進侍者李平得幸立爲婕妤上曰始衛皇后亦從微起乃賜平姓曰衛所謂衛婕妤

又曰中山衛姬平帝母也父子豪中山盧奴人官至衛尉子豪女弟爲宣帝婕妤生楚孝王長女又爲元帝婕妤生平陽公主成帝時中山孝王無子以衛氏吉祥以子豪少女配孝王元延四年生平帝

魏志曰太祖建國始命王后其下有婕妤五等

晉服制令曰婕妤銀印青綬佩朱瓚玉

婦人集曰漢元帝賜婕妤書曰聞飛鷰趙婕妤夫上有誠必應以實憤懣充中必形於色詩云鼓鍾于宮聲聞于外

猶此言之眞僞之效難以欺矣夫君子貴素文足通殷勤而已亦何必華辭哉自以親婕妤異於他人故不能無言亦不以深相過望前數以顏色不平應對舒遲爲譴卒不能自改婕妤方見親幸之時老母在堂兩弟皆簪金貂並侍於側同列比舍豈不謂婕妤姊弟尊幸哉今過蒙譴獨謂老親兩弟何班婕妤報諸姪曰記言屬見元帝所賜趙婕妤書以相比元帝被病無悰但鍛鍊後宮貴人書也類多華辭至如成帝則推誠寫實若家人夫婦相與書矣何可比也故略陳其長短今汝曹自評之

後魏書曰御史中尉李彪有女幼而聰令彪每奇之教書學讀誦經傳曾謂所親曰此女當興我家卿曹各得其力彪亡後世宗聞名納爲婕妤在宮常教帝妹書誦授經史世宗崩婕妤爲比丘尼通習經義法座講說諸僧歎重之

太平御覽卷第一百四十四

太平御覽卷第一百四十五

皇親部十一

嬪　世婦　御女

美人　才人　保林

女侍中　女尚書　女史

嬪

尚書堯典曰：釐降二女于嬀汭，嬪于虞。（降，下；嬪，婦也。舜爲匹夫，能以義理下帝女之心於所居嬀水之汭，使行婦道於虞氏。）

詩推度災曰：關雎知原，冀得賢妃正八嬪。（嬪，婦也。八婦正於內，則可以化四方矣。）

周禮天官內宰曰：以陰禮教九嬪。（不言教夫人世婦，舉中言省文也。）

又曰：九嬪掌婦學之法，以教九御婦德、婦言、婦容、婦功，各帥其屬而以時御叙于王所。（嬪，婦也。婦德謂貞順也，婦言謂辭令也，婦容謂婉娩也，婦功謂絲枲也。自九嬪以下而御，各帥其屬者，使亦九九相與從王所息之燕寢也。舉妃御見之法，卑者宜先，尊者宜後。御女八十一人當九夕，也婦二十七常三夕，嬪九人當一夕，夫人三當一夕，后當一夕，亦十五日而遍。云自望後足之。）凡祭祀，賛王盛，賛后薦徹豆籩。（王盛，王所黍稷盛也。）若有賓客，則從后。（當賛后事。）大喪則帥叙哭者，亦如之。（亦從后也。）

周禮冬官匠人曰：內有九室，九嬪居之；外有九室，九卿朝焉。

禮記曰：仲春之月，玄鳥至之日，以太牢祀於高禖。天子親往，后妃親帥九嬪御，乃禮天子所御，帶以弓韣，授以弓矢于高禖之前。

又曰：古者天子后立六宮、三夫人、九嬪、二十七世婦、八十一御妻。

國語曰：齊襄公卑聖侮士，而唯女是崇，九妃六嬪，陳妾數百。

漢書曰：王莽備九嬪，視九卿。

魏志曰：文帝增貴嬪，位次皇后。

又曰：文德郭皇后，文帝踐阼，爲貴嬪。甄后之死，由后之寵也。

王隱晉書曰：武帝采諸葛沖等女五十餘人入殿，賜采女食，皆憂不食。帝使繆郭楊后曰："可但入郭。"其中者以絳繫臂。胡芳泣，左右止之曰："陛下聞之。"芳曰："死不畏，何畏陛下！"帝壯其言，故遂敬之。芳父奮聞女中亦哭，曰："老奴不死，唯有二兒，男在九地之下，女在九天之上。"拜芳爲貴嬪。

晉書曰：胡貴嬪名芳，父奮。泰始九年，簡良家子以充內職。拜芳爲貴嬪，每有顧問，不飾言詞，率尒而荅，進退方雅。最蒙愛幸，侍御服飾亞于皇后。常與樗蒱，傷上指。帝怒曰："此固將種也。"芳對曰："北伐公孫，西拒諸葛，非將種而何？"芳生武安公主。

王隱晉書曰：又操侍御史齊國左維女爲脩儀，有文才。

晉書曰：左貴嬪名芬，兄思。芬少好學，善綴文，名亞於思。武帝聞而納之，拜脩儀，後爲貴嬪。以才德見禮，體羸多患，常居薄室。每游華林，輙廻輦過之，語及文義，辭對清華，左右侍聽，莫不稱美。及楊皇后崩，芬獻誄。咸寧二年，納悼后，芬受詔作頌。及帝女萬年公主薨，帝痛悼不已，詔芬爲誄，其文甚麗。帝重芬辭藻，每有方物異寶，必詔爲賦頌，以是屢獲恩賜焉。

晉諸公讃曰：舊制貴嬪、夫人比三公，假金紫。淑媛、淑儀、脩容、脩儀、婕好、容華、充華爲九嬪，比九卿，假銀青。

晉起居注曰：泰始三年，使使持節兼五官中郎將宗正丞司馬恢拜崇陽園妾李琰爲脩華，王宣爲脩容，徐琰爲脩

儀吴淑爲婕妤趙㜫爲充華九年有司奏禮唯皇后聘以
榖圭無妾媵設玉之制詔曰拜授可依魏氏故事十年上
臨軒使持節兼太常洛陽令司馬肇拜釆女胡芳爲貴嬪
又使使持節兼御史中丞太子舍人司馬誕拜釆女劉媛
爲淑妃臧曜爲淑媛芳爲淑儀趙粲爲脩華陳琇爲脩容
咸寧三年拜美人左嬪爲脩儀刑蘭爲婕妤朱姜爲容華
又曰惠帝元康二年詔曰才人謝玖進爲淑妃有司奏當
與三夫人以下同拜詔宜在後也永寧元年詔曰峻陽國
淑妃公孫明識貞粹今進位爲貴人

後魏書曰高祖改定内官三嬪視三卿六嬪視六卿

山海經曰鮒隅山顓頊葬于其陽九嬪葬其陰

左貴嬪集有離思賦相風賦孔雀賦松柏賦泣漚頌賦納
皇后頌楊皇后登祚讚芍藥花頌鬱金頌菊華頌神武頌
四言詩四首武元皇后誄萬年公主誄

世婦

周禮曰世婦掌祭祀賓客喪紀之事帥女宮而濯摡爲齍
盛及祭之日涖陳女宮之具凡内羞之物涖臨也内羞房中之羞

周禮天官冢宰曰世婦不言數者君子不苟於色有婦德者乃充之死則有闕

周禮春官曰世婦每宮二人女史二人世婦居宮王者六宮女史有才智也

禮記月令仲春之月后親帥九嬪御御謂從往祀也禮天子有世婦女御獨出
帥九嬪者擧中言祠于高禖之前太祝酌飲高禖之庭

又曰季春之月后齋戒親東鄉躬桑后妃親採桑示師先天下也東鄉者向時
氣也是時明其不常留養蠶者所卜夫人與世婦及諸臣之妻也

禮記婚義曰古者天子二十七世婦以聽天下之内治以
明章婦順故天下内和而家理

蔡邕月令章句曰仲春之月以太牢祀于高禖高禖祀名
高猶尊也吉事先見之象蓋謂之人見所以祈子孫之祀
也玄鳥感陽而至故重至日因以用之簡娀以玄鳥至之
日有事高禖而生契焉故詩云天命玄鳥降而生商后妃
率九嬪御后者天子適妻也妃命也嬪婦也御妾也周禮
天子一后三妃九嬪二十七世婦八十一御妾以應外朝
公卿大夫之數也世婦不見卑者文略御妾皆行世婦可
知也后妃將九嬪女御皆會禖以祈孕姙也乃醴天子所
御帶以弓韣天子所御謂后妃以下至妾任有萌牙者也
韣弓衣也祝以高禖之命飲以醴酒帶以弓韣尚使得男
也授以弓矢于高禖之前弓矢者男子之事也孕姙者於
高禖登位之前也

又曰季春之月后妃齋戒親東鄉躬桑齊戒者重於先蠶
也東鄉盛德也躬桑者手三縲猶天子親耕三推也古者

天子諸侯必有公桑蠶室近川而爲之築宮仞有三尺棘牆
而外閉之卜夫人世婦之吉者使入蠶室奉種浴于川公
桑以食之蠶事既外外成也分繭稱絲絲以所繭故曰稱絲其多少絲以差其成
功也在孟夏於此紛言之也以供郊廟之服天子諸侯所服以祭者必
后夫人所親蠶也禮世婦卒蠶獻繭于夫人受之繅三
盆手朱緑之玄黄之以爲黼黻文章君服之以祀先王先
公敬之至也故曰無或敢怠

又曰孟夏之月蠶事既畢后妃獻繭於天子進其成功也
乃脩繭稅以桑爲均十而取一曰稅乃收世婦以下所蠶
之稅也以桑爲平者用桑多則繭多少則繭少也貴賤長
少如一貴謂世婦賤謂妾御長謂力壯者也言無尊卑老
壯各自以桑爲平不得以高下爲差也

史記曰中宮天極星後勾四星末星正妃餘三星後宮之

屬也

漢書曰軒轅前大星女主象旁小星御者後宮屬也

范曄後漢書曰世婦主知喪祭賓客

後魏書曰高祖改定內官世婦視中大夫

又曰宣武靈皇后胡氏初召入掖庭爲承華世婦生肅宗明皇帝

後周書武帝建德中詔曰正位於中有聖通典質文相華損益不同五帝則四星之象三王立六宮之數劉曹已降等級彌繁選擇遍於生民命秩方於庶職椒房丹地有衆如雲本由耆欲之情非關風化之義朕運當澆季思復古始無容廣集子女屯聚宮掖弘贊後庭事從約簡可置妃二人世婦三人御妻三人自茲以外宜悉減省

御女

周禮天官冢宰曰女御婚義所謂御妻御猶進也侍也

范曄漢書曰八十一御女序于王之燕寢頒官分務各有典司

後漢書曰高祖改定內官御女視元士

淮南子曰孟春之月東宮御女青色衣青綵鼓琴孟夏之月南宮御女赤色衣赤綵吹笙竽孟秋之月西宮御女白色衣白彩撞白鐘孟冬之月北宮御女黑色衣黑彩擊磬石

美人

漢書曰漢興因秦之稱號正適稱皇后妾皆稱夫人及有美人之號焉至武帝各有爵位美人視二千石

又曰萬石君奮其父趙人也姓石氏趙亡徙居溫過河內時奮年十五爲小吏侍高祖高祖與語愛其恭敬問曰若何有對曰有姊能鼓琴高祖曰若能從我乎曰願盡力於是高祖詔其姊爲美人徙其家長安中戚里以姊爲美人故也

又曰孝惠張皇后宣平侯敖女也呂太后欲爲重親以公主女配帝欲其生子萬方終無子迺使佯爲有娠取後宮美人子名之殺其母立所名子爲太子

又曰孝成趙皇后弟絕幸爲昭儀謂成帝紿我言從中宮來即從中宮許美人兒從何生許氏竟當復立耶令許美人有子竟負若約謂何帝曰約趙氏故不立許氏使天下無出趙氏上者無憂也

范曄後漢書曰夏殷以上后妃之制其文略矣周禮王者備內職焉光武中興置美人無爵秩歲時賞賜充給而已

又曰虞美人者以良家子十三選入掖庭生舞陽長公主自漢興母氏莫不尊寵順帝既未加美人爵號而冲帝早夭梁冀秉政忌惡他族虞氏抑而不登但稱大家而已

又曰王美人趙國人也豐姿色聰敏有才能明書會計以良家子應法相選入掖庭爲何后所酖靈帝思美人作追德賦令儀頌

魏志曰漢制內官十有四等魏因漢法皆如舊制自夫人以下世有增損太祖建國始命王后其下五等有美人暨太和中自夫人以下爵凡十二等美人視二千石

江表傳曰孫皓以張布女爲美人有寵後美人忤皓皓怒棒殺之

沈約晉書曰夏殷以上內職無聞姬氏之隆婦官爲盛前漢列給十四世祖受命又有美人以比職焉

後魏書曰高祖改定內官美人視三品

沈約宋書曰晉武帝採漢魏前事之制置三夫人其餘有

美人爵視千石太宗以美人爲散使
蕭子顯齊書曰六宮位號漢魏以來因寵增置世不同矣
建元元年有司奏置美人爲散職

才人

范曄後漢書曰和帝數失皇子鄧后憂繼嗣不廣數選進
才人以博帝意
魏志曰明帝遊後園召才人以上曲宴極樂明日帝見毛
后后曰昨遊宴北園樂乎帝以左右泄之所殺十餘人
魏略曰明帝青龍三年於別殿之北立八坊諸才人以上
轉南附爲其秩石擬百官之數
王隱晉書曰太康七年出後宮才人妓女已下百七十人
歸家
又曰初惠帝幼世祖遣才人謝玖給惠帝因是有娠臨娶
賈妃迎致西宮遂生愍懷
臧榮緒晉書曰懷帝王太后諱媛姬初入武帝拜中才人
早卒懷帝即位追尊曰皇太后也
晉中興書曰謝夫人名玖家本貧賤父以屠羊爲業玖清
惠貞正有淑姿選入後宮爲才人
後魏書曰高祖置女職中才人視五品
沈約宋書曰晉武帝採漢魏之制置才人中才人爵視千
石以下高祖受命省二才人世祖又置中才人以爲散位
崔鴻三十國春秋後趙録曰石虎杜皇后名珠不知何許
人平幽州在王浚妓中虎見而悅之因請於勒勒引見號
曰才人以賜虎性恭惠柔婉寵幸亞於鄭后也

保林

漢書曰元帝加昭儀之號凡十四等保林視百石

晉武帝起居注詔曰今出清商掖庭及諸署才人妓女保
林已下二百七十餘人還家

女侍中

後魏書曰高祖置女侍中視三品
又曰陸昕之容貌柔謹尚獻文女常山公主高祖以其主
壻特垂昵睠昕之亡公主奉姑有孝稱神龜初與穆氏琅
耶公主並爲女侍中
又曰于忠後妻中山王尼須女微解書靈太后引爲女侍
中
又曰靈太后妹爲元乂妻封平君拜女侍中
鄴中記曰石虎置女侍中皆貂蟬直侍皇后

女尚書

魏略曰明帝遊宴在內選女子知書可付信者爲女尚書
省奏事當畫可
魏書曰高祖置女尚書視三品
晉東宮舊事曰迎太子妃之日諸長御皆在幄帳左右侍
宮人重行東面以准女尚書西面以准女尚書
陸翽鄴中記曰石虎征討所得美女萬餘以爲宮人簡其
有才藝者爲女尚書

女史

毛詩曰靜女刺時也衛君無道夫人無德也靜女其孌貽
我彤管既有靜德又有美色又遺我以古人之法可以配人君者后夫人必有女史書其日月而以環進退之生子月娠則金環退之當御者以銀環進之著於左手既御著于右手事無大小記以成法箋云彤管色赤貌
彤管有煒悅懌女美煒赤貌彤管以赤心正人者箋云赤管煒煒然女史以悅懌妃妾之德美之也
毛詩義疏曰女史彤管法如國史主記后夫人之過人君

有柱下史右有女史外内各有官也

周禮曰女史八人（女史女奴曉書也）掌王右之禮掌内治之藏以詔右内治内政（内治之法本在内掌書而藏之）送内宮（考六宮之計）書内治之藏以令（右之命也）凡右之事以禮從（亦如太史之於王）

漢書曰班婕妤自傷賦曰陳女圖以鏡鑒顧女史而問詩

范曄後漢書曰頒官分務各有典司女史彤管記功書過

晉記曰元康中司空張華懼后族之盛乃作女史箴

沈約宋書曰女史執筆記言是司過身戒夕蠱國畏晨

後魏書曰高祖置女職女史賢人視三品

沈約宋書曰太宗留心後房擬百官備置内職紫極房光興房各置女史一人

崔鴻三十國春秋後趙錄曰石虎置女太史於靈臺仰觀災祥以考外太史驗察虛實

覽一百四十五　九

太平御覽卷第一百四十五

皇親部十二

太子一 并世子見

周易離卦曰：黃離元吉。離南方之卦，離爲火，土託位焉，土色黃，火之子，有明德，能附麗於其父之道，文王太子發是也。愼成其業，故吉矣。象曰：明兩作離，大人以繼明照于四方。王肅曰：兩離相續，繼明之義也。

周易鼎卦曰：初六，鼎顚趾，利出否，得妾以其子，无咎。鄭玄曰：顚，踣也。趾，足也。無事曰趾，設陳曰足。爻體巽爲股，初爻在股之下，足象也。足所以承正鼎也。初陰爻而柔，與乾同體，以否正承乾，乾爲君，以喻君夫人事君，若失正禮，踣其爲足之道，情無怨，則當以和義出之。然如否者，嫁於天子，雖失禮，無出道，遠之而已。遠之子發，坤爲順，又爲子母牛，在后妃之旁側，妾之例也。有順德，子少賢，賢而立以爲世子，又何咎也。

周易震卦曰：震驚百里，不喪匕鬯。彖曰：震驚百里，驚遠而懼邇也。出可以守宗廟社稷，以爲祭主。王肅曰：在有靈而尊者莫若於天，有靈而貴者莫若於王，有聲而威者莫若於雷，有政而嚴者莫若於侯。是以天子當乾，諸侯用震，地不過一同，雷不過百里，政行百里，則匕鬯亦不喪，祭祀國家大事不喪，宗廟安矣。處則諸侯執其政，出則長子掌其祀。

周易說卦曰：震一索而得男，故謂之長男。

又曰：震爲長子。

易經曰：震下乾上，无妄。天精起。鄭玄注曰：起猶立也。乾爲天文，震爲長子，聖人立爲天子，天下之民各得其所也。

又曰：主器者莫若長子，故受之以震。

尚書大傳曰：唯四月，太子發上祭于畢，下至於盟津之上，乃告于司馬、司徒、司空、諸節：亢才予無知，以先祖先父之有德之臣左右小子，予受先公戰力賞罰，以定厥功，明于先祖之遺。鄭玄注曰：四月者，周四月也。發，周武王也。卒父業，故稱太子也。太子發升于舟，中流白魚入于舟，王跪取出，俟以燎，羣公咸曰：休哉。

尚書中候曰：廢考立發爲太子。鄭玄曰：定王業也。

又曰：我終之後，恒稱太子。父卒，恒常也。稱太子者，明非諸侯王事，未定矣。

又曰：太子發以紂存，三仁附，即父位不稱王。發，武王名也。三仁，箕子、比干、微子。文王得赤雀丹書，故號以應天道，未成而崩。武王以天誅未行，謙不自成，故稱太子，明號諸而未爲王。

又曰：予稱太子發明愼，父以名卒考。予，我也。父死曰考。文王命武王，我終之後，恒稱太子者，明愼文王之命也。君存稱世子，君薨稱太子，既葬稱子，踰年稱公，今踰年而稱太子發，若父業有不成者而將軍。

周書曰：文王受命九年，時維暮春，在鄗，召太子發曰：嗚呼，吾語女所保所守之哉。厚德廣惠，忠信志愛，人君之行。四者君德。不爲驕侈，不爲太靡，不淫於美，括柱茅茨，爲民愛費。言務儉也。因鼓木，故曰括也。

春秋演孔圖曰：聖人在後，曰望陽苞懷至德據少陽。文王子也。故曰在後，嗣文王矣。

賈誼書曰：文王使太公望傅太子發，嗜鮑魚，不登于俎，豈有非禮而可養太子哉。

帝王世記曰：武王納太公之女曰邑姜，脩教于內，生太子誦。

尚書顧命曰：尒尚明時朕言，用敬保元子釗，時，是也。元子釗，康王名也。弘濟于艱難。

穆天子傳曰：成姬之喪，邢侯、曹侯來弔，內史將之以見天子，天子告不豫而辭焉。邢侯、曹侯乃弔太子，太子哭出廟門以送，邢侯再拜勞之，侯不答拜。謙不與太子亢也。

周書曰：晉平公使叔譽于周，見太子晉，與之言，叔譽，叔向。五稱而三窮，逡巡而退，其言不遂。五稱說五事，遂終矣。歸告公曰：太子晉行年十五，而臣不能與言。師曠見太子，先稱曰：吾聞太子之語，高於太山，願一言。王子應之曰：吾聞太師將來，吾心甚喜，既見子，喜而又懼。吾聞女知人年長短吉凶也。曠對曰：

女聲清女色赤火色不壽太子曰然却後三年吾將上賓於帝所女慎毋言殃將及女師曠歸未及三年告死者至也

春秋傳曰靈王二十一年穀洛鬪將毁王宫王欲壅之太子晉諫曰不可晉聞古之長民者不墮山不崇藪不防川不竇澤

列仙傳王子喬周靈王太子晉也好吹笙作鳳皇鳴遊伊洛間有道士浮丘伯引上嵩山仙去

尚書大傳曰堯爲天子朱爲太子舜爲左右（鄭注曰左右助也若周之冢宰與國事）堯知朱之不肖必將壞其宗廟滅其社稷而天下同賊之（肖似也堯受運行知天命在舜又深知朱之不似不欲命及天誅如桀紂也）故堯推尊舜而尚之屬諸侯致天下於大麓之野

又曰高宗有親喪居廬三年然未嘗言國事而天下無背叛之心者何也及其爲太子之時盡以知天下人民之所好惡是以雖不言國事也知天下無背叛之心

家語曰子張問曰書云高宗諒闇三年不言言乃雍有諸（王肅曰雍讙歡書言乃雍雍和也）孔子曰胡爲其不然古者天子崩則世子委政於冢宰三年成湯既没太甲聽於伊尹武王既喪成王聽於周公其義一也

尚書大傳曰太子年十八曰孟侯孟侯者於四方諸侯來朝迎於郊者問其所不知也問人民之所好惡土地所生美珎怪異山川之所有無及父在時皆知之（鄭玄注曰十八入大學爲成人傳問庶事也）

又曰棄法律逐功臣殺太子以妾爲妻則火不炎上

又曰古之帝王者必立太學小學（禮記曰宰在公宫之左太學在郊）使公卿太子大夫元士之嫡子十有三年始入小學見小節焉

踐小義焉年二十入太學見大節焉踐大義焉故入小學知父子之道長幼之序入太學知君臣之儀上下之位小師取小學之賢者登之天子天子以爲左右（天子當爲太子禮志曰周公居攝踐祚而治亢世子法於伯禽欲使成王之知父子君臣長幼之義所以善成王也使之爲成王居）

尚書洪範五行傳曰心之大星天王也其前星太子也後星庶子也

荆州星占曰少微星一名處士星儲君副主之宫

韓詩外傳曰五帝官天下三王家天下家以傳子官以傳賢故自唐虞已上經傳無太子稱號夏殷之王雖則傳嗣其文略矣至周始見文王世子之制

又曰趙簡子太子名伯魯小子名無恤簡子自爲二書牘親自表之書曰節用聽聰敬賢勿慢使能勿賤與二子使誦之居三年簡子坐清臺之上問二書所在伯魯忘其表令誦不能得無恤出其書於袖令誦習焉乃黜伯魯而立無恤

又曰魏文侯封太子擊於中山三年不往來趙倉唐曰君何不遣人使大國太子曰願之久矣未得可使者對曰臣願奉使侯何好太子曰侯嗜晨鳧好北犬於是遣倉唐北犬奉晨鳧獻之侯曰擊愛我知我所嗜好（說苑又載事具奉使部）

說苑曰經侯過魏太子左帶羽玉具劍右帶環珮左光照右右光照左太子不視經侯曰魏國有寶乎太子曰主信臣忠百姓戴上此魏國之寶也

毛詩曰渭陽康公念母也康公之母晉獻公之女文公遭驪姬之難未返而秦姬卒穆公納文公康公時爲太子贈送文公於渭之陽念母之不見也

毛詩曰小弁刺幽王也太子之傅作焉弁彼鸒斯歸飛提

提興也弁樂也鸒卑居卑居雅烏也提提羣飛貌箋云乎役雅烏出食在野其飽羣飛而歸提提然興者喻凡人父子兄弟出入宮庭相與飲食亦提提然樂今太子獨不然民莫不穀我獨于罹幽王取申女生太子宜咎又說褒姒生子伯服立以為后而放宜咎將殺之箋云穀養也于曰也罹憂也天下之人無不父子相養者我太子獨不然日以憂也

又曰懷德維寧宗子維城無俾城壞無獨斯畏懷和也箋云斯離也和女德無行酷虐之政以安女國是以為宗子之城使免於難遂行酷虐則禍及宗子是謂城壞城壞則乖離而散女獨居而畏矣宗子嫡子也

周禮曰惟王建國辨方正位于寶注曰辨方謂別東西南北之名以表陰陽也正位謂若君南面當陽臣北面即陰居於北宮以體太陰居太子於東宮以位少陽之類

又曰膳夫掌王之食飲膳羞以養王及后世子歲終則會唯王及后世子之膳不會不會計多少優尊者其頒賜諸臣則計之

又曰凡其死生鱻薧之物以供王之膳與其薦之物及后世子之膳羞鄭司農云鮮謂生肉槁謂乾肉也

又曰內饔掌王及后世子膳羞之割亨煎和之事選百羞醬物珍異以俟饋供后及世子之膳羞

又曰籩人為王及后世子供其內羞於其飲食以供房中之羞

又曰醢人供后及世子之醬齏菹

又曰外府掌邦布之出供王及后世子之衣服之用

又曰國君過市則刑人赦夫人過市罰一幕世子過市罰一弈市者人之所交利而行刑之處君子無故不遊觀焉若遊觀則施惠以為說也

又曰王之諸子國有大事則帥國子而致於太子唯所用之若有甲兵之事則授之車甲合其卒伍置其有司以軍法治之司馬弗正軍法百人為卒五人為伍弗不也國子屬太子司馬雖有軍事不賦之也凡國之政事國子存遊倅使之脩德學道春合諸學秋合諸射以考其藝而進退之遊倅之未仕者宰太宰也射名也王制曰春秋教以禮樂冬夏教以詩書王太子羣子卿大夫元士之適子國之俊選皆造焉

儀禮聘禮曰遭夫人世子之喪君不受使大夫受於廟其他如遭君喪夫人世子死君為喪主使大夫受聘禮不以凶接吉也其他謂禮所降

大戴禮曰古之王者太子生因舉之禮使士負之有司齋夙興端冕見之南郊見之天也過闕則下過廟則趨孝子之道也故自為赤子則教固以行矣

又曰太子既冠成免於保傅之嚴則有司過之史有虧膳之宰太子有過史必書史之義不得不書過不書過則死過書而宰徹其膳宰之義不得不徹膳不徹膳則死於是有進善之旌誹謗之木敢諫之鼓

禮記曰大夫士之子不敢與世子同名鄭玄注曰避僭邪也其先生則亦弗改世或為太

又曰王太子王子羣后之太子卿大夫元士之適子凡入學以齒皆以長幼受學尊卑不同

又曰文王之為世子朝於王季日三雞初鳴而衣服至於寢門之外問內豎之御者曰今日安否何如內豎小臣之屬掌內外之通令也如今小吏直日矣內豎曰安文王乃喜孝子恒親疾也及日中又至亦如之又復及暮又至亦如之暮夕其有不安節則內豎以告文王文王色憂行不能正履節謂居處故事履蹈也王季復膳飲食安也然後亦復初憂解食上必在視寒煖之節在桌食下問所膳所食命膳宰曰末有原應曰諾然後退末猶勿也原再進也勿有所再進為失飪臭味惡也退反其寢武王帥而行之不敢有加焉庶幾程式之帥循也

又曰樂正司業父師司成一有元良萬國以貞世子之謂也

又曰成王幼不能涖阼周公相踐阼而治踐履也代成王作階攝王位治天下抗世子法於伯禽欲令成王之知父子君臣長幼之道抗猶舉也謂舉世子之法使與成王居而學之也成王有過則撻伯禽所以示成

王世子之道（以成王之過擊伯禽則足以成喻焉）凡學世子及學士必時（四時各有宜學士謂司徒論俊選所升於學者）春夏學干戈秋冬學羽籥皆於東序

又曰凡三王教世子必以禮樂樂所以脩内禮所以脩外也禮樂交錯於中發形於外是故其成也懌恭敬而温文（中心中也懌說懌也）立太傅少傅以養之欲其知父子君臣之道也仲尼曰昔者周公攝政踐阼而治抗世子法於伯禽所以善成王也聞之曰爲人臣者殺其身有益於君則爲之況于其身以善其君乎周公優爲之（于讀曰迂迂猶廣也）是故知爲人子然後可以爲人父知爲人臣然後可以爲人君知事人然後能使人成王幼不能涖阼以爲世子則無爲也（以爲世子君爲世子時也）是故抗世子法於伯禽使之與成王居（亦學此禮於成王側）欲令成王之知父子君臣長幼之義也君之於世子也親則父也尊則君也有父之親有君之尊然後兼天下而有

之是故養世子不可不慎（處君父之位覽海内之士而近不能以教其子則其餘不足觀）也行一物而三善皆得者唯世子而已其齒於學之謂也（物猶事也）

又世子之記曰朝夕至于大寢之門外問内豎曰今日安否何如（朝夕朝暮也日中又朝文王爲世子也非禮之制世子之禮亡此存其記）内豎曰今日安世子乃有喜色其有不安節則内豎以告世子世子色憂不滿容（色憂憂淺不及文王不能正履也）内豎言復初然後亦復初朝夕之食上世子必在視寒煖之節食下問所膳羞必知所進以命膳宰然後退（善必知所進必知親所食）若内豎言疾則世子親齊玄冠而養（親猶自也養疾者玄冠玄端）膳宰之饌必敬視之（疾者之食齊和所或異）疾之藥必親嘗之（試毒味也）嘗饌善則世子亦能食（善謂多於前也）嘗饌寡世子亦不能飽（又不及武王一飯再飯）以至于復初然後亦復初也（復常所膳）

禮記曰國君世子生告於君接以太牢宰掌具（接讀如捷捷勝也謂食其母使之補虛強氣也）凡接子擇吉日（雖三日之内尊卑必選其吉日也）冢子則太牢（冢大也）庶人特豚士特豕大夫少牢國君世子太牢（皆謂長子）

又曰世子生則君沐浴朝服夫人亦如之皆立于阼階西鄉世婦抱子外自西階君名之乃降（子外自西階則人君見世子於路寢也）適子庶子見於外寢（比適子謂世子弟庶子妾子也）冢子未食而見必執其右手適子庶子已食而見必循其手（未食已食急正緩庶之義也）

又曰世子佩瑜玉而綦組綬

左傳桓公曰北戎伐齊齊侯使乞師於鄭鄭太子忽帥師救齊六月大敗戎師獲其二帥大良少良甲首三百以獻于齊於是諸侯之大夫戍齊齊人饋之餼使魯爲其班後鄭鄭忽以其功也怒故有郎之師公之未婚於齊也齊侯欲以文姜妻鄭太子太子忽辭人問其故太子曰人各有偶齊

大非吾偶也詩云自求多福在我而已大國何爲君子曰善自爲謀及敗戎師也齊侯又欲妻之固辭人問其故太子曰無事於齊吾猶不敢今以君命奔齊之急而受室以歸是以師婚也民其謂我何遂辭諸鄭伯

又曰九月乙卯子同生（服虔注曰桓太子莊公同）以太子生之禮舉之接以太牢（接接者子初生接見於父）卜士負之士妻食之公與文姜宗婦命之

又曰曹太子來朝（曹太子桓公子莊公射姑）賓之上卿之禮（曹伯有故使其太子攝而朝曲禮曰諸侯之嫡子攝其君未誓於天子則以皮帛繼子男如諸侯之上卿禮也上卿出入三積食三牢牢二年一享一食宴之也）饗曹太子初獻樂奏而歎（初獻酒如獻爵樂奏人上堂也初獻爵奏樂太子歎而哀歎也）施父曰曹太子其有憂乎非歎所也（施父魯大夫古之享食所以觀威儀省禍福無喪而感憂必及焉曹太子臨樂而歎故曰其有憂乎父將死兆先見之也）

又曰晉侯使太子申生伐東山皋落氏里克諫曰太子奉

冢祀社稷之粢盛以朝夕視君膳者故曰冢子君行則守有守則從從曰撫軍守曰監國古之制也夫帥師專行謀誓軍旅君與國政之所圖也非太子之事帥在制命而已稟命則不威專命則不孝故君之嫡嗣不可以帥師君失其官帥師不威將焉用之且臣聞皐落氏將戰君其舍之舍置置申生勿使將兵也公曰寡人有子未知其誰立焉不對而退里克不對太子帥師公衣之偏衣佩之金玦偏衣偏裝衣偏異色駮不純裝在中左右各異故曰偏金玦以金為玦也太子將戰狐突諫曰不可昔辛伯諗周桓公曰內寵並后外寵貳政嬖子配嫡大都耦國亂之本也周公弗從故及於難今亂本成矣立可必乎孝而安民子其圖之與其危身以速罪也速召也疾也言太子不去身必危疾召罪狐突知其難本成而太子將不違王孝之義與皐落戰務而歸猶不禁免於難而使以有傳殺子之罪故傳曰猶衆實之言以述太子所以死也經在僖公五年晉侯殺其世子申生

又曰會于首止會王太子鄭謀寧周也惠王以惠后故將廢太子鄭而立王子帶故齊桓帥諸侯會王太子以定其位

又曰盟會於寗毋謀鄭故也鄭伯使太子華聽命于會言於齊侯曰泄氏孔氏子人氏三族實違君命君若去之以為成我以鄭為內臣君亦無所不利焉齊侯將許之管仲曰君以禮與信屬諸侯而以姦終之無乃不可乎子華由是得罪於鄭鄭伯罪之也

又曰初鄭公子蘭出奔晉公子蘭鄭文公賤妾燕姞之子繆公也鄭逐羣公子故奔晉也從於晉侯伐鄭請無與圍鄭許之晉善蘭不忘本國故也故使待命於東待命於鄭東也鄭石甲父侯宣多逆以為太子以求成於晉晉人許之

又曰秦康公送公子雍於晉也康公秦穆公太子雍晉出也曰文公之入也無衛故有吕郤之難吕甥郤芮欲焚公宮也乃多與之徒衛徒衛兵也穆嬴日抱太子穆嬴襄公夫人太子靈公以啼于朝曰先君何罪其嗣亦何罪舍嫡嗣不立而外求君將焉寘此寘置也此太子出朝則抱以適趙氏頓首於宣子之門曰先君奉此子而屬諸子曰此子若才吾受子之賜如子爲吾教此子之有賢才如人君之道也明吾受子之賜賜猶惠不才吾唯子之怨才而受其教也不怨子不見其教不至也今君雖終言猶在耳君沒未久其言猶尚在耳而棄之若何宣子與諸大夫皆患穆嬴且畏偪言猶大夫患穆嬴之言以君顧命之言責已也畏偪迫無置靈公一曰畏他公子雍來相迎也矣乃背先蔑而立靈公以禦秦師

又曰郕太子朱儒自安夫鍾自安於夫鍾郕邑也國人弗徇徇順也十二年春郕伯卒郕人立君立君改立君不周太子者太子以夫鍾與郕邽來奔郕邽郕邑名也一曰郕邽之寶圭太子父在而自安於夫鍾國人以為不順故郕伯卒而更立君太子以其國寶奔魯夫鍾來奔也

又曰齊高厚相太子光以會諸侯於鍾離不敬士莊伯曰高厚相太子會諸侯將社稷是衛而皆不敬高厚與光俱不敬棄社稷也其將不免乎免脫也言將不脫罪禍不以壽終也傳舉此者為十九年齊殺其大夫高厚二十五年崔杼弑君光起本也

又曰齊侯娶於魯曰顏懿姬無子其姪鬷聲姬兄子曰姪顏鬷所從也顏鬷皆其母姓鬷聲謚也姓母家從後言之故舉謚也生光以為太子諸子諸子妾生子氏仲子戎子子嬖二子宋女仲子生牙公子牙也屬諸戎子戎子取牙養之戎子請以為太子許之齊侯許之仲子曰不可廢常不祥立長為常立而廢之為不祥也間諸侯難間犯謂光已列於諸侯難成光之立也列於諸侯矣謂上數從諸侯比伐盟會今無故而廢之是專黜諸侯也專獨也光比與諸侯列於盟不可黜也而以難犯不祥以難成之事犯不善君必悔之公曰在我而已遂東太子光東徙之東垂也使高厚傅牙以為太子夙沙衛為少傅齊侯疾崔杼微逆光微隱匿也疾病而立之疾困也而立為太子

太平御覽卷第一百四十六

太平御覽卷第一百四十七

皇親部十三

太子二

左傳曰：初宋芮司徒生女子(芮司徒宋大夫)赤而毛，棄諸堤下。(其身色赤而生毛也)恭姬之妾取以入，名之曰棄。長而美。(恭姬宋伯姬也)平公入夕，(視夕也平公恭姬子也)恭姬與之食。公見棄也，而視之尤。(右過也意恍之故視之過父)姬納諸御。(納之平公之御)嬖，生佐。(公嬖棄而生佐佐立爲宋元公)惡而婉。(婉順也佐貌惡心順)太子痤美而很。(太子痤美戾而心很很戾不從教)合左師畏而惡之。(合左師向戌也)寺人惠牆伊戾爲太子內師而無寵。(寺人宋閹士惠牆皆發聲實爲伊戾名以公寺人爲太子內師長掌內官)秋，楚客聘于晉，過宋。(楚客過使)太子知之，請野享之。公使往，伊戾請從之。公曰：夫不惡女乎？(夫謂太子伊戾無寵於太子故曰夫不惡汝)對曰：小人之事君子也，惡之不敢遠，好之不敢近，敬以待命，敢有貳心乎？有縱供其外，莫供其內。(言我內師也當爲內師供內使也)臣請往也。遣之。至則欿，用牲，加書，徵之。(以書爲之徵驗也書盟書也)而騁告公曰：太子將爲亂，既與楚客盟矣。公曰：爲我子，又何求？對曰：欲速。(速疾也欲代公位故與楚客謀共弑公也)公使視之，則信有焉。(有盟也)問諸夫人(夫人佐母棄也)與左師，則皆曰：固聞之。(固久也久聞太子欲爲亂)公囚太子。太子曰：唯佐也能免我。召而使請，曰：日中不來，吾知死矣。左師聞之，(聞太子與佐期日中)聒而與之語。(聒謹也欲使失期佐)過期，乃縊而死。(經書宋公殺其世子痤平公用伊戾之讒聽夫人左師而之言世子之害世子無罪而死故稱宋公殺罪之也)佐爲太子。公徐聞其無罪也，乃亨伊戾。

又曰：許悼公瘧。(許悼公靈公之子許男買瘧寒疾也)五月戊辰，飲太子止之藥卒。(經書夏五月戊辰許世子弒其君買止悼公子襄太子也公疾不瘳止進藥雖嘗而不由醫)太子奔晉。書曰：弒其君。(禮醫不三世不使君有疾飲藥臣先嘗之親有疾飲藥子先嘗之公疾未瘳而進藥雖嘗而不由醫而卒故國罪之書弒告於諸侯也)君子曰：盡心力以事君，舍藥物可也。(原止之無惡藥物不害醫無以加壽命有終故曰舍藥物可也一曰罪止非也譏無良史物讀爲勿止實孝能盡心事君舍藥勿以罪之)

又曰：楚平王卒，令尹子常欲立子西，(子西平王之長庶子宜申也)曰：太子任弱，其母非嫡，(太子任昭王也秦嬴也)太子建實娉之。子西長而好善，立長則順，建善則治。王順國治，可不務乎？子西怒曰：是亂國而惡君王也。(謂夫人故太子建娉之廢而不立是謂亂國追惡君王也)國有外援，不可黷也。(外援謂太子任秦外孫黷易也秦爲任外援不可易)王有嫡嗣，不可亂也。敗親速讎，亂嗣不祥，我受其名。賂吾以天下，吾滋不從。楚國何爲？必殺令尹。令尹懼，乃立昭王。

又曰：齊燕姬生子，不成而死。(燕姬齊景公嫡夫人昭七年燕人所歸不成未冠)諸子鬻姒之子荼嬖。(諸子諸公子鬻姒景公妾也淳于人所納女荼安孺子)諸大夫恐其爲子也，言於公曰：君之齒長矣，未有太子，若之何？(爲子爲太子也荼少故恐立之言君年長未有太子一旦不諱當若之何欲令早立長也)公曰：二三子間於憂虞，則有疾疢。亦姑謀樂，何憂於無君？(言二三子聞於隣國憂虞則疾疢在其間令無疾疢何爲不自謀自樂何憂無君乎)公疾，使國惠子、高昭子立荼，(國惠子國景之子國夏也高昭子高偃之子高張也)寘羣公子於萊。(寘置萊齊東鄙邑欲使遠齊)

公羊傳曰：子般卒。子卒，此其稱子般卒何？(何休注曰据子赤不言子赤卒)君存稱世子，(明當世父位爲君也)君薨稱子某，(緣民臣之心不可一日無君故稱子某繼父也名者尸柩尚在以君前臣名)踰年稱公。(不曠年無君也)

又曰：公孫慈如牟。公及齊侯、宋公、陳侯、衛侯、鄭伯、許男、曹伯會王世子于首止。戴曷爲殊會王世子？(據宰周公不殊別也)世子貴也。世子猶世世子也。(解貴意也言當世父位諸君副主不可以諸侯會之爲文故殊之使若諸侯爲世子所會也自王者言之屈遠世子在三公下禮喪服斬衰曰公士大夫之衆臣是也自諸侯言之世子尊於三公此禮之威儀各有所施言及者因其文可得見沒沒也世子所以會者時桓公德衰故上假王世子示以公義也)

穀梁傳曰：曹伯使世子射姑來朝。朝不言使，言使非正。(虞信注曰禮諸侯之適誓於天子攝其君則下其君一等未誓則以玉帛繼子男此謂會同急王命者也至於相朝非急會令曹伯有疾不朝會未為有闕而使世子攝朝言非禮之正使世子伉諸侯之禮而來朝曹伯失正矣諸侯相見曰朝以待人父之道待人之子以內為失正矣內魯內失正曹伯失正言二者俱失之世子可以已矣則是放命也放違也言世子違命而正是當不義則爭之

又曰陳侯之弟招殺陳世子偃師招成公子偃師哀公子所謂悼太子者也哀公愛其世子留詑之招哀公之柄哀公有疾招殺太子偃師而立留鬻曰陳公子招招發於十年矣今曰陳侯之弟招何也曰盡其親所以惡招也盡其親謂稱公子又稱弟招先君之公子今君之母弟也兩下相殺不志乎春秋此其志何也世子者唯君之貳也貳副云可以重之存焉志之也諸侯之尊弟兄不得以屬通其弟云者親而殺之惡也惡哀公使招至於殺之孝經曰昔者明王之以孝治天下不敢遺小國之臣而況於公侯伯子男乎鄭玄注曰古者諸侯五年一朝天子使世子郊迎芻米百車以客禮待之

畫坐正殿夜設庭燎思與相見問其勞苦也

孔子家語曰邾隱公既即位將冠使大夫因孟懿子問於孔子孔子曰其禮如世子之冠冠於阼階所以著代王肅注曰主人之位以明代交也醮於客位加其成冠於阼階若不醴則用酒於客位敬而成之戶西客客也三加彌尊喻其志喻其志使彌知尊亘敬戒加緇布皮及爵弁冠而字之敬其名雖天子之元子猶士也其禮變天下無生而貴者

又曰孔子曰古者王世子雖幼其即位則尊為人君治成人之事者也何冠之有孟懿子曰然則諸侯之冠異天子與惟天子無冠禮而諸侯之冠如子之冠問之也孔子曰君薨而世子主喪是亦冠已君人無所殊諸侯亦人君與天子無異

孔叢子曰穆公問於子思曰立太子有常乎荅曰有之在周公之典曰文王舍適而立次微子舍孫而立其弟是何法也子思曰殷人質而尊故立其弟周人文而親其親故立其子亦各有禮也文質不同其禮則異文王舍適立次權也

漢舊儀曰皇后太子各食三十縣曰湯沐邑

白虎通曰何以知天子之子稱世子春秋傳星曰王世子會于首止是也何以知天子之稱太子尚書曰太子發升于舟是也中候曰廢考立發為太子明文王時稱太子也或云諸侯之子稱世子則春秋傳云晉太子申生鄭太子華齊太子光由是觀之周制太子世子亦不定也漢制天子稱皇帝其嫡嗣稱皇太子諸侯王之嫡稱世子後代咸因之

又曰太子夫人無謚者何本婦人隨夫太子無謚其夫人不得有謚士冠經曰天子之元子猶士也無謚知太子亦無謚

又曰天子太子諸侯之世子皆以諸侯禮娶與君同示無再之義也

又曰天子之太子諸侯之世子皆就於諸外者尊師說先王之道也故曲禮曰聞有來學無往教也

易曰匪我求童蒙童蒙求我

記曰小學在公宮南之左太學在郊

又曰太子羣后之太子公卿大夫元士之適子皆造小學小學經藝之宮也太學者辟雍鄉射之宮

又曰君在立太子者所以防簒殺壓臣子之亂君在者春秋之義殺太子與殺君同罪春秋曰殺其君之子奚齊言君者明與君同也君薨夫人無子有遺腹待其產而立之何尊適重正也曾子問云立適以長不以賢賢不肖未可知也尚書曰知人則哲唯帝難之立子以貴不以長者塞

愛憎也故春秋公羊傳曰立適以長不以賢立子以貴不以長

列女傳曰魯漆室女倚柱而嘯隣婦謂之曰何嘯之悲也子欲嫁乎吾爲子求偶女曰吾豈嫁哉吾憂魯君老而太子少也隣婦曰此乃魯大夫之憂也且魯國雖有事婦人何與女曰子知其一不知其二也昔者晉客舍吾家繫馬馬佚馳踐吾園葵使我終歲不厭葵隣人女奔亡借吾兄追之溺流而死令吾終身無兄今魯君老老必將悖太子少少必愚愚悖之間姧僞亙起夫魯國有事禍及衆庶婦人獨安所避之隣婦謝曰子之慮非吾所及也居三年魯果內亂齊楚攻之男子戰鬬婦人輸不得休息

史記曰周厲王奔彘太子靜匿召公之家國人聞之乃圍之召公以其子代王太子太子竟得脫召二相行政號曰

共和共和十四年厲王死于彘太子靜長於召公家二相乃立共和是爲宣王又曰幽王嬖愛褒姒生子伯服幽王廢后及太子而以褒姒爲后伯服爲太子太史伯陽曰禍成矣毋可奈何申侯怒乃與犬戎共攻殺幽王驪山下虜褒姒於是諸侯共立故幽王太子宜咎是爲平王

紀年曰幽王八年立褒姒之子曰伯服爲太子

史記燕世家曰燕見秦且滅六國秦兵臨易水禍且至太子丹陰養壯士二十人使荊軻獻督亢地圖於秦王秦覺殺軻使將軍王翦擊燕二十年秦拔薊燕王喜徙居遼東斬丹以獻秦燕丹子曰太子丹質於秦秦王遇之無禮不得意欲歸秦王不聽謬言令烏白頭馬生角乃可丹仰天而歎烏即白頭馬生角秦不得已而遣之爲機發之橋欲陷丹丹過之橋爲不發夜到關丹爲鷄鳴遂得逃歸故怨於秦欲報之養勇士無所不至丹與其傅麴武書曰丹不肖生於僻陋之國長於不毛之地未曾得覩君子雅訓欲有所陳幸垂覽之丹聞丈夫之通義節恥受辱以生也貞正所羞之見刦以虧其節故有刎喉不顧據鼎不過者斯豈樂死而忘生哉其心所守也今秦王反戾天常虎狼其行遇丹無禮諸侯最甚每念之痛入骨髓計燕國之衆不能敵之曠年相守力固不足欲收天下勇士集海內英雄破國空藏以奉養之重幣甘辭以市於秦秦貪我賂而信我辭則一劍之任當千萬之師須臾之間可解丹萬世之恥若其不然令丹生無目於天地死懷恨於九泉必令諸侯無以爲歎易水之北未知誰有此蓋亦大夫恥也謹遣書願熟思之

史記呂后本紀曰太后高祖微時妃也生孝惠帝爲人仁

弱高祖以爲不類我常欲廢太子立戚姬子如意如意類我幾代太子者數矣賴大臣爭之及用留侯策太子得毋廢又張良世家曰上欲廢太子立戚夫人子趙王如意大臣多諫爭未能得堅決者也呂后恐不知所爲人或謂呂后曰留侯善畫計策上信用之呂后乃使建成侯呂澤劫留侯曰君常爲上謀臣今欲易太子君安得高枕而卧乎留侯曰始上數在困急之中幸用臣策今天下安定以愛欲易太子此骨肉間雖臣等百餘人何益呂澤強要曰爲我畫計留侯曰此難以口舌爭也顧上有不能致者天下有四人四人者年老矣皆以爲上慢侮人故逃匿山中義不爲漢臣然上高此四人今公誠能無愛金玉璧帛令太子爲書卑辭安車因使辯士請之來以爲客時時從入朝令上見之則必異而問之上知此四人賢則一助也於是呂

后令吕澤使人奉太子書卑辭厚禮迎四人四人至客建成侯所漢十一年黥布反上病欲使太子將往擊之四人相謂曰凡來者以將存太子太子將兵事危矣乃說建成侯曰太子將兵有功則位不益太子無功還則從此受禍矣且太子所與俱諸將皆嘗與上定天下驍將也今使太子將之此無異使羊將狼也皆不肯為盡力其無功必矣臣聞母愛者子抱今戚夫人日夜侍御趙王如意常抱居前上曰終不使不肖子居愛子之上明乎其代太子位必矣君何不急請吕后承間為上泣言黥布天下猛將也善用兵今諸將皆陛下故等夷（夷猶儕也）乃令太子將此屬無異使羊將狼也莫肯為用且使布聞之則鼓行而西耳（晉灼曰鼓行而西言無所畏）上雖病強載輜車卧而護之諸將不敢不盡力上雖苦為妻子自強於是吕澤立夜見吕后吕后承間為上泣涕而

言如四人意上曰吾惟豎子固不足遣而公自行耳於是上自將兵而東羣臣居守皆送至灞上留侯病自強起至曲郵（長安縣有曲郵聚）見上曰臣宜從病甚楚人剽疾願上無與楚人爭鋒因說上曰令太子為將軍監關中兵上曰子房雖疾強卧而傅太子是時叔孫通為太傅留侯行少傅事漢十二年上從擊破布歸疾益甚愈欲易太子留侯諫不聽因疾不視事叔孫太傅稱說引古今以死爭太子上佯許之猶欲易之及讌置酒太子侍四人者從太子年皆八十有餘鬚眉皓白衣冠甚偉上怪之問曰彼何為者四人前對各言名姓東園公角里先生綺里季夏黄公上乃大驚曰吾求公數歲公避逃我今公何自從吾兒遊乎四人皆曰陛下輕士善罵臣等義不為辱故恐士匿竊聞太子為人仁孝恭敬愛士天下莫不延頸欲為太子死者故臣等來耳上曰煩公幸卒調護太子（如淳曰調護猶營護也）四人為壽已畢趨去上目送之召戚夫人指示四人者曰我欲易之彼四人輔之羽翼已成難動矣吕后真而主矣

漢書外戚傳曰孝景王皇后武帝母也入太子宫太子幸愛之生三女一男男方在身時王夫人夢日入其懷以告太子太子曰此貴徵也未生文帝崩景帝即位王夫人生男是時薄皇后無子後數歲景帝立齊栗姬男為太子而王夫人男為膠東王長公主嫖有女欲與太子為妃栗姬妬而景帝諸美人皆因長公主見得貴幸栗姬日怨怒謝長主長主不許長主欲與王夫人夫人許之會薄皇后廢長公主日譖栗姬景帝嘗屬諸姬子曰吾百歲後善視之栗姬怒不肯應言不遜景帝心銜之而未發也長公主日譽王夫人男之美帝亦自賢之又以曩者所夢日符計未

有所定王夫人又陰使人趣大臣立栗姬為皇后大行奏事文曰子以母貴母以子貴今太子母號宜為皇后帝怒曰是乃所當言耶遂按誅大行廢太子為臨江王栗姬愈恚不得見以憂死卒立王夫人為皇后男為太子

漢武故事曰武帝生猗蘭殿四歲立為膠東王七歲立為皇太子

漢書曰衛皇后生戾太子據元狩元年立為皇太子年七歲矣初上年二十九乃得太子甚喜為立禖（張晏曰禖者求子月令曰祀于高禖是）使東方朔枚皋作禖祝及壯詔受公羊春秋又從瑕丘江公受穀梁及冠就宫上為立博望苑使通賓客從其所好故多以異端進者元鼎四年納史良娣（韋昭曰良娣官也太子有妃有良娣有孺子凡三等）産子男進號曰史皇孫（張晏曰皆以舅氏姓為氏以相別也）武帝末衛后寵衰江充用事充與太子及衛氏有隙恐上晏駕後太

子所誅會巫蠱事起充因此爲姦是時上春秋高意多所惡以爲左右皆爲蠱道祝詛窮治其事充與治巫蠱遂至太子宮掘蠱得桐木人太子召問少傅石德德懼爲師傅幷誅因謂太子曰姧臣如此太子將不念秦扶蘇事耶太子急乃收捕充斬以聞遂部賓客爲將率與丞相劉屈氂等戰太子兵敗亡不得上怒甚羣下憂懼不知所出壺關三老茂上書云子弄父兵罪當笞尒書奏天子感寤太子之亡也東至湖藏匿泉鳩里主人家貧常賣屨以給太子太子有故人在湖聞其富贍使人呼之而發覺吏圍捕太子太子自度不得脫即入室自經後車千秋言太子之寃上遂擢千秋爲丞相而族滅江充家上憐太子無辜乃作思子宮爲歸來望思之臺於湖天下聞而悲之宣帝即位有司奏諡曰戾置奉邑三百家

又曰孝元皇帝爲太子也母曰哀許皇后宣帝微時生民間年二歲宣帝即位八歲立爲太子壯大柔仁好儒見宣帝所用多文法吏以刑名繩下大臣楊惲蓋寬饒等坐刺譏辭語爲罪而誅嘗侍讌從容言陛下持刑太深宜用儒生宣帝作色曰漢家自有制度本以霸王道雜之奈何純任德教害政乎且俗儒不達時宜好是古非今使人眩於名實不知所守何足委任乃歎曰亂我家者太子也繇是踈太子而愛淮陽王曰淮陽王明察好法宜爲吾子而王母張婕妤尤幸上有意欲用淮陽王代太子然以少依許氏俱從微起故終不背焉

又曰孝宣王皇后宣帝即位召入後宮稍進爲婕妤霍皇后廢後上憐許太子早失母幾爲霍氏所害於是乃選後宮素謹慎而無子者遂立王婕妤爲皇后令母養太子

又曰孝成皇帝元帝太子也母曰王皇后元帝在太子家生甲觀畫堂（如淳曰甲觀觀名畫堂堂名三輔黄圖太子宮有甲觀又別外不在未央宮中）爲世嫡皇孫宣帝愛之字曰太孫常置左右年三歲而宣帝崩元帝即位帝爲太子壯好經書寬博謹慎初居桂宮上常急召太子出龍樓門（張晏曰門樓上有銅龍黄白鶴飛集之爲名也）不敢絕馳道（應劭曰馳道天子道也若今之中道然古甚重也）西至直城門（晉灼曰黄圖西出南頭第二門）得絕乃度還入作室門上遲之問其故以狀對上大悅乃著令令太子得絕馳道云其後幸酒樂讌（晉灼曰幸酒好酒樂讌樂讌）上不以爲能而定陶恭王有才藝母傅昭儀又愛幸上以故常有意欲以恭王爲嗣賴侍中史丹護太子家輔助有力上亦以先帝尤愛太子故得無廢

又曰孝哀皇帝庶孫定陶恭王子也嗣立爲王好文辭法律元延四年入朝盡從傅相中尉時成帝少弟中山孝王亦來朝獨從傅上以問定陶王對曰令諸侯王朝得從其國二千石傅相中尉皆國二千石故盡從之上令誦詩通習能說他日問中山王獨從傅在何法令不能對帝由此賢定陶王數稱其材爲加元服而遣之時年十七矣明年徵立爲皇太子謝曰臣幸得繼父守藩爲諸侯王材質不足以假充太子宮

太平御覽卷第一百四十七

皇親部十四

太子三

崔豹古今注曰漢明帝爲太子樂人作歌詩四章以贊太子之德一曰日重光二曰月重輪三曰星重輝四曰海重潤

東觀漢記曰東海恭王彊光武皇帝長子也母郭后建武二年六月立爲皇太子十七年十月郭后廢爲中山太后自郭后廢彊不自安數因左右陳誠願備藩輔其十九年六月彊廢爲東海王二十八年十月就國食東海魯國并二郡二十九縣租入倍諸王賞賜恩寵無倫比致虎賁旄頭宮殿設鍾簴之懸彊性聰達恭謙臨之國比上書讓還東海十九縣又固皇太子因辭上不許以彊章示公卿大夫深嘉歎之

續漢書曰趙熹爲太尉中元二年上崩熹受遺詔典録喪禮新承王莽之亂國無舊典皇太子與諸王雜坐同席尊卑無別熹乃正色横劒殿階扶下諸王以明尊卑

范曄後漢書曰孝順皇帝安帝之子母李氏爲閻皇后所害永寧元年立爲皇太子延光三年安帝乳母王聖大長秋江京中常侍樊豐譖太子乳母王男廚監邴吉殺之太子數爲歎息王聖等懼有後禍遂與豐京共陷太子太子坐廢爲濟陰王明年三月安帝崩北鄉侯立濟陰王以廢黜不能上殿親臨梓宮悲號不食內外羣僚莫不哀之及北鄉侯薨車騎將軍閻顯及江京與中常侍劉安陳達等白太后秘不發喪而更徵立諸國王子乃閉宮門屯兵自守十一月丁亥京師及郡國十六地震是夜中黄門孫程等十九人共斬江京劉安陳達等迎濟陰王於德陽殿

西鍾下即皇帝位年十一

魏志曰文帝爲五官將而臨淄侯植才名方盛各有黨與有奪文之議文帝使人問賈詡自固之術詡曰願將軍恢崇德度躬素士之業朝夕孜孜不違子道如此而已文帝從之深自砥礪太祖又嘗屏除問詡默然不對太祖曰與卿言而不荅何也詡曰屬有思故不即對耳太祖曰何思詡曰思袁本初劉景升父子也太祖大笑於是太子遂定

魏略曰太祖不立太子太子自疑是時有高元呂者善相人乃呼問之對曰其貴乃不可言因問壽幾何元呂曰其壽至四十當有小恙過是無憂後無幾而立太子也

世語曰辛毗女憲英適太常羊耽外孫夏侯湛爲其傳曰憲英聰明有才鑒初文帝與陳思王爭爲太子既而文帝得立抱毗頸而告之曰辛君知我喜不毗以告憲英憲英歎曰太子代君主宗廟社稷也代君不可以不慼主國不可以不懼宜慼而喜何以能久魏其不昌乎

魏志曰明帝文帝太子也生而太祖愛之常念在左右

魏書曰明帝生數歲而有岐嶷之姿武帝異之曰我基於爾三世矣每朝讌會同與侍中近臣並列帷幄好學多識特留意於法理

魏略曰文帝以郭后無子詔使子明帝帝以母不以道終意甚不平後不獲已乃敬事郭后旦夕因長御問起居郭后亦自以無子遂加慈愛文帝始以帝不悅有意欲以他姬子京兆王爲嗣故不拜太子

魏末傳曰明帝嘗從文帝獵見子母鹿文帝射殺鹿母使帝射鹿子帝不從曰陛下殺其母臣不忍復射其子因涕泣文帝即放弓箭以此深奇之而建樹之意定也

王隱晉書曰武皇帝寬惠仁厚沈深有智量風度容貌綽如也景元中爲撫軍咸熙元年晉國初開立爲世子遷撫軍大將軍開府副相國二年立爲太子

又曰惠帝爲太子時上素知太子闇弱後必亂國然不能廢乃遣荀勖和嶠往觀之勖還盛稱太子德更進茂不同西宮之時也嶠荅詔稱臣以爲太子如故不見更勝此自陛下家事非臣所盡也於是天下貴嶠而賤勖也

又曰愍懷太子名遹音聿字熙祖少聰惠武帝愛之六七歲時帝夜望火太子牽上衣裾使入闇中上問其故太子對以暮夜倉卒宜備非常不當近火光令人照見也又嘗見官養豬肥大不常後問上何不殺以賜左右而久費五穀上即烹之由是益奇之常稱以爲似宣皇帝亦以東宮無嫡有託後之意太康十年詔曰遹既長且仁可令以遹爲廣陵王以廣陵臨淮爲封國邑五萬户及世祖崩惠帝即位立爲皇太子詔曰遹尚幼蒙今出止東宮雖當賴師傅羣賢之訓其遊處左右宜得正人使共周旋能相長益者太保衛瓘息庭司空司馬泰息略太子太傅楊濟息毖音秘太子少師裴楷息憲太子少傅張華息禕尚書令華廙音異息恒並以道義之門有不肅之訓其令此六人更共往來止其後太子好卑居小馬小牛令左右騎斷鞦勒使墮地又令人屠肉已自分齊手揣輕重斤兩不差去其母本屠家女也頗好遊宴或闕朝侍稍失儲副望賈后無子妬害滋甚九年正月月暈赤黄數重三月十八日滎陽河南潁川槩霜殺桑及姚李杏花尉氏雨血有聲若牛出許昌城葽棗生于東宮西廂日長尺餘數日枯日中若飛鷰者積數月漢中平中亦有此變皆爲太子也賈后作頡子髫太子見頡之象也是時謡曰宮東馬子莫聾空前至臘月纏汝髮十一月天連大風發屋折樹十二月二十八日后遣宮婢齎書與太子云陛下昨夜不快汝可入朝太子如令請朝詔聽二十九日入朝賈后不見使婢陳儛賜棗酒强使飲醉不見聽太子醉賈后誣奏太子有悖書廢徙金墉城以千兵防送幽于許昌宮之別坊賈后與賈謐等早害太子以絶民望三月十四日矯詔使小黄門孫慮害太子賈后表以廣陵王禮殯趙王倫誅賈謐廢賈后帝乃使持節兼司空衛尉伊策故皇太子曰嗚呼少資岐嶷之質荷先帝殊異之寵大啓土宇奄有淮陵朕奉遵遺旨建尒儲副以光顯我祖宗祗尒德行以從保傅事親孝敬禮無違者而朕眛于凶構致尒于非命之禍俾申生孝己復見于今賴宰相賢明人神憤怨朕心討厥有罪咸伏其辜何補於荼毒寃魂酷痛哉是用切怛悼恨震動於五内今追復皇太子喪禮備制反葬京畿祠以太牢魂而有靈尚獲尒心

文士傳曰賈謐與愍懷太子博爭道成都王厲聲曰皇太子國之儲君賈長淵何得無禮

晉書曰明帝元皇帝長子也幼而聰哲爲元帝所寵異年數歲嘗坐置厀上屬長安使來因問帝曰汝謂日與長安孰遠對曰不聞人從日邊來居然可知也元帝異之明日宴羣僚又問之對曰日近元帝失色曰何乃異間者之言對曰舉目見日不見長安由是益奇之及帝即尊號立爲皇太子已見明帝紀中

何法盛晉中興書曰肅祖中宗長子也建武元年中宗爲晉王拜王太子及踐尊號爲皇太子册曰於戲朕承天緒忝

繼祖宗之洪基君臨于萬邦戰戰兢兢若涉淵水未有攸濟自古聖王歎宅四海莫不建立元子本枝百世今稽古授尒于儲宮以貳于朕躬欽哉尒其克念乃祖日新厥德何遠非攸何親非賢欽翼師傅以丕崇大化可不愼歟尒其敬之

又曰孝宗穆皇帝諱聃康帝子也建元二年康帝疾篤左光禄大夫領司徒謨尚書令怺等上䟽曰臣聞皇羲之邈五帝攸往淳風澆散三王傳嗣欲令國有常居民有定奉關諸盛衰不易之道也伏惟皇子天挺奇表隆準豐下岐嶷之姿彰於始年大成之風顯於朞月宜建立儲宮允副民望請下太史擇吉日告宗廟備禮儀奉行奏可

後魏書曰太宗明元皇帝道武之長子初帝母旣賜死大祖乃召帝告曰昔漢武帝將立其子而殺其母不令婦人後與國政使外家無亂汝當繼統吾故遠同漢武爲長久之計帝素純孝哀泣不能自勝太祖怒召之帝欲入左右曰孝子事父小杖則受大杖避之今陛下怒盛入或不測陷帝於不義不如且出待和解而進不晚也帝從之乃遊行於外及元紹之逆也帝還而誅之天賜六年卽皇帝位

又曰景穆皇帝太武皇帝之長子也母曰賀夫人延和元年立爲皇太子時年五歲明惠強識聞則不忘及長好讀經史皆通大義太武甚奇之初太武之伐河西李順等咸言姑臧無水草不可行太子有疑色及車駕至姑臧乃詔太子曰姑臧城東西門外涌泉於城北其大姑河澤草茂盛可供大軍數万人之多言亦可惡也太子謂言者曰爲人臣不實若此豈是忠乎吾初聞有疑但帝决行耳幾誤人大事言者復何面目見帝也正平元年六月薨於東宮時年二十四賜謚曰景穆皇太子高宗卽位追尊爲景穆皇帝廟號恭宗

又曰世宗宣武皇帝孝文皇帝第二子也母曰高夫人初夢爲日所逐避於牀下日化爲龍繞已數匝遂有娠生帝於平城宮二十一年立爲皇太子

又曰肅宗孝明帝諱詡世宗第二子也延昌元年立爲皇太子二年世宗幸東宮召崔光與黃門甄琛廣陽王淵等並賜坐詔光曰卿是朕西臺大臣當今爲太子師傅光起拜固辭詔不許卽命肅宗出從者十餘人勑以光爲傅之意令肅宗拜光光又拜辭不當受太子拜復不蒙許肅宗遂南面再拜詹事王顯啓請從太子拜於是宮臣畢拜光北面立不敢荅拜唯西面拜謝而出

又曰廢太子生而母死文明太后撫視之常置左右詔曰昔塗山有育美名列於夏典任姒作配昌發顯於周書故能緝熙丕緒祚延八百自元子誕育於今四載而名表未孚於四方茂實未昭於朝掖非所以憲章遠猷允光禮度者也太皇太后親發明旨爲之立名依德協義名恂字元道國祚永隆儲貳有寄無窮之兆於是而始乃大赦天下太和十七年七月癸丑立恂爲皇太子高祖每歲征幸常留守恂不好書學體貌肥大深忌河洛暑熱意每追樂北方庶子高道悅數苦諫恂甚銜之乃手刃道悅於禁中高祖引羣臣於清徽堂議廢之爲庶人置之河陽後謀逆賜死

梁書曰天監十四年正月朔旦帝臨軒冠太子於太極殿舊制太子着遠遊冠金蟬翠緌纓至是詔加金博山

又曰昭明太子母丁貴嬪有疾太子還永福省侍疾衣不解帶及薨步從喪還宮至殯水漿不入口每哭輒慟絶武帝

命中書舍人顏愍宣旨曰毀不滅性聖人之制不勝喪比於不孝有我在那得自毀如此可即強進飲粥太子奉勅乃進數合自是至葬日進麥粥一升武帝又勅曰聞汝所進過少轉羸瘦我比更無病正為汝如此胷中亦圮塞成疾應強加饘粥不使我恒尒懸心雖屢奉勸逼終喪日止一溢不嘗菜菓之味體素壯署帶十圍至是減削過半每入朝士庶見者莫不下泣

又曰昭明太子性愛山水於玄圃穿築更立亭館與朝士名素者遊其中嘗泛舟後池番禺侯軌盛稱此中宜奏女樂太子不荅詠左思招隱詩云何必絲與竹山水有清音軌慙而止

又曰昭明太子好士愛文劉孝綽與陳郡殷芸吳郡陸倕琅邪王筠彭城劉洽等同見禮待太子起樂賢堂

後周書曰宣帝諱贇高祖長子帝即位多過惡初帝之在東宮也高祖慮其不堪承嗣遇之甚嚴朝見進止與諸臣無異雖隆寒盛暑亦不得休息性既嗜酒高祖遂醪醴不許至東宮帝每有過輙加捶朴嘗謂之曰古來太子被廢者幾人餘兒豈不堪立邪於是遣東宮官屬錄帝言語動作每月奏聞帝憚高祖嚴矯情脩飾以是過惡遂不聞

隋書曰煬帝高祖第二子也母文獻獨孤皇后上美姿儀少敏慧高祖及后於諸子中特鍾愛高祖幸上所居第見樂器絃多斷絕又有塵埃若不用者以為不好聲伎之玩上尤自矯飾當時稱為仁孝及太子勇廢立為皇太子

唐書曰李綱隋開皇末為太子洗馬皇太子勇嘗以歲首宴宮臣左庶子唐令則自請奏琵琶又歌武媚娘之曲綱趨而出勇曰我欲為樂耳君勿多事及勇廢黜文帝召東宮官屬切讓之無敢對者綱對曰今日之事乃陛下之過非太子之罪也太子才非上品性是常人若得賢明之士輔導之足堪繼嗣皇業方今多士盈朝當擇賢居任奈何以絃歌鷹犬之才日在其側致令至此乃陛下訓導不足豈太子之罪耶

隋書曰元德太子昭煬帝長子也生而高祖命養宮中三歲時於玄武門弄石師子高祖與文獻后至其所高祖適患腰痛舉手憑后昭因避去如此者再三高祖歎曰天生長者誰復教乎由是大奇之高祖嘗謂曰當為尒娶婦昭應声而泣高祖問其故對曰漢王未婚時恒在至尊所一朝娶便則出外懼將違離是以啼耳上歎其有至性特鍾愛焉煬帝即位便幸雒陽宮昭留守京師大業元年帝遣使者立為皇太子

唐書曰太宗文皇帝高祖第二子也母曰太穆皇后以隋開皇十八年生於武功之別館初在孕而語声聞於外后心異之將誕育后不之覺而太宗已生高祖受禪拜尚書令進封秦王武德九年立為皇太子

又曰隱太子建成高祖長子也大業末高祖捕賊汾晉令建成携家屬寄于河東義旗建遣使密召之建成與巢王元吉閒行赴太原建成至高祖大喜拜左領大都督封隴西郡公引兵略西河郡從平長安義寧元年冬隋恭帝拜唐國世子開府置僚屬二年授撫軍大將軍東討元帥將兵十萬徇洛陽及還恭帝授尚書令武德元年立為皇太子時太宗功業日盛建成與齊王元吉潛謀作亂九年六月三日太宗密奏建成元吉淫乱後宮因自陳曰臣於兄弟無絲毫所負今欲殺臣似為世充建德報讎臣今枉死

永達君親魂歸地下實亦恥見諸賊高祖省之愕然報曰明日當勘問汝宜早參四日太宗將左右九人至玄武門自衛高祖已召裴寂蕭瑀寶延陳叔達封倫宇文士及顔師古等欲令窮覆其事建成元吉行至臨湖殿覺變即迴馬將東歸宮府太宗隨而呼之元吉馬上張弓再三不彀太宗乃射之建成應弦而斃

又曰高宗文皇帝太宗第九子母曰文德順聖長孫皇后貞觀二年生於東宮之麗正殿封晉王幼而岐嶷端審寬仁孝友初授孝經太宗問曰此書中何言爲善對曰夫孝始於事親中於事君終於立身太宗大悦曰行此足以事父兄爲臣子矣太子承乾廢長孫無忌李勣等議立爲皇太子

又曰太子承乾得罪太宗欲立晉王而限以非次惶惑不決乃御兩儀殿羣臣盡出獨留長孫無忌及司空房玄齡

李勣謂曰我三子一弟所爲如此我心無聊因自投於床抽佩刀欲自刺無忌等驚懼爭前扶抱取佩刀以授晉王無忌等請太宗所欲報曰我欲立晉王無忌曰謹奉詔有異議者臣請斬之太宗謂晉王曰汝舅許汝也汝宜拜謝晉王因下拜太宗謂無忌等曰公等旣符我意未知物論何如無忌曰晉王仁孝天下屬心久矣乞召問百僚必無異辭於是建立遂定

太平御覽卷第一百四十八

太平御覽卷第一百四十九

皇親部十五

太子四　太弟　太孫　太子妃　良娣　孺子　保林　才人　家人子附

唐書曰廢太子瑛（音英）玄宗第二子也景雲元年封眞定郡王開元三年立爲皇太子母趙麗妃本伎人有才貌善歌舞玄宗在潞州得幸及武惠妃寵幸麗妃恩乃漸弛惠妃女咸宜公主出降於楊洄洄希惠妃之旨規利於己日求其短譖於惠妃惠妃泣訴於玄宗以太子結黨將害於妾母子亦指斥於至尊玄宗惑其言震怒謀於宰相意將廢黜中書令張九齡奏曰陛下纂嗣鴻業將三十年太子已下常不離深宮日受聖訓今天下之人皆慶陛下享國日久子孫蕃育不聞有過陛下奈何以一日之間廢棄三子且太子國本難於動揺昔晉獻公惑寵嬖之言太子申生憂死國乃大亂漢武威加六合受江充巫蠱之事禍及太子遂至城中流血晉惠帝有賢子爲太子容賈后之譖以至喪亡隋文帝取寵婦之言廢太子勇而立晉王廣遂失天下由此而論之不可不愼今太子既長無過二王又賢臣待罪左右敢不詳悉玄宗默然事且寢二十五年四月楊洄又構於惠妃言瑛兄弟三人與太子妃兄駙馬薛鏽常構異謀玄宗遽召宰相籌之李林甫曰此蓋陛下家事臣下不合參知玄宗意乃決矣使中官宣詔於宮中並廢爲庶人天下之人不見其過咸惜之寶應元年詔贈皇太子

又曰靖恭太子琬玄宗第六子也天寶十四年安祿山反於范陽其月制以琬爲征討元帥高仙芝爲副令仙芝徵河隴兵募屯於陝郡以禦之數日琬薨素有雅稱風格秀整時士庶冀琬有所成功忽然殂謝遠近咸失望焉贈靖恭太子葬於西原

又承天皇帝倓（音談）既爲張良娣所構肅宗怒而幽死又欲揺動代宗時代宗收復兩京遣判官李泌（音鄙）入朝獻捷從容語及倓事泌曰臣幼稱時念得黃臺苽辭陛下聞其說乎高宗大帝有子八人天后所生四子自爲行第故睿宗第四長曰孝敬皇帝弘爲太子監國仁明孝悌天后方圖臨朝乃鴆殺之立雍王賢每自憂惕知必不保全與二弟同侍父母之側無由敢言乃作黃臺苽辭令樂工歌之冀天后聞之哀愍辭曰種苽黃臺下苽熟子離離一摘使苽好再摘令苽稀三摘尚自可摘絶抱蔓歸太子賢終爲天后所逐死於黔中陛下有今日遲祚已一摘矣愼無再摘上愕然曰卿安得有是言自是李宗之計不行

又曰憲宗章武皇帝順宗長子母王太后六七歲時德宗抱置膝上問曰汝誰子在吾懷對曰是第三个天子德宗異而怜之貞元四年封廣陵王順宗即位之年封冊爲皇太子

又曰懿宗恭惠皇帝宣宗長子母曰元昭皇太后晁氏大和七年生於藩邸封鄆王大中十三年宣遺詔立爲皇太子姿貌瓌傑有異稠人藩邸時嘗重疾郭妃侍疾見黃龍出入於卧內妃以告帝曰愼勿言

又曰僖宗恭定皇帝懿宗第五子母曰惠安皇后王氏初封普王懿宗大漸制曰朕守大器之重居兆人之上日愼一日如履如臨旰昃勞懷寢興恩給殘道猶淺道化未孚而攝養乖方寒暑成厲實有慮於闕政且無暇而怡神考兹舊章謀于卿士思闡鴻業式建皇儲第五男普王孝敬

溫恭寬和博厚日新令德天假英姿言皆中規動必由禮俾崇邦本允叶人心宜立爲皇太子權勾當軍國政事咨尔中外卿士暨于腹心之臣各竭乃心永安黎獻

太弟 附

王隱晉書曰惠帝永寧二年立清河王覃爲太子成都河間王復廢覃爲清河王立成都爲皇太弟

晉陽秋曰永興元年河間王顒表拜成都王頴爲皇太弟司空越高密王簡平昌公模等以大駕北征廢皇太弟頴立豫章王熾爲皇太弟

崔鴻十六國春秋曰晉成都王頴爲皇太弟領丞相自鄴懸秉朝政事無大小皆先關諮

唐書曰武宗肅皇帝穆宗第五子毋曰宣懿皇后韋氏長慶元年封穎王開成五年文宗疾甫軍中尉仇士良魚志

弘矯詔迎穎王於十六宅曰朕自嬰疾疢有加無瘳懼不能躬總万機日釐庶政稽于古訓謀及大臣用建親賢以貳神器親弟穎王瀍昔在藩邸與朕嘗同師訓動成儀矩性稟寬仁俾奉昌圖必諧人欲可立爲皇太弟應軍國政事便令句當百辟卿士宜竭迺心

又曰昭宗景文皇帝懿宗第七子毋曰惠安太后王氏帝於僖宗毋弟也尤相親睦自艱難播越嘗隨侍左右僖宗不豫遺詔立爲皇太弟

太孫 附

王隱晉書曰趙王倫既廢賈后皇帝使使持節追復皇太子拜皇孫臧爲臨淮王尚爲襄陽王又詔立臧爲皇太孫文武官屬即轉爲太孫官屬車服侍從皆愍懷之舊也趙王倫篡位太孫廢爲濮陽王惠帝復作立襄陽王尚爲皇太孫薨謚沖皇太孫并追謚前太孫爲哀皇太孫

晉惠帝起居注曰拜皇孫臧爲臨淮王尚爲襄陽王又詔臧爲皇太孫臧廢到銅駝街宮人嚴從皆哽咽路人收淚焉棗復生於西廂長丈餘太孫廢乃枯

又曰惠帝詔以太常成粲爲太孫太傅前城門校尉梁柳爲太孫少傅

又曰惠帝使使持節兼司空任城王濟策命愍懷皇太子前妃爲皇太孫太妃是日也以復妃告于太廟

後魏書曰高宗文成皇帝景穆帝之長子也毋曰閭氏帝少聰達太武常置左右號世嫡皇孫

又曰劉尼代人也父祖皆爲方面大人少壯徒有膂力世祖善之拜羽林中郎宗愛既殺南安王余於東廟秘之唯尼知之尼勸愛立高宗愛自以負罪於景穆聞而驚曰君

大癡人皇孫若立豈忘正平時事乎尼以狀告殿中尚書源賀仍謀於南部尚書陸麗麗曰唯有密奉皇孫耳於是賀與長孫渴侯嚴兵守衛尼與麗迎高宗於苑中麗抱高祖馬上入於京城尼馳還東廟大呼曰宗愛殺南安王大逆不道皇孫已登大位有詔宿衛之士皆可還宮衆咸唱万歲

後周書曰建德二年夏六月壬子皇孫衍生文武官普加一階

蕭子顯齊書曰文惠太子長懋字雲喬世祖長子也世祖年未弱冠而生太子爲太祖所愛建元元年封南郡王邑二千户江左未有嫡皇孫封王始自此也

又曰鬱林王昭業字元尚文惠太子長子也小名法身文惠太子薨立昭業爲皇太孫居東宮昭業少美容止好隷

書世祖勑皇孫手書不得妄出以貴重之

唐書貞觀十七年誕皇太孫宴宮寮於弘教門太宗幸東宮自殿北門入謂宮臣曰頃來生業稍可非乏酒食而唐突公等宴會朕有甲觀之慶故就卿爲樂耳謂太子曰亦國之儲二府藏是同金玉綺羅不足爲賜但先聖典籍可爲鏡誡耳因賜尚書毛詩孝經各一部

又曰永淳元年立皇孫重照爲皇太孫將置府寮上召吏部侍郎裴敬彝郎中王方慶問曰今立太孫前代故事如何方慶進曰臣按周禮有嫡孫漢魏已來皇太子在亦不立太孫但封王耳今陛下肇建皇孫創斯盛典所以彰子孫千億之盛福祚靈長之應也上悦

太子妃 附

白虎通云妃者匹也妃匹者何謂也相與偶然古者天子後宮嫡庶皆曰妃史記曰黄帝有四妃帝嚳有四妃虞舜有二妃周以天子之正嫡爲王后秦稱皇帝因稱皇后以太子之正嫡稱妃漢因之漢書外戚傳云太子妃有良娣有孺子妻妾凡三等是也魏晉以後咸遵之

漢書曰孝景薄皇后孝文薄太后家女也景帝爲太子時薄太后取以爲太子妃帝即位立爲皇后

又曰孝武陳皇后長公主嫖匹妙切女也初武帝得立爲太子長主有力取主女爲妃及帝即位立爲皇后

又曰元帝爲太子司馬良娣死後太子悲恚發病忽忽不樂宣帝令皇后擇後宮家人子可以娛侍太子者王禁女政君預焉時預擇者五人政君獨衣絳緣諸于諸于大掖衣也使侍中杜輔送入太子宮見於丙殿侍御幸有身立爲太子妃

又曰孝成許皇后平恩侯嘉女也元帝選配皇太子初入太子家上令中常侍黄門親近者侍送還白太子欣說狀元帝喜謂左右酌酒賀我左右皆稱万歲及成帝即位立許妃爲皇后

又曰孝哀傅皇后定陶傅太后從弟子也哀帝爲定陶王時傅太后欲重親取以配王王入爲太子傅氏女爲妃哀帝即位立爲皇后

後漢書曰明德馬皇后伏波將軍援小女也初援征五溪蠻卒於師虎賁中郎將梁松黄門侍郎竇固等因譖之由是家益失勢又數爲權貴所侵侮后從兄嚴不勝憂憤白太夫人絶竇氏婚求進女掖庭乃上書曰臣叔父援辜恩不報而妻子特獲恩全戴仰陛下爲天爲父竊聞太子諸王妃疋未備援有三女大者十五次者十四小者十三儀

狀髮膚上中以上皆孝順小心婉順有禮願下相工簡其可否如有萬一援不朽於黄泉由是選后入太子宮時年十三

吳志曰太子孫和賜死和與妃張部別張曰吉凶當相隨終不獨生活也亦自殺

蜀志曰後主敬哀皇后車騎將軍張飛女也章武元年納爲太子妃建興元年立爲皇后

王隱晉書曰楊元后武帝娶之生惠帝謀婚久不決上欲娶衛瓘女后欲娶賈充女充妻郭酷妬宿著上曰衛公女有五可賈公女有五不可衛家種賢而多子端正而長白賈家種妬少子醜而短黑郭必欲使所生女配太子既先使人言又輸寶物於楊后固啓必成本當娶后妹午午年十二小太子一歲定見短小未勝衣更娶南風南風時年

十五大太子二歲上乃聽之帝知太子不惠又聞衛瓘言故試之盡召東宮大小官屬爲作飲食而密封詔事使太子決停信待之賈妃大懼請外人作荅詔草給使張泓行還啓賈妃曰太子不學而荅詔引義必致責作草主更益譴負不如直以意荅賈妃大喜語泓便爲我好荅得富貴與汝共之泓素有才荅之高過武帝大喜於是賈妃諷旨於外說張泓孝廉郎才語領軍舉高弟充遣語女曰衛瓘老奴幾破汝家事於是賈妃銜之

又曰賈妃酷妬手殺數人或以戟擿（音擲）孕妾子乃隨刃墮地上聞大怒垂廢之荀勗深救之故得不廢

晉氏后妃别傳曰武悼皇后武帝繼室也太傅楊駿女賈庶人爲太子妃時數以肆情性忌妬失帝意帝欲廢焉后爲妃陳請曰魯公有勲於王府妃親則其子妬忌婦人之常事不足以一眚而忘大德帝納焉

王隱晉書曰初世祖遣才人謝玖給事惠帝因是有娠臨娶賈妃迎玖西宮遂生愍懷太子惠帝即位立爲皇太子爲娉王夷甫小女惠風賈后暴戾日甚乃表乞免爲庶人送太子妃王氏入金墉城妃父尚書令王衍見脅表離婚妃出金墉城號哭感動左右道路爲之悲愴也

又曰劉曜王弥等入洛盡將諸后妃去愍懷太子王妃拔刀向賊曰我司徒公女皇太子妃死則已終不爲賊婦賊乃害之

晉起居注曰元帝太興五年上臨軒使策命拜晉王太子妃庾氏爲皇太子妃

晉孝武帝起居注曰納采聘太子妃百官朱服會於新安公主第秘書監王操之爲主人

晉孝武帝起居注曰上臨軒設懸而不樂遣兼司空望蔡公謝琰納太子妃王氏詔曰太子諱婚禮即就仰祖宗遺烈憑道德之資保傅將翼賢士竭誠愼行修德積善慶隆豈唯在予天賚錫所以宣其悅情其便依舊有賜左僕射王珣奏賜文武絹布百官詣止車門上禮

甲辰儀曰皇太子妃公妃夫人逢持節使者高車使者皆住車相揖妃主皆住車不揖

東宮舊事曰司徒會稽王道子等啓曰皇太子條體宸極年德並茂宜簡國媛緝宣內教故中書令太常王獻之新安公主息女六行率修四德光備加世載簡正慶深積善僉曰宜作配儲宫正位中饋太元二十一年皇太子納妃琅邪臨沂王氏時年十四

王隱晉書曰安僖皇后王氏字神愛太常王獻之女新安公主生即安帝姑也孝武帝以后少孤無兄弟故爲安帝納爲太子妃

東宮舊事曰有詔以皇太子納妃賜帛各有差使持節兼司空公尚書右僕射謝琰副護軍將軍臨湘縣侯車胤迎詹事尚書左僕射王珣率東宮屬迎于主第

東宮舊事曰皇太子納妃織成衮帶白玉佩四望車羽葆前後部皷吹各一部步揺一具九鈿函盛之同心雀鈿一具函盛瓆花六五支登花二五支園樹花十株碧紗座袿半繡一丹羅杯文長命綺襡一（襡音屬袴别名）

又曰太子納妃絳眞文羅一幅被子一絳羅繡四幅被一

又曰皇太子納妃有絳眞文羅袴漆龍頭叉髻枕一銀花鏍鈿自副金塗連盤鴨燈一絳地文履一量漆花屣一絳地織成綺綬有七綵杯文綺一絳石杯文綺被有一又七

綵杯文綺袴長命杯文綺袴

晉令曰皇太子妃珮瑜玉

沈約宋書曰皇太子妃金璽龜鈕纁朱綬佩瑜玉

又曰少帝司馬皇后諱茂英河內温人晉恭帝女也初封海鹽公主少帝以公子尚焉宋初拜皇太子妃少帝即位爲皇后

又曰前廢帝何皇后諱令婉廬江灊人也孝建三年納爲皇太子妃

又曰後廢帝江皇后諱簡珪濟陽考城人北中郎長史智淵孫女太始五年太宗訪太子妃而雅信小數名家女多不合江氏雖世爲華族而后父祖並已亡弟又弱小門無強蔭以卜筮最吉拜爲皇太子妃

蕭子顯齊書曰皇太子妃厭翟車（如重翟車飾減）漆畫輪車太

子妃亦乘之

又曰文安王皇后諱寶明琅耶臨沂人建元元年爲南郡王妃四年爲皇太子妃無寵太子爲宮人制新麗衣裳及首飾而后牀帳陳古舊釵鑷（奴叶切小鉗也）十餘枚

唐書曰太宗文德皇后長孫氏少好讀書造次必循禮則十三嬪于太宗武德九年冊拜皇太子妃

又曰高宗廢后王氏同安長公主即后之從祖母也公主以后有美色遂納爲晉王妃高宗登儲冊爲皇太子妃

又曰開元中勑所選皇太子及諸王等妃既是百官子女禮合避人令追就本縣及過本司未爲得所其應預妃者宜令所司具名録奏各令女及近親隨使於命婦朝堂待進止

良娣（附）

漢書曰衛太子史良娣宣帝妃祖母也太子有妻妾凡三等子皆稱皇孫史良娣家本魯國母貞君兄恭元鼎四年入爲良娣生男進號史皇孫武帝末巫蠱事起衛太子及良娣史皇孫皆遭害

沈約宋書曰大明五年上更爲太子置內職二等曰保林曰良娣納南中郎長史太山羊贍女爲良娣

蕭子顯齊書曰建元三年太子宮置三內職良娣比開國侯

唐書肅宗張皇后天寶中選入太子宮爲良娣

唐書曰順宗莊憲皇后王氏幼以良家子入宮爲才人順宗在藩邸時代宗以才人賜之生憲宗皇帝立爲孺人順宗外儲冊爲良娣

孺子（附）

後魏史曰劉芳沉雅方正太子恂之在東宮高祖欲爲納芳女芳辭以年貌非宜更勸芳舉其宗女芳乃稱其族子長文之女高祖乃爲恂娉之與鄭懿女對爲左右孺子焉

保林（附）

王隱晉書曰愍懷太子廢爲庶人考竟太子母淑妃謝玖及太子所幸保林蔣俊及母三弟

沈約宋書曰大明五年上爲太子納宜都守袁僧惠女爲保林

蕭子顯齊書曰太子保林比五等侯

才人（附）

王隱晉書曰世祖遣才人謝玖給事惠帝因是有娠臨娶賈妃迎玖西宮遂生愍懷

蕭子顯齊書曰太子才人比附馬都尉

家人子附

漢書曰史皇孫王夫人宣帝母也名翁須皇孫妻妾無號位皆稱家人子生宣帝數月衛太子史皇孫敗家人子皆坐誅

太平御覽卷第一百四十九

覽一百四十九　十一　王前荅

太平御覽卷第一百五十

皇親部第十六

諸王上

漢書百官表曰諸侯王高帝初置金璽組綬

史記曰高帝得定陶戚姬愛幸生趙王如意幾代太子者數矣賴大臣爭之及留侯策太子得無廢高帝崩惠帝立吕后使人持鴆飲之遂斷戚夫人手足去眼煇耳飲瘖藥使居厠中名曰人彘居數日迺召惠帝視人彘帝視而知其戚夫人迺大哭因病歲餘不能起使人請太后曰此非人所爲臣爲太后子終不能治天下

又曰燕王劉澤漢書曰澤高帝從祖昆弟高帝十一年封爲營陵侯高后時齊人田生以畫千營陵侯澤澤大悦之用二百斤金爲壽田生已得金假大宅令其子求事吕太后所幸大謁者張卿居數月請張卿酒酣乃屏人説張卿曰太后欲立吕産爲王恐大臣不聽今卿最幸大臣所敬何不諷大臣以聞太后太后必喜諸吕已王萬户侯亦卿有卿大然之乃諷大臣立吕産爲王田生因説張卿曰吕産王也諸大臣未服今營陵侯澤諸劉長爲大將軍尚歉音決望今卿言太后裂十縣王之彼得王喜於諸吕益固矣張卿入言太后乃以澤爲琅琊王

又曰齊哀王襄悼惠王子高祖孫也太尉周勃誅諸吕大臣欲立齊王琅琊王澤曰齊王毋家駟鈞惡戾虎而冠者張晏曰言鈞惡戾如虎而著冠也方以吕氏幾亂天下又立齊王是復爲吕氏也

漢書曰吴王濞高帝兄仲之子也高祖立濞於沛爲吴王已拜受印高祖召濞相之曰若狀有反相因撫其背曰後五十年東南有亂豈若耶天下同姓一家汝愼無反濞頓首曰不敢

又曰楚元王交高帝少弟也高祖即帝位交與盧綰常侍上出入卧内傳語言諸内事隱謀文帝尊寵元王子爵比皇子

又曰齊悼惠王肥其母高祖微時外婦也高祖六年立食七十餘城孝惠二年入朝帝與齊王燕飲后前置齊王上坐如家人禮太后怒遣人酌卮鴆酒置前令齊王爲壽齊王起帝亦起欲俱爲壽太后恐自起反卮齊王怪之因不敢飲陽醉而去

又曰濟北王興居初以東牟侯與大臣共立文帝於代邸曰誅吕氏臣無功請與太僕滕公入清宫遂將少帝出迎皇帝入宫始誅吕氏時朱虚侯功尤大大臣許盡以趙地王朱虚侯章盡以梁地王東牟侯興居及孝文帝立聞朱虚東牟之初欲立齊王故黜其功

又曰淮南王安爲人好書鼓琴不喜弋獵狗馬馳騁亦欲行陰德撫循百姓流譽招致賓客方術之士數千人作爲内書二十篇外書甚衆有中篇八卷言神仙黄白之術張晏曰黄黄金白白銀亦二十萬言時武帝方好藝文以安屬爲諸父辯博善爲文辭甚重尊之每爲報書及賜張晏曰賜書常召司馬相如等視草乃遣初安入朝獻所作内篇新出上愛秘之使爲離騷賦旦受詔食時上

又曰孝文皇后生景帝梁孝王孝王太后少子愛之賞賜不可勝道於是孝王築東苑方三百餘里廣睢陽城七十里大治宫室爲複道自宫連屬於平臺三十餘里如淳曰在梁東北離宫所在也得賜天子旌旗從千乘萬騎出稱蹕入言警擬天

子招延四方豪傑自山東遊士莫不至

又曰梁懷王揖文帝子也文帝愛之異於他子五年壹朝因墮馬死

又曰孝景栗姬生河間獻王德孝景二年立脩學好古從民間得善書必爲好寫與之留其本加金帛賜以招之繇是四方道術之人不遠千里或有先祖舊書多奉以奏獻王者故得書多與漢朝等脩禮樂被服儒術造次必於儒者武帝時獻王來朝獻雅樂及詔策問三十餘事其對推道術而言得事之中文約而指明

又曰江都易王非景帝子吳楚反時非年十五有材氣上書願擊吳景帝賜非將軍印吳已破二歲爲江都王治吳故國以軍功賜天子旌旗元光五年匈奴大入漢爲賊非上書願擊匈奴上不許

又曰孝景程姬生魯恭王餘二年立爲淮陽王吳楚反破後徙王魯好治宮室苑囿狗馬好音樂口吃難言王初治室壞孔子舊宅以廣宮室聞鍾磬琴瑟之聲遂不敢復壞於其壁中得古文經傳

又曰孝景賈夫人生中山靖王勝建元三年來朝天子置酒勝聞樂聲而泣帝問其故勝對曰臣聞悲者不可爲累欷思者不可爲歎息故高漸離擊筑易水上荆軻爲之泣而不食雍門子壹微吟孟嘗君爲之於邑今臣之心結日久每聞窈眇之聲不知涕泣之橫集也夫衆喣漂山（應劭曰喣吹喣）聚蚊成雷朋黨執虎十夫橈椎臣身遠與寡莫爲之先衆口鑠金積毀銷骨聚輕折軸羽翮飛肉今臣雍閼不得竊自悲也臣聞杜鼷不懼屋鼠不燻何則所託者然也臣雖薄也得蒙肺腑位雖卑也得爲東藩屬又稱兄今羣臣非有葭莩之親（張晏曰葭蘆葉莩裏白皮也）鴻毛之重羣居黨議明友相爲使夫宗室擯卻骨肉冰釋斯伯奇所以流離比干所以橫分也勝又樂酒好肉有子百二十餘人常與趙王彭祖相非曰兄爲王專代吏治事王者當日聽音樂御聲色趙王亦曰中山王但奢淫不佐天子拊循百姓何以稱爲藩臣

又曰景帝唐姬生長沙定王發唐姬故程姬侍者景帝召程姬有所避不願進而飾侍者唐兒使夜進上醉不知幸之遂有身及生子因名曰發以母微無寵故王居卑濕貧國（應劭曰景帝後二年諸王來朝有詔稱壽歌舞定王但張袖小舉手左右嗤其拙上怪而問之對曰臣國小地狹不足迴旋帝以武陵桂陽屬焉）

又曰孝武李姬生燕剌（盧達切）王旦爲人辯略博學經書及衛太子敗齊懷王又薨旦自以次弟當立上書求入宿衛

上怒下其使獄遂立少子爲太子帝崩太子立是爲孝昭帝賜諸侯王璽書旦得書不肯哭霍光秉政襃賜燕王錢三萬益封萬三千戶因怒曰我當爲帝何賜也多齎金寶走馬賂遺蓋（古盍切）主上官桀及御史大夫桑弘羊等皆與交通數記疏光過失與旦令上書告之桀欲從中下其章旦聞之喜上疏是時昭帝年十四覺其有詐桀等皆伏誅旦聞之憂懣（音悶）置酒萬載宮會賓客臣妾坐飲王自歌曰歸空城兮狗不吠雞不鳴橫術何廣廣兮（蘇林曰廣音曠以術爲道路）固知國中之無人華容夫人起舞曰髮紛紛兮寘渠骨籍籍兮亡居毋求死子兮妻求死夫徘徊兩渠間兮君子獨安居坐者皆泣

又曰孝武李姬生廣陵厲王胥倡樂逸遊故終不得爲漢嗣始昭帝時胥見上年少無子有覬欲心迎女巫李女須

使下神祝詛女須泣曰孝武帝下我左右皆伏言吾必令胥爲天子胥多賜女須以錢會昭帝崩胥曰女須良巫也殺牛塞禱及昌邑王徵復使巫祝詛之後王廢胥寖信女須等宣帝即位胥曰太子孫何以反得立復令女須祝詛如前又胥女爲楚王延壽后弟婦相餽遺通私書後延壽謀反誅辭連及胥又聞漢立太子謂姬南等曰我終不得立矣居數月祝詛事發覺有司按驗天子遣廷尉大鴻臚即訊胥胥既見使者還置酒顯陽殿召太子霸及子女董訾胡生等夜飲使所幸八子郭昭君家人子趙左君等鼓瑟歌舞王自歌曰欲久生兮無終長不樂兮安窮奉天期兮不得須臾千里馬兮駐待路黃泉下兮幽深人生要死兮何爲苦心何用爲樂心所喜出入無悰爲樂亟蒿里召兮郭門閲死不得取代庸身自逝左右悉更涕泣奏酒至雞鳴

時罷胥讓太子霸曰上遇我厚今負之甚我死骸骨當暴幸而得葬薄之無厚也即以綬自絞死

又曰淮陽憲王欽宣帝子好經書法律聰達有才帝甚愛之數嗟歎憲王曰眞我子也

又曰初楚元王敬禮申公等穆生不嗜酒元王每置酒常爲穆生設醴也

又曰王尊爲東平相東平王以至親驕奢不奉法度傅相連坐及尊視事奉璽書至庭中王未及出受詔尊持璽書歸舍食已乃還致詔後謁見王太傅在前說相鼠之詩尊曰毋持布鼓過雷門王怒起入後宮復延請登堂尊謂王曰尊來爲相人皆弔尊也以尊不容朝廷故見使相王耳天下皆言王勇王顧但負貴安能勇如尊乃勇耳王變色視尊意欲格殺之即好謂尊欲願觀相君佩刀尊舉掖顧謂傍侍郎前引佩刀視王王欲誣相拔刀嚮王耶王又雅聞尊高名大爲尊屈酌酒具食相對極歡

東觀漢記曰東平獻王蒼少有孝友之質寬仁弘雅明帝即位詔以爲驃騎將軍位在三公上四年蒼上疏願朝上以王觸寒涉道使中謁者賜乘輿貂裘蒼到洛陽使鴻臚持節郊迎引入不在讚拜之位外殿乃拜上親答拜諸王歸國上特留蒼八月飲酎畢大鴻臚奏遣蒼蒼發上親臨送流涕賞賜以億萬數

又曰明帝詔書示諸國曰詔問東平王蒼處家何等最樂王對去爲善最樂帝曰其言甚大稱是腰腹蒼美鬚髯腰帶圍八尺二寸

又曰北海靖王興每朝廷有異政京師雨澤秋稼好醜輒乘驛馬問焉其見親重如此

又曰廣陵思王荆性刻急隱害善文法有才能中元二年世祖崩不悲哀而作飛書與東海王彊說之令舉兵爲逆亂彊得荆書即執其行書者封上之以親親隱其事遣荆止河南宮

又曰明德后詔書流布咸稱至德王主諸家莫敢犯禁廣平鉅鹿樂成王在邸入問起居帝望見車騎鞍勒皆純墨無金銀綵飾馬踰六尺於是以白太后即賜錢各五百萬於是施親戚被服自如

范曄後漢書曰沛獻王輔矜嚴有法度好經書善說京氏易孝經世號之曰沛王通論在國謹節終始如一稱爲賢王顯宗敬重數賞賜焉

又曰琅琊孝王京建武十七年追爵爲王京性恭孝好經學顯宗尤愛幸賞賜恩寵殊異莫以爲比光烈皇后崩帝

悉以太后遺金財寶賜京京都莒好治宮室窮極伎巧皆飭以金銀上詩賦頌德帝嘉美下之史官

又曰樂成靖王黨永平十五年封樂成王黨聰慧善史書如正文字與肅宗同年尤相親愛

又曰清河王慶爲太子竇后譖有司奏廢慶慶時雖幼而知避嫌畏禍言不敢及宗氏帝更憐之敕皇后令衣服與太子齊等慶小心恭孝自以廢黜尤畏事愼法每朝謁陵廟常夜分嚴裝衣冠待明約敕官屬不得與諸王車馳常以貴又葬禮有闕每竊感恨至四節臘輒祭於私寢竇氏誅後始使乳母於城北遙祠及竇太后崩慶求上冢致哀帝許之詔太官四時給祭慶垂涕曰生雖不獲供養終得奉祭祀私願足矣

又曰李樊字德公靈帝時拜安平相先是時安平王續爲

張角賊所略國家贖王還欲復其國樊奏曰續在國無守蕃政不稱損辱聖朝不宜復國續竟歸蕃樊以謗毀宗室輸作佐校未滿歲王果坐不道被誅乃貴樊爲議

又曰董卓置弘農王於閣上使郎中令李儒進酖曰服此藥可以辟惡王曰我無疾是欲殺我耳乃與妻唐姬宮人飲讌別王悲歌曰天道易兮我何如棄萬乘兮退居蕃逆臣見迫兮命不延逝將去汝兮適幽玄因令唐姬起舞姬枕袖而歌曰皇天崩兮后土頹身爲帝王兮命夭摧死生路異兮從此乖奈我煢獨兮心中哀因泣下嗚咽王曰卿王者妃勢不復爲吏民妻自愛從此長辭遂飲酖死時年十八

漢名臣奏曰杜業奏曰河間獻王經術通明積德累行天下雄駿衆儒皆歸之孝武帝時獻王朝武帝色難之謂獻王曰湯以七十文王百里王其免之知其主意即縱酒聽樂因以終也

漢雜事曰中元二年光武崩王莽之亂國無制度皇太子與諸王同席坐尊卑無別是時上下莫之是正太尉趙熹乃正色横劍殿階扶下諸王以明尊卑

魏略曰任城王彰字子文武帝子也太子嗣立既葬遣彰之國如彰自以先王見任有功冀因此見授用而聞當隨例意甚不悅不待遣而去時以隝陵塉薄使治中牟及帝受禪因封爲中牟王是大駕幸許昌北州諸使上下畏其剛嚴每過中牟不敢不速

又曰趙王朝幹一名良良本陳妾子良生而陳氏死太祖令王夫人養之良年五歲而太祖疾因遺令語太子言此兒三歲亡母五歲失父以累汝太子由是親待隆於諸弟

良年小常呼文帝言阿翁帝言良曰我汝兄耳愍甚如是每爲涕淚

太平御覽卷第一百五十

太平御覽卷第一百五十一

皇親部十七

諸王下　王妃

諸王下

魏志曰鄧哀王沖字倉舒少聰察歧嶷生五六歲智意所及有若成人之智孫權曾致巨象太祖欲知其斤重訪之羣下咸莫能出其理沖曰置象大舡之上而刻其水痕所至稱物以載之則校可知矣太祖大悅時軍國多事用刑嚴重太祖馬鞍在庫而爲鼠所齧庫吏懼必死欲面縛首罪猶懼不免沖謂曰待三日然後自歸沖於是以刀穿單衣如鼠齧者謬爲失意貌有愁色太祖問之沖對曰世俗以爲鼠齧衣者其主不吉今單衣見齧是以憂慼太祖曰此妄言耳無所苦也俄而庫吏以齧鞍聞太祖笑曰兒衣在側尚齧況鞍懸柱乎一無所問沖仁愛識達皆此類也太祖數對羣臣稱述有欲傳後意年十三病卒太祖親爲請命及亡哀甚文帝寬喻太祖太祖曰此我之不幸而汝曹之幸也

又曰中山王衮建安二十一年封平鄉侯少好學年十餘歲能屬文每讀書文學左右常恐以精力爲病數諫止之然性所樂不能廢也

又曰樂陵王茂性傲佷少無寵於太祖及文帝世又獨不王太和元年徙封聊城公其年爲王詔曰昔象之爲虐至甚而舜猶侯之有庳近漢氏淮南阜陵皆爲亂臣逆子而錫土有虞建之於上古漢文明帝行之于前代斯皆敦叙親親之厚義也聊城公茂少不閑禮教長不務善道先帝以爲古之立諸侯也皆命賢者故姬姓未有不爲侯者是以獨不王茂太皇太后數以爲言如聞茂頃來小知悔昔之非今封茂爲聊城王以慰太皇太后下流之念

又曰任城威王彰字子文少善射御膂力過人手格猛獸不避險阻數從征伐志意慷慨太祖常抑之曰汝不念讀書慕聖道而好乘汗馬擊劒此一夫之用何足貴也或諫彰讀書彰謂左右曰大丈夫一爲衛霍將十萬騎馳沙漠驅戎狄立功建號耳何能爲博士耶

又曰陳思王植字子建年十餘歲讀誦時論及辭賦數十萬言善屬文太祖嘗視其文謂植曰汝倩人耳植跪曰言出爲論下筆成章顧當面試柰何倩人時鄴銅爵臺新成太祖悉將諸子登臺使各爲賦植援筆立成可觀太祖甚異之性簡易不治威儀輿馬服飾不尚華麗每進見難問應聲而對特見寵愛

蜀志曰魯王永字公初永憎官人黃皓皓既信任用事構永於後主稍疏外永至不得朝見者十餘年

吳書曰南陽王和字子孝被譴之長沙行過蕪湖有鵲巢于帆檣故官僚聞之皆憂懍以爲檣非久安之象或言鵲巢之詩有積行累功以致爵位之言今王至德茂行當復國儻神靈以此告寤人意乎

吳志曰魯王霸字子威和同母弟也和爲太子霸爲魯王寵愛崇特與和無殊頃之和霸不穆之聲聞於權耳權禁斷往來假以精學

又曰齊王奮字子揚居武昌權薨太傅諸葛恪不欲諸王處江濱兵馬之地徙奮於豫章奮怒不從命又數越法度恪上牋諫曰帝王之尊與天同位是以家天下臣父兄大王宜上惟太伯順父之志中念河間獻王東海王彊恭敬之

節下當存抑驕恣荒亂以爲警戒

晉書曰安平獻王孚世祖受禪爲太宰一門三世同時十人封王二人世子父子位極人臣子孫咸居大官出則旌旗節鉞入則貂蟬袞冕自公族之寵未始有也孚年九十然而夙夜滋恭恒有履冰之懼

又曰安平王孚武帝以孚明德屬尊當宣化樹教爲羣后作則遂備置官屬焉又以孚内有親戚外有交遊惠下之費而經用不豐奉絹二千疋及元會詔孚輿車上殿帝於阼階迎拜既坐帝親奉觴上壽如家人禮帝每拜孚跪而止之又給以雲母輦青蓋車孚雖見尊寵不以爲榮常有憂色

又曰安平獻王孚性通和以身白自立未嘗有怨於人陳留郗武有名於海内雖罪謫孚往省之遂與同處分食談者稱焉

又曰平原王幹字子良宣帝子大始元年封平原王邑一千三百戸四年給鼓吹駙馬二疋使服侍中之服幹不治國事雖有爵禄若不在身所得俸秩皆露積腐爛齊王冏爲長沙王乂所殺幹哭之哀謂左右曰宗室轉衰唯此兒最可而復害之從今殆矣

又曰文帝崩齊王攸率禮過哀上以攸至孝毀甚二年五月文明皇大后親臨省攸攸毀瘠羸黑貌不可識大后留攸慰撫旬日還中詔勉攸曰若萬一加以他疾將復如何宜遠慮深思不可專守一意以陷於不孝若復不從往言當遣人監守飲食

又曰武帝子乂字仕度封長沙王性果厲有威斷初入洛謂成都王曰天下先帝之業王宜維之時齊王冏已至闕乂言者皆憚之

又曰成都王穎字章度武帝子後屯騎校尉加散騎常侍形狀美而神明少乃不知書

又曰梁孝王彤宣帝子拜大將軍領西戎校尉因大會語王銓曰我從兄爲尚書令不能啖大臠銓知彤求爲尚書令荅曰下邳王爲令與天下共嚼啖大臠故難公在此獨嚼彤曰長安大臠誰耶銓荅盧播是彤曰是吾家吏隱忍之耳銓曰天下皆王家吏王法可不復行之耶

又曰齊王攸好學不倦借人書皆爲治護時還有水旱則出租秩加賦以賑國人須豐年乃收入本直太康三年詔齊王攸當出方嶽遂撫其國加都督青州增封濟南郡備物典策軒懸之樂六佾之舞賜黄鉞朝車乘輿之副

晉陽秋曰齊王冏輔政士以牛酒郊勞平原王幹獨齎百錢千懷貸之

晉中興書曰譙王丞鎮湘州至武昌釋軍備見王敦敦因宴集謂丞曰大王雅素佳士非將御才也丞曰公未盡耳安知鉛刀不能一割丞以敦欲測其情故發此言敦果謂錢鳳曰彼不知懼而學壯語此之不武何能爲聚丞之鎮

又曰武陵威王晞爲桓温所收忠敬王少子也被廢後新安王遵初封新寧王年十二受拜流涕哀慟左右將軍桓伊當造遵遵恕門人曰何通桓氏門人曰桓伊與桓温疎宗相見無嫌遵曰我聞人姓木邊便欲殺之況諸桓乎由是少稱聰察及長轉凡退無復名望

晉百官表曰王古號也夏殷周稱王金璽龜鈕纁朱綬五時朝服遠遊冠佩山玄玉

沈約宋書曰彭城王義康性好吏職鋭意文案糾剔是非

凡所陳奏入無不可方伯並委義康授用由是朝野輻湊勢傾天下義康亦自彊不息無有懈倦

又曰南郡王義宣爲荆州刺史白皙美鬚眉長七尺五寸晉帶十圍多畜嬪媵後房千餘尼媪數百男女四十人崇飾綺麗費用殷廣

又曰江夏王義恭性嗜不恒與時移變自始至終屢遷第宅與人遊款意好亦多不終而奢侈無度不受財實前廢帝狂勃無道義恭元景等謀欲廢立永光元年八月廢帝親率羽林兵於第害之并其四子時年五十三斷析義恭支體分裂腸胃挑取眼睛以蜜漬之謂之爲鬼目粽

又曰衡陽王義季爲荆州刺史先是臨川王義慶在任巴蜀亂擾師旅應接府庫空虚義季躬行節儉畜財省用數年間還復充實隊主續豐母老家貧無以充養遂斷不食

肉義季哀其志給豐母月白米二斛錢一千并制豐噉肉義季素拙書上聽使餘人書啓事唯自署名而已二十一年徵爲都督南徐兖青冀幽六州諸軍事南兖州刺史登舟之日帷帳器服諸應隨刺史者悉留之荆楚以爲美談

又曰桂陽王休範進位司空休範素凡訥少知解不爲諸兄所齒遇太宗常指左右人謂王景文曰休範人才不及此以我弟故生便富貴釋氏願生王家良有以也

又曰建平宣簡王宏字休度文帝第七子也少而閑素篤好文籍太祖寵愛殊常爲立第鷄籠山盡山水之美建平國高他國一階

又曰晉平王休祐貪淫好財色在荆州列所營財貨以短錢一百賦民田登求白米一斛皆令徹白若折者悉簡罷此米外一百至時又不受米平米責錢凡諸求皆如此

蕭子顯齊書曰竟陵王子良雲英少尚禮才好士居不疑之地傾意賓客天下才學皆遊集焉

後魏書曰河南王平原拜齊州刺史善於懷撫邊民歸附者千有餘家時歲頻不登齊民飢饉平原以私米三千餘斛爲粥以全民命北州戍卒一千餘人還者皆給路糧百姓咸稱詠之州民韓凝之等千餘人詣闕訟之高祖覽而嘉歎

又曰任城王澄字道鏡少好學文明太后引見誡厲之顧謂中書令李冲曰此兒風神秀發德音閑婉當爲宗室領袖後爲中書令改授尚書蕭賾使庾蓽來朝蓽見澄音韻遒雅風儀秀逸謂主客郎張彝曰往魏任城乃以文見美也

又曰安定王休少而聰慧治斷有稱車駕南伐領大司馬

高祖親行軍遇休以三盜人徇於軍將斬之有詔赦之休執曰陛下親御六師跋涉野次軍行始尔已有姧切如其不斬何以息盜請必行刑以肅姧匿詔曰大司馬執憲誠應如是但因緣會朕聞王者之體亦應有非常之澤雖違軍法可特原之休乃奉詔高祖謂司徒馮誕曰大司馬嚴而秉法諸君不可不慎於是六軍肅然

又曰永昌王健姿貌魁壯善弓馬達兵法所征戰常有大功才藝比陳留桓王而智略過人

又曰臨淮王彧字文若少有才學時譽甚美侍中崔光見彧退而謂人曰黑頭三公當此人也瑯琊王誦有名人也見之未嘗不心醉忘疲

又曰東平王匡字建扶性耿介有氣節高祖器之謂曰叔父必能儀刑社稷匡輔朕躬今可改名爲匡世宗即位時

茹皓始有寵百寮微憚之世宗曾於山陵還詔臣陪乘又命皓登車皓褰裳將上臣諫上世宗推之令下當時壯其忠謇

又曰廣陵王羽字叔翻少而聰惠有斷獄之稱領廷尉高祖幸羽第與諸弟言曰朕昨親受民訟始知廣陵之明了咸陽王禧對曰臣年爲廣陵兄明爲廣陵弟高祖曰我爲汝兄汝爲羽昆汝復何恨

又曰彭城王勰字彥和小而岐嶷姿性不羣勰生而母潘氏卒及有所知啓求追服文明太后不許乃毀瘠三年不參吉慶高祖大奇之敏而耽學不捨晝夜博綜經史雅好屬文從征河北破新野南陽高祖令勰爲露布勰辭曰臣聞露布者布於四海露之耳目必須威示天下以臣小才豈是大用高祖曰但可爲之及就尤類帝文有不見者咸謂御筆高祖曰汝所爲者人謂吾制非兄則弟誰能辯之

北齊書曰安德王延宗文襄第五子母陳氏廣寧王伎也延宗幼爲文宣所養年十二猶騎置腹上令溺己臍中抱之曰可憐止有此一箇問欲作何王對曰欲衝天王文宣問楊愔愔曰天下無此郡名願使安於德於是封安德焉

隋書曰楊雄高祖族子也初封清漳王仁壽初高祖曰清漳之名未允聲望命職方進地圖上指安德郡以示羣臣曰此號足爲名德相稱於是改封安德王

唐書曰紀王愼爲貝州刺史愼少好學長於文吏皇族中與越王貞齊名時人號爲紀越

賈誼書曰高皇帝分天下以封有功之臣反者如蝟毛而起高皇帝以爲不可是故去不義諸侯空其國擇良日立諸子雒陽上東門之外諸子畢王而天下乃安

蔡邕獨斷曰漢制皇子封爲王其實諸侯也周末諸侯或稱故以王號加之總名諸侯王法律家皆曰列侯天子大社以五色土爲壇皇子封爲王者受天子太社之土以所封之方色東方受青南方受赤他以其方色藉以白茅歸國以立社稷謂之茅土

王妃

史記曰趙王友以諸呂女爲后弗愛愛他姬諸呂女妬怒讒之太后誣以罪太后怒以故召趙王趙王至置邸不見命衛士圍守之弗與食趙王餓迺歌曰諸呂用事兮劉氏危迫脅王侯兮強授我妃我妃旣妬兮誣我以惡讒女亂國兮上曾不寤○續漢書曰樂安陳夫人孝質皇帝母也家本魏郡少以伎入孝王家得幸生質帝梁冀欲專國權令帝母不得至京都又帝短祚是以外家無他寵帝拜夫人爲王妃

范曄後漢書曰董卓置弘農王於閣上使郎中令李儒進酖王乃與妻唐姬及宮人別坐者皆歔欷王謂姬曰卿王者妃勢不復爲吏民妻自愛從此長辭遂飲藥而死時年十八唐姬潁川人也王薨歸鄉里父欲嫁之姬誓不許及李傕破長安遣兵抄關東略得姬傕因欲妻之不聽而終不自名尚書賈詡知之以狀白獻帝帝聞感愴乃下詔迎姬置園中使侍中持節拜爲弘農王妃

魏志曰中山恭王袞袞得病詔遣太醫視疾又遣太妃沛王林並就省疾

又曰彭城王據建安十六年封范陽侯以環太妃彭城人徙封彭城

吳志曰吳主孫權謝夫人會稽山陰人也父煚權聘以爲妃愛幸有寵後權納姑孫徐氏欲令謝下之不肯由是失

志早卒

又曰吳主孫權徐夫人吳郡富春人也祖父眞與權父堅相親堅以妹妻眞生琨琨生夫人初適同郡陸尚尚卒權爲討虜將軍在吳娉以爲妃使母養子登後權遷移以夫人妒忌廢處吳積十餘年尋卒

臧榮緒晉書曰賈充前妻李氏生二女荃濬荃禁錮解荃等屢請充迎其母而父不判充當鎮關中屯軍城西爲供帳受百官餞荃濬遂突出於坐中叩頭流血詐充幷陳説羣客以母應還之意荃是齊獻王之妃衆實皆驚起散出充甚愧愕

晉中興書曰海西李皇后庾氏字道憐司空冰女也初爲海西王妃海西即位拜爲皇后泰和元年崩葬敬平陵海西公夫人無子

又曰簡文皇后王氏字蘭姬后以冠族太宗納焉初爲會稽王妃生子道生爲世子並失太宗意后及道生俱被幽廢以憂薨烈宗踐祚追尊曰順皇后

又曰中宗母太妃夏侯氏字光姬一字銅環太妃爲恭王妃生中宗王薨中宗嗣立稱王太妃永嘉元年薨還葬瑯琊

又曰元敬皇后虞氏字孟母濟陽外黃人中宗之爲王納后爲妃永嘉六年薨

又曰康獻皇后褚氏字蒜子太傅裒之女也后以名家人爲瑯琊王妃生孝穆皇帝

蕭子顯齊書曰隋郡王子隆字雲興娶尚書令王儉女爲妃上以子隆能屬文謂儉曰我家東阿重出實爲皇家蕃屏

後魏書曰元匡爲太宗正卿河南邑中正奏親王及始蕃二王蕃妻悉有妃號而三蕃已下皆謂妻上不得同爲妃名而下不如五品已上有命婦之號竊以爲疑曰夫貴於朝妻榮於室婦人無定外降從夫三蕃既啓王封妃名亦同等妻者齊也理與妃齊可從妃例自是三蕃王妻名號始定

又曰陽平王顯詔曰顯所生親李誕育懿徽儀形蕃國母緣子貴義著春秋可授陽平王太妃以申典例

太平御覽卷第一百五十一

太平御覽卷第一百五十二　皇親部十八

公主

易泰卦曰帝乙歸妹以祉元吉（婦人謂嫁曰歸泰者陰陽交泰之時女處尊位履中居順帝乙歸妹誠合斯義）

尚書堯典曰釐降二女于嬀汭嬪于虞注云降下也嬪婦也（楚辭曰帝子降兮北渚目渺渺兮愁予王逸注曰帝子堯子也）

毛詩曰何彼襛矣美王姬也雖則王姬亦下嫁於諸侯車服不繫其夫下王后一等猶執婦道以成肅雍之德也何彼襛矣棠棣之華曷不肅雝王姬之車何彼襛矣華如桃李平王之孫齊侯之子

春秋左傳曰襄四年曰昔虞閼父為周陶正以服事我先王（閼父舜之後當周之興閼父為武王陶正）我先王賴其利器用也與其神明之後也（舜聖故謂之神明）庸以元女大姬配胡公（庸用也元女武王之長女胡公閼父之子滿也）而封諸陳以備三恪（周得天下封夏殷二王後又封舜後謂之恪并二王後為三國其禮轉降示敬而已故曰三恪）

又莊元年曰單伯送王姬（王將嫁女于齊命魯為主故單伯送天子嫁女於諸侯使同姓諸侯主之不親昏尊卑不敵）築王姬之館于外

公羊傳曰天子嫁女于諸侯天子至尊不自主婚必使諸侯同姓者主之

史記曰婺女天孫也

又曰公叔相魏尚魏公主而害吳起公叔之僕曰易去也魏相曰柰何其僕曰吳起為人節廉而自喜也君因先與武侯言曰夫吳起賢人也而侯之國小又與強秦壤界竊恐吳越之無留心也侯即曰柰何因謂侯曰恐試近以公主起有留心則必愛無留心則必辭侯以此卜之君因召吳起而與歸即令公主怒而輕君起見公主之輕君也則必辭於是吳起見公主之賤魏相果辭魏武侯魏武侯疑之而不信也

又曰李斯長男由為三川守諸男皆尚秦公主諸女悉嫁諸公子由告歸咸陽斯置酒于家百官長皆前為壽門庭車騎以千數

漢書曰單于兵強數苦北邊上問婁敬敬曰陛下誠能以嫡公主妻單于厚奉遺之彼知漢女送厚蠻夷必慕以為閼氏生子必為太子豈曾聞外孫與大父抗禮哉

又曰周勃下廷尉吏侵辱之勃以千金與獄吏獄吏迺書牘背示之曰以公主為證公主孝文女也勃子勝尚之故獄吏教引為證

又曰宣平侯張敖尚惠帝姊魯元公主有女惠帝即位呂太后欲為重親以公主女配帝

又曰孝武衛皇后字子夫為平陽主謳者武帝即位數年無子過平陽主既飲謳者進帝獨說子夫帝起更衣子夫侍尚衣軒中得幸還坐甚忻賜平陽主金千斤子夫上車主拊其背曰行矣強飯勉之即貴願無相忘

又曰烏孫以馬千疋娉女漢元封中遣江都王建女細君為公主以妻焉賜乘輿服御物為備官屬侍御數百人贈送甚盛烏孫昆莫以為右夫人公主至其國自治宮室昆莫年老言語不通公主悲愁自為作歌天子聞而憐之遣使持帷帳錦繡給遺焉

又曰林慮公主子昭平君尚武帝女夷安公主林慮病困以金千斤錢千萬為昭平君豫贖死罪帝許之林慮公主卒昭平日驕醉殺主傅毋繫獄廷尉上請左右為言前入贖陛下許之帝曰吾弟老有是一子死以囑我故於是為

之垂涕良久曰法令先帝所造因弟故而誣先帝之法吾何面目入高廟乎遂可其奏

又曰昭帝始立年八歲帝長姊鄂邑蓋長公主居禁中共養帝蓋公主私通客河間丁外人上與大將軍聞之不絶主懽有詔外人侍長公主

又曰初帝姑館陶公主號竇大主堂邑侯陳午尚之午死主寡居年五十餘矣董偃始與母以賣珠爲事年十三隨母出入主家左右言其姣好召見曰吾爲母養之因留第中教書計相馬御射頗讀傳記至年十八冠出則執轡入則侍内爲人溫柔愛人以故諸公接之名稱城中號曰董君

又曰梁王以至親故得自置相二千石出入遊戲僭於天子天子聞之心不善太后知帝弗善迺怒梁使者弗見按責王所爲梁使見大長公主如淳曰景帝姊也而泣曰何梁王爲人子之孝爲人臣之忠太后曾不省也長公主具以告太后太后喜爲帝言之帝心迺解

又曰烏孫公主遣女來至京師學鼓琴漢遣侍郎樂奉送主女過龜茲龜茲前遣人至烏孫求公主女未還會女過龜茲龜茲王留不遣復使使報公主公主許之後公主上書願令女比宗室入朝而龜茲王絳賓亦愛其夫人上書言得尚漢外孫爲昆弟願與公主女俱入朝後數來朝賀樂漢衣服制度歸其國治宮室作徼道周衛出入傳呼如漢家儀外國胡人皆曰驢非驢馬非馬若龜茲王所謂騾也

又曰薛宣封爲侯時妻死而敬武長公主寡居上令宣尚焉及宣免歸故郡公主留京師後宣卒公主上書願還宣葬延陵奏可其子況私從燉煌歸長安會赦因留與主私亂

後漢書曰漢制皇女皆封縣公主儀服同列侯其尊崇者加號長公主儀服同蕃王諸王女皆封鄉亭公主儀服同鄉亭侯肅宗唯特封東平憲王蒼瑯琊孝王京女爲縣公主其後安帝桓帝妹亦封長公主同之皇女皇女封公主者所生之子襲母封爲列侯皆傳國于後鄉亭之封則不傳襲

又曰光武姊湖陽公主新寡帝與共論朝臣微觀其意主曰宋公威容德器羣臣莫及帝曰方且圖之後宋弘被引見帝令主坐屏風後因謂弘曰諺言貴易交富易妻人情乎弘曰臣聞貧賤之交不可忘糟糠之妻不下堂帝顧主曰事不諧矣

又曰董宣爲洛陽令時湖陽公主蒼頭白日殺人因匿主家吏不能得及主出行而以奴驂乘宣於夏門候之乃駐車叩馬以刀畫地大言數主之失叱奴下車因格殺之主即還宮訴帝帝大怒召宣欲箠殺之宣叩頭曰願乞一言而死帝曰欲何言宣曰陛下聖德中興而縱奴殺良民將何以治天下乎臣不須箠請得自殺即以頭擊楹血被面帝令小黃門持之使宣叩頭謝主宣不從帝强使頓之宣兩手據地終不肯俯主曰文叔爲白衣時藏亡匿死吏不敢至門今爲天子威不能行一令乎帝笑曰天子不與白衣同

又曰鄧晨初娶世祖姊元及漢兵起晨將賓客會棘陽兵敗世祖即位封晨房子侯帝又感悼姊没於亂兵追封謚元爲新野節義長公主立廟于縣西封晨長子汎爲吳房侯以奉公主之祀

又曰竇憲字伯度女弟立爲皇后憲恃宮掖聲勢遂以賤

直請奪沁水公主園田主逼畏不敢計後肅宗駕出過園指以問憲憲喑嗚不能對

又曰班始尚清河孝王女陰城公主順帝之姑貴驕淫亂與所嬖人居帷中召始入使伏牀下始積怒永建五年遂拔刀殺主帝大怒腰斬始同產皆弃市

又曰竇融長子穆尚內黄公主子勳尚東海恭王彊女比陽公主又子固亦尚世祖女涅陽公主竇氏一公兩侯三主親戚功臣中莫與爲比

又曰皇女義王建武十五年封舞陽公主適延陵鄉侯大僕梁松舞陽縣屬潁川郡松梁統之子其傳云尚光武女舞陰公主又鄧訓傳舞陰公主子梁扈有罪與文通此云舞陽誤松坐誹謗誅

又曰皇女中禮十五年封涅陽公主適顯親侯大鴻臚竇固涅陽縣屬南陽郡顯親縣屬漢陽郡固竇融子肅宗尊爲長公主

皇女紅夫十五年封館陶公主適駙馬都尉韓光光坐與淮陽王延謀反誅

又曰館陶公主爲子求郎明帝不許而賜錢千萬謂羣臣曰郎官上應列宿出宰百里有非其人則民受其殃是以難之也

又曰明帝永平二年少府陰就子豐殺妻酈邑公主就坐自殺

續漢書曰印璽綬王公玉匣銀縷夫人貴人長公主絅縷

謝承後漢書曰楊喬爲尚書容儀偉麗數上書言政事桓帝愛其才貌詔妻以公主喬固讓不聽遂閉口不食七日而死

魏志曰明帝愛女淑薨追封謚淑爲平原公主爲之立廟

魏略曰初東阿王植到關自念有過宜當謝帝乃留其從官着關東將兩三人微行見清河公主欲因主以謝而關吏以聞帝使人逆之不得太后以爲自殺也對帝泣下

魏末傳曰何晏婦金鄉公主即晏同母妹公主賢明謂其母沛王太妃曰晏爲惡日甚將不保身母笑曰汝得無妒晏耶俄而晏死有一男年五六歲宣王遣人錄之晏婦藏其子王宮中向使者搏頰乞之使者具以白宣王宣王亦聞晏婦有先見之言心常嘉之且爲沛王故特原不殺

吳志曰朱據字子範吳郡人有姿貌乃尚公主拜左將軍封雲陽侯謙虛接士輕財好施

晉書曰王濟字武子少知名尚武帝妹常山公主公主妒忌兩目失明終無子

又曰武帝勑衛瓘第四子宣尚繁昌公主瓘自以諸王之胄婚對微素抗表固辭不許

又曰孫秀子會年二十爲射聲校尉尚帝女河東公主公主母喪未朞便納娉禮會形貌短陋奴僕之下者初時與富室兒於城西販馬百姓忽聞其尚主莫不駭愕

又曰桓温尚南康公主温與庾翼友善恒相期以寧濟之事翼嘗薦温於明帝曰桓温少有雄略願陛下勿以常壻畜之宜委以方邵之任託其弘濟艱難翼卒以温爲都督荆梁四州諸軍事

又曰武帝爲晉陵主求壻王珣曰謝混雖不及劉真長不減王子敬帝曰如此便足會帝崩袁崧欲以女妻之珣曰卿莫近禁臠

臧榮緒晉書曰賈后二女宣華女彥封宣華弘農郡公主女彥年八歲聰明岐嶷便能書學諷誦詩論病困賈后欲議封女彥語后曰我尚小未及成人禮不用公主及薨謚

哀獻皇女以長公主禮送葬

又曰荀懷詹事裴紹息猷尚滎陽長公主紹字承伯秀從兄子猷不願婚聞詔在中書即娉溫嶠妹中丞傅宣奏猷大不敬

又曰帝之姑姊妹皆爲長公主加綠綬

晉中興書曰王敦字處冲尚武帝女襄城公主天下大亂敦將還臺悉以主嫁時侍婢百餘人配給將士金寶一時棄捐

又曰臨海公主惠帝第四女羊皇后所生初封清河公主未出適值永嘉亂傳賣長城民錢溫溫以送女女遇主甚酷主自告吳興太守周禮以聞於是殺溫及女適譙國曹統

又曰南康宣公主興男明帝長女庾后所生初封遂安縣

主適桓溫

又曰新安愍公主道福簡文第三女徐淑媛所生適桓濟重適王獻之

晉讃曰初衛瓘子宣尚世祖女繁昌公主宣過黄門不厚致有讒構楊駿欲專朝政諷內外奪宣公主瓘由此去位上會諸妃主議問主宣待汝薄今欲離汝意云何主素訥不能自申但泣泣是不欲離諸主因言泣是婦人重於再出故泣耳於是遂離與姑妹書稱故新婦

宋書曰公主納徵虎豹皮各一

又曰王偃字子游母晉孝武帝女弟鄱陽公主宋受禪封永成君偃尚宋武帝第二女吳興長公主諱榮男常倮偃縛諸庭樹時天夜雪噤凍久之偃兄恢排閤告主乃免偃謙虛恭謹不以世事關懷位右光祿大夫贈開府儀同三司子藻位東陽太守尚文帝第六女臨川長公主諱英媛公主性妬而藻別愛左右人吳崇祖景和中主讒之於廢帝藻下獄死主與王氏離婚

又曰何瑀尚武帝少女豫章康長公主諱欣男公主先適徐喬美容色聰敏有智數文帝世禮待特隆瑀豪競於時與平昌孟靈休東海何勗等並以輿馬相尚公主與瑀情愛隆密何氏疎戚莫不霑被恩紀

又曰趙倩尚文帝第四女海鹽公主甚愛重倩嘗因言戲以手擊主事上聞文帝離婚

又曰褚湛之字休玄秀之子也尚宋武第七女始安公主拜駙馬都尉著作佐郎公主薨復尚武帝第五女吳郡宣公主諸尚主者並因世冑不必皆有才能湛之謹實有意幹故爲文帝所知歷顯位

太平御覽卷第一百五十二

公主中

沈約宋書曰山陰公主淫恣過度謂帝曰妾與陛下男女雖異俱託體先帝陛下六宮百數而妾唯一駙馬事不均平乃如此帝爲主置面首左右三十人進爵會稽郡長公主秩同郡王食湯沐邑二千户給鼓吹一部加班劒二十人帝每出主與朝臣常共陪輦主以吏部褚淵貌美就帝請以自侍帝許之淵侍主十日備見逼迫誓死不迴遂得免也

又曰徐逵之尚武帝長女會稽宣公主爲彭城沛二郡太守子湛之字孝源幼孤爲武帝所愛常與江夏王義恭食不離帝側永初三年詔以公主一門嫡長湛之致節之胤封枝江縣侯數歲與弟淳之共車行牛奔車壞左右人馳

來赴之湛之先令取弟衆咸歎其幼而有識及長頗涉文義事祖父母及母以孝聞元嘉中爲黃門侍郎祖母年老辭以朝直不拜後拜祕書監會稽公主身居長嫡爲文帝所禮家事大小必諮而後行西征謝晦使公主留止臺內揔攝六宮每不得意輒號哭上甚憚之初武帝微時貧陋過甚常自往新洲伐荻有衲布衣襖等皆是敬皇后手自作武帝既貴以此衣付公主曰後世若有驕奢不節者可以此衣示之湛之爲大將軍彭城王義康所愛與劉湛之等頗相附及劉湛之得罪事連湛之文帝大怒將致大辟湛之憂懼無計以告公主公主即日入宮及見文帝因號哭下牀不復施臣妾之禮以錦囊盛武帝衲衣擲地以示上曰汝家本貧賤此是我母爲汝父作此衲衣今日有一頓飽食便殘害我兒子上亦號哭湛之由此得全

又曰王僧綽幼有大成之度衆便以國器許之好學練悉朝典年十三父曇首卒文帝引見拜便流涕哽咽上亦悲不自勝襲封豫寧縣侯尚文帝長女東陽獻公主初爲江夏王義恭司徒參軍累遷尚書吏部郎參掌大選究識流品任舉咸盡其分

又曰宋世諸公主莫不嚴妬明帝每疾之湖熟令袁慆妻以妬賜死使近臣虞通之撰妬婦記左光祿大夫江湛孫斆尚孝武帝女上乃使人爲斆作表讓婚曰伏承詔旨當以臨海公主降嬪臣寒門悴族人凡質陋閭閻有對本隣天姻如臣素流家貧業寡年近將冠皆已有室荊釵布裙足得成禮自晉氏已來配尚公主者雖累經美胄亟有名才至如王敦懾氣桓溫斂威眞長佯愚以固辭子敬灸足以求免王偃無仲都之質而裸雪於北階何瑀闕龍工之

姿而見投於深井謝莊殆自害於朦膄殷仲幾不免於強鉏制勸甚於僕隷防閑過於婢妾行來出入人理之常當待賓客朋從之義而令掃轍息駕無闚門之期廢讌抽席絕接對之理非唯交友離異仍乃兄弟疎闊姆妳爭媚相勸以嚴妒媼競前相諂以急其間又有應答問訃卜筮師母乃至殘飲餘食詰辨與誰衣被故弊必責頭領或進不獲前或入不聽出入則嫌於欲疎出則疑有別意召必以三更爲期遣必以日出爲限夕不見晚魄朝不識曙星至於夜步月而弄琴晝拱袂而披卷一生之内與此長乖又聲影才聞則少婢奔迸裾袂向席則醜老叢來左右整刷以疑寵見嫌賓客未冠以少容致斥如臣門外代荷殊榮足定家聲使預提拂清宮美官或由才外一叨婚戚咸成恩假是以仰冒非宜披露丹質非唯上陳一已規全身之

願實乃廣申諸門爰患之切伏願天慈照察特賜彌停若因制須降披請不申便當刑膚剪髮投山竄海帝以此表遍示諸主以諷切之并爲戲笑

梁書曰武帝諸女臨安安吉長城三主並有文才而安吉最得令稱

又曰王琳字孝璋位司徒左長史琳齊代娶梁武帝妹義興昭長公主有子九人並知名長子銓字公衡美風儀善占吐尚武帝女永嘉公主拜駙馬都尉銓雖學業不及弟錫而孝行齊焉時人以爲錫銓二王可謂玉昆金季母長公主疾銓形貌瘠毀人不復識及居喪哭泣無常因得氣疾位侍中丹陽尹卒於衛尉卿

又曰柳偃字彥游年十二梁武帝引見詔問讀何書對曰尚書又問有何美句對曰德惟善政政在養民衆咸異之

詔尚武帝女長城公主拜駙馬都尉

又謝覽字景滌尚齊錢唐公主拜駙馬都尉武帝平建業朝士皆拜覽時年二十餘爲太子舍人長揖而已意氣閑雅視瞻聰明武帝目送良久謂徐勉曰覺此生芳蘭竟體想謝莊正當如此自此乃被賞味

又曰謝朓及殷叡素與梁武以文章相得帝以大女永興公主適叡子鈞第二女永世公主適朓子謨及帝爲雍州二女並暫隨母向州及帝即位二公主始隨内還武帝意薄謨又以門單欲更適張弘策子弘策卒又以與王志子諲而謨不堪歎恨爲書狀如詩贈公主公主以呈帝甚加矜歎而婦終不得還尋用謨爲信安縣稍還王府諮議

又曰殷叡子鈞尚武帝永興公主自宋齊已來公主多驕淫無行永興公主加以險虐鈞形貌短小爲公主所憎每被召入先滿壁爲殷叡字鈞輒流涕以出主命婢束而反之鈞不勝怒而言於帝帝以犀如意擊主碎於背然猶恨鈞

又曰張纘字伯緒纘年十一尚武帝第四女富陽公主拜駙馬都尉封利亭侯召補國子生起家祕書郎時年十七身長七尺四寸眉目疎朗神采爽發武帝異之嘗曰張壯武云後八世有逮吾者其此子乎

後魏書曰金根車公主封君皆乘之但右騑而已

又曰太祖嘗引崔玄伯講論漢書至婁敬說漢高祖欲以魯元公主妻匈奴善之嗟歎良久是以諸公主皆釐降于賓附之國

又曰陸昕之風望端雅尚常山公主拜駙馬都尉公主奉姑有孝稱初與穆氏瑯琊長公主並爲女侍中又性不

妬忌以昕之無子爲納妾媵而皆育女公主有三女無男以昕之從兄希道第四子彰爲嗣

又曰蕭寶寅尚南陽長公主賜帛一千疋并給禮具公主有婦德事寶寅盡肅雍之禮好合雖積年而敬事不替寶寅每入室公主必立以待之相遇如賓自非太妃疾篤未曾歸休寶寅器性溫順自勉以禮奉敬公主内外諧穆清河王懌親而重之

又曰馮穆尚順陽公主宋翻爲河陰令公主家奴爲劫攝而不送翻將兵圍主宅執主婿馮穆步驅向縣時正炎暑立之日中流汗霑地

又曰陳留公主寡居秦州刺史張彝意願尚主主亦許之僕射高肇亦望尚主主意不可肇怒譖彝於世宗停廢數年

又曰高道穆爲御史中尉莊帝姊壽陽公主行犯清路執赤棒卒呵之不止穆令棒破其車公主深以爲恨泣以訴帝帝謂主曰高中尉清身之人彼所行者公事豈可以私責之

又曰宿石元明帝時拜中壘將軍嘗從獵帝親欲射虎石扣馬諫引帝上高原上後虎騰躍殺人詔石爲忠臣切諫免虎之害賜馬一疋尚上谷公主拜駙馬都尉

又曰劉昶尚武邑公主主薨更尚建興公主又尚平陽長公主及昶終與三公主同塋異穴

又曰劉輝字重昌正始初尚蘭陵長公主世宗第二姊也公主頗嚴妬輝嘗私幸主侍婢有身主笞殺之剖其孕子節解以草裝實婢腹裸以示輝輝遂忿憾疏公主公主姊因入聽講言其故靈太后太后初勑清河王懌窮其事懌與高陽王雍廣平王懷奏其不知之狀無可爲夫婦之禮請離婚削除封位太后從之

又曰嵇拔世爲訖奚部帥其父根皇始初率衆歸魏太祖嘉之拔尚華陰公主生子敬元紹之逆也公主有功超授敬大司馬封長樂王

又蠕蠕曰太昌元年六月阿那瓌遣使朝貢并爲長子請尚公主孝武詔以范陽王誨之長女瑯琊公主許之未及成婚帝入關東西魏競結阿那瓌爲婚好西魏文帝乃以孝武時舍人元翌女稱爲化政公主妻那瓌兄弟塔寒

又曰阿那瓌遣使朝貢復因求婚詔以常山王隲妹樂安公主許之改封爲蘭陵郡長公主阿那瓌奉馬千疋以爲娉禮請迎公主詔兼宗正卿元壽兼太常卿孟韶等送公主自晉陽北邁資用器物咸出豐渥阿那瓌遣迎公主於新城之南

陳書沈君理美風儀博涉有識覽陳武帝鎮南徐州深見器重命尚會稽長公主及帝受禪拜駙馬都尉封永定亭侯爲吳郡太守時兵革未寧百姓荒弊君理揔集士卒修飾器械深以幹理見稱

又曰蔡凝字子居美容止及長博學有文詞尤工草隷累遷太子中舍人以名家子選尚信義公主拜駙馬都尉中書侍郎遷晉陵太守及將之郡更令左右修中書廨宇謂賓友曰庶來者無勞尋授吏部侍郎凝年位未高而才地爲時所重常端坐西齋自非素貴名流罕所交接趣時者多譏焉宣帝常謂凝曰我欲用義興主壻錢肅爲黃門郎卿意何如凝正色曰帝戚恩由聖旨則無所復問若格以僉議黃散之職故須人門兼美帝默然而止肅聞而不平義興公主日譖之尋免官遷交阯

後周書尉遲俟兜性弘裕有鑒識尚太祖姊昌樂大長公主生迥及俟兜病且卒呼二子撫其首曰汝等並有貴相但恨吾不見爾各宜勉之

隋書曰文帝時蘭陵公主寡上爲之求夫選親衛柳述及蕭瑒等以示相者孫鼎鼎曰瑒當封侯而無貴妻之相述亦通顯而守位不終上曰位由我耳遂以主降述

又曰蘭陵公主字阿五高祖第五女也美姿儀性婉順好讀書高祖於諸女中特所鍾愛初嫁儀同王奉孝卒適河東柳述時年十八諸姊並驕踞主獨折節遵於婦道事舅姑甚謹遇有疾病必親奉湯藥高祖聞之大悅由是述漸見寵遇初晉王廣欲以主配其妃弟蕭瑒高祖初許之後遂適述晉王因不悅及述用事彌惡之高祖既崩述徙嶺

表煬帝令主離絶將改嫁之公主以死自誓不復朝謁上表請免主號與述同徙帝大怒曰天下豈無男子欲與述同徙耶主曰先帝以妾適于柳家今有罪妾當從坐願陛下屈法申恩帝不從主憂而卒

又曰南陽公主煬帝長女也美風儀有志節造次必以禮年十四嫁許國公宇文士及以謹肅聞及述病且卒主親調飲食手自奉上世以此稱之及宇文化及逆弑主隨至聊城而化及爲竇建德所敗士及自濟北西歸大唐時隋代衣冠並在其所建德引見之莫不惶懼失常唯主神色自若建德與語主自陳國破家亡不能報怨雪恥淚下盈襟聲辭不輟情理切至建德及觀聽者莫不爲之動容隕涕咸肅然敬異焉及時主有一子名禪師年且十歲建德遣武賁郎將於士澄謂主曰宇文化及躬行弑逆人神所不容今將族滅其家公主之子法當從坐若不能割愛亦聽留之主泣曰武賁旣是隋室貴臣此事何須見問建德竟殺之主尋請建德削髮爲尼（士及右衛將軍述之子也以父勲封新城縣公隋文帝甞引入卧内與語奇之令尚煬帝女南陽公主）

太平御覽卷第一百五十三

太平御覽卷第一百五十四

皇親部二十

公主下

公主下　駙馬

唐書竇抗母隋文帝萬安公主抗在隋以帝甥甚見崇寵文帝幸其第命抗及公主酣宴如家人之禮也

又曰隋煬帝至鴈門爲突厥所圍蕭瑀進謀曰臣聞始畢託校獵至此義成公主初不知其有違背之心且在蕃夷俗可賀敦知兵馬事昔漢高解平城圍乃是閼氏之力況義成以帝女爲妻必恃大國之援若發一單使以告義成假使無益事亦無損煬帝從之發使詣可敦諭旨俄而突厥解圍而去於後獲其諜人云義成公主遣使告急於始畢稱北方有警由是突厥解圍蓋義成公主之助也

又曰凡公主封有以國名者鄎國代國霍國是也有以郡名者平陽宣陽東陽是也有以美名者太平樂安長寧是也唯玄宗之女皆以美名名之

又曰高祖平陽公主起義兵公主於鄠縣莊散家貲招引山中亡命得數百人以應高祖略地至盩厔武功始平皆下之每申明法令禁兵士無得侵掠故遠近奔赴者甚衆得兵七萬人公主閒使以聞使者至高祖大悅及義軍渡河公主引精兵萬餘與太宗會於渭北與其駙馬柴紹各置幕府營中號爲娘子軍京城平封爲平陽公主以獨有功每賞賜異於他主及薨謚曰昭

又曰竇誕竇抗弟三子也尚高祖女襄陽公主竇氏自武德至今再爲外戚尚主者八人女爲王妃六人唐世貴盛莫與爲比

又曰房玄齡之子遺愛尚高陽公主玄齡病上表諫征遼太宗見表謂玄齡子婦高陽公主曰此人危惙如此尚能憂我國家

又曰房遺愛尚太宗女高陽公主拜駙馬都尉初主有寵於太宗遺愛既驕恣謀黜遺直而奪其封爵永徽中誣告遺直無禮於巳高宗令長孫無忌鞫其事因得公主與遺愛謀反之狀遺愛伏誅公主賜自盡

又曰杜如晦之子荷以功臣子尚城陽公主賜爵襄陽郡公授尚乘奉御貞觀中與太子承乾謀反坐斬

又曰高士廉子以履行尚太宗女東陽公主拜駙馬都尉遭父艱居喪以孝聞太宗手詔勅喻曰古人立孝毁不滅身聞御絶粒殊乖大禮幸抑摧裂之情割傷生之累俄起爲衛尉卿

又曰蕭瑀子銳尚太宗襄城公主公主雅有禮度太宗每令諸公主凡厥所爲皆視其楷則又令所司别爲營第公主辭曰婦人事舅姑如事父母若居處不同則定省多闕再三固讓乃止

又曰王珪子敬直尚南平公主禮有婦見舅姑之儀自近代公主出降此禮皆廢珪曰今主上欽明動循法制吾受公主謁見豈爲身榮所以成國家之美耳遂與其妻就位而坐令公主親執笄行盥饋之道禮成而退是後公主下降有舅姑者皆備婦禮自珪始也

又曰貞觀中長樂公主出降太宗以皇后所生勅有司資送倍於永嘉長公主秘書監魏徵諫曰不可昔漢明帝欲封其子云我子豈得與先帝子等可半楚淮陽前史以爲美談天子姊妹爲長公主天子之女爲公主既加長字卽

是有所尊崇或可情有淺深無容禮有踰越上然其言

又曰太平公主高宗少女以則天所生特承恩寵初永隆年降駙馬薛紹垂拱中被誣告與諸王連謀誅死則天乃殺武攸暨之妻以配主焉公主豐碩方額廣頤多權略則天以爲類已每預謀議神龍年誅張易之有謀進號鎭國太平公主賞錫不可勝紀二年置公主府時中宗韋后上官昭容用事皆以爲智謀不及公主甚憚之公主日益豪橫唐隆元年玄宗清內難公主又預其謀令男崇簡從之與玄宗尊立睿宗公主頻著大勲益尊重加實封五千户通前一萬户每入奏事坐語移日所言皆聽軍國大政事必參決如不朝謁即宰臣就第議其可否公主由是驕恣田園遍於近甸貨殖流於江淮公主懼玄宗英武乃連結將相專謀異計時宰相七人五出公主門先天二年玄宗漸危逼乃勒兵誅其黨蕭至忠等公主遁入山寺數日方出賜死于家藉其家財貨山積珍奇寶物侔於御府

又曰唐隆元年勑公主置府近有勑總停太平公主有崇保社稷功其鎭國太平公主府即宜依舊酸棗縣尉袁楚客奏記於中書令魏元忠曰女有内男有外男女有別剛柔分矣中外斯隔陰陽著矣豈可相濫哉然而幕府者丈夫之職非婦人之事今諸公主並開府建僚崇置官秩若以女處男職所謂長陰而抑陽也而望陰陽不僭風雨不爽其可得乎竊謂非致遠之計乖久安之策書曰事不師古以克永世匪說攸聞此之謂也君侯不正雅之哉

又曰安樂公主韋后所生初中宗遷於房州欲及州境生於路次性惠敏容質秀絶中宗韋后愛寵日深恣其所欲奏請無不允許恃寵驕縱權傾天下自王侯宰相以下除拜多出其門所營第宅并造安樂佛寺擬於宮掖城西造定昆池於庄延袤數里出降之時以皇后仗發於宮中中宗與韋后御安福門觀之及韋庶人敗與駙馬武延秀皆斬之追貶爲悖逆庶人

又曰武延秀武承嗣之弟子也時武崇訓爲安樂公主壻即延秀之從父兄也數引至主第延秀久陷蕃中解突厥語常於主第唱突厥歌作胡旋舞有姿媚主甚喜及崇訓死延秀得幸尚主拜席日授太常卿兼右衛將軍駙馬都尉

又曰大中二年以起居郎駙馬都尉鄭顥尚萬壽公主詔曰女人之德雅合慎修嚴奉舅姑夙夜勤事此婦之節也先王制禮貴賤同遵既巳下嫁臣寮儀則須依古典萬壽公主婦禮宜依士庶

又曰弘化公主宗室女貞觀十三年降吐谷渾慕容諸曷鉢

又曰文成公主宗室女貞觀十五年封降於吐蕃贊普弄贊命禮部尚書江夏王道宗送之弄贊親迎于河源見主人子婿禮甚謹歎大國服飾禮儀之美俯仰有媿沮之色謂所親曰我祖父未有通婚大國者今我得尚大唐公主當築一城以誇示後世仍遣酋豪子弟請入國學以習詩書從之

又曰貞元三年遣迴紇使合闕將軍歸其國初合闕將其君命請婚於我上許以咸安公主嫁之命公主見合闕於麟德殿且命齋公主畫圖就示可汗以馬價絹五萬疋還之許其互市而去以殿中監嗣王湛然爲送咸安公主使仍兼婚禮使四年迴紇公主兼使者至自本蕃上御延喜

門禁婦人及車輿觀者時迴紇可汗喜於和親其禮甚恭乃上言曰昔爲兄弟今即子壻子壻半子也彼猶父此猶子父若患於西戎子當遣兵除之

又曰太和公主長慶元年封爲公主册爲迴紇可敦出降愛登里邏骨沒密施合毗伽保義可汗初保義可汗既立遣使求婚遂封第九妹爲永安公主將以降嫁其年保義可汗卒册九姓迴鶻爲崇德可汗五月遣使請迎所許嫁公主朝廷封第五妹爲太和公主以降今迴紇焉雖狄人固請求安而終不許故命中書舍人王起就鴻臚寺以宣喻焉

列仙傳曰朱仲會稽市販珠人高后募三寸珠乃詣闕上之珠好過度賜五百金魯元公主私以七百金從仲求珠獻四寸之珠

又曰蕭史善吹簫教秦穆公女作鳳聲公爲作鳳臺令夫妻止其上一旦皆隨鳳飛去

荀氏家傳曰荀羨字令則年十五擬國婚之選君不欲連姻帝室乃遠遁長沙監司追尋不獲已遂尚尋陽公主

世說曰桓武平蜀以李勢女爲妾有寵嘗著齋後溫尚南康長公主主始不知之既聞乃伺溫不在率數十婢拔白刃往李所故欲斫之見李梳頭髮垂委地姿貌端麗乃徐下地結髮斂手向主曰國破家亡以至今日若能見殺實猶生之年神色閑正辭氣悽婉主於是擲刀前抱之阿姊我見汝不能不憐何況老奴遂善遇之

風俗通曰列侯尚公主國人尚公主以妻制夫陽屈於陰介

漢武帝集柏梁詩曰左九嬪作萬年公主誄曰赫赫京室河洛所經陰精發曜降茲淑靈篤生公主誕奮休禎秀出紫微日暉月明紅顏鬒髮金質玉形

駙馬

漢書曰駙馬都尉掌駙馬（駙馬非正駕車皆爲副馬一曰駙近也疾也）

又百官公卿表曰漢武元鼎二年置三都尉駙馬奉車掌御乘輿車騎都尉掌羽林從騎並無員或以侍中常侍御尹校尉左迁爲之

漢舊儀曰駙馬都尉掌騎從武帝置秩比二千石

蜀志曰諸葛瞻字思遠建興十二年亮出武功與兄瑾書曰瞻已今年八歲聰惠可愛嫌其早成恐不爲重器耳十七尚公主拜駙馬都尉

宋書曰江斆字叔文母宋文帝女淮陽公主幼以戚屬召見孝武謂謝莊曰此小兒方當爲名器少有美譽尚孝武

女臨江公主拜駙馬都尉爲丹陽丞時袁粲爲尹見斆歎曰風流不墜正在江郎數與宴賞留連日夜

齊書曰王暕字思晦年數歲而風神警拔有成人之度時祖儉作宰相賓客盈門見暕曰公才公望復在此矣弱冠選尚淮南長公主拜駙馬都尉

梁書曰袁樞博學明悉舊典初陳武帝長女永嗣公主先適陳留太守錢蔵生子岊（主及岊並卒于）梁時武帝受命唯主喪請議加蔵駙馬都尉并贈岊官樞議曰昔王姬下嫁必適諸侯同姓爲主聞於公羊之說車服不繫顯於詩人之篇漢氏初興列侯尚主自斯已後降嬪素族駙馬都尉置由漢武或以假諸功臣或以加於戚屬是以魏曹植表駙馬奉車趣爲一號

齊職儀曰凡尚公主必拜駙馬都尉魏晉已來因爲瞻准

蓋以王姬之重庶姓之輕若不如其等級寧可合巹而酳所以假駙馬之位乃配於皇女也今公主早薨伉儷已絶既無禮數致疑何須駙馬之授案杜預尚晉宣帝第二女晉武踐祚而主已亡泰始中追贈公主元凱無復駙馬之號梁文帝女新安穆公主早薨天監初王氏無追拜之事遠近二例足以校明無勞此授宜追贈陳侯時以議爲當

後魏書曰陸昕之風望端雅尚獻文女常山公主拜駙馬都尉

又曰馮誕字子正與高祖同歲幼侍書學特蒙親待尚高祖妹樂安公主拜駙馬都尉高祖寵誕同輿而載同按而食同席而坐

又曰宿石高宗時爲中散嘗從獵高祖親欲射虎石叩馬而諫引高宗馬至原上後虎騰躍殺人詔曰石爲忠臣而控馬切諫免虎之害後有犯罪宥而勿治尚上谷公主拜駙馬都尉

又曰萬安國代人父振尚高陽長公主拜駙馬都尉迁散騎常侍馮翊公安國少明敏有姿貌以國甥復尚河南公主拜駙馬都尉迁散騎常侍顯祖特親寵之與同卧起爲立第宅賞賜至鉅萬超拜大司馬大將軍封安成王

唐書曰文宗儉素嘗駙馬都尉韋處仁入見巾夾羅巾以進上謂曰本慕卿門户清素故俯從選尚如此巾服從他諸戚爲之卿不須爲也

又官品志曰駙馬奉車騎三都尉並無員駙馬以加尚公主者無班秩○語林曰何晏字平叔以主壻拜駙馬都尉美姿儀帝每疑其傳粉後夏月賜以湯餅大汗出以朱衣自拭之尤皎然

太平御覽卷一百五十四

太平御覽卷第一百五十五

州郡部一　敘京都上

釋名云都者國君所居人所都會也邑猶邑聚會之稱也

左傳曰邑有先君宗廟之主曰都

尚書太傳曰十邑爲都

尚書曰建邦設都

又曰成王在豐欲宅洛邑使召公先相宅作召誥惟太保先周公相宅厥既得卜則經營

毛詩文王受命有此武功既伐于崇作邑於豐

周禮大司徒以土圭之法測土深正日影以求地中

又曰四縣爲都

又曰距國五百里爲都

公羊傳曰京師者天子之居也京者大也師者衆也天子之居必以衆大之辭言之

白虎通曰京師者何謂也千里之邑號也明什倍諸侯法日月之徑千里或曰夏爲夏邑殷爲商邑周爲京師

帝王世紀曰天子畿方千里曰甸服甸服之内曰京師

又曰天子所居宮曰都

風俗通曰京謂非人力所能成天地性自然也京師義亦取此

帝王世紀曰庖羲爲天子都陳在禹貢豫州之域西望外方東及明緒於周陳胡公所封故春秋傳曰陳太昊之墟也於漢屬淮陽今陳國是也神農氏亦都陳又營曲阜故春秋稱魯大庭氏之庫黄帝都涿鹿於周官幽州之域在漢爲上谷而世本云涿鹿在彭城南然則上谷本名彭城今上谷有涿鹿縣及蚩尤城阪泉地又有黄帝祠皆黄帝戰蚩尤之處也或曰黄帝都有熊今河南新鄭是也少昊民自窮桑登位故春秋傳曰世不失職遂濟窮桑登帝位在魯北後徙曲阜於周爲魯在禹貢徐州蒙羽之野奎婁之分降婁之次周以封伯禽故春秋傳曰命伯禽而封少昊之墟是以書敘稱魯公伯禽宅曲阜是也顓頊氏自窮桑徙商丘於周爲衛在禹貢冀州太行之東北踰常山及兖州桑土之野營室東壁之分豕韋之次故春秋傳曰衛顓頊之墟也謂之帝丘今東郡濮陽是也帝嚳氏都宅今河南偃師是也禹貢外方之城嵩之北或言在梁非也帝堯氏始封於唐今中山唐縣是也堯山在焉唐水在西北入唐河南有望都縣山即堯毋慶都之所居也相去五十里都山一名豆山北登堯山南望都山故名其縣曰望都而

地理志堯山在唐南山中張晏以堯山實在唐北地理志堯之以後徙涿鹿世本云在彭城南今上谷郡北自有彭城非宋彭城也後又徙晉陽今太原縣也於周禮在并州之域及爲天子都平陽於詩風爲唐國武王子叔虞封焉更名唐故吴季札聞唐之歌曰思深哉其有陶唐氏之遺氏乎帝舜其所營都或言蒲阪即河東縣

帝王世紀曰夏鯀封崇伯故春秋傳曰謂之有崇伯鯀國在秦晉之間左氏傳曰趙穿侵崇是也禹受封爲夏伯在禹貢豫州外方南角亢氏之分壽星之次於秦漢屬潁川本韓地今河南陽翟是也受禪都平陽或在安邑或在晉陽於漢平陽安邑皆屬河東晉陽屬太原在冀州大行恒山之西太原太嶽之野參代之分實沉之次於周爲晉今司隸并州之域也相從商丘於周爲衛成公夢康叔曰相

奪子享是也少康中興復還舊都故春秋傳曰復禹之迹不失舊物是也世本又言夏后居陽城本在大梁之南於戰國大梁魏都今陳留浚儀是也案經傳曰夏與堯舜同在河北冀州之域不在河南也故五子歌曰惟彼陶唐有此冀方今失厥道亂其紀綱乃底滅亡言自禹至太康與唐虞不易都城也然則居陽城者自謂禹避商均時非都也故戰國策稱桀之居左天門之險右天谿之陽成皐在其北伊洛出其南吳起對魏武侯亦言桀之居左河濟右太華伊闕在其南羊腸在其北案地理志上黨有天井關即天門也有羊腸坂在太原晉陽西北九十里爲通西上郡關即吳起之所去也洛皆在陽城非都審矣

帝王世紀曰商契始封於商在禹貢太華之陽上洛商是也世本契居蕃相徙商丘本顓頊之墟故陶唐氏之火正

閼伯之所居也故春秋傳曰閼伯居商丘祀大火相因之故商主大火謂之辰故辰爲商星今濮陽是也然則契之所封商丘商洛是也商土於周爲衛商是也而學者以商丘爲契封謬矣湯始居亳學者咸以亳本帝嚳之墟在禹貢豫州洛河之間今河南偃師西二十里尸鄉之陽亭是也以經考之事實甚失其正孟子稱湯居亳與葛爲鄰案地理志葛今梁國寧陵之葛鄉是也湯地七十里葛又伯耳封域有制葛伯不祀湯使亳衆爲之耕有童子餉食葛伯奪而殺之計寧陵至偃師八百里而使亳衆爲耕童子餉食非其理也今梁自有二亳南亳在穀熟北亳在蒙非偃師也故古文仲虺之誥曰乃葛伯仇餉初征自葛即孟子之言是也湯又盟諸侯于景亳然則二亳皆在梁矣春秋會于亳是也太甲既立不明伊尹放諸桐世本又言太甲

徙上司馬在鄴西南案詩書太甲無遷都之文桐宮其在斯乎仲丁徙囂或曰今河南之敖倉是也故書序曰仲丁徙于囂河亶甲徙相在河北故書序曰河亶甲居相是也祖乙徙耿爲河所毀故書序曰祖乙圮于耿今河東有耿鄉是也及盤庚立復南居亳之殷地故書序曰將治亳殷今偃師是也然則殷有三亳二亳在梁國一亳在河南南亳偃師即湯都也蒙爲北亳即景亳湯所盟地偃師爲西亳即盤庚所徙者也故立政篇曰三亳阪尹是也武丁徙朝歌於周爲衛今河內縣也紂自朝歌北築沙丘臺沙丘地理志在鉅鹿東北七十里邯鄲國屬趙於禹貢在冀州大陸之野昴畢之分大梁之次至今民俗歌謠男女淫縱猶有紂之餘風世稱趙女之美是也

又曰周后稷始封部今扶風是也及公劉徙邑於豳今新

平漆之東北有豳亭是也故詩稱篤公劉于豳斯館至太王避狄循漆水踰梁山徙邑於岐山之陽西北岐城舊趾是也故詩稱率西水滸至于岐下南有周原故始改號曰周王季徙程故書序曰維周王季宅程是也故孟子稱文王生於畢郢西夷人也暨文王受命徙都於酆在今京兆之西是也故稱伐戎於崇作邑於酆及武王伐紂營洛邑而定鼎焉今洛陽西南洛水之北有鼎中觀是也周公相成王以酆鎬偏處西方之貢不均乃使邵公卜居洛水之陽以即土中故援神契曰八方之廣周洛爲中於是遂築新邑營定九鼎以爲王之東都之洛邑故周書稱我乃卜澗水東瀍水西唯洛食是爲王城名曰東周故公羊傳曰王城者何東周也地理志王城本郟鄏之地是以或謂之郟鄏故春秋傳曰成王定鼎于郟鄏河南是也今郟鄏東門

名鼎門蓋九鼎所從入也成王既卜營洛邑建明堂朝諸侯復還酆鄗故書序曰成王既黜殷命還歸在酆至懿王徙犬丘秦謂之廢丘今京兆槐里是也。世本曰懿王居犬丘厲王淫亂出于彘今河東永安是也平王即位徙居洛洛誥所謂新邑也國語曰幽王滅周乃東遷本殷之畿內在禹貢豫州外方之域河洛瀍澗之閒周於南柳七星張之分鶉火之次也及敬王避子朝之亂東居成周故春秋經曰天王入于成周是也後六年王室定遂徙都成周是後晉又率諸侯之徒修繕其城以成周城小不受王都故壞翟泉而廣焉翟泉地在成周東北今洛陽城中有周王冢是也至赧王又徙居西周而失位

又曰秦非子始封於秦故秦本紀稱周孝王曰朕分之土邑秦本隴西秦谷亭是也玄孫莊公徙廢丘周懿王之所都今槐里是也及襄公始受酆之地列為諸侯文公徙汧故秦本紀曰公事獵至汧乃卜居之今扶風郿縣是也寧公又都平陽故秦本紀曰寧公二年徙居平陽今扶風郿之平陽亭是也故秦本紀曰德公元年初居雍今扶風雍是也至獻公即位徙治櫟陽今馮翊萬年是也孝公自櫟陽徙咸陽秦本紀曰作為咸陽築冀闕徙之及漢元年更名新城屬扶風後并於長安故太史公傳曰長安故咸陽也元鼎三年復別為渭城今長安西北渭水陽有故城故西京賦曰秦里其朔寔為咸陽是也

又曰漢高帝元年始為漢王都南鄭屬漢中秦厲王所置在禹貢梁州之域北達雍南跨巴蜀與秦同分二年北徙櫟陽故秦獻公之所居後居萬年故屬馮翊今京兆縣也都長安秦咸陽之地今京兆所治縣也其城狹小至惠帝

元年始更築廣五年乃成光武以武信侯進封蕭王在禹貢徐州之域於周以封子姓之別附庸事在春秋於漢屬豫州今沛國蕭是也及即位於鄗更名高邑建武元年始都洛陽故成周之舊基城東西六里一十步南北九里一百步是以時人謂洛陽為東京長安為西京

又曰魏武為魏公都鄴今魏郡是也後文帝因漢之舊復都洛陽以譙為先人本國許昌為漢之所居長安為西京之遺迹鄴為王業之本基與洛陽凡五處故號曰五都

博物志曰河東平陽堯所都河東太陽虞所都（太保後）

潁川陽翟夏禹國弘農陝虢所都（王季後）

河南偃師尸鄉湯所都

魯國薛奚仲所都河南洛陽周公遷殷民曰成周河南武王遷九鼎周公營之以為王城平王所都

河南鞏東周所都

扶風槐里周懿王所都

扶風郇邑豳鄉公劉所封

左馮翊櫟陽秦獻公所封

扶風雍秦惠王所都

晉書云晉都洛陽至永嘉南遷居建康今潤州江寧縣宋齊梁陳並同居建康梁元帝及後梁蕭詧又別居江陵永嘉之亂有十六國各建都邑前涼張軌都燉煌後涼呂光都姑臧後涼禿髮烏孤都略陽西涼李暠都酒泉北涼沮渠蒙遜都張掖前燕慕容廆初都和龍後徙薊又徙鄴後燕慕容垂都中山南燕慕容德都廣固北燕馮跋都和龍前秦苻堅後秦姚萇並都長安西秦乞伏國仁都定樂前趙劉聰都平陽後趙石勒都襄國至石季龍都鄴後蜀李

特都成都夏赫連勃勃都統萬城

又曰永嘉南遷後魏據中原初都代又徙洛陽至文帝遷長安孝靜帝遷都鄴號東魏西魏東魏禪北齊高洋以鄴爲上都晉陽爲下都西魏禪周周禪隋並都長安隋高祖營大興城後徙居之名曰長安今西京也隋煬帝遷洛陽於故周之王城對伊闕即今東都城也

太平御覽卷第一百五十五

太平御覽卷第一百五十六

州郡部二　敘京都下

史記曰婁敬齊人漢五年戍隴西過雒陽脱輓輅(木横遮車前人推之)(音胡推反)衣其羊裘因齊人虞將軍見上說曰陛下都雒陽豈欲與周室比隆哉上曰然敬曰陛下取天下與周室異周自后稷堯封之邰積德累善十有餘世成王即位而營雒邑以天下中四方貢職道理均有德易以王無德易以亡凡居此者欲令務以德致人不欲依險阻令後世驕奢以虐人也今陛下與項籍戰滎陽爭成皋大戰七十小戰四十使天下之人肝腦塗地暴骨中野欲與成康比隆臣以爲不侔矣夫秦被山帶河四塞之固夫與人鬭不搤其喉拊其背未能全勝上疑之及留侯言之上即日車駕西都賜敬姓劉氏拜郎中號奉春君

漢書曰劉敬說上都關中上疑之左右大臣皆山東人多勸上都雒陽曰雒陽東有成皋西有崤澠背河向雒其固亦足恃張良曰雒陽雖有此固其中小不過數百里田地薄四面受敵此非用武之國夫關中左崤函右隴蜀沃野千里南有巴蜀之饒北有胡苑之利阻三面而獨守以一面東制諸侯安定河渭漕輓天下西給京師諸侯有變順流而下足以委輸此所謂金城千里天府之國劉敬說是也上即日車駕西都關中

又曰秦中形勢之國也地勢便利以下兵於諸侯譬如高屋之建瓴水也

又曰翼奉上書曰天道有常王道亡常亡常者所以應常也必有非常之主然後能立非常之功臣願陛下徙都於成周左據成皋右阻澠池前鄉嵩高後介大河(師古曰鄉讀曰嚮介隔也)建滎陽扶河東南北千里以爲關而又敖倉地方千里者八九足以自娛東厭諸侯之權西遠胡羌之難(師古曰厭抑也音一葉反遠音于萬反)陛下恭己亡爲按成周之居兼盤庚之德萬歲之後長爲高宗

後漢書建武元年冬十月癸丑車駕入洛陽幸南宮却非殿遂定都(洛陽宮闕名有却非殿)

又曰時京師脩起宮室濬繕城隍而關中耆老猶望朝廷西顧班固感前代相如壽王東方之徒造構文辭終以諷勸(相如作上林子虛賦吾丘壽王作士大夫論及驃騎將軍頌東方朔作客難及非有先生論其辭以諷諭爲主者也)乃上兩都賦盛稱洛陽制度之美以折西賓淫侈之論

又黃琬傳董卓秉政以琬名臣徵爲司徒遷太尉更封陽泉鄉侯卓議遷都長安琬與司徒楊彪同諫不從琬退而駮議之曰昔周公營洛邑以寧姬光武卜東都以隆漢天之所啓神之所安大業既定豈妄有遷動以虧四海之望也

又曰杜篤以關中表裏山河先帝舊京不宜改營洛邑乃上奏論都賦

又曰王景建初七年遷徐州刺史先是杜篤上論都賦欲令車駕遷還長安耆老聞者皆動懷土之心莫不眷然佇立而望景以宮廟已立恐人情疑惑會時有神雀諸瑞(景帝時有神雀鳳皇白鹿白烏等瑞)乃作金人論頌洛邑之美天人之符文有可採

又曰陳紀遷侍中出爲平原相謁董卓時欲徙都長安乃謂紀曰三輔平敞四面險固土地肥美號爲陸海今關東兵起恐洛陽不可久居長安猶有宮室今欲遷何如紀曰

天子有道守在四夷左傳之文宜脩德政以懷不附遷移至尊誠計之末者愚以爲以事委公卿專精外任其有違命則威之以武今關東兵起民不堪命若謙遠朝政率師討伐則塗炭之民庶幾可全若欲徙萬乘以自安將有累卵之危崢嶸之險也卓意甚恨而敬紀名行無所復言

吳録曰張紘言於孫權曰秣陵楚武王所置名爲金陵秦始皇時望氣者云金陵有王者氣故掘斷連崗改名秣陵有別小江可以貯舡宜爲都邑劉備勸都之自京口遷都焉吳志先亂時童謠云寧飲建業水不食武昌魚寧歸建業死不就武昌居乃遷都建業案江表傳漢建安中劉備曾宿於秣陵觀江山之秀勸帝居之初張紘當謂帝曰秣陵都楚威王所置名爲金陵地勢崗阜連石頭訪問故老云昔秦始皇東巡會稽經此縣望氣者云金陵地形有王者都邑之氣故掘斷東崗改名秣陵今處所見存地有其氣象天之所會今宜爲都邑帝深善之後聞劉備語曰智者意同案吳録劉備曾使諸葛亮至京因覩秣陵山阜歎曰鍾山龍盤石頭虎踞此帝王之宅

晉書周馥成都王穎以爲河南尹馥觀洛陽孤危乃建策迎天子都壽春曰不圖危運戎狄交侵畿甸危逼僉以郏人有屢遷之事周王有岐山之徙方今河朔蕭條崤函阻澁寇都屢敗江漢多虞淮陽之地北阻塗山南枕靈岳名州四帶有重險之固運漕四通無空匱之難雖聖上神聰元輔明賢居儉守約用保宗廟未若相土遷宅以保永祚也

載記曰劉元海之僭太史令宣于脩之言於元海曰陛下鳳翔龍興奄受大命然皇居仄陋非可久安平陽勢有紫氣兼陶唐舊都願陛下上迎乾象下協坤祥乃遷都平陽又石勒下令曰武都吾之豐沛萬歲之後魂魄歸之初張賓謂勒曰今天下鼎沸戰爭方始夫得地者昌失地者亡邯鄲襄國趙之舊都依山憑險形勝之國可擇此二國而都之然後命將四出授以奇略推亡固存兼弱攻昧王業成矣遂據襄國又符堅自臨晉登龍門顧謂羣臣曰美哉山河之固婁敬有言關中四塞之國真不虛矣權翼對曰臣聞夏殷之都非不險也周秦之衆非不多也終於身殞南巢首懸白旗軀殘於犬戎國分於項籍何也德不修故也吳起有云在德不在險願陛下守之以德山河之固不足恃也○江表傳孫晧欲徙都武昌楊土百姓泝流供給以爲患陸凱上疏曰臣聞有道之君以樂樂人無道之君以樂樂身樂人者其樂彌長樂身者不久而亡民者國之根也誠宜重其食愛其命民安則君樂矣又武昌土地危險磽确非王者都安國養民之處舡泊則沉漂陵居則峻危且童謠曰寧飲建業水不食武昌魚寧還建業死不就武

昌居臣聞翼星爲祥熒惑作妖童謠之言發自天心也

後魏書文帝泰和十八年卜遷都鄴登銅雀臺魏御史大夫崔吉等曰鄴城平原千里運漕四通有西門使起舊迹可以饒富在德不在險請都之孝文曰君知其一未知其二鄴城非長久之地石虎傾於前慕容滅於後國富主奢暴成速敗且西有枉人山東有列人縣北有柏人城君子不飲盜泉惡其名也遂止乃都洛陽

三國典略梁元帝在江陵即位欲還都建康領軍將軍胡僧祐太府卿黄羅漢吏部尚書宗懍御史中丞劉瑴等曰建業王氣已盡與虜止隔一江若有不虞悔無及也且渚宮洲數滿百當出天子陛下龍飛是其應乎梁主令朝臣議之黄門侍郎周弘正尚書左僕射王褒曰帝王所都本無定處其如黔首萬姓未見輿駕入建業謂是列國諸王

宜順百姓之心從四海之望時江陵人士咸云弘正等皆是東人志願東下恐非良計弘正面折之曰若東人勸東謂爲非計君等西人欲西豈成良策梁主笑之又於後堂大會文武五百人問之曰吾欲還業諸卿以爲何如衆皆愕然莫敢先對梁主曰勸吾去者左袒於是左袒者過半武昌太守朱買臣入勸梁主去建業舊都塋陵猶在荆鎮邊疆非王者宅願陛下弗疑致後悔也臣家在荆州豈不願陛下住但恐是臣富貴非陛下富貴耳乃召卜者杜景豪決其去留遇兆不吉荅云未去景豪退而言曰此兆爲鬼賊所留也

五經要義曰王者受命創始建國立都必居中土所以揔天地之和據陰陽之正均統四方以制萬國者也

王嬰古今通論曰崑崙東南方五千里謂之神州州中有

和美鄉方三千里五岳之城帝王之宅聖人所生也

鹽鐵論曰燕之涿薊趙之邯鄲魏之溫軹韓之滎陽齊之臨淄楚之宛陳鄭之陽翟三川之二周富冠海內皆爲天下之名都

世說曰謝公時兵厮養逋亡多外竄在南塘下諸舫中或欲求一時捜索謝公不許云不容置此輩何以爲京師

譙周法訓曰王者居中國何也順天之和而同四方之統也

管子曰九立國都非太山之下必廣州之上高無近旱而水用足下無近水而溝防省因天材就地利故城郭不必中規矩道路不必中准繩

山海經曰青要之山實惟帝之密都（郭璞注曰天帝曲密之邑）

又曰帝之下都崑崙之墟

又曰從極之深三百仞唯冰夷都焉（冰夷河伯）

尸子曰舜一徙成邑再徙成都三徙成國堯聞之賢舉之草茅之中與之語禮樂而不逆與之語政至簡而易行與之語道廣大而不窮於是妻之以皇媵之以娥九子事之而託天下焉

帝王世紀曰古公亶父是爲大王以脩德爲百姓所附狄人攻之以皮幣事之不得免焉又事之以玉帛不得免焉又事之以犬馬不得免焉遂策杖而去止於岐山之陽邑于周地故始改國曰周豳人聞之曰仁人不可失也東循而奔從之者如歸市焉一年而成三千戶之邑二年而成都三年五倍其初王於是改戎俗築城郭立宗廟設官司即詩所謂乃召司空乃召司徒俾立室家其繩則直作廟翼翼樂之登登削屢馮馮者也周道之端蓋自此始

兩京記曰　隋文帝開皇二年夏自故都移今所帝以長安故城漢來舊邑宮宇蠹朽謀欲遷都僕射蘇威等議合帝旨太史令庾季才奏當遷都帝曰吾乃今知天道聞皇二年六月十八日移入新邑在漢故城之東南萬年縣界南直終南山子午谷北枕龍首原今朝堂即舊楊興村村門大樹今見在初周代有異僧名棖公言詞多驗時村人於此樹下集棖公忽來逐之曰此天子坐位何故坐之左僕射高熲揔領其事太子左庶子宇文愷創制規模謂之大興城隋文初封大興公及登極縣門園池多取其名宮城東西四里南北二里四十步周廻十三里一百八十步高三丈五尺

又云東都城隋大業元年自故都移於今所其地今周之王城自周敬王後漢並居於今之故都至仁壽四年隋文

帝於此營建初謂之東京有詣闕言事者稱一帝二京事非稽古乃改爲東都爲王充所據充平改爲洛州總管府尋又置陝東大行臺武德九年復爲洛州都督府貞觀六年改爲東都舊宮爲洛陽宮明慶元年復爲東都武太后號爲神都神龍元年復舊又改爲河南府洛水貫都有河漢之象初隋煬帝登北邙觀伊闕顧曰此龍門耶自古何爲不建都於此僕射蘇威對曰自古非不知以俟陛下帝大悅然其地北據山麓南望天闕水木滋茂川源形勝自古都邑莫有比也

又曰太宗車駕始幸洛陽宮唯因舊宮無所改製終於貞觀永徽之閒荒蕪虛耗置都之後方漸修補龍朔中詔司農少卿韋機更繕造高宗常謂機曰兩京朕東西二宅來去不恒卿宜善思修建始作上陽等宮至武太后遂定都於此日巳營構而宮府備矣

郡國誌廬山在柴桑彭澤二縣之郊疊障九成崇巖萬仞山海經所謂三天子障亦曰天子都

揚雄蜀都賦曰蜀都之地古曰梁州

張衡南都賦曰於顯樂都既麗且康陪京之南居漢之陽

魯都賦曰彼齊諸儒皆繪弁端衣散佩垂紳金聲玉色溫故知新訪魯都之區域弔先王之遺眞

左思蜀都賦曰蓋兆基於上世開國於中古廓靈關而爲門苞玉壘而爲宇

又曰魏土者畢昴之所應虞夏之餘民先王之桑梓列聖之遺塵考之四奧則八紘之中測之寒暑則霜露所均

後漢杜篤論都賦夫大漢之盛代藉雍土之饒得御外理內之術孰能致功若斯創業於高祖嗣傳於孝惠德隆於太宗財衍於孝景威盛於聖武政行於宣元侈極於成哀祚缺於孝平傳代十一歷載三百（高祖至平帝十一代歷涉也合二百一十一年曰年此言三百者謂出二百年涉三百年）德衰而復盈道微而復彰（謂呂氏亂而文帝興昌邑廢而宣帝中興）皆莫能遷於雍州而背於咸陽宮室寢廟山陵相望高顯弘麗可思可榮義農已來無茲著明夫雍州本帝皇所以育業（周始祖后稷封邰公劉居豳太王居岐文王居酆武王居鎬並在關中故曰育業也）霸王所以衍功戰士角難之場也（衍廣也謂秦都關內也）

太平御覽卷第一百五十六

太平御覽卷第一百五十七

州郡部三

叙州　叙郡　叙縣 邑郷黨閭里坊隣附

叙州

釋名曰州注也郡國所注仰

説文曰州疇也疇其土而生之

河圖括地象曰長城者爲州

又曰崑崙東南地方五千里名神州中有五山帝王居之

又曰天有九道地有九州天有九部八紀地有九州八柱

河圖曰九州殊題水泉剛柔各異青徐角羽集寛舒遲人聲緩其泉鹹以酸荆揚角徵會氣漂輕人聲急其泉酸以苦梁州商徵接剛勇漂人聲塞其泉苦以辛兖豫宫徵合平靜有慮人聲端其泉甘以苦雍冀合商羽端駛烈人聲

捷其泉辛以鹹

尚書舜典曰肇十有二州 范寗注曰禹平水土置九州舜爲冀州廣大分爲并州燕置幽州分齊爲營州始爲十二州

又湯誓曰以有九有之師爰革夏政 九有者九州也

尚書大傳曰古之處師八家而爲鄰三鄰而爲朋三朋而爲里五里而爲邑十邑而爲都十都而爲師州有十師焉 鄭玄注曰州九四十三萬二千家此蓋虞夏之數也

毛詩商頌曰帝命式于九圍 九圍九州也

詩含神務曰邶鄘衛王鄭此五國者千里之城處州之中名曰地軸

周禮地官大司徒曰五黨爲州使之相賙 鄭玄注曰州二千五百家賙其困乏 五州爲鄉使之相賓

又春官下保章氏曰以星土辨九州之地所封之域皆有分星以觀妖祥

又夏官下職方曰職方氏掌天下之圖以掌天下之地辨其邦國都鄙 天下之圖如今司空輿地圖 乃辨九州之國使同貫利

禮記王制曰凡四海之内九州州方千里

春秋説題辭曰州之言殊也合同類異其界也

爾雅曰兩河閒曰冀州 自東河至西河 河南曰豫州 自河南至漢也 河西曰雍州 自西河至黑水 漢南曰荆州 自漢南至衡山之陽 江南曰楊州 自江至南海也 濟河閒曰兗州 自河東至濟也 濟東曰徐州 自濟東至海也 燕曰幽州 自易水至北狄 齊曰營州 自岱東至海

孝經援神契曰計校九州之別土壤山陵大川澤所注萊沛所生鳥獸所聚九百十一萬八千二十四頃 言民少不足以盡地率利湍水傍瀨溦不可灘者 磽确不墾者其餘隄封千五百萬二千頃

論語摘輔象曰兗豫屬上台 九州繫於三台 荆揚屬下級 下級上之下等 一台各有上下 梁雍屬中上 中台之上 冀州屬錯 錯雜也屬中台之下台之上 青州屬下上 下台之上 徐州屬下下 下台之下也

五經異義曰地有九州足以承天

史記曰鄒衍云中國於天下乃八十一分之一耳中國名赤縣州内自有九州禹之序九州是也不得爲州數中國外如赤縣州者有九乃謂九州也於是有裨海環之民禽獸莫能相通者如一區中者乃爲一州如此者九乃有大瀛海環其外天地之際焉

後漢書曰獻帝建安十八年復禹貢九州 獻帝春秋曰時省幽并州以其郡國併於冀州省司隸校尉及涼州郡國以併於雍州省交州荆益州於是有兗豫青州荆揚冀益雍九數雖同禹貢无益州有梁州然梁益亦一地也 ○又曰順帝時李固上書曰夫天下之大譬一人之身本朝者心腹也州郡者四支也心腹病則四支不舉故臣之憂在心腹之疾非四支之患

應劭漢官儀曰孝武皇帝南平百越北攘戎狄置交阯朔方之州復徐梁之地改雍曰梁改梁曰益凡十三州所以交朔獨不稱州明示帝王未必相襲始開北方遂交南方爲子孫基阯也

漢官解詁曰冀趙常山（胡廣注曰經曰冀州既載居趙國今治常山）兖衛濟河（經曰濟河惟兖州居衛國今治山陽）青齊海岱（經曰海岱惟青州居齊國今治焉）徐魯淮沂（經曰海岱及淮惟徐州又曰淮沂其乂居魯國今居郯州而治東海）揚吳彭蠡（經曰淮海惟揚州又曰彭蠡既瀦居吳國今治九江）荊楚衡陽（經曰荊及衡陽惟荊州居楚國今治武陵）益庸岷梁（經曰華陽黑水惟梁州漢改梁州爲益州合治廣漢）涼邠黑水（經曰黑水西河惟雍州居邠國漢改爲涼州邠州右扶風栒邑縣屬司隸部不復屬州今治漢陽）雍別朔方（漢別雍州之地置朔方刺史）交阯南越（漢平南越之地置交阯刺史別治蒼梧）幽燕朝鮮（經無幽州而周官有焉蓋冀之別也居燕國今廣陽是）并代晉翟（經無并州而周官有并州之別也居燕國今廣陽是）

淮南子曰天地之間九州八柱

又曰九州大紘方千里九州之外乃有八寅亦千里

又曰何謂九州東南神州曰晨土（東南辰爲后稷所經緯也故曰神土也）正南次州曰沃土（沃盛也五月建午稼穡盛長故曰沃土也）西南戎州曰滔土（滔大也七月建申萬物壯大故曰滔土）正西弇州曰并土（并成也八月建酉百穀成熟故曰并也）正中冀州曰中土（冀大也爲四方內主故曰中土）西北括州曰肥土正北濟州曰成土（永闇）東北薄州曰隱土（薄猶平也陰氣所隱伏也故曰隱土）正東楊州曰申土（申復也陰氣盡所隱伏也東北陽氣復起東方故曰申土）

輿地志曰周成王時周公作輔定官分職改禹九州以徐梁合之於青分冀州之域爲幽并二州

風俗通曰周禮五黨爲州州疇也州有長使之相周足也

物理論曰九州變易交錯不同禹貢有梁州無并州周官有并州爾雅有營州無青州漢興武帝開拓三方立十三州通并梁之數而增交益焉○太一式占周公城名錄曰黃帝受命風后受圖割地布九州置十二國

張衡靈憲曰崑崙東南有赤縣之州風雨有時寒暑有節苟非此土南則多暑北則多寒東則多陰故聖王不處焉

敘郡

釋名曰郡群也人所群聚也秦改諸侯置郡縣隨其所在山川土形而立其名

史記曰秦始皇廢五等之爵立郡縣之官以公國爲大以侯伯爲小大郡曰守小郡曰都

漢書地理志曰漢孝平時凡郡國一百三十二侯國二百四十一

又曰六郡者金城隴西天水安定北地上郡也

續漢書郡國志曰光武中興命併省郡國明章和至于順帝九郡國一百五仍爲十三郡

又曰光武以官多役煩乃併省郡國十凡縣道侯國四百餘所後爲十三州部司隸理河南（今洛陽）豫州理譙（今亳州）兖州理昌邑（今兖州金鄉縣）徐州理郯（今泗州下邳縣）青州理臨淄（今青州臨淄縣）涼州理隴（今秦州隴城縣）并州理晉陽（今太原）冀州理鄗（今趙州高邑縣）幽州理薊（今幽州薊縣）揚州理歷陽（今和州歷陽縣）荊州理漢壽（今朗州武陵縣）交州理廣信（今梧州蒼梧縣）至于末加置郡國百有五凡縣道侯國千一百八十東有樂浪郡西有燉煌郡南有日南郡北有鴈門郡西南有永昌郡廣袤如前漢

通典曰秦始皇帝併天下分置三十六郡（三十六者三川河東南陽南郡九江鄣郡會稽潁川碭郡泗水薛郡東郡瑯琊齊郡上谷漁陽右北平遼西遼東代郡鉅鹿邯鄲上黨太原雲中九原鴈門上郡隴西北地漢中巴郡蜀郡黔中長沙凡三十五與內史爲三十六郡）郡各領縣縣萬戶已上爲令減萬戶爲長平百越又置西郡（閩中南海桂林象海）合四十郡置一守一丞兩尉以典之監侍御史掌監諸郡漢有

天下王侯郡國並置焉迄于平帝户口繁息凡新置郡國六十七與秦三十六合一百三改周雍州曰凉州復置夏之徐梁二州而改梁曰益北置朔方南有交阯別置二刺史凡十三郡（凉益荆楊青豫兖徐幽并冀十一州交阯朔方二刺史合十三部刺史十三人各掌一州）

又曰後漢魏武輔政吴蜀三方鼎峙疆場不定建安中置郡十二（新興樂平西平新平略陽陰平帶方譙郡樂陵章武南陽襄陵是也又省上郡朔方五原雲中定襄漁陽盧江等七郡）文帝受禪又置七郡（朝歌陽平弋陽魏興新成美陽安豐也）明帝置六郡（平公孫度得遼西遼東帶方玄菟樂浪又置上庸一郡）少帝又置平陽一郡并得漢舊郡國五十四平蜀得二十郡（劉備初置郡九巴東巴西梓潼江陽文山漢嘉朱提雲南涪陵并得漢舊巴郡廣漢犍爲牂牁越巂益州漢中永昌南安武都也）晉太康平吴之後天下一統（平吴得州四交廣荆揚也郡四十三）凡州十六（太康地記曰司冀兖豫荆楊徐青幽并雍凉梁益交廣也）晉自湯陰敗後羌羯交侵至乎劉曜陷洛陽於是司冀雍凉青并兖豫幽平秦營十二州並淪没

矣後魏孝文帝都洛陽開拓土宇明帝熙平元年凡州四十六鎮十二都國二百八十九矣天平年凡州六十八至武定年凡州一百一十一郡五百一十九周明帝受魏禪至大象二年凡州二百一十一隋文帝受周禪至開皇三年罷天下郡其縣但隸州而已九年平陳已後四海一家大業三年罷州爲郡四年大簿凡郡國一百八十三唐貞觀十三年大簿凡州府三百五十八敍之爲十道

應劭漢官儀曰秦用李斯議分天下爲三十六郡凡郡或以列國陳魯齊吴是也或以舊邑長沙丹陽是也或以山大山山陽是也或以川源西河河東是也或以所出金城城下有金酒泉泉味如酒豫章章樹生庭中鴈門鴈之所育是也或以號令禹合諸侯大計東治之山會稽是也京兆絶高曰京京大也十億曰兆欲令帝都殷盛也左輔右弼番翊承風也張掖始開垂張臂掖也

黄恭十四州記曰秦兼天下始皇二十六年廢五等之爵立郡縣之官以公國爲大侯伯爲小大郡曰守小郡曰都尉都尉之言君改公侯之封而言君者君至尊也言郡守專權君臣之禮更崇也今之郡守君在其左邑在其右君爲元首邑以載民故取名於君而謂之郡也

風俗通曰周制天子方千里分爲百縣縣有四郡故左氏傳曰上大夫受縣下大夫受郡

敍縣

釋名曰縣懸也懸係於郡也

説文曰縣邑也從口巳聲

周書曰郊田方六百里因西土爲方千里分以百縣縣有四郡郡有鄙鄙不過百室以便野事

周禮地官遂人曰五家爲鄰五鄰爲里四里爲酇五酇爲鄙五鄙爲縣五縣爲遂

禮記王制曰天子之縣内方百里之國九七十里之國二十有一五十里之國六十有三凡九十三國（縣内夏時天子所居州界也）

黄恭十四州記曰縣萬户以上爲令則子國也千户爲長男國也今人呼縣爲百里子男本方百里也故言令之百里古之諸侯

又曰縣者弦也言施繩用法狀如弦絃聲近縣故以取名

風俗通曰周禮百里曰同所以獎王室協風俗總名縣縣玄也言當玄静平徭役

邑附

尚書大傳曰五里爲邑

周禮地官曰四井爲邑

易訟卦曰逋其邑人三百户
周書曰周公乃作大邑于成周
左傳曰凡邑有宗廟先君之主曰都無曰邑
穀梁傳曰齊人取子糺殺之十室之邑可以隱死以千乘之魯而不能存子糺公爲病矣
論語曰十室之邑必有忠信如丘者焉不如丘之好學也
史記曰黄帝邑于涿鹿之阿遷徙無常處以兵師爲營衛
張華詩曰駕言遊東邑東邑紛穰穰婚姻及良時嫁娶避當梁

鄉 附

釋名曰鄉向也衆所向也
周禮地官司徒曰五州爲鄉使之相賓
論語曰孔子於鄉黨恂恂如也似不能言者

又曰互鄉難與言童子見門人惑
後漢書曰張湛爲左馮翊告歸平陵望寺門而步主簿進白明府位尊德重不宜自輕湛曰禮下公門軾路馬孔子於鄉黨恂恂如也父母之國所宜盡禮何謂輕哉
唐書曰張道源并州祁人也年十五父死居喪以孝行稱縣令郭湛改其所居爲復禮鄉至孝里
老子曰以鄉觀鄉
莊子曰遊於無何有之鄉
鄭玄別傳曰國相孔文舉教高密縣曰公者人德之正號不必三事大夫也今鄭君鄉宜曰鄭公鄉
黄恭交廣記曰秦兼天下改附庸爲鄉鄉則有秩今嗇夫是也鄉之言境言其在人境域内非天王所置故言鄉
零陵先賢傳曰鄭產泉陵人爲白土嗇夫漢末產子一歲輒出口錢民多不舉產乃勑民勿得殺子口錢自當代出因名其鄉曰更生鄉
萬歲曆曰黄武六年正月獲彭綺是歲由拳西鄉有產兒墮便語云天方明河欲清鼎脚折金乃生於是因曰語兒鄉
郡國志曰秭歸縣屈原鄉里南岸曰歸鄉西岸曰秭歸屈原既放暫歸鄉里因曰歸鄉縣屈原姊女須聞原還亦來喻之因曰姊歸也
王子年拾遺錄曰張掖郡郅苛字君珎居喪盡禮以淚灑石石即成痕着枯木枯草在冬必茂浸地成鹹俗謂之鹹鄉漢帝嘉其孝異表銘其邑改曰孝行之鄉歲時使立廟祭祀

黨 附

周禮地官司徒曰四閭爲族使之相葬五族爲黨使之相

助
釋名曰五百家爲黨黨長也一聚所尊長也
六韜曰友之友謂之朋朋之朋謂之黨黨之黨謂之羣

閭 附

周禮地官司徒曰五家爲比使之相保五比爲閭使之相受
說文曰閭里門也周禮五比爲閭閭侶也二十五家相羣侶也
尚書曰武王克商軾商容閭
范曄後漢書曰袁忠子秘爲郡門下議生黄巾起秘從太守趙謙擊之軍敗秘與功曹封觀等七人以身扞刃皆死於陣謙以侍免詔復秘等門閭號曰七賢閭

戰國策曰王孫假年十五齊閔王之出走天王之處其母曰汝朝出而晚來吾倚閭而望汝

又曰齊桓公宫中七市女閭七百管仲故爲三歸之家以掩桓公之罪

吕氏春秋曰魏文侯過段干木之閭而軾之

里附

周禮地官遂人曰五家爲鄰五鄰爲里

風俗通曰里者止也五十家共居止也

禮記曲禮上曰里有殯不巷歌

春秋傳潛潭巴曰里社鳴此里有聖人

論語曰里仁爲美

又曰東里子産潤色之

論語撰考讖曰里名勝母曾子斂襟

漢書曰禮古經者出魯淹中里

又曰盧綰與高祖同里閈

又曰宣帝舍長安尚冠里

東觀漢記曰鮑永字君長爲魯郡太守時彭豐等不肯降後孔子闕里無故荆棘自闢從講堂掃除至孔里永異之召郡府丞謂曰方今阨急而闕里無故自滌意豈夫子欲令太守大行饗誅無狀也乃修學校禮請豐等會手格殺之

張璠漢記曰荀爽兄弟八人時人謂之八龍舊居西豪里縣令苑康曰昔高陽氏有才子八人署其里曰高陽里

宋書曰太原王知玄者僑居會稽剡縣居家以孝聞及丁憂哀毁而卒帝嘉之詔改所居青若里爲孝家里

宋略曰張敷幼樹風規肅心簡立居喪滅性孝道淳深宜追顯異以旌厥美可改所居里曰孝張里

又曰散騎常侍朱瑜薦會稽郭世道詔改所居曰孝行里

又曰太祖十三年春鳳皇見于京師衆鳥隨之改其地曰鳳皇里

唐書曰劉禕之貞觀元年詔遣入京以母老固辭太宗許其終養江南道大使李襲譽嘉其至孝賜以束帛因上表旌其門閭改所居爲孝慈里

典略曰衛暴字叔遂河東人也修行至孝州郡嘉之改其里謂之孝德里

晉宫閣名曰洛陽城中諸里有和里宜壽里永年里宜都里太學里富儲里德宫里大雅里孝敬里永安里安城里左池里東臺里安民里延壽里日中里步廣里西國里東平里穀陽里北枖里安武里孝西里太始里光林里石市

里宜秋里葛西里西河里宣陽里延嘉里攸陽里南孝里中枖里宜年里渭陽里利民里西樂里北溪里西義里東統里宣都里石羊里中安里右池里

潘岳西征賦曰所謂尚冠修城河棘宣明建陽呂陰北煥南平皆夷漫滌蕩亡其處而有其名注云皆里名也

社祭酒别傳曰桓宣武館于赤蘭橋南曰延賢里

荆州記曰峴山南至宜城百餘里舊説其間雕墻崇峻漢靈帝末其中有卿士刺史二千石數十人朱軒駢耀華蓋接陰同會於太山廟下荆州刺史行部見之雅歎其盛[illegible]縣號爲冠蓋里

荆州圖記曰秭歸縣北有屈原故宅方七頃累石爲屋今其名樂平里

伏琛齊地記曰臨淄有梧臺里

益州記曰州南蜀時故錦淵也其處號錦里

伍輯之從征記曰燕周去孔子後魯人就冢次而居者百有餘家曰孔里

郡國志曰齊臨淄縣東有陰陽里諸葛亮梁甫吟云步出齊城門遥望陰陽里里内有三墳纍纍皆相似借問誰家墳田疆古冶子也

會稽典録曰陳囂與民紀伯爲鄰伯夜竊藩囂地自益囂見之伺伯去後密拔其藩一丈以地益伯伯覺之慙惶既還所侵又却一丈太守周府君高囂德義刻石旌表其閭號曰義里

坊附

漢宮閣名曰洛陽故北宮有九子坊

晉宮閣名曰洛陽宮有顯昌坊脩成坊綏福坊延禄坊休徵坊承慶坊桂芬坊椒房坊舒蘭坊藝文坊

鄰附

尚書曰睦乃四鄰以蕃王室

毛詩曰協比其鄰

周禮五家爲鄰五鄰爲里

周易曰東鄰殺牛不如西鄰之禴祭

左傳僖公曰弃德不祥怨鄰不義

又曰弃信背鄰患孰恤之

又曰救灾恤鄰天之道也

又桓公曰親仁善鄰國之寶也

又昭元年曰晏子如晉景公使更其宅還而毀之曰諺曰非宅是卜唯鄰是卜

又曰諸侯守在四鄰

語曰孰謂微生高直或乞醯焉乞諸其鄰而與之

又曰德不孤必有鄰

後漢書曰張霸字伯饒博覽五經諸生孫林劉固段著等慕之皆市宅其旁以就學焉

南史曰宋季雅市宅在呂僧珎宅側呂問宅價曰千一百萬呂恠其貴宋曰一百萬買宅千萬買鄰也

物理論曰買宅者先定鄰焉

又曰買鄰之直貴於買宅也

太平御覽卷第一百五十七

太平御覽卷第一百五十八

州郡部四

河南道上

開封府

河南府

陜州

東京開封府

元和郡國志曰禹貢兖州之域春秋時爲鄭地戰國時爲魏都

史記曰魏惠王自安邑里徙大梁（今浚儀縣按後漢書大梁城梁惠王所築）

漢書曰酈食其説高祖曰陳留天下之衝四通五達之郊

又曰文帝以皇子武爲梁王都大梁後東徙睢陽（注曰睢陽今宋州也）

後漢書曰明帝永平十五年東巡至大梁

春秋後語曰蘇秦去韓之魏説襄王曰大王之地南有鴻溝（鴻溝今在譙縣）陳留汝南鄢邵陵舞陽新都東蕉潁煑棗無疏（潁今潁州煑棗今曹州宛句地無疏或作無胥未詳所在）西有長蛇之地（史記作長城之地今武原縣有長城）北有河水卷燕酸棗地方千里田舍廬廡之數無所不畜牧人民之衆牛馬之多夜行不絶輷輷殷殷（車馬聲也輷火宏切）夫魏天下之強國也王天下之賢王也

郡國志曰東魏孝靜帝以此置梁州周宣帝改爲汴州以其臨汴水爲名也隋大業十三年州廢以開封浚儀屬鄭州隋亂陷賊唐武德四年平王世充復置汴州

五代史曰梁開平元年梁祖初開國升汴州爲開封府建名東京元管開封浚儀陳留雍丘封丘尉氏六縣至是割滑州之酸棗長垣鄭州之中牟武陽宋州之襄邑曹州之戴邑許州之扶溝鄢陵陳州之太康九縣隸焉後唐復降爲汴州以宣武軍爲額其陽武長垣扶溝考城等四縣仍且隸汴州其餘五縣却還本部晉天復中復升爲東京復以前五縣隸之漢周並因之

太康地記曰豫州之分其人得中和之氣性安舒其俗阜其人和今俗多寬慢

漢志曰開封逢池在東北或曰宋之逢澤也瓚曰汲郡古文梁惠王廢逢忌之藪以賜民今浚儀是也

史記曰王稽與范睢言曰先王待我于三亭之南（三亭今屬浚儀）

陳留風俗傳曰阮簡爲開封令有劫賊外白甚急簡方圍棊長嘯曰局上有劫甚急

徐廣史記音義曰秦孝公會諸侯於逢澤。圖經曰浚儀有

高陽故城顓頊高陽氏佐少昊有功封於此城

又曰浚儀有信陵亭在城内即魏公子無忌所築之地

左傳曰韓起送女於楚還過鄭鄭伯勞諸國（今圃城是也）

漢志曰陳留郡鄭邑後爲陳所并故曰陳留瓚曰宋亦有留彭城留是也留屬陳故稱陳留也

古史考曰伊尹生於空桑陳留有空桑故城

家語曰孔子南遊於楚至阿谷之隧使子貢奉觴從女子乞飲今陳留有阿谷水

漢志曰雍丘屬陳留故杞國周武王封禹後東樓公

左傳曰衛侯伐鄭至于鳴鴈（在雍丘有鳴鴈亭）

左傳曰齊桓公會諸侯于葵丘（今在雍丘縣）

漢志曰東昏陳留郡莽改曰東明

又曰襄邑屬陳留有服官莽曰襄平師古曰襄邑宋地本

承匡襄陵鄉宋葬公所葬故曰襄陵秦始皇以承匡卑濕故徙縣於襄陵謂之襄邑縣。陳留風俗傳曰襄邑縣南有渙水睢水傳曰睢渙之水出文章故有黼黻藻錦日月華蟲以奉天子宗廟御服焉

左傳曰宣二年鄭破宋師于大棘杜預曰在襄邑

後漢地理志曰陳留郡己吾有大棘鄉

國都記云封丘衛地故燕之延鄉也高祖與項羽戰戰於延鄉有翟毋免其難故以延鄉封翟毋焉

漢志曰封丘屬陳留郡孟康曰春秋時敗翟于長丘今翟溝是也

漢志曰尉氏屬陳留郡應劭曰古獄官曰尉氏鄭之別邑也瓚曰鄭大夫尉氏之邑遂以爲邑師古曰鄭大夫尉氏亦以掌獄之官故爲族耳

後漢地理志曰陳留郡尉氏有陵樹鄉鄉北有澤澤有天子苑囿有秦樂廐漢以馴養猛獸

漢志曰外黃屬陳留郡張晏曰魏郡有內黃故加外耳瓚曰縣有黃溝故依之也

左傳曰惠公敗宋師于黃杜注外黃縣東有黃城

陳留風俗傳曰沛公起兵野戰喪皇妣於皇鄉天下平定乃使使者以梓宮招魂於野有丹蛇自洒濯入梓宮其浴處仍有遺髮（其處在小黃屬陳留）

漢志曰長垣屬陳留郡莽曰長固

孟康曰春秋會于匡今匡城是

晉地道記云長垣故衛故匡城地孔子所厄處也

地道記曰承匡城在縣西左傳文十一年會晉郤缺于承匡是也

漢志曰鄢屬陳留莽曰順通

左傳隱公曰鄭伯克段于鄢

又鄭大叔侵鄭至于廩延注曰縣北有延津後漢地理志曰卽酸棗也

戰國策云齊欲發卒取周九鼎顏率曰夫梁之君臣欲得九鼎謀於沙海之上爲日久矣（沙海蜀浚儀）

陳留風俗傳曰縣有蒼頡師曠城其城有列仙吹臺梁王增築之以爲吹臺（俗號繁臺）

史記曰大梁城有十二門東門曰夷門隱士侯嬴年七十家貧爲大梁夷門抱關者魏公子無忌厚遺之不肯受

水經曰大禹塞滎陽澤開渠以通淮泗名莨菪渠卽汴渠也漢平帝時河汴決壞後明帝遣使者修治汴渠至隋大業中更令開導名通濟渠引河水入汴口自大梁之東引入泗連于淮至江都宮入于海亦謂之御河河畔築御道植柳煬帝巡幸乘龍舟而往江都自揚益湘南至交廣閩中公私漕運商旅舳艫相接

隋書曰大業元年以汴水迂曲迴復稍難自大梁城西南鑿渠引汴水入號通濟渠

西京河南府

十道志曰洛州周之舊都禹貢豫州之域

尚書洛誥曰召公既相宅周公往營成周使來告卜作洛誥予惟乙卯朝至于洛師我卜河朔黎水我乃卜澗水東瀍水西惟洛食又卜瀍水東亦惟洛食（言先卜河北黎水不吉又卜澗瀍之間乃吉）

周禮司徒職曰以土圭之法測土深正日影以求地中日南則景短多暑日北則景長多寒日東則景夕多風日西

則景朝多陰日至之景尺有五寸謂之地中天地之所合也四時之所交也風雨之所會也陰陽之所和也然則百物阜安乃建王國焉

又曰午爲鶉午周之分野自柳九度至張十七度七星周之分野

周書曰周公將致政乃作大邑于洛北因邙山以爲天下之湊也

孝經援神契曰八方之廣周洛爲中於是遂築新邑營定九鼎以爲王之東都

漢書曰高祖欲都洛陽戍卒婁敬求見上曰陛下都洛陽欲與周室比隆哉上曰然敬曰陛下取天下與周室異周之先自后稷積德十餘世公劉避狄居豳大王以狄伐故去豳之岐國人爭歸之文王爲西伯武王伐紂八百諸侯

不期而會成王即位周公之屬傅相焉乃營成周於洛邑以爲天下中四方納貢道里均有德則以王無德則易以亡凡居此者欲務以德致人不令後世驕奢以虐民也及周之衰乃分爲二天下莫朝周不能制形勢弱也今陛下用兵取天下百姓肝腦塗地而欲比隆周室臣以爲不侔矣不如都秦帝以問張良良曰洛陽雖險其中不過百里四面受敵此非用武之國不如都關中婁敬之說是也

博物志曰周在中樞三河之分風雨所起四險之國武王克殷定鼎郟鄏以爲東都

皇甫謐帝王世紀曰周公相成王以酆鎬偏在西方職貢不均乃使邵公卜居洛水之陽以即中土

元和郡縣志曰河南府三代皆爲都邑周公營之爲成周秦爲三川郡漢爲河南郡後漢光武都之

左傳曰初平王東遷辛有適伊川見被髮而祭於野者曰不及百年此其戎乎其禮先亡矣

帝王世紀曰周襄王十五年秦晉遷陸渾之戎于伊川果辛有之言

又曰晉趙鞅納王使汝寬守關塞服虔曰關塞南山伊闕也

史記曰秦武王謂甘茂曰寡人欲通三川以窺周室死且不朽矣

漢志曰雒陽周公遷殷民是爲成周春秋昭二十二年晉合諸侯于狄泉以其地大成周之城王莽曰宜陽

後漢書曰時天下墾田不以實戶口互有增減詔下郡國檢覈其事而州郡多不均平百姓嗟怨帝見陳留牘上有書視之云潁川弘農可問河南南陽不可問帝怒時顯宗

爲東海公年十二言曰吏受郡勑當欲以墾田相方耳帝問曰何故言河南南陽不可問對曰河南帝城多近臣南陽帝鄉多近親

又曰梁鴻登北邙山作五噫之歌曰登彼北邙兮噫顧覽帝京兮噫宮室崔嵬兮噫寥寥未央兮噫人之劬勞兮噫

魏志曰明帝即位欲平北邙山令登觀臺見孟津廷尉辛毗諫曰天地之性高高下下今而反之既非其理若九河盛溢洪水爲害丘陵皆夷何以禦之乃止

晉書曰武帝問尚書郎虞摯三日曲水事摯曰漢章帝時平原徐肇以三月初生三女至三日俱亡一村以爲怪乃相携至水邊洗除因流水以濫觴遂以成俗帝曰若如所說非嘉事也尚書郎束皙對曰虞摯小生未究其本此事起自周公卜成洛邑因流水泛酒故逸詩羽觴隨波流及

秦昭王時三月上巳日置酒河曲遂有金人自泉而出捧水心劍於王曰令君制有西夏此即其處因立爲曲水焉二漢相沿爲盛集帝嘉賞對

隋書曰煬帝命僕射楊素等營構宮室大業元年遂成新都而徙居之今洛陽宮是也

洛陽地圖曰鞏在洛水之間鞏固也言四面有山可以鞏固也

朱超石與兄書曰洛下道路今好青槐映蔭可愛

陸機洛陽記曰洛陽有銅駞街漢鑄銅駞二枚在宮南四會道相對俗語曰金馬門外集衆賢銅駞陌上集少年

水經曰伊水東北過伊闕昔大禹疏龍門以通水兩山相對望之如闕伊水歷其間謂之伊闕

穆天子傳曰天子射鳥有獸在葭中七萃之士高貫戎擒之以獻天子命畜之東虞曰虎牢唐諱虎故改武其後又名成皋

十道志曰壽安縣漢宜陽縣也

史記曰張儀爲秦說韓王曰大王今不事秦秦下甲據宜陽斷韓之上地東取成皋滎陽則鴻臺之宮非大王有也

又蘇秦說韓宣惠王曰韓北有鞏成皋之固東有宛穰洧水南有陘山（密縣有陘山）西有宜陽商坂之塞地方九百里帶甲數十萬

陝州

十道志曰陝州陝郡禹貢豫州之域周爲二伯分陝之地即古虢國地戰國時屬韓秦併天下屬三川郡

史記曰周成王時召公爲三公自陝以西召公主之自陝以東周公主之

後漢書曰獻帝東歸至陝議者欲令天子浮河東下太尉楊彪曰自弘農入從此已下東有三十六難非萬乘所當從乃止

史記曰芮國在今馮翊界魯桓公三年芮伯萬爲毋姜氏所逐遂居于魏（今芮城是也）

詩曰虞芮質厥成文王蹶厥生毛萇注曰虞芮之君相與爭田而久不平乃相謂曰西伯仁人盍往質焉及入境見行者讓路耕者讓畔咸相謂曰我等小人不可以履君子之庭乃相讓所爭之地以爲閑田天下聞之歸周者四十餘國

唐書曰天寶元年陝郡太守李齊物鑿三門山路所通深便於漕運於所開瀆中得古鏵鋸上有古篆平陸二字由是其年改爲平陸縣

山海經曰夸父之山其北有林名曰桃林廣圓三百里中多馬造父於其中得驊騮騄耳之乘以獻穆王

尚書曰放牛於桃林之野

春秋曰處桃林之塞（桃林在靈寶縣）

太平御覽卷第一百五十八

太平御覽卷第一百五十九

州郡部五

河南道中

虢　汝
鄭　宋
曹　亳
單　許
陳　潁
蔡

虢州

十道志曰虢州弘農郡禹貢豫州之域春秋爲虢地七國時秦韓之境秦併天下爲三川郡漢元鼎中置弘農郡

左傳僖二年曰晉荀息以屈産之乘垂棘之璧以假道於虞以伐虢

應劭漢官儀云弘大也所以廣大農業也

漢志曰武帝置弘農縣於秦故函谷關山嶺下

戴延之西征記曰函者道形如函也孫卿子曰秦有松柏之塞是也

帝王世紀曰虢有三焉周興封虢仲於西虢此其地也封虢叔於東虢即成皋是也今陝郡平陸縣是北虢

漢書曰楊僕爲樓船將軍恥爲關外人於是徙關新安創秦河南南陽二郡之西境於故函谷置弘農郡

漢書郊祀志曰黄帝以首山之銅鑄鼎於荆山之下後名其地爲鼎湖（今湖城縣也）

郡國縣道記曰盧氏西虢之别也

遁甲開山圖曰盧氏山宜五穀可以避水災因山以名縣

汝州

十道志曰汝州臨汝郡禹貢豫州之域春秋時爲周王畿及鄭楚之地

十三州志曰戰國時梁屬魏秦置三十六郡屬三川郡漢爲河南郡之梁縣也

左傳昭二十九年傳曰陶唐氏既衰其後有劉累學擾龍于豢龍氏以事孔甲能飲食之夏后嘉之賜氏曰御龍一雌死潛醢以食夏后夏后饗之而使求之懼而遷于魯縣（即魯山縣也）

又曰楚白公之亂葉公率國人攻白公白公奔山縊死葉公遂邑焉（即今葉縣也）

家語曰葉公好龍窻壁皆畫龍形眞龍爲降葉公見而喪魄

漢書曰漢王至成皋蘇生説漢王曰漢楚相拒滎陽數歲漢常困願君王出武關項王必引南走王深壁令滎陽成皋且休息使韓信等輯河北地連燕齊君王乃復走滎陽如此則楚所備者多漢得休息王從其計出兵宛葉間

左傳曰邘晉應韓武之穆也注曰應城在襄城城父縣西南

韓詩外傳曰周成王與弟戲以桐葉爲珪以封汝周公曰天子無戲言王應時而封曰應侯今應城是也

鄭州

十道志曰鄭州滎陽郡禹貢豫州之境秦兼天下爲三川郡

帝王世紀曰黄帝都於有熊今新鄭是也

漢志曰新鄭本高辛氏火正祝融之墟

國語曰鄭桓公爲司徒問於史伯曰王室多故余懼及焉何以逃死史伯對曰王室將卑戎狄必昌不可偪也當成周者南有荊蠻申呂應鄧陳蔡隨唐北有衛燕狄鮮虞路泉徐蒲鮮虞姬姓路泉徐蒲皆赤狄隗姓也西有虞虢晉隗霍楊魏芮八國姬姓也東有齊魯曹宋滕薛鄒莒是非王之支子母弟甥舅也皆則蠻夷戎狄之人也非親作頑不可入也其濟洛河潁之間乎言此四水之間可逃是其子男之國虢鄶爲大虢東虢仲之後鄶妘姓虢叔恃勢鄶仲恃險皆有淫侈怠慢之心加之以貪冒君若以周難之故寄孥與賄焉不敢不許孥妻子賄財也周亂而是驕而貪必將背君君若以成周之衆奉辭伐罪無不克矣克二邑鄢弊補丹依柔歷華君之土也言克虢鄶此八邑可得若前華後河右洛左濟主芣騩而食溱洧芣騩山名主爲神主也修典刑以守之可以少固公說乃東寄孥與賄虢鄶受之十邑皆有寄

也後桓公之子武公竟取十邑之地而居之今河南新鄭是十邑謂前八邑及虢鄶

韓詩外傳曰鄭國俗以二月桃花水下時會于溱洧之上以自祓除也故詩曰溱與洧方渙渙兮

漢書曰漢王數困滎陽成皋間計欲捐成皋以東屯鞏雒以距楚酈食其曰夫敖倉天下轉輸久矣臣聞其下藏粟甚多楚人拔滎陽不能堅守敖倉此天所以資漢願足下急進兵攻滎陽據敖倉之粟即天下知所歸矣

晉書曰阮籍嘗登廣武見劉項戰處歎曰時無英主使豎子成名其地在滎陽

地道記曰陽武滎陽有博浪沙張良爲韓擊秦始皇處

宋州

十道記曰宋州睢陽郡理宋城縣虞舜十二州爲豫州之境周爲青州之域武王封微子之邑後爲齊楚魏所滅三分其地魏得其梁陳留齊得濟陰東平楚得沛梁即今州地

禮記曰武王克殷下車而封殷之後於宋禹貢曰導菏澤被孟豬孟豬澤在今虞城縣明都澤是

博物志曰宋北至泗水南近睢渦有孟豬之澤碭山之基

元和郡國志曰秦并天下改爲碭郡後改爲梁國漢文帝封子武爲梁王自漢至晉爲梁國屬豫州宋改爲梁郡隋於睢陽置宋州

唐書曰天寶末祿山亂兩河郡縣多所陷沒張巡許遠守睢陽賊將尹子奇併力攻圍踰年不下城中食盡竟爲賊所陷巡等抗詞不撓遂被害

陳留風俗傳曰宋之地猶有先王遺風重厚多仁好稼穡惡衣食以致畜藏

史記曰梁孝王築東苑三百里是曰兔園又爲複道自宮屬諸平臺三十餘里

圖經曰梁王有脩竹園園中竹木天下之選集諸方遊士各爲賦故館有鄒枚之號又有鴈鶩池周廻四里亦梁王所鑿又有清冷池有釣臺謂之清冷臺

漢志曰寧陵屬陳留莽曰康善孟康曰故葛伯國今葛鄉是也

漢書曰梁孝王武以孝文十二年徙梁梁爲大國居天下膏腴地北界泰山西至高陽四十餘城多大縣於是孝王築東苑方三百餘里廣睢陽城七十里大治宮室爲複道自宮連居於平臺四十餘里

曹州

十道志曰曹州濟陰郡置在濟陰縣禹貢豫州之域周爲

曹國地後屬宋七國時屬齊漢爲濟陰郡地在濟水之南故以爲名曹詩曰薈兮蔚兮南山朝隮（曹南山也）

左傳僖二十八年曰晉侯圍曹門焉多死曹人尸諸城上（磔晉死人於城上）晉侯患之聽輿人之誦曰移舍於墓（言將發冢）曹人兇懼因其兇也而攻之入曹而分曹衛之田以賜宋人晉侯有疾曹伯之豎侯獳貨筮史使曰以曹爲解齊桓公爲會而封異姓今君爲會而滅同姓曹叔振鐸文之昭也先君唐叔武之穆也且合諸侯而滅兄弟非禮也公說復曹伯

尚書曰夏師敗績遂伐三朡俘厥寶玉（孔曰三朡國名今定陶也）

水經曰荷水俗謂之五丈溝東經定陶

漢書曰高祖五年春二月甲午即皇帝位於定陶氾水之陽

左傳曰衛孫蒯田于隧飲馬于重丘重丘人毀瓶因詬之（重丘今乘氏縣）

亳州

十道志曰亳州譙郡置在譙縣禹貢豫州之域春秋時陳國之譙邑六國時屬楚秦爲碭郡地漢爲譙縣屬沛郡

左傳曰楚成得臣帥師伐陳遂取焦夷（杜注焦今譙國）

史記曰周武王封神農之後於譙國

漢書地理志曰王莽以譙爲延成亭

魏志曰後漢熹平五年黄龍見譙太史令單颺以爲其國當有王者興不及五十年亦當復見及文帝即位果如其言以先人舊郡立爲譙國與長安許昌鄴洛陽號爲五都

元和郡縣志曰後魏立南兖州周武改爲亳州

魏略曰太祖於譙東五十里澤中築起精舍讀書射獵閉絶賓客即謂之譙東

史記曰老子苦縣人也（苦縣即今真源縣）

單州

五代史曰單州本單父縣梁爲輝州後唐同光二年復舊隸宋州周廣順中割隸曹州

史記曰虙不齊字子賤爲單父宰反命於孔子曰國有賢者賢不齊者五人教不齊所以治者孔子曰惜哉不齊所治者小所治者大則庶幾矣

呂氏春秋曰宓子賤治單父彈鳴琴身不下堂而單父治

許州

十道志曰許州許昌郡禹貢豫州之域周爲許國

左傳曰許太岳之胤也

說文曰許炎帝之後也武王伐紂時封之

漢志曰潁川許縣舊許國也

魏略曰後漢建安元年太祖迎獻帝都於許即此邑也魏文帝即位改許昌縣焉

左傳曰鄭伯請釋泰山之祀而祀周公以泰山之祊易許田（今有魯城在長社縣）

後漢書曰宋寵爲潁川太守問功曹鄭凱曰聞貴郡山川多產奇秀前賢往哲可得聞乎凱對曰鄙郡稟嵩高之靈中岳之精是以聖賢龍蟠俊乂鳳集昔許由巢父耻受堯禪洗耳河濱重道輕帝遯世高蹈樊仲父者志潔心遐耻山河之功賤天下之重抗節參雲公儀許由俱出陽城留侯張良奇謀輔世玄筭入微濟生民之命恢帝王之略功成而不居爵厚而不受出于父城胡元安體曾參之至行履樂正之純業喪親泣血骨立形存精神通於神明雉兎

集於左右出潁陽彪義山英姿秀偉逸才挺出究孔子之房陳存文武於將墜出於昆陽杜伯夷經學著於師門政事熙於國朝清身不苟有於陵之操損己存公有公儀之節出定陵

又曰獻帝建安元年遷都許

魏略曰黄初五年文帝東征留郭后於永始臺霖雨百餘日城樓多壞有司請移后曰昔楚昭王出遊貞姜留漸臺江水至使者迎而無符不出卒没今帝在遠未有急奈何移也又景福殿賦曰鎮以崇臺寔曰永始臺在許昌縣

魏志曰荀彧字文若潁川潁陰人也董卓之亂彧謂父老曰潁川四戰之地天下有變當爲兵衝宜亟去無久留鄉人多懷土猶豫會冀州牧韓馥迎彧獨將宗族至冀州後董卓遣李傕等出關東所過虜掠至潁川鄉人留者多見殺略

陳州

十道志曰陳州淮陽郡置在宛丘縣

元和郡國圖曰禹貢豫州之域太昊之墟周武王封嬀滿於陳春秋時楚滅之秦滅楚屬潁川郡漢高勿置淮陽國後漢改爲陳國

毛詩陳風曰坎其擊鼓宛丘之下

又曰東門之池可以漚麻注水經曰東門池水至清而不耗不生諸草

爾雅曰陳有宛丘又曰丘上有丘爲宛丘

漢書曰高帝十一年立子友爲淮陽王罷潁川郡以益之

七賢傳曰漢武出淮陽到監鄉帝問陳翼曰此名爲何翼曰監鄉上曰何欺乎翼曰臣言不欺若不欺佩刀當生白毛若欺則無毛視之刃果有毛監鄉在臨江縣

潁州

十道志曰潁州汝陰郡置在汝陰縣

元和郡縣圖曰禹貢豫州之域春秋胡子國楚滅之秦併天下爲潁川郡在漢則汝南郡之汝陰縣也魏晉於此置汝陰郡後魏改置潁州

毛詩曰遵彼汝墳伐其條枚

史記曰蒙恬伐楚寢丘今汝陰縣有寢丘故城在焉

呂氏春秋曰楚孫叔敖戒其子曰我死王必封汝無受利地荆楚之間有寢丘其地爲不利可長有也其子從之楚封功臣二葉而滅唯寢丘不奪一名沈丘

蔡州

十道志曰蔡州汝陽郡禹貢豫州也

圖經曰春秋時爲沈蔡二國之地後爲楚魏二國之境秦兼天下以其地爲三川漢爲汝南郡地形志曰謂之懸瓠城亦名懸瓠城又水經曰汝水周城形如懸瓠故取名焉

史記曰周武王克殷封叔度於蔡挾武庚作亂周公殺管叔而放蔡叔與車七乘子胡改行率德周公聞之舉胡以爲魯卿士故魯國治復封胡于蔡是爲蔡仲輿地志曰新蔡縣蔡平侯自上蔡徙都之故曰新蔡

漢志曰汝南郡高帝置王莽曰汝汾

又曰鮦陽屬汝南郡在鮦水之陽也鮦音紂

又曰吳房本房子國也楚靈王遷房于楚吳王闔閭弟夫槩王奔楚楚封於此爲堂谿氏以封吳故曰吳房

史記蘇秦說韓王曰韓之劒戟出堂谿

又曰李斯上蔡人也二世二年七月具斯五刑論要斬咸

陽市斯出獄與其中子俱執顧謂子曰吾欲與客復牽黃犬出上蔡東門遂獲兔可得乎

後漢書曰許劭字子將汝南平輿人也兄虔亦知名汝南人稱平輿淵有二龍焉平輿故城今蔡州汝陽縣東北有二龍鄉月旦里

太平御覽卷第一百五十九

太平御覽卷第一百六十

州郡部六

河南道下

滑　濮
濟　鄆
青　齊
淄　萊
登　密
徐　泗
兗　海
沂

滑州

十道志曰滑州靈昌郡置在白馬縣禹貢兗州之域春秋時衛地戰國時屬魏秦爲東郡地

左傳曰狄滅衛衛立戴公以廬于曹（今白馬地即曹邑）衛文公自曹邑遷于楚丘（今衛南縣也）衛成公又遷于帝丘（今濮陽縣）

史記曰秦始皇五年拔魏十五城始置東郡

漢志曰白馬屬東郡

又曰酈食其說沛公曰守白馬之津以示諸侯形制之勢則天下知所歸矣

西征記曰古有神白馬因以名縣

又開山圖曰白馬群行水上悲鳴則河決馳走則山崩

後漢書曰樊儵封燕侯即東郡也

濮州

十道志曰濮州濮陽郡置在鄄城縣禹貢兗州之域春秋時衛地戰國時屬齊秦併天下即東郡地在漢爲濟陰郡之鄄城縣

左傳曰齊桓公會諸侯于鄄（杜注曰衛邑今東郡鄄城是也）

史記曰齊威王九年趙伐我取鄄

左傳曰衛侯夢於北宮見人登昆吾之墟（注云衛有觀在昆吾之墟今濮陽城是）

史記曰舜耕于歷山耕者讓畔（應劭曰歷山即雷澤中山也）

水經曰昔師延爲紂作靡靡之樂武王伐紂延東走自投濮而死衛靈公將之晉舍於濮水之上夜聞歌聲召師涓受之

濟州

十道志曰濟州濟陽郡置在盧縣禹貢兗州之域春秋時其地屬齊秦兼天下爲東郡茌平地（茌音仕淄反）

左傳曰齊鄭盟于石門尋盧之盟杜注曰今盧縣故城是

史記曰扁鵲生盧故曰盧醫

酈元注水經曰碻磝城西即故茌平縣城碻磝即今州是也沈約宋書作敲囂字

宋書曰元嘉七年到彥之北征拔碻磝後失之至二十七年以王玄謨爲寧朔將軍先鋒入河平之於此固守因置碻磝城

郡國志曰後魏置濟州於碻磝城中即石勒於耕處聞鼓角之聲是此

圖經曰東阿春秋時齊之柯地也

郡國志曰其地出繒縑故秦王服阿縞

十道志曰石窌在長清縣

左氏傳曰齊晉戰于鞍齊師敗績齊侯自徐關入見女子曰君免乎曰免鋭司徒免乎曰免旣而問之辟司徒之妻

也與之石窌

鄆州

十道志曰鄆州東平郡置在須昌縣

元和郡縣圖曰禹貢兗州之域春秋時屬宋即魯附庸須句國（句音劬）戰國時其地屬魏秦爲薛郡地漢爲東平國

左傳曰晉人執季文子於苕丘公還待於鄆杜注云鄆魯西邑

又僖二十二年伐邾須句（僖公時也）

又哀十四年西狩于大野叔孫氏之車子鉏商獲麟賜虞人（大野即鉅野縣）

青州

十道志曰青州北海郡置在益都縣

元和郡縣志曰少昊之墟古青州之地舜時以青州越海遼遠分爲營州武王克商封師尚父於齊營丘周成王少時命太公東至于海西至于河南至于穆陵北至于無棣五侯九伯實得征之後子孫爲秦所滅分齊地置齊瑯琊二郡漢爲臨淄郡

圖經曰少昊之代爽鳩氏虞夏則有季萴（仕則反）湯有逢公伯陵（逢音蒲江反）殷末有蒲姑皆爲諸侯國於此地周成王時蒲姑與四國作亂成王滅之以封太公

史記曰齊有清濟濁河可以爲固長城鉅防足以爲塞

又曰蘇秦東說齊宣王曰齊南有泰山東有瑯琊西有清河北有渤海此所謂四塞之國也齊地方二千餘里齊軍之良進如鋒矢戰如雷霆解如風雨即有軍役未嘗倍泰山絕清河涉渤海也臨淄甚富其民無不吹簫鼓彈琴瑟鬪雞走狗臨菑之塗車轂相擊人肩相摩連衽成帷舉袂成幕揮汗成雨家給人足志氣高揚

又曰齊所以名齊者有天齊祠也

又封禪書曰始皇遊海上祠名山大川及八神求美門之屬八神一曰天主祠天齊天齊池名在臨淄南郊山下

漢書曰夫齊東有瑯琊即墨之饒南有泰山之固西有濁河之限北有渤海之利地方二千里持戟百萬懸隔千里之外齊得十二焉

又曰齊有三服之官縱爲春服紈素爲冬服輕綃爲夏服

韓詩外傳曰齊景公遊於牛山之上北望齊國曰美哉國乎鬱鬱蔥蔥使古人無死者則寡人將何去此俯而泣下沾襟國子高子曰然臣賴君之賜蔬食惡衣可得而食也駑馬柴車可得而乘也且猶不欲死而况君乎又俯而泣晏子笑曰樂哉今日之遊宴也見怯君一諛臣二使古而無死則太公丁公至今猶存吾君方將被蓑笠而立畎畝惟農事之恤何暇念死乎公慙乃引觴自罰

韓子曰景公與晏子遊於少海登柏寢之臺而望其國曰美哉堂堂乎後代孰有此晏子曰其田氏乎公曰寡人有國而田氏有之奈何對曰君欲奪之則近賢遠不肖振窮卹孤雖十田氏其如君何

齊記曰晉永嘉五年東萊牟平曹嶷爲刺史所築城有大澗甚廣因之爲固謂之廣固城城側有五龍口

崔鴻十六國春秋南燕録曰慕容德初議所都尚書潘聰曰青齊沃壤號曰東秦土方二千里四塞之固負海之饒可謂用武之國廣固者曹嶷之所營山川險峻足爲王者之都從之

齊州

十道志曰齊州濟南郡置在歷城縣古兖州之域
周禮曰子爲玄枵齊之分
左傳曰晉平公伐齊戰于歷下
史記曰舜耕于歷山
竹書穆天子傳曰天子自五鹿東征釣於漯水以祭淑人
巳巳天子東征飲于漯水之上漯水在祝阿即今禹城縣
郡國縣道記曰章丘古高唐縣也春秋時齊邑
史記曰齊威王使盼子守高唐趙人不敢東漁于河

淄州

十道志曰淄州淄州郡置在淄川縣禹貢青州之域周之九州爲幽州之境春秋及戰國時屬齊秦爲齊郡漢爲濟南郡之般陽縣
漢志曰般陽屬濟南郡應劭曰在般水之陽王莽曰濟南亭

圖經曰長山縣本漢於陵縣也隋改爲以界內長白山爲名
漢志曰於陵屬濟南郡王莽曰於陸
郡國志曰長山於陵城散宜生得瑞獸之地

萊州

十道志曰萊州東萊郡置在掖縣禹貢青州之域周之九州爲幽州之境秦置三十六郡屬齊郡漢志高祖置東萊以其在齊國之東故云東萊
尚書禹貢曰萊夷作牧
左傳曰齊侯伐萊萊人使正輿子賂夙沙衛以索馬牛皆百疋齊師乃還後齊人復入萊萊恭公浮柔奔棠晏弱圍棠滅之遷萊子於郳

史記曰周武王封太公於營丘萊侯聞之遂與太公爭營丘
左傳曰聊攝以東姑尤以西其爲人也多矣聊攝齊西界姑尤齊東界謂聊城攝城姑水尤水也水在即墨縣
漢書郊祀志曰武帝元封元年大旱禱萬里沙孟康云沙長三百里沙在掖郡界
地里志曰長廣縣有奚養澤
周禮職方氏曰幽州之藪曰奚養長廣今昌陽縣

登州

十道志曰登州文登郡漢牟平縣屬東萊郡文帝封齊悼惠王子將閭爲牟平侯此即將閭邑也圖經曰古萊子國也戰國及秦屬齊郡漢巳下屬東萊郡
又曰文登漢腄縣有之罘山
漢書曰腄有之罘山丹水所出師古曰腄直腄切

史記曰始皇二十八年行郡縣上泰山過黃腄經成山後二十九年又東遊登成山升之罘勒石紀功

密州

十道志曰密州高密郡置在諸城縣禹貢青州之域兼得徐州之地秦爲瑯琊郡漢屬齊文帝分齊立膠西國封齊悼惠王子卬爲膠西王都高密
齊記曰密州本東武縣樂府東武吟即是也
秦本紀曰始皇二十六年齊遂登瑯琊層臺於山上秦王樂之因留三月乃徙黔首二萬户於瑯琊山
吳越春秋曰越王勾踐二十五年徙都瑯琊立觀臺周旋七里以望東海
史記曰齊湣王爲燕師所敗唯聊莒即墨三城不下立湣

王之子法章於莒是爲襄王

徐州

十道志曰徐州彭城郡置在彭城縣

元和郡縣圖曰禹貢徐州之域春秋時宋滕薛小邾偪陽之地六國時屬楚秦并天下爲泗水郡楚漢之際楚懷王自盱眙徙都之後項羽徙懷王于郴自立爲西楚霸王又都於此漢爲泗水郡後爲彭城郡

漢書曰高祖過沛留置酒沛宮悉召故人父老子弟佐酒發沛中兒得百二十人教之歌酒酣上擊筑自歌大風之歌令兒皆習和之上乃起舞忼慨泣下謂沛父老曰遊子悲故鄉吾雖都關中萬歲之後吾魂魄猶思沛

宋書曰高祖經略中原以彭城險要置府於此後王玄謨上表曰彭城南凾大淮左右清汴城隍峻整襟衛周固又自淮以西襄陽以北經塗三千達于濟岱六州之民三十萬户實由此境

後魏書曰尉元上表曰彭城宋之要藩南師來侵莫不因之以凌諸夏

泗州

元和郡縣圖曰泗州臨淮郡理臨淮縣禹貢徐州之域春秋屬魯又爲徐子之國後秦滅楚爲泗水郡漢分置臨淮郡

漢書地理志曰厹猶屬臨淮郡王莽曰康義（厹音仇即連水也）

郡城記曰周穆王末徐君偃好行仁義東夷歸之者四十餘國穆王西巡聞徐君威德日遠遣楚襲其不備大破之殺偃王其子遂北徙彭城百姓從之者數萬徐國今徐城是也

兖州

十道志曰兖州魯郡置在瑕丘縣

元和郡縣圖曰禹貢兖州之域春秋時爲魯國武王即位封周公於少昊之墟曲阜之地周公不就至子伯禽乃就封之後三十四君爲楚所滅楚以魯爲薛郡初爲魯國魏太祖爲兖州牧焉

左傳曰季康子伐邾以邾子益來因諸負瑕杜注云魯邑也有瑕丘城即今縣

家語曰夫子爲中都宰今有中都城在焉

漢書曰高祖略地取湖陵方輿地志屬山陽郡即今方與縣也

左傳曰隱公矢魚于棠即此地唐或爲魚臺縣

漢書曰吴楚七國反天子命周亞夫將三十六軍擊之亞夫至淮陽問客鄧都尉策安出客曰莫若引兵東北壁昌邑以梁委吴使輕兵絶淮泗口塞吴饟道使吴梁相弊乃以全制其極破吴必矣亞夫從之乃破吴（昌邑今金鄉縣有昌邑故城）

魏志曰太祖欲征陶謙時吕布在兖州荀彧說太祖曰昔高祖居關中光武據河内皆深根固蒂以制天下進足以勝敵退足以自守故雖有困敗而終濟大業將軍本以兖州首事平山東之難百姓無不歸心悦服且濟河天下之要地是亦將軍之關中河内也不可不先定乃從之

海州

十道志曰海州東海郡置在朐山縣禹貢徐州之域春秋魯國之東境七國時屬楚秦爲薛郡地後分薛郡爲郯漢改郯爲東海郡

漢書曰朐屬東海郡秦始皇立石海上以爲東門

又曰東海郡祝其羽山在南縣所殛之地王莽曰猶亭

左傳曰公會齊侯于夾谷卽此

沂州

十道志曰沂州瑯琊郡置在臨沂縣禹貢徐州之域也春秋時齊地秦置瑯琊郡

論語夫子曰點爾何如曰暮春者春服既成冠者五六人童子六七人浴乎沂風乎舞雩詠而歸夫子喟然歎曰吾與點也。又曰子之武城聞絃歌之聲夫子莞尒而笑曰割雞焉用牛刀武城今在費縣

又曰公山弗擾以費叛召子欲往子路不說曰末之也已何必公山氏之之也之適也無可之則止何必公山氏之適

漢地理志曰襄賁屬東海郡王莽曰章信後屬瑯琊郡　贛肥

覽一百六十　九　趙向感

太平御覽卷第一百六十

太平御覽卷第一百六十一

州郡部七

河北道上

懷　孟　衛　相　洺　邢

冀　趙　鎮　定　瀛

懷州

元和郡縣圖曰懷州河内郡禹貢冀州之域覃懷之地周爲畿内及衛邗雍三國春秋時屬晉七國時屬韓魏二國秦兼天下滅衛爲三川郡

禹貢曰覃懷底績至于衡漳

後漢書曰光武定河内而難其守問於鄧禹曰諸將誰可使守河内者禹曰昔高祖任蕭何於關中無復西顧之憂今河内帶河爲固戶口殷實北通上黨南迫洛陽寇恂文武備足非此子不可也乃拜恂爲河内太守恂移書屬縣講兵肄射伐淇園之竹以爲矢養馬收租以給軍

左傳曰周與鄭人蘇忿生之田州陘隤懷(州今河内縣)

又曰襄王賜晉文公以陽樊溫原欑茅之田晉於是始啓南陽(在晉山之南河之北故曰南陽)

元和郡縣圖曰河内縣春秋野王邑也

左傳曰晉人執晏弱于野王

漢志曰武德縣屬河内始皇東巡自以武德定天下故名之也

十道志曰脩武本甯邑也

韓詩外傳曰武王伐紂勒兵於甯故改曰脩武

韓非書曰秦昭王敗趙長平西伐脩武

漢書曰漢武帝將幸緱氏至汲縣之新中鄉得南越相呂嘉首因立爲獲嘉縣

孟州

圖經曰孟州河陽郡禹貢冀豫二州之境則武王伐紂會盟津是也周爲畿内蘇忿生之邑後爲晉邑

左傳曰晉侯召王以諸侯見且使王狩仲尼曰以臣召君不可以訓故書曰天王狩于河陽

北齊書曰神武使潘岳鎮北城又使高永樂守南城以備西魏又東魏所築中潬城仍置河陽關故有河陽三城侯使

冀州圖經曰河陽在河内郡南六十四里有宮有關

晉書曰潘岳才名冠世爲衆所嫉出爲河陽令

左傳隱三年曰鄭祭足帥師取溫之麥秋又取成周之禾

又僖十年狄滅溫(今河内溫縣)溫子奔衛周襄王以地賜晉文公

衛州

元和郡縣圖曰衛州汲郡禹貢冀州之域後爲殷都衛縣界朝歌是也戰國時屬魏秦屬河東郡漢爲汲縣地

地理志曰河内殷之舊都周既滅殷分其畿内爲三國詩風邶鄘衛是也邶以封紂子武庚鄘管叔尹之衛蔡叔尹之以監殷人謂之三監

史記曰周旦以成王命興師殺武庚祿父殺管叔放蔡叔以殷餘民封康叔爲衛君居河淇之間故商墟

漢志曰朝歌屬河内紂所都周武王弟康叔所封更名衛

王莽曰雅歌

劉子曰邑號朝歌墨子迴車

後漢書曰虞詡爲朝歌令多盜連年不解親舊多勞弔之曰

得朝歌何衰也詡笑曰難者不避易者必從臣之節也詡謁河内太守馬稜稜曰君儒者乃在朝歌甚爲君憂之詡曰賊犬羊相聚以求飽暖耳去敖倉不過百里不知取以爲糧青冀流民不知掠以爲衆守其阨塞此爲斷天下之右臂也今則不然此無大計之効也詡悉平之

春秋後序曰太康五年吴寇始平余自江陵還襄陽解甲休兵乃申于舊意脩成春秋釋例及經傳集解始訖會汲郡汲縣有發其界内舊塚者得古書皆簡編科斗文字發塚者不以爲意往往散亂科斗書久廢推尋不能盡通始者藏在秘府余晩得見之

劉澄之山川古今記曰黎陽是黎國也詩曰黎侯寓于衛是也

相州

元和郡縣圖曰相州鄴郡禹貢冀州之域春秋時地屬晋

戰國時屬魏魏文侯使西門豹守鄴是也秦併天下爲邯鄲上黨二郡之地漢高帝分置魏郡治鄴尚書曰河亶甲居相

後魏書曰道武幸鄴訪立州名尚書崔光對曰昔河亶甲居相宜曰相州道武從之

漢志曰魏郡領鄴館陶斥丘等一十八縣

後魏書曰文帝太和十八年卜遷都經鄴登銅雀臺御史崔光等曰鄴城平原千里漕運四通有西門使起舊迹可以饒富在德不在險請都之孝文曰君知其一未知其二鄴城非長久之地石虎傾於前慕容滅於後國富主奢暴成速敗且西有枉人山東有列人縣北有栢人城君子不飲盗泉惡其名也遂止

魏書曰黄武二年以魏郡東部爲陽平郡西部爲廣平郡廣平陽平魏平三郡爲三魏也

圖經曰安陽紂都也在淇洹二水之間本殷墟所謂北冢是也

戰國策曰紂昔兼兵百萬左飲淇水使竭右飲洹水不流

晋書載記曰石勒諸將佐議欲都鄴將攻三臺張賓進曰三臺險固攻守未可卒下於是進襄國

漢志曰内黄屬魏郡春秋吴子晋侯會于黄池今黄澤在西陳留有外黄故加内云

洺州

十道志曰洺州廣平郡屬禹貢冀州之域春秋時爲赤狄之地後屬晋

左傳晋荀林父敗赤狄于曲梁是也七國時屬趙秦併天下爲邯鄲郡漢初置廣平國

禹貢曰覃懷底績至于衡漳（衡漳在肥鄉縣）

左傳曰公會單頃公及諸侯同盟于雞澤杜注云雞澤在廣平曲梁縣

漢志廣平國領縣十六武帝征和二年改爲平干國宣帝復故王莽曰富昌

十道志曰洺水縣本漢斥漳縣也

漢志曰以其國斥鹵故云斥漳

又曰曲周屬廣平國莽曰直周

圖經曰邯鄲單盡也邯山名謂邯山之所盡也

邢州

十道志曰邢州鉅鹿郡禹貢冀州之域秦併天下於此置信都縣屬鉅鹿郡

左傳曰凡蔣邢茅周公之胤也

又成十五年楚大夫申公奔晉晉以爲邢大夫（東陽晉之山東魏郡廣平是。）郡國志曰邢州尚書坊東平地周百餘步其所鳴響人馬行上轟轟有聲掘之即火出。十三州志曰鉅鹿唐虞時大麓之地尚書堯試舜百揆納于大麓麓則林之大者堯之禪舜欲使天下皆見之故合羣臣與百姓納之大麓之野然後授受以明已禪也

張耳傳曰高祖從平城還過趙趙王自上食禮甚卑高祖箕踞趙相貫高等乃壁人栢人要之上過欲宿心動問縣名爲何曰栢人上曰栢人者迫於人也不宿而去（栢人今堯山縣）

冀州

十道志曰冀州信都郡

元和郡縣圖曰春秋時屬晉七國時屬趙在秦屬鉅鹿郡

李公緒趙記曰趙孝成王造壇臺之宮爲趙都朝諸侯故曰信都

史記曰秦時有客説張耳曰兩君羈旅難以獨立立趙後扶以義可以就功乃求趙歇立爲趙王居信都

漢書曰項羽分趙立張耳爲常山王居信都改曰襄國

晉書曰張賓説石勒曰襄國因山憑險實形勢之國可都之遂都於此

晉書曰初童謡云古在左月在右讓去言或入口古在左月在右胡字也讓去言爲襄也或入口爲國也尋爲石勒所都

後漢書曰王郎僭號河北悉應光武自薊南行至下博惶惑不知所之有白頭父在道傍指曰努力信都爲長安守光武即馳赴信都太守任光開門出迎

魏志曰韓馥爲冀州牧公孫瓚欲襲馥馥長之袁紹使高幹諷馥令以冀州讓紹馥素恇怯因然其計馥長史耿武諫曰冀州雖鄙帶甲百萬穀支十年袁紹孤客窮軍譬如嬰兒在股掌之上絶其乳哺立可餓殺柰何以州與之馥不從以州與紹

盧植冀州風土記曰冀州聖賢之泉藪帝王之舊地

十三州志曰冀州之地古京也人患剽悍故語曰仕宦不偶值冀部

後漢書曰王郎起光武自薊南馳及至南宫遇大風雨光武引車入道傍空舍馮異抱薪鄧禹爇火光武對竈燎衣異進麥飯兔肩

魏志曰太祖拔鄴領冀州牧或説太祖宜復古置九州冀州所制者廣天下服矣太祖將從之荀彧曰若是則冀州當得河東馮翊扶風西河幽并之地所奪者衆今分冀州將皆動心一旦生變天下未易圖也公從之

趙州

元和郡縣圖曰趙州趙郡禹貢冀州之域春秋時屬晉戰國時屬趙秦爲邯鄲郡平棘縣地又趙國兩漢及魏以封建子弟

趙記云女子盛飾冶容習絲竹長袖傾絶諸侯

左傳曰師及齊師衛孔圉及鮮虞伐晉取棘蒲（棘蒲今平棘縣地也）

史記蘇秦説趙曰當今之時山東之建國莫強於趙趙地方二千里西有常山南有漳河東有清河北有燕代

漢志曰元氏屬常山縣王莽曰井關亭趙公子元之封邑故曰元氏

後漢書曰光武北征彭寵陰后從行生明帝於元氏傳舍章帝幸元氏祠光武顯宗於縣舍又祠顯宗於始生堂皆

奏樂用新詩復元氏祖

十道志曰高邑縣趙房子之邑竹書紀年作鲂子漢以爲鄗縣（鄗音火各反）後漢復改爲高邑

後漢書曰光武至鄗羣臣請即帝位於是設壇場於鄗南千秋高亭五成陌（今趙州柏鄉縣）

鎮州

十道志曰鎮州常山郡

元和郡縣圖曰禹貢冀州之域周爲并州地春秋時爲鮮虞國戰國時屬趙秦兼天下爲鉅鹿郡

十三州志曰真定本名東垣以河東有垣故此加東耳

漢書曰高帝時代相陳豨反使趙利守東垣上自攻之不下卒罵帝帝怒增兵急攻城斬罵者改曰眞定

漢志曰井陘屬常山郡

穆天子傳曰天子獵于鈃山注曰燕趙謂山脊爲鈃即今井陘是

史記曰秦始皇十七年改趙王翦下井陘

元和郡縣圖曰靈壽縣本中山國都也

十三州志曰中山武公本周之同姓其後桓公不恤國政晉太史餘見周王王問之諸侯孰先亡對曰中山之俗以晝爲夜以臣觀之中山其先亡乎其後魏樂羊爲文侯將拔中山封之靈壽

戰國策曰九門縣本有九室而居趙武靈王改爲九門縣

史記曰趙惠王三十八年藺相如城九門大城

定州

十道志曰定州博陵郡禹貢冀州之域虞舜十二州蓋并州之域春秋時鮮虞白狄之國後改爲中山國

張曜中山記曰郡理中山以其城中有山故謂之中山又云郡治中人城

漢志曰盧奴縣屬中山國盧水出焉

圖經曰安喜縣即古盧奴縣也有黑水故池深而不流俗謂黑水爲盧不流爲奴

漢書外戚傳曰宣帝母王夫人微時與父泣別於柳宿城（在豐義縣）

十道志曰唐縣本春秋時鮮虞邑也漢爲唐縣地

漢志曰唐縣屬中山國王莽曰和親故堯國也堯爲唐侯邑於此堯山在唐東北望都界孟康曰晉荀吴伐鮮虞入中人今中人亭是

應劭風俗通曰中人城北四十里有左人亭鮮虞故邑（左人亭即唐縣也）

漢書曰望都屬中山國莽曰順調堯山在北堯母慶都山在南登堯山見都山故以爲名

圖經曰陘邑縣本七國時中山國之苦陘縣也

史記曰李克爲中山相苦陘之吏上計入多於前克曰苦陘上無山林之饒下無藪澤牛馬之息而入多於前是擾亂吾民也於是免之

十道志曰鼓城縣春秋鼓子之邑漢下曲陽之地

春秋左氏傳曰晉荀吴圍鼓以鼓子鳶鞮歸（鉅鹿下曲陽有鼓聚）

十三州志曰中山有上曲陽故加下耳

圖經曰北平縣本秦曲逆縣之地屬中山國

漢書曰高祖北征還過曲逆上其城望室甚大曰壯哉縣吾行天下獨見雒陽與是耳於是封陳平爲曲逆侯

後漢書曰章帝北巡北岳以曲逆名不善改爲蒲陰

瀛州

十道志曰：瀛州，河間郡。禹貢冀州之域，舜十二州爲并州之境。春秋時屬燕、趙二國。秦并天下，爲河間郡。漢爲河間國。

郡國志曰：瀛州以地帶滄海，物產滋瀛，故以名之。又云以瀛海爲名。

漢志曰：河間國領縣四：樂成、候井、武隧、弓高。王莽曰朔定。

應劭曰：在南河之間。

漢書曰：武帝時，望氣者云西北有女極貴，遂訪之於河間，得鉤弋夫人。

十道志曰：博野縣，本漢蠡吾縣地。

十三州志曰：太初元年，蠡吾侯去入繼孝質，是爲孝桓帝，追尊其父蠡吾侯翼爲孝崇皇帝，陵曰博陵，因改爲博野縣。

漢志曰：高陽縣屬涿郡。王莽曰高亭。以其在高河之陽，故曰高陽。

漢志曰：東平舒屬渤海郡。以代郡有舒，故此加東也。即平舒縣。

太平御覽卷第一百六十一

太平御覽卷第一百六十二

州郡部八

河北道中

魏　博　莫　深　易　幽
順　歸順　涿　薊　燕　檀
嬀　平　營　德　棣　滄
貝

魏州

元和郡縣圖志曰魏州魏郡禹貢兖冀二州之域在夏即觀扈之國春秋時爲晉地戰國時爲衞魏二國之地秦滅魏置東郡滅趙置邯鄲郡漢以秦邯鄲之南部東郡之邊縣置魏郡後漢封曹操爲魏王治鄴

史記曰邯鄲亦漳河之間一都會也北通燕涿南有鄭衞

俗與趙相類然近梁魯重義而務節

漢書曰邯鄲土廣俗雜大率精急高氣勢輕爲姦漢初分邯鄲之南部置魏郡

漢志曰魏郡王莽曰魏成領鄴館陶等十八縣又曰元城屬魏郡魏武侯公子元食邑於此因而氏焉

後漢書曰曹操爲魏公操分魏郡爲東西部置都尉

元和郡縣志曰元城縣有沙麓山即春秋經所書沙麓崩後爲漢元后興之象也

博州

元和郡縣志曰博州博平郡禹貢兖州之域春秋時齊之西界聊攝地也戰國時爲齊地秦漢爲東郡地

左傳齊晏子對景公曰聊攝以東其爲人也多矣

史記曰齊田單攻聊城歲餘士卒多死而聊不下魯仲連乃爲書約之矢以遺城中燕將得魯連書泣三日猶豫不能決乃自殺

史記曰齊威王伐晉至博陵徐廣注曰東郡之博平也

莫州

十道志曰莫州文安郡其地歷代所屬與瀛州同唐景雲二年分瀛州置

漢志曰鄚縣屬涿郡王莽曰言符

郡國志曰鄚縣有易京城後漢末公孫瓚築京以自固圍塹十重以鐵爲門諸將家家作樓以千計並高五六丈爲袁紹所攻城樓皆陷没

圖經曰清苑縣本漢樂鄉縣也

漢志曰樂鄉屬信都王莽曰樂丘

史記曰漢高祖過趙問樂毅有後乎對曰有樂臣叔遂封

樂叔於此

後漢書曰獻帝初公孫瓚據幽州先是有童謠曰燕南垂趙北際中間不合大如礪唯有此中可避世瓚以易地當之乃築京以自固也

深州

元和郡縣圖曰深州饒陽郡禹貢冀州之域七國時爲趙地秦爲鉅鹿郡地漢爲饒陽縣隋置深州以州西故深城爲名也

漢志曰饒陽屬涿郡在饒河之陽故名之

又曰安平屬涿郡王莽曰廣望亭漢書高帝六年封鄂千秋爲安平侯

後漢書曰王郎起光武自薊東南馳晨夜草舍（舍上宿也）至饒陽無蔞（力朱）亭時天寒烈衆皆飢疲馮異上豆粥明旦光

武謂諸將曰昨作公孫豆粥飢寒俱解（公孫異字）

易州

十道志曰易州上谷郡禹貢冀州之域虞舜分冀州立并州則爲并州之地春秋時燕趙之分秦并天下爲上谷郡地漢置涿郡今州即涿郡之故安地也

又曰易縣本漢故安縣也漢志曰故安屬涿郡漢書曰文帝封申屠嘉爲故安侯

九州記曰易縣西南三十里有送荊陘即荊軻入秦之路也

河北記曰易縣前有五公城王潭不從王莽潭子興生五子避隱於此世祖並封爲侯

十道志曰淶水縣本漢遒縣也

漢志曰遒屬涿郡莽曰遒屏

漢書年表曰景帝封匈奴降王隆彊爲遒侯

又曰容城屬涿郡莽曰深澤

十道志曰遂城戰國時武遂縣漢之北新城

史記曰趙悼襄王二年李牧將攻燕拔武遂

漢志曰北新城屬中山國莽曰朔平土地十三州志曰河間有新城故此加北

幽州

十道志曰幽州范陽郡禹貢冀州之域虞舜十二州爲幽州夏殷省併冀州周復置幽州秦爲漁陽上谷等五郡漢高分上谷置涿郡武帝開東夷又置玄菟樂浪二郡

釋名曰幽州北幽昧之地故曰幽州

晉地道記曰幽州因幽都以爲名

山海經曰北荒有幽都之山

爾雅曰北方之美者幽都之筋角焉

晉地道記曰舜以冀州南北廣大分燕北地爲幽州

漢志曰漁陽郡屬幽州莽曰通路

史記曰顓頊都於帝丘其地北至幽陵

又曰周武王之滅紂封召公於北燕（世本曰居北燕宋忠曰有南燕故曰北）

郡國志曰箕星散爲幽州分爲燕國其氣躁急通齊趙渤海之間一都會也

史記曰燕秦千樹栗與封侯等士馬所生有魚鹽棗栗之利

後漢書曰公孫瓚破劉虞盡有幽州之地

三國典略曰東魏薛琡寓夢山上掛絲以告所善張亮曰山上絲幽字也君必爲幽州後果如之

禮記曰武王克商封黃帝之後於薊

史記曰鄒子之燕昭王擁彗前驅請爲弟子受業築碣石宮以鄒子親往師之

又曰昭王謂郭隗曰願得賢士以身事之隗曰王必欲致士先從隗始況賢於隗者豈遠千里哉於是昭王爲隗改築宮而師事之樂毅自魏往鄒衍自齊往劇辛自趙往士爭歸燕

漢志曰安次縣屬渤海郡又續漢志曰安次屬漁陽郡

圖經曰武清縣本漢之雍奴縣也

酈元注水經曰雍奴藪澤之名四面有水曰雍不流曰奴

魏志曰張郃傳曰從擊譚於渤海別將圍雍奴大破之

順州

方輿志曰順州順義郡在范陽郡唐天寶初置又改爲順義歸化二郡（亦曰順州 恩）

歸順州

方輿志曰歸順州其地乃燕之北境燕太子丹使荆軻獻地圖即謂此也即元順州之北境唐天寶初以置歸化順義二郡同領懷柔一縣復又立歸順州以理焉

涿州

圖經曰涿州涿郡古涿鹿之地舜十二州爲幽州地禹貢爲冀州之域春秋戰國爲燕國之涿邑漢高帝置涿郡

史記曰黄帝與蚩尤戰於涿鹿之野

漢志曰涿郡高帝置莽曰垣翰屬幽州領縣二十九

薊州

圖經曰薊州漁陽郡禹貢冀州之域春秋及戰國時屬燕秦時於此置漁陽郡二漢因之

又曰漁陽縣本北無終子國也有無終山城

漢志曰無終屬右北平故無終子國也

春秋左氏傳曰莊十三年齊人伐山戎杜預注曰山戎北狄無終三名其實一也

燕州

釋名曰燕宛也在涿鹿山南宛宛然因以名之

春秋説題辭曰箕尾爲燕陰氣侵生故俗云貪利地宜栗

史記蘇秦説燕文侯曰燕東有朝鮮遼東北有林胡樓煩西有雲中九原南有呼沲易水地方二千里帶甲數十萬南有碣石鴈門之饒北有棗栗之利民不佃作而足於棗栗矣此所謂天府也

又貨殖傳曰燕秦千樹栗以比封侯

檀州

十道志曰檀州密雲郡禹貢冀州之域春秋戰國時並爲燕地秦爲漁陽郡在漢領白檀等十二縣

又曰本漢虒奚縣漁陽屬郡

漢志曰虒奚屬漁陽郡莽曰敦德（虒音題）

又曰燕東有漁陽郡

漢書曰漢李廣爲弭節白檀

魏書曰曹公越北塞歷白檀破烏丸於柳城

續漢書曰白檀縣即右北平

嬀州

十道志曰嬀州嬀川郡禹貢冀州之域舜暨周爲幽州之域春秋戰國並屬燕國秦併天下爲上谷郡爲潘縣也

漢志曰燕西有上谷郡

又曰上谷郡秦置莽曰朔調屬幽州領縣十五

又曰潘縣屬上谷郡莽曰樹武（潘曰普半反）

史記曰軒轅黄帝戰於阪泉之野

晉太康地理志曰潘縣更屬廣寧郡

十道志曰阪泉在懷戎縣

周書曰黄帝殺蚩尤於中冀名曰絶轡之野亦其地

史記曰燕築長城自造陽至襄平（造陽即嬀州之地名也）

平州

十道志曰平州北平郡禹貢冀州之域舜十二州爲營州之境周爲幽州之地春秋時爲山戎孤竹白狄肥子二國地秦兼天下爲遼西郡肥如縣地

漢志曰肥如屬遼西郡肥子奔燕燕封於此

史記曰齊桓公北征山戎至孤竹至卑耳之溪見一人長八尺具衣冠右袪衣走馬前桓公問於管仲對曰山之神有俞兒霸王之君興則前導袪衣示前有水右袪衣從右方

涉至卑耳之溪從左方涉其深至膝已涉桓公拜曰仲父之聖至此

魏志曰曹公北征烏丸田疇自盧龍道引軍出盧龍塞塹山堙谷五百餘里經白檀歷平岡登白狼望柳城道今在盧龍縣

營州

十道志曰營州柳城郡禹貢冀州之域其在十二州爲營州地周爲幽州春秋爲山戎之地戰國時屬燕秦漢爲遼西郡

郡國志曰地當營室故曰營州

漢志曰遼西郡秦置屬幽州領縣十四

後漢書曰遼西郡即烏丸鮮卑蹋頓所居○十六國春秋慕容皝傳曰柳城之北龍山之南所爲福德之地也可營制規模築龍城構宫室改柳城爲龍城縣遂郡之改曰和龍宫

後漢輿地記曰舜分齊營州之域燕西置營丘郡於其城内今柳城縣有營丘城

德州

元和郡縣志曰德州平原郡禹貢兖州之域春秋戰國時齊地秦兼天下爲齊郡地漢分齊郡置平原郡

漢志曰平原郡高帝置王莽曰河平領縣十九

十道志曰蓨縣本漢條縣也景帝封周亞夫爲條侯後改爲蓨

漢志曰脩縣屬信都莽曰脩治

元和郡縣志曰安德縣有篤津枯河禹貢九河之一

漢志曰鬲縣屬平原王莽曰河平

棣州

元和郡縣志曰棣州樂安郡禹貢青州之域又曰兖州之域春秋時爲齊地秦併天下爲齊郡漢爲平原渤海千乘三郡地

左氏傳曰錫我先君履東至于海西至于河南至于穆陵北至于無棣

十道志曰厭次本漢富平縣

漢志曰富平侯國屬平原郡王莽曰樂安亭後漢明帝改爲厭次

漢書東方朔傳曰朔平原厭次人也

十道志曰滴河縣本漢朸縣也朸音力

漢志曰朸屬平原郡莽曰張鄉

十道志曰蒲臺本漢濕沃縣也

漢志曰濕沃屬千乘郡莽曰延亭

三齊記曰蒲臺高十八尺始皇所頓處臺下縈蒲繫馬今蒲猶縈也

滄州

十道志曰滄州景城郡禹貢兖州之域虞舜及周爲幽州之域春秋時屬齊晉七國時屬齊趙秦併天下以齊地置齊郡以趙地置鉅鹿郡漢高帝分鉅鹿置渤海郡分齊郡置平原郡

漢志曰渤海郡高帝置莽曰迎河在渤海之濱因以爲名

圖經曰渤海實滄州之地屬趙分居多

漢書曰趙分地薄人衆丈夫相遇游戲悲歌慷慨起則椎剽掘塚作姦巧多弄物爲倡優

十三州志曰渤海風俗鷙戾高氣力輕姦宄

十道志曰清池縣漢之浮陽縣也
漢志曰浮陽屬渤海郡莽曰浮成
十三州志曰浮陽浮水所出東入海
漢書曰宣帝時渤海飢盜賊起龔遂單車入境平之後勸叛者賣劍買牛民皆知勸
漢志曰平童縣靈帝改曰饒安屬渤海郡
又曰樂陵縣屬平原郡莽曰美陽

貝州

元和郡縣志曰貝州清河郡禹貢兖州之域春秋時屬晉七國時屬趙秦兼天下以爲鉅鹿郡漢又分置清河郡
十道志曰周武建德六年北齊於此置貝州以貝丘爲名
左氏傳曰齊侯田于貝丘
漢志曰清河郡高帝置王莽曰平河屬冀州領縣十四

圖經曰清河縣秦爲厝縣（厝音趙亦反）漢爲信成縣
漢志曰厝屬清河郡王莽曰厝治安帝以孝德皇帝葬于厝改曰甘陵
十道志曰武城趙邑東武城也
史記曰趙平原君勝封東武城
元和郡縣志曰夏津縣本漢鄃（音戍）縣也
漢志曰鄃縣屬清河郡王莽曰善陸
漢書曰高后封呂他爲鄃侯

太平御覽卷第一百六十二

太平御覽卷第一百六十三

州郡部九

河東道下

蒲　絳　晉　澤　潞　遼

沁　隰　慈　汾　并　石

嵐　代　忻　蔚　朔　雲

蒲州

十道志曰蒲州河東郡置在河東縣本漢蒲坂地蓋堯舜所都

左傳曰晉獻公滅魏以賜畢萬服虔注曰在晉之蒲坂

史記曰季布為河東太守文帝謂布曰河東吾股肱郡也

博物志曰河東有山澤近鹽沃土之人不才漢興少有名人

魏志杜畿傳曰畿為河東太守開置學官親執經教郡中化之自後河東多儒者闇閣之間習於程法

春秋左氏傳曰晉人謀去故絳諸大夫皆曰必居郇（音荀）瑕（音遐）氏之地（郇瑕古國名河東解縣西北郇城）沃饒而近盬（盬鹽也猗氏鹽池是）國利君樂不可失也韓獻子曰不可郇瑕氏土薄水淺其惡易覯易覯則民愁民愁則墊（音居）隘於是乎有沈溺重膇（直僞切）之疾不如新田土厚水深居之不疾有汾澮以流其惡夫山澤林鹽國之寶也國饒則民驕佚近寶則公室乃貧（近寶則民不務本也）不可謂樂公說從之

郡國志曰猗氏縣猗頓所居之地猗頓魯窮士也問術於陶朱公公教之畜五牸遂富漢因之名縣

史記曰魏都安邑惠王三十一年秦用商君東侵地至河而齊趙數破我我安邑近秦於是徙居大梁

漢志曰河東郡秦置（莽曰兆陽）領縣二十四

又曰蒲坂故曰蒲秦更名（莽曰蒲城）應劭曰秦始皇東巡見長坂故因加反孟康云晉文公以賂秦後秦人還蒲魏人喜曰蒲反矣遂名之師古曰應說是

絳州

元和郡縣志曰絳州絳郡禹貢冀州之域春秋時屬晉戰國時為魏地秦三十六郡為河東郡

後漢書曰章帝元和三年行幸安邑觀鹽池

晉太康地志曰安邑有司鹽都尉別領兵五千

圖經曰晉穆侯遷都於絳曾孫孝侯改絳為翼翼為晉之舊都後獻公復為絳絳在今曲沃故城二里有絳邑故城是故絳在翼城東南有故翼城是也

十道志曰正平縣有九原一名九原即趙簡子觀處

禮記曰趙文子與叔譽觀于九原文子曰死者如可作也吾誰與歸叔譽曰其陽處父乎文子曰見利不顧其君其仁不足稱也我則隨武子乎利其君不忘其身謀其身不遺其友

漢書曰元鼎六年（上幸）緱氏至此聞南越破遂立為聞喜縣

圖經曰聞喜縣有董澤左傳曰董澤之蒲可勝既乎

晉州

元和郡縣志曰晉州平陽郡禹貢冀州之域堯舜所都周為冀州地春秋時其地屬晉戰國時屬韓秦為河東郡地

十道志曰本漢平陽縣地

漢志曰平陽縣屬河東郡以其在平水之陽故名之

前趙錄曰太史令言於元海曰蒲子崎嶇非可久安平陽唐堯所都於是徙居平陽也

兩河記曰洪洞縣以此地固重複控據要險故曰洪洞焉

漢志曰襄陵屬河東郡王莽曰幹昌以晉襄公之陵以爲名

十道志曰霍邑漢彘縣也

漢志曰彘屬河東郡周厲所奔也王莽曰黄城

澤州

元和郡縣志曰澤州高平郡禹貢冀州之域春秋時屬晉戰國時屬韓魏後屬韓秦兼天下今州即上黨郡高都縣之地也

史記曰秦使武安君白起攻趙趙發兵拒秦秦大破趙於長平（長平在高平縣西北有長平故城）

十道志曰澤州以濩澤爲名

漢志曰濩屬河東郡禹貢析城山在其西南濩（音胡郭反）

墨子曰舜漁於濩澤

十道志曰晉城縣本漢高都縣也

漢志曰高都屬上黨郡有天井關

元和郡縣志曰高平縣本漢泫氏縣也（泫音胡玄反）

漢志曰泫氏屬上黨泫水所出也

竹書紀年曰梁惠王九年晉取泫氏

史記曰趙成侯十六年與韓魏分晉封晉君于端氏也

潞州

元和郡縣志曰潞州上黨郡禹貢冀州之域殷爲黎國春秋時屬晉又曰隸有潞子之國秦爲上黨郡地

左傳宣十五年曰潞子嬰兒之夫人晉景公之姊也酆舒爲政而殺之又傷潞子之目（酆舒潞相）晉侯伐之滅潞酆舒奔衛衛人歸諸晉晉人殺之

戰國策曰秦有安邑則韓必無上黨以逺韓近趙故卒歸趙

隋圖記曰上黨南陽古以爲縣實都也

漢志曰上黨郡秦置屬并州有上黨關

又曰壺關屬上黨郡黎侯國今有黎亭

釋名曰上黨黨所也在山上其所最高故曰上黨

上黨記曰高平赤壤其地山阻百姓不居即此郡也

圖經曰後周建德七年於襄垣縣立潞州以其浸汾潞爲名

漢志曰長子縣屬上黨郡周史辛甲所封師古曰長讀長短之長

竹書紀年曰梁惠王十二年鄭取屯留尚子即長子之地也

左傳襄十九年曰晉人執衛行人石買于長子執孫蒯于屯留（長子屬上黨）

又曰鄭伯如晉晉人執諸銅鞮

晉太康地記曰銅鞮故晉大夫羊舌赤邑時號赤爲銅鞮伯華漢以爲縣

遼州

圖經曰遼州樂平郡禹貢冀州之域春秋時其地屬晉戰國屬韓後屬趙秦漢爲上黨郡貞觀中避諱改爲儀州後又爲箕州復爲遼

十道志曰和順縣本漢沾縣地即譯閼與邑

史記曰秦昭襄三十八年攻趙閼與趙奢曰其道逺險狹譬如兩鼠鬬於穴中將勇者勝乃使趙奢將大破秦軍乃解閼與之圍

漢書高帝紀曰韓信破代相夏説於閼與

漢志曰沾縣屬上黨郡有沾水出壺關（沾音他兼反）

沁州

十道志曰沁（千浸切）州陽城郡本漢穀遠縣地

元和郡縣志曰禹貢冀州之域春秋時其地屬晉戰國時屬韓在秦爲上黨郡地今州即漢上黨之穀遠屬地

漢志曰穀遠屬上黨郡王莽曰穀近

晉地記曰穀遠今名孤遠後代語訛耳

十道志曰綿上縣亦穀遠縣之地以縣西有綿上地因名之舊屬介休縣隋分置綿上焉蓋晉介子推之地

隰州

圖經曰隰州大寧郡夏殷已前其地與箕沁同在周爲晉之北鄙

元和郡縣志曰禹貢冀州之域春秋時爲晉地七國時屬魏秦爲河東郡地漢爲蒲子縣屬河東郡

國語曰驪姬謂晉獻公曰蒲與屈君之疆也不可以無主若太子主蒲與屈乃可以威民而懼戎（太子申生也二子重耳夷吾也蒲陽平隰子縣）

郡國志曰以州前二里有泉下濕故取下濕之義爲名

十道志曰永和縣本漢狐讘縣也

漢志曰狐讘屬河東郡（讘音之涉反）

慈州

元和郡縣志曰慈州文成郡禹貢冀州之域春秋時晉之屈邑獻公子夷吾所居也秦併天下即河東郡之北屈縣

漢志曰北屈王莽曰朕北應劭曰有南屈故稱北墳曰汲郡古文翟章救鄭次于南屈

左傳僖二年曰晉荀息請以屈產之乘與垂棘之璧假道於虞以伐虢（屈地生良馬）

元和郡縣圖曰吉昌縣有姚襄城西臨黃河控帶龍門孟門之險周齊交爭之地齊後主武平二年遣斛律明月破周兵於此城下

郡國縣道記曰呂香本漢之北屈有騏縣

漢志曰騏屬河東郡侯國

汾州

十道志曰汾州西河郡禹貢冀州之域其在虞夏及周屬并州春秋時晉地六國時屬趙秦併天下屬太原郡

左傳昭元年曰昔金天氏有裔子曰昧爲玄冥師生允格臺駘臺駘能業其官宣汾洮障大澤（汾洮二水）以處太原（太原晉陽也）帝用嘉之封諸汾川

又曰昔高辛氏有二子長曰閼伯次曰實沈居于曠林不相能也后帝不臧遷閼伯于商丘主辰商人是因遷實沈于大夏主參唐人是因（大夏今晉陽縣）其季世曰唐叔虞及成王滅唐而封太叔焉故參爲晉星（叔虞封唐是爲晉侯）

又昭二年曰齊陳無宇送女晉侯謂之少齊謂陳無宇非卿執諸中都（中都晉邑在河西介休縣）

又傳二十四年曰晉侯賞從亡者介之推不言祿祿亦弗及遂隱而死晉侯求之不獲以緜上爲之田曰以志吾過且旌善人

元和郡縣志曰子夏居西河吴起守西河皆爲此也

禮記檀弓曰子夏喪其子而喪其明曾子弔之子夏哭曰天乎予之無罪也曾子怒曰商汝何無罪也吾與汝事夫子於洙泗之間退而老於西河之上使西河之民疑汝於

夫子兩罪一也

唐書曰高祖初起兵師次霍邑隋將宋金剛拒不得進屯軍賈胡堡大會霖神語曰若向霍邑當東南傍山取路八日雨止我當助破之（賈胡堡在靈石縣）

并州

元和郡縣圖志曰并州太原府禹貢冀州之域春秋時晉國戰國時爲趙地秦併天下置太原郡

尚書禹貢曰既脩太原至于岳陽

春秋元命苞曰并之爲言精合交并

釋名曰并者兼并也言或并或設

元和郡縣志曰中國曰太原夷狄曰大鹵按晉大鹵太原大夏夏墟晉陽六名其實一也

左傳曰晉荀吴敗狄於大鹵（釋名曰地不生物曰鹵）

太康地記曰并州不以衛水爲號不以恒山爲稱而云并者蓋以在兩谷之間乎

帝王世紀曰帝堯始封於唐又徙晉陽及爲天子都平陽平陽即今晉陽即太原也

又曰禹自安邑都晉陽至桀徙都安邑至周成王以封弟叔虞是爲晉侯

史記曰成王與叔虞戲削桐葉爲珪曰以是封汝周公請封於唐王曰吾戲耳周公曰天子無戲言遂以封之

魏志曰高祖圍袁尚於鄴時袁紹外生高幹爲并州刺史牽招說幹曰并州左有恒山之險右有大河之固北有強胡宜速迎尚併力觀變幹不從故敗

史記曰智伯率韓魏攻趙襄子于晉陽引汾水灌其城不没者三板

春秋後語曰張孟談謂趙襄子曰董安于之在晉陽公吕之垣皆荻蒿

隋圖經曰并州其氣勇抗誠信韓趙魏謂之三晉剽（疋妙反）悍盜賊常爲他郡劇

漢志曰太原郡秦置有鹽官在晉陽屬并州領縣二十一

又曰榆次屬太原郡王莽曰太原亭

史記秦本紀曰莊襄王使蒙驁攻趙榆次

漢志曰陽曲屬太原應劭曰黄河千里一曲當其陽故曰陽曲

石州

元和郡縣志曰石州昌化郡禹貢冀州之域虞及周屬并州春秋時屬趙亦爲白狄之地在秦爲西河郡之離石地

史記曰秦伐趙取離石

前趙録曰今離石在國單于所徙庭是也

十六國春秋曰晉惠帝以劉元海爲離石將兵都尉

嵐州

元和郡縣志曰嵐州樓煩郡禹貢冀州之域春秋時爲晉國後屬趙本樓煩故地秦爲太原郡漢爲太原郡之汾陽地

史記曰趙惠文王主父行地遂出伐西遇樓煩王於西河而破其兵取其地爲縣

漢志曰汾陽屬太原郡汾水所出

漢書項羽傳曰漢有善射者曰樓煩楚挑戰樓煩輒射殺之使射羽羽大怒瞋目叱之樓煩目不能視手不能發（樓煩縣屬鴈門北縣人善騎射）

莊子曰堯治天下之民平海内之政往見四子藐姑射之

山汾水之陽窅然喪其天下

代州

元和郡縣圖曰代州鴈門郡古并州之域春秋時晉地戰國時屬趙秦置三十六郡鴈門是其一焉漢因之

河東記曰代句注在州西北鴈門界西陘山是也

史記曰趙襄子與韓魏共滅智伯分晉地則趙有句注之地

爾雅曰北陵西隃鴈門是也郭璞注曰西隃鴈門山也

地理志曰自代傍陰山至高闕代王以爲塞

漢志曰鴈門郡秦置句注山在陰館

王莽曰填狄屬并州領縣十四

山海經曰鴈門出其間在高柳代中

史記曰趙襄子與代王會於夏屋以銅斗擊殺代王而取其地

十道志曰五臺縣本漢慮虒縣

漢志曰慮虒屬太原郡師古曰慮虒音廬夷

又曰崞縣屬鴈門王莽曰崞張

又曰繁時屬鴈門王莽曰當要

忻州

元和郡縣志曰忻州定襄郡古并州之域春秋時爲晉國戰國時爲趙地秦漢爲太原郡地今州即漢太原郡之陽曲縣也

十道志曰忻州置在秀容縣本漢曲陽縣後漢末於此置九原縣

十三州志曰漢末大亂匈奴侵邊自定襄已西盡雲中鴈門之間遂空建安中丞相曹公集荒郡之户以爲縣聚之九原縣界新興郡領九原等縣屬并州

元和郡縣志曰秀容城劉元海新築元海感神而生姿容秀美因以爲名

蔚州

元和郡縣志曰蔚州安邊郡禹貢冀州之域虞及周屬并州春秋時地屬晉戰國時屬趙秦漢爲代郡

漢志曰靈丘屬代郡瓚曰靈丘之號在趙武靈王之前也

漢書曰酈食其說漢王曰杜白馬之津距飛狐之口

晉書曰建興中劉琨自代出飛狐口奔於安次

朔州

元和郡縣志曰朔州馬邑郡屬禹貢冀州之域虞及周爲并州地春秋時爲北狄地戰國時屬趙秦爲鴈門郡漢爲鴈門郡之馬邑也

漢志曰馬邑屬鴈門郡王莽曰章昭

晉太康地記曰秦時建此城輙崩不成有馬周旋馳走反覆父老異之因依以築城遂爲馬邑

後魏書曰道武天興元年遷都平城孝文遷都之後於此置朔州

冀州圖云趙武靈王胡服而征遂有獫狁之地漢高帝以韓王信壯武乃以太原郡爲韓國徙信以備胡信以晉陽去塞遠請理馬邑上乃許之後匈奴圍信信數求救上賜書責信信懼以馬邑降胡

雲州

元和郡縣圖曰雲州雲中郡禹貢冀州之域虞及周爲并州之地春秋時爲北狄地戰國時其地屬趙其後屬秦鴈門郡地漢鴈門郡之平城縣也

漢志曰平城東部都尉治王莽曰平順

郡國志曰雲中五原唾出口成氷言苦寒也

漢書曰七年上自將擊韓王信于銅鞮縣信亡走匈奴與匈奴共距漢上從連戰乘勝逐北遂至平城爲匈奴所圍七日用陳平祕計得出

元和郡縣圖曰後魏道武於此建都東至上谷西至河南至中山北至五原地方五千里以爲甸服孝文改爲司州牧置代尹

太平御覽卷第一百六十三

太平御覽卷第一百六十四

州郡部十

關西道

雍 華 同 岐 燿 乾
隴 邠 涇 寧 慶 原
靈 鹽 鄜 坊 延 丹
綏 銀 麟 夏 豐 勝

雍州

尚書禹貢曰黑水西河惟雍州厥土惟黄壤厥田惟上上厥賦中下（田第一賦第六人功少）厥貢惟球琳琅玕（球琳皆玉名琅玕石而似珠）

文耀鉤曰岐華已北龍門積石南至三危雍州也

春秋說題辭曰秦金精堅故秦俗亦堅

春秋元命苞曰雍壅也東距坂西有漢中南合高山阻居

庸是

釋名曰雍州在西山之内壅翳也

應劭注漢書曰四面積高曰壅

李巡注爾雅曰河西其氣蔽壅也

晉太康地志曰雍州西北之地陽所不及陰氣壅遏故以爲名

呂氏春秋曰西方爲壅州

三輔黄圖曰始皇表河以爲秦東門表汧以爲秦西門

地理通說曰東自同華略河西北西自岐隴會原極于此盡其地挾灃灞據函崤方千里得百二之固

史記蘇秦說孝公曰秦四塞之國被山帶河外有洪河之險西有漢中巴蜀北有代馬之利此天府也

又曰獻公徙居櫟陽孝公用商鞅作咸陽築冀闕徙都之

貨殖傳曰關中由汧雍以東至河華膏壤沃野千里自虞夏之貢以爲上田

漢書曰秦形勝之國也帶河阻山懸隔千里持戟百万秦得百二焉（言秦地險固二万人足敵諸侯百万人也）地勢便利以其下兵於諸侯譬猶居高屋之上建瓴水也（瓴盛水瓶也居高屋之上而播瓴水言其向下之勢易也）

又婁敬說高祖曰陛下都洛陽豈欲與周室比隆哉周之都洛以爲天下之中四方納貢道里均有德則易以王無德則易以亡今陛下欲比隆成康之時爲不侔矣且秦地被山帶河四塞以爲固卒然有變急百万之衆可具故秦膏腴之地以爲天府陛下入關而都之山東雖亂秦故地可全而有也夫與人鬬不搤其吭而拊其背未能全勝今陛下入關而都之此亦搤天下之吭而拊其背也高祖以問群臣群臣皆山東人爭言周王數百年秦二世而亡高

祖疑未能决及留侯明言入關便即日車駕西都關中

又百官表曰内史周官秦因之掌治京師景帝二年分置左内史右内史太初元年更爲京兆尹

又東方朔曰三輔之地南有江淮北有河渭汧隴以東商雒以西厥壤肥饒此所謂天府陸海之地也

後漢書曰董卓徙都長安謂陳紀曰三輔平敞四面險固土地肥美號曰陸海

三輔黄圖曰太初元年以渭城以西屬右扶風長安以東屬京兆尹長陵以北屬左馮翊以輔京師謂之三輔

關中記曰秦西以隴關爲限東以函谷爲界二關之間謂之中地地東西方千餘里

十道志曰雍州京兆郡禹貢九州之一舜置十二牧雍亦

在焉周武王都酆鎬平王東遷以岐酆之地賜秦孝公始都咸陽秦兼天下置内史以領關中項籍滅秦分其地爲三以章邯爲雍王都廢丘司馬欣爲塞王都櫟陽董翳爲翟王都高奴謂之三秦高祖入關定三秦後爲内史武帝改爲京兆尹

華州

十道志曰華州華陰郡置在鄭縣禹貢雍州之域

元和郡縣圖曰周爲畿内之國鄭桓公始封之邑其地一名咸林春秋時爲秦晉之地戰國爲秦魏二國之境西岳華山在焉秦爲内史地漢爲京兆尹

國語曰鄭桓公爲周司徒食菜咸林也

左傳曰晉侯許賂秦伯以河外列城五南及華山

史記曰秦武公十一年初縣杜鄭

漢志曰鄭屬京兆尹周宣王弟鄭桓公邑師古曰幽王既敗鄭桓公死之其子武公與平王東遷也爾雅曰河西曰華西南之美者有華山之金玉焉

魏志曰董卓遷都長安華歆求出爲下邽令

史記曰秦始皇三十六年東遊海上遣使關中至平舒道有人持璧遮使者曰爲我遺鎬池君（華具璧門）

水經曰渭水東經平舒城即江神返璧於華陰平舒道遺鎬池君之處也

尚書秦誓曰歸馬于華山之陽放牛于桃林之野

左傳曰晉使詹嘉處瑕以守桃林之塞（杜曰今華陰東潼關是也）

同州

元和郡縣志曰同州馮翊郡禹貢雍州之域春秋時屬秦本大荔戎國秦獲之更名曰臨晉七國時屬魏秦併天下京兆馮翊扶風並内史之地漢爲河上郡復爲内史武帝更名左馮翊郡後改爲同州以其書云灃水攸同故名之也

十道志曰漢王定三秦關中置三郡以塞國爲河上郡後罷三郡以爲内史武帝改爲左馮翊

應劭漢官解詁曰馮輔翊蕃故以爲名

水經曰洛水東南經沙阜北其阜東西八十里南北三十里俗名沙苑

史記曰魏文侯十六年代秦築臨晉

十六國春秋曰符健時河渭溢蒲津監寇登得一屨於河中長七尺健歎曰覆載之内何所不有

穆天子傳曰陽紆之山何伯馮夷之所都

漢志曰臨晉縣有河水祠又郊祀志祠河於臨晉

博物志曰馮夷華陰人得道水仙爲河伯

左傳曰秦晉戰于彭衙（注曰馮翊郃陽縣西北有衙城）

又曰秦伐晉晉使呂相絶秦曰俘我王官剪我羈馬（羈馬今在郃陽王官今在登城）

漢書曰宣帝微時嘗困於蓮勺鹵中如淳曰爲人所辱也蓮勺有鹽池名曰鹵中又漢志曰屬馮翊（蓮音輦勺音酌）

漢志曰郃陽屬左馮翊在郃水之陽即大雅大明之詩曰在郃之陽

岐州

元和郡縣圖曰岐州扶風郡今爲鳳翔府禹貢雍州之域春秋戰國時爲秦都屬内史高帝更名中地郡後屬内史景帝更名主爵都尉武帝改右扶風所以扶助京師行風化也

史記曰秦文公作鄜畤靈公作吳陽上畤又作下畤（今郡內有三畤原）

又曰皇始二十九年巡隴西北地出笄頭山過回中（回中在扶風郡）

漢書曰文帝十四年匈奴入蕭關殺北地都尉回中宮候騎至雍

水經曰郿縣有積石原魏青龍二年諸葛亮出斜谷與司馬宣王屯渭南郭淮筭亮必爭此原遂先據之亮至果不得上又魏氏春秋曰亮據渭南宣王謂諸將曰亮若出武功依山東轉是其勇也若西上五丈原即諸君無事矣亮果屯此原（五丈原在郿縣）

國語曰周之興也鸑鷟鳴于岐山（岐山今岐山縣是）

三秦記曰陳倉山上有石雞與山雞不別趙高燒山山雞

飛去而石雞不去晨鳴山頭声聞三十里或云玉雞

耀州

五代史曰耀州本京兆府華原縣唐末李茂貞據鳳翔僭行墨制建爲耀州以義勝爲軍額命温韜爲節度使

乾州

又曰本唐之奉天縣也唐末李茂貞建之爲州後因之不改

隴州

元和郡縣圖曰隴州汧陽郡禹貢雍州之域秦文公所都漢爲汧縣屬右扶風

禹貢曰道汧及岐至于荆山

説文曰隴天水大坂名也

三秦記俗歌曰隴頭流水鳴声嗚咽遥望秦川肝腸斷絶

又曰隴渭西關也其坂九迴不知高幾許欲上者七日乃得越

漢志曰喻麋屬右扶風即今之汧陽縣

邠州

元和郡縣圖曰邠州新平郡禹貢雍州之域公劉所居之地秦爲内史地漢爲右扶風本作豳字開元中以豳與幽字相涉故爲邠

漢志栒邑屬右扶風有豳鄉詩豳國公劉所都也

左傳曰畢原豐郇文之昭也

十六國春秋曰符堅時新平人王雕陳圖讖王猛以爲左道惑衆勸堅誅之雕臨刑上疏曰臣師劉湛明於圖記謂臣曰新平應出帝王寶器願陛下志之後果獲王器焉

十道志曰宜禄縣本漢鶉觚縣後魏又分置東陰盤縣

周地圖記曰秦使蒙恬北築長城又於北原築城以觚奠酒而祭有鶉飛止觚上因以名縣今有鶉觚原

元和郡縣圖曰新平本漢漆縣

後漢書曰建武八年隗囂攻略陽上至漆進止未定會馬援夜至上喜開之援聚米以爲山谷於上前指軍所從入上笑曰虜在吾目中矣

涇州

元和郡縣圖曰涇州安定郡禹貢雍州之域春秋時屬秦始皇時屬北地郡漢置安定郡

宋永初山川記曰安定㠣山谷之間昆戎舊壤迫近夷狄修習武備人皆以騎射爲事

國語曰周恭王遊於涇上密康公從有三女奔之其母曰必致之於王夫獸三爲群人三爲粲美之物也衆以美物

歸汝而何德以堪王猶不堪況汝小醜備物終必亡康公不獻王王滅密（北有陰密城）

詩大雅曰密人不恭敢拒大邦

寧州

元和郡縣圖曰寧州彭原郡禹貢雍州之域當夏之衰公劉邑焉周時爲義渠戎王國至秦昭王殺義渠戎王併其地始皇時爲北地郡漢因之

漢志曰泥陽屬北平郡莽曰泥陰應劭曰泥水出郁郅北蠻中（十道志後漢改泥陽爲富平後魏文改定平）

又曰義渠道屬北郡莽曰義溝

史記曰夏道衰而公劉失其稷官變于西戎邑于豳至秦繆公得由余西戎八國服於秦泉山涇漆之北有義渠氏昫衍之戎築城郭以居秦稍蠶食至於惠王遂拔義渠二十五城秦昭王殺義渠戎王於是秦有北地隴西上郡之地

慶州

元和郡縣圖曰慶州順化郡禹貢雍州之域古西戎地夏衰稷子不窋居之今有不窋故城在焉春秋時義渠戎王國始皇時爲北地郡

漢志曰郁郅屬北地郡有牧師苑官莽曰功著

周地圖記曰郁郅城今名尉李城在白馬嶺兩川交口水經曰尉李亦曰不窋疑郁郅之訛也

十道志曰樂蟠縣本漢略畔道也

漢志曰略畔道莽曰延年道有略畔山俗呼曰各盤音訛耳

原州

元和郡縣圖曰原州平凉郡禹貢雍州之域春秋時地屬秦始皇時屬北地郡漢爲安定郡

漢志曰高平屬安定郡莽曰鋪睦

班固安豐戴侯頌曰高平第一帝臨我師

漢書曰漢文十四年匈奴入蕭關殺北地都尉

十道志曰蕭關在原州後漢曰隗囂使牛邯守瓦亭關十道志曰瓦亭在平凉郡

靈州

元和郡縣圖曰靈州靈武郡禹貢雍州之域春秋戰國屬秦秦併天下爲北地郡漢爲富平縣地

漢志曰靈武屬北地莽曰威武惠帝四年置靈州有河奇苑號非苑師古曰水中可居曰洲此地在河州隨水高下未嘗淪沒故號靈州河奇二苑皆在焉

十道志曰靈州有赫連勃勃所置果園水經云河水北有薄骨律鎮城在渚上舊赫連城也桑果榆林列植其上故謂之果州

圖經曰周宣政和二年破陳將吳明徹遷其人於靈州江左之人崇禮好學習俗皆化因謂之塞北江南

鹽州

元和郡縣圖曰鹽州五原郡禹貢雍州之域春秋時戎狄地秦屬梁州漢置五原郡地有原五因而名之

史記曰梁山漆沮之北有義渠朐衍之戎即此地

漢志曰馬嶺屬北地郡以川形似馬領故以爲名

十道志曰馬嶺今鹽州地

元和郡縣圖曰後魏爲西安州以其有鹽池又改爲鹽州

鄜州（音夫）

十道志曰鄜州洛交郡禹貢雍州之域春秋時秦地始皇時爲上郡漢爲上郡雕陰縣地

史記曰秦文公畋于汧渭之間夢黄蛇首上鄜以爲上帝之徵遂以鄜立鄜畤祠白帝也

漢書云匈奴南侵至朝那膚施即此地也

漢志曰雕陰屬上郡有雕陰山

坊州

元和郡縣圖曰坊州中部郡禹貢雍州之域春秋時翟國秦屬内史漢爲右馮翊翟道縣之地符姚時置杏城周置馬坊唐高祖因置坊州取馬坊爲名

漢書曰朔方爲西部都尉休屠爲北部都尉搜渠爲中部都尉○郡國志曰鄜城奎三秦高奴之地翟道故城即今郡城是也俗謂之高樓城

穆天子傳曰癸酉天子命駕八駿之駟造父爲御翔行經翟道昇於太行

元和郡縣圖曰宜君縣前秦符堅於祋祤縣故城置之

延州

元和郡縣圖曰延州延安郡禹貢雍州之域春秋時白狄所居秦漢屬上郡高奴之地項羽以董翳爲翟王居高奴即其地也

漢志曰膚施屬上郡有五龍山

水經曰渭水東經高奴水漢志高奴水合豐林水謂之清水

丹州

元和郡縣圖曰丹州咸寧郡禹貢雍州之域春秋時爲白翟所居秦漢爲上郡地

隋圖經集記曰義川蓋春秋時白翟也其俗語云丹州白室即白翟語訛耳

綏州

元和郡縣圖曰綏州上郡禹貢雍州之域春秋白翟所居七國時屬秦秦併天下爲上郡漢初屬翟國後改爲上郡

山海經曰上郡有䟽屬二負之臣曰危與二負殺窫窳帝梏之䟽屬之山即此也

銀州

元和郡縣圖曰銀州銀川郡禹貢雍州之域春秋時白翟地秦爲上郡漢爲河西郡圁陰縣地

前漢志曰圜陰屬西河郡莽曰方陰師古曰圜字本作圁縣在圁水之陰因以爲名也今有銀川銀水即是舊名猶存但字變耳

耆舊傳驄馬城即銀川城也符秦建元元年自驄馬城巡撫夷狄

麟州

元和郡縣圖曰禹貢雍州之域秦漢爲雲中郡隋爲勝州天寶中分勝州地置麟州

晉太康地志曰自北地郡北行九百里得五原塞即此地

後漢光禄徐自爲出五原塞數百里築城鄣列亭至廬朐山即今縣北光禄塞是也

夏州

元和郡縣圖曰夏州朔方郡禹貢雍州之域春秋及戰國時屬魏秦併天下屬上郡漢武分置朔方郡

詩曰王命南仲城彼朔方

漢書曰武帝元朔二年遣將軍衛青將兵擊匈奴出雲中

至高闕遂至符離收河南地置朔方五原郡符離漢北塞名

十六國春秋曰赫連勃勃於朔方縣築大城既成下書曰今都城已建宜立美名朕方統一天下君臨萬國都城宜以統萬爲名

酈元水經注統萬城勃勃蒸土所築

又曰朔方縣有契吴山勃勃北遊登之歎曰美哉斯阜臨廣澤而帶清流吾行地多矣自馬嶺以北大河以南未有若此之善者也

漢書曰武帝收河南置朔方五原郡公孫弘數諫以爲罷弊中國以奉無用之地上使朱買臣等難弘發十策弘不得一由是城之自此爲關中根抵

漢志曰朔方治窳渾莽曰溝搜窳渾有道西北出雞鹿塞

又曰三封屬朔方郡今長澤縣有三封故城

豐州

元和郡縣圖曰豐州九原郡禹貢雍州之域秦漢上郡地

勝州

元和郡縣圖曰勝州榆林郡禹貢雍州之域春秋時戎狄地戰國時晉趙地秦漢爲雲中郡

秦本紀曰始皇十三年伐趙取雲中因以爲郡

續漢書郡國志曰雲中郡領雲中咸陽旗陵沙南北輿武泉原陽定襄武進成樂十一縣

太平御覽卷第一百六十四

太平御覽卷第一百六十五

州郡部十一

隴右道

秦　渭　蘭　會　河　洮

岷　廓　疊　鄯　涼　甘

肅　瓜　沙　伊　西　庭

秦州

十道志曰秦州天水郡禹貢雍州之域古西戎地秦始封之邑秦爲隴西郡漢武置天水郡

史記秦本紀曰周孝王時非子好馬及善畜養孝王曰昔柏翳爲舜主畜多息故有土賜姓嬴今其後世亦爲朕息馬遂分土地爲附庸邑之秦使續嬴氏

漢志曰天水郡莽曰塡戎明帝改曰漢陽

秦州記曰郡前有湖水冬夏無增減或説天水取名由此湖也

漢志曰上邽屬隴西郡戎邑也又曰成紀清水並屬天水郡莽改清水曰識時

輿地志曰石紐地名夏禹所生之地

續漢書郡國志曰成紀古帝庖犧氏所生之地

漢志曰略陽道屬天水郡十三州志曰略陽即故冀城也

又曰街泉戎邑道屬天水郡

續漢書地里志有街泉亭

渭州

十道志曰渭州隴西郡春秋及戰國時羌戎所居秦昭王伐得義渠戎王始置隴西郡

禹貢曰導渭自鳥鼠同穴又曰終南敦物至于鳥鼠漢志豲道戎邑也屬天水郡即今隴西縣地豲桓音

地道記曰漢陽有大坂名曰隴坻亦曰隴山郡處其西故曰隴西其山堆旁崩聲聞數百里揚雄所謂響若坻頹是也

蘭州

十道志曰蘭州金城郡禹貢雍州之域古西戎地秦併天下爲隴西郡

後漢書西羌傳曰羌無弋援劒曾孫忍留湟中忍子研立研最豪健故羌中號爲研種秦始皇時務併六國兵不西行故羌人得蕃息及秦併天下築長城以界之衆羌不復南渡漢興匈奴冒頓強盛臣伏諸羌景帝時研種留何率人求守隴西於是徙留何於狄道

漢志曰狄道屬隴西郡以其地有狄種故云狄道

又曰浩亹水若西塞外東至允吾入湟水詩大雅曰鳧鷖在亹亦其義也蘭州有浩亹故城浩亹音閤門

漢志曰金城郡領縣十三應劭曰初築城得金故曰金城瓚曰金取其堅固也故墨子曰金城湯池

會州

十道志曰會州會寧郡禹貢雍州之域古西羌地秦併天下屬隴西郡漢屬金城郡唐武德二年平李軌置西會州貞觀八年改爲會州

元和郡縣志曰後周太祖爲西魏相來巡會師於此因置州爲名唐貞觀中亦爲粟州

河州

十道志曰河州安鄉郡禹貢雍州之域古西羌地秦併天下爲隴西郡漢分置天水郡

漢志曰枹罕屬金城郡故罕羌侯邑也枹音孚其子從木

禹貢曰道河積石至于龍門積石山在金城西南

西域傳曰河注蒲昌海潛行地下南出於積石山

洮州

十道志曰洮州臨洮郡禹貢雍州之域秦漢諸羌之地

漢志曰洮水出西羌中北至枹罕東入河沙

岷州

十道志曰岷州和政郡禹貢雍州之域六國時屬秦秦併天下爲隴西之臨洮縣

史記曰蒙恬築長城起臨洮

廓州

十道志曰廓州寧塞郡禹貢雍州之域古西羌地

漢書曰宣帝時諸羌數背叛後將軍趙充國屯隴西羈縻

之諸羌不敢動

後漢書段熲傳曰延熹中燒當煎河勒姐等八種羌寇隴西金城熲追討大破之明年燒河大豪寇張掖熲斷澆河大帥五千餘人西羌於是弭定

疊州

十道志曰疊州合川郡禹貢梁州之域歷秦漢魏晉爲諸羌所據

後周書曰建德六年西逐諸戎始統有其地因置恒香郡尋改爲疊州蓋以其地多山重疊以名郡也又於三交口築城置甘松防又爲三川縣以隷恒香郡至建德元年改三川縣爲常芬縣仍立芳州以邑隷焉取其地多芳草爲郡之名

鄯州

十道志曰鄯州西平郡禹貢雍州之域古西戎之地

漢志曰允吾屬金城郡今龍支縣即其地

涼州

十道志曰涼州武威郡禹貢雍州之域六國至秦戎狄月支居焉漢初爲匈奴右地

釋名曰西方寒凍或云河西土田薄故曰涼

晉書曰姑臧城匈奴所築舊蓋臧城語訛後云姑臧

又曰惠帝末張軌求爲涼州於是大城此地爲一會府以據之號前涼後呂光復據之號後涼

禹貢曰原隰底績至于豬野織皮崑崙析支渠搜西戎即敘

續漢書曰西羌自賜支以西濱河首左右居今河關西可千餘里有河曲羌謂之賜支

異物志曰古渠搜國當大宛北界豬野今姑臧界豬野澤是。劉昞燉煌實録曰晉安帝隆安元年涼州牧李暠微服出城逢虎道邊虎化爲人遥呼暠爲西涼君暠因彎弧持之又遥呼暠曰有事告汝無疑也暠知其異投弓於地人乃前曰燉煌空虚不是福地君之子孫王於西涼不如從酒泉言訖乃失暠乃移都酒泉

後漢書曰安帝時匈奴寇常山於是西北有事民飢民用不足大將軍鄧騭欲棄涼州專務北邊曰譬若家人衣壞敗一以相補猶有所完若不如此將兩無所保郎中虞詡曰大將軍之策不可者三先帝開境而今棄之不可一也棄涼州即以三輔爲塞園陵單外不可二也諺曰關西出將關東出相烈士武臣多出涼州風土壯猛便習兵事今羌所以不過三輔爲腹心害者以涼州在其後也

甘州

十道志曰甘州張掖郡禹貢雍州之域六國至秦戎狄月支居焉漢爲匈奴右地

尚書禹貢曰道弱水至于合黎

十道志曰今張掖有合黎水

漢志西域傳曰月支本居祁連燉煌間霍去病傳曰濟居延遂臻小月支攻祁連即此道也

漢志曰張掖郡匈奴昆邪王地武帝時開之莽曰設屏應劭曰張國臂掖故曰張掖也

又曰觻得屬張掖郡有千金渠西至樂涫入澤中莽曰官式涫音官觻音鹿

又曰删丹屬張掖莽曰貫虜

肅州

十道志曰肅州酒泉郡禹貢雍州之域古西戎地月支所居漢爲武威酒泉郡也

漢書曰武帝元狩二年昆邪王殺休屠王將其衆來降以其地爲武威酒泉郡

又匈奴傳曰漢置酒泉郡以隔絶胡與羌通路又西通月支大夏以公主妻烏孫王以分匈奴西方之援國其水甘若酒故名酒泉

後漢書曰班超父在西域年老思土上書曰臣不敢望到酒泉郡但願生入玉門關玉門屬燉煌今沙州也去長安三千六百里酒泉今肅州也去長安二千八百五十里路

瓜州

十道志曰瓜州晉昌郡禹貢雍州之域古西戎地戰國時烏孫月支居焉漢初爲匈奴右地後爲武威酒泉二郡

漢志曰冥安屬燉煌郡冥水出焉又名籍端水出羌中西入澤冥安即晉昌地

又曰廣至宜禾都尉治昆侖障莽曰廣桓即常樂地有宜禾故城

沙州

十道志曰沙州燉煌郡禹貢雍州之域古西戎地秦屬西戎漢置燉煌郡

左傳范宣子數戎子駒支曰昔秦人迫逐乃祖吾離于瓜州蒙犯荆棘以來歸我先君惠公有不腆之田與汝剖分而食之瓜州地在燉煌

漢書曰武帝元鼎六年分酒泉置燉煌郡徙人以實之應劭曰燉大也煌盛也

又西域傳曰東則接漢扼以玉門陽關今壽昌有陽關及玉門故關

漢志曰燉煌郡龍勒縣有陽關玉門關

伊州

十道志曰伊吾郡本伊吾盧地在燉煌之北大磧之外南去玉門八百里

後漢書曰永平十六年明帝命將北征取伊吾盧地置宜禾都尉以屯田

又西羌傳曰伊吾地宜五穀桑麻蒲陶其北有栁中皆膏腴之地故漢與匈奴爭車師伊吾之地以制西戎

西州

十道志曰西州交河郡

漢書西域傳曰車師後王國有新道通玉門關戊巳校尉徐普欲開以省道里半以避白龍堆之阨車師後王姑句

以道通爲不便即馳突出高昌壁入匈奴

後魏書曰以其地勢高峻人物昌盛因名高昌

庭州

十道志曰庭州雍州之外流沙之西北前漢烏孫舊地東與匈奴接歷代爲胡虜所居

漢書西域傳曰貳師伐西域諸國震懼自燉煌西至鹽澤往往起亭而輪臺渠黎多有田卒

後漢書曰班超將兵擊伊吾於蒲類海

太平御覽卷第一百六十五

太平御覽卷第一百六十六

州郡部十二

劍南道

劍　緜　梓　遂　益　漢
彭　蜀　邛　普　雅　瀘
茂　翼　當　悉　靜　柘
恭　維　奉　嶲　姚　黎
龍　松　嘉　簡　陵　眉
榮　資　戎

劍州

圖經曰昔安郡禹貢梁州之域秦之蜀郡漢屬廣漢郡之梓橦縣

華陽國志曰諸葛亮相蜀鑿石架空爲飛閣道以通蜀漢

即此郡

三國志曰鄧艾伐蜀自陰平縣景谷步劍閣道懸車束馬逕出油江而至大漢是此地也

蜀記曰梓橦縣有五婦山一名五婦臺秦遺蜀美女五人蜀遣五丁迎女至梓橦五丁蹋地大呼驚五女並化爲石

郡國志曰梓橦縣北有華容水則蜀都賦曰却背華容是也

緜州

十道志曰綿州巴西郡禹貢梁州之域周併梁入雍州地春秋戰國屬蜀侯國秦爲蜀郡漢廣漢郡地今州即廣漢郡之涪縣也

九州記曰緜州之賓賨人旋人皆夷也

郡國志曰勁勇銳氣而善舞故古有巴渝舞

蜀記曰左緜緋紅三川所尚（緜州左緜郡有小江所染緋紅於此水濯彼益鮮人之所重）

宋書曰范栢年梓橦人明帝問鄉土有貪泉不栢年曰臣梁益之地有廉泉讓水不聞有貪泉帝嘉之即以爲蜀郡太守（廉讓水在昌明縣）

郡縣志曰神泉縣有泉十四甘香異常飲之即差故曰神泉

漢書志曰涪屬廣漢郡有孱亭春白統睢砌曰涪水出廣漢南入漢

梓州

十道志曰梓州梓橦郡禹貢梁州之域漢武分置廣漢郡

漢書曰文帝以蜀道銅山賜鄧通鑄錢即今銅山縣也

蜀志曰先主入蜀攻劉璋遣諸葛亮等分定州郡略地至

郪百姓以牛酒勞軍又曰姜維聞諸葛亮瞻破乃引軍由廣漢郪道以審虛實

十道記曰廣漢之地有鹽井銅山之富本禹南夷周末秦併爲郡有蔬食果實之饒

九州要記曰玄武山一名赤雀山一名宜君山山有麟尾入貢

又華陽國志曰玄武山一名三嵎山山出龍骨傳云龍昇不達墜此民取以入藥用玄武縣因山得名

遂州

十道志曰遂州遂寧郡禹貢梁州之域漢分梁州置廣漢郡今州又爲廣漢縣

九州要記曰青石縣有青石山天下青石無佳於此可爲鍾磬

又郡國志曰昔巴蜀爭界歷歲不決漢高八年山自裂如素所界巴蜀之民懼天戒乃息所爭

益州

十道志曰益州戎都府古梁州巴濮庸蜀之地在秦爲漢中巴蜀三郡地

釋名曰益扼也所在之地險阨

應劭地里風俗記曰疆壤益廣故號益州

史記曰周太王逾梁山之岐山一年成邑二年成都故有成都之名

又曰秦惠王時苴蜀相攻各告急於秦秦欲先伐韓司馬錯曰不如先伐蜀蜀戎狄之長也有桀紂之亂以秦攻之譬言使豺狼逐群羊也又有禁止暴亂之名今攻韓周自知失九鼎韓自知亡三川二國併力合謀而求解于楚魏臣竊危之王曰善遂滅蜀

漢書曰宣帝時方士上言益州部有金馬碧雞神帝令王褒入蜀祀之

揚雄蜀王本紀曰蜀之先稱王者有蠶叢折權魚易俾明是時椎髻左衽不曉文字未有禮樂從開明已上至蠶叢凡四千歲次曰伯雍又次曰魚尾尾田於湔山得仙後有王曰杜宇出天墮山又有朱提氏女名曰利自江源而出爲宇妻乃自立爲蜀王號曰望帝移居郫邑

十三州志曰當七國稱王獨杜宇稱帝於蜀以褒科爲前門熊耳靈關爲後戶玉壘峨眉爲池澤汶山爲畜牧中南爲園苑時有荆人是後荆地有一死者名鱉冷其尸亡至汶山却更生見望帝帝以爲蜀相時巫山壅江蜀地洪水望帝使鱉冷鑿巫山治水有功望帝自以德薄乃委國禪鱉冷號曰開明遂自亡去化爲子規故蜀人聞鳴曰我望帝也又云望帝使鱉冷治水而淫其妻冷還帝慚遂化爲子規杜宇死時適二月而子規鳴故蜀人憐之皆起自開明已下五葉始立宗廟時蜀有五丁力士能徙山岳每一王死五丁輒爲立大石以誌墓今石井是也號曰井里成都記曰郡城即秦惠王使張儀築以象咸陽沃野千里號曰陸海

九州志曰益州城初累築不立忽有大龜周行旋走因其行築之遂得堅固故曰龜城

南史曰宋太始初益州市橋忽生一洲有道士柳石見之曰當有貴王臨州必王勝喜也及齊永明二年武帝遣始興王爲益州勝喜者即始興反語也

續漢書郡國志曰益州部漢中巴廣漢蜀犍爲越嶲牂牁益永昌凡九郡

華陽國志曰成都夷里橋南岸道西有城即錦城一曰錦官又曰錦里

又曰蜀初少文教文翁爲蜀郡太守立精舍學堂以隸其俗因是文教聿興今有文翁堂在大城内

漢州

圖經曰漢州德陽縣土地同益州秦屬蜀郡漢屬廣漢郡後漢因之兼置益州領郡十二

蜀記曰益州謂之三蜀廣漢其一也

後漢書曰雒城南每陰雨常有哭聲和帝時陳寵爲太守聞之有勑令收葬骸骨哭聲遂絶。蜀記曰金堂縣古有金舡沉江之東岸民於水中往往見之

彭州

十道志曰彭州濛陽郡本漢繁縣宋置晉壽陽圖經曰唐垂拱二年以九隴縣置彭州取古天彭闕以爲名

周地圖記曰宋元嘉九年有樵人逐鹿所趨險絶進入石穴行數十步豁然平博問是何所人荅云小成都後更往求之不知所在

地理志曰九隴縣晉置以縣有九曲山爲名

蜀州

十道志曰蜀州唐安郡本漢江源縣屬蜀郡莽曰邛原

魏志曰蜀州鳴鶴山張陵客蜀學道于此山造作符書以惑百姓又益州記張陵登仙之所傳云陵爲蟒蛇所吸入以爲登仙

蜀記曰青州縣因山得名山上有黄帝授道壇

又玄中記云山有穴潛行分爲三道各通一處

邛州

十道志曰邛州臨邛郡禹貢梁州之域漢武置十三州在益州之部

周地圖記曰梁武陵王蕭紀於蒲水口改置邛州南郡邛來山因以爲名

史記曰蜀卓氏之先趙人秦破趙卓氏獨夫妻推輦而行曰吾聞汶山之下沃野有蹲鴟乃求遠遷致之臨邛因銅山鑄錢此也

蜀記曰漢張騫奉使尋河源得高節竹植於邛山號曰邛竹今緣山皆是可爲杖

蜀志曰臨邛有火井諸葛亮一窺更盛

博物志曰後人以家火投之火即滅至今不然

普州

十道志曰普州安岳郡禹貢梁州之域漢武十三州在益州之部今州境則漢之資中牛鞞墊江後漢之德陽等四縣

雅州

十道志曰雅州盧山郡禹貢梁州之域漢武十三州在益州之部即秦嚴道縣也

蜀記曰秦滅楚徙楚嚴王之族於此故謂之嚴道

漢志曰嚴道屬蜀郡邛來山邛水所出東入青衣莽曰嚴治

郡國志曰漢源縣有離崖即蜀守李冰所鑿離堆即古雅也

嚴道縣有九折坂即王陽迴車之所

瀘州

十道志曰瀘州瀘川郡禹貢梁州之域春秋戰國時爲郡子國秦蜀巴郡漢屬犍爲郡

漢志曰江陽屬犍爲郡十道志曰瀘州本漢江陽縣地

諸葛亮出師表曰五月渡瀘深入不毛

茂州

十道志曰茂州通化郡禹貢梁州之域本冉駹國漢以爲郡

史記曰南越破後冉駹等皆震懼請臣置吏以冉駹爲汶山郡守

翼州

圖經曰翼州臨翼郡秦之土地與益州同二漢屬蜀郡本漢之蠶陵也

漢志曰蠶陵屬蜀郡王莽曰步昌

當州

十道志曰當州江源郡禹貢梁州之域周爲雍州之境

後周書曰天和元年鴈門公紇干略於此討渾胡因置同昌郡

悉州

十道志曰悉州歸誠郡禹貢梁州之域古西羌地

圖經曰唐顯慶三年割當州三十里左封縣界内有悉唐川因立爲悉州

靜州

圖經曰靜州靜川郡土地與當州同唐永徽四年置靜州於唐縣以理夷落

拓州

圖經曰拓州蓬山郡土地與當州同唐顯慶三年於此置拓州取其開拓封疆爲郡之名

恭州

圖經曰恭州化郡北接土蕃土地與當州同唐顯慶中置恭州取恭慕王化爲名

維州

十道志曰維州維川郡

蜀志曰姜維馬忠督將軍張嶷北討汶山叛羌即此也

圖經曰武德中白苟羌首領以地内附因於姜維故城置維州以鎮之

奉州

圖經曰奉州雲山郡本蠻夷之地南接土蕃爲夷落之極塞武德中羌夷内附因立奉州取其順奉王命爲名

嶲州

十道志曰嶲州越嶲郡本益州西外夷漢初爲邛都國

史記曰西南夷滇以北君長十數邛都最大

漢志曰越嶲郡武帝元鼎六年開莽曰集嶲屬益州應劭曰故邛都國也有嶲水言越以此水彰休盛也

九州要記曰嶲之西夷人身青而有文如龍鱗

博物志曰越嶲國有牛稍割取肉經日必復生如故又玄中記曰割而復生名曰及牛

十道記曰越嶲有瀘水四時多瘴氣三四月間發人衝之立死非時中人多悶絶唯五月上伏即無害故諸葛亮征越嶲上䟽曰五月渡瀘深入不毛

又地記曰今昆明道渡所見有武侯道在

又十道記曰水深而嶮石土人以牛皮爲舡方涉津涘

九州要記曰臺登縣有妳諾川鸚鵡山黑水之間若水出其下即黄帝子昌意降居若水是也

漢志曰旄牛屬蜀郡鮮水出徼外南入若水若水亦出徼外南至大莋入江（旄牛即今臺登縣）

姚州

十道志曰姚州雲南郡蓋夷越之地亦爲滇王國漢武開之置益州郡有滇池澤後因爲益州之雲南弄棟二縣也

漢志曰益州郡武帝元封二年開王莽曰就新故滇王國也有滇池大澤又有弄棟縣焉

華陽國志曰滇漢勾町夜郎葉榆同師舊堂侯王國以十數編髮左衽隨畜遷徙莫能相禦楚頃襄王遣將軍莊蹻泝沅水出苴蘭以伐夜郎而秦奪楚黔中地無路反遂留王之是爲莊王

黎州

圖經曰黎州洪源郡漢爲沉黎郡宋齊以來並爲沉黎郡後周破羌夷立黎州

龍州

十道志曰龍州江油郡秦漢及魏不置郡縣

魏志曰景元四年諸軍征蜀鄧艾自陰平行無人之地七百餘里鑿山通道造作橋閣山高谷深至爲險難艾以氊自裹轉推而下將士皆攀木緣崖魚貫而進先登至江油即此地也

周地圖記曰江油帥楊李二姓各自稱蕃於梁至後魏武帝得其地置江油郡西魏於此立龍州

松州

十道志曰松州交川郡禹貢梁州之域又爲雍州之域秦漢諸羌居焉

圖經曰郡有甘松嶺因以名郡

山海經曰甘松嶺亦謂之松桑嶺江水發源於此

江源記曰平康縣有羊膊嶺大江發源之所

嘉州

十道志曰嘉州犍爲郡禹貢梁州之域漢犍爲郡之南安縣

史記曰漢武使唐蒙伐西戎得夜郎國遂立犍爲郡

漢志曰青衣屬蜀郡順帝改名漢嘉

十道志曰周武保定元年於此置青州遥取漢青衣縣爲名宣政二年改爲嘉州

華陽國志曰青衣有沫水漢志蜀李冰鑿離堆避沫水之害又益州記曰青衣神號雷堆廟班固以爲離堆

益州記曰峨眉山兩山相對望之如峨眉

簡州

十道志曰簡州陽安郡禹貢梁州之域漢犍爲之牛鞞縣地

華陽國志曰牛鞞縣有陽明井今在郡北十里九州要記曰簡州在赤水之北（今有絳水在州南）

周地圖記曰晉義熙末刺史朱齡石率建平人征蜀仍於東山立金戍後魏平蜀改爲金水郡

陵州

十道志曰陵州仁壽郡禹貢梁州之域漢犍爲郡之武陽縣東境也

郡國志曰昔張陵於此得鹽井祠玉女於井內因謂之陵井郡因井得名

益州記曰郡有東嵎三山相對去陵井百里

郡國志曰有鼎鼻山周之九鼎淪一於此故後人往往見鼎耳因名之

又曰郡有朝女山昔有朝祖女於此山得道今足跡尚存故名朝女山

眉州

十道志曰眉州通義郡禹貢梁州之域犍爲郡之武陽南境

周地圖記曰梁武帝太清二年武陵王蕭紀開通外水立青州於通義郡南安縣北後魏二年平蜀三年改青州爲眉州（山用峩眉爲名）

蜀記曰秦惠王使張儀司馬錯伐蜀蜀王開明拒之不利退至武陽見獲（彭山縣即其地）

郡國志曰青神縣當羌蜀之要漢武使唐蒙破西南夷即

路始於此

榮州

十道志曰榮州和義郡禹貢梁州之域漢爲南安縣地屬犍爲郡

九州要記曰和義郡古夜郎之地有成都市漢武時南中令使通僰道無功唐蒙因殺之令曰恨不見成都市而死蒙即立市如成都以殺之故曰成都市

益州記曰旭川縣有馬鳴戍漢剌史韋枝夜過此地有神馬嘶漢中馬皆嘶以應之故以此名戍

蜀記曰昔有女人於溪浣沙有大竹流水而觸之因有孕後生一子自立爲王因以竹爲姓漢武使唐蒙伐牂牁斬竹王因有此地人不忘其本立竹王廟祀之

資州

十道志曰資州資陽郡禹貢梁州之域漢爲犍爲郡之資中縣地

周地圖記曰後魏廢帝二年於武康郡之陽安縣置資州陽安在今州北簡州界

郡國志曰內江縣有水深百丈實郡川摠會之所

戎州

十道志曰戎州南溪郡春秋僰侯國秦惠王破滇池始通五尺道漢武得蜀故使唐蒙理道於此而破牂牁即此道也後爲僰道縣以屬犍爲郡

郡國志曰南溪縣西三十里有魚津津南有鴛鴦堆

益部耆舊傳曰僰道有張真者娶黃氏女名帛真因乘船過江船覆没帛求夫尸不得自沉於水積十四日乃抱夫屍出於灘下故名鴛鴦堆

卷第一百六十六終

太平御覽卷第一百六十七

州郡部十三

山南道上

荆　峽　歸　復　郢　鳳

成　武　興　宕　扶　文

利　夔　開　合　忠　萬

閬　果

荆州

十道志曰荆州江陵郡漢舊縣屬南郡

禹貢曰荆及衡陽惟荆州（北據荆山南及衡山之陽）江漢朝宗于海（二水經此州而入海有似於朝）厥土惟塗泥厥田惟下中

春秋元命苞曰軫散為荆州分為楚國（荆之為言強也陽盛物堅其氣急悍）

爾雅曰漢南曰荆州

周官職方氏曰正南曰荆州其鎮曰衡山其藪澤曰雲夢其川江漢其浸潁湛其利丹銀齒革

晉元康地記曰荆州於古蠻服之地

漢書曰臨江閔王榮坐侵廟壖地為宮上徵榮榮行祖於江陵北門既上車軸折車廢江陵父老流涕言曰吾王不返矣王至詣中尉府郅都責訊王王恐自殺

漢書地理志曰今之南郡江夏零陵桂陽武陵長沙及漢中汝南郡盡楚分也

史記曰蘇秦説威王曰楚西有黔中巫郡東有夏州海陵南有洞庭蒼梧北有陘塞郇陽地方五千里帶甲百萬車千乘騎萬疋粟支十年此霸王之資也

淮南子曰楚地南卷沅湘北繞潁泗西苞巴蜀東裹郯邳潁汝以為泗江漢以為池垣之以鄧林綿之以方城山高尋雲霓深谿肆無景

十三州志曰漢章帝建初二年徙鉅鹿王恭為江陵王三公上言江陵在京師正南不可以封乃徙為安六王

盛弘之荆州記曰元嘉中以京師根本之所寄荆楚為重鎮上流之所揔擬周之分陝晉宋以降此為西陝

釋名曰荆州取名於荆山又曰荆驚也南蠻數寇常置警備

左傳曰楚子西沿漢泝江將入郢王在渚宮下見之

十道志曰當陽縣舊縣屬南郡廣陽王　子益之所封

荆州記曰當陽本楚之舊邑左氏傳云楚潘崇伐麇至于錫穴穎容釋例云麇在當陽

十道志曰公安縣漢孱陵縣地吳之南郡

荆州記曰劉備敗於襄陽南奔荆州吳大帝封為左將軍

荆州牧城北而鎮之時人號備為左公故名其城曰公安

古今地名曰松滋縣古鳩茲地漢屬廬江郡

峽州

十道志曰夷陵郡春秋戰國時並楚地秦置三十六郡屬南郡魏武於此置臨江郡梁置宜州周武帝以州居三峽之口改為峽州

史記曰秦昭王二十九年秦將白起攻楚燒夷陵

吳録曰蜀昭烈皇帝立宜都郡於西陵

宜都記曰郡城即陸抗攻步闡於此

荆渚記曰夷陵郡居大江之上即西通全蜀故夷陵有安蜀古城

吳志曰陸遜上疏夷陵要害實國家之關限若失之非損一郡荆州亦可憂也

十道志曰宜都縣本漢夷縣屬南郡
袁山松宜都山川記南崖有山名荆門北對崖有山名虎
牙故曰荆門虎牙即楚之西塞

歸州

十道志曰歸州巴東郡在周爲夔子國屬楚秦併天下爲
南郡之地漢置秭歸縣唐武德二年割夔州之秭歸巴東
二縣置歸州
袁崧記曰屈原此縣人既被流放忽然暫歸其姊亦來
因名其地爲秭歸（秭與姊同）
三國志曰吳置建平郡即宜都之西部也晉王濬自蜀江
泝流伐吳守將吾彦表晧曰請增建平兵若建平不下晉
師終不敢過晧不從

復州

十道志曰復州竟陵郡禹貢荆州之域春秋戰國時屬楚
秦兼天下屬南郡漢中十三州在州部即江夏之竟陵縣地
唐武德五年爲復州
郡國志曰沔陽縣即楚王地也
圖經曰監利縣漢華容縣乾溪章華臺在焉

郢州

十道志曰郢州富水郡歷代所屬與竟陵郡同二漢屬江
夏郡晉宋以來爲竟陵郡地西魏屬安州後周武帝置郢州
隋廢唐武德六年爲郢州
郡國志曰長壽縣武陵山春秋謂楚平王卒於楠木之下
即此山也

鳳州

十道志曰鳳州河池郡土地所屬與金州同在秦隴西郡
地漢爲故道縣地故道今兩當縣是漢武改雍爲凉後爲
凉州之地
水經曰兩當縣水出陳倉縣之大散嶺西南流入故道川
謂之故道水縣因水取名或云縣西有兩山相當故名之
華陽國志曰河池一名仇池
郭仲産秦州記云仇池山一名仇維山上有池似覆壷前
志云是縣以山得名
水經曰大散水流入黄花川黄花縣因水得名

成州

十道志曰成州同谷郡禹貢梁州之域古西戎地周省梁
入雍爲白馬氐國
史記西南夷傳曰自莋以東北君長數十冉駹爲大自冉
駹以西北君長數十白馬最大皆氐類
後漢書曰河池一名仇池地方百頃左右悉白馬氐

武州

十道志曰武州武都郡土地所屬與成州同亦白馬氐之
地
漢書曰西南夷傳曰漢誅且蘭邛君并殺莋侯冉駹等皆
震懼請臣置吏以爲廣西部至元鼎六年以白馬氐地爲
武都郡
隴右記曰武都紫水有泥其色紫而粘貢之用封璽書故
詔誥有紫泥之美
郡國志曰武都沮水之西有角弩谷即蜀將姜維勦五部
溪蠻之所。魚豢魏略曰文帝黄初元年徙武都於美陽在
今雍州好畤縣界武都故城是也

興州

十道志曰興州順政郡戰國時白馬氏之東境秦併天下爲蜀郡地漢元鼎六年置武都郡

晉書曰懷帝永嘉中氐之人楊茂搜據武都郡子孫丞嗣爲氐王

周地圖記曰郡有丙山山有穴即丙穴其穴口向丙因以爲名每春三月上旬有魚長八九寸或二三日聮綿從穴出躍相傳名爲嘉魚左太冲蜀都賦曰嘉魚出於丙穴

宕州

十道志曰宕州懷道郡禹貢梁州之域古羌地周爲雍州之境秦漢魏晉諸羌據之

後魏書曰梁弥忩者宕昌羌也其先常爲羌豪祖勤自稱宕昌王弥忩世祖初來内附遂拜弥忩爲宕昌王因封其地爲宕昌蕃今宕州

扶州

十道志曰扶州同昌郡禹貢梁州之域實西戎之地周省梁入雍爲雍州地秦漢魏晉並屬蕃夷

後魏書曰廢帝前元年西逐吐谷渾定陰平於此置鄧州及鄧寧郡取前羌部落所居爲之名時又置怗夷縣屬封統郡以戎夷寧怗爲義也

周地圖記曰後魏廢帝置同昌縣屬封統郡

文州

十道志曰文州陰平郡禹貢梁州之域周爲雍州之境戰國時氐羌據焉漢武時開西南夷置陰平道以統其衆

蜀志曰鄧艾自陰平景谷步道懸兵束馬經油江出綿竹

華陽國志曰晉永平之後羌虜數叛遂立爲郡以遏之

輿地志曰晉永嘉之末太守王鑒以郡降李雄晉人因是悉流移於蜀漢其氐羌並屬楊茂搜此後不復爲正朔所漸

利州

十道志曰利州益昌郡土地所屬與金州同春秋戰國時並屬蜀侯漢葭萌縣地

華陽國志曰昔蜀王封其弟於漢中號曰苴侯因命其地曰葭萌苴侯與巴王通好巴與蜀爲讎故蜀王怒伐苴苴奔巴求救於秦秦乃伐蜀遂滅蜀及巴苴置巴蜀二郡

水經曰益昌有小劍城去大劍城三十里連山絶險飛閣通衢故謂之劍閣也

蜀志曰先主使陳戒絶馬鳴閣魏武聞之喜曰此閣過漢中之平陰乃咽喉之要路馬鳴閣在益昌縣

夔州

十道志曰夔州雲安郡春秋時爲魚國秦併天下爲巴郡地漢爲魚復縣

左傳曰庸蠻叛楚楚莊王伐之七遇皆北唯裨儵魚人實逐之杜曰裨儵魚三巴今魚復縣也

漢志曰江關都尉理魚復橘官

郡國記曰白帝城即公孫述至魚復有白龍出井中因號魚復爲白帝城劉備因改魚復爲永安又後漢書公孫述自以承漢土德故號曰白帝城

蜀志曰羅憲爲領軍守永安聞魏軍平蜀三日哭於都亭

荆州圖副曰永安宫南一里渚下平磧上有諸葛孔明八陣圖聚細石爲之各高五丈皆棊布相當中間相去九尺正中開南北巷悉廣五尺或爲人散亂及爲夏水所没至冬水退依然如故

荆州記曰壘西聚石爲八行行八聚謂之八陣圖因曰八

陣既成自今行師不復敗後見莫能了之桓宣武伐蜀見之曰此常山蛇勢也

開州

十道志曰開州盛山郡本漢朐䏰縣之地

合州

圖經曰合州巴川郡秦漢屬巴郡宋置東宕渠郡西魏置合州

忠州

十道志曰忠州南賓郡土地所屬與夔州同譙周巴記曰後漢獻帝初平六年臨江縣屬永寧郡建安中改永寧爲巴東郡臨江仍屬焉續漢志曰和帝永元中分枳縣置平都縣（平都即今豐都縣也）

史記蘇代曰楚得枳而國亡

萬州

十道志曰萬州南浦郡土地所屬與通州同漢爲巴郡朐䏰縣地

續漢志曰朐䏰屬巴郡（朐音蠢䏰如尹切）

尋江源記曰梁山東西數千里望之若長雲垂天劒閣銘曰巖巖梁山積石峨峨

又曰景穴有嘉魚其味甚美景穴在梁山縣栢枝山

閬州

圖經曰閬州閬中郡禹貢梁州之域春秋爲巴國之地秦漢爲巴郡

華陽國志曰巴子後理閬中

地形志曰閬中居蜀漢之半當東道要衝今郡城即古之閬中城後謂之隆城是也

後魏典略曰此州古有隆城堅險因置隆州尋又立盤龍郡以郡中有盤龍山爲名

三巴記曰閬中有渝水賨民銳氣喜舞故高祖樂其猛銳數觀其舞使樂人習之故樂府中有巴渝舞

果州

十道志曰果州南充郡禹貢梁州之域春秋戰國並屬巴子國秦吞滅巴蜀是爲巴郡地自漢至晉爲安漢縣

華陽國志曰漢獻帝初平元年劉璋分墊江上爲巴郡理此縣

周地圖記曰相如縣有相如坪相如故宅因以名縣郡國志曰馮緄爲車騎將軍於此鑄崖十有餘處今東山有車騎崖

益州記曰南充縣西有大昆井即古之鹽井也

唐書曰貞元中謝真人於郡紫極宮上昇萬目所覩郡郭是夕處處有虹霓雲氣

太平御覽卷第一百六十七

太平御覽卷第一百六十八

州郡部十四

山南道下

梁　洋　商　金　房　通
渠　渝　涪　朗　澧　巴
壁　蓬　集　唐　鄧　襄
均　隨

梁州

圖經曰梁州漢中郡春秋至戰國時楚地秦漢爲漢中郡

蜀志曰劉備初得漢中曰曹公雖來無能爲也

漢書曰項羽立沛公爲漢王王巴蜀漢中四十一縣都南鄭沛公欲攻楚丞相蕭何諫曰雖王漢之惡不猶愈於死乎且語曰天漢其稱甚美願王漢中鎭撫其民收用巴蜀還定三秦天下可圖也

洋州

十道志曰洋州洋川郡春秋戰國時並爲楚地秦爲漢中郡地

漢志曰成固屬漢中郡今洋源縣地是也

又曰安陽屬漢中鸞谷水所出今黄金縣地

商州

十道志曰商州上洛郡禹貢梁州之域周爲豫州之境戰國時屬秦秦併天下爲内史地漢武置上雒縣於此

史記張儀說楚懷王曰大王誠能絶約於齊臣請獻商於之地六百里楚於是與齊絶約使一將軍隨張儀至秦儀謂楚使者曰臣有奉邑六里願以獻大王左右楚使者曰臣受命於王以商於之地六百里不聞六里

皇甫謐帝王世紀曰四皓始皇時隱於商山作歌曰英英高山深谷逶迤曄曄紫芝可以療飢唐虞時遠吾將何歸

漢志曰商屬弘農郡秦相衛鞅邑也

金州

十道志曰金州安康郡禹貢梁州之域於周庸國之地楚之附庸後爲楚地秦爲漢中郡

帝王世紀曰安康謂之嬀墟或謂之姚墟

後漢書鄭弘上書曰虞舜出於姚墟夏禹生於石紐穎容釋例曰舜居西城本曰嬀汭

漢志曰西城屬漢中郡應劭曰嬀墟在西北舜之所居即今西城縣

房州

十道志曰房州房陵郡土地所屬與金州同古麇國也

左傳曰楚子伐麇成大心敗麇師于防渚杜注防渚在麇地闞駰云防陵即春秋防渚也

漢志曰防陵上庸屬漢中郡

盛弘之荆州記曰竹山縣有白馬塞孟達爲新城太守登白馬而歎曰劉封申耽據金城千里而不能守豈丈夫哉

通州

十道志曰通州通川郡土地所屬與金州同春秋戰國並屬巴子國秦併天下爲巴漢郡漢因之

後漢志曰宣漢屬巴郡即漢宕渠地也

巴漢記曰和帝分宕渠之東置也

圖經曰西魏改爲通州以其居西達之路故以爲名（今爲達州）

渠州

十道志曰渠州潾山郡土地所屬與通州同漢志曰宕渠爲巴郡

輿地志曰梁大通三年於此置渠州

左思蜀都賦曰外負銅梁宕渠

渝州

十道志曰渝州南平郡古巴國也

三巴記曰閬白二水東西流曲折三迴如巴字故謂之三巴

山海經曰海內西南有巴國昔太皞生咸鳥咸鳥生乘釐乘釐生後照是爲巴人（郭璞曰爲巴始祖）

李膺益州記曰明月峽在巴縣東壁高四十丈有圓孔形如滿月因以爲名

又曰江津縣西有香草樓昔有仙人於此置樓居植香草於樓下一夕仙去後人指其地爲香草樓

涪州

十道志曰涪州涪陵郡禹貢梁州之域周爲雍州之地春秋時屬巴國秦爲巴郡漢爲涪陵縣巴漢志曰涪陵巴郡之南鄙本與楚商於之地接

朗州

十道志曰朗州武陵郡禹貢荊州之域春秋及戰國時屬楚秦爲黔中郡漢高帝五年更名武陵郡梁湘東王於荊州割武陵郡置武州陳天嘉元年分武陵立沅陵郡隋文改武州爲辰州又改爲嵩州又改爲朗州

史記曰秦惠王十四年求以武關外就楚易黔中地。武陵記曰後漢梁松自義陵移郡於若城今州東有張若城是

晉書曰潘京武陵漢壽人也弱冠郡辟主簿太守趙廞甚器之嘗問之曰貴郡何以名武陵京曰鄙郡本名義陵在辰陽縣界與夷獠相接數爲所攻光武時移東山遂得全完共議易號傳曰止戈爲武詩稱高平曰陵於是名焉武陵記曰武陵郡境四千餘里

澧州

十道志曰澧州澧陽郡春秋戰國時其地屬楚秦屬黔中郡漢改黔中爲武陵郡屬荊州今州即武陵郡之零陽縣地吳分武陵西界立天門郡此即郡之境晉爲南義陽郡隋平陳置松州尋改爲澧州在澧水之北故取爲名

尚書禹貢曰岷山導江東別爲沱又東至于澧（澧水名）

輿地志曰晉末以義陽流人在南郡者立爲南義陽郡寄在荊州

十道志曰慈利縣即漢零陽縣地

圖經曰界內有零溪水即以爲名隋開皇十八年改零陽

爲慈利縣

王仲宣贈士孫文始詩曰悠悠澹澧（澹澧二水在澧陽縣）

巴州

十道志曰巴州土地所屬與通州同漢爲巴郡宕渠縣

四夷縣道記曰李特孫壽時有群獠十餘萬從南越入蜀漢間散居山谷因斯流布在此地後遂爲獠所據

壁州

十道志曰壁州始寧郡本漢宕渠縣地後漢分置宣漢縣梁分宣漢置始寧後魏分始寧置諸水縣

蓬州

十道志曰蓬州咸安郡本漢宕渠縣地

周地圖記曰武帝天和四年割巴州之伏虞郡隆州之隆

城郡於此置蓬州

集州

十道志曰集州符陽郡本漢宕渠縣地晉惠帝永寧中李特王蜀其地屬焉梁武改爲東巴州後改爲集州以東北有集水因以爲名云以萬山俶集故也

唐州

十道志曰唐州淮安縣禹貢豫州之域春秋楚地戰國時屬晉後入韓秦置三十六郡爲南陽郡

漢志曰南陽郡有比陽縣比水所出東入蔡

左傳僖四年齊師伐楚楚子使屈完如師齊侯陳諸侯之師與屈完乘而觀之齊侯曰以此衆戰誰能禦之以此攻城何城不克對曰君若以德綏諸侯誰敢不服君若以力楚國方城以爲城漢水以爲池雖君之衆無所用之

晉太康地記曰自華至泚陽南北連百里號爲方城亦曰長城

周地圖記曰湖陽縣光武所封外祖樊重邑又光武封姊爲湖陽公主漢志曰湖陽古廖國也廖音力救反

鄧州

十道志曰鄧州南陽縣禹貢豫州之域戰國屬韓秦置三十六郡南陽其一也

釋名曰在中國之南而居陽地故以爲名

漢志曰南陽郡領宛犨等三十六縣秦置莽曰荷墜屬荊州

又曰鄧屬南陽故國都尉治應劭曰鄧侯國也

史記蘇秦說韓惠王曰韓西有宜陽東有穰淯

後漢書曰時天下墾田多不以實詔下郡國檢覈其事時諸郡各遣使奏事帝見陳留吏牘上有書視之云潁州弘農可問河南南陽不可問帝詰吏不肯服時顯宗爲東海公言曰河南帝城多近臣南陽帝鄉多近親田宅踰制不可爲準

史記曰秦滅韓徙天下不軌之人於南陽故其俗夸奢尚氣力好商賈漁獵藏匿難制宛西通武關東受淮海都會也

圖經曰菊潭以界內菊潭水以名縣○盛弘之荊州記曰菊水其源傍有芳菊浸潤流其滋液水極芳馨飲之者皆壽考

後魏略曰孝文帝南巡至新野臨潭水而見菖蒲花乃歌曰兩菖蒲新野樂遂建兩菖蒲寺以美之

楚地記曰漢江之北爲南陽漢江之南爲南郡

襄州

十道志曰襄州襄陽郡禹貢豫州之南境春秋以來楚地秦南郡之北界二難爲南陽郡獻帝時魏武始置襄陽郡

襄陽記曰襄陽本楚之下邑檀溪帶其西峴山亘其南亦楚國之北津也

荊州圖副曰建安十三年魏武平荊州始置襄陽郡以地在襄山之陽爲名

楚地記曰蜀關羽攻没于禁等七軍兵勢甚盛獨襄陽徐晃屯守不下曹公謂晃曰全襄陽者徐公之功也後吳大帝率兵向西時曹仁鎮之司馬宣王言於魏文曰襄陽水陸之衝禦寇要地不可失也

南雍州記曰永嘉之亂三輔豪族流於樊沔僑於漢側立雍州因人所思以安百姓也宋文帝因之置南雍州焉

晉書曰山簡字季倫嘗鎮襄陽郡中有高陽池每臨池未嘗不大醉而還人歌之曰山公何所詣往至高陽池日暮倒載歸酩酊無所知時時能騎馬倒着白接䍦舉鞭問葛強何如并州兒○盛弘之荆州記曰襄陽郡峴首山南至宜城百餘里其間彫牆峻宇閭閻填列漢宣帝末其中有御士刺史二千石數十家珠軒駢輝華蓋連延掩映於太山廟下荆州刺史行部見之雅歎其盛勑號太上廟道為冠蓋里

均州

漢志曰筑陽屬南陽郡故穀國今穀城縣也莽曰宜禾應劭曰筑水出漢中房陵東入沔筑音逐

圖經曰穀城縣有酇城漢志曰即蕭何出所封也音讚

十道志曰均州武當郡禹貢豫州之域春秋時楚地秦置南陽郡

漢志曰武當屬南陽郡

十道志曰鄖鄉古麇國也左傳曰楚潘崇伐麇至于錫穴

又地形志曰漢中郡之東界有錫縣即古之錫穴也

隨州

十道志曰隨州漢東郡春秋隨侯之國秦及兩漢屬南陽郡

左傳曰楚武王侵隨𨷖伯比言於楚子曰漢東之國隨為大

漢志曰隨屬南陽郡故厲國也左氏傳曰楚伐徐齊師伐厲以救之厲音賴

又曰春陵屬南陽郡侯國故蔡陽之白水鄉上唐鄉漢文帝元朔五年以零陵道之春陵鄉封長沙王子買為春陵侯後以春陵下濕上書徙南陽今棗陽縣有春陵故城

太平御覽卷第一百六十八

太平御覽卷第一百六十九

州郡部十五

淮南道

楊　楚　濠　壽　滁　和

廬　舒　蘄　申　光　安

黄　沔

楊州

元和郡縣圖志曰楊州廣陵郡禹貢九州楊州其一也春秋時屬吴七國屬楚秦滅楚爲廣陵後併天下屬九江郡漢爲江都國建武元年復曰楊州

左氏哀九年曰吴城邗溝通江淮也

魏志曰黄初六年征吴幸廣陵城臨江觀兵見江濤歎曰天所以限南北也

隋書曰義寧元年詔修江都宫治龍舟鳳舸黄龍赤艦樓舡萬艘以幸江都爲錦帆綵幔作之龍舟春江花月夜等曲以幸之因而都焉

宋書曰徐湛之爲楊州起風亭月吹觀臺琴室以爲遊宴焉

又曰楊州刺史王謐甍高帝次應入輔劉毅等不欲帝入謐議以中軍謝混爲州欲令帝於丹徒領州以二議諮帝劉穆之謂帝曰楊州根本所係不可假人前授王謐事出權道今若復他授便應受制於人一失於權無由可得帝從之

郡國志曰廣陵以城置在陵上爾雅云大阜曰陵連接西蜀一名阜崗一名崑崙崗鮑昭蕪城賦曰拖以漕渠軸以崑崙崗

河圖括地象曰崑崗山横爲地軸此陵交帶崑崙故廣陵也

漢志曰廣陵國高帝六年置景帝四年更名江都王莽曰江平江都易王非廣陵厲王胥皆都此

漢書曰廣陵厲王賜策曰烏呼小子胥受兹赤社建爾國家封于南土古人有言曰大江之南五湖之間其人輕心楊州保強 保恃也 三代要服不及以正 要服次荒服之内 正政也 要一遥反

圖經曰江陽縣本漢江都縣也以在江之北故曰江陽

漢志曰江都屬廣陵國

又曰海陵縣臨淮郡莽曰亭間

十道志曰六合縣本秦棠邑縣春秋時棠也左傳襄十四年楚子爲庸浦之役故子囊師師于棠 庸浦棠皆楚邑

楚州

元和郡縣志曰楚州淮陰郡禹貢楊州之域春秋時屬吴越戰國時屬楚秦屬九江郡漢爲射陽縣之地

漢志曰射陽縣屬臨淮郡莽曰監淮亭在射水之陽故曰射陽

又曰廣陵王胥有罪其相勝之奏奪王射陂 張晏曰射水之陂在射陽縣

晉書曰穆帝時中郎將荀羡北討云舊淮陰地形都要水陸交通易以觀釁沃野有開殖之利方舟運漕無他屯阻乃營立城池焉

郡國志曰北對清泗臨淮守險有平陽石鼈田稻豐饒

吴越春秋曰吴將伐齊自廣陵掘溝通江淮 即州地

史記曰越滅吴而不能正江淮楚乃東侵廣地于泗上

漢志曰盱眙屬臨淮郡都尉治莽曰武

南兖州記曰盱眙本春秋時善道地

漢書曰項羽立楚懷王孫心爲楚懷王都盱眙

南兗州記曰南兗州地有鹽亭百二十三所縣人以漁鹽爲業略不耕種擅利巨海用致饒沃公私商運充實四遠舳艫千計吳王所以富國強兵而抗漢室也

圖經曰寶應縣本安宜縣即漢之平安縣地屬廣陵郡

唐書曰天寶初有李氏女子既嫁而寡爲尼名真如忽有人自天而下以寶與之因名寶應

濠州

十道志曰濠州鍾離郡禹貢揚州之域春秋時爲鍾離子國戰國時屬吳秦置三十六郡屬九江郡漢置鍾離春秋成十五年曰叔孫僑如會吳于鍾離始通吳也始與中國接又昭十四曰楚子爲舟師以略吳疆遂滅巢及鍾離

史記曰楚平王十年吳之邊邑卑梁女與楚邊邑鍾離小童爭桑兩家交怒相攻楚伐卑梁人卑梁大夫怒發兵攻鍾離楚王聞之大怒吳亦發兵使公子光攻楚遂滅鍾離

莊子曰莊子與惠子遊於濠梁水上見儵魚出遊從容莊子曰是魚樂乎惠子曰子非魚安知魚之樂耶莊子曰子非我安知我不知魚之樂也

史記曰昔禹會諸侯於塗山執玉帛者萬國

十道志曰塗山在臨淮郡西

又曰招義縣本漢臨淮縣

漢志曰淮陵縣屬臨淮郡莽曰淮陸

壽州

元和郡縣志曰壽州壽春郡禹貢揚州之域秦併天下爲九江郡漢爲淮南國

伏滔正淮論曰爰自戰國至于晉之中興六百餘年保淮

南者九姓稱兵有十一人皆亡不旋踵禍溢於世保壽春者南引荆海之利東連三吳之富北接梁宋平途不過七百西援陳許水陸不出千里外有江湖之阻內保淮淝之固龍泉之陂良田萬頃舒六之貢利盡蠻越金石皮革之具萃焉苞木管竹之族生焉其俗尚氣力而多勇悍其人習戰爭而貴詐僞所以屢多亡國也

史記曰楚考烈王自陳徙都壽春號之曰郢又項羽本紀曰羽封英布爲九江王都六盡有江淮之地

漢書曰六故國也屬六安國咎繇後爲楚所滅如谿水首受沘東北至壽春入芍陂沘音匕芍音鵲

左傳文五年曰楚成大心仲歸帥師滅六仲歸子家冬楚公子燮滅蓼蓼今安豐蓼縣臧文仲聞六與蓼滅曰皐陶庭堅不祀忽諸德之不建民之無援哀哉

漢志曰壽春合肥受南北湖皮革鮑木之輸亦一都會也鮑鮑魚也木謂楓楠之屬

壽春記曰三國時江淮爲戰爭之地其間數百里無復人居晉平吳其民乃還本土復立爲淮南郡

齊書曰高祖初遣垣崇祖鎮壽陽謂之曰我新有天下魏必送劉昶爲辭壽春賊之所衝深爲之備既而果然乃敗還

十道志曰霍丘縣本漢松滋縣也

漢志曰松滋侯國屬廬江郡莽曰誦善

十道志曰霍山縣灊縣也

漢志曰灊縣屬廬江郡天柱山在南

滁州

史記曰吳王闔閭四年伐楚取灊

元和郡縣志曰滁州永陽郡春秋時楚地在漢爲全椒縣也。漢志曰全椒縣屬九江郡

十道志曰隋以爲滁州以滁水爲名

郡國志曰後漢彭城劉平爲全椒令虎皆渡江

和州

元和郡縣志曰和州歷陽郡禹貢楊州之域春秋及戰國時爲楚地秦爲歷陽縣屬九江郡漢爲淮南國

郡國志曰歷陽西有過胡城即王導築以禦石虎

漢志曰歷陽都尉治屬九江郡莽曰明義

十道志曰南有歷水故曰歷陽

淮南子曰歷陽之都一夕爲湖（漢明帝時歷陽淪爲麻湖）

十道志曰麻湖在縣西十里

漢書曰漢軍追項羽至江東城烏江亭長艤舟待之

廬州

元和郡縣志曰廬江郡古廬子國也春秋舒國之地

十道志曰戰國時其地屬楚秦置三十六郡屬九江郡漢爲合肥縣

左傳魯僖公四年曰徐人取舒杜預注云舒國今廬江舒縣也

尚書仲虺曰成湯放桀于南巢

魏志曰青龍元年滿寵爲楊州都督請於合肥城西三十里置新城表曰合肥城南臨江湖北達壽春賊攻圍之得據水爲勢官兵救之當先破賊大軍然後圍乃得解賊往甚易兵救甚難今城西三十里有奇險可依立城固守此所謂引賊平地而椅其歸路也詔從之

廬江記曰人物語音風土明茂皆勝淮左諸郡

漢志曰廬江郡故淮南文帝十六年別爲國領縣十二

又曰龍舒屬廬江郡應劭曰羣舒邑也

又曰居巢屬廬江應劭曰春秋楚人圍巢巢國也

左傳昭二十五年曰楚子使熊相祺郭巢（爲巢築城郭也）

郡國志曰濡須水出自巢湖謂之馬尾溝

十道志曰慎縣本漢浚遒縣

漢志曰浚遒屬九江郡（浚音峻遒音才由反）

舒州

釋例曰舒有五名舒庸舒龍舒州舒鳩舒城其實一也

左傳定二年曰吳子使舒鳩民誘楚人

元和郡縣志曰舒州桐安郡禹貢楊州之域春秋時晥國也

十道志曰春秋時爲楚東鄙戰國時屬楚秦置三十六郡

爲江夏郡

史記曰晥偃姓咎繇之後也春秋時楚滅之

漢志曰晥屬廬江郡

續漢書郡國志曰廬江郡自舒縣徙居晥

魏志曰正始二年孫權遣諸葛恪屯晥城以伺邊隙宜早除之於是親征晥破之

吳志曰曹公遣朱光爲廬江太守屯晥大開稻田呂蒙上言曰晥地肥美若一收熟彼衆必增加是數歲操態見矣

宋書州郡志曰晉安帝於舊晥城置懷寧縣

圖經曰桐城春秋時桐國也亦漢樅陽縣也

左傳曰定二年曰桐叛楚（桐小國也廬江舒縣有桐鄉）

漢書武帝紀曰元封五年南巡狩自尋陽浮江射蛟江中獲之舳艫千里薄樅陽而出作盛唐樅陽之歌

蘄州

十道志曰蘄州蘄陽郡禹貢揚州之域春秋及戰國時並屬楚秦置三十六郡屬九江郡漢蘄春縣之地

漢志曰蘄春屬江夏郡

史記曰始皇十六年滅楚虜王負芻於蘄

地名記曰蘄春以水隈多蘄菜因以爲名

晉書曰武帝以宣太后諱春改爲蘄陽

吳志曰魏使廬江謝奇爲蘄春郡典農呂蒙襲破之

又賀齊傳曰初晉宗爲沛口將以衆叛如魏還爲蘄春太守圖襲樂安取保質權以爲耻因軍初罷六月盛夏出其不意詔齊督糜芳鮮于丹等襲蘄春生虜宗吳復置蘄春郡

申州

十道志曰申州義陽郡禹貢荆州之域春秋時申國之地秦爲南陽郡地漢置平氏縣屬荆州漢武封北地尉衛山爲義陽侯魏文帝分南陽立義陽郡宋文元嘉末於義陽立司州周武帝爲申州

輿地志曰義陽有三關之險十道志曰三關謂平靖關（長老云此關因山爲障不營濠隍故名平靖）其一也武陽黃峴二關在安州應山縣界

光州

十道志曰光州弋陽郡禹貢揚州之域春秋時弦子國秦置三十六郡屬九江郡漢爲西陽縣

左傳僖五年曰楚人滅弦（弦在弋陽軑縣）弦子奔黃

漢志曰西陽屬江夏郡

又曰軑屬江夏故弦子國（軑音大又徒系反）

圖經曰定城縣春秋黃子國也

十三州志曰定城置在古黃子國南十二里

十道志曰定城本漢弋陽縣

漢志曰弋陽侯國屬汝南郡在弋山西北故黃國今黃城是也

十道志曰固始縣本寢丘孫叔敖所封之邑也

又曰殷城縣本漢期思縣也

漢志曰期思屬汝南郡故蔣國也

左氏傳曰凡蔣周公之胤也

安州

十道志曰安州安陸郡春秋鄖子之國雲夢之澤在焉後楚滅鄖封鬬辛爲鄖公則其地也戰國時屬楚秦併天下爲南郡地漢爲安陸縣宋武置安陸郡唐武德四年爲安州

黃州

十道志曰黃州齊安郡禹貢荆州之域戰國時屬楚秦爲南郡地漢爲西陵縣高齊置衡州隋開皇三年爲黃州

又曰麻城黃陂縣本漢西陵縣也

沔州

十道志曰沔州漢陽郡禹貢荆州之域春秋鄖國之地戰國時屬楚秦併天下爲南郡地漢爲安陸縣地晉立沌陽縣屬江夏郡（沌音篆）唐武德四年置沔州

尚書禹貢曰逾于沔（漢上曰沔）

三國志曰魏初定荆州沌陽以爲重鎮

晉書曰永嘉六年王敦表陶侃爲荆州刺史鎮沔陽

宋書州郡志曰晉於臨嶂山置沌陽縣

荆州記曰臨嶂山南峯謂之烏林峯亦謂赤壁
吴志曰曹公臨荆州孫權遣周瑜程普爲左右督領萬人
與劉備俱進退保赤壁
永初山川記曰沔口古以爲滄浪水屈原遇漁父處

太平御覽卷第一百六十九

太平御覽卷第一百七十

州郡部十六

江南道上

昇　宣　池　潤　常　蘇

湖　杭　睦　鄂　饒　信

江　洪　撫　吉　袁　虔

建　福　泉　漳　汀　南

昇州

圖經曰昇州古楊州之地也春秋時爲吳地戰國時越滅吳爲越地後楚滅越其地又屬楚初置金陵邑秦併天下改金陵爲秣陵屬鄣郡漢元封二年改鄣郡爲丹陽郡

漢志曰故鄣屬丹陽郡王莽曰侯望

金陵圖云昔楚威王見此有王氣因埋金以鎮之故曰金陵秦併天下望氣者言江東有天子氣鑿地斷連岡因改金陵爲秣陵

吳志曰孫權欲興都未定長史張紘勸都之後劉備宿於秣陵亦勸權都之遂定議都秣陵○建康圖曰西晉亂元帝自廣陵渡江此城荒落以府第居縣北幕府之名自此而立尋以江寧爲琅耶國蓋襲帝始封之名也歷宋齊梁陳六代皆都之

輿地志曰金陵有東府城晉安帝時築其城西本簡文爲會稽弟其東則丞相會稽王道子府謝安石薨以道子代領楊州州在東故時人號爲東府西州

圖經曰金陵有古冶城本吳鑄冶之地也

晉書曰元帝太興初以王導疾久方士戴洋曰君本命在甲申地有冶金火相爍遂移冶於石城

宣州

十道志曰宣州宣城郡禹貢楊州之域春秋時屬吳後屬越越爲楚所併戰國時又屬楚秦爲鄣郡地漢爲丹陽郡地理志曰武帝元狩元年改鄣郡爲丹陽郡屬楊州理宛城即今郡是也

吳書曰孫皓以牛渚爲督以何植爲使而禦晉軍（當塗有牛渚山）

桓玄傳曰玄居南州大築齋第以郡在國南故曰南州

齊州郡志曰梁承聖元年置南豫州

十道志曰隋開皇中改南豫州爲宣州

漢志曰涇縣屬丹陽郡韋昭曰涇水出蕪湖

圖經曰南陵縣有赭圻屯在縣西北

晉書曰哀帝以桓温入參朝政自荆州還至赭圻詔止之遂城赭圻鎮

十道志曰南陵有鵲洲

春秋左氏傳曰昭五年楚以諸侯伐吳吳敗之於鵲岸（鵲岸吳地也廬江舒縣有鵲尾渚是）

漢志曰漂陽縣屬丹陽郡漂水所出也

又曰當塗侯國屬九江郡莽曰山聚應劭曰禹娶塗山有禹墟焉

春秋左氏傳曰禹會諸侯於塗山

晉書州郡志曰西晉愍懷之亂琅耶王出鎮楊州因渡江南卜金陵建大業衣冠禮樂州郡邑名並隨渡江從北地當塗來江南自東晉始也

金陵記曰姑熟之南淮曲之陽置南豫州六代英雄迭居於此以斯地爲上游焉

池州

圖經曰池州池陽郡禹貢楊州之域春秋及秦漢爲鄣郡之地吴爲石城縣隋爲秋浦縣唐武德中置池州

三國志曰吴黄武二年封韓當爲石城侯

輿地志曰梁昭明太子以其水出魚美故名其水爲貴池

又曰梁大同二年置石埭因貴池源有兩小石埭堰溪水遂以爲名

潤州

十道志曰潤州丹陽郡禹貢楊州之域春秋時吴國地謂之朱方吴爲越所併地屬越戰國時越爲楚所滅復屬楚秦併天下爲會稽鄣二郡之地漢初爲荆國故荆王劉賈所都之地吴王濞誅以其地併入江都國武帝又分屬丹陽會稽二郡之地

左氏傳曰襄王二十八年齊慶封奔吴吴句餘予之朱方

後漢書曰建安中吴大帝自吴徙都於京十六年遷都秣陵復於京口置京督以鎮焉

吴志曰京督所統蕃衛尤要是以吴爲重鎮

圖經曰其城因山爲壘緣江爲境尔雅曰丘絶高曰京因謂之京口

吴録地理曰秦時望氣者云其地有天子氣始皇使赭衣徒三千人鑿坑敗其勢改云丹徒

圖經曰丹陽本漢曲阿縣也

漢志曰曲阿故雲陽莽曰風美屬會稽郡

史記曰秦始皇改雲陽爲曲阿

輿地志曰曲阿縣屬朱方南徐之境秦有史官奏東南有王氣在雲陽故鑿北岡截直道使曲以猒其氣故曰曲阿

又曰丹徒界内土堅緊如蠟　諺云生東吴死丹徒言吴多産出可以攝生自奉養丹徒地可以葬

吴志曰岑昏鑿丹徒至雲陽而杜野小辛間皆斬絶陵襲功力艱辛杜野屬丹徒小辛屬曲阿

圖經曰唐垂拱四年立金山縣後改名金壇取邑界句曲之山金壇之陵以爲號

真誥曰地肺似洛中北邙山土水似長安丹鳳門外井泉之味

河圖曰乃有地肺土良水清句曲之山金壇之陵

常州

十道志曰常州毗陵郡禹貢楊州之域春秋時屬吴後屬越戰國屬楚秦漢爲毗陵縣屬會稽郡

輿地志曰晉陵縣春秋時吴之延陵邑也季札讓位耕於此因以封之漢改爲毗陵

漢志曰毗陵縣屬會稽郡季札所居舊名延陵漢改之也莽曰毗壇

輿地志曰東海王越世子名毗中宗爲越所表遣渡江故改此爲晉陵

又曰吴越之間謂荆爲楚秦以子楚改爲陽羡其地本名小震居在荆溪之北故云陽羡

周處風土記曰陽羡本無荆溪吴郡郡境震澤之會也其地理則三江之雄潤五湖之腴表

吴越春秋曰周改爲陽羡

漢志曰無錫屬會稽郡莽曰有錫

周處風土記曰周武王追封周章於吴又封章小子斌於無錫也

圖經曰昔有讖述其地云無錫寧天下平有錫兵天下爭

故名之

蘇州

十道志曰蘇州吳郡禹貢楊州之域周爲泰吳國至闔閭強盛始都於此後爲越所滅秦併天下爲會稽郡

釋名曰吳虞也太伯封於此以虞志也

郡國志曰俗好用劒輕死蓋湛盧屬鏤干將要離之遺風焉東北有海鹽縣後有章山之銅擅三江五湖之利亦江東一都會也

越絕書曰闔閭起姑蘇臺三年聚材五年乃成高見三百里

漢志曰吳屬會稽郡周太伯所邑也具區澤在其西王莽曰泰位

十道志曰嘉興縣本秦由拳縣也

漢志曰由拳屬會稽郡應劭曰古之檇里（檇子遂反）

吳録地里志曰吳王時此地本名長水秦改曰由拳

續漢志曰屬吳郡吳黃龍五年嘉禾生於由拳改縣曰禾興後以太子名和改曰嘉興

圖經曰華亭縣本嘉興縣地天寶十年置因華亭谷爲名

晉書曰陸機被誅臨刑歎曰華亭唳鶴不可得聞

輿地志曰吳大帝以陸遜爲華亭侯以其所居爲封也華亭谷出佳魚蓴菜故陸機去千里蓴羹未下鹽豉

湖州

十道志曰湖州吳興郡禹貢楊州之域防風氏之國也春秋時爲吳地後屬越越爲楚所滅後屬楚秦漢屬會稽郡

國語魯語曰吳伐越墮會稽獲骨節專車（骨節長專擅一車也）吳子使來好聘且問於仲尼曰骨何爲大仲尼曰禹戮防風氏其骨節專車客曰防風何守也仲尼曰汪芒氏之君也守封禺之山（汪芒長翟國名封嵎山在吳郡永安縣）

郡國志曰五湖之表州以爲名也

漢志曰烏程屬會稽郡有歐陽亭

郡國志曰古有烏氏程氏居此能醞酒故以名縣

地理志曰武康縣本烏程之餘不鄉地漢末童謠曰天子當興東南三餘之間吳乃改會稽之餘曁爲永興分餘不爲永安以協謠言

吳興記曰長城縣吳王闔閭使弟夫槩居此築城狹而長晉武帝置縣因長城以名縣

杭州

十道志曰杭州餘杭郡禹貢楊州之域春秋時吳越地秦漢屬會稽郡

史記曰楚威王伐越殺王無彊盡取故吳地至浙江又曰始皇三十七年東遊丹陽至錢塘

漢志曰錢塘屬會稽郡西部都尉治王莽曰泉亭劉道眞錢塘記曰昔縣境逼近江流縣在靈山下至今基趾猶存郡議曹華信乃立塘以防海水募有能致土石者即與錢及成縣境蒙利乃遷此地於是爲錢塘縣

漢志曰於潛屬丹陽郡（潛音潛）

吳録地里志云縣西潛山蓋因山以立名舊潛字無水至隋加水

漢志曰餘杭屬會稽郡莽曰進睦

吳興記曰秦始皇三十七年將上會稽塗出此因立爲縣

郡國志曰夏禹東去捨杭登陸於此仍以爲名

十道志曰鹽官本漢海由拳二縣境

漢志曰海鹽屬會稽郡故武原鄉有鹽官

睦州

十道志曰睦州新定郡禹貢揚州之域春秋時越國秦屬丹陽郡漢爲歙縣地

吴志曰大帝以後漢建安十三年使威武中郎將賀齊討丹陽黟歙山賊平定之分歙始新新定黎陽休陽四縣并黟歙六縣

圖經曰隋置睦州取俗阜人和内外輯睦爲義

十道志曰桐廬縣吴黄武四年分富春置以桐溪側有大椅樹垂條偃蓋傍蔭數畝遠望似廬因謂之桐廬縣

漢志曰富春屬會稽郡莽曰誅歲

鄂州

十道志曰鄂州武昌郡禹貢荆州之域春秋時楚地秦屬南郡漢分置江夏郡晉安帝義熙元年冠軍劉毅表以爲

夏口二州之中地居形要控接湖川邊帶溪沔請荆州刺史劉道規鎮夏口隋爲江夏郡唐武德四年爲鄂州

尚書禹貢曰江漢朝宗于海

十道志曰江漢二水會於州之西界

左傳曰吴伐楚沈尹射奔命于夏汭

世紀曰楚子熊渠封中子紅於鄂今武昌縣地

江夏記曰一名夏口亦名魯口沙陽夏汭鄂渚新興鈞渚皆其地名

武昌記曰大帝築城於江夏以程普爲太守遂欲都鄂州改爲武昌郡其民謡曰寧飲建業水不食武昌魚寧歸建業死不向武昌居繇是從都建業

齊書曰劉懷珍言於高帝夏口兵衝要地宜得其人遂令柳世隆鎮焉

十道志曰江夏縣本漢沙羡縣

饒州

十道志曰饒州鄱陽郡禹貢揚州之域春秋時爲楚東境秦爲番縣地屬九江郡漢爲番陽縣屬豫章郡隋開皇九年爲饒州

地理志曰城即吴芮爲鄱君時所築

漢書貨殖傳曰譬猶戎狄之與于越不相入明矣韋昭注曰于越今餘干縣越之别名

又曰淮南王安陳伐閩越之利上書云越人欲爲變必先守餘干中可積食而有材可治舡慮越人有伐材積食之患

徐湛鄱陽記曰地有堯山嘗以堯爲號又以地饒衍遂加食爲饒

圖經曰以山川蘊物珎奇故名饒

信州

圖經曰唐上元元年正月江淮轉運使元載以此邑川原夐遠關防襟帶宜置州制可賜名信州以信美所稱爲郡之名

鄱陽記曰界内之山出銅及鉛鐵者有王山

江州

十道志曰江州尋陽郡禹貢揚荆二州之境尚書禹貢彭蠡既豬又曰九江孔殷

周景式廬山記曰柴桑彭澤之郊古三苗國舊廬江地

尋陽記曰春秋時吴之西境後吴爲楚滅更爲楚地秦屬廬江郡漢屬淮南國晉武太康十年因江水之名而置江州成帝咸和元年移理湓城即今郡是

晉地道記曰尋陽陸通五嶺北導長江遠行岷漢亦一都會也

洪州

十道志曰洪州豫章郡禹貢楊州之域春秋時吳地秦爲九江郡漢爲豫章郡

豫章記曰太康中望氣者云豫章廣陵有天子氣故封愍懷太子爲廣陵王領鎮軍以鎮豫章後元興中懷帝遂以豫章王登天王位隋平陳罷郡爲洪州

撫州

十道志曰撫州臨川郡禹貢楊州之域春秋時吳地秦屬九江郡漢立南昌縣今州即南昌縣地後漢分南昌立臨汝縣吳太平二年分豫章之臨汝南城縣立臨川郡即今州也隋平陳置撫州

晉書曰王羲之曾爲臨川內史置宅於郡城東偏旁臨迴溪時據層阜

荀伯子臨川記曰王右軍故宅其地爽塏山川若畫每至重陽日二千石已下多遊萃於斯舊井及墨池並在

漢地理志曰高帝六年命大將軍灌嬰立洪州其年分洪州南境立南城縣以其在郡城之南故曰南城

吉州

十道志曰吉州廬陵郡春秋時爲吳地戰國屬楚秦併天下屬九江南部都尉理漢爲廬陵縣屬豫章郡

雷次宗豫章記曰靈帝末楊州刺史劉遵上書請置廬陵鄱陽二郡獻帝初平二年始立郡

圖經曰隋平陳改廬陵郡置吉州以吉陽山爲郡名

袁州

十道志曰袁州宜春郡禹貢楊州之域春秋時吳地秦屬九江郡漢爲豫章郡之宜春縣晉武改宜春爲宜陽隋平陳分洪州之宜陽立袁州

漢書曰武帝封長沙定王子爲宜春侯

吳録曰宜春縣出美酒每歲上貢封酒親付計吏

虔州

十道志曰虔州南康郡春秋時吳地秦屬九江郡漢爲贛縣地屬豫章郡後漢興平二年分豫章立廬陵郡而贛縣屬焉晉太康三年立爲南康郡隋平陳立虔州以虔化水而得名也

圖經曰贛縣章貢二水雙流至縣合爲贛水其間置邑因以名縣

十道志曰南康縣本漢南野地

吳録曰南野縣有大庾山九嶺嶠以通廣州

建州

十道志曰建州建安郡古閩越之地秦閩中郡漢屬會稽吳分置建安郡陳屬閩州隋平陳屬泉州唐武德四年置建州因建溪爲名

方輿志曰浦城縣本漢東候官之北鄉也吳永安三年改爲吳興縣

圖經曰晉尚書陸邁梁尚書郎江淹皆爲吳興令按淹自序云吳興地在東南嶠外閩越之舊境是也

福州

福州圖經曰勾踐六代孫爲楚所併其後有無諸以其境南泉山之地因而都之稱閩越王至孫繇又以東海隅之地稱越王俱是會稽之域遂有三越之稱

圖經曰梁承聖二年封蕭基爲長樂侯於此

十道志曰福州長樂郡亦閩越地秦爲閩中郡漢高帝立無諸爲閩越王都於此晉置晉安郡陳置閩州唐開元十三年爲福州

開元録曰閩州越地即古東甌今建州亦其地皆蛇種有五姓謂林黄等是其裔

郡國志曰漢武元鼎六年立都尉居候官以禦兩越所謂東北一尉西南一候也

泉州

十道志曰泉州清源郡秦漢土地與長樂同東晉南渡衣冠士族多萃其地以求安堵因立晉安郡宋齊以後因之唐景雲二年置泉州

天寶初爲清源郡乾元元年又爲州

漳州

十道志曰漳州漳浦郡歷代土地與長樂郡同唐分其土地置漳州

郡國志曰梁山有漳浦水一去漳溪水

汀州

十道志曰汀州臨汀郡歷代土地舊與長樂郡同唐開元二十六年分置汀州初置在雜羅縣以其地瘴居者多死大曆中移理長汀白石村

南州

十道志曰南州南川郡禹貢梁州之域周省梁入雍戰國時巴國之地秦漢爲巴郡之境

太平御覽卷第一百七十

太平御覽卷第一百七十一

州郡部十七

江南道下

越　歙　明　台　處　温
婺　衢　潭　岳　衡　永
道　郴　連　邵　黔　思
費　辰　錦　溪　敘　施
播　珍　夷　業　溱

越州

十道志曰越州會稽郡禹貢楊州之域春秋時越國

春秋元命苞曰牽牛流爲楊州分爲越國

史記曰越王勾踐其先禹之苗裔夏后少康之庶子也封於會稽以奉守禹之祀文身斷髮披草萊而邑焉

吴志曰會稽南面連山萬重北帶滄海千里

輿地志曰順帝時陽羡人周嘉上書請分浙江以西爲吴郡東爲會稽郡

宋略曰會稽山陰編户三萬號爲天下繁劇王羲之云每行山陰道上如鏡中遊王獻之望鏡湖澄澈清流瀉注乃去山川之美使人應接不暇

郡國志曰越　王北面以事　吴後終滅吴

漢志曰會稽郡秦置高帝六年爲荆國十二年更名吴景帝四年屬江都領曲阿等縣三十六

吴越春秋曰禹巡行天下歸還大越會計脩國之道以會計名山仍爲地號也

漢志曰剡縣屬會稽莽曰盡忠

南史曰張稷爲剡令至嵊亭生子因名嵊字四山

漢志曰諸暨縣屬會稽郡莽曰疏虜

十道志曰縣有暨浦諸山因以爲名

會稽志曰龜山之下有東武里即琅耶東武縣山一夕移於此東武人皆從此故里不動

歙州

十道志曰歙州新安郡禹貢楊州之域春秋時屬越秦屬丹陽郡

漢志曰歙都尉治屬丹陽郡

漢志曰黟縣屬丹陽郡漸江水出焉成帝鴻嘉二年爲廣德國王莽曰愬虜師古曰黟音伊字與黟同

晉書曰孔愉字敬康會稽人永嘉之亂避地入新安山谷中以稼穡讀書爲業信著鄉里後奄忽而去人皆以爲神爲之立廟孔靈村

梁書曰任昉爲新安太守調楓香二石始入三兩便止不欲遺之後人及下任唯有桃花米二十石

圖經曰績溪縣以界内乳溪與徽溪相去一里迴轉屈曲並流離而復合謂之績溪縣因名焉

圖經曰任昉爲新安太守因行春至此愛其雲溪緣源尋幽累日不返百姓因名其溪爲昉溪村名昉村

又曰新安貢柿心墨木黟之字縣職此之由

又曰祈門縣本名閶門著於秦漢之代縣有巨石夾流水兩相對其狀似門故號閶門

又曰婺源縣本晉休寧縣

東陽記曰上應婺女故名之

明州

十道志曰明州餘姚郡古舜爲餘姚之墟

史記曰越王句踐平吳從夫差於甬東
漢志曰餘姚屬會稽郡本鄮縣之地
風土記曰舜支庶所封故曰餘姚
輿地志曰邑人以其海中物産於山下鄮易因名鄮縣
圖經曰鄮縣有甬東及句章故城

台州

十道志曰台州古越州會稽郡之地禹貢楊州之域春秋時越國秦屬閩中郡後越王無彊七代孫閩君搖率越人佐漢伐秦惠帝録其功封姚爲東越王都於甌
山海經曰甌在海中郭璞注云今臨海永寧縣即東甌故地也若在南海中鬱林郡爲西甌吳地記曰漢書閩越圍東甌東甌告急於天子天子遣太中大夫嚴助發兵往救未至閩越止兵東甌乃舉國徙中國處之江淮間而後遺人往往漸出乃以東甌地爲回浦縣
漢志曰回浦東部都尉理屬會稽郡楊雄解嘲曰東南一尉西北一候
十道志曰唐武德四年討平李子通於臨海縣置海州五年改海州爲台州

處州

圖經曰處州縉雲郡古縉雲之墟也秦爲會稽郡地漢初爲東甌地後以爲回浦縣光武更名章安晉分爲永嘉郡
輿地志曰永嘉郡本會稽東郡地晉明帝太寧元年分臨海等五永嘉郡
圖經曰麗水縣有惡道惡道有突星瀨謝靈運與弟書曰聞惡道溪中九十九里有五十九灘永嘉記曰王右軍遊惡道歎其奇絶遂書突星瀨於石
輿地志曰松陽縣本章安南鄉漢末立爲縣吳地記曰縣東南臨大溪有松陽樹大八十一圍腹中空可容三十人坐故取此爲名王右軍嘗往看之永嘉記曰青田縣有草葉似竹可染碧名爲竹青此地所豐故名青田浮丘公相鶴經曰青田之鶴

溫州

十道志曰溫州永嘉郡會稽之東境也漢永建四年置永寧縣
郡國志曰永嘉爲東甌鬱林爲西越斯地蠶一年八熟
圖經曰永嘉縣漢冶縣之地後漢改爲章安縣
漢志曰冶本閩越地屬會稽郡

婺州

十道志曰婺州東陽郡禹貢楊州之域春秋時爲越之西界秦屬會稽郡漢初屬荆吳二國
郡國志曰婺州正得東越之地漢時其地屬會稽爲東楊州人俗輕躁少信行好滛祀
鄭緝之東陽記曰此境於會稽西部嘗置都尉理於此吳寶鼎元年始分會稽置東陽郡隋平陳置婺州蓋取其地於天文爲婺女之分野異苑曰東陽顏烏以淳孝著聞群烏助銜土塊爲墳烏口皆傷一境以爲至孝所致因以縣名烏傷
十道志曰唐武德七年改烏傷爲義烏

衢州

十道志曰衢州信安郡土地所屬與婺州同唐武德四年平李子通於信安縣置西有三衢山因以爲名
輿地志曰後漢獻帝初平三年分太末縣立新安縣晉太

康元年以弘農有新安改名爲信安左傳曰越伐吳王孫彌庸觀越見姑蔑之旗杜注云今東陽太蔑縣是輿地志曰太蔑秦漢爲太末縣今龍丘乃春秋東陽太末縣也

潭州

十道志曰潭州長沙郡禹貢荆州之域春秋及戰國時爲黔中地之南境晉懷帝永嘉元年分荆州置湘州隋平陳改湘州爲潭州

史記天官書曰翼軫爲楚分傍一小星爲長沙星漢書曰高帝封番君吳芮爲長沙王

又曰長沙定王發景帝二年立以母微無寵故王卑濕貧國應劭注曰景帝後二年諸王來朝有詔更前稱壽歌舞定王但張袖小舉手左右笑其拙怪問之對曰臣國小地狹不足迴旋帝乃以武陵零陵桂陽屬焉

郡國志曰炎帝神農氏葬於長沙長沙之尾東至江夏謂之沙羡是其地

十三州志曰西自湘江至東萊萬里故曰長沙

湘州記曰始皇二十五年并天下分黔中以南之沙鄉爲長沙郡以統湘川蓋取星以名焉

遁甲經曰長沙地雲陽之墟可以長生可以避世

湘中記曰其地有舜之遺風人多純朴今故老猶彈五絃琴好爲漁父吟

湖南風土記曰長沙下濕丈夫多夭折俗信鬼好淫祀第廬爲室頗雜越風

岳州

十道志曰岳州巴陵郡禹貢荆州之域古三苗國地春秋及戰國時屬楚秦屬長沙郡晉分長沙之巴陵置建昌郡

在巴陵齊武封子倫爲巴陵王梁封齊明帝子寶義爲巴陵王奉齊後以備三恪隋平陳改爲岳州

尋江記曰羿屠巴蛇於洞庭其骨若陵故曰巴陵

淮南子曰斬脩蛇于洞庭

十道志曰巴陵縣本漢下雋縣之巴丘地

漢書地理志曰下雋縣屬長沙郡

十道志曰華容縣本漢孱陵縣

衡州

十道志曰衡州衡陽郡春秋時屬楚秦屬長沙郡漢爲酃縣地屬長沙國吳分長沙之東部立爲湘東郡隋平陳罷郡爲衡州因衡山以取名

尚書禹貢曰荆及衡陽惟荆州

甄烈湘州記曰宋大明中望氣者云湘東有天子氣遣日者巡視斬岡以厭之尋乃湘東王爲天子（即明帝也）

圖經曰茶陵縣者所謂陵谷生茶茗焉

永州

十道志曰永州零陵縣禹貢荆州之域春秋及戰國時楚之南境秦屬長沙郡漢屬長沙國晉以零陵屬湘州隋平陳置永州因永水爲名○梁書曰孫謙字長遜爲零陵太守有善績吏人安之先是郡多猛獸謙至絶迹及去官之夜猛獸即害居人

甄烈湘州記曰石鷰山石形似鷰大小如一山明淨即頡頏飛翔

羅含湘中記曰石鷰在泉陵縣雷風則群飛然其土人稀有見者

按十道志曰零陵縣本漢泉陵縣

道州

十道志曰道州江華郡禹貢荆州之域春秋及戰國時屬楚漢屬長沙國唐貞觀八年爲道州

圖經曰昔舜封象有鼻國即其地

郴州

十道志曰郴州桂陽郡禹貢荆州之域春秋及戰國時屬楚秦屬長沙郡漢高祖二年分長沙南境立桂陽郡屬荆州部居郴梁元帝爲盧陽郡屬衡州隋平陳改爲郴州

史記曰項羽徙義帝於長沙都郴

連州

十道志曰連州連山郡春秋時楚地秦爲長沙郡之南境二漢爲桂陽郡之桂陽縣吴屬始興郡晉因之宋於此立宋安郡後省齊如之梁爲陽山郡唐武德四年改爲連州以郡南黄連嶺爲名

邵州

十道志曰邵州邵陽郡禹貢荆州之域春秋時屬楚秦爲長沙郡漢爲昭陵縣屬零陵郡吴分零陵北部爲邵陵郡屬荆州即今州也晉武改昭陽爲邵陽唐貞觀十年改爲邵州。又曰邵陽縣本漢昭陵縣地屬長沙國

黔州

十道志曰黔州黔中郡禹貢荆州之域戰國爲楚黔中地秦昭王伐楚置黔中郡其地又屬焉漢武陵郡之酉陽縣地武陵五溪蠻之西界也周武帝保定四年蠻帥田思鶴以地内附置奉州建德三年改爲黔州

吴録曰黔陽屬武陵郡黔陽今辰州三亭縣西故城是也

思州

十道志曰思州寧夷郡禹貢荆州之域春秋楚地隋開皇十八年始置務川縣屬庸州唐武德元年以務川當牂牁要路置務州貞觀八年改爲思州因思邛水爲名

費州

十道志曰費州涪川郡禹貢荆州之域春秋時屬楚漢武帝元鼎六年通牂牁道置牂牁郡其地屬焉江山阻遠爲俚獠所居多不臣附周宣政元年獠王元殊多貿等歸國遂立州取費水爲名

九州要記曰九丘之外有費州

辰州

十道志曰辰州盧溪郡禹貢荆州之域春秋時屬楚其地即古蠻夷之地秦昭王使白起伐楚略取蠻夷置黔中郡漢改黔中爲武陵郡隋開皇平陳改爲辰州。沅陵記曰五溪十洞頗爲邊患自馬伏波征南之後雖爲郡縣其民叛擾代或有之蓋恃山險所致十道志曰壺頭山後漢馬援征五溪蠻取壺頭山賊乘高守險水迅船不得進士卒多疫死援亦中病穿岸爲室以避炎氣遂卒于此武陵記曰山邊有石窟即馬援所穿室也室内有大虵如船云是援之餘靈

十道志曰故老云楚子滅巴巴子兄弟五人流入黔中漢有天下名曰酉辰巫武沅等五溪爲一溪之長故號五溪

錦州

十道志曰錦州盧陽郡歷代土地與辰州同唐武德初以辰州之地析置錦州

溪州

十道志曰溪州靈溪郡禹貢荆州之域歷代土地所屬與

辰州同唐武德中立溪州蓋取五溪相會於此

又曰大鄉縣本漢沅陵零陵二縣地屬武陵郡梁分立大鄉縣三亭縣本漢壷陽縣地屬武陵郡唐分大鄉縣縣有小酉山黔山大酉山

敘州

十道志曰敘州潭陽郡古蠻夷之地戰國時爲楚黔中地唐貞觀八年爲巫州天授三年以巫山不在州界改爲沅州以沅江水爲郡名開元十三年仍舊爲巫州至大曆五年爲敘州

五溪記曰民多射生而鼻飲噉蛇鼠捕鰕蝲朝營夕用故無宿給

施州

十道志曰施州清江郡禹貢荆州之域春秋時巴國七國時爲楚巫郡地秦昭王伐楚置黔中郡巫地屬焉周武帝建德二年酋長向郢凡弟四人相率內附置施州

又曰清江縣本漢巫縣地屬南郡巫縣今夔州巫山縣是也吳晉及周爲沙渠之地隋於此置清江縣

播州

十道志曰播州播川郡秦夜郎縣之西南隅惠王十四年欲得楚黔中地以武關之外易之今牂黔府即楚謂黔中地漢武元鼎六年平西南夷置牂牁郡其地屬焉以且蘭有椽舡牂牁因此立郡以名焉貞觀九年於北界置郎州後省十三年又於其地置播州以其地有播川因名焉

漢書曰唐蒙上書說武帝曰聞夜郎國有精兵可十餘萬浮舟牂牁出其不意以制越此一奇也

珎州

十道志曰珎州夜郎郡古山獠夜郎國之地晉永嘉五年分牂牁置夜郎郡兼置充州唐貞觀十七年廓開邊夷置播川鎮後因川中有降珎山因以鎮爲珎州取山名郡也

九州志曰夜郎自古非臣伏州郡之地漢武開拓南邊始置夜郎縣屬牂牁郡即牂牁都尉居之

後漢書曰夜郎者臨牂牁江江廣百餘步足以行舡

十三州志曰牂牁者江中山名也

夷州

十道志曰夷州義泉縣古徼外蠻夷之地漢置牂牁郡歷代恃險不聞臣附隋大業七年始招慰置綏陽縣屬明陽郡唐武德四年置夷州

葉州

十道志曰葉州龍溪郡古蠻夷之地唐置葉州或爲龍溪郡

溱州

十道志曰溱州溱溪郡古蠻夷之地唐貞觀八年開拓南蠻於榮懿縣立溱州地多貢象牙後或爲溱溪郡

太平御覽卷第一百七十一

太平御覽卷第一百七十二

州郡部十八

嶺南道

廣州

十道志曰廣州南海郡秦置南海郡二漢因之兼置交州吴因之分置廣州宋齊皆因之梁陳並置都督府隋平陳又置番州煬帝初復置南海郡唐爲廣州

又曰南海縣本漢番禺縣地

山海經曰桂林八樹在賁禺東注云賁禺卽番禺也吴録曰番禺縣有禺山尉佗所葬

南越志曰蕭連山西十里有靈州山焉其山平原弥望曾野極目

郭景純云南海之間有衣冠之氣者斯其地也

又曰秦占氣者以南方有黄氣紫雲之異使繡衣使者鑿之二十餘丈乃流血數日以爲鑿龍之効今所鑿之處形似馬鞍謂之馬鞍崗

又曰石門之水舊曰貪泉俗云經大庾則清穢之氣分歆石門則淄素之質變

廣州記曰尉佗築朝臺以朝天子

南越志曰朝臺下有趙佗城朝臺西三十里卽崗旁江構越華館以送陸賈因稱朝亭

十道志曰番禺北津水今名廉平水

韶州

十道志曰韶州始興郡禹貢楊州之域春秋戰國皆楚地秦屬南海郡二漢屬桂陽郡吴置始興郡晉因之宋改爲廣興齊復爲始興隋平陳爲韶州以韶石爲名

郡國志曰韶州科斗勞水間有韶石狀若雙闕永和二年有飛仙衣冠遊二石上昔舜遊登此石奏韶樂因以名之

岡州

十道志曰岡州義寧郡禹貢楊州之域秦漢並屬南海郡東晉末分置新會郡宋齊梁並因之隋平陳置封州後改爲允州後改爲岡州

郡國志曰岡州地邊大海晴少雨多時遇甚風林宇悉拔俗織竹爲釜以蠣殼屑泥之煑鹽轉久弥密

循州

十道志曰循州海豊郡春秋時爲百越之地戰國屬楚秦二漢南海郡地晉亦然隋平陳置循州

南越志曰郡東水道一千里趙佗昔爲龍川尉所涖於此

潮州

十道志曰潮州潮陽郡亦古閩越地秦屬南海郡秦末屬尉佗漢初屬南越後亦屬南海郡後漢因之晉置東官郡隋平陳置潮州

郡國志曰稻得再熟蠶亦五收煑海爲鹽

十道志曰海陽縣本漢揭陽縣地

南越志曰潮陽縣窮海之比故曰潮陽

恩州

十道志曰恩州恩平郡秦屬南海郡二漢爲合浦郡唐貞觀中置恩州

春州

十道志曰春州南陵郡古越地秦屬南海象郡漢合浦郡之高凉縣地晉分置恩平縣唐武徳四年討平蕭銑置春州

賀州

十道志曰賀州臨賀郡秦屬南海郡二漢屬蒼梧郡吴置臨賀郡晉因之宋爲臨慶國齊復爲臨賀郡陳因之隋平陳置賀州因賀水爲名

端州

十道志曰端州高要郡秦屬南海郡兩漢並屬蒼梧郡晉亦然宋齊並屬南海郡陳置高要郡隋平陳置端州

南越志曰石室山傍洞雲霧自生風煙有二石門以爲仙之下都

藤州

十道志曰藤州感義郡秦屬南海郡二漢並屬蒼梧郡晉屬永平郡隋平陳置藤州煬帝初州廢置永平郡唐復爲藤州

郡國志曰俗以青石爲刀劒如銅鐵法婦人亦爲環玦代珠玉也夷人往往化爲貙（貙小虎也）

康州

十道志曰康州晉康郡秦屬南海郡二漢屬蒼梧郡晉分置晉康郡宋齊因之隋平陳廢晉康併入信安郡（今高要郡也）唐復置康州

封州

十道志曰封州臨封郡土地所屬自秦已上與康州同今州即漢蒼梧郡之廣信縣也梁置信郡兼置成州隋平陳廢郡改成州爲封州

瀧州

十道志曰瀧州開陽郡（瀧雙江切）土地所屬自漢已上與康州同晉分端溪置龍鄉縣今州即其地南越志龍鄉縣屬廣熙郡梁分廣熙置建州又分建州之雙頭洞立雙州即此是

高州

十道志曰高州高凉郡秦以前土地與晉康郡同二漢屬合浦郡吴置高凉郡晉因之梁置高州隋平陳郡廢而高州如故唐爲高州

南越志曰高凉本合浦縣也吴建安十六年衡毅錢博拒歩騭於高安峽毅投水死博與其屬亡于高凉吕岱出爲刺史博既請降制以博爲高凉都尉於是置郡焉

義州

十道志曰義州連城郡土地所屬秦已上與潘州同漢置蒼梧郡今州即蒼梧郡之孟陵縣唐武徳四年江表底定於此置南義州貞觀二年於此置義州

新州

十道志曰新州新興郡古越地秦始皇略取陸梁地置象郡今州即其地也漢爲合浦縣之臨元縣晉穆永和七年分蒼梧郡於此置新寧郡梁隋唐爲新州

勤州

十道志曰勤州銅陵郡秦屬南海郡二漢屬合浦郡隋屬信安郡唐置勤州或爲銅陵郡

竇州

十道志曰竇州懷德郡禹貢楊州之分古越地漢蒼梧郡之端溪縣先管羅竇洞因爲名唐武德五年置南扶州貞觀八年改爲竇州

郡國志曰竇州悉以高欄爲居號曰千蘭三日一市

又曰特亮縣在河洞水北昔有白牛夜出光影照村村人見此牛光號爲特亮也

桂州

十道志曰桂州始安郡禹貢荊州之域春秋時越地七國時爲楚越之交始皇二十三年嘗發適亡人贅婿賈人略取陸梁地是爲桂林郡焉二漢屬零陵蒼梧二郡吳分置始安郡晉孝武改爲始建齊復爲始安梁天監六年立桂州於蒼梧鬱林之境無定理處大同六年移桂州於今理隋大業三年罷州唐武德四年復置桂州

始安記曰吳越之境其人好劒輕死易生火耕水耨人食魚稻無千金之家好巫鬼重淫祀

十道志曰臨桂縣荔水水源多生桂桂生處不生雜樹

昭州

十道志曰昭州平樂郡秦桂林郡地二漢屬蒼梧郡宋屬始建國齊屬始安郡隋亦然唐武德四年置樂州貞觀八年改爲昭州取昭潭爲名

盛弘之荊州記曰平樂縣西南數十里有山間有兩目如人眼極大瞳子白黑分明

蒙州

十道志曰蒙州蒙山郡漢武平南越置蒼梧郡今州即蒼梧之荔浦縣也隋置隋化縣唐置蒙州州有山號曰蒙山山下人皆姓蒙因爲州名

富州

十道志曰富州開江郡秦桂林郡地二漢屬蒼梧郡梁爲開江武城二郡地陳置靜州改開江武城二郡爲逍遥郡隋平陳並廢唐又置靜州貞觀八年改爲富州因富水爲名

梧州

十道志曰梧州蒼梧郡秦屬桂林郡二漢爲蒼梧晉以後並因之梁屬成州隋平陳改爲封州唐爲梧州

漢書曰武帝元始六年開蒼梧郡

禮記曰舜葬蒼梧之野

潯州

十道志曰潯州潯江郡秦屬桂林郡二漢以後並屬鬱林郡隋屬永平鬱林二郡地唐置潯州

郡國志曰大賓縣漢布山縣地有糖牛與虵同穴牛嗜鹽俚人以皮裹手塗鹽入穴探之牛舐之出外則不得入取其角爲器一曰糖牛

龔州

十道志曰龔州臨江郡秦屬桂林郡漢平南越置蒼梧郡

今州即郡之舂陵縣地也唐置龔州

鬱林州

十道志曰鬱林州鬱林郡秦爲桂林郡漢改爲鬱林郡後漢亦同梁置定州後改爲南定州隋平陳改爲尹州煬帝初爲鬱林州唐爲鬱林州

平琴州

十道志曰平琴州平琴郡舊鬱林郡地唐置平琴州或爲平琴郡

賓州

十道志曰賓州安城郡古越地秦桂林郡地漢爲鬱林郡又爲鬱林郡之嶺方縣自漢以後並爲嶺方縣地唐貞觀五年置賓州

澄州

十道志曰澄州賀水郡古越地秦爲桂林郡漢爲鬱林郡

之嶺方縣唐武德四年置澄州

繡州

十道志曰繡州常林郡秦屬桂林郡二漢屬鬱林郡晉以後因之唐平蕭銑置繡州

象州

十道志曰象州象郡秦屬桂林郡二漢爲鬱林郡吴又分置桂林郡晉宋齊因之隋平陳置象州因象山以爲名秦之象郡今合浦郡非此象州也

柳州

十道志曰柳州龍城郡秦漢土地與象州同晉以後屬桂林郡隋屬始安郡唐平蕭銑置昆州貞觀八年改爲柳

融州

十道志曰融州融水郡歷代土地與柳州同唐置融州

邕州

十道志曰邕州朗寧郡古越地秦爲桂林郡漢鬱林郡之嶺方縣地晉置晉興郡于此隋爲鬱林郡之宣化縣武德四年置南晉州貞觀六年改爲邕州

圖經曰人俗怪誕澆薄内險外蠢椎髻跣足尚雞卜卵卜

貴州

十道志曰貴州懷澤郡虞舜暨周並爲荒裔秦爲桂林郡自漢以下與鬱林郡同唐置貴州

黨州

十道志曰黨州寧仁郡秦桂林郡地唐置黨州

南越志曰黨州隆仁縣有京觀即古征黨洞殺俘虜處

横州

十道志曰横州寧浦郡古越地秦象郡地漢爲合浦郡之

高涼縣地隋於此置簡州又改爲緣州唐改爲横州

田州

十道志曰田州横山郡土地與朗寧郡同唐爲田州

嚴州

十道志曰嚴州脩德郡禹貢荆州之域漢武平南越即象郡地唐乾封二年置嚴州地在嚴崗之側因爲名

圖經曰州門有長河水深八十丈從牂牱流下

山州

方輿志曰山州龍池郡土地與嚴州同唐爲山州或爲龍池郡

淳州

方輿志曰淳州永定縣秦屬桂林郡地唐武德四年置至永貞以犯憲宗廟諱改爲巒州以巒山爲名

羅州

十道志曰羅州招義郡禹貢楊州之地是爲南越宋元嘉三年鎮南將軍檀道濟巡撫於陵羅口築城因以名之屬高涼郡唐武德五年因其地復置州

南越志曰招義縣昔流人營也

潘州

十道志曰潘州南潘郡古甌駱越地秦平百越爲桂林郡地漢爲合浦縣地屬合浦郡唐武德四年置南宕州八年改爲潘州

嶺表記曰潘州昔有方士潘茂於此昇仙遂以名郡

容州

方輿志曰容州普寧郡古越地秦屬象郡二漢屬合浦郡宋太始七年分合浦縣於此立南流郡齊梁陳不改隋廢

唐武德四年置銅州貞觀八年改爲容州因容山爲名

十道志曰鬼門關在北流縣南三十里兩石相對狀若關形闊三十餘步昔馬援討林邑經此立碑石龜尚存昔時趨交趾皆由此關已南尤多瘴癘去者罕得生還故諺曰鬼門關十人去九人還

郡國志曰斯地瘴氣春謂青草瘴秋謂黄茅瘴有瘴深

辯州

十道志曰辯州陵水郡古越地秦象郡地二漢屬合浦郡唐置辯州

郡國志曰辯州在陵羅二水之間

白州

十道志曰白州南昌郡古越地秦象郡地漢爲合浦郡唐武德四年置南州六年改爲白州

嶺表録曰州有一派水出自雙角山合容州江呼爲緑珠江又緑珠井在雙角山下昔梁氏之女有容皃石季倫爲交趾採訪使以眞珠三斛買之梁氏之居舊井存焉

牢州

十道志曰牢州定川郡本巴蜀西南徼外夷秦屬象郡漢屬牂牁郡唐置義州改爲智州貞觀十一年改爲牢州以牢石爲名

欽州

十道志曰欽州寧越郡歷代土地與白州同宋齊已來置宋壽郡梁又置安州隋平陳改爲欽州

安南都護府

方輿志曰安南府今理宋平縣古越地禹貢楊州之地號爲百越在周爲越裳重譯之地秦屬象郡漢爲交阯日南

二郡界後漢因之唐爲交州

又曰人俗雜蠻夷之風其人皆服布如單被穿中央以貫其首男子耕農女子織絍兵則矛楯長刀木弓竹矢或骨爲鏃

交州記曰南定縣人足骨無節身有毛臥者更扶始得起故山海經云交脛人國脚脛曲戾相交所以謂之交趾

南越志曰龍編縣州之始有蛟龍編於津之間因以爲瑞而名邑

武峩州

方輿志曰武峩州武峩郡土地與安南府同唐置武峩州

粵州

方輿志曰粵州龍水郡土地與安南府同唐爲粵州或爲龍水郡

芝州

方輿志曰芝州忻城郡土地與安南府同唐爲芝州或爲忻城郡

愛州

方輿志曰愛州九眞郡秦象郡地漢武置九眞郡後漢亦同晉亦屬九眞郡宋齊因之梁置愛州隋爲九眞郡唐又爲愛州

福祿州

方輿志曰福祿州福祿郡土地與九眞郡同唐爲福祿州

長州

方輿志曰長州文陽郡土地與九眞同唐爲長州

驩州

方輿志曰驩州日南郡古越裳氏國九譯所通者也秦屬象郡二漢屬九眞郡吳分置九德郡晉宋齊因之隋置驩州後爲日南郡唐爲驩州

郡國志曰龐山洞人去其兩齒爲飾刻骨作花文中山立市十日一會鑄銅爲器大如盤名旁旁以爲財市

峯州

方輿志曰峯州承化郡古文郎國有文郎水亦陸梁地秦屬象郡二漢屬交阯郡吳分置新興郡晉改爲新昌陳置興州隋平陳改爲峯州煬帝初廢唐復置峯州

林邑記曰蒼梧以南有文郎野人居無室宅依樹止宿食生肉採香爲業與人交易若上皇之人

陸州

方輿志曰陸州玉山郡秦象郡地漢以來屬交阯郡梁分置黃州及寧海郡隋平陳郡廢改黃州爲玉州煬帝初州廢唐復置玉州上元二年改爲陸州州有陸水

廉州

方輿志曰廉州合浦郡秦象郡地漢置合浦郡後漢同吳改爲珠官晉又爲合浦郡宋因之兼置臨瘴郡及越州齊又因之隋改爲祿州尋又改爲合州置廉州

後漢書曰孟嘗字伯周會稽上虞人爲合浦太守先時太守多貪珠遂徙向交阯嘗到革理前弊珠遂還稱爲神明桓帝徵之

巖州

方輿志曰巖州安樂郡土地與合浦郡同唐爲巖州或爲安樂郡

雷州

方輿志曰雷州海康郡秦象郡地二漢以後並屬合浦郡梁分置合州大同末爲南合州隋煬帝初廢唐爲雷州

投荒錄云雷州南濱大海多雷雷之聲近在簷宇之上雷州之北高州之南數鄉亦多雷雷聲似在尋常之外俗候雷時具酒肴設奠畏雷法甚嚴謹有以彘肉與雞肉食者霹靂即至

禺州

十道志曰禺州温水郡古百越地婺女之分野秦屬象郡本宕昌之邊邑唐置宕州又改爲禺州以南方番禺之地因名州

湯州

方輿志曰湯州湯泉縣秦屬象郡唐置湯州或爲湯泉州

瀼州

十道志曰瀼州臨潭郡禹貢荆州之分春秋屬楚至秦末

之西南交趾之北隋大將軍劉方始開此路爲鎭守尋又不通唐貞觀二年清平公李弘節遣欽州首領甯師宗招慰開拓尋劉方舊路得達交州爲州在瀼水之東故以爲名（瀼音而章反）

籠州

十道志曰籠州扶南郡古越地在南越之西界唐貞觀十二年大使清平公李弘節招降獠置籠州以籠洞爲名

環州

十道志曰環州正平郡禹貢荆州之分州隸桂州貞觀二年李弘節招慰欵附環落洞故以名州州在遊盧水南整水北

古州

方輿志曰古州樂古郡土地同臨潭郡唐置古州或爲樂古郡

崖州

方輿志曰崖州朱崖郡郡地海中之洲也洲方千里與今海康郡之徐聞縣對自徐聞徑度便風揚帆一日一夕即至梁置崖州

漢書曰武帝元鼎六年開南海地置朱崖儋耳二郡元帝罷朱崖郡以其阻絶數反故罷之

郡國志曰崖州婦人着緦縺以土爲金器用瓠瓢無水人飲唯石汁又有椒以安石榴花着瓮中經旬即成酒其味香美仍醉人

交州記曰朱崖在大海中南極之外

儋州

十道志曰儋州昌化郡土地所屬與朱崖同漢元鼎六年定越地置儋耳郡唐武德四年置儋州漢書張晏注曰儋耳其俗鏤其頰皮上連耳匡分爲數支狀似雞腸因名焉山海經海内南經曰有離耳郡郭璞注曰鏤其耳分令下垂爲飾即儋耳也

振州

方輿志曰振州延德郡土地與朱崖郡同隋置臨振郡唐置振州

瓊州

方輿志曰瓊州瓊山郡土地與朱崖郡同唐貞觀六年割崖州置瓊州

萬安州

方輿志曰萬安州萬安郡土地與朱崖郡同唐置萬安州或爲萬安郡

太平御覽卷第一百七十二

太平御覽卷第一百七十三

居處部一

宮

世本曰堯使禹作宮

釋名宮穹也屋見垣上穹隆也

爾雅曰宮謂之室室謂之宮

史記曰天官書曰玄武虛危主宮室

大戴記曰周時德澤和洽蒿茂大以爲宮柱名爲蒿宮

毛詩曰定之方中作爲楚宮揆之以日作爲楚室

又曰鼓鍾于宮聲聞于外

易曰上古穴居而野處後世聖人易之以宮室上棟下宇以待風雨蓋取諸大壯

左傳曰襄公作楚宮穆叔曰太誓云人之所欲天必從之君欲楚夫故作其宮若君不復適楚必死是宮也六月公薨于楚宮

又曰晉成虒祁之宮又成銅鞮之宮數里

論語曰禹卑宮室而盡力乎溝洫禹吾無間然矣

史記曰騶子之燕昭王擁彗先驅請列弟子坐而受業築碣石宮親往師之

又曰秦始皇造阿房宮徵發天下工匠

又曰秦始皇所居之宮有祈年宮長信宮梁山宮

又曰戎使由余於秦秦繆公示以宮室積聚由余曰使鬼爲之則勞神矣使人爲之亦苦民矣

又曰項羽屠咸陽焚其宮室三月火不滅

又曰盧生說始皇曰人主爲微行所居而人知之則害於神願上居無令人知則不死之藥殆可得也乃命咸陽之旁三百里內宮觀二百七十複道甬道相連帷帳鍾鼓美人充之所幸言其處者死始皇幸梁山宮望見丞相車騎衆不善之中人以告丞相損車騎始皇怒曰此中人泄吾語捕時在旁者斬之自是莫知所在決事悉於咸陽宮

又曰始皇二十七年作長信宮於渭南通驪山作甘泉前殿築甬道自咸陽屬之（築牆垣如街巷）

又曰漢武帝時河決天子自臨決河沉白馬玉璧作瓠子歌於是築宮其上名曰宣房宮

又曰樗里子卒葬于渭南章臺之東曰後百歲是當有天子之宮夾我墓樗里疾室在於昭王廟西渭南陰鄉樗里故俗謂之樗里子至漢興長樂宮在其東未央宮在其西武庫正直其墓秦人諺曰力則任鄙智則樗里

漢書曰漢八年蕭何丞相營作未央宮立東闕北闕（蒼龍玄虎二闕）前殿武庫大倉高祖還見宮闕壯麗甚怒曰天下方未定何治宮室過度也何曰非壯非麗無以威四夷且令後世無以加也

又曰初江充召見犬臺宮（晉灼曰黃圖上林有走狗觀也古曰今書本犬臺有作太臺字者誤也漢無太臺宮）自請願以所常被服冠見上上許之充爲人魁岸容貌甚壯帝望見而異之謂左右曰燕趙固多奇士既至前問以當世政事上悅之

又曰武帝六年冬行幸甶中春作首山宮

又曰上幸不其祠神人于交門宮若有向坐拜者作交門之歌

又曰幸河東之明年正月鳳皇集祋祤於所集處得玉寶起步壽宮

又曰栢梁災越巫勇之迺曰越俗有火災又起屋必以大

用勝服之於是起建章宮爲千門萬户

又曰梁孝王吴楚破梁最親有功又爲大國居天下膏腴北界泰山西至高陽四十餘城多大縣孝王太后少子愛之賞賜不可勝道於是孝王築東苑方三百餘里廣睢陽城七十里大治宮室爲複道宮連屬於平臺四十餘里如淳曰在梁東北離宮所在晉灼曰或説在城中東北角得賜天子旌旗從千乘萬騎出警入蹕擬於天子

又曰孝武作建章宮爲千門萬户有鳳凰闕高二十餘丈中有蓬萊方丈瀛洲壺梁象海中神山南有玉堂壁門大鳥之屬立神明臺井幹樓度高五十餘丈輦道相屬焉

又曰秦起咸陽西至雍離宮三百師古曰凡言離宮者皆謂於別處置之非常所居也鍾鼓帷帳不移而具又爲阿房之殿高數十仞師古曰阿房者言殿之四阿皆爲房也一説大陵曰阿言其殿高若於阿上爲房也房次王作房謐云始皇作四十殿未有名以其去咸陽近且號阿房阿近也八尺曰仞也東西五里南北千步從車羅騎四馬馳騖旌旗不橈師古曰橈屈也言庭之廣大殿之高敞衆騎馳騖無所礙建立旗旌不屈撓撓音女孝切爲宮室之麗至於此使其後世曾不得聚廬而託處焉

又曰鄒陽諫吴王曰臣聞秦倚曲臺之宮應劭曰始皇帝所治處也若漢家未央宮也懸衡天下服虔曰關西爲衡應劭曰衡平也如淳曰衡猶稱也言其稱法度於其上也師古曰此説秦自以爲威力强固非論平法也下又言陳勝連從兵之據則是説從横之事耳服釋是也畫地而不犯兵加胡越師古曰畫地不犯者法制之行至其晚節末路張耳陳勝連從兵之據師古曰從音子容切以叩函谷咸陽遂危師古曰叩擊也何則列郡不相親萬室不相救也

又曰後元二年幸盩厔作五柞宮張晏曰有五柞樹因以名

又曰甘露二年幸萯陽宮在鄠萯音倍

後漢書曰永平三年夏旱而大起北宮鍾離意詣闕免冠上䟽曰伏見陛下以天時小旱憂元元降避正殿躬自克責而皆密雲遂無大潤豈政有未得應天心者邪昔成湯遭旱以六事自責曰政不節邪使人疾邪宮室榮邪女謁盛邪苞苴行邪讒夫昌邪竊見北宮作人失農時此所謂宮室榮也自古非患宮室小狹但患人不安寧宜且罷以應天心臣意以匹夫之才無有重能久食重祿擢備近臣比受厚賜喜懼相半不勝愚戇征營罪當萬死征營不自安也帝策詔報曰湯引六事咎在一人其冠履勿謝比上天降旱密雲數會朕戚然慚懼思獲善應故分布禱請闚候風雲北祈明堂南設雩場明堂在洛陽城南言北祈者蓋時修雩場在明堂之南也今又勑大匠上作諸宮減省不急庶消災譴詔因謝公卿百僚遂應時澍雨又曰東平王蒼薨元和三年東巡狩幸東平宮追念蒼謂其諸子曰思其人至其鄉其處在其人亡因泣下沾襟

魏志曰帝營作許昌宮楊阜諫曰堯尚茅茨而萬國安禹卑宮室而天下樂桀作琁室象廊紂爲傾宮鹿臺皆喪社稷也

吴志曰後主二年六月起新宮於太初之東制度尤廣二千石已下皆自入山督攝伐木又壞諸地大開苑囿起土山作樓觀加飾珠玉製以奇名右臨硎左彎碕又開城北渠引後湖水激流入宮内巡遶堂殿窮極伎巧功費萬計

又曰赤烏十年春二月適南宮三月改作太初宮詔移武昌材瓦有司奏武昌宮作已二十八年恐不堪用宜別更置帝曰大禹卑宮室爲美今軍事未已所在多賦妨損農業且建業宮乃朕從京來作府舍耳材柱率細年月久遠恐朽壞今武昌宮材木自可用繕之〇晉書曰尚書僕射謝安

石以宮室朽壞啓作新宮帝權出居會稽王第二月始興
功内外日役六千人安與大匠毛安之决意修定皆仰摸
玄象體合辰極並新制置省閤堂宇名署時正構太極殿
欠一梁有梅木流至石頭石頭津主啓聞取用之因畫花
於梁上以表瑞焉又起朱雀重樓皆繡栭藻井門開三道
上重名朱雀觀觀下門上有銅雀懸楣上刻木爲龍虎
左右相對
王隱晉書曰高堂隆刻鄴宮屋材云後若干年當有天子
居此宮惠帝止鄴宮治屋土剥更塗始見刻字計年正合
時
載記曰石勒欲營鄴宮先是廷尉續咸諫止之及是霖雨
中山西北暴水流漂巨木百餘萬根集于堂陽勒大悦謂
公卿曰諸卿知否此非爲災天意欲吾營都矣於是營之

勒親定規模
又曰劉曜命起酆明觀立西宮建凌霄樓於滈池侍中喬
豫和苞上疏曰臣聞人主之興作也上准乾坤俯順人時
是以衛文承亂亡之後宗廟流漂無所而猶上憲營室作
爲楚宮故能上興康叔武公之迹延九百之慶也今奉
詔書將營酆明觀市道芻蕘咸非之曰一觀之費足以平
涼州矣又奉勑旨復欲擬阿房而建西宮模瓊樓而建陵
霄以此功費亦可以吞吳蜀剪齊魏矣書奏曜大悦
宋書曰少帝以石頭城爲長樂宮東府城爲未央宮
齊書曰高祖永明元年秋七月車駕幸青溪舊宮設金
石樂在位者賦詩
唐書曰東都平太宗入觀隋氏宮室嗟後主罄人力以逞
奢侈辭收進曰峻宇雕牆殷辛以滅土階茅棟唐堯以昌
秦帝增阿房之飾漢后罷露臺之費故漢祚延而秦禍速
自古如土崩瓦解取譏後代良以奢虐所致太宗悦其對
又曰高祖嘗避暑于仁智宮
又曰閻立德受詔造翠微宮及玉華宮咸稱旨賞賜甚厚
又曰太宗將幸九成宮姚思廉諫曰離宮遊幸秦皇漢武
之事固非堯舜禹湯之所爲也言甚切至太宗納之
西京雜記曰趙王如意年幼未能親就外傳戚姬使舊趙
内傳趙媪傳之號其室爲養德宮
又曰五柞宮有五柞樹皆連抱上枝覆蔭數十畝其西有
青梧觀觀有三梧桐樹樹下石麒麟二枚刊其脇爲文字
是秦始皇酈山墓上物也頭高一丈三尺東邊者前左脚
折折處有赤如血父老謂其有神皆含血而屬筋焉
帝王世紀曰紂作傾宮七年乃成大十里高十丈又曰堯

有貳宮
漢武故事曰上起明光宮發燕趙美女二千人充之取年
十五已上二十已下滿四十者出嫁掖庭令總其籍時有
死出者隨補之凡諸宮美人可有七八千建章未央長樂
三宮皆輦道相屬懸棟飛閣不由徑路
六韜曰殷君喜治宮室七十三所大宮百里宮中九市
列仙傳曰鉤弋夫人齊人病六年右手拳望氣者云東方
有貴人氣推而得之召到姿色甚偉帝披其手得一玉鉤
而手尋展故名其宮爲鉤翼宮
十洲記曰方丈山上有玄琉璃宮
博物志曰夏桀之時爲長夜宮於深谷之中男女雜處三
旬不出聽政其後大風飄沙一夕填此宮谷
鄴中記曰石虎自襄國至鄴二百里中四十里輒立一宮宮有

一夫人侍婢數十黄門宿衛石虎下輦即止凡虎所起内外大小殿臺觀行宫四十四所

項國志曰武帝遊五柞宫欲廣上林令譙隆諫曰堯舜至治廣德不務苑囿帝初不悅後拜爲中郎。墨子曰上古之人未知爲宫室就陵而居處下潤傷民故聖人作爲宫室宫室之法高足以避潤濕中足以禦風寒上足以待霜雪牆高足以別男女故以便生不以爲樂也今之爲宫室必厚斂百姓暴奪民財爲曲直之室青黄刻鏤之飾故國貧而人難訴也

管子曰黄帝有合宫以聽政

穆天子傳曰天子升于崑崙之丘以觀黄帝之宫

越絶書曰美女宫周五百九十步土城者句踐所習教美女西施鄭旦宫室

方言曰吴有館娃之宫

列子曰周穆王時西域國有化人來王執化人之袪騰而上天暨化人之宫構以金銀絡以珠玉出雲雨之上實爲清都紫微也

孟子曰齊宣王見孟子於雪宫

吕氏春秋曰武王勝殷請箕子之宫也

神異經曰東方有宫青石爲牆高三仞左右闕高百尺畫以五色門有銀牓以青石碧鏤題曰天地長男之宫西方有宫白石爲牆五色玄黄門有金牓而銀鏤題曰天地少女之宫西南有宫以金爲牆闕有金牓以銀鏤題曰天皇之宫南方有宫以赤石爲牆赤銅爲門闕有銀牓曰天地中女之宫北方有宫以黑石爲牆題曰天地中男之宫東南有宫以黄石爲牆以黄牓碧鏤題曰天地少男之宫西南有宫以黄銅爲牆題曰地皇之宫

十洲記曰青丘山上有紫宫天真仙女多遊於此

又曰方丈山有琉璃宫

紀年曰穆王所居鄭宫春宫

説苑曰楚使使聘齊齊王享之梧宫使者曰大哉梧乎王曰江海之魚吞舟況大國之樹

三輔故事曰桂宫周匝十里内有光明殿走狗臺土山複道横北庭從宫中西上城至神明臺

三輔黄圖曰有夜光宫望遠宫昭臺宫蒲桃宫棠梨宫黄陽宫長平宫五柞宫

漢宫闕名曰長安有長樂宫未央宫長門宫鼓簧宫承光宫宜春宫池陽宫長平宫黄山宫望仙宫長楊宫集靈宫延壽宫祈年宫通天宫馺娑宫沛宫林光宫甘泉宫龍泉

宫首山宫交門宫明光宫五柞宫萬歲宫竹宫壽宫建章宫太一宫思子宫（見漢書長樂等宫或在京師或在外郡或帝王所居或祠祀所在或因事以置）夜光宫棠梨宫扶荔宫（見三輔黄圖）桂宫（見三輔故事）鼎湖宫谷口宫。魏略曰大秦國城中有五宫相去各十里宫室皆以水精爲梱食器亦然

郡國誌曰金河府摩磷宫北二十里有石殿一飛橋向岸畫以古賢哲士太常卿蔣少游制太和五年文明太后來幸釣得鯉魚一雙長三尺以黄金鏁穿鰓放於池中後皆長五尺沉泛相隨正光元年五月五日天清氣爽聞池内鱗鱗聲水中驚沸須臾雷電晦冥有氣五道自池中屬於天又之乃滅波止水定唯見一魚化爲龍矣

又曰秦川宫昔非子到秦於此築宫室

又曰廬山有三宫上宫在懸崖之表人所不及次宫在山

巖下兩邊有陰溝溝有石羊馬夾道相對下宮在彭蠡湖際

隋圖經曰大業十六年自江都還洛陽勑於汾州北臨汾水起汾陽宮即管涔山汾河源所出之處當盛暑之時臨河盥漱即涼風凜然如八九月其北多雨經夏罕有晴日一日之中倏忽而雨倏忽而晴晴雨未曾經日雖高嶺千仞嶺上居人掘地深二三尺即得清泉用之

壽春圖經曰十宮在縣北五里長阜苑内依林傍澗疎迥跨岳隨地形置焉並隋煬帝立也曰歸鴈宮回流宮九里宮松林宮楓林宮大雷宮小雷宮春草宮九華宮光汾宮是曰十宮

西京記曰通義坊唐高祖龍潛舊宅武德元年以爲通義宮六年高祖臨幸大宴羣臣引見鄰里父老班賜有差貞觀元年立爲興聖尼寺焉

又曰大明宮南接京城之北面西接京城之東北隅初高宗嘗患風痺以宮内湫濕屋宇擁蔽乃於此置宮司農少卿梁孝仁充使制造北據高岡南望爽塏視終南如指掌坊市俯而可窺

東京記曰上陽宮在皇城西南東苑前苑東垂南臨洛水西亘穀水上元中韋機充使所造列岸脩廊連亘掘地得銅器似盆而淺中有隱起雙鯉之狀魚間有四篆字曰長宜子孫時人以爲李氏再興之符高宗末年常居此宮以聽政也

兩京記曰上陽宮西有西上陽宮兩宮夾穀水虹橋架迴以通往來

楚辭曰魚鱗屋兮龍堂紫貝闕兮珠宮

太平御覽卷第一百七十三

太平御覽卷第一百七十四

居處部二

室

説文曰室實也

釋名曰室實也物滿實其中也

毛詩曰斯干宣王考室也築室百堵西南其户

又曰如彼築室于道謀是用不潰于成鄭箋云如當路築室得人而與之謀所爲路人之意不同故不得成

又曰彼姝者子在我室兮

又曰宛其死矣他人入室

尚書曰若考作室既厎法厥子乃不肯室矧肯構

周禮冬官匠人曰内有九室九嬪居之外有九室九卿居之

禮記檀弓下曰晉獻趙文子成室晉大夫發焉（文子趙武也作室成晉君獻之謂賀之也諸大夫亦發禮以往也）長老曰美哉輪焉美哉奐焉歌於斯哭於斯（聚國族於斯文子曰武也）得歌於斯哭於斯是全要領以從先大夫於九原也北面再拜稽首

又曰室中不翔

又曰儒有一畝之宮環堵之室

左傳襄十五年宋向戌來聘見孟獻子尤其室曰子有令聞而美其室非所望也對曰我在晉吾兄爲之毁之重勞且不敢間

又曰鄭伯有嗜酒爲窟室而夜飲酒擊鐘焉朝至未已朝者曰公焉在其人曰吾公在壑谷（壑在窟室）

又曰吴公子光伏甲於窟室而享王（掘地爲室）

又曰怒於室而色於市

論語曰子游爲武城宰子曰汝得人焉耳乎曰有澹臺滅明者行不由徑非公事未嘗至於偃之室也（澹臺滅明者孔子弟子子游之同門也修身正行公事乃肯來我室得與之語耳非公事不肯來言無私謁）

國語曰智襄子爲室美智伯曰美則美矣抑臣亦有懼也襄子曰何懼對曰臣以秉筆事君記曰高山峻原不生草木松柏之地其土不植臣懼其不安人也室成三年而智氏亡（説苑同）

又曰趙文子爲室斲其椽而礱之（礱磨）張老夕焉而見之不謁而歸文子駕而往曰吾不善子亦告我何其速也對曰天子之室斲其椽而礱之加密石焉諸侯礱之大夫斲之士首之（首之斲其首也）備其物也從其等禮也今子貴而忘義富而忘禮吾懼不免何以敢告文子歸勿令礱也

春秋繁露曰廣室多陰遠天地之和也故聖人弗爲

漢書曰文帝徵賈誼入見上方受釐坐宣室因感鬼神事與誼言之

又曰武帝爲竇太主置酒宣室使謁者引内董君是時東方朔陛戟殿下辟戟而前曰董偃斬罪三安得入乎上曰何謂也朔曰偃以人臣私侍公主其罪一也敗男女之化而亂婚姻之禮傷王制其罪二也陛下富於春秋積思於六經留神於王事馳騖於唐虞折節於三代偃不遵經勸學反以靡麗爲右奢侈爲務盡狗馬之樂極耳目之欲行邪狂之道經淫辟之路是乃國家之大賊人主之大蜮（師古曰蜮魅也音或説者以爲短狐非也短狐射工用於此不當其義今俗猶言魅蜮矣）偃爲淫首其罪三也上默然不應良久曰吾業已設飲後而自改朔曰不可夫宣室者先帝之正處也非法度之政不得入焉故淫亂之漸其變爲篡是以竪貂爲淫而易牙作患慶父死而

魯國全管蔡誅而周室安上曰善有詔止更置酒北宮引董君從東司馬門入更名東交門（蘇林曰以偃從此門入交會於內故以名之也）賜湖黃金三十斤董君之寵由是日衰又霍光傳曰蓋主等奏廢光光聞止畫室中不敢入帝召入慰勉之（注畫室近臣計畫之室師古曰雕畫之室也）

又曰孔光凡典樞機十餘年守法度修故事上有所問據經法以心所安而對不希盲苟合如或不從不敢強諫爭以是久而安時有所言輒削草槀以為章主之過以奸忠直人臣大罪也（師古曰奸求也奸忠直之名也奸音干也）有所薦舉唯恐其人之聞知沐日歸休兄弟妻子燕語終不及朝省政事或問光溫室省中樹皆何木也（晉灼曰長樂宮中有溫室殿）光嘿不應更荅以他語其不泄如是

又曰京房所言屢中天子悅之數召見問房對曰古帝王

以功舉賢即萬化成瑞應著末世以毀譽取人故功業廢而致災異宜令百官各試其功災異可息詔使房作其事房奏考功課吏法上令公卿朝臣與房會議溫室皆以房言煩碎上下相司不可許部刺史奏事京師上召見諸刺史令房曉以課事刺史復以為不可行唯御史大夫鄭弘光祿大夫周堪初言不可後善之

又漢三年魏王豹叛漢附楚漢使大將韓信擊虜豹薄姬內人傳詣雒陽織室漢王見薄姬內後宮幸之生文帝

後漢書曰癸彤為太僕從東巡狩過魯坐孔子講堂顧指子路室謂左右曰此太僕之室太僕吾之禦侮也

又曰袁閎見時險亂而家門富盛常對兄弟歎曰吾先公福祚後代不能以德守之而竟為驕奢與亂代爭權此即晉之三郤矣延熹末黨事將作遂散髮絕代欲投跡深林以母老不宜遠遁乃築土室四周於庭不為戶自牖納飲食東向拜母母思閎時往就視母去便自掩閉兄弟妻子莫得見也及母歿不為制服設位時莫能名或以狂生目之潛身十八年黃巾賊起攻沒郡縣百姓驚散閎誦經不移賊相約語不入其閭鄉人就閎避難皆得全免年五十七卒於土室

又曰馬援之攻五溪蠻初軍至下雋有兩道可入從壺頭側路近而水嶮（壺頭山名也在今辰州沅陵縣東武陵記此山頭與東海方壺山相似因名壺頭）從充則塗夷而運遠（充縣屬武陵郡）帝初以為疑及軍至耿舒欲從充道援以為費糧不如進壺頭搤其喉咽（搤持也）蠻賊自破以事上之帝從援策三日進營壺頭賊乘高守隘船不得上會暑甚士卒多疫死援亦以中病遂困乃穿岸為室以避炎氣（武陵記曰壺頭山傍有石窟援所穿室也室內有蛇數百斛以大云是援之餘靈耳）賊每乘

險鼓譟援曳足以觀之左右哀其壯意莫不為流涕

謝承後漢書曰陳蕃家居不好掃室賓客存之者或曰可一掃乎蕃曰丈夫當為國家掃除天下豈徒室中

晉書曰郄含字君道祖嘉徐州刺史父蕃太子舍人含好學能屬文家在鞏縣亳丘自號亳丘子署門曰歸厚之門室曰慎終之室

宋書曰武帝六年五月初置陰室于覆舟山脩藏冰也

唐書曰太子承乾盛農之時營造曲室累月不止左庶子于志寧切諫不從

家語曰魯有獨處室者鄰之釐婦亦獨處室夜暴風雨室壞趨而託之魯人閉戶不受

三輔黃圖曰明堂有十二室法十二月

楊龍驤洛陽記曰顯陽殿北有避雷室西有禦龍室

神異經曰西北荒有石室有百二十人同居齊壽千二百
歲
十洲記曰崐崘山上有瓊華之室
淮南子曰西方有金室
列仙傳曰彭祖殷大夫也歷夏至商末號七百歲歷陽有
彭祖仙室
漢宮殿名曰神明臺武帝造高五丈上有九室今人謂之
九天臺武帝求神仙恒置九天道士百人洛陽宮室名曰
洛陽有瑩舒涼室含章鞠室清暑涼室
老子曰鑿户牖以爲室當其無有室之用
管子曰堯有衢室之問者下聽於民也事具帝王部
晏子曰景公謂晏子曰寡人欲朝夕相見爲夫子築室於
閨内可乎對曰臣聞之隱而顯近而結唯至賢耳如臣者

飾其容止待令猶恐罪戾也今君近之是遠之也
又曰景公問晏子曰吾欲服聖王之服居聖王之室如此
則諸侯其至乎對曰法其節儉則可法其服室無益也
拾遺録曰老君居反景之室日與世人絶跡
又曰燕昭王坐祇明之室外於泉昭之館此館常有白鳳
白鸞遞集其間
列子曰虛室生白張湛注云夫視有若虛者虛室而純白
獨生
莊子曰原憲居圜堵之室蓬户不完桑以爲樞瓮以爲牖
上漏下濕匡坐而絃歌
尸子曰厚積不登高臺不處大室高臺多傷大室多陰故皆不
居
呂氏春秋曰高元作室

又曰齊宣王爲大室大蓋百畝堂上三百户三年而未成
羣臣莫敢諫
淮南子曰高陽魋將爲室問匠人匠人對曰未可也木尚生
加塗其木必將撓以生材任重塗今雖成後必將敗高陽魋
曰不然夫木枯則益勁塗乾則益輕以勁材任輕塗今雖
惡後必善匠人窮辭無以對受命而爲之室其始成竘然
善也而後果敗
又曰崐崘有璿室
又曰有石城金室
又曰古者民澤處腹穴鑿崖岸之腹以爲密室冬日則不勝霜雪霧
露夏日則不勝暑熱蚊虻聖人乃作爲之築土構木以爲
室屋上棟下宇以蔽風雨以避寒暑百姓安之
鹽鐵論曰匈奴織柳爲室旃席爲蓋

說苑曰延陵季子遊於晉曰吾入其都新室惡故室美故
牆高新牆庳是以知民力屈也
又曰一室之中有王道焉父母之謂也故君正則百姓治
父母平則子孫孝慈是以孔子家兒不知倨所以然者生
而見善教也
新序曰魯哀公爲室而大公儀子諫曰室大衆與人處則
譁少與人處則悲願公適之也曰聞命矣築室者不輟
明日又諫國小室大百姓必怨吾君諸侯聞之必輕吾國公
曰聞命矣築室不輟明日又諫曰左昭右穆爲室而大以臨
二先君無乃害於孝乎於是哀公毀室而止
風俗通曰論語夫子宮牆數仞禮記季武子入宮不敢哭
由是言之宮室一也秦以來尊者以爲常號乃避之耳室
也實弟子職曰室中　論語曰譬如牆由此言之宮其外

室其内也

楚辭曰砥室翠翹絓曲瓊（言卧内之室以砥為壁平而滑澤以翠鳥之羽雕飾玉鈎以絓衣曲瓊玉鈎也）

又曰鑿山楹而為室下披衣於水渚霧濛濛其晨降兮雲霏霏而承宇

又曰網戸朱綴刻方連冬有奥突（奥復室夏大室）夏有室寒（事具居處部上）

又曰築室兮水中葺之以荷蓋

又曰像設居室靜閑安高堂邃宇檻層軒潘岳狹室賦曰伊余館之褊狹良窮弊而極微

李尤室銘曰室以安寧寢息幽閑室塞空隙遮過風寒無日寂寞屋漏昭然

太平御覽卷第一百七十四

太平御覽卷第一百七十五

居處部三

殿

說文曰殿堂之高大者也

釋名曰殿典也

摯虞決疑要注曰凡太極殿乃有陛堂則有階無陛也右㽄左平平者以文塼相亞次㽄者爲陛級也九錫之禮納陛以登謂受此陛以上殿堂之正若爲路寢凡殿堂坐位以近尊爲上無尊者則已東向者以北爲上南向者以西爲上西向者以南爲上北向者以東爲上也殿堂之上唯天子居牀其餘皆鋪幅席席前設筵凡天子之殿東西九筵南北七筵

史記秦始皇以咸陽人多先王之宫迂小乃營作朝宫渭南禁苑中先作前殿阿房東西五百步南北五十丈上可以坐萬人下可以建五丈之旗周旋爲閣自殿下直指南山之巔爲複道渡渭屬之咸陽

漢書曰宣帝幸河東之明年鳳皇集上林迺作鳳皇殿以荅嘉瑞 事具祥瑞部鳳皇篇

後漢書曰董卓傳云建安元年七月帝還至洛陽幸陽安殿張揚以爲己功故因以揚爲名殿

范曄後漢書曰中平三年復修玉堂殿

東觀漢記曰明帝欲起北宫尚書僕射鍾離意上書諫出爲魯相後起德陽殿殿成百官大會上謂公卿曰鍾離尚書若在不得成此殿

魏志明紀云青龍三年丁巳行還洛陽宫命有司復崇華殿改名九龍殿又高堂隆傳云帝遂復崇華殿時郡國有龍九見故改曰九龍殿

又張遼傳曰文帝引遼會建始殿親問破吳賊意狀帝歎息顧左右曰此亦古之邵虎也爲起殿舍又特爲遼母作殿

晉書曰張駿霸西河於姑臧起謙光殿畫以五色飾以金玉窮盡珍巧四面各起一殿東方曰宜陽青殿南方曰朱陽赤殿西方曰政德白殿北方曰玄武黑殿各同方色各以時居之

晉載記曰石虎於襄國起太武殿於鄴造東西宫至是就太武殿基高二丈八尺以文石綷之下穿伏室置衛士五百人於其中東西七十五步南北六十五步皆漆瓦金鐺銀楹金柱珠簾玉壁窮極伎巧又起靈臺于顯陽殿後選士庶之女以充之後庭服綺縠玩者萬餘人内置女官十有八等教宫人星占及馬步射置女太史于靈臺仰觀災祥以考外太史之虛實。

魏略曰青龍三年起太極殿洛陽故諸宫有却非殿銅馬殿敬法殿清涼殿鳳皇殿嘉德殿黄龍殿壽安殿竹殿

晉中興書曰烈宗起清暑殿識者曰清暑反語楚聲也爲殿以醜楚之聲爲號非吉祥也有頃烈宗崩桓玄自號楚

又孝武帝造太極殿郭璞筮云二百一十年此殿爲奴所壞後梁武帝毁之捨身爲奴

落享燕書曰秋七月丁夘營新殿昌黎大棘城縣河岸崩出鐵築頭一千一百七十四枚永樂民郭陵見之詣闕言狀以是日到詔曰經始崇殿而築具出人神允協之應也

趙書曰劉曜召構殿巧手三千人發陽平等十郡車牛五千乘運土築建德殿臺基

齊書武穆裴皇后傳云寵姬荀昭華居鳳華栢殿宫內御所居壽昌畫殿南閤置白鷺鼓吹二部

又魏虜傳云虜主宏率衆至壽陽軍中黑氈行殿皆烏漆楯烏漆槊綴以黑蝦蟇幡登八公山賦詩而去

又禮志云魏文脩洛陽宫室權都許昌殿狹小元日於城南立氈殿青帷以爲門

又蕭赤斧子穎胄傳曰建武中荆州大風雨龍入栢齋中柱壁上有爪足處刺史蕭欣恐畏不敢居之穎胄改爲嘉福殿

隋書宇文愷傳云時上北巡愷造觀風行殿上容侍衛者數百人離合爲之下施輪軸推移倏忽有若神功戎狄見之莫不驚駭

唐太宗謂侍臣曰今天下無事四夷賓服唯須守此成功以養百姓因栢殿而言曰安百姓者如造此舍經始斯畢安可改移若易一榱增一瓦人足覺踐良工揮墨搖其梁棟所壞益多亦猶百姓既安因而撫養若慕奇功變法制不恒其德必致勞擾

又曰太宗謂侍臣曰朕頃覽劉聰傳聰將爲劉后起䳍儀殿廷尉陳元達諫聰大怒命斬之劉后手疏啓請甚切聰怒解而甚媿之人之讀書欲廣聞見然非知之難也朕近於藍田市木將別爲一殿取制兩儀仍構重閣其木已具遠想聰事斯作遂止

又曰高祖引蘇世長宴於披香殿世長酒酣奏曰此隋煬帝之所作耶何雕麗之若此高祖曰卿好諫以直其心實詐豈不知此殿是吾所造何須藝詭疑煬帝乎對曰臣實不知但見傾宫鹿臺琉璃之瓦並非受命帝王愛民節用之所爲也若是陛下作此誠非所宜臣昔在武功幸獲陪侍見陛下宅宇纔蔽風霜當彼時亦以爲足今自隋之侈民不堪命數歸有道而陛下得之實謂懲其奢淫不忘儉約今初有天下而於隋宫之內又加雕飾欲撥其亂寧可得乎高祖每優容之

又曰玄宗嘗召張説及禮官學士等賜宴於集仙殿上謂説曰今與卿等賢才同宴於此宜改殿爲集賢殿因下制改麗正書院爲集賢殿書院

又曰麗正殿高宗降誕之所開元中繕寫圖籍貯之洛陽

宫殿簿有明光殿三秦記云明光殿在桂宫中皆以金玉珠璣爲簾晝夜光明

太冲吴都賦云飾赤烏之暐曄是也

三輔宫殿名曰未央宫有騏驎殿椒房殿

又曰長樂宫前殿宣德殿通光殿高明殿

漢宫殿名曰長安有臨華殿神仙殿高門殿朱鳥殿曾城殿宣室殿承明殿鳳皇殿飛雲殿昭陽殿鴛鸞殿鈎臺殿合懽殿蕭何殿曹參殿韓信殿

成都記曰隋蜀王秀常造一殿飛鳥不止其上

戴延之西征記曰太極殿上有金井闌金博山鹿盧蛟龍山負於井上又有金師子

伏滔北征記曰梁城東有韓馮墓去城三里青蘭殿是宋王住殿

山謙之丹陽記曰太極殿周制路寢也秦漢曰前殿今稱太極曰前殿洛宫之號始自魏案史記秦皇改命宫爲廟以擬太極魏號正殿爲太極蓋採其義而加以太亦猶漢夏門魏加曰大夏耳咸康中散騎侍郎庾闡議求改太爲泰

蓋謬矣東西堂亦魏制於周小寢也皇后正殿曰顯陽東曰含章西曰徽音又洛宮之舊也含章名起後漢顯陽徽音亦起魏曰明陽晉避文帝諱改爲此周禮亦有路寢小寢又其制度也

登眞隱訣云寒陽殿太和殿皆云王清宮中殿名

二京雜記曰漢成帝設雲帳雲幄雲幕於甘泉紫殿謂之三雲殿

漢官典職曰德陽殿周旋容萬人激洛水於殿下

郡國志曰秦州上邽縣北十六里有無疆古殿基後魏太武築也

王子年拾遺記曰漢成帝造飛行殿方丈如今之輦選期門羽林之士負之而趨一名雲輦宮

兩京記曰東京五殿　壁厚五丈高九十尺東西房廊皆五十餘間西院有厨東院有教坊內庫高宗常御此殿

又曰流盃殿東西廊殿南頭兩邊皆有亭子以間山池此殿上作漆渠九曲從陶光園引水入渠隋煬帝常於此爲曲水之飲在東都

又曰含元殿陛上高於平地四十餘丈南去丹鳳門四百步

王文考魯靈光殿賦序曰魯靈光殿者蓋漢景帝程姬之子恭王餘之所立也初恭王始都下國好治宮室遂因魯僖基兆而營焉遭漢中微盜賊奔突自西京未央建章之殿皆見隳壞而靈光巋然獨存意者豈非神明依憑支持以保漢室者耶然其規矩制度上應星宿亦所以永安也晉宮閣名曰太極殿十二間徽行殿顯陽殿暉章殿含章殿建始殿仁壽殿百福殿清暑殿章華殿嘉福殿宣光殿修明殿嘉樂殿芙蓉殿崇光殿華光殿蔬圃殿華德殿九華殿右五殿在華林園章陽殿百兒殿芳德殿靈　殿承光殿永寧殿景福殿延休殿百子殿虞清殿淵具殿安昌殿

建康宮殿簿云林光殿在縣東北十里潮溝村覆舟山前晉以爲藥園

又曰陳永初中於臺城中起昭德嘉德壽安乾明有覺等殿

又曰光嚴殿在縣東北六里景陽山東嶺南起重雲光嚴二殿前爲兩樓

又云梁於臺城中立曾城觀觀歷四代修理更起重閣七間上名重雲殿下名光嚴殿

又云太初宮中有神龍殿去縣三里左太沖吳都賦云抗神龍之華殿是也

又云臺城溫德門內又起三善長春勝辯等殿

又云鳳光殿在縣東北五里一百步舊臺城內

又云宋於臺城立正福清曜等殿

又云臺城中有麗譙閣麗日殿飛香三重閣

又云臺城溫德門內有永貞温文文思壽安等殿

輿地志云未央後宮有鴛鴦昭陽飛翔增地合歡蘭林披香鳳皇等八殿

又云丹陽郡建康縣文德殿梁武帝移張衡渾儀置此殿

又云洛陽有顯陽殿皇后正殿也魏明所建

又云丹陽郡建康縣臺城華光殿梁武帝大通中毀施輿草堂寺人洗取朱貞直百萬以其地起重閣七間

又云丹陽郡建康縣臺城寶雲殿梁武帝以施佛事

又云丹陽郡建康縣臺城惠輪殿梁武帝以供養佛

又云洛陽昭陽殿魏明所治在太極之北鑄黄龍高四丈鳳皇二丈置殿前

又云新安郡新始縣西十里有大宰殿晉武陵王晞爲太宰桓温誣言其反徙新安立第於此葬第側後喪還都今空冢在

楊龍驤洛城記曰顯陽殿北有雲氣殿

洛陽宮殿簿曰明光殿徽音殿式乾殿暉章殿含章殿建始殿仁壽殿嘉福殿百福殿芙蓉殿九華殿流圓殿華光殿崇光殿

建康宮闕簿云赤烏殿在縣東北五里吳昭明宮内制度上應星宿亦所以永安也

注水經曰孔子廟東南五百步有雙石闕即靈光之南闕北百餘步即靈光殿基東西二十丈南北十二丈高丈餘

也丈百闕餘步即靈光殿基東西二十丈南北十二丈高丈餘東西廊廡別舍中間方七百[illegible]闕之東北有浴池池方四十餘步池中有釣臺方十步池臺之基岸悉石也遺基尚甃故王延壽賦曰周行數里仰不見日者也是漢景帝程姬子魯恭王之所造也殿之東南即泮宮也在高門直北道西宮中有臺高八十尺臺南水東西一百步南北六十步臺西水南北四百步東西六十步臺池咸結石爲之

太平御覽卷第一百七十五

居處部四

堂 堂皇附 樓

堂

說文堂殿也

釋名曰堂猶堂堂高顯皃也

禮記曰堂上不趨堂上接武堂下布武

又曰將上堂聲必揚

又曰禮有以高爲貴者天子之堂九尺諸侯七尺大夫五尺士三尺

又曰覲天子不下堂而見諸侯下堂而見諸侯天子之失也由夷王以下

尚書大傳曰天子堂廣九雉諸侯七雉伯子男五雉（雉三尺也）

續漢書曰中平二年造萬金堂於西園

三十國春秋西涼傳曰李暠於南門外臨水起堂名曰靖恭堂以議朝政閱武事堂成圖讚自古明王忠臣孝子貞女暠自爲序以明鑒戒文武群寮亦皆圖焉是月白雀翔于靖恭堂暠頌之

梁書曰高祖五年改閱武堂爲德陽堂改聽訟堂爲議賢堂

後魏書任城王澄從高祖於觀德殿高祖曰射以觀德次之凝閑堂高祖曰名要有義此堂天子閑居之義不可縱奢以忘儉自安以忘危故此堂後作茅茨堂謂李沖曰此東曰步元廡西曰遊凱廡此坐雖非唐堯之君卿等當無媿於元凱沖對曰臣旣遭唐堯之君不敢辭元凱之譽高祖曰光景垂落朕同宗則有載考之義卿等將出無遠何得默尔（示爾德音）即命黃門郎崔光鄭郭雅邢巒崔休等賦詩言志燭至公卿辭高祖曰在夜載考宗族之義卿等且還朕與諸王宗室欲成此夜飲

和苞漢趙記曰劉聰嘉平三年廷尉陳元達極諫聰怒將斬之聰時幸逍遙園李中堂元達抱堂下樹叫曰臣所言者社稷之計聰免之於是易李中堂爲愧賢堂○北史齊文襄於鄴東起山池遊觀河間王孝瑜遂於第作水堂龍舟植幡矟於舟上數集諸弟宴射爲樂武成幸其第見而悅之故盛興後園之翫冑於是貴賤慕効處處營造

又曰若干惠事母以孝聞周文嘗造射堂新成與諸將宴射惠竊歎曰親老矣何時辦此周文聞之即日徙堂於惠宅

論衡曰王者之堂墨子稱堯舜堂高三尺儒家以爲卑下假使之然高三尺之堂蓂莢生於階下須臨堂察之乃知莢數夫起視堂下之莢孰與懸日曆於扆坐頭輒見之也

風俗通曰殿堂象東井形刻作荷蔆蔆水物也所以厭火

晉宮閣名曰洛陽宮有則百堂螽斯堂休徵堂延祿堂仁壽堂綏福堂含芳堂樂日堂椒華堂芳音堂顯成堂承光堂五福堂嘉寧堂

瑞應圖帝琴堂前有二橘樹連理改琴堂爲連理堂

華陽國志曰文翁立講堂作石室一曰王堂在城南初堂遇火太守更脩立又增二石室

虞氏家記曰虞潭爲右衛將軍太夫人年高求解職役詔不聽特假百日迎母東歸起養堂親親集會作詩言志

齊地記曰臨淄城西門外有古講堂基柱猶存齊宣王脩文學處也

拾遺記曰董偃常卧延清之堂設火齊屏風

又曰海人獻龍膏爲燈於燕昭王王坐通雲之堂闕

王子年拾遺記漢武息於延涼室卧夢李夫人授帝蘅蕪之香帝驚起而香氣猶著衣枕歷月不歇帝弥思渺乃改延涼室爲遺芬夢堂

襄沔記曰馬泉每年刺史三月上旬於此泉起曲水流杯堂引泉水爲祓禊之所臨時構造事竟毁除其流杯堂本在壘城西

郡國誌王屋縣有孔子學堂西南七里有石室臨大河水勢湍急五里之間寂無水聲如似聽義

又曰齊桓公宫城西門外有講堂齊宣王立此學也故稱爲稷下學莒子如齊盟于稷門此也

宋永初山川古今記永康縣縉雲堂黄帝練丹處

又曰費北有積弩堂

益州記文翁學堂在城南

羊頭山記太學堂洛陽南開陽門外長十丈廣三丈堂前石經四部本碑凡四十八枚西尚書周易公羊十六碑南禮記五碑東論語三碑有諫議大夫馬日磾碑議郎蔡邕銘

又曰聖壽堂石虎造垂玉佩八百大小鏡二萬枚丁香末爲泥油瓦四面垂金鈴一萬枚去鄴三十里聞響

十洲記曰崑崙山有光碧之堂西王母所居

郡國志雞陂之側即春申君子假居之殿也後太守居之以數失火故塗以雌黄遂名黄堂

説苑曰聖人之於天下譬如一堂之上也今有滿堂飲酒者一人獨索然向隅而泣則一堂之人皆不樂矣

管子曰堂上遠於百里門廷遠於萬里今步者一日百里之情通堂上有事十日而君不聞步者十日千里之情通堂下有事一月而君不聞步者百日萬里之情通門庭有事朞年而君不聞此謂遠於萬里也

漢武内傳曰上元夫人言西王母有六甲之術用之可以遊景雲之宫登流霞之堂

漢武故事曰玉堂去地十二丈基堦皆用玉

東京賦金華玉堂白虎麒麟

潘尼詩曰鸞鳳棲堂廡不若翔寥廓

文選天台山賦玉堂蔭映乎高隅

楚辭曰魚鱗屋兮龍堂

古詩云黄金爲君門白玉爲君堂庭中生桂樹華燈何煌煌

堂皇附

漢書曰坐堂皇上室而無四壁曰皇也

廣雅曰堂皇合殿也

洛陽記曰洛陽宫有桃間堂皇杏間堂皇㮇間堂皇竹間堂皇李間堂皇魚梁堂皇醴泉堂皇百戲堂皇

晉宫闕名曰洛陽宫有水碓堂皇釋果堂皇

陸機四言詩序曰太子宴朝士於宣猷堂皇遂命機賦詩

樓

爾雅曰狹而脩曲曰樓

説文曰樓重屋也樔澤中守草樓也

釋名曰樓有戶牖諸孔婁婁然也

史記曰方士言武帝曰黄帝爲五城十二樓以候神人帝乃立神明臺井幹樓高五十丈輦道相屬

漢書曰濟南人　上皇帝明堂圖圖中有一殿四面無壁

以茅蓋通水圜宮垣爲複道上有樓從西南入蓋樓之始也又郊祀志云其南有玉堂壁門大鳥之屬立神明臺井幹樓高五十丈輦道相屬焉顔師古注云漢宮閣疏云神臺高五十丈上有九室

東觀漢記云公孫述造十層赤樓也

後漢書曰張奐傳初奐爲武威太守其妻懷孕夢帶奐印綬登樓而歌占者曰必將生男復臨玆郡命終此樓既而生子猛以建安中爲武威太守殺刺史州兵圍之急猛恥見擒乃登樓自焚而死

又曰黄昌爲郡守陜縣彭氏造高樓臨道昌行縣彭氏婦人輒升高樓而觀昌乃殺之

蜀志曰周群作小樓家令奴更直臺上視天纔有一氣即白群

晉書曰石崇作樓令婢緑珠作歌舞於上孫秀求緑珠不得及崇被收方在樓上謂珠曰吾今爲汝死矣珠乃墜樓而死

又曰於石頭東城內起高樓加累入於霄漢連堞帶於積水署曰入漢樓

宋書曰大明元年五月壬子紫氣出景陽樓狀如煙迴薄久之詔改景陽爲景雲樓

趙書云趙染襲長安秦王業奔射鴈樓格戰至天明不拔

齊書曰東昏侯後宮起仙華神仙玉壽諸殿窮盡雕綵以麝香雜香塗壁時世祖於樓上施青漆世謂之青樓帝曰武帝不巧何不純用瑠璃

又曰焦度嘗戰敗逃于宮亭湖中江州刺史王景文誘降復拒沈攸之於郢城登樓罵辱攸之攸之攻不能下至今呼此樓爲焦度樓也

又魏虜傳云虜自佛貍世至萬民世增雕飾正殿西築臺謂之白樓樓南又有伺星樓

梁書處士陶弘景傳云弘景止于句容之句曲山永明初更築三層樓弘景處其上弟子居其中賓客至其下又曰武帝大同十年幸蘭陵因賦歸舊鄉詩已酉幸京口城北固樓曰此不足以固守然北望江山實爲壯觀乃改名北顧因幸迴賓亭宴帝鄉故老及迎候者少長數千人各賚錢三千文與之

周書曰長孫儉傳云爲荆州刺史人安其業吏人表請爲儉構清德樓樹碑刻頌朝議許焉

盛弘之荆州記云西鄂城東有三女稚殁三女造此樓於墓所

老君本記云周康王時文始真人結草爲樓占星候氣登真隱訣云長綿樓上太清上宮名玉晨道君所居吳越春秋云會稽郡小城勾踐築周千一百二十步西北立爲龍翼樓

世説云桓征西治江陵成甚麗顧長康曰遥望層城丹樓如霞

墨子云偏城三十步置坐候樓樓出堞四尺百步一木樓樓前面九尺高七尺二百步一立樓去城中二丈五尺

洛陽地記曰洛陽城內西北角有金墉城東北角有樓高百尺魏文帝造也

盛弘之荆州記曰荆州城西百餘步有丹霞樓臨川康王之置

吳越春秋曰范蠡爲勾踐立飛翼樓以象天門爲兩螺繞棟

以象龍角

羊頭山記曰原城西門南角有萬歲樓俗傳飛入江常以鐵鏁維之又樓上時見一道白氣如煙刺史少死輕者貶謫州人至今爲常候

郡國誌定州安縣城上樓謂之神女樓

又曰馬邑白樓即後魏納姚興女爲后后悲思因造此樓登望飾以鈆粉故名之

又曰金華縣因山爲名城南臨溪水高阜上有樓名曰玄暢樓宋沈約造以吟詠於此處

韋述兩京新記曰上陽宫有麗青臺浴日樓

十洲記曰崑崙山有玉樓十二層

虞氏家記曰吴小城白門蓋吴王闔閭所作也至秦始皇帝守宫吏燭鸛鵲失火燒宫而此樓故存

瀨鄉記曰老子廟有皇天樓九柱樓静念樓皆畫仙人雲氣

袁彦伯羅山跡曰仰望石樓耿然在雲中

金陵地記吴嘉禾元年於桂林苑落星山起三重樓名曰落星樓

吴都賦曰享戎旅於落星之樓

世說曰凌雲臺樓觀極精巧先稱平衆材輕重當宜然後造構乃無錙銖相負揭臺雖高峻恒隨風摇動魏明帝登臺懼其勢危别以大材持之樓即便頽壞論者謂輕重力偏故也

九江録曰庾亮在武昌諸佐吏殷浩等乘秋夜佳景共登南樓俄而不覺亮至衆將避之公曰老子於此不淺便坐談詠至今名庾公樓

幽明録曰鄴城鳳陽門五層樓去地二十丈安金鳳皇二頭於其上一頭飛入漳河清朗見在水底一頭今獨存

水經鄧州伯陵山上有入鄉樓

益州記曰成都有百尺樓

晉宫閣名云洛陽有鳳皇樓

詩曰西北有高樓上與浮雲齊

樂府詩云日出東南隅照我秦氏樓

漢宫閣名云長安有馬伯騫樓又有貞女樓

晉宫閣名晉有伺星樓

又曰總章觀儀鳳樓在觀上廣望觀之南又别有翔鳳樓又有慶雲樓

太平御覽卷第一百七十六

太平御覽卷第一百七十七

居處部五

臺上

爾雅曰觀四方而高曰臺積土四方者有木曰榭

釋名曰臺持也言築土堅高能自勝持也

尚書曰散鹿臺之財

毛詩曰經始勿亟庶民子來謂文王之作靈臺也

又曰新臺刺衛宣公也納伋之妻作新臺于河上而要之國人惡之而作是詩

禮記月令五月可以居高明可以處臺榭

左傳曰夏啓有鈞臺之饗

又曰宋平公築臺妨於農收子罕請俟農功之畢公弗許築者謳曰澤門之皙實興我役邑中之黔實慰我心子罕子罕聞之親執扑以行築而扶其不勉者曰吾儕小人皆有闔廬以避燥濕寒暑今君爲一臺而不速成何以爲役謳者乃止

又曰晉靈公不君從臺上彈人觀其避丸者

又曰楚子成章華之臺願與諸侯落之

又曰有蜮自泉臺出入于國如先君之數八月聲姜薨毀泉臺也

史記曰秦皇作瑯琊臺刋石頌德

又曰晉靈公造九層之臺孫息曰臣能累十二棊加一鷄子於上公曰危哉息曰公造九層之臺三年不成實危於此公乃止

又曰趙武靈王爲野臺以望齊中之山境徐廣注野一作望齊也

又曰蜀寡婦清其先得丹穴徐廣曰涪陵出丹而擅其利數世家亦不訾謂其多不可訾量清寡婦也能守其業用財自衛不見侵犯秦皇帝以爲貞婦而爲築女懷清臺

又曰淮南王安立思仙臺

又曰楚靈王爲章華之臺伍舉諫曰昔楚莊王爲匏居之臺高不過望國氛大不過容宴豆

又曰燕昭王置千金於臺上以延天下士謂之黄金臺

又曰子路聞蒯聵入馳往入城造蒯聵蒯聵與孔悝登臺子路曰君焉用孔悝請得而殺之蒯聵弗聽於是子路欲燔臺蒯聵懼乃下石乞壺黶攻子路斷纓子路曰君子死冠不免結纓而死

又曰漢武帝起栢梁臺高數十丈悉以香栢香聞數十里

漢書郊祀志曰王莽篡位二年好神仙事以方士言起八風臺於宮中臺成作樂其上

史記云漢武帝元封二年公孫卿言於帝曰仙人好樓居帝乃使卿持節候神作通天臺高三十丈雷雨悉在其下去長安三百里望見長安城武帝祭天臺舞八歲童女三百人置祠具招仙人祭天已令人升通天臺以候天神天神既下祭所若大流星乃舉烽火而就竹宮望拜上有承露盤仙人掌擎玉盃承雲表之露元鳳間臺自毀椽桷皆化爲龍鳳隨風雨飛去西京賦云通天眇而竦峙經百常而基擢上班華以交紛下刻峭而若削也

又藝文志曰曲臺記后倉記七篇如淳注曰行禮射曲臺后倉爲記故曰曲臺

又曰趙武靈王建藂臺於邯鄲

又曰文帝嘗欲作露臺計之直一百金曰百金中民十家之産也吾奉先帝宮室常恐羞之何以臺爲

又曰貳師擊右賢王召李陵使爲貳師將軍輜重陵召見武臺（師古曰未央宮有武臺也）叩頭自請曰臣所將屯邊者皆荊楚勇士奇材劒客也力扼虎射命中願得自當一隊到蘭于山南以分單于兵毋令專鄉貳師軍上曰將軍惡相屬邪吾發軍多無騎予女陵對曰無所事騎（師古曰猶言不事復騎也）臣願以少擊衆步兵五千涉單于庭上壯而拜之

後漢書曰永平初馬援女立爲皇后顯宗圖畫建初中名臣列將於雲臺（雲臺在南宮）以椒房故獨不及援東平王蒼觀圖言於帝曰何不畫伏波像帝笑而不言○魏志曰武紀建安十五年作銅雀臺十八年作金虎臺又作冰井臺

魏略云黃初五年文帝東征留郭后於永始臺霖雨城樓多壞有司請移止后曰昔楚昭王出遊貞姜留漸臺江水至使迎而無符不去卒沒今帝在遠未有急而便移止奈何

也

何晏景福殿賦曰鎮以崇臺實曰永始複道重閣猖狂是俟

吳志曰孫權於武昌臨釣臺飲酒大忻歡使人以水灑羣臣曰今日酣飲醉墮臺乃罷張昭曰紂爲糟丘酒池長夜之飲當時亦以爲樂不以爲惡權有慙色而罷

晉書曰汝南文成王亮太妃伏氏嘗有小疾祓於落水亮兄弟三人侍從並持節鼓吹震耀洛濱武帝登陵雲臺望見曰伏妃洛可謂富貴矣

又曰范甯爲豫章太守大設庠序遣徃交州採磬石以供學用改革舊制不拘常憲遠近至者千餘人資給衆費一出私祿并取郡四姓子弟皆充學生課讀五經又起學臺功用弥廣

又曰凉張茂築靈鈞臺周輪八十餘堵其高九仞武陵人閻曾夜叩門呼曰武公遣我來曰何故勞百姓築臺乎姑臧令辛巖以曾妖妄請殺之茂曰吾信勞人曾稱先君之令何謂妖乎太府主簿馬魴曰今世難未夷唯當弘尚道素不宜勞役崇飾臺榭比年已來轉覺衆務日奢於往昔所經營輕違雅度實非士女所望於明公茂曰吾過也命止作役

崔鴻十六國春秋夏録曰赫連勃勃大破南凉傉檀于百井殺衆數萬以人頭爲京觀號曰髑髏臺

韓子曰景公與晏子游少海登栢寢之臺望其國曰美哉煥乎後世將孰有之晏子曰其田氏乎曰寡人有國如田氏有之爲之奈何對曰君若欲奪之則近賢遠不肖治其煩亂緩其刑罰振貧窮恤孤寡行惠而好儉民將歸君雖

十田氏其如君何

又曰越王伐吳先宣言吾聞吳王築如皇之臺掘淵泉之池罷苦百姓剪財貨以盡民力余爲民誅之

幽明録曰海中有金臺出水百丈結構巧麗窮極神功横巖雲渚竦曜星河也

晏子春秋曰景公起大臺歲寒役者皆凍晏子遂如臺執扑鞭其不務者曰吾細人也皆有闔廬以避燥濕寒暑今君爲一臺而不速成國人皆以晏子助君虐也晏子歸而君令罷役仲尼曰古之善爲臣者美名歸之君災禍歸之身

陸賈新語曰楚靈王作乾溪之臺立百仞之高欲登浮雲窺天上

王孫子曰昔衛靈公坐重華之臺侍御數百隨珠照日羅衣從風仲叔御諫曰昔桀行此而滅紂用此以亡今四境

内侵諸侯加兵土地日削内寵無乃太盛歟公下席再拜曰寡人過矣於是出宫女數百人百姓大悦子貢聞之曰所謂能受諫也

賈子曰翟王使使之楚楚王誇之饗于章華之臺三休乃至○南雍州記曰隆中諸葛亮故宅有舊井一今涸無水盛弘之記云宅西有三間屋基跡極高云是孔明避水臺先有人姓董居之滅門後無復敢有住者齊建武中有人修井得一石枕高一尺二寸長九寸獻晉安王習鑿齒又爲宅銘今宅院見在

樓觀本記曰尹喜宅南山阜上先館舍即大夫觀望之臺也昔老君於此山騰空時人因號曰老子陵蓋非墳墓也故爾雅云大陸曰阜大阜曰陵此之謂矣

新序曰桀作瑶臺殫百姓之財伊尹諫之桀曰吾有天下

猶天之有日日亡吾亡矣

又曰魏王將欲爲中天之臺曰敢諫者死許綰入曰聞大王將爲中天之臺願加一力王曰子何力能加曰臣聞天與地相去萬五千里今王因而半之當立七千五百里高其趾當方八千里盡王之地不足以爲臺趾古者堯舜建諸侯五千里王必願爲臺必起兵伐諸侯盡有其地猶不足又伐四夷得方八千里乃足以爲臺趾材木之積人徒之衆食稟之輸以千萬億度八千里之外當盡農畝之地足以奉給王臺具者已備乃可作王默然而罷

又曰紂爲鹿臺十年乃成大三里高千尺臨望雲雨故天下叛

沈懷遠南越志曰熙安縣東南有圓岡高十丈四面爲羊腸道諭者曰尉佗登此望漢而朝名曰朝臺也

裴淵廣州記曰尉佗築臺以朝漢室圓基千歩直峭百丈螺道登進頂上三畝朔望升拜號爲朝臺

戴延之西征記曰許昌城本許由所居大城東北九里有許由臺高六丈廣三十歩長六十歩由耻聞堯讓而登此山邑人慕德故立此臺

管子曰國君寡而臺榭緐者藏不足以供其費臺榭相望者其上下相怨也

三輔故事曰未央宫前有東山臺釣臺倉池中漸臺

韓詩外傳曰趙簡子有臣曰周舍立於門下抱筆執牘從之書過簡子與之居無幾而死後與諸大夫飲於洪波之臺酒酣泣曰千羊之皮不如一狐之腋衆人之唯唯不如周舍之諤諤今舍死吾亡無日矣

説苑楚莊王與晉戰勝之懼諸侯之畏已也乃築爲五仞

之臺臺成而觴諸侯諸侯請約莊王曰我薄德之人也諸侯請爲觴皆仰而曰將將之臺窅窅其謀我言而不尚諸侯伐之於是遠者來朝近者入賓

又曰齊景公爲露寢之臺成而不適焉栢常騫曰爲臺甚急臺成君何爲不適焉公曰然梟昔鳴昔鳴者其聲無不爲也吾惡之甚是以不適焉栢常騫曰臣請攘而去之公曰何其對曰築新室爲置白茅焉（公使爲室置白茅焉栢常騫夜用事明）問公曰今昔聞梟聲乎公曰一鳴而不復聞使人往視之梟當陛布翼伏地而死

家語曰楚王將游荆臺司馬子期諫王怒令尹子西駕於殿下曰今荆臺之觀不可失也王喜子西出從十里還引轡而止曰夫子期忠臣也若臣諛臣也願王賞忠而誅諛也王乃還

五經異義曰天子有三臺靈臺以觀天文時臺以觀四時施化囿臺以觀鳥獸魚鼈諸侯卑不得觀天文無靈臺但有時臺囿臺

歸藏夏后曰啓筮享神於晉之靈臺作璿臺

山海經曰享神於大陵而上鈞臺

老子曰九層之臺起於累土

又曰衆人熙熙如春登臺

伏滔北記曰瑯瑘城東南十里有郎山即古郎瑘臺也秦始皇二十八年至瑯瑘大樂之留三月作瑯瑘臺臺赤孤山也然高顯出於衆山之上高五里下周二十餘里山上壘石爲臺石形如塼長八尺廣四尺厚尺半三級而上級高三丈上級平敞二百餘步刋石立碑紀秦功德漢武帝亦登此臺

吳越春秋曰楚靈王立建章華之臺與羣臣登焉王曰臺美夫伍舉曰臣聞國君服寵以爲美安民以爲樂克聽以爲聰致遠以爲明不聞土水之崇高彫鏤之刻畫金石之清音絲竹之淒唳以之爲美昔先君莊王爲匏居之臺高不過望國氛大不過容宴豆士不妨守備用不煩官府民不敗時務官不易朝市今君爲此臺七年國人怨焉財用盡焉年穀敗焉百姓煩焉諸侯忿怨卿士訕譏豈前王之所盛人君之所美者乎臣之誠愚不知所謂也靈王納之即除工去飾不遊於臺

又曰范蠡於東武山起遊臺其上東南爲司馬門立增樓冠其山巔以爲靈臺起離宮於淮陽中宿臺在於高平駕臺在於成丘立苑於樂野燕臺在於石室齊臺在於襟山勾踐之出遊也休息石臺食於冷廚

又曰吳王闔閭治宮室立射臺於安里華池在平昌南城宮在長樂闔閭出遊卧秋冬治於城中春夏治於姑胥之臺且食䱉山晝遊胥臺射於鷗陂馳於遊臺興樂石城

又曰越得神木一雙大二十圍長五十尋陽爲文梓陰爲楩柟巧工施校制以規繩雕治圓轉刻削磨礱分以丹青錯畫文章嬰以白璧鏤以黃金狀類龍蛇文彩生光乃使大夫種獻之於吳王曰東海役臣臣孤勾踐使臣種敢因下吏聞於左右賴大王之力竊爲小殿有餘材再拜獻之吳王大悅子胥諫曰王勿受昔者桀爲靈臺紂起鹿臺陰陽不和寒暑不時五穀不熟自取其災民虛國變遂取滅亡大王受之後必爲越所戮吳王不聽遂受而起姑胥之臺三年聚材五年乃成高見二百里行旅之人道死巷哭不輟嗟嘻之聲民疲士苦人不聊生

帝王世紀曰周赧王雖居天子之位爲諸侯所侵逼與家人無異貰於民無以歸之乃上臺以避之故周人因名其臺曰逃債臺故洛陽南宮簃臺是也

呂氏春秋曰有娀氏有二佚女爲九成臺飲食必以鼓王

孫子曰昔衛靈公坐重華之臺侍御數百隋珠照日羅衣從風

戴延之西征記曰官度臺去青口澤六十里魏武造也破袁紹於此

楊龍驤洛陽記曰凌雲臺高二十三丈登之見孟津

鄧德明南康記曰雩都君山上有玉臺方廣數丈周迴盡是白石柱自然石覆如屋形也四面多松杉遥眺峨峨嶠像羽人之館風雨之後景氣明淨頗聞山上有鼓吹之聲山都木客爲儛唱之節

述征記曰廣陽門北魏明帝流杯池猶有處所池西平原懿公主第有皇女臺西南劉曜壘壘西曜試弩棚西北有鬭雞臺

太平御覽卷第一百七十七

太平御覽卷第一百七十八

居處部六

臺下

王子年拾遺記曰秦始皇起雲明臺窮四方之珍木搜天下之工南得煙丘碧桂酈水然沙賁都朱泥雲岡素竹東得葱巒錦柏縹檖龍松寒河星柘西得漏海浮金狼淵羽璧滌嶂霞桑禀貞阜乾漆陰坂文杞褰流黑魄暗海香瓊瑶異是集有二人皆騰虛緣木揮斤斧於空中子時興功至午時已畢秦人謂之子午臺又云二客於子午之地各起一臺

又曰燕昭二年海人乘霞舟以雕壺盛數斗膏以獻王王坐通雲堂亦曰通霞之臺以龍膏為燈光耀百里煙色丹紫國人望之咸言瑞光也遥拜之燈以火浣布為纏山西有照石去石十里見人物之影如鏡焉碎石片片皆能照人而質方一丈則重一兩昭王舂此石為泥泥於通霞之臺與西王母遊居此臺上常有鍾鼓琴瑟鳴神光照耀如日月之出臺左右種恒春之樹葉如蓮花芬芳似桂花隨四時之色

又曰魏明帝即位五年起靈禽之園方國所獻異鳥殊獸皆畜此園也時昆明國貢嗽金鳥國人云其地去涼州九千里出此鳥形如雀色黄毛羽柔密常翱翔海上羅者得之以為至瑞聞大魏之德被於荒遠故越山航海來獻大國帝得此鳥畜於靈禽之園飴以真珠飲以龜腦鳥常吐金屑如粟鑄之以為器服昔漢武時有獻大雀此之類也此鳥畏雪霜乃起小屋以處之名曰辟寒臺皆用水精為户牖使內外通光而風露恒隔宮人爭以鳥所吐之金用飾釵珮謂之辟寒金宮人相嘲曰不服辟寒金那得帝王心於是媚惑者亂爭此寶以為身飾及行卧皆懷挾以要寵也魏代喪滅珍寶池臺鞠為煨燼嗽金之鳥亦自高翔也

又曰周靈王二十三年起昆昭之臺一名宣昭之臺聚天下異木神工得崿谷陰生之樹其質千尋文理盤錯以此一木臺用足矣其木有龍蛇百獸之形飾水精為泥臺高百丈外之以望雲色時有萇弘能招致神異王登臺忽見二人乘空而至乘遊飛之輦駕以青螭其衣皆縫緝毛羽王即迎之上席時天下大旱地裂木然一人先唱能為霜雪引氣一噴則雲起雪飛坐者皆口禁井池冰堅可琢又設狐腋素裘紫羆大褥褥是西域所獻施於臺上又一人以指彈席上而暄風入室裘褥皆弃臺下

又曰魏文帝築臺基高四十丈列燭置於臺下名曰燭臺遠望如列星之墜也以處美人薛靈芸焉

又曰魏明帝起凌雲臺躬自掘土羣臣皆負畚鍤時隆寒役者多死高堂隆等諫之不聽累年而畢

又曰魏文帝時黄星炳夜乃起畢昂臺以祀星

又曰吳主潘夫人之父坐法夫人輸入織室夫人容態少儔為江東絕色同幽者百餘人有司聞於吳主使圖其容貌夫人憂慼不食減瘦改形工人寫其真狀以進吳主吳主見圖而嘉之以琥珀如意撫按則折嗟曰此神女也愁貌尚能感人況在懽樂乃命雕輪就織室納于後宮果以姿色獲寵每與夫人遊昭宣之臺恣意幸適既盡酣醉唾於玉壺中使侍婢寫於臺下得火齊指環即挂石榴枝上因其處起臺名曰環榴臺時有諫者云今吳蜀爭雄

還劉之名特爲妖乎權乃劉其名爲榴環臺也又與夫人遊釣得大魚吴王喜而夫人曰昔聞泣魚今乃爲喜有喜必憂以爲深誡至末年漸相譖毀稍見離退時人謂夫人知幾之神矣釣臺今猶基存

漢武帝内傳曰鉤弋夫人謂帝曰妾相運正應爲陛下生一男男年七歲妾當死矣今年必不得歸願陛下自愛言終遂卒既殯屍香聞十餘里因葬之雲陵帝甚哀悼又疑其非常人乃發塚開視空棺無屍唯衣履存焉乃起通靈臺於甘泉常有一青鳥集臺上往來至宣帝時止矣

又曰漸臺高三十丈帝有辟門三層内殿皆陛咸以玉爲之鑄銅鳳皇高五丈飾以黄金於樓屋上

洞冥記曰武帝起招仙之臺於明庭宫北明庭宫者甘泉之別名也於臺上撞碧玉之鍾挂懸黎之磬吹霜滌之篪

唱來雲依日之曲使臺下聽而不聞管歌之聲

又曰太初二年起甘泉望風臺於臺上得珠望之如照且因名照月珠

又曰建元二年帝起騰光臺以望四遠常有飛光如星集於臺上亦曰經星臺

又曰帝初起神明臺時掘地入三十丈得泉水色黄傍有人居無日月光明晝夜以火照中有人食土飲水服補布之衣漢人問汝何時居此荅曰商王無道使兆民入地千丈求青堅之土以作瓦起瑶宫金堂二人皆以繩縋入地裹負畚器取土多有壓陷死者今猶二人在耳漢人問何得獨存荅曰我以玉爲衣玦金爲環身有金玉故心氣不滅漢人問汝欲更出爲人否荅曰食土飲泉與螻蟻爲伍齊望日月乎乃引出三日自死骨肉靡靡成灰唯心如彈丸大堅如石以物扣之則是乾血耳

述異記曰郭景純注爾雅臺今在東陵郡又曲阜縣南十里有孔子春秋臺

又曰吴王夫差築姑蘇臺三年乃成周環詰屈横亘五里崇飾土木殫耗人力宫妓數千人上別立春宵宫爲長夜飲造千石酒鍾又作大池池中造青龍舟舟陳妓日與西施爲水嬉又於宫中作靈館館娃閣銅溝玉檻宫之欄楯皆珠玉飾之吴既敗越王勾踐於會稽山上地方千里勾踐得范蠡之謀躬教民以耕桑延四方之士作臺于外而館賢士會稽之上有越臺

又曰晉永嘉之亂既過江諸公主不得隨去安陽公主與平城公主等奔入兩河界悉爲民家妻常怏怏不悦故有思鄉之志村人感之共築一臺以居之謂之公主望鄉之

館至今巋然王朗懷舊賦云將軍出塞之臺公主望鄉之館是也漢武帝遣將軍王濆戍邊及帝崩王莽篡逆濆與莽有隙遂留不敢歸因亡入胡中士卒相率築臺爲望鄉之處

又曰會稽山有虞舜巡狩臺臺下有望陵祠帝舜南巡葬於九疑山民思之故立祠中都郭門古宫存焉宫前有堯臺舜館銘記皆古

又曰中山有韓夫人愁思臺望子陵也

又曰燕昭王爲郭隗築臺今在幽州燕王故城中土人呼爲賢士臺亦謂之招賢臺

郡國志曰漢州壁玉臺穆天子爲盛姬所造也今旁地猶多珉石

又曰汝陰縣富陂城即詩之汝墳也俗謂之女郎臺

又曰魏硯子臺云是張儀冢似硯也

又曰曹州麟城南有望麟臺園客祠庭種香草有五色神蛾得六大繭絲六十日始盡處

又曰洺州温明臺後漢世祖晝臥此殿歌弁入造床下齊勸即位處

又曰滎陽縣有太武城高祖與項氏各在一城東城有高壇即項羽置太公於上處今名項羽堆亦呼為太公臺

又曰金河府青臺方山北五里文明太后恒於六宮遊戲因歌曰青臺雀青臺雀緣山採花額頸着其曲並在大樂部

又曰金河府自平城遥登臺出渴鉢口梁元帝横吹詩曰朝登青陂道暮宿白登臺天女神即生後魏始祖神元也

又曰衛州苑城北十四里沙丘臺也俗稱妲己臺去二里有一臺南臨淇水俗稱為上宫也

又曰鄆州須昌縣有犀丘城青陵臺宋王令韓憑築者

又曰南頓縣有光武臺應璩宅在其側

又曰洛陽陽子臺在陽城東三十里陽陵子隱處洛水昔王子晉與浮丘公同遊受玉鷄之瑞水亦宓妃之所在也

又曰寃句縣昌都城呂后追尊父呂公為宣王都此有呂后臺西有辟陽侯臺閣道相連基址見存

又曰洛陽鷄臺有劉曜試弩棚夕陽亭賈充出鎮長安百僚餞送於此

又曰鄭州故魏任城王臺下池内有漢時鐵鍾長六尺入地三尺頭自正為晉氏重興之瑞今不知所在東南有空侯城鄭衛之音也

又曰酸棗縣韓徙都於此有冰井臺五馬泉

又曰衛州有鳳皇臺

又曰并州龍陂山有楚王臺

又曰濮州羊角城陳思王愁臺基甚高

又曰夏州朔方郡赫連敦教僭號築土起真珠樓沖天臺

又曰兗州有娥皇女英臺

又曰恒州野望臺趙武靈王以登高望亦曰寒臺

又曰荆州華容縣東六十里有章華臺楚靈王築臺東即荆臺縣也

又曰并州榆次縣鑿臺即韓殺智伯於鑿臺之中

又曰木客山吴王遣木客入山求木不得五人憂思作木客吟一旦神木自生長二十丈作姑蘇臺

又曰鄧州皇后城即迎陰后處城西張平子讀書堂

又曰亳州城父縣老子祠賴鄉曲仁里廟内有八公臺九柱樓畫東王母西王母又有静念樓

又曰蒲州蚩尤城鳴條野禹娶塗山女思戀本國築臺以望之謂之青臺上有禹祠下有青臺驛

又曰汴城上有列仙吹臺西有牧澤南道二百里漢梁孝王所造今謂之赤堤城東有繁臺本吹臺也云老聃師子野所造後有繁姓居側因名焉西有祟臺即顔率云蟬臺之下沙海之上是也

又曰許州有丹書臺魏文帝受禪有黄鳥銜丹書集此臺

又曰衛州鹿臺在頊城内紂自投火處紀年曰武王擒紂於南單之臺蓋鹿臺之異名也糟丘酒池去城南一里基跡猶存

水經注曰固安縣金臺陂東西六十里南北五十步側陂

西北有釣臺高十丈方可四十步陂北十餘步有金臺金臺高上東西八十許步南北加減高十餘丈昔慕容垂之爲苑陽也戍之即斯臺也有小金臺臺北有簡馬臺並悉高大秀峙相對翼臺左右水流經通長廡廣宇周旋波浦棟渚咸淪柱礎尚存是基構可得而尋訪諸耆舊咸言昭王禮賢廣延方士至如郭隗樂毅之徒鄒衍劇辛之儔宦遊歷說之民自遠而届者多矣不欲令諸侯之客伺隙燕邦故脩建下都館之南垂言燕昭創之於前子丹踵之於後故彫牆敗館尚傳後列之名雖無經紀可憑察其古跡似符宿傳矣

又曰鳳谿水側有鳳皇止焉故謂之鳳皇臺

又曰河水南至華陰又東北玉澗水注之南出玉溪北流經皇天固三面壁立高千許仞漢世祭天於其上因名之

爲皇天固上有漢武帝思子臺及泉鳩里加兵仍於太子者上憐太子無辜乃作思子宮爲歸來望思之臺於湖縣日言已望而思之冀太子之魂歸來也其在今湖城縣之西閿鄉縣之東基址猶存也天下聞而悲之

又曰睢陽城故宫東即梁王之舊池也　周五六百步水列釣臺池東又有一臺世謂之清冷臺北城憑隅又結一池臺晉灼曰或說平臺在城中東北角亦或言兎園在平臺側如淳曰平臺離宫所在今城東二十里有臺寛廣而不甚極高俗謂之平臺余按漢梁孝王傳稱王以功親爲大國築東苑方三百里廣睢陽城七十里大治宫室爲複道自宫連屬於平臺三十餘里複道自宫東出楊州之門左陽門即睢陽東門也連屬於平臺則近矣屬之城隅則不能是知平臺不在城中也

又曰景外臺劉表之所築也表性好鷹每登此臺歌野鷹自來

又曰睢陽城中有掠馬臺東有一臺謂之清冷臺

又曰長平城在上黨郡南秦壘在城西秦抗趙衆收頭顱築臺於此崔嵬桀起今乃號曰白起臺

山海經曰沃民國有軒轅臺

又曰帝嚳堯丹朱帝舜各二臺臺四方在崑崙東北

列仙傳曰蕭史者秦穆公時人善吹簫能致孔雀白鵠穆公有女字弄玉好之公以妻焉遂教弄玉作鳳鳴居數十年吹似鳳聲鳳皇來止其屋爲作鳳臺夫婦止其上數年皆隨鳳飛去秦爲作鳳女祠於雍宫時有簫聲焉

成都記曰望鄉臺蜀王秀所築也

又曰思妻臺在梓潼縣五丁於此山拔蛇山崩殺五丁

并殺秦王女因名之

三輔宫殿簿曰長樂宫有臨華臺神仙臺

西征記曰楊州雷陂有臺高二丈南兖州記即吴王濞之釣臺也

地理志曰北地郡有之画臺京西北四百里嵩高山記曰山有玉女臺云漢武帝見三仙玉女因以名臺

益州記曰鴈橋東有嚴君平卜處土臺高數丈

南雍州記曰高齊之後有堂堂西有射堂五間射堂南有大池池上有臺名曰樂喜臺

荆州記曰江陵縣東有天井臺飛軒孤映背邑面河實郊邇遊憇之佳處也

襄沔記曰襄縣南五里鳳林山側宋隋王劉誕鎮北有龍兒見此池中於後雍州刺史韋叡於此立放生臺

越絕書曰夫差起姑蘇之臺三年聚材五年乃成高見三百里太史公登之以望五湖
伏琛齊地記曰平壽城西北八十里有平望亭亦古縣也或云秦始皇爲望海臺
述征記曰陵雲臺在明光殿西高八丈累塼作道通至臺上登迴迴眺究觀洛邑暨南望少室亦山岦之秀極也
又曰蟲臺梁孝王所築於兎園中迴道似蟲因名之

太平御覽卷第一百七十八

太平御覽卷第一百七十九

居處部七

闕　觀

闕

崔豹古今注曰闕觀也於前所以標表宫門也其上可居
登之可遠觀人臣將朝至此則思其所闕故謂之闕其上
皆畫雲氣仙靈奇禽恠獸以示四方蒼龍白虎玄武朱雀
並畫其形

釋名曰觀於上觀望也

廣志曰闕鈌也門兩邊鈌然爲道也

周禮太宰以正月懸治法於象魏

禮記曰昔者仲尼與於蜡賔事畢遊于觀之上喟然而嘆
仲尼之歎蓋歎魯也鄭玄云觀闕也

左傳曰哀公三年司鐸火踰公宫季桓子至命藏象魏曰
舊章不可忘也象魏闕也法令懸之故謂其書爲象魏

又曰哀十七年傳云衛侯夢于北宫見人登昆吾之觀注
云衛有觀在古昆吾氏之墟也今濮陽城

公羊昭二十五年傳云子家駒曰諸侯僭於天子大夫僭
於諸侯久矣昭公曰吾何僭矣哉子家駒曰設兩觀乘大
輅注云禮天子諸侯內闕一觀也又定二年傳云夏五月
壬辰雉門及兩觀災兩觀微也然則曷爲不言雉門災及
兩觀主災者兩觀也

漢書曰牂牁郡有桂浦闕

又曰蓬萊方丈瀛洲此三山在海中諸仙人不死藥皆在
焉黄金白銀爲闕事具仙部

又曰建章宫東鳳闕高二十丈

列女傳曰衛靈公與夫人夜坐聞有車聲至闕而息過又
聞車聲夫人曰此必是蘧伯玉公曰何以知之曰妾聞禮
下公門軾路馬今蘧伯玉賢者也必不以暗昧廢禮公令
人視之果如所言

神異經曰東南有石井其方百丈上有二石闕俠東南面
上有蹲熊有榜着闕題曰地户西北荒中有金闕高百文
上有明月珠徑三文光照千里中有金階西北入兩闕中
名天門

十洲記曰崑崙山有水精闕

水經曰秦孝公築冀闕臨渭水在咸陽西四十里

關中記曰未央宫東有青龍闕北有玄武闕漢書所謂北
闕者也

建章宫圓闕臨北道鳳在上故號曰鳳闕也閶闔門內東

出有折風闕一名別風

瀨鄉記曰老子廟前有兩石闕大闕高九尺八寸下三重
石鹿闕邊各有子闕

山謙之丹陽記曰大興中議者皆言漢司徙許彧墓闕可
徙施之王茂弘弗欲後陪乘出宣陽門南望牛頭山兩峯
曰天闕也豈煩改作帝然之

鄧德明南康記曰南康縣歸美山去縣七百里下有石城
高數文遠望嵯峨靈闕騰空故老謂之神闕莊子中山公
子牟謂瞻子曰身在滄海之上心居魏闕之下柰何瞻子
曰重生重生則輕利中山公子曰雖知之未能自勝也瞻
子曰不能自勝則從神無惡乎不能自勝而強不從者此
之謂重陽重陽人無壽類矣

魏文帝歌曰長安城西有雙貟闕上有雙銅雀一鳴五穀

生載鳴五穀熟
王子年拾遺記曰崑崙第九層山形漸狹小下有芝田蕙
圃皆有數百頃羣仙種耨焉傍有瑶臺十二各廣千步皆
五色玉爲臺基最下層有流精闕直上四十丈有風雲雨
師闕

觀

漢書成紀云孝成帝元太子也母曰王皇后帝在太子家
生甲觀畫堂應劭注云甲觀在太子宮甲地主用乳生也
顔師古曰畫堂但畫飾室中宮殿通有綵畫也
又曰甘露二年幸萯陽宮在鄠屬玉觀屬玉水鳥似鵁鶄以名觀也
後漢書曰丁鴻字孝公肅宗詔鴻與廣平王羨及諸儒樓
望成封桓郁賈逵等論定五經同異於北宮白虎觀廣平王羨使明帝子東觀記曰與太常樓望少府成封屯騎校尉桓郁衛士令賈逵等集義白虎門名於門立觀因以名焉

五官中郎將魏應主承制問難侍中淳于恭奏上帝親制
臨決鴻以才論最明儒者稱之帝數嗟美焉時人歎曰殿
中無雙丁孝公
又章帝紀曰永平元年長水校尉儵奏言先帝大業當以
時施行欲使諸儒共正經義頗令學者得以自助於是下
太常將軍大夫博士議郎郎官及諸王諸儒會白虎觀講
議五經同異
又曰時謂東觀爲老氏藏室注老子爲柱下史四方所記
文書皆歸于柱下言東觀多經籍
又曰高彪除郎中校書東觀後遷外黄令畫彪形像以勸
學者
又曰靈帝起四百尺觀於河亮道造萬金堂於西園又造
南宮玉堂築廣城苑

魏志曰明帝作凌霄觀始構有鵲巢其上侍中高堂隆曰
起闕而鵲巢不得居之象
又曰明帝置崇文觀徵善屬文者以充之
吴志孫和傳云和爲太子被廢驃騎將軍朱據尚書僕射
屈晃率諸將吏泥首自縛連日詣闕請和權登白爵觀見甚
惡之
蜀志云李輔字玄政爲牙門討破羌虜築平羌觀于秦
亭晉書元紀曰太興元年十一月乙卯日夜出高三丈中有
赤青珥詔曰天災譴誡所以彰朕之不德也羣公卿士各
上封事具陳得失無所諱將親覽焉新作聽訟觀
又劉曜載記曰曜立太學於長樂宫東簡百姓年二十五
已下十三已上五百人選朝賢宿儒明經篤學以教之命
起酆明觀西宮建凌霄臺於滈池

又石季龍載記云太子宣出時季龍於其後宮昇凌霄觀
望之笑曰我家父子如是自非天崩地陷當復何愁但抱
子弄孫日爲樂耳
又張駿傳云駿境内漸平使其將楊宣帥衆越流沙伐龜
兹鄯善於是西域並降鄯善王元孟獻女號曰美人立賓
遐觀以處之
齊書王儉傳云宋明帝太始六年置揔明觀以集學士或
謂之東觀置東觀祭酒一人揔明訪舉二人儒玄史四科
科置學士十人其餘吏下各有差是歲省揔明觀於儉宅
開學士館以揔明簿書充之○陳書後主紀云帝令采木
湘州擬造正寢栰至牛渚磯盡没既而漁人見栰於海上
後起齊雲觀國人歌曰齊雲觀寇來無際畔
後魏書高祖紀下云十五年五月議改律令於東明觀親

折疑獄
又道武帝紀云天興三年起紫極殿玄武樓凉風觀石池
鹿苑臺
又匈奴劉聰傳云平陽地震崇明觀陷爲池水赤如血赤
氣至天赤龍奮迅而去
輿地志云丹陽郡建康縣臺城齊文惠太子治玄圃有明
月觀婉轉橋徘徊廊圃内作淨名精舍
又曰丹陽郡林陵縣新亭隴有遠望樓又名勞勞樓宋改
爲臨滄觀行人分別之所
又曰洛陽有廣望觀閶風觀萬世觀脩靈觀臨商觀百桒
北魏築總章觀建翔鳳於其上使八方才人六宫女尚書
居之引穀水過九龍殿前玉井綺欄水轉百戲
又曰石虎起靈臺九殿女官十有八等又女妓一千爲鹵
簿皆着紫綸巾熟錦袴金銀鏤帶五文織成靴遊於戲馬

觀
漢封禪儀泰山東南有山名日觀鷄一鳴時見日始出長
三丈秦觀者望見長安吳觀者望見會稽周觀者望見齊
三輔黄圖云漢武帝起鳷鵲觀
又起神明觀駁娑觀甘泉苑起仙人觀緣山谷行至雲陽
三百八十里入右扶風周迴五百四十里
又曰武帝起鳷鵲觀神明觀寥法觀集靈觀仙門觀陽禄
觀
漢宫殿名曰長安有臨山觀渭橋觀仙人觀霸昌觀蘭池
觀平樂觀九華觀豫章觀鴻雀觀昆明觀走馬觀華光觀
封巒觀走狗觀天梯觀瑶臺觀流渠觀相思觀長平觀宜
春觀華池觀射熊觀迎風觀露寒觀當市觀石闕觀白渠

觀鼎郊觀（潘岳關中記云鼎郊觀在上林苑）白虎觀懷德觀三雀觀林木
觀温德觀長平觀○華延儁洛陽記曰洛陽城十八觀皆
施玄檻鐵籠疏雲母幌
華山記曰南嶺東巖北面有二小山一山有雙石竪立號
曰石門一山孤崖特秀上有客觀陟之者遠眺千里
阮勝之楊州記云楊子縣有楊子宫宫中有玄珠觀
華陽國志云蜀城有逸客觀
華延儁洛中記云金墉城西南角有昌都觀東北有百尺
樓魏都水使者陳勰造
建康宫闕簿云商飈觀在東北十三里籬門亭後亭墩上
齊武帝築九日登以晏群臣
又曰曾城觀在縣東北七里景雲樓東齊武帝起七月七
日夜令宫人登以穿針因曰穿針樓
又曰通天觀在縣東北五里一百步舊臺城内宋元嘉中

築蒜園二十三年更修廣之築池汨天泉造景陽樓大壯
觀花光殿設射堋又立鳳光殿醴泉堂
又曰洛陽宫中有玄覽觀東池觀清覽觀高平觀廣望觀聽
松觀見親觀高樂觀陵雲總章宣曲萬年等觀
又云建業宫有迎風觀在縣南十五里宋武大明中起於
石子墩上孫峻殺諸葛恪殺綝殺朱主皆於此又有傲道
觀
晉潘岳關中記曰柘觀虎圈觀昆池觀上蘭觀朗池觀走
馬觀湯禄觀[illegible]觀則陽觀陰德觀並在上林苑中
陸機洛陽地記曰洛陽南宫有承風觀洛陽北宫有增喜
觀洛陽城外有宣楊觀千秋鴻池泉城楊威石樓等觀
又曰洛陽城外有鼎中觀○輿地志云洛陽西南洛水上有

鼎中觀是成王定鼎處

唐韋述東京雜記曰東京紫微宮有一柱觀

又曰上陽宮有上清觀

潘安仁西征賦云圖萬載而不傾奄摧落於十紀擢百尋之曾觀兮今數仞之餘趾

左太冲吳都賦云慮紫宮以營室廓廣庭之漫漫寒暑隔闥於邃宇虹蜺回帶於雲觀

何平叔景福殿賦云於是碣以高昌崇觀表以建城峻盧岧嶤岑立崔嵬巒居

宋玉高唐賦序云昔者楚襄王與宋玉遊於雲夢之臺望高唐之觀

魏陳思王七啓曰閑宮顯敞雲屋皓旰崇景山之高基迎清風而立觀

沈休文鍾山詩應西陽王教云即事既多美臨眺殊復奇南瞻儲胥觀西望昆明池

沈休文遊沈道士館詩云既表祈年觀復立望仙宮

謝玄暉觀朝雨詩云朔風吹飛雨蕭條江上來既灑百常觀復集九成臺

太平御覽卷第一百七十九

太平御覽卷第一百八十

居處部八

宅

釋名曰宅擇也言擇吉處而營之也

說文曰宅人所託也

周禮曰凡任地國宅無征鄭注云國宅城中無征稅也

禮記曰獻田宅者操書契

左傳曰初景公欲更晏子之宅曰子之宅近市湫隘囂塵不可以居請更諸爽塏者辭曰君之先臣容焉臣不足以嗣之及晏子如晉公更宅反則成矣既拜乃毀之如里室皆如其舊則使人反之且諺曰非宅是卜惟隣是卜二三子先卜隣矣卒復其舊宅

漢書曰蕭何買田宅必居窮僻處曰今後世賢師吾儉不賢毋爲勢家所奪

又曰魯恭王餘好治宮室苑囿壞孔子舊宅以廣其宮聞鍾磬琴瑟之聲遂不敢復壞於其壁中得古文經傳

吴志曰周瑜與孫策同年相友善瑜推道南大宅以舍策升堂拜母有無通共

晉書曰裴楷性寛厚與物無忤不持儉素每遊榮貴輙取其珍玩雖車馬器服宿昔之間便以施諸窮乏嘗營别宅基構甚麗與兄共遊行床帳儼然櫺軒疎朗兄心甚願之而口不言也楷心知其意便使住

又曰杜后母裴氏爲廣德縣君裴氏名穆長水校尉綽孫太傅主簿遐女太尉王夷甫外孫中表之美高於當世遐隨東海王越遇害無子唯穆渡江遂享榮慶立第南掖門外世所謂杜姥宅云

又曰有奏王公國家京城不宜有田宅未暇作諸國邸當使有往來之處今限京師得有宅一所

又書曰劉繪字士彰彭城人也太常悛弟父勔宋末權貴門多客繪解褐爲著作郎太祖見歎曰劉公爲不亡矣繪聰警善隸書爲竟陵王後進賓客時張融周顒並有言融音旨緩韻顒辭致綺捷繪之言吐又頓挫風氣時人謂語曰劉繪貼宅别開一門言在二家之中也又朝野爲語曰三人共宅夾清漳張南北劉中央言處二人間

王隱晉書曰魏舒字陽元幼喪父母爲外家甯氏所養甯氏起宅相者云當出貴外甥外祖父母以甯氏甥小而慧謂應相也舒荅當爲外家成此宅相

又曰上黨鮑瑗家多喪禍貧苦淳于智卜之卦成謂曰爲君安宅者女子工耶曰是也又曰此人已死耶曰然智曰此人安宅失宜既害其身又令君不利君舍東北有大桑樹君徑入市門數十步當有一人折新馬鞭者便就請買還懸此樹三年當得物瑗承言詣市果得馬鞭懸之三年後浚井中得數十萬銅錢雜器復可二十餘萬於是家業用展病者亦愈

晉書曰孔愉營山陰湖南侯山下數畝地爲宅草屋數間便弃官居之送資數百萬悉無所取

又曰桓玄得志常欲以謝安宅爲營謝混曰邵伯之仁猶惠及甘棠文靖之德更不保五畝宅耶玄聞慙而止

宋書曰初太社西空地一區吴時丁奉宅孫晧流徙其家晉有江左初爲周顗蘇峻宅其後爲袁真宅又爲章武王司馬秀宅皆凶敗後給臧燾亦頻遇喪禍故世稱惡地王僧綽常以正達自居謂宅無吉凶請爲第始就築未居而敗

又顏延之傳曰竣既貴重權傾一朝凡所資供延之無所受器服不改宅宇如舊見竣起宅謂曰善爲之無令人笑汝拙也

齊書曰齊世祖武皇帝諱賾字宣遠太祖長子也小字龍兒生於建康青溪宅其夜陳孝后劉昭后同夢龍據屋上故字上焉

梁書曰高祖宋大明八年甲辰生于秣陵縣同夏里三橋宅

後魏書曰　德興反於營州使尚書盧同往討之大敗而反爲侍中穆紹與元順侍坐因論同之罪同先有近宅借紹頗欲爲言順勃然曰盧同終將無罪太后曰何得如侍中之言順曰有好宅與要勢侍中豈慮罪也紹懼不敢復言

又邢巒傳曰孝文因行樂至司空府南見巒宅謂巒曰朝行樂至此見卿宅乃佳東望德館情有依然巒對曰陛下移構中原方建無窮之業臣意在與魏昇降寧容不務永年之宅帝謂司空穆高僕射李冲曰巒之此言其意不小

五代史晉史曰羅紹威前唐時甞建第洛陽福善里莊宗同光中始賜明宗梁祖庸使趙巖宅雖華以趨內遠乃召紹威子周徵易其第後明宗即位一日夢中見一人儀形瓌秀若素識者上夢中曰此得非前宅主羅氏乎及寤訪其子孫左右對曰周敬見列明廷召至果符夢中所見上謂侍臣曰朕不欲使大勳之後久無土地因授左馮翊非承家爲善何以致此

五代史周書曰漢初以晉入蕃將相第宅賜隨駕大臣以趙瑩第賜太祖太祖召瑩子前刑部郎中易則告之曰所賜第除素屬版籍外如別有契券已所置者可歸本直郎以千餘緡遺易則易則惶恐辭讓太祖堅之乃受

孔子家語曰魯哀公問於孔子曰寡人聞東益宅不祥信有之乎孔子曰不祥有五而益宅不與焉夫損人而自益身之不祥也弃老而取幼家之不祥也釋賢而任不肖國之不祥也老者不教幼者不學俗之不祥也聖人伏匿愚者擅權天下之不祥也不祥有五而益宅不與焉

淮南子曰魯哀公欲西益宅史爭之爲西益宅不祥哀公作色怒左右數諫不聽乃以問其傅宰折睢對曰天下三不祥而西益宅不與焉哀公大悅復問何爲三不祥對曰不行禮義一不祥嗜慾無止二不祥不聽正諫三不祥哀公喟然自反不益宅

風俗通曰宅不西益俗說西者爲上上益宅者妨家長也原其所以西益者禮記曰南向北向西方爲上爾雅曰西南隅謂之奧尊長之處也不西益者恐動揺之耳審西益有害增廣三面豈能獨吉乎

國語魯文公欲弛孟文子之宅（文公魯僖公之子興也孟文子魯大夫公孫敖之子文伯穀也宅有司所居公欲毁之以益宮也）使人謂之曰吾欲利子於外之寬者對曰夫位政之建也署位之表也車服表之章也宅章之次也祿次之食也君議五者以建政爲不易之政也今有司未命易臣之署與其車服而曰將易而次爲寬利也夫署所以朝夕虔君命也臣立先臣之署服其車服爲利故而易其次是辱君命也不敢聞命若罪也則請納祿與車服而違署唯里人之所命次公弗取臧文仲聞之曰孟孫善守矣其可以蓋穆伯而守其後於魯乎（穆伯文子之父公孫敖也淫乎魯出奔而死於齊今文子守官不佚禮故可掩蓋其父惡守其後嗣也）公欲弛郈敬子之宅

亦如之（公文公郈敬子魯大夫郈惠伯玄孫之孫敬伯回也亦如之者亦謂之敬叔子於外之寬者也）對曰先臣惠伯以命於司里嘗禘烝享之所致君胙者世有數矣出入受事之幣以致君之命者亦有數矣今命臣更次於外無乃違乎請從司徒以班從次亦弗取

孟子曰五畝之宅樹牆下以桑匹婦蠶之則老者足以衣帛。韓子曰有與悍者鄰欲賣宅避之人曰是其貫將滿矣子姑待之荅曰吾恐以我滿貫也遂去之

淮南子曰任一人之能不足以治三畝之宅循道里之數因天地之固然則六合不足均也

抱朴子曰葛盧佐光武有大功受爵立宅舍於博望里于今基址石礎存焉

郡國誌曰虢州楊震宅西有龍望原南崖有太尉公藏書窟太元初人逐獸入穴見古書二千餘卷

又曰洛陽董卓宅在永和里掘地輒得金玉寶玩後魏邢巒掘得丹沙及錢銘曰董太傅之物後夢見卓索巒不與經年而卒

又曰洛陽石崇宅有緑珠樓今謂之狄泉

又曰洛陽蘇秦宅在利仁里後魏高顯業每夜見赤光於光處掘得金百斤銘曰蘇家金業爲之造寺

又曰幹山南許詢宅

又曰長沙南寺賈誼宅亦陶侃宅在焉

又曰婁縣山下有巫咸故宅在焉

又曰鄂州西塞山黄琬宅丁固宅

又曰尋陽郡湓城亭有陶潛宅

又曰郴州城東北有仙人蘇耽宅

又曰清陽有小長安東埸城有范蠡祠即故宅也

又曰恒州九門縣新市城西藺相如宅

又曰鄧州海溪出紫山南道百里奚故宅基在焉

又曰密州高密西有鄭玄宅亦曰鄭城玄後移葬於厲阜墓側有稻田萬頃斷水造魚梁歲收億萬世號萬疋梁

輿地誌云縣東南白沙有龐士元宅於漢水之北司馬德操宅於漢水之南隔魚梁州街對宇歡情自接每至相思則褰裳涉水

樓承先別傳曰樓玄到廣州密求虞仲翔故宅處遂徘徊躑躅哀咽悽愴不能自勝耳

三輔决録曰郭詳爲太尉長史起大宅在高陵城西世稱曰長史宅

瀨鄉記曰老子祠在瀨鄉曲仁里譙城西出十里老子平生時教化學堂故處也漢桓帝修建屋宇爲老子廟廟北

二里李夫人祠是老子所生舊宅也

劉楨京口記曰糖頹山山周迴二里餘山南隅路得郁鑒故宅五十餘畝

又曰長村東太瀆瀆北有謝玄故宅

戴延之西征記曰東陽門外道北吴蜀二主第宅去城二里墟基猶存

又曰潼關北去蒲坂城六十里城中有舜廟城外有宅井及二妃壇南去城二十里有山舜所耕山也

述征記曰豐水西九十里有漢高祖宅

又曰山陽縣城東北二十里魏中散大夫嵇康園宅今悉爲田墟而父老猶謂嵇公竹林地以時有遺竹也

成都記曰成都縣南百步有嚴君司馬相如揚雄宅今草玄亭餘跡尚存

陳留耆舊傳曰董宣爲北海太守大姓公孫丹造起大宅卜工占之云宅成當出一喪舟使其子取行人殺之以塞咎宣收舟考殺之

世說曰鍾會荀濟二人情好不協荀有寶劍可直百萬常在毋鍾太夫人許會善書學荀手跡作書與毋取劍仍竊去不還荀後知是鍾而無由得求思所以報之會鍾兄弟共以千萬起新宅始成甚精麗未得移住荀善畫於是潛往畫鍾門堂並作太傅形像衣冠狀貌如平生之容鍾來入門便感慟於是宅遂空廢

徐邈別傳曰邈字仙民舉世諸承傳爲定筮舊疑歲神在卯此宅之左即彼宅之右地何得俱忌邈以爲太歲之屬自是遊神譬如日出之時向東皆逆非爲定體

水經注曰齊城門外有晏嬰宅

盛弘之荊州記曰新野郡西七里有楊溪源出紫山南流入淯故耆老傳云溪西有百里奚宅

又曰新野郡南有越相范蠡祠蠡宅三户人傳云祠處即是宅

又曰襄陽范蠡祠南有晉河南尹樂廣宅周迴十餘畝囊舊井猶未頹擅道濟置邏其中即名爲樂宅

又曰襄陽西北十許里名爲隆中有諸葛孔明宅

又曰宛城有伍子胥宅

范注荊州記曰義陽六安縣有光武宅枕白水所謂龍飛白水

蘇州記曰周文學科孔子弟子言偃宅在常熟縣西

史記云言偃吳人世字子游又吳地記云宅有井井邊有監洗石周四尺輿地志云梁蕭正德爲郡太守爲蕭將去莫知所在

吳地記曰云陸氏宅在長谷谷在吳縣東北谷名華亭谷水下通松江昔陸遜陸凱居此谷吳志云濮陽江太守陸康與袁術有隙使姪遜與其子績率宗族遠此避難居于是谷谷東有崑山父祖墓焉

故陸機思鄉詩曰髣髴谷水陽婉孌崑山陰

列仙傳云歷陽有彭祖宅禱祠風雨應期而至

襄沔記曰郡南晉永興中鎮南將軍襄陽郡守劉弘至隆中觀亮故宅立碣表閭使太傅掾犍爲李興爲文

又曰繁欽宅王粲宅並在襄陽井臺猶存

又曰長流解西有梁曹儀同景宋柳儀同慶遠韋儀同叡諸宅並相隣次郭城西門韋叡少時有南陽人綦郗善相相叡宅應出三公刺史貴不可言時叡宅上有草屋十間郗宅在城南悉是瓦屋求叡換宅疑而不許叡兩兄闡纂有令問位並在叡之右鄉里謂此人應班槐棘其後闡纂相繼而終叡奉龍飛遂成宅相簡文徵書既至遊態此宅望氣之言殆有徵矣

丹陽記曰有張子布宅在淮水南對瓦官寺門張侯橋所也橋近宅因以爲名

仲雍荊州記曰秭歸縣有屈原宅伍子胥廟擣衣石猶存

韋述兩京記曰東京宜人坊自半本隋齊王暕宅煬帝愛子初欲盡坊爲宅帝問宇文愷曰里名爲何愷曰里名宜人帝曰既號宜人奈何無人可以半爲王宅

又曰仁和坊兵部侍郎許欽明宅欽明户部尚書圉師猶子與中書令郝處俊鄉黨親族兩家子弟類多醜陋而盛飾車馬以遊里巷京洛爲之語曰衣裳好儀觀惡不姓許

即姓郝

又曰崇仁坊西南隅長寧公主宅既承恩盛加雕飾朱樓綺閣一時勝絶又有山池別院山谷虧蔽勢若自然中宗及韋庶人數遊於此第留連弥日賦詩飲宴上官昭容操翰於亭子柱上寫之韋氏敗公主隨夫爲外官初欲出賣木石當二千萬山池別館仍不爲數遂奏爲觀請以中宗號爲名詞人名士競入遊賞

又曰延壽坊東隅駙馬裴巽宅高祖末裴行儉居之自行儉以前居者輒死自儉卜居有狂僧突入髡其庭中大栁樹中有豕走出徑入北隣其家數月暴死盡此宅清晏

又曰永興坊西門北魏徵宅本宇文愷宅及徵居之太宗幸焉時將營小殿賜徵爲堂

又曰通化坊東南鄖公殷開山宅西北顔師古宅又有歐陽詢宅時人謂之吳兒坊

又曰延壽坊北門之西有中書令閻立本宅宅內西亭有立本畫水之跡

又曰明教坊龍興觀西南隅開府宋璟宅南門之東國子司業崔融宅璟造宅悉東西相對不爲斜曲以避惡名融爲則天哀策用思精苦不直馬過其門不覺文就而卒

又曰尚善坊東南隅岐王範宅宅有薛稷畫鶴世稱妙絶

又曰勸善坊東北隅太子太師鄭公魏徵宅山池院有進士鄭光乂畫山水爲時所重

又曰宣風坊北街之西中書令蘇味道宅宅有三十六柱亭子時稱巧絶

祿山事跡曰祿山舊宅在道政坊玄宗以其隘陋更於親仁坊選寬爽之地出内庫錢更造宅焉勑所司窮其華麗

不限功力財物堂皇院宇重複窈窕周匝諧曲戶牖交疏高臺臨池苑若天造帷帳幔幕充牣其中至九年八月祿山獻俘至京方命入此新宅

春秋內事曰陰宅以日奇陽宅以月偶陰宅先內男子當令奇陽宅先內女子當令偶乃吉陰宅內男子三人陽宅内女子二人

地鏡圖曰人望百家宅法中有赤氣者家有沉財白氣入人家有財不保黑氣有五其伏在宅中青氣者有銀地實也

嵇康宅無吉凶論曰設爲三公之宅而命愚民居之必不爲三公可知也夫壽夭之不可求甚於貴賤然則擇百年之宮而望殤子之壽孤逆魁罡以速彭祖之夭必幾矣然則果無宅也是性命自然不可求矣

樓觀本記曰隋之開皇元年勑旨樓觀者本尹先生卜居之勝宅老君說經之聖跡乃玄教根源福田之首宜令所司別作圖樣開拓舊居

太平御覽卷第一百八十

太平御覽卷第一百八十一

居處部九

第　邸　屋　家
舍　廬屠蘇附　菴

第

漢書曰高祖詔列侯食邑者皆賜大第室二千石受小第室注云有甲乙次第故曰第又曰出不由里門面大道者名曰第

史記騶奭者齊諸騶子亦頗采騶衍之術以紀文於是齊王嘉之自如淳于髡以下皆命曰列大夫爲開第康莊之衢高門大屋尊寵之覽天下諸侯賓客言齊能致天下賢士也

漢書霍去病益貴上爲治第辭曰匈奴不滅無以家爲又曰高后德夏侯嬰脫孝惠魯元於下邑賜北第上曰近我以尊異之注云第以北爲尊

覽一百八十一　一

又曰平恩侯許伯入第司隷校尉蓋寬饒往賀酒酣仰視屋曰美哉富貴無常忽則易人此如傳舍所閱多矣唯謹慎爲得久居侯可不誡哉

晉書青溪橋東南臨淮水周三里九十步太宗舊第後爲會稽文孝王道子宅謝安薨後道子領揚州刺史於此理事時人呼爲東府至是築城以東府爲名其城東北角有靈秀山即道子宅內山壁目趙牙所築也

齊書劉瓛姿狀纖小而儒學冠於當朝京師貴遊士子莫不下席受業瓛性謙下不以高名自居住檀橋有屋數間上皆穿漏學徒不敢斥呼爲青溪焉竟陵王子良親往謁表世祖爲瓛立館以揚烈橋故主第給之生徒皆賀瓛曰室美豈爲人哉華宇豈吾宅哉未及徙居遇疾卒

唐書段綸兵部尚書綸少任俠落拓不脩細行仕隋左親衛隱太子見而悦之妻以瑯琊長公主舍高祖之舊第數聞鼓吹之音覘之無所覩綸謂主曰聞圖讖李氏當王命令於第內有此禎祥必而家應籙之徵也

又曰張延賞東都舊第在思順里亭館之麗甲於都城子孫五代無所加工時號三相張氏云

魏王奏事爵雖列侯食邑不滿萬戶不得作第其舍在里中皆不稱宅

荀氏家傳曰荀彧字文若太祖既定冀州爲公起大第於鄴諸將各以功次受居地太祖親游之笑曰此亦周禮六勳之差也文選蜀都亦有甲第當衢向術音述西京賦北闕甲第當道直啓

邸

覽一百八十一　二

史記曰代王馳入北邸

史記封禪書曰方士多言古帝王有都甘泉者其後天子又朝諸侯甘泉甘泉作諸侯邸

陸機洛陽記曰百郡邸在洛城中東城下步廣里中

屋

說文曰屋居也

釋名曰大屋曰廡廡幠也幠覆也亦謂之正也屋之正大者

通俗文曰客堂曰庌五下反

聲類曰廡堂下周也

釋名曰屋奧也其中溫奧

易豐卦曰豐其屋蔀其家闚其戶闃其無人王弼注云屋藏蔭物也以蔭處極而最在外陰自藏蔭者也既豐其屋又覆其家闇之甚也棄其所處而深自藏闚戶無人

詩鵲巢行露曰誰謂雀無角何以穿我屋

又曰於我乎夏屋渠渠注夏大也渠渠猶勤勤也
又車轔小戎曰在其板屋亂我心曲注西戎版屋心曲心
之委曲也
又曰瞻烏爰止于誰之屋
周禮冬官廬人曰殷重屋堂脩七尋崇三尺四阿重屋考
工記葺屋三分瓦屋四分注各分其脩以其一爲峻
尚書大傳曰武王伐紂觀兵於盟津有火流於王屋化爲
赤烏三足
禮記曰富潤屋
左傳清廟茅屋昭其儉也
又曰宋灾樂嘉爲政火所未至撤小屋塗大屋注大屋難
撤故就塗之
又曰欒氏乘公門宣子謂趙鞅曰矢及君屋死之鞅用劒

以帥卒欒氏退
又昭六年傳曰叔孫婼聘於晉晉曰必葺其牆屋去如始
至
東觀漢記曰鍾離意爲堂邑令初到無屋意乃出俸錢作
屋民賚柱趣作決日而成畢爲民士祝曰興功役者令也
如有禍祟令當之民大悅
又曰王霸建武初連徵不至霸安貧賤居常茅屋蓬戶
藜藿不厭然樂道不怠以壽終
吳志曰吳儀字子羽爲人不治產業造屋舍纔容足隣家起
大宅孫權出望見起屋左右曰吳儀家權曰吳子羽儉必
非也令人親至果是隣舍
又曰魚宗爲將軍朱據史將母在營夜雨屋漏宗起涕泣
謝母母曰但當勉之何足泣也

晉記曰左將軍王廙中宗姨弟也爲母起屋違制上流涕
責廙
皇甫謐列女傳曰衛農與妻宿客舍遇雷雨妻夢虎齧其
足驚起相謂曰我此行未宜天欲戮我夫妻出中夜叩頭
屋壞壓殺數十人
家語曰孔子戹於陳蔡從者七日不食子貢以貨竊犯圍
出糴於野人得米一石焉顏回仲由炊之壞屋之下有埃
墨墮飯中顏回取而食之子貢自井望見之不悅以爲
竊食呂氏春秋亦載
又曰周公居冢宰之尊而猶下白屋之士日見百七十人新語堯
舜之人可比屋而封桀紂之人可比屋而誅
漢武故事曰上起神屋九間雖崑崙玄圃不之過也
又曰武帝四歲封膠東王　長主抱膝上問曰兒欲得婦

長主指左右長御百餘人皆去不用因指其女問曰阿嬌
好不笑對曰去好若得阿嬌作婦當作金屋貯之長主大
悅乃苦要上遂定婚
漢官典職曰南北宮相去七里中間作大屋複道三行天
子案行中央臺官從左右
崔凱喪服節曰禮人君宮室之制爲殷屋殷屋四夏屋也卿大夫
爲夏屋隔半以北爲正室中半以南爲堂正室齋室也
神異經曰西北金闕北荒有百屋齊長四十丈畫以五色
戴延之西征記曰洛陽城有鬱金屋
廣志曰大秦國以青水精爲屋
郡國誌秦州俗尚氣力不恥寇盜弓馬射獵以爲工能其
居入板爲屋故詩云在其板屋脩我甲兵及車轔駟驖小
戎皆言田狩之事

論衡曰豐屋知名家喬木知舊都鴻文在國聖世之驗又工伎之書起宅蓋屋必擇吉日夫屋覆人形宅居人軀何惡害於歲月而必擇之亦如以彰蔽人身者神惡之則夫裝車治船亦當擇日

世說曰蔡司徒說在洛陸機兄弟住參佐廨中數間瓦屋士龍住東頭士衡住西頭

又曰庾闡作揚都賦成以示庾亮亮云可三二京四三都謝安云不得爾此是屋下架屋耳事事擬學而無不儉狹

景陽詩蜘蛛網四屋

七啓曰雲屋皓旰音旱 閟宮顯敞

陶潛集曰無適俗韻性本愛丘山方宅十餘畝草屋八九間

劉義恭啓事曰洪恩濡被賜臣息伯禽墅屋二間

楚詞九歌曰魚鱗屋兮龍堂

家

說文曰牖戶之間謂之扆其內謂之家

易家人有嚴君焉父母之謂也

又家人嗃嗃未失也婦子嘻嘻失家節也

易家人女正位乎內男正位乎外詩刑于寡妻至于兄弟以御于家邦言文王自家刑國

後漢李通嚴毅治家如官庭

舍

說文曰市居曰舍

禮記有客弗能館不問其所舍

左傳秦獲晉侯以歸晉大夫反首拔舍而從之注反首亂頭髮反下垂也拔舍草止也

漢書曾城舍班婕妤居之

又曰成帝趙皇后女弟絶幸為昭儀居昭陽舍

桓子新論董賢女弟為昭儀居椒風舍後漢朱祐初學長安帝往候之祐不得相勞苦而先昇講舍後車駕幸其第帝因笑曰主人得無舍我講乎以有舊恩數蒙賞賚

謝承後漢書曰趙昱請處士綦毋君公立精舍受公羊傳

又曰楊震客居湖縣立精舍家貧常以種藍自業

又曰楊奇字公挺震之玄孫少有志節不以家勢為名交結英彥不與豪右相交通於河南緱氏界中立精舍門徒常二百人

又曰陳寔字仲弓詣太學郭林宗陳仲舉為死友歸家立精舍講授諸生數百人

又曰周磐字堅伯初為安陵令以從弟暢為司隸縣屬州

部換陽平令復換重合令磐已歷二縣耻復經三城遂去還家立精舍教授守先人冢廬遠方知名

又曰張奐字然明弘農華陰人詣太學受業博通五經隱處在扶風郿縣界中立精舍斟酌法喬卿之雅訓晝誦書傳暮習弓馬

魏武令曰孤本欲自立精舍今遂為國討賊

後漢書張湛稱疾不朝拜太中大夫居中東門候舍故時人號曰東門君

齊書周顒字彥倫汝南城安人也智林道人遺書嘲於鍾山西立隱舍休沐則歸之

古今注野人為員舍如蝸牛之殼故曰蝸舍

廬

說文曰廬寄也春夏居秋冬去

釋名曰寄此爲廬

周禮凡國野之道十里有廬廬有飲食

漢書武帝賜嚴助書曰制詔會稽太守君厭承明之廬（張晏曰承明廬在石渠閣外直宿山曰廬也）勞侍從之事懷故土出爲郡吏會稽東接於海南近諸越北抗大江間者闊焉久不聞問具以春秋對無以從橫說

華嶠後漢書曰汝南薛苞字孟嘗父取後妻憎苞分之出外日夜號泣不能去被毆杖不得已廬於門外旦入灑埽父怒逐之又廬於里頭晨昏不廢積歲餘父母慙而還之

東觀漢記曰耿純率宗族歸光武純兄歸燒家廬舍上以問純純曰恐宗人賓客卒有不同故焚燒廬舍絕其反顧之望上大笑

又曰李恂爲武威太守後坐事免無田宅財產居山澤結草爲廬

魏略曰楊沛前後宰歷城守不以私計介意後家無餘積無他奴婢占河南廗陽亭部荒田二頃分牛廬居止其中

魏志曰管寧至遼東乃廬於山谷時避難者多居郡南而寧居北示無遷志

晉書征虜將軍石崇河南金谷澗中有別廬冠絕時輩引致賓客日以賦詩

諸葛亮表先帝不以臣卑鄙三顧臣於草廬之中諮臣以當世之事

郡國誌廬山周武王時有匡俗先生字君孝兄弟七人皆有道術結廬於此仙去空廬尚存故曰廬山

皇甫謐高士傳曰世莫知焦先所出或言生漢末無父母兄弟見漢魏乃不言常結草爲廬冬夏袒露垢汙如泥後野火燒其廬先因露寢遭冬雪大至先袒卧不移人以爲死就視如故

洛陽故宮名曰侍中廬在南宮中

屠蘇附

通俗文曰屋平曰屠蘇

廣雅曰屠蘇庵也

魏略曰李勝爲河南尹廳事前屠蘇壞令人治之

庵

釋名曰圜屋曰庵庵掩也自覆掩也

太平御覽卷第一百八十一

太平御覽卷第一百八十二

居處部十

門上

說文曰門捫也在外為人所捫摸也從二户象形也閶闔天門也闔門扉也門聞也闕門觀也闠市門也闍門堅也閽昏也門常昏閉故曰閽即守門隸人也閭里中之門也。易說卦曰艮為門

爾雅曰閍謂之門注詩曰祝祭於祊是也

又曰正門謂之應門宮中之門謂之闈謂相通小門也

韓楊天文要集角天門也　風俗通曰閈城外郭内里門也　禮記注云天子五門皐門雉門庫門應門路門魯有庫雉路三門則諸侯三門也

漢制内至禁省為殿門外出大道為掖門

應劭注漢書曰掖者言在司馬門之旁掖王者行幸設車宮轅門帷宮旌門無宮則供人門鄭注周官云次車為藩則仰車轅以表門張帷為宮則樹旌以表門陳列周衛則立長人以表門

周禮曰掌舍掌王會同之舍設梐枑再重設車宮轅門為壇壝宮棘門為帷宮設旌門無宮則供人門轅門謂次以為藩卬車以為門人門謂以人為衛立長人以為門

又曰師氏掌詔王𦋐居虎門之左司王朝注云虎門路寢門也王曰視朝於路寢門外也畫虎焉以明勇猛於守宜也

尚書曰舜賓于四門四門穆穆

又曰闢四門

詩曰迺立皐門皐門有伉迺立應門應門將將

又曰北門篇名刺士不得其志也言衛之忠臣不得其志耳出自北門憂心殷殷

又曰高門有閌

又曰衡門篇名誘僖公也愿而無立志故作是詩以誘掖其君也衡門之下可以棲遲

詩義問曰横一木作門而上無屋謂之衡門

易曰重門擊柝以待暴客

又曰出門同人無咎

又曰不出户庭無咎

禮記曰凡與客入者每門讓於客客至於寢門則主人請入為席然後出迎客主人入門而右客入門而左

又曰生男懸弧於門左

又曰立不中門行不履閾

又曰婦人送迎不出門見兄弟不踰閾

又曰兩君相見揖讓而入門入門而懸興作樂

又曰大夫士出入公門由闑右不踐閾

又曰入門而問諱

又曰孔子負手曳杖逍遥於門

又曰天子諸侯臺門此以高為貴者

又曰月令曰孟秋其祀門祭先肺陰氣出祀之於門外順陰也

又曰孟冬戒門閭修鍵閉

左傳啓塞從時門户橋道謂之啓城郭牆塹為之塞皆啓閉之急不可一日而闕也

又襄二年王叔　宰曰篳門圭竇之人而皆陵其上難為上矣篳門柴門閨竇小户穿壁上銳下方狀如圭

又曰新作南門書不時也注本名稷門公更高之改高門也

又曰鄭大水龍鬬于時門之外洧淵

又曰公及邾師戰敗績邾人獲公冑懸諸魚門（杜預曰魚門邾城門）

又曰楚子囊圍宋門于桐門

又曰楚子爲陳夏氏亂遂入陳殺夏徵舒轘諸栗門（轘車裂也栗門陳城門也）

論語憲問曰子擊磬於衛有荷蕢而過孔氏之門者曰有心哉擊磬乎

又曰邦君樹塞門管氏亦樹塞門

又鄉黨曰入公門鞠躬如也

史記曰金馬門者宦者署門也門旁有銅馬故謂之曰金馬門

又曰太史公曰余過大梁求所謂夷門者大梁城東門也

又曰夫以汲鄭之賢有勢則賓客十倍無勢則否況衆人乎下邽翟公有言始翟公爲廷尉賓客闐門及廢也門外可設爵羅翟公復爲廷尉客欲往翟公乃大署門曰一死一生乃知交情一貧一富乃知交態一貴一賤交情乃見

又曰萬石君子慶爲内史慶歸入門不下車萬石君聞之不食慶恐肉袒請罪不許舉宗及兄建肉袒萬石君讓曰内史貴人入閭里里中長老皆走匿而内史坐車中自如固當乃謝罷慶慶及諸子入里門趨至家

又曰呂不韋説子楚曰吾能大子之門子楚笑曰盍自大子之門顧乃大吾門不韋曰吾門待子門而大耳

漢書曰太液池有壁門

又曰陳平家貧負郭窮巷以席爲門然門外多長者車轍

又曰魏勃家貧欲見齊相曹參無以自達常早起掃其門人問故勃曰欲見相君無因故爲子掃門乃見參參用爲舍人

又曰梅福居家常以讀書養性爲事至元始中王莽顓政（師古曰顓與專同）福一朝棄妻子去九江至今傳以爲仙其後人有見福於會稽者變名姓爲吳市門卒云

又曰于定國父于公其閭門壞父老方共治之于公謂曰少高大閭門令容駟馬高蓋車我治獄多陰德未曾有冤子孫必有興者至定國爲丞相永爲御史大夫封侯世傳

又曰張釋之爲公車令頃之太子與梁王共車入朝不下司馬門（如淳曰宮衛令諸出入殿門公車司馬門者皆下不如令罰金四兩）於是釋之追止太子梁王毋入殿門遂劾不下公門不敬奏之薄太后聞之文帝免冠謝曰教兒不謹薄太后使丞詔赦太子梁王然後得入文帝繇是奇釋之拜爲中大夫

又曰鄭崇爲尚書上謂曰君門如市何以欲禁切主上（師古曰言請求者多交通賓客者也）崇對曰臣門如市臣心如水

又曰鄒陽諫吳王曰今臣盡智畢義易精極慮則無國不可姧飾固陋之資則何王之門不可曳長裾乎

又曰王尊爲東平相是時東平王以至親驕不奉法度傅相連坐（師古曰前任傅相者頻坐王得罪）及尊視事奉璽書至庭中王未及出受詔尊持璽書歸舍食已及還致詔尊持後謁者傳莊前說相鼠之詩（師古曰相鼠鄘風篇名刺無禮之詩也其辭曰相鼠有皮人而無儀人而無儀不死何爲相視也言視鼠有皮雖處高顯之地偷食苟得不知廉恥人無禮儀亦與鼠同不如遄死也）尊曰毋持布鼓過雷門（師古曰雷門會稽城門也有大鼓越擊此鼓聲聞洛陽故尊引之也布鼓謂以布爲鼓故無聲）王怒起入後宮尊亦直趨出就舍

又曰蓋寬饒字次公爲諫議大夫行郎中戶將軍（師古曰百官公卿表郎中令屬官有郎中車戶騎三將蓋各以所主爲名也將者主戶衛也）劾奏衛將軍張安世子侍中陽都侯彭祖不下殿門（師古曰過殿門不下車也）并連及安

世居位無補彭祖時實下門寬饒坐舉奏大臣非是左遷爲衛司馬

又曰蕭望之署小苑東門候時王仲翁出入從倉頭盧兒顧謂望之不肯錄錄反抱關爲師古曰錄錄謂循常也言望之不能隨例依秉以特執政不得大官而守門望之曰各從其志

又曰鉤弋夫人大有寵有娠十四月乃產是爲昭帝武帝曰昔堯十四月而生今鉤弋亦然乃命其門曰堯母門

范曄後漢書曰孔融去鄭君里門四方所由觀禮其廣令容高車結駟名爲通德之門

又曰郅惲字君章爲上東門候帝常獵夜還惲拒門不開帝乃迴從中東門入賜惲布貶中東門候

又曰李膺傳曰是時朝廷日亂綱紀頹弛膺獨持風裁以聲名自高士有被其容接者名爲登龍門以魚爲喻龍門河水所下之口在今絳州龍門縣

辛氏三秦記曰河津一名龍門水陸不通魚鼈之屬莫能上江海大魚薄集龍門下數千不得上上則爲龍

袁宏漢紀曰建初二年有司依舊典奏封諸舅太后詔曰前過濯龍門上見外家車如流水馬如龍吾不譴怒之但絕其歲用

後漢書馬援傳曰孝武皇帝時善相馬者東門京鑄作銅馬法獻之有詔立馬於魯班門外　更名魯班門爲金馬門

又曰赤眉入長安更始單騎走從廚城門出三輔黃圖曰洛城門王莽故曰建子門其內有長安廚官俗名之爲廚城門今長安故城北面之中門是也諸婦女從後連呼曰陛下當下謝城更始即下拜復上馬去

又郭祚傳曰祚遷尚書右僕射敬事令僕中丞騶唱而入宮門至於馬道及祚爲僕射以爲非盡敬之宜言於世宗帝納之詔御在太極唱至止車門御在朝堂至司馬門騶唱不入宮自此始也

又曰張湛建武初爲左馮翊在郡修典禮設條教政化大行後告歸平陵望寺門而步告請也告歸謂請假歸寺門即平陵縣門也主簿進曰明府位尊德重不宜自輕湛曰禮下公門軾輅馬輅大也君所居曰寢車馬曰輅馬軾車前橫來也乘車曰必正之有所敬則撫軾爲小俛也

禮記曰大夫士下公門式輅馬孔子於鄉黨恂恂如也父母之國所宜盡禮何謂輕哉

又曰虞延爲陳留督郵勑延一人從駕到魯還經封丘城門門下小不容羽蓋帝怒使撻侍御史延因引咎以爲罪在督郵言辭激揚有感上意乃制詔曰以陳留督郵虞延故侍御史罪宜放

魏書曰文帝初在東宮集諸儒於肅城門內講論大義侃侃無倦

吳志曰張昭諫孫權不從稱疾不朝權自出過其門呼昭辭疾篤權使燒其門欲恐之昭更閉戶權使滅火住門良久昭諸子共扶昭起權載以還宮

又曰初平中謠曰黃金車班蘭耳閶闔門出天子閶闔昊西郭門夫差所作

又曰諸葛恪有遷都意更起武昌宮是月武昌門災改作端門

晉書曰王衍既有盛才美貌明悟若神常自比子貢聲名藉甚傾動當世妙善玄理唯談莊老每捉玉柄麈尾與手同色義理有所不安隨即改更世號口中雌黃朝野翕然謂之一世龍門

又曰賀循時廷尉張闓住在小市將奪左右近宅以廣其居乃私作都門早閉晏開人多患之訟於州府皆不見省會循出至破崗連名詣循質之循曰見張廷尉當爲及之闓聞而遽毀其門詣循致謝其爲世所敬服如此

又曰陳顥字延思陳國苦人也少好學有文義父訢立宅起門顥曰當使容駟馬車訢笑而從之

又曰舊舍自號即丘子門曰歸厚之門

崔鴻十六國春秋夏録曰赫連勃勃宮殿大成乃刻石都南頌其功德其南門曰朝宋門東門曰招魏門西門曰平朔門又起冲天臺于南山欲登之望長安

又後趙録曰建武十年白虹出自大社經鳳陽門東南連天十餘刻乃滅於是閉鳳陽門唯元日乃開

又後秦録曰姚興從朝門遊于文武苑及昏而還將自平

朔門入前驅既至城門校尉王滿聰被甲持杖閉門拒之乃廻從朝門而入旦而召聰謂之曰卿社稷之臣也朕有嘉焉於是進位二等

隋書曰高祖初爲定州揔管先是定州城西門久閉不行齊文宣帝時或請開之以便行路帝不許曰當有聖人來啓之及高祖至而開焉莫不驚異

陳書曰高宗七年改作雲龍神虎二門案宮殿簿曰雲龍門第二重宮牆東西門晉本名中東華門本晉東掖也梁改之西對第三重牆萬春門神虎門第二重宮牆西門晉本名中西華門本晉西掖門宋改名西華東入對第三重牆千秋門

水經注曰長安城惠帝元年築六年成即咸陽也本離宮無城故城之十二門東出北頭第一門宣平門王莽更名

春正門正月亭民曰東城門其郭門曰東都門逢萌挂冠處也第二清明門一曰凱門王莽更曰宣德門布恩亭内有籍田倉亦曰籍田門第三霸門王莽更名仁壽門無疆亭民見門色青又名青城門亦曰青綺門邵平種瓜處也南出東頭第一門覆盎門王莽更曰永春門長茂亭其南有下杜城應劭曰故杜陵之下聚落也故曰下杜門又曰端門北對長樂宮第二門安門亦曰鼎路門王莽改曰光禮門顯樂亭第三西安門北對未央宮本名平門王莽更名信平門城正亭西出南頭第一章門王莽更名萬秋門億年亭亦曰故光華門也又曰便門第二直門王莽改曰直道門端路亭故龍樓門也第三西城門亦曰雍門王莽更名章義門著誼亭其水北有函里民名曰函里門又曰光門亦曰突門北出西頭第一門横門王莽更名朔都門

左幽亭如淳曰横音光外郭有棘門徐廣曰在渭北漢書徐厲軍此以備匈奴又有通亥門也第二門洛門又曰朝門王莽更名建子門廣世亭一名高門

太平御覽卷第一百八十二

太平御覽卷第一百八十三

居處部十一

門下

家語曰孔子謂子路曰見長者不能黜其色見幼者不能
盡其辭雖有疾風雨吾不入其門矣

白虎通曰門四出何所以通四方故禮三朝記曰天子之宮四
通

太公金匱門之書曰敬遇賓客貴賤無二

蔡邕明堂月令論曰禮古大明堂之禮曰膳夫氏相禮日
中出南闈見九侯及門　日昃出西闈親五闈之事日闇
出北闈視帝續帝猷明堂之西北門稱闈

墨子曰夫城守之法爲懸門沉機也

潛夫論曰貴戚願爲其宅吉而制令名欲其門堅而造作
鐵樞卒其所以敗者非苦禁忌而門樞朽常苦崇財貨而
驕僭耳上不順天心下不育人物而任其私智竊弄君威
反戾天地欺誣神明居累卵之危而圖泰山之安爲朝露
之行而思傳代之功豈不惑哉

吳地記曰閶闔者吳王闔閭所作也名爲閶闔門高樓閣
道後由此伐楚改曰破楚門

世說曰楊脩爲魏武主簿作相國門始構榱桷魏武自看
使人題門作活字便去楊脩見即命壞之曰門中活闊字
王嫌門大也

魯連子曰先生見孟嘗君於杏唐之門。說死韓昭侯造
高門屈宜咎曰昭侯者非時日也人固有利不利昭侯嘗利
矣不作高門往年秦拔宜陽明年大旱民饑不以此時恤
民之急而反益以奢此謂福不重至禍必重來者也高門
成昭侯卒竟不出此門矣

常璩華陽國志曰秦孝文王以李冰爲蜀守冰作石犀五
頭以壓水精在市橋門今所謂石牛門

吳越春秋曰吳王闔閭爲太子聘齊女齊女思於齊日夜
號泣因而爲疾闔閭乃爲起北門名曰望齊門作樓令女
往登遊其上

又曰子胥爲吳造大城陸門八象天之八風水門八法地
之八聽立閶門者象天門通閶闔風也立蛇門以象地户
亦名破楚門亦名蛇門者吳位辰屬龍故小城南門作龍
以厭蛇氣也

又曰吳赦越王使歸國送之蛇門之外大縱酒群臣祖道

晏子春秋曰晏子使楚晏子身短楚人爲小門於大門之側
延晏子晏子曰使狗國者從狗門入今臣使楚不當從此門
入乃更通大門

淮南子曰周文王作玉門言以玉飾也

又曰崑崙山旁有四百四十門

又曰北極之山曰寒門楚辭曰踔絶寒門

又曰自東北方土山曰東極之山曰開明之門東南方曰波
母之山曰陽門南方曰南極之山曰暑門西方曰西極之
山曰閶闔之門西北方曰不周之山幽都之門北方曰北
極之山曰寒門八門之風是節寒暑焉

神異經曰東北有鬼石室三百里户共一門石牓題曰鬼
門西南銅闕頰牓題曰人往門向東北銅闕夾門牓題曰
人來門

張晏注漢書曰龍樓門門上有銅龍

漢宮殿名曰長安有宣平門覆盎門萬秋門横門鄉門東都

門今名青門宣德門禮城門青綺門章義門仁壽門壽成門成宮有辟門有慈石門

又曰洛陽有泰夏門閶闔門西華門萬春門倉龍門長秋門景福門永巷門丙舍門鴻都門金牙門不老門章臺門濯龍門定鼎門

蔡質漢官儀曰宮北朱雀門至止車門內崇賢門內建禮門

洛陽故宮名曰洛陽有飛兔門含章門又有建禮門廣懷門有明禮門泰夏門司馬門閶闔門南止車門東西止車門西華門神虎門雲龍門東掖門西掖門千秋門南端門笙鏞門神仙門敬法門却非門含德門上東門廣陽門津門小苑門開陽中東門司馬門北闕門玄武門南掖門北掖門南端門金門九龍門白虎門春興門青瑣門金商門宜秋門

古今地名曰河南定鼎門九鼎新定

晉宮闕名曰洛陽有承明門

又許昌有崇禮門

晉宮門又有大夏門長春門朱明門青陽門三輔黃圖曰又有章城門直城門洛城門

水經注曰神獸門東對雲龍門衡栿之上皆刻雲龍風虎之狀

又曰穀水東流逕春門石橋下即上東門也一曰上升門

又曰閶闔門漢之西上門

又曰陶水東南經高門南蓋晉皐陶冢故有高門之稱矣

又經司馬子長墓北入于河亦謂之龍門太史自叙云遷生於龍門是也在馮翊夏陽縣

郡國誌賀州封陽有隄陂龍水深百尋大魚自擲登此門化爲龍不過者曝鰓點額也

又曰同州龍門城帶龍門山大魚點額暴鰓半死謂此也

司馬彪注莊子云呂梁即龍門也

又曰鄧城南有三門東曰龍門離騷云過夏首而西浮顧龍門而不見夏首即夏口也

又曰洞庭山有宮五門東通林屋西達峨眉南接羅浮北連岱岳東有石樓樓下兩石鼓扣之即清越所謂神鉦也

又曰兗州乘丘左傳子偃曰宋師不整可敗也自雩門竊出蒙皐比而先犯之大敗宋師于乘丘即此也

又曰長安縣漢高祖五年置故城在京西北二里漢惠帝築南爲南斗形北爲北斗形入街九陌東面有青綺門東陵侯邵平秦破爲布衣種瓜此門外西北面有棘門漢文屯兵之所

又曰魯城伯禽邑也西五門東一曰鹿門即臧孫紇斬鹿門關以出奔邾第三曰稷門即國人犖能投蓋于稷門之所

又曰蜀望帝以褒斜爲前門熊耳靈關爲後戶

又曰鄜州仙宮門即漢武帝所遊相思川也伏陸縣有相思鄉

又曰洛陽南面最東曰開陽門初未有名夜有一柱飛在樓上乃是瑯耶開陽縣南門一柱飛去遂記其年月日以爲名

又曰鴻門在新豐縣西八里沛公見項羽處

又曰朔城慕容儁鑄銅馬於門側謂曰銅馬門今大驛前有石函長二尺高一尺代不敢開銘云秦建元十年造銅虎馬

又曰汴州陳留郡縣本春秋衛地魏惠王自安邑徙都亦稱梁惠王焉土多髦俊儒藝則以遊俠夷門即侯嬴抱關處

又曰洪州西門昌門豫章生松陽樹門内大二十五圍嘗枯永嘉中忽更榮茂以爲元帝中興之瑞故郭璞南郊賦云弊樟擢秀於祖邑以宣帝曾爲此郡守故也

又曰虬門即吴大城門也

又曰廣州盧躭仕州爲治中有仙術刺史步騭惡之以狀聞後誅之躭後題其門曰珠門珠門國雖存無射年欲知此書盧躭還大守削之隨削字更生

又曰越州雷門勾踐所立以吴有蛇門得雷而發表事吴之意吴以越在辰巳之地作蛇門

石虎鄴中記曰鄴宫南面三門西鳳陽門高二十五丈上六層反宇向陽下開二門又安大銅鳳於其鎮舉頭一丈六尺闕寬户朱柱白壁未到鄴城七八里遥望此門

述征記曰青門外有魏車騎將軍郭淮碑小城最東一門名落索門裏有司馬京兆碑郡民所立

豫章記曰郡灌嬰所築有六門其一曰松陽門其所以郡爲名西二門其一曰昌門其一曰皐門東及北一門亦即以東北爲名晉太元中大守順陽范君更開門之北爲東陽門以對皐門開北門以對松陽門今八門相望通路直指

安城記曰郡大城舊有六門今爲八

荆州圖記曰臨澧縣南三百里有高巒特立素崖千尋望之有似香鑪吴永安六年自然洞開其朗如門古老相傳名天門門兩角上各生一竹垂下爲之天帚云

吴地記曰匠門本名干將門門外有干將墓後語訛呼爲匠門其言劍匠因之名

又郡國志云申公巫臣家亦在西南面

劉澄之宋初山川古今記曰魏武聽政殿前有聽政門

丹陽記曰司馬門之名起漢世案列女傳鍾離春詣齊司馬門史記又云司馬欣請事咸陽留司馬門三日是則名起戰國非獨漢也今又曰公車門而俗稱謝章門也

西京記秦阿房宫以磁石爲門懷刃入者輒止之

西征賦曰門磁石而梁木蘭構阿房之恠奇

蕪城賦曰製磁石以禦衝糊頳壤以飛文

韋述西京新記曰西京俗曰長安城亦曰京城高一丈八尺南面三門中明德門東啓夏門西安化門東面三門中春明門北通化門南延興門西面三門中金光門北開遠門南延平門皇城西芳林門金光門朱雀門通化門春明門有蕭望之冢啓夏門先農壇皇城南面六門正南承天門門外兩觀 石登聞鼓 東長樂廣運重明永春門次西永安門次北嘉猷東西恭禮安仁門東西廊歸仁納義門次北太極門西至殿北面三門正北玄武次東安禮門玄德門西面二門南通明北嘉猷門太極殿旁東上西 上閤門東西廊左右延明門甘露殿門外東西永巷日華月華門東西千步廊東宫重明門北左右永福門内廊左右嘉善門東西奉化門

又曰西京大明宫南面五門正南丹鳳門次東望仙延政門次西建福興安門

又曰大明宫含元殿東西通乾觀象門殿北宣政門門設外屏東崇明門南出含耀門昭訓門西光順門東西廊日

華月華門紫宸殿前紫宸門門設外屏東崇明門南出含曜門昭訓門西光順門南出昭慶門光範門

又曰東京俗曰洛陽城城高一丈八尺南面三門正南曰定鼎門東建春門南永通門北面二門東安喜門西徽安門西面連苑

又曰東京紫微宮城南面六門正南應天門門外觀相夾肺石登聞鼓次東興教門重光門大和門次西光政門洛南門東面一門重光北門西面二門南洛城　西門北嘉豫門北面二門西玄武東安寧門應天次北乾元門門東萬春門西千秋門門外東西廊左右延福門又西會昌門西北景運門

又曰上陽宮東西二門南曰提象門北星躔門內門曰觀風門

又曰東都苑東面四門曰垂豫上陽新門望春門南面三門曰興善興安靈光門西面四門曰延秋遊義龍煙靈溪門北面四門曰朝陽靈圃望冬應福門

又曰東都皇城南面三門正南曰端門東左掖門西又掖門東面一門賓曜門西面二門南曰麗景門北曰宣耀門

又曰東都　城東面一門宣仁門南面一門永福門北面一門含嘉門

又曰萬年縣門宇文愷所造高宗末太平公主出降於縣廨為婚第以縣門窄隘欲毁之高宗勑曰其宇文愷所作不須圻於他所開門遂存

楚辭曰望長楸而大息涕零零其若霰過夏首而西浮顧龍門而不見又曰君之門兮九重又曰魂兮下來入脩門王逸曰脩門郢城門也

摯虞門銘云祿無常家福無定門人謀鬼謀道在則尊

李尤平城門銘曰平門督司午位處中外臨僚侍內達帝宮正陽南面炎暑赫融

李尤廣城門銘曰廣陽位孟厥月在申涼風時至白露已紛

李尤上東門銘曰上東少陽厥位在寅條風動物月在孟春

李尤中東門銘曰東夾仲月厥位當卯倉庚有聲鷹隼匿爪除去桎梏獄訟勿考

李尤旄城門銘曰旄門值季位月在辰順陽布惠貧乏是振

李尤門銘曰門之設張為宅表會納善閑惡擊邪防害

李尤西上門銘曰上西在季位月惟戌菊黃芻祭號令嚴

悉

李尤夏門銘曰夏門值孟位月在亥不周用事玄冥幽晦陰陽不通蟄蟲匿彩迎冬北壇順陰所在

李尤穀城門銘曰穀門北中位當于丑太陰主刑殺伐為首

班固西都賦曰披三條之廣路立十二之通門

左思吳都賦曰通門二八水道陸衢西京賦量兩襲故陽曜陰藏

潘岳懷縣作詩曰綠槐夾門植

魏文帝賦序曰王粲直賢門也故纂之

古詩曰黃金為君門白玉為君堂

太平御覽卷第一百八十三

太平御覽卷第一百八十四

居處部十二

戶　樞　關　鑰　闌

閨　閤　閣　簃　闥

戶

釋名曰：戶，護也，所以謹護閉塞也。

說文曰：半門曰戶。

易豐卦：窺其戶，闃其無人。

毛詩鴻鴈斯干曰：築室百堵，西南其戶。

大戴禮曰：脩武子戶之銘曰：夫難得而易失。又夏小正曰：七月漢案戶。漢，天漢也；案戶者，直戶也。言正南北也。

禮記曲禮上曰：戶外有二屨，言聞則入，言不聞則不入。將入戶，視必下。入戶奉扃，視瞻毋回。不干掩人之私戶開亦開，戶闔亦闔，有後入者，闔而勿遂。

又禮運曰：大道之行，外戶而不閉，是謂大同。

又王藻曰：君子之居恒當戶。嚮明

又月令曰：孟春其祀戶，祭先脾。陽氣出，祀之於戶也。

論語曰：子曰：誰能出不由戶者？何莫由斯道也。

史記：田嬰賤妾有子名文，五月五日生。嬰告其母勿令舉。妾竊舉之。及嬰見文，怒曰：五月之子，長與戶齊，不利其父母。文頓首曰：人生受命于天乎？受命于戶乎？如受命于戶，則高其戶，誰能至者？嬰歎曰：子休矣。

後漢龐參為漢陽太守，郡人任棠者有奇節，隱居教授。參到，先候之。棠不與言，但以薤一大本、水一盞致於屏前，自抱孫兒伏於戶下。主簿白以為倨。參思其微意，良久曰：棠是欲曉太守也。水者，欲吾清也；拔大薤本，欲吾擊強宗也；抱兒當戶，欲吾開門恤孤也。於是歎息而還。參在職，果能抑強扶弱，以惠政得人。

又曰：魏應字君伯，任城人也。少好學。建武初，詣博士受業，習魯詩，閉戶誦習，不交僚友，京師稱之。

又曰：魯恭十五，及弟丕俱居太學，習魯詩魯申公詩，閉戶講誦，絕人間事。兄弟俱為諸儒所稱，學士爭歸之。

晉書羊祜傳：襄陽百姓於峴山祜平生遊憩之所建碑立廟，歲時饗祭焉。望其碑者，莫不流涕。杜預因名為墮淚碑。荆州人為祜諱名，屋室皆以門為稱，改戶曹為詞曹也。

老子曰：不出戶，知天下。

莊子曰：原憲居魯，蓬戶不完，桑以為樞也。

慎子曰：天明不憂人之闇，雖不憂闇也，闢戶牖必取以明焉。

淮南子曰：使鬼神立化，則不待戶牖而行，若循虛而出入，則亦無履也。夫戶牖者，風氣所從往來也，而風氣者，陰陽之戶牖者也。離者必病遠離，故託鬼神以戒之。

又曰：百星之明，不若一月之光；十牖畢開，不若一戶之明。

楊子法言曰：山徑之蹊，不可勝由矣；向牆之戶，不可勝入矣。曰：惡由入？曰：孔氏。孔氏者，戶也。曰：子戶乎？曰：我戶哉！吾獨有不戶者矣。惡大不由聖人之道者也

三輔黃圖曰：明堂有三十六戶，法極陰之變數。

束晳發蒙記曰：治戶傷孕婦。

楚國先賢傳曰：孫敬入學，閉戶牖，精力過人，太學號曰閉戶先生。

語林曰：大將軍、丞相諸人在此時，閉戶共為謀身之計。王曠世弘來在戶外，諸人不容之。曠乃剔壁闚之，曰：天下大

亂諸君欲何所圖謀將欲告官遽而内之遂達江左之策

神異經曰東南有石井焉上二石闕東南面上有榜著闕題曰地户

列士傳曰吴王闔閭畏王僚之子慶忌作石室銅户以備之

太公金匱户之書曰出畏之入懼之也

解道虎齊記曰巢父城北十五里石户聖人去轉欲閉令裁廣數寸窺屋東方二丈

論衡曰燕王生明光宫所卧處三户盡閉使二十人開不得。越地傳曰勾踐宫有百户

列仙傳曰方回堯時隱人食雲母夏桀時爲人所閉於宫中從求道因化得去印封其户時人曰得方回一丸泥閉户不可開

樞

爾雅曰樞謂之椳郭璞注曰門户扉樞也孫炎曰門户扇樞閒可依蔵爲椳也

説文曰門樞謂之椳

魏志華佗曰户樞不朽

潛夫論曰貴戚懼家之不吉而聚爲令名懼之不堅而爲作鐵樞卒其所敗者非禁忌少門樞朽也苦崇貨財而行驕僭失民心耳事具門部

傅子曰漢武世王侯觀殿重階金樞紫墀

李陵詩曰明月照户樞想見餘光輝

文選詩曰秦地天下樞八方湊賢才

尚書顧命曰四人綦弁執戈上刃夾兩階戺孔安國曰綦文鹿子皮弁亦士也堂廉曰戺士所立處

爾雅曰樞達北方謂之落時落時謂之戺郭璞曰門持樞者或達北隱以爲固

三秦記曰明光殿以金爲戺

關

易復卦曰先王以至日閉關商旅不行后不省方

焦貢易林曰大畜之乾金柱鐵關堅固衛災君子居之居當憂居

左傳襄四年季孫攻臧紇斬鹿門之關以出奔邾杜預曰魯南城東門

方言曰關而東陳楚之間户籥

老子曰善閉無關鍵

史記曰侯嬴謂魏公子曰嬴乃夷門抱關者

又漢書王仲翁謂蕭望之曰不肯録録反抱關爲録録備常也

魯連子曰魯連先生見孟嘗君於杏堂之門孟嘗君曰吾聞先生有勢數可得聞乎連曰勢數者譬若門關舉之而便則可以一指持中而舉之非便則兩手不關非益加重兩手非加罷也彼所起者非舉勢也彼可舉然後舉之所謂勢數

鑰

周禮地官曰司門掌授管鍵以啓閉國門鄭司農云鍵爲牡也

方言曰關西謂之鑰

何承天纂文曰牡出鑰者也人作鑰子鑰毋非也

東宮舊事曰守鑰四人對番上下東宮門鑰在中庶子坊

太公金匱鑰之書曰昏慎守深察訛也

風俗通曰鑰施懸魚翳伏淵源欲令揵閉如此

闈

爾雅曰宮中門謂之闈

周禮考工記曰闈門容小扃

蔡邕明堂月令語曰明堂之門皆門稱闈

爾雅曰闈小者謂之閨

說文曰閨特立戶也上圓下方有似於圭

文選曰閨中風暖

閨

說文曰閤門傍戶也

爾雅曰小閨謂之閤

史記曰汲黯爲東海太守以清靜爲政黯多病卧閤內不出歲餘東海大治

漢書曰公孫弘爲丞相起客館開東閤以延賢人

又曰田延年盜三千萬即閉閤獨居偏袒持刀東西步數

使者召延年詣廷尉聞鼓聲自刎死

漢書曰左馮翊韓延壽行縣之高陵有昆弟相與訟田延壽恥不能明教化因入傳舍閉閤思過訟者自髡肉袒謝之

宋書曰孝武宴朝賢張暢何偃並在坐偃因醉曰張暢固是奇才同義宣作賊亦能無咎非才何以致此暢乃厲聲曰太初之時誰黃其閤帝曰何事相苦初元凶時偃父尚之爲元凶司空義師至新林門生皆逃尚之父子與婢妾共洗黃閤故暢譏之

晉宮閤名曰洛陽宮有金光閤清陽閤朱明閤承休閤安樂閤白藏閤顯仁閤崇明閤章德閤飛雲閤安世閤長安閤長安有東明閤西華閤紫闥閤

傅玄歌詩曰我家近宮掖易知復難忘黃金爲閤門白玉爲殿堂

晉宮閤名曰洛陽有金光閤文成閤明度閤飛雲閤安世閤長安有東明閤西華閤紫闥閤

宋志三公黃閤前史無其義按禮記士韠與天子同公侯大夫則異鄭注云賤與君同不嫌也夫朱門洞開當陽之正色也三公與天子禮秩相亞故黃其閤以示嫌不敢近天子也且漢制云爾

閣

周書作雒曰凡五宮堂咸有深閣

韓詩外傳曰黃帝時鳳皇集東園止於阿閣棲梧桐食竹實終身不去

禮記內則曰大夫七十而閣天子之閣左達五右達五（鄭注曰閣以板爲之戴食物也王者三牲內及魚腊）

廣雅曰棧閣也

漢書曰甘露中五經諸儒雜論於石渠閣

又揚雄傳曰王莽時雄校書天祿閣上治獄使者來欲收雄雄恐不免乃從閣上自投幾死莽聞之曰雄素不與事何故在此間請問其故迺劉棻嘗從雄學作奇字雄不知情有詔勿問然京師爲語曰惟寂惟寞自投于閣

後漢楊終上言宣帝博徵群儒論定五經於石渠閣方今天下少事學者得成其業而章句之徒破壞大體宜如石渠故事永爲後世法於是詔諸儒於白虎觀論考同異焉

陳書曰至德二年後主於光昭殿起臨春結綺望仙等三閣長數丈並數十間其窗牖戶壁皆以懸楣欄檻之類並以沉檀香木爲之又飾以金玉間以珠翠外施珠簾內有寶帳其服玩之屬瑰寶珍異皆近古所未有每微風暫動

香閣數里朝日初照光映後庭其下積石爲山引水爲池植以奇樹雜以花藥後主自居臨春閣貴妃居結綺閣龔孔二貴嬪居望仙閣並複道交相往來

五代史朱梁傳曰宰相柳璨奏西京舊有凌煙閣圖畫國初功臣今遷奉東都比未崇建四鎮副元帥梁王勳業冠古請近新凌煙閣別創一閣圖畫梁王以旌徳業詔曰魏賞彭陽之功別創紀勳之觀齊旌泗水之績乃崇嘉德之棲式示新規爰從舊典宜令所司於皇城内擇善地別造凌煙閣圖寫賜名曰天祐旌功之閣

戰國策曰田單棧道木閣以迎齊襄王及后於城陽山反之國

楚漢春秋曰項王爲高閣置太公於上告漢王曰今不急下吾烹太公漢王曰吾與項王約爲兄弟吾翁即汝翁若烹汝翁幸分我一杯羹

三輔舊事曰秦二世欲起凌雲閣與南山齊

漢宮殿疏曰天祿閣麒麟閣蕭何造以藏祕書畫賢臣凌雲閣秦二世造

洛陽宮殿簿曰高平觀南行至清覽觀高閣六十四間脩齡觀南行至臨商觀高閣五十五間太極殿前南行仰閣三百二十八間南上物章觀閣十三間東上凌雲臺閣十一間永寧宮連閣二百八十六間十二間連閣上下數見親觀差閣九間

洛陽地記曰雲臺高閣十四間乘風觀高閣十二間

丹陽記曰漢魏殿觀多以複道相通故洛宮之閣七百餘間

三輔故事曰天祿閣石渠閣在大殿北以閣祕書又畫賢臣象凡十一人霍光第一蘇武第十二

尸子曰泰山之中有神房阿閣

物理論曰故人之任孕者惣其名籍上之天府天子立金匱玉閣命司録以監省之

西京記曰西京大明正中含元殿殿東西翔鸞棲鳳閣下肺石登聞鼓左右龍尾道

東京記曰紫微宮有臨波閣閶闔閣

班固西都賦曰周廬千列徼道綺錯輦輅經營閑除飛閣

張衡西京賦曰鉤陳之外閣道穹隆屬長樂與明光徑北通乎桂宮

葛龔反遂初賦曰考天文於蘭閣覽羣言於石渠

古詩曰交疏結綺窻阿閣三重階

陸機樂府詩曰閭門何峨峨飛閣跨通波

崔琦七蠲曰紫閣青宮綺錯相連

東京賦曰飛閣神行

南都賦曰連閣煥其相輝

上林賦曰重座曲閣

陸機表云登三閣注三閣謂祕書郎掌内外三閣經書

鮑昭詩觀霞登綵閣

蜀都賦曰行陽城之延閣注延長也

江淹表云府之延閣注延閣書府也

天台賦曰朱閣玲瓏於雲間

陸機詩曰飛閣纓虹帶

張景陽七命曰觀岑青彫閣霞連

謝玄暉詩曰尋雲陟累榭隨山望菌閣

楚辭曰蘭閣兮黃樓

古詩曰層閣肅天居

簃 音馳又音移

爾雅曰連閣謂之簃 郭璞注曰堂樓閣邊小屋今呼之簃廚連觀也

通俗文連閣曰簃

闥

東觀漢記曰帝詔馬嚴留仁壽闥與校書杜撫班固定建武注記

晉宮閣名曰洛陽宮有崇陽闥延明闥通明闥脩雲闥遹福闥徽音闥承休闥玄明闥玄暉闥崇禮闥白藏闥

太平御覽卷第一百八十四

太平御覽卷第一百八十五

居處部十三

廳事　齋　房　庭　階　陛　墀

序　廊　塾　壇　屏　扆　宁

廳事

郡國志曰廣州吳孫晧時以滕脩爲刺史未至州有五仙人騎五色羊負五穀來迎而去今州廳事梁上畫五仙人騎五色羊爲瑞

裴淵廣州記曰州廳事梁上畫五羊像又作五穀囊隨像懸之云昔高固爲楚相五年衙穀莖于楚庭於是圖其像廣州則楚分野故因圖象其瑞焉

臨海記曰章安縣南門有赤欄橋世傳成公綏作縣此橋上製廳縣令年常祭廳事神用生鹿其年沽得白鹿還於廳事上生以祭神仍遂食之歲時用焉自是以後白鹿不可復得而必須生鹿歷代相承迄今不絶

世說曰庾太尉兄弟初渡江行路人有避雨者悉聚諸廳事上征西車騎自壁遣之不肯去太尉新沐頭散髮高詠從閤內出避雨者退莫有留者

王朗與許靖書曰武皇帝於江陵劉景升廳事上共論道足下至于通夜不寐忘倦飢渴無已。盧諶祭法曰凡祭法有廟者置之於座未遑立廟祭於廳事可也

兩京記曰考功員外廳有薛稷畫鶴宋之問爲讚工部尚書廳有薛稷畫樹石並爲時所重

齋

王安成記曰大和中陳郡殷府君引水入城穿池殷仲堪又於池北立小屋讀書百姓于今呼曰讀書齋

晉徵祥說曰桓玄鎮姑孰屋壁先畫作黃盤龍號盤龍齋俄而玄敗將軍劉毅居之毅小名盤

襄沔記曰金城內刺史院有高齋梁昭明太子於此齋造文選鮑至云簡文爲晉安王鎮襄陽日又引劉孝威庾肩吾徐防江伯操孔敬通惠子悅徐陵王囿孔鑠等於此齋綜覆詩集于時鮑至亦在數凡十人資給豐厚日設肴饌于時號爲高齋學士。雍州記云高齋其泥色甚鮮淨故此名焉南平世子恪臨州有甘露降此齋前竹林昭明太子於齋營集道義以時相繼

又曰白土齋南道有一齋以粟爲屋梁武帝臨州寢卧於此齋中常有五色雲迴轉狀如盤龍屋上恒紫雲騰起形似繖蓋遠近望者莫不異焉梁武帝于此龍飛

又曰高齋東北有一齋名曰下齋次於高齋制度壯麗極爽塏刺史辯史獄訟舊出此齋

國史補曰梁武造寺令蕭子雲飛白大書一蕭字在焉李約自江淮竭産買歸洛中置於小亭號曰蕭齋

房

說文曰房室在旁也

釋名曰房旁也室之兩旁也

尚書大傳曰古后夫人將侍於君前息燭後舉燭至于房中釋朝服襲燕服然後入御于君

毛詩黍離曰君子陽陽左執簧右招我由房

漢書曰哀帝初即位躬行儉約省減諸用政事由巳出朝廷翕然望焉有詔問丞相大司空定陶恭王太后宜當何居孔光不欲令帝旦夕相近即議以爲定陶王太后宜改築宮大司空何武曰可居北宮有紫房複道通未央宮

太后果從復道朝夕至帝所求欲稱尊号貴寵其屬使上以不得直道而行

應劭漢官儀曰皇后稱椒房以椒塗室主溫暖除惡氣也

酈善長注水經曰芑水出南山芑谷北流逕玉女房水側山際有石室世謂之玉女房

郡國誌曰葭萌縣玉女房昔有玉女入石穴空有竹數莖下有青石壇每因風恒自掃壇

王子年拾遺記曰越欲滅吴蓄天下奇寶美人異味以進於吴殺三牲以祈天地殺龍以祠川海以江南億万户民輸為傭保越又有美女二人一名夷光一名脩明以貢於吴吴處之以椒華之房貫細珠為簾幌內竊窺者莫不動心驚魂謂之神人吴王妖惑忘於國政及越兵入乃抱二女以逃吴苑

晉宮闕名曰洛陽宮內有羲和溫房

十洲記曰崐崘山有紫翠丹房

拾遺録曰崐崘丹豀雲房東西千步望之如丹霞

尸子曰泰山之中有神房阿閣

楚辭曰姱容脩態絙洞房

又九歌曰桂棟兮蘭橑辛夷楣兮葯房

宋玉風賦曰主人女子乃更有蘭房奥室止臣其中

庭

說文曰庭朝中也

尚書曰咸造勿褻在王庭

周易曰揚于王庭孚號有厲告自邑不利即戎利有攸往

禮記曰諸侯之庭

毛詩曰洒掃庭內

又曰俟我于庭乎而

又曰殖殖其庭

又曰子有庭內弗洒弗掃

又曰有瞽有瞽在周之庭

左傳曰庭實旅百

論語曰鯉趨而過庭曰學詩乎

又曰孔子謂季氏八佾舞於庭是可忍也孰不可忍也

周書曰成王四征不庭

漢書曰王商為人多質有威重（師古曰多質言不為文飾）長八尺餘身體鴻大容貌絕人河平四年單于來朝引見白虎殿丞相商坐未央庭中單于前拜謁商（師古曰單于將見天子而經未央庭中過商）商起離席與言單于仰視商貌大畏之遷延却退天子聞而歎曰真漢相矣

晉書曰謝玄字幼度以頴悟與從兄朗俱為叔父安所器重安嘗戒約子姪曰子弟亦何豫人事而正欲使其佳諸人莫有言者玄荅曰譬如芝蘭玉樹欲使其生於庭階耳安悅

說苑曰吴入楚申包胥告急於秦秦哀公曰諾固將圖之申包胥立哭於秦庭晝夜哭七日七夜不絕聲哀公曰有臣如此可不救乎興師救楚吴人引兵而還昭王反復欲封申包胥包胥辭曰救亡非為名也功成受賜是賣勇也遂退而隱終身不見

階

釋名曰階梯也言有等差

說文曰階陛也陛外高階也除殿陛也阼主階也

尚書曰舞干羽于兩階七旬有苗格

禮記曰季氏之葬在西階下
又大傳曰天子作階高九尺
又曰主人與客讓登主人先登客從之拾(音涉)級聚足連步以上上於東階則先右足上於西階則先左足
又曰夏后氏殯於東階之上則猶在阼也周人殯於西階之上則猶賓之也
左傳曰石之紛如死于階下
又曰衛孫子來聘公登亦登
論語曰沒階趨進翼如也
史記曰堯舜土階三等堂高三尺
三秦記曰明光殿以玉爲階
呂氏春秋曰周之明堂茅茨蒿柱土階三等以見儉節也
文選詩曰紅藥當階翻蒼苔依砌上

又曰阿閣三重階

陛

摯虞決要注云其制有陛右城(七則反)左平平以文塼相亞次城者爲陛級也九錫之禮納陛以登謂受此陛以上殿
靈光殿賦曰飛陛緣雲以上征
蔡邕獨斷曰天子陳兵於陛故呼陛下用卑達尊之意也

墀

說文曰墀塗地也
禮記曰天子赤墀
漢書典職曰以丹漆地故曰丹墀漢書有白玉墀
又曰曲陽侯王根僭作赤墀青瑣司隸京兆奏根負鉞謝罪
劉楨清慮賦曰騁雄黃以爲墀

序

爾雅曰東西廂謂之序(郭璞曰所以序別外內也[illegible]舍人曰殿東西堂序尊卑處)
廣雅曰反坫謂之序
說文曰序東西牆也
尚書顧命曰大訓在西序河圖在東序孔安國曰大訓唐虞書典謨也河圖八卦也王延壽魯靈光殿賦曰東序重深而奥祕

廊

周書作雒曰九五宮明堂咸有重廊
史記紂有諛臣曰左強夸而目巧教紂爲象廊
漢書曰武帝策茂才曰蓋聞虞舜之時遊巖廊之上(文穎注曰殿下外屋也晉灼注曰堂邊曰巖峻之廊也)
鄭緝之東陽記曰石步廊去歌山十里臨流虛構高可數丈長三十丈可容百人坐

韓子曰師曠爲晉平公鼓角一奏有雲從西北方起再奏大風而隨之裂帷幕破俎豆墮廊瓦平公懼伏于廊室
兩京記曰隋煬帝從東都至西京御道並作長廊
枚乘七發曰連廊四注臺城增光
陸機與弟雲書曰聽頌觀東作百丈許廊屋

塾

爾雅曰門側之堂謂之塾(郭璞注曰夾門堂)
尚書顧命曰先輅在左塾之前次輅在右塾之後
禮記學記曰古之教者家有塾
白虎通曰所以必有塾何以飾門因取其名也明臣下當見於君先孰思其事也
東觀漢記曰趙孝爲郎每告歸往來常白衣步擔過道上

郵亭但稱書生寄止於亭門塾

魏武制度奏曰三公列侯門施内外塾方三十畝

壇

左傳曰子產相鄭伯以如楚舍不爲壇

漢書曰蕭何薦韓信於高祖高祖擇日齋戒設壇拜爲將軍

莊子曰孔子遊乎緇帷之林休坐乎杏壇之上弟子讀書孔子絃歌鼓琴奏曲未終有漁父者下船而來左手據膝右手柱頤以聽曲終而招子貢子路二人俱對客指孔子曰彼何爲者也子路曰魯之君子也

徐靈期南岳記曰南岳山上有飛流壇懸水激石飛湍百仞即孫溫伯所委身處也又有曲水壇水行石上成溝瀆如世人臨河壇也三月三日時來逍遙

梁州記曰沔陽城先沔陽縣所治也在漢水南舊蕭何所築劉備爲漢王權住此城盟於城下今門外有盟壇猶存

帝王世紀曰雍鄜有五時壇漢武獲麟處

屏

爾雅曰屏謂之樹郭璞曰小牆當門中者也禮爲舍人曰以垣當門蔽爲樹

廣雅曰復思謂之屏

說文曰屏蔽也

釋名曰屏自鄣屏也蕭牆在門内蕭蕭也臣將入於此自肅敬之處也罘罳在門外罘復也臣將入請事於此復重思也

禮記禮器曰康王疏屏天子之廟飾也鄭玄注云屏樹也今謂之罘罳

論語八佾曰或問管氏知禮乎曰邦君樹塞門管氏亦樹塞門管氏而知禮孰不知禮鄭玄注曰樹屏也

又季氏曰吾恐季孫之憂不在顓臾而在蕭牆之内蕭牆謂之屏也

漢書佞幸傳曰哀帝令將作爲董賢起冢塋義陵旁内爲便房剛柏題湊外徼道周垣數里門闕罘罳甚盛

又曰王莽傳曰莽性好時日小數及事迫急但爲厭勝遣使壞渭陵園門罘罳曰無使民復思漢也

漢官典職曰省閣下大屏稱曰丹屏尚書郎含雞舌香伏其下奏事

晉書曰阮籍爲東平相徹去屏障使内外相對

孫卿子曰天子外屏諸侯内屏禮也外屏不欲見於外内屏不欲見於内也

風俗通曰屏卿大夫以帷士以簾稍有第以自障蔽也亦臣臨見自整屏氣處也

吳越春秋曰越將伐吳越王命於夫人王背屏夫人向屏而立王曰自今日之後内政無出外政無入各守其職已盡其信内中辱者則是子境外千里辱者則是予也吾見子於是巳明誡矣王出宮夫人送王不過屏因反闔其門填之以土

白虎通曰所以設屏何所以自障也示極臣下之故也天子德大故外屏諸侯德小所照見近故内屏

扆

爾雅曰户牖之間謂之扆郭璞注曰牕東户西也禮云斧扆形如屏風畫爲斧文置扆地以其所名之耳

尚書顧命曰設黼扆

儀禮覲禮曰天子負扆南面朝諸侯是外致命也

禮記明堂位曰天子負斧扆南　而立

宁

爾雅曰門屏之間謂之宁（郭璞注曰人君視朝門宁立處也）

釋名曰宁佇也見君所佇立定氣之處也

毛詩曰俟我於著乎而

曲禮曰天子當宁而立諸公東面諸侯西面曰朝

太平御覽卷第一百八十五

太平御覽卷第一百八十六

居處部十四

廚　竈　竇　厠

廚

說文曰廚庖屋也

易曰庖有魚義不及賓也

毛詩大庖不盈

禮記玉藻曰君子遠庖廚凡有血氣之類弗身踐也又田獵之禮一爲乾豆二爲賓客三爲充君之庖

漢書賈誼曰其禽獸見其生不忍見其死聞其聲不忍食其肉故遠胞廚所以長恩且明有仁也

後漢書祢衡到許都人問荀文若趙稚子云何（趙爲盪寇將軍見醜志也）衡曰文若可使借面吊喪稚長可監廚請客（典略曰衡見荀儀容但有皃耳故可吊喪趙有腹健啖肉故可監廚也）

七賢傳曰阮籍以步兵廚中有美酒求爲步兵校尉

司馬相如上林賦曰庖厨不徙後宮不移

古詩曰左顧勅中廚

竈

禮有五祀竈居一焉

月令孟夏其祀竈祭先肺陽氣盛熱外祀之於竈從熱類也

禮藏文仲燔柴於竈者竈老婦之祭也盛於盆尊於缾非所柴也文仲焉知禮

禮庶人立一祀或立户或立竈

論語王孫賈曰與其媚於奧寧媚於竈

史記孫臏救韓入魏爲十萬竈明日爲五萬竈又明日爲三萬竈龐消經三日大喜曰我固知齊人怯入吾地三日士卒亡者過半遂逐之

又曰李斯曰竈上騷除萬世一時也（騷音掃）

漢書李少君言祀竈皆可致神物而丹砂可化爲黃金黃金成以爲器以食則益壽壽益則海中蓬萊仙者乃可見之封禪則不死黃帝是也天子親祀竈焉

又曰初霍氏奢侈茂陵徐生曰霍氏必亡夫奢則不遜不遜必侮上侮上逆道也在人之右衆必害之也霍氏秉權日久害之者多矣天下害之而又行以逆道不亡何待迺上疏言霍氏太盛陛下即愛厚之宜以時抑制無使至亡書三上輒不報聞其後霍氏誅滅而告霍氏者皆封人爲徐生上書曰臣聞客有過主人者見其竈直突傍有積薪客謂主人更爲曲突遠徙其薪不者且有火患主人不應俄而家果失火鄰里共救之幸而得息於是殺牛置酒謝其人灼爛者在於上行餘各以次不録言曲突者人謂主人曰鄉使聽客之言不費牛酒終亡火患今論功而請賓曲突徙薪亡恩澤燋頭爛額爲上客主人迺寤而請之茂陵徐福數上書言霍氏且有變宜防絕之鄉使福說行則國亡裂土出爵之費臣亡逆亂誅滅之敗往事既已而福不蒙其功唯陛下察之貴徙薪曲突之策使居焦髮灼爛之右上迺賜福帛千疋後以爲郎

又曰息夫躬祠竈人見之告呪詛遂弃市

又曰昭帝時燕王宮豕出圂（胡困切）壞都竈注都竈烝炊之大竈也劉向以爲豕禍

後漢書李南女曉術爲由拳縣人妻晨詣竈室卒有暴風婦上堂從姑求歸辭其二親姑不許乃跪而泣曰家世傳術

爽風起先吹竈突及井此禍爲婦女主爨者妻將憊之因著其亡日乃聽還家如期病卒

又曰更始李軼朱鮪擅命山東王匡張印橫暴三輔其所與官爵皆羣小賈竪或有膳夫庖人多著繡面衣錦袴襜褕諸子罵詈道中長安爲之語曰竈下養中郎將爛羊頭關内侯

又曰虞詡爲懷令後羌寇武都鄧太后以詡有將帥之略遷武都太守引見嘉德殿厚加賞賜羌乃率衆數千遮詡於陳倉崤谷詡即停軍不進而宣言上書請兵須到當發羌聞之乃分鈔傍縣詡因其兵散日夜進道兼行百餘里令吏士各作兩竈日增倍之羌不敢迫或問曰孫臏減竈而君增之兵法日行不過三十里以戒不虞而今日行二百何也詡曰虜衆多吾兵少徐行則易爲所及速過則彼所不

測虜見吾竈日增必謂郡兵來迎衆多行速必憚追我孫臏見弱吾今示強勢有不同故也

又曰向栩性不恒又似狂坐於竈北板屋上

又曰張忠署孫賓爲主簿遂祭竈請比隣

又曰陰識之　臘日晨炊而竈神見殺黃羊因祀之三世繁昌遂常以臘日祭也

戰國策曰智伯攻晉陽城城不沉者三板泊竈生蛙懸釜而炊

魯連子曰一井五餅洩可立待一竈五突烹餁十倍分烟者衆

淮南子曰黃帝作竈死爲竈神

莊子曰仲尼讀春秋老聃踞竈觚而聽觚竈額也

又曰陽子居南郭之沛老聃西遊於秦邀還於郊至於梁而遇老子中道仰天而歎曰始以汝爲可教今不可也陽子居不荅至舍進盥漱巾櫛脫屨户外膝行而前曰向者弟子欲請夫子夫子行不閑是以不敢問今閑矣請聞其過老子曰而睢睢盱盱而誰與居大白若辱盛德若不足陽子居蹵然變容曰敬聞命矣其往也舍者迎將家公執席妻執巾櫛舍者避席煬者避竈其反也舍者與之爭席矣

宜都縣記曰宜都山絶崖壁立數百丈有一火爐插在崖間望可長數尺傳云堯洪水人泊船此旁爨餘留之故曰插竈崖

萬畢術曰竈神晦日歸天白人罪

夢書曰竈主食夢者得食

李尤竈銘曰燧人造火竈能以興

竇

周禮考工記曰宮中之竇其崇三尺

左傳曰蓽門圭竇之人皆凌其上

又曰有濄氏滅夏立相后緡方娠逃出自竇

晉書阮逸避乱依胡毋輔之初至屬輔之與謝鯤阮放畢卓羊曼桓彝阮孚散髮裸袒閉室酣飲已累日逸將排户入守者不聽逸便於户外脫衣露頭於狗竇中窺之而大叫輔之驚曰他人决不能尔必我孟祖也遽呼入遂與飲不捨晝夜時人謂之八達

家語曰子羔爲衛之士師刖人之足衛有蒯聵之亂子羔逃至郭門刖者守焉謂子羔曰彼有缺子羔曰君子不踰又曰彼有竇子羔曰君子不隧又曰彼有室子羔入焉追者罷子羔乃去

廁 溷附

廣雅曰清溷屏廁也

說文曰廁清也

釋名曰廁言人雜廁在上非一也或曰溷濁也或曰清至穢宜常脩治使清潔

儀禮曰隸人溫廁溫塞也爲人復往褻也

左傳曰晉侯將食麥 如廁陷而卒

史記曰朱虛侯入未央宮遂擊呂産産走天風大起從官亂莫敢鬬遂殺産於郎中府吏廁中

又曰范雎事魏中大夫須賈賈爲魏昭王使於齊雎從齊襄王聞雎辯有口才乃使人賜雎金十斤及牛酒須賈以雎持魏陰事告齊故雎獨得此饋心怒歸以告魏相魏齊魏齊使人笞擊雎折脅摺齒雎佯死卷以置廁中賓客飲者醉更溺雎以懲後無妄言者

又曰李斯者楚上蔡人也少時爲鄉小吏見吏舍廁中鼠食不絜近人犬數驚恐之斯入倉觀倉中鼠食積粟居大廡下不見人犬之憂於是李斯乃嘆曰人之賢不肖譬如鼠矣在所自處耳乃從荀卿學帝王之術

又曰萬石君長子建老白首萬石君尚無恙建爲郎中令每五日洗沐歸謁親入子舍竊問侍者取親中裙廁腧身自浣滌（徐廣曰腧築垣短版也音注廁腧謂溷垣牆建隱蔽其側而浣滌也一謂腧爲竇言建又自洗滌廁竇廁竇寫除穢汙之穴也呂靜曰楲窬褻器音威豆）復與侍者不敢令萬石君知以爲常

又曰趙襄子滅智伯其臣豫讓遁逃山中曰嗟乎士爲知己者死女爲說己者容今智伯知我我必爲報讎而死以報智伯則吾魂魄不愧矣乃變名姓爲刑人入宮塗廁中挾匕首欲以刺襄子襄子如廁心動執問塗廁之刑人豫讓內持刃兵曰欲爲智伯報仇左右欲誅之趙襄子曰彼義人也吾謹避之耳且智伯亡無後而其臣欲爲報仇此天下之賢人也卒釋去之

又曰大將軍衛青侍中上據廁而視之注溷廁也

漢書鄧都侍上賈姬如廁有野彘入廁上目都擊之都不往上欲自行都伏諫曰一姬死復一姬進上雖自輕奈太后宗廟何太后聞之賜都金

晉書王戎惠帝反宮以戎爲尚書令既而河間王顒遣使說成都王穎將誅齊王冏檄書至冏謂戎曰孫秀作逆天子幽偪孤糾合義兵掃除元惡臣子之節信著神明二王聽讒造構大難當賴忠謀以和不協卿善爲我籌之戎曰公首舉義衆定大業開闢已來未始有也然論功報賞不及有勞朝野失望人懷貳志今二王帶甲百萬其鋒不可當若以王就第不失故爵委權崇讓此求安之計也冏謀臣葛旟怒曰漢魏以來王公就第寧有得保妻子乎議者可斬於是百官震悚戎僞藥發墮廁得不及禍

又曰郭璞素與桓彝友善彝每造之或值璞在婦女間便入璞曰卿來他處自可徑前但不可廁上相尋耳必客主有殃彝後因醉詣璞正逢在廁掩而觀之見璞臝身被髮銜刀設醊璞見彝撫心大驚曰吾每屬卿勿來反更如是非但禍吾卿亦不免矣天實爲之將以誰咎璞終嬰王敦之禍彝亦死蘇峻之難

魏氏春秋曰許允爲鎮北將軍未發從樂浪允善相印將拜印以不善更刻大如此者三允曰印雖好而已被辱聞送印者果懷之而墜于廁

幽明録曰逵德民虞敬上厠輒有一人授草手内與之不覩其形如此非一過後至厠久無送者但聞户外鬭聲窺之正見死奴與死婢爭先進草奴適在前婢便因後擿之甾此輒兩相擊食頃敬欲出婢奴陣勢方未已乃厲聲叱之奄如火滅自是遂絶

又曰阮德如嘗於厠見一鬼長丈餘色黑眼大著皂單衣平上幘去之咫尺德如心安氣定徐嘆而語之曰人言鬼可憎果然

桓譚新論曰傳士弟子譚生居東寺連三夜有惡夢以問人教使晨起厠中祝之三旦而人告以爲呪咀捕治數日

費獻曰杜蘭香戒張碩不宜露頭上厠夜行必燭若脫誤當跪拜謝

周景式孝子傳曰管寧避地遼東經海遇風船人危懼皆

叩頭思過寧思惟無𠎝念常如厠不冠即便悔過每風尋止

異苑陶侃曾如厠見數十人悉持校有一人著平上介幘自稱後帝云君長者故出相見

襄沔記蜀先主之依劉表也至厠見髀裏生肉慨然流涕還坐表怪問之備曰平常身不離鞍髀肉皆消今不復騎髀裏肉生日月若馳老將至矣而功業不建是以悲耳表雖重備因此欲取備備覺僞如厠潛遁出所乘馬名的盧從襄陽城西檀溪水中而渡被溺不得出備既急乃曰的盧今日危矣可不努力乎的盧乃一踴三丈遂得過溪而去

神仙傳曰淮南王安謁仙伯坐起不恭主者奏安不敬謫守厠三年

抱朴子内篇曰河東項曼都入山學仙十年而歸家問其故曼都曰在山中仙人乘龍迎我上天先過紫府金床玉几真貴處也仙人以流霞桮飲我輒不死不飢渴昔淮南王事天帝有失行謫之守厠矣吾何人哉

語林曰劉寔詣石崇如厠見有絳文帳茵褥甚麗兩婢持錦香囊寔遽退笑謂崇曰向誤入卿室崇曰是厠耳寔更往向乃守厠婢所進錦囊是籌良久不得便行出謂崇曰貧士不得此厠乃如他厠

又曰石崇厠常有十餘婢侍列皆佳麗藻飾置甲煎沉香無不畢備又與新衣客多不能著王敦爲將軍年少往脫故衣著新衣氣色傲然羣婢謂曰此客必能作賊世說王大將軍敦初尚主如厠見漆箱中盛乾棗本以塞鼻王謂厠上下果食遂至盡既還婢擎金澡盤盛水瑠璃椀盛澡豆自倒著水中而飲之謂之乾飯羣婢掩口而笑之

太平御覽卷第一百八十六

太平御覽卷第一百八十七

居處部十五

牆壁　柱　梁　棟

牆壁

說文曰垣蔽曰牆又曰壁垣也

爾雅曰牆謂之墉

廣雅曰墉垣牆也

釋名曰墉容也所以蔽隱於形容也壁辟也所以辟斷風寒也牆障也所以自障蔽也垣援也人所阻以爲援衛也

易曰公用射隼於高墉之上獲之無不利

書曰既勤垣墉惟其塗墍茨

尚書大傳云賁墉諸侯疏杼注曰賁大也言大牆正道直也疏衰也杼亦牆也亦衰殺其上不得正直詩曰百堵皆

作

又曰築室百堵

又曰誰謂鼠無牙何以穿我墉

又曰乘彼垝垣以望復關

又曰牆有茨名篇衛人刺上也公子頑通于君母而不可道也牆有茨不可埽也箋牆所以防非常也

又曰君子無易由言耳屬于垣由用也人將聽之

又曰將仲子兮無踰我牆

又曰兄弟鬩于牆外禦其務務侮

又曰徹我牆屋田卒汙萊毀牆屋不得農也

書序秦始皇滅先代典籍焚書坑儒天下學士逃難解散我先人用藏其家書于屋壁至魯共王時好治宮室壞孔子舊宅以廣其居於壁中得先人所藏古文虞夏商周之書及傳論語孝經皆科斗文字

又曰峻宇雕牆

禮曰七月坯牆垣六月小暑後五日蟋蟀居壁

周禮曰牆厚三尺崇之注云高卑爲率足以相爲勝也左傳叔孫曰人之有牆以蔽惡也牆之隙壞誰之咎也注咎在牆也

又曰巢牛隱於短垣以射吳子諸樊

又曰寺人披伐蒲重耳踰垣而走披斬其袪

又曰晉靈公不君厚斂以雕牆

論語叔孫武叔謂子貢曰仲尼豈賢於子乎對曰譬之宫牆賜之牆及肩窺見室家之好夫子之牆數仞不得其門而入不見宗廟之美

又曰糞土之牆不可杇也

又曰其猶正牆面而立也歟

史記曰孝景帝即位晁錯爲内史貴幸用事門東出不便乃穿一門出太廟堧垣丞相申屠嘉聞之奏請誅錯上愛之曰錯所穿非真廟垣乃外堧且又我使爲之錯謝而出嘉曰吾悔不先斬錯

又曰司馬相如家成都貧家徒四壁立

漢書曰貫高等欲害高祖置人於複壁中

後漢書曰逢萌與同郡徐房平原李子雲王君公相友善並曉達陰陽懷德穢行房與子雲養徒各千人君公遭亂獨不去儈牛自隱儈謂平會兩家買賣之事時人語曰避世牆東王君公

又曰史叔賓者陳留人也少有盛名郭林宗見而告人曰牆高基下雖得必失後果以論議阿枉敗名云

又曰崔寔仕宦歷位邊郡而愈貧薄家徒四壁卒無以殯斂光祿勳楊賜太僕袁逢少府段熲爲備棺槨葬具大將軍袁隗樹碑頌

又曰杜安字伯夷少有志節年十三入太學號奇童京師貴戚慕其名或遺之書安不發悉壁藏之及後捕案貴戚賓客安開壁出書印封如故竟不罹患時人貴之位至巴郡太守

吳志曰呂蒙病孫權時在江安迎置內殿治護萬方欲數見顏色又恐勞動常穿壁瞻之見其少食則喜不能則咄唶也

晉書外國傳大秦國以琉璃爲牆壁

齊書曰劉璡字子璥方軌正直兄瓛夜隔壁呼璡出不荅方下牀着衣立行及簾外然後應瓛問其故璡曰向束帶未竟

又曰徐孝嗣初在率府晝卧齋北壁下夢兩童子遽云移公牀孝嗣驚起行數步而壁崩

莊子曰正考父一命而傴再命而僂三命而俯循牆而走孰敢不軌言人不敢以不軌之事懈之

家語曰孔子觀乎明堂覩四門之墉有堯舜桀紂之象各有善惡之狀興廢之誡焉

衡山記曰甘泉宮有石壁焉禹所刻文在此

洞冥記曰元狩三年帝後起陵霞觀去地九十丈累白玉爲壁以八分篆寫羲皇以來迄周成王封禪之事所謂事登壁間蓋帝王之本績也孟子知命者不立乎巖牆之下恐頹也

淮南子曰舜作宮築牆始也

漢官儀曰省中皆胡粉塗壁畫古烈士

新序曰諸侯牆有黑堊之色無丹青之彩

神仙傳白和事王君王君語曰我暫往瀛州汝於此石室熟視北壁當見文字讀之得道矣三年方見壁上有古人所刻太清經讀之得仙

魏略曰趙岐避難青州市孫嵩知岐避事置岐於複壁中

西京雜記云匡衡鑿隣家壁偷光讀書

宋玉賦云東家美女登牆窺玉三年玉猶未許

焦贛易林曰千仞之牆禍不入門

孟奧北征記曰鄴城避雷室西南石溝北有華林牆牆高九丈方圓一里也

柱

廣雅曰楹謂之柱

釋名曰柱住也楹亭也亭亭然孤立也

周書曰文王在鎬召太子發曰吾梧柱而茅茨爲民愛費也

左傳曰叔孫豹楯楹曰雖惡是其可去乎

又曰丹桓宮楹

穀梁傳曰丹桓宮楹禮天子丹諸侯黝大夫蒼士黈

大戴禮曰周時德澤和洽蒿茂以爲宮柱名曰蒿宮

漢書郊祀志曰武帝鑄栢梁銅柱

又曰成帝立趙皇后劉輔諫曰朽木不可爲柱卑人不可爲主

范曄後漢書曰李膺拜司隸校尉時張讓弟爲野王令貪殘無道至乃殺孕婦聞膺厲威嚴懼罪逃還京師因匿兄讓弟舍柱中膺知其狀率將吏往破柱付洛陽獄受辭畢即殺之

魏略曰大秦國以水精爲室柱

吳志曰孫堅爲董卓所攻堅與數十騎潰圍而出堅常著赤罽幘令親近將祖茂著之卓騎爭逐茂急見一柱在草中因脫幘著柱上卓騎望見圍繞數重後覺是柱乃去

晉書曰石季龍掘秦始皇冢取其銅柱鑄以爲器

又曰太始二年秋營太廟致荆山之材採華山之石鑄銅柱十二塗以黄金鏤以百物綴以明珠

曹嘉之晉紀曰諸葛誕以氣勵稱常倚柱讀書曽雷震其柱誕讀書自若

陳書曰初梁侯景焚太極殿及景平至陳武帝議欲營之獨闕一柱至是有樟木大十八圍長四丈五尺流泊後渚因得用之

漢武内傳曰上起神屋鑄銅爲柱金塗大五圍

帝王世紀曰桀作金柱三千

列女傳曰紂作銅柱以炭火然之有罪者令抱其柱輒墮炭中妲己觀以爲笑

漢官典職曰德陽殿柱皆金刻鏤作奇禽萬巧間以丹青翡翠竟柱構以水精一柱三帶韜以赤緹

應劭漢官曰開陽門始成未有名夜有一柱飛來樓上後琅邪開陽縣上言南門一柱飛去光武使視因刻記其年月以名門焉

神異經曰崑崙山有銅柱其高入天所謂天柱也圍三千里周迴如削下有仙人府與天地同休息男女名曰玉人男即玉男女即玉女無爲配疋而仙道成也

三輔決録曰長陵田鳳字季宗爲尚書郎儀皃端正入奏事靈帝目送之因題殿柱曰堂堂乎張京兆田郎

伏滔北征記曰廣陵吳王濞所都脩大城得柏柱三皆柏心蓋吳王濞門柱也

華延儁洛陽記曰太極殿有四金銅柱

焦贛易林旅之咸曰金梁鐵柱

又曰家人之外曰高樓無柱顛僵不久紂失人主身死牧堅

盛弘之荆州記曰巴東城西有一柏柱孤殖大可數圍高三丈餘相傳是公孫述時樓柱乃云斫之血出枯而不朽歷代彌固將恐有物憑焉

江陵記曰汚城内有赤湖客舍襄陽大道經城中過元嘉十一年連雨城南門沮壞得土中故枏柱長一丈七尺臨川康王取以爲大齋西北柱初時色黑一季後不復黑計此千年

列子曰共工觸不周山天柱折

晏子春秋曰晏子將死鑿楹納書焉謂妻曰楹記曰世子壯而示之

燕丹曰荆軻以匕首擿秦王入銅柱火出

淮南子曰柱不可以刺齒莛不可以持屋

世説曰陸抗初拜司空有人往索酒便自起酌梁柱間祝曰當今之才以尔爲柱石之任莫傾人棟梁陸笑曰感卿良箴

楚辭天問曰八柱何當東南何虧

傅玄正都賦曰錦牆雕柱

劉良七舉曰緑柱朱榱青璅璧璫

李尤楹銘曰榦強體正雖重不移上下相安高而不危

世説夏侯玄讃曰玄嘗倚柱作書霹靂其柱神色無變作書如故

俞益期牋曰馬文淵昔立兩銅柱於林邑岸北有遺兵十餘家不反居壽泠岸南對銅柱悉姓爲馬自爲婚姻有二百户交州以流寓號曰馬流言語飲食尚與華夏同山川移易銅柱今没在海中正賴此民以識故處（日南傳曰三銅柱也）

梁

爾雅曰杗廇謂之梁（郭璞注曰屋大梁）

吴越春秋曰夏禹廟以梅木爲梁

焦貢易林旅之咸曰金梁鐵柱完全不腐

漢官典職曰德陽宫畫屋朱梁

曹子建七啓曰彤軒紫柱文榱華梁

古歌曰本自南山松今爲宫殿梁

西京賦曰繙雄虹之長梁

司馬相如長門賦曰飾文杏以爲梁

班固西都賦曰因瓌材而究奇抗應龍之虹梁

楚詞曰玄玉之梁

曹植詩文榱華梁

棟

爾雅曰棟謂之桴（郭璞注曰屋穩也）

廣雅曰穩棟也

釋名曰穩穩也以桶也或謂之望言高可望也或謂之棟棟中也屋脊曰甍甍蒙也在上覆蒙屋也

易大過卦曰棟橈本末弱也（王弼注曰初爲本而上爲末）

左傳襄五年曰盧蒲癸刺慶舍王何解其肩猶援廟桶動於甍（杜注曰甍屋棟）

又曰子産謂子皮曰子於鄭國棟也棟折榱崩僑將壓焉

漢武帝故事上起神屋甍附作金鳳軒者若飛口銜流蘇長十餘丈

神仙傳曰左慈共曹公飲飲畢以杯擲屋棟懸著棟動揺似飛鳥

淮南子曰郢人買屋棟而與之車轂跪而度之大雖可而長不足也

桓子新論曰王公大人則嘉得良師明輔品庶凡民則樂畜仁賢哲士皆國之柱棟而人之羽翼

楚辭九歌曰桂棟兮蘭橑新夷楣兮葯房

郭璞游仙詩曰雲生梁棟間

傅玄棟銘曰國有維輔屋有棟梁室之傾尚可柱也心之傾不可輔也

太平御覽卷第一百八十七

太平御覽卷第一百八十八

居處部十六

窻　檻　椽　櫓
梲　棨　栱　鋪首
藻井　鴟尾　簀礎　奥
屋漏　宧　突　塼　瓦

窻

說文曰窻穿壁以木為交窻所以見日也向北出牖也在牆曰牖在屋曰窻

又曰櫺楯間子也櫳房室之䟽也

釋名曰窻聰也於内視外為之聰明

大戴禮曰隨武子牖之銘曰隨天之時以地則之敬祀皇天敬以先時

禮記郊特牲曰薄社北牖使陰明也

又儒行曰蓽門圭窬蓬户瓮牖

論語曰伯牛有疾子問之自牖執其手曰亡之命矣夫

五經典義曰虞主埋之廟北牖下北方無事虞主亦無事也

東觀漢記曰明德馬后不喜出入游觀希嘗臨御窻牖

老子曰鑿户牖以為室

又曰不窺牖見天道

漢官封禪儀曰泰山有天窻

三輔黄圖曰明堂有七十二牖

孝經注曰明堂之制八窻四闥

東宫舊事曰閤内有曲鄣鄣上雀目窻

又曰宫有四面窻八所綾綺連錢及青瑣郭飛校

郭子曰滿奮畏風在武帝坐北窻作琉璃扉實密似踈奮有難色帝問之對曰臣若吴牛見月而喘

西京雜記曰昭陽殿窻户扉多是緑琉璃皆通照毛髮不得藏焉

漢武故事曰西王母降東方朔於朱雀牖中竊母母謂帝曰此兒無賴久被斥逐原心無惡尋當得還

又曰帝起起神屋有雲母窻珊瑚窻

賢聖冢墓記曰東平思王冢廡及死生葬所在奴婢著銅窻内令守冢

五行數曰太公金匱牖之書曰闚望審且念所得可思所忘

李尤牖銘曰天設窻牖開光照陰施于明堂以象八風

陸機詩曰安寢北堂上明月入我牖照之有餘輝攬之不盈手

靈光殿賦曰玉女窺窻而下視

文選詩曰窻中列遠岫

蜀都賦曰列綺窻以瞰江

古詩曰盈盈樓上女皎皎當窻牖

又曰文踈結綺窻阿閣三重階

檻

漢書曰朱雲忠諫攀檻檻折及治上曰勿易因而輯之以旌直臣

文選曰伏櫺檻而俯聽聞雷霆之相激

魯靈光殿賦曰軒檻蔓延。楚詞曰坐堂伏檻臨曲池

又曰照檻兮扶桑

椽

說文曰椽榱也桷也椽榱也秦謂之榱周謂之椽魯謂之

榱

通俗文曰屋加椽曰橑（來早切）

漢書解詁曰榱椽也諸侯丹榱以丹色也

詩曰松桷有挺

穀梁曰刻桓宮桷禮天子之桷斲之礱之加密石焉諸侯之桷斲之礱之大夫斲之士斲本刻桷非正也

左傳曰宋人伐鄭以太宮之椽爲盧門之椽

續漢書曰蔡邕避難在吳告人曰吾昔經會稽高遷亭見屋椽竹從東間數第十六可以爲笛取用果有異聲

張璠漢記曰梁冀起臺殿梁柱椽桷鏤爲青龍白虎畫以丹青雲氣

戰國策曰或謂孟嘗君曰廊廟之椽非一木之枝先王之法非一士之智

漢武故事曰上起神屋以金椽爲刻玳瑁爲龍虎禽獸以薄其上狀若隱起椽首皆作龍形龍首銜鈴流蘇懸之

西京雜記曰照陽殿椽桷皆刻作蛇龍縈繞其間鱗甲分明見者莫不驚慄

韓子曰堯舜采椽不刮茅茨不剪

檐

說文曰檐㮰也

又曰楣秦名屋聯櫋也齊謂之檐楚謂之梠

釋名曰檐椄也椄屋前後也梠旅也連旅之或謂之櫋櫋縣也連縣榱頭使平也上入曰雀頭形似爵也

禮記明堂位曰複廟重檐天子之廟飾也

穀梁傳文公曰壞廟之道易檐可也

爾雅曰檐謂之樀（郭璞曰屋梠也）

梲

爾雅曰梁上楹謂之梲

漢官解詁曰梲梁上柱也諸侯藻梲爲藻文也

華延儁洛陽記曰堂皇宮殿皆石玉璫龍桷藻梲

禮記禮器曰管仲鏤簋朱紘山節藻梲君子以爲濫矣

楶

爾雅曰栭謂之楶（郭璞曰注即櫨也）

三輔故事曰王莽起九廟爲銅鑄櫨

揚子法言曰吾未見斧藻其德若斧藻其楶者也

枅

爾雅曰笄謂之槉（郭璞注曰柱上欂也亦名枅欂爲舍人曰朱儒下小方木）

廣雅曰欂謂之枅曲枅謂之欒

說文曰枅屋強也

王延壽靈光殿賦曰曲枅夭蟜而環句

韋仲將景福殿賦曰於是周覽升降流目評觀叢楹負極飛櫨承欒枅梧綺錯梲楶鮮欑

鋪首

通俗文曰門扇飾謂之鋪首

說文曰門扇環謂之鋪首

風俗通曰門戶鋪首百家書云輸般見水上蠡謂之曰開汝頭見汝形蠡適出頭般以足畫圖之蠡引閉其戶終不可開設之門戶欲使閉藏當如此固密也

楊雄甘泉賦曰排玉戶而楊金鋪兮發蘭蕙與穹窮

李尤平樂觀賦曰過洞房之輔闥歷金環之華鋪

藻井

風俗通曰殿堂象東井形刻作荷菱水物所以厭火也

西都賦曰蔕倒茄於藻井披紅葩之狎獵

魏都賦曰綺井列疏以懸蔕注疏布也以板爲井形飾以丹青如綺也

王延壽魯靈光殿賦曰圜方井反植荷蕖綠房紫的啗咤垂珠

左思魏都賦曰綺井列疏以懸蔕華蓮重葩以到披

曹植七啓曰綺井含葩金壁玉箱

顔延之七繹曰木寫雲氣土秘赦芳既挺天而到井又斲圓而鏤方

鴟尾

晉中興書曰泰元十年鸛巢太極殿東鴟尾

晉安帝紀曰義熙六月雷震太廟鴟尾徹壁柱若有文字

宋武大明元年五月戊午嘉禾一株五莖生清暑殿鴟吻中

陳書曰高祖二年戊辰重雲殿東鴟吻有紫煙出屬天唐會要曰漢栢梁殿災後越巫言海中有魚虬尾似鴟激浪即降雨遂作其象於屋以厭火祥時人或謂鴟吻非也

質礎

尚書大傳曰大夫有石材庶人有石承注曰石材柱下質也石承當柱下而已不外出爲飾

說文曰礩柱下石也古以木今以石

廣志曰碣石有五色者光澤以爲柱礩出苑蓬山

戰國策曰智伯攻趙襄子襄子之晉陽謂張孟談曰吾城郭完倉廩實銅少奈何孟談曰臣聞董安于之治晉陽公之堂皆以黃銅爲柱礩請發而用之則有餘銅矣

古史考曰秦始皇使刑徒七萬人作驪山以北山石爲碣

○異物志曰大秦國以水精爲碣

淮南子曰山雲蒸柱礎潤

張衡西京賦曰彫楹玉碣

何平叔景福殿賦曰金楹齊列玉碣承跌

奧

論語八佾曰與其媚於奧寧媚於竈

爾雅曰西南隅謂之奧郭璞注曰室中隱奧

通俗文曰奧內曰㝈

韓子曰衛將軍文子見曾子曾子不起而延之於坐席正身見於奧文子謂其御曰曾子愚人哉以我爲君子也君子安可不敬以我爲愚人愚人安可侮也

呂氏春秋曰北春諫衛公去君因隅隩有竈不知寒矣

屋漏

毛詩蕩抑曰相在爾室尚不愧于屋漏

爾雅曰東北隅謂之屋漏郭璞注曰屋漏義未詳也犍爲舍人曰古者徹屋西北隅以炊浴沒者徹而後之古謂之屋漏也

宧

爾雅曰東北隅謂之宧郭璞注曰義未詳犍爲舍人曰東北陽氣始起萬物所養故謂之宧

說文曰宧養也室東北隅食所居也

突

爾雅曰東南隅謂之突郭璞注曰突闇也犍爲舍人曰東北萬物生蟄虫必出無不由户突

釋名曰突幽也亦取宜也

墉

詩曰乃生女子載弄之瓦瓦紡塼也

又曰中堂有甓甓注一名瓴甋

晉書曰陶侃字士行在廣州無事輒朝運百甓於外暮運

於内人問其故荅曰吾方致力中原過爾優逸恐不堪事
宋書曰范曄母如厠而産額爲塼所傷故以塼爲小字

瓦

説文曰瓦土器已燒之惣名也
禮記曰有虞氏瓦棺
又曰毁方而瓦合
史記曰秦軍武安西鼓譟勒兵武安屋瓦盡震
漢書曰霍光巷行人見有人在屋上撤瓦投地就視不見而霍氏誅
又曰平帝元始四年東風吹長安城東門屋瓦盡落
魏志曰魏文帝謂周宣曰朕夢殿上雙瓦落地化爲鴛鴦何也宣曰後宫當有暴死者須臾後宫相害死者

呉録曰景帝時戎將於廣陵掘諸家取版塼以城所壞甚多
晋書曰張孟陽皃醜嘗從潘岳遊洛陽市岳美皃羣女爭以果擲岳滿車廂孟陽被投之瓦石
博物志曰桀作瓦　古史曰　昆吾氏作瓦
老子曰挻埴以爲器　夢書云夢見瓦爲甲鎧禦禍患
春秋潛巴潭曰宫瓦自墜至死不祥
漢武故事云上起神屋以銅爲瓦
莊子曰雖有忮心不怨飄瓦
又曰以瓦注者巧注射賭物世所賭輕則意巧
又曰陶者曰我善治埴　大秦記曰大秦以水精爲瓦
抱朴子曰班狄不能削瓦石爲芒鍼
燕子丹曰荆軻之東宫臨池拾瓦投鼃太子進金瓦
太平御覽卷第一百八十八

太平御覽卷第一百八十九

居處部十七

井

釋名井清也泉之清潔者也

風俗通云井者法也節也言法制居人令節其飲食無窮竭也久不滯渫滌爲井泥（易云井泥不食）不停汚曰井渫（易云井渫不食）滌井曰浚井水清曰洌井（易云井洌寒泉）甃瓮聚塼修井也（易云井甃無咎）

易傳曰井通也物所通用也

禮記曰井與門戶竈中霤爲五祀

世本曰伯益作井

周書云黃帝作井

說文云八家一井

易曰改邑不改井無喪無得往來井井

又曰井洌寒泉

周禮曰挈壺氏掌挈壺以令軍井

左傳曰楚伐蕭還無社謂申叔展日目於眢井而拯之若爲茅絰哭井則已

又曰鄭公子歸生受命于楚伐宋戰于大棘宋師敗績囚華元獲樂呂狂狡輅鄭人入於井（狂狡宋大夫輅迎也）倒戟而出之獲狂狡君子曰失禮違命宜其爲禽也戎昭果毅以聽之之謂禮（聽謂常在於耳著於心想聞其政令）殺敵爲果致果爲毅易之戮也

史記曰瞽叟使舜穿井穿井匿空旁出舜既入深瞽叟與弟象共下土實井從匿空出去

漢書曰蜀多鹽井羅褒以鹽井致富

又曰陳遵每大飲會賓客滿堂輒閉門取客車轄投井中

漢書曰元帝時謠曰井水溢滅竈烟灌玉堂流金門至成帝北宮井水溢王莽之徵也

又曰朱博爲御史大夫府吏舍百餘區井水俱竭長老異之後果廢焉

又曰王莽時井得白石上圓下方有丹書著文曰告安漢公莽爲皇帝符命之興自此始矣莽使羣公白太后太后曰此誣罔天下不可施行宗廣劉京上書言七月中齊郡臨淄縣昌興亭長辛當名暮數夢曰吾天公使也公使我告亭長曰攝皇帝當爲眞即不信我此亭中當有新井亭長晨起視亭中有新井入地且百尺也

後漢書曰琅邪有冰井冰厚尺餘

又曰耿恭之攻匈奴以疏勒城傍有澗水可固五月引兵據之七月匈奴復攻恭恭募先登數千人直馳之胡騎散走匈奴遂於城下擁絕澗水恭於中穿井十五丈不得水

吏士渴乏笮馬糞汁而飲之恭仰天歎曰聞昔貳師將軍拔佩刀刺山飛泉涌出今漢德神明豈有窮哉乃整衣服向井再拜爲吏士禱有頃水泉奔出衆皆稱万歲乃令士揚水以示虜（東觀記曰恭親自挽籠於是令士且勿飲先和泥塗城并揚示之）虜出不意以爲神明遂引去

又曰淳于恭門側有井鄉里小兒爭飲牛恭惡之名置水器汲水蒲之

又曰張讓劫天子至河掌璽者投璽井中後孫堅討董卓至杞國見井有五色光後浚井得璽

吳書曰孫策功曹魏滕有罪譴欲殺之左右憂恐計無所出夫人乃倚大井召策謂曰汝新造江南其事未集方當優賢禮士闡過録功功曹在公盡規汝今殺之他人明日皆叛汝矣吾不忍見汝禍及當先投此中策大驚遽釋滕

罪

晉書曰阮瞻嘗羣行冒熱渴甚逆旅有井衆人競趣之瞻獨逡巡在後須臾飲者畢乃進其夷退無競如此

又曰元帝爲晉王使郭璞筮遇豫之睽璞曰會稽當出鍾以告成功上有勒銘應在人家井泥中得之繇所謂先王以作樂崇德殷薦之上帝也及帝即位太興初會稽剡縣人果於井中得一鍾長七寸二分口徑四寸半上有古文奇書十八字云會稽岳命餘字時人莫識之璞曰蓋王者之作必有靈符塞天人之心與神物合契然後可以言受命矣

梁書曰巴郡忽有地自開成井方六丈深三十二丈

帝王世紀曰堯時老人擊壤於路而歌曰鑿井而飲耕田而食帝力於我何有哉

南史曰延陵縣季子廟沸井之北忽聞金石聲疑有異鑿深三尺得沸井奔涌若浪其地又響即復鑿之復得一井涌沸亦然井中得一木簡長一尺廣二分上有隱起字曰廬山道人張陵再拜謁簡大堅白字色乃黃

魚豢魏略曰明帝九龍殿前爲玉井綺欄

高士傳曰管寧所居井會汲者或男女雜錯或爭井鬬寧乃多買器分置井旁汲以待之

唐書曰長慶中長安主簿鄭翦主役太清宮御院忽於院前西序見一白衣老人云此下有井正直皇帝過路汝速實之不然罪在不測翦惶恐遽領役人視之其處已陷數尺發之則一古井宛然驚顧之際已失老人所在翦以聞上既至宮羣臣及供奉官於馬前蹈舞賀有詔命翰林學士韋處厚紀述以表其異

孟子曰有爲者譬若掘井九軔而不及泉猶爲弃井也有爲仁義也軔八尺也雖深不及泉喻有爲者中道而盡弃前行也

莊子曰公孫龍問於魏牟曰龍困百家之智窮衆口之辯以爲至達今吾聞莊子之言茫然異之無所開吾喙公子牟笑曰子獨不聞埳井之鼃謂東海之鼈曰吾跳梁乎井幹之上入休乎缺甃之崖赴水則接掖持頤蹶泥則滅足沒跗還虷蟹與科斗莫吾能若也且夫擅一壑之水而跱埳井之樂亦至矣夫子奚不時來入觀乎東海之鼈左足未入而右膝已縶矣於是逡巡而却告之海若曰夫万里之遠不足舉其大千仞之高不足極其深禹之時十年九潦而水不爲加益湯之時八年七旱而崖不爲加損夫不爲頃久之推移者此亦東海之大樂於是埳井之鼃聞之適適然驚規規然自失墨子云備城五十步一井

范子曰直木先伐甘井先竭

孫子兵法曰地多陷曲曰天井

墨子云二舍共一井

抱朴子內篇曰臨沅縣有寥氏家世老壽後子孫輙夭殀折他人居其故宅復世壽乃知是宅所爲不知何故疑井中赤乃掘井左右得古人埋丹砂數十斛丹汁入井是以飲其水而得壽

呂氏春秋曰天下之美者崑崙之井

又曰宋丁氏無井常一人漑汲於外及自穿井喜而告人吾穿井得一人人傳之者聞於宋君召問其故對曰得一人之使非得一人於井中也

說苑曰季桓子穿井得土缶中有羊以問孔子言得狗孔子曰以吾所聞非狗乃羊也木之怪夔罔兩水之怪龍罔

象上之怪羵羊也非狗也桓子曰善哉管子曰桓公將與管仲飲十日齋戒掘新井而柴焉注新井以柴蓋覆之取其清絜示敬也

葛仙公傳曰仙公取數十錢使一人投井水公從井上呼錢又一一飛從井中出入公器中也

桂陽列仙傳曰蘇耽啓母曰有賓客來會耽受性當仙今招耽去違於供養今年多疫癘有此井水飲之可得無恙責此水過於供養使賓客隨去焉

水經注曰華林園疏圃中有古井悉珉玉爲之以續石爲口王作精密獨不變古粲焉如新

異苑曰蘭陵昌慮縣郳城有華山山上有井鳥巢其中金喙黑色而團翅此禽見則大水井又不可窺窺者盈歲輙死

又曰廣陵郡東界有黃公冢高墳二所前有一井面廣數尺每旱不竭有於其中得銅金及罐各一

又曰謝晦字宣明宅南路上有古井以元嘉二年汲者忽見三龍甚分明行道住觀莫不嗟異有人入井始知是塼隱起作龍形

又曰滎陽黌播世居長沙宅有古井每夜輙聞有如炮竹聲相承謂爲龍吒

風俗通曰龐儉父先逃走隨母流宕後居鄉里鑿井得銅生遂溫富後買奴曰堂上者我婦也問其故奴曰我婦姓艾字阿宏足下有黑子腋下有赤志母曰我翁也遂爲夫妻時人曰鑿井得銅買奴得翁

又曰龐儉鑿井得錢數万

又曰郗子路行飲馬投錢井中

續漢禮儀志曰夏至日浚井改水冬至日鑽燧改火

淮南子曰伯益作井而黃龍登

異物志曰盧陵城中有一井井中有二色半青半黃黃者似炭汁作糜粥皆金色因名之金井

幽明錄曰山陰縣九侯神山上有靈壇壇前有古井常無水及請告神即水涌出供用足乃復漸止

潯陽記曰盆城漢灌嬰所築孫權經此城自立標井令人掘得井銘曰穎陰侯所開三百年當塞不滿百年爲當運者所開權忻以爲瑞井江中風浪井水輙動

豫章記曰猒源山西北余倅村五六里有洪井詭云洪崖先生之井

蜀都賦曰火井熔熒於幽泉注蜀都有火井欲出其火先將家火投之隆隆如雷聲須臾火出光耀十里以竹筩盛之其光不滅

博物志曰臨邛有火井縱廣五尺深二三丈在縣南百里昔時有竹木投之以取火諸葛丞相往視之後火轉盛熱以盆着井煑鹽得鹽後以燭火投井中即滅迄今不復也

盛弘之荆州記曰隨郡北界有厲鄉村南有重山山下有一村父老相傳云是神農所生村西有重塹内周迴一頃二十畝地中有九井相傳神農旣育九井自穿又云汲一井則衆井水動則以地爲神農社年常祀之○尋陽記龍窟有深泉泉側常見龍曾有人於水邊洗銅梳忽浪起水漲便失梳此人没水遂取旣出復失去後人見龍銜梳在城裏井邊

幽明錄曰襄邑縣南有瀨鄉老子廟廟中有九井絜齋入者溫清隨人意念

瀨鄉記老子廟中有九井汲一井餘井水並動
廣志曰臨卭有粉井得其水沐粉則益光
嵩山記少室山有雲母井出雲母
洛陽記宮牆西有兩銅井連御溝名曰濛汜
羊頭山記衛青破月支月支有井色如酒因名曰酒井
又曰東阿城北門有大井深七尺煑之得膠貢之
又曰雍丘縣有神井興雲雹享祀不輟
又曰盤固山有大井銅人脊守之五十年一踊水起數十丈銅人每以手掩之即止
又曰零浦有鹽井二十四其一出火常取密閉万里一不滅
又曰金龍井西京太極殿上有之金龍負山於上兼金鹿盧

山海經曰崑崙山墟在西北帝之下都高百仞面有九井以玉爲檻
洞冥記珠甜水去虞淵八千里有甜溪水如蜜東方朔遊此水還將數斛以獻帝帝投陰井井裏遂恒甜而寒洗肉肌理柔滑瑤琨去玉門九万里有碧草如麥割之以釀則味如酒而驗烈看之則顏色如醉飲一合則三旬不醒啜甜水則隨飲隨醒
又曰長安東七百里有雲山山頭有井雲從中出若土德王則黃雲出火德王則赤雲出水德王則黑雲出金德王則白雲出木德王則青雲出
荆州記風井夏則風出冬則風入
又曰益陽縣有岡岡上有金井數百尺傳云昔有金人以杖撞地而輙成井
王子年拾遺記峻𨦟山石下有金井白氣冠其上井中金桑弱可緘縢
又曰范蠡相越致千金僮者万人收四海難得之貨盈於越都以爲兵器銅鐵之類如山阜者或藏之井塹謂之寶井奇容麗色溢於閨房謂之遊宮自歷古已來未之有也
又曰頻思之國人皆多力拳頸不食五穀日中無影飲桂漿雲露羽毛爲衣髮大如縷堅韌如筋申之裁至一丈置則自縮如螺續此人髮以爲繩以汲丹井之水至火方得外合之水水中有白蛙兩翅去來常在井上仙者食之至周王子晉臨井而窺有青雀銜玉杓以授子晉取而飲之乃有雪飛子晉以衣袖揮雪則雪自止白蛙化爲雙白鳩入雲
又曰王傅先時家貧穿井得鐵印銘曰傭力得富至億庚一土三田軍門主簿果大富永初中以錢買官至中壘校尉

三田一土乃壘字也
郡國誌曰姑衍州有湯井風穴深不可測常有微風雖三伏盛暑猶須衣裘
又曰恒州常穿井得白玉方四尺下有石石有龜長二尺許
又曰連渾府姑衍州溢火山西有火井深不可見底炎氣上昇常若微雷以草爨之則煙騰火發其山似火從地發故名熒臺
又曰濮州姚墟有二井是舜井也以物投一井即二井水皆動耕於歷山漁於雷澤即此也
又曰硤州宜陽山有風井穴大如甕夏出冬入有樵人置笠穴口風吸之入後於長溪口得笠則知潛通也
又曰朔州有神泉人歌曰紇真山頭有神井入地千尺絕

冐令

又曰貴州有司命井半甘半淡潜涌江波虛盈如勢

又曰衡山侯曇雲山有溪豪神祠壇壇傍有石井常無水人祀之即水出事了即乾

又曰柳州昔相嶺西麓下有潮井廣半畝一日三湧三落

又曰堯井在汜水縣東十五里漢高祖敗項羽追之入此井得免見井中有雙鳩飛出有蜘蛛網因而得免

又曰濟州穀城管仲私邑今城內有夫子五井焉

又曰洪州龍源山山上有風雨池言山高水深流激着樹灑如風雨云是洪崖之井

又曰廣州越井岡一云越王井云趙佗誤墜酒盃於井遂浮出石門故詩云石門通越井是也

又曰儋州滔泌井與淪水通有人以竹置井口淪水得之俚人呼竹爲滔泌因以爲名

師曠問天老曰人家忌臘日殺生于堂上有血光一不祥井上種桃花落井二不祥也

天文志曰玉井四星在參左足下水爲符瑞王者清淨則浪井出

符瑞圖曰浪井者不鑿自成王者清淨則有仙人主之

丹陽記曰句容縣有沸井亦曰沸潭

兩京記曰醴泉坊本名承明坊開皇初繕築此坊忽聞金石之聲因掘得甘泉浪井七所飲者疾愈因以名坊

水經注云襄國西石岡上有井大如車輪圖志云此井光武營軍所鑿

魏都賦曰墨井鹽池注鄴西高陵有石墨井

嶺表録曰　綠珠井在白州雙角山下昔梁氏之女有容貌石季倫爲交趾使以真珠三斛買之梁氏之居舊井存焉

渚宮故事云江陵城東二十里有天井周迴二里其深不測旱而禱之即大雨時至

隋圖經云常山唐縣中出城西北隅有一大井俗名趙母井昔云醇酎千日即是此井所醖後以石蓋之人不敢開齊刺史博陵王濟欲開之即有雲霧隱濟懼不敢開

魏文詩曰雙桐生空井枝葉自交加

白澤圖曰井神曰吹簫女子

江文通井賦曰穿重壤之千仞兮構玉甃之百節嘗之不日既汲既渫

晉郭璞井賦曰亦乃冠玉檻甃鱗錯鼓鹿盧捍勁索

魏明帝猛虎行曰雙桐生空井枝葉自交加通泉浸其根玄雲潤其柯

太平御覽卷第一百八十九

太平御覽卷第一百九十

居處部十八

倉　囷　庾

倉

說文曰倉穀藏也倉黃取而藏之故謂之倉

周禮注曰藏米曰廩

釋名曰倉藏穀物也

詩云乃求千斯倉乃求万斯箱以峙其粻

又曰豐年多黍多稌亦有高廩万億及秭

又曰我倉既盈我庾惟億

尚書曰武王克商發巨橋之粟大賴于方姓巨橋紂倉也

傳曰楚莊王賑廩同食注賑廩開倉同食上下無異

禮記月令曰季春發倉廩賜貧窮

又曰五穀皆入必量於歲

又曰循行積聚無有不斂

又曰孟冬命有司穿竇窖修囷倉謹蓋藏務積聚

又曰國無九年之畜爲不足無三年之畜曰急

周禮曰儲畜以待凶荒

又曰倉人掌粟入之藏辨九穀之物以待邦用若穀不足則止餘法用有餘則藏之以待凶而頒之

又曰廩人掌九穀之數以待國之匪頒賜稍食以歲之上下數邦用以知足否以詔穀用以治年之豐凶

公羊傳桓公曰御廩災御廩者何粢盛之所藏也

論語曰舊穀既沒新穀既升

春秋佐助期曰天廩倉神名均明

史記曰舜母嫉舜舜父使舜塗泥倉放火而焚舜舜垂席而下得無傷

又曰李斯年少時入倉觀倉中鼠食粟居大廡下斯乃歎曰人之賢不肖譬如鼠矣在所處耳乃從荀卿學帝王之術

又曰宣曲任氏之先爲督道倉吏秦之敗也豪桀皆爭取金玉而任氏獨窖倉粟及楚漢交兵民不得田而豪桀金玉盡歸任氏

又曰高帝七年立太倉

漢書曰汲黯因使矯制發倉救河內飢民上釋罪

又曰武帝之初民給家足太倉之粟陳陳相因詩曰如岡如阜如山如陵

又宣紀曰耿壽昌奏設常平倉豐則糴儉則糶以利民

又曰王嘉奏事曰孝文時吏居官者或長子孫以官爲氏倉氏庫氏則倉庫吏之後也

又鄒陽上書吳王曰吳有諸侯之位而實富於天子轉粟西鄉陸行不絕水行滿河(如淳曰言漢京師仰須山東漕運以自給耳)不如海陵之倉

又賈捐之上書曰武帝元狩六年太倉粟紅腐不可食

又食貨志曰漢宣帝時年豐人少利時大司農中丞耿壽昌上計令郡國皆築倉以穀賤時增其價而糴以利農穀貴時減其價而糶以利人名曰常平倉百姓利之也

後漢書曰韓韶字仲黃潁川舞陽人也少仕郡辟司徒府泰山賊公孫舉僞號歷年守令不能破多爲坐法尚書選三府掾屬能治劇者乃以韶爲嬴長(嬴縣故城在今兗州博城縣東北也)賊聞其賢相戒不入嬴境餘縣多被寇廢耕桑其流入縣界求索衣糧者甚衆韶愍其飢困乃開倉賑之所廩贍万餘

戶主者爭謂不可詔曰長活溝壑之民而以此伏罪含笑入地矣太守素知韶名德竟無所坐

又曰隗囂既敗公孫述欲安衆以成都郭外有秦時舊倉述改名白帝倉（述以色尚白故改之）自王莽已來常空述即使人言白帝倉出穀如山陵百姓空市里往觀之述乃大會群臣問曰白帝倉竟出穀乎皆對言無述曰訛言不可信道隗王破者復如此矣俄而囂將王元降述以爲將軍

又曰虞詡時朝歌賊甯季等數千人攻殺長吏屯聚連年州郡不能禁乃以詡爲朝歌長故舊皆弔詡曰得朝歌何衰詡笑曰志不求易事不避難臣之職也不遇盤根錯節何以別利器乎始到河內太守馬稜勉之曰君儒者當謀謀廟堂之上反在朝歌邪詡曰初除之日士大夫皆見弔勉詡籌之知其能爲也朝歌者韓魏之郊背太行臨黃河

去敖倉百里而青冀之人流亡万數賊不知開倉招衆劫庫兵守成皋斷天下右臂此不足憂也今其衆新盛難與爭鋒兵不厭權願寬假轡策勿令有所擧閡而已及到官設令三科以募求壯士自掾吏已下各擧所知攻劫者爲上偷盜爲次帶喪服而不事家業者爲下收得百餘人詡爲之饗會悉貰其罪使入賊中誘令劫掠乃伏兵以待之遂殺賊數百人及潛遣貧民能縫者傭作賊衣以綵縫其裾爲幟（幟記也續漢書曰以縫纏其裾也）有市里者吏輒擒之賊由是駭散咸稱神明

魏志曰袁渙字耀卿爲魏國郎中令及卒太祖爲之流涕以穀二千斛一教以太倉穀千斛賜郎中令家一教以垣下穀千斛與耀卿家外不解其意教曰以太倉穀者官法也垣下穀者新舊也

吳書曰建康宮城即吳苑城城內有倉名曰苑倉故開北瀆通轉運於倉所時人亦呼爲倉城晉咸和中修苑城爲宮惟倉不毀故名太倉在西華門內道北

晉書鄭默出爲東郡太守值歲荒人飢默輒開倉賑給乃舍都亭自表待罪朝廷嘉默憂國詔書褒歎比之汲黯班告天下若郡縣有此比者聽出給入爲散騎常侍

又曰王渾武帝受禪加揚烈將軍遷徐州刺史時年荒饑渾開倉賑贍百姓賴之

又曰王蘊爲吳興太守民飢輒開倉贍卹主簿請先列上待報蘊曰行仁義敗無恨坐違科免官士庶詣闕左降晉陵太守

郡國誌曰衡山石廩峯一如倉庾有二戶一開一閉閉者亦有關鑰之形

王子年拾遺記曰曹曾遇世亂家家焚廬曾畜書万卷慮其先文湮沒乃積石如倉廩以藏書世謂曹家書倉焉

水經注云汾陽故城積粟所在名之曰羊腸倉在晉門閭陽北石磴縈委若羊腸故以爲名即今羊腸坂是也

越絕書曰君均東倉春申君造西倉名曰君均西倉門周一里八步

又曰吳兩倉春申君所造一名均輸

洛陽記曰有常滿倉

天門集曰廩星主倉

說苑曰子路爲蒲令備水災與民春修溝瀆爲民煩苦故人予一簞食一壺漿孔子聞之使子貢止之子路忿然不悅往見夫子曰由也以暴雨將至恐有水災故與民脩溝瀆以備之而民多匱於食故與人一簞食一壺漿而夫子

使賜止之何也夫子止由之行仁也夫子以仁教而禁其行仁　由也不受子曰尔以為餓何不告於君發倉廩以給食之而以尔私饋之是汝不明君之惠見汝之私義也速巳則可矣否則尔受責不久矣子路心服而退

又曰北郭騷踵見晏子曰竊悦先生之義願乞所以養母者晏子使人分倉粟府金而遺之辭金而受粟有閒晏子見疑於景公出犇北郭子召其友而告之曰吾悦晏子之義而嘗乞所以養母者吾聞之曰養及親者身更其難今晏子見疑吾將以身白之遂造公庭求復之曰晏子天下之賢者也今去齊國國必侵矣方必見國之侵也不若先死請絶頸以白晏子逡巡而退因自殺也公聞之大駭乘馳而自追晏子及之郊請而反之晏子不得巳而反之聞北郭子之以死白巳也太息而嘆曰嬰不肖罪過固其所也而士以身明之哀哉

晉陽秋曰泰始四年七月立常平倉豐則糴儉則糶以利民也

管子曰錯國不傾之地積不涸之倉藏不竭之府注不涸之倉言務五穀也

述征記曰東城二石橋舊於王城之東北開渠引洛水名曰陽渠東流經洛陽於城之東南然後北迴通運至建春門以輸常滿倉

永嘉郡記曰青田溪發源太湖湖是白土無復細石中生蘊藻冬天水熱如湯故衆魚歸之名為魚倉

益州記曰今成都縣東有頽城毁垣土人云古白帝倉也

異苑曰餘姚縣倉封閉完密而年年輙大損耗是富陽縣桓王陵上雙石龜所食即斵毁龜口於是無復虧減

三輔故事曰漢大將軍周亞夫軍於細柳今石激是也石激西有細柳倉城東有嘉禾倉

老子曰田甚蕪倉甚虚

管子曰倉廩實知禮節

又曰不務地利則倉不盈

莊子曰諸中國之在海内不似稊米之在太倉乎

韓子曰韓昭侯之時黍種貴昭侯令人覆廩吏果竊黍種糶之

淮南子曰近敖倉者不為之多飯期滿腹而巳

鹽鐵論曰匈奴因山谷為城池水草為倉廩

地理志曰敖倉在河南廣武山鄭國所置

漢王與項羽爭天下運敖倉之粟

囷

西京雜記曰曹元理善筭友人陳廣漢有二囷忘其石數後筭之一斗乃有鼠大如斗在其中

呉志曰周瑜過魯肅求資肅有米三千石乃指一囷與之

續異記曰晉陵無錫尉嚴無欲貯穀後開乃成蛇以草焚之便貧

詩曰胡取禾三百囷兮

庾

韓詩外傳曰王者藏於天下諸侯藏於百姓農夫藏於囷庾商賈藏於篋笥

毛詩曰曾孫之庾如坻如京注曰庾露積也

太平御覽卷第一百九十

太平御覽卷第一百九十一

居處部十九

府庫藏　廐

市

府庫藏

釋名曰庫舍也物在舍也齊魯謂庫爲舍也

說文曰庫兵車所藏也帑金幣所藏也府文書所藏也

禮記曰季秋之月命百工審五庫之量

蔡邕月令章句曰五庫者一曰車庫二曰兵庫三曰祭器庫四曰樂器庫五曰宴器庫

又月令曰季春命有司開府庫出幣帛聘名士

周禮曰大府掌九貢九賦九功之貳以受其貨賄之入頒其貨于受藏之府頒其賄于受用之府凡萬民之貢以充府庫（太府下大夫若今之司農）

又曰玉府掌王之金玉玩好兵器凡良貨賄之藏共王之服玉佩玉珠玉含玉諸侯則共珠盤玉敦

又曰内府掌受九貢九賦九功貨賄良兵良器以待邦之大用凡四方之幣獻之金玉齒革兵器凡良貨賄入焉

又曰外府掌邦布之出入以供百物而待邦之小用注布帛之藏帛曰布小用賜也

又天官王府曰合諸侯則供珠盤（鄭玄注曰以注飾盤承牛耳）

又春官天府曰天府掌祖廟之守藏與其禁令凡國之玉鎮大寶器藏焉若有大祭大喪則出而陳之既事藏之凡官府鄉州及都鄙之治中受而藏之以詔王察羣吏之治（察貳其黜陟也治中謂治簿書之要）

尚書曰武王克殷散鹿臺之財紂所積之府庫曰鹿臺

春秋文曜鈎曰咸池天潢五星五帝車舍也宋均注曰舍庫也五帝庫府

曲禮天子六府曰司土司木司水司草司器司貨典六職注謂主藏物之稅也

左傳曰晉侯之竪頭須守藏者也及公子出也竊藏以逃盡用以求納之求納文公

論語曰魯人爲長府（藏貨曰府）閔子騫曰仍舊貫如之何何必改作

漢書曰漢高祖七年蕭何立東闕前殿武庫

又曰立武庫以藏禁兵

又曰枚乘諫吳王曰夫漢并二十四郡十七諸侯轉輸錯出軍行數千里不絶於郊其珍怪不如東山之府（如淳曰吳王之府藏也）

謝承後漢書曰靈帝光和中武庫屋自壞司隷許冰上書曰武庫禁兵所在國之禁爲災深矣

魏志曰嘉平中二魚集於武庫屋上

晉書曰武庫封閉甚密忽有雉雊張華曰此必蛇化爲雉視之果有蛇蛻也

又曰趙王倫既還詔事賈后因求錄尚書事後又求尚書令張華與裴頠皆固執不可由是致怨倫秀疾華如讎武庫火華懼因此變作列兵固守然後救之故累代之寶及漢高斬蛇劍王莽頭孔子屐等盡焚焉時華見劍穿屋而飛莫知所向

又曰裴楷有知人之鑒目鍾會云如觀武庫森森但見矛戟在前

商君書曰湯武破桀紂海内無患遂築五庫藏五兵偃武

也

鍾會芻蕘論曰國之稱富者在乎豐人非獨謂府庫盈倉廩實非上天所降皆資之於人人困則國虛矣

洞冥記曰元狩四年將夕有黄鬚叟懷內探徑尺王以授帝帝以玉還寶庫即龍玉也

王子年拾遺記曰糜竺用陶朱公計術日益億萬之利貲擬王家有寶庫千間

世說曰郗公大聚斂錢數千万嘉賓甚不同嘗朝旦問訊郗家法子弟不坐因倚語移時遂及錢貨事郗云汝正當欲得我錢耳乃聽一日開庫任意用郗公始止謂損數百万許嘉賓遂一日中乞與人都盡郗公聞之驚怪不能已

拾遺録曰太上皇以寶劒賜高祖及呂后藏於琁庫守者見白氣從户中出如龍蛇呂氏更琁庫名曰靈金藏及諸

呂擅權白氣亦滅惠帝即位以此貯禁兵名曰靈金府

韓詩外傳曰晉平公藏寶之臺燒救火三日三夜公子晏賀曰昌聞王者藏於天下諸侯藏於百姓農夫藏於囷倉商賈藏於篋匱今百姓之於外而賦斂無已者是桀紂殘賊而爲天下戮今皇天降災於藏臺是君之福也

莊子曰天地有官陰陽有藏

魏都白藏之藏注曰白藏庫在西城有屋一百七十四間

爾雅秋爲白藏因以爲名

列子曰范氏之藏大火商丘開入火往還無難色埃不漫身不燋子華之客乃謝之

晉摯虞武庫屋銘曰有財無義惟家之殃無愛糞土以毀五常

張衡西京賦曰武庫禁兵設在蘭錡

曹毗魏都賦曰百藏之庫戎儲攸歸

潘岳詩曰微火不戒延我寶庫

廄

說文曰廄馬舍也

釋名曰廄鳩也聚也牛馬之所聚也

詩曰乘馬在廄

左傳曰莊二十九年新作延廄書不時也凡馬日中而出日中而入注日中春秋分也治廄當以秋分今以春作不時也

穀梁傳曰二十九年新延廄延廄者法廄法周禮天子十二閑言法廄者六閑之舊制

又曰晉獻公欲伐虢荀息曰何不以屈產之乘垂棘之璧假道于虞也公曰此晉之寶也息曰是我取之中府而藏

之外府取之中廄而藏之外廄

禮記雜記曰廄焚孔子拜鄉人爲火來者拜之士一大夫再亦相予之道也

論語鄉黨曰廄焚子退朝曰傷人乎不問馬

史記曰夏侯嬰爲沛廄司御每送客還過高祖語未嘗不移日

東觀漢記曰順帝漢安元年始置承華廄舍令

又曰靈帝光和四年初置綠驥廄領受郡國調馬豺謂徵發

漢舊儀曰天子六廄未央廄承華廄皆方匹

三輔黄圖曰未央宮有金廄輅軨廄大廄果馬廄乾樂廄騎馬廄大宛廄胡河廄騊駼廄九在城內

孟子曰廄有肥馬野有餓莩是率獸而食人也

郡國誌曰雍州霸昌廄在長安西二十五里王莽使司徒王尋發長安宿此

春秋佐助期曰廄星傳令神名詩時

市

古史考曰神農作市世本祝融作市

說文曰市買賣之所也

古今注曰闤市垣也闠市門也

風俗通曰俗言市井者言至市鬻賣當須於井上洗濯令物鮮絜然後市案二十畝為一井今因井為市

禮記曰用器不中度不鬻於市布帛精麤不中數幅廣狹不中量不鬻於市姦色亂正色不鬻於市也

周禮曰大市日昃而市百族為主朝市朝時而市商賈為主夕市夕時而市販夫販婦為主法云主者言其多也百族百姓也

又曰凡國凶荒札喪則市無征

又曰國君過市刑人赦夫人過市罰一幕世子過市罰一帟命夫過市罰一蓋命婦過市罰一帷注曰市者交利而行刑之處也君子無故不遊觀焉

史記曰呂不韋撰春秋成牓於秦市曰有人能改一字者賜金三十斤

後漢書曰張楷字公超通嚴氏春秋古文尚書門徒常數百人賓客慕之自父黨夙儒皆造門焉車馬填街黃門及貴戚之家皆起舍巷次以候過客來往之利楷疾其如此輒徙避之家貧無以為業常乘驢車至縣賣藥足給食者輒還鄉里司隸舉茂才除長陵令不之官隱居弘農山學者隨之所居成市後華陰山中遂有公超市

又曰王充家貧無書常遊洛陽市閱所賣書一遍而誦之

晉書曰羊祜疾漸篤乃舉杜預自代尋卒時年五十八帝素服哭之甚哀是日大寒帝涕淚霑鬚皆為冰南州人方市聞祜喪莫不號慟罷市巷哭者聲相接吳守邊將士亦為之泣其仁德感人如此

韓子曰龐共與魏太子質於邯鄲共謂魏王曰今一人言市有虎王信乎王曰否二人言王信乎曰否三人言王信乎王曰寡人信矣共曰夫市無虎明矣三人言成市虎今邯鄲去魏遠於市謗臣者過於三人願王察之

越絕書曰伍子胥至吳徒跣被髮乞於吳市三日市正疑之而導於闔閭曰市中有非常人徒跣被髮乞於吳市三日吳闔閭曰吾聞荊王殺其臣伍奢而非其罪其子胥勇且智彼必經諸侯之邦可以報其父之讎者王即使召子胥入吳王下堦迎而唁數之曰吾知子非常人也何素窮如此子胥跪而垂泣曰胥父無罪而楚王殺之并其子子胥得道遁逃出走唯可以歸骸骨者唯大王哀之吳王曰諾上殿與語三日語無復者王乃令邦中無貴賤長少有不聽子胥教者猶不聽寡人之罪至死不赦

又曰吳市者春申君所造闕兩城以為市在湖里〇班固兩都賦曰內則街衢洞達閭閻且千九市開場貨別隧分人不得顧車不得旋闐城溢郭傍流百廛紅塵四合煙雲相連

宮闕記云長安市有九所各方二百六十六步六市在道西三市在道東西里為市凡九市致九州之人在突門夾橫橋大道南又有當市觀

又曰旗亭樓在杜門大道南又有當市觀

張衡西京賦云郭開九市通闤帶闠旗亭五重俯察百隧是也又按郡國誌云長安大俠萬子夏居柳市司馬季主卜東市西市在醴泉坊隋曰利人市因有西市署

洛陽記曰三市大市名也金市在大城西南市在大城南馬市在大城東按金市在臨商觀西兊爲金故曰金市馬市在東舊置永焉又酈道元注水經云馬市即嵇康爲司馬昭所害之處

蜀本紀曰老子爲關令尹喜著道經臨別曰子行道千日後於成都青羊肆尋吾今爲青羊觀是也

郡國志曰幽州有郊亭新論云涿縣郊亭本大王所部其人相與夜市不爲則有重害焉

又曰始皇陵有銀蠶金雁以多奇物故俗云秦王地市

又曰鄆城內有市名蒲胥故南齊校尉府也

又曰越州梅市即梅福爲市門卒之所

又曰齊桓公宮內有七市韓娥東之齊乏糧過雍門鬻歌於市乃此也

又曰雍州富平西南十五里有直市城秦文王造物無二價以直市爲名

西京記曰東京豐都市東西南北居二坊之地四面各開三門邸凡三百一十二區資貨一百行初築市掘得古冢上藏無塼甓棺木陳朽觸之便散覆著平上蹟朱衣得銘曰筮道居朝龜言近市五百年間於斯見矣當府置者叅驗其文魏黃初二年所葬也

又曰大業六年諸夷來朝請入市交易煬帝許之於是修飾諸行葺理邸店皆使甍宇齊正卑高如一瓌貨充積人物華盛時諸行鋪竟崇侈麗至賣菜者亦以龍鬚席藉之夷人有就店飲啖皆令不取直胡夷驚視稱以爲常

又曰西市隋曰利人市市西北隅有海池長安中僧法成所穿分永安渠以注之以爲放生之所穿池得古石銘云百年爲市而後爲池自置都立市至是時百餘年矣

太平御覽卷第一百九十一

太平御覽卷第一百九十二

居處部二十

城上

說文曰城以盛民也墉城垣也

釋名曰城盛也盛受國都也

又曰城上垣謂之睥睨言於孔中睥睨非常也亦曰陴言裨助城之高也亦曰女牆言卑小比之於城若女子之於丈夫也所謂堞亦女牆也

易曰城復于隍

詩曰宗子維城無俾城壞

又曰挑兮達兮在城闕兮

又曰衛文公徙居楚丘始建城市而建宮室得其時制焉

子子干旄在浚之城

又曰崇墉言言

又曰哲夫成城哲婦傾城

又曰靜女其姝俟我於城隅

又曰赳赳武夫公侯干城

禮記曲禮上曰登高不指城上不呼

左傳隱公曰鄭莊公立姜氏愛共叔爲請京使居之謂之京城太叔祭仲曰都城過百雉國之害也

又曰美城之大名也

又曰楚囊瓦城郢沈尹戍曰苟不能衛城無益也

又曰梁伯好土功亟城而不處民罷而不堪則曰某寇將至乃溝公宮曰秦將襲我民懼而潰

又曰備豫不虞善之大者也莒恃其陋而不修城郭浹辰之間而楚克其三都

又曰無戎而城讎必保焉

又曰楚子圍鄭守陴者皆哭楚子退師鄭人脩城進復圍之三月克之

又曰叔向告晉侯曰城上有烏齊師其遁

又曰君其脩德而固宗子何城如之

又曰士彌牟城成周計丈尺揣高卑度厚薄仞溝洫物土方議遠邇量事期計徒庸慮材用書餱糧令役於諸侯

又曰宋城華元爲植巡功城者謳曰睅其目皤其腹弃甲而復于思于思弃甲復來使其驂乘謂之曰牛則有皮犀兕尚多弃甲則那役人曰縱有其皮丹漆若何華元去之曰夫其口衆我寡

穀梁傳襄公曰古者大國過小邑必飾城禮罪禮也（明紀國罪）

公羊傳曰城雉者何五板而堵五堵而雉百雉而城

公羊傳曰天子之城千雉高七雉公侯百雉高五雉男五十雉高三雉

史記云秦始皇使蒙恬北築長城西肅流沙東至遼水以捍胡

又曰秦二世欲漆城優旃曰善哉漆城光蕩蕩寇來不得上易爲漆耳顧難爲蔭屋二世笑遂止

漢書曰武帝太初元年使將軍公孫敖築塞外受降城

又曰梁孝王廣睢陽城周圍七十里

又曰貳師遣屬國胡騎二千與虜戰虜兵壞散死傷者數百人漢軍乘勝追北至范夫人城（漢將姓范初築此城將亡其妻率衆完保之因以爲名）

又曰車師前王交河城外分流繞城下故號交河去長安

八千一百五十里

又曰昭帝元鳳六年募郡國徙遼東玄兔城

續漢書曰耿恭字伯宗爲戊已校尉屯後王部金蒲城謁者關寵爲戊巳校尉屯前王部柳中城

魏志曰曹公攻馬超渡渭每爲超騎所衝突營不得立地又多沙不可築城婁子伯説公今天寒可沙爲城以水灌之一夜可立從之乃多作縑囊以盛土堰水夜渡兵作城比明城立公軍於是盡得渡

于寶晉紀曰魏文帝之在廣陵吳人大駭乃臨江爲疑城自石頭城至于江乘以木爲杖衣以葦席加彩飾焉一夕而成

晉書云涼州城有龍形故名卧龍城本匈奴所築也

又曰朱序遷梁州刺史鎮襄陽苻堅遣軍圍序序母韓氏

自行城謂西北角當先受弊遂領百餘婢及城中女丁築二十餘丈賊攻新築不敗遂引退襄陽謂之夫人城

晉載記曰赫連勃勃以叱干阿利領將作大匠乃蒸土築城以錐剌之錐入一寸即殺作者不入即殺行錐者勃勃以爲忠

沈約宋書曰檀道濟見收脱幘投地曰乃壞汝万里長城

又曰氐師楊難當寇漢中魏興大守薛健據黃金城

崔鴻十六國春秋北燕録曰初後燕光帝始中丁零民楊道纖於白鹿山爲契丹所獲流漂塞外至大難北及黎大國逐出草以射獵爲業至十月乃收草爲城水澆令凍高一丈五尺東北七八十里南北二十餘里名凌城居於其中

又夏録曰赫連勃勃下書曰古人制起城邑或因山水或以義立名今都城已建万堵斯作克成弗遠宜有美名朕方統一天下君臨万國可以統万爲名焉

燕書曰太祖甝八年使　唐柱等築龍城立門闕宮殿廟園籍田後遂改爲龍城縣

北齊書曰唐邕字道和爲給事黃門中書舍人文宣出塞邕必陪從文宣嘗登并州童子佛寺望并州曰此何等城也或曰金城湯池天府之國也文宣曰我謂唐邕是金城此非也

唐書曰景雲二年三月張仁愿於河北築三受降城先是朔方與突厥以河爲界北有佛雲祠突厥每入寇必禱祠候冰合而入時默啜西擊仁愿乘虚奪取漠南之地築三城首尾相應以拂雲祠爲中城東西相去各四百里皆據津濟遥相應接北拓三百餘里於牛頭朝那山北置烽候

一百八十自是突厥不得度山放牧朔方更無寇掠減鎮兵數万人

又曰天寶二年正月二十八日築神都羅城號曰金城

又曰天寶六載十二月築會昌城於陽所置百司及公卿邸第

又曰建中元年五月築奉天城四年十月上避難于奉天初術士桑道茂奏請城奉天爲王者之居至是方驗

又曰貞元九年二月詔復築鹽州先是貞元三年城爲吐蕃所壞自後塞外無堡障犬戎入寇既城之後邊患頓息

五經異義曰天子之城高九仞公侯七仞伯五仞子男三仞

白虎通曰天子曰崇城言崇高也諸侯曰干城言不敢自專禦於天子也

周書曰周公作成周于土中立城方千六百二十丈郛方七十二里南繫洛水北因陜山爲天下之大制也

家語邑百雉之城古之制也

國語曰衆心成城言以衆心爲城

墨子曰解帶爲城

琴操杞梁死妻援琴歌曰樂莫樂兮新相知悲莫悲兮生別離哀感皇天兮城爲隤

列女傳曰齊人杞梁襲莒戰而死其妻就夫之死城下哭之七日而城崩

淮南子曰崐崘山有層城九重

又曰鯀作九仞之城

墨子曰城四門守城之法積薪營離茅蓋有木有萩有積沙有蓬艾有麻脂有金鐵有積粟

莊子曰孔子説盜跖曰使爲將軍造大城數百里跖曰城之大者莫大乎天下也

韓子曰靖郭君城薛客諫靖郭君曰君失齊國雖薛城至於天猶無益也靖郭君乃不城薛

博物志曰處士東里塊責禹亂天下禹退作三城強者攻弱者守敵者戰城郭爲始也

又曰代城始築立版幹一旦亡西南五十里於澤中自立結草爲門因就營築焉其城圓周三十七里爲九門故城處呼曰東城

崔豹古今注曰秦所築長城土色紫漢塞亦然故稱紫塞

韓詩外傳曰趙簡子薨未葬中牟叛之既葬五日襄子興兵而攻之圍未匝而城自壞襄子擊金而退軍吏曰誅中牟之罪而城自壞天助也何爲退襄子曰吾聞君子不乘人於利不阨人於險使其城成然後攻之

述異志曰廬山上北嶺有城號康王城天雨聞鼓角之聲傳云周康王好音累巡名山故有康王之號

又曰尋陽柴桑縣城晉永和中有童謡呼爲平石城時人僉謂平滅石之徵也後桓玄篡位晉帝爲平固王恭帝爲石陽公俱遷於此城

又曰尋陽張允家在本郡郡南有古城張少貧約屢往遊憩忽有一老公來與張言因問之此城何名荅曰吾不知爲南郡城耳言訖便去不知所之張既出官仕進累遷位登元凱後爲南郡太守即以城號以志老父之言焉

又曰安陽有金城城皆如金色堅勁不崩摧先儒云上古時天雨黃金也

酈元水經注曰魯陽開水歷衡山西南經皇后城建武元

年光武遣侍中傅俊持節迎光烈皇后於淯陽後發兵三百餘人宿衛皇后道路歸京師蓋稅舍所在故得其名矣

又曰漢水東合甲水南流經金井城

又曰漢水東經方石城在高原上高十餘丈四面臨平形若覆盆其城宿是流雜聚居故世亦謂流雜城

又曰易水西山寛中谷東經五大夫城昔北平侯王譚所居王莽之亂生五子並避亂隱居北山故其後居世以爲五大夫城

河北記云易縣有五公城王譚不從王莽譚子興生五子避隱於此世祖並封爲侯元才（北平侯）顯才（蒲平侯）益才（安嘉侯）季才（唐侯）所謂中山五侯其西三十里有五大夫城說與此同

説苑曰中行穆子圍鼓鼓人有以城叛來降者穆子不許

軍吏曰師徒不勤得城何故不受穆子曰有以吾城叛者吾所惡也人以城來獨何賞

秦州記曰天水郡治上邽城前有湖中冬夏中停無增減天水取名由此湖也

又曰金城郡漢昭元始六年所置應劭云初築城得金故曰金城凡城皆稱金言其固也故墨子稱金城湯池

齊地記曰即墨城東西百八十里平昌城高六丈有臺有井與荆水通失物於井得之於荆水又神龍出入焉故一名龍城

三齊略記曰陽庭城東西二百五十里青城山秦始皇登此山造石城入河三十里臨海射魚方四百里水变血色今猶亦也

解道虎齊記曰不夜城在陽庭東南一百二十里淳于髡稱海童作妖城古有日夜出見於東境故萊子此城以不夜爲名異之

夢書曰城爲人君一縣尊也夢見城者見人君也夢築新城有功名

新序曰梁伯湎於酒滛於色心惛而耳塞好作大城而不居民罷甚

武當山記曰魏興錫縣有長利城父老伯相傳云是長安士所築邑塞於餘城

王韶之始興記曰有任將軍城秦南海尉任囂城也合逕有三城馬鞍城白鹿城白泌城郡晉鹿城康中張魴甚有惠政白鹿羣游取一而獻之故因以爲名

袁山松宜都記曰限山縣有山名下魚城四面絶崖兩道可上皆險山周迴可二十里上有林木池水里民種於山下晉永嘉亂土人登此避賊賊守之經年食魚擲下與賊以示不窮賊遂退散因以此爲下魚城

吳地記曰胥門外越城者越來伐吳吳王在姑蘇築此城以逼之又有越來溪

又曰越來溪西魚城者吳王既遊姑蘇築此城以養魚

又曰魚城之西有故城長老云築以釀酒今俗人呼之爲苦酒城

又曰匠門外鴨城者吳王築此城以養鴨

又曰婁門外鷄陂者吳王養鷄城

又曰海渚有吳王闔閭與越結怨相伐築城名曰南武城以禦越

盛弘之荆州記曰馬牧城東三里有蜂城故老相傳云飢年民結侶拾蜂止憩其中故因爲城又云城隨門勢上大下尖其

形似蜂故有蜂號二稱莫知所附故並載焉

又曰當陽縣東南有麥城城東有驢磨城犄角城傳云伍員造此二城以攻麥城故假驢磨之名

又曰樊城西北有鄧城即春秋所稱鄧子之國光武云宛最強鄧次之即謂此鄧城西北行十餘里鄧侯吳離之國爲楚文王所滅今爲鄧縣鄧城西百餘里有穀城伯綏之國城門有石人焉刋其腹云摩兼慎莫言疑此亦周太廟金人緘口銘背之流也

又曰秭歸縣西有楊城周迴十餘里即熊繹所居

荆州圖記曰江夏郡所治夏口城其西南角因磯爲高崇墉枕流上則過眺山川下則激浪崎嶇是曰黃鵠磯寔舟人之所艱也

又曰白帝城西臨大江東南高二百丈西北高一千丈

又曰鄧城有樊城是樊仲山甫所封也

又曰沘陽縣有却月城西一里有馬城也

又曰夷陽縣南對岸有陸抗故城即山為墉西面天險上有步闡故城

又曰新野郡魏三公城左右傳漢時三公餞離處也

伏滔北征記曰梁國名故宋國微子所封城再重大城梁孝王所築

孟學北征記曰許昌在洛水之西城方圓二十里有三重城南北東西十門金墉城西南角有中臺高六丈餘方圓二畝上有廟城門有鐵鏤

關中記曰長安地皆黑壤城今赤如火堅如石父老所傳鑿龍首山土為城又諸臺闕亦亦

益州記曰益州城張儀所築錦城在州南蜀時故宮也其

處號錦里

成都記曰府城本呼為錦城秦滅蜀張儀所築也每面各三里周廻十二里高七丈屢皆傾側忽有大龜周行隨其所躡而築之功果就焉故亦號為龜城

三輔黄圖曰長安城西南頭第二門名直城王莽改曰端路今名直城

太平御覽卷第一百九十二

居處部二十一

城下（郭壕塹附）

丹陽記曰石頭城吳時悉土塢義熙始加塼累石頭因山以爲城因江以爲池形險固有奇勢故諸葛亮曰鍾山龍盤石城虎踞良有之矣

又曰越城去宫八里案越絕書則東甌越王所立也

又曰江寧縣北三十里有白馬城吳時爲烽火之所

太康地記曰梁孝王築睢陽城十二里以鼓唱節杵而下和者稱睢陽因以爲縣

又曰鴈門馬邑縣秦時建此城輒崩不成有馬周旋馳走反覆父老異之因以築城遂名馬邑云（搜神記亦載此也）

述征記曰思子城漢武帝延和二年衛太子遇江充之亂奔湖自經臺關三老太廟令田千秋訟太子之寃築思子宫於湖其城存焉

續述征記曰廣固城有大澗甚廣阻之爲固謂之廣固

又曰白馬城魏黄初中曹彪封白馬王治于此城

又曰小城陽城在陽城西南半里許實中俗説因堯城羊頭山記邯鄲城邯山名鄲盡也邯山至此而盡也

又曰曲阜城城内有曲阜逶迤長八九里

東方朔十洲記曰昆崙山有積金爲天城四面千里

關中記曰長安城其形似北斗其土本皆黑壤今城赤如火堅如金父老所傳鑿龍首山土以爲城也

幽明録曰始興縣有皐天子城因山崎嶇十有餘里坑塹數重阡陌交通城内堂基碎瓦柱穿猶存東有皐天子冢皐天子未之聞也

劉楨京口記曰有小昇城

鄧德明南康記曰歸美山下有石城高數丈有一門門外有二石夾左右高數百丈遠望嵯峨雲闕騰空故老謂之神仙游焉

江寧圖曰石頭城吳之金陵城爲石城

郡國誌曰兖州兩觀城即仲尼爲魯司寇誅少正卯之處

又曰陜州魏城即芮伯萬毋芮姜芮伯逐之出居于魏此也晉獻公滅之以賜畢萬山河之間土地迫隘故魏風著十畝之詩

又曰雲中府使馬城有綾羅泉即塞上翁所居之邑也有快馬昇塞上翁六國前人姓李也

又曰雍州霸陵城在通化門東二十里秦襄王葬於其坂謂之霸上

又曰汴之高陵城即高陽之墟也滎陽城漢云外黄縣有滎陽亭張耳爲外黄令有夏后祠神井能興雨雹

又曰徐州薛城高厚無比多出暴桀子弟孟嘗君餘風也

又曰六壁府後魏太平真君五年討胡於六壁即此城俗以城有六面因以爲名焉

又有虢城虞城相傳云晉既滅虞虢遷其人於此築城以居之

又曰幽州無終縣西平城即李廣射石虎之處

又曰復州竟陵城雲夢城城西大澤即古雲夢澤也郤月城在河口魏將黄祖所守處

又曰嬀州涿鹿城即黄帝擒蚩尤處黄帝泉今枯而不流即古之阪泉也

又曰涼州昌松縣有鸞鳥城魏改爲神鳥城張軌時有五色鳥集於其處築城

又曰衛州有狗城蓋紂養狗之處也

又曰洛州夫人城即趙武靈王夫人築也

又曰衛州有酒城

又曰涼州卧龍城又云鳥城亦名多翅城

又曰登州文登縣有不夜城尚書城有石橋即秦始皇造欲觀日處文登山始皇召文士而登此山

又曰齊有士鄉城鄭玄云齊有士鄉城越有君子軍

又曰同州韓城即韓原也詩所謂韓侯受命是此韓地春秋時秦擒晉惠公處也

又曰鄜州福禄城因謝艾所築也

又曰廉州宋太始年陳伯紹平夷至合浦見三青牛圍之不獲即其處置城俗號青牛城

又曰箕子城石勒每破一州必簡別衣冠號爲君子城泊乎幽州權荀綽裴憲等遂襄國路經此後俗訛爲箕子城

又曰平州孤竹城即孤竹國也漢靈帝時遼西守廉翻夢人云余孤竹君之子也今遼海漂吾棺明日見浮棺因葬之

又曰雲中府齊柳孚舒城有道人城初築時有仙人遊其地遂名城焉

又曰成都郡城秦惠王二十七年張儀築以象咸陽沃野千里號曰陸海有萬歲池即築城取土之處也

又曰定州博陵縣唐城堯爲唐侯國於此

又曰陽翟縣舊屬汝州有鷄鳴城

又曰隨州博望城即張騫封侯之國也

又曰許州雍城即黄帝臣雍父始作杵臼處

又曰朔州太平城後魏穆帝治也太極殿琉璃臺瓦及鴟尾悉以琉璃爲之

又曰鄭州博浪城即張良爲韓報仇擊秦王處

又曰雍州杜城在安仙門南七里春秋范宣子云在周爲唐杜氏即是此也

又曰益陽城魯肅築也云登之望見長沙城邑人馬形色宛然相去三百里故老云長沙益陽一時相望

又曰廣州万人城即尉佗故城也

又曰張掖郡竇融築千秋城万歲城

又曰洛陽澠池縣有秦趙二王城號爲俱利城

又曰定州博陵縣樂羊城魏文侯使樂羊取中山造

又曰重泉城漢武爲李夫人所築

又曰藍田有青維泥城亦曰柳城

又曰賀州撫城池隍中頗出珠玉寶器即尉佗拒防之所也

又曰曹州漆園城莊周爲吏處

又曰曹州白鴈城即衛侯伐鄭至于鳴鴈是此也

又曰洛州王城宮城西入死故郟鄏城也周武王伐紂遷九鼎此地也夏至之影尺有五寸謂之土中焉泉亭即春秋時泉皋伊洛之戎同伐京師

又曰坊州鄜城即高奴城俗謂高樓城

又曰汴有浚城鄘詩云孑孑干旌在浚之城

又曰爰有寒泉在浚之下水冬夏常冷因曰寒泉

又曰滑州鹿鳴城城内有鳴鹿臺

又曰陳官城周二十里東晉所築號曰六門城宣陽門楣

上作虎刻木相對又施雲楣藻井言武武門上作重樓號曰西辰觀吳初築在府宮南號太初宮正殿曰神龍殿又有臨海赤烏殿孫皓起顯明宮引水激之飾以珠玉有彎崎臨硎之觀門及樓皆鑿鼓持夜以齊以鼓多驚眠改爲鐵磬

過秦論曰秦踐華以爲城因河以爲池

越絕書曰石城者吳王闔閭所置美人離城也

又曰樓門外馬窐溪上復城者故越王餘復君所治也

又曰樓門外鴻城者故越王城也去縣百五十里吳鷄籠山外鷄陂故吳王所畜鷄使李保之養去縣二十里闔閭姑胥臺外有九曲路闔閭造以遊姑胥之臺太湖中窺百姓去縣三十里

又曰吳大城周四十七里二百一十步陸門二有樓水門

覽一百九十三　五　張陳

八南面十四里四十二步西面七里百一十二步北面八里二百六十步東面一十里七十九步闔閭所造也吳郭周六十八里六十步吳小城周一十二里其下廣二丈七尺高四丈門三皆有樓東宮周一里二百步路西宮在長秋門周一里二百二十六步秦始皇帝二十一年守宮者照鷰失火燒之

吳越春秋曰鯀築城以衛君造郭以居人此城郭之始也

又曰范蠡觀天文法於紫宮築作小城周千一百二十二步一員三方西北立飛翼之樓以象天門東南服漏石竇以象地戶陵門四達以象八風外郭築城而缺西北示服事吳也不敢壅塞內以取吳故缺西北而吳不知也

又曰伍子胥爲吳相土嘗水象天法地造築大城周迴四十七里陸門八以象天之八風水門八以象地之八惣築小城十里陸門三東面者欲以絕越明矣立閶門者以象天門通閶闔風立地門者以象地戶也闔閭欲西破弦強楚楚在西北故立閶門以通天氣也因復名破楚門

水經注云萊東界有故城犨縣東至瀙水逵沘陽縣界南北聯聯數百里號爲方城一謂之長城云酈縣有故城一面未詳里數號爲長城即此城之西隅其間相去六百里北南雖無基築皆連山相接而漢水流其南故屈完荅齊桓公云楚方城以爲城漢水以爲池

郡國志曰葉縣有長城曰方城指此城也

吳地記曰表山松城晉書云左將軍袁山松陳郡人時爲吳郡太守隆安五年築此城在滬瀆邊江城之以禦孫恩圍山松於此城陷害山松城今爲波潮所衝以半毀江中山松城東夾江又有二城相對闔閭所築以備越處

覽一百九十三　六　張陳

鄱陽記曰仙人城在縣東南其城皆峭壁危石直上千仞自古呼爲仙人城每天空無雲秋日清澈其上宮殿倉廩歷歷可見

趙曄吳越春秋曰堯聽四嶽之言用鯀修水鯀曰帝之遭天災厥黎及康乃築城造郭以爲國固

淮南子曰崑崙山上有曾城九重

列女傳曰齊人杞梁殖襲莒戰而死其妻無所歸乃就夫尸於城下而哭之七日城崩妻遂投淄水而死

郭

說文曰郭廓也廓落在城也

禮記月令曰孟秋之月修宮室補城郭

又禮記曰正月無置城郭（妨農也）

國語曰火見而清風戒寒而修城郭

月令曰孟夏坯城郭

漢書曰馬援所過爲郡縣治城郭

謝承後漢書曰汝南廖扶畢志衡門死葬北郭號曰北郭先生

風俗通曰郭郛若亦大也

莊子曰孔子謂顔回曰回來家貧居卑胡不仕乎顔回對曰不願仕回有郭外之田五十畝足以給饘粥郭內之田十畝足以爲絲麻鼓琴足以自娛學夫子之道足以自樂回故不仕矣

魏略曰秦國石爲城郭

管子曰內謂之城外謂之郭

焦貢易林曰金城鐵郭上下同力寇不敢賊

王肅表曰夫城之有郭猶裏之有表骨之有皮表裏各異則保障不完皮骨分離則一體不具

壕

釋名曰城下謂之壕壕翱也言都邑內所翱翔祖駕處也

禮曰今大道既隱天下爲家各親其親各子其子貨力爲己城郭溝池以爲固謀用是作兵由是起

漢書神農之教曰有石城十仞湯池百步帶甲百萬而無粟不能守

櫓

釋名曰櫓露也露上無覆屋也

孫子兵法曰攻城之法脩櫓杤榅其器械三月而後成

陸機洛陽城周公所制東西十里南北十三里城上百步有一樓櫓外有溝渠

太平御覽卷第一百九十三

太平御覽卷第一百九十四

居處部二十二

館驛　傳舍　亭

館驛

說文曰館客舍也從食官聲

周禮曰五十里有市市有館館有積以待朝聘之客

廣雅釋宮曰館舍也桂苑曰客舍也待賓之舍曰館開元文字曰凡事之賓客館焉舍也館有積以待朝聘之官是也客舍逆旅名候館也公館者公宮與公所爲也私館者自卿大夫以下之家

禮記曰舊館人之喪脱驂而賻

左傳曰敢辱大館

又莊公曰楚令尹子元欲蠱文夫人爲館於其宮側而振

萬焉舞萬

又僖上曰敗館晉侯饋七牢焉

詩國風鄭緇衣曰適子之館兮還予授子之粲兮

又大雅曰篤公劉于豳斯館

周禮地官司徒下曰國野之道十里有廬廬有飲食三十里有宿宿有路室路室有委五十里有市市有候館館有積注云候樓館可以觀望也

又秋官司寇下曰凡諸侯入王則逆勞于畿及郊勞視館注曰視館致館也

又司儀云主君郊勞交擯三辭車送拜三揖三辭受拜車送三辭再拜致館亦如之注曰館舍也使大夫授之君又以禮覲致之儀禮聘禮曰卿致館注曰致至也至此館主人以禮致之所以安之也

又環人云掌送逆邦國之通賓客以路節達諸四方舍則授館

又云至于國賓入館次于舍門注曰次待事于客

儀禮公食大夫禮云有司卷三牲之俎歸于賓館注曰牲之俎正饌尤尊盡以歸尊賓之至也

又聘禮曰厥明訝迎于館注曰此訝下大夫以君命迎賓謂之訝迎亦皮弁也

禮記曲禮上云問疾弗能遺不問其所欲見人弗能館不問其所舍

又檀弓上曰賓客至無所館夫子曰生於我乎館死於我乎殯

又曰子貢曰於門人之喪未有所說驂於舊館無乃以重乎

又曾子問云卿大夫之家曰私館公館與公所爲曰公館注曰公館若今縣官舍也

左傳莊元年經曰夏單伯送王姬秋築王姬之館于外注曰公在諒闇慮齊侯當親迎不忍便以禮接於廟又不敢逆王命故敢築舍於外也

又傳三十年傳云晉分曹衞之田公使臧文仲往宿於重館重館人告曰晉新得諸侯必親其恭不速行將無及也

又襄三十一年傳曰子産相鄭鄭伯如晉晉侯以我喪故未之見也子産使壞其館之垣而納車馬士文伯讓之曰敝邑以政刑之不脩寇盗充斥是以令吏人完客所館今吾子壞之其若異客何子産曰僑聞之文公之爲盟主也宮室卑庳無觀臺榭以崇大諸侯之館今銅鞮之宮數里而諸侯舍於隸人門不容車不可踰越士文伯不能對晉侯見鄭

伯有加禮厚其宴好而歸之乃築諸侯之館
又昭十三年傳云宣子謂叔向曰子能歸季孫乎對曰不能鮒也能乃使叔魚見季孫曰鮒聞諸吏將爲子除館於西河其若之何且泣
又曰叔孫所館雖一日必葺其牆屋去之如始至
漢書薛宣子惠爲彭城令宣過之橋梁郵驛不脩宣知其不能
又郊祀志曰孫卿曰仙人可見上往常遽以故不見今陛下可爲館如緱氏城置脯酒神人可致且仙人好樓居於是上令長安作飛廉桂館甘泉作延壽館
又曰鄭莊置驛以延賓客
又曰公孫弘起徒步數年至宰相封侯於是起客館開東閤以延賢人與參謀議

又元后傳曰王莽又知太后婦人厭居深宮中莽欲娛樂以示其權迺令太后四時車駕巡狩四郊存見孤寡婦人春幸繭館率皇后列侯夫人桑遵霸水而祓除
又外戚傳曰成帝許美人在上林鹿館數召入飾室中元延二年懷子
漢書敘傳述元紀云宮不新館陵不崇墓又揚雄傳長楊賦云張網罝罘捕熊羆豪猪狖玃狐兎麋鹿載以檻車輸長楊射熊館又羽獵賦云於是禽殫中衰相與集於靖冥之館
魏志曰文昭甄皇后明帝母也后已早廢父逸上蔡令早卒及明帝即位追封逸爲上蔡侯謚敬侯適孫象襲爵薨子暢嗣上爲暢起大第車駕自臨之故
世說曰魏明帝爲外祖母築館于甄氏自行視謂左右曰館當以何爲名侍中繆襲對曰陛下聖恩齊于哲王罔極過于曾閔此館之興情鍾舅氏宜以渭陽爲名
魏書曰帝於後園爲母起觀及宮名其里曰渭陽里
晉書天文志云傳舍九星在華蓋上近河賓客之館主胡人入中國客星守之備姧使亦曰胡兵起
宋書文帝本紀云帝臨玄武館閱武
又隱逸雷次宗傳云徵詣京邑爲築室於鍾山西巖下謂之招隱館
齊書褚伯玉傳云高帝即位手詔吳會二郡以禮迎伯玉伯玉辭疾上不欲違其志勑於剡白石山立太平館以居之
梁書高祖紀云大統七年幸於宮城西立士林館延集學徒置集雅館以招遠學沖虛眞經黄帝云黄帝於是放萬

機舍寢宮去直侍徹鍾縣減廚膳退而閑居大庭之館齋心服形三月不親政事
漢武帝故事云上自封禪後夢高祖坐明堂羣臣亦夢於是祀高祖於明堂以配天還作高陵館
郡國誌台州仙石山有館土人謂之黄公客堂堂兩邊有石步廊觸石雲起崇朝必有雨有四竿筋竹風吹自成陰拂石皆淨即王方平遊處
荆州圖記云襄陽縣南水行四十里陸道六十里有桃林館
建康地記云顯仁館在江寧縣東南五里青溪中橋東湘宮巷下古高麗使處
西京雜記云公孫弘自以布衣爲宰相乃開東閤營客館以招天下之士其外曰欽賢館以待大賢翹材館以待大

材推士館以待國士
又曰梁孝王遊於忘憂之館進諸游士各使爲賦隱訣易
靈館舍真臺有女真二人爲主一曰張微子二曰傅禮和
晉宮闕名云華林館有繁昌館建康館顯昌館延祚館壽
安館千禄館
班孟堅西都賦云於是天子乃登屬玉之館歷長楊之榭
子生夏五月余之長安壬寅于新安之千秋亭甲辰而弱
子失越翌旦乙巳瘞于亭
高允塞上公亭詩序曰延和三年余赴京師發石門北行
失道夜寓宿代之快馬亭其俗云古塞上公所貴之邑也
曰公有良馬因以命之此其所貴也負長城而面南山皁
澤帶其側涌波灌其前停騑策以流目抱遺風以依然仰
德音於在昔遂揮毫以寄言代人云塞上公姓李代之李

氏並其後也
張平子西京賦曰顧往昔之遺館獲林光於秦餘
又云郡國宮館百四十五右極盩厔并卷酆鄠
又云豫章珍館揭焉中峙
班婕妤自傷賦曰痛陽禄與柘館兮（皆宮名生二子處此二館皆失也）仍襁
褓而罹災豈妾人之殃咎兮將天命之不可求也
張衡西京賦曰既新作於迎風增露寒與儲胥託高基於山
岡直墆霓以高居（薛綜注曰此二者皆館名）
張衡東京賦曰其西則有平樂都場示遠之館龍雀盤蜿
天馬半漢
劉邵趙都賦曰置酒乎黄華之館
左思魏都賦曰營客館以周坊飾賓侶之所集
潘岳東都館賦曰東館者蓋東武陽侯之館也我而還居
謂余曰吾將老焉故有終焉之心而無移易之意子且爲
我賦之

傳舍

釋名曰傳傳也人所止息而去後人復來轉相傳無常人
也
史記相如爲趙王奉璧使秦王舍之廣成傳舍古縣也或
云秦始皇因爲望海臺
傳載曰鄭審開元中爲殿中侍御史充館驛使令每傳舍
立十二辰候自審始也

亭

釋名曰亭停也人所停集也
風俗通曰謹案春秋國語有寓望謂金亭也民所安定也
亭有樓從高省丁聲也漢家因秦大率十里一亭亭留也

今語有亭留亭待蓋行旅宿食之所館也亭亦平也民有
訟諍吏留辯處勿失其正也
漢書項羽傳曰烏江亭長檥舡待羽
又曰武帝元封元年幸緱氏登太室上聞万歲聲者三故
立万歲亭
又韓信傳曰信從下鄉南昌亭長食（張晏曰下鄉縣屬淮陰）亭長妻苦
之乃晨炊蓐食
又曰李廣嘗夜從一騎至霸陵（霸陵亭尉醉呵）止廣宿亭下
續漢書曰靈帝到夏門亭使竇武持節以王青蓋迎入殿
中
又曰蔡邕避難在吳告人曰吾昔至會稽高遷亭見竹椽
從東間數第十六可以爲笛取用果有異聲
東觀漢記曰王郎起光武自薊東南馳晨夜至饒陽無蔞

亭時天寒衆皆飢馮異上豆粥
又曰趙孝父爲田禾將軍孝嘗從長安來欲止亭亭長難
之言有貴客過掃灑不欲穢汙地良久乃聽止吏因問曰
田將軍子從長安來何時發幾日至孝曰尋到矣
張璠漢記曰楚騂爲天水太守之官與故太守喪會於隴
亭堂吏移喪避騂騂讓喪於正堂關西稱之
謝承後漢書曰倉梧廣信女子蘇娥行宿鵲巢亭爲亭長龔
壽所殺及婢致富取財物埋置樓下交阯刺史周敞行部
宿亭覺壽姧罪奏之殺壽（列異傳云鵠奔亭）
漢官典職曰洛陽二十四街街一亭十二城門門一亭
魏略曰從長安至大秦人民連屬十里一亭
魏書曰元皇后以漢延熹三年二月生齊郡白亭有黃氣
滿室移日不散

吳志曰孫權將如吳親乘馬射虎庱亭馬爲虎所傷權投
以雙戟虎即斃
又曰太史慈與劉繇住縣立屯府大爲山越所附孫策躬
自攻討遂見囚執策即解縛捉其手曰寧識神亭戰時耶
若卿尒得我云何慈曰未可量也策大笑
王隱晉書曰徐苗字叔胄高密淳于人也曾祖華至行感
靈夜有神人告亭欲崩苗出亭崩得免
又曰王羲之初渡江會稽有佳山水名士多居之與孫綽
許詢謝尚支遁等宴集於山陰之蘭亭
崔鴻十六國春秋曰慕容垂請入鄴城拜廟符不許乃潛
服而入亭吏禁之垂怒斬吏燒亭而去
沈約宋書曰孔甯子與王華並有富貴之願自徐羡之等
秉權日夜構之於太祖甯子嘗東歸至金昌亭左右欲泊
船甯子命去之曰此弑君亭不可泊也
又曰徐湛之爲廣陵郡守善爲政威惠並行廣陵城舊有
高樓湛之更加脩整更起風亭月觀吹臺琴室果竹繁茂
花藥成行
帝王世紀曰桀敗於鳴條之野案孟子舜卒鳴條乃在東
夷之地或言陳留平丘今有鳴條亭在安邑之西
世說曰過江諸人每至暇日輒相要出新亭藉卉飲宴周
侯在坐而歎風景不殊舉目有江河之異皆相視流涙唯
丞相愀然變色曰當共勠力王室尅復神州何至作楚囚
相對泣耶
夢書曰亭爲積功民所成也夢築亭者功積成也夢亭壞
敗恩澤傷也
韋耀雲陽賦曰八鄉九市亭候三六列樹表塗路有廬宿

丹陽記曰京師三亭新亭吳舊亭也故基淪毀隆安中有
丹陽尹司馬恢移創今地謝石創征虜亭三吳揩紳創治
亭並太元中
尋陽記曰稽亭北瞰大江南望高岳淹留遠客因以爲名
焉
劉楨京口記曰劫亭湖亭通阿湖陵郡治丹徒縣八縣來
往經過此湖中多劫於邊立亭因以爲名
裴淵明廣州記曰尉佗築臺以朔望外拜號爲朝拜臺傍
江構起華館以送陸賈因稱朝亭
永嘉記曰樂城縣三京亭此亭是祖送行人之所
王韶之始興記曰淘水源有堯山長嶺衡亘遠望如陣雲
山下有平陵陵上有古大堂基十餘處雖已夷漫而猶可
識謂曰堯故亭父老相傳堯南巡登此山故亭即其行宮

三齊略記曰曲城齊城東有万歲水水北有万歲亭漢武帝所造

伏琛齊地記曰平壽城西北有平望亭亦古縣也或云秦始皇因爲望海臺 莊子曰仁義者先王之遽廬也注傳舍也

華延雋洛陽記曰城內都亭華林奉常廣世昌益廣莫定陽應要纂室廣陽西明万歲文陽東明視中東因建春止奸德宮東陽千秋安衆孝敬清明二十四亭河陰界東出戶鄉亭南泉亭街郵亭

孔曄會稽記云江夏太守宋輔於重山南白樓亭立學教授

又郡國志云沛國桓儼避地至會稽聞陳業賢而往候之不見臨去入交州留書繫白樓亭柱而別

鄱陽記曰白雲亭在縣西南旁對干越亭而峙焉跨古城之危瞰長江之深隋州刺史劉長卿題詩曰孤城上與白雲齊因以白雲爲名

豫章記曰徐孺子墓在郡南十四里曰白杜亭吳嘉禾中太守長沙徐熙於墓隧種松太守南陽謝景於墓側立碑永安中太守梁郡夏侯嵩於碑邊立思賢亭松碑亭今並在松大合抱亭世世脩治至今謂之謝君亭

越絶書曰女陽亭者勾踐入官於吳夫人從道產女於亭養於雋李謂之語兒鄉

郡國志皇甫謐云鳴條之野立鳴條亭

又曰涼州候馬亭貳師伐大宛得天馬感西風頓羈而逸至燉煌北塞下鳴而去貳師候於此遂名之

又曰韶州瀧溪里有三楓亭

又曰濟州周首亭即罡長狄喬如首於山西是也

又曰冀州華陽亭即嵇叔夜學琴於此

又曰幽州督亢亭即荆軻以地圖獻秦處

又曰郴州武丁岡有樂亭即太守欒巴所建也

又曰柯亭一名千秋亭又名高遷亭會稽記云漢議郎蔡邕避難宿於此亭仰觀椽竹知有奇響因取爲笛果有異聲

又曰潤州覆舟山有閱風亭

襄江記峴山亭在襄陽縣東一十里今基跡尚存

兩京新記曰西京苑內有望雲亭鞠場亭桃園亭真興亭神皐亭園桃亭臨渭亭永泰亭南昌國亭北昌國亭流杯亭青門亭邵平種瓜之所也

又曰東京上陽宮有曜掌亭九洲亭

又曰東都苑内有金谷亭凝碧池建安記曰止馬亭在飛蛾嶺口馬之登降於此止息故名之

太平御覽卷第一百九十四

太平御覽卷第一百九十五

居處部二十三

逆旅　道路　馳道

塗　阡陌　街

巷

逆旅

左氏傳僖公上曰荀息假道於虞曰今虢爲不道保於逆旅以侵敝邑之南鄙

史記曰師尚父東就國道宿行遲逆旅之人曰吾聞時難得而易失客寢甚安殆非就封者也太公聞之夜衣而行至國萊侯來伐與之爭營丘

漢武帝故事曰上嘗至柏谷夜投亭宿亭長不內乃宿於逆旅逆旅翁謂上曰汝長大多力當勤稼穡何忽帶劍群聚夜行動衆此不欲爲盜則淫耳上默然不應因乞漿飲翁曰吾正有溺無漿也有頃還內上使人覘之見翁方要少年十餘人皆持弓矢刀劍令主人嫗出安過客嫗歸謂其翁曰吾觀此丈夫乃非常人也且亦有備不可圖也不如因禮之其夫曰此易與耳鳴鼓會衆討此群盜何憂不尅嫗曰且安之令其眠乃可圖也翁從之時上從者十餘人既聞其謀皆懼勸上夜去上曰去必致禍不如且止以安之有頃嫗出謂上曰諸公子不聞主人翁言乎此翁好飲酒狂悖不足計也今日具令公子安眠無他嫗因還內時天寒嫗酌酒多與其夫諸少年皆醉嫗出謝客殺雞作食平明上去是日還宮乃召逆旅夫妻見之賜嫗金十斤其夫爲羽林郎自是懲戒希復微行

續漢書五行傳曰靈帝數遊戲於西園中令後宮采女爲客舍主人身爲商賈服行至舍采女下酒食因共飲食以爲戲樂

東觀漢記曰第五倫自度仕宦牢落遂將家屬客河東變易姓名自稱王伯齊常與奴載鹽北至太原販賣每所止客舍去輒爲糞除道上號曰道士開門請求不復責舍宿直

范曄後漢書曰周防字偉公父楊少孤微常脩逆旅以供過客而不受其報

郭林宗別傳曰林宗每行宿逆旅輒躬洒掃及明去後人至見之曰此必郭有道昨宿處也

晉書曰桑虞嘗行寄逆旅同宿客失脯疑虞爲盜虞默然無言便解衣償之主人曰此舍數失魚肉雞鴨多是狐狸偷去君何以疑人乃將脯主至山冢間尋求果得遺脯以衣還虞虞投之不顧

說苑曰鄭桓公會封於鄭暮舍於宋東之逆旅逆旅之叟從外來曰客將焉之曰會封於鄭逆旅之叟曰聞之時難得而易失也今客之寢安殆非就封者也鄭桓公聞之援轡自駕行十日十夜至即有與之爭封者。楚辭七諫曰路室女之方桑路室客舍孔子過之以自侍言孔子出遊過於客舍其女方採桑一心不視善其貞信故以自侍

潘岳客舍議曰　尚書勑客舍廢農姧淫亡命敗亂法度皆當除壞十里安一官舍使老小貧民守之又差吏掌主依官舍收錢數春農事興求須之闕謹案客舍逆旅久矣其所由來矣行者賴以頓止居者薄收其直交易貿遷各得其所官無役賦而因民成利惠加百姓而公無所費語曰許由辭帝堯之命而舍於逆旅自唐到今未有不得客

舍之法

道路

爾雅曰廟中路謂之唐一達謂之道路二達謂之岐旁三達謂之劇旁（今南陽冠軍樂鄉數交錯道路俗呼之五劇鄉）四達謂之衢五達謂之康六達謂之莊七達謂之劇驂（三道交復有一岐出者北海劇縣有此道）八達謂之崇期（四道交出）九達謂之逵（四道交出復有旁通者）

又曰大路謂之奔

說文曰一達謂之道路又曰馗九達道也似龜背故謂之馗

易曰艮爲徑路王廙注曰物始故爲徑路

又曰何天之衢道大行也

又曰憧憧往來朋從爾思

詩曰道之云遠曷云能來

又曰行路遲遲中心有違

又曰踧踧周道鞠爲茂草

又曰路阻且躋（躋升）

又曰周道逶遲（歷遠貌）

又曰周道如砥（貢賦均平）

又曰有杕之杜行彼周道

又曰遵大路兮摻執子之袪兮

又關雎兔罝曰肅肅兔罝施于中逵

周禮夏官曰合方氏掌天下道路

又曰司險掌九州之圖以周知其山林川澤之阻而達其道路

又夏官候人曰各掌其方之道

禮記檀弓曰哀公使人弔蕢尚遇諸道於路畫宮而受弔焉（哀公魯君也畫宮畫地爲宮象）曾子曰蕢尚不如杞梁之妻知禮也

又月令曰三月開通道路

又曰道路男子由左婦人由右車從中央

左傳曰公孫閼與潁考叔爭車潁考叔挾輈以走子都拔戟以逐之及大逵弗及子都怒

又曰盟諸王父之衢

史記曰文帝行至霸陵慎夫人從上示慎夫人新豐道曰此走邯鄲道也

東觀漢記曰逢萌被徵上道迷不知東西云朝所徵我者爲聰明叡智有益於政方面不知安能濟政即駕而歸

國語曰夫辰角見而除道故夏令曰九月除道（賈逵注曰辰角大辰蒼龍之角角星名也）

家語曰武王克商通道于九夷八蠻

魏晉春秋曰阮籍有時率意獨行不由徑路車跡所窮輒慟哭而返

陸機洛陽記曰宮門及城中大道皆分作三中央御道兩邊築土牆高四尺餘外分之唯公卿尚書章服道從中道凡人皆行左右左入右出夾道種榆槐樹此三道四通五達也

淮南子曰楊朱見岐路而哭曰可以南可以北

又曰聖人之道如衢設罇過者斟酌之

博物志曰文王以太公爲灌壇令其年風不鳴條文王夢一婦人甚麗當道哭問其故曰我東山女嫁爲西海婦行必以暴風雨今灌壇令當吾道有德吾不敢以風雨過也

十洲記曰天帝君之城仙眞之人出道徑自有一路內到鍾山海阿門外天帝君拗然九天之維貴無比焉

崔豹古今輿服注曰𨇾蹕所以戒徒行蹕路也謂行者𨇾於途路

列子曰堯治天下五十年不知其天下治歟不治歟微服遊於康衢聞兒童謡曰立我烝民莫匪尔極

任豫益州記曰江油左擔道案圖在陰平縣北於成都爲西其道至險自北來者擔在左肩不得度擔也鄧艾束馬懸車處

郡國志曰雍州軹道在通化門東北十里

又曰朱超石與兄書曰洛下道路本好青槐蔭路可愛

列子曰楊子之鄰人亡羊既率其黨又請楊子之豎追楊子曰亡一羊何追者衆曰多歧路既反問獲羊乎曰亡之矣歧路之中又有歧焉吾不知所之而反

揚子曰大道以多歧亡羊學者以多方喪生

韓子曰魯以五月起衆爲長溝子路私爲漿飯要作溝者

於五甫之衢孔子譏其不知禮也

楚辭曰心不怡之長久憂以之相接惟郢路之遼遠兮江與夏之不可涉

古樂府詩曰相逢狹路間道隘不容車

古詩曰驅車駕言邁悠悠涉長道

馳道

史記賈山曰秦爲馳道東窮燕齊南極吴楚江湖之上瀕海之觀畢至道廣五十步三丈而樹厚築其外隱以金椎以鐵椎築之隱於靳反樹以青松十里一亭亭有長十亭一鄉鄉有三老有秩嗇夫游徼三老掌教化嗇夫職聽訟收賦稅游徼徼循盜賊秦制也

漢書曰江充出逢館陶長公主行馳道中充聞之公主曰有太后詔充曰獨公主得行車騎皆不得盡劾沒入官充從上甘泉逢太子家使乘車馬行馳道中充以屬吏太子聞之使人謝充曰非愛車馬誠不欲令上聞之以教敕亡素者唯江君寬之充不聽遂白奏上曰人臣當如是矣大見信用威震京師

又曰惠帝爲東朝長樂宮作複道方築高帝廟南叔孫通曰陛下何築複道高帝寢衣冠月出遊高廟奈何令子孫宗廟道上行哉惠帝懼曰急壞之通曰人主無過舉今已作百姓皆知矣願陛下爲原廟渭北衣冠月游之益廣宗廟大孝本也帝從之

又曰元帝即位成帝爲太子上嘗召太子出龍樓門不敢絶馳道至直城門得絶乃度上遲之問其故以狀對上乃令太子被召得絶馳道

又曰上居雒陽南宮從複道望見諸將往往數人偶語上曰此何語良曰陛下不知乎此謀反耳上曰天下屬安定

何故而反良曰陛下與此屬取天下今陛下已爲天子而所封皆蕭曹故人所誅者皆平生仇怨今軍吏計功天下不足以徧封又恐見疑過失及誅故相聚謀反耳上迺憂曰爲將奈何良曰上平生所憎羣臣所共知誰最甚者上曰雍齒與我有故數窘辱我良曰今急先封雍齒以示羣臣則人人自堅矣於是置酒封雍齒爲什方侯而急趣丞相御史定功行封羣臣皆喜曰雍齒且侯我屬無患矣

塗

易震卦曰震大塗王廙注曰大塗万物所出

論語陽貨曰道聽而塗說德之弃也

尔雅曰堂塗謂之陳路依塗

吕氏春秋曰孔子用魯三年男行乎塗左女行乎塗右財物之遺者民莫之舉

司馬相如上林賦曰長塗中宿

阡陌

史記曰商鞅相秦孝公壞井田開阡陌

漢書游俠傳曰原涉迺大治冢舍周閣重門初武帝時京兆尹曹氏葬茂陵民謂其道爲京兆阡涉慕之迺買地開道立署曰南陽阡人不肯從謂之原氏阡

趙書曰佛圖澄建武末卒葬鄴西紫陌先造生墓已數年矣

三輔故事曰文王武王周公召公皆葬畢陌南北

風俗通曰南北曰阡東西曰陌

曹植詩曰東西經七陌南北越九阡

陸機詩曰迴渠繞曲陌通波扶直阡

街

說文曰街四通道也

漢書曰張敞無威儀罷朝會走馬章臺街（瓚曰在長安建章臺下街也）

郡國志曰雍州司天臺西北有香室街

又曰夕陰街在右扶風南

東觀漢記曰建武時天下墾田皆不實詔下州郡檢實時州郡各遣使奏事帝見陳留吏牘上有書視之云潁川弘農可問河南南陽不可問帝詰吏吏言於長壽街得之

漢官典職曰洛陽有二十四街街一亭

華氏洛陽記曰兩銅駝在官之南街東西相對高九尺漢時所謂銅駝街洛陽又有香街

三輔故事曰太上皇在長安香街南高廟在長安城門街東太常街南

漢宮殿疏曰長安有八街九市

風俗通曰京師有長壽街萬歲街土馬街若此非一街者推乃也離也四出之路攜離而別

巷

毛詩緇衣曰子之丰兮俟我乎巷兮（巷門外也）

又曰叔于田巷無居人叔于狩巷無飲酒叔適野巷無服馬

又曰姜嫄始生后稷誕寘之隘巷牛羊腓字之

論語孔子曰賢哉回也一簞食一瓢飲在陋巷人不堪其憂回也不改其樂

爾雅曰宮中謂之壼

漢書曰陳平家貧負郭窮巷以弊席爲門門外多長者車轍

晉書曰紀瞻性靜默少交游好讀書或手自抄寫凡所著述詩賦牋表數十篇兼解音樂殆其妙厚自奉養立宅於烏衣巷館宇崇麗園池竹木有足賞翫焉

丹陽記曰七戰巷者庾亮與蘇峻戰宣陽門外峻初小退尋復來攻交戰者七亮乃南奔故有此名

商君書曰窮巷多恠曲學多辯也

尸子曰舜之方陶不能利其巷也及南面而君天下蠻夷皆被其福

太平御覽卷第一百九十五

太平御覽卷第一百九十六

居處部二十四

苑囿

風俗通曰苑蘊也言薪蒸所蘊積也

又曰囿者畜魚鱉之處也囿猶有也

說文曰苑有園曰囿一曰養禽獸曰囿

毛詩文王靈臺曰王在靈囿麀鹿攸伏

左傳僖上曰齊侯與蔡姬乘舟于囿蕩公公懼變色禁之不可公怒歸之未絕蔡人嫁之

又成下曰十八年秋築鹿囿書不時也

又曰冬築郎囿書時也季子欲速成叔孫昭子曰焉用速成其以勦民也無囿猶可無民其可得乎

又曰鄭之有原圃猶秦之有具囿注皆囿名也

毛萇詩注曰囿所以養禽獸天子百里諸侯四十里

大戴禮曰正月祭韭囿

周官曰囿人掌囿游之獸禁鄭玄注云囿游囿之離宮小苑遊觀處也禁者其蕃衛也囿游之獸游牧之獸也

史記曰漢二年東略地諸故秦苑囿園池皆令民田之

又滑稽傳曰秦始皇欲大苑囿東至函谷關西至陳倉優旃曰善多縱禽獸於其中寇從東方來令獸觸之足矣始皇以故輟止

又蕭相國請曰上林中多空地願令民得田苑中上大怒曰相國多受民財乃爲民請吾苑乃下廷尉械繫數日王衛尉侍曰便於民而請真宰相事陛下距楚數歲陳豨黥布反上自擊之當是時相國守關中搖足則關已西非陛下有也相國不此時爲利今乃利賈人之金乎陛下何疑於是使持節赦出何徒跣謝上曰休矣相國爲民請吾苑吾不許我不過爲桀紂主而相國爲賢耳

漢書曰武帝好微行數出也然尚迫於太后未敢遠出丞相御史知旨乃使右輔都尉徼循長楊以東右內史發小民供待會後乃私置更衣從宣曲以一十二所中休更衣師古曰宣曲宮名在昆明池西投宿諸宮長楊五柞倍楊宣曲尤幸於是上以爲道遠勞苦又爲百姓所患乃使太中大夫吾丘壽王待詔能用算者二人舉籍阿城以南阿城本秦阿房宮也盩厔以東宜春以西隄封頃畝及其賈直欲除以爲上林苑屬之南山又詔中尉左右內史表屬縣草田欲以償鄠杜之民時東方朔在傍進諫曰臣聞謙遜靜愨天表之應應之以福驕溢靡麗天表之應應之以異今陛下累郎臺恐其不高也師古曰郎者堂下周屋也弋獵之處恐不廣也如天不爲變則三輔之地盡可以爲苑何必盩厔鄠杜乎奢侈越制天爲之變上林雖小臣尚以爲大也夫南山天下之陌也南有江淮北有河渭其地從汧隴以東商雒以西厥壤肥饒漢興去三河之地止霸產以西都涇渭之南此所謂天下陸海之地秦之所以虜西戎兼山東者也其山出玉石金銀銅鐵豫章檀柘異類之物不可勝原師古曰原本也言說不能盡其根本也此百工所取給万民所足卬也又有秔稻梨栗桑麻竹箭之饒土宜薑芋水多鼃魚貧者得以人給家足無飢寒之憂故酆鎬之間號爲土膏其賈畝一金今規以爲苑絕陂池水澤之利而取民膏腴之地上乏國家之用下奪農桑之業棄成功就敗事損耗五穀是其不可一也且盛荊棘之林而長養麋鹿廣狐兔之苑大虎狼之墟又壞人冢墓發人室廬令幼弱懷土而思耆老泣涕而悲是

其不可二也斥而營之垣而囿之騎馳東西車騖南北又
有深溝大渠夫一日之樂不足以危無隄之輿（蘇林曰隄限也輿乘輿也不敢斥天子故言輿也張晏曰一日之樂謂田獵也無隄之輿謂天子富貴無隄限也）是其不可
三也故務苑囿之大不恤農時非所以強國富人也夫殷
作九市之宮而諸侯叛（應劭曰紂於宮中設九市）靈王起章華之臺而
楚民散秦興阿房之殿而天下亂糞土愚臣忘生觸死逆
盛意犯隆指罪當万死不勝大願願陳泰階六符（孟康曰泰階三台也每台而二星凡六星符六星之符驗也應劭曰黃帝泰階六符經曰泰階者天之三階也上階為天子中階為諸侯公卿大夫下階為庶人上階上星為男下星為女主中階上星為諸侯三公下星為卿大夫下階上星為元士下星為庶人三階平則陰陽和風雨時社稷神祇咸獲其宜天下大安是謂太平三階不平則五神乏祀日有食之水旱不浸稼穡不成冬雷夏霜百姓不寧故治道傾天子行暴令好興兵甲修宮室廣苑囿則上階為之奄奄疏闊也以孝武皆有此事故朔為陳之）以觀天變不可不省是日因奏泰階之
事上乃拜朔為大中大夫給事中賜黃金百斤然遂起上
林苑

又曰武帝建元三年微行始出北至池陽西至黃山南獵
長楊東遊宜春（宮名）八九月中侍中常侍武騎及待詔隴
西北地良家能騎射者期諸殿門故有騎門之號自此始
也日一入山下馳射鹿豕狐兔手格熊羆馳騖禾稼秔稻
之地民皆號呼罵詈也

又曰宣帝神爵三年起樂游苑三輔黃圖云在社陵

又曰元始元年罷安定呼池苑以為安民縣

又曰枚乘說吳王曰漢上林離宮積聚玩好圈守禽獸不
如長洲之苑游曲臺臨上路不如朝夕之池

又曰戾太子既冠就宮為立博望苑以通賓客

苑肆後漢書曰永初六年春正月庚申詔越巂置長利高
望始昌三苑又令益州置万歲苑犍為置漢平苑

又曰延熹二年初造顯陽苑置丞尉

又曰安帝永初元年以廣成遊獵地假與貧民貧民廣成
苑名在汝州

又曰靈帝光和三年作畢圭靈昆苑（畢圭苑有二東畢圭周一千五百步中有魚梁臺西苑周三千三百步並在洛陽宣平門外）

又曰靈帝光和五年始置圃囿署以宦者為令

又曰楊賜為少府光祿勳代劉郃為司徒帝欲造畢圭靈
琨之苑賜上疏諫曰竊聞使者並出規度城南人田欲以
為苑昔先王造苑囿裁足以修容三驅之禮薪萊芻牧皆
悉往焉先帝之制左開鴻池右作上林（鴻池在洛陽東上林在西）不奢
不約以合禮中今猥規郊城之地以為苑囿壞沃衍廢田
園驅居人畜禽獸殆非所謂若保赤子之義今城外苑已
有五六（陽嘉元年起西苑延熹二年造顯陽苑洛陽宮殿名有平樂苑上林苑桓帝延熹元年置鴻德苑）

可以逞情意順四節也宜惟夏禹卑宮太宗露臺之義以
慰下人之勞書奏帝意欲止以問侍中任芝中常侍樂松等
曰昔文王之囿百里人以為小齊宣七十里人以為大今
與百姓共之無害於政也帝悅遂令築苑

漢官典職曰宮內苑聚土為山十里九坂種奇樹育麋鹿
麑麂鳥獸百種激上河水銅龍吐水銅仙人銜杯受水
下注天子乘輦遊獵苑中

漢舊儀曰上林苑中廣長三百里置令丞左右尉苑中養
百獸天子遇秋冬獵射苑中取禽無數其中離宮七十所皆
容千乘万騎

又曰武帝時使上林苑中官奴婢及天下民貧貲不滿五
十万徙置苑中人日五錢到帝得七十億万以給軍擊西
域

續漢獻帝紀曰昭寧元年董卓住兵屯陽苑使者就拜司空

續漢書百官志曰上林苑令一人六百石主苑中禽獸

東觀漢記曰桓帝延熹元年初置鴻德苑

張璠漢記曰梁冀多規苑囿西至弘農東至滎陽南入魯陽北到河淇周旋千里

崔鴻十六國春秋後趙録曰趙王八年春正月立桑梓苑於襄國

又後燕録曰慕容熙築龍騰苑廣袤十餘里役徒二萬人又起景雲山苑內基廣五百步峰高十七丈又起逍遥宮甘露殿連房數百觀閣相交鑿天河渠引入宮

晉宮閣名曰洛陽有洪德苑靈昆苑平樂苑

河南十二境簿曰河南縣有鹿子苑洛陽城西有桑梓苑

孟子曰齊宣王問孟子曰文王之囿方七十里有諸何其大也孟子曰民猶以爲小也王曰寡人囿方四十里民以爲大何故曰文王之囿芻蕘雉兔者往焉與民同之民以爲小宜矣王之囿殺麋鹿者如殺人之罪（猥以四十里爲阱於國中也民）以爲大不亦宜乎

呂氏春秋曰昔先王之爲苑囿園池足觀望勞形而已矣非好儉節乎性也

陶季直京都記曰覆舟山周迴二十里有林名白水苑

又曰建康縣北吳朝爲桂林苑

南朝宮苑記曰樂游苑在覆舟山南北連山築臺觀苑內起正陽林光等殿

又曰桂林苑在落星山之陽吳都賦云數軍實于桂林之苑即此也

又曰芳林苑一名桃花園本齊高帝舊宅在廢東府城東邊秦淮大路北齊王融作曲水詩序載懷平浦乃睠芳林即此也

又曰南苑在臺城南鳳臺山宋孝武以南苑地給張永云且給三百年期訖更啓即此也

渚宮故事云湘東王於子城中造湘東苑穿地構山長數百丈植蓮蒲緣岸雜以奇木其上有通波閣跨水爲之南有芙蓉堂東有禊飲堂堂後有隱士亭北有正武堂堂前有射堋馬埒其西有鄉射堂堂安行堋可得移動東南有連理太清初生此連理當時以爲湘東踐祚之瑞北有映月亭脩竹堂臨水齋前有高山山有石洞潛行宛委二百餘步山上有陽雲樓極高峻遠近皆見北有臨風亭明月樓顏之推云屢陪明月宴並將軍邑義熙所造

三輔黃圖曰宮二觀十四在甘泉苑垣內甘泉苑起仙人觀

石虎鄴中記曰鄴城西三里桑梓苑有宮臨漳水凡此諸宮皆夫人侍婢又並有苑囿養獐鹿雉兔虎數游宴其中

西京雜記曰廬陵王子有勇力恒於别囿學格熊羆後遂能空手搏之

又曰樂游苑自生玫瑰樹樹下多苜蓿

又曰文帝爲太子立思賢苑以招賓

又曰梁孝王好宮室苑囿之樂作曜華之宮築兔園園中有白室山山上有膚寸石落猿巖棲龍岫又有鴈池池間有鶴洲鳧渚宮館相連延亘數里奇果異樹瑰禽怪獸靡不畢備王與宮人賓客弋釣其中

韓子曰秦大飢應侯請發五苑果棗栗以活民王曰秦法

賞有功誅有罪令發五苑是有功無功俱賞也
禮稽命徵曰外内之制各得其所四方之事無有畜滯則麒麟遊囿六畜繁多夭苑有德星應
白虎通曰苑囿所以在東方何苑囿養萬物者也東方所以生也
戰國策曰張儀說韓王曰大王不助秦鴻臺之宮桑林之苑非韓之有也
拾遺記曰黃帝爲養龍之囿
洞冥記曰北及玄坂去空同十七萬里日月不至其地自明有紫河萬里流沫千丈中有寒荷霜下方香茂也北有潰陽之山有兎如鼠能飛毛色光如漆以腦和丹食則不死帝使放兎於昭祥苑苑在甘泉宮西周千里萬國獻異物皆集此中

三輔黃圖曰甘泉苑起仙人觀緣山谷行至雲陽三百八十里入右扶風周迴五百四十里
兩京記曰東宮有九殿禁苑在宮城之北苑中有四面監分掌宮中種植及修緝又置苑總監都統並屬司農寺
又曰東都苑隋曰會通苑又改爲芳華
又曰神都苑周迴一百二十六里東面七十里南面三十九里西面五十里北面二十四里
司馬相如封禪文曰般般之獸樂我君囿

太平御覽卷第一百九十六

太平御覽卷第一百九十七

居處部二十五

園圃　圃

牢　藩籬

華表

園圃

說文曰園樹果圃樹菜也

易曰賁于丘園束帛戔戔

毛詩曰園有桃其實之肴

又曰折柳樊圃

周禮曰場人掌國之場圃而樹之果蓏珍異之物以時斂而藏之凡祭祀賓客供其果蓏享亦如之注云果棗栗之屬蓏瓜瓠之屬珍異蒲桃枇杷之屬

又曰大宰九職二曰園圃毓草木

又曰園廛二十而一注云以利少故二十而稅一也廛城市中空地

又曰圃以樹事貢草木謂果瓜葵韭

論語曰樊遲請學爲圃子曰吾不如老圃

史記曰梁有漆園楚有橘柚園

又曰王翦爲秦將伐楚請善田宅園池甚衆

漢書曰始曹參微時與蕭何善及爲宰相有隙至何且死所推賢唯參參代何爲相國舉事無所變更一遵何之約束擇郡國吏長大訥於文辭謹厚長者即召爲丞相史史之刻深欲務聲名輒斥去之日夜飲酒卿大夫以下吏及賓客見參不事事來者皆欲有言至者參輒飲以醇酒度其欲有言復飲酒而後去終莫得開說以爲常相舍後園近吏舍吏舍日飲歌呼從吏患之無如何迺請參遊後園聞吏醉歌呼吏幸相怒召按之迺反取酒張坐飲大歌呼與相和參見人之有細過掩匿覆蓋之府中無事

又曰董仲舒廣川人也以治春秋孝景時爲博士下帷講誦弟子傳以九次相授業或莫見其面蓋三年不窺園圃其精如此

後漢書曰法眞隱大澤講論藝術歷年不窺園圃也

又曰竇憲以賤直請奪沁水公主田園沁水明帝女主畏逼不敢言後肅宗駕出遊過園指以問憲憲陰喝不得對陰於禁反喝一介反噎塞也後發覺帝大怒責憲曰貴主尚見侵奪何況小人哉國家弃憲如孤雛腐鼠耳憲大震懼

魏志曰顏斐字文林爲京兆守於府下起菜園使吏授簡鋤治也

晉書曰范汪好學外氏家貧無以資給汪乃廬于園中布衣蔬食然薪寫書寫畢誦讀亦徧遂博學多通善談名理

又曰華廙既廢黜武帝後又登凌雲臺望見廙苜蓿園阡陌甚整依然感舊太康初大赦乃得襲封久之拜城門校尉遷左衛將軍數年以爲中書監

又曰和嶠性至儉家有好李帝求之不過數十王濟候其上直率少年詣園共啖畢伐樹而去

王隱晉書曰涼州牧張駿增築四城相去各千步東城殖園果命曰講武場北城殖園果命曰玄武圃皆有宮殿

宋書曰柳元景多産業居南岸有數十畝菜園時有人求之或留錢元景曰本立園自爲供啖豈求利耶

齊書曰世祖太子性頗奢麗宮內多雕飾精綺過於王宮開拓玄圃園與臺城北塹等其中起出池閣樓觀塔宇多聚奇石妙極

山水處上宮望見乃傍列脩竹内施高鄣造游牆數百間
施諸機巧宜須鄣蔽以晉明帝爲太子時立西池乃啓世
祖引前例求於東田起小苑上許之竆極制度
陳留耆舊傳曰范丹學通三經常自任灌園
向秀別傳曰秀與呂安灌園於山陽收其餘利以供酒食
之費
莊子曰子貢過漢陰見一丈人爲圃畦鑿隧而入抱甕而出
灌子貢曰有機於此一日浸百畦用力甚寡而見功多夫
子不欲乎爲圃者卬而視之曰奈何曰鑿木爲機後重前
輕挈水若抽其名爲橰爲圃者忿然作色而笑曰吾聞之
吾師有機械者必有機事有機事者必有機心機心存於
胷中則純白不備純白不備則神生不定神生不定者道
之所不載也吾非不知羞不爲也子貢告孔子孔子曰假

脩渾沌之術者也
雜記曰於陵子辭卿相而桔橰灌園
又曰戴宏爲河間相自免歸而灌蔬以經教授也
西京雜記曰茂陵富人袁廣漢藏鏹巨萬家僮八九百人於
邙山下築園東西五里百步激流水注其内搆石爲山高
十餘丈連延數里養白鸚鵡紫鴛鴦犛牛青兕奇禽怪獸
委積其間聚沙爲洲激水爲波潮其中江鷗海鶴乳雛産
鷇延漫林池奇樹異草靡不具植屋皆徘徊連屬重閣脩
廊行之移晷不能徧廣漢有罪誅没入爲園鳥獸草木僉移
上林苑中
又曰樂遊園自生玫瑰樹樹下多苜蓿苜蓿亦名懷風時
人或謂光風風在其間常蕭蕭然日照其花有光彩故名
苜蓿曰懷風茂陵謂之連枝草

又曰梁孝王兔園有落猿巖棲龍岫鴈池鶴洲鳧渚宮觀
相屬
隋圖經曰史記謂梁孝王築東苑方三百里是曰兔園
王褒雲陽記曰車箱阪下有梨園一頃樹數百株青翠繁
蔚望如車蓋
水經注曰睢水東南流入于竹圃水次緑竹蔭渚青青實
望世人言梁王竹園也
又曰玄埶灣中地數頃有栗園栗小殊不並固安之實也
然歲貢三百石以充天府水渚即栗洲樹木高茂望若屯
雲中有果堂甚閑敞牧宰英彦多所游薄
魏志曰芳林園桐園芳林後避少帝諱改爲華林晉宮
閣名靈芝園鄴有鳴鶴園蒲萄園華林園
司馬彪續漢書曰濯龍園在洛陽西北角也

郭仲產仇池記城東有苜蓿園
列女傳魯漆室之女曰昔有客繫馬園中馬逸踐葵使子
終歲不飽葵
淮南子曰園有螫毒葵藿爲之不採
陳留志曰園庚襄邑人也庚始居園中故代謂之園公
天文要集曰匏瓜爲天子果園又天園主果實如蓄儲
又曰芙蓉園本隋氏之離宮居地三十頃周迴十七里貞
觀中賜魏王泰泰死又賜東宮今屬家令寺園中廣厦脩廊連
亘屈曲其地延袤爽塏跨帶原隰又有脩竹茂林緑被岡
阜東坂下有涼堂堂東有臨水亭按黄圖曲池漢武所造
周迴五里池中遍生荷芰菰蒲冐間禽魚翔泳宣帝立廟
曲池之北名曰樂遊廟即今昇平坊内基趾是也此在秦
爲宜春苑在漢爲樂遊苑宇文愷營建京城以羅城東南

地高不便故欹此偶頭一坊餘地穿入芙蓉池以虛之

郡國志云西夷有荔支園僰僮施夷中最賢者古所謂僰僮之富多以荔支爲業園植萬株樹收一百五十斛

隋圖經曰司竹園在盩厔縣東十二里穆天子西征至玄池乃植竹即此是也

史記曰渭川千畝竹漢謂鄠杜竹林故有司竹都尉西都賦所謂鄠杜濱其足竹林果園芳草甘木也

圈

史記曰竇太后好黃老書召袁固問老子書固曰此家人言耳太后怒曰安得司空城旦書乎乃使固入圈擊豕

漢書曰孝武帝作建章宮度爲千門萬户其西則數十里虎圈

又曰李禹有寵於太子然好利亦有勇嘗與侍中貴人飲侵陵之莫敢應後愬之上上召禹使制虎懸下圈中未至地有詔引出之禹從洛中以劍斫絕纍欲刺虎（師古曰落與絡同謂當時紲絡而下也纍索也）上壯之遂救止焉

三輔故事曰師子圈在建章宮西南

列士傳曰秦召公子無忌無忌不行使朱亥奉璧秦王大怒將朱亥着虎圈中亥瞋目視虎虎不敢動

郡國誌曰雍州虎圈在通化門東二十五里秦王置朱亥於其中亥瞋目虎不敢動

漢文帝問上林尉處及馮婕妤當熊在此

漢宮殿疏曰有獸圈有師子圈武帝造秦故虎圈周匝三十五步長二十步西去長安十五里

牢

說文曰牢閑養牛馬圈也

詩曰乃造其曹執豕于牢注云曹羣也言摶豕於牢中以爲飲酒之殽

穆天子傳曰高奔戎獲虎畜于東虞命曰虎牢（事具州郡）

曹子建求自試表曰如微才不試沒世無聞禽息鳥視終於白首此徒圈牢之養物非臣之所志也

藩籬

易曰羝羊觸藩羸其角

詩曰折柳樊圃（或云藩）

左傳曰宋向戌請弭諸侯之兵襄公二十七年諸侯之大夫會于宋以藩爲軍注云示不相忌也

又哀十二年衛侯會吳于鄖吳人藩衛侯之舍子服景伯謂子貢曰夫諸侯之會事既畢矣侯伯致禮地主歸餼以相辭也今吳不行禮於衛而藩其君舍以難之子盍見太宰乃請束錦以行乃免衛侯

晉書曰庾袞字叔褒初袞諸父並貴盛唯袞父獨安貧約躬耕稼穡以給供養而執事勤恪與弟子樹籬跪以授條或曰今在隱屏先生何恭之過也答曰幽顯易操非君子意也

宋書曰謝瞻字宣遠弟晦時爲宋臺右衛權遇已重於彭城還都迎家賓客輻湊瞻在家驚駭謂晦曰吾家以遠退爲業汝遂勢傾朝野此豈門户福耶乃堅籬隔門庭曰吾不忍見此

南朝宮苑記曰建康籬門舊南北兩岸籬門五十六所蓋京邑之郊門也如長安東都門亦周之郊門江左初立並用籬爲之故曰籬門南籬門在國門西三橋籬門在今光宅寺側東籬門本名肇建籬門在古肇建市之東北籬門

今覆舟東頭玄武湖東南角今見有亭名籬門亭西籬門在石頭城東護軍府在西籬門外路北白楊籬門外有石井籬門

莊子曰顧遊其藩

閑居賦曰芳枳堅籬

宋玉對問曰藩籬之鷃

鷦鷯賦曰鷦鷯長於藩籬之下

華表

崔豹古今注程雅問曰堯設誹謗之木何也答曰今之華木以橫木交柱頭狀如華形似桔槔大路交衢悉施焉或謂之表木以表王者納諫亦以表識衢路秦乃除之漢始復焉今西京謂之交午柱

遼東華表 見鶴門

燕昭王墓前華表 見貍門

太平御覽卷第一百九十七

太平御覽卷第一百九十八

封建部一

叙封建

周禮夏官職方氏曰辨九服之邦國方千里曰王畿其外方五百里曰侯服又其外方五百里曰甸服又其外方五百里曰男服又其外方五百里曰采服又其外方五百里曰衛服又其外方五百里曰蠻服又其外方五百里曰夷服又其外方五百里曰鎮服又其外方五百里曰藩服凡邦國千里封公以方百里則四公方四百里則六侯方三百里則七伯方二百里則二十五子方百里則百男以周知天下

史記曰太史公曰殷以前尚矣周封五等公侯伯禽康叔於魯衛地各四百里親親之義褒有德也太公於齊兼五侯地尊勤勞武王成康所封數百而同姓五十地上不過百里下三十里以輔衛王室

又曰高祖定天下田横猶居海島帝喻之曰横來大者王小者侯

又曰齊威王召即墨大夫而語之曰自子之居即墨也毁日至然吾使人視即墨田野闢民人給官無事東方以寧是子不事吾左右以求譽也封之萬家

又曰鄒忌以鼓琴見齊威王王悦之三月而受相印淳于髡見之曰善説髡有愚志願陳諸前髡説畢即出至門而語其僕曰是人諸説之微言其應我若響之應聲是必封不久矣

漢書曰李廣與望氣王朔語曰自漢擊匈奴廣未嘗不在其中而諸校尉材能不及中以軍功取侯者十數人廣不爲人後然終無封邑者何也豈吾相不當侯耶朔曰將軍自念豈有所恨者乎廣曰吾爲隴西太守羌嘗反吾誘降八百餘人詐而同坑曰禍莫大於殺降此乃將軍所以不得侯也

東觀漢記曰上封功臣皆爲列侯大國四縣餘各有差博士丁恭等議曰古帝王封諸侯不過百里故利以建侯取法於雷上曰古之亡國皆以無道未嘗聞封功臣地而滅也

又曰馮勤爲郎中給事尚書以圖議軍粮在事精勤遂見親識由是使典諸侯封事

百官表注記曰王者之制公侯伯子男凡五等上大夫卿下大夫上中士下士凡五等周與隆三聖制法立爵五等封國八百親親建國則周公宅魯康叔啓衛賢賢表德則太公封齊九命既賜用征諸侯魯以周公之故郊祭昊天車服有裕季世陵遲僭施無度強弱相吞舊制不復循也禹貢徐州土五色王者取五色土以爲社封四方諸侯各割其方色土與之皆苴以白茅皆假銅虎竹使符第五夫爲諸侯始受封之各有菜地百里之諸侯以四十里爲菜地七十里之諸侯以二十里爲菜地五十里諸侯以十五里爲菜地其後子孫雖有黜地而菜地世世不黜

漢雜事曰天子太社以五色土爲壇封諸侯者取其土苴以白茅授之各以所封方之色以立社於其國故謂之受茅土漢興唯皇子封爲王者得茅土其他臣以户賦租入爲節不受茅土不立社

王隱晉書曰元康初楊駿輔政封賞過度石崇與散騎常

侍蜀郡何舉共爲駮議以爲陛下聖德光被皇靈啓祚正位宣化萬國歸心今承洪基此乃天授至於班爵行賞優於大始

崔鴻十六國春秋後燕録曰苻定苻紹等降慕容垂下書封紹等爲侯以酬秦王之恵且擬三恪

吳越春秋曰吳王聞勾踐盡心自守增之以封越王乃使大夫種賚葛布十萬甘蜜九欓文笥七枚狐皮五雙以報增封之禮

韓子曰穰侯越魏而東攻齊五年秦不益一尺之地反成其陶邑之封應侯以攻韓八年成其汝南之封自是以來諸用秦者皆應穰之類也故勝戰則大臣尊益地則私封立

説苑曰鄭桓公東會封於鄭舍於宋東之逆旅逆旅之叟從外來曰客將焉之曰會封於鄭逆旅之叟曰聞之時難得而易失也今客之寢安殆非會封者也鄭桓公聞之援轡自駕其僕接淅而載之

秦子曰今有卿相之才居壯之位脩其治政以寧國家未必封侯也今軍政之法斬一牙門將者封侯夫斬一將之功孰與安寧天下者安寧天下者不爵斬一將之功者封侯失賞之意也

又曰春秋鄭莊公封毋弟於京祭仲曰都城過制國之害也其後卒相攻伐國内大亂故過度則有强臣之禍鄙小則有微弱之憂秦以列國之勢而并天下自以由諸侯而起之也於是去五等之爵而致郡縣雖有親子母弟皆爲匹夫及其政衰夫一呼而天下去及至漢家見亡秦以孤特亡也於是大封子弟或連城數十廓地千里自關已東皆爲王國力多而權重故亦有七國之難

白虎通曰王者即位先封賢者憂民之急也故列土分疆非爲諸侯張官設府非爲卿大夫皆爲民也封諸侯以夏何陽氣盛養故以封諸侯盛養賢也立人君陽德之盛者也

又曰受命之王致太平之美羣臣上下之功故盡封之乃中興征伐大功皆封所以褒大功也盛德之士亦封之所以尊有德封者必試之爲附庸三年有功因而封之五十里凡士有功者亦爲附庸附世其位大夫有功成封五十里卿成封七十里公成封百里

又曰公居百里侯居七十里何封示之優賢義欲褒尊而上之何以知爵家侯不過七十里曰土有三等有百里七十里五十里公卿大夫者何謂也内爵稱也爲爵稱公卿大夫何爵者量其職盡其才公之爲言公正無私也卿之爲言章也善明也大夫之爲言大扶扶進人也

王充論衡曰堯舜之人可比屋而封桀紂之人可比屋而誅

曹植遷都賦曰余初封平原轉出臨淄中命鄄城遂徙雍丘改邑浚儀而末將適于東阿號則六易居實三遷連遇瘠土衣食不繼

爵

易中孚卦曰鳴鶴在陰其子和之我有好爵吾與爾靡之

左傳襄公三年曰齊莊公爲勇爵（設爵位以命勇士）殖綽郭最欲與焉州綽曰東閭之役臣左驂迫還於門中識其枚數（識門枚檛）其可與乎公曰子爲晉君也對曰臣爲隸新然二子者譬之禽獸臣食其肉而寢其皮矣（言嘗射得之也）

白虎通曰爵五等者法五行或三等者法三光或法三或法五何質者據天故象三光文者據地故法五行

禮含文嘉曰殷爵三等周爵五等各有宜也

王制曰王者之制爵祿凡五等謂公侯伯子男此據周也所以名之爲公侯何公者公正無私之意侯者侯順逆故也

孝經援神契曰二王之後稱公大國侯皆千乘象雷百里所潤雲雨同

史記曰秦聞馬服子將乃陰使白起爲上將軍奇兵絶趙軍後趙軍分而爲二糧道絶秦王聞趙食道絶王自之河內賜民爵各一級發十五已上悉詣長平遮絶救之

又曰秦始皇四年百姓內粟千石拜爵一級

漢書曰惠帝元年民有罪得賣爵三十級以免死罪應劭曰一級直錢二千凡爲六萬若今贖入三千疋強矣晉灼武帝一級七十萬始皇本紀入粟千斛拜爵一級時制各異者也賜民爵戶一級六年令民得賣爵

又曰衛青比年擊胡賦稅既竭不足以奉戰士有司請令民得買爵及贖禁錮免賦罪請置賞官名曰武功爵也

又曰宣帝五鳳四年大司農中丞耿壽昌奏設常平倉以給北邊省轉漕賜爵關內侯

袁山松後漢書曰建寧二年爵乳母趙嬈爲平氏君

魏書曰太祖置名號侯爵十八級關中侯爵十七級關外侯十六級五大夫十五級與舊列侯凡六等

魏氏春秋曰黃初三年帝欲封太后母尚書陳羣奏曰案典籍之文無婦人分土命爵之制在禮婦人因夫爵秦違古法漢氏因之非先王之令典帝曰是也

晉書曰長樂馮恢父爲弘農太守愛少子淑欲以爵傳之恢父終服闋乃還鄉里結草爲廬陽瘖不能言淑得襲爵恢始仕

管子曰爵不尊祿不重者不與圖難犯危以其道爲未可以求之也是故先王制軒冕足以著貴賤不求其美設爵祿足以守其服不求其觀使君子食於道小人食於力

孟子曰有天爵者有人爵者仁義忠信樂善不倦此天爵也公卿大夫人爵也天爵以德人爵以祿古之人修天爵而人爵從之今之人脩其天爵以要人爵既得人爵而棄其天爵則惑之甚者也

商君書曰明王之所貴唯爵其賞不榮則民不急其列不顯則民不事爵易得也則民不貴

淮南子曰爵祿者人臣之銜轡

說苑曰晉文公出亡周流天下舟之僑去虞而從文公文公反國擇可爵而爵之擇可祿而祿之舟之僑獨不與焉文公酌諸大夫酒酒酣公曰二三子盍爲寡人賦乎舟之僑曰君子爲賦小人請陳其辭辭曰有龍矯矯頓失其所一蛇從之周流天下龍反其淵蛇穿其藪公矍然曰子欲爵也請待旦日之朝子欲祿耶請今命廩人之　僑曰請而得其賞廉者不受也言盡而名至仁者不爲也遂退終身誦甫田之詩

風俗通曰漢武帝諱徹改曰通侯或曰列侯秦時六國未平將帥皆家關中故稱關內侯通侯言其功大通於王室列者言其功德列著乃饗爵也

王粲爵論曰爵自一級轉登十級而爲列侯譬猶秩自百石轉遷而至於公也而近世賞人皆不由等級從無爵封無列侯原其所以爵廢故也司馬法曰賞不踰時欲民速覩

為善之利也近世爵廢人有小功無以賞也乃積累焉須事足乃封侯非所以速為一而及時也上觀古比高祖功臣及白起衛鞅皆稍賜爵為五大夫客卿庶長以至於侯非一頒而封也夫稍稍賜爵與功大小相稱而俱登既得其義且侯次有緒使慕進者逐之不倦矣

異姓王封

漢書曰高祖定天下功臣異姓王者八國張耳吳芮彭越黥布臧荼盧綰與兩韓信皆徼一時之權變以詐力成功咸得裂土南面稱孤見疑強大懷不自安事窮勢迫卒謀叛逆終於滅亡張耳以知全至子亦失國唯吳芮之起不失正道故能傳號五世以無嗣絕澤流支庶有以矣夫以其不用詐力也

漢書曰張耳大梁人也少時及魏公子毋忌為客嘗亡命遊外黄外黄富人女甚美庸奴其夫亡邸父客父客謂曰必欲求賢夫從張耳女聽為請決嫁之女家厚奉給耳耳故致千里客宦為外黄令高祖為布衣時嘗從耳遊秦滅魏故購求耳千金耳變姓名之陳為里監門後項羽素亦聞耳賢迺分趙立耳為常山王田榮襲耳耳敗走漢漢二年遣耳與韓信擊破趙井陘斬陳餘泜水上四年夏立耳為趙王耳薨子敖嗣立為王

又曰韓信平齊使人言漢王曰齊夸詐多變反覆之國南邊楚不為假王以填音鎮之其勢不定今權輕不足以安之臣請自立為假王當是時楚方急圍漢王於滎陽使者發書漢王大怒罵曰吾困於此旦暮望而來佐我乃欲自立為王張良陳平從後躡漢王足因附耳語曰漢方不利寧能禁信之自王乎不如因立善遇之使自為守不然變生漢王亦寤因復罵曰大丈夫定諸侯即為真王耳何以假為遣張良立信為齊王徵其兵使擊楚

又曰彭越字仲昌邑人也常漁鉅野澤中為盜陳勝起歲餘澤間少年相聚百餘人往從越請仲為長乃行略地收諸侯散卒得千餘人沛公之從碭北擊昌邑越助之昌邑未下沛公引兵西越亦將其衆居鉅野澤中項籍入關王諸侯還歸越衆萬餘人無所屬齊王田榮叛項王漢乃使人賜越將軍印使下濟陰以擊楚大破楚軍漢二年拜越為魏相國將兵略定梁地漢王之敗彭城解而西也越皆亡其所下城獨將其兵北居河上漢三年越常往來為漢游兵擊楚項王與漢王相距滎陽越攻下睢陽外黄十七城漢王追楚為項籍所敗固陵迺謂留侯曰諸侯兵不從為之奈何留侯曰彭越本定梁地功多始君王以魏豹故拜越為相國今豹死亡後且越亦欲王而君王不蚤定今取睢陽以北至穀城皆許以王彭越則兵至矣於是漢王發使使越如留侯策使者至越乃引兵會垓下項籍死立越為梁王都定陶

又曰項羽入咸陽黥布為前鋒項王封諸將立布為九江王後與隨何俱歸漢漢王方踞牀洗而召布入見布大怒悔來欲自殺出就舍張御飲食從官如漢王居布又大喜過望漢益分布兵而與俱收兵至成皋四年秋七月立布為淮南王

又曰盧綰豐人也與高祖同里及高祖初起沛綰以客從入漢中為將軍項籍死使綰別將劉賈擊臨江王共尉還從擊燕王臧荼皆破平時諸侯非劉氏而王者七人上欲王綰羣臣觖望及虜臧荼乃下詔諸將相列侯擇羣臣有

功者以爲燕王羣臣知上欲王綰皆曰太尉長安侯綰常從平定天下功最多可王上乃立綰爲燕王諸侯得幸莫如燕王者漢十一年陳豨反漢旣斬豨其裨將降言燕王綰使范齊通謀豨所上使使召綰綰稱病又謂其幸臣曰非劉氏而王者獨我與長沙耳今上病屬任呂后呂后婦人專欲事誅異姓王者及大功臣迺稱病不行高祖崩遂亡入匈奴

又曰吳芮秦時番陽令甚得江湖閒民心號曰番君天下之初叛秦也黥布歸芮芮以女妻之因率越人舉兵以應諸侯沛公攻南陽迺遇芮之將梅鋗（呼玄切）與偕攻析酈降之及項羽相王以芮率百越佐諸侯從入關故立芮爲衡山王項籍死上以鋗有功於入武關故德芮徙爲長沙王都臨湘

又曰惠帝崩立孝惠後宮子爲帝呂太后臨朝稱制遂立周呂侯子台爲呂王台弟產爲梁王建城侯釋之子祿爲趙王台子通爲燕王又封諸呂凡六人皆爲列侯太后病困以趙王祿爲上將軍居北軍梁王產爲相國居南軍戒產祿曰高祖與大臣約非劉氏王者天下共擊之今王呂氏大臣不平我卽崩恐其爲變必據兵衛宮愼毋送喪爲人所制太后崩太尉周勃丞相陳平朱虛侯劉章等共誅產祿迎立代王是爲孝文皇帝

晉書曰初武帝爲王時王祥與荀顗往謁顗謂祥曰相國王尊重列侯旣已盡敬今便當拜也祥曰相國誠爲尊貴然是魏之宰相吾等魏之三公公王相去一階而已班列大同安有天子三司而輒拜人者損魏朝之望虧晉王之德君子愛人以禮吾不爲也及入顗遂拜而祥獨長揖帝曰今日方知君見顧之重矣

北齊書曰尉景之子粲少歷顯職體性麤武寶初封庫狄干等爲王粲以不預王爵大恚恨十餘日閉門不朝帝怪遣就宅問之隔門謂使人曰天子不封粲父作王粲不如死使云須開門受勑粲遂彎弓隔門（獸刺使者使者以）狀聞之文宣使段韶諭旨粲見韶唯撫膺大哭不荅一言文宣親詣其宅慰之方復朝請尋追封景長樂王

唐書曰安祿山死朝廷欲圖大舉詔郭子儀帥師趨京城師於潏水之西與賊將安太清安守忠戰後從元帥廣平王率蕃漢之師十五萬進收長安京師老幼百萬夾道懽叫涕泣而言曰不圖今日復見官軍是時河東河西河南所盜郡邑皆平以功加司徒封代國公入朝天子遣兵仗戍容迎于灞上肅宗勞之曰雖吾之家國實由卿再造子儀

頓首感謝乾元元年九月詔子儀與九節度之師討安慶緒以中官魚朝恩爲觀軍容宣慰使朝恩害子儀之功媒櫱之召還京師子儀雖失兵柄乃心王室以禍難未平不遑寢息俄而史思明再陷河洛朝廷旰食復慮蕃寇逼迫京畿言事者以子儀有社稷大功今殘孽未除不宜置之散地肅宗深然之上元元年以子儀爲諸道兵馬都統復爲朝恩所間事竟不行上元二年李光弼兵敗於邙山河陽失守又河中軍亂殺其帥李國貞太原節度使鄧景山亦爲部下所殺恐其合從連賊朝廷深憂之後輩帥臣未能彈壓遂用子儀爲朔方河中北庭潞儀澤沁等州節度行營兼興平定國副元帥進封汾陽郡王出鎭絳州子儀至絳擒殺其國貞賊首王元振數十人並誅之太原辛雲京聞子儀誅元振亦誅害景山者由是河東諸鎭率皆奉法

又曰渾瑊皐蘭州人也本鐵勒九姓部落之渾部也父釋之少有武藝從朔方軍積戰功於邊上累遷至開府儀同三司寧朔郡王德宗幸奉天瑊率家人子弟自京城至乃署爲行都虞候以拒朱泚賊平德宗還宫以瑊爲河中尹河中絳慈隰節度使封咸寧郡王

又曰馬燧字洵美汝州郟城人少甞與諸兄讀書輟卷歎曰丈夫當建功於代以濟四海安能矻矻爲一儒哉燧姿度魁異沉勇多智略後朱泚之亂燧守太原燧以晉陽王業所起乃引晉水而注城之東渚以爲池寇至討省守陴者萬人尋兼保寧軍節度使封北平郡王

太平御覽卷第一百九十八

太平御覽卷第一百九十九

封建部二

公封　侯封　伯封
子封　男封　同姓封
外戚封

公封

韋昭辯釋名曰公直也取其正直無私

易師卦曰大君有命開國承家

周書能移於衆與百姓同之謂公

周禮地官曰大司徒職曰諸公之地封土方五百里其食半

又春官曰太宗伯職曰公執桓圭

晉書曰陶侃有善相者師圭謂侃曰君左手中指有堅理當爲公若徹於上貴不可言侃以針決之見血灑壁而爲公字以紙裹手公字愈明

後魏書曰許洛陽爲鴈門太守家田三生嘉禾皆異壠合穎世相善之進爵北地公

魏咸熙元年相國晉王奏建五等諸公地方七十五里邑一千八百戶置相一人典祠典書典衛典禮各一人妾六人車前司馬十八人旅賁四十人

侯封

周易豫卦曰（豫利建侯行師彖曰）豫順以動故天地如之而況建侯行師乎

又比卦曰地上有水比先王以建萬國親諸侯

又屯卦曰盤桓利居貞利建侯

周書曰能樹名生物與天道俱謂之侯

周禮春官大宗伯職曰侯執信圭

又典命職曰諸侯伯七命其國家宮室車旗衣服禮儀皆以七爲節

漢書解詁曰列侯金印紫綬以賞有功功大者食縣邑小者食鄉亭

後漢書曰馮石襲母公主封獲嘉侯亦爲侍中稍遷衛尉能取悅當代爲安帝所寵帝幸其府留飲十許日賜駮犀具劒佩刀（以駮犀飾劒也）紫艾綬（艾即盭綠色也其色似艾）玉玦各一（半環曰玦以飾帶也）

又曰丁綝建武元年拜河南太守及封功臣帝令各言所樂諸將皆占豐邑美縣唯綝願封本鄉或謂綝曰人皆欲縣子獨求鄉何也綝曰昔孫叔敖勑其子受封必受墝埆之地今綝能薄功微得鄉亭厚矣帝從之封爲定陵新安鄉侯食邑五千戶後徙封陵陽侯

又曰韓歆封扶陽侯好直言無隱諱帝每不能容嘗因朝會聞帝讀隗囂與公孫述相與書歆曰亡國之君皆有才桀紂亦有才帝大怒以爲激發歆又證歲將飢凶指天畫地言甚剛切坐免歸田里帝猶不釋復遣使宣詔責之

又曰建武二年定封景丹櫟陽侯帝謂丹曰今關東故王國雖數縣不過櫟陽萬戶邑夫富貴不歸故鄉如衣繡夜行故以封卿耳（前書武帝謂朱買臣之詞也）丹頓首謝

又曰光武下詔封諸將博士丁恭議曰古帝王封諸侯不過百里故利以建侯取法於雷

又曰陰興遷侍中賜爵關內侯帝後召興欲封之置印綬於前興固讓曰臣未有先登陷陣之功而一家數人並蒙爵士令天下觖望誠爲盈溢臣蒙陛下貴人恩深至厚富

賁已極不可復加至誠不願帝嘉與之讓不奪其志

又曰傅昌嗣建初中遭母憂因上書以國貧不願之封乞錢五十萬爲關內侯肅宗怒貶爲關內侯竟不賜錢

魏志曰張魯自巴中將其餘衆降封魯及五子皆爲列侯

又曰文帝黄初二年分三公户邑封子弟各一人爲列侯

又咸熈元年晉王奏建五等諸侯地七十里邑千六百户官屬同諸公妾五人車前司馬八人旅賁三十六人

吳志曰全琮字子璜劉備將關羽圍逼襄陽琮上疏陳羽可討之計權時已與呂蒙陰議襲之恐事泄故寢琮表不荅及擒羽權置酒公安顧謂琮曰君前陳此孤雖不相荅今日之捷亦君之功也於是封華亭侯

晉書曰高貴鄉公將攻文帝召王沈及王業告之沈馳白帝以功封安平侯邑二千户沈既不忠於主甚爲衆論所非

又曰衛瓘都督幽州以其離間二虜功賜子亭侯瓘乞以封弟未受命而亡子密受封爲亭侯瓘六男無爵悉讓於弟遠近稱之

隋書曰李崇字永隆英果有籌筭膽力過人後周元年以父賢勳封迴樂縣侯時年尚小拜爵之日親族相賀崇獨泣賢怪而問之對曰無勳於國而幼少封侯當報主恩不得終於孝養是以悲耳賢由是大奇之

伯封

周書曰寧衆時作謂之伯

周禮春官太宗伯職曰伯執躬圭

孝經援神契曰伯白也

魏志曰咸熈元年春晉王奏建五等作地方六十里邑千二百户妾四人車前司馬八人旅賁二十八人

後周書曰王勇論討茹茹功別封永固縣伯邑五百户時有別封者例聽迴授次子勇獨請封兄子元興時人義之

子封

周禮春官典命職曰子男五命其國家宫室車旗衣服禮儀皆以五爲節

又曰春官大宗伯職曰子執穀璧

魏志曰蔣愷濟之孫也咸熈中開建五等以濟著勳前朝改封愷爲下蔡子

又曰咸熈元年相國晉王奏五等諸子地方五十里邑八百户相一人典詞令典書丞典衛丞各一人妾三人車前司馬四人旅賁二十人

齊書曰王敬則封重安縣子邑三百五十户敬則少時於草中射獵有虫如烏豆集其身摘去乃脫處皆流血敬則惡之詣道士卜道士曰不須憂此封侯之瑞也敬則聞之喜故出都自效至是如言

環濟要略曰子獨孳孳栖下之稱也

男封

周禮地官大司徒職曰諸男之地封疆方百里其食者四之一

又春官典命職曰男執蒲璧

環濟要略曰男任也任治事受王命爲君也

魏志曰咸熈元年相國晉王奏建五等男地方三十五里邑四百户相一人典祠長典書丞各一人妾二人車前司馬二人旅賁十二人又次國男方二十五里邑二百户

同姓封

毛詩駉閟宮曰乃命魯公俾侯于東奄有龜蒙遂荒大東

左傳僖中曰昔周公弔二叔之不咸故封建親戚以蕃屛周管蔡郕霍魯衛毛聃郜雍曹滕畢原酆郇文之昭也文昭十六國也邘晉應韓武之穆也武穆四國凡蔣邢茅胙祭周公之胤也周公胤六國也

又昭公上曰武王邑姜娠大叔夢天謂已余命而子曰虞將與之唐及生文在手曰虞遂以命之

史記曰吳太伯太伯弟仲雍皆周大王之子而季歷之兄二人知大王欲立季歷乃適荆蠻以避季歷義而歸之千餘家立爲吳太伯太伯無子而仲雍代立五世武王尅商求太伯仲雍之後得周章周章已君吳因而封之

又曰武王封吳周章之弟虞仲於虞列爲諸侯十二世而爲晉所滅

又曰周公旦武王之弟佐武王平紂而封於少皡之墟曲阜是爲魯公凡四十四世而楚考烈王滅魯

又曰管叔鮮蔡叔度武王之弟武王已尅殷封鮮於管封度於蔡周公誅武庚殺管叔放蔡叔蔡既遷而死其子曰胡胡乃改行率德周公言於成王復封于蔡凡二十五世至侯齊而楚惠王滅蔡

又曰曹叔振鐸者武王弟也武王已尅殷封振鐸於曹凡二十四世至伯陽而宋滅曹

又曰衛康叔者武王弟也周公以成王之命伐武庚放蔡叔殺管叔以殷餘民封康叔爲衛君凡三十九世至君角而秦并天下廢爲庶人

又曰晉叔虞者成王之弟成王與叔虞戲削桐葉爲珪以唐封汝史佚因言請擇日立叔虞成王曰吾與之戲耳史佚曰天子無戲言遂封叔虞於唐唐在河汾之東三十五世至靖公而韓魏趙三分其地

又曰鄭桓公友者周厲王庶子封於鄭二十四世至鄭君乙而韓哀侯滅鄭併其地

又曰越王勾踐其先苗裔夏后少康之子封會稽以奉守禹之祀斷髮文身二十餘世至　子勾踐立滅吳稱霸後十世閩君搖佐諸侯平秦高祖以搖爲楚王

漢書曰漢興之初尊王子弟大啓九國京師內史凡十五郡公主列侯頗邑其中而國大者跨州兼郡小者連城數十也

又曰高祖封兄喜爲代王匈奴入代廢爲合陽侯子濞爲吳王

又曰呂后封楚王郢爲下邳侯齊王肥子章朱虛侯興居東牟侯

又曰孝文封齊王肥子十人爲侯淮南王長子四人爲侯後皆封王

又曰孝景封楚王子四人爲侯梁王子二人爲侯

又曰淮南厲王死後孝文憐淮南王有子四人年皆七八歲迺封子安爲阜陵侯子勃爲安陽侯子賜爲陽周侯子良爲東城侯

又曰梁孝王死竇太后泣極哀不食帝哀懼不知所爲與長公主計之迺分梁爲五國盡立孝王男五人爲王女五人皆令食湯沐邑奏之太后太后迺悅爲帝一食

又曰孝武帝令諸王推恩分子弟諸王子孫一百七十七人爲侯

又曰武帝以子弘爲齊王子旦燕王子胥廣陵王子髆昌

邑王髆子賀爲昭帝後即位二十七日廢歸故縣

又曰武帝使御史大夫張湯策立子閎爲齊王曰於戲小子閎受茲青社朕承祖考維稽古建爾國家封於東土世爲漢藩輔立子旦爲燕王曰小子旦受茲玄社建爾國家封于北土子胥爲廣陵王曰小子胥受茲赤社建爾國家封于南土

又曰宣帝詔曰蓋聞象有罪舜封之其封昌邑王賀爲海昏侯

又曰宣帝封子欽爲淮陽王宇爲東平王囂爲楚王竟爲中山王廣陵王子胥弘爲高密王

又曰昭帝封諸王子孫十二人宣帝封六十三人元帝封四十八人成帝封四十三人哀帝封九人平帝封四十八人爲侯

續漢書曰靈帝封河間王子康爲濟南王奉帝父孝仁祀

魏志曰明帝大和六年春二月詔曰古之帝王封建諸侯所以藩屏王室也詩不云乎懷德惟寧宗子維城秦漢繼周或強或弱俱失厥中大魏創業諸王開國隨時之宜未有定制非所以永爲後法也其改封諸侯王皆以郡爲國

晉起居注曰武帝詔皇子裕生七歲矣得疾封始平王

又曰武帝詔安平獻王孫承嗣以父早亡不建大祚以縣封之今以三縣封爲武邑王

又曰惠帝詔侍中司馬討楊駿之功封東海王食六縣

晉百官名曰武帝以齊王蕤爲遼東王紹皇弟定國後贊爲廣陵王紹弟廣德後

陳留風俗傳曰周成王戲其弟桐葉之封周公曰君無二言遂封之於唐唐侯常愼其德其詩曰媚茲一人唐侯愼德是也

華陽國志曰武帝封子穎爲成都王以蜀廣漢犍爲汶山十萬户爲王國易蜀郡太守號爲成都内史

外戚封

史記曰武帝衞后弟青封長平侯四子皆封侯貴震天下天下歌曰生男無喜生女無怒獨不見衞子夫霸天下

漢書曰文帝封太后弟薄昭爲軹侯又封王舅駟鈞爲侯

又曰景帝封太后弟姪竇廣國爲章武侯竇彭祖爲竇嬰以破吳楚功封魏其侯后弟王信爲蓋靖侯

又曰武帝封太后同母弟田蚡爲武安侯勝周陽侯皇后弟衞青以伐匈奴封長平侯皇后姊子霍去病以伐匈奴封冠軍侯

漢書曰元帝封王皇后父禁爲平陽侯薨長子鳳嗣

又曰王音既以從舅越親用事小心親職歲餘上下詔封音爲安陽侯食邑與五侯等俱三千户

又曰成帝封太后兄子莽爲新都侯宣帝悼皇考皇舅孫史丹爲武陽侯皇后兄趙欽爲新成侯父趙臨爲成陽侯太后姊子淳于長定陵侯中山王舅馮參爲宜陽侯

又曰哀帝欲封祖母傅太后從弟商鄭崇諫曰孝武皇帝封親舅五侯天爲赤黄晝昏日中有黑氣今祖母從昆弟二人已侯許皇后父高武侯以三公封尚有因緣今欲復封商壞亂制度逆天人心非傅氏之福

東觀漢記曰封馬防兄弟三人各六千户爲潁陽侯特以勳勞綏定西羌以襄城羡亭一千二百户增防防身帶三綬寵貴至盛

又曰鄧訓自中興後累世寵貴凡侯者二十九人貴盛莫

此

後漢書曰明德馬后詔不得封外戚章帝省詔悲歎復重請曰漢興舅氏之封侯猶皇子之爲王也太皇誠存謙虛奈何令臣獨不加恩三舅乎且衛尉年尊兩校尉有大病（衛尉太后兄廖兩校尉兄防兄光也）如令不諱使臣長抱刻骨之恨宜及吉時不可稽留太后報曰吾反覆念之思令兩善豈徒欲獲謙讓之名而使帝受不外施之嫌哉（以恩澤封爵外家爲外施也）昔竇太后欲封王皇后之兄（竇太后文帝后也王皇后景帝后也兄即王信後封爲蓋侯）丞相條侯言受高祖約無軍功非劉氏不侯（條侯周亞夫也前書曰高帝與功臣約非劉氏不王非功不侯違約天下共擊之）今馬氏無功於國豈得與陰郭中興之后等耶

後漢書曰陰識封陰鄉侯二年以征伐軍功增封識讓曰天下初定將帥有功者衆臣託屬掖庭乃加爵邑不可以示天下帝甚美之

魏志黄初二年詔曰后族之家不得横受茅土之爵以此詔傳後世若有違背天下共誅之

魏志曰明帝追封甄后父逸安成鄉侯兄儼襲封後改爲魏昌侯子暢嗣父封暢弟温韓蕤皆列侯又以後亡從孫黄合葬帝愛女淑追封黄列侯

吳志曰孫皓元年十二月封后父滕牧爲高密侯舅何等三人皆列侯

王隱晉書曰武帝封楊后父（車騎將軍）楊駿爲臨晉侯后母太原龐爲安昌鄉君太學生王銓曰侯稱臨晉後必制國也駿漸驕傲胡奮語駿曰卿恃女更豪耶人與天家婚未有不滅門者早晚事耳駿曰卿女復不在天家耶奮曰我女與卿女作婢何能增損

又曰楊駿以父超居重位自鎮軍將軍遷車騎將軍封臨晉侯識者議之曰夫建諸侯所以藩屏王室也后妃所以供粢盛弘內教也后父始封而以臨晉爲侯兆於亂也

太平御覽卷第一百九十九

太平御覽卷第二百

封建部三

以公相封　功臣封

以公相封 漢書在恩澤表魏氏羣臣封倂見此篇也

漢書曰高祖撥亂誅暴庶事草創行賞授位以能爲次叙至于孝武元功宿將略盡上亦興文學進拔幽隱公孫弘自海濱而登宰相自是之後宰臣畢侯

又曰漢帝以列侯爲丞相唯公孫弘無爵爲丞相上於是下詔封丞相平津侯其後以爲故事丞相封侯自弘始也

又曰武帝時車千秋爲高廟郎上書訟衛太子寃上亦頗知太子惶恐感悟召千秋曰父子之間人所難言此高廟神靈使公教我當遂爲吾輔拜千秋大鴻臚數月爲丞相封富民侯

又曰朱博以丞相封二千五百户上書故事不過千户還千五百户

魏志曰王朗字景興文帝即位授司空進封平鄉侯子肅嗣初文帝分朗邑封一子列侯朗乞封兄子詳

又曰崔林爲司空封陽安亭侯邑六百户三公封列侯自林始也臣松之有爲漢封丞相已爲荀悅所譏魏封三公其末同也

又曰曹爽以大將軍輔政封武安侯邑萬二千户

又曰陳羣以鎮軍録尚書受遺詔進封潁陰侯

又曰何夔字叔龍爲太子少傅太僕文帝踐祚封陽亭侯三百户病乞遜位詔曰以親則君有輔弼之勳以賢則君有淳固之茂

又曰劉放字子棄爲中書監掌機密進封魏壽亭侯孫資爲中書令封樂陽亭侯太和末資決策伐公孫淵進左鄉侯遂東平定又以叅謀之功各封大縣放方城侯資中都侯齊王即位以决定大謀並增邑子一人亭侯

又曰衛覬爲漢侍中勸讃禪代之義爲文誥之命文帝踐祚封陽告亭侯明帝即位進閿鄉侯

又曰桓楷爲尚書令封亭鄉侯及病文帝自臨省謂之曰吾方託六尺之孤寄天下之命卿勉之徙封安樂鄉侯

又曰胡質薨家無餘財唯賜衣書篋而已追封陽陵亭侯

又曰盧毓衛臻徐宣陳矯和洽常林杜畿裴潛韓暨高堂文惠王觀辛毗劉靖王基並以列卿尚書封侯

又曰漢制凡人君特所寵念皆賜之封邑及丞相初拜亦錫茅土號曰恩澤出自私情非至公之封也中興以來無有封者

功臣封

周禮夏官曰司勳司勳掌六鄉賞地之法以等其功王功曰勳國功曰功民功曰庸事功曰勞治功曰力戰功曰多克敵出奇若韓信陳平者凡有功者銘書於王之太常

史記曰古之人功有五品以德立宗廟定社稷曰勳以言曰勞用力曰功明其等曰閥積功曰閱

又曰太公望文王立以爲師文王作酆邑天下三分有其二及武王克紂太公之謀居多於是武王封尚父於齊營丘成王時及管蔡作亂淮夷叛周乃使邵康公封太公東至海西至河南至穆陵北至無棣五侯九伯汝實征之齊由此得征伐爲大國二十八世

又曰邵公奭與周同姓武王之滅紂封邵公於燕其在成王時自陝以西邵公主之自陝以東周公主之四十三世秦始皇滅之

又曰楚出自帝顓頊高陽後吳迴居火正爲祝融吳迴生陸終陸終子六人少曰季連季連之苗胤曰鬻子鬻子事周文王早卒當成王之時舉文武勤勞之嗣乃封其後熊繹於楚以子男之國三十世至負芻而秦滅楚

又曰魏者畢公高之後畢公高與周同姓武王封之於畢其後曰畢萬事晉獻公伐霍耿魏滅之因以魏封畢萬爲大夫卜偃曰畢萬之後必大萬盈數也魏大名也以是始賞天啓之矣其後魏獻子並爲晉卿至魏文侯爲諸侯子武立與韓趙共滅晉而三分其地又七世至王假秦滅魏

又曰韓與周同姓其後世事晉得封於韓原曰韓武子武子三世有韓厥從封姓爲韓氏六世至景侯虔始列爲諸侯及孫哀侯與趙魏共滅晉三分其地八世至王安而秦滅韓

又曰趙氏之先與秦共祖造父事周穆王攻徐破之乃賜以趙城七世叔帶去周入晉趙氏五世而至趙夙夙生衰衰生盾並爲大夫其後趙鞅是爲簡子始大　又四世而至列侯籍始立爲諸侯三世至敬與韓魏共滅晉分其地又七世至幽王繆降秦而趙滅

又曰陳完者陳厲公佗之子完後奔齊爲田氏齊懿氏欲妻之卜之曰是謂鳳皇于飛和鳴鏘鏘有嬀之後將育于姜八世之後莫之與京卒妻之完卒謚爲敬仲六世而至田常田常殺齊簡公立簡公弟平乃割齊安平以東爲巳封封邑大於齊至曾孫和遂遷齊康公於海上而田和立爲齊侯五世至王建爲秦所滅

又曰西戎與申侯伐周殺幽王驪山下爲秦襄公將兵救周避犬戎難東徙雒邑襄公以兵送周平王平王封襄公爲諸侯賜之岐以西之地於是始國與諸侯通

又曰樂毅并趙楚韓魏燕之兵以伐齊破之追至于臨淄齊湣王走保於莒樂毅獨留徇齊攻入臨淄盡以寶貨財物祭器輸之燕昭王大悅親至濟上勞軍行賞饗士封毅於昌國號爲昌國君

漢書曰項羽佯尊懷王爲義帝實不用其命二月羽自立爲西楚霸王王梁楚地九郡都彭城背約更立沛公爲漢王王巴蜀漢中四十一縣都南鄭三分關中立秦三將章邯爲雍王都廢丘（縣名今槐里是）司馬欣爲塞王（韋昭曰在長安東名桃林塞也）都櫟陽董翳爲翟王（文穎曰本上郡秦所置項羽更名爲翟也）都高奴楚將瑕丘申陽爲河南王都雒陽趙將司馬卬爲殷王都朝歌當陽君英布爲九江王都六懷王柱國共敖爲臨江王（本南郡爲臨江國）都江陵番君吳芮爲衡山王都邾（文穎曰邾音朱縣名）故齊王

建孫田安爲濟北王徙魏王豹爲西魏王都平陽徙燕王韓廣爲遼東王燕將臧荼爲燕王都薊徙齊王田市爲膠東王齊將田都爲齊王趙歇爲代王趙相張耳爲常山王也

又曰漢四年立韓信爲齊王後徙爲楚王五年以九江王英布爲淮南王盧綰爲燕王韓王信爲代王彭越爲梁王

又曰尅項八載天下乃平始論功侯者四十有三人時人民散亡大侯不過萬家封爵之誓曰使黄河如帶太山如礪於是申以丹書之信重以白馬之盟藏諸宗廟副在有司迨文景四五世間流民既歸戶口亦息列侯大者三四萬戶小國自倍其後子孫驕恣忘其先祖之艱難多陷法禁訖于孝武後元之年靡有孑遺

又曰漢封功臣張良未甞有戰鬭功高帝曰運籌策帷幄中決勝千里外子房功也乃封良爲留侯與蕭何等俱封

六年上已封大功臣二十餘人其餘日夜爭功未決未得行封上在雒陽南宮從複道（如淳曰上下有道故謂之複也韋昭曰閣道也）望見諸將往往相與坐沙中語上曰此何語留侯曰此謀反耳上曰爲之奈何留侯曰上平生所憎羣臣所共知誰最甚者上曰雍齒數嘗窘辱我留侯曰今急先封雍齒以示羣臣於是上置酒封雍齒爲什方侯皆曰雍齒且侯我屬無患矣

又曰高祖以蕭何功最盛封爲酇侯所食邑多功臣皆曰蕭何未嘗有汗馬之勞反居臣等上何也帝曰諸君知獵乎追殺獸者狗也而發蹤指示獸處者人也今諸君徒能得獸耳功狗也至如蕭何發蹤功人也且諸君獨以隨我多者兩三人何舉宗數十人皆隨我功不可忘也皆曰平陽侯曹參身被七十創攻城略地功最多宜第一鄂君進曰羣臣議皆誤陛下雖亡山東何常全關中以待陛下此萬世之功奈何以一旦之功而加萬世之功哉蕭何第一曹參次之上曰吾聞進賢受上賞蕭何功雖高得鄂君乃益明封鄂君故所食關內侯邑封爲安平侯

又曰高祖封項伯等四人爲列侯賜姓劉氏

又曰項羽被十餘瘡顧見漢騎司馬呂馬童曰若非吾故人乎馬童面之指王翳曰此項王也羽迺曰吾聞漢購我頭千金邑萬户吾爲公得之乃自刎王翳取其頭亂相蹂蹈爭羽相殺者數十人最後楊喜呂馬童呂勝楊武各得一體故分其地以封五人皆爲列侯

又曰陳豨反上自至邯鄲喜曰豨不南據邯鄲北阻漳水吾知其無能爲矣上令周昌選趙壯士可令將者因見四人上嫚罵曰豎子能爲將乎四人慙皆伏地上封各千户以爲將

又曰淮陰侯韓信舍人樂說告信反封順陽侯

又曰文帝詔曰方大臣諸呂迫朕朕孤疑皆止朕唯中尉宋昌勸朕朕已得保守宗廟已尊昌爲衛將軍其封昌爲壯武侯

又曰韓王信入匈奴與太子俱至穨當城生子因名穨當至孝文時降封弓高侯穨當孽孫嫣貴幸顯當時嫣弟說以校尉征匈奴封龍額侯

又曰景帝封功臣衛綰直不疑等十九人綰封建陵侯不疑塞侯

又曰張賀爲掖庭令而宣帝以皇曾孫時收養掖庭恩甚密焉及宣帝即位而賀已死宣帝追恩乃封其冢爲恩德侯置守冢二百人

東觀漢記曰光武功臣鄧禹等二十八人皆爲侯封餘功臣一百八十九人

又曰李通上司空印綬以特進奉朝請久之有司奏請付諸皇子上感通首創大謀因封通少子雄爲邵陵侯

又曰建武二年定封景丹櫟陽侯上謂丹曰今關東故王國雖數縣不過櫟陽萬户富貴不歸故鄉如衣錦夜行故以封卿

又詔封竇融曰行河西五郡大將軍涼州牧張掖屬國都尉竇融執志忠孝扶微救危仇疾反虜隗囂率厲五郡精兵羌胡畢集兵不血刃而虜土崩瓦解功既大矣篤意分明斷之不疑吾甚嘉之其以安豐陽原蓼安凡四縣封融爲安豐侯

又曰三輔豪傑入長安攻未央宮杜虞殺莽於漸臺東海公賓就得其首傳詣宛封滑侯

又曰申屠志以功封汝陰王上書以非劉氏還王璽改爲潁陽侯

又曰班超定西域五十餘國乃詔封超爲定遠侯

後漢書曰單超左綰徐璜貝瑗唐衡桓帝時共誅梁冀同日封侯謂之五侯於是朝廷日亂超薨之後其四侯轉橫天下爲之語曰左廻天具獨坐徐卧虎唐兩墮

魏志曰夏侯淵字妙才以功封博昌亭侯

太祖下令曰夏侯淵虎步關右所向無前仲尼有言吾與爾俱不如也後戰死黄初太和中賜淵子五人皆爵關内侯

又太祖令曰吾起義兵誅暴亂於今十九年所征必尅豈吾功哉乃賢士大夫之力也天下雖未悉定吾要與賢士大夫共定之而專饗其勞吾何以安焉其促定功行封於是大封功臣二十餘人皆爲列侯其餘各以次受封及復死事之孤輕重各有差

又曰曹洪字子廉以功封野王侯文帝時坐事削明帝即位更封樂成侯

又曰曹休字文烈自荆州北歸太祖曰此吾家千里駒也文帝録前後功封爲東亭侯

又曰曹眞字子丹以功封邵陵侯眞少與宗人遵鄉人朱讚並事太祖遵讚早亡眞愍之乞分食邑封遵子等詔曰大司馬有叔向撫孤之仁晏平久要之分聽分賜遵等子爵關内侯及眞薨明帝悉封眞五子皆列侯

又曰太祖自柳城還稱荀攸前後謀謨曰昔高祖使張子房自擇齊三萬户今孫亦欲君自擇所封

又曰太祖見賈詡執手曰使我信重於天下者子也表爲執金吾封都亭侯文帝即位又封詡小子訪爲列侯

又曰郭嘉字奉孝冀州平封齊陽亭侯及薨太祖表曰臣策未決嘉輒成之平定天下謀功爲最增邑并前千户

又曰張既字德容詔曰卿勳非但破胡乃永寧河右使吾長無西顧之念徙封西鄉侯

又曰任峻字伯達爲典農中郎大興屯田軍國致饒太祖以峻功高表封都亭侯

又曰張遼字文遠以爲盪寇將軍以功封都亭侯又討陳蘭梅成等入灊山中蘭等壁其上遼力戰平之太祖論諸將功曰登天山以取蘭成盪寇功也乃增邑文帝又分封兄汎及一子列侯帝踐祚進封晉陽侯及薨詔曰合肥之役遼以步卒八百破賊十萬自古未之有也其分遼邑賜一子爵關内侯

又曰太祖表封荀攸曰前尅敵皆攸之謀也於是封攸陵樹亭侯

又曰太祖謂于禁曰淯水之難吾焉能也將軍在亂能整雖古之名將何以加之乃録前後功封壽亭侯

又曰文帝踐祚進張郃爲鄚侯明帝詔曰賊亮以巴蜀之衆將軍所向克定乃益户并前四千三百户郃前後有功

明帝分郃户封四子列侯

又曰朱靈字文博先封鄃侯文帝詔曰將軍佐命先帝威過方邵平生所志願勿難色靈謝曰高唐[illegible]鎮乃更封高唐侯

又曰龐悳以衆降太祖聞其驍勇封關内亭侯後爲關羽所得罵羽而死太祖悲之封其二子爲列侯

又曰徐邈字景山西域流通荒戎入貢皆邈勳也以功封都亭侯

又曰王昶字文舒討諸葛誕誅詔曰昔孫臏佐趙直湊大

梁兵驟進亦所以成兵勢也增邑四千七百户矣
吳志曰駱統字公緒初曹仁攻濡須使別將常雕等襲中洲統與嚴圭共拒破之封新陽亭侯
晉書曰苻堅南寇桓伊與冠軍將軍謝玄輔國將軍謝琰俱破堅於肥水以功封永脩縣侯進號右軍將軍賜錢百萬袍表千端
王隱晉書曰封宣帝爲武平侯公孫淵平又增封舞陽昆陽二縣
又曰封文帝爲高都侯太始元年詔曰昔唐虞三代之盛暨于漢魏創制褒崇元勳班爵行賞與國同禮施祿逮下萬邦咸乂朕以寡德登于天位託于王公之上腹心股肱文武之臣光齊帝業余嘉乃勳褒賞之行其用宜速
又曰張華傳曰華以建策加華右光祿大夫開府儀同三

司固辭不受府詔驟乃更論平吳之功封華郡公三千户王者擇近郡平土詳依典制施行華讓前後十餘類繁懇誠詔不聽遂受封
晉中興書曰元帝以佐命功封周玘烏程公又封王敦武昌公
又曰孔愉字敬康以討華軼功封餘不亭侯初愉少時嘗得一龜放於餘不溪中流左顧者數過及鑄侯印而龜左顧更鑄猶然印工以聞愉悟遂佩焉
又曰明帝以平錢鳳功封始興公溫嶠建寧公庾亮永昌公郗鑒南平公卞壼建興公蘇峻邵陵侯劉泉泉陵侯應詹觀寧侯卞郭益陽侯趙胤湘南侯
又曰成帝以平蘇峻功封公者三人侯者八人又以討郭默功者三人穆帝以平蜀功封桓溫臨賀公
又曰哀帝以平關洛功封桓沖豐城公海西公以平袁眞功賜桓溫子偉爲西昌公
又曰安帝以興復功封劉裕等二十三人裕唱謀封豫章公萬户劉毅南平公五千户何無忌安成公劉道規華容公
晉起居注曰太康元年詔曰張華前與故太傅劉謀大計部分方筭有謀謨之勳封廣武侯邑萬户
又曰惠帝追封衛瓘爲郡公
會稽典錄曰鄭吉既破車師降日逐威震西域日逐并護車以北道故號都護之置自吉始焉上嘉其效乃下詔曰都護西域騎都尉鄭吉撫循外蠻宣明威信功效茂著其封吉爲安遠侯
華陽國志曰漢高帝滅秦爲漢王王巴蜀閬中人范自有

恩信方略爲帝募發賨民西與定秦地既定封自爲長安建章鄉侯帝將征關東賨民皆思歸嘉其功難傷其意遂聽還謂日富貴不歸故鄉如衣繡夜行可徙封自閬中慈鄉侯自固辭乃封度汗縣侯

太平御覽卷第二百

太平御覽卷第二百一

封建部四

德行封　討亂定策封
奉使封　尊賢繼絕封
死王事子孫封　異域降封
雜恩澤封　雜名號封
宦者封　遜讓
誅貶

德行封（漢書在恩澤表）

漢書曰宣帝以劉德謹重封爲陽城侯

又曰邴吉有陰德於孝宣帝微時帝即位衆莫知吉亦不言吉從大將軍長史轉遷御史大夫帝聞將封之會吉病甚將使人加紳而封之及其生存也太子太傅夏侯勝曰此未死也臣聞有陰德者必饗其樂以及子孫今未獲其樂而病甚非死也後愈封爲博陽侯

東觀漢記曰建武元年詔曰故密令卓茂束身自脩執節惇固斷斷無他其心休休焉夫士誠能爲人所不能爲則名冠天下當受天下重賞故武王誅紂封比干之墓表商容之閭今以茂爲太傅封褒德侯賜安車一乘衣一襲金五百斤

討亂定策封（漢書在恩澤表）

漢書曰莽何羅與弟重合侯通謀逆時霍光金日磾（音低）上官桀等共誅之功未錄武帝病封璽書曰帝崩發書以從事遺詔封金日磾爲秺（丁固切）侯上官桀爲安陽侯光爲博陸侯（文穎曰博大陸平取其嘉名無此縣也食邑北海之河間臣瓚案漁陽有博陸城也）皆以前捕反者功封時衛尉王莽子男忽侍中揚語曰帝崩忽常在左右安得遺詔封三子事羣兒自相貴耳光聞之切讓王莽莽酖殺忽

奉使封

史記曰高祖使劉敬使匈奴還報曰匈奴不可擊此必見短伏奇兵以爭利上怒械繫敬必往而厄於白登七日乃得解還至廣武赦敬封千戶號建信君

漢書曰武帝以校尉張騫從大將軍擊匈奴知水草處軍得以無飢渴因前使絕國功封騫爲博望侯

又昭帝以平樂廐監傅介子誅樓蘭王封爲宜陽侯

又元帝以甘延壽使西域郅支單于封義成侯

蜀志曰陳震字孝起使吳賀孫權踐祚及到武昌權與震昇壇歃血還封陽亭侯

尊賢繼絕封

尚書大傳曰武王勝殷箕子走之朝鮮因以封之

禮記郊特牲曰天子存二代之後由尊賢不過二代

又禮記曰武王克殷未及下車而封黃帝之後於薊封帝堯之後於祝封帝舜之後於陳下車而封夏后氏之後於杞封殷之後於宋

史記曰武王克紂以紂子武庚祿父續殷祀使管蔡相之武王崩成王少管蔡疑周公乃與武庚作亂周公以王命誅之命微子開爲殷後奉其先祀國于宋至宋王偃立於是齊魏楚伐宋滅之而三分其地

漢書自古受命及中興之君必興滅繼絕脩廢舉逸然後天下歸仁四方之政行高祖撥亂日不暇給然猶脩祀六國求聘四皓過魏則寵無忌之墓適趙則封樂毅之後

又曰武帝元狩中復詔御史以鄼二千四百戶封蕭何曾

孫慶爲鄭侯布告天下令明知朕報蕭相國德厚也

又曰武帝過洛陽下詔以三十里地封周後爲周子南君

又曰封周公後公孫相如爲褒魯侯

又曰元始四年靳翕夏侯嬰陳平張良周勃等一百一十八人紹爵後家

東觀漢記曰建武二年封殷紹嘉公爲宋公周承休公爲衞公十四年封孔子後孔志爲褒成侯

魏志曰文帝以議郎孔羡爲崇聖侯奉孔子祀

晉中興書曰元帝封孔亭爲奉聖侯不食戶邑

又曰元帝詔封魏後曹勵爲陳留王

呂氏春秋曰武王勝殷封帝堯之後於黎立成湯之後於宋以奉桑林

死王事子孫封

左傳哀下曰晉荀瑤率師伐鄭次于桐丘鄭駟弘請救于齊齊師將興陳成子屬孤子三日朝(屬會也孤子死事者之子也)設乘車兩馬繫五邑焉(乘車兩馬大夫車服也繫五邑加之五邑也一曰兩繇也)召顏涿聚之子晉陽之役而父死焉(隰役在哀二十三年)以國之多難未汝恤也今君命汝以是邑也服車而朝無廢前勞

漢書曰周苛以內史守滎陽罵項羽死高帝封苛子成爲高景侯

又曰酈食其使約諸侯至齊死事高帝封食其子疥爲高梁侯

又曰趙王反內史王捍相建德諫不聽遂燒殺捍等景帝封捍子乘之建德子橫皆爲侯楚王反太傅趙夷吾相張尚並諫不聽死景帝封夷吾子周尚子居皆爲侯

魏志曰鮑信爲濟北相協規太祖身以遇害太祖追録信功封子邵詔爲新都亭侯

說苑曰邯鄲傳舍吏子李談說平原君令盡散家財以饗士攻秦國平原從其計勇敢三千人皆出從談赴秦軍秦軍爲却三十里亦會楚魏救至秦軍遂罷李談死封其父爲李侯

異域降封

漢書曰匈奴王徐盧等五人降漢景帝欲侯之以勸後亞夫曰彼背其王降陛下陛下侯之即何以責人臣不守節者乎上曰丞相議不可用乃悉封徐盧等爲列侯亞夫因謝病免相

又曰武帝時匈奴王及太子相都尉以下趙信南越王兄建德等凡三十五人來降並封侯

又曰宣帝時匈奴單于先賢撣(詰纏)等二人降並封侯

魏志曰鮮卑軻比能明帝時將其部衆降拜歸義侯

雜恩澤封

漢書曰高后以大謁者張澤勸王諸呂封爲建陽侯

又曰孝武以方術封欒大爲樂通侯

又曰宣帝掖庭令張賀有舊恩封賀子彭祖爲都陽侯

又曰王莽居攝安衆侯劉崇與張紹攻宛而敗詔從兄竦崇父嘉詣闕自歸竦因嘉作奏莽莽大悦太后下詔惟嘉父子兄弟雖有屬不敢阿私以千戶封嘉爲師禮侯嘉子七人皆賜爵關內侯後又封竦爲淑德侯長安人爲語曰欲求封過張伯松力戰鬬不如巧爲奏

東觀漢記曰馬防子鉅爲常從小侯上欲冠之夜拜爲黃門侍郎

華嶠後漢書曰元和元年遂置鴻都學畫孔子及七十二

弟子像其諸生皆勑州郡三公舉用辟召或出刺太守入爲尚書侍中乃有封侯賜爵者士君子皆恥與爲列

魯國先賢志曰汶陽鮑氏起於鮑吉吉字利主桓帝初爲蠡吾侯吉爲書師及桓帝立歷位至河南尹詔曰吉與朕有龍潛之舊其封西鄉侯宗族以吉勢力至刺史二千石者五

雜名號封

漢書曰初高祖微時嘗避事時與賓客過其丘嫂食（應劭曰丘氏女也孟康曰西方謂亡女婿爲丘婿丘空也亡有嫂也晉灼曰丘大也大婦爲冢婦也）嫂厭叔與客來佯爲羹盡轑釜客以故去已而視釜中有羹由是怨嫂及立齊代等王而伯子獨不得侯太上皇以爲言高祖曰某非敢忘封之也爲其母不長者七年十月封其子信爲頡羹侯

又曰霍去病以校尉伐匈奴乃封爲冠軍侯

又曰趙破奴以司馬再從驃騎將軍擊匈奴封爲從驃騎侯

東觀漢記曰彭寵奴子密殺寵詣闕降封爲不義侯

魏志曰初平二十年置名號侯爵十八級關中侯爵十七級皆金印紫綬又置關內外侯十六級銅印龜紐墨綬五大夫十五級銅印環紐亦墨綬皆不食租與舊列侯關內侯凡六等注曰臣松之以爲今之虛封蓋自此始也

搜神記曰張顥爲梁相天新雨後有鳥如山鵲飛翔墮地市人擿之隨地化爲石顥椎破之得一金印文曰忠孝侯顥藏之祕府後　校書東觀奏言曰堯舜時朝有此官令　落印宜可復置

宦者封

漢書曰高后大謁者寺人張澤勸王諸呂封建陽侯

東觀漢記曰孫程爲中黃門安帝崩初江京等誣太子廢爲濟陰王居西鍾下徵北鄉侯爲嗣程等十八人殺江京閻顯等立濟陰王爲帝以功封程爲浮陽侯万户

又封中黃門王康華容侯王國爲酈侯

續漢書曰呂強爲中黃門靈帝例封宦者以強爲都鄉侯強辭讓懇惻帝乃聽之數上書諫諍爲中常侍趙忠等所譖死

晉起居注曰惠帝永平元年詔曰中常侍董猛固讓封邑其封爲武安侯猛前來餘户封三兄今皆封爲亭侯

遜讓

史記曰晉文公賞從亡者未至隱者介之推推亦不言祿使人召之則亡遂求所在聞其入綿上山中於是文公環綿山而封之以爲介推田號曰介山且記吾過以旌善人（推表之山）

又曰魯連説魏人新垣衍以帝秦之害秦軍爲卻平原君欲封魯連魯連辭謝者三曰吾與富貴而屈於人寧貧賤而肆意

戰國策曰趙王以武城封孟嘗君擇舍人以爲武城吏而進之曰鄙諺説借車者馳之借衣者被之夫所借衣車者非親即兄弟也夫馳親友之車被兄弟之衣文以爲不可令趙王不以文不肖封之以武城願大夫之往也無伐樹木無廢室屋然趙王悟而知文也僅可使全而歸之

漢書曰初武帝遺詔以討莽何羅功封金日磾爲秺侯日磾以帝少不受封

又曰武帝詔曰匈奴逆天理亂人倫車騎將軍青度西河

至高闕輕銳之卒執訊獲醜驅馬牛羊百有餘萬全甲兵而還益封三千户以千户封青三子皆爲侯青固謝去皆諸校尉之力臣青子在繈緥中未有勤勞而受之封非臣待罪行間以勸士力戰之意

又曰張延壽歷位九卿國在陳留别邑在魏郡租入歲千餘萬延壽自以身無功德何以久堪數上書減户邑天子以爲有讓迺封平原并一國户口如故而租稅減半

又曰張賀爲掖庭令收養皇曾孫恩甚密皇曾孫即位是爲宣帝而賀已死欲封其冢爲恩德侯其子彭祖小與上同席研書欲封之先賜爵關内侯賀弟安世深辭讓上曰吾自爲掖庭令不爲將軍也安世乃不敢言

東觀漢記曰竇融數辭爵位曰臣有一子質性頑鈍何况乃當傳以連城廣土享諸侯之國也因會見詔曰公欲讓職還土今相見不宜論也

又曰永元元年以定策功增封鄧騭三千户讓不獲遂逃避使者上疏自陳

又曰劉愷字伯預以當襲父爵封居巢侯讓與弟憲有司奏之侍中賈逵上書陳之和帝詔愷致國於弟適亡所守弥固乃拜爲郎

又曰丁綝拜河南太守及封功臣上令各言所樂綝曰昔孫叔敖敕其子受必求磽确之地綝德薄功微鄉亭可矣上從之封爲定陵謝安鄉食千户

又曰帝欲封樊興置印綬於前固讓曰臣未有先登陷陣之功一家數人並受爵土令天下觖望上嘉興之讓不奪其志

又曰封朱祐爲鬲侯邑七千三百户祐自陳功薄而國大願受南陽五百户足矣上不許也

又曰翟酺字敬子父于以功封臨沮侯酺當嗣爵以母年老國遠上書辭讓詔許乃賜關内侯

又曰丁綝卒子鴻上書讓國於弟盛既葬乃挂縗絰冢廬而逃

又曰大將軍竇憲封舞陽侯食邑二万户憲固辭封詔曰大將軍憲前歲出征克滅北狄朝加封賞固辭不受舅氏舊典並蒙爵土其封憲冠軍侯邑二万户

魏志曰田疇從太祖入盧龍塞太祖猶欲侯之疇素與夏侯惇善太祖語惇曰且往以情喻之荅曰疇負義逃竄之人耳蒙恩全活已爲多矣豈可賣盧龍塞以易賞祿哉獨不愧於心乎太祖知不可屈乃拜爲議郎

魏志曰王基拔壽春進封東武侯上疏固辭歸功參佐由是長吏司馬等七人皆侯

又曰司馬宣王誅曹爽進蔣濟封都鄉侯上疏固辭不許孫盛曰蔣濟之辭邑可謂不負心矣

蔡邕獨斷曰漢總名諸侯王之子弟封者爲諸侯異姓者爲徹侯避武帝諱曰通侯法律家皆曰列侯功德優朝廷所異者賜位在三公下其次諸侯在九卿下其小國侯以肺腑宿公親公主子孫墳墓於京師者亦隨會見猥諸侯

誅貶

漢書曰高帝子淮南厲王長孝文六年謀反徙蜀至雍死趙王如意趙王恢趙王友爲呂后所殺孝景子膠東王自殺孝　武子燕王旦廣陵王胥並自殺齊王肥子濟北王興居濟南王辟光膠西王卬膠東王雄渠高帝兄子吳王濞弟孫楚　並反伏誅淮南王長子安衡山王賜江都王非

子建並謀反誅楚王六世孫延壽淮南王曾孫寬並謀反
死武帝子孫侯者凡坐酎金等失侯及誅免者一百九人
又曰陳平薨子何代立坐略人妻弃市國除始平曰我多
陰謀道家所禁吾世即廢亦已矣終不能復興
又曰平陽侯曹參六世孫宗坐闌入宮掖門配城旦留侯
張良子不疑坐謀殺楚內史贖爲城旦封絕其餘功臣子
孫皆罪誅免輙復立嗣
又曰高后封諸呂五人爲侯八年九月並誅張澤一人免
孝文元年軹侯薄昭自殺景帝魏其侯竇嬰有罪弃市武
帝樂通侯欒大斬昭帝安陽侯上官桀桑樂侯安反誅宣
帝平丘侯王遷自殺昌水侯田廣明自殺陽成侯田延年
盜都內錢自殺元帝樂安侯匡衡免成陵侯淳于長大逆誅
宜鄉侯馮參自殺商陽侯薛宣坐不忠孝免哀帝丁明傅
晏丁滿朱博王嘉傅商鄭崇董賢孫寵息夫躬並誅免平
帝甄豐劉歆爲王莽所殺高陵侯翟方進子盧坐弟舉兵
爲王莽所殺
東觀漢記曰光武子楚王英謀反自殺廣陵王荊詛自殺
又曰成德侯朱鮪玄孫杞坐殺人國除昌成侯桓公孫述
坐與楚謀反國除
又曰魏成曾純坐訐訕國除山桑侯王常孫廣坐楚事國
除利取侯畢尋玄孫守坐姦人妻國除首卿侯叚普曾孫
勝坐殺婢國除夕陽侯邢崇孫之爲賊所盜亡印綬國除
廣平侯吳漢無後國除潁陽侯祭遵無子國除
華嶠後漢書曰傅俊子昌徙封蕪湖侯建初中遭母憂固
上書以國貧不之封乞錢五万爲關內侯肅宗貶爲關內
侯竟不賜錢

魏志曰曹洪性悋文帝少時求假不稱恨之後犯罪死太
后謂郭后曰令曹洪死吾勑帝廢后后泣涕請乃得免
官削爵土
又曰彭城王據坐私遣人詣中尚方作禁物削户二千中
王袞楚王彪並入朝犯京都禁削縣户
又曰楚王彪坐王陵同謀延彪都昌遣御史案驗收治使
自圖乃自殺
又曰黃初三年臨淄侯植監國謁者灌均希旨奏植酒悖
刼脅使者有司奏治罪帝以太后故貶爲安都侯

太平御覽卷第二百一

太平御覽卷第二百二

封建部五

婦人封　夫人　郡君　縣君　鄉君錫命附

婦人封

左傳成公上曰晉敗齊師齊侯遂自徐關入見保者曰勉之齊師敗矣曰避女子（使避君也齊侯單還婦人不知之也）女子曰君免乎曰免矣曰鋭司徒免乎曰免矣曰苟君與吾父免矣可若何乃奔齊侯以爲有禮旣而問之辟司徒之妻也（辟司徒主壘壁）予之石窌（石窌邑名濟北盧縣東有地名石窌音溜）

陳留風俗傳曰高祖與項氏戰厄於延鄉有翟母者免其難故以延鄉爲封丘縣以封翟母焉

夫人

後漢書曰崔篆母師氏能通經學百家之言王莽寵以殊禮賜號義成夫人金印紫綬文軒丹轂顯於新代

唐書曰魏衡妻王氏梓州郪人也武德初薛仁杲舊將房企地侵掠梁部因獲王氏通而妻之後企地漸強盛衡謀以城應賊企地領衆將趨梁州未至數十里飲酒醉卧王氏取其佩刀斬之擕其首入城賊衆乃散高祖大悅封爲崇義夫人

又曰咸亨中燕山道揔管右領軍大將軍李謹行大破高麗叛徒於瓠蘆河之西俘獲數千人自是平壤餘衆走投新羅時謹行妻劉氏留在代奴城高麗引靺鞨攻之劉氏擐甲率衆守城久之賊乃退上嘉其功特封爲燕郡夫人

又曰鄭保英妻奚氏不知何許人也萬歲通天年中契丹賊李盡忠來寇平州保英時任刺史領兵討擊旣而城孤援寡勢將欲陷奚氏乃率家僮及城內女丁相助固守賊退所司以聞優制封爲誠節夫人

又曰王君㚟上嘗於廣達樓引君㚟及妻夏氏設宴賜以帛夏氏亦有戰功故特賞之封爲武威郡夫人

五代史晉史曰鎭州節度使安重榮妻彭城郡夫人劉氏封魯國夫人南陽郡夫人韓氏封陳國夫人重榮立二嫡妻非禮也朝廷並命之亦非制也

郡君

漢書曰武帝尊王太后母臧兒爲平原君

後漢書曰乳母宋宣素性佞邪欲取媚於梁冀乃上言大將軍有周公之功今旣封諸子則其妻冝爲邑君詔遂封冀妻孫壽爲襄城君兼食陽翟租歲入五千萬加賜赤紱比長公主（長公主儀服同藩王）

又曰安思閻皇后追尊后母宗爲滎陽君

晉中興書曰肅祖太妃豫章君荀氏初以微入宮生肅祖中宗以毋賤命虞妃毋養肅祖而出嫁荀爲馬氏妻太寧元年馬氏無疾而卒肅祖迎母還宮養稱建安君追贈豫章君謚曰恭惠

後魏書曰景明初世追舅氏封外祖母蓋氏爲清河郡君

又曰靈太后臨朝以元乂妹封乂妻新平君後遷馮翊君

縣君

漢書曰王太后微時爲金王孫婦婦生在民間蓋諱之也武帝始立　韓嫣白之帝曰何爲不蚤言乃車駕自往迎之其家在長陵小市直至其門使左右入求之家人驚恐女逃匿牀下扶持出拜帝下車立曰大姊何藏之深也載

至長樂宮與俱謁太后太后垂涕女亦悲泣帝奉酒前爲壽錢千萬奴婢三百人公田百頃甲第以賜姊太后謝曰爲帝費因賜湯沐邑號脩成君

又曰宣帝賜外祖母號爲博平君以博平蠡吾兩縣户萬一千爲湯沐邑

范曄後漢書曰靈思何皇后追封父眞爲車騎將軍舞陽宣德侯封后母與爲舞陽君

魏志曰文德郭皇后安平廣宗人也母董爲郡君追改封父永爲灌津敬侯世婦董爲常陽君

又曰青龍二年春追謚后兄儼曰安成郭穆侯封儼世婦劉爲東鄉君又追封逸世婦張爲安嘉君

又曰明元郭皇后西平人也齊王卽位尊后皇太后封太后母杜爲郃陽君

又曰明悼毛皇后河内人黄初中以選入東宮明帝時爲平原王進御有寵出入與同輿輦追封后母夏氏爲野王君

又曰太始三年詔曰漢文追崇靈文之號武宣有平原博平之封咸所以奉尊尊之敬廣親親之恩宜追封故衛將軍景侯夫人羊氏爲平陽君也

臧榮緒晉書曰武悼楊皇后廢在金墉城與母高都君龐氏共止高都君臨刑后抱持號叫不食而崩

晉中興書曰穆皇后庾氏字文君左將軍琛第三女贈琛爲車騎將軍毋丘氏封安陽縣君從母荀氏永宣縣君

又曰簡文順皇后王氏字蘭始驃騎將軍述之再從妹追贈前夫人成氏東豐縣君後夫人成氏東興君

沈約宋書曰孝穆趙皇后諱安宗下邳僮人也父裔永初二年有司奏裔命婦孫可建昌縣君

又曰孝穆蕭皇后名文壽蘭陵人父卓初與裔俱贈金紫光禄大夫妻下邳趙氏封吴郡壽昌縣君

唐書曰古玄應妻高氏固守飛狐縣城卒免爲突厥所陷下詔曰頃屬默啜攻城咸憂陷没丈夫固守猶不能堅婦人懷忠不憚流矢由茲感激危城重安如不褒昇何以獎勸古玄應妻可封爲徇忠縣君

又曰衛方厚妻程氏方厚太和中任邕州都督府録事參軍爲招討使董昌齡誣枉殺之方厚妻程氏力不能免乃抑其哀如非寃者昌齡雅不疑慮聽其歸葬程氏故得以徒行詣闕截耳於右銀臺門告夫被殺之寃御史臺鞫之得實諫官亦有章疏故昌齡再授譴逐程氏開成元年降勑曰乃者吏爲不道虐殺尔夫詣闕申寃徒行万里崎嶇

偪畏濱於危亡血誠旣昭幽憤果雪雖古之烈婦何以加焉如聞孤孀無依晝哭待盡俾榮禄養仍錫疏封可武昌縣君

英雄記曰董卓孫女名白時尚未笄封爲渭陽君於郿城起壇從廣二丈餘高五六尺使白乘金華青蓋車都尉中郎將刺史二千石在郿者各令乘軒簪筆爲白導從之壇上使兄子璜爲使者授印綬也

潘岳宜城宣君誄曰行成于己名生於人考終定謚寔曰宣君祝宗涖事鄉相奉引輕車整駕介士列陣鸞輅依容轀車升櫬

鄉君

魏志曰卞隆以后父封睢陽鄉侯隆妻王氏爲顯陽君追封隆前妻劉氏爲仁愼鄉君后親母故也

又曰甄儼孫女爲齊王皇后后父已没封后母爲廣陽鄉君

晉書曰立皇后楊氏母太原龐氏爲安昌鄉君追外曾祖母故司徒王朗夫人夏氏爲滎陽鄉君

晉中興書曰哀靖皇后王氏字穆之司徒左長史濛之女也初爲瑯琊王妃哀帝即位拜爲皇后追贈父濛金紫光祿大夫封晉安縣侯母愛氏爲安國鄉君也

又曰元敬皇后虞氏字孟母濟陽外黄人也祖壽撫軍大將軍掾父豫太傅叅軍中宗之爲瑯琊王納后爲妃豫妻王氏爲邪陽縣君從母散騎常侍新野王孚妻爲平陽鄉君

又曰康獻皇后褚氏太傅裒之女封母謝氏爲尋陽鄉君

又曰成恭皇后杜氏陵陽京兆人也母裴氏爲廣德縣高安鄉君賜錢百萬布五百疋

又曰穆章皇后何氏字法倪司空充之女追贈父充光祿大夫封晉興侯母孔氏長樂鄉君

又曰王蘊以后父徵拜金紫光祿大夫封建昌侯母劉氏平樂君

沈約宋書曰武敬臧皇后諱愛　東莞人也父雋追贈金紫光祿大夫妻高密叔孫氏遷永平鄉君

唐書曰獨孤武都謀叛王世充歸國事覺誅死武都子師仁年始三歲世充以其年幼不殺使禁掌之乳母王氏號蘭英請髡鉗求入保養世充許之蘭英撫育提攜備盡筋力時喪亂年饑人多餓死蘭英扶路乞丐捃拾遇有所得便歸與師仁蘭英唯啖土飲水而已後詐採拾乃竊師仁歸于京師高祖嘉其義下詔曰師仁乳母王氏慈惠有聞撫鞠無倦提携遺幼背逆歸朝宜有褒隆以錫其號可封永壽鄉君

錫命

尚書曰平王錫晉文侯秬鬯圭瓚作文侯之命

左傳曰王命尹氏策命晉文公爲侯伯錫之大路之服戎路之服彤弓一彤矢百玈弓矢千秬鬯一卣虎賁三百人

左傳曰文元年天王使榮叔來錫公命杜預注曰諸侯即位天子錫以命珪合瑞爲信若僖二十八年王賜晉侯命亦其比也

又曰襄十四年王使劉定公賜齊靈公命曰昔伯舅太公佑我先王股肱周室師保万民世胙太師以表東海王室之不壞繄伯舅是賴今余命汝環環齊靈公名也茲率舅氏之典纂乃祖考無忝乃舊敬之哉無廢朕命纂繼也因命而加寵辭傳言王

室不能命有功

國語曰襄王使邵伯過及内史過賜晉惠公命呂甥郤芮相晉侯不敬晉侯執玉卑拜不稽首内史過歸以告王曰晉不亡其君必無後且呂郤將不免王曰何故對曰夏書有之曰衆非元后何戴后非衆無以守邑邑國在湯誓曰余一人有罪無以尒万方万方有罪在予一人在余一人乃我執道之過在盤庚曰國之臧則維汝衆今商書盤庚是也臧善也國俗之善則維女衆歸功於下也國之不臧則維余一人是有逸罰逸過罰罪也國俗之不善則歸一人是我有過其罪當在我也如是則長衆使人不可不愼人之所急在大事大事戎祀也先王知大事之必以衆濟故祓除其心以和惠人祓拂也考中度衷以涖之涖臨考中省己之中心以度人之中心恕以臨之也昭明物則以訓之制義庶孚以行之義宜庶衆孚信當制立事宜爲衆所信也祓除其心精也精潔考中度衷忠也忠恕也昭明物則禮也制義庶孚信

也然則長衆使人之道非精不和非忠不立非禮不順非信不行今晉侯即位而背內外之賂背外不與秦田也背內不與里丕田也虐其處者棄其信虐其處者殺里丕之黨不敬王命棄其禮施其所惡棄其忠已所不欲勿施於人所惡於下无以事上今晉侯皆施之於人故曰棄其忠也以惡實心棄其精實滿四者皆棄則遠不至而近不和矣四者精忠禮信將何以守國古者先王既有天下又崇立上帝明神而敬事之於是乎有朝日月以教人事禮天子以春分朝日以秋分夕月諸侯春秋受職于王以臨其人大夫士曰恪位著以儆其官中庭之左右曰位門屏之間曰著也庶人工商各守其業以共其上猶恐有墜失也故為車服旗章以旌之為班爵貴賤以別之為令聞嘉譽以聲之猶有散遷懈慢而著在刑辟流在裔土於是乎有蠻夷之國有斧鉞刀墨之人而況可以淫縱其身乎夫晉侯非嗣也而得其位嗣適嗣也亹亹怵惕保位戒懼猶曰未也若將廣其心而遠其鄰陵其人而卑其上將何以固守夫執玉卑替其贄拜不稽首誣其王贄替無鎮誣王無人夫天事恒象任重享大者必速及故晉侯誣王人亦將誣之欲替其鎮人亦將替之大臣享其祿不諫而阿之亦必及焉襄王三年而立晉侯八年而隕於韓十六年而晉人殺懷公無胄秦人殺子金子公子金呂甥子公郤芮之字

又曰襄王使太宰文公及內史興錫晉文公命上卿逆於境晉侯郊勞館諸宗廟饋九牢設庭燎及期命于武宮設桑主布机筵太宰莅之晉侯端委以入太宰以王命冕服內史贊之三命而後即冕服既畢賓饗贈餞如公命侯伯之禮而加之以宴好內史興歸以告王曰晉不可不善也其君必霸逆王命敬奉禮義成敬王命順之道成禮義德之則德以道諸侯必歸之且禮所以觀忠信仁義忠所以分也仁所以行也信所以守也義所以節也忠分則均仁行則報信守則固義節則度分均無怨行報無匱守固不偷節度不攜若人不怨而財不匱令不偷而動不攜其何事不濟中能應外忠也施三服義仁也守法不淫信也行禮不疚義也臣入晉境四者不失臣故曰晉侯其能禮矣王其善之樹於有禮艾人必豐王從之使於晉者道相逮

及惠后之難王出在鄭惠后惠王之后襄王繼母陳嬀有寵生子帶將立子帶未及而卒子帶奔齊王復之又通于襄王之后隗氏王廢隗氏大夫頹叔桃子奉子帶以翟師伐周王出適鄭處于汜事在魯僖二十四年晉侯納之襄王十六年立晉文公二十一年以諸侯朝于衡雍且獻楚捷遂為踐土之盟於是乎始霸

范曄後漢書曰董昭等欲共進曹操爵國公九錫備物密以訪荀彧彧曰曹公本興義兵以匡振漢朝雖勳庸崇著猶秉忠貞之節君子愛人以德不宜如此事遂寢操心不能平會南征孫權彧勞軍于譙表留彧

晉中興書曰烈宗沖幼桓溫威震內外人情草沓牙生同異謝安與王坦之盡忠匡翼溫弼朝廷欲為九錫使駛騎將軍袁宏具草時溫已病篤宏以呈安安視輒云不好更使之弥歷旬日至于溫薨錫命遂寢

太平御覽卷第二百二